Über den Autor:

Paul Kremmel, geb. 1942 in St. Louis, USA, theologisches Studium
- Master of Arts - an der Cambridge University, England, wurde
1987 mit der vorliegenden Untersuchung von der Philosophischen
Fakultät der Universität München zum Dr. phil. promoviert.

Paul Kremmel

Pfarrer und Gemeinden im evangelischen Kirchenkampf in Bayern bis 1939

Mit besonderer Berücksichtigung der Ereignisse im Bereich des Bezirksamts Weißenburg in Bayern

KOMMISSIONSVERLAG H. O. SCHULZE · LICHTENFELS

Dem Landeskirchenrat der Evangelisch-Lutherischen Kirche
in Bayern, der Vereinigten Evangelisch-Lutherischen Kirche
Deutschlands, der Siemens Aktiengesellschaft, München,
sowie Don & Ruth Heritage, San Diego, Calif., danke ich
für die freundliche Gewährung von Druckkostenzuschüssen.

CIP-Kurztitelaufnahme der Deutschen Bibliothek

Kremmel, Paul:

Pfarrer und Gemeinden im evangelischen Kirchenkampf
in Bayern bis 1939 : mit bes. Berücks. d. Ereignisse
im Bereich d. Bezirksamts Weissenburg in Bayern /
Paul Kremmel. - 1. Aufl. - Lichtenfels : Schulze, 1987.

(Studien zur neueren Kirchengeschichte ; Bd. 1)
ISBN 3-87735-106-9

Copyright © Paul Kremmel 1987
Coverillustration: Gunter Maxhofer und Wolfgang Conradi
Druck: Offsetdruck HOGL - Hauptstraße 109 - 8520 Erlangen
Herausgeber: Paul Kremmel - Türkenstraße 53 - 8000 München 40
Vertrieb: Verlag H. O. Schulze - Postfach 1180 - 8620 Lichtenfels

ISBN 3-87735-106-9

INHALTSVERZEICHNIS

I. EINLEITUNG 1

II. GRUNDLAGEN

1) Die Struktur der Stadt und des Bezirks Weißenburg 5
2) Die evangelische Kirche in Weißenburg: Geschichte, Struktur, Gesamtzusammenhang 9

III. DIE EVANGELISCHE KIRCHE UND DIE POLITISCHE LAGE IN WEIßENBURG VOR 1933

1) Die Zeit bis zur September-Reichstagswahl 1930 20
2) Der Durchbruch der NSDAP und die politische Diskussion in der Kirche im Jahre 1931 27
3) Die ersten Wahlkämpfe des Jahres 1932: Januar bis April 46
4) Die Auswirkungen der politischen Lage auf die Kirche: April, Mai . 52
5) Die evangelische Kirche und der Wahlkampf des Sommers 1932 58
6) Der letzte Wahlkampf des Jahres: Oktober, November 1932 68

IV. WEIßENBURG UND DIE BAYERISCHE LANDESKIRCHE IM JAHRE DER NS-MACHTÜBERNAHME

1) Weißenburg vor dem 30. Januar 1933 80
2) Die Rezeption der Kanzlerschaft Hitlers in evangelischen Kreisen und die Vorbereitung für die Märzwahlen 82
3) Die "nationale Erhebung": März 1933 87
4) Der Umsturz in Weißenburg 93
5) Die Reaktion der Kirche auf die ersten antijüdischen Maßnahmen . 100
6) Der Sturz des Kirchenpräsidenten 103
7) Die Mai-Synode und die Wahl Meisers zum Landesbischof 109
8) Die Gleichschaltung 111
9) Die Feier des 1. Mai und die Kirchenstuhlfrage in Weißenburg . . 112
10) Die NS-Siegesfeiern, die Abschaffung der Parteien und der Abschluß der Revolution 115
11) Die Diskussion um die Reichskirche in Bayern: April, Mai 1933 . . 118
12) Der Streit um die Aufstellung eines Reichsbischofs 126
13) Die Amtseinführung des Landesbischofs D. Meiser in Nürnberg und die Kritik an seinem Kurswechsel in der Reichsbischofsfrage . . . 130
14) Der Rücktritt Bodelschwinghs und das Staatskommissariat in den preußischen Landeskirchen 136
15) Die Annahme der Verfassung und die kirchlichen Neuwahlen 141
16) Die Diskussion in der Pfarrerschaft nach den Wahlen 146
17) Die Auseinandersetzung mit den Deutschen Christen in Bayern im Sommer 1933 147

18) Die Wahl der Landessynode 153
19) Die Diskussion in der Pfarrerschaft zur Frage der Deutschen Christen im August 1933 156
20) Die Aktivität der Deutschen Christen im Spätsommer 1933 159
21) Die erste Sitzung der neuen Landessynode 160
22) Die theologische Diskussion in der Pfarrerschaft und die Rüstung für die volksmissionarische Arbeit 164
23) Das Landesfest des Evangelischen Bundes in Weißenburg: 17./18. September....................... 167
24) Das Erntedankfest 1933 und die Sonntagsstörungen 170
25) Konflikte zwischen Kirche und Partei wegen der Rassenfrage 173
26) Die Diskussion über den Arierparagraphen und die Enttäuschung über die Nationalsynode und den Reichsbischof........... 178
27) Die Schwierigkeiten mit den bayerischen Deutschen Christen und deren interne Probleme: Herbst 1933 180
28) Die Volksabstimmung und das Lutherfest: November 1933 185
29) Die DC-Sportpalastkundgebung und die Auswirkungen in Bayern ... 188
30) Der Beginn der volksmissionarischen Kampagne und ihre Schwierigkeiten 192
31) Die Auflösung der Deutschen Christen in Bayern 196
32) Die Krise in der Reichskirche und ihre Auswirkungen in Bayern .. 199

V. DIE PREISGABE DER EVANGELISCHEN JUGENDVERBÄNDE

1) Die Jugendverbände vor 1933 201
2) Die Ansprüche der HJ im März 1933 und die Reaktion der kirchlichen Jugendorganisationen 203
3) Die erneute Verunsicherung der kirchlichen Jugendorganisationen im Sommer 1933 208
4) Die volksmissionarische Aufgabe der evangelischen Jugend und die antichristlichen Tendenzen in der HJ 214
5) Die erneute Gefahr einer Auflösung der kirchlichen Jugendorganisationen: Sept./Okt. 1933 217
6) Die Schwierigkeiten des volksmissionarischen Einsatzes der Jugend: Herbst 1933 220
7) Der Eingliederungsvertrag 223
8) Die Opposition zu dem Eingliederungsvertrag 225
9) Die Befürworter einer Kompromißlösung 227
10) Der steigende Druck auf eine Lösung in der Jugendfrage 229
11) Die Eingliederung wird hingenommen und vollzogen 230

VI. DAS JAHR 1934

1) Die politische Stimmung in Weißenburg am Anfang des Jahres 234
2) Die Hoffnungen und Sorgen der Kirche zum Jahresbeginn........ 236

3) Die Reaktion auf den "Maulkorberlaß" des Reichsbischofs 239
4) Der Empfang der Kirchenführer bei Hitler 242
5) Die Reaktion in Bayern auf den Ausgang der Berliner Verhandlungen 246
6) Der Bruch mit dem Reichsbischof 253
7) Das Schicksal der volksmissionarischen Offensive 256
8) Die Kirche und die antijüdische Kampagne in Franken........ 264
9) Die Opposition zum Reichsbischof weitet sich in Bayern aus 269
10) Der offene Bruch der Bekenntnisgemeinschaft mit der Reichskirchenregierung: Die Ulmer Erklärung vom 22. April 1934 274
11) Die Nachwirkungen der Ulmer Erklärung in der Pfarrerschaft 278
12) Die Aufklärungsarbeit in den Gemeinden im Mai und Juni 1934 ... 283
13) Die schwierige Lage in Weißenburg 289
14) Meiser verteidigt seine Ablehnung der Gleichschaltung der Kirche . 291
15) Die Reaktion auf den Angriff Wolf Meyers und der Deutschen Christen in Bayern 294
16) Die Barmer Bekenntnissynode und der Ansbacher Ratschlag 297
17) Die verschärften Restriktionen der kirchlichen Aufklärungsarbeit im Juni 1934 303
18) Die Morde des 30. Juni 1934 ("Röhm-Revolte") und die Folgen ... 305
19) Der Druck auf die nichteingegliederte bayerische Landeskirche: Juli 1934 308
20) Von der Nationalsynode bis zur Landessynode: August 1934). 316
21) Die Berichte über die Landessynode und das Einschreiten der Polizei 328
22) Die Zeit um den Reichsparteitag in Nürnberg: 4.-10. September . 331
23) Die Fronten in Bayern in Erwartung des Einbruches 334
24) Karl Holz' Angriff auf den Landesbischof und die Abwehr der Landeskirche 337
25) Die Bekenntnisgottesdienste in Mittelfranken und ihre Auswirkungen 346
26) Gefechtspause im Kirchenkampf: Ende September bis Anfang Oktober . 358
27) Der kirchliche Notstand in Bayern 366
28) Streichers Wende im Kirchenstreit 371
29) Die Auseinandersetzung in der Pfarrerschaft um den Einbruch der Reichskirchenregierung in Bayern 379
30) Die Lage in den Kirchengemeinden nach dem Einbruch 385
31) Die Abordnungen nach München 390
32) Die letzten Tage der Kirchenkommissare in Bayern 394
33) Das Scheitern der Eingliederung in Bayern 398
34) Die Nachwirkungen des Kirchenkampfes in der Pfarrerschaft und in den Gemeinden 405

35) Zunehmende Behinderung kirchlicher Informationsarbeit 412
36) Der mittlere Weg der bayerischen Kirchenleitung: November und Dezember 1934 416
37) Der Aufbau der Reichskirchenbewegung Deutsche Christen in Bayern und die Abwehr der Landeskirchen 423
38) Die Kreisdekane im Kirchenkampf 427

VII. DIE KIRCHE IM DRITTEN UND VIERTEN JAHR DER NS-HERRSCHAFT

1) Die Staatstreue der Kirchenleitung: Anfang 1935 431
2) Die Hauptthemen der Deutschen Christen 432
3) Der Fall Brunnacker 434
4) Die Predigtreisen des Landesbischofs 439
5) Die Lage in Weißenburg Anfang 1935 442
6) Die Abwehrmaßnahmen der Landeskirche gegen die DC-Offensive im Frühjahr 1935 448
7) Die Frankenfahrt des Reichsbischofs 454
8) Die kirchliche Abwehr gegen das Neuheidentum 458
9) Die Weißenburger Unruhen: April 1935 470
10) Die Beruhigung der kirchlichen Lage: April-Juni 1935 478
11) Die weitere Entwicklung in Weißenburg: Ende April bis Anfang September 483
12) Hermann Görings Frankenfahrt: 23. Juni 1935 487
13) Konflikte mit der NS-Rassenideologie 491
14) Die Benennung und Einsetzung des neuen Dekans in Weißenburg . . . 497
15) Die Auseinandersetzung mit dem Reichskirchenminister Kerrl und den Kirchenausschüssen: Juli bis Oktober 1935 502
16) Konflikte mit der NS-Weltanschauung und den NS-Symbolen: Herbst 1935 507
17) Die Verhandlungen der Kirchenleitung mit den DC 510
18) Die Kraftprobe der Kirchenleitung mit dem Reichskirchenminister. . 513
19) Die Auseinandersetzung in Bayern über die Zusammenarbeit mit den Kirchenausschüssen bis zur Bekenntnissynode im Februar 1936 in Bad Oeynhausen 518

VIII. DER SCHULKAMPF

1) Die Weißenburger Schulverhältnisse vor 1933 527
2) Die Lösungsversuche von Bürgermeister Fitz 529
3) Schemm und die Weißenburger Schulverhältnisse 532
4) Die Schulfrage im Jahre 1934 533
5) Der Kampf der Partei für die Gemeinschaftsschule bei der Einschreibung für das Schuljahr 1935/1936 536
6) Die Abwehr der antichristlichen Einflüsse in der Schule 537
7) Die Zerschlagung der Bekenntnisschulen in Weißenburg 539

8) Der Schulkampf in Nürnberg 540
9) Die Verteidigung der Bekenntnisschule im Jahre 1936 544
10) Die Beseitigung der Bekenntnisschulen in Bayern 549

IX DIE WEITERE ENTWICKLUNG IN WEIßENBURG UNTER DEKAN
   FROBENIUS: 1936 - 1939 559

ANMERKUNGEN 568

ABKÜRZUNGEN 767

QUELLEN- UND LITERATURVERZEICHNIS

I) Archivalien 769

II) Mündliche Auskünfte 772

III) Zeitungen und Zeitschriften 772

IV) Veröffentlichte Quellen und Literatur 773

V) Unveröffentlichte Literatur 781

KARTENBEILAGEN (3) 782

I EINLEITUNG

Die Literatur zur Geschichte des Kirchenkampfes ist inzwischen so umfangreich, daß man auf die verschiedenen Berichte zum Stand der Forschung angewiesen ist, um eine allgemeine Orientierung zu erhalten.[1] Glücklicherweise sind jedoch in letzter Zeit Standardwerke von Kurt Meier und vor allem Klaus Scholder erschienen, die einen Gesamtüberblick über diese wichtige Phase neuzeitlicher Kirchengeschichte vermitteln.[2]

Für die Geschichte der bayerischen Landeskirche im Dritten Reich gibt es eine Reihe von Einzelstudien, jedoch immer noch keine Gesamtdarstellung. Als wichtigste ist die organisationsgeschichtliche Untersuchung der "Deutschen Christen" in Bayern von Helmut Baier zu nennen.[3] Es ist Baiers großer Verdienst, das sehr umfangreiche Quellenmaterial durchgearbeitet, geordnet und zum Teil in einem langen Dokumententeil veröffentlicht zu haben. Wenn die Arbeit von Baier stellenweise ergänzungsbedürftig ist, so liegt das an Einschränkungen durch sein Hauptanliegen, eine organisationsgeschichtliche Untersuchung der DC in Bayern zu liefern, und wohl auch am Umfang und Zugänglichkeit des Quellenmaterials. Für die Kriegsjahre hat Baier 1979 eine Gesamtdarstellung der Geschichte der bayerischen Landeskirche vorgelegt.[4]

Unentbehrlich, wenn auch stellenweise ergänzungsbedürftig, ist die von Helmut Baier und Ernst Henn verfaßte Chronologie des bayerischen Kirchenkampfes,[5] die dazu geeignet wäre, als Grundlage für eine erwünschte Quellenedition zu dienen, analog zu der vorbildlichen, von Gerhard Schäfer herausgegebenen Dokumentation für den Kirchenkampf in Württemberg.[6] So leidet die bayerische Chronologie daran, daß die angegebenen Quellen für den normalen Leser meist unzugänglich sind.

Sonst wird die Geschichte des bayerischen Kirchenkampfes durch einzelne Studien ergänzt, wobei die Arbeiten von Henn, der als Pfarrer aktiv am Geschehen beteiligt war, an erster Stelle zu erwähnen sind, besonders seine Darstellung des Führungswechsel 1933 in der Landeskirche und seine Beitrag über die Volksmission.[7] Von Henn existiert auch ein sehr informatives wenn nicht publikationsreifes Manuskript über die bayerische Landeskirche im Dritten Reich (1933-1939), das sich in seinem Nachlaß im Landeskirchlichen Archiv Nürnberg befindet.[8]

Andere wichtige Publikationen zum bayerischen Kirchenkampf stammen von Friedrich Wilhelm Kantzenbach, vor allem seine Quellenedition über Freiherr von Pechmann sowie einzelne Studien in der Zeitschrift für bayerische Kirchengeschichte.[9] Von Carsten Nicolaisen, Bearbeiter der wichtigen Dokumentation zur Kirchenpolitik des Dritten Reiches,[10] liegt auch eine Studie zum Verhalten des bayerischen Reichsstatthalters im Kirchenkampf vor.[11] Nicolaisen und Hannelore Braun haben auch eine für diese Arbeit aufschlußreiche Quelle herausgegeben: Landesbischof Meisers stenographische Aufzeichnungen und Mitschriften aus den Jahren 1933 bis 1935.[12]

Das Projekt des Instituts für Zeitgeschichte, "Widerstand und Verfolgung in Bayern", brachte im ersten Band seiner Veröffentlichungen eine kommentierte Dokumentation zur Lage der evangelischen Kirchengemeinden mit Volksmissions- und Visitationsberichten heraus.[13] Gerhard Hetzer, der am Projekt des IfZ beteiligt war, behandelt auch den evangelischen Kirchen- und Schulkampf in seiner kenntnisreichen Regionaluntersuchung über den Kulturkampf beider Konfessionen in Augsburg.[14] Für die evangelischen Gemeinden Münchens im Dritten Reich hat Anne Lore Bühler eine Studie mit vielen interessanten Einzelheiten veröffentlicht.[15] Ein Dissideratum der Forschung wäre jedoch eine Untersuchung über Nürnberg, den Hauptplatz des Kirchenkampfes in Bayern, ein Thema das Baier keinesfalls in seinen Arbeiten ausschöpfte.[16]

Die heisse Phase des bayerischen Kirchenkampfes im Oktober 1934 haben verschiedene Autoren behandelt wie Ian Kershaw in seiner Untersuchung über die Volksmeinung in Bayern,[17] Utho Grieser in seiner Studie über den Nürnberger Polzeipräsidenten Martin[18] und die kurzen Abhandlungen bei Edward Peterson[19] und Hermann Schirmer.[20] Das Thema Kirche und Politik in Bayern vor 1933 wird kurz angesprochen in Rainer Hambrechts gründlicher Untersuchung über den Aufstieg der NSDAP in Franken.[21]

Von den Beteiligten am bayerischen Kirchenkampf gibt es eine Reihe von wichtigen Veröffentlichungen, darunter das Buch von Heinrich Riedel über die Jugendarbeit,[22] den kurzen Erlebnisbericht von Oscar Daumiller,[23] den Sammelband von Augenzeugenberichten, herausgegeben von Helmut Winter,[24] die ausführlichen Erinnerungen von Hermann Dietzfelbinger,[25] Karl Geuder,[26] Walter Höchstädter,[27] und Karl Steinbauer,[28] sowie die für die theologische Fakultät in Erlangen aufschlußreichen Lebensberichte von Wolfgang Trillhaas[29] und Walther v. Loewenich.[30] Die Reaktion der Regierungstellen in Bayern auf den Konflikt mit beiden Kirchen haben die Quellenbände der Kommission für Zeitgeschichte, Die Kirchliche Lage in Bayern nach den Regierungspräsidentenberichten 1933-1943, einem breiten Publikum zugänglich gemacht.[31]

Die vorliegende Arbeit stellt den Versuch dar, die Anfangsgeschichte des Kirchenkampfes in Bayern "von unten her", wie ihn Pfarrer und Gemeinden erlebt haben, zu schreiben. Dabei wird der Kirchenkampf sowohl als eine innerkichliche Auseinandersetzung als auch ein Konflikt zwischen Kirche und NS-Herrschaft aufgefaßt, denn die Abwehr der Kirche gegen die Gleichschaltungsbestrebungen der parteinahestehenden Deutschen Christen ging einher mit dem Selbstbehauptungswillen der Kirche gegen die Totaleinvernahme durch den NS-Staat, was dem Kirchenkampf auch ein wichtiges politisches Moment verleiht. Damit die Darstellung nicht einseitig gerät, werden nicht nur die Reaktionen und Handlungen der einer Seite im Kirchenkampf, der sog. Bekenntnispfarrer, untersucht sondern auch die Einstellung anderer Gruppen, wie Kirchenleitung, NS-Pfarrer, Deutsche Christen, "Neutrale", kirchliche Meinungsträger und Verbände zu den geänderten Bedingung kirchlichen Lebens im Dritten Reich.

Um den Konflikt auf der unteren Ebene möglichst anschaulich zu machen, ist die vorliegende Studie in erster Linie als regionale Untersuchung konzipiert. Solch eine Vorgehensweise hat durchaus ihre Berechtigung, denn, wie Nicolaisen bemerkte[32] und in seiner Dokumentation eindrucksvoll demonstrierte,[33] war die NS-Kirchenpolitik keine einheitliche Größe, sondern änderte sich sowohl mit der Zeit als auch mit den Lokalitäten. In dieser Arbeit soll vor allem die besondere und wohl einmalige Konstellation in Mittelfranken veranschaulicht werden, wo eine NS-Gauleitung, die eine radikale Ausprägung der NS-Weltanschauung aktiv propagierte, einer Bevölkerung gegenüberstand, die außerhalb der Industriezentren noch intakte kirchliche Sitten und Wertvorstellungen zeigte, was sie wiederum nicht gehindert hat, vor 1933 in starkem Masse für die NSDAP zu stimmen.

Die vorliegende Arbeit illustriert die Entstehung und Anfangsphase des Kirchenkonflikts im Dritten Reich am Beispiel der Stadt und Region Weißenburg in Bayern. Die Entscheidung für Weißenburg geschah aus verschiedenen Gründen. Erstens, als eine für Mittelfranken sehr typische Kleinstadt mit Agrarumland kann Weißenburg stellvertretend für das protestantische Milieu in Franken, das Kernland der Evang.-Luth. Kirche in Bayern, stehen. Zweitens ist es in Weißenburg zu einem sehr ausgeprägten Konflikt im Dritten Reich gekommen, und zwar innerhalb der Kirche und auch zwischen der Kirche und den NS-Machtträgern. Dies lag zum größten Teil an den Besonderheiten der Stadt, vor allem an der ungewöhnlichen Personenkonstellation in der Pfarrerschaft, die keinesfalls für Bayern typisch war, die aber Weißenburg zum Mikrokosmos des bayerischen Kirchenkampfes macht. Drittens gibt es für Weißenburg eine relativ gute Quellenlage. Da diese dennoch eine lückenlose Darstellung nicht erlaubt und auch, um Vergleiche mit Weißenburg zu ermöglichen, werden andere Kirchengemeinden innerhalb und außerhalb des damaligen Bezirksamts Weißenburg herangezogen.

Als ein methodisches Problem stellte sich im Laufe der Forschungsarbeit heraus, daß von den damaligen Pfarrern in Weißenburg persönliche Aufzeichnungen und Predigten nicht aufgefunden werden konnten. Da die drei Weißenburger Pfarrer jedoch alle nachweisbar eine unterschiedliche Haltung im Kirchenkampf einnahmen, kann eine Beschreibung des Konflikts innerhalb der bayerischen Pfarrerschaft, die einen großen Teil dieser Arbeit einnimmt, auch dazu dienen, die Lage in Weißenburg zu klären, denn an diesem Konkfikt waren die Weißenburger Pfarrer besonders beteiligt.

Wenn in dieser Studie Bezug auf die Handlung der Kirchenleitung in München genommen wird, so geschieht dies hauptsächlich unter der Fragestellung: Was haben die Gemeindepfarrer davon gewußt? Wie wurden sie davon betroffen? Einige Hinweise auf vertrauliche, vor den Gemeindepfarrern verborgenen Handlungen sind hier und da aufgenommen, wenn sie Neues oder wenig Bekanntes zur Erforschung des bayerischen Kirchenkampfes beitragen.

Um den Blickwinkel "von unter her" möglichst konsequent durchzuführen, wurde sehr viel Gewicht auf die Informationsquellen der Pfarrer und Gemeinden gelegt; die ihnen zugänglichen Tageszeitungen, lokale und überregionale Kirchenblätter, kirchenoffizielle Mitteilungen und verschiedene Kommunikationsformen unter der Pfarrerschaft wurden daher systematisch untersucht. Auf all dem sowie auf den Informationen unentbehrlicher Akten aus verschiedenen Archiven fußt diese Arbeit. Einige Interviews mit Beteiligten haben wichtige Zusatzinformation in Form von persönlichen Erlebnissen und Personenbeschreibungen geliefert, wenn auch das menschliche Gedächtnis selten in der Lage ist, Ereignisse, die ein halbes Jahrhundert zurückliegen, zuverlässig zu rekonstruieren.

Für die hilfreiche Unterstützung der vielen Damen und Herren der Archive und Bibliotheken möchte ich mich hier bedanken, besonders aber den Mitarbeitern des Landeskirchlichen Archivs, Nürnberg, der Bibliothek des Landeskirchenrats und der Evang. Arbeitsgemeinschaft für kirchliche Zeitgeschichte, München, für ihre mehr als entgegenkommende Unterstützung.

Für die Anregung für diese Arbeit, die von der Universität München im Frühjahr 1987 als Dissertation angenommen wurde, bin ich, neben dem Betreuer, Prof. Dr. Thomas Nipperdey, auch Prof. Dr. Peter Hüttenberger, Prof. Dr. Martin Broszat und Frau Dr. Elke Fröhlich vom Projekt "Widerstand und Verfolgung in Bayern 1933-45" zu Dank verpflichtet.

Auf die Fehlersuche begaben sich meine Freunde Elisabeth Guhl, Renate von Schwerin, Peter Uhden, Ille Rohm, Bettina Birn, und Linde Birke-Ziegler. Der verständnisvollen Unterstützung meiner Frau, Anne Noel Heritage, verdanke ich, daß diese Arbeit überhaupt vollendet werden konnte.

II GRUNDLAGEN

1) Die Struktur der Stadt und des Bezirks Weißenburg

55 km südlich von Nürnberg liegt die Stadt Weißenburg in Bayern - in der Zeit dieser Untersuchung eine kreisfreie Stadt und Sitz des an der südlichen Grenze von Mittelfranken liegenden Bezirksamtes. Umgeben war Weißenburg von folgenden Bezirken: Gunzenhausen im Osten, der zum Industrieraum Nürnberg gehörende Bezirk Schwabach im Norden, die überwiegend katholischen Bezirke Hilpoltstein und Eichstätt im Osten bzw. im Süd-Osten, und der Schwäbische Kreis Donauwörth im Süd-Westen. Das Umland der Stadt Weißenburg umfaßt eine landschaftlich sehr vielseitige Region. Im Norden liegt das Rezatbecken mit seinem charakteristischen Sandboden. Westlich der Linie Weißenburg-Treuchtlingen befindet sich die fruchtbare Ebene der Altmühl, die vor allem für Weideland gut geeignet ist. Südlich und östlich von Weißenburg fängt der Fränkische Jura an mit seinen ausgedehnten Wäldern, eine wegen des rauhen Klimas und der porösen Jurakalksteinböden, die in trockenen Sommern zur Wasserarmut auf den Jurahochflächen führen, etwas weniger ertragreiche Agrarlandschaft. Auf der Jurahochfläche, unmittelbar an die Stadt angrenzend, befindet sich der 6000 Tagwerk große Weißenburger Wald, im Besitz der Stadt seit 1338. Im Süden des Bezirks liegt ein wichtiges Steinbruchgebiet um die Städte Langenaltheim und Solnhofen. Zwischen Treuchtlingen, Pappenheim und Solnhofen wird der Jura von der Altmühl durchschnitten. Durch den Bezirk verläuft auch die europäische Wasserscheide, denn das Wasser der Schwäbischen Rezat fließt in eine nördliche Richtung durch den Main und Rhein in die Nordsee; die Altmühl dagegen, als Nebenfluß der Donau, geht in das Schwarze Meer. Beim heutigen Dorf Graben hatte 793 Karl der Große versucht, die Altmühl und den Rezat mit einem Kanal zu verbinden; der scheiterte aber an den durchlässigen Kalksteinen dieser Region.[1]

Bevor die Stadt Weißenburg und die um sie liegende Region 1806 zu Bayern kamen, war das Gebiet in verschiedene Herrschaftsbereiche unterteilt. Im Süden des Bezirks lag die protestantische Grafschaft Pappenheim. Ebenfalls protestantisch war das Gebiet im Westen sowie ein Gürtel um die Stadt Weißenburg - beide gehörten zur Markgrafschaft Ansbach. Nördlich der Stadt lag das katholische Gebiet um Ellingen, Residenz des Landkomturs der Ballei Franken des Deutschen Ritterordens. Diese befand sich zuletzt im prächtigen, zwischen 1711 und 1721 errichteten Ellinger Schloß. Im Osten und im Norden um Pleinfeld gab es wiederum katholische Gemeinden, die zum Hochstift Eichstätt gehörten.[2] Weißenburg selbst, seit 1431 freie Reichsstadt, hatte sich

1530 der Reformation angeschlossen und blieb ohne Unterbrechung eine protestantische Stadt.[3]

Nur sechs von den 66 Gemeinden im Bezirk Weißenburg zählten 1925 mehr als tausend Einwohner: Ellingen (1625), Pleinfeld (1285), Langenaltheim (1641), Pappenheim (1900), Solnhofen (1171) und Treuchtlingen (4405).[4] Die konfessionelle Gliederung im Bezirk für das gleiche Jahr ergab 69,6% evangelische, 29,7% katholische und 0,6% jüdische Staatsbürger. Jüdische Gemeinde gab es nur in Treuchtlingen (119 Personen), Ellingen (38) und Pappenheim (10).[5] Im benachbarten Bezirk Gunzenhausen befand sich auch eine etwa zweihundert Personen starke jüdischen Gemeinde.[6] Seit ihrer Vertreibung im Jahre 1520 gab es keine jüdische Gemeinde als solche in Weißenburg.

Die Bevölkerungsentwicklung im Bezirk stagnierte vor allem dort, wo eine Agrarstruktur vorherrschte; zwischen 1840 und 1933 zeigte der Landkreis Weißenburg kaum Wachstum:[7]

1840	1880	1910	1933
27.932	27.402	28.541	28.220

Berücksichtigt man, daß einige Gemeinden, die eine gewisse Industrialisierung erfuhren, einen Bevölkerungszuwachs aufzuweisen hatten, dann ist sogar ein Bevölkerungsschwund in den Agrargebieten zu beobachten.

Die Stadt Weißenburg dagegen zeigt durch das 19. bis ins 20. Jahrhundert hinein ein stetiges Wachstum:[8]

1840	1855	1867	1885	1900	1910	1919	1925	1933
4927	5139	5718	6025	6550	7189	7285	7856	8358

Zwischen 1840 und 1933 erfuhr Weißenburg also einen Bevölkerungszuwachs von 69,6%. Verglichen mit den anderen kreisunmittelbaren Städten in Mittelfranken war dies im gleichen Zeitraum erheblich höher als das Wachstum in Dinkelsbühl (nur 2,7%) und Eichstätt (9,1%), aber ähnlich wie in Rothenburg ob der Tauber (72,5%), Schwabach (82,2%) und Ansbach (92,9%) und nur von den Industriezentren Erlangen (204,3%), Fürth (420%) und Nürnberg (776,5%) weit überflügelt.[9]

Die wirtschaftliche Entwicklung Weißenburgs wurde von den Auswirkungen des dreißigjährigen Krieges erheblich zurückgeworfen. Hungersnot und ein Ausbruch der Pest 1634 dezimierte die Bevölkerung. Nach dem Krieg lagen mehr als 2/3 des einst bebauten Landes um Weißenburg unbenutzt und verlassen, und wurden erst 1731 durch die Salzburger Emigranten zum Teil neubesiedelt.[10] Obwohl die Stadt nach dem Krieg politisch völlig bedeutungslos blieb, erlebte das wirtschaftliche Leben gegen das Ende des 18. Jahrhunderts einen Aufschwung durch die neuen Gold- und Silbertressenfabriken; die sogenannte leonische Industrie, die Gold- und Silbergespinste für Militäreffekte und

Kirchenparamente verarbeitete.[11] Diese Industrie wurde im 19. Jahrhundert noch weiter ausgebaut, so daß Weißenburg das Zentrum der leonischen Industrie in Deutschland wurde. Am Vorabend des ersten Weltkrieges gab es in der Stadt neun leonische Fabriken die rund 800 Arbeiter beschäftigten.[12]

Daß die Industrialisierung in Weißenburg rascher voranging als in manchen anderen vergleichbar großen fränkischen Städten verdankte die Stadt auch ihrer verkehrsgünstigen Lage an der Eisenbahnlinie Nürnberg-München, und an den Hauptstraßenverbindungen Nürnberg-Augsburg und Nürnberg-Ingolstadt-München. Die Stadt Treuchtlingen im Süden des Bezirks Weißenburg erfuhr durch die Eisenbahn ein großes Wachstum (1855 - 1.480 Einwohner; 1910 - 3.858 Einwohner)[13], denn hier am Bahnknotenpunkt fanden sehr viele eine Beschäftigung. Auch in Pleinfeld brachte die Bahn eine gewisse wirtschaftliche Belebung. Sonst änderte sich kaum etwas an der landwirtschaftlichen Grundstruktur des Bezirks.[14] Eine Ausnahme war die Steingewinnungs- und verarbeitungsindustrie am Süden des Bezirks um Langenaltheim und Solnhofen - beide Städte wuchsen stetig im 19. Jahrhundert:[15]

Langenaltheim - 1840: 1.029;   1919: 1.567
Solnhofen   - 1840:   620;   1919: 1.117

Weißenburg, 1868 zur kreisunmittelbaren Stadt erklärt, war sowohl wichtiger Marktumschlagplatz als auch Verwaltungszentrum und Sitz des Bezirksamts, Amtsgerichts, Finanzamts und anderer Behörden. Betrachtet man die Erwerbsstruktur der Stadt, so waren 1939 von 4.300 Erwerbspersonen 55,9% in Industrie und Handwerk, 16,6% in Handel und Verkehr 19,4% im öffentlichen Dienst und Dienstleistungsgewerbe, und 8,1% in der Land- und Forstwirtschaft tätig.[16] In der Erwerbsstruktur des Bezirks Weißenburg ist wie zu erwarten der Agrarsektor dominierend: von 15.600 Erwerbspersonen waren 61,8% in Land- und Forstwirtschaft, 22,6% in Industrie und Handwerk, 7,6% in Handel und Verkehr und 8% im öffentlichen Dienst und Dienstleistungsgewerbe tätig.[17] Vergleicht man die Zahlen für den Bezirk und die Stadt Weißenburg zusammen mit dem benachbarten Bezirk Gunzenhausen, so zeigt sich, daß eine stärkere Industrialisierung in Weißenburg stattgefunden hat:[18]

	Weißenburg (Stadt und Landkreis)	Gunzenhausen (Bezirk)
Land- und Forstwirtschaft	50,2%	71%
Industrie und Handwerk	29,6%	14%
Handel und Verkehr	8,9%	5%
Öffentlicher Dienst und Dienstleistungsgewerbe	11,3%	10%

Diese Tatsache wird später von Bedeutung sein, wenn z.B. die Kirchlichkeit der beiden Regionen verglichen wird.

Mit dem Ausbruch des ersten Weltkriegs begann für Weißenburg eine langanhaltende wirtschaftliche Krise. Die Hauptindustrie der Stadt - die leonische

Industrie -, die fast alle ihre Erzeugnisse ins Ausland exportierte,[19] kam 1914 zum Erliegen und konnte auch nach dem Krieg nur in erheblich reduziertem Maße weiter arbeiten.[20] Deshalb versuchte die Stadt eine breitere industrielle Basis zu schaffen, was ihr auch zum Teil gelang. Beispiele waren eine Eisengießerei, eine Metall- und Hornwarenfabrik, ein Sägewerksbetrieb, ein Marmorwerk und ein Zementwerk.

Die Weltwirtschaftskrise traf die industrialisierte Kleinstadt Weißenburg viel härter als die agrarstrukturierten Gemeinden des Bezirks. Das Zementwerk wurde beispielsweise stillgelegt, und die leonische Industrie mußte Betriebseinschränkungen mangels genügenden Absatzes einführen.[21] Obwohl die Arbeitslosenzahlen für den Arbeitsamtsbezirk Weißenburg, der die Landkreise Gunzenhausen, Weißenburg und Hilpoltstein umfaßte, weit unter dem bayerischen Durchschnitt lagen, wurden die industrialisierten Gebiete wie Weißenburg, Treuchtlingen und Langenaltheim doch die Hauptleidtragenden.[22]

Ein Lichtblick in der wirtschaftlichen Lage dieser Zeit war der Fremdenverkehr. Im Sommer 1929, anläßlich der 900-Jahr-Feier der Stadt, wurde eine neugeschaffene Freilichtbühne, das Weißenburger Bergwaldtheater, das 2000 Personen faßte, eröffnet.[23] Schon 1931 kamen 26.000 Besucher in die Stadt während der Festspielzeit.[24]

Auf dem Bildungssektor hatte Weißenburg viele Einrichtungen vorzuweisen: eine kombinierte Realschule und ein Progymnasium, eine Berufsfortbildungsschule und eine Landwirtschaftschule. Seit 1927 mußte die einheitliche Simultanschule einem dreiteiligen System weichen, das aus Simultanschule, katholischer Bekenntnisschule und evangelischer Bekenntnisschule bestand. Das Musikleben der Stadt wurde seit 1877 von der hauptamtlichen Kantorat- und Organistenstelle der St. Andreas Kirche mitgestaltet.

Eine große Zahl von Vereinen standen den Bürgern zur Verfügung: sieben Gesangsvereine, ein evangelischer Arbeiterverein, ein katholischer Gesellenverein, ein Heimatkundeverein und ein Volksbildungsverein. Auf den letztgenannten war der Erste Bürgermeister Dr. Fitz (1927-1933) besonders stolz. 1919 gegründet, zählte er 1929 mehr als 600 Familien als Mitglieder. Veranstaltet wurden Theatervorstellungen und Konzerte von auswärtigen Gruppen, Vorträge und Filmvorführungen. Die zwei Aufgaben des Volksbildungsvereins, in den Worten Dr. Fitz, waren:[25]

> "1) allen empfänglichen Volksgenossen Gelegenheit zur Anteilnahme an den geistigen Kulturgütern zu verschaffen und sie dadurch zu sich selber, d.h. zur Erkenntnis ihres tieferen seelischen Wesens, und zu ihrem Volke, d.h. zum Bewußtsein seiner kulturellen Größe, zu führen und 2) zwischen den politischen, wirtschaftlich und religiös auseinanderstrebenden Volksteilen ein geistiges Band zu knüpfen, in allen Deutschen

ein einheitliches Kulturbewußtsein zu wecken, dieses zum einheitlichen Volksbewußtsein zu steigern und damit die feste Grundlage für den wahren Volksstaat zu schaffen."
Darin ist auch ein Indiz dafür zu sehen, daß das bürgerliche Leben Weißenburgs eine gewisse Unabhängigkeit genoß, und daß die Kirchen als Hüter traditioneller Lebensformen hier oft mit einem Konkurrenten konfrontiert wurden.

2) Die Evangelische Kirche in Weißenburg: Geschichte, Struktur, Gesamtzusammenhang

Im Jahre 1930 feierten die evangelischen Bürger in Weißenburg eine 400-jährige ununterbrochene Geschichte als Reformationsstadt. Am 15. November 1530 hatten sich Rat und Bürgerschaft der Reichsstadt für die Confessio Augustana entschieden, indem sie den Reichstagsabschied von Augsburg ablehnten.[26] Durch die Übernahme der Brandenburg-Nürnbergischen Kirchenordnung von 1533, die prägend für das fränkische Luthertum war, erhielt und bewahrte die Kirche in Weißenburg eine lutherische Gestalt.[27] Im 18. Jahrhundert wurde der lutherische Charakter der Kirche Weißenburgs und der Umgebung durch die Salzburger Emigranten verstärkt, deren oft gepriesener Bekennermut zum wichtigsten Bestandteil des fränkischen Luthertums wurde.[28]

Weißenburgs Geschichte als Reichsstadt endete 1803 mit dem Reichsdeputationshauptschluß, als die Stadt, zusammen mit anderen fränkischen und schwäbischen Reichsstädten, von Bayern einverleibt wurde. Dies hatte auch Auswirkungen für die Kirche in Weißenburg, denn der neue, aufgeklärte bayerische Staat, der 1816 fast 1/4 evangelische Bevölkerungsanteile hatte, wollte seine Protestanten in einer kirchlichen Organisation zusammenfassen. Nach dem Protestantenedikt von 1818 hieß die neue kirchliche Organisation "Die Protestantische Gesamtgemeinde"; erst 1824 durfte man sich "Protestantische Kirche" nennen.[39] Oberhaupt oder summus episcopus dieser Kirche war der Landesherr, der katholische König, der die Ausübung des Kirchenregiments einer kirchenleitenden Behörde, dem Oberkonsistorium, übertrug, dessen Wirken vom Innenministerium und ab 1847 vom Kulturministerium überwacht wurde.[30] Dem Oberkonsistorium untergeordnet waren die Konsistorien in Ansbach, Bayreuth und Speyer. Die "Protestantische Kirche" im Königreich Bayern setzte sich zusammen aus den lutherischen und reformierten Gemeinden des linksrheinischen Gebiets, (die 1817 eine unionierte Kirche bildeten), den lutherischen-fränkischen Landgemeinden und Reichsstädten wie Nürnberg, Dinkelsbühl und Weißenburg, den mehr oder weniger reformierten Gemeinden der schwäbischen Reichsstädte und den zerstreuten evangelischen Gruppen in rein katholischen Gebieten wie Altbayern, der sogenannten evangelischen Diaspora.[31]

Die Trennung des pfälzischen Konsistorium in Speyer vom Münchener Oberkonsistorium und die erlangte Selbständigkeit der reformierten Gemeinden ebneten den Weg zu einer einheitlichen lutherischen Landeskirche im rechtsrheinischen Bayern. Die Berufung des orthodoxen Neulutheraner Adolf Harless 1852 zum Präsidenten des Oberkonsistoriums - der erste Geistliche auf dieser Stelle - markierte den Beginn einer neuen Ära für die evangelische Kirche Bayerns.[32] Ab März 1853 bezeichnete sich die Landeskirche, wenn auch nur kirchenintern, als "evangelisch-lutherisch".[33] 1854 kam ein gemeinsames Gesangbuch und 1856 eine Gottesdienstordnung heraus; zusammen mit dem Luther-Katechismus prägten sie für Jahrzehnte danach die lutherische Gestalt der bayerischen Landeskirche.[34] Einflußreich dabei war vor allem Pfarrer Wilhelm Löhe (1808-1872), der sich kompromißlos für die Bindung der Landeskirche an die lutherischen Bekenntnisschriften einsetzte. Sein 1853 gegründeter "Lutherischer Verein für weibliche Diakone" im fränkischen Neuendettelsau (16 km westlich von Ansbach), war als "ein Bekenntnis in Praxis zur lutherischen Kirche" gedacht und wurde ein Zentrum des fränkischen Luthertums.[35] Auch die Tatsache, daß die Erweckungsbewegung in Bayern eine konfessionelle Prägung hatte, trug zur Befestigung des lutherischen Charakters der Landeskirche bei.[36] Schließlich muß auch der Einfluß der konservativen, neulutherischen "Erlanger Theologie" erwähnt werden, denn an der Erlanger Theologischen Fakultät erhielten die meisten bayerischen Pfarrer ihre theologische Ausbildung.[37]

Während dieser innere Angleichungsprozeß in der Landeskirche vor sich ging, gewann die Organisation der Kirche immer mehr Selbständigkeit. 1881 erhielt die Generalsynode das Zustimmungsrecht, das die Macht des vom König eingesetzten Oberkonsistorium etwas einschränkte. Auch der im Jahre 1887 eingeführte Generalsynodalausschuß mußte vom Oberkonsistorioum in allen wichtigen Kirchenangelegenheiten angehört werden.[38] 1908 erhielt die Landeskirche das Recht, eigene Kirchensteuern zu erheben, und mit der Kirchengemeindeordnung im Jahre 1912 wurden die Gemeinden Rechtspersönlichkeiten.[39]

Der Sturz der Monarchie in Bayern im November 1918 schaffte eine unsichere Lage für die evangelische Kirche, da der König die oberste Regierungsgewalt (summus episcopus) in der Kirche hatte. Ohne diese Rechtsgrundlage lenkte das Oberkonsistorium in der Zwischenzeit das Geschehen, bis die Kirche sich eine Verfassung gab. Schwierigkeiten kamen auf, als der neue Staat in einer Verordnung vom 15. November 1918 die Summepiskopatsrechte über die evangelische Kirche für den Kultusminister beanspruchte.[40] Die Kirchenleitung aber wollte die Kirchengewalt nicht mehr beim Staat sehen und machte Vorbereitungen für eine neue Verfassung. Für die Tagung der außerordentlichen Generalsynode vom 23.-31.Juli 1919 holte man jedoch, wie üblich vor 1918, die Genehmigung der Staatsregierung ein, um den Anschein nicht zu erwecken, die Kirche gehe "revolutionär" vor.[41] Diese Tagung beschloß eine Notverfassung für den Fall der Aufhebung der staatlichen Gewalt über die Kirche. Mit dem Inkrafttreten der Reichsverfassung vom 11. August 1919 sah die Kirchenleitung diesen Fall verwirklicht. Die bayerische Staatsregierung zögerte zunächst, gab aber schließlich nach, und durch eine Verordnung vom 28. Januar 1920 erlangte die evangelische Kirche die langersehnte Selbständigkeit. Zu einer vollkommenen Trennung zwischen Staat und Kirche kam es aber nicht, denn nach Art. 137 der Weimarer Verfassung waren die Kirchen Körperschaften des öffentlichen Rechts und als solche erhielten sie Staatsleistungen und genoßen das Besteuerungsrecht. Am 17. August 1920 trat die verfassungsgebende Generalsynode in Ansbach zusammen, und am 10. September wurde die neue Verfassung verabschiedet.

Mit dieser Verfassung erhielt die Evangelish-Lutherische Kirche in Bayern, wie sie sich jetzt offiziell nannte, die Struktur, die auch für die NS-Zeit bestimmend war.

Die Leitung der Kirche übernahm an Stelle vom Oberkonsistorium nun der Landeskirchenrat (LKR). Das Kirchengebiet wurde in drei Kirchenkreise geteilt - Kirchenkreis Ansbach, Bayreuth und München - geleitet von je einem Kreisdekan, der gleichzeitig Mitglied des LKR war. Der Kreisdekan sollte eine oberhirtliche Tätigkeit über die Dekanatsbezirke seines Kreises ausüben.[42] In der Tat war für viele Gemeinden und Pfarrer der Kreisdekan die wichtigste persönliche Kontaktfigur zur Kirchenleitung; der LKR in München wurde häufig als eine entfernte Behörde angesehen. Neben dem Landeskirchenrat gab es auch eine Landessynode mit verstärktem Laienanteil; von 90 Mitgliedern wurden 84 gewählt, davon 28 geistliche und 56 weltliche. Die Frage, wo die eigentliche Kirchengewalt lag, wurde nicht eindeutig beantwortet, und das System blieb eine Mischung zwischen konsistorialen und synodalen Elementen.[43] 1924 wurde das Verhältnis zwischen Staat und Kirche vertraglich geregelt. Neben dem Kondordat mit Rom beschloß der bayerische Staat auch einen Vertrag mit der evangelischen Kirche, in dem die Selbständigkeit der Kirche neben dem Staat anerkannt wurde. Der Staat verpflichtete sich, gewisse Zahlungen an die Kirche weiterhin zu übernehmen. Das Weiterbestehen der Erlanger Theologischen Fakultät wurde garantiert, und der evangelische Religionsunterricht sollte ordentliches Lehrfach an Höheren- und Volksschulen bleiben.[44] Nur mit schwersten Bedenken nahm die Landessynode den Vertrag an, da man eine Parität zwischen der katholischen und der evangelischen Kirche im Vertragswerk vermißte. Nach kurzer Zeit jedoch herrschte generll Zufriedenheit darüber, daß das Verhältnis zum Staat - wenn auch nicht optimal - geregelt war.

Die bayerische Landeskirche hatte im Jahre 1925 1.596.450 Angehörige. Damit zählte sie zu den mittelgroßen deutschen Landeskirchen wie Württemberg (1.722.295) und Thüringen (1.479.670)[45] Auf das Reich übertragen, lebten ca. 4% aller Protestanten in Bayern (rechts des Rheins). Der Anteil der Evangelischen an der bayerischen Bevölkerung im gleichen Zeitraum war ca. 25%, mit Schwerpunkten in Mittelfranken (68,7%) und Oberfranken (59,7%). Als Minderheit lebten die Protestanten in Unterfranken (17,9%) und Oberbayern (8,7%).[46] Was die Kirchlichkeit anging, nahm die bayerische Landeskirche eine Spitzenposition ein. 1930 gingen 58,6% aller Evangelischen in Bayern einmal im Jahr zum Abendmahl - im Reich waren es dagegen nur 25,8%, in Württemberg 36,7% und in Hannover 40%.[47] Die Kirchenaustritte lagen in Bayern am niedrigsten - 1930 waren die absoluten Austrittszahlen 1670 oder 1,1%. Die Vergleichszahlen im Reich waren 215.000 oder 5,5%, in Württemberg 2.640 oder 1,5%, und in Hannover 7.250 oder 2,8%.[48] Bayern hatte auch das beste Verhältnis zwischen Pfarrstellen und Gemeindegliedern mit 1.320 Evangelischen auf einen Pfarrer. Im Reich gab es eine Pfarrstelle für 2.250, im Württemberg für 1.430, in Sachsen für 3.020 und in Hamburg für 8.400 Personen.[49]

Wenn man die Zahlen der Abendmahlskirchlichkeit in Bayern betrachtet, lag der Schwerpunkt der Landeskirche im Regierungsbezirk Mittelfranken; nirgend wo sonst in der Landeskirche gab es so viele Dekanate mit Werten über 87%.[50] Zu diesem Gebiet im Kirchenkreis Ansbach gehörte auch das Dekanat Weißenburg.

Im Jahre 1933 umfaßte der Kirchenkreis Ansbach 28 Dekanate, die alle - außer 4 - im Regierungsbezirk Mittelfranken lagen. Mit einer Seelenzahl von 730.000 war dieser Kirchenkreis der größte der Landeskirche.[51] Der Kreisdekan mit Sitz in Ansbach hatte es deshalb nicht leicht, seinen oberhirtlichen Verpflichtungen nachzukommen wie Betreuung der Pfarramtskandidanten, Ordinationen, Visitationen der Kirchenbezirke, Einführung der neuen Dekane, und Leitung der Dekanszusammenkünfte.[52]

Zu den Kirchenbezirken im Süden des Kreises gehörten einige benachbarte Bezirke des Dekanats Weißenburg, die in dieser Untersuchung oftmals Erwähnung finden. Westlich von Weißenburg lagen die Dekanate Gunzenhausen und Heidenheim, beide mit überwiegend ländlicher Struktur und einer intakten Kirchlichkeit.[53] Beide Dekanate umfaßten fast nur Gemeinden mit geschlossener evangelischer Bevölkerung. Insbesondere Gunzenhausen spielte eine wichtige Rolle in der Zeit des evangelischen Kirchenkampfes, denn hier kamen einige interessante Faktoren zusammen: eine Hochburg des Nationalsozialismus, ein Bollwerk des fränkischen Luthertums, eine Kleinstadt mit 5% jüdischer Bevölkerung, und der Sitz des Hensoltshöher Gemeinschaftsverbands, einer Organisation englisch-methodistischen Typus,[54] die häufig in Konflikt mit der Landeskirche lag, und deren Rektor, Parteigenosse seit Mai 1933, eine ausgeprägt NS-freundliche Einstellung zeigte.[55]

Südlich von Weißenburg lag das Dekanat Pappenheim mit 18 Pfarreien - davon 14 im Bezirksamt Weißenburg - 15 Pfarrstellen und 15.522 Evangelischen.[56] Im Jahre 1929 wurde das Dekanat Pappenheim dem Kirchenkreis München zugeteilt, um die verhälnismäßig kleine Seelenzahl des Kreises zu vergrößern.[54] Die meisten Gemeinden des Dekanatsbezirks waren geschlossen evangelisch, nur im Osten um Eichstätt gab es eine ausgesprochene Diaspora. Die größte Gemeinde des Bezirks war Treuchtlingen (3.263 Evangelische), gefolgt von Pappenheim (1.920) und Langenaltheim (1.593).[58] Aus den Pfarrarchiven dieser drei Gemeinden konnte für diese Untersuchung Material gefunden werden, das die Vorgänge im Dekanatsbezirk Weißenburg ergänzt. Die Abendmahlbeteiligung im Dekanat Pappenheim war relativ hoch,[59] niedrige Zahlen ergeben sich für Treuchtlingen (58%)[60] und für die Stadt Pappenheim (50%).[61] Die Stadt Treuchtlingen - fast zu einem Viertel katholisch - hatte eine starke Hensoltshöher Gemeinschaft von 200 Mitgliedern, die einen Kreis für sich bildeten.[62]

Der im Osten von Weißenburg liegende Dekanatsbezirk Thalmässing gehörte mit seinen 10 Pfarreien, 9 Pfarrstellen und 6.331 Evangelischen zu den kleinsten Dekanaten des Kirchenkreises Ansbach. Vier der Pfarreien lagen im Bezirksamt Weißenburg, darunter auch die Gemeinde Nennslingen, deren Pfarrer, Joseph Ruck, im Kirchenkampf Bedeutung als überzeugter Nationalsozialist (Pg. seit 1932) und als Deutscher Christ gewann. Das Dekanat Thalmässing hatte im Einklang mit seiner ländlichen Struktur eine intakte Kirchlichkeit.[63]

Das Dekanat Weißenburg gehörte mit seinen 15 Pfarrstellen und 12.470 Gemeindemitgliedern zu den mittelgroßen Bezirken des Kirchenkreises Ansbach.[64] Die Hälfte der betreuten Evangelischen waren in den 15 ländlichen Gemeinden des Dekanats wohnhaft. In der Altmühlebene lagen Alesheim, Emetzheim, Gundelsheim, Holzingen, Kattenhochstatt, Trommetsheim und Weimersheim - alle geschloßen evangelische Gemeinden mit Seelenzahlen zwischen 200 und 500, und 1930 alle mit Ausnahme von Holzingen mit Pfarrern versorgt.[65] Diese Gemeinden bildeten im Kirchenkampf das starke Rückgrat der Bekenntnisfront in Weißenburg. Auf der Jura-Hochfläche gab es nur 2 Gemeinden, die zum Dekanat Weißenburg gehörten: Oberhochstatt und Burgsalach, beide fast rein evangelisch mit Seelenzahlen von etwas über 600 je Gemeinde. Im Rezatbecken lagen Ellingen, Ettenstatt - die größte ländliche Gemeinde des Bezirks (846 Seelen) - und die kombinierten Pfarreien Höttingen und Weiboldshausen. Ellingen mit 22% evangelischem Bevölkerungsanteil war ein sogenanntes "exponiertes Vikariat" und betreute mit der Unterstützung der Weißenburger Geistlichen, die Evangelischen in Hörlbach, Pleinfeld und Wülzburg.[66] Die ländlichen Gemeinden des Kirchenbezirks Weißenburg zeigten eine sehr hohe Kirchlichkeit mit einer Abendmahlziffer von 139%.[67]

Die 15 Geistlichen des Dekanats Weißenburg bildeten ein Kapitel, eine Personalgemeinschaft unter den Pfarrern. Kapitelskonferenzen sollten allmonatlich stattfinden, geleitet unter normalen Umständen vom Dekan.[68] Oft kamen Zwei- oder Dreikapitelskonferenzen zusammen, mit den Pfarrern der angrenzenden Bezirke. Als Vertrauensmann der Geistlichen wurde ein Senior auf 6 Jahre gewählt, zu dessen Pflichten die Vertretung des Dekans gehörte. Im Dekanat Weißenburg war seit 1931 der Pfarrer in Kattenhochstatt, Gottfried Seiler, Kapitelssenior.

In der Stadt Weißenburg wurden 6.740 Protestanten von 3 Geistlichen betreut. 3 Kirchen standen der Gemeinde zur Verfügung: Als Hauptkirche die 1327 fertiggestellte, 1425 um einen Chor erweiterte Andreaskirche; die um die Mitte des 15. Jahrhunderts erbaute Spitalkirche; und die im 14. Jahrhundert errichtete Karmeliterkirche. Die Gemeindeglieder konnten ihren Seelsorger frei wählen, da es ein Personalsprengelsystem gab und nicht, wie sonst üblich, eine nach den Straßen der Stadt erfolgte Sprengeleinteilung. Dadurch hatte jeder Geistliche seine persönliche Gemeinde, ein Zustand, der in der Zeit des Kirchenkampfes die Spaltung der Gemeinde noch begünstigte.[69] In der Andreaskirche bestand noch das Kirchenstuhlrecht, was oft "recht mißlich" empfunden wurde, vor allem wenn Spätkommer ihre Plätze verlangten.[70] Die Kirchenstühle erbten sich in den Familien fort; andere konnten durch Kauf erworben werden. Dazu gab es auch viele Freistühle.

Wie es um das kirchliche Leben der Gemeinde Weißenburg bestellt war, erläutert die Pfarrbeschreibung vom November 1920:[71] "Wenn die Kirchlichkeit als ein Gradmesser der Religiosität gelten kann, so ist die hiesige Gemeinde im ganzen noch religiös gerichtet." Nur eine kleine Minderheit besuche im Jahr keinen Gottesdienst. Die Mehrzahl habe das Bedürfnis "im Hause Gottes einzukehren", auch wenn es manchmal nur Gewonnheit oder die Vorliebe für einen Prediger sei. Sonntags zähle man zahlreiche, an den Festtagen sehr zahlreiche Kirchenbesucher. Nur die Wochengottesdienste seien nur mäßig, hauptsächlich von Frauen besucht.

Der gleiche Berichterstatter stellte fest, daß "Bekennerfreudigkeit" eine seltene Erscheinung sei; die alten religiösen Sitten seien in vielen Familien nicht mehr anzutreffen.[72] Die Statistik bestätigt auch, daß das kirchliche Leben bedeutend schwächer in der Stadt Weißenburg war als in den ländlichen Gemeinden des Kirchenbezirks. Nach einem deutlichen Absinken nach dem Kriege, stieg die Abendmahlziffer erst 1926 auf 45%, den Stand vor 1914.[73] Diese niegrigen Zahlen aus Weißenburg drückten die Gesamtzahl des Dekanats auf ca. 88%.[74] Ein Vergleich mit den Weißenburg benachbarten Dekanaten ergibt folgendes Bild:[75]

Kirchenbezirk	Seelenzahl	Abendmahlziffer
Nürnberg	238.935	23,7%
Fürth i. B.	87.426	46,0%
Schwabach	25.517	71,4%
Altdorf	16.067	79,4%
Roth	10.061	73,5%
Windsbach	12.342	129,2%
Gunzenhausen	16.262	128,9%
Heidenheim	8.174	123,5%
Pappenheim	15.522	88,4%
Thalmässing	6.331	128,9%
Weißenburg	12.470	87,7%

Die Kirchenaustrittszahlen in der Gemeinde Weißenburg waren verhältnismäßig niedrig; in den zwanziger und frühen dreißiger Jahren lag der Durchschnitt bei 10 pro Jahr. Als Grund der Austritte wurde häufig "kommunistisch", "religionslos", oder "Freidenker" angegeben. Interessanterweise gingen die Austrittszahlen schon 1932 auf 2 zurück.[76] Die höchsten Austrittszahlen der Landeskirche gab es in diesem Zeitraum in Nürnberg, wo 1931 927 Protestanten ihre Kirche verließen,[77] oder 0,2% der evangelisch getauften Christen der Stadt.

Das Verhältnis zur katholischen Kirche in Weißenburg wurde in der Pfarrbeschreibung als allgemein gut bezeichnet.[78] Die katholische Gemeinde mit ihren 1659 Mitgliedern (21% der Bevölkerung) gehe nicht "agitatorisch" vor, ihr Pfarrer sei ein gemäßigt denkender Mensch. Außerdem wurde von einem "Zusammenschluß durch den antikirchlichen Zeitgeist" gesprochen, was allerdings nicht hieß, daß es zu irgendwelcher ökumenischen Aktivität kam. Man hat die andere Konfession weitgehend toleriert, nur gelegentliche Mischehen "belasteten" das Verhältnis.

Eine Gemeinschaftsbewegung war in Weißenburg vorhanden und gab dem Pfarramt oft Anlaß zur Sorge. Vor allem befürchtete man, daß die neueingesetzten Hensoltshöher Schwestern ins geistliche Amt übergreifen könnten.[79] Aber das Gemeinschaftsproblem in Weißenburg wurde dadurch weitgehend entschärft, indem das Pfarramt versuchte, durch Abhaltung von Evangelisationen und Bibelstunden, die Gemeinschaftsleute in die Gemeinde zu integrieren. Es wurde berichtet, daß eine von der Neuendettelsauer Heimatmission vom 9. bis 16.10.1932 durchgeführte Evangelisation eine gute Wirkung auf die Gemeinschaftsleute hatte, auch wenn die "gebildete Welt" und die Abseitsstehenden nicht erreicht wurden.[80]

Von den beiden Weißenburger Tageszeitungen zeigte sich die eher bürgerlich eingestellte "Weißenburger Zeitung" öfters bereit, Berichte über und von der Kirche zu übernehmen, obwohl auch das arbeiterfreundlichere "Weißenburger Tagblatt" den Kirchenzettel mit Gottesdienstzeiten und sonstigen Veranstaltungen der Kirchen abdruckte. Beide Zeitungen erreichten Auflagen von ca. 300 Exemplaren.[81] Von vielen gelesen war auch die national-konservativ eingestellte, evangelische Tageszeitung, die "Allgemeine Rundschau" aus Nürnberg-Zirndorf.[82] Anstelle eines nicht vorhandenen Gemeindeblatts lasen viele Gemeindeglieder das "Rothenburger Evangelische Sonntagsblatt".[83] Alle diese Zeitungen konnten für die vorliegende Untersuchung ausgewertet werden und erwiesen sich vor allem für die Zeit vor 1934 als sehr ergiebige Quellen.

Sind die Geschichte und Struktur der Kirche in Weißenburg wichtig für ein Verständnis des dortigen Kirchenkonfliktes in der NS-Zeit so ist eine Erklärung für die Heftigkeit dieses Konfliktes hauptsächlich in der Personenkonstellation der Pfarrerschaft in Weißenburg zu suchen, denn in diesem Punkt unterschied sich Weißenburg von den meisten anderen, vergleichbar großen protestantischen Städten in Bayern.

Inhaber der ersten Pfarrstelle und zugleich Dekan des Weißenburger Kirchenbezirks war seit 1930 der 1884 in Pfäfflingen geborene Freiherr Walter

Löffelholz von Colberg, der vor seiner Berufung vom LKR als Dekan 15 Jahre in Eschau (Unterfranken) Pfarrer war. Obwohl selbst von adliger Herkunft, fühlte sich Dekan von Löffelholz, selbst Pfarrersohn, dem Pfarrerstand mehr verbunden.[84] Anders als viele seiner Generation, die zur liberalen Theologie neigten, war er eher ein streng orthodoxer Lutheraner. Während seines Studiums in Leipzig und Erlangen wurde er stark beeinflußt von Theodor Zahn, Vertreter einer streng traditions-gebundenen Exegese, und von Ludwig Ihmels, einem Verfechter der Erlanger Schule.[85] Dekan von Löffelholz wurde als Pfarrkandidat damit ausgezeichnet, daß er 1907 das Predigerseminar in München zusammen mit drei anderen Theologen seines Jahrganges besuchen durfte.[86] Obwohl es nicht genau zutraf, hatte Dekan von Löffelholz den Ruf, hochkirchlich zu sein. Er war jedoch an der Liturgie sehr interessiert und auch Mitglied der Kommission für ein neues Gesangbuch.[87] In der Musik und in der deutschen Literatur kannte er sich sehr gut aus.[88] Er war mit den Worten Balthasar Dyroffs, "einer der letzten Vertreter einer feinen Verbindung von Humanismus und Christentum".[89] Politisch war Dekan von Löffelholz wie viele konservativ eingestellte Theologen seiner Zeit als deutsch-national zu bezeichnen,[90] nahm aber zugleich Anfang 1931 an der Landesversammlung des Christlich-sozialen Volksdiensts teil.[91] Schon vor 1933 nahm er eine skeptische Haltung zu Hitler an, da er als einer der wenigen Pfarrer das ganze "Mein Kampf" durchgelesen hatte.[92]

Die zweite Pfarrstelle, deren Besetzung der Kirchengemeinde zustand, hatte seit 1926 Pfarrer Heinrich Kalb inne. Am 2. April 1887 in Nürnberg geboren, 1911 unter die Predigtamtskandidaten aufgenommen, wurde Kalb vom 1914 bis 1917 Vereinsgeistlicher des Landesvereins für Innere Mission in Nürnberg. Bis 1915 war auch Hans Meiser bei der Inneren Mission in Nürnberg und es entstand eine Dutzfreundschaft zwischen ihm und Kalb.[93] 1917 wurde Kalb zum Pfarrer ernannt und 1918 bekam er seine erste Stelle in Kirchrüsselbach, einer kleinen Gemeinde von ca. 570 Seelen im Regierungsbezirk Oberfranken. 1926 siedelte er mit seiner Frau und sechs Söhnen - der siebte wurde zwei Jahre spater geboren - nach Weißenburg um. Am 1.10.1928 trat Kalb in die NSDAP ein und bekam die Nummer 101.381.[94] Zu dieser Zeit, nach der Reichstagswahl vom 20.5.1928, war die Partei in Weißenburg auf ihren Tiefstand gelangt, und wies eine Stärke von nur 7,7% (339 Stimmen) auf.[95] Als Motivation für Kalbs Beitritt zur NSDAP kann man vermuten, daß er verhindern wollte, daß die "neue Bewegung" für die Kirche verloren gehe, wie die Arbeiterschaft in den Großstädten zuvor - so wurde wenigstens von den Pfarrern argumentiert, die sich vor 1933 der völkischen Bewegung angeschlossen hatten.[96] Kalb war nämlich zuständig für die Betreuung des Evangelischen Arbeitervereins, dessen Vereinshaus zum Hauptversammlungsort der Weißenburger NSDAP wurde. Ende 1931 bat Kalb den OKR Meiser um Versetzung auf eine städtische Stelle,[97] angeblich um den Schulbesuch seiner 7 Söhnen zu erleichtern, aber sicherlich auch, weil keine zufriedenstellende Zusammenarbeit zwischen ihm und Dekan von Löffelholz zustande kam.[98]

Durch den Ruhestand des Seniors Albrecht wurde 1931 die dritte Pfarrstelle in Weißenburg frei. Auch für diese Pfarrstelle hatte die Kirchengemeinde das Präsentationsrecht. Der Kandidat, der vor allem vom Evangelischen Bund[99] in Weißenburg und in Bayern unterstützt wurde, war der 1896 geborene Adolf Rottler, ein Vertreter der sogenannten Frontgeneration.[100] Um Rottlers theologischen Standort näher zu bestimmen, hilft der Artikel, "Ein Gebot der Stunde," den er 1932 für das "Korrespondenzblatt", die Zeitschrift und das Meinungsforum der Pfarrerschaft in Bayern, geschrieben hat.[101] Seine Überzeugung nach erfordert die Zeit eine ecclesia militans. In Übereinstimmung mit dem Mecklenburgischen Landesbischof D. Rendtorff,[102] sah er die Notwendigkeit einen Kampf zu führen "gegen falschen Idealismus und falschen Nationalismus und endlich gegen eine unechte Kirche". Zu diesem Kampf gehöre es, daß die Kirche, falls sie wirklich Volkskirche sein wolle, evangelische Grundsätze im öffentlichen Leben geltend machen müsse. Dazu zitierte er den Generalsuperintendenten der Kurmark, Otto Dibelius, Autor des vielgelesenen "Das Jahrhundert der Kirche":[103]

> "Das Pfarrergeschlecht muß imstande sein, alle Lebensgebiete vor das Forum des Evangeliums zu fordern. Es muß imstande sein, der Nation zu sagen, wie eine Erziehung aussehen muß, wie ein Recht aussehen muß, wie eine Politik aussehen muß, wie eine soziale Arbeit aussehen muß, wenn sie vor dem Anspruch des Evangeliums bestehen soll."

Für Rottler setzt der Kampf der Kirche mit einer "Mobilisierung der Gemeinde" ein. Hier müsse der Pfarrer durch Sammlung und Schulung eine "Kerngemeinde" bilden, die als schlagkräftige, selbständige "Stoßtrupps" sich den Kämpfen der Zeit stelle.

Durch das Präsentationsrecht der Gemeinde für die zweite und dritte Pfarrstelle und auch durch das Personalsprengelsystem begünstigt, entstand schon vor 1933 eine Spannung innerhalb der Weißenburger Pfarrerschaft und Gemeinde. Zu dieser für die Konflikte in den ersten Jahren des Dritten Reiches ungünstige Ausgangslage kam noch hinzu, daß Weißenburg ein bevorzugter Ort für Pfarrer im Ruhestand war. 1933 waren es nicht weniger als 14 solcher Pfarrer, die in Weißenburg wohnten, die Hälfte davon im Emeritenheim im Kehlerweg 14.[104] Teils zurückgezogen, teils aber auch als Wächter über ihre jüngeren, aktiven Kollegen in Weißenburg, wurden die emeritierten

Pfarrer öfters um Unterstützung bei wichtigen Entscheidungen in der Gemeinde gebeten. Losgelöst von der Verantwortung des Amtes, aber noch zu den Honoratioren der Stadt zählend, konnte ein Pfarrer im Ruhestand viel freier seine Meinung zu den politischen und kirchlichen Ereignissen äußern. Wie davon Gebrauch gemacht worden ist, kommt in dem folgenden Kapitel zum Ausdruck.

Am politischen Leben der Stadt nahmen auch die aktiven Geistlichen teil. So war zum Beispiel ein Pfarrer im Berufsberatungsamt tätig, zwei Pfarrer im Städtischen Wohlfahrtsausschuß, davon einer im Spruchausschuß, ein Pfarrer im Bezirksfürsorgeausschuß des Bezirksamtes für die freie Jugendpflege, und ein Pfarrer und eine Diakonisse im Hauptausschuß des Städtischen Jugendamts für die freie Jugendpflege.[105]

III DIE KIRCHE UND DIE POLITISCHE LAGE IN WEIßENBURG VOR 1933

1) Die Zeit bis zur September-Reichstagswahl 1930

Um die Konflikte zwischen der Kirche und den politischen Machthabern in Weißenburg in der NS-Zeit besser zu verstehen, ist eine kurze Schilderung der Lage vor 1933 unentbehrlich, wobei der Aufstieg der NSDAP und die kirchliche Reaktion darauf im Mittelpunkt stehen muß.

Schon vor dem ersten Weltkrieg war die protestantische Wählerschaft in Weißenburg gespalten. Seinen Ausdruck fand dies an den Stammlokalen der zwei Richtungen: die Konservativen nannten sich nach ihrem Lokal, die "Bärenpartei", die liberale Gruppe hieß die "Adlerpartei".[1] Wenn für kurze Zeit nach dem Krieg auch in Weißenburg die Arbeiterschaft "das große Wort" führte,[2] so erholte sich die Gegenseite rasch. Bei den Reichstagswahlen vom 4. Mai 1924 erhielten in der Stadt Weißenburg der Völkische Block 40,6% und die DNVP 9,6% der Stimmen; die SPD gewann dagegen 30,2% und die KPD 8%. Nach dem Beginn der Normalisierungsphase der Weimarer Zeit Ende 1924 sank auch die Popularität der Völkischen. Bei der Reichstagswahl am 7. Dezember 1924 sahen die Ergebnisse in der Stadt Weißenburg folgendermaßen aus: SPD 33,2%; KPD 6,4%; DNVP 25%; Völkischer Block 21,5%.[4] Kennzeichnend für die Normalisierung auch in der Stadt Weißenburg war, daß bei den gleichzeitig abgehaltenen Gemeindewahlen nur drei Wahlvorschläge eingereicht wurden: die SPD, die KPD und der Nationale Bürgerblock unter Mitwirkung der Völkischen. Diese Vereinigung erhielt auch die meisten Mandate, zwölf, während die SPD und KPD sieben bzw. eins bekamen.[5]

Der Nationale Bürgerblock begann aber sehr früh auseinanderzufallen. Erstes Anzeichen dafür war die Neugründung der Ortsgruppe der NSDAP am 9.3.1925,[6] an der das Stadtratmitglied des Bürgerlichen Blocks, Justizinspektor Max Hetzner beteiligt war. Der führende Nationalsozialist in Weißenburg war Michael Gerstner, der schon im Februar 1923 Mitglied der NS-Ortsgruppe war und deren Auflösung im November 1923 nach dem Hitler Putsch miterlebte. Im ersten Weltkrieg durch den Verlust des linken Oberschenkels zu 90% schwerbeschädigt, hatte er nach kurzer gewerblich kaufmännischen Ausbildung die Stelle eines Verwalters an der Ortskrankenkasse.[7] Durch die Neugründung der NS Ortsgruppe im Mai 1925 zählte Weißenburg zu den ersten Städten in Franken, wo die NSDAP wieder aktiv wurde.[8] Der weitere Aufbau der Partei wurde in erster Linie von Gerstner und Hetzner vorangetrieben; die Leitung der Ortsgruppe übernahm Hetzner am 1.6.1928,[9] Gerstner wurde Kreisleiter für den Bezirk Weißenburg und auch Gauredner.[10]

Ein weiteres Indiz für die Spaltung innerhalb des Nationalen Bürgerblocks im Weißenburger Stadtrat war der Streit um die Wahl eines Ersten Bürgermeisters im Sommer 1927. Der erfolgreiche Kandidat, Dr. Hermann Fitz aus der Pfalz, wurde durch die Unterstützung der acht linken Stadträte und drei vom Bürgerblock mit elf zu zehn Stimmen gewählt. Als Bürgermeister versuchte Fitz am Anfang über den Parteien zu stehen, was ihm oft von den rechtsstehenden Bürgern übel genommen wurde. Als er im November 1928 versuchte, eine Totengedenkfeier abzuhalten, an der sich die ganze Bevölkerung ohne Parteiunterschied beteiligen sollte, stieß er auf die Opposition der "nationalen Kreise", die sein Verbot des Mitführens von Vereins- und Parteifahnen nicht hinnehmen wollten.[12] Die Feier hatte auch einen kirchlichen Akzent, denn die Ansprache hielt Pfarrer Veit aus Nürnberg, Sohn des Kirchenpräsidenten, und ehemaliger Weißenburger Pfarrer.[13]

Das Jahr 1928 sah eine weitere Abnahme der Stärke der Rechtsparteien: bei der Reichstagswahl am 20. Mai 1928 bekamen die DNVP 14,5% und die NSDAP nur 7,7% der Stimmen. Stärkste Partei in Weißenburg wurde die SPD mit 32,1%, gefolgt von der Mittelstandspartei mit 15%.[14]

Einige Ereignisse des Jahres 1929 waren auch für die weitere Entwicklung in Weißenburg wichtig. Zuerst fand im Mai 1929 die Wahl des neuen Kirchenvorstandes statt, bei der eine gewisse Gruppenbildung innerhalb der Gemeinde zutage trat. Es wurden nämlich drei Wahlzettel ausgegeben: ein offizieller von der Kirchenverwaltung, einer von der Christlichen Gemeinschaft und einer von dem Evangelischen Arbeiterverein. Die Weißenburger Zeitung beurteilte diese "Zersplitterung" als "eine für das kirchliche Leben nicht gerade erfreuliche Erscheinung."[15]

Unter den 15 erfolgreichen Bewerbern wurde an zweiter Stelle der NS-Stadtrat Max Hetnzer gewählt, der jetzt auch den Kirchenvorstand in seinem Sinne beeinflußen konnte. Auch gewählt wurden der Stadtrat Ludwig Bickel, der sich schon von dem Nationalen Bürgerblock distanziert hat, und Georg Thoma, zweiter Vorsitzender und Gründungsmitglied der Ortsgruppe des Christlichen Volksdienstes in Weißenburg.[16]

Mit der Gründung einer Ortsgruppe des Christlichen Volksdienstes (CVD) in Weißenburg am 4.Mai 1929 betrat eine kleine, aber wichtige Gruppierung die politische Bühne der Stadt. Der CVD war vor allem deshalb bemerkenswert, weil er den Versuch darstellt, eine protestantische Partei zu gründen und weil er eine zum Teil heftige Auseinandersetzung mit der immer stärker werdenden NSDAP führte.[17] 1924 in Württemberg gegründet, gab es schon Ende 1924 einen erfolgreichen CVD-Kandidaten bei der Nürnberger Gemeindewahl, den

34-jährigen Studienrat und Religionslehrer Hans Oberndörfer.[18] Obwohl der bayerische CVD bei der Landtagswahl 1928 leer ausging - 43.866 Stimmen (1,3%) reichten für ein Mandat nicht aus - war er 1929 in Hinblick auf die Gemeindewahlen am Ende des Jahres sehr aktiv bei der Gründung von Ortsgruppen, vor allem in Mittelfranken.[19] In Weißenburg hatte der CVD gleich am Anfang einen Stamm von 25 Mitgliedern, der in Kürze bis auf 100 erweitert werden sollte.[20]

Anfang Juli 1929 herrschte Hochstimmung in der Stadt als Weißenburg seine 900-jährige Reichsunmittelbarkeit feierte. Zu diesem Anlaß wurde die auf Bürgermeister Fitz's Initiative errichtete Freilichtbühne auf der bewaldeten Ludwigshöhe eingeweiht mit der Uraufführung des, von einigen Kirchenmitgliedern als zu frivol empfundenes Stück, "Weißenburger Waldspiels".[21] Bei der Feierlichkeit las auch der Weißenburger Heimatdichter, Pfarrer Wilhelm Albrecht, dessen Theaterstück, "Bürgertreu und Kaiserdank" von den Festspielplannern übergangen wurde, sein Gedicht, "Weißenburg, die Perle im Frankenland" vor.[22]

Nach diesen Tagen, an denen die Weißenburger sich "wie eine große Familie fühlten",[23] kehrte der politische Alltag wieder ein, besonders gekennzeichnet von der stärkeren Aktivität der NSDAP. Der dritte und letzte Reichsparteitag in Nürnberg vor 1933 am 4. August 1929, bei der 25.000 SA- und SS-Mitglieder anwesend waren,[24] mobilisierte auch die Weißenburger NS-Ortsgruppe.

Der zehnte Jahrestag der Weimarer Verfassung am 11.8.1929 machte die politische Kluft in der Stadt wieder deutlich. Eine offizielle, städtische Gedenkfeier fand im katholischen Gesellenhospiz statt, allerdings ohne die Anwesenheit der Ersten und Zweiten Bügermeister, die angeblich "verhindert" waren.[25] Teilgenommen haben in erster Linie junge Mitglieder des Reichsbanners Schwarz-Rot-Gold. Diese Feier, bei der der Redner Dr. Imhof den Weimarer Staat als "die freieste Demokratie der Welt" pries, war also fast ein Spiegelbild der Weimarer Koalition (SPD, Zentrum, DDP). Die andere Seite, fast ausschließlich konservative Protestanten, veranstaltete durch den "Ring Schwarz-Weiß-Rot" am gleichen Tag eine Kundgebung zum Verfassungstag im Evangelischen Vereinshaus. Der Redner, der DNVP Reichstagsabgeordnete und seit 1918 Erlanger Ordinarius für neutestamentliche Exegese, Dr. theol. Hermann Strathmann, legte dar, weshalb das deutsche Volk am Verfassungstag keinen Anlaß zu feiern hatte; er beklagte den "Parteienstaat" und betonte, durch den Versailler Vertrag sei Deutschland zum "Konzentrationslager" geworden.[26]

Kurz danach begann die Kampagne der DNVP, des Stahlhelms und der NSDAP - die sogenannte "nationale Opposition" - für das Volksbegehren gegen den Young-Plan. Obwohl nur 1075 Weißenburger bei dem Volksbegehren (vom 16. bis 19.10.1929) sich eingetragen hatten, waren es 1891, oder 34% der Wählerschaft, die am 22.12.1934 nach dem Ausbruch der Weltwirschaftskrise, den Volksentscheid unterstützten.[27] Bei der Wählermobilisierung vor allem für das Volksbegehren hat sich die NSDAP besonders stark hervorgetan.[28] Aber auch von kirchlicher Seite kam inoffizielle Unterstützung, als der seit 1927 in Weißenburg wohnhafte emeritierte Pfarrer Karl Kelber zur Feder griff und ein Gedicht "Zum Volksentscheid" verfasste.[29] Darin wurden alle Stände aufgerufen, durch ihr "Ja" die Nation aus ihren Ketten zu befreien.[30]

Auffallend an den Ergebnissen ist die große Unterstützung, die die "nationale Opposition" in den evangelischen Dörfern des Weißenburger Dekanatsbereichs bekam. Während im Bezirk Weißenburg 35% der Wähler für den Volksentscheid waren,[31] - in ganz Mittelfranken waren es 23,9% und im Reich nur 13,8%[32] - schwankten die Zahlen für die geschlossen evangelischen Dörfer zwischen 53% und 97%.[33]

Viel wichtiger als die ohnehin aussichtslose Kampagne gegen den Young-Plan, waren die am 8. Dezember stattfindenden Gemeindewahlen. In Weißenburg war der alte Nationaler Bürgerblock gespalten; die daraus entstandene Nationale Bürgerpartei konnte dennoch acht Mandate gewinnen.[34] Die Nationalsozialisten, die auf Weisung der Parteileitung eine eigene Liste aufstellten,[35] erhielten nur 11% der Stimmen und zwei Sitze im Stadtparlament. Wiedergewählt wurde Max Hetzner; neu dazu kam der Schlosser Ernst Groll. Eine neue Gruppierung, die Arbeitsgemeinschaft der Angestellten, Sozialrentner, Christlichen Gewerkschaften und des Christlichen Volksdienstes, gewann drei Mandate, obwohl der vierte Kandidat auf ihrer Liste, Georg Thoma vom CVD, nicht durchkam. Die Linksparteien büßten gegenüber 1924 ein Mandat ein: die SPD hatte nun sechs, die KPD wie bisher eins. Diese Parteienkonstellation im Stadtrat blieb bis 1933 bestehen, was ein zunehmendes Gefühl der Unterrepräsentiertheit bei der immer stärker werdenden NSDAP in den kommenden Jahren hervorrief.

Bei der Polarisierung der politischen Lage in Weißenburg verhielt sich die Kirche nicht immer neutral. Am Volkstrauertag im November 1929 gab es keinen Versuch mehr, eine offizielle Feier für die ganze Stadt zu veranstalten. Stattdessen versammelten sich die Kriegervereine am Heldenehrenmal und hörten ein Gedicht von Pfarrer Albrecht sowie eine Ansprache des NS-Mitglieds, Pfarrer Kalb, der mit seinen politischen Überzeugungen nicht zurückhielt; er schilderte ausführlich "die deutsche Not" und plädierte für eine Rückkehr "zum deutschen Glauben, zum Glauben an den großen Monarchen Jesus Christus".[36]

Der Christliche Volksdienst, der bei den Gemeindewahlen einige Erfolge verbuchen konnte (drei Sitze im Nürnberger Rathaus und mit vier zu zwei doppelt so viele Sitze im Treuchtlinger Stadtrat als die NSDAP),[37] konnte im Dezember seine Basis im Reich etwas erweitern. Die Christlich-Sozialen Stoecker'scher Prägung in der DNVP nahmen an dem Oppositionskurs ihres neuen Parteivorsitzenden Hugenberg Anstoß und bildeten zusammen mit dem CVD eine neue Partei: den Christlich-Sozialen Volksdienst (CSVD).[38] Bemerkenswerterweise hatte der CVD, der durchweg außenpolitisch national-konservativ eingestellt war, den Volksentscheid aus taktischen Gründen nicht unterstützt, weil er die "Einheitsfront" zerschlage und ein "verhetztes, zerklüftetes Volk" hinterlasse.[39]

Der neue Weißenburger Dekan, Freiherr Walter von Loeffelholz, der seinen Dienst am 1.1.1930 antrat, wurde gleich mit den politischen Realitäten der Stadt konfrontiert. In der Woche vor seiner Amtseinführung durch den Kreisdekan Rüdel, an der auch die Prominenz der Stadt einschließlich Bürgermeister Fitz teilnahm,[40] veranstaltete die NSDAP ihre erste öffentliche Versammlung des Jahres. Als Redner hatte man den früheren Leutnant Heines eingeladen, der wegen Fememord rechtskräftig verurteilt war, und der seine Tat in der Versammlung sogar rühmte: er habe den "Schuft und Judas durch eine ehrliche deutsche Kugel unschädlich gemacht."[41] Seine Rede erntete im überfüllten Goppeltsaal "stürmischen Beifall" und es gab "zahlreiche Neueintritte." Nur eine kritische Stimme erhob sich und bat die Partei um etwas mehr Mäßigung. Dem wurde gleich im nächsten Monat Rechnung getragen, als die Ortsgruppe den Pg. und bayerischen Landtagsabgeordneten Dr. Buttmann einlud.[42] Buttmann, ein moderater Nationalsozialist und Verfechter eines kirchenfreundlichen Standpunktes,[43] sprach in "sehr sachlicher Form" über die Ursachen der Erfolge des Nationalsozialismus. Zum Schluß dieser Versammlung gab es wiederum zahlreiche Neuaufnahmen. Im März setzte die NSDAP ihre Werbeaktivität fort mit einem - vor allem finanziell - sehr erfolgreichen Faschingsball.[44]

Zugleich wurde der neue Dekan mit dem Weißenburger Schulproblem konfrontiert, denn in Januar fand die Neueinschreibung für die drei Schulformen der Stadt - Simultan-, Evangelische-, und Katholische Schule - statt, wobei wieder ein in der Presse ausgetragener Streit zwischen Verfechtern der Bekenntnisschulen und Befürwortern einer einzigen Volksschule ausbrach.[45]

Anfang 1930 versuchte auch der Christliche Volksdienst in Weißenburg mehr Anhänger für seine Politik zu gewinnen. Am 22. Februar veranstaltete er einen Abend mit einem seiner prominentesten Vertreter in Bayern, dem Bürgermeister von Neustadt (bei Coburg) Dr. Edgar Stelzner, der im Oktober 1928 als bayerischer Landtagsabgeordneter des Völkischen Blocks zum CVD übergewechselt war.[46] In seiner Rede wurde die "vernunft-republikansiche" Haltung des Christlichen Volksdienstes deutlich. Das Ziel seiner Politik sei die Volksgemeinschaft: es müsse verhindert werden, daß das Volk in zwei Hälften auseinanderfällt. Der CSVD müsse den evangelischen Gedanken auch im öffentlichen Leben zu Wirksamkeit verhelfen und "eine Brücke bilden zwischen den durch widerstreitende Interessen zerklüfteten Schichten und Ständen.".[47] Auf der nächsten Versammlung des CSVD Ende Mai sprach der Reichstagsabgeordnete Gustav Hülser, der sich im Dezember 1929 von der DNVP gelöst hatte und zweiter Reichsführer des CSVD wurde.[48] In seinem Vortrag kamen einige Hauptanliegen des CSVD zum Ausdruck:[49]

"In dem der Christliche Volksdienst wieder das unter Gottes Gebot sich beugende Gewissen der Menschen als Triebfeder ihres Handelns aufzurufen bemüht ist, hofft er, allmählich im ganzen Volk Wiederhall zu schaffen für eine im Sinne des Christentums geleitete Politik."

Anfang 1930 etablierte sich eine andere evangelische Gruppierung in Weißenburg als am 21. Januar ein Zweigverein des Evangelischen Bundes mit 60 Mitgliedern gegründet wurde.[50] Der "Evangelische Bund zur Wahrung der deutsch-protestantischen Interessen" entstand 1886, um der vermeintlichen Bedrohung durch den politischen Katholizismus und Ultramontanismus zu entgegnen. Der Bund, der seinen Höhepunkt um 1914 mit 500.000 Mitgliedern erreichte, hatte um 1930 noch etwa 300.000 Mitglieder.[51] Er versuchte vor allem die "gebildeten Kreise" anzusprechen und sie für das kirchliche Leben zu interessieren.[52] Politisch war der Bund deutsch-national eingestellt.[53] Er bekämpfte zunehmend die Politik des CSVD - vor allem nachdem der Volksdienst die Bereitschaft zeigte, die Politik des Zentrumspolitikers und (seit März 1930) Reichskanzlers Heinrich Brüning zu unterstützen - und zeigte eine große Aufgeschloßenheit für die aufsteigende NSDAP. Um das Sebstverständnis des Evangelischen Bundes in Bayern zu kennzeichnen, genügen einige Zitate aus ihrer halboffiziellen, im Ton extrem antikatholischen Zeitschrift, die "Fränkische Wacht".[54] In einem Artikel, "Evangelische Kirche und Evangelischer Bund", plädierte Christian Fikenscher,[55] Vorsitzender des Hauptvereins des Evangelischen Bundes in Bayern, für ein stärkeres Selbstbewußtsein unter den bayerischen Protestanten:[56]

"Dort, wo seit den Tagen der Reformation eine nunmehr rund vierhundertjährige Geschichte Heimat und evangelischen Glauben miteinander aufs engste verbunden hat, hat der Protestantismus nicht das Gefühl des Geduldetseins, soll es auch nicht haben. Auch wir in Bayern brauchen einen Protestantismus, dem nicht die Rücksicht auf Andersgläubige, so gern sie geübt wird, sonder die Freude an der eigenen Art das Leben bestimmt.... Ein dumpfer pazifistischer Geist innerhalb des Protestantismus will Abrüstung unserer Wehrhaftigkeit gegenüber Rom. Es muß uns im Evangelischen Bund ganz gleichgültig sein, ob unter diesen auch sehr hochgestellte Protestanten sind. Uns handelt es sich um das Gewissen, um den alten Luthergeist und Lutherkampf. Nichts fürchtet Rom heute noch so sehr wie Luther."

Solche Rhetorik - die Gefahr von Rom, die Verteidigung des deutschen Volkstums - benutzte auch der Evangelische Bund in Weißenburg, um einen Vortrag von Professor Hoefler am 16. März in der Zeitung anzukündigen.[57] Hoefler, ein ordinierter evangelischer Pfarrer und Nürnberger Studienprofessor,[58] hatte schon 1924 die völkische Bewegung samt ihrem Antisemitismus glühend verteidigt.[59] In seinen Augen waren die Protestanten und die völkische Bewegung einig in ihrem Kampf gegen den Ultramontanismus.[60] Bei Hoeflers Auftreten in Weißenburg kam es zu einem Eklat mit den katholischen Bürgern der Stadt. Eine Gruppe Katholiken schrieb in einem öffentlichen Brief, daß die Ankündigung dieses Vortrages den seit Jahrzehnten andauernden konfessionellen Frieden in Weißenburg gebrochen hätten. Sie fuhren fort:[61]

"Wir sind der Meinung, in einer Zeit, in der der Unglaube mit solcher Macht gegen das Christentum anstürmt, hätten die Konfessionen etwas Besseres zu tun, als sich gegenseitig zu befehden."

Sie zeigten sich mit dem evangelischen Reichspräsidenten von Hindenburg einig, der eine "Überwindung der Trennung" wünschte, und baten die evangelischen Bürger der Stadt, den Weg des Evangelischen Bundes abzulehnen. In seiner Erwiderung machte der Evangelische Bund die Sache nur noch schlimmer; man wolle den Andersglaubenden schon respektieren, nur den Jesuitismus, der den nationalen Gedanken bekämpfe, müsse man ablehnen.[62] Darauf kam, wie zu erwarten war, von katholischer Seite eine Verteidigung des Jesuitenordens; wenn ein Jesuit sich kritisch gegen den Nationalismus geäußert haben soll, dann war es gegen einen Nationalismus, der "an Stelle des Gottesglaubens, den Wotansglauben eingeführt haben will".[63] Weitere Erwiderungen hat dann die Zeitung unterbunden.

Indessen ging die Aufbauarbeit der NSDAP weiter. Mit einer gezielt kirchenfreundlichen Demonstration fing die siebte Gautagung der sich im Aufbau befindlichen Hitlerjugend in Franken am Ostersonntag in Weißenburg an. 250 uniformierte Jugendliche, einschließlich der Weißenburger Ortsgruppe, nahmen an dem Nachmittagsgottesdienst in der Andreaskirche geschlossen teil, um danach einen Marsch durch die Stadt zu veranstalten.[64]

Pfingstsonntag markierte den Beginn der Festspielsaison im Weißenburger Bergwaldtheater, die bis zur ersten Septemberwoche dauerte.[65] Der Verkehrsverein der Stadt und Bürgermeister Fitz hatten sich bei der Organisation und Werbung für die Spiele große Mühe gemacht und sie hofften, daß Weißenburg dadurch eine genauso wichtige Rolle im Fremdenverkehr spielen würde wie Dinkelsbühl oder Rothenburg ob der Tauber. Aber die besorgniserregende Arbeitslosenzahl - Mitte Mai 1930 gab es 559 Arbeitslose in Weißenburg, verglichen mit 280 im Jahre 1929[66] - führte dazu, daß viele Bürger das finanziell riskante Unternehmen immer mehr in Frage stellten. Dr. Fitz aber vertrat den Standpunkt, daß die Entscheidung im Stadtrat für die Spiele jetzt von allen Bürgern getragen werden müsse und er kritisierte heftig die "Quertreiber, die nicht ihren Teil tun wollten".[67] Als Mitte Juni ein anonymer Brief in der Presse erschien, der den "pekuniären Erfolg" der Spiele anzweifelte, war für Fitz das Maß voll; er nannte die Schreiber des Briefes "versteckte Verräter" und forderte sie heraus, sich einer öffentlichen Versammlung zu stellen. Es kam dann heraus, daß der anonyme Brief von Pfarrer Albrecht stammte, und daß er nicht nur finanzielle Einwände gegen die Spiele hatte; das ganze Unternehmen würde das sittliche Leben der Stadt nicht gerade fördern, "von kirchlichem und gottesdienstlichem Leben nicht zu reden."[68] In einer von 24 Bürgern, darunter auch die drei Weißenburger Pfarrer, unterschriebenen Erklärung lehnten es die Unterzeichner ab, wegen der "beleidigenden Ausdrücke" von Fitz an der Versammlung teilzunehmen.[69] Der Verkehrsverein sprach jedoch in einer überfüllten öffentlichen Versammlung Dr. Fitz das Vertrauen aus und unterstützte das Theaterprojekt. Dabei fielen auch einige Spitzen gegen die Kirche, wie zum Beispiel: "Viele Menschen spürten beim Anhören eines guten Theaters mehr vom göttlichen Geist als in der Kirche."[70] Nach weiteren Verhandlungen mit den Unterzeichnern der Erklärung erreichte Fitz schließlich eine Einigung.[71] Aber durch die ganze Affäre hat die Kirche in den Augen vieler Bürger sich selbst sehr geschadet, auch als es sich herausstellte, daß die Spiele im Jahre 1930 ein Verlustgeschäft waren.[72]

2) Der Durchbruch der NSDAP und die politische Diskussion in der Kirche im Jahre 1931

Mitten in der Festspielzeit kam die Nachricht von der Auflösung des Reichstags und den Neuwahlen am 14. September 1930. Der Beginn des Wahlkampfes Ende August wurde begleitet von einem Bericht des Stadtrates über den neuesten Stand der Arbeitslosigkeit, die mit 685 (8% der Gesamtbevölkerung Weißenburgs) wieder angestiegen war und sogar mehr als ein Drittel der Arbeitssuchenden des Gesamtarbeitsbezirks ausmachte.[73]

Die erste Versammlung im Wahlkampf kündigte der Weißenburger CSVD mit einer Rede des Reichstagsabgeordneten Hermann Strathmann an, der Mitte 1930 von der DNVP zum CSVD überwechselte, weil er Hugenbergs Obstruktionspolitik als unvereinbar mit seinem Gewissen betrachtete.[74] Da Strathmann aber erkrankte, sprach an seiner Stelle eine führende Nürnberger Volksdienstpersönlichkeit, Karl Böhm,[75] bei dem die pietistische Komponente des CSVD deutlich zum Ausdruck kam; er beklagte zu Beispiel die Zerstörung der sittlichen Grundsätze und sagte, "wir wollen nicht politisieren sondern missionieren".[76] Der Besuch der Veranstaltung war spärlich.

Die erste NS-Wahlkampfversammlung war dagegen sehr gut besucht. Streichers "Mitkämpfer" und Schriftleiter des Stürmers, Karl Holz, einer der populärsten und radikalsten Redner der NSDAP in Nordbayern,[77] sprach 2 1/2 Stunden über "Deutschlands Schicksalswende".[78] Bei der Werbung für die Versammlung wurde der für Weißenburg ziemlich überflüssige Hinweis gegeben, daß Juden keinen Zutritt hätten.[79] In der Woche vor der Wahl veranstaltete die Weißenburger NS-Ortsgruppe ihre zweite und letzte Versammlung, diesmal im Evangelischen Vereinshaus mit einem Akademiker als Redner, dem ehemaligen Redakteur des Völkischen Beobachters Ludwig Franz Gengler.[80]

Am Tag vor der Wahl brachte der CSVD auch eine zweite Wahlversammlung zustande, mit Hermann Strathmann als Redner.[81] Im Wahlkampf versuchten die Redner des Volksdiestes ihren Wählern klarzumachen daß sie, im Gegensatz zu der Rechtsopposition von NSDAP und DNVP, eine "Katastrophenpolitik" ablehnten. Sie erklärten sich dazu bereit "am heutigen Staat" mitzuarbeiten und "jede verantwortungbewußte Regierung (zu) unterstützen".[82]

Die Wahlergebnisse brachten den erwarteten Machtzuwachs der NSDAP, wenn auch das Ausmaß überraschend hoch war. In der Stadt Weißenburg wurde die NSDAP auf einen Schlag stärkste Partei mit 1334 Stimmen (28,3%), ein Zuwachs gegenüber 1928 von fast 1000 Stimmen.[83] Zweitstärkste Partei war jetzt die SPD mit 1155 Stimmen (ein Verlust von 254 gegenüber 1928), gefolgt von der Mittelstandspartei (481), der KPD (410; 1928 - 272) und an fünfter Stelle der CSVD (392). Weit abgeschlagen wurde die DNVP (184); sie erlitt einen Verlust von 457 Stimmen gegenüber 1928. Die Wahlbeteiligung für Weißenburg lag bei 90,1% gegenüber 86% im Jahre 1928.

In den evangelischen Dörfern des Bezirksamts Weißenburg war die NSDAP jedoch nur in Ausnahmefällen zur stärksten Partei geworden. In Nennslingen, zum Beispiel, dem Geburtsort des Kreisleiters Gerstner, an dem der spätere

NS- und DC-Pfarrer Joseph Ruck amtierte, erreichte die NSDAP eine Stärke von 51%.[84] Sonst hat sich das Deutsches Landvolk (Christlich-nationale Bauern- und Landvolkpartei) die meisten Stimmen erobern können.[85] Im ganzen Bezirk Weißenburg sah die Verteilung so aus: Landvolk - 30,5%, NSDAP 20%, BVP 19%, SPD 16,5%, CSVD 4%. In den Steinbruchgebieten kam die NSDAP über den Bezirksdurchschnitt, vor allem dort, wo eine aktive NS-Ortsgruppe vorhanden war wie in Langenaltheim[86] - 40% NSDAP; 36% SPD. In den Eisenbahnstädten war sie auch erfolgreicher als auf dem flachen Land: Treuchtlingen - 27% NSDAP, 33% SPD, 12% CSVD; Pleinfeld - 24% NSDAP; 47% BVP.

Neben der NSDAP und dem Landvolk war der Christlich-Soziale Volksdienst die einzige unter den sonstigen Parteien, die bei den Reichstagswahlen 1930 noch Gewinne erzielen konnte. In Bayern hat sie ihren Stimmenanteil um 50% auf 67.000 gesteigert, und im Reich auf 868.807 oder 2,5% der Gesamtstimmen.[87] Dadurch bekam der CSVD 14 Sitze im Reichstag, darunter einen Sitz über die Reichsliste für den bayerischen Kandidaten, Hermann Strathmann.[88] Die Stärke des CSVD in Mittelfranken lag eindeutig in den Städten, und vor allem in Zentren der Gemeinschaftsbewegung, wie Gunzenhausen (18,8% CSVD), der Diakonissenarbeit, wie Neuendettelsau (27,3% CSVD), oder der Innern Mission, wie Altdorf (10,6% CSVD).[89] Obwohl viele Mitglieder der Landeskirche, vor allem Pfarrer, dem CSVD skeptisch gegenüber standen - weil der Volksdienst mit seiner Unterstützung aus Kreisen der Freikirchen und Gemeinschaftsbewegung eine etwas sektierische Erscheinungsform hatte oder weil eine evangelische Partei als eine für Lutheraner unzulässige Vermengung der zwei Reiche angesehen wurde - gelang es dem CSVD trotzdem einige wichtige Persönlichkeiten der Landeskirche für seine Partei zu gewinnen. Beispiele sind der Kemptener Dekan Georg Kern,[90] der später im Kirchenkampf als Ansbacher Kreisdekan eine herausragende Rolle spielte, der Schriftleiter des "Evangelischen Gemeindeblattes für München" und Mitglied der Landessynode Hans Pförtner,[91] der spätere DC-Pfarrer in Eibach, Dr. Ludwig Beer,[92] und auch der Weißenburger Dekan, Walther von Löffelholz, der im Januar 1931 als Delegierter an der CSVD-Landesverlammlung in Nürnberg teilnahm.[93] Auch dem Kirchenpräsidenten der Landeskirche, D.Friedrich Veit, wurden Sympathien für den Volksdienst nachgesagt.[94]

Stärkster Verlierer bei der Reichstagswahl war die Partei, die die meisten konservativen Protestanten bisher gewählt hatten: die Deutschnationalen. Der Stimmenanteil der DNVP in Franken ging 1930 von 25,8% im Jahre 1928 auf 2,6% zurück.[95] Die wichtigsten Nachfolgeparteien der DNVP - die Christlich-soziale Volksdienst in den Städten und das Landvolk in den agrarischen Gebieten - wurden zu Hauptzielscheiben der NS-Propaganda in den kommenden Jahren.

Am 2. November 1930 feierte die evangelische Gemeinde Weißenburgs, unter Beteiligung der Bürgermeister und den städtischen Beamten, das 400. Jahr der Einführung der Reformation in Weißenburg.[96] Ein sachlich-unpolemischer Zeitungsartikel von Pfarrer Kalb, der die Ereignisse vom November 1530 darstellte, bei denen eine Bürgerversammlung "ohne behördliche Nötigung" das Bekenntnis der Stadt zur Augsburger Confession beschloß,[97] stand einer kämpferischen Veranstaltung des Evangelischen Bundes - "Das gefährdete Lutherwerk und wir" - gegenüber.[98]

Der nächste Sonntag, der 9. November, war Heldengedenktag, und wiedereinmal hielt Pfarrer Kalb die Rede bei der Feier der Kriegervereine.[99] Er wünschte sich den Geist der Eintracht auch mit "den irregeleiteten Deutschen", und mit einem kaum versteckten Hinweis auf den neuerlichen Erfolg seiner Partei fuhr er fort:[100]

"Es regt sich bereits etwas Neues in unserem Volk. Wir spüren, wie neue Kräfte durch unser Volk strömen. Mehr und mehr sieht man es ein: 'Es leben heutzutage zuviele von Deutschland und zuwenige für Deutschland!' Mehr und mehr regt sich in unserm Volk der Widerstand gegen die Leichtfertigkeit und Fahrlässigkeit, die man bisher bei der Behandlung deutscher Lebensfragen bewiesen hat. Mehr und mehr erkennt man es: 'Ein edler Zorn ist dem Herrn lieb und ein mutiger Stolz, der sich nicht beugen läßt'."

Im Winter 1930/31, begleitet von immer steigender Arbeitslosigkeit,[101] kam es zu häufigen Zusammenstößen zwischen NSDAP und SPD. Ein Streitobjekt war die Benutzung des Evangelischen Vereinshauses als Versammlungsort. Der Evangelische Arbeiterverein, dem das Haus gehörte und dessen erster Vorstand Pfarrer Kalb war, stellte am 12. Dezember 1930 der SPD den Saal für eine Versammlung zur Verfügung. Kurz nach Beginn der Rede - "Können die Faschisten, die Nationalsozialisten, Deutschland regieren?" - verließen die anwesenden Nazis demonstrativ den Raum.[102] Bei der am nächsten Tag öffentlichen Gegenversammlung der NDSAP - laut Ankündigung sollten "den Zuhältern des internationalen Judentums ... Hören und Sehen vergehen" - verließ nun die SPD, die "Internationale" singend, den überfüllten Saal, begleitet vom "Horst Wessel Lied" seitens der Nationalsozialisten.[103]

Im Januar wurde die Lage noch verschärft, als die Nazis eine SPD-Versammlung im Evangelischen Vereinshaus sprengten.[104] Als das Reichsbanner durch die Stadt zum Versammlungsort marschierte, besetzten die Nazis, unterstützt durch SA aus Nürnberg, den ganzen Saal. Daraufhin verlegte die SPD ihre Versammlung in die städtische Turnhalle. Als die Braunhemden versuchten, auch hier einzudringen, wurden sie von der Polizei - mit 100 Mann Verstärkung aus Eichstätt - daran gehindert. Als am nächsten Tag, den 12. Januar, der NS-Ortsgruppenleiter, Justizinspektor Hetzner, seine Dienststelle verließ, mußte die Polizei etwa 100 demonstrierende Jugendliche zurückdrängen. Daraufhin erließen Stadtkommissär Baer und Bürgermeister Fitz ein vorläufiges Verbot von Zusammenrottungen oder Demonstrationen.[105] Die NSDAP hatte aber ihr Ziel erreicht, denn es fanden danach keine SPD-Versammlungen im Evangelischen Vereinshaus mehr statt. Bei der nächsten SPD-Versammlung am 1. Februar im Goppeltsaal war der Zutritt von Nazis seitens der SPD nicht gestattet.[106] Diese Praxis wurde auch bei weiteren SPD-Veranstaltungen zur Regel. Ein Antrag der NS-Stadträte im Stadtrat, wonach die Turnhalle für politische Versammlungen verboten werden sollte, wurde mit 17 zu 3 Stimmen abgelehnt; die Haltung von Fitz wurde als "äußerst korrekt" erklärt.[107]

Nach dem Eingreifen des Bürgermeisters und des Bezirksamtes entschärfte sich allmählich die Lage; auch die im Dezember und Januar andauernde Pressefehde zwischen SPD und NSDAP ließ im Februar langsam nach. Die Arbeitslosenzahl kletterte jedoch weiter bis zu einem neuen Höchststand von 1091 Mitte März.[108]

Die politische Spannung in der Stadt wurde Ende Februar - Anfang März durch die Ankündigung eines Vortragabends des Evangelischen Bundes im Evangelischen Vereinshaus auf ein anderes Gebiet verlagert.[109] Der Redner, Dr. Frenzel, Schriftleiter der "Fränkischen Wacht", gab als Thema an: "Der Vormarsch des Ultramontanismus und der Gottesleugnerei, und die protestantische Wehrpflicht." Dazu bemerkte der Weißenburger Evangelische Bund, nachdem er versichert hatte, die Gefühle der Andersgläubigen in der Stadt nicht verletzen zu wollen:

> "In unseren Tagen, wo wir das beklagenswerte Schauspiel erleben, daß der Ultramontanismus in Gestalt des Zentrums mit der christentumsfeindlichen Sozialdemokratie durch dick und dünn geht...ist es ein Verdienst des Evangelischen Bundes, auf die vorhandenen Gefahren aufmerksam zu machen."

Die katholischen Vereine antworteten darauf prompt, in dem sie sich vorbehaltlos zum Ultramontanismus und zum Jesuitenorden bekannten.[110]

Auch nach dem Vortrag wurde der Konflikt durch "Erwiderungen" in der Zeitung fortgesetzt. Erleichtert reagierten die katholischen Vereine, als sie erfuhren, daß Frenzel aus Nürnberg kam: "Unser Gegner ist auswärts. Die Konfessionen in Weißenburg wollen also, wie es scheint, in Frieden weiter leben."[111] Sie zitierten auch aus einem Vortrag, den Professor Hermann Bauer von dem Evangelischen Handwerkerverein in München gehalten hatte:[112]

> "...es sollen alle Parteien, die sich nah ihren offiziellen Programmen als christlich bezeichnen, gemeinsam und planmäßig den Kampf zur Rettung der christlichen und deutschen Gesellschaft aufnehmen."

Der Weißenburger Evangelische Bund stellte aber daraufhin fest, daß sie mit Frenzel übereinstimmten, und daß zum Beispiel das Zentrum "Landesverrat" auf seinem Banner hätte[113] - Frenzel hatte sogar den Reichskanzler Brüning (Zentrum) den "papsthörigen Reichskanzler" genannt.[114] In seiner letzten "Erwiderung", äußerte sich Frenzel ironisch über die "mannhafte Gesinnung der Weißenburger Katholiken" wegen ihrer irenischen Haltung. Er war offensichtlich darüber entrüstet, daß sie seinem Feindbild von Katholiken nicht entsprechen wollten.[115]

Angesichts der starken politischen Überzeugungen des Evangelischen Bundes - anti-Zentrum und anti-Sozialdemokratie - kam es nicht als Überraschung, daß der Bund sich mehr und mehr dem Nationalsozialismus näherte. Auf einer Gesamtvorstandsitzung Anfang Juni hielt der Präsident des Bundes, Hermann Kremers, eine programmatische, später im Druck erschienene Rede über "Nationalsozialismus und Protestantismus".[116] Der Nationalsozialismus sei als "geistige Erscheinung" zu werten, weil er auf den Ideen des Houston Stewart Chamberlain basiere. Auch Rosenbergs "Mythus" sei sehr zu empfehlen, vor allem wegen seines Kampfes gegen Rom u. Papsttum. Rosenbergs Versuch eine "Ersatzreligion" aufzustellen sei zwar bedauerlich, zeige aber, daß der Nationalsozialismus im Grunde eine Laienbewegung sei. Kremers hatte nur die Befürchtung, daß Hitler sich von dem "antirömischen Affekt" lösen könnte, was der Sache der Partei sehr schaden würde.

Diese politische Einstellung des Evangelischen Bundes war auch gegen den Volksdienst gerichtet, der im Reichstag die Regierung Brüning weitgehend unterstützte - eine Haltung, die ihm viele seine Wähler übelnahmen.[117] Obwohl der CSVD sich in seiner Zeitschrift gegen Angriffe von NSDAP, DNVP und Evangelischem Bund zur Wehr setzte, ließ die Weißenburger Ortsgruppe des Volksdiensts jedoch das ganze Jahr 1931 verstreichen ohne öffentliche Veranstaltungen. Als in erster Linie Honoratiorenpartei in Weißenburg war sie anscheinend nur in der Lage, vor einem Wahlkampf tätig zu werden.[118] Dabei hatte sie aber 1931, ein Jahr ohne Wahlen in Bayern, viel Terrain an die sehr rührige und straff organisierte NSDAP verloren.

Während dieser im Grunde politische Konflikt zwischen den Konfessionen ausgetragen wurde, fand eine andere Kontroverse in Weißenburg statt - zwischen der Evangelischen Landeskirche und der NSDAP. Der Auslöser war eine Rede, die der Kirchenpräsident D. Veit im Februar vor dem Evangelischen Handwerkerverein in München über die Schulfrage hielt. Veit warnte sowohl vor der Gefahr des Bolschewismus als auch, ohne die NSDAP zu nennen, vor der Gefahr einer "völkischen Religion":[119]

"Auch die völkische Bewegung bildet...einen Gegenstand ernster Sorge. Man will nicht mehr demütig auf die Botschaft des Evangeliums hören, sondern will sich aus den Tiefen der eigenen Seele etwas wie eine neue Religion formen..."

Dieser Vortrag fand große Beachtung in der Presse und wurde oft mit der Überschrift, "Kirchenpräsident D. Veit gegen die völkische Religion", eingeleitet.[120] Diese Berichterstattung hat wohl auch Julius Streicher bemerkt, der sich bemüßigt fühlte, einen Gegenangriff zu starten. In typischer "Stürmer"-Art, attackierte er den Kirchenpräsidenten persönlich mit der Schlagzeile: "Achtung! Wer kann Auskunft geben über die Abstammung des Kirchenpräsidenten D. Veit?"[121]

Zu Veits Verteidigung kam die evangelische Tageszeitung, "Die Allgemeine Rundschau".[122] Der Angriff auf den bayerischen Kirchenpräsidenten im "Stürmer" sei unerhört. Veit habe kein Wort gegen die politische Partei der Nationalsozialisten gesagt. Er habe "in einem kirchlich gesinnten Kreis gewarnt...vor der religiösen Verirrung der völkischen Religion, die das Christentum ablehnt, ja sogar bekämpft." Zum Schluß fragte die Zeitung: "Was sagt die offizielle Parteileitung der NSDAP?"

Ein Protestschreiben, unterzeichnet von 21 Nürnberger Pfarrern, ging an die NSDAP Landesleitung in München mit der Bitte um Stellungnahme "zu dieser Auslassung im 'Stürmer', die wir als grobe Verunglimpfung unseres verehrten Herrn Kirchenpräsidenten empfinden."[123]

Als die Kontroverse noch im Gange war, sprach Streicher in Weißenburg vor einer Versammlung im Evangelischen Vereinshaus am 2. März, eingeleitet, wie üblich von Ortsgruppenleiter Hetzner.[124] Nach einer stürmischen Begrüßung ging Streicher auf die Ausführungen des Kirchenpräsidenten, die er wahrscheinlich gar nicht gelesen hatte, ein und stellt fest: "Daß die NSDAP sich nicht um konfessionelle Angelegenheiten kümmert und die Kirche daher sich auch nicht in politische Sachen einzumischen braucht." Streicher fühlte sich außerdem berechtigt, sich zu der Frage im "Stürmer" zu äußern, da er in der Angelegenheit "zahlreiche Briefe und Bilder, darunter solche von protestantischen Geistlichen, erhalten" habe.[125] Dann fuhr er fort mit seinem eigentlichen Thema: "Die Geheimnisse der Weltverschwörer".

Am nächsten Abend tagte der Weißenburger Kirchenvorstand. Beeinflußt vom Kirchenvorsteher Hetzner, und in völliger Verkennung der eigentlichen Sachlage, beschloß man folgendes Schreiben an den Landeskirchenrat in München zu schicken:[126]

"Der Kirchenvorstand bedauert lebhaft die in den letzten Tagen durch die Presse gegangene Verlautbarung des Herrn Kirchenpräsidenten, in der er die Völkische Bewegung als kirchenfeindlich ablehnt. Diese Verlaut-

> barung muß die Gefühle vieler Millionen kirchentreuer Protestanten, die
> in der Völkischen Bewegung die einzige Möglichkeit zur Rettung ihres
> Volkes sehen, auf schmerzlichste verletzen, zumal sie der Völkischen
> Bewegung ganz zu unrecht kirchenfeindliche Tendenzen anhängt. Sie war
> auch zeitlich vollständig unangebracht, weil wenige Wochen vorher die
> Freisinger Bischofskonferenz in ähnlich abfälligem Sinn sich über die
> völkischen Bewegung geäußert hat.(127) Dadurch muß der Anschein erweckt
> werden, daß zwischen den beiden christlichen Kirchen ein stilles Über-
> einkommen zur Bekämpfung der Deutschen Freiheitsbewegung besteht. Der
> Kirchenvorstand ist der Meinung, daß diese Haltung des Kirchenregimen-
> tes, die unabsehbare Folgen nach sich ziehen kann, nicht zu vereinbaren
> ist mit dem streitbaren, freiheitlichen Deutschen Luthergeist, der
> gerade in den letzten Jahren in einer Unzahl von Jubiläumsfeiern den
> Deutschen Protestanten immer wieder als leuchtendes Vorbild vor die
> Seele gestellt wurde."

Der Wortlaut dieses Schreibens deutet ziemlich klar auf ein Zusammenwirken zwischen Nationalsozialisten und Mitgliedern des Evangelischen Bundes im Kirchenvorstand. Wie isoliert Dekan von Löffelholz mit seiner Sympathie für den Volksdienst im Kirchenvorstand war, zeigt Punkt zwei des Schreiben an den LKR:[128]

> "Der Kirchenvorstand stellt an den Evang.-Luth. Landeskirchenrat das
> Ersuchen, den Geistlichen der Landeskirche zu verbieten, Beiträge zu
> der CV (Christlicher Volksdienst, d.Verf.) Zeitung zu liefern."

Die Zeitung des CSVD, "Der Volksdienst", war eine der wenigen kritischen Stimmen zum Nationalsozialismus, hauptsächlich zu dessen Weltanschauung in evangelischen Kreisen. Geistliche, die Beiträge im "Volksdienst" veröffentlicht haben, waren zum Beispiel Dekan Kern und vor allem Theologieprofessor Strathmann.

Der LKR, in seiner Antwort an den Weißenburger Kirchenvorstand lehnte es ab, sich näher zu Veits Vortrag zu äußern, da dessen Inhalt hinlänglich bekannt sei. Zu Punkt zwei schrieb der LKR:[129]

> "Wir sind aber auch nicht in der Lage, den betreffs der C.V. Zeitung
> geäußerten Wünschen zu entsprechen. Was zunächst das Erlassen eines
> Verbotes anbelangt, daß Geistliche unserer Landeskirche Beiträge zu
> dieser Zeitung liefern, so vermissen wir nähere Begründung, wiefern
> Anlaß zu einem solchen allgemeinen Verbot gegeben ist. Wir glauben
> auch, der Entscheidung und das Taktgefühl des einzelnen Geistlichen
> anheimgeben zu dürfen, wiefern er Beiträge für eine Zeitung oder Zeit-
> schrift liefern kann..."

Von der Landesleitung der NSDAP kam keine Stellungnahme in dieser Angelegenheit,[130] und Streicher selbst versuchte in der nächsten Ausgabe des "Stürmers" die Sache zu verharmlosen. Der "Volksdienst" meinte, daß keine Antwort der NS-Leitung auch eine Art Antwort sei, und fuhr fort mit einer scharfen Kritik an den bayerischen Pfarrern, die der NSDAP beigetreten waren:

> "Daß sie (die NS-Pfarrer, d.Verf.) die Entgleisung Streichers nicht
> verhindern konnten, versteht der, der Streicher kennt. Daß ihr Einfluß

aber nicht so weit reicht, um eine offizielle Mißbilligung des Vorgehens Streichers in diesem eklatanten Falle zu erreichen, wirft ein bezeichnendes Schlaglicht auf ihren Einfluß in der Partei. Um Hakenkreuzfahnen zu weihen und um als evangelische Pfarrer den evangelischen Volksdienst zu bekämpfen, dazu sind sie der Partei gut genug, die nicht einmal die einfachsten Anstandspflichten gegenüber dem ersten Vorgesetzten dieser Pfarrer und dem Leiter der evangelischen Kirche, der sie dienen, zu erfüllen bereit ist."

In der Tat, gab es 1931 in Bayern nicht sehr viele evangelische NS-Pfarrer,[131] aber einige davon haben die NSDAP sehr offen unterstützt, und dabei den Volksdienst auch heftig bekämpft. Im Januar 1931 zum Beispiel, sprach in Nürnberg-Gostenhof Pg. Stadtvikar Schultz vor einer NS-Versammlung, zu der Volksdienstanhänger besonders eingeladen wurden. Unter scharfer Kritik an den CSVD, pries er den Nationalsozialismus als einzigen "Vorkämpfer gegen das Antichristentum".[132] Ein keinesfalls typisches Beispiel war der Ansbacher Gemeindpfarrer Max Sauerteig, Pg. seit 1925, Redner in "unzähligen Versammlung" und mehrmals vor 1933 Gastgeber für Hitler in seiner Ansbacher Wohnung.[133] Bei einer NS-Versammlung in Kulmbach in Januar 1931, warf Sauerteig dem Volksdienst vor, er unterstütze "das System der Gottlosigkeit und Korruption".[134] Dabei trat er sogar "mit Entschiedenheit" für den "Stürmer" und dessen Herausgeber Streicher ein, ein Mann, der für andere NS-Pfarrer in Franken wohl eher ein Ärgernis darstellte. Auf der Kulmbacher Versammlung erhielt Sauerteig auch Unterstützung von Friedrich Klein, Gemeindpfarrer in Grafengehaig (Dekanat Kulmbach) und Pg. seit 1929.[135] Klein hatte es in Oberfranken etwas leichter, wo Gauleiter Hans Schemm eine betont kirchenfreundliche Taktik einschlug, charakterisiert durch seinen immer wiederkehrenden Satz: "Unsere Religion heißt Christus und unsere Politik heißt Deutschland".[136] Schemm ist es wohl auch zu verdanken, daß vor allem in Oberfranken viele evangelische Geistliche eingeschriebene Mitglieder der NSDAP wurden.[137]

Ein anderer "alter Kämpfer" unter den NS-Pfarrern, Pfr. Dr. Martin Weigel, Nürnberg, beglückte Weißenburg am 8. Mai 1931 mit einer Rede über "Nationalsozialismus und Christentum" im Evangelischen Vereinshaus.[138] Nach Weigel gehörten Christentum und Nationalsozialismus eng zusammen: "Sittliche Reinheit und Selbstaufopferung sind die Grundzüge des Nationalsozialismus und diese waren auch der Leitstern unseres Erlösers Jesus Christus." Vor dem "drohenden Untergang" sei die einzige Rettung "Vaterlandsliebe und Rassenbewußtsein". Auch die NS-Rassenideologie konnte Weigel mit seinem Glauben verbinden: "Erste Pflicht ist für ein Volk das Blut rein zu halten, darum muß der Deutsche deutsche Art für sich und seine Kinder bewahren. Das ist Christentum." Anders als Sauerteig stand Pfr. Weigel nicht im Gemeidedienst;

im gleichen Jahr als er der NSDAP beitratt (1925) ging er 59jährig zunächst zeitlich, und ab 1927 dauernd in Ruhestand.[139] Als NS-Redner sprach er bei etwa 400-500 Gelegenheiten, zweimal sogar in Gegenwart Hitlers. Da er als Pfarrer im Ruhestand sich nicht an die Richtlinien der Kirchenleitung gebunden fühlte, hatte er ab 1926 mehrmals NS-Fahnen geweiht.[140]

Diese Beispiele von evangelischen Pfarrern die öffentlich für die NSDAP warben, waren 1931 gewiss Ausnahmeerscheinungen in Bayern. Als der Volksdienst Reichstagsabgeordnete Paul Bausch aus Württemberg Anfang 1931 in einem Artikel "Hakenkreuz oder Christenkreuz" beklagte, daß "junge und alte Theologen der evangelischen Kirche scharenweise zum Nationalsozialismus überlaufen",[141] konnte eine Woche später Hans Oberndörfer feststellen:[142]

"Interessant aber ist immerhin die Tatsache, daß im Ursprungsland des Nationalsozialismus, in Bayern, die in dem Aufsatz 'Hakenkreuz oder Christenkreuz' gemachten Feststellungen nicht oder nur in seltenen Ausnahmefällen zutreffen."

In der Tat hatte Anfang 1931 die große Mehrheit der bayerischen Pfarrer noch keine Stellung zur NS-Bewegung bezogen. Dies zeigt zum Beispiel die vielgeachtete Rede, die der Stadtvikar Eduard Putz am 7. Januar 1931 auf der Steinacher Konferenz hielt, in der er die "oberflächliche Haltung vieler Christen" zum Nationalsozialismus als "beschämend" darstellte:[143]

"Es vollzieht sich unter unseren Augen um uns herum, am Leib unseres Volks ein riesenhafter Kampf, eine ungeheure Umwandlung und wir haben weithin keine Ahnung davon. Und wiewohl hier Seelen bewegt werden, Leidenschaften toben, halten wir es nicht für nötig ernsthaft darüber nachzudenken."

Dieser Vortrag war vor allem wegen der positiven Resonanz, die er in der Pfarrerschaft gefunden hat, bemerkenswert. Er wurde als "sachlich und tief schürfend",[144] als eine Rede ohne "jede politische Stellungnahme" bezeichnet;[145] ein Urteil, daß umso befremdender wirkt, wenn man den Text des Vortrags genauer untersucht.

Der 23jährige Theologe Putz sprach vor einer wesentlich älteren Zuhörerschaft, als einer, der sich der NS-Bewegung während seiner Studienzeit in Tübingen und Erlangen angeschlossen hatte.[146] Er wurde 1927 Parteigenosse und SA-Mann, was unter den Studenten in Erlangen nicht ungewöhnlich war, wo der NS-Deutsche Studentenbund schon 1929 bei hoher Wahlbeteiligung die absolute Mehrheit bei der AStA-Wahl gewann.[147] In seinem Referat in Steinach verschwieg Puzt seine politische Überzeugung keinesfalls, vor allem als er feststellte:[148]

"Und doch soll uns die Tatsache sehr zu denken geben, daß es doch außer Zweifel steht, daß der Nationalsozialismus das einzige und letzte Bollwerk gegen den Bolschewismus in Deutschland ist."

Putz nahm fast selbstverständlich die allzu vereinfachte NS-Einschätzung der politischen Lage und deren Feindbilder hin: Liberalismus und dessen Früchte Bolschewismus, Internationalismus, Pazifismus. Er verschwieg allerdings nicht die christliche Kritik an dem Nationalsozialismus: Wenn die Partei tatsächlich "Rassenvergötzung" als offzielle Lehre aufstelle, "dann dürfte kein Christ Nationalsozialist sein". Jedoch, obwohl man antichristliche Anschauungen in der Partei leider durchaus finden könne, sei der Wille der Gesamtpartei und ihrer Führung, nach Putz, für das Christentum als "Grundlage für das religiöse Leben des deutschen Volkes". Die antichristlichen Tendenzen in der Partei erklärte er folgendermaßen:[149]

"Wenn es heute leider Nationalsozialisten, auch Führer gibt, die keine Christen sind und Dinge über Rasse und Gott schreiben, die uns im Herz weh tun und die grundfalsch sind, dann kommt das weithin daher, weil die Christen dem Volkstum nicht sein Recht gegeben haben."

"Auch und gerade von christlicher Seite" sei "am meisten gesündigt" worden, als die Christen dem Liberalismus weithin verfielen:[150]

"Ein bekanntes Schlagwort lautet ja -: 'Alle Menschen sind gleich.' Dieser Humanismus, der eine Wurzel des Bolschewismus ist, verschloß auch den Christen völlig den Blick für die Rassenfrage. Gott hab aber keinen 'Haufen' von Menschen geschaffen, die all gleich sind, sondern Er schuf Unterschiede und Ordnungen: Sprachen, Völker, Rassen."

Die verheerendsten Auswirkungen des Liberalismus könne man, so Putz, in der Judenfrage sehen. In der Bibel handle Gott mit den Völkern:

"Trotzdem wußte man ja in den Jahrzehnten vor dem Krieg fast nichts mehr davon, daß die Juden ein eigenes Volk mit einer eigentümlichen Rasse seine. Man redete von jüdischer Konfession, von Staatsbürgern jüdischen Glaubens so wie man sagt 'Staatsbürger katholischer oder evangelischer Konfession.' Damit hatte man eine schreckliche Verwechselung begangen. Denn nun wurde es dem fremden Judenvolk möglich, ganz versteckt in unseren Volkskörper einzudringen und unerkannt seinen oben geschilderten Einfluß auszuüben."

Hier wird deutlich, wie weit sich Putz die antisemitische Haltung der NSDAP zu eigen machte, auch wenn er eine "Rassenvergötzung" ablehnte. Er sah auch eine wichtige Aufgabe für die Christen in der NSDAP dafür zu sorgen, daß "aus dem berechtigten Abwehrkampf gegen das Judentum nicht ein zügelloser Rassenhaß wird", denn dies widerspreche auch "den Gedanken der Führung". Überhaupt war Putz davon überzeugt, und deshalb konnte er auch die NSDAP seinen Zuhörern wärmsten empfehlen, daß Hitler keinesfalls das Volkstum vergötze:[151]

"Über das Verhältnis von Gott und Rasse befragt, gab Hitler etwa folgende Antwort: 'Das was bisher mit Volk und Rasse geschah, ist eine glatte Sünde. Denn der Herr hat uns unser Wesen gegeben. Gott gab jedem Volk Rasse und besondere Begabung und seinen menschlichen Ausdruck, wie Er jedem Menschen eine besondere Form gibt.' Als Christ müssen wir unsern Leib als Gabe Gottes betrachten, als ein Pfund, mit dem wir wuchern müssen, deshalb sagte Hitler in der gleichen Rede: 'Ich würde es als eine Sünde betrachten, wenn ich mein Wesen und das Wesen meines Volks nicht möglichst so in die Hand des Herren zurückgäbe, wie Er es mir anvertraut hat.' Das ist der Sinn des Hakenkreuzes. Es bedeutet die Eigenart von Rasse und Volkstum, die Gott uns Deutschen geschenkt hat, damit wir damit in der Welt wirken. Auf die Frage, warum er denn dann nicht das Christenkreuz als Zeichen seines Kampfes genommen habe, antwortete Hitler: 'Wir würden wohl gern als Christen auch mit dem Kreuz unsere Sache äußerlich zeichnen, aber andere chirstliche Parteien haben dieses Zeichen ja schon für sich in Beschlag genommen. Und gerade diese Parteien versündigen sich durch ein Zusammengehen mit dem Marxismus und Kulturbolschewismus an ihrem Volk. Infolgedessen mußte ein Zeichen geschaffen werden, das jede Verwechselung ausschließt.'"

Die lebhafte Diskussion nach dem Vortrag zeigt, daß Putz die Sympathie vieler Zuhörer gewonnen hatte. Die schärfste Kritik mußte ein Vertreter des CSVD erleben, der seine Bedenken gegen die NS-Weltanschauung äußerte. Seine Haltung wurde als "Volksschwindel" und als "Sünde wieder den heiligen Geist" beschimpft.[152] Die "erhizte Atmosphäre" und die "unüberbrückbaren Klüfte" zwischen Brüdern wurde nachher sehr bedauert, was allerdings den Diskussionsteilnehmern und nicht dem Redner angelastet wurde.[153] Die Besprechung in der "Allgemeinen Rundschau" zum Beispiel schwenkte stark auf die Position von Vikar Putz ein:[154]

"Ebenso wurde der Vorwurf, der Nationalsozialismus sei eine 'Ersatzreligion' mit den Dogmen: Volk, Rasse, Vaterland, durch gewichtige Gegenäußerungen eingeschränkt. Es zeigte sich eben, daß tatsächlich in der nationalsozialistischen Bewegung noch vieles in Fluß und keineswegs geklärt ist, und daß - wie der Referent in seinem Schlußwort betonte - die Strömungen noch kraus durcheinandergehen. Aber eben deswegen könne die Kirche noch ihr Wort mitsprechen, ja müsse sie sprechen. Und sie dürfe sich dem Nationalsozialismus nicht versagen. Etwa so, wie sie sich vor 70 Jahren der Sozialen Bewegung versagt habe - zum Schaden für Volk, Kirche und jene Bewegung."

Die Steinacher Konferenz löste unter der Pfarrerschaft eine Debatte aus, die im "Korrespondenzblatt", aber auch bei weiteren Pfarrerzusammenkünfte ausgetragen wurde. Daß dabei die Grundsympathie für die NSDAP, die in Steinach evident war, keine Ausnahmeerscheinung war, beweist die Pfarrerfreizeit der Arbeitsgemeinschaft für Volksmission im Juli 1931 in Neuendettelsau. Persönlich eingeladen wurden alle "Amtsbrüder unserer Landeskirche";[155] erschienen waren ca. 100.[156] Zum Thema des zweiten Tages, "Der Nationalsozialismus und die evangelische Kirche", sprachen Pfarrer Fr. Klein und Hans Schemm für die NSDAP, Pfarrer Matthias Simon, Mitglied der SPD, und Professor Strathmann für den CSVD.

Pfarrer Klein, der gerade dabei war, eine "Arbeitsgemeinschaft NS-Geistlicher" in Bayern aufzubauen,[157] versuchte Politik und Religion voneinander abzugrenzen, und meinte: "Eine Rassenreligion zu schaffen sei nicht Wille und Sinn der Partei", obwohl auch er zugeben mußte, daß eine Gefahr der

"Vergötzung der Rasse" vorhanden sei.[158] Nach dem Urteil des "Korrespondenzblattes" schien sein Vortrag "nur wenigen eine wirkliche Klärung der Probleme gebracht zu haben".[159]

Als Nächster lieferte Pfarrer Simon, der einzige bayerische Pfarrer der SPD-Mitglied war,[160] eine, in den Worten der "Allgemeinen Rundschau", "scharfe und nicht leicht abzuwehrende Attacke gegen den Nationalsozialismus".[161] Anders als Vikar Putz in Steinach, nahm Simon den ganzen Wortlaut des Punktes 24 der NS-Parteiprogramm über das positive Christentum, und warf der NSDAP vor, das Christentum in typisch liberalistischer Weise zu verwässern, da es der Norm des germanischen Sittlichkeitsgefühl untergeordnet wird.[162] Auch zu der Rassenproblematik machte Simon einige, für viele seiner Zuhörer unangenehme Bemerkungen:[163]

"Das Formal- und Materialprinzip des Nationalsozialismus sei Gewalt und Rasse. Christentum aber stehe gegen den Rassenmaterialismus. Der Geist allein bestimme den Wert und Unwert eines Menschen. Gegenüber dem naturwissenschaftlichen Begriff 'Rasse' stelle das 'Volk' eine 'Erlebnisgemeinschaft' dar. Insbesondere habe das gemeinsame Erleben des Weltkrieges in dem auch jüdische Frontkameraden ihre Blutopfer brachten, eine Blutgemeinschaft des Opfers geschaffen, die über die natürliche Blutsgemeinschaft hinausrage. Eine Politik, die über Ethik erhaben sei, habe in christlicher Weltanschauung keine Existenzberechtigung."

Die kommenden Jahren zeigten, daß Simons Schlußbemerkungen einen ausgesprochenen prophetischen Charakter hatten:

"Die Behandlung des Falles des Kirchenpräsidenten D. Veit durch die NSDAP zeige deutlich, welche Rolle im 3. Reich dem Christentum zumute. Warum behandle man kirchlicherseits den Nationalsozialismus so freundlich, indes man den leidenschaftlichen Schrei nach Gerechtigkeit, der im Sozialismus ertöne, nicht höre? Die Kirche müsse Freiheit haben, damit sie ihre letzten Aufgaben erfüllen kann: das Evangelium verkünden."

Bei Simons Vortrag, vor allem bei seinen philosemitischen Bemerkungen, geriet seine Hörerschaft "sichtlich in große Erregung"; nach einem Bericht war es "wohl der gefährlichste Augenblick" der Tagung gewesen.[164] Deswegen hatte Simon auch darauf verzichtet, an der anschließenden Diskussion teilzunehmen.[164]

Der dritte Redner war Professor Strathmann, der einige Monate früher, in einer Veröffentlichung des Volksdienst-Verlags, sich gründlich mit der NS-Weltanschauung auseinandergesetzt hatte.[165] Hierin hatte er vor allem den Rasseglauben und die Ethik des Nationalsozialismus kritisiert, mit der Schlußfolgerung:[166]

"Wir wissen sehr wohl, daß viele glauben, dennoch im Lager der NSDAP bleiben zu sollen, um diese innerlich zu reinigen, zu reformieren. Aber nach allen geschichtlichen Erfahrungen muß man leider fürchten, daß das eine Illusion bleibt. Das Schwergewicht der ursprünglich konstitutiven

Elemente der Bewegung ist viel zu stark und die Bedeutung des Rasseglaubens ist für ihren Bestand viel zu wesentlich... Das Programm ist eben 'unabänderlich' und die Partei besteht aus ihrer Führung!"

In Neuendettelsau sprach Strathmann vor allem über die grundsätzliche Problematik "Kirche und Politik", und streifte das Problem NSDAP und Kirche nur am Rande. Seine Ausführungen zielten darauf hin, die Argumente gegen eine christliche Partei wie der Volksdienst zu entkräften.[167] "Die Kirche muß eine Ordnung herbeizuführen trachten", betonte Strathmann, "die ihr gestattet, ihre Aufgabe zu erfüllen - nicht mehr und nicht weniger." Hauptaufgabe der Kirche gegenüber der Politik sei die "mittelbare Beeinflussung durch die Schärfung des Gewissens ihrer Glieder", ein oft betontes Anliegen des CSVD. Der Volksdienst versuche nicht "christliche Gesetze in einem unchristlichen Volk" durchzusetzen; dies wäre "unevangelische Schwärmerei". Zum Schluß kam er auf die NSDAP zu sprechen. Unter Anerkennung des idealen Gehalts dieser Bewegung, bemängelte er jedoch "die Unklarheit der Weltanschauung", die er als "Kreaturvergöttung" bezeichnete, und "das mangelhafte Ethos, das sich zeigte". Nach einem Bericht im "Korrespondezblatt" hat Strathmanns Rede "nur wenig Eindruck" auf die Hörerschaft gemacht.[168]

Der letzte Redner, der NS-Gauleiter von Oberfranken Hans Schemm, trug eine simple Agitationsrede für seine Partei vor: Hinter dem Bündnis zwischen dem Zentrum und der Sozialdemokratie lauere das "rote Tier des Bolschewismus".[169] Nur die NSDAP als schärfster Gegner des gegenwärtigen Systems und als Todfeind des Bolschewismus sei in der Lage das deutsche Volk und die christliche Kultur zu retten. Wer in diesem Kampf nicht mitmache, oder nur laviere (gemeint sei der CSVD), sei ein Schrittmacher des Bolschewismus. Schemms Schlußsatz war seine oft wiederholte Losung: "Unsere Religion heißt Christus und unsere Politik Deutschland".[170]

Ein anwesender Pfarrer, der den Nationalsozialismus vor allem aus ethischen Gründen ablehnte, fand es besonders traurig, daß die Mehzahl seiner Kollegen:[171]

"...die rein agitatorischen Ausführungen besonders des Herrn Abg. Schemm mit ostentativem Beifall - und zwar meist gerade an den blutrünstigsten Stellen seiner Rede - belohnten."

In der Diskussion kamen, wie "Die Allgemeine Rundschau" berichtete, die grundlegenden Unterschiede zwischen dem CSVD und der NSDAP klar heraus:[172]

"D. Strathmannn stellt dabei den nächsten Folgen bedenkenden praktisch vernünftigen Typ der Politik der unbedenklich dokrinären Grundsatzpolitik, die Schemm vertrat, entgegen."

Die Neuendettelsauer Tagung machte, in den Worten des "Korrespondenzblatts", wieder deutlich, daß "Brüder im gleichen Amt" die politische Lage "so grundverschieden vorstellen, daß zwischen ihnen kein Verstehen mehr möglich scheint."[173] Der Bericht plädierte jedoch eindeutig für ein Engagement der Kirche innerhalb der NSDAP:

"Hier liegt eine volksmissionarische Aufgabe ersten Ranges vor. Berufen sind hier zunächst wohl die in der Partei stehenden Pfarrer. Sie werden diese Aufgabe aber nur dann erfüllen können, wenn sie das Evangelium in der nationalsozialistischen Bewegung mit der gleichen rücksichtslosen Entschlossenheit zur Geltung bringen, wie der völkische Gedanke dort zur Geltung gebracht wird."

Ein Grund weshalb eine starke Sympathie für die NSDAP bei der Tagung in Neuendettelsau herrschte, liegt wohl auch an der Zusammensetzung der Teilnehmer. Als "Arbeitsgemeinschaft für Volksmission" waren sie nicht unbedingt repräsentativ für die Pfarrerschaft als Ganzes, und ihr Engagement für die Volksmission machte sie besonders empfänglich für völkische Gedanken.[174]

Dies zeigt vor allem der letzte Tag dieser Freizeit, mit dem Vortrag von Missionsinspektor Dr. Keyßer über "Die völkische Frage im Lichte der Weltmission" - für viele Teilnehmer der Höhepunkt der Tagung.[175] Keyßer zog als Fazit seiner Ausführungen: "Die Mission bejaht die Grundgedanken der 'völkischen Frage', sie bedeutete aber zugleich eine Korrektur extremer völkischer Ansichten und Behauptungen."

Der Inspektor der Neuendettelsauer Heimatmission, Helmut Kern, in seiner Zusammenfassung dieser Rede in der "Allgemeinen Rundschau", nahm zunächst eine kritische Haltung zum Nationalsozialismus ein.[176] Er verurteilte Rosenbergs "Mythos", betonte zugleich, daß es nicht parteioffiziell sei. Er bedauerte auch, daß Hitler in "Mein Kampf", kein Verständnis für die Weltmission zeigte. Aber trotz dieser Kritik erkannte er "die wesentlichen Punkte der völkischen Frage" an: 1. Der nationale Freiheitswille, 2. Der Gedanke des Volksorganismus, 3. Der Gedanke des Rassewertes und der Rassereinheit, 4. Der Gedanke des Sozialismus.

Ein anderes Beispiel für die Aufnahme völkischer Gedanken in der bayerischen Landeskirche war der Vortrag, den Professor Althaus bei der Riederauer Theologischen Freizeit in der Osterwoche 1931 hielt.[177] Althaus sah "das Volk" als eine "gewachsene Lebenseinheit" an; deshalb könne "das christliche Denken...die völkische Besonderheit der Menschen als Gottes Schöpferfreude" bejahen. Der Antisemitismus sei gefangen in seiner "Dogmatisierung der Rassentheorie"; er habe aber sein Recht:

"...in der Erfassung der Verschiedenheit, in der Aufrollung der Judenfrage als Volksfrage, im Erkennen der Gefahr der Überfremdung auf geistigem und politischen Gebiet."

In stillschweigender Übereinstimmung mit den Zielen der nationalen Rechten, war Althaus sogar bereit, unter Umständen Ungehorsam gegen den Staat zu

dulden: "Es gibt möglicherweise auch einmal ein Handeln gegen den Staat, aus einer Verantwortung, die sich als Gewissen für den Staat weiß."[178]
Der positiven Wertung der völkischen Bewegung war auch bei Althaus eine Kritik beigeführt, und zwar, "ein Nein zur nationalen Religion... Ein Nein zum Rassengedanken im platten Sinn...Ein Nein zur brutalen Lösung der Judenfrage und zum Staat auf dieser Grundlage."
Die Aneignung völkischen Gedankengutes innerhalb der evangelischen Kirche in Bayern im Jahre 1931 sollte ihre wichtigsten Auswirkungen im Jahre der NS-Machtübernahme finden. Sie erklärt einerseits, weshalb die Deutschen Christen 1933 auch in Bayern Zulauf fanden, andererseits, daß man zugleich bereit war, nein zu sagen, als radikal-völkische Gedanken in der Kirche zum Vorschein kamen.

Vor allem der Volksdienst bedauerte 1931 die Tendenz, Unchristliches im "nationalen" Lager "mit dem Schleier der christlichen Liebe" zu überdecken, während man gegen ähnliche Erscheinungen bei den Linken - "mit Recht" - "zu Felde zieht".[179] Als gegen Ende 1931 bei einer Versammlung der Christlichen Arbeitsgemeinschaft in Nürnberg Karl Holz "donnernden Beifall" für seine antisemitischen Bemerkungen erntete, während "eisiges Schweigen" herrschte, als der Redner des Abends, Volksmissionär Rechtsanwalt Dr. Berg davor warnte, die Juden nicht als Sündenbock hinzustellen, fragte der "Volksdienst" verzweifelt: "Werden unsere christlichen Kreise endlich einmal aufmerksam auf die Gefahren, die uns von der nationalsozialistischen Weltanschauung her drohen?"[180]

Aber alle gute Argumente gegen die NS-Weltanschauung halfen sehr wenig, die wachsende Sympathie für die NSDAP in evangelischen Kreisen zu bremsen. Wie Pfarrer Ernst Henn (geb. 1899) später bemerkte:[181]

"Mißleiteter nationaler Idealismus, mangelnder politischer Instinkt ließen unter dem Druck einer Ausnahmesituation und unter der Faszination durch eine Ausnahmepersönlichkeit der Mehrzahl unserer Pfarrer im Jahre 1933, z.T. schon weit früher, die 'Machtergreifung' herbeiwünschen."

Neben der Frage, wie sich die Kirche zum Nationalsozialismus verhalten sollte, war das andere brennende Problem innerhalb der Pfarrerschaft im Jahre 1931, ob und inwiefern ein Pfarrer sich parteipolitisch betätigen dürfte. Die für die bayerische Landeskirche typische Haltung in dieser Frage kam schon August 1930 auf der Landessynode zum Ausdruck:[182]

"Dem Geistlichen kann der Anschluß an eine bestimmte politische Partei nicht verwehrt werden, nur dürfe dadurch keine Schädigung seiner seelsorgerlichen Tätigkeit gegenüber den Mitgliedern anderer Parteien entstehen."

Zu einer ähnlichen Stellungnahme gelangten die Teilnehmer der Riederauer Freizeit 1931. Obwohl man geteilter Meinung war über die Frage ob ein Pfarrer einer politischen Partei zugehören darf oder nicht, war man darin einig, "daß die Verantwortung für Amt und Gemeinde die Gewissensentscheidung in jeden Fall bedingt."[183]

Die Haltung der Kirchenleitung in dieser Problematik war 1931 eher durch Unentschlossenheit charakterisiert. Dies zeigt unter anderem, das Beispiel des jungen Ezelheimer Pfarrers K.-H. Becker, der im April 1931 seinen Kreisdekan, Oberkirchenrat Rüdel, befragte, ob er in der Öffentlichkeit Stellung gegen den Nationalsozialismus nehmen dürfe.[184] Becker, der dem Volksdienst nahegestanden haben soll,[185] lehnte den Nationalsozialismus wegen seiner Ethik ab und fand "halbe Zustimmung und halbe Ablehnung" des Nationalsozialismus kirchlicherseits, allein "schon kompromittierend". In seiner Antwort mahnte OKR Rüdel Pfarrer Becker, "sich zurückzuhalten von jeder politischen Stellungnahme."[186] Er persönlich fand viel Schlechtes und viel Gutes am Nationalsozialismus und meinte, es sei noch zu früh für eine Entscheidung.

Gleichzeitig schrieb Rüdel auch an den Landeskirchenrat mit der Bemerkung, daß die Zeit auch in Bayern kommen könne, "wo wir wie in Thüringen Stellung nehmen müssen zu der aktiven Betätigung der Geistlichen in politischen Dingen."[187] Die Thüringer Landeskirche hatte nämlich schon im September 1930 im Wahlkampf seinen Geistlichen verboten, sich politisch zu betätigen. Im April 1931 wurde den Thüringer Pfarrern weiterhin untersagt, "daß er auf der Kanzel und wo immer er kraft seines Amtes zu einer Gemeinde spricht, zu politischen Streitfragen parteimäßig Stellung nimmt."[188]

Die Frage "Pfarrer und Parteipolitik" war auch das Thema einer theologischen Tagung in Hof am 26. Mai 1931. Mit dem Thüringer Beispiel vor Augen, fragte ein Berichterstatter, "...ob unsere bayerische Landeskirche nicht besser daran täte, jetzt schon denselben Schritt zu tun, bevor bei uns die Verhältnisse unhaltbar werden."[189]

Auch der Hauptredner, der Münchener Dekan Langenfaß wünschte[190]

"...um der Reinheit der Kirchenbotschaft willen... dringend ein Verbot der Kirche, - nicht des Kirchenregiments, sondern der Synode, der Gemeinde - an die Pfarrer, sich parteipolitisch zu betätigen."

Diesem Vorschlag stimmten alle anwesenden Hofer Gemeindeglieder zu. Er wurde aber von vier politisch aktiven Pfarrern (drei bei der NSDAP, einer bei der DNVP) als unannehmbar erklärt. Sie wiesen darauf hin, "daß es heute Notzeit sei, daß sie sich um ihres Deutschtums und ihres Gewissens willen verpflichtet fühlen, in die Reihen der Kämpfer zu treten".[191] Diesen Pfarrern wurde erwidert, vor allem von Dekan Breit, Hof, "daß sich weder das Wesen des Deutschtums noch des Christentums mit einer Partei decke".[192]

Die Haltung des Landeskirchenrats zu einem Verbot der politischen Betätigung der Pfarrer war jedoch, daß dies keine wünschenswerte Lösung sei, und daß eine Mahnung an die Pfarrer sich überparteilich zu verhalten effektiver wäre. Dies erklärte OKR Meiser auf einer Pastoralkonferenz in Nürnberg in Juni 1931. Nach dem Bericht der "Allgemeinen Rundschau", betonte Meiser:[193]

"daß der Geistliche das Gewicht seines Amtes gefährde, wenn er Wahrheiten minderer Geltung verkündigt, womöglich vom gleichen Ort aus. Wenn es nach den politischen Parteien ginge, müßte der Landeskirchenrat die politische Betätigung der Pfarrer verbieten, und mit Absetzung bestrafen. Die Parteien forderten jeweils stürmisch die Absetzung der Pfarrer, die sich politisch betätigen - wohlgemerkt für die gegnerische Partei, während sie sich den Dienst der Pfarrer für die eigene selbstverständlich gefallen ließen."

Auch gegen Ende des Jahres 1931 blieb diese Haltung bestimmend. Vor einer Versammlung des Pfarrervereins am 1. Dezember 1931 berichtete Pfarrer Klingler über ein Gespräch im LKR:[194]

"Es kamen zuerst viele Klagen aus den Gemeinden über die politische Tätigkeit ihrer Geistlichen. Jeder Geistliche solle das Recht auf seine politische Überzeugung haben, aber es müsse auch ein jeder die Grenzen, die der politischen Arbeit des Pfarrers gesetzt sind, kennen und taktvoll respektieren. Die Kirche möchte, solange es geht, ein Verbot der politischen Tätigkeit der Pfarrer vermeiden, denn ein solcher Erlaß sei zwar rasch gefertigt, aber bald kämen die Folgen, die gerade die gegenteilige Wirkung erzeugen würden."

Daß die meisten Klagen aus den Gemeinden der politischen Tätigkeit der NS-Pfarrer galten, ist anzunehmen, denn die NSDAP war 1931 bei weitem die aktivste Partei in Mittelfranken. Auch in Weißenburg waren die Nazis besonders geschäftig als es darum ging, den Besuch Hitlers am 19. Juli zu einer Sondervorstellung von "Wilhelm Tell" im Bergwaldtheater vorzubereiten.[195] Schwierigkeiten machte jedoch das Bezirksamt, das die vorgesehene Hitler-Versammlung auf der großen freien Fläche auf der Wülzburg als politische Kundgebung unter freiem Himmel kurzfristig verbot, mit Berufung auf die Notverordnung.[196] Daraufhin entschloß die NS-Ortsgruppe, daß Hitler in den drei größten Sälen der Stadt sprechen sollte. So fing der "Hitler-Tag" in Weißenburg mit einer - sehr verregneten - Sondertheatervorstellung an, allerdings ohne die angekündigte Anwesenheit Hitlers, denn sonst hätte das Bezirksamt auch die Vorstellung verboten.[197] Erst um 16 Uhr kam Hitler an, und sprach abwechselnd in allen drei überfüllten Versammlungen, wo auch die bayerischen NS-Größen Streicher, Holz, Liebel und Wagner Reden hielten.[198] Hitler, so berichtete die "Weißenburger Zeitung", habe "die Überwindung der

Parteien und den Sieg seiner Bewegung" vorausgesagt. Zu Hitlers Rede in Weißenburg schrieb auch die "Allgemeine Rundschau" in ihrem Lokalteil:[199]

"Die Nationalsozialisten haben sich das Ziel gesetzt, die innere Zerreißung des Volkes zu beseitigen, die die bürgerlichen Parteien und der Marxismus beabsichtigen. Wir müssen wieder ein Volk werden und am Ende werde die unverwüstliche Lebenskraft unseres Volkes siegen. Blutswerte, Persönlichkeitswerte und der Kampfgedanke seien die drei Grundbedingungen für ein gesundes Volk."

Obwohl der "Hitler-Tag" in Weißenburg ohne Störung verlief, machte das Bezirksamt der NS-Ortsgruppe Schwierigkeiten bei der Abhaltung weiterer Versammlungen. So wurde die öffentliche Versammlung mit dem Danziger Gauleiter Albert Forster im August kurzfristig verboten,[200]

"...weil die Einstellung der NSDAP zu den drängenden Zeitfragen besorgen läßt, daß neue Beunruhigung in die Bevölkerung getragen und die öffentliche Sicherheit und Ordnung gefährdet wird."

Auch die für den 8. Oktober angekündigte Versammlung mit "Pg. Pfarrer Münchmeyer M.d.R.", ein nicht mehr amtierender ostfriesischer Geistlicher, wurde wegen "Gefährdung der öffentlichen Ruhe und Sicherheit" vom Bezirksamt nicht gestattet.[201] Erst am 28. Oktober, nach 10 wöchigem Verbot, wurde eine NS-Versammlung wieder zugelassen - eine der letzten Amtshandlungen des Oberregierungsrat Baer, der Ende Oktober als Vorstand des Bezirksamts Weißenburg zurücktrat.[202] Er wurde im Dezember durch Oberregierungsrat Hermann Heller ersetzt.[203]

Im November 1931 fiel der Heldengedenktag auf den Achten; dadurch konnten die Nazis ohne Schwierigkeiten ihre eigene Feier des 9. Novembers ohne Konflikte durchführen. Die Gedenkrede für die NS-Totenfeier wurde, wie angekündigt, von "Pg. Herrn Pfarrer Kalb" gehalten, der in seinen Ausführungen etwas mehr aus der Reserve kam als im vorigen Jahr bei der Feier der Kriegervereine - wahrscheinlich weil man jetzt "unter sich" war, obwohl die Öffenlichkeit am nächsten Tag durch den Zeitungsbericht ausführlich über Kalbs Rede unterrichtet wurde:[204]

"Hierauf ging Redner auf den Zweck und das Ziel der Hitlerbewegung ein und betonte, daß die NSDAP den Materialismus in den Hintergrund und den Idealismus in den Vordergrund der Bestrebungen stelle. Daneben werden die dem gesamten Volke dienenden sozialen Bestrebungen im Auge behalten. Hitlergeist, der viele Millionen deutscher Volksgenossen durchdringt, werde nicht eher ruhen, bis das Ziel erreicht ist. Den Vorwurf des Radikalismus, der der Bewegung gemacht wird, begründete Redner damit, daß sie in Abwendung des Unheilvollen, das über das deutsche Volk hereingebrochen ist, das Übel bei der Wurzel fassen müsse, um es auszurotten und das leck gewordene Staatsschiff wieder flott zu machen. Redner verurteilte die Brüningsche Erfüllungspolitik und übte Kritik an dem Verhalten des Christlichen Volksdienstes, der mit dem Zentrum und den Juden paktiere, und an der Wirtschaftspartei. Für diese Parteien hat noch keiner ihrer Anhänger sein Leben gelasen, die Nationalsozialisten aber setzen es ein im Kampfe für ihre Ideale, für Freiheit, Volk

und Blut. Die Toten des Weltkrieges und die Toten der Hitlerbewegung sind gestorben, damit Deutschland lebe."
Kalbs Angriff auf den Volksdienst und auf die Wirtschaftspartei hatten einen tagespolitischen Anlaß. Diese zwei Parteien stimmten am 16. Oktober nämlich gegen den Mißtrauensantrag der Rechtsopposition im Reichstag gegen die Regierung Brünings, und machten dabei den knappen Sieg der Regierung möglich.[205] Dadurch waren die Pläne der kurz vorher aus NSDAP, DNVP und Stahlhelm gebildete Harzburger Front, die Regierung zu stürzen, gescheitert.

Die Reaktion der Weißenburger Gemeinde auf die Veröffentlichung von Kalbs Rede ist nicht belegt. Es ist jedoch anzunehmen, daß dadurch das Einvernehmen zwischen den zwei Weißenburger Pfarrern, des Volksdienstsympathisanten Dekan von Löffelholz und dem NS-Pfarrer Kalb - der dritte Pfarrer, Wilhelm Albrecht trat Anfang Oktober in den Ruhestand [206] -, sich nur verschlechtert haben kann.

Zu dieser Zeit bestätigte auch der LKR, daß die Gemeinden zunehmend beunruhigt waren über die politische Tätigkeit der Geistlichen.[207] Die politische Aktivität Pfarrer Kalbs reichte im Jahre 1931 noch nicht zum Redner bei Parteiversammlungen; erst durch die Zeitungsveröffentlichung erreichte seine Ansprache, die für den Parteikreis bestimmt war, ein breiteres Publikum. Es ist auch möglich, daß Kalb dies bedauert hat.[208]

3) Die ersten Wahlkämpfe des Jahres 1932: Januar bis April

Nach einer "Weihnachtsfriedenspause" eröffnete die Weißenburger NS-Ortsgruppe das politische Jahr 1932 mit einer Versammlung am 11. Januar mit dem Landtagsabgeordneten Dr. Buttmann, der zur NS-Prominenz in Bayern gehörte. Ortsgruppenleiter Hetzner begann den Abend mit einem Ausdruck der Zuversicht, daß nun "der Kampf zum Endsieg" beginne.[209] Mit Hinblick auf die fälligen Wahlen des Reichspräsidenten und des Bayerischen Landtags, betitelte Buttmann seine Rede: "Vor der Entscheidung im Reich und in Bayern". Charakteristisch für seine gemäßigte Linie, sprach er von einer "christlichen Front", die Hitler aufrichten wollte, ohne Zentrum, Christlichen Volksdienst, Marxisten oder Patentpatrioten.[210] Sowohl diese als auch die zwei anderen NS-Versammlungen in Januar mit Hermann Esser und dem Agrarfachmann Dr. Honig, waren sehr gut besucht.[211].

Der Hauptgegner der NSDAP in Weißenburg, die Ende 1931 aus SPD, Reichsbanner und den freien Gewerkschaften gebildete Eiserne Front, hielt auch in Januar eine "Massenkundgebung" ab. Das gespannte politische Klima in der Stadt - teilweise bedingt durch den neuen Höchststand der Zahl der Arbeitslosen, 1131 Mitte Januar[212] - kam hier deutlich zum Ausdruck, als der Redner beteuerte: "Wir wollen keinen Bürgerkrieg, wollen sie ihn haben, so werden sie uns gerüstet finden".[213]

Ein deutlich schwächerer Gegner der NSDAP, der Christlich-soziale Volksdienst in Weißenburg, hielt, nach einem Jahr ohne nennenswerter Aktivität am 5. Februar eine Versammlung mit Professor Strathmann als Redner. Strathmann, der Brünings Versuch im Januar, die Amtszeit Hindenburgs durch Verfassungsänderung zu verlängern, voll unterstützt hatte, weil er eine Wahl zu jener Zeit als "Selbstzerfleischung" empfand,[214] nannte seine Rede nach dem derzeit außenpolitischen Hauptproblem: "Weg mit den Tributen".[215] Strathmann war optimistisch, daß die nächste Zeit hier eine Entscheidung bringen würde, vor allem durch die "hohen geistigen Fähigkeiten Brünings". Er beteuerte noch einmal, daß der CSVD hinter Brüning" stünde, "in der Erwartung, daß derselbe vaterländische Politik betreibt". Es war auch demgemäß zu erwarten, daß der Volksdienst eine erneute Kandidatur Hindenburgs unterstützen würde.[216] Der Verlauf des Abends zeigte aber, wie wenig Unterstützung der Volksdienst für seine Politik noch hatte. Der Großteil der Besucher waren nicht Anhänger des CSVD sondern Nationalsozialisten, die Strathmanns Rede mehrfach mit Zwischenrufen unterbrachen.[217] Nach der Rede meldete sich Pg. Donath, ein NS-Student aus Erlangen, kurz zu Wort; danach verließen die Nazis, das Horst-Wessel Lied singend, demonstrativ den Saal.

Es blieb im Wahlkampf für das Amt des Reichspräsidenten bei dieser einzigen Störung, denn die Eiserne Front verwehrte den Nazis den Zutritt zu ihren Versammlungen, und die DNVP und NSDAP pflegten zu der Zeit noch freundschaftliche Beziehungen, wie eine DNVP-Versammlung am 15. Februar in Weißenburg beweist.[218] Sowohl der Redner, Dr. Traub aus München,[219] als auch Kreisleiter Gerstner in seiner Wortmeldung, beteuerten die guten Beziehungen der Parteien der Harzburger Front zu einander; sie stünden "beide in einer Front", wie Traub es ausdrückte. Gerstner versuchte den Vorwurf zu widerlegen, die NSDAP sei gegen das Bürgertum, in dem er betonte, daß seine Partei "nur deutsche Volksgenossen kenne".

Ein Paar Tage später war die Lage allerdings anders, als am 22. Februar Hitler als Kandidat für das Amt des Reichspräsidenten auftrat, wonach die DNVP den Stahlhelm-Führer Duesterberg nominierte.

In den Wochen vor dem offiziellen Wahlkampf entwickelte die NSDAP im Bezirk Weißenburg "eine sehr rege Werbearbeit".[220] Da die Partei überall im Land große Anstrengungen machte, mußte die Weißenburger Ortsgruppe hauptsächlich mit lokalen Parteigenossen als Versammlungsleiter auskommen. Benötigt wurde diesmal auch Pfarrer Kalb, der am 7. Februar bei einem "Deutschen Abend" der NS-Ortsgruppe in Burghaslach als Redner auftrat.[221]

Am 29. Februar begann der offizielle Wahlkampf - der erste von insgesamt fünf im Jahre 1932 in Weißenburg. Das Bezirksamt berichtete, daß "weitaus die größte Agitation" in den zwei Wochen vor der Wahl von der NSDAP entfaltet wurde, "die fast in allen Gemeinden Wahlversammlungen veranstaltet hat. Mit ganz geringen Ausnahmen waren die Redner aus dem eigenen Bezirk, insbesondere aus der Stadt Weißenburg, sowie aus den Nachbarbezirken."[222] Einer der wenigen auswärtigen Redner in diesem von der NSDAP beispiellos hart geführten Wahlkampf[223] war ein Oberleutnant a.D. Schulz, laut Ankündigung "der bekannte, vom Novembersystem gehetzte, zu Zuchthaus und zum Tode verurteilte sogenannte Femerichter", der am 7. März im Evangelischen Vereinshaus sprach.[224]

Da fast sämtliche Versammlungen polizeilich überwacht wurden, konnten Zwischenfälle verhindert werden.[225] Der Volksdienst veranstaltete keine weitere Wahlversammlung, so daß auch dieser Angriffspunkt fehlte. Der CSVD machte es in einem Zeitungsinserat jedoch deutlich, daß er Hindenburg, "das Symbol deutscher Eintracht", unterstützte.[226]

Aber bei weitem nicht alle Protestanten fühlten sich in der Lage, für den evangelischen Reichspräsidenten Hindenburg zu stimmen. Der Konflikt in dem sie sich befanden, schilderte der Bayreuther Kreisdekan D. Karl Priesser sehr treffend:[227]

> "Der Gewissenskampf, in den die Mehrzahl unserer Pfarrer und unserer kirchentreuen Gemeindeglieder durch die Reichspräsidentenwahl versetzt war, der Riß, der durch die einzelnen Familien ging und Freunde und Kollegen entzweite, ist der beste Beweis für die Verworrenheit der Lage. Hindenburg, Hitler - wen sollte man wählen; Erfurcht, Dankbarkeit, Vertrauen stand für die Person, Mißtrauen gegen das System. Gegner wurden zu Anhängern, Anhänger zu Gegnern. Was war nun national, was war Christenpflicht? Sollte die Kirche hier Partei ergreifen und Weisungen geben? Muß sie nicht vielmehr dem evangelischen Gewissen freie Bahn lassen?"

Ein Beweiß für diesen "Riß" in der Pfarrerschaft ist, daß während einige Pfarrer einen Aufruf für Hindenburg in dem "Volksdienst" unterzeichnen konnten,[227] andere öffentlich Partei für Hitler bezogen haben, wie folgende Kanzelerklärung von Pfarrer Beuschen-Schmähingen (Dekanat Nördlingen) zeigt:[228]

> "Als Diener der Evangelischen Kirche fühle ich mich im Gewissen verpflichtet... folgende Erklärung abzugeben: Es handelt sich nicht um Parteipolitik, sonst würde ich schweigen. Wer die Entwicklung der Verhältnisse genau verfolgt hat, wird erkennen, es geht bei dieser Wahl nicht um die Interessen einzelner Parteien, auch nicht um Standes- und Berufsinteressen, sondern um das Große und Ganze, um unser Vaterland

und die Evangelische Kirche. Es handelt sich um den großen Gegensatz, auf der einen Seite römisch-jesuitische und kommunistische Herrschaft, auf der anderen Seite die Herrschaft des evangelischen Wesens, es handelt sich um die Frage, soll bei uns der römisch-jesuitische und kommunistische Geist herrschen oder soll der deutsch-evangelische Geist herrschen. Ist es nicht beklagenswert, daß der Name und die Person eines treu evangelischen Mannes, des Reichspräsidenten von Hindenburg, mißbraucht wird, um römisch-jesuitische Herrschaft zu stützen und zu befestigen..."

Eine solche Kanzelerklärung, die die Position des Evangelischen Bundes zu der Wahl des Reichspräsidenten wiederspiegelt, war sicherlich eine Ausnahme, auch wenn viele Pfarrer diese Meinung teilten. Andererseits haben eine zunehmende Zahl von Pfarrern, die sich zur NSDAP hingezogen fühlten, viel eindeutigere Empfehlungen gegeben.[229] In Weißenburg, zum Beispiel, hat der emeritierte Pfarrer Karl Kelber, in einem wortgewaltigen Zeitungsartikel, betitelt "Schlacht", ein klares Votum für "Hitler, den kommende(n) Mann" abgegeben:[230]

"In diese Fäulnis und Korruption, in diesem sittlichen Sumpf, in diese Heuchelei, in diese fromme oder freche Gottlosigkeit, in dieses Chaos der Zeit gehört ein starker Mann... Lächerlich ist es, Verbrechen, einem noch immer vorhandenen mutvollen deutschen Volk einen Vergangenen aufzwingen zu wollen..."

Mit heftiger Kritik griff er die SPD und den Volksdienst an; vor allem den "volksdienstlerische(n) Professor Strathmann", der "in seiner Stratosphärenmannspolitik" neulich in einem Flugblatt beweisen wollte, daß Brüning nicht "papsthörig" sei, sondern ein deutscher Diplomat.

Diese harte Attacke forderte die Eiserne Front zu einem Gegenartikel heraus, der auch eine Kritik an parteipolitisch tätigen Geistlichen beinhaltete:[231]

"Das ist nicht Christentum, das ist der schlimmste Verrat, die schwerste Fälschung der christlichen Lehre! Wenn das euer Christentum ist, ihr Geistlichen, dann wundert euch nicht, wenn eure Kirchen sich leeren! Ihr seid die besten Vorkämpfer der Gottlosenbewegung."

Am Schluß empfiehlt die Eiserne Front ihren Lesern "einen Vertreter wahren Christentums" zu wählen - Hindenburg.

Mit diesem Hinweis auf die Gottlosenbewegung haben die Sozialisten einen empfindlichen Punkt berührt, denn in kirchlichen Kreisen gab es Anfang 1932 große Sorge über die von Kommunisten unterstützte, organisierte Gottlosenbewegung, die vor allem zum Kirchenaustritt aufrief.[232] Die apologetische Arbeit der Kirche war im Grunde 1931 und 1932 mehr mit diesem Problem als mit den antichristlichen Erscheinungen in der NSDAP beschäftigt.[233] In Bayern jedoch war die Stärke dieser Bewegung nicht so groß wie in anderen Teilen Deutschlands. In Weißenburg zum Beispiel stellte Dekan von Löffelholz als Antwort auf eine Umfrage des Kreisdekans fest, daß dieses Phänomen nur in den Veranstaltungen der Freidenker zu beobachten war, und daß er eine Gegenwehr für nicht erforderlich hielt.[234] Die schrillen Kampfschreie dieser Bewegung, wie: "Schmeißt den Pfaffen raus aus dem Gotteshaus, macht ein Kulturhaus für das Volk heraus", trugen dazu bei, daß die tatsächliche Gefahr überschätzt wurde. Diese übertriebene Gefahr jedoch, und ihr plötzliches Verschwinden mit dem Verbot der KPD 1933, machte die häufig aufgestellte Behauptung der Nationalsozialisten, sie hätten die Kirche vor der Gefahr des Bolschewismus gerettet, in kirchlichen Kreisen plausibel klingen.

Am Tag vor der Wahl erschien Pfarrer Kelbers Erwiderung, betitelt "Schlacht!!", mit der Aussage, daß die Stunde für die Sozialisten geschlagen habe, und daß "morgen... der Ruf 'Heil Hitler' durch die deutschen Lande... wie ein Donner brausen" würde.[235]

Diese Siegeszuversicht, die auch viele Nazis teilten, stellte sich am Wahltag als trügerisch heraus. Denn trotz der höchsten Arbeitslosigkeit, die je in Weißenburg erreicht wurde - Anfang März waren 1192 Personen in der Stadt erwerbslos[236] - und trotz einer sehr hohen Wahlbeteiligung von 95%, verfehlte Hitler die absolute Mehrheit, auch wenn er den höchsten Stimmanteil (47,5%) in der Stadt bekam.[237] Die Parteien, die Hindenburg unterstützten, BVP, SPD und CSVD, kamen nur auf 39,6%. Im Bezirk Weißenburg war die Lage etwas anders. Hier, wo die Arbeitslosigkeit bei weitem nicht so drückend war wie in der Stadt, erhielt Hilter die absolute Mehrheit.[238] Damit hatte die NSDAP den Durchbruch auf dem flachen Land erreicht. Der einzige überwiegend protestantische Ort im Bezirk, wo Hitler nicht eine Mehrheit erhielt, war die Eisenbahnstadt Treuchtlingen, wo 56,7% der Stimmen auf Hindenburg fiel.

Bei so hohen Erwartungen, waren die NS-Anhänger nach der Wahl sichtlich enttäuscht.[239] In dem wegen eines österlichen Burgfriedens sehr kurzen Wahlkampf für den notwendig gewordenen zweiten Wahlgang für das Amt des Reichspräsidenten am 10. April[240] brachte die NSDAP nur eine Versammlung zustande, und sie war mehr eine Vorbereitung auf die am 24. April stattfinden Landtagswahlen gedacht.[241] Die Ergebnisse vom 10. April brachten Hitler mit 52,2% zum ersten Mal die absolute Mehrheit in der Stadt Weißenburg (58,4% im Bezirk), aber eben nicht den erhofften Sieg im Reich.[242]

Kurz nach der Wahl wurden die SA und SS im Reich verboten. Obwohl die Polizeiaktion gegen die NS-Verbände im Bezirk Weißenburg ruhig verlief, stieß diese Maßnahme, wie das Bezirksamt feststellte, beim "größten Teil der vaterländisch denkenden Bevölkerung" auf scharfe Kritik.[243] Wie diese Verordung aber zu umgehen war, zeigte eine NS-Versammlung am 17. April im

Evangelischen Vereinshaus, wo "ehemalige SS & SA" im weißen Hemd Spalier für den Redner, den "ehemaligen" SA-Gruppenführer für Franken, Wilhelm Stegmann bildeten.[244] Nach dem Bericht des Bezirksamts, habe das Verbot der SA und SS "die Radikalisierung der Landbevölkerung nach rechts" nur begünstigt. Denn "das Vorgehen der Reichs- und Staatsregierung gegen die Verbände der NSDAP ohne gleichzeitiges Vorgehen gegen das Reichsbanner und ähnlich links gerichtete Verbände" wurde im Bezirk vielfach als ungerecht angesehen.[245]

Im zweiwöchigen Wahlkampf vor den Landtagswahlen war wieder die NSDAP aktivste Partei, mit Wahlversammlungen in fast allen Gemeinden des Bezirks.[246] Die NSDAP hat sich das Ziel gesetzt, ihre neun Mandate im Landtag zu vermehren und stärkste Partei zu werden.

Auch der Volksdienst wurde wieder aktiv und hielt in der Woche vor der Wahl mit ihrem Spitzenkandidaten für Mittelfranken, Oberndörfer, eine Versammlung ab, die ausnahmsweise nicht von den Nazis gestört wurde.[247] Nach wie vor sah Oberndörfer eine klare "weltanschauliche Trennungslinie zur NSDAP"; er verurteilte schärfstens[248]

"den schriftwidrigen Rassedünkel, den antichristlichen Parteihaß und auch die Überbetonung der Staatsgewalt, denn jede irdische Gewalt hat ihre Grenze in der Gewissensverpflichtung gegenüber Gottes Geboten".

Das neue Argument des Volksdienstes gegen die NSDAP war, daß eine neue NS-Gruppierung in Preußen, die "Deutschen Christen", den Versuch gestartet hatte, bei den kommenden preußischen Kirchenwahlen die evangelische Kirche zu erobern.[249]

Etwas zaghafter versuchte auch die DNVP sich von der NSDAP abzugrenzen. In einem Zeitungsinserat forderte sie Unterstützung für ihren "konservative(n), bürgerlich-nationale(n) Staatsgedanke(n)".[250] Die DNVP wollte die Rolle eines Vermittlers spielen in einer Koalition zusammen mit der NSDAP und BVP.[251] Eine wichtige Empfehlung erhielten die Deutschnationalen im Wahlkampf vom Bayerischen Landbund.[252]

Am Tag nach der Wahl meldete die "Weißenburger Zeitung": "Gewaltiger Ruck nach Rechts - Enormes Anwachsen der NS-Stimmen".[253] Dies stimmte allerdings nur im Vergleich mit den letzten Landtagswahlen im Jahre 1928, wo die NSDAP nur 7,5% der Stimmen in Weißenburg bekam.[254] In Wirklichkeit verlor die NSDAP fast 200 Stimmen gegenüber dem Ergebnis, das Hitler zwei Wochen vorher beim zweiten Wahlgang der Reichspräsidentenwahl erzielt hatte; mit 51% behielt sie jedoch ihre absolute Mehrheit in Weißenburg.[255] Sie verfehlte aber auch knapp ihr Ziel, stärkste Fraktion im Landtag zu werden (BVP - 45 Mandate; NSDAP - 43). Im Bezirk Weißenburg gewann die NSDAP nur noch 51% - im Vergleich zu Hilters 58,4% am 10. April. Hauptsächlich schuld daran war der 11,3% Stimmanteil für die DNVP, die sich, mit der Unterstützung des Landbundes, von ihrem Tiefpunkt von 3,9% bei der Reichstagswahl 1930 im Bezirk erholt hatte. In den evangelischen Dörfern des Dekanatsbezirks Weißenburg gewann die DNVP sogar 21,4% (NSDAP - 76,9%). Großer Verlierer bei der Wahl war der Volksdienst mit nur noch 3,8% in der Stadt und 1,2% im Bezirk Weißenburg. In Mittelfranken gingen seine Stimmen von 27.612 auf 14.232 zurück. Nur in der Diaspora, wo, nach den Worten des "Volksdienstes", das kirchliche Bewußtsein stark genug war, um der "NS-Psychose" zu widerstehen, registrierte man Gewinne.[256]

4) Die Auswirkungen der politischen Lage auf die Kirche: April - Mai 1932

Drei Wahlkämpfe innerhalb von sieben Wochen haben im Gemeindeleben der Kirche deutliche Spuren hinterlassen, wie die Beilage "Kirche und Leben" der "Allgemeinen Rundschau" eindrucksvoll beschrieb:[257]

> "Was uns wirklich auf dem Herzen liegt, ist die Lage unserer evangelischen Gemeinden nach der Wahl. Es ist wirklich gut, daß jetzt eine Pause eintritt in der Wahlbearbeitung. Die Schlagwortagitation von allen Seiten hat in den Köpfen unserer Gemeindeglieder viel Unheil angerichtet. Für manchen ist die Politik geradezu Religionsersatz geworden. Man hat sich in einen Rausch der Begeisterung hineingesteigert - und dabei doch vielfach nur das eigene selbstsüchtige Ich mit den Scheingefühlen selbstloser Vaterlandsliebe aufgeputzt. Der Nachbar über der Straße, der eine andere politische Meinung hatte, konnte unter der Parteibrille nur als verkommener Feind und Verräter gesehen werden. Und wenn der Seelsorger in der Kirche nicht parteimäßig seine Stellungnahme zum Ausdruck brachte, wurden die Vorwürfe der Faulheit und der Feigheit laut, ja konnten gar Drohungen oder Kirchenstreit kommen! Gerade auf dem Lande litt in den letzten Wochen vielfach das Gemeindeleben unter den Auswirkungen eines üblen unevangelischen Gesinnungsterrors, dem Zeichen politischer Unmündigkeit.
> Dieser Fieberzustand darf nicht anhalten! Wir müssen wieder zur Besinnung kommen und das brüderliche Verbundensein als Glieder _einer_ evangelischen Gemeinde - auch über die Verschiedenheit der Meinungen hinweg - in der Vordergrund stellen!"

Dieser "Fieberzustand" war auch in der Kirchengemeinde Weißenburg bemerkbar, und hatte unangenehme Auswirkungen für Dekan von Löffelholz. Kurz nach dem zweiten Wahlgang wurde eine politisch motivierte Defamierungskampagne gegen ihn gestartet, vermutlich weil er Hindenburg favorisierte, obwohl er auf der Kanzel eine neutrale Haltung einnahm. Am Wahlsonntag hat er lediglich gesagt: "Wir können nur bitten, daß Gott der Herr den Ausgang dieser Wahl so lenken möge wie es unserem Volk gut und heilsam ist."[258] Dekan von Löffelholz, dessen Integrität außer Zweifel stand, wurde beschuldigt, beim Besteigen des Turms der Andreaskirche - im Turm war ein Heim der Gemeindejugend eingerichtet - ein Mädchen unsittlich berührt zu haben.[259] Um die Haltlosigkeit dieses Vorwurfs klarzustellen, leitete der Dekan ein Dienststrafverfahren gegen sich ein, das seine völlige Unschuld bewies.[260] Auch sämtliche aktiven und emeritierten Pfarrer des Dekanats erklärten sich solidarisch mit dem Dekan, und drückten ihre Bereitschaft aus: "Ihre bittere Heimsuchung als unsere gemeinsame Last mit Ihnen (zu) tragen."[261] Dieser Vorfall, der zeigt, wie weit einzelne NS-Personen bereit waren gegen Andersdenkende vorzugehen,[262] belastete jedoch das Verhältnis zwischen von Löffelholz und einem Teil der Gemeinde, und sollte später im Kirchenkampf noch ein Nachspiel haben.

Am 10. April, dem Tag des zweiten Wahlgangs bei der Reichspräsidentenwahl, fand die Amtseinweisung Adolf Rottlers statt, der die dritte Pfarrstelle in Weißenburg übernahm. Da für die zweite und dritte Pfarrstelle der Gemeinde das Präsentationsrecht zustand, gab es Anfang 1932 einen Selektionsverfahren, wo alle ausgewählten Kandidaten eine Predigt in Weißenburg hielten. Auf der Vorschlagsliste wurde als Erster Rottler gesetzt, der auch zusätzliche Unterstützung von Dr. Frenzel, Schriftleiter der "Fränkischen Wacht", bekam. Frenzel, der Rottlers Arbeit in Uettingen (Unterfranken) kannte, wo er "geschickt und tatkräftig... den Kampf gegen die Gottlosengefahr" aufgenommen hatte, befürwortete in einem Brief an OKR Meiser die Bewerbung Rottlers, da er befürchtete, daß gewisse "Gemeindekreise" Rottlers Ernennung verhindern wollten.[263] Frenzel hatte schon in einem früheren Brief an Meiser den Wunsch geäußert, daß Weißenburg einen dem Evangelischen Bund nahestehenden Pfarrer bekommen sollte, wie dies bei Pfarrer Albrecht der Fall war, vor allem da der Dekan "Hochkirchler", und Pfarrer Kalb "Gemeinschaftler" seien.[264] Rottler selbst, der auch ohne Unterstützung von außen die Pfarrstelle bekam, distanzierte sich bei Meiser von dieser Empfehlung.[265]

Mit Rottlers Ernennung bekamen die "sehr zahlreichen Mitglieder des Evangelischen Bundes"[266] in Weißenburg einen Betreuer, der schon in seiner Installationspredigt einige Hauptanliegen des Bundes artikulierte:[267]

"Es ist nicht wahr, Religion ist keine Privatsache, Religion ist Volkssache oder muß es wieder werden. Religiöses Empfinden muß Richtschnur für das öffentliche Leben, für das sittliche Leben, für das schulische Leben, für das Rechtsleben und das politische Leben sein und bleiben."

Rottler wollte jedoch kein politisch aktiver Pfarrer sein:

"Unerschrocken muß der Pfarrer sein, wenn es sich um den evangelischen Glauben handelt, aber sehr zurückhaltend in parteipolitischen Fragen. Alle ohne Unterschied der Partei müssen hier einen ruhenden Pol finden und sich geborgen wissen."

Damit hat Rottler das ausgedrückt, was Kirchenpräsident Veit einige Wochen vorher vertraulich an die Geistlichen der Landeskirche geschrieben hatte, nämlich die "seelsorgerliche Mahnung", daß die Pfarrer "aller öffentlichen parteipolitischen Betätigung, gleichwie im Dienst welcher Richtung es sei, in Wort Schrift und Auftreten sich... enthalten".[268]

Diesem Brief, fünf Tage nach dem ersten Wahlgang der Reichspräsidentenwahl, ging eine lange Diskussion voran über kirchenbehördliche Maßnahmen hinsichtlich der parteipolitischen Betätigung der Pastoren. Schon im Sommer 1931 hat zum Beispiel Dekan Langenfaß-München den Kirchenpräsidenten gedrängt, "gegen die öffentliche politische Betätigung der Pfarrer ein ernstes Wort zu reden, wenn er nicht entschlossen sei, sie gemeinsam mit dem Landessynodalausschuß zu verbieten".[269] OKR Meiser bestätigte im Februar 1932, daß die politische Betätigung der Geistlichen "eine ständige Sorge im Kollegium" sei, daß man aber noch keine abschließende Stellungnahme erreicht" habe, obwohl "im einzelnen Fall... schon mancherlei geschehen" sei.[270]

Charakteristisch für die Haltung des LKR Anfang 1932 ist der Neujahrsgruß des Bayreuther Kreisdekans, Karl Prieser:[271]

"Das kommende Jahr wird uns schwere politische Kämpfe bringen. Unsere Kirchenleitung hat es bisher vermieden, gleich anderen deutschen Kirchenleitungen, Anweisungen für das politische Verhalten der Pfarrer zu geben. Ein eigentlicher Anlaß dazu lag auch noch nicht vor. Das Gefüge unserer Landeskirche und das Standesbewußtsein unserer Pfarrer hat sich bisher als stark genug erwiesen, um Konflikte wo nicht zu vermeiden, so doch wieder auszugleichen. Gleichwohl ist die Mahnung nicht überflüssig, das Amt reinzuhalten von politischer Parteileidenschaft."

Der Landessynodalausschuß dagegen war einmütig für ein klares Verbot jeder parteipolitischen Betätigung der Pfarrer.[272]

Ob die Reaktion der Pfarrkonferenz des Dekanats Bambergs repräsentativ für die bayerische Pfarrerschaft war, bedarf der weiteren Forschung. Am 18.1.1932 verurteilten die Bamberger Pfarrer das politische Auftreten eines Geistlichen ohne Erlaubnis in einer anderen Gemeinde, und bat, daß das LKR bindende Richtlinien diesbezüglich herausbringt.[273] Kreisdekan Prieser sprach sich jedoch gegen eine allgemeine Regelung aus, da er "einzelne Weisungen" für effektiver hielt.[274]

Aus der Gemeinde Hof ist ein Protokoll einer Sitzung des Kirchenvorstandes vom 11. März 1932 überliefert, auf der diese Problematik ausführlich diskutiert wurde.[275] Anlaß der Sitzung war das beabsichtigte Auftreten des zweiten Pfarrers, Ferdinand Grißhammer, als Redner bei Versammlungen der DNVP vor der Reichspräsidentenwahl.[276] Der Hofer Dekan, Thomas Breit, hatte Grißhammer gebeten, seine Auftritte bei der DNVP zu unterlassen, und suchte dazu die Unterstützung seines Kirchenvorstandes und der vier anderen Hofer Pfarrer. Grißhammer, der engagiertes Mitglied des Evangelischen Bundes war,[277] vertrat die Meinung, daß "die Pfarrer in besonderen Zeiten auch öffentlich zu den Fragen der Öffentlichkeit Stellung" nehmen sollten. Am

Ende der Sitzung wurde jedoch Dekan Breits Antrag von allen, außer Grißhammer, angenommen und an den LKR weitergeleitet. Er lautete: "Es möchte allen Pfarrern untersagt werden, Parteiversammlungen zu leiten oder in denselben als Redner aufzutreten, die sich von der Partei haben rufen lassen. Alles andere ist erlaubt."

Wie Kirchenpräsident Veits Mahnung vom 18. März 1932 von der Pfarrerschaft aufgenommen wurde, läßt sich nicht ohne weiteres feststellen. Die Behauptung, jedoch, die Mehrheit der bayerischen Pfarrer hätte ihrem Kirchenpräsidenten den Vorwurf einer reaktionären Haltung gemacht, ist sicherlich nicht zutreffend.[278] Das Gegenteil beweisen schon die zwei oben angeführten Beispiele aus Bamberg und Hof. Und Ende März erhielt Veit auch die Unterstützung einer Dekanskonferenz in Nürnberg. Einige Dekane sprachen sich sogar für ein Verbot aus, was die meisten jedoch als problematisch ansahen, da es nicht klar war, was passieren sollte, wenn dem Verbot nicht gefolgt würde.[279]

Es ist auf der anderen Seite belegt, daß Veits Mahnung "nicht von allen Kollegen erfüllt worden" ist, wie Kreisdekan Prieser Mitte Mai feststellte.[280] Es waren vor allem die nationalsozialistisch engagierten Pfarrer, die Veits Mahnung zur Zurückhaltung kritisierten. Dr. Daum, Oberhohenried, hat im Februar 1932 die Kirchenleitung wegen ihrer abwartenden Haltung zur NS-Bewegung heftig angegriffen, und die "aktive Mitarbeit der Kirche" verlangt, um zu ermöglichen, daß der Nationalsozialismus "zu den religiösen Quellen" zurückgeführt werde.[281] Er behauptete, "Hunderte von Pfarrern" der bayerischen Landeskirche seien von der NS-Bewegung erfaßt, und forderte: "Es muß dem nationalsozialistischen Pfarrer die Freiheit gegeben werden, seines Verkündigungsamtes auch außerhalb des gottesdienstlichen Raumes seiner Gemeinde zu walten". Aber Daums Artikel hinterläßt den Eindruck, daß die meisten bayerischen Pfarrer (nicht nur die Kirchenleitung) Daums engagierte Haltung zur NSDAP eben nicht teilten, vor allem da er sich am Anfang beklagte:

> "Über das Thema 'Nationalsozialismus und Christentum' sind mancherlei Schriften zu lesen gewesen. Wenn man sie las, so war das Charakteristische, daß die Grenzen zwischen beiden Größen gezogen wurden. Viele hat das sehr beruhigt. 'Dann ist es ja gut; eines Gewissenskonfliktes bin ich nun für einige Zeit wieder enthoben. So wie es jetzt steht, kann der Nationalsozialismus nicht verlangen, daß der Christ, gar der Pfarrer in seinen Reihen stehen muß.' So herrscht denn eine seltsame Ruhe in unseren Kreisen."

Es ist indessen auch wahrscheinlich, daß der Volksdienst Anfang 1932 genau so viele, wenn nicht mehr, Anhänger in der bayerischen Pfarrerschaft hatte als die NSDAP. Dies geht aus einem Schreiben, "An alle dem Christlich-sozialen Volksdienst zugeneigten bayerischen Geistlichen", heraus, wo Pfarrer Dr.Alt, zu seiner eigenen Überraschung feststellt, "daß wir... mehr als ein Viertel der bayerischen Pfarrerschaft ausmachen".[282] Von den Volksdienst- Pfarrern konnte Veit mit Verständnis für seine Bitte um politische Zurückhaltung rechnen, wie der gleiche Brief von Dr. Alt belegt:

> "Wir wollen nicht Politik als Selbstzweck betreiben, wollen überhaupt die durch unseren Stand gebotene Zurückhaltung üben. Uns liegt lediglich der Dienst an unserer Kirche sowie die so bitter nötige nachhaltige Vertretung evangelischer Interessen in der Öffentlichkeit, vor allem in Regierung und Volksvertretung, am Herzen und wir glauben, dies direkt und auch indirekt durch den Christlich-soz. Volksdienst zu erreichen. In unserer politischen Tätigkeit wollen wir den Richtlinien folgen, die unser Herr Kirchenpräsident in der Januar-Nummer der 'Neuen Kirchlichen Zeitschrift' aufgestellt hat."(283)

Einer der Pfarrer, die sich nicht an Veits Mahnung zur politischen Zurückhaltung hielten, war Pfarrer i.R. Karl Kelber in Weißenburg, der, im politisch relativ ruhigen Monat Mai 1932 noch eindeutiger als vorher Hitler in einem Zeitungsartikel empfohlen hatte.[284] Anlaß seines Schreibens war die weitverbreitete Flugschrift "Hitler, ein deutsches Verhängnis" von Ernst Niekisch, die ein Großteil der bayerischen Pfarrer vor der Reichspräsidentenwahl erhalten haben.[285] Niekisch, der sich selbst als Nationalbolschewisten bezeichnet hatte, warnte eindringlich vor Hitler, allerdings vor einem falschen Hitler.[286] Für Niekisch war Hitler als Österreicher und Katholik ein Widersacher preußischen Geistes. Mit Hitler sei ein "Übergreifen des romanisch-westlichen Raumes auf den germanisch-östlichen Raum zu befürchten".[287] Letztlich, als Exponent des deutschen Kleinbürgertums, werde Hitler nie in der Lage sein, die nötige radikale Lösung für Deutschlands Probleme anzubieten.[288]

In seiner Entgegnung wies Kelber Niekisch' Vorwurf der "Romseligkeit" bei Hitler entschieden zurück, und stellte dagegen fest, daß es "in der Gegenwart kaum einen deutscheren Mann" als Hitler gäbe. Auch die von Niekisch kritisierten Widersprüche im Nationalsozialismus fand Kelber fast natürlich "bei einer so gewaltig großen Volksbewegung". Es wurde in Kelbers Artikel vor allem deutlich, wie sehr er von der Person Hitlers eingenommen war:[289]

> "Unser Glaube an die sittliche Kraft, an den zähen Willen, an das große Wollen, an das mannhafte Tun und an das Können und Vollbringen Adolf Hitlers, das das bisheriger Machthaber zum wenigstens weit hinter sich lassen wird, ist vorderhand nicht zu erschüttern. Nachdem wir diese Bahn eingeschlagen haben und ein hochbeträchtliches Stück darauf gegangen sind, gibt es für uns kein Zaudern mehr, kein Zurück, mit Leidenschaftlichkeit und heißer Brunst kämpfen und laufen wir um die Erreichung dieses Zieles, das der Führer sich und uns allen gesteckt hat. Denn wir wissen, es dreht sich um Leben und Tod, Sein oder Nichtsein unseres glühend geliebten Vaterlandes."

Das Fazit von Kelbers Ausführungen lautete: "Herr Niekisch, wir lassen uns unser Vertrauen zu dem großen starken Führer, den Gott unserm Volk geschenkt hat, nicht... aus den Herzen reißen."

Die verschiedenen Stellungnahmen Pfarrer Kelbers zu Hitler im Jahre 1932 belegen eindrucksvoll das Anwachsen eines Hitler-Mythos schon vor der NS-Machtübernahme. Von dem "kommenden Mann" (März 1932), über den "einzigartige(n) Führer zum deutschen Heil" (Mai 1932), bis zum "kernchristlichen Menschen", der glaube, daß Jesus Christus sein Heiland sei (Oktober 1932), steigerte sich das Bild von Monat zu Monat.[290] Ein Gemeindepfarrer berichtete von Leuten, die 1932 glaubten, "der 'Führer' lese täglich die Herrnhuter Losungen und trage das Neue Testament in der Tasche".[291] Ein anderer Gemeindepfarrer bestätigt, daß "in ganz Franken, besonders auf dem Lande", die Behauptung "völlig ungehindert und unwidersprochen" verbreitet und geglaubt werde, "Hitler sei ein ganz hervorragender Christ".[292]

Zu diesem Hitler-Mythos haben auch die vielen Versuche, Hitlers Weltanschauung scharf von der Alfred Rosenbergs zu trennen, beigetragen. So schrieb zum Beispiel der Gemeindepfarrer Dr.Satzinger Anfang 1932:[293]

"...wer tiefer sieht, weiß, welch ungeheurer Unterschied gerade zwischen der religiösen Auffassung eines R(osenbergs), der Persönlichkeitsseele und Rassenseele, Blut und Gott in eins setzt, und eines Hitler, der das Volk als höchste Gabe eines persönlichen Gottes auffaßt, besteht."

In einem Vortrag vor dem Evangelischen Bund in Hof Ende 1931 sah Pfarrer Henneberger-Jena eine Kluft zwischen Rosenberg und Hitler in ihrer Haltung gegenüber dem Christentum; Hitler wolle nur Politiker sein "der mit seinem Volk um die Befreiung von äußeren und inneren Feinde ringt".[294]

Hitlers Ablehnung der christlichen Mission in "Mein Kampf" war in kirchlichen Kreisen nicht unbekannt, wurde jedoch oft dadurch erklärt, daß sie auf "Unkenntnis" beruhe, was bei Rosenberg nicht der Fall sei.[295] Für Pfarrer Ernst Daum war Hitler sogar der Garant, daß eine religiöse Gefahr durch den Nationalsozialismus, etwa die Errichtung eines Wotankults, nicht besteht.[296] Es gab nur sehr vereinzelt Stimmen in der bayerischen Landeskirche, die auch in der Person Hitlers eine weltanschauliche Gefahr gesehen haben. So vor allem Professor Strathmann in seiner Schrift "Nationalsozialistische Weltanschauung?", der feststellen mußte, daß die "letzten Tendenzen bei Hitler und Rosenberg durchaus dieselben sind",[297] denn Hitler sei von den gleichen rassischen Gedanken bestimmt; er sehe die ganze Weltgeschichte als einen "Kampf zwischen Ariertum und Judentum", wobei nur die Arier eine kulturbildende Kraft besitzen.[298] Dabei übersehe er, daß das Alte Testament, "wenn wir es einmal rein von der menschlichen Seite aus ansehen,... eine Kulturleistung allerersten Ranges" sei.[299] Strathmann sah auch, daß die "Verwerfung des Alten Testaments regelmäßig auch zur Verwerfung des Paulus und der übrigen urchristlichen Schriften, ja Jesus selbst" führe.[300] In dem Urteil eines Erlanger Kollegen von Strathmann, Walter von Loewenich, wären "manche Fehlentscheidungen in kirchlichen und theologischen Kreisen vermieden worden, wenn man die warnende Stimme Strathmanns gehört hätte".[301]

Ein späterer Kollege von Strathmann in Erlangen, Hermann Sasse,[302] schrieb 1932 als Herausgeber des "Kirchlichen Jahrbuches", daß das auch für Hitler "unabänderliche" Parteiprogramm wegen Artikel 24 "jede Diskussion mit einer Kirche unmöglich" mache, da "die Lehre von der Rechtfertigung des Sünders sola gratia, sola fide das Ende der germanischen Moral ist wie das Ende aller menschlichen Moral".[303] Außerdem müsse "nicht nur der jüdisch-materialistische, sondern ebenso der deutsch-idealistische Geist in und außer uns bekämpft werden".

Schließlich sei auch auf die warnende Stimme Karl-Heinz Beckers zu verweisen, die mehrfach auf die Gefahr, wie sie in Hitlers "Mein Kampf" zum Vorschein kam, aufmerksam machte. In einem Brief vom Mai 1932 an den Landessynodalausschuß schreib er:[304]

> "Der evangelische Volksteil Deutschlands läßt sich nunmehr so gut wie ausschließlich von einer Bewegung politisch vertreten, die für das Recht auf Gewaltanwendung (vgl. Hitler, 'Mein Kampf' S.260), 'Brutalität' (S.44) und 'Terror' (S.46) in der inneren Politik und auf Lüge in der Proganda (S.200 und 229), - für eine von parteipolitischen Rachegesichtspunkten abhängige Rechtspflege ('Hinrichtung von etlichen Zehntausenden der organisierenden Novemberverbrecher' S.610) -, und für eine 'im Geiste infernalischer Unduldsamkeit' (S.506) ausschließlich zu verfechtende, ausgesprochen christentumsfeindliche 'Weltanschauung' (Rasseideologie) eintritt (S.508)."

5) Die Evangelische Kirche und der Wahlkampf des Sommers 1932

Als Ende Mai Reichskanzler Brüning zurücktrat und kurz danach sein Nachfolger von Papen Neuwahlen ausrief, stieg in der Stadt Weißenburg erneut die politische Wahlkampfstimmung. Wiedereinmal wurde die NSDAP aktivste Partei der Stadt, unterstützt durch die SA, die nach Aufhebung des SA-Verbots am 17. Juni gleich einen "Propaganda-Umzug" durch die Stadt mit abschließender Rede von Gerstner auf dem Marktplatz vor dem NS-Stammlokal "Zum Adler" veranstaltete.[305] Ein erneutes Uniformverbot der bayerischen Regierung jedoch dämpfte wieder die Freude unter der SA.

Am 18. und 19. Juni erlebte die Stadt die Eröffnung der Festspielsaison im Bergwaldtheater. Gleichzeitig mit der Vorstellung von "Wallensteins

Lager" am Sonntag fand eine NS-Bezirkstagung mit Karl Holz statt. Um die Parteimitglieder von einem möglichen Theaterbesuch abzuhalten, wurde gedroht: "Unentschuldigtes Fernbleiben kann Ausschluß aus der Partei zur Folge haben."[306] Nach der Tagung zog nicht-uniformierte SA & SS demonstrativ zu der Wülzburg "unter großer Beteiligung der Einwohnerschaft" zu einer Sonnwendfeier, deren Flammen die Theaterbesucher auf dem Heimweg kaum übersehen konnten.[307]

Die heftigste Phase des Wahlkampfes trat Anfang Juli ein. Nachdem in Bayern das Uniformverbot wieder aufgehoben wurde, veranstaltete die SA und SS am 3. Juli, dem dritten Festspielsonntag, einen Propagandamarsch von Weißenburg nach Ellingen, und kündigte einen noch größeren Aufmarsch für den nächsten Sonntag an.[308]

Um den Braunhemden die Beherrschung der Stadt streitig zu machen, plante die Eiserne Front ihrerseits kurzfristig einen Aufmarsch durch Weißenburg am Abend des 7. Juli.[309] Bei der abschließenden Ansprache auf dem Marktplatz, provozierten die Nazis durch eine Störaktion mit Autohupen und Gesang vor ihrem anliegenden Stammlokal. Beim Versuch diese Störung zu unterbinden, kam es zu einer Messerstecherei, wobei fünf Mitgliedern der Eisernen Front Verletzungen zugefügt wurden, und SS-Sturmführer Dittmar als vermutlicher Täter verhaftet wurde.[310] Nachher herrschte in der Stadt, laut Bericht des Bezirksamts, eine ziemlich große Erregung mit gegenseitigen Anschuldigungen der zwei Parteien.[311] Die SPD kritisierte vor allem den Ortsgruppenleiter Hetzer, der seine Leute zu den Störaktionen aufgemuntert hatte und fragte, ob Hetzer als Justizbeamter noch tragbar wäre.[312] Die Nazis machten Bürgermeister Fitz für die Zwischenfälle verantwortlich, da seine Genehmigung einer Kundgebung vor der NS-Geschäftsstelle eine Provokation sei.[313] Außerdem forderten sie für die städtischen Beamten die im Zug der Eisernen Front mitmarschiert waren Disziplinarverfahren, da angeblich "staatsgefährdende Elemente", sprich Kommunisten, dabei gewesen wären.[314] Für die Klärung des Vorfalls mußte die Gerichtsverhandlung Ende August abgewartet werden.

Am folgenden Sonntag beherrschte wieder die SA die Straßen mit einem Aufmarsch der gesamten Standarte 13 zu der Wülzburg, wo Reichsorganisationsleiter Gregor Straßer von dem Ziel der Partei sprach, "das ganze Volk zu Nationalsozialisten" zu machen.[315] Die NS-Ortsgruppe rief danach die Bevölkerung auf, die "beispiellose Disziplin der Braunen Armee" mit dem "mobilisierten Pöbel" der linken Gruppen zu vergleichen, und mahnte dazu:[316]

"Die Stunde verlangt von Bürgertum, Arbeitertum, Bauerntum und Beamtentum eine klare Entscheidung! Es gibt nur zwei Fronten. Die mutlose und eigennützige Mitte wird im Niemandsland des beginnenden Entscheidungskampfes zermalmt werden."

Eine Woche nach dem Zwischenfall plante die NSDAP mit dem Münchener Stadtrat Esser eine Kundgebung auf dem Marktplatz, die diesmal jedoch ruhig verlief, da die SPD ihren Mitgliedern zum Fernbleiben aufgerufen hatte.[317]

Nach dem Altonaer Blutsonntag am 17. Juli und dem daraufhin erlassenen Verbot aller Kundgebungen unter freiem Himmel, fand der Wahlkampf nur noch in Versammlungen und in der Presse statt. Wie im Frühjahr waren es nun wieder die Zeitungsbeiträge des emeritierten Pfarrer Kelber in Weißenburg, die kaum zur Abkühlung der erhitzen politischen Atmosphäre der Stadt beitrugen. Kelber war nämlich jetzt der Meinung, daß Hitlers Stunde nun eindeutig gekommen sei: "Dieses Jahr 1932 wird das Jahr der Entscheidung für unser Vaterland. O große Zeit. 'Ist Gott für uns, wer mag wider uns sein?'"[318]

Kelbers Kritik richtete sich an die Marxisten und Sozialisten - von Hilter erwartete Kelber die Verwirklichung eines "vaterländischen Sozialismus" -, und an die "gottesjämmerliche" DNVP, die keine Zukunft, keine Gegenwart, nur Vergangenheit hätte.[319] Auch den CSVD griff er scharf an, weil die Volksdienstler[320]

"... in unbegreiflicher Verblendung die Interessen des deutschen Volkstums vielfach, ohne es zu wollen, verraten, fast regelmäßig inter- und antinational gestimmt und damit nicht nur dem Vaterland unermeßlichen Schaden, sondern auch sich selbst bei allen Vaterländischen in völligen Mißkredit gebracht haben."

Kelber hatte nicht vergessen, daß der CSVD als "Züngleich an der Waage" "fast regelmäßig auf der schwarzroten Seite" gestanden hatte.[321]

Seine Wahlempfehlung für Hitler nahm eine fast eschatologische Dimension an:[322]

"Dieser große Mann wird dir nur ein einziges Mal geschenkt, Volk. Und wenn du ihn morgen ablehnst, wenn du dich übermorgen nicht mit freudiger Treue zu ihm bekennst, wird er für dich dahin sein, wirst du später vergeblich nach ihm fragen."

Betrachtet man andere kirchliche Stimmen vom Juli 1932, so zeigt es sich, daß Kelber keinesfalls eine Ausnahmeerscheinung war. Eine Woche vor der Wahl brachte zum Beispiel das sonst unpolitische "Evangelische Gemeindeblatt für München" einen Beitrag von Vikar Putz über "Die Neutralität".[323] Obwohl er keine eindeutige Wahlempfehlung machte, konnte man leicht zwischen den Zeilen lesen, als er schrieb:

"Wie viele gerade der Christen überlassen den ungeheuren Geisteskampf, der heute in unserem Volke tobt, den andern? Es geht um Glaube, Sitte, Ehre, Existenz, um alles! 'Aber das Kämpfen ist nicht schön, ja es führt uns vielleicht in Sünde. Schauen wir lieber zu! Gott wirds schon machen!' So denken wir...
Wo aber das Kalklicht der Vernunft und Vorsicht leuchtet, wo die Neutralität Kampf und Einsatz verhindert, da kommt es auch nicht zu Buße

und Glauben. Am Ende dieser Neutralität steht aber nicht die Sicherheit; sondern der Schwache, Unentschiedene wird vom Bösen überrannt. So kam der Untergang Jerusalems, so kommt es zur Zerstörung unseres Lebens und Volkes durch diese Neutralität. Wie stehts mit uns? Sind wir auch neutral?"

Da es kein Geheimnis war, daß es für Putz als NSDAP-Mitglied und SA-Mann nur die Alternative rot oder braun gab, war diese Aufforderung, am "ungeheuren Geisteskampf" teilzunehmen ziemlich eindeutig, wenn auch keine direkte parteipolitische Empfehlung.

Einen anderen, interessanten Einblick in die verschiedenen kirchlichen Stellungnahmen zur Tagespolitik im Juli 1932 vermittelt ein Bericht über eine Pfarrerfreizeit in Neuendettelsau vom 4. bis zum 6. Juli für etwa 70 Geistliche aus dem Kirchenkreis Ansbach. Geleitet wurde die Tagung vom 61-jährigen Kreisdekan Rüdel, der die vorsichtige Haltung der älteren Generation in der Kirchenverwaltung repräsentierte.[324] Als Antwort auf die Frage, "Was können wir tun in Bezug auf unser Volk?", sagte er: "Die Welt entbehrt nicht viel, wenn wir evangelische Pfarrer uns zurückhaltend in der Politik erzeigen. Die Gemeinden wünschen es vielfach. Wir wollen vor allem beten für unser Volk."[325]

Der Hauptredner, der 42-jährige Mecklenburger Landesbischof Heinrich Rendtdorff, sprach dagegen für mehr politisches Engagement der Kirche. Obwohl er einräumte, daß die Kirche für jeden da sein müsse, warnte er[326]

"... vor der Losung der Überparteilichkeit, die in Wirklichkeit oft nur Verzicht auf wirklichen Dienst sei. Das Reich des Teufels kämpft heute gegen das Reich Gottes in der breiten Öffentlichkeit unseres Volkslebens. Da gibt es keine Überparteilichkeit mehr. In einem dritten Reich kommen für unsere Kirche schwere Zeiten. Aber es muß gut für sie sein. Wagen wir nur immer als Kirche das Letzte zu sagen, das Evangelium zu bringen."

Die laufenden politischen Entwicklungen und Aussichten beurteilte er durchaus positiv:[327]

"Heute ist die deutsche Freiheitsbewegung zu der großen Welle geworden. Unsere Enkel werden uns noch beneiden, daß wir 1932 erleben durften. Es ist eine Lust heute zu leben, weil wir in einer Zeit, in der ein großer Teil unseres Volkes mit dem Hunger ringt, diese Freiheitsbewegung haben. Die mit Ernst gläubigen Kreise des Protestantismus in Deutschland sind jetzt vielfach in dieser Bewegung."

Zum Schluß wurden die Richtlinien der "Christlich-deutschen Bewegung", die Rendtorff seit Beginn 1932 leitete, verlesen und besprochen. Diese Gruppe, die 1930 zur Bekämpfung der Politik des Christlichen Volksdienstes gegründet worden war, stand der DNVP und auch dem Evangelischen Bund sehr nahe.[328] Sie bekannte sich zur "Deutschen Freiheitsbewegung" und sah in ihr "ein Werkzeug in Gottes Hand, unser Volk aus Not und Schmach zu retten".[329] Über seine Organisation sagte Rendtorff auf der Freizeit:[330]

"Die christlich-deutsche Bewegung hat nicht nur dem Nationalsozialismus etwas zu bringen, sondern der eigenen Kirche den Bußruf noch radikaler als den Nationalsozialisten zu sagen. Wir haben in den Kampfriegen im Auge Vertiefung des Glaubens, Klärung des Denkens, Schulung zum aufbauenden Dienst, Schulung zum Abwehrkampf. Beeinflussung der öffentlichen Meinung. Alles stehe unter der Losung: Dienst am Volk aus dem Glauben heraus, Gott zur Ehre, unserem Volk zum Nutzen."

Diese Begegnung der bayerischen Pfarrer in Neuendettelsau mit dem Landesbischof Rendtorff ist deshalb wichtig, weil man dadurch in Bayern, vor allem in volksmissionarischen Kreisen, einen lebhaften Kontakt mit der Bewegung hatte, die als Vorreiter des gemäßigten Flügels der im Frühjahr 1932 aus der NSDAP hervorgegangenen "Glaubensbewegung Deutscher Christen" anzusehen ist. Hier ist auch eine Erklärung für die Anziehungskraft, die die Deutschen Christen in Bayern im Jahre 1933, vor allem in der Volksmission, ausüben konnten.

Aber nicht alle Pfarrerzusammenkünfte im Sommer 1932 waren von einer positiven Einschätzung der "Deutschen Freiheitsbewegung" gekennzeichnet. Auf der südbayerischen Pfarrerkonferenz in Augsburg am 26. Juni, wo Pfarrer Julius Sammetreuther das Referat hielt, herrschte eine ganz andere Atmosphäre als in Neuendettelsau.[331]

Sammetreuther hatte sich schon 1931 als Kritiker der NS-Bewegung bemerkbar gemacht. Im "Korrespondenzblatt" hatte er den Fall eines Wilmersdorfer Pfarrer erwähnt, der im "Völkischen Beobachter" attackiert wurde, weil er vor Rosenbergs Ansicht vor der Rasse als ewigem Wert gewarnt hatte. Sammetreuther fragte dazu: "Warum erklären unsere nationalsozialistischen Kollegen nicht offen: in dieser Frage sind wir Gesinnungsgenossen des angegriffenen Pfarrers von Wilmersdorf?"

Eine Antwort auf diese Frage bekam er einige Monate später von Pfarrer Fr. Klein, Leiter des NS-Pfarrerbundes in Bayern. Klein meinte, daß eine Kritik an Rosenberg, wie die des Berliner Pfarrers, eine "billige und bequeme Polemik" gegen den ganzen Nationalsozialismus sei, und daß deshalb die NS-Pfarrer mit der "schroffen Zurückweisung" dieser Attacke nur einverstanden sein können.[333] Eine Kritik an der einigen Partei sei in diesem Fall nicht nötig, meinte Klein, außerdem sei es "klüger und wirksamer, Meinungsverschiedenheiten intra muros zu erledigen".

Auf der Augsburger Pfarrerkonferenz präzisierte Sammetreuther, der stark von der dialektischen Theoolgie Barths beeinflußt war, seine Einwände gegen die herrschenden politischen Richtungen. Er sprach von Sozialisums und völkischer Bewegung als "Krisenerscheinungen der Gegenwart", die beide letztlich scheitern müssen. Als Erklärung weshalb diese Bewegungen entstanden sind, gab er an:[334]

"...der Mensch muß sich selber das Wort zu der Wirklichkeit geben, weil die Kirche das Wort, das über die Wirklichkeit gesprochen ist von der Schöpfung her, nicht mehr zu sagen gewußt hat. Das Wort aber, das der Mensch selber sagt, ist immer gottlos. Und er macht die Wirklichkeit zum Gott. Die Entgottung der Welt führt zu ihrer Vergötzung. So steht es heute: Wirtschaft, Wissenschaft, Zukunftsstaat, drittes Reich, Nation, Blut - sie sind zu Götzen geworden... Was soll man dazu sagen, wenn ein alter Pfarrer schreiben kann, in einer nationalsozialistischen Versammlung sei es einem manchmal als sei man in der Kirche. Oder wenn das gotteslästerliche Weihnachtslied 'Hitler der Retter ist da', auch von solchen gesungen wird, die Christen sein wollen."

Sammetreuther warnte auch vor einem Hineintragen des Parteienstreits in die Kirche, und vor der politischen Betätigung der Pfarrer: "Die Kirche muß dem Pfarrer wohl näher sein als die Partei, und es dürfte wohl gefordert werden, daß ein Pfarrer dem Herrn Kirchenpräsident mehr Gehorsam leistet als einem Parteiführer."[335] Als ernsten Bruch der Kollegialität empfand es Sammetreuther nach der Konferenz, daß ein bayerischer Pfarrer eine Stelle seines Referats "in einer öffentlichen Tageszeitung" kritisiert hatte. Er fragte, ob es nicht mehr möglich sei, "daß Pfarrer auch in größerem Kreise" vertraulich zusammenkommen können?[336]

Kurz vor der Wahl wurde auch der Volksdienst in Weißenburg aktiv, obwohl seine Aussichten nicht gerade günstig waren. Am 27. Juli sprach Prof. Strathmann vor einer CSVD-Versammlung zum Thema: "Die Regierung von Papen und die politische Idee des Volksdienstes."[337] Was Strathmann an der Regierung Papen auszusetzen hat war nicht ihr Versuch, eine autoritäre Staatsführung zu sein, sondern ihre unsoziale Politik und ihr Abweichen vom außenpolitischen Kurs Brünings.[338]

Gleichzeitig setzte der Volksdienst seine Warnungen vor den Gefahren des Nationalsozialismus fort. In der Woche vor der Wahl schickten die Volksdienst-Vertreter in Weißenburg einen Beitrag aus dem "Volksdienst" an die "Weißenburger Zeitung" mit dem Titel: "Was sich die Gemeinschaftsleute für die Zukunft merken müssen!"[339] Der Artikel nahm Bezug auf einem Bericht aus dem "Evangelischen Gemeindeblatt für Hof und Umgebung" über den Vikar Theodor Leitner in Untersteinbach bei Kulmbach, dessen Vater leitender Bruder der Vereinigten Gemeinschaftsverbände Ansbach-Nürnberg-Hof war.[340] Vikar Leitner wurde im Juni 1932 von der von Hans Schemm herausgegebenen Wochenblatt "Kampf" als untragbar angegriffen, da sein Vater ein getaufter Jude sei, der früher Levi hieße.[341] Dazu hatte das NS-Blatt geschrieben:

"Jude bleibt Jude, ob getauft oder nicht, er wird nie Deutscher. Das ist eine Sache des Blutes, nicht der Religion. Will er Pfarrer sein, so mag er sich seinen Rassegenossen widmen; mag er Judenmissionar werden oder sich eine juden-christlich Gemeinde suchen. Das geht uns nichts an, das ist seine bzw. jüdische Sache. Aber nie kann er in einer deutschen christlichen Gemeinde Pfarrer sein. Die Zeit kommt sehr rasch, daß deutsche Gemeinden jüdische Geistliche glatt ablehnen, wir werden dafür sorgen... Wir fragen: Wußte die Kirchenbehörde von der jüdischen Abstammung des Vikars Leitner in Untersteinbach?"

Das einzig Wahre an dieser Behauptung war, daß Vikar Leitners Urgroßvater ein konvertierter Jude gewesen sein soll und, daß sein Vater die Namensänderung nach dem Krieg beantragt hat.[342] Sonst war Vikar Leitners Aussage vor seiner Gemeinde richtig, daß sein Vater als Sohn christlicher Eltern die Taufe als Kind erhalten hat. Der "Volksdienst", der besonders in Gemeinschaftskreisen Anhänger hatte, warnte deshalb:[343]

"Wenn die Gemeinschaften, besonders ihre Führer in den kommenden Zeiten sich wieder auf die Seite der NSDAP schlagen und die ihnen anvertrauten Gemeinschaften auffordern, diese politische Bewegung zu unterstützen und zu wählen, dann wird die Zukunft wohl noch Schweres bringen und jede Gemeinschaftsarbeit unmöglich machen."

Dieser Vorfall, der eigentlich mehr Empörung hätte auslösen müssen als nur in Dekan Breits Hofer Gemeindeblatt und im "Volksdienst", war ein deutliches Zeichen, daß die NS-Rassenideologie vor den Türen der Kirche nicht haltmachen würde, was dann im September 1933 mit der Einführung des Arierparagraphen in die Kirchen der Altpreussischen Union Wirklichkeit wurde.

Besonders der "Volksdienst" warnte vor der Rassenideologie, die hinter der Attacke auf Leitner steckte: "Wir aber wissen, wo Christus, Heiland, Herr und König geworden ist, da ist alles neu geworden und alle Gegensätze, mögen sie rassig oder anderswie bedingt sein, sind geschwunden."[344] Diese Anerkennung der Unvereinbarkeit zwischen Rassenideologie und christlichen Grundprinzipien sollte Ende 1933 zum Auslöser des Kirchenkampfes im Dritten Reich werden.

Auch der Fall Leitner hat die NS-Pfarrer in Oberfranken nicht davon abgehalten, kurz vor der Wahl ein Flugblatt herauszugeben mit dem Bekenntnis: "Wir ehren Volkstum und Rasse als Gottes Schöpfung", und einer glühenden Empfehlung für Hitler: "Gott hat ihn uns zum Führer geschenkt! Er ist Gottes Werkzeug."[345] Pfarrer Karl-Heinz Becker bedauerte, "zweifellos mit vielen anderen evang. Geistlichen das Erscheinen dieses Aufrufs aufs tiefste", und stimmte dem Kommentar der "Münchener Neuesten Nachrichten" zu: "Dieser 'christliche' Parteiwahnsinn ist nicht mehr weit von dem Leninkult sowjetischer Gottlosigkeit."[346] Auch der Münchener Dekan Langenfaß zeigte sich besorgt über diese Entwicklung:[347]

"Ich habe Sorge um den fränkischen Protestantismus. Ich kann nur mit schwerem Herzen zusehen, in welch bedenklicher Weise ein großer Teil unserer Pfarrerschaft dem politischen Fanatismus zum Opfer gefallen ist."

Aber die warnenden Stimmen vor dem Nationalsozialismus sind weitgehend ungehört geblieben. Stattdessen war im Juli 1932 die Rede vom "Siegeszug der NSDAP", wie eine Überschrift aus der "Allgemeinen Rundschau" lautete,[348] weit verbreitet.

In Weißenburg blieb die NSDAP auch nach dem Verbot von Kundgebungen unter freiem Himmel die Stadt-beherrschende Partei. Um das Verbot zu umgehen, forderte die NS-Ortsgruppenleitung ihre Mitglieder auf, am Sonntag vor der Wahl die "Wallenstein" Vorstellung zu besuchen. Im Anschluß an die Aufführung veranstaltete die NSDAP eine "Kundgebung", an der fast alle Theaterbesucher teilnahmen.[349] Es sprach Hermann Esser, der besonders lobende Worte für Bürgermeister Fitz, den "Schöpfer" des Bergwaldtheaters fand. Das gute Einverständnis zwischen Esser und Fitz[350] - das im scharfen Kontrast zu Fitz' Verhältnis zur NS-Ortsgruppe stand - führte dazu, daß die NSDAP einige Tage danach bekanntgab, daß sie das Bergwaldtheater am Sonntag den 14. August für eine Sondervorstellung gemietet hatte, bei der "eventuell der Führer der Bewegung" anwesend sein würde.[351]

Das Wochenende vor der Wahl war relativ ruhig in Weißenburg, da die SA nach Nürnberg beordert wurde, um an der großen Hitler-Kundgebung am 30. Juli teilzunehmen. Hitlers Ansprache vor rund 70.000 Teilnehmern fand in Teilen der evangelischen Presse Zustimmung. So sprach die "Allgemeine Rundschau" von einer "bedeutsamen" Rede,[352]

"weil es eine Rede war, die weit über dem Niveau üblicher Parteireden stand, die Rede eines Mannes, der als Führer an der Spitze der Bewegung stand, der in den kommenden Jahren für das deutsche Schicksal ein sehr wesentliches, vermutlich das entscheidende Wort zu sprechen hat."

In Weißenburg fand der Wahlkampf an diesem Wochenende nur in der Presse statt, mit Wahlinseraten der drei aktivsten Parteien der Stadt: NSDAP, SPD und CSVD. Auch Pfarrer Kelber meldete sich wieder mit einem Beitrag "Auf ins deutsche Heil", in dem er seinen Lesern anfeuerte: "Wir sind am Ziel. Vorbei der Spuk der Nacht."[353]

Die Wahlergebnisse zeigten, daß die NSDAP zwar die absolute Mehrheit in Weißenburg mit 52,3% behalten konnte, ihr Spitzenergebnis vom 10. April (52,4%), jedoch knapp verfehlte. Trotz größter Anstrengung schien ihr Stimmanteil jetzt nicht mehr ausbaufähig. Die anderen Parteien konnten die Stärke, die sie bei der Landtagswahl am 24. April erzielten, beibehalten: SPD 20,5%, KPD 10,3%, BVP 7,1%. Selbst die DNVP, die fast keine Wahlaktivität zeigte, behauptete ihre Position (4,5%); ihr kam wieder die Empfehlung des Landbundes zugute.[355] Der Volksdienst, auf seine Stammwählerschaft reduziert, hatte mit 3,5% auch gegenüber April keine weiteren Verluste erlitten.

Im Bezirksamt Weißenburg stieg der NS-Stimmanteil auf 55,8% (24. April - 51%). In den evangelischen Dörfern des Dekanatsbezirks Weißenburg ging der Anteil der NSDAP sogar auf 86,4% hinauf (24. April - 76,9%); die DNVP konnte hier nur noch 11,8% (24. April - 21,4%) für sich verbuchen.

Nach der Wahl blieb die politische Lage weiter gespannt; mit nun 230 (statt 110) von 607 Reichstagsmandaten wurde die NSDAP bei weitem stärkste Fraktion (SPD - 133) und meldete ihr Recht auf die Staatsführung an. Auch in Weißenburg versuchte die NSDAP ihre Macht zu demonstrieren mit einer für den letzten Festspielsonntag am 8. August geplanten Sondervorstellung von "Götz von Berlichingen". Anschließend sollte eine große Kundgebung im Theater stattfinden mit den NS-Prominenten v.Epp, Esser, Streicher, Holz und, "für den Fall seiner Abkömmlichkeit", Hitler selbst.[356] Einen Strich durch die Rechnung machte jedoch die wegen der anhaltenden politischen Unruhen verabschiedete Terror-Verordnung vom 9. August, und die Verlängerung des Verbotes aller politischen Versammlungen bis zum 31. August.[357] Dazu war Hitler am Wochenende der Aufführung in Berlin, um seinen Anspruch auf die Kanzlerschaft geltend zu machen. Trotzdem war die NS-Sondervorstellung ausverkauft. Bürgermeister Fitz bedankte sich bei der NS-Orts- und Kreisleitung für ihre Unterstützung des Theaters, und brachte zum Schluß, als Zeichen seiner Sympathie für die Bewegung, "ein dreifaches Heil" auf dem abwesenden Führer auf.[358] Da die beabsichtigte Kundgebung nicht gestattet war, blieb es nach der Vorstellung bei einer kurzen, kulturpolitischen Rede des Generals von Epp.

Am nächsten Tag kam die Meldung vom Ausgang der Verhandlungen in Berlin; Hitler war am Reichspräsidenten, der nicht bereit war "einer einzelnen Partei die gesamte Staatsführung und Regierungsgewalt zu übertragen", gescheitert.[359]

Ende August sorgten einige politische Prozesse für Schlagzeilen. Am 22. August wurden fünf SA-Männer zum Tode verurteilt für einen brutalen Mord an einen Kommunisten in Potempa, Oberschlesien. Die Tat wurde am 10. August, anderthalb Stunden nach Inkrafttreten der Terror-Verordnung, begangen. Das Echo in der Presse zu dem Urteil war sehr stark. Dr. Zellfelder in der "Allgemeinen Rundschau" plädierte für Begnadigung, da es nicht fest stand, ob den Angeklagten die Verordnung bekannt war.[360]

Die "Allgemeine Rundschau" brachte zwar Görings Meinung zu dem Urteil - "Die zum Tode Verurteilten hätten in berechtigter Notwehr gegenüber einem Kommunisten und Vaterlandsverräter gehandelt" - verschwieg jedoch Hitlers Solidarisierungs-Telegramm an die Täter.[361] Im Jahre zuvor hatte die gleiche

Zeitung einen NS-Mord an einem KPD-Bürgerschaftsmitglied in Hamburg sehr scharf kritisiert.[362] Obwohl auch die Hamburger Gauleitung die Tat verurteilt hatte, schrieb Dr. Zellfelder damals in seinem Kommentar:[363]

> "Die Hamburger Bluttaten sind nicht zu beschönigender feiger Meuchelmord... Es ist sehr einfach, nachträglich zu erklären, die Täter hätten sich automatisch durch ihre Tat selbst aus der Partei ausgeschlossen."

Ein Jahr später war es, wohl aus Rücksicht auf die vielen nationalsozialistisch eingestellten Leser des Blattes, nicht mehr möglich, Kritik an der NSDAP in einem Fall wo die oberste Führung eine Mordtat sogar verteidigte, in der "Allgemeinen Rundschau" zu bringen.

Es gab aber evangelische Zeitschriften, die den Potempa-Mord und Hitlers Haltung scharf verurteilten. "Der Volksdienst" zitierte ausführlich einen kritischen Artikel aus "Licht und Leben", einem Wochenblatt der Gemeinschaftsbewegung, herausgegeben von Pfarrer Joseph Gauger in Elberfeld:[365]

> "Als seinerzeit in Hamburg eine Bluttat von nationalsozialistischer Seite begangen wurde, da rückte der gesamte Nationalsozialismus ab von dem Frevel. Wer solche Untat begeht, hat sich eben damit ausgeschlossen aus der nationalsozialistischen Bewegung, hieß es; und so war es richtig. Ganz anders hat sich jetzt der Führer dieser Bewegung, Adolf Hitler, eingestellt. Weil die vier Missetäter samt dem Anstifter zum Tode verurteilt wurden - ein anderes Urteil konnte nach der Notverordnung nicht gefällt werden -, schickte ihnen Hitler ein Telegramm in ihre Haft, das künftig eine Rolle spielen wird in der Geschichte dieser Bewegung."

Zum Schluß zitierte Gauger zustimmend die "Frankfurter Zeitung":

> "Fast ohne Ausnahme hat die gesamte deutsche Öffentlichkeit den Reichskommissar von Preußen... aufgefordert, von dem Begnadigungsrecht... Gebrauch zu machen... Aber wer in der gesamten deutschen Öffentlichkeit wird es begreifen, daß der Führer einer großen politischen Bewegung so bedenkenlos den besoffenen Totschlägern noch eine Ehrenerklärung zu geben wagt? Wer wird es begreifen, daß eine Bewegung, die für sich in Anspruch nimmt, die Zukunft Deutschlands zu bestimmen, sich auf diese Weise gleichstellt mit Wesen, die so furchtbar jeder menschlichen Würde abgeschwören haben mußten. Wehe der deutschen Zukunft, die auf solche Dokumente, wie dieses Hitlertelegramm sich stützen soll!"

Wenigstens ein bayerischer NS-Pfarrer zog persönliche Konsequenzen aus der Potempa-Affäre; der Pfarrvikar Karl Steinbauer, der im Oktober 1931 der NSDAP beigetreten war, erklärte seinen Austritt aus der Partei, was am 7.9.1932 offiziell bestätigt wurde.[366]

Auch in Weißenburg kam es Ende August zu einer Aufsehen erregenden Gerichtsverhandlung, und zwar über die Ausschreitungen am 7. Juli auf dem Marktplatz. Die Landespolizei mußte dafür sorgen, daß die zahlreichen Mitglieder der NSDAP, der Eisernen Front und der KPD, die das Amtsgerichtsgebäude umstanden, friedlich blieben. Nach dem ersten Verhandlungstag hatte die NSDAP Grund zu feiern - der Hauptangeklagte Dittmar wurde aus der Haft entlassen, und das Verfahren gegen ihn wegen mangelnder Beweis ausgesetzt.[367] Ein Mitglied der Eisernen Front wurde dagegen am zweiten Verhandlungstag zu fünf Tage Gefängnis verurteilt, weil er den hupenden NS-Chauffeur genötigt hätte.[368]

6) Der letzte Wahlkampf des Jahres: Oktober, November 1932

Die Meldung Mitte September über die Auflösung des Reichstags und Neuwahlen am 6. November leitete den Beginn des fünften Wahlkampfes innerhalb von acht Monaten ein. Noch bevor die NSDAP ihre Wahlaktivität in Gang setzte, brachte Pfarrer Kelber einen Artikel "Nun erst recht!" heraus, in dem er zuerst Gerüchte widerlegte, er sei in seiner politischen Überzeugung schwankend geworden.[369] Dazu erwiderte er, als wäre Potempa nie geschehen: "Adolf Hitler ist für mich der Führer der deutschen Freiheitsbewegung und da könnte ich ihm untreu werden"? Er verteidigte Hitlers abwartende Taktik zur Regierungsbeteiligung damit, daß es für Hitler unmöglich wäre, einen untergeordneten Posten in einer Regierung Papen einzunehmen; er müsse die Chance haben, "sein eigenes Programm in die Tat umzusetzen". Rätselhaft fand Kelber allerdings Hitlers Annäherungsversuche an das Zentrum, er war jedoch sicher, daß sie "einem nüchternen Zweck" dienten, und seien nicht, wie manche Protestanten befürchteten, ein Zeichen, daß Hitler nun "römische Politik" machen wollte.[370] Seine Leser warnte Kelber ausdrücklich vor einer Wahlmüdigkeit, und schloß mit der Aufforderung: "Vorwärts zum Sturm! Heil Hitler!"

Um gerade solche parteiliche Stellungnahmen von Geistlichen zu verhindern, wandte sich der bayerische Kirchenpräsident Veit Anfang Oktober an die Pfarrer mit der wiederholten Mahnung, sich mit ihren politischen Überzeugungen zurückzuhalten.[371] Mit einem kaum versteckten Hinweis auf das Flugblatt der NS-Pfarrer in Oberfranken vom Juli 1932, schrieb er:

"Nicht nur einzelne Geistliche (haben) die gebotene Zurückhaltung in Fragen der Politik in erheblichem Maße vermissen lassen, sogar eine ganze Gruppe hat in dieser Beziehung die unbedingt einzuhaltende Linie weit überschritten, ohne irgendwie zu bedenken, daß der Diener am Evangelium kraft seines Amtes allen Gemeindegliedern ohne Unterschied ihrer Parteistellung gleicherweise verpflichtet ist... sich einer streng überparteilichen Haltung zu befleißigen."

Diesmal wurde Veits Mahnung durch Veröffentlichung im "Kirchlichen Amtsblatt" allgemein bekannt, und auch in der Presse besprochen, wie im "Weißenburger Tagblatt" am 25. Oktober.[372] Daß die Mahnung nicht vertraulich an die Pfarrer geschickt wurde, wie im März 1932, hatte zweifellos den Grund, einer breiteren Öffentlichkeit zu zeigen, daß die politischen Stellungnahmen der Geistlichen, nicht die Billigung der Kirchenleitung hatten, und auch nicht als repräsentativ für den geistlichen Stand anzusehen waren. Dabei sollten auch Behauptungen wie, die NSDAP sei "zum größten Teil von protestantischen Geistlichen, Schullehrern und Beamten geleitet", wie ein Leserbrief an die "Weißenburger Zeitung" zum Beispiel aufstellte, entkräftet werden.[373]

In der zweiten Oktoberwoche, als der Wahlkampf richtig in Gang kam, veranstaltete das Pfarramt Weißenburg eine lang vorher geplante Evangelisationswoche mit Pfarrer Schmidt von der Neuendettelsauer Volksmission.[374] Anders als manche Vorträge der Neuendettelsauer in dieser Zeit,[375] waren die Themen der sieben Abende im Evangelischen Vereinshaus betont unpolitisch.[376] Obwohl die Abende angeblich gut besucht waren, fanden Schmidts Ausführungen kaum Beachtung in der Presse. Anders war es beim Vortrag vom Pfarrer Thiel, "Zwischen Moskau und Rom", veranstaltet vom Evangelischem Bund am 17. Oktober, zum Abschluß der Evangelisationswoche. Daß dem Pfarramt dieser Vortrag wahrscheinlich nicht willkommen war, enthüllte ein Zeitungsbericht, der über den Abend schrieb, daß er "trotzdem er auffallenderweise nicht von der Kanzel angekündigt worden ist, ein voller Erfolg" gewesen sei.[377] Stellenweise unterschied sich Thiels Vortrag kaum von manchen politischen Reden, wie ein Bericht der "Allgemeinen Rundschau" bestätigt:[378]

"In klaren Linien zeigte der Redner die Ziele des nach Weltherrschaft strebenden Rom und andererseits die Gefahren des gottesleugnerischen Bolschewismus, verstand es aber auch, die nötigen Wege anzuzeigen zur Abwehr im Kampf um die Erhaltung unserer heiligsten Güter... Mit dem herrlichen Lutherliede... schloß der Abend; zahlreiche Zuhörer erklärten ihren Beitritt zu der Kampforganisation dem 'Evangelischen Bunde'."

Der Erfolg der Evangelisationsabende dagegen scheint eher mager gewesen zu sein. Obwohl versucht wurde, durch die Wahl eines "neutralen" Ortes "auch den der Kirche und dem Christentum völlig Fernstehenden, ja es feindselig bekämpfenden" anzusprechen, mußte das Pfarramt nachher feststellen, daß gerade die "gebildete Welt" und die Abseitsstehenden nicht erreicht wurden.[379]

Ein Grund für diesen Mißerfolg lag sicherlich in den gleichzeitig stattfindenden politischen Veranstaltungen. Am Nachmittag des 9. Oktober sprach zum Beispiel Streicher in Weißenburg vor einer geschlossenen NS-Versammlung, und am Freitagnachmittag fand eine große Kundgebung mit Hitler persönlich in Gunzenhausen statt, an der zahlreiche Weißenburger teilnahmen.[380] Dort verstand es Hitler seine Bemerkungen seinen Zuhörern gut anzupassen, als er sagte, ob er die Macht in Deutschland bekäme "entscheidet nicht der Herrenklub, sondern der Allmächtige". Der offensichtlich beeindruckte Reporter der "Weißenburg Zeitung" äußerte sich zuversichtlich, daß das Volk auch weiterhin zu Hitler halten werde, "weil es ihn als ehrlichen und charakterfesten Menschen kennen gelernt hat".

Bei der ersten von fünf NS-Versammlungen in Weißenburg vor der Wahl gewann die Ortsgruppe den Reichstagsführer der NSDAP, Wilhelm Frick, als Redner.[381] Frick ging scharf gegen die DNVP vor, die jetzt "eine autoritative diktatorische Regierung" befürworten würde, um zu verhindern, daß die NSDAP ihr Ziel auf parlamentarischem Wege erreicht. Die Regierung Papen mache nur "reine Interessenpolitik der Herrenschicht, hinter der die Juden stehen".

In der Presse-Ankündigung für die nächste NS-Versammlung vier Tage später mit Dr. Friedrich Schmidt, Nürnberg, war die Kluft zur DNVP noch deutlicher: "Nun haben sich auch die reaktionären Kreise gegen den Nationalsozialismus verschworen. Wir stehen jetzt ganz allein gegen sämtliche Parteien von rechts bis links."[382] Auch in der dritten NS-Wahlversammlung ging der Redner in erster Linie gegen die Politik der Deutschnationalen vor: Die NSDAP kämpfe vorne, und die DNVP glaube, die Lorbeeren einstecken zu können. Aber, "so lange Adolf Hitler nicht die maßgebenden Ministerien besetzen kann, so lange muß er die Verantwortung für die Taten anderer ablehnen."[383]

Die Deutschnationalen nahmen diese Kritik nicht schweigend hin. Am 22. Oktober hielten sie zusammen mit dem Bayerischen Landbund ihre erste Versammlung seit langem in Weißenburg, um vor allem "die Mitglieder des Landbundes, die zum Nationalsozialismus bei der letzten Reichstagswahl übergetreten sind, für die Bewegung des Landbundes zurückzugewinnen."[384] Der Redner, Direktor Brügel, Nürnberg, kritisierte Hitlers Ablehnung einer verantwortlichen Mitarbeit in der Regierung Papen sowie seine Bereitschaft, mit dem Zentrum die Macht zu teilen als einen "geschichtlichen Fehler", und prophezeite, daß der 6. November einen Rückgang bei der NSDAP und eine Stärkung der DNVP bringen würde.

An der erneuten Aktivität der DNVP zeigten die Nazis in Weißenburg ihr Mißfallen, indem sie, laut Bezirksamtbericht, "mehrere Versammlungen der Deutschnationalen... durch Schreien und sonstige Demonstrationen... erheblich" störten.[385] Dies verschwieg jedoch die Weißenburger Presse.

Daß der Antagonismus zwischen DNVP und NSDAP in Weißenburg auch einen sozialen Bestandteil hatte, beweißt eine zu dieser Zeit ausgetragene Zeitungsfehde zwischen Walter Trommsdorff (NSDAP) und dem Justizrat Richard Wagner (DNVP). Im Jahre 1931, als die NSDAP für ihre neueingerichtete Rechtsberatungsstelle mit Dr. S. Schmidt II öffentliche Werbung machte, hatte Wagner, zusammen mit anderen Kollegen, Schmidt der unlauteren Reklame bezichtigt.[386] Wagner selbst hatte die Betreuung der Rechtsauskunftsstelle des Landbundes übernommen, mit der Bedingung, daß nur interne Werbung dafür gemacht werden solle. Im Oktober 1932 im "Weißenburger Anzeiger", einem vom erwerbslosen Trommsdorff herausgegebenen NS-Blatt, warf dieser Wagner vor, alleine die Klage gegen Schmidt eingereicht zu haben - ein Vorwurf, den Wagner von sich wies.[387] In seiner Erwiderung nahm Trommsdorf seinen Vorwurf nicht zurück, und fügte noch hinzu:[388]

"Die NS-Zeitungen sind das böse Gewissen mancher Leute... Herr Justizrat, glauben Sie übrigens wirklich, daß Sie mit Ihrem Verhalten den sogenannten 'gebildeten Kreisen', zu denen wir Nationalsozialisten bewußt nicht gehören wollen, einen Dienst erwiesen haben?"

Auch in den Flugblättern der DNVP schimmerten die sozialen Unterschiede zur NSDAP durch. In einer Schrift "An das fränkische Landvolk!" stellte sie Hitlers Versprechungen als sozialistisch und unerfüllbar dar.[389] Die Landjugend könne "nicht für ein neues Deutschland kämpfen unter der roten Fahne der Revolution, gleichgültig von wem sie vorangetragen wird!" Es würde aber kämpfen "für ein Deutschland Bismarck'scher Prägung in christlich-konservativem Sinne unter der Flagge schwarz-weiß-rot".

Ein anderes deutschnationales Flugblatt, "Wie steht der Nationalsozialismus zum Christentum?", kritisierte die "völlig unklare Einstellung der verantwortlichen Führer im Nationalsozialismus zum Christentum".[390] Hitler stehe voll hinter Rosenberg, und habe sogar erklärt, daß Rosenberg durch seinen "Mythus" "zum Bildner der deutschen Nation geworden" sei. Wenn Rosenberg den Rassegedanke zum letzten Maßstab des Handelns mache, so habe er auch Hitlers Unterstützung, der in "Mein Kampf" schrieb: "Die Sünde wider Blut und Rasse ist die Erbsünde dieser Welt." Deshalb warnte die DNVP:

"Der Nationalsozialismus hat überhaupt keine einheitliche, klare, positive, d.h. bejahende Einstellung zu den Wahrheiten des christlichen Glaubens! Es ist auch daher nicht eine christliche Erweckungsbewegung. Eine Freiheitsbewegung, die den Menschen über Gott setzt, führt nicht zur Freiheit. Nur ein Christentum auf biblischer Grundlage kann das deutsche Volk... erhalten."

Diese Erkenntnis hätte die DNVP freilich im Jahre 1931 zur Zeit der "Harzburger Front" auch haben können.

Der ehemalige deutschnationale Pfarrer, Karl Kelber, ließ sich jedoch durch solche Argumente nicht beirren, und schrieb Ende Oktober gerade für die, "die ihr christliches Gewissen durch die nationalsozialistische Bewegung tragen wollen", daß "Hitler... einer von diesen gläubigen Menschen" sei.[391] "Vor nicht allzu langer Zeit" habe Hitler ohne zu zögern einem Pfarrer mitgeteilt: "Ich glaube erstens, daß der allmächtige Schöpfer mein Vater ist, ich glaube zum andern, daß ich ein großer Sünder bin, ich glaube zum dritten, daß Jesus Christus mein Heiland ist." Die schwankende Wähler, die jetzt ihre Stimme doch einer anderen Partei als der NSDAP geben wollten, warnte Kelber: "Die helfen den allereinzigen Damm zerschlagen gegen die bolschewistische Flut und dann ist es nicht nur um Deutschland, dann ist es auch um die christlichen Kirchen und Glauben geschehen."

Auf diesen Beitrag Kelbers erschien eine Erwiderung von der Weißenburger SPD, mit einem Hinwies auf die "ernsteste Mahnung" des Kirchenpräsidenten, die deswegen erfolgt sei, weil die "Hakenkreuzseuche unter manchen protestantischen Geistlichen... in den letzten Monaten auch in Bayern, vor allem im Fränkischen, so stark um sich gegriffen" habe.[392] Pfarrer Kelber aber gehe

> "...über die Betätigung der evangelischen politischen Kreisen noch weit hinaus. Nicht nur die evangelische Kirche, sondern das ganze Christentum will er vor den Parteikarren der Nationalsozialisten spannen. Herr Pfarrer Kelber, wir glauben nicht, daß Hitler, der sich mit den Mördern von Potempa solidarisch erklärte, der von Ihnen angekündigte, von Gott gesandte Retter ist."

Wie groß die Zahl der Pfarrer war, die im Oktober 1932 sich parteipolitisch engagiert hatten, läßt sich schwer feststellen, aber der Druck dies zu tun, war vor allem von der NSDAP sehr stark. Zunehmend wollten uniformierte NS-Gruppen die Dienste der Kirche in Anspruch nehmen (meist handelt es sich um geschlossene Teilnahme am Gottesdienst oder Fahnenweihen), wobei die Kirchenleitung keine allgemein bindenden Richtlinien herausgab.[393] Die evangelischen Geistlichen Oberfrankens wurden sogar von der NS-Gauleitung persönlich aufgerufen, die NSDAP und nicht die "Reaktion" (sprich DNVP) zu unterstützen. Dies war der Inhalt eines Briefes, den Gauleiter Hans Schemm an die evangelischen Pfarrer kurz vor dem Reformationstag geschickt hatte.[394] Schemms Argumentationsweise war, wie gewohnt, sehr simpel: Durch die "Judenrevolte von 1918" sei das Volk entehrt. Erst durch Hitler sei neues Leben erwacht; "Durch die Glut seiner Liebe, die Macht seines Willens, die Gewalt seines Wortes und die Wucht seines politischen Könnens hat er das sterbende Deutschland wieder ins Leben gerufen". Aber nun versuche die Reaktion, die sogar behaupte "Politik aus Glauben" zu treiben, Hitler die Frucht seiner Arbeit zu rauben. Hitler werde aber nicht der Reaktion das Feld überlassen, sonst wäre er schuldig "an unsrem Volke vor Gott". Zum Schluß kam Schemms Aufforderung:

> "Wenn Sie, sehr geehrter Herr Pfarrer, als Seelsorger mitten im wirklichen Leben unsres Volkes stehen, so müssen Sie das alles sehen. Wenn Sie ein glühendes Herz für das Volk haben, in das Gott Sie hineingestellt und zum Dienst berufen hat, so müssen Sie mit ganzer Seele an dem Kampf unsres Volkes um sein Leben teilnehmen. Dann aber können Sie nicht anders als sich hineinstellen in die Bewegung Adolf Hitlers und für sie am 6. November die Entscheidung treffen."

Schemms Aufforderung konnte ein Pfarrer durchaus folgen, ohne sich im engsten Sinne parteipolitisch bestätigen zu müssen. In einem Artikel "Zum Reformationsfest" in der "Weißenburger Zeitung" gedachte Pfarrer Kalb des Erbes Gustav Adolfs, vor allem seiner Tolerierung von Andersgläubigen und seiner Bereitschaft für die Glaubensfreiheit zu kämpfen.[395] Darin sah Kalb einen Zug zur Gegenwart:

"Es geht nicht an, das, was man einesteils als geschichtliche Tatsache bewundert, andernteils als gegenwärtige Erscheinung zu verdammen. Diejenigen, welche heutzutage die Glaubensfreiheit retten wollen für sich und die nachfolgenden Geschlechter, welche Deutschland bewahren wollen vor der Sturmflut des Bolschewismus und dafür Leib und Leben wagen, verdienen nicht Haß und Verachtung, sondern Dank und Anerkennung genau so wie Gustav Adolf."

Das Reformationsfest wurde 1932 zusammen mit der 300-jährigen Gedächtnisfeier des Todes Gustav Adolfs begangen. Da der Wahltag auf den Reformationssonntag fiel - ein NS-Redner in Weißenburg macht Papen und das Zentrum dafür verantwortlich[396] - wurde die Feier um acht Tage vorverlegt. In seiner Festpredigt zeigte sich auch Dekan von Löffelholz von den Nöten der Zeit beeinflußt. Nachdem er das Vorbildhafte an Luther und Gustav Adolf dargestellt hatte, sagte er: "Ob in der traurigen Gegenwart unserem Volk ein Retter entstehen wird, ob dieser schon da ist oder erst kommen wird?... Herr, sende uns zur rechten Zeit diesen Retter."[397]

Dabei gab es schon am nächsten Tag einen Hoffnungsschimmer für die wirtschaftliche Misere der Stadt, als die Meldung erschien, daß die Arbeitslosenzahl, die seit September steil gestiegen war, nun geringfügig zurückgegangen war.[398] Dadurch wurde der Trend der letzten zwei Jahren gebrochen, wo gerade im Oktober eine rapide Zunahme der Arbeitslosigkeit zu bemerken war.

Die wirtschaftlichen Ängste des kleinen Mannes waren aber weiterhin ein Hauptwahlkampfthema. In einer Reihe von Zeitungsartikeln verband die Weißenburger NSDAP diese Ängste mit einem Antisemitismus, der von dem des "Stürmers" abgeschrieben zu sein schien. Einen, und vermutlich sämtliche dieser Beiträge verfasste der Bezirksoberlehrer a.D. Weinländer[399] - ein Beleg für die Feststellung des Bezirksamts, daß bei dieser Wahl die Lehrerschaft "eine ganz besonders starke Tätigkeit" für die NSDAP entwickelt hatte.[400] Der erste dieser Artikel ging gegen die DNVP vor: "In ihren Reihen findet sich Alljuda getauft und ungetauft zusammen. Ihre Reräsentanten im Herrenklub leben mit Alljuda in innigster Freundschaft."[401] In einem späteren Beitrag, "Wen sollen wir wählen?", war die Rede von der "geheimen jüdischen Weltregierung" (die "300 Weltlenker Rathenaus"), die sämtlichen Parteien in Deutschland, mit Ausnahme der NSDAP, mitgeschaffen hätten, um das deutsche Volk zu zerspalten.[402] Nur in der von Hitler "geschaffenen, großen deutschen Volksbewegung" könne "die von Juden gemachte Zersplitterung in Parteien" beseitigt werden. Hilter werde schließlich "das deutsche Volk aus den Händen der hebräisch-jüdischen und christlich-jüdischen Volksausbeuter und Volksbetrüger" befreien.[403]

In der Woche vor der Wahl veranstaltete die NS-Ortsgruppe in Weißenburg noch zwei Versammlungen. Am Dienstag sprach der fränkische SA-Führer Stegmann voll Zuversicht über den Sieg der Bewegung "in absehbarer Zeit", egal wie die Wahl ausgehe.[404] "Wer für Deutschland ist", sagte er zum Schluß, "kann nur der NSDAP die Stimme geben, alle anderen Parteien stehen unter dem Druck Alljudas". Am Mittwoch wurden besonders die Mitglieder des Volksdienstes zu einer NS-Versammlung mit Pfarrer Teutsch aus Heidelberg, einem ehemaligen Reichstagsabgeordneten des CSVD, eingeladen.[405] In dem Zeitungsinserat für diese Versammlung setzten die Nazis ihre primitive antisemitische Rhetorik fort:

"Am Sonntag, den 6. November geht es um die Befreiung des deutschen Volkes von der Herrschaft der Juden. Alle Parteien von links bis rechts bestehen nur von Judas Gnaden. Daher der Kampf gegen die einzige Bewegung, die gegen die Juden angeht."

Ob diese Taktik geeignet war, die rund 200 Volksdienst-Stammwähler in Weißenburg zu beeindrucken, ist wohl zu bezweifeln. Die Leitung des Volksdienstes schrieb jedenfalls am nächsten Tag in der Zeitung, daß sie nicht in der Lage sei, die Einladung anzunehmen wegen der NS-Störung ihrer Versammlung im Februar und auch wegen der beleidigenden Bemerkungen, die ein NS-Zuhörer Professor Strathmann gegenüber bei einer CSVD-Versammlung in Treuchtlingen am 30. Oktober gemacht hatte.[406]

Bei der NS-Versammlung in Weißenburg glabte Pfarrer Teutsch, der überall als NS-Redner eingesetzt wurde,[407] behaupten zu können, er wolle keine Politik treiben, "denn sonst dürfe er sich nach seiner Überzeugung nicht mehr evangelischer Pfarrer nennen".[408] Er wolle lediglich "dem Nationalsozialismus das Beste schenken, was er hat, die heilige, erneuernde Lebenskraft des Christentums. Ohne Christentum kein lebensfähiges Drittes Reich".

In den Kreisen des Volksdienstes herrschte zu dieser Zeit keinesfalls Resignation, auch wenn die Partei weniger aktiv war als im Frühjahr. Vor allem durch seine Zeitung und durch Flugblätter versuchte der Volksdienst die Wähler zu erreichen und weiterhin vor den Gefahren des Nationalsozialismus zu warnen. In einem Flugblatt beschäftigte sich der Volksdienst mit dem Fall des NS-Ministerpräsidenten Röver in Oldenburg, der die evangelische Landeskirche dort heftig attackiert hatte, weil ein schwarzafrikanischer

Pastor in der Oldenburger Hauptkirche hat predigen dürfen.[409] Weiter kritisierte der Volksdienst Röver weil er einen Katholiken als Leiter des Ministeriums für Kirche und Schule ernannt hatte, "obgleich der Nationalsozialismus hauptsächlich von evangelischer Seite gewählt wurde!"

In einem Artikel im Bayern-Teil des "Volksdienstes", wurde auch der derzeit grassierende Röhm-Skandal zur Sprache gebracht.[410] Röhm hatte es nämlich nicht vermocht, die gegen ihn erhobenen Vorwürfe bezüglich gleichgeschlechtlichen Neigungen zu widerlegen. Der Volksdienst wollte vor allem wissen, wie sich die evangelischen Kreise in der NSDAP zu dem Fall stellten, und schrieb:

> "Es ist bedauerlich, daß gerade die christlichen Kreise in dieser Partei sich bis jetzt um den Skandal Röhm in der Öffentlichkeit nicht bemüht haben, und es einem nationalsozialistischen Pfarrer vorbehalten war über den Fall Röhm kürzlich zu schreiben, es sei ein falscher Schluß, 'den Defekt einzelner zum Defekt des Ganzen zu machen und dabei das Moralische in einer Weise als Maßstab zu benützen, wie es dem Kenner historischer Vorgänge in Vergangenheit und Gegenwart nicht möglich ist'."

Am Tag vor der Wahl kam es auch zu einer CSVD-Versammlung in Weißenburg, mit Professor Strathmann als Redner. In einer Vorankündigung gab das Volksdienst- und Kirchenvorstandsmitglied Friedrich Schleußinger vier Gründe an, weshalb er als evangelischer Christ Hitler nicht wählen konnte:[411] 1) Weil Hitler in einem Zwiegespräch mit Eckart zur Luther Bibelübersetzung gesagt habe, sie habe "der deutschen Urteilskraft... heillos geschadet";[412] 2) Wegen Rosenbergs "Mythus des 20. Jahrhundert"; 3) Weil führende NS-Persönlichkeiten (Hitler, v.Epp, Streicher, Benesch, Straßer) Katholiken sind; und 4) weil man Vikar Leitner von NS-Seite vor der letzten Wahl vorgeworfen hat, "er hätte jüdisches Blut", dabei habe man aber vergessen, "daß Herr Rosenberg eine Jüdin zur Frau hat und daß auch ein Herr Frenzel getaufter Jude ist".[413] Der Streit über diese Vorwürfe dauerte über die Wahl hinaus.

Strathmanns Rede, "Wach auf, deutsch-evangelisches Volk", behandelt das Hauptthema des CSVD in diesem Wahlkampf:[414] Die Bildung einer "deutschevangelischen Volksfront zur Erneuerung des Staates".[415] Diese Front sollte

> "in dem Kampf zwischen herrschaftslüsternem Parteitum und einer allein durch die Sachziele vaterländischer Politik geleiteten volksverbundenen autoritären Staatsführung grundsätzlich auf der Seite der letzteren stehen."

Der Ansatzpunkt für die Bildung einer solchen Volksfront sei im Volksdienst gegeben. Ob die Bereitschaft, sich auszuweiten eine Annährung des CSVD an den Evangelischen Bund bedeutete, wurde aber nicht klar ausgesprochen.[416]

Die Wahlergebnisse brachten den erwarteten Rückgang für die NSDAP.[417] In Weißenburg behielt sie jedoch knapp die absolute Mehrheit mit 50,4% (31.

Juli - 52,3%). Die Linksparteien behielten ihren 30% Anteil, mit deutlichem Zuwachs für die KPD (13,5%; 31. Juli - 10,3%) und Verluste für die SPD (17,2%; 31. Juli - 20,3%). Die Anstrengungen der DNVP wurden belohnt mit einem Stimmanteil von 6,5% (31. Juli - 4,5%). Der Volksdienst dagegen erzielte nur einen geringen Zuwachs (3,9%; 31. Juli - 3,5%); im Reich stieg die Zahl der CSVD-Mandate von drei auf fünf, wobei Professor Strathmann nun wieder in den Reichstag ziehen durfte.[418]

Im Bezirksamt Weißenburg waren die Verluste der NSDAP noch größer als in der Stadt (50,5%; 31. Juli - 55,8%). In den evangelischen Dörfern des Dekanatsbezirks Weißenburg ging der NS-Stimmanteil auf 78,8% zurück (31. Juli - 86,4%); der der DNVP stieg auf 17,8% (31. Juli - 11,8%). In Emetzheim, wo Pfarrer Edlef Sell, der später im Kirchenkampf eine wichtige Rolle spielen sollte, amtierte, gewann die DNVP sogar 35%.

Nach der Wahl zog sich eine Kontroverse zwischen den Volksdienst und der NSDAP durch den ganzen November. Den Anfang machte die NSDAP mit einer Antwort auf die gegen sie erhobenen Vorwürfe im dem Wahlkampfartikel von Friedrich Schleußinger.[419] Zuerst machte sie darauf aurmerksam, daß die Partei schon längst erklärt habe, daß die Eckart Broschüre nur in der Form eines Gesprächs geschrieben sei, und nicht die Meinung Hitlers wiedergebe. Zweitens, gäbe es erfreulicherweise Katholiken in der Partei, sie seien aber keinesfalls Ultramontane. Schließlich, obwohl Frenzel die NSDAP unterstützen möge, sei er keinesfalls Parteigenosse. Dazu erhob die NSDAP ihrerseits Vorwürfe an den Volksdienst: daß der CSVD durch seine Reichstagstätigkeit sich als "Verräterpartei" gezeigt habe; daß Oberndörfer in Nürnberg Zuschüßen für bolschewistische Vereine zugestimmt habe; und daß Professor Strathmann ein "Postenjäger" sei, im Gegensatz zu den "ehrliche(n) deutschgesinnte(n) Geistliche(n) im Amt" in der NSDAP. Zum Schluß kam eine Verteidigung für Teutsch and eine versteckte Spitze gegen die bayerische Landeskirchenleitung:

> "Wenn die badische evangelische Landeskirche Pfarrer Teutsch sogar beauftragt hat, für die NSDAP zu wirken, so ist uns das ein besonderer Beweis für unsere evangelische Einstellung, als wenn eine andere evangelische Landeskirche uns wegen unseres Kampfes für Deutschlands Befreiung aus Alljudas Händen, schief anschaut."

Diese Vorwürfe zu widerlegen fiel dem Volksdienst nicht besonders schwer: Oberndörfer habe einem Geldpaket für sämtliche Jugendvereine der Stadt Nürnberg zugestimmt - das meiste Geld sei an die evangelischen Vereine gegangen;[420] auf das klägliche, persönliche Geschimpfe gegen Strathmann brauche man nicht einzugehen, zumal der Autor zu feige war, seinen Namen zu nennen;[421] schließlich habe der Volksdienst Auskunft vom Kirchenpräsidenten der badischen Landeskirche erhalten, daß Pfarrer Teutsch in keiner Weise von der Kirche beauftragt sei, für den Nationalsozialismus zu wirken. Im Gegenteil, habe die badische Landeskirche, wie auch die bayerische, die Geistlichen "ausdrücklich ermahnt, größte Zurückhaltung zu üben bei ihrer etwaigen politischen Tätigkeit".[422]

Das vorläufige Schlußwort dieser Zeitungsfehde lieferte die NSDAP Ende November mit der Behauptung Pfarrer Teutsch's, er habe die Erlaubnis von Kirchenpräsidenten Wurth, in NS-Versammlungen zu reden; er habe zudem eine schriftliche Vereinbarung mit dem Juristen seines Oberkirchenrats, das Weltanschauliche, Kulturelle und Christliche im Nationalsozialismus herauszustellen.[423]

Die Redneraktivität von Pfarrer Teutsch für die NSDAP ging auch über den Wahlkampf hinaus. Im "Stürmer" war im November zu lesen, daß Teutsch in Nürnberg am 25. November sprechen würde.[424] Einer, der daran Anstoß nahm war Dr. Zellfelder vom Evangelischen Presseverband für Bayern und Kommentarschreiber der "Allgemeinen Rundschau". In einem Brief an OKR Meiser drückte er sein Befremden darüber aus, daß ein Pfarrer positiv erwähnt werde, in einem Blatt "das nur als planmäßige Aufreizung der niedersten Masseninstinkte gekennzeichnet werden kann".[425]

Eine Woche später schrieb Dr. Zellfelder einen zweiten Brief an Meiser, um den Fall des Pfarrers Heinrich König in Westheim zur Sprache zu bringen.[426] Dieser hatte einen "Stürmerbrief" verfasst, in dem er sich über das "freche" Benehmen eines jüdischen Viehhändlers in seinem Dorf aufgeregt hatte.[427] Dazu schrieb Zellfelder:[428]

"Die Tatsache, daß ein Geistlicher mitarbeitet und damit seine Gesinnungsgemeinschaft mit diesem Hetzblatt öffentlich dokumentiert, ist doch eine sehr bedenkliche Erscheinung. Der 'Stürmer' schürt seit Jahren unter unserem fränkischen Landvolk eine wahre Pogromstimmung. Da ist es wirklich nicht mehr nötig, daß auch unsere Geistlichen Öl ins Feuer gießen."

Zwei Wochen später schrieb der LKR an den zuständigen Würzburger Dekan, er solle König über den Leserbrief zur Rede stellen.[429] König blieb jedoch Pfarrer in Westheim, und Zellfelder vermied es auch weiterhin, diese harte Sprache gegen den "Stürmer" in seinen Beiträgen in der "Allgemeinen Rundschau" zu verwenden.

Am 9. November veranstaltete die Weißenburger NS-Ortsgruppe im Evangelischen Vereinshaus ihre Totengedenkfeier.[430] Die Rede hielt der neue Geistliche in Höttingen, Pg. Pfarrer Karl Pfaffenberger, mit dessen Ernennung das Dekanatsbezirk Weißenburg nun zwei NS-Pfarrer hatte.[431] Die musikalische Umrahmung leitete der Kantor der Andreaskirche, Mutzbauer. Die Gefallenen-

Gedenkfeier der Kriegervereine fand am Sonntag den 14. November statt, mit Kirchgang und Gedächtnisansprache am Grabmal von Pfarrer Rottler.[432]

Es kam aber auch vor, daß die NSDAP die Kirche für ihre eigene Gedenkfeier am Volkstrauertag beantragte, wie es der Fall im benachbarten Gunzenhausen war. Hier billigte Dekan Sperl, mit dem Einverständnis seines Kirchenvorstandes, den Antrag, und hielt selbst die Rede.[433] Kritik an dieser Entscheidung kam sofort von der sozialdemokratischen "Fränkischen Tagespost".[434] Mit der Bemerkung, daß eine Parteifeier in einer Kirche in Bayreuth, zum Beispiel, oder in vielen anderen Städten nicht erlaubt wäre, fragte der Autor die Gunzenhausener Kirchenleitung:

> "...wie sie es den hiesigen, nicht nationalsozialistisch eingestellten Kirchenbesuchern gegenüber verantworten kann, daß sie es einer Partei ermöglicht, selbst in einem Gotteshaus in Uniform zu erscheinen und ihr eine aus Propagandagelüsten heraus entstandene Feier abhalten läßt."

Die Haltung des LKR in diesem Fall war charakteristisch; er hatte sich mit Dekan Sperls Vorgehen nicht einverstanden erklärt, verteidigte ihn jedoch gegen die Vorwürfe, die in einem sehr kritischen Bericht des Vorstandes des Bezirksamts Gunzenhausen an die Regierung in Ansbach gegen ihn erhoben wurden.[435]

In anderen Fällen hatte der LKR gezeigt, daß er prinzipiell nichts gegen die Parteimitgliedschaft seiner Geistlichen hatte. So konnte Friedrich Hanemann, NS-Parteimitglied seit 1929, im Jahre 1932 vom LKR zum Dekan von Kulmbach ernannt werden.[436] Und es ist auch nicht bekannt, daß die Ernennung des Pg. Pfarrer Richard Zwörner zum zweiten, ehrenamtlichen Bürgermeister von Selb im November 1932, den Widerspruch des LKR erweckt hatte, denn er blieb bis 1934 Gemeindepfarrer in Selb.[437]

Kurz nachdem die Zeitungsfehde zwischen NSDAP und Volksdienst abgeebbt war, meldet sich Pfarrer Kelber mit einem langen Zeitungsartikel, "Hitler und Kirche", wieder zu Wort.[438] Zu der viel diskutierten Frage "Pfarrer und Politik" meinte er, die Kirchenbehörde solle dem einzelnen Pfarrer mehr "freie Gewissensentscheidung" zubilligen.

> "Denn es ist eine nicht zu leugnende Tatsache, daß durch öffentliche Reden eines hierzu besonders begnadeten Pfarrers in politischen Versammlungen schon viele Seelen der Kirche wieder gewonnen worden sind, vergleiche Adolf Stöcker."

Auch Pfarrer Teutsch erfülle hier eine wichtige Aufgabe, denn "unser vaterlandsbegeistertes Volk... schmachtet nach dem Christentum, aber es will davon heute auch außerhalb der Kirchenmauern, in politischen Versammlungen hören". Andererseits meinte Kelber, daß Verständnis für diejenigen Pfarrer notwendig sei - und hier dachte er vielleicht an Pfarrer Kalb[439] - die für Hitler stimmen, aber es aus seelsorgerlichen Gründen ablehnen, sich am

Parteitreiben zu beteiligen: "Einem solchen besorgten Hirtengewissen wäre vor allem auch in der Bewegung selbst die stille Ehrerbietung zu zollen, die es verdient."

Daß jedoch Kelbers Meinung über das politische Engagement der Geistlichen nicht unbedingt der Haltung der Pfarrerschaft im Allgemeinen entsprach, belegt eine Versammlung des Pfarrervereins am 8. Dezember in Nürnberg, wo Professor Werner Elert über die "Politischen Aufgaben und Schranken des Pfarrers" sprach, und die klare Schlußfolgerung zog: "Wer aus ethischen Gründen öffentlich für eine politische Partei arbeiten zu müssen meint, soll sein Pfarramt niederlegen."[440] Ein Bericht bestätigt, daß diese Meinung von der "weitaus größte(n) Zahl der Anwesenden" geteilt wurde.

Im letzten Teil seines Beitrages "Hilter und Kirche", zeigte sich Kelber nach wie vor als großer Hitler-Verehrer: "So etwas ist neu in der Welt, ein solch einziger Mensch mit dem absolut sicheren Wissen der Richtigkeit seines Zieles".[442] Die Leute, die etwas an Hitler auszusetzen hatten, fragte Kelber: "Wer soll Deutschland noch retten? Wer, wenn nicht dieser Mann?"

Probleme hatte Kelber allerdings mit einigen bedenklichen Erscheinungen innerhalb Hitlers Partei, u.a. auch mit der aus der NSDAP entstandenen "Glaubensbewegung Deutsche Christen", die im November bei den Kirchenwahlen im Gebiet der Altpreußischen Union ein Drittel aller Sitze gewonnen hat.[443] Aber auch hier blieb Kelber zuversichtlich:

"Deutsche Christen, Deutsche Kirche: diese krankhafte Einzelströmung in der Hitlerbewegung wird sich brechen an dem Wirklichkeitssinn unseres Kirchenvolks... Denn die Bewegung im Ganzen verfolgt nicht das Ziel dieser Einzelrichtung, sondern das entgegengesetzte, und das Programm, das doch nicht in letzter Linie maßgebend ist, fordert das Christentum."

Die Gefahren für die Kirche von der NSDAP leugnete Kelber keinesfalls; sie erforderten vielmehr die Mitarbeit der Pfarrer innerhalb der Partei:

"Unzählige in dem wachsenden Bau der Freiheit wünschen es sehnsüchtig, daß dieses Christentum in ihn fester hineingebaut werde. Das müssen die Pfarrer tun, wer denn sonst? Es ist ihre Pflicht und Schuldigkeit. Von außen kann es nicht geschehen, nur von innen. Wir wollen innerhalb die Förderung der noch nicht genug gewürdigten Konfessionsschule vertreten, da wir wohl wissen, was unser Kirchenvolk an seiner evangelischen Schule hat. Wir werden den Rassen- und Volkskult als ein verlorenes Stück Heidentum zu überwinden suchen und es wird uns, so wir nur nicht krittelnd außen stehen bleiben, gelingen. Die Bewegung wächst mit uns nach innen und nimmt neben dem vielen anderen Blut auch das unsrige in sich auf, wenn wir ihre lebendigen Glieder sind. Versäumen wir nicht die auch für unsere Kirche geschichtliche Stunde!"

Diese überaus optimistische Einschätzung der Einflußmöglichkeiten der Kirche innerhalb der NSDAP war Ende 1932 keinesfalls eine Ausnahmeerscheinung, und sollte im Laufe des Jahres 1933 immer mehr Zustimmung finden, besonders in den Kreisen der Volksmission.

IV. WEIßENBURG UND DIE BAYERISCHE LANDESKIRCHE IM JAHRE DER NS-MACHTÜBERNAHME

1) Weißenburg vor dem 30. Januar 1933

Das neue Jahr in Weißenburg fing politisch vollkommen ruhig an, da der Weihnachtsburgfrieden erst am 18. Januar ablief. Für den Monat Januar kam zugleich eine gute Nachtricht vom Arbeitsamt, das eine nur minimal angestiegene Arbeitslosigkeit feststellte (Dez. 1932 - 1.078; Jan. 1933 - 1.089) - das erste Mal seit 1930, daß eine Monatszahl unter der des vorigen Jahres lag (Jan. 1932 - 1.931).[1] Weniger erfreulich war aber die Meldung, daß Weißenburg Ende Oktober 1932 eine höhere Wohlfahrtserwerbslosigkeit, gemessen an der Bevölkerungszahl, aufwies, als die meisten bayerischen Städte, einschließlich Nürnberg, Schwabach und München.[2]

Als das politische Leben der Stadt Mitte Januar wieder erwachte, wurde auch der Evangelische Bund aktiv. In einer Mitgliederversammlung am 18. Januar wählte man Pfarrer Rottler zum neuen Vorstand,[3] und Ende des Monats sprach der Inspektor der Neuendettelsauer Volksmission Helmut Kern zum Thema "gegen die Freidenker",[4] angeblich "als Gegenmaßnahme gegen die gesteigerte Werbetätigkeit der Freidenker in Weißenburg".[5]

Dieses Thema, das Anfang 1933 die volksmissionarische Arbeit in erster Linie beschäftigt hatte,[6] war auch der Hauptinhalt eines Artikels von Pfarrer Rottler im "Korrespondenzblatt" Anfang 1933: "Der Gegner von Heute".[7] Hier ging es Rottler vor allem um den Abwehrkampf gegen die noch als bedrohlich angesehene Gottlosenbewegung, aber auch um den "Einbruch evangeliumsfremder Geistigkeit" durch die völkische Religiosität, die er freilich nicht gleichsetzen wollte mit der Weltanschauung des Nationalsozialismus. Zur Abwehr empfiehl Rottler eine Vorgehensweise, die vor allem für die Volksmission im Jahre 1933 charakteristisch wurde: "Unsere Verkündigung darf sich nicht allein auf die biblische Wahrheitsentfaltung beschränken, sondern muß zu allen brennenden Fragen der Zeit bewußt Stellung nehmen." Was die völkische Religion anging, ergaben sich dabei vier Problemkreise, die angesprochen werden mußten:[8]

> "a) Rasse und Volk. Rasse ist hier Grundlage des Volkes. Das nordische Blut ist ausschlaggebend. Von dieser bluthaften nordischen Seele aus muß eine ganz bestimmte Lebensauffassung und Religiosität sich gestalten. b) Der geschichtlich-prähistorische Fragenkreis: In die germanische Mythologie und Moralität wurde das Christentum als ein Fremdkörper hineingetragen, wobei aber das Wesen einer 'nordischen Religion' völlig ungeklärt bleibt. Daraus erhellt als Aufgabe eine Rekonstruktion

deutscher Frömmigkeit. c) Der theologische Fragenkreis ist bestimmt durch den Kampf ums Alte Testament, durch die Forderung einer Ausschaltung der paulinischen 'Fremd'theologie und die Wiederherstellung der reinen, genuinen Jesuslehre. Gerade hier aber stellt sich am deutlichsten heraus, daß nur sogenanntes Christentum gefordert wird, das weiter nichts ist als Blutlehre + Idealismus der Kraft + Moralismus + Rationalismus. d) Kirchenpolitisch wird eine einheitliche deutsche Staatskirche gefordert, wobei aber eine Freiheitsbeschränkung der Kirche durch die Macht im Staate zu befürchten ist, wie die beabsichtigte Politisierung der Kirchenwahlen in Preußen bereits ahnen läßt."

Diese Problemschilderung, die sich vor allem auf die Arbeit von Walter Künneth stützte, zeigt, daß die evangelische Kirche keineswegs unvorbereitet war hinsichtlich der bald auf sie zukommenden Probleme.

Kurz vor der Ernennung Hitlers zum Reichskanzler brach in Franken der offene Konflikt aus zwischen der politischen Organistation mit Streicher und Holz einerseits und der SA, geführt von Stegmann andererseits.[9] Interessant dabei war die wohlwollende und umfangreiche Berichterstattung für die Stegmann-Revolte in der evangelischen Tageszeitung "Allgemeine Rundschau", die ganz offensichtlich die Entmachtung Streichers in Franken begrüßt hätte. Die am 20. Januar von der "Allgemeinen Rundschau" abgedruckte Erklärung Stegmanns NS-Ortsgruppe Schillingsfürst gab die Ziele der Revolte an: "Wir wollen nichts anderes, als die restlose Beseitigung der Mißstände in der nationalsozialistische Bewegung. Darum auf, mit Stegmann, für eine saubere, festgefügte und revolutionäre Hitlerbewegung."[10]

Hitler aber wollte keinen Parteizwist dulden, und befahl den Ausschluß Stegmanns, der daraufhin das Freikorps Franken gründete, mit angeblich 80% der mittelfränkischen SA hinter sich.[11] Bei einer Massenkundgebung des Freikorps Franken in Nürnberg am 24. Januar sagte Stegmann, laut Bericht der "Allgemeinen Rundschau", da die Partei krank sei, müsse die SA gesund bleiben.[12] Nicht ahnend, was zu der Zeit in Berlin vor sich ging, behauptete er weiter, daß die Chancen, legal an die Macht zu kommen, nun gering seien. Durch die Ernennung Hitlers zum Reichskanzler eine Woche später jedoch fand die Stegmann-Revolte ein jähes Ende, und Streichers Machtposition in Franken wurde gerettet.

Diese innerparteilichen Kämpfe, mit Schwerpunkten in den Bezirken Ansbach und Rothenburg,[13] hatten auch in Weißenburg ihre Auswirkungen. Auch wenn die zwei Weißenburger Zeitungen dazu schweigen, kamen Berichte in der "Fränkischen Tagespost" von "Meinungsverschiedenheiten innerhalb der SA" in Weißenburg wegen des Stegmann-Konflikts, weshalb für den 15. Januar eine Bezirksmitgliederversammlung mit dem stellvertretenden Gauleiter Holz einberufen worden sei.[14] Es hieß weiter, daß besonders die Treuchtlinger SA fest hinter Stegmann stehe.[15] Nach der Versammlung wurde aus Weißenburg berichtet, daß es "recht still" um die NSDAP geworden sei, und daß einige lokale "Nazi'größen'" "nicht ganz freiwillig" weggegangen seien, darunter auch der SA-Kommandeur.[16]

Bei der Neuorganisation der SA in Weißenburg überredete Gerstner den Volksschuloberlehrer, ehemaligen Offizier und Deutschnationalen Georg Sauber, die Führung der SA-Standarte 13 zu übernehmen.[17] Bei dem ersten Aufmarsch unter der neuen Führung kamen nur 147 SA- und SS-Leute ohne Fahnen und Musik aus dem Bezirk zusammen. Die anschließende Kundgebung auf dem Marktplatz mit dem Lehrer Minnameyer war - nach dem Bericht der "Fränkischen Tagespost" - schlecht besucht, was "auf den großen Gestank, der in der Naziortsgruppe herrscht, zurückzuführen" sei.[18] Mit der Ernennung Hitlers zum Reichskanzler aber, überwand auch die Partei in Weißenburg ihren Tiefpunkt und begann mit den Vorbereitungen für den kommenden Wahlkampf.

2) Die Rezeption der Kanzlerschaft Hitlers in evangelischen Kreisen und die Vorbereitung für die Märzwahlen

Die neue Reichsregierung der "nationalen Erneuerung" wurde in evangelischen Kreisen in Bayern allgemein positiv beurteilt. Ein Kommentar in der "Allgemeinen Rundschau" am Tag nach der Regierungsbildung begrüßte die "Zusammenfassung aller nationalen Kräfte" im neuen Kabinett: "Es ist das erste Mal seit 1918, daß in Deutschland eine ausgesprochen nationale Regierung die bisherigen mehr oder weniger international eingestellten Kabinette ablöst."[19] Gleichzeitig wurde die Hoffnung ausgedrückt, daß trotz aller Spannungen das "Kabinett der Harzburger Front" den Kampf in sich geschlossen aufnehmen würde. Auch Dr. Zellfelder begrüßte es in seinem Kommentar, daß endlich die "Träger der deutschen Staatsgedanken" an die Macht gekommen seien; und "wenn sich der Übergang der Staatsgewalt von der Linken auf die Rechte unter etwas stürmischen Formen" vollziehe, bemerkte er weiter, sollten die anderen sich nicht beschweren, denn sie hätten "den ruhigen Übergang" verhindert.[20]

Eine eindeutige Empfehlung für die für den 5. März geplante Reichstagswahl gab der Evangelische Bund Mitte Februar heraus. Mit dem Hinweis, daß nun die 14-jährige Herrschaft "international gebundener Mächte" zu Ende sei, appellierte er an seine Mitglieder: "Kämpft durch eure Stimmen mit dafür, daß die nationale gegenrevolutionäre Bewegung auf gesetzlichem Wege zum Siege kommt."[21] Auch der bayerische Hauptverein des Bundes machte eine ähnliche Empfehlung: "Wir haben zur gegenwärtigen Reichsregierung das Vertrauen, daß sie nach dem Grundsatz der Gerechtigkeit regieren wird."[22]

Diese Stellungnahmen belegen die "verhängnisvolle Unterschätzung" Hitlers,[23] vor allem in evangelischen Kreisen, wo eine national-konservative Politik von der neuen Regierung erwartet wurde. Auch in den kommenden Monaten blieb dieses Interpretationsschema, vor allem in der "Allgemeinen Rundschau", intakt: das Nationale an den neuen Machtinhabern wurde immer als das Essentielle; das radikal Revolutionäre dagegen durchwegs als etwas Akzidentelles angesehen.

Die positive Stimmung für die neue Regierung wurde nach dem Reichstagsbrand nur noch gesteigert.[24] Berichte über angebliche kommunistische Putschpläne verstärkten noch das Gefühl, daß die neue Regierung der Retter vor dem Bolschewismus sei.[25] Dies erklärt auch, weshalb die Verordnung des Reichspräsidenten "Zum Schutz von Volk und Staat", die alle wesentlichen Grundrechte der Weimarer Verfassung außer Kraft setzte, generell positiv hingenommen wurde. Man rechnete nicht damit, daß diese Anordnung in nicht allzu langer Zeit gegen die Kirche ihre Anwendung finden würde.

Die evangelischen Kirchenblätter, die sich bisher politisch zurückgehalten hatten, gaben nach dem 30. Januar ihre Reserve langsam auf. Das Rothenburger Sonntagsblatt zum Beispiel schrieb zum 5. März: "Wollen wir Leute wählen, die deutsch denken und nicht international."[26] Überhaupt war eine Kritik am Nationalsozialismus in den meisten Kirchenblättern in Bayern zu dieser Zeit kaum mehr möglich, wie der Evangelische Presseverband in einem Brief an Pfarrer Karl-Heinz Becker bestätigt:[27]

"Die Schriftleiter unserer kirchlichen Blätter stehen entweder selbst im nationalsozialistischen Lager, oder sie sind durch ihre größtenteils nationalsozialistische Leserschaft derart eingeschüchtert, daß sie es nicht wagen, das von Ihnen angeschnittene Thema... aufzugreifen."

Becker hatte nämlich Anfang Februar einen "Pastorenbrief an die Hitler-Christen" geschrieben, in dem er wieder auf die Unvereinbarkeit der NS-Weltanschauung mit der Grundanschauung des Christentums aufmerksam machte.[28]

Auch die Schriftleitung des "Freimund", ein Volksmissionsblatt aus Neuendettelsau, bestätigte die Schwierigkeiten der Kirchenblätter in einer Zeit "politischer Hochspannung". Im Februar 1933 schrieb er:[29]

"Deutet man einmal etwas von den Sorgen an, die man der NSDAP gegenüber haben kann, dann kommen entrüstete Protestschreiben von Nationalsozialisten, die Mitglieder oder Freunde unseres Werkes sind. Bringt man die Erklärung der neuen Regierung und fügt einige anerkennende Worte hinzu, dann äußern Mitglieder des Christlichen Volksdienstes, die unserem Werke nahe stehen, ihre Entrüstung."

Dies hindert den "Freimund" allerdings nicht, seine Zufriedenheit darüber zu äußern, daß die neue Regierung ihr nationales und soziales Programm anscheinend ernst nehme; darum sei es nicht die Zeit Kritik zu üben, sondern "treue Fürbitte für die Obrigkeit" aufzubringen, des Wortes des Apostels Paulus eingedenk, "Jedermann sei untertan der Obrigkeit, die Gewalt über ihn hat".[30]

Aber auch der Volksdienst hatte keine so ablehnende Haltung zur neuen Regierung, wie das Zitat vom "Freimund" vermuten läßt. In seinem in der CSVD-Zeitschrift veröffentlichen Beitrag, "Helfende Kritik", sprach Strathmann von der Bereitschaft des Volksdienstes, der "nationalen Regierung" eine ehrliche Chance zu geben.[31] Gleichzeitig warnte er vor den Gefahren im neuen Kabinett, etwa vor der reaktionären Sozialpolitik eines Minister Hugenbergs, sowie vor einer pauschalen Verteufelung der vorangegangenen 14 Jahre als "marxistische Mißwirtschaft", wie es Hitler zu tun pflegte, "...nur um sich für sein Wirken eine günstige Folie zu schaffen, einen dunklen Hintergrund, auf dem er sich um so leuchtender in pseudo-messianischer Selbstbespiegelung abzuheben gedenkt."[32] Generell war der CSVD bereit, Hitler eine Chance zu geben; wenn er aber nach vier Jahren versagte, müsse "die öffentliche und politische verantwortliche Kontrolle wieder ihr Recht" verlangen.[33] Wenn der Volksdienst auch diesmal wieder für den Reichstag kandidiere, dann nur um seine "helfende Kritik" anzubringen und auch um Brücken zu schlagen "zwischen allen national gesinnten aufbauwilligen Kräften".[34]

Ein Hauptanliegen des Volksdienstes in dieser Zeit war die drohende Politisierung der Kirche. Das Anfang Januar erschienene Altonaer Bekenntnis brachte "Der Volksdienst" gleich im vollen Wortlaut und begrüßte es als "das Erwachen der Evangelischen Kirche".[35] Dieses von der jungreformatorischen Theologie getragene Dokument, das für die Selbstbehauptung der Kirche im Jahre 1933 einen wichtigen Schritt darstellt, stieß auf Ablehnung in der NS-Presse.[36] In Bayern wurde es bezeichnenderweise in der "Allgemeinen Rundschau", im "Freimund" und im "Evangelischen Gemeindeblatt für München" erst nach der Wahl veröffentlicht.[37] Was das Altonaer Bekenntnis kontrovers machte, war die Klarstellung, daß die Kirche von dem Staat, einer Partei und einer Weltanschauung nicht getragen werden könne; die Mißbilligung der Tatsache, "daß die Parteien weithin zu politischen Konfessionen geworden sind"; sowie die Kritik an dem Mißbrauch der Kirche für militärische, staatliche oder parteiliche Feste.[38]

Die zunehmende Tendenz der NSDAP, den Dienst der Kirche für demonstrative Zwecke in Anspruch zu nehmen,[39] trat auch in Weißenburg in Erscheinung. In Februar hatte die neue SA-Führung das Pfarramt um einen besonderen Gottesdienst mit Fahnenweihe der SA-Standarte 13 gebeten.[40] Das Pfarramt hat dieses Gesuch ohne Rücksprache mit München gebilligt und den Gottesdienst für den Sonntag vor der Wahl geplant. Eine Woche vor dem Gottesdienst jedoch hatte ein Kirchenmitglied, das anonym bleiben wollte, - wie es sich später herausstellte, war es der Bezirksamtsvorsteher Heller[41] - den LKR über diese Pläne informiert. Daraufhin verbot die Kirchenleitung in München, mit Hinweis auf eine Verordnung von 1926, den Sondergottesdienst mit Fahnenweihe, da die SA ein Verein sei, der "rein parteipolitische Interessen" verfolge.[42] Am 24. Februar gab das Pfarramt das Verbot in der Zeitung bekannt.[43] In der Zeitungsnotiz schrieb Dekan von Löffelholz, daß er und ein Kirchenvorstandsmitglied nach München zu einem Gespräch mit Veit gefahren waren, ohne das Ergebnis geändert zu haben. Das einzige, was die Kirche der SA anbieten könne, sei ein Gottesdienst außerhalb der Kirche "unter der privaten Mitwirkung eines Geistlichen".[44] Dies paßte der SA jedoch nicht, die am nächsten Tag bekannt gab, daß die Fahnenweihe bis auf weiteres verschoben sei.[45] Gleichzeitung versuchte die NSDAP den Namen des "Informanten" herauszubekommen, wobei der Verdacht zuerst auf den Volksdienst-Anhänger, Studienprofessor Rudolf Scheußinger fiel.[46]

Wenn es der NSDAP auch hier nicht gelang, die Kirche für ihre Zwecke zu benutzen, so konnte sie doch die Mitwirkung einiger Geistlichen im Wahlkampf gewinnen. Im Februar brach Pfarrer Kalb mit seiner zeitweiligen Zurückhaltung und sprach bei einem "Deutschen Abend" der NS-Ortsgruppe in Burgsalach, wo er schon im Februar 1932 für seine Partei aufgetreten war. In seiner Ansprache schilderte er, nach einem Zeitungsbericht, "die Gefahren des Bolschewismus und legte in überzeugender Weise dar, warum wir Christen Nationalsozialisten sein können, ja sein müssen".[47]

Die Weißenburger NS-Ortsgruppe konnte auch die Dienste des badischen Pfarrers Teutsch wieder gewinnen, der einige Male im Bezirk als Redner auftrat. Im Konflikt um Pfarrer Teutsch hatte der Volksdienst schon im Januar für Aufklärung gesorgt. Ein Schrieben des Oberkirchenrats in Karlsruhe an die CSVD-Ortsgruppe bestätigte, daß das am 2.10.1931 Teutsch auferlegte Redeverbot am 10.6.1932 aufgehoben worden war, mit der Einschränkung, daß er "sich von einem Auftreten in nur politischen Versammlungen fernhalten" werde.[48] Von einem Auftrag seiner Kirchenbehörde, für die NSDAP zu sprechen, konnte also keine Rede sein.

Zu der NS-Versammlung mit Pfarrer Teutsch in Weißenburg am 16. Februar wurden wieder besonders die Volksdienst-Anhänger eingeladen. Ihnen wurde versichert, daß sie in Teutsch "den Eindruck eines tief christlichen Mannes gewinnen" würden,[49] und in der Tat ging Teutsch in seiner Rede schonend mit dem Volksdienst um, obwohl, wie er erklärte, "sein scharfes Geschütz" bereitgestanden hatte.[50]

Am nächsten Tag sprach Teutsch in Nennslingen, wo der NS-Pfarrer Ruck amtierte.[51] Obwohl das Dorf im November 1932 mit 92,3% für die NSDAP gestimmt hatte (DNVP 6,7%), hatte es einen Grund, gerade hier einen wichtigen NS-Redner sprechen zu lassen. Anfang 1933 gab es in Nennslingen und Bergen eine Gruppe von gegen Streicher eingestellten Leuten, die den "Nazi-Spiegel" abonnierten, die Zeitschrift eines ehemaligen NS-Mitglieds, den Streicher vorher aus der Partei hinausgeworfen hatte.[52] Die Zeitung berichtete auch ausführlich über die Stegmann-Revolte, bis zu ihrem Verbot am 16.2.1933.[53] Die NSDAP befürchtete, daß durch den Streit der Landbund in dieser Region wieder an Boden gewinnen könnte.[54] In seiner Rede in Nennslingen betonte Pfarrer Teutsch, daß es an der Zeit sei, "daß der letzte Mann, und die letzte Frau in den Bund Adolf Hitlers" eintrete. Seine Bemühungen führten mit dazu, daß das Dorf am 5. März nun mit 95% für die NSDAP stimmte.[55]

Am Tag vor der Wahl hielten fast sämtliche größeren Parteien in Weißenburg Versammlungen ab, einschließlich des CSVD, der Professor Strathmann als Redner eingeladen hatte.[56] Nur die Tätigkeit der KPD wurde nach der Verordnung vom 28. Februar, "Zum Schutz von Volk und Staat", stark eingeschränkt;[57] am 2. März fanden Hausdurchsuchungen bei 25 bekannten Kommunisten statt, und die Presse meldete, daß ein KPD-Mitglied in Haft genommen wurde.[58] Die Straßen wurden am Tag vor der Wahl von der NSDAP beherrscht, die am Abend einen großen Fackelzug veranstaltete, an dem nicht nur SA und SS teilnahmen, sondern auch die bürgerliche Stadtratsfraktion, die Kriegervereine, der Turnverein und der Schützenverein.[59] Für die entsprechende Beflaggung wurde auch gesorgt; wo nötig, wurden Geschäftsleute dazu unter Druck gesetzt.[60] Bei der anschließenden Kundgebung auf dem Marktplatz wurde die Rede Hitlers aus Königsberg übertragen, die mit den Worten schloß: "Wir sind stolz, daß wir durch Gottes gnädige Hilfe wieder zu wahrhaften Deutschen geworden sind."[61] Dann hörte man das Lied "Wir treten zum Beten" und das Geläut des Königsberger Doms; man wußte nur nicht, daß dazu eine Schallplatte benutzt wurde.[62]

Von der sehr hohen Wahlbeteiligung in der Stadt Weißenburg (96%) profitierte vor allem die NSDAP, die zum ersten Mal mehr als dreitausend Stimmen gewann (3003 = 56,7%).[63] Großer Verlierer war die KPD (7,7%; 7.11.1932 - 13,5%), deren Verluste nur zum Teil der SPD zugute kamen (18,6%; 7.11.1932 - 17,2%). Der Volksdienst verlor einen guten Teil seiner Stammwähler in Weißenburg (von 198 am 7.11.1932 auf 135 Stimmen); die Verluste des CSVD in Bayern führten auch dazu, daß Strathmann sein Reichstagsmandat wieder verlor.[64] Sowohl die BVP als auch die DNVP konnten ihren jeweiligen Stimmanteil in Weißenburg konstant halten (BVP 7,0%; 7.11.1932 - 7,0%) (DNVP 6,3%; 7.11.1932 - 6,5%).

Die Verluste der BVP im Bezirk Weißenburg (16,3%; 7.11.1932 - 17,8%) führten mit dazu, daß die NSDAP ihr bestes Ergebnis im Landkreis erzielen konnte (61,2%), auch wenn mehr protestantisch-agrarstrukturierten Bezirke bessere Ergebnisse für die NSDAP meldeten (Rotherburg o.d.Tauber 83,0%; Uffenheim 78,8%; Ansbach 75,6%; Gunzenhausen 72,9%).[65] In den evangelischen Dörfern des Dekanatsbezirks Weißenburg hat die NSDAP ihren Höchststand vom 31.7.1932 (86,4%) mit 86,3% nur knapp verfehlt; ein Grund dafür waren die Dörfer Emetzheim und Kattenhochstatt, wo die DNVP jeweils 32% bekam.[66]

3) Die "nationale Erhebung" - März 1933

Das Feiern des Wahlsieges der Regierung fing gleich am Tag nach der Veröffentlichung der Ergebnisse in Weißenburg an. Am Abend des 7. März wurden auf dem Rathaus und dem Verwaltungsgebäude Hakenkreuzfahne und die alte Reichsfahne gehißt.[67] Die Zeremonie hat sich um etwa zwei Stunden verzögert, da Bürgermeister Fitz nicht aufzufinden war; die Genehmigung erteilte schließlich sein Stellvertreter, Bürgermeister Michel. Durch diese Verzögerung wohl verärgert, betonte Gerstner bei seiner Ansprache, "daß es nun Aufgabe sein muß, dafür zu sorgen, daß nun auch im Rathaus ein 'neuer Geist' einzieht".[68] Es war ohnehin nach der Wahl davon die Rede, wie es in einem Kommentar der "Allgemeinen Rundschau" hieß, daß "die Stühle sehr vieler Stadträte und Bürgermeister... wacklig geworden" seien.[69]

Zwei Tage danach, am 9. März, kam die Meldung von der Benennung General von Epps als Reichskommissar von Bayern, auf Grund der Verordnung vom 28. Februar, um Ruhe und Ordnung in Bayern zu gewährleisten.[70] Eine Übertragung der diesbezüglichen NS-Kundgebung in München hörten die Weißenburg Nationalsozialisten im Evangelischen Vereinshaus an, danach gab es einen feierlichen Zug zum Marktplatz, wo Gerstner über die Bedeutung der Münchener Ereignisse sprach.[71]

Generell wurden die Einsetzung eines Reichskommissars in Bayern und der eine Woche später erfolgte Rücktritt der geschäftsführenden Regierung Heinrich Helds (BVP) in protestantischen Teilen Frankens begrüßt. Am 9. März schrieb Dr. Zellfelder in der "Allgemeinen Rundschau", daß "der 5. März... ein unzweideutiges Bekenntnis des bayerischen Volkes zum Reich" sei, und daß "die Bayerische Volkspartei nicht mehr das Recht" habe, "sich als 'das bayerische Volk' schlechthin aufzuspielen".[72] Zwei Tage später, nach der Ernennung v.Epps, schrieb er, daß die parlamentarischen Zustände in Bayern seit Jahren "eine verfassungsmäßige Unmöglichkeit" gewesen seien. An die Adresse der BVP sagte er weiter: "Wer heute zetern will über die Verletzung verfassungsmäßiger Rechte, der muß sich mit Recht sagen lassen, daß er zuerst Schindluder mit der Verfassung getrieben hat."[73]

Am nächsten Tag, auf Anordnung des Staatsministeriums des Innern, kommissarisch von Gauleiter Adolf Wagner geleitet, wurden 11 kommunistische Funktionäre und 7 Reichsbannerführer in Weißenburg in Schutzhaft genommen; SA und SS verstärkten dabei die örtliche Polizei.[74]

Am Samstag, dem 11. März, wurden auf allen staatlichen Gebäuden Weißenburgs die alte Reichsfahne und die Hakenkreuzfahne gehißt. Als die Fahnen zur Marschmusik der SA-Kapelle auf dem Bezirksamtsgebäude hochgezogen wurden, "läuteten die Glocken von St.Andreas das Dritte Reich ein", wie es in einem Zeitungsbericht hieß.[75] Die Ansprache vor der versammelten Menge hielt nicht der Bezirksamtsvorstand Dr. Heller, sondern Regierungsrat Dr. Roth, der die gehißten Fahnen als "Symbol der Freiheit, deutscher Einheit und deutscher Größe" pries: "Sie sollen uns voranleuchten in dem Kampf für das 3. Reich."[76] Die Stimmung unter den Versammelten in Weißenburg an diesem Tag verglich der Zeitungsbericht mit der im August 1914, beim Ausbruch des Weltkrieges. Heller berichtete, daß die Fahnenhissung in würdiger Weise vorgenommen wurde, "wodurch sich kein vaterländisch denkender Mann irgend einer anderen Partei hat verletzt fühlen können."[77]

Indessen gingen die Verhandlungen um die Zulassung der abgesetzten SA-Fahnenweihe in Weißenburg weiter. Am Tag der Wahl richtete Dekan von Löffelholz eine dringende Anfrage an den LKR, ob die "weitere Entwicklung der Verhältnisse" eine SA-Fahnenweihe jetzt möglich mache. Sollte dies nicht der Fall sein, bat das Dekanat um eine schriftliche Darlegung der Gründe, "da sonst der Standpunkt der Kirchenbehörde von der hiesigen nationalsozialistisch gesinnten Bevölkerung, die weitaus die Mehrheit ausmacht, einfach nicht verstanden wird".[78] Dekan von Löffelholz war auch unter Druck gesetzt worden, den Namen des Kirchenmitglieds (Heller) preiszugeben, der den LKR von der geplanten Fahnenweihe im Februar informiert hatte.[79]

Mit dem Brief des Dekans an den LKR war auch ein schriftlicher Antrag des Führers der SA-Standarte 13, Sauber, beigelegt, in dem er die Begründung der Ablehnung der Fahnenweihe - die SA verfolge rein parteipolitische Ziele - heftig kritisierte:[80]

> "Bei aller schuldigen Ehrerbietung müssen wir uns entschieden dagegen verwahren, daß die NSDAP im allgemeinen und die SA derselben in besonderen Vereinen gleichgestellt werden, die rein parteipolitische Ziele verfolgen. Vielmehr handelt es sich bei der NSDAP um nichts Geringeres als die Deutsche Freiheitsbewegung, der es nicht um parteipolitische Ziele, sondern nur um die Errettung Deutschlands aus den Krallen des Marxismus zu tun ist. Dieser Bewegung darf sich die Kirche nicht verschließen, zumal nicht wenn der Dienst der Kirche ausdrücklich begehrt wird."

Die "Enthüllungen" nach dem Reichstagsbrand über die Pläne der KPD, so fuhr Sauber fort, hätten gezeigt, daß die Kirche "angesichts solcher 'Parteien'... nicht mehr ihre 'Überparteilichkeit' zu wahren" brauche;

> "...ihnen ist die Kirche keinerlei Rücksicht mehr schuldig, im Gegenteil, sie muß gegen solches gemeingefährliche Treiben mit aller Entschiedenheit Zeugnis ablegen und sich wenigstens durch Bewilligung eines besonderen Gottesdienstes - zur deutschen Freiheitsbewegung bekennen, die christlich sein und die christliche Kultur vor dem Bolschewismus bewahren will."

Zum Schluß wies Sauber darauf hin, daß die preußische Landeskirche

> "...in der richtigen Erkenntnis des Geistes, der in unserer Bewegung herrscht, dem Führer zur Eröffnung des neuen Reichstags die Potsdamer Garnisonskirche zur Verfügung gestellt hat (81) und damit offen auf die Seite des neuen Deutschland getreten ist."

Eine Kopie des Antrags ging auch an die NS-Reichsleitung in München und fand daraufhin die Unterstützung des Obersten SA-Führers, Röhm, der am 10. März an den LKR schieb:[82]

> "Ich kann mir nicht denken, daß, nach der politischen Entwicklung, das Dekanat Weißenburg den nationalen Männern der deutschen Freiheitsbewegung die Kirche verschließt und deren Gottesdienst und Fahnenweihe verhindert."

Am Tag der Hissung der Hakenkreuzfahne auf dem Rathaus fand auch eine Sitzung des Kirchenvorstandes statt, der über folgenden Antrag des NS-Ortsgruppenleiters Hetzner zu entscheiden hatte:[83]

> "Der Kirchenvorstand schließt sich dem Gesuch der Standarte 13 der SA an, den unter dem 3. März 1933 erbetenen Gottesdienst mit Fahnenweihe in der hiesigen St.Andreaskirche zu bewilligen."

Der Antrag wurde mit 15 zu 2 Stimmen angenommen; einer der Nein-Stimmen kam von Dekan von Löffelholz, der nicht "gegen die ausdrückliche Erklärung seiner Kirchenbehörde in dieser Frage Stellung" nehmen wollte.[84] Der 19. März wurde vom Kirchenvorstand für die Fahnenweihe in Aussicht genommen.

Der LKR, zu dieser Zeit ohnehin mit ähnlichen Anfragen beschäftigt, gab am 13. März eine allgemeine Regelung heraus, die die Handschrift Veits sehr deutlich trug.[85] Trotz der letzten politischen Ereignisse sei es Pflicht der Kirche, "das Gesetz ihres Handelns nicht aus der Entwicklung des zeitlichen Geschehens, sondern aus dem Grunde ihres Wesens... zu nehmen". Wie ein Fall wie in Weißenburg zu regeln war, wurde auch angesprochen:

"Wird der Dienst des Geistlichen zu einer kirchlichen Handlung begehrt, so kann er nur in einer Form dargeboten werden, die den bestehenden kirchlichen Ordnungen entspricht und grundsätzlich allen Gemeindegliedern die Teilnahme ermöglicht. Daß die Darbietung des Wortes selbst nur in einer Weise geschehen darf, die dem Wesen der Kirche als einer allen Menschen dienenden Heilanstalt entspricht, bedarf keiner Hervorhebung. Auch die den Zwecken des Gottesdienstes gewidmeten Gebäude - einschließlich ihres Zubehörs (darunter auch die Glocken, d.Verf.) - sind grundsätzlich einer Verwendung zu außerkirchlichen Zwecken entzogen, sofern nicht besondere Vorschriften bestehen oder im Einzelfalle Verfügungen der kirchlichen Oberbehörde erlassen werden."(86)

Eine strikte Auslegung dieser Regelung müßte eine SA-Fahnenweihe in einer Kirche unmöglich machen. Aber am gleichen Tag hatte Oberkirchenrat Meiser in Verhandlungen mit dem Leiter des NS-Volksbildungsreferats, Studienrat Ebner, eine Kompromißlösung in der Weißenburger Frage herausgearbeitet.[87] Am 14. März teilte Veit dem Dekanat mit, daß ein besonderer Gottesdienst für die SA unter der Voraussetzung genehmigt sei, "daß der auch den nicht der Standarte angehörigen Gemeindegliedern offen steht."[88] Eine eigentliche Fahnenweihe - mit Niederlegung der Fahnen auf dem Altar[89] - sei jedoch "kirchengesetzlich nicht statthaft". Weiter hieß es:

"Die durch die letzten Ereignisse wesentlich veränderte Rechtslage ermöglicht aber, daß die Standarte an diesem besonderen Gottesdienst in geschlossener Formation und mit der Fahne teilnimmt."

Der Geistliche dürfe dann unter Gebet den Fahnen ihrem Gebrauch übergeben.

Die SA-Weißenburg ließ sich nicht durch diesen subtilen Unterschied irritieren, und proklamierte für den 19. März um 13.00 Uhr eine "Fahnenweihe" für die SA-Standarte in der St. Andreaskirche.[90] Insgesamt versammelten sich 960 Männer der fünf SA-Stürme, nebst 100 SS-Männer und 90 HJ-Mitglieder zum Festgottesdienst, der eingeleitet wurde von einem von Senior Albrecht verfaßten Gebetslied:[91]

"Lob sei Dir, o Gott, gesungen,
Treuer Vater in der Höh,
Daß das große Werk gelungen
Daß das Morgenrot man seh
Über unserm Volk erstrahlen
Nach den allerschlimmsten Qualen,
Nach der allertiefsten Not
In dem Zeichen Schwarz-Weiß-Rot.

> Was wir Menschen nicht vermögen,
> Starker Gott nach Deinem Rat,
> Unter Deinem Himmelssegen
> Menschenwollen wird zur Tat.
> Lenkest aller Welt Geschicke;
> Trotz der Menschen List und Tücke
> Führest Du aus Kampf und Not
> In dem Zeichen Schwarz-Weiß-Rot."

Die Predigt hielt Pfarrer Kalb über Psalm 20:5: "Im Namen Gottes werfen wir Panier auf". Er führte aus:[92]

> "Gott hat sich sichtlich zur deutschen Freiheitsbewegung bekannt. Gerade die deutsche Christenheit hat allen Grund, sich dankbar der Wandlung zu freuen, die sich in den letzten Wochen vollzogen hat. Es hätten sonst vielleicht Tausende von Kirchen das Schicksal des Reichstagsgebäudes teilen müssen. Auf den Führer der erwähnten Bewegung trifft das Wort der Bibel zu: 'Was töricht ist vor der Welt, das hat Gott erwählt, daß er die Weisen zu Schanden machte.' Wir haben das feste Vertrauen zu Gott, daß er auch weiterhin den Dienst dieser Bewegung unserm Volke zum Segen werden lasse. Darum gilt es Gott immer wieder zu bitten, insbesondere aber auch um Schutz und Segen für den Kanzler."

Dann wurden im Altarraum die neuen Sturmfahnen "in feierlicher Weise entrollt" und von den amtierenden Geistlichen Senior Albrecht und Pfarrer Pfaffenberger, Höttingen, unter Gebet ihrem Gebrauch übergeben. Von einer Mitwirkung des Dekans oder Pfarrer Rottlers enthält der Zeitungsbericht nichts. Nach dem Gottesdienst zog ein Werbemarsch durch die Stadt mit abschließender Kundgebung auf dem Hauptmarkt. Heller berichtete abschließend, daß die Fahnenweihe "glänzend und ohne jede Störung der öffentlichen Ruhe und Sicherheit verlaufen" sei unter grosser Beteiligung der Bevölkerung aus der ganzen Umgebung, und daß jetzt die Gemüter sich beruhigt haben dürften.[93]

Obwohl die Weißenburger "Fahnenweihe" die besondere Aufmerksamkeit des LKR in Anspruch nahm, waren Gottesdienste im Zuge der "nationalen Erneuerung" in den März-Tagen keine Seltenheit.[94] Richtlinien zur Durchführung solcher Gottesdienste, besonders für die anläßlich der Eröffnung des Reichstages am 21. März, leitete der LKR am 17. März an die Dekane.[95] In der Predigt sollte der Pfarrer vor allem Ausführungen vermeiden, "die eine parteipolitische Deutung zulassen" könnten; es sollten "vielmehr die großen vaterländischen Gedanken in das Licht des Wortes Gottes" gestellt werden. Die oben zitierte Predigt Kalbs zeigt jedoch, wie schwierig es war, diese allgemeine Anweisung in die Tat umzusetzen, zumal für viele Pfarrer die Parteien der "nationalen Bewegung" nichts mehr mit Parteipolitik zu tun hatten, sondern die Nation schlechthin verkörperten.

Dabei waren die Gedankengänge in Kalbs Predigt sicherlich keine Ausnahmeerscheinung, sondern reflektierten, was viele andere Kirchenmänner in diesen

Tagen gesagt und gedacht haben. Die Schriftleitung des "Freimunds" aus Neuendettelsau zum Beispiel, hat sich im März 1933 ähnlich geäußert. Dr. Eppelein mahnte seine Leser, bei der Betrachtung der März-Ereignisse sich "vor jener Oberflächlichkeit" zu hüten, "die in solch gewaltigen geschichtlichen Erscheinungen nicht mehr Führungen des lebendigen Gottes sehen will".[96] Es gäbe nur zwei Möglichkeiten, sollte das "Volk vor dem Chaos des Bolschewismus wirklich noch errettet werden": "Entweder läßt sich das deutsche Volk eine wahrhaft nationale Erhebung von Gott schenken oder das deutsche Volk kommt in das alles vernichtende Trommelfeuer des Bolschewismus!" Gottes Barmherzigkeit sei es zu verdanken, daß er die Männer der Regierung, "trotz all ihrer Flecken und wirklichen Sünden":[97]

> "...als Werkzeuge benützt hat, daß die Kommunisten nur den Reichstag als drohendes Menetekel in Flammen aufgehen lassen, aber nicht auch eine Anzahl von Kirchen in die Luft sprengen und Tausenden von Predigern die Verkündigung des Wortes Gottes unmöglich machen konnten."

Besonders nach der Reichstagseröffnung, dem "Tag von Potsdam", glaubten viele, daß die Sache der NSDAP nun zur Sache der Nation geworden sei. Die "Allgemeine Rundschau" feierte den 21. März mit einem Bildbericht auf der ganzen ersten Seite als "Tag der erwachten Nation"; die Eröffnung des Reichstages in einer Kirche sei nicht nur ein Bekenntnis zur Geschichte, sondern auch letzlich ein Bekenntnis zu Gott.[98] In einer 1933 vom Freimund-Verlag veröffentlichten Broschüre "Luther und Hitler", pries der Erlanger Professor Hans Preuß den 21. März folgendermaßen:[99]

> "An dem großen historischen Tage von Potsdam, am Gründungstag des neuen Deutschen Reiches, verlegte der Kanzler den historischen Akt in eine Kirche mit Glocken- und Orgelklang und dem protestantischen Choral 'Nun lob, mein Seel', den Herren' - er gab Gott die Ehre! Das Ganze wurde unter Gottes Hut gestellt. Der Kanzler schloß seine große Rede mit 'Amen'."

Auch Hitlers Regierungserklärung zwei Tage später, in der er die Kirchen als "wichtigste Faktoren der Erhaltung unseres Volkstums" ansprach und ihre Rechte garantierte, wurde in evangelischen Kreisen sehr positiv aufgenommen. In der "Allgemeinen Rundschau" schrieb Pfarrer Eckstein:[100]

> "Die Kirche begrüßt die nationale Erhebung unserer Tage und freut sich darüber, daß unser Volk wieder zurückgefunden hat zu den Wurzeln seiner Kraft. Sie weiß es wohl zu schätzen, daß der neue Staat auch die Kirche und ihre Arbeit anerkennt, während der Staat von Weimar der Kirche gegenüber höchstens Neutralität, in vielen Fällen aber eine feindliche Haltung übte."

Gleichzeitig verlangte Eckstein vom "autoritären Staat", daß er die Selbständigkeit der Kirche unangetastet lasse, denn "nur eine freie Kirche kann ihren Dienst an Volk und Staat wirklich ausrichten". Ein wichtiger Dienst der Kirche sei es jetzt, diejenigen aufzunehmen, "die dem neuen Staat mit Mißtrauen begegnen, die heute von ihren Führern verlassen... dastehen und sich ausgestoßen fühlen aus unserem Volk". Hier hatte Eckstein wohl das Ermächtigungsgesetz vom 23. März vor Augen, das in Abwesenheit der Kommunisten und gegen die Stimmen der SPD beschloßen wurde. Er hatte wohl auch an die vielen Schutzhäftlinge gedacht, denn am 23. März brachten viele Zeitungen die Meldung vom neuen Konzentrationslager Dachau.[101] Hier sah Eckstein ein Gebiet, wo die Kirche dem Staat "einen gewaltigen Dienst" leisten könnte: "Diese Menschen werden vielleicht eher in der kirchlichen Gemeinschaft eine Heimat finden, als in dem neuen Staate, den sie zunächst noch vielleicht als Feind betrachten."[102]

Inzwischen hatte sich auch der Volksdienst, der dem Ermächtigungsgesetz vorbehaltlos zugestimmt hatte,[103] mit den Gegebenheiten abgefunden. Strathmann hielt die NS-Machtübernahme trotz einiger Formfehler für eine legale Revolution und fand es besonders erfreulich, daß Bayern mit dem Reich gleichgeschaltet war: "Das vermochte nur ein Bayer, der zum Organ der preußisch-deutschen Staatsidee geworden ist."[104] Strathmann wünschte sich nun eine Periode, "in der endlich der innenpolitische Zank zurücktritt", damit die "Lebensfragen der Außenpolitik endlich im Bewußtsein unseres Volkes wieder zu ihrem Rechte kommen".[105]

Die kirchliche Presse berichtete zum Teil sehr ausführlich über den "Tag von Potsdam" und das Ermächtigungsgesetz".[106] Der "Freimund", zum Beispiel, brachte im vollen Wortlaut die Predigt von Dr. Dibelius zur Eröffnung des Reichstages sowie die Ansprachen von Hindenburg, Hitler und Göring.[107] Zustimmend druckte das Blatt auch die Rede Hitlers vor dem Reichstag am 23. März unter der Überschrift: "Die durchschlagende Begründung des Ermächtigungsgesetzes vor dem Reichstag." Die weiteren Überschriften für die verschiedenen Abschnitte aus Hitlers Rede geben die positive Einstellung der "Freimund" Schriftleitung zu den diktatorischen Maßnahmen der Regierung: "Das historische Verbrechen des Marxismus", "Gleichheit vor dem Gesetz allen, die am Aufbau des Reiches mitarbeiten", "Barbarische Verfolgung von Landes- und Volksverrat", "Die Ehre der Nation, die Ehre der Armee, das Ideal der Freiheit, sie müssen allen wieder heilig werden" und "Die Regierung wird von dem Ermächtigungsgesetz nur insoweit Gebrauch machen, als die Durchführung lebensnotwendiger Maßnahmen das erfordert".

4) Der Umsturz in Weißenburg

In Weißenburg wurde am "Tag von Potsdam", wohl wegen der "Fahnenweihe" am Sonntag, der Dienst der Kirche oder der Geistlichen nicht in Anspruch genommen; es fand lediglich ein NS-Fackelzug unter Beteiligung der nationalen Vereine und der Behörden und eine Kundgebung auf dem Marktplatz statt.[108] Bis zu diesem Zeitpunkt war die Machtstruktur in Weißenburg - im Bürgermeisteramt und Bezirksamt - von der NS-Revolution noch unberührt. Es wurden jedoch in NS-Kreisen bald Stimmen laut, die Dr. Fitz, hauptsächlich wegen seiner nach dem 5. März immer noch überparteilichen Amtsführung, ersetzt sehen wollten. Anders als im benachbarten Gunzenhausen, wo Bürgermeister Dr. Münch seine Position durch Parteibeitritt im Juli 1932 festigen konnte,[109] zögerte Dr. Fitz, sich der NSDAP vorbehaltlos anzuschließen. Sein Wunsch, ein über den Parteien stehender Bürgermeister zu sein, war auch in seiner Rede vor dem Stadtrat am 16. März evident.[110] Er schilderte wie er durch das Bergwaldtheater - "was leider in vielen Kreisen noch nicht richtig gewürdigt" sei - im Sommer 1931 in Kontakt mit der "völkischen Freiheitsbewegung" kam. Er gab offen zu, daß ihm die NSDAP, "die damals reine Oppositionspartei war", zuerst nicht lag. Aber durch seinen Kontakt mit Esser und von Epp habe er sich im September 1932 mit den Hauptschriften der NSDAP beschäftigt und sei beeindruckt vom sozialen Ansatz der Partei, was er auch immer bei der SPD sympathisch gefunden habe. Er sei daraufhin zum Anhänger, wenn auch nicht Mitglied, der NSDAP geworden. Für ihn sei die Bewegung keine "einseitige Partei, die rachedurstig auszuschalten sucht, was bisher nicht zu ihr stand", sondern "eine Weltanschauung, die eine Volksgemeinschaft Aller aufzurichten sucht". Er hoffte, daß "viele brauchbare Kräfte, die bisher der Bewegung aus unberechtigter Voreingenommenheit ferne gestanden haben", zu der neuen Volksgemeinschaft stoßen würden: "Dann wird die Besserung kommen, nicht von heute auf morgen, aber stetig und so, daß noch wir sie erleben können."

Der besonnene Ton dieser Rede stand im deutlichen Kontrast zum revolutionären Eifer vor allem in Kreisen der SA. Dr. Fitz machte noch dazu den entscheidenden Fehler, an den vielen März-Feiern der NSDAP nicht teilzunehmen: die NS-Kundgebung am Vorabend der Wahl, an der der stellvertretende Bürgermeister Michel mit der bürgerlichen Stadtratsfraktion teilnahm, hielt er noch für parteipolitisch; am Abend der Hissung der Hakenkreuzfahne auf dem Rathaus war er dienstlich abwesend und der Fahnenweihe blieb er deshalb fern, weil er vergeblich auf eine Einladung gewartet hatte.[111] Seine Abwesenheit bei der Fahnenweihe fiel um so mehr auf, da der Gunzenhausener Bürgermeister Dr. Münch als Mitglied der SA-Standarte 13 im Braunhemd daran teilnahm.[112]

Erschwerend kam hinzu, daß Fitz am 10. März als Roth und Sauber ihm eine Liste der zu verhaftenden kommunistischen Funktionäre und Reichsbannerführer vorlegten, den städtischen Beamten und ehemaligen Reichsbannerführer Thumshirn davon verschonen wollte.[113] Rückendeckung hatte Fitz auch bei Dr. Heller, der eine Verhaftung Thumshirns als nicht erforderlich ansah. Verärgert wurden dadurch vor allem der SA-Führer Sauber und der NS-Propagandaleiter Trommsdorf, die sowohl Thumshirn als auch den städtischen Beamten Vogel (SPD) wegen ihrer Teilnahme an der Kundgebung der Eisernen Front im Juli 1932 verhaftet sehen wollten. In den Zeitungen am nächsten Tag, neben dem Polizeibericht von der Inhaftnahme von 11 KPD- und 7 Reichsbannermitgliedern, erschien ein "Eingesandt" der NSDAP gegen Vogel und Thumshirn gerichtet, mit dem Schlußsatz: "Herr Bürgermeister, das ganze anständige Weißenburg verlangt von Ihnen, daß sie diese Burschen unverzüglich hinausschmeissen".[114] Dieses "Eingesandt", das angeblich ohne das Wissen von Ortsgruppenleiter Hetzner oder Kreisleiter Gerstner erschienen war, beanstandete Dr. Fitz am selben Abend bei einem Gespräch in seinem Büro mit Sauber, Hetzner und Gerstner.[115] Er willigte jedoch ein, Thumshirn zu versetzen und Vogel zu pensionieren.

Während Fitz in den ersten März-Wochen vertrauliche Besprechungen mit Hetzner und Gerstner durchführen konnte, war sein Verhältnis zu Trommsdorf und Sauber erheblich gestört. Sauber war schon seit langem ein Gegner von Fitz's Kulturbestrebungen und war einer der anonymen Bürger, die Fitz im Sommer 1930 "Verräter an der Heimatstadt" genannt hatten; ein Vorwurf, den er später zurückzog.[116] Trommsdorf hatte am 17. März in seinem Blatt, dem "Weißenburger Anzeiger", Fitz's überparteiliche Haltung scharf angegriffen.[117] Zwei Tage später, als am Abend der Fahnenweihe die Pensionierung Vogels bekannt wurde, sagte Sauber beim SA-Konzert: "Die erste Säule ist geborsten! Eine weitere Säule folgt diese Woche nach!"[118] Spätestens an diesem Abend reichte Fitz bei Hetzner sein Gesuch um Aufnahme in die NSDAP mit der Bitte um sofortige Entscheidung ein.[119] Fitz hatte diesen Schritt bisher vermieden, um nicht als Konjunkturpolitiker dazustehen; auch Hetzner soll dafür Verständnis gezeigt haben.[120]

Eine für den 23. März einberufene NS-Mitgliederversammlung, die über das Gesuch von Fitz entscheiden sollte, kam aber zu dem Schluß, daß Fitz freiwillig von seinem Amt zurücktreten solle.[121] Als Gründe wurden u.a. seine betonte Überparteilichkeit und sein Verhalten auf der letzten Stadtratssitzung, wo er Vogel und Thumshirn in Schutz genommen hatte, angegeben. Nach der Versammlung zogen Hunderte von SA und SS vor das Bürgermeisteramt, als

Dr. Roth, Hetzner, Gerstner, Trommsdorf und SA-Unterführer Preu zu Fitz ins Büro gingen. Sauber war nicht zugegen, da Fitz gedroht hatte, den "Intriganten" hinauszuwerfen, "selbst auf die Gefahr hin, daß er mich zusammenschösse".[122] Dr. Roth hatte inzwischen eine amtliche Rückendeckung für die Aktion erwirkt in Form eines Telegramms der Regierung in Ansbach, die allerdings nur den freiwilligen Rücktritt von Fitz verlangte. Fitz hatte schon vorher von Dr. Heller erfahren, daß keine Ministerialverfügung über seine Amtsenthebung vorlag. Als Fitz darauf bestand, daß er sich nur einer Verfügung des Reichskommissars von Epp beugen würde, drohte Roth ihn in Schutzhaft zu nehmen. Zum Schluß einigte man sich auf eine Beurlaubung, die Fitz die Möglichkeit gab, nach München zu fahren, um dort sein Recht zu suchen.

Am nächsten Tag lasen die Weißenburger in der Presse, daß Gerstner berufen wurde, die Geschäfte des Bürgermeisters kommissarisch fortzuführen; sein Amt sollte er "nach Eintreffen der amtlichen Bestätigung" antreten.[123] Obwohl Gerstner später behauptet hat, daß die Absetzung Fitz's von dem stellvertretenden Gauleiter Holz angeordnet wurde, scheint die Aktion doch auf die Initiative der Weißenburger NSDAP, und vor allem der SA, zurückzugehen.[124]

Zum Abschluß der Woche des "Tags von Potsdam", des Ermächtigungsgesetzes und der Absetzung von Dr. Fitz gab es, laut Zeitungsbericht, eine "schöne Überraschung" für die Kirche: beim Sonntagsgottesdienst wurde die ganze eine Chorseite "mit Braunhemden und Schwarzhemden dicht besetzt":[125]

"Wohl für die SA und SS-Leute eine Art Dankgottesdienst für die großen Ereignisse der vergangenen Woche und zugleich ein Bekenntnis zu den Worten ihres Führers, die er in Bezug auf Christentum und christliche Konfessionen gesprochen hat."

Für den Schreiber des Berichts war dies auch ein willkommener Anlaß, für eine mehr positive Einstellung der Kirchen zum Nationalsozialismus zu plädieren:

"Der Nationalsozialismus nimmt keineswegs eine kirchenfeindliche Stellung ein. Wenn auch beide Kirchen ihm noch nicht das notwendige Vertrauen und Anerkennung entgegenbringen, Vertrauen und Anerkennung muß kommen und die Kirchen müssen diese Bewegung als eine heilsame und gottgewollte achten und sich in ihren Dienst stellen. Dann werden auch umgekehrt die Alten und Jungen in dieser Bewegung den Weg zur Kirche und zu dem Herrn der Kirche, der die Geschicke der Völker lenket, zurückfinden. Von den vielen Werbezügen war der gestrige zum Gottesdienst einer der besten und wirksamsten und es ist sehr zu wünschen, daß er sich öfter wiederhole. Die Gemeinde würde es mit Freuden begrüßen und vielleicht mancher, der noch religiöse Bedenken hatte, würde der Bewegung sich anschließen, die auf christlicher Grundlage sich aufbaut und von hier aus die nationale und sittliche Erneuerung unsres Volkes erstrebt."

Dieser Bericht, der sehr wohl von einem der Partei nahestehenden Geistlichen stammte, ist zugleich ein Ausdruck für die Ungeduld über die reservierte Haltung der Kirchenleitung zu den März-Ereignissen. Man wartet vor allem auf eine Kanzelerklärung, die eine bejahende Stellungnahme der Kirche zum neuen Staat ausdrücken sollte, wie dies schon in anderen Landeskirchen am Sonntag, den 26. März geschehen war.[126] Darauf mußten die Pfarrer in Bayern aber noch einige Wochen warten.

Am 27. März wurde der 30-jährige, berufslose Sturmbannführer Walter Trommsdorff zum SA-Beauftragten bei Stadt und Bezirksamt Weißenburg ernannt. In einer von Heller und Trommsdorff unterschriebenen Anordung, die der Öffentlichkeit bekanntgegeben wurde, stand, neben einer Aufzählung der Tätigkeiten des Sonderkommissars, ein Satz, der auch als Kritik an dem Vorgehen gegen Dr. Fitz verstanden werden könnte:[127]

"Dem Ansehen der nationalen Erhebung ist es abträglich, wenn Beamte, Bürgermeister, Gemeinderäte, deren Amtsführung nicht zu beanstanden ist, durch Gewalttätigkeiten, Demonstrationen usw. zum Rücktritt gezwungen werden sollen, namentlich dann, wenn das Vorgehen auf kleinliche persönliche Rachsucht einzelner zurückzuführen ist."

Auf der Stadtratsitzung am selben Tag übergab der stellvertretende Bürgermeister Michel, gemäß einem Regierungsbeschluß vom 25.3.1933, die Amtsgeschäfte an den 36-jährigen Krankenkassenverwalter Gerstner. In einer konziliatorischen Rede bedauerte Michel die Umstände, die zur Absetzung von Fitz geführt hatten, machte jedoch Fitz's "Eigensinn" und seine fehlende Bereitschaft, die Wünsche des Stadtrats zu respektieren, dafür verantwortlich.[128] Als Sprecher der bürgerlichen Fraktion im Stadtrat versprach er Gerstner, sich vom obersten Ziel "Vertrauen gegen Vertrauen" leiten zu lassen; "dieses Versprechen soll uns heilig sein wie Gottes Wort". In seiner Antrittsrede als kommissarischer Bürgermeister versprach Gerstner als Nationalsozialist, dem Grundsatz "Gemeinnutz vor Eigennutz" getreu zu handeln.[129] Er wolle in erster Linie Bürgermeister sein und "jedem ohne Ansehen seiner politischen Einstellung Gerechtigkeit widerfahren lassen". Gerstner würdigte auch die Arbeit von Dr. Fitz am Bergwaldtheater und versprach das Unternehmen weiterzuführen, allerdings auf einer wirtschaftlich gesunden Grundlage. Gegen Ende der Sitzung beschloß der Stadtrat, die Bahnhofstraße und die Spitalstraße in Adolf-Hitler- bzw. Hindenburg-Straße umzubenennen.[130]

Wie der Sturz des Bürgermeisters in Weißenburg hingenommen wurde, läßt sich nicht mehr sicher feststellen. Dr. Fitz behauptete später, daß der weit überwiegende Teil der Bevölkerung seine "gewaltsame Verdrängung" nicht gebilligt, und sie nur als "Begleiterscheinung der Revolution" hingenommen habe.[131] Gerstner dagegen war der Meinung, daß Fitz "das Vertrauen des weitaus überwiegenden Teiles der Weißenburger Bürgerschaft" verloren habe, wegen seiner "Schuldenwirtschaft" mit dem Theaterprojekt.[132] Obwohl Gerstner viele der NS-Wähler hinter sich hatte, mußte er dennoch einige Probleme überwinden, um das Vertrauen der Mehrzahl der Bürger zu gewinnen. Sein geringes Alter (Fitz war 47), seine kommunal-politische Unerfahrenheit, und auch sein rümpelhaftes, verletzendes Benehmen in der Zeit vor dem Umsturz, besonders bürgerlichen Kreisen gegenüber, mußte er zu überwinden versuchen.[133]

Gerstner war aber kaum eine Woche im Amt, als eine telegraphische Anordnung des Reichskommissars und kommissarischen Ministerpräsidenten General von Epp an die Weißenburger SA-Leitung eintraf, die die sofortige Wiedereinsetzung von Bürgermeister Fitz forderte.[134] Fitz war es in München gelungen, die Münchener Partei- und Regierungsstellen, in erster Linie von Epp und Sonderkommissar Esser, von dem ungerechten Vorgehen der Weißenburger SA gegen ihn zu überzeugen. Die Auswirkungen dieser am 31. März in den Zeitungen veröffentlichen Meldung, beschrieb Heller in seinem Halbmonatsbericht:[135]

> "Diese Angelegenheit verursachte eine grosse Aufregung; jedoch blieb Dank der grossen Disziplin der Partei sowohl die SA und SS als auch die Bürgerschaft äusserlich vollständig ruhig. In einer Sonderausgabe der hiesigen Zeitungen gab der SA-Beauftragte die Sache bekannt und ich als Stadtkommissär ermahnte die Bürgerschaft die Ruhe und Besonnenheit zu bewahren."

Die Situation wurde auch wesentlich dadurch erleichtert, daß Fitz wegen Erkrankung seine Rückkehr nach Weißenburg hinausschieben mußte. Spätestens zu diesem Zeitpunkt suchte die Weißenburger PO und SA Rückendeckung bei der Gauleitung in Nürnberg und beim Sonderkommissar von Mittelfranken, SA-Gruppenführer von Obernitz.[136] Verhandlungen zwischen Münchener Partei- und Regierungsstellen und Nürnberger SA- und Parteileitung bewogen die Münchener, ihren Schritt zurückzunehmen; in einer Bekanntgabe von Sonderkommissar von Obernitz wurde Dr. Fitz erneut beurlaubt und Gerstner als kommissarischer Bürgermeister wiedereingesetzt, gemäß einer Anordnung von Epps vom 5. April.[137] Der kommissarische Innenminister Wagner gab die Verfügung durch den Rundfunk bekannt.[138] Hautnah hatten die Weißenburger den fast anarchistischen NS-Mächtepluralismus in Bayern erlebt, wobei die Nebenregierung in Nürnberg sich erfolgreich gegenüber den Münchener Stellen behaupten konnte.[139]

Während Fitz von München aus versuchte, seine Versetzung in den Ruhestand abzuwehren und seine Ehre wiederherzustellen,[140] wies Hauptlehrer Sauber die Beschuldigung von sich, er sei der alleinige Urheber der Absetzung des

Bürgermeisters.[141] Wohl um möglicher Sympathie für Fitz's Position in der Bevölkerung zu begegnen, erschien am 15. April eine Erklärung in der Presse - unterzeichnet von den SA- & SS-Führern, der NS-Orts- und Kreisleitung, der NSLB, der NS-Frauenschaft, dem NS-Beamtenbund, der Offiziersvereinigung und dem Kriegsveteranenverein - mit dem Inhalt, daß die gesamte nationale Bevölkerung Weißenburgs hinter der Amtsenthebung stünde.[142]

War die Kirche von der Absetzung Dr. Fitz's, der als Repräsentant des Bildungsbürgertums eine eher distanzierte Haltung zur Kirche zeigte, nicht unmittelbar betroffen, hatte sie am Schicksal des Vorstandes des Bezirksamts Heller direkten Anteil. Kurz nachdem Fitz gezwungen wurde, Weißenburg zu verlassen, hatte die Parteileitung durch Erpressung herausbekommen, daß Heller für die Absetzung der Fahnenweihe im Februar verantwortlich war.[143] Wie Pfarrer Rottler an den LKR berichtete, hatten die NS-Pfarrer im Bezirk dies "nicht verhindern können oder wollen".[144] Die SA-Leitung in Weißenburg teilte Heller daraufhin mit, sie werde seine Pensionierung oder Versetzung erwirken, da sie eine "Unehrenhaftigkeit" in seinem Versuch sehe, anonym zu bleiben. Als Hauptgegener Hellers wurde Dr. Roth genannt, neber Heller dienstältester Beamter am Bezirksamt und zugleich Kirchenvorsteher. In das Treiben gegen Heller wurde auch Dekan von Löffelholz verwickelt, der Heller ursprünglich geraten hatte, in der Fahnenweihe-Angelegenheit seinen Namen nicht anzugeben. Rottler berichtete, daß

"auch gegen Herrn Dekan von Löffelholz nationalsozialistische Quertreibereien scheinbar wieder im Gange sind, da man sagt, daß der mit Herrn Oberregierungsrat Heller unter einer Decke stecke und ihn bei seiner Anzeige wegen der Standartenweihe voll und ganz gedeckt habe."

Es gab sogar Gerüchte, daß "die Sache des H. Dekans vom letzten Frühjahr zu einem neuen spitzigen Pfeil" verwendet werden sollte.

Zu Hellers Verteidigung sprach OKR Meinzolt am 29. März bei dem Personalreferenten des Staatsministeriums des Innern, Dr. Schlumprecht vor.[145] Meinzolt wurde versichert, daß Heller korrekt gehandelt hatte, und daß nur Minister Wagner und kein örtliches Unterorgan befugt sei, Maßnahmen gegen Heller zu erwirken.

Es kam aber trotzdem im April 1933 zur Versetzung Hellers nach Lichtenfels; die Bezirksamtsleitung bekam jedoch nicht Dr. Roth, sondern Dr. Döderlein vertretungsweise, bis Oberamtmann Hahn im Juni den Vorstand übernahm.[146] In einem einige Wochen später veröffentlichten Nachruf drückten drei von der Gleichschaltung besonders betroffene Bürger - der Vorsitzende des früheren Bezirkstages, der Vorsitzende der früheren Bürgermeistervereinigung und der Vorsitzende der aufgelösten Bezirksbauernkammer - ihr

Bedauern über die Versetzung Hellers aus, der sich "die Sympathien wohl des ganzen Bezirkes zu erwerben" verstand.[147] Daraufhin fühlte sich die NS-Leitung gezwungen, eine Erwiderung in der Presse zu bringen:[148]

> "Heller war diejenige Person, die seinerzeit durch Anrufung der Landeskirche unsere kirchliche Fahnenweihe unmöglich machte. Nicht diese Tatsache selbst, sondern der Umstand, daß Herr Oberregierungsrat Heller es fertig brachte, andere angesehene Mitbürger unserer Stadt ungerechterweise beschuldigen zu lassen, ohne selbst mit seiner Person für seine Handlung in der Öffentlichkeit einzustehen, hat Oberregierungsrat Heller hier und im Bezirk unmöglich gemacht."

Auch wenn die Parteistellen in Weißenburg den Bürgern einen normalen Machtwechsel suggerieren wollten, hinterließ die etwas stürmisch verlaufene Machtübernahme Spuren, die im Kirchenkampf und auch in der Kritik an Gerstners Amtsführung später wirksam werden sollten.

5) Die Reaktion der Kirche auf die ersten antijüdischen Maßnahmen

Mitten im Wirbel um das Bürgermeisteramt in Weißenburg fand der reichsweite Boykott der jüdischen Geschäfte am 1. April statt. Am Abend vorher veranstaltete die NSDAP eine Kundgebung auf dem Hauptmarkt "gegen die jüdische Greulpropaganda", bei der Kreisleiter Gerstner in seiner Rede betonte, daß diejenigen, die bei den Juden kauften, "Volksverräter" seien und "an den Galgen" gehörten.[149] Da Weißenburg keine jüdischen Geschäfte hatte, war die Kundgebung primär eine Pflichtübung der Partei. Mehr Relevanz für das Bezirk Weißenburg, vor allem hinsichtlich der jüdischen Viehhändler in Ellingen, hatte allerdings die Aufforderung des Leiters des Boykotts, Gauleiter Streicher, an die bayerischen Landwirte, "keine Geschäfte mehr mit Juden" zu machen.[150]

Der Boykott im Bezirk Weißenburg verlief, laut Hellers Bericht, "ohne irgendwelche Störungen"; ein Radau am Abend des 29. März von dem Haus eines jüdischen Viehhändlers in Ellingen hatte sich als "sehr harmlos" herausgestellt.[151] Streicher selbst äußerte sich in einer Rede in Weißenburg im Mai 1933 eher enttäuscht über den Verlauf des Boykotts; vieles konnte man nicht wie geplant durchführen, "da manche Juden Mitglieder des Stahlhelms und der Deutschnationalen waren".[152]

Zu den antijüdischen Maßnahmen und auch generell zu den sogenannten "Judenfrage" hatten kirchliche Kreisen durchaus Stellung bezogen. In Weißenburg kurz vor dem Boykott veranstaltete der Evangelische Bund einen Vortragsabend mit Pfarrer D. Hermann Steinlein zum Thema "Luther und die Juden".[153] Steinlein, der dieses Thema in seiner Auseinandersetzung mit dem Tannenburgbund mehrfach behandelt hatte,[154] führte aus, wie Luthers Stellung zu den Juden verschiedene Phasen durchlief, von einer konzilianteren in seinen Frühschriften bis zur schärferen mit zunehmendem Alter, wobei Luther nie die Hoffnung auf die Bekehrung der Juden aufgab. Luthers Antisemitismus sei nicht nur aus religiösen sondern auch aus wirtschaftlichen und sozialen Gründen zu erklären: "Als evangelischer Christ und guter Deutscher hat er gegen jüdische Anmassung und Ausbeutung gekämpft."[155] Steinlein versuchte auch den Vorwurf des Tannenburgbundes, die evangelische Kirche unterschlage Luthers Kampf gegen das Judentum, zu entkräften: "In den 8 Gesamtausgaben von Luthers Werken sind die Judenschriften zu finden und auch die spätere Zeit bis zur Aufklärung griff immer wieder darauf zurück." Steinlein schloß seine Rede mit der Aufforderung, "als evangelische Christen den Standpunkt des großen Reformators als Christ und Deutscher uns vor Augen zu halten und uns danach zu richten."

Nach dem Vortrag folgte eine "recht ergiebige Aussprache", wobei es Stimmen "gegen und für das Judentum" gab. Der Zeitungsbericht endete mit dem Rat:

"Im Hinblick auf die gegenwärtigen Ereignisse empfiehlt es sich für uns, die Regelung der Judenfrage vertrauensvoll der nationalen Regierung zu überlassen, welche Mittel und Wege zu ihrer Lösung finden wird."

Daß der Boykott jüdischer Geschäfte, Ärzte und Rechtsanwälte am 1. April keine einheitliche positive Resonanz in kirchlichen Kreisen fand, belegt Pfarrer Steinlein selbst in einem Privatbrief. Steinlein, der "den nationalen Umschwung" als "eine Rettung von Bolschewismus" ansah, betrachtete jedoch "die Art, wie man die Judenfrage angepackt hat... für hart aber auch für ungeschickt (auch dem Ausland gegenüber)".[157]

Zu dieser Zeit gab es auch Stimmen in der Kirche, die bemüht waren, dem Ausland zu versichern, daß eine Judenverfolgung in Deutschland nicht existierte. Das "Evangelische Gemeindeblatt für München", zum Beispiel, sprach von der "von Juden und Kommunisten im Ausland getriebene(n) Greuelpropaganda",[158] und munterte seine Leser dazu auf, Privatbriefe an ihre ausländischen Freunde zu schicken, um "Aufklärung" zu schaffen.[159] Ein Musterbeispiel davon lieferte der Freimund-Schriftleiter Dr. Eppelein in seiner Antwort an Dr. Ralf Long, den Direktor des National Lutheran Council in New York.[160] Auch Eppelein war bemüht, "die falschen Greuelnachrichten" zu widerlegen. Zur Behandlung der Juden bemerkte er:

"Weil das internationale Judentum der goldenen und roten Internationale und dem rücksichtslosen Liberalismus und Individualismus vielfach weitgehende Unterstützung zuteil werden ließ und auch nicht selten vergaß, daß es in Deutschland nur ein Gastvolk sein kann und sich deshalb nicht maßlos auf führende Posten im deutschen Volksleben drängen darf, darum hat im deutschen Volk allerdings eine Bewegung eingesetzt, welche das vor allem in der Nachkriegszeit vom Osten zuströmende Judentum in die Schranken weisen will."

Für Eppelein waren Abwehrmaßnahmen gegen die Juden sowohl religiös als auch politisch begründet:

"Es mag schwer sein, daß sich das moderne Judentum bei dieser Gelegenheit aufs neue erinnern lassen muß an das Strafgericht, das sich an ihm auswirkt ob der Verfolgung und Tötung seines Messias. Auf der anderen Seite muß sich aber das deutsche Volk denjenigen Juden gegenüber, wenn auch human so doch ganz energisch zur Wehr setzen dürfen, die in verbrecherischer Weise die Feinde des deutschen Volkstums irgendwie unterstützt haben."

Auch das "Korrespondenzblatt" stimmte in die antisemitischen Äußerungen nach dem Boykott ein. In einem Artikel vom Pfarrer Ittameier mit dem Titel "Die Judenkatastrophe in Deutschland" stand zu lesen:[161]

"Infolge der Unbill, die dem deutschen Volk in langen Jahren durch die Juden zugeführt wurde, hat die deutsche Regierung gegen dieselben strenge Maßregeln ergriffen. Es ist weniger die Boykottierung jüdischer Geschäfte und Warenhäuser, die bloß einige Tage durchgeführt wurde, als vielmehr eine andere Maßregel, die in die Existenz von Tausenden derselben tief einschneidet und geradezu eine Katastrophe für sie bildet, nämlich die Entfernung der Juden aus allen Richterposten, aus dem Beruf der Rechtsanwälte, aus Professoren- und anderen Ämtern, aus der ärztlichen Kassenpraxis, sowie die Kontingentierung in den höheren Schulen nach dem Prozentsatz der jüdischen Bevölkerung. Durch obige Maßregeln werden Tausende brotlos und Weib und Kind, soweit sie sich nicht etwas erübrigt haben oder anderweit, etwa im Ausland, Unterkunft finden; aber durch jüdische Manipulationen sind vorher auch Millionen deutscher Volksgenossen brotlos geworden; dies ist nun die Vergeltung."

Ebenfalls hatte die evangelische Tageszeitung in Franken, die "Allgemeine Rundschau", die Maßnahmen gegen die Juden unterstützt. So hatte Dr. Zellfelder in seinem Kommentar zum 1. April die Staatsbürgerschaft für "Ostjuden" abgelehnt.[162] Einige Wochen später kritisierte er wieder die Korruption des "Ostjudentums" und stellte positiv fest: "Ja mit eisernem Rechen wird heute das Unkraut ausgerottet im Deutschen Reiche."[163] Am Tag nach dem Erlaß des Gesetzes "zur Wiederherstellung des Berufsbeamtentums", das den später auch für die Kirche relevanten Arierparagraphen beinhaltete, druckte die "Allgemeine Rundschau" eine Anzeige des NS-Deutscher Ärztebund und des Bundes NS-Rechtsanwälte, die "die völlige Entfernung der Juden aus den akademischen freien Berufen" forderte.[164] Ein Monat später machte die "Allgemeine Rundschau" ihre Leser darauf aufmerksam, daß "Juden und jüdisch beeinflußte oder abhängigen Firmen" in der "Allgemeinen Rundschau" nicht inserieren dürften.[165]

Die letzten zwei Beispiele sind sicherlich auch zum Teil auf den politischen Druck auf die bürgerlichen Zeitungen, Parteimaßnahmen zu unterstützen, zurückzuführen.[166] Überhaupt mußte die "Allgemeine Rundschau" 1933 mehrfach ihre nationale Loyalität extra betonen, so zum Beispiel gegenüber Hans Schemms "Fränkischem Volk", das eine Bemerkung Eppeleins über Hitler und Hindenburg als "sündige Menschen" bemängelt hatte.[167] Dazu erinnerte die Schriftleitung ihre Leser daran, daß "die Allgemeine Rundschau schon, zu einer Zeit, als man weithin noch die Nationalsozialisten mit dem Bolschewismus auf eine Stufe stellte, für die nationale Erhebung eingetreten ist". An andere Stelle legte die Schriftleitung Nachdruck darauf, daß die "Allgemeine Rundschau" "betont völkisch auch im Feuilleton-Teil" sei, und daß sie "stets in treuer Verbundenheit den Kräften, die für ein neues Deutschland kämpften, in Entscheidungskampf zur Seite" gestanden habe.[168]

6) Der Sturz des Kirchenpräsidenten

Am 4. April 1933 fuhr Dekan von Löffelholz nach München, um teilzunehmen an der gemeinsamen Sitzung des LKR, LSA und der Dekane, die einberufen wurde, um, wie der Vorsitzende, Kirchenpräsident Veit, es ausdrückte, "um jeden Preis die Einheit unserer sämtlichen Geistlichen zu wahren und so geschlossen den neuen Verhältnissen entgegen zu gehen".[169] In seinem Rechenschaftsbericht verglich Veit die Lage der Kirche im Jahre 1918 mit der derzeitigen. Da die neue Regierung die Rechte der Kirche garantieren wolle, seien Verhandlungen mit dem Staat momentan nicht nötig. Veit betonte, daß obwohl die Kirche noch keine öffentliche Erklärung abgegeben habe, sie "in Einzelfragen wiederholt schon mit der neuen Regierung in Fühlung getreten" sei. Zugleich warnte Veit vor dem Versuch einzelner Geistlichen oder Organisationen, Verhandlungen "mit dem neuen Herren" zu führen: "Es muß jeder Anschein vermieden werden, als wenn wir undiszipliniert wären, denn Zerrissenheit reizt den Gegner nur zum Angriff." In Veits Bemühungen, die Eigenständigkeit der Kirche zu verteidigen, lehnte er den von einigen Gemeinden beantragten Ausschluß von SPD Mitgliedern aus dem Kirchenvorstand ab. Er wollte es auch nicht stillschweigend hinnehmen,[170]

"wenn Glieder unserer Kirche, die früher Juden waren, und Jahrzehnte lang treue Mitglieder unserer Kirche waren, vor der Öffentlichkeit wegen ihrer Rasseabstammung gebrandmarkt werden. Die Kirche wird sich fragen müssen, ob in solchem Vorgehen nicht eine Herabwürdigung ihres Sakraments der Taufe liegt und ob sie zu diesem Vorgehen stillschweigend zusehen kann und darf."

Da viele Menschen "jetzt mit einem Schlag innerlich heimatlos geworden" seien, müsse die Kirche "die treue Mutter sein, die allen dient". Denn die Leute erwarteten "nicht politische Kundgebungen, sondern das Evangelium" von der Kirche.

Die Reaktion unter den Dekanen auf Veits Bericht war geteilt. Einige, darunter der NS-Dekan Hanemann, wollten eine freundliche, nicht abseitsstehende Einstellung der Kirche zur neuen Bewegung. Der Hofer Dekan Thomas Breit, der am selben Tag zum geistlichen Oberkirchenrat in München ernannt wurde,[171] äußerte das Bedürfnis nach einem autoritativem Wort des LKR, und war dafür, daß Veits Ausführungen in vollem Wortlaut veröffentlicht werden sollten.[172] Auch der Kemptener Dekan Georg Kern - der bald als Ansbacher Kreisdekan im kommenden Kirchenkampf eine führende Rolle spielen sollte - bezog eine klare Stellung. Er verurteilte seine Kollegen, die "mit fliegenden Fahnen" dabei sein wollten. "Man verkenne nicht", bemerkte er, "mit dem Wort Revolution ist etwas grundsätzlich unevangelisches ausgesprochen." In seinem Schlußwort stimmte Veit diesem Gedanken zu, bei gleichzeitiger Begrüßung einer "nationalen Erneuerung".[173] Er drückte auch seine starken Bedenken gegen eine offizielle Kanzelkundgebung aus.[174] Politisch veranlaßte, erzwungene kirchliche Neuwahlen lehnte er ebenso als "Zumutung" und "rechtlichen Einbruch" in die "verfassungsrechtlich garantierte Selbständigkeit" der Kirche ab.

Da die erhoffte Kundgebung des LKR zur neuen Regierung auf sich warten ließ, wurden mache, vor allem jüngere Pfarrer in Bayern zunehmend unruhig. Schon am 20. März klagte der NS-Pfarrerbund bei einer Tagung in Nürnberg, daß auch die Standesvertretung der Geistlichen, der Pfarrerverein, der NS-Bewegung nicht gerecht werde.[175] Um seine führende Rolle als Vorsitzende des Pfarrervereins zu behaupten, ergriff Pfarrer Klingler gleich selbst die Initiative. Durch Dekan Hanemann ließ er eine Audienz beim Kultusminister Schemm für den 5. April vermitteln.[176] Der Ausgang dieser Besprechung, an der auch Hanemann teilnahm, war die Zustimmung Schemms zu einer, einige Tage später - in der "Allgemeinen Rundschau" groß auf der ersten Seite - veröffentlichen "Erklärung des Pfarrervereins".[177] Darin wurden die Rechte der Kirche im Staatsvertrag - wie "ungestörte Kultübung" und Schutz der evangelischen Schule und Jugendorganisationen - von Schemm bestätigt. Ihrerseits versprachen die evangelischen Geistlichen, ihren Teil dazu beizutragen,[178]

> "daß in der neuen Volksgemeinschaft der Kleinkrieg unter den Konfessionen auf ein Mindestmaß beschränkt, die Liebe zu Volk und Vaterland vor allem in der Jugend geweckt und das neuerwachte Nationalbewußtsein in Deutschland weiter gestärkt und geheiligt werde, damit Volksstaat und Volkskirche sich des heißersehnten deutschen Frühlings mit gutem Gewissen bald erfreuen dürfen."

Diese Erklärung, in der der Pfarrerverein auch seine Bereitschaft erklärte, "mit allen Kräften mitzuarbeiten an der nationalen und religiösen Wiedergeburt unseres ganzen deutschen Volkes", erfolgte in eigener Verantwortung Klinglers, ohne die Billigung des Landeskirchenrats oder auch des Pfarrvereinsvorstandes.[179] Um die Zustimmung der Letztgenannten zu bekommen, wurde für den 6. April in Nürnberg eine Sitzung des erweiterten Vorstandes einberufen, die später als "Räubersynode" tituliert wurde.[180] Nachdem die Anwesenden den Bericht von Kirchenrat D. Weigel über die Dekanskonferenz gehört hatten, fielen "harte Worte", da die Kirchenleitung weder einen Vertreter des Pfarrervereins noch ein Mitglied des NS-Pfarrerbundes dazu eingeladen hatte.[181] Daraufhin forderte Pfarrer Klein, der als Vorsitzender des NS-Pfarrerbundes kurz vorher in den Vorstand des Pfarrervereins aufgenommen worden war, die Wahl eines neuen Kirchenpräsidenten sowie die Auflösung der alten Synode. Diese Forderungen waren ganz im Sinne der ersten Reichstagung der Deutschen Christen in Berlin vom 3.-5. April, die Klein möglicherweise besucht hatte,[182] und die die Gleichschaltung von Staat und Kirche sowie "das Recht der Revolution... auch einer Kirchenbehörde gegenüber, die die nationale Erhebung nicht vorbehaltlos anerkennt", verlangt hatte.[183] Klein fügte hinzu, daß, falls Veit nicht bald in den Ruhestand trete, die Gefahr bestehe, "daß seine Person... in der Presse angegriffen werde".[184] Zusätzlich wollten die NS-Pfarrer auch die Ernennung von Dekan Thomas Breit zum Oberkirchenrat im LKR rückgängig machen, da Breit für sie, wegen seiner kritischen Einstellung zur NSDAP, "untragbar sei".[185] Auch gegen Breit sei eine Pressekampagne zu erwarten, sobald die Ernennung veröffentlicht werde.

Am 7. April berichtete Klingler vor dem LKR in Abwesenheit Veits, der an einer Besprechung des Kirchenbundes in Berlin teilnahm,[186] über die Sitzung in Nürnberg, wobei er persönlich die Forderung nach Auflösung der Synode und Neuwahlen unterstützt hat.[187] Die Mitglieder des LKR hatten offensichtlich die von Klingler übermittelten Forderungen - auch für den Rücktritt des Kirchenpräsidenten - nicht von vornherein abgelehnt, und machten wohl auch Zugeständnisse, denn am nächsten Tag redete Klingler mit Klein und Hanemann, und bewegte sie dazu, die vorgesehene Presseattacke gegen Breit in den NS-Blättern zu verhindern.[188]

Am Dienstag, dem 11. April in der Karwoche, fand eine Sitzung im Landeskirchenrat statt, um zu beraten, "wie die durch den Pfarrverein geschaffene Lage ausgeglichen werden" könnte.[189] Als Veit, der wenig vorbereitet in die Sitzung kam, von den Forderungen informiert wurde, bot er rasch seinen Rücktritt an, anstatt, wie geplant, bis zum 1. Oktober nach Vollendung seines 50. Dienstjahres zu warten. Daß Veits Entschluß nicht ohne persönliche Enttäuschung vollzogen wurde, zeigt sein Bericht über seine Berliner

Reise.[190] Er sprach von den Bestrebungen, "eine einheitliche Kirche in Deutschland" herbeizuführen, und bemerkte, wie leicht sich die katholische Kirche in der veränderten Lage tue. Dort gebe es ein "musterhaftes Schweigen ihrer Pfarrer - und unsere Pfarrer schaffen Dissidien". Dies sei in Preußen besonders schlimm, wo die Forderung: "Deutschchristen bis ins Kirchenregiment hinein" laut werde. Veits scheidende Worte an seine Kollegen, bevor er seinen Urlaub antrat, waren eine eindringliche Warnung vor der "Glaubensbewegung Deutscher Christen":[191]

> "Die Deutschen Christen: Wie harmlos nehmen das Gemeindeglieder und Pfarrer hin. Sie hören im Radio nur Deutsch und Christen, und doch welcher Mischmasch! Hier handelt es sich um Gehorsam gegen das Bekenntnis!"

Der LKR, nun in seinen oberhirtlichen Funktionen von OKR Meiser geleitet, schickte am 13. April die von vielen Pfarrern erwünschte Kanzelkundgebung, die am Ostersonntag verlesen wurde. Hierin war auch ein anderer Ton wahrzunehmen als vorher unter Veits Leitung:[192]

> "In schwerer, bewegter Zeit steht unsere Kirche auch jetzt, und viele erwarten von ihr ein klärendes Wort zu dem brausenden Geschehen um uns her. Sie sollen wissen: ein Staat, der wieder anfängt nach Gottes Gebot zu regieren, darf in diesem Tun nicht nur des Beifalls, sonder auch der freudigen und tätigen Mitarbeit der Kirche sicher sein."

In dieser Kundgebung kommt sowohl Meisers kritische Haltung zum Weimarer Staat zum Ausdruck als auch seine positive Einstellung zu den Richtlinien, die der neue Kultusminister Schemm aufgestellt hatte.[192]

> "Mit Dank und Freude nimmt die Kirche wahr, wie der neue Staat der Gotteslästerung wehrt, der Unsittlichkeit zu Leibe geht, Zucht und Ordnung mit starker Hand aufrichtet, wie er zur Gottesfurcht ruft, die Ehe heilig gehalten und die Jugend christlich erzogen wissen will, wie er der Väter Tat wieder zu Ehren bringt und heiße Liebe zu Volk und Vaterland nicht mehr verfemt, sondern in tausend Herzen entzündet."

Daher wurden die Gemeinden aufgefordert, "sich ernstlich und willig dafür einzusetzen, daß die starken aufbauenden Kräfte, welche die neue Bewegung in sich trägt, zum vollen ungehinderten Siege kommen".

Im zweiten Teil der Kundgebung wurde zugleich deutlich ausgesprochen, daß die Kirche "einer anderen Ordnung als der Staat" entstamme, und daß das Evangelium "von keiner politischen Wandlung berührt" sei. Damit war die Gefahr der Deutschen Christen, auch wenn sie nicht beim Namen genannt wurden, klar erkannt.

Für den Ostermontag befahl der LKR, im Einklang mit allen evangelischen Kirchen Deutschlands, daß des Geburtstags von Hitler im Gottesdienst fürbittend gedacht werde:[194]

> "...in dankbarem Gedanken an die große Tat, die Adolf Hitler mit der Sammlung aller nationalen Kräfte vollbracht hat und im Blick auf die

ungeheure Verantwortung, die in dieser Zeit auf dem Kanzler des deutschen Reiches liegt."

Für den Geburtstag, den 20. April, wurde auch die Beflaggung der kirchlichen Gebäuden angeordnet.[195]

Diese offiziell-kirchlichen Maßnahmen zum Hitlers Geburtstag wurden von der kirchlichen Presse weit überboten. Das Rothenburger Sonntagsblatt brachte eine große Skizze des Reichskanzlers mit der Bemerkung:[196]

"Wir sehen in ihm ein Werkzeug der göttlichen Vorsehung, das unser deutsches Vaterland vor den Schrecken des Bolschewismus bewahren durfte. Unsere Gebete begleiten ihn in sein neues Lebensjahr."

Die "Allgemeine Rundschau" druckte zum 20. April ein Bild Hitlers mit der Unterschrift: "Dem Führer und Staatsmann zu seinem 44. Geburtstag."[197] Zwei Tage später erschien ein Gedicht in der gleichen Zeitung, vom Neuendettelsauer Missionsinspektor Christian Keyßer verfaßt:[198]

"Ein Ruf erscholl, als wir in Not und Sorgen
am Boden lagen, dröhnend durch die Nacht:
du deutsches Volk erwache endlich, es wird Morgen,
der Tag bricht an der Freiheit und der Macht!

Es ist ein Führer uns von Gott gegeben;
er stürmt voran, wir folgen treugesinnt.
Es geht durch Nacht und Tod hindurch zu Licht und Leben;
es wird nicht Ruhe, bis wir Sieger sind.

Das Volk erwacht, die Ketten krachend brechen.
Der Jubel braust, er fegt die Gassen blank.
O Deutschland, aller Herzen sollen einig sprechen:
Herr Gott im Himmel, dir sei ewig Dank!"

Mit dem Rücktritt Veits und der Osterkundgebung des LKR war die Unruhe unter manchen in der bayerischen Pfarrerschaft zunächst beseitigt. In einer Besprechung am 19. April in Ansbach zwischen einigen Mitgliedern der Kirchenleitung einschließlich Meiser und den Pfarrern, die am 6. April die Forderungen an den LKR gestellt hatten, konnten auch einheitliche Beschlüsse gefaßt werden, vor allem: die bestehende Synode solle in Mai einen neuen Präsidenten mit dem Titel "Landesbischof" wählen, ein Ermächtigungsgesetz verabschieden, und dann sich auflösen.[199]

Aber nicht alle in der Landeskirche waren über die durch die "Räubersynode" ausgelöste Entwicklung zufrieden. Der stellvertretende Präsident der Landessynode sprach sicherlich für viele, als er sein tiefstes Bedauern darüber Ausdruck gab, "daß von Kreisen, die nicht dazu berufen sind, und die keinerlei Vertretungsvollmacht haben, grundlegende Veränderungen veranlaßt worden sind".[200] Deshalb mußte auch Klingler, angesichts der "harte(n) und bittere(n) Kritik" an seine Person - ein Kapitel verlangte sogar seinen Rücktritt[201] - sein Vorgehen vor 450 Mitgliedern des Pfarrervereins bei einer außerordentlichen Versammlung in Nürnberg am 27. April rechtfertigen.

In seiner Rede versuchte er folgende, wie er sagte, "Märchen und Gerüchte" zu widerlegen, wie:[202]

> "Der Pfarrerverein habe den Kirchenpräsidenten abgesetzt oder seinen Rücktritt verlangt, er habe neue Wahlen gefordert, er habe verlangt, daß unverzüglich ein nationalsozialistischer Kollege nach München in den Landeskirchenrat berufen werde."

Obwohl Klingler selbst die Forderungen der NS-Pfarrer dem LKR übermittelt und Neuwahlen wenigsten befürwortet, wenn auch nicht verlangt hatte, sagte er den versammelten Pfarrern, daß kein Wort an den Gerüchten wahr sei. "Auch das ist nicht wahr", fuhr er fort, "daß ich Oberkirchenrat D. Meiser gebeten habe, Herrn Kirchenpräsident D. Veit schonend darauf aufmerksam zu machen, daß seine Zeit abgelaufen sei".

Zum Schluß der Versammlung kam man wenigstens zu der Übereinstimmung, die Linie der Ansbacher Beschlüsse vom 19. April nicht zu verlassen, einen Dank an den Kirchenpräsident Veit zu richten (unter dem Protest eines Pfarrers, der dies "Byzantinismus" bezeichnete),[203] und eine Vertrauenserklärung für Meiser abzugeben.[204]

Am nächsten Tag sprachen Pressemeldungen von der "erfreulichen Geschlossenheit" der Pfarrerschaft.[205] Das "Korrespondenzblatt" lobte gar die Einigkeit der Pfarrerschaft als "das kaum zu überschätzende Ergebnis dieser Versammlung", denn jetzt sei der Weg frei "soweit die Pfarrerschaft dafür in Frage kommt,... zur Neuwahl des Präsidenten und zum Ermächtigungsgesetz und damit zur Modernisierung des kirchlichen Apparates".[206] Einen ganz anderen Eindruck vermittelt ein Privatbrief des Studienrats Pfarrer Ammon, Nürnberg, der schon in der Versammlung "vor der Häresie einer civitas christiana" warnte,[207] als er schrieb: "Ich persönlich hatte nicht den Eindruck von Einmütigkeit, sondern von ganz tiefen Gegensätzen."[208]

Diese Gegensätze haben sich wohl auch in der Weißenburger Pfarrerschaft bemerkbar gemacht. Nach seinem bisherigen Verhalten zu beurteilen, wäre Dekan von Löffelholz, als Teilnehmer der Dekanskonferenz am 4. April, kaum mit den Forderungen der NS-Pfarrer für den Rücktritt Veits einverstanden gewesen. Pfarrer Kalb dagegen war wohl mit dem Anliegen seiner NS-Amtskollegen einverstanden.[209] Die Haltung des dritten Pfarrers, Adolf Rottler, kann an Hand seiner Mitgliedschaft beim "Treuchtlinger Kreis" beurteilt werden. Dieser Kries, der die junge Generation der Geistlichen ansprechen wollte, und dem viele volksmissionarisch engagierten Pfarrer angehörten,[210] tagte am 21. April, um die kirchliche Lage zu erörtern.[211] Hier wurde die Kirche dazu aufgefordert, die "neu geschenkte Selbständigkeit und Machtfülle des Staates... als gottgewollte Ordnung des Volkstums theologisch neu zu begreifen und in ihrer Auseinandersetzung mit dem Staate zu bejahen". Gleichzeitig müsse die Kirche, angesichts der "zerstörenden Weltanschauungen (Rosenberg!)", "in evangelischer Freiheit ihre Eigenständigkeit auch dem neuen Staate gegenüber unbedingt durchsetzen und wahren". Vor allem verlangte der Kreis die "Stärkung und Autorität und Disziplin in der Pfarrerschaft durch eine entschlossene und verantwortungsfreudige Führung", sowie eine stärkere Berücksichtigung der jungeren Generation in den kirchlichen Führungsorganen. Nur so könne die Kirche der Gefahr entgehen, "von der stürmischen Entwicklung überrannt zu werden".[212]

7) Die Mai-Synode und die Wahl Meisers zum Landesbischof.

Die Ergebnisse der schnell einberufenen Landessynode vom 3.-5. Mai in Bayreuth lösten weitgehend die Spannung in der Pfarrerschaft. Die Einsetzung eines Staatskommissars in die Landeskirche von Mecklenburg-Schwerin am 22. April "zum Zwecke der Gleichschaltung des Kirchenregiments mit dem Regiment im Staat und Reich"[214] sowie die immer brennender werdende Frage der Reichskirche, machte die schleunige Einberufung der Landessynode notwendig,[215] die ursprünglich für Mitte Mai geplant war.[216] Die Tagesordnung der Synode war vorher schon allgemein bekannt: Die Wahl eines neuen Kirchenpräsidenten, der den Titel eines Landesbischof sowie bedeutende Vollmachten erhalten sollte.[216]

Vor der Synode wurden jedoch Bedenken laut, zum Beispiel, daß das vorgesehene Ermächtigungsgesetz nicht leicht verabschiedet werde, da die Meinungen "wegen absoluter diktatorischer Vollmachten geteilt seien".[217] In der "Allgemeinen Rundschau" meinte Pfarrer Eckstein, daß die Synode überaltert sei, und sich deswegen selbst auflösen solle, denn: "Menschen, die noch das alte Reich... erlebten, können nicht leicht einstellen auf das neue Reich."[218]

Diese Skepsis stellte sich aber als unbegründet heraus. OKR Meiser wurde in geheimer Wahl einstimmig zum Kirchenpräsidenten gewählt, und drei Gesetzesvorlagen wurden debattelos angenommen. Das Bischofsgesetz setzte an die Stelle des Kirchenpräsidenten einen Landesbischof. Das von OKR Meinzolt entworfene Ermächtigungsgesetz stattete den Landesbischof mit einer zeitlich begrenzten "Führervollmacht" aus; der Bischof hatte demnach die Vollmacht, Kirchengesetze zu erlassen (vorher alleiniges Recht der Synode) und Verträge mit anderen Kirchen, mit dem Reich oder den Ländern zu schließen. Ein drittes Gesetz erweiterte den Landessynodalausschuß (LSA) auf 15 Mitglieder; 6 davon durfte der Landesbischof ernnennen, und zwar aus dem gesamten Kirchenvolk, damit auch die jüngere Generation vertreten sein konnte. Dem LSA wurde das Recht zugesprochen, vor dem Erlaß von Kirchengesetzen durch den Bischof angehört zu werden, wenn auch seine Zustimmung zu diesen Gesetzen nicht notwendig war.[219]

Das rasche Arbeitstempo der Synode rief den Vorwurf hervor, die einstimmigen Beschlüsse seien nichts mehr als "der Vollzug eines Kommandos, das ausgegeben worden ist".[220] Dagegen sagte ein Teilnehmer, daß die eigentliche Arbeit schon vorher in den Ausschüssen geleistet worden sei, wo es stundenlange Vorbesprechungen gab.[221] Der reibungslose Ablauf der Synode bewog auch Eckstein, seinen Vorwurf, die Synode sei überaltert, fallenzulassen. Er begrüßte es, daß die gleiche Synode, die 1930 in Ansbach langatmige Verhandlungen geführt hatte, in Bayreuth "viel frischer" und "viel mehr vorwärtsgerichtet", auch ohne lange Debatten und ohne "parlamentarisches Geschwätz" seine Aufgaben erledigte.[222]

Die Wahl Meisers zum Landesbischof wurde generell begrüßt, denn er stellte eine verbindende Kraft dar. Durch seine Tätigkeit bei der Inneren Mission hatte er sein soziales Engagement bewiesen; seine persönliche Frömmigkeit gewann ihm das Vertrauen der pietistisch Ausgerichteten, während sein Kirchenbegriff vor allem von den Neuendettelsauer Kreisen geteilt war. Außerdem hatte er als jüngstes Mitglied des LKR den Respekt seiner älteren Kollegen gewonnen und konnte "zugleich den jungen nationalsozialistisch denkenden Geistlichen Vertrauensmann werden".[223] Auch beim Evangelischen Bund fand seine Wahl Zustimmung, wie folgendes Kommentar der "Fränkischen Wacht" zeigt:[224]

"D. Meisers bisherige Wirksamkeit bürgt dafür, daß er der richtige Mann am richtigen Platze und zur rechten Zeit ist. Er hat schon vor Jahren die Fragen, die jetzt in den Vordergrund getreten sind, vom Boden des Evangeliums und des Deutschtums aus maßvoll, aber in entschieden völkischem Sinne öffentlich behandelt und damit die freudige Zustimmung derer gefunden, die den anderwärts zuweilen bemerkbaren Mangel solch eindeutiger Einstellung schmerzlich empfanden. D. Meiser ist eine Führerpersönlichkeit, die in ihrer klaren Bejahung des reformatorischen Christentums fest und sicher gegründet ist."

Mit der Ausstattung des bayerischen Landesbischofs mit weitreichenden Vollmachten durch das Ermächtigungsgesetz hatte die bayerische Landeskirche als erste sich den neuen politischen Gegebenheiten angepaßt. Der kirchliche Parlamentarismus war weitgehend ausgeschaltet, auch wenn die Landessynode sich nicht aufgelöst hatte; man sprach davon, daß der Führergedanke nun in der Kirche zur Tat geworden sei.[225]

Dennoch fühlten sich nicht alle bei dieser Entwicklung wohl. Gegner mußten überzeugt werden, daß der Bischofstitel durchaus in der lutherischen Tradition zu begründen sei.[226] Und wohl nicht wenige teilten die von Karl

Barth einige Wochen später artikulierte Bedenken, daß der Bischofsgedanke von 1933 eine fragwürdige Ähnlichkeit zu einer bestimmten "staatlichen Form" habe.[227] "Hat sich eigentlich niemand fragen wollen," wollte Barth wissen, "ob die Nachahmung eines politischen Vorgangs in der Kirche und durch die Kirche nicht schon an sich eine mindestens bedenkliche Angelegenheit sei".[228]

Diese Bedenken hatte eine sehr einflußreiche Persönlichkeit in der bayerischen Landeskirche durchaus gehabt. Baron von Pechmann hatte in einem Brief an die Synode von "unfreien Verfassungs-Experimenten" eindringlich gewarnte.[229] Sein Brief wurde aber den Synodalen vorenthalten, und erst später außerhalb Bayerns veröffentlicht.[230]

Daß der Führergedanke in der Kirche manchen Synodalen unbehaglich war, beweist wohl die Tatsache, daß das Ermächtigungsgesetz bis zum 1.7.1934 befristet war.[231] Meiser selbst befürwortete das Gesetz, da er persönlich der Meinung war, daß die Kirchenverfassung daran kranke, "daß sie die Spuren der Zeit an sich trage".[232] Zugleich versprach er, von dem Gesetz nur im Notfall Gebrauch zu machen, und die synodale Vertretung, den erweiterten LSA, so oft wie möglich zu konsultieren.[233] Außerdem betonte er,

"daß die Neugestaltung, die unsere Kirche braucht, sich nicht bloß auf den äußeren Rahmen beziehen dürfe, sondern daß unsere Kirche von innen neu belebt werden müsse, um unserem Volk, das nicht nur politisch, sondern auch religiös in Bewegung geraten ist, von der Kirche her gerecht zu werden."

In Übereinstimmung mit den Befürwortern einer intensivierten volksmissionarischen Kampagne im neuen Staat und vor allem innerhalb der NS-Bewegung, sagte er: "Es sind Möglichkeiten gegeben, die Kirche zur Kampf- und Missionskirche dieser Zeit zu gestalten."[234]

8) Die Gleichschaltung

Durch den rasch vollzogenen Führungswechsel und das Ermächtigungsgesetz hatte die Landeskirche von sich aus eine Antwort auf die neuen Zustände im Staat gegeben, zu einer Zeit in der die forcierten Gleichschaltung der politischen Gemeinden im vollen Schwung war. Ende April berichtete die "Allgemeine Rundschau" unter der Rubrik, "Die Gleichschaltung der Gemeinden", von den politischen Änderungen in Franken.[235] In Weißenburg wurde die Umbildung des Stadtrats am 20. April durchgeführt, wobei die NSDAP 10 Mandate bekam, gegenüber 3 für die SPD, 1 für die DNVP und 1 für die BVP.[236] Für die NSDAP saßen nun im Stadtrat, neben dem früheren Mitglied Hetzner, u.a. der SS-Truppführer Dorner und auch der SA-Standartenführer Sauber, der zugleich nach der Versetzung Trommsdorffs nach Eichstätt Sonderkommissar am

Bezirksamt wurde.[237] Als Belohnung für seine Werbearbeit für die Partei, wurde Pfarrer Kalb unter den Ersatzleuten der NSDAP für den Stadtrat aufgenommen.

Die Gleichschaltung der Gemeinderäte im Bezirk, die schon am 12. April von Dr. Roth angeordnet war, ging nicht ganz ohne Probleme über die Bühne, wie der Bericht des Bezirksamts bestätigt:[238]

"Da die Gemeinderäte zum erstenmal nach politischen Gesichtspunkten zu bilden waren, bot die Aufstellung in dem größten Teil der Gemeinden erhebliche Schwierigkeiten. Der Bezirk hat zwar überwiegend nationalsozialistisch gewählt, aber die Zahl der eingeschriebenen Parteimitglieder in den einzelnen Gemeinden war doch so gering, daß es nicht leicht war, die wirklichen Anhänger der einzelnen Parteien herauszufinden. Sehr ungehalten war die Landbevölkerung darüber, daß die Aufstellung der Wahlvorschläge vielfach durch ortsfremde Parteivertrauensleute erfolgt ist. Die Folge davon waren fortgesetzte Änderungen der Vorschläge, wodurch der Friede in den Gemeinden zum Teil recht erheblich gestört wurde."

Nach dieser Erfahrung waren viele Landpfarrer sicherlich froh, daß ihnen kirchliche Neuwahlen mitten in der politischen Gleichschaltung erspart blieben.

Dieser Mißstimmungen ungeachtet, ging das Feiern der "nationalen Erhebung" unentwegt weiter. Obwohl der vom Kirchenvorstand Weißenburg beantragte Gottesdienst für Hitlers Geburtstag nicht zustande kam, wurde der Tag mit einem Abendappell der SA und SS markiert.[239] Beim Appell forderte Standartenführer Sauber alle Versammelten auf, am 30. April an der Fahnenweihe in Gunzenhausen teilzunehmen. An diesem Tag vor mehr als 1000 SA-Leuten aus der Umgebung weihte Dekan Sperl, der auch das Dekanat Weißenburg bei der Landessynode vertrat, 8 SA-Fahnen in der evangelischen Stadtkirche.[240] Anschließend marschierten SA, SS und die "vaterländischen Verbände" zum Burgstallwald zur "Enthüllung des ersten Hitlerdenkmals in Deutschland". Anwesend war auch der Führer der SA-Gruppe Franken, von Obernitz, der in seiner Rede betonte, daß nun, "nach der disziplinierten Durchführung der nationalen Revolution, die zweite Etappe des Kampfes komme, nämlich die völlige Durchdringung der Nation mit der Weltanschauung des Nationalsozialismus".[241] Wer hellhörig war, konnte schon hier die Brüchigkeit der Liaison der Kirche mit der NS-Partei voraussahnen.

9) Die Feier des 1. Mai und die Kirchenstuhlfrage

Zur Feier des 1. Mai, der von der Regierung zum "Feiertag der Nationalen Arbeit" erklärt wurde, forderten Gerstner und Sauber die gesamte Einwohnerschaft Weißenburgs auf, "die Einheit aller schaffenden Stände zur planmäßigen Aufbauarbeit unter der Führung des Volkskanzlers Adolf Hitler zum Ausdruck (zu) bringen".[242] In die Festfolge offiziell eingebaut waren Gottesdienste in beiden Kirchen für die Schuljugend und auch für die Mitglieder der teilnehmenden Verbände, Vereine und Organisationen. Die Predigt in der St.Andreaskirche hielt Dekan von Löffelholz über Nehemia 2, 17-18: "Mit Gott fängt alle Arbeit an".[243] Er führte aus: "Das deutsche Volk muß mit ehrlichem Willen auf rechtem Grund mit getroster Zuversicht auf die Hilfe seines Gottes die ungeheuer schwere Wiederaufbauarbeit beginnen."

Die Feier des Tages endete, wie er begonnen hatte, mit einer religiösen Note. In seiner Ansprache, die alle Teilnehmer in Weißenburg per Rundfunkübertragung gehört haben, schloß Hitler mit den Worten:[244]

> "Wir beten nicht: Herr mach du uns frei! Nein, wir wollen tätig sein, wollen arbeiten, wollen uns brüderlich vertragen, miteinander ringen, und dann wird einmal die Stunde kommen, da wir vor ihn hintreten können, ihn zu bitten: Herr, sieh, wir haben uns geändert, das deutsche Volk ist nicht mehr das Volk der Ehrlosigkeit, der Schande, der Selbstzerfleischung, der Gleichgültigkeit, Herr, das deutsche Volk ist wieder stark geworden in seinem Geist und Willen, in seiner Beharrlichkeit, stark im Ertragen aller Last, wir lassen nicht von dir, segne unsern Kampf, unsere Arbeit und damit unser deutsches Volk und Vaterland."

Das Mitwirken "der ganzen Einwohnerschaft" an der Gestaltung des Tages, vor allem der große Zug der Teilnehmer durch die Stadt machte den 1. Mai in den Worten des Zeitungsberichtes, "zu einem Ehrentag für Weißenburg und zugleich damit zu einem erneuten Bekenntnis des schaffenden deutschen Volkes zum deutschen nationalen Staat". Zu der positiven Stimmung des Tages half auch die Tatsache, daß der größte Teil der von Weißenburg in Schutzhaft genommenen Personen anläßlich des 1. Mai auf freien Fuß gesetzt wurde.[246] Die Feierlichkeiten konnten jedoch nicht die andauernd hohe Arbeitslosigkeit der Stadt verschwinden lassen; nur las man nichts mehr darüber, seitdem das NS-Rathaus die Zahlen in der Presse nicht mehr veröffentlichte.[247]

Eine wichtige Auswirkung des 1. Mai für die Kirche kam in Form eines "Eingesandts" der NSDAP an die Evang.-Luth. Kirchenverwaltung am nächsten Tag in der Presse. Beim Gottesdienst am 1. Mai war es vielen, die die Kirche seit langen nicht von innen gesehen haben, aufgefallen, daß in der Andreaskirche zum Teil noch die alte Kirchenstuhlordnung bestand. Das NS-Eingesandt schlug vor, diese Frage "aus sozialen Gründen mit einem Schlag restlos" zu erledigen, denn: "Wo bleibt die Volksgemeinschaft in der Volkskirche, wenn die von früher her besser Bemittelten im Gotteshaus besser plaziert werden als die Minder- oder Unbemittelten?"[248] Darum sollte die Kirchenverwaltung bald handeln, "und so ein kirchliches Denkmal zur Erinnerung an den 1. Mai 1933 in der Adreaskirche errichten. Länger ist der derzeitige Zustand nicht mehr ertragbar".

Der Kirchenvorstand griff diese Herausforderung sofort auf und traf am selben Tag zusammen, um über den "Einspruch der NSDAP bezüglich des Kirchenstuhlwesens" zu beraten.[249] Ein Antrag Dr. Roths wurde angenommen, alle Namensschilder zu entfernen, deren Besitzer nicht bis zum 1. Juni Einspruch erhoben hätten. Dieser Beschluß, der keinesfalls geeignet war, das Problem "mit einem Schlag" zu erledigen, hat die Initiatoren der NSDAP nicht befriedigt. So erschien am 16. Mai in der Presse eine Einladung an alle Kirchenstuhlbesitzer zu einer Zusammenkunft am selben Abend unter der Leitung des SA-Standartenführers Sauber und des Fabrikbesitzers Fürst.[250] Trotz kurzfristiger Ankündigung erwies sich der Saal als zu klein für die Teilnehmer. In der Versammlung wurde zuerst von NS-Seite festgestellt, daß das Kirchenstuhlsystem "unkirchlich, unzeitgemäß und unsittlich" sei.[251] Es erhob sich auch Widerspruch gegen die Pläne der Kirchenverwaltung. Einige Kirchenstuhlbesitzer machten geltend, daß der Kirchenvorstand vor dem Beschluß eine Anhörung hätte machen müssen. Viele waren jedoch bereit, auf ihre Rechte zu verzichten, vor allem dann, wenn alle dasselbe tun würden.

Es fielen aber auch Äußerungen, die die NS-Initiatoren kränkten. Ein einflußreicher Bürger warnte die Kirche, daß man durch Änderung des Kirchenstuhlrechts nicht glauben sollte, "die NSDAP jetzt plötzlich vor Ihren Karren spannen zu können", denn der ausschlaggebende Teil der Partei stehe der Kirche doch bisher ablehnend gegenüber. Zudem habe die Partei, wie Hitler schon gesagt habe, ganz und gar nichts mit den inneren Angelegenheiten der Kirche zu tun.[252] Ein Kaufmann meinte, wenn alle verzichteten, würde er sich fügen, "nach dem Grundsatz, Gewalt geht vor Recht". Aber er sehe nicht ein, "warum gerade diejenigen, die jetzt erst wieder endeckt haben, daß sie getauft und konfirmiert wurden, die besten Plätze zum Nachteil der bisherigen Besitzer einnehmen sollen".[253] Dekan von Löffelholz versuchte die Gegner des Beschlusses zu beruhigen; man könne immer noch Einspruch erheben, und diesem Wunsch werde gewiß Rechnung getragen. Man solle aber zunächst abwarten, wie viele Einspruch erheben; dann solle der Kirchenvorstand die Angelegenheit beraten und nochmals eine Versammlung mit den Kirchenstuhlbesitzern einberufen.[254]

Höchst unzufrieden mit der langsamen Art der Kirche, das Kirchenstuhlproblem anzugehen, entschlossen sich die Initiatoren der Versammlung, Sauber und Fürst, ihre kirchlichen Reformplänen ganz aufzugeben. In der Zeitung am nächsten Tag erklärten sie:[255]

"Nachdem weder der Kirchenvorstand noch Herr Pfarrer Kalb selbst, die kränkenden Ausführungen berichtigt haben, ist es uns unmöglich, wietere

Verhandlungen zu führen. Aus diesen Gründen empfehlen wir den Kirchenstuhlbesitzern rechtzeitig Einspruch zu erheben."

Diese schnelle Umkehr stieß bei den Befürwortern einer vernüftigen Lösung des Problems auf öffentliche Kritik, die im folgenden Zeitungsinserat zum Ausdruck kam:[256]

"Auf Grund des siegreichen Durchdringens der nationalen Revolution mußten bekanntlich viele Personen auf sogenannte Rechte, von oft sehr weittragender Bedeutung verzichten, weil es eben infolge der veränderten Verhältnisse anders als 'nicht mehr tragbar' festgestellt wurde. Auch der Zustand mit den Kirchenstühlen, der aus früheren Jahrhunderten stammt, ist 'nicht mehr tragbar'. Von einem der Einberufer der Kirchenstuhlbesitzer-Besprechung selbst wurde der Zustand als nicht mehr in die jetzige Zeit passend bezeichnet und sogar als unchristlich, unmoralisch und unsittlich gebrandmarkt. Trotzdem wurde nun gestern durch Inserat den damaligen Versammlungseinberufern empfohlen, rechtzeitig Einspruch einzulegen. ??? Kommentar überflüssig."

Das Kirchenstuhlproblem war das erste deutliche Anzeichen für ein gespanntes Verhältnis zwischen Kirche und Partei in Weißenburg. Der beleidigte SA-Führer Sauber hatte sicherlich der Kirche als "reaktionär" verdächtigt, weil sie auf die Wünsche der Stuhlbesitzer Rücksicht nehmen und mit guten Argumenten einen Konsensus für die Abschaffung des alten Systems finden wollte. Auch auf kirchlicher Seite war eine Verärgerung offensichtlich. Die nächste Kirchenvorstandssitzung stellte fest, daß nur eine geringe Anzahl der Stuhlbesitzer Enspruch erhoben hatte; eine weitere Versammlung sei daher unnötig.[257] Den Beschluß Pfarrer Rottlers, dieses Ergebnis den Herrn Sauber und Fürst mitzuteilen, lehnten jedoch die Kirchenvorsteher mit großer Mehrheit ab.

Das Ansehen der Kirche in Weißenburg wurde auch Ende Mai zusätzlich belastet durch die Wahl eines kinderlosen Ehepaars für den Kirchendienerposten. Das "unsoziale Verhalten" des Ausschusses - man verdächtigte den Christlichen Volksdienst - wurde durch ein "Eingesandt" in der Presse gerügt: "Es scheint, daß es auch hier angebracht wäre, die Gleichschaltung walten zu lassen".[258]

10) Die Siegesfeiern, die Abschaffung der Parteien und der Abschluß der Revolution

Es war wohl ein Zeichen der abgekühlten Beziehung zwischen Partei und Kirche nach der Kirchenstuhlkontroverse, daß die Partei in den zahlosen Feiern ihres Sieges kaum mehr die Kirche oder Pfarrer in Weißenburg miteinschloß. Auf dem Land dagegen, wo Kreisleiter Gerstner fast jedes Wochenende in Mai und Juni unterwegs war, um verschiedene Parteifeiern beizuwohnen, nahm die Partei noch gern den Dienst der Kirche in Anspruch. Am 14. Mai weihte Pfarrer Sell in Emetzheim im Beisein von Gerstner und dem SA-Sturmbann 1/13 eine Hitlerlinde; im Festgottesdienst würdigte Sell die Opfer der SA.[259] Am 21. Mai ging es nach Alesheim, wo Pfarrer Grimmler beim Feldgottesdienst vom "Werden des neuen Deutschlands" sprach, und wo Gerstner eine Hitlerlinde einweihte, und sie "der Obhut und Pflege der Gemeinde" übergab.[260] Einige Wochen später jedoch ging sie in Folge eines Säureanschlags ein.[261]

Am 26. Mai, dem Tag nach Christi Himmelfahrt, wurde wieder in Weißenburg gefeiert, diesmal den 10. Todestag des "deutschen Freiheitshelden" Leo Schlageter.[262] Vor dem Kriegerdenkmal hielt Gerstner eine Rede; der einzige Beitrag aus kirchlichen Kreisen war ein Gedicht, "Die Erfüllung", geschrieben von Pfarrer i.R. Karl Kelber.[263]

Am Pfingstwochenende eröffnete das Weißenburger Bergwaldtheater seine neue Saison mit einem fast vollkommen gleichgeschalteten Spielplan. Die "Nationalfestspiele", wie sie nun hießen, standen unter dem Protektorat von Kultusminister Schemm und wurden vom Kreisleiter Gerstner "dem Gedenken an Albert Leo Schlageter, dem ersten Soldaten des Dritten Reiches", gewidmet.[264] Das Eröffnungsstück hieß "Schlageter", eine "packende Tragödie" von Hanns Johst, das in Weißenburg zur Uraufführung gelangte.[265] In seiner Erklärung, weshalb man sich für dieses Stück entschieden hatte, drückte Gerstner den Wunsch aus, daß die Zuschauer vom "heldischen Geist eines Schlageters" erfüllt würden, genauso wie die ersten Christen vom "Pfingstgeist".[266] Auch die nächsten zwei Stücke waren politisch motiviert: Hans Kysers "Es brennt an der Grenze", eine "Tragödie" um einen deutschen Bauern an der polnischen Grenze - selbst die NS-"Fränkische Tageszeitung" gab zu, daß das Stück in "Text und Szene" "einige Schwächen" hatte -, und Walter Schäfers "Der 18. Oktober 1803", eine Episode über Bruderzwist aus den Freiheitskriegen.[267]

Am Samstag nach Pfingsten fand die feierliche Amtseinsetzung des neuen Vorstands des Bezirksamts Weißenburg, Karl Hahn, statt. In seiner Antrittsrede bot Hahn den Kirchen eine "harmonische Zusammenarbeit" an und verpflichtete sich, "die Wahrung der Interessen der Kirchen als selbstverständliche Pflicht" zu betrachten.[268]

Am Sonntag nach Pfingsten ging es wiederum aufs Land. In Oberhochstatt zog Gerstner und die SA, "unter Vorantritt der Geistlichkeit und Schuljugend", durchs Dorf zum Feldgottesdienst, wo Pfarrer Seitz eine "zu Herzen greifende Predigt" hielt. Danach wurde eine Hitlereiche geweiht.[269]

Aktiv war die SA auch bei den Fronleichnamsprozessionen am 15. bzw. am 18. Juni. Der Übereifer der SA, überall dabeisein zu wollen, brachte jedoch einen Eklat in Mitteleschenbach im Bezirk Gunzenhausen, wo die örtliche SA durch SA aus Merkendorf, einem evangelischen Dorf, verstärkt wurde. Die Teilnahme von Protestanten verursachte "eine ziemlich starke Erregung" unter der katholischen Bevölkerung; es wurde auch über sie "vielfach gespottet", da sie die Zeremonien und Gebräuche der Fronleichnamsprozession nicht kannten.[270]

Gespannt scheint auch das Verhältnis zwischen katholischer Kirche und Partei im Bezirk Weißenburg gewesen zu sein. Als Gerstner am 18. Juni die Weihe einer Hitlerlinde im katholischen Raitenbuch vornahm, war vom Mitwirken eines Geistlichen keine Rede. Gerstner bemerkte in seiner Ansprache, daß er früher überhaupt nicht in Raitenbuch reden durfte. Er rügte den "Religionshaß", der in Raitenbuch stark sei, sagte den Parteien den Kampf an, deren Existenz eine "Verewigung der konfessionellen Gegensätzen" bedeutete, und appellierte an Katholiken und Protestanten, "Schulter an Schulter ein neues Deutschland (zu) erkämpfen".[271]

Auch die vielen NS-Feiern des Sommers 1933 weckten Kritik. Auf dem Tag der Jugend am 22. Juni sprach Gerstner von Leuten, "die es uns übelnehmen, daß wir Feste feiern, von denen - wie sie sagen - niemand satt wird"; solche Leute hätten keine Seele und kennten nur einen Gott, "den nackten Materialismus".[272]

Neuen Anlaß zu Feiern erhielt die NS-Ortsgruppe, als Ende Juni/Anfang Juli die letzten Parteien im Reich verschwanden. Zuerst ging es gegen die SPD los, als Hetzner Mitte Juni die drei SPD-Stadträte aufforderte, den Sitzungen fernzubleiben.[273] Am 22. Juni wurde die SPD im Reich verboten, kurz danach erfolgte die Inhaftierung von SPD- und BVP-Führern in Weißenburg und Ellingen.[274] Am 10. Juli legten die drei SPD-Stadträte im KZ-Dachau ihre Mandate nieder.[275] Vorher hatten sich die DNVP am 27. Juni, die CSVD am 1. Juli und die BVP am 5. Juli aufgelöst. Damit konnte die Presse "Das Ende der Parteien" melden,[276] und gleich danach, in Anlehnung an Fricks Schreiben vom 11. Juli an alle Reichsstatthalter und Länderregierungen, das Ende der Revolution.[277]

Neben der Ausschaltung der Parteien war ein wichtiger Bestandteil des Abschlusses der Revolution das Paraphieren des Reichskonkordats am 8. Juli sowie die Fertigstellung der Verfassung für die Deutsche Evangelische Kirche am 10. Juli.

Eine Feier, die den Abschluß der Gleichschaltung sowie das Zusammenwirken von Katholiken und Evangelischen im neuen Staat markieren sollte, war die Einweihung des "erste(n) Denkmals der deutschen Erhebung 1933" in Hilpoltstein am 16. Juli.[278] Geplant wurde das Denkmal vom Hilpoltsteiner Kreisleiter, dem evangelischen Hauptlehrer Karl Minnameyer aus Georgensgmünd (92% evangelisch), und gebaut wurde es auf der Solarer Höhe bei Hilpoltstein (86% katholisch). Die Einweihung, die mit Festgottesdiensten anfing, zog einen "Massenbesuch" an, auch aus der 26km entfernten Weißenburg.[279] Die Wichtigkeit des Tages wurde auch durch das angekündigte Erscheinen der NS-Prominenz – Wagner, von Obernitz, Streicher und Holz – noch unterstrichen.[280] Eine Meldung des Bezirksamts Hilpoltstein bestätigt den Erfolg des Unternehmens: "Die Bevölkerung des ganzen Bezirks" habe "in bisher nie dagewesener Einmütigkeit" an der Errichtung des Denkmals mitgearbeitet. Durch die "Entwicklung der letzten Tage, insbesondere den Abschluß des Reichskonkordats", sei es "zu einer völligen Befriedung des öffenlichen Lebens im Bezirk" gekommen.[281]

11) Die Diskussion um die Reichskirche in Bayern: April und Mai 1933

Während die Nationalsozialisten die Durchsetzung des Einparteienstaates, zuweilen unter kirchlicher Beteiligung feierten, stieg der Druck auf die 28 evangelischen Landeskirchen in Deutschland, sich in eine einheitliche Kirche zusammenzuschließen. Die verwickelte Geschichte der Bildung der Deutschen Evangelischen Kirche (DEK) bis zum Verfassungsabschluß im Juli 1933 ist schon hinreichend geschildert.[282] Es gibt jedoch einige, vor allem die bayerische Pfarrerschaft und Gemeinden betreffende Fragen, die hier noch näher untersucht werden sollten, nämlich: Wie verhielt sich die Pfarrerschaft zu dem von der Glaubensbewegung Deutsche Christen (GDC) aufgeworfenen Plan einer "Reichskirche", und wie standen Pfarrer und Gemeinden im Mai und Juni 1933 zur GDC; wie war die Reaktion in der Pfarrerschaft auf die Kontroverse um die Benennung des ersten Reichsbischofs; und schließlich, wie ist das kirchenpolitische Handeln des Landesbischofs Meiser in der Pfarrerschaft aufgenommen worden. Um diesen Fragen nachzugehen, wird vor allem die kirchliche Presse, die sich sehr ausführlich mit den Entwicklungen beschäftigt hat, herangezogen. Besonders aufschlußreich dabei sind die Kommentare des Schriftleiters der "Allgemeinen Rundschau", Pfr. Richard Eckstein, der als NS-eingestellte Frontgenerationspfarrer nicht repräsentativ war, aber dennoch eine wichtige, meinungsbildende Rolle in der Pfarrerschaft ausübte.[283]

Schon im April 1933, im Anschluß an die GDC-Reichstagung, äußerte sich Eckstein in der "Allgemeinen Rundschauf" zum Problem der Reichskirche.[284]

Obwohl er einräumte, daß die von den Deutschen Christen geforderten Vereinigung der 28 Landeskirchen in einer Reichskirche ein bestechender Gedanke sei, sah er in den verschiedenen Bekenntnissen - lutherisch, uniert und reformiert -, die diese Landeskirchen prägten, erhebliche Schwierigkeiten, die eine schnelle Verwirklichung einer Reichskirche verhindern würden. Dazu war schon allein der Name "Reichskirche" für Eckstein problematisch, denn, da der deutsche Katholizismus sich nie in einer solchen Kirche sich einordnen würde, werde eine Reichskirche immer ein Torso bleiben. Schließlich betonte er, daß eine kirchliche Einigung Zeit und Geduld brauche:

"Auch eine Reichskirche kann man nicht schaffen; sie muß wachsen. Eine Reichskirche kann man nicht dekretieren, sondern sie muß werden. Wird aber überstürzt und ohne Rücksicht auf geschichtliche Gegebenheiten, auf bekenntnismäßige und volkstümliche Eigenart der Landeskirchen eine Reichskirche künstlich 'gemacht', so ist zu befürchten, daß die Freunde der Reichskirche und ihre Förderer gerade das Gegenteil von dem erreichen, was sie erreichen wollen: An Stelle einer Einigung der deutschen Landeskirchen eine neue Zersplitterung."

Dieser Kritik an den Reichskirchenplänen der Deutschen Christen hat sicherlich eine große Zustimmung unter den bayerischen Pfarrern gefunden.

Es bestand jedoch eine Bereitschaft, den Deutschen Christen Recht zu geben, daß der lockere Zusammenschluß der Landeskirchen im 1922 gegründeten Deutschen Evangelischen Kirchenbund, keine zeitgemäße Lösung mehr sei. So hatte Generalsuperintendent Zoellner in seinem vielbeachteten "Aufruf zur Sammlung der Lutheraner" vom 13. April "die Bildung einer evangelischen Kirche deutscher Nation" verlangt, allerdings "auf klarer Bekenntnislage".[285] Bei der Neubildung müsse auch "die falsche Angleichung an das demokratische Prinzip des Staates von Weimar fallen", und die Leitung der Kirche durch Bischöfe ausgeübt werden.

Die Resonanz auf Zoellners Aufruf war groß;[286] auch in Bayern, wo ihn Eckstein in einem Kommentar "Aufbruch im Protestantismus" ausdrücklich begrüßte.[287] Nun war Eckstein überzeugt, daß "der gewaltige Umbruch" im Volk "das statische System" der Landeskirchen lockern werde; die "innere Dynamik" des "politischen Umbruchs" fordere auch in der Kirche eine Neugestaltung. Obwohl die Deutschen Christen ihre Stoßkraft innerhalb der Kirche durch ihren falschen politischen Ansatzpunkt geschwächt hätten, so hätten sie immerhin den Protestantismus in Deutschland in Bewegung gebracht. Es sei aber erforderlich, daß eine Erneuerung "vom Wesen der Kirche selbst her" komme, und hierzu sei die Frontgeneration der Pfarrer, die "in zäher Arbeit und unter energischem Zurückgreifen auf die Erkenntnis der Reformatoren aufs neue erfaßt (hätte), was Kirche ist", vor allem gefragt.

Besonders anziehend in Zoellners Aufrug fand Eckstein, und viele andere in der bayerischen Landeskirche,

"...die Schaffung einer 'lutherischen Volkskirche'... die auf klarer Bekenntnisgrundlage steht. Neben diese lutherische Reichskirche würde ganz von selbst eine reformierte Kirche ...treten. Das unglückselige kirchenpolitische Monstrum der 'Union' wäre damit beseitigt und ein folgenschwerer Eingriff des Staates in die Kirche damit erledigt."

Dieses Liebäugeln mit dem Gedanke einer Auflösung der im 19. Jahrhundert meist von Staats wegen geschaffenen unierten Kirchen aus Lutheraner und Reformierte sollte in den kommenden Wochen ein wichtiges Moment in der Haltung der bayerischen Landeskirche zur kirchlichen Einigung sein.

Angespornt durch den Staatseingriff in die mecklenburgische Landeskirche, wurden die kirchlichen Reformbestrebungen durch die Ermächtigung eines Dreimänner-Kollegiums am 25. April zur Neugestaltung der Kirche wesentlich beschleunigt. Mit diesem Tempo war nun auch Eckstein, der zur gleichen Zeit Änderungen in der bayerischen Kirche gefordert hat, weitgehend einverstanden. Es entstand auch eine Bereitschaft, die Deutschen Christen trotz einiger Einwände doch im Ganzen positiv zu beurteilen. Dies zeigt ein Eckstein-Kommentar, "Was ist und was will die Glaubensbewegung Deutsche Christen", vom 27. April.[288] Eckstein untersucht hier nicht nur die Forderungen der GDC nach äußerer Reform der Kirche, sondern auch ihre Vorstellung von der inneren Umstellung der Kirche. Er legt seinen Finger auf einige kontroverse Punkten der GDC-Richtlinien vom Mai 1932 - ohne sie jedoch anzugreifen -, nämlich, daß der Glaube der Kirche "artgemäß" sein müsse "wie er deutschem Luthergeist und heldischer Frömmigkeit entspricht". Auch die Ablehnung jeder Rassenvermischung und das Erkennen der Judenmission als "eine schwere Gefahr fürs Volkstum" werden kritiklos erwähnt. Aber hauptsächlich beschäftigt sich Eckstein mit den Forderungen der GDC auf ihrer Reichstagung und mit dem Ruf des DC-Reichskulturwarts Bierschwale vom 18. April nach Gleichschaltung der Kirche. Hier setzt Eckstein seine Kritik an, denn er befürchtet, daß den Vorstellungen der GDC die Voraussetzung zugrundeliegt, "daß die Kirche eine Kultureinrichtung des Staates sei", und daß die Gefahr bestehe, daß die Pläne der GDC zum alten "Staatskirchentum" führen könnten. Zum Schluß sagte Eckstein aber nur Positives über die GDC. Eine große Hoffnung bestehe darin, daß "verschiedenartige Kräfte" in der GDC am Werk seien, "so daß die Entwicklung, die die Glaubensbewegung Deutsche Christen nehmen wird, noch nicht abzusehen ist". Vor allem würdigte er es, daß durch die GDC die Kirchenfrage in Fluß gekommen sei.

"Dafür, daß sie mit stürmischem Eifer sich um die Erneuerung unseres Volks- und Kirchenlebens einsetzt, kann ihr jeder evangelische Christ nur dankbar sein. Und wenn so mancher alte Zopf in der Kirche nun abgeschnitten wird, wenn die überalterten Synoden verjüngt werden, wenn das Kollegialsystem in den Kirchenleitungen verschwindet, wenn der Parlamentarismus und die anderen von der Politik übernommenen Formen aus der Kirche hinausgetan werden, wenn schließlich der Weg zur Reichskirche nun ernsthaft beschritten wird, so hat daran der energische Vorstoß der Deutschen Christen allergrößten Anteil. Daß durch diese energischen Schläge der 'Deutschen Christen' die Kirchen aus ihrem geruhsamen Dasein aufgeschrekt worden sind, das wollen wir dem Stoßtrupp der Deutschen Christen ehrlich danken."

Schließlich fand Eckstein im Punkt 1 der GDC-Richtlinien eine Beruhigung darin, daß die DC nicht "an den Bekenntnisgrundlagen der Evangelischen Kirche rütteln" wollten. So stehe zu hoffen, "daß dieser Wille zum Bekenntnis die Unklarheit, die aus manchen Forderungen spricht, klärt".

Spätere Kommentare machen es klar, daß Ecksteins positive Einschätzung der GDC sehr viel mit seiner Bejahung der Person Hitlers zu tun hat. In einem Artikel "Gleichschaltung der Kirchen?" vom 11. Mai begrüßte es Eckstein, daß die Eingriffe der "Unterorgane der politischen Führung" in die mecklenburgische Landeskirche, "mit Entschiedenheit vom obersten Führer zurückgewiesen" worden seien, und daß Hitler "die Einsetzung eines Staatskommissars für die Kirche abgelehnt" habe.[289] Hitler habe dem Präsidenten des Deutschen Evangelischen Kirchenbundes Kapler versichert, "daß er festhalte an seiner Reichstagserklärung über das Verhältnis von Staat und Kirche und daß er lebhaftestes Interesse für die Einheitsbestrebungen des deutschen Protestantismus habe". Daß Ludwig Müllers Berufung als Hitlers Bevollmächtigter für die evangelische Kirche mit der Aufgabe, die "Schaffung einer evangelischen deutschen Reichskirche zu fördern", doch der Einsetzung eines Staatskommissars für die Kirche fast gleich kam, entging den meisten Kirchenmänner.[290] Eckstein, zum Beispiel, in einem Kommentar vom 8. Juni, hatte nur Lob für Hitlers Rolle in der Kirchenfrage:[291]

"Hitlers Haltung ist übrigens in der ganzen Angelegenheit von einer staatsmännischen Größe und einer klaren Einsicht in die kirchliche Eigenart, daß man auch in diesem Punkte nur mit ehrlichster Bewunderung und mit vollkommenstem Vertrauen auf ihn blicken kann. Adolf Hitler lehnt es ab, in irgendeiner Weise in die eigentlichen kirchlichen Dinge einzugreifen; er gab vielmehr den Kirchen zunächst die Freiheit, ihre Dinge selber zu regeln, wollte allerdings - und das ist sein selbstverständliches Recht - über den Lauf der Verhandlungen jeweils rechtzeitig informiert werden. Zu diesem Zweck und zur Förderung der Bestrebungen, die auf eine einheitliche Reichskirche hinzielten, berief der Kanzler den Wehrkreispfarrer Müller, einen Mann, der sachlich und persönlich in hervorragendster Weise geeignet ist, zu seinem Vertrauensmann in evangelisch-kirchlichen Fragen."

Ein anderer einflußreicher Geistlicher, Vikar Eduard Putz, nahm in einem Vortrag "Kirche und Nationalstaat", den er vor der Pfarrervereinsversammlung am 27. April und vor der Landessynode gehalten hat, eine ähnliche Stellung zu Hitler und zum totalen Staat ein.[292] Für Putz waren die Schwierigkeiten, die die Kirche derzeit erlebt, durch "das Schweigen der Kirche zu den wichtigsten Schicksalsfragen des Volkes" verursacht. Hitler habe eine "göttliche Sendung"; sein Staat sei "ein opus Dei". Den totalen Staat und die Notwendigkeit für die Kirche sich ihm anzupassen vermochte Putz sogar theologisch zu begründen:

> "Daß der Staat, wie es jetzt geschehen ist, selbständig, ohne direkte Hilfe der Kirche, sich wiedergefunden hat, gibt ihm seinen Anspruch auf Totalität. Wenn die Kirche meint, sie müsse dem gegenüber die Formen des Liberalismus, die liberale Gesellschaftsordnung und das liberale Bildungsideal in Schutz nehmen, so ist sie auf dem Irrweg. Sie darf sich dann nicht wundern, wenn sie der Staat überwindet. Denn sie hat dann Gott nicht auf ihrer Seite. Die Bibel vertritt nicht die liberale Gesellschaft."

Eine indirekte Empfehlung erfuhren auch die Deutschen Christen als Putz sagte: "In Norddeutschland fordern die kirchlichen Verhältnisse weithin eine Entscheidung zwischen Reaktion und Nationalsozialismus. Wir dürfen uns aber in dieses Entweder - Oder nicht hineinziehen lassen."

Dieses Entweder/Oder bedeutete praktische, daß Putz den Sieg der NS-nahstehene GDC über die "reaktionäre" Kirchenleitung in Norddeutschland erwartet hatte. In der bayerischen Landeskirche mit ihrer geschlossenen Pfarrerschaft und ihrem rechtzeitig vorgenommenen Führungswechsel herrschten nach Putz freilich andere Verhältnisse, die einen mittleren Weg ermöglichten. Es ist bemerkenswert, wie Meiser in seinen kirchenpolitischen Handeln in den kommenden Wochen versucht hatte, zwischen den Fronten einen dritten Weg zu finden, was aber letzlich nur den Sieg der Deutschen Christen begünstigt hatte.

Inzwischen war die Glaubensbewegung Deutscher Christen für Bayern etwas attraktiver geworden durch ihre am 5. Mai vergelegten 10 Gründsätzen, und besonders durch die zwei ersten Punkten:[293]

> "1. Wir wollen die evangelische Reichskirche lutherischer Prägung...
> 2. Wir wollen keine Staatskirche..."

Auch daß der Reichsbischof lutherisch sein sollte mit Sitz in Wittenberg, wurde in Bayern begrüßt. Da die Richtlinien aber von Hossenfelder stammten, i.e. von dem radikalen Flügel der DC, gab es aus bayerischer Sicht einige "Schönheitsfehler".[294] Zu einem sollte die Reichskirche nur für die "Christen arischer Rasse" sein. Zum anderen soll der Reichsbischof durch eine Urwahl des Kirchenvolkes bestimmt werden und "aus den Reihen der Deutschen Christen" stammen.

Die 12 Thesen der Jungreformatorischen Bewegung (JB), die Kontrahenten der Deutschen Christen, hatten aber für die Lutheraner den Schönheitsfehler, daß ihnen keine Vorrechtsstellung im Neubau der Kirche eingeräumt war. Es hieß lediglich im Punkt 8:[295]

"Auf Grund der bestehenden Einzelbekenntnisse hat die Kirche den Menschen von heute die Antwort des Evangeliums auf die Frage nach Rasse, Volk und Staat zu geben. Hieraus wird das neue Bekenntnis erwachsen, das die evangelische Kirche deutscher Nation nötig hat, wenn sie mehr sein soll als ein Zweckverband."

War die Idee eines neuen Bekenntnisses lutherischen Kreisen eher mit Skepsis aufgenommen, so begrüßte man es, daß die JB-Thesen die "Verwechselung zwischen Staat und Kirche" sowie die "Ausschließung von Nichtariern aus der Kirche" deutlich ablehnten.[296]

Obwohl die Deutschen Christen bis Mitte Mai von der radikalen hossenfelderischen Richtung noch bestimmt war, fanden sie in Bayern Verständnis. In einer Rede in Ansbach vor der Gesellschaft für innere und äußere Mission am 15. Mai sprach Helmut Kern über:[297]

"verschiedene Vorschläge und Pläne, die zur Reichskirche führen sollen ...und hielt den vor den Deutschen Christen vertretenen Gedanken einer evangelischen Reichskirche lutherischer Prägung unter Angliederung der reformierten Gemeinden für den günstigsten".

In seiner Beurteilung zeigte ssich Kern von den politischen Ereignissen stark beeindruckt:

"Die völkische Lage beeinflußte die Lage der Kirche schon immer auf das stärkste. Da wo Großes sich im Volk vollzieht, wird auch das kirchliche Leben durch große Geschehnisse beeindruckt, zumal es ja bei einer Volkskirche gar nicht anders sein kann."

Die zwei einflußreichen politischen Geschehnisse sah Kern in der Entwicklung zum Einheitsstaat und im Ende des Parlamentarismus und Aufbruch des Führergedankens:

"Es zeugt von dem gesunden Geist und dem geschlossenen Willen der bayerischen Landeskirche, daß sie die erste war, die den Forderungen der Zeit in seltener Einmütigkeit nachkam."

Ein anderes Beispiel wie man in Bayern die Deutscher Christen eingeschätz hatte, zeigt die vom Amt für Wissenschaft der Erlanger Studentenschaft einberufene Versammlung am 15. Mai. Hier sprach der DC-Reichspropagandaleiter Pfarrer Kessel über die "werdende Reichskirche", wobei er die DC-Richtlinien vom Mai 1932, besonders die Ablehnung der Judenmission in Deutschland, verteidigte.[298] Die Diskussionsbeiträge zeigen wie unsicher die Einstellung zur DC in dieser Zeit noch war. Kreisdekan Rüdel, der im Rahmen einer Visitation in Erlangen war, nahm eine mittlere Position ein: "Wenn die deutschen Christen unsere Mithilfe annehmen wollen, dann soll sie ihnen freudig geboten werden, aber nur unter der einen Bedingung: Das Wort sie sollen lassen stahn."

Andere Redner sprachen die Hauptprobleme direkt an. Professor Ulmer lehnte die von der GDC propagierten Urwahlen als unkirchlich ab. Er fragte auch in Bezug auf die vom Redner betonte Rasseneinheit, was wichtiger sie, Rasse oder Gewissen. Professor Procksch stellte fest, daß die Bibel nun mal "ein jüdisches Denkmal" sei; "das lasse sich geschichtlich nicht ändern". Einen etwas anderen Ton schlug Vikar Putz ein, der als ehemalige Asta-Vorsitzender, der NSDAP in der Erlanger Studentenschaft zum Sieg verholfen hatte. Nach dem Bericht im Erlanger Tagblatt sagte er:

> "Als SA-Mann bekenne er sich zu dem Bekenntnis seiner Väter, er reiche allen Brüdern aus Norddeutschland die Hand, aber er könne nicht eine Entscheidung in seinem Gewissen vollziehen, ohne Gott gegenüber wirklich Gehorsam zu leisten. Er glaube, daß man mit den deutschen Christen einig werden kann."

Weit vorsichtiger war Professor Althaus in seiner Wortmeldung:

> "Die Stimmen, die aus der Bewegung der deutschen Christen kommen, seien verzweifelt verschieden, bei manchen habe man den Eindruck, da möchte man mitgehen, dann wieder, uns trennen Welten."

Besonders die DC-Haltung in der Judenfrage erweckte sein Bedenken:

> "...wenn die Kirche in Judendingen nur nachspreche, was die nationale Bewegung sagt, dann werde die nationale Regierung den letzten Respekt vor der Kirche verlieren. Die Sache sei außerordentlich ernst, aber eines müsse gesagt werden: Es gehe unter gar keinen Umständen an, daß man Glieder ausstoße, mit denen man 40 und 50 Jahre am Abendmahltisch gesessen habe."

Zu dem in der Zeitung angekündigten Ziel des Abends, eine Orts- und Hochschulgruppe der GDC zu bilden,[299] sprach Althaus die Bitte aus, "hier keinen Ortsgruppe aufzumachen, wenn sie sich mit ihnen auf den Boden stellen wollen, daß alle Deutsche Christen sind".[300]

Ob an diesem Abend eine DC-Ortsgruppenbildung erfolgt ist, ist den Zeitungsberichten nicht zu entnehmen.[301] Über Kessels Auftritt in Erlangen berichtete Kreisdekan Rüdel aber, daß "seine Worte und die ganze Art seines Auftretens ... wenig überzeugend" wirkten; der Abend sei "damals wenigstens als völlig erfolglos" zu betrachten.[302]

Mitte Mai meldete sich noch eine kritische Stimme in Bayern zu den Plänen der Deutschen Christen - der Schriftleiter des Korrespondenzblattes, Pfarrer Wilhelm F. Schmidt. In einem sehr nüchtern gehaltenen Artikel, "Evangelische Kirche deutscher Nation", legte er den Finger auf einige Probleme der kirchlichen Einigung.[303] Die Idee einer Auflösung der Union fand er zuerst anziehend, lehnte sie jedoch als undurchführbar ab. Er nahm auch die 10 DC-Grundsätze sehr genau unter die Lupe und kritisierte am Punkt 10, daß Müller als "der offizielle Berater des Reichskanzlers bei den Verhandlungen über die Urwahl der Reichskirche...die Leitung haben soll"; dies zeige "daß man sich die Reichskirche als ein Kind des Staates denkt"; damit sei "ein Summepiskopat der Reichsregierung gegeben". Auch in den kommenden Wochen machte Schmidt auf weitere Probleme aufmerksam, auch wenn dies von der Kirchenleitung nicht immer gern gesehen wurde.

Daß die Frage der Kirchenreform nicht nur die Geistlichen interessierte, zeigte der gutbesuchte Vortragsabend des Evangelischen Bundes in Weißenburg am 19. Mai, wo Pfarrer Rottler über "Die schwebenden Fragen zwischen der evangelischen Kirche und dem nationalen Staat" sprach.[304] Rottler versuchte die Notwendigkeit der Kirchenreform zu begründen, betonte aber, daß Reformen "nur den äußeren Rahmenbau der kirchlichen Verfassung, nie aber ihr Wesen und ihr Fundament zum Gegenstand haben können". Vom "nationalen Staat", zu dem die Kirche sich "voll und ganz" bekenne, erwarte man die "Freiheit der Kirche" und die "Unantastbarkeit ihres Bekenntnisses"; "hier vertraut sie auf das Wort des Reichskanzlers Hitler!" Zur Sprache kam auch das Problem der Reichskirche und das Auftreten der Deutschen Christen, wobei Rottler sicherlich Bezug auf die Erklärung des Präsidiums des Evangelischen Bundes genommen hat.[305] Diese Erklärung begrüßte die "aus der deutschen Christenheit heraus erhobenen" Forderungen für eine "Zusammenkunft der deutschen Einzelkirchen" - ein altes Anliegen des Bundes - lehnte jedoch die aus GDC-Kreisen geforderte "Gleichschaltung" zwischen Staat und Kirche, schon aus Gründen der "paritätischen Gerechtigkeit" mit der katholischen Kirche ab. Ferner sprach die Erklärung nicht von einer "Reichskirche", sondern von einer "einheitlichen deutschen evangelischen Kirche", und verlangte, was die bewußten Lutheraner in Bayern nicht unbedingt gern hörten: "In dieser Kirche müssen Luthertum, reformiertes Wesen und die Verbundenheit beider in der besonders im Kirchenvolk fest verwurzelten Union zu ihrem vollen Rechte kommen."

Die Hoffnung, daß die gemäßigte Richtung in der GDC sich durchsetzen wurde, nährten sowie die am 16 Mai veröffentlichten, sogenannten "Fezerschen Richtlinien" als auch die Übernahme der DC-Führung durch Ludwig Müller.[306] Die neuen Richtlinien haben die früheren hossenfelderischen Thesen weitgehend entschärft, so daß selbst die Jungreformatorische Bewegung zunächst keine "Kampfstellung" zu der neuen GDC aufbauen wollte.[307] Die neuen Richtlinien enthielten jedoch keine Hervorhebung der lutherischen Position, im Gegensatz zu den 10 Thesen der GDC vom 5. Mai. Jetzt hieß es lediglich: "Wir treten ein...für die völlige Wahrung des Bekenntnisstandes der Reformation, verlangen aber eine Weiterbildung des Bekenntnisses im Sinne scharfer Abwehr aller modernen Irrlehren..."[308]

Daher ist es wohl erklärlich, weshalb Eckstein in seinem Kommentar vom 20. Mai sich weder mit den Deutschen Christen noch der Jungreformatorischen Bewegung beschäftigte, sondern mit dem am 14. Mai in Würzburg erfolgten Zusammenschluß der lutherischen Kirchen in Deutschland unter Meisers Führung.[309] Dies begrüßte Eckstein als "einen ersten und sehr bedeutsamen Schritt auf dem Wege zur evangelischen Kirche deutscher Nation", zumal die weitaus größte Zahl aller Evangelischen in Deutschland lutherischen Bekenntnisses seien. Immer noch von der Hoffnung einer Auflösung der Union beseelt, rechnete Eckstein aus, daß 13 Millionen Evangelische in den lutherischen Kirchen zusammengefaßt waren; dazu kamen weitere 16 Millionen Evangelische lutherischen Bekenntnisses in den Unierten Kirchen, "so daß die deutschen Landeskirchen an 30 Millionen Lutheraner zählen".[310] Folgerichtig bestanden auch die lutherischen Kirchen in ihrer Erklärung vom 14. Mai darauf, daß der Reichsbischof dem lutherischen Bekenntnis angehören müsse.

12) Der Streit um die Aufstellung eines Reichsbischofs

Konnte der einzelne Pfarrer die kirchlichen Entwicklungen bis zur 4. Maiwoche durch die Presse relativ gut verfolgen, war dies in der hektischen Himmelfahrtswoche (21.-28. Mai), die mit der Ernennung Friedrich von Bodelschwinghs als Reichsbischofs endete, außerordentlich schwierig. Typisch war die Entschuldigung der AELKZ am 2. Juni: "So wie die Meldungen lauten, ist eine Durchsicht noch nicht möglich".[311]

Diskutiert wurde vor allem die Frage, wer die Schuld an der eilig vorgenommene Bestimmung eines Reichsbischofs tragen soll. War es die Jungreformatorische Bewegung, die in ihren Thesen vom 19. Mai einen Reichsbischof "lutherischen Bekenntnisses" verlangte und für das Amt Friedrich von Bodelschwingh vorschlug?[312] Oder waren es, wie die JB behauptete, die Deutschen Christen, die im geheimen die Personalfrage durch die "feststehende Kandidatur 'Müller'" schon gelöst hatte?[313] Den meisten bayerischen Pfarrer war es zuerst nicht einmal klar, daß Landesbischof Meiser in Berlin, der gegen eine Designierung des Reichsbischofs zu diesem Zeitpunkt sprach, zuerst für Müller, und dann, damit die Entscheidung möglichst einstimmig ausfiel, Bodelschwingh seine Unterstützung gab. Das Informationsdefizit der Pfarrer wurde in den kommenden Wochen noch verstärkt durch eine einseitige Presseberichterstattung in der "Allgemeinen Rundschau" sowie durch eine gezielte Presselenkung seitens der bayerischen Kirchenleitung.

Die Meldung von der Nominierung Bodelschwinghs brachte die "Allgemeine Rundschau" mit erheblicher Verzögerung. Am 26. Mai, als in der Presse allgemein berichtet wurde, Bodelschwingh sei zum Reichsbischof bestimmt worden, hieß es vorsichtig in der "Allgemeinen Rundschau": "Über die Person des Reichsbischofs der neuen deutschen evangelischen Kirche" sei man einig."[314]

Ein Tag später hieß es aber,[315]

"daß zur Stunde eine Entscheidung darüber noch nicht gefallen sei, ob Pfarrer Bodelschwingh oder Wehrkreispfarrer Müller oder welche andere Persönlichkeit zum evangelischen Reichsbischof ernannt werden wird".

Die Unsicherheit herrsche, nach dem AR-Bericht, deshalb, weil Bodelschwingh, obwohl von dem Bevollmächtigten zum Reichsbischof ernannt, noch nicht von Hitler empfangen worden sei. Dabei stützte sich der Bericht an einer DC-Erklärung, die eine endgültige Entschiedung in der Reichsbischofsfrage abstritt, und darauf bestand, daß Müller, "dem der Führer und Kanzler Adolf Hitler sein Vertrauen gegeben hat", "der erste deutsche Reichsbischof sein" werde.

In der nächsten Ausgabe am 29. Mai stand sogar die Überschrift: "Wehrkreispfarrer Müller Reichsbischof?", wobei Bezug auf die DC-Drohung genommen wurde, daß Müller Reichsbischof werden müsse, "andernfalls wird unerbittlicher Kampf angesagt".[316] Zu diesem Zeitpunkt hatten schon andere Zeitungen über das Leben des neuen Reichsbischofs berichtet[317] und auch das Grußwort Bodelschwinghs gedruckt.[318] Was man in der "Allgemeinen Rundschau" am 29. Mai zu lesen bekam, war nur die reservierte Meldung des Evangelischen Presseverbands für Bayern:[319]

"Als Reichsbischof für die evangelische Kirche Deutschlands ist der Leiter der Bethel-Anstalten, Friedrich von Bodelschwingh vorgeschlagen. Wie wir vernehmen, begegnet die Person Bodelschwinghs in weitesten Kreisen der evangelischen Kirche in Bayern stärksten Sympathien, doch wird die Wahrung des lutherischen Bekenntnisses, die charakteristisch für die bayerische evangelische Kirche ist, von der Fakultät Erlangen, der Inneren Mission sowie von den wichtigsten Kirchenverbänden nachdrücklichst gefordert. Die Entscheidung in diesen Fragen steht dem Landesbischof D. Meiser zu."

Erst am 30. Mai brachte die "Allgemeine Rundschau" unter der Überschrift "Die meisten Kirchenführer hinter Reichsbischof von Bodelschwingh", einen Bericht über die Verhandlungen in Berlin und auch das Grußwort Boldelschwinghs.[320]

Das erste Kommentar Ecksteins nach der Nominierung Bodelschwinghs hieß "Zwiespältige Wahl", worin er seine Enttäuschung über die Polarisierung der Reichsbischofsfrage ausdrückte:[321]

"Das Kirchenvolk...steht nun vor der schmerzlichen Tatsache, daß man ihm statt eines Bischofs zwei Personen, von denen jede ihre Vorzüge, ihre Verdienste und ihren Namen hat, präsentiert und es weiß nicht, wie es aus diesem Zwiespalt herauskommen und zu einer klaren Haltung in der Reichsbischofsfrage gelangen soll. Man kann auch vom Kirchenvolk nicht verlangen, daß es von sich aus das entscheiden soll, was man in Berlin anstatt es zu klären, mit Geschick verwirrt hat."

Eckstein bemerkte, daß der" Berliner Boden" ungeeignet für kirchliche Verhandlungen gewesen sei, denn dort scheine "zum Teil eine Kirchenpolitik im übelsten Sinne des Wortes getrieben worden zu sein". Hier meinte er wohl die Jungreformatorische Bewegung, denn sie war die "Gruppe", die "bereits den Mann ihrer Wahl öffentlich durch die Presse als Reichsbischof ausrufen ließ, während die Verhandlungen noch gar nicht bis zur Personenfrage fortgeschritten waren".[322] Eine gewisse Voreingenommenheit für die DC sieht man darin, daß Eckstein ihre Haltung nach der Ernennung Bodelschwinghs mit keinem Wort kritisiert, sondern lediglich ihre Position wiedergibt: für die DC käme nur Müller als Reichsbischof in Frage; sie liessen es lieber auf einen Kampf ankommen, "als auch nur einen Schritt zurück(zu)weichen". Von den DC-Verlautbarungen überzeugt, fuhr er fort:

"Da die Deutschen Christen nicht nur einen beträchtigen Teil des Kirchenvolkes hinter sich haben, sondern auch innerlich zu den Kräften gehören, die das neue Deutschland politisch gestalten, ist an dem Ernst der Lage nicht zu zweifeln."

Seine Schlußbemerkungen gaben einige Linien an, denen die bayerische Kirchenleitung in den kommenden Wochen folgen sollte:

"Man kann es als evangelischer Christ nur bedauern, daß in Berlin offenbar von Leuten, die die Zeichen der Zeit immer noch nicht verstanden haben, eine so verhängnisvolle Kirchenpolitik gemacht worden ist, daß diese tiefgreifende Gegensätzlichkeit entstehen konnte. Die evangelische Christenheit in Deutschland hat ein Recht darauf, daß ihre verantwortlichen Führer ihr wirklich eine klare Parole geben. Es ist dringend zu wünschen, daß der Konflikt in der Reichsbischofsfrage, sei es auch unter den schwersten Opfern, beigelegt wird, ehe er weitere Folgen nach sich zieht und ehe die Kirche aus diesem Streit um Personen nicht mehr wieder gutzumachenden Schaden erleidet."

Während von den anderen Landeskirchen eine starke Sympathie für Bodelschwingh gezeigt wurde,[323] herrschte in der bayerischen Kirchenleitung eine deutliche Reserviertheit. Nach der Darstellung Henns ist Meiser bei einem Aufenthalt in Berlin vom 30.5.-2.6.1933 unsicher geworden, ob seine Entscheidung für Bodelschwingh richtig war; die Rückreise mit Dekan Langenfaß brachte dann wohl die Wende.[324] Henn hält es auch für möglich, daß der bayerische Ministerpräsident Siebert bei einer Besprechung am 3. Juni Druck auf Meiser ausgeübt hat, sich für Müller zu erklären.[325] Das Grußwort des Reichsbischofs zum Pfingstsonntag, den 4. Juni, weigerte sich die bayerische Kirchenleitung an die Gemeinden weiterzugeben, mit der Begründung: "Die Verkündung unterbleibt, da der Reichsbischof sein Amt noch nicht förmlich angetreten hat und da nicht sicher ist, ob sie nicht Störungen in der Kirche hervorrufen würde."[326]

Nach Pfingsten, als andere Zeitungen vom Grußwort oder der Pfingstpredigt des Reichsbischofs berichteten,[327] stand in der "Allgemeinen Rundschau" nur eine Meldung über eine Störung beim Verlesen des Grußworts in Berlin.[328] Ein Grund, weshalb Meiser sich von der Ernennung Bodelschwinghs distanzierte, war auch sein Bemühen, die Geschlossenheit seiner eigenen Landeskirche zu bewahren. Hier war es besonders wichtig, nicht in eine gegensätzliche Position zum NS-Pfarrerbund und dessen Leiter Pfarrer Klein zu geraten. Klein, der zu den gemäßigten Deutschen Christen zählte, hat sich im Mai in Berlin aufgehalten und führte dort auch Gespräche mit Meiser. Er hatte auch am 23. Mai an der DC-Gauleiterversammlung, die Müller zum Reichsbischof nominierte, teilgenommen und hatte Meiser daraufhin Müller als bewußten Lutheraner für das Reichsbischofsamt empfohlen.[329]

Das gute Einvernehmen zwischen Meiser und Klein wurde am 6. Juni in Nürnberg auf einer Zusammenkunft der NS-Pfarrerschaft demonstriert. "Eine stattliche Anzahl Gesinnungs- und Kampfgenossen aller Altersstufen"[330], laut Bericht im "Korrespondenzblatt", erhielt zuerst von Klein "ein eingehendes mit kritischen Bemerkungen versehenes Bild" der Vorkommnisse in Berlin.[331] Die Diskussion zeigte, daß die Versammelten sich darüber im klaren waren,

"...daß die bayerische Kirche unbedingt in ihrer einheitlichen Geschlossenheit erhalten werden müsse und daß man die für die norddeutschen Verhältnisse so bezeichnenden kirchenpolitischen und parteipolitischen Gegensätze unter keinen Umständen in die bayerische Landeskirche eindringen lassen wolle."

Für den Nachmittag war Landesbischof Meiser eingeladen, der über die Wahl des Reichsbischofs, "über welche durch die Presse ein unklares und nicht immer wahrheitsgetreues Bild entstanden sei", berichtete.[332] Meisers Appell an die Versammelten, daran mitzuhelfen, "daß Einflüsse, die der Kirche im Innern fremd sind, bei der Neugestaltung der Kirche ausgeschaltet bleiben", wurde akzeptiert, dazu versprachen die NS-Pfarrer "Einzelaktionen" abzulehnen und "stets in enger Führung mit dem Kirchenführer" zu bleiben.[333] Dieses Resultat wurde vor allem dadurch erreicht, daß Meiser nicht mehr zu seiner Entscheidung für Bodelschwingh stand.

Die von der GDC am 1. Juni ausgerufene, reichsweite "Versammlungswelle stärkster Art bis ins kleinste Kirchspiel", um die Kandidatur Müllers durchzusetzen,[334] lief in Bayern mangels Frontenbildung gänzlich ins Leere. Der von der Partei unterstützte Kampf der DC[335] war in Bayern hauptsächlich in der Presse wahrzunehmen. Nur vereinzelt fanden Versammlungen statt, wie die am 8. Juni in Schweinfurt, die die NSDAP eingerufen hat, mit dem DC-Pfarrer Publitz aus der Mark als Redner.[336] Nach dem Bericht des Dekans hat die Versammlung "einen recht harmlosen Verlauf genommen". Er hatte den Eindruck,

"...daß wir es gar nicht nötig haben, durch Berliner Pfarrer uns unterweisen zu lassen. Es war namentlich die Befriedigung darüber sehr groß, daß in unserer bayerischen Landeskirche Einigkeit herrsche und daß die gesamte Pfarrerschaft mit uneingeschränktem Vertrauen hinter dem Landesbischof stehe."

13) Die Amtseinführung des Landesbischofs D. Meiser in Nürnberg und die Kritik an seinem Kurswechsel in der Reichsbischofsfrage

Am Trinitätssonntag, den 11. Juni 1933, ist Landesbischof Meiser unter große Beteiligung der Öffentlichkeit - auch außerhalb Nürnbergs durch Rundfunkübertragung - in seinen Amt eingesetzt worden.[337] Als "eine außerordentliche Ehrung der evangelischen Kirche", "wie sie es in Bayern bisher nicht erwarten durfte", empfand man die Teilnahme des Ministerpräsidenten Siebert und des Staatsministers Schemm und Esser, sowie die Spalierbildung für den Festzug von SA, SS, Stahlhelm, Landespolizei und Reichswehr.[338] Die einzige Störung - was auch für die Zukunft Ungutes ahnen ließ - war das Fehlen eines Repräsentanten der Nürnberger Gauleitung, sowie Streichers Angriff in einer Rede vom 9. Juni auf Meisers Haltung in der Judenfrage.[339]

In seiner Einführungspredigt würdigte Meiser die "nationale Bewegung"; "Gott hat uns wunderbar an eine Wende der Geschichte gestellt".[340] Auch seine Hoffnung auf eine volksmissionarische Bewegung brachte er zum Ausdruck, wie die "Fränkische Wacht" berichtet:[341]

"Die große religiöse Wende, die zu Beginn des Krieges eintrat, hat nach dem Kriege einer Gottlosenbewegung weichen müssen, die wahre Orgien feierte. Viele sind ins Wanken gekommen, aber heute steht die Frage nach der Kirche wieder im Vordergrund. Tausende stehen vor ihren Toren, die ihr früher den Rücken gekehrt haben. Der Bischof hat in den letzten Wochen Tausende von Zuschriften erhalten, die den Eindruck erwecken, als sei die Kirche in eine neue Stunde ihrer Erweckung eingetreten."

In der anschließenden Festversammlung im Rathaussaal begrüßte der Präsident der Landessynode Bracker vor allem Siebert und Schemm als "evangelische Glaubensgenossen", die ihr Verständis für die evangelische Kirche durch Taten bewiesen hätten.[342] Darunter verstand man zum Beispiel die Verordnung Schemms, die den Karfreitag zum gesetzlich geschützen Feiertag in ganz Bayern machte oder den Festgottesdienst für die evangelischen Mitglieder der Regierung und des Landtags in der Matthäuskirche zur Eröffnung des Landtags.[343] Überhaupt freute man sich in Bayern wieder, "evangelische Minister zu sehen, nachdem viele Jahre lang kein Glied unserer Kirche ein solche Amt hatte einnehmen können".[344]

In seiner Begrüßungsrede lobte Siebert die "erfreuliche Übereinstimmung zwischen der Staatsregierung und dem Landesbischof".[345] Hinsichtlich des Strebens nach "einer evangelischen Reichskirche", die "der gegenwärtigen Zeit eine besondere Bedeutung" gebe, drückte Siebert Verständnis für die

Haltung der bayerischen Landeskirche aus: "Möchten die Verhältnisse so geregelt werden, daß die Landeskirchen in ihrer Gestalt mittätig sein können". Er fügte auch hinzu: "Es wird noch manche Arbeit geben, um hier die verschiedenen Meinungen zum Wohl und Segen des ganzen Protestantismus zusammenzuführen."[346]

Sieberts einsichtsvolle Bemerkungen deuten auf eine Verständigung zwischen ihm und Meiser hin. Ganz anders sprach zu dieser Zeit die Nürnberger Gauleitung. Ein Artikel in Streichers "Fränkischer Tageszeitung" am 10. Juni fragte direkt: "Werden die berechtigten Forderungen der Deutschen Christen endlich erfüllt?" und stellte fest, daß es "kaum noch lange dauern" dürfte, "bis sich die kirchlichen Würdenträger" der Notwendigkeit des Verzichts auf Bodelschwingh "beugen, da sie sonst Gefahr laufen, jede Fühling mit dem evangelischen Kirchenvolk zu verlieren".[347]

Nach Siebert sprach, in seiner Eigenschaft als Dekan der theologischen Fakultät, Professor Strathmann und betonte, daß der Dienst seiner Fakultät in Freiheit verrichtet werden müsse, denn "nur das in Freiheit Erwachsene sei widerstandsfähig und tragkräftig".[348] Danach sprach, "in SA-Uniform auftretend", ein Vertreter der theologischen Fachschaft und drückte "den Wunsch der Jugend nach Führung" aus.[349] Diese zwischen Fakultät und Studentenschaft spürbare Spannung führte kurz danach zur Absetzung Strathmanns als Dekan durch die SA-Erlangen, und beinah auch zu seiner Amtsenthebung als Professor.[350]

Zum Schluß dankte Meiser den Rednern, und vor allem Siebert, der "ein warmes und tiefes Verständnis für die Kirche" gezeigt habe. Er versicherte Siebert, daß die Kirche "grundsätzlich zu der Frage des Verhältnisses von Kirche und Staat so" stehe, "wie dies Ministerpräsident Siebert von seiten des Staates umrissen hat".[351]

Ein Tag später trat Meiser vor 500 Mitgliedern des Pfarrervereins, um seinen Standpunkt in der verworrenen Reichsbischofsfrage darzulegen. Die große Zahl der Anwesenden zeigt, wie groß das Interesse an der Reichsbischofsfrage war[352] und wie gespannt man auf "eine klare Parole von der Kirchenleitung" gewartet hatte.[353] Eine "offiziöse", vom Presseverband verfasste Darstellung, die alle Gemeindeblätter zu drucken verpflichtet wurden,[354] gibt die Grundzüge von Meisers Ausführungen wieder.[355] Darin sind auch die Gründe genannt, weshalb sich Meiser von der Ernennung Boldelschwinghs distanziert hatte. Zuerst bemängelte er, daß die Kirchenführer in Berlin sich darauf versteift hätten, die Personenfrage zu lösen vor Fertigstellung der Verfassung. Daß die Taktik der DC es nötig machte, eine Erklärung des Kirchenbundesamtes an die Presse allgemein bekannt zu machen,[356] erwähnt der Bericht des Presseverbands jedoch nicht. Ein zweiter Grund - sowie die Erklärung, weshalb Meiser zuerst für Müller gestimmt hatte - war die Befürchtung, daß ein Kandidat der Unionskirchen wie Bodelschwingh "die Reinheit des Bekenntnisses der Lutherischen Kirche antasten könnte", während man von Müller wußte, "daß er den Vorrang der Lutherischen Kirche bei der Neugestaltung vertrat".[357] Aber der entscheidende Grund kommt erst am Ende des Berichts; da es "juristische Bedenken" gegen die Gültigkeit der Wahl gebe, sei zu befürchten, daß "die Anerkennung der Reichsstellen" ausbleiben würde; und "ohne diese Anerkennung kann...der neue Reichsbischof niemals sein Amt ausüben".

Diese Befürchtung hatte auch Eckstein einige Tage vorher in einem Kommentar ausgedrückt.[358] Er bemängelte es, daß die Kirchenführer nach der Ernennung des Reichsbischofs "nicht um eine Stellungnahme" der Reichsregierung gebeten hatten. Darum könne man es der Regierung "nicht verdenken, wenn sie zögert. Wurde doch der neue Bischof ohne Fühlungnahme mit dem Reich kreiert". Unter "zögern" meinte er den ausbleibenden Empfang des neuen Reichsbischofs durch Hitler, was sicherlich auch für Meiser schwerwiegend war.[359] Das Argument des Dreimännerausschußes, daß nach "Artikel 137 der (Weimarer) Reichsverfassung" eine Mitwirkung des Staates nicht notwendig war, schien für Eckstein nicht stichhaltig zu sein; sein Hinzufügen des Wortes "Weimar" deutet an, daß man sich auf die liberale Verfassung lieber nicht berufen sollte.

Schließlich zeigt die Presseverbanderklärung durch ihre Beschreibung der Persönlichkeit Müllers, daß seine Wahl als Reichsbischof entschiedene Vorzüge hätte:

> "Müller ist ein Mann, der durch seine persönliche Eigenschaften für das höchste Amt der werdenden deutschen evangelischen Kirche an und für sich wohl geeignet erscheint, ein Mann, dem große Führerenergie nicht abzustreiten ist, und der vor allem von einem glühenden volksmissionarischen Eifer beseelt ist."

Die Schlußfolgerung daraus war, daß die Volksmission, vor allem innerhalb der NS-Bewegung, bessere Chance hätte unter Müller, der sie zum Beispiel in seiner Rundfunkrede vom 24. Mai stark hervorgehoben hatte.[360]

In der Aussprache nach Meisers Ausführungen kamen, laut Presseverbandbericht, "alle Richtungen frei zum Worte".[361] Eine vom LSA vorgeschlagene Entschließung wurde zum Schluß einstimmig angenommen. Nach dieser Entschließung war die über die Reichsbischofsfrage entstandene Beunruhigung, "die sich... auch der Gemeinden unserer Landeskirche bemächtigt hat", durch "die vorzeitige Aufrollung der Personenfrage" verursacht.[362] Der Streit müsse sofort beendet werden, "wenn es sein muß, auch um den Preis persönlicher Opfer einzelner". Dies bedeutete nichts anderes als den Rücktritt Bodelschwinghs.[363] Erst dann wenn die Verfassung fertig sei, solle über die Wahl des Reichsbischofs, allerdings nicht durch Urwahlen, entschieden werden.

Daß die Anwesenden diesen Beschluß einstimmig angenommen haben, zeigt, wie stark Meisers Autorität zu dieser Zeit in der Pfarrerschaft war. Vor allem unter dem Eindruck der Amtseinsetzung am Tag zuvor, konnte man wenigstens für Bayern behaupten, daß sich "das Verhältnis von Staat und Kirche, das Verhältnis auch der Kirche zu den nationalen Verbänden in bester Form" befand.[364] Auch viele Kichengemeinden haben eine ähnlich gute Erfahrung mit dem neuen Staat gemacht und die NS-Siegesfeiern zum Teil mitgestaltet. Warum sollte man es jetzt riskieren, in der Reichsbischofsfrage den Staat zu brüskieren?

Dem von Meiser eingeschlagenen Kurs wurde jedoch nicht bedenkenlos gefolgt. Vikar Steinbauer, der sich wunderte, weshalb niemand etwas gegen die "diplomatische, taktische weltkluge Salbaderei" gesagt hatte, nahm sich vor "in solcher und ähnlicher Situation nie mehr zu schweigen".[365] Und der Direktor des Predigerseminars in Nürnberg, Julius Schieder, fragte sich kurz nach der Versammlung in einem Brief an Meiser, ob sein Schweigen, "der versprochenen Gefolgschaft und der Einmütigkeit zuliebe", wohl richtig gewesen sei.[366] Das Fallenlassen von Bodelschwingh würde eventuell schlechte Auswirkungen in Rom, im Ausland und bei einem Teil der Gemeinden haben. Schieder fragte auch, wer dafür garantiere, "daß die gemäßigten DC die Oberhand gewinnen würden", was darauf schließen läßt, daß die Hoffnung auf einen Sieg der von Fezer und Müller eingeschlagenen Richtung auf der Pfarrerversammlung geäußert wurde - eine Hoffnung, die sicherlich viele in Bayern hegten.[367] Schließlich wollte Schieder wissen, ob Müller tatsächlich gedroht hätte, im Falle seiner Nichtwahl Skandale zu inszenieren; falls dies zutreffe, sei es unmöglich, mit einem solchen Mann zu verhandeln.

Daß Meiser in seiner Position, trotz der angeblichen Einmütigkeit der Pfarrerschaft, etwas unsicher war, beweist die gezielte Presselenkung seitens der Kirchenleitung in den Wochen nach der Pfarrerversammlung. Das "Korrespondenzblatt" beispielsweise, das einen Artikel über Bodelschwingh von Georg Merz erbeten hatte, beschloß "im Einvernehmen mit dem LKR" diesen nicht zu drucken.[368] Als Direktor Eppelein im "Freimund" einen Beitrag über Bodelschwingh bringen wollte, erfuhr er, daß dieser "nicht im Sinne Meisers" wäre.[369] Auch die Kirchenblätter brachten fast nur die Stellungnahme des

Presseverbands zur Reichsbischofsfrage.[370] Nur wo es sich um eine von der Kirchenleitung unabhängige Stimme handelte, kam gelegentlich eine andere Haltung durch, wie die Stellungnahme des Münchener Laien G.Traub in seinen "Eisernen Blättern".[371] In einem offenen Brief an Professor Hirsch, der den DC-Standpunkt verteidigt hatte,[372] plädierte er dafür, Bodelschwingh vier Jahren zu gönnen:

> "Ich bin gewiß, daß nach vier Jahren die wirklich kirchlichen Kreise keine Wahl mehr verlangen. Heute müßte man einen Mann in Deutschland begrüßen, der das Allerselbstverständlichste sagte, nämlich die evangelische Kirche ist die Kirche Christi und der Reformation, aber nicht die der Nationalsozialistischen Arbeiterpartei Deutschlands. Wir sind überzeugt, daß wir damit auch die Überzeugung des Reichskanzlers selbst vollständig wiedergeben."

Die Entschließung des Pfarrervereins und die schwankende Haltung Meisers in der Reichsbischofsfrage wurde von der Berliner "Täglichen Rundschau", der Zeitung, die relativ zuverlässig über die kirchlichen Ereignisse berichtet hatte, heftig kritisiert, was aber die Geschlossenheit der bayerischen Pfarrerschaft wohl noch verstärkte. Der Pfarrerschaft wurde vorgeworfen, "daß sie nach Stammessitte erstens ihre Ruhe und zweitens eine 'Extrawurst'" verlangt hätte.[373] Aber vor allem galten die Angriffe den Landesbischof, da er zuerst gegen Bodelschwingh war, dann für ihn gestimmt hatte und dann[374]

> "...einige Tage später wieder nach den Weisungen seines Münchener Beraters Pastor Langenfaß in entgegengesetzter Richtung handelt und heimlich unter Vermeidung des Kirchenbundesamtes mit Müller verhandelt, aus Sorge, man könnte ihn an zuständiger Stelle wieder 'geradestellen'. Das ist nicht Führung, sondern Verwirrung. Es ist niemand damit geholfen, daß D. Meiser einer klaren Entscheidung durch allerlei juristische Einwände aus dem Wege geht."

Zu Meisers Verteidigung kam Pfarrer Eckstein mit einer Erwiderung in der "Allgemeinen Rundschau": "Die 'Tägliche Rundschau' auf dem Kriegspfad gegen Bayern: Ein unerhörter Angriff gegen den bayerischen Landesbischof".[375] Eckstein bezeichnete den Angriff als eine "Unverschämtheit" und warf den Berlinern vor, sie hätten die Bischofsfrage "heillos durcheinander gewirrt". Die bayerischen Vertreter hätten "auf die juristische und sachliche Unmöglichkeit" der Wahl hingewiesen. Der einzige Vorwurf, den man Meiser machen könne, sei, daß er nicht die Verhandlungen verlassen hatte, was er aus "kirchlichem Verantwortungsgefühl heraus" nicht getan hat. Um Meisers Verhalten in Berlin erklärlich zu machen, fügte Eckstein hinzu:

> "Gewiß, unser Bischof hat - nicht aus politischen, sondern aus konfessionellen Grunden - als Lutheraner zunächst seine Stimme für den Lutheraner Müller abgegeben. Er hat dann, als er sah, daß diese Kandidatur besonders nach dem Abstimmungsmodus des Kirchenbundesrates keine Aussichten hatte, auch seine konfessionellen Bedenken gegen den Unions-Kandidaten von Bodelschwingh zurückgestellt, um im Interesse der gesamten evangelischen deutschen Kirche eine möglichst einheitliche Kandidatur für den Reichsbischof zu schaffen."

Die Verhandlungen mit Müller seien "aus gesamtkirchlichen Interessen" geführt worden, um "eine erträgliche Lösung der Bischofsfrage herbeizuführen".[376] Dafür sollte das Kirchenbundesamt, "das an der Schaffung der verfahrenen Situation keineswegs unschuldig" sei, Meiser dankbar sein. "Im übrigen", fügte Eckstein hinzu, "mag man sich in Berlin merken, daß der, der unseren Bischof angreift, die ganze bayerische Landeskirche angreift, die einzige Kirche, die fest geschlossen dasteht".

Aber bald wurde auch in Bayern Kritik, wenn auch nur indirekt, an den Kurs Meisers hörbar. Das "Korrespondenzblatt" brachte einen offenen Brief an Eckstein von Georg Merz, Dozent an der Theologischen Schule in Bethel und ehemaliger bayerischer Pfarrer.[377] Merz fand Ecksteins Gegenüberstellung von Müller als Lutheraner und Bodelschwingh als Unions-Kandidaten "in jeder Hinsicht irreführend". Beide Männer seien aus lutherischen Gemeinden innerhalb der Union. Nur sei Müller 20 Jahre in Militärgemeinden, die keinen starken konfessionellen Charakter haben können, tätig gewesen, während Bodelschwinghs Zionsgemeinde von der lutherischen Traditions Löhes stark geprägt sei.

Aber auch über Müllers theologische Grundhaltung wurden einige Bedenken laut, vor allem in München, wo er am 18. Juni im Bürgerbräukeller eine Rede hielt. Man hatte durch Hans Pförtners Beschreibung im Münchener Gemeindeblatt einige Wochen vorher hohe Erwartungen in Müller gesetzt:[378]

"Die volkstümliche, aufrüttelnde Sprache seiner aus der Tiefe geschöpften Verkündigung wurde in der großen Soldatengemeinde, wofür zahlreiche Beweise vorliegen, auch von denen gehört, welche dem Evangelium völlig entfremdet waren."

Was man aber im Bürgerbräukeller zu hören bekam, war in den Worten der "Münchener Neuesten Nachrichten", "eine neue Form der religiösen Begriffsbestimmung", die vor allem konservative Lutheraner als eine Verflachung des Evangeliums empfinden müßten.[379] Zu den Hauptbegriffen "Sünde" und "Glaube" sagte Müller:

"'Sünde' im ursprünglichen Sinne des Evangeliums heißt 'einen Fehler machen'; und wer einsieht, daß er einen Fehler gemacht hat, der braucht nicht sich zu Tode zu fürchten, sondern wird durch seine richtige Erkenntnis frei. Auch 'Glaube' sei falsch verstanden; Glaube sei kein 'Für wahr halten', sondern ein tiefes religiöses Vertrauen, also eine gewaltige innere Kraft. Dieses sei auch im Nationalsozialismus als Vertrauen zum Führer die gewaltige Kraft."

Nach diesem Auftritt begannen einige junge Pfarrer ihre Einwände gegen Müller öffentlich auszusprechen.[380] Aber Meiser blieb auf seinen Kurs fest, der praktisch nur auf einen Sieg der DC und Müller hinauslaufen konnte.[381]

14) Der Rücktritt Bodelschwinghs und das Staatskommissariat in den preußischen Landeskirchen

Indessen wurde auch der Druck der DC-Propaganda massiver. In einer am 21. Juni durch die Presse weit verbreiteten Erklärung wurden alte und neue Argument gegen Bodelschwingh aufgelistet: Der neue Reichsbischof müsse die Zustimmung des Kirchenvolkes haben; die Kirchenleitung könne "nicht ohne oder gegen den heutigen Staat bestimmt werden".[382] Hinzu kam jetzt auch noch politische Verleumdung:

"...weil hinter von Bodelschwinghs Aufstellung nur die kümmerlichen Reste des alten Bürgertums und des Christlichen Volksdienstes und ein kleiner Klüngel sogenannter jungreformatorischer Pastoren stehen";

und auch glatte Unwahrheiten:

"...weil Bodelschwingh in seiner Anstalt Bethel über den Christlichen Volksdienst die Hand gehalten hat und die nationale Freiheitsbewegung in Bethel unter seiner Duldung unterdrückt wurde".(383)

Am 22. Juni im Rundfunk stellte der DC-Reichskulturreferent Bierschwale fest, daß Hitler es abgelehnt habe, Bodelschwingh zu empfangen, "solange nicht klar sei, ob das Kirchenvolk hinter dem Reichsbischof stehe".[384] Für den 27. Juni kündigte er eine Massenversammlung in Berlin an und weiter Veranstaltungen "bis in das kleinste Dorf".

Die Schlagzeilen vom Montag den 26. Juni berichteten vom Rücktritt Bodelschwinghs.[385] Die Einsetzung eines Staatskommissars für die preußischen Landeskirchen hatte sein Bleiben im Amt unmöglich gemacht. Nun war, wie der "Völkische Beobachter" feststellte, der Weg frei für eine Lösung "wie sie in der von den 'Deutschen Christen' geforderten Form gegeben sei".[386] Auch wenn der Rücktritt Bodelschwinghs als notwendiger Schritt zur Lösung des Problems den Kurs Meisers und der Entschließung des Pfarrvereins entsprach, kam doch in Bayern eine allgemeine Beunruhigung über das Eingreifen des Staates in die inneren Angelegenheiten der Kirche auf, zumal die "Fränkische Tageszeitung" der Hoffnung Ausdruck gab, "daß der Schritt, der in Preußen getan wurde, auch in den übrigen Ländern zur Bereinigung der Kirchenfrage Bedeutung erlangt".[387] Für die Gemeindepfarrer war es mangels ausreichender Information zudem schwierig, sich über die Ereignisse ein klares Bild zu machen. Die erste Berichterstattung der "Allgemeinen Rundschau" zum Beispiel brachte sowohl die Begründung des Preußischen Kultusministers Rust für sein Eingreifen - die Kirche der altpreußischen Union hätte durch die Bestellung eines Vertreters für den zurückgetretenen Präsidenten des Evangelischen Oberkirchenrats den Rechtsboden verlassen - als auch die Antwort der Kirche darauf, die dies bestritt.[388]

Am nächsten Tag erhielten die Dekane ein kurzes Schreiben des OKR Meinzolt, in dem er sie bat, die Kirchenleitung in ihrem Bestreben eine

Lösung des Konflikts zu finden, zu unterstützen, "nicht allen Gerüchten (zu) glauben, und dafür besorgt (zu) sein, daß die Gemeinden nicht durch alle möglichen Tendenzmeldungen sich beunruhigen lassen".[389]

Ein Kommentar in der "Allgemeinen Rundschau" vom 28. Juni gab etwas mehr Information über das Zustandekommen des Kirchenkonflikts, verschwieg jedoch einige wichtige Einzelheiten und war sehr einseitig in seiner Beurteilung.[390] Zuerst wurde über die Verhandlungen des Kirchenausschusses in Eisenach am 23. und 24. Juni berichtet. Dort habe man versucht "eine Art Waffenstillstand zu erreichen", "etwa im Sinn des Beschlusses des Bayerischen Pfarrvereins". Obwohl Müller sich kompromißbereit gezeigt habe, sei keine Einigung zustandegekommen, und die Verhandlungen seien wieder "auf einem toten Punkt" angekommen. Was der Bericht allerdings nicht erwähnt, ist, daß die lutherischen Bischöfe in Eisenach den Rücktritt Bodelschwinghs verlangt hatten, sonst würden sie die Arbeit im Kirchenbund aufkündigen.[391] Die Lutheraner hatten es abgelehnt, die preußische Kirche, falls sie "verhandlungsunfähig" wird, zu unterstützen und waren bereit, "um des Gesamtprotestantismus willen die Beziehungen zum Staat neu aufzunehmen und die Kirchenfrage weiter zu fördern".[392] Der Kommentar der "Allgemeinen Rundschau" nimmt eindeutig Partei für den lutherischen Standpunkt. Das Eingreifen Rusts wird als "ein reinigendes Gewitter" bezeichnet, das eine völlig neue Lage schaffe. Nun könne erst die Verfassung abgeschlossen und dann erst die Personenfrage gelöst werden. Der Kommentar plädiert vor allem dafür, eine Verständigung mit dem Staat zu erreichen:

"Es erscheint uns jetzt wünschenswert, daß nun von seiten der lutherischen Kirchenführer aus das getan wird, was die bisher mit der Reichsbischofsfrage befaßten Kreise zum Schaden der Sache unterlassen haben: sich mit den staatlichen Stellen zu verständigen und sich mit ihnen über die Sachfrage u. später auch über die Personenfrage einig zu werden. Wie wir hören, ist bereits der Versuch von seiten der lutherischen Bischöfe im Gange, mit den staatlichen Stellen zu verhandeln. Es wird bei diesen Verhandlungen nötig sein, daß das berechtigte Interesse des Staates an der Frage der Reichskirche voll respektiert wird und daß ebenso die kirchlichen Belange voll gewahrt werden. Wir haben zu den Männern, die die schwerwiegende Frage der evangelischen Kirche deutscher Nation und insbesondere des Reichsbischofsamtes nun zu lösen haben, das volle Vertrauen, daß sie in rückhaltloser Anerkennung sowohl der staatlichen wie der kirchlichen Interessen den rechten Weg finden werden, um Kirche und Volk aus der Verwirrung herauszuführen, in die die Reichsbischofsfrage durch allerlei unberufene und zum Teil auch unfähige Leute gebracht worden ist."

Auch das Einsetzen eines Kirchenkommissars für Preußen wird im Kommentar der "Allgemeinen Rundschau" gerechtfertigt, da die preußische Kirchenleitung den Vertrag verletzt und den Staat brüskiert habe. In Bayern dagegen sei ein Kirchenkommissar nicht nötig, da der neue bayerische Landesbischof "nach vorheriger Fühlungnahme mit dem bayerischen Staat gewählt und seine Wahl entsprechend den Vorschriften des Kirchenvertrags der Staatsregierung mitgeteilt" worden sei.

Andere Stellungnahmen in Bayern zum Staatseingriff in Preußen fielen ähnlich aus. So hat beispielsweise der Schwabacher Dekan Herold das Vorgehen Rusts als eine Tat gewertet, die förderlich für die Zukunft der Kirche sei.[393] Herold gab zwar zu, daß die Aktion "das Kirchenvolk auch bei uns befremdet und aufgeregt" habe. In Preußen sei der Eingriff berechtigt, da der Kirchenvertrag nicht eingehalten worden sei; in Bayern dagegen herrschten andere Zustände. Ähnlich sprach Professor Ulmer am 30. Juni in Erlangen.[394]

Eine glühende Verteidigung der lutherischen Position lieferte Pfarrer Putz auf der Steinacher Konferenz am 29. Juni.[395] Seine Ausführungen bringen den tiefen Riß zwischen der Kirche der altpreußischen Union, die Widerstand gegen den Staatskommissar leistete und den Lutheranern, die den Weg des Kompromisses mit dem Staat gingen,[396] sehr deutlich zum Ausdruck. Nachdem er bei den Deutschen Christen die Gefahr feststellte, "dem Liberalismus zum Opfer zu fallen, indem sie so etwas wie eine völkische Religion proklamieren", fuhr er fort:

> "Aber noch schlimmer sei der Liberalismus der Leute, die sich als Politiker auf der Basis der Kirche gegen den totalen Staat wehren. Dieselben Unionisten, die sich immer alles vom Staat gefallen ließen, wollen an der Macht bleiben und decken diese politischen Aspirationen mit dem Namen der Kirche."

Hinter dieser Äußerung steckte der Wunsch nach Auflösung der Union, die viele Lutheraner noch hegten.[397] Weiter sagte Putz:

> "Es ist das Verdienst der lutherischen Bischöfe, daß sie sich dagegen wehrten. Sie wollen der nationalsozialistischen Revolution die Tür der Kirche offenhalten, aber zugleich das Bekenntnis und die Bibel festhalten."

Dieser Vortrag von Putz, den die "Allgemeine Rundschau" am 1.Juli brachte, gewinnt an Bedeutung, da Putz seit Mitte Juni theologischer Hilfsreferent im LKR war, eine Bestätigung, daß die Kirchenleitung seine Einschätzung der Lage als zutreffend ansah.[398]

Am 30. Juni berichtete die Presse, daß Müller die Leitung des Kirchenbundes übernommen hatte.[399] Damit hatte er auch die Reichsbischofsfrage praktisch für sich entschieden. Zu diesem Schritt hatte Müller nicht nur die Ermächtigung des Staatskommissars Jäger, sondern auch die Rückendeckung der lutherischen Bischöfe, die dafür ihren Wunsch nach der Entfernung Hossenfelders vom preußischen Oberkirchenrat erfüllt bekamen.[400] In einem Schreiben an alle Geistlichen vom 30. Juli verteidigte Meiser Müllers Aktion.[401]

Die Übernahme der Leitung des Kirchenbundes sei nicht unbedingt ein Staatsstreich; vielmehr habe Müller so gehandelt um einen Staatsnotstand zu beseitigen. Für Meisers Unterstützung bedankte sich Müller in seiner Rede im Bürgerbräukeller am 18. Juli.[402]

Mitten im Kirchenkonflikt überraschte ein Schreiben des Reichspräsidenten Hindenburg an Hitler, das die Tagespresse am 1. Juli veröffentlichte.[403] Hindenburg übte indirekt Kritik am Vorgehen der preußischen Regierung gegen die Kirche, und drückte den Wunsch aus, daß Verhandlungen zwischen "den Vertretern der Preußischen Landeskirche und den Organen der Preußischen Regierung den Frieden in der Evangelischen Kirche" wiederherstellen würden. Damit war die Frage, wer die Schuld am Preußischen Kirchenkonflikt habe, für manche in Bayern wieder offen. Womöglich sind auch Zweifel aufgekommen, ob Meiser nicht voreilig war in seiner Unterstützung für Müllers Usurpation des Kirchenbundes.

Interessanterweise hat das "Korrespondenzblattt", das für die Meinungsbildung in der Pfarrerschaft sehr wichtig war, anders als die "Allgemeine Rundschau", keine Stellung im Kirchenkonflikt bezogen. In seiner Ausgabe vom 3. Juli, die vor der Veröffentlichung des Hindenburg Briefes zur Presse ging, erschien sowohl eine Begründung des preußischen Kultusministeriums für die Einsetzung des Kirchenkommissars als auch eine Erklärung des amtsenthobenen Evangelischen Oberkirchenrats über ihre Rechtsauffassung.[404]

Obwohl die meisten evangelischen Zeitschriften und Zeitungen in Bayern den kirchenpolitischen Standpunkt des Landesbischofs übernahmen,[405] gab es auch zum Kurs Meisers kritische Stimmen, die allerdings wenig Möglichkeiten hatten, öffentlich gehört zu werden. Am 6. Juli schrieb Pfarrer M. Simon an Meiser, er solle, um die bayerische Geschlossenheit zu retten, und um die außerbayerischen Kirchen in ihrem Widerstand "gegen diese Kirchenpest" zu stärken, seine Mitarbeit an der Reichskirche einstellen.[406] Interessant dabei ist Simons Annahme, daß viele andere Pfarrer in Bayern seine Meinung teilten.

Eine noch deutlichere Kritik äußerte Wilhelm von Pechmann in einem Schreiben an Meiser vom 8. Juli.[407] Pechmann war am 2. Juli in Berlin und hat an einem Gottesdienst teilgenommen, in dem das Dankwort von Hossenfelder vorgelesen wurde.[408] Dazu bemerkte er:

"In der Nacht vom Mittwoch auf den Donnerstag der vorangegangenen Woche war heimlich und gewaltsam das evangelische Kirchenbundesamt besetzt worden. Am Donnerstag abend hatte der Kultusminister Rust vor einer großen öffentlichen Versammlung sein Vorgehen gegen die evangelischen Landeskirchen Preußens mit völlig unhaltbaren Gründen zu rechtfertigen versucht und hatte darüber hinaus die berufenen Vertreter der altpreußischen Landeskirchen mit ebenso grundlosen Vorwürfen in verletzendster Form angegriffen: wohl wissend, daß ihnen jede öffentliche Abwehr dieser Angriffe unmöglich gemacht worden war. Und für diese und zahllose andere unentschuldbare Eingriffe in Recht und Freiheit der Kirche sollte nun Lob und Dank der Gemeinde zu Gott aufsteigen!"

Pechmann informierte Meiser, daß er bei Meisers Vortrag in der Münchener Universität am 12. Juli über "Die Aufgabe der Kirche im neuen Staat" nicht anwesend sein würde.

Als Meiser diesen Vortrag in München hielt, war er in einer optimistischer Stimmung, denn am Tag zuvor hatte er mit anderen Vertretern der Landeskirchen im Reichsinnenministerium die neue Verfassung der Deutschen Evangelischen Kirche angenommen. Es war dem von Hitler mit der Wiederherstellung des kirchlichen Friedens beauftragten Innenminister Frick gelungen, die Verfassungsverhandlungen wieder in Gang zu bringen und zu einem schnellen Abschluß zu führen.[409] Als Bedingung für seine Unterschrift zur Verfassung hatte Meiser die Zustimmung von Frick bekommen, daß die Staatskommissare zurückgezogen würden und die Freiheit der Kirche wiederhergestellt werde.[410]

In seinem Vortrag in München verdeutlichte Meiser die Grundzüge seiner Kirchenpolitik.[411] Er stellte fest, daß "die Welle der deutschen Freiheitsbewegung...auch die Kirche erreicht und sie vor neue Aufgaben gestellt" habe. Eine Aufgabe sei das Organisatorische; sie sei nun im neuen Verfassungswerk abgeschlossen, "nachdem der Staat erklärt hatte, den Grundsatz der Totalität nicht so weit ausdehnen zu wollen, daß auch die Kirche in den Gesamtorganismus eingeschaltet würde". Meiser erwartete auch einen Vertrag zwischen der evangelischen Kirche und dem Staat "um das Verhältnis von Staat und Kirche rechtlich zum Abschluß zu bringen". Damit, fuhr er fort, habe

"...die Kirche sich dem Staat zur Verfügung gestellt, um mit voller innerer Kraft an dem Neubau des Staates mitzuwirken, damit Staat, Volk und Kirche in innerster Verbundenheit in die neue Epoche deutscher Geschichte eintreten können."

Eine zweite Aufgabe sei die theologische:

"Indem die ev. Kirche Würde und Autorität des Staates von Gott herleite, binde sie dem Menschen an den Staat und schaffe so diesem eine Gefolgschaft, wie sie treuer von niemand geübt werden kann."

Dabei müßten die Fragen der Gegenwart wie Volk, Rasse, Blut usw. mitgeprüft und mitgelöst werden. Eine weitere Aufgabe sei die Volksmission:

"Die Menschen müssen von innen heraus erneuert und hereingeführt werden in die Aufbauarbeit nach ihrer innersten Überzeugung; die glaubensmäßige Einheit muß die feste Untermauerung der staatlichen Einheit werden."

Eine größere Entfernung zu der Haltung Pechmanns ist kaum denkbar. Am 15. Juli beklagte sich Pechmann in einem Brief an Meiser, daß die Kirche sich unterworfen und eine Verfassung "unter kirchenfremden Druck" angenommen habe.[412] Unter dem Druck der Verfassung solle die evangelische Kirche werden:

"...ein integrierender Bestandteil des sogenannten totalen Staates, der gerade in den letzten drei Wochen deutlich genug gezeigt hat, wie wenig er auch bis in das innerste Heiligtum der Gesinnung und des Gewissens hinein vor irgend welcher Vergewaltigung zurückschreckt."

15) Die Annahme der Verfassung und die kirchlichen Neuwahlen

Meisers Hoffnung, daß die staatlichen Eingriffe in das Leben der Kirche nun beendet seien, wurde bald enttäuscht. Am 14. Juli mußte er wieder im Reichsinnenministerium in Berlin erscheinen um seine Zustimmung zu einem Entwurf eines Reichsgesetzes zu geben, das die staatliche Anerkennung der Kirchenverfassung beinhaltete, aber zugleich kirchliche Neuwahlen in allen Landeskirchen verlangte.[413] Nach Abschluß der Verfassung hatten viele angenommen, daß in Bayern keine Neuwahlen stattfinden müßten. Die "Allgemeine Rundschau" zum Beispiel brachte am 14. Juli die Überschriften:[414]

"Die Bedeutung der Stunde - Das große Wunder - Alle kirchlichen Konflikte überwunden - Nun muß das Kirchenvolk das Werk bejahen - Kirchenwahlen in Preußen am kommenden Sonntag, den 23. Juli."

Eine Kundgebung von Jäger und Müller vom 12. Juli sprach jedoch deutlich von Wahlen, "zu denen das ganze evangelische Kirchenvolk in kürzester Frist schreiten soll".[415] Daß Hitler selbst Neuwahlen befürwortete, konnte man aus einer Meldung der "Fränkischen Tageszeitung" vom 14. Juli herauslesen:[416]

"Wie Adolf Hitler im Verlaufe seiner großen Rede anläßlich der Tagung der nationalsozialistischen Gauleiter in Berlin erklärte, werden am übernächsten Sonntag, den 23. Juli, die evangelische Kirchenwahlen in ganz Deutschland stattfinden."

Für die bayerische Kirchenleitung war die Zustimmung zu den Wahlen, wie Meinzolt später berichtete, überaus schwer, denn nur zwei Wochen vorher hatte der LKR in einen Schreiben an alle Pfarrer Neuwahlen deutlich abgelehnt.[417] Obwohl die Wahlen rechtlich schwach begründet waren und die kurze Frist eine Zumutung darstellte, stimmte Meiser zu, um die unter schweren Umständen abgeschlossene Kirchenverfassung nicht zu gefährden.[418] Daß letztlich das Ermächtigungsgesetz als Rechtsgrundlage für die Kirchenwahlen herangezogen wurde, bestätigt Meiser in einem Brief an Pfarrer Simon:[419]

"Unser Widerstand gegen die von der Reichsregierung angeordnete Maßnahme (Wahlen, d.Verf.) konnte leider nicht zum Ziele führen, da die Maßnahme unter Berufung auf das Ermächtigungsgesetz der Reichsregierung und unter Aufhebung von Art. 137 der Reichsverfassung erfolgt ist."

Mit den vom Staat angeordeten kirchlichen Neuwahlen waren nun alle bayerisch-evangelische Kirchengemeinden, die bisher vom Kirchenkonflikt verschont waren, genötigt, in kürzester Zeit und zum großen Teil unter starken politischem Druck, ihre Kirchenvorstände neu zu bilden.

Da die Abhaltung von Kirchenwahlen mit einer Frist von 9 Tagen gegen geltende Bestimmungen verstieß (im Normalfall nahm eine Kirchenvorstandswahl sechs Wochen in Anspruch), wurde der LSA für den 15. Juli zusammengerufen, um eine Durchführungsverordnung auszuarbeiten.[420] Das Reichsgesetz, das die Wahlen angeordnet hatte, ermächtigte die Kirchenbehörden von ihren eigenen Vorschriften über das Wahlverfahren, wo nötig, abzuweichen.[421] Die Sachlage selbst war, wie Langenfaß berichtet, nicht zu ändern; er gab sich zufrieden, daß wenigstens die radikale Forderung nach Urwahlen nicht erfüllt wurde.[422]

Die Wahlverordung wurde sofort den Gemeinden zugestellt; sie kam jedoch in vielen Orten nicht rechtzeitig für die vorgesehene Bekanntmachung am Sonntag den 16. Juli an.[423] Solche Gemeinden erfuhren erst am Montag in der Presse von den Wahlen.[424] Die neu ausgearbeiteten Bestimmungen sahen eine Frist zur Eintragung in die Wählerliste bis Donnerstag vor; ein Antrag auf Verhältniswahlen mußte bis Dienstag gemacht und die Wahlvorschläge bis Donnerstag eingereicht werden. Nur dort, wo keine Bekanntmachung am Sonntag erfolgt war, konnte man die Termine entsprechend verschieben.

Hatte die überraschende Nachricht von Neuwahlen beunruhigend auf die Gemeinden eingewirkt,[425] so war man durch verschiedene Pressemeldungen der nächsten Tagen äußerst verunsichert. So stand in vielen Lokalzeitungen am selben Tag, neben einem Schreiben des Reichsinnenministeriums, das eine freie Wahl garantierte, eine Anordnung der NSDAP, die alle Nationalsozialisten aufforderte, sich in die Wählerlisten einzuschreiben.[426] In der "Fränkischen Tageszeitung" vom 19. Juli stand sogar eine Anweisung der Gauleitung, daß die örtlichen NS-Führer zusammen mit den Ortsgeistlichen Vorschlagslisten auszuarbeiten hatten, die bis zum 20. Juli vorlegen mußten.[427] Weiter hieß es:

"Entsprechend dem Willen und der Stimmung des Volkes müssen mindestens 2/3 der Vorgeschlagenen Nationalsozialisten sein. Der Termin für die Fertigstellung der Listen ist Donnerstag, der 20. Juli 1933. Für die strikte Durchführung dieser Anweisung sind alle Unterführer verantwortlich."

Was die Gauleitung aber offenbar nicht wußte, war, daß eine Vorschlagsliste nur gemacht werden konnte, wenn schon bis zum 18. Juli ein Antrag auf Verhältniswahl gestellt wurde. Wo dies nicht geschah, mußten Mehrheitswahlen stattfinden.[428]

Eine besonders heftige Reaktion auf die massive Wahlbeeinflussung vor allem in Franken kam von Helmut Kern in einem Brief an Dekan Langenfaß, Vorsitzender des LSA, vom 20. Juli:[429]

"...Über die Entwicklung der kirchlichen Lage bin ich ganz bestürzt. Die Partei hat die Dinge restlos in die Hand genommen und stellt teils

100%ig, teils 70%ig ihre Listen auf, und die örtlichen Stellen sagen offen: 'Wir müssen die Kirche gleichschalten!' Eine Entwürdigung, Erniedrigung, Entehrung, Demütigung, Schändung der Kirche, wie sie wohl nicht erwartet werden konnte und mußte. Entschuldigen Sie meinen Vergleich und legen Sie ihn mir nicht als Größenwahn aus. Wenn ich Landesbischof wäre, so würde ich an alle in Betracht kommenden Staats- und Reichsstellen telegrafieren und unter Protest entweder die Zurücknahme der Parteieinmischung, die nach der gegenwärtigen Lage besonders auf dem Lande eine Vergewaltigung darstellt (fordern) oder falls das Reich nicht sofort eingreift, die Wahl unter meiner Verantwortung ablehnen, weil sie dem Wesen der Kirche ins Gesicht schlägt und die Kirche zur Dirne des Staates erniedrigt. Das wäre eine Tat, die einem Kirchenführer nur die Hochachtung aller aufrechten Deutschen eintragen und die nicht zuletzt den gegenwärtig Regierendem imponieren, wenn nicht sogar in die Glieder fahren würde. Es wird jetzt wohl von der Kirche ein offenes Wort erwartet, sonst ist sie nicht mehr wert, als daß sie gedemütigt wird. Ein scharfes Wort des Bischofs würde auch den in Unsicherheit geratenen Pfarrern die verlorene Sicherheit wiedergeben. Die Demütigung des Diktates der Wahlen war weit leichter zu tragen, als diese Schändung der Kirche durch den Parteiapparat, die vom Reich nicht nur geduldet wird..."

Auch wenn Meiser nicht in der von Kern empfohlenen Weise reagierte, versuchte der LKR doch gegen die politische Beeinflussung vorzugehen, zumal einige NS-Ortsgruppen behaupteten, Meiser hätte der Anordnung der fränkischen Gauleitung zugestimmt.[430] Am 21. Juli gab der LKR folgende Pressemeldung heraus:[431]

"Nach dem wiederholt kundgegebenen Willen der Reichsregierung sollen die am nächsten Sonntag stattfindenden Neuwahlen der Kirchenvorstände...unbeeinflußt von jedem politischen Druck stattfinden. Jedem Wähler ist die Freiheit seiner Stimmabgabe gewährleistet. Nach den bestehenden Vorschriften können zum Kirchenvorstand nur solche Personen gewählt werden, die einen christlich ehrbaren Lebenswandel führen und ihre dem Glauben und dem Bekenntnis der Kirche entsprechende Gesinnung durch lebendige Teilnahme am kirchlichen Leben an den Tag legen. Jeder Wähler möge hernach seine Entscheidung treffen, wie er es vor Gott und seinem Gewissen glaubt verantworten zu können."

Diese Meldung, die einige Lokalzeitungen druckten,[432] hatte allerdings nur dort Relevanz, wo eine Wahlhandlung am Sonntag stattfand. Zur gleichen Zeit stellte die Partei ein anderes Kriterium für die Wahl auf:[433]

"Der Führer selbst hat dich zur Wahl aufgerufen! Er erwartet von dir, daß du deine Stimme abgibst! Anspruch auf deine Stimme haben nur Volksgenossen, die sich vorbehaltlos zum Dritten Reich bekennen!..."

Man hatte am diesem Tag, dem 22. Juli, sogar die Gelegenheit Hitlers persönliche Wahlempfehlung im Rundfunk nach einer Bayreuther Parsifal-Übertragung zu hören.[434] Seine Stellungnahme für die Deutschen Christen hatte jedoch für die Wahl in Bayern wenig Relevanz, denn die DC traten hier nicht mit einer eigenen Liste auf.[435]

Der Verlauf der Kirchenwahlen in Weißenburg war im wesentlichen nicht viel anders als in den meisten Gemeinden der Landeskirche. Der Wahlleiter,

Dekan von Löffelholz, beauftragte einen Wahlausschuß von vier Männern, darunter auch der Kirchenvorsteher und NS-Ortgruppenleiter Max Hetzner, der von dieser Innenposition leicht Einfluß auf die Wahl nehmen konnte.[436] Ein Antrag auf Verhältniswahl wurde rechtzeitig gestellt und in der Presse bekanntgegeben mit der Aufforderung, bis zum Donnerstagabend die Wahlvorschläge einzureichen.[437] Am 20. Juli berichtete der Ausschuß, daß die Wahl, "soweit es die Kürze der Zeit zuließ, ordnungsgemäß vorbereitet und durchgeführt" wurde.[438] Da aber nur ein Wahlvorschlag eingelaufen war, entfiel eine Wahlhandlung am Sonntag. Der einzige Wahlvorschlag enthielt die Überschrift: "Der Wahlausschuss...reicht im Einvernehmen mit dem Pfarramt und der Leitung der NSDAP folgenden Wahlvorschlag ein, den die Unterzeichneten unterstützen".[439]

Am 21. Juli erschienen die Namen der neuen Kirchenvorsteher und Ersatzleute in der Presse.[440] Von den 13 Gewählten waren nur 4 im alten Kirchenvorstand und 2, die 1929 auf der Ersatzliste gestanden hatten.[441] Auffallend war, daß die 3 Kirchenvorsteher, die für die Gemeindewahl 1929 auf der Liste der Arbeitsgemeinschaft der Angestellten, Sozialrentner, Christlichen Gewerkschaften und des Christlichen Volksdienstes, gestanden hatten, darunter auch Friedrich Schleußinger, der Ende 1932 in der Presse Stellung gegen Hitler nahm, im neuen Kirchenvorstand fehlten. Auch die zwei Frauen im alten Kirchenvorstand wurden, wie fast überall in der Landeskirche, durch Männer ersetzt; "das richtet sich", wie es die "Fränkische Wacht" erklärte, "nicht gegen einzelnen Persönlichkeiten, sondern entspricht dem Zug unserer männlichen Zeit".[442] Maßgebend für die weiteren Entwicklungen in Weißenburg war die Wiederwahl des NS-Ortsgruppenleiters Hetzner, der im Kirchenvorstand seinen Einfluß weiterhin ausüben konnte.

In den meisten Gemeinden des Dekanats Weißenburg lief die Wahl relativ ruhig ab. Das Pfarramt Gundelsheim meldete, daß NS-Anhänger sich stark an der Wahl beteiligt hätten, aber mit der Absicht, "wirklich ehrbare Gemeindeglieder in den Kirchenvorstand zu entsenden".[443] In Ellingen, wo Mehrheitswahlen stattfanden, waren von den fünf Gewählten ein Parteigenosse, zwei SA-Männer, und ein NS-Bauernschaftler.[444]

Für Weißenburg traf es zu, was Meiser später über die Wahl berichtete:[445]

> "Über den Ausfall der Wahl kann mitgeteilt werden, daß das kluge Verhalten unserer Geistlichen und der gesunde kichliche Sinn unserer Gemeinden Wahlkämpfe ernsterer Art hat vermeiden lassen... In großer Zahl sind die bisherigen Mitglieder des Kirchenvorstands wiedergekehrt, doch ist in allgemeinen eine merkliche Verjüngung eingetreten... Bei der weiten Verbreitung, die der Nationalsozialismus von Anfang an gerade in den evangelischen Gebietsteilen gefunden hat, versteht es sich von selbst, daß ein großer Teil der Kirchenvorsteher dem National-

sozialismus angehört. Die Glaubensbewegung deutscher Christen ist als eigene kirchenpolitische Partei bei den Wahlen kaum in Erscheinung getreten, dagegen wird da und dort von Versuchen berichtet, auf dem Wege über die Organe der NSDAP Einfluß auf die Wahlen (zu) gewinnen."
Vor allem in Nürnberg, Sitz der Fränkischen Gauleitung, war die Wahlbeeinflussung stark. In allen außer drei Gemeinden wurden Wahlvorschläge aufgestellt, die den NS-Anhängern eine Stärke von 70% oder mehr gewährleistete.[446] In München dagegen, wo in allen Gemeinden Mehrheitswahlen durchgeführt wurden, waren rund 50% Nationalsozialisten gewählt.[447] Durch die starke Einmischung der Fränkischen Gauleitung in die kirchlichen Angelegenheiten war es schon zu diesem Zeitpunkt erkennbar, daß der Schwerpunkt der kommenden Konflikten zwischen der Partei und der bayerischen Landeskirche in Franken sein würde. Eine Voraussahnung davon lieferte nach den Kirchenvorstandswahlen der "Stürmer" als er einen oberfränkischen Geistlichen als "Judenpfarrer" anprangerte, weil er mit Juden feierte, und weil er es versäumt hatte, sich mit der politischen Leitung der Partei über den Wahlvorschlag zu verständigen.[448]

Auch wenn die kirchliche Presse eine sehr beschönigende Darstellung über die erzwungene Wahl gab, war die Kritik am Zustandekommen und an der Durchführung der Wahl unüberhörbar.[449] Dieser Kritik schloß sich auch Meiser an, der in einem Brief an den Mininsterpräsidenten Siebert seine ernsten Besorgnisse über die Lage der evangelischen Kirche im Reich und auch in Bayern ausdrückte.[450] Verursacht sei diese Lage

"durch die mancherlei staatlichen Eingriffe in die kirchliche Rechtssphäre, die den Eindruck entstehen lassen, als habe die evangelische Kirche als unabhängige Grösse zu bestehen aufgehört".

Auch in Bayern sei

"mit Hilfe der Parteiorgane der NSDAP der Versuch gemacht, ähnliche Zustände wie anderwärts herbeizuführen und es wächst bis weit in die Kreise der Anhänger der NSDAP hinein die Zahl derer, die sich auch bei uns durch diese Entwicklung äusserst beschwert fühlen und sich bewusst dagegen zur Wehr setzen."

Ihr Widerstreben sei nicht gegen Staat, Partei oder gar die GDC gerichtet, sondern gehe dahin,

"daß eine reinliche Scheidung zwischen politischem Handeln und kirchlicher Aufbauarbeit herbeigeführt wird und daß der weitere Einsatz politischer Machtmittel zur Erzwingung kirchenpolitischer Ziele unterbleibt."

Wenn keine Änderung eintrete, sei es nicht zu vermeiden, daß

"die freudige Begeisterung, mit der gerade unsere evangelische Bevölkerung namentlich in Franken für den neuen Staat eingetreten ist, einer bewussten Zurückhaltung, ja einer schweren Enttäuschung Platz macht, zumal wenn der Blick gleichzeitig auf die katholische Kirche fällt, die vor ähnlichen Zugriffen wie die evangelische Kirche verschont geblieben ist."

Dieser Brief ist der Beweis, daß vor allem die von Pechmann und Kern gemachte Kritik nicht spurlos an Meiser vorbeiging.[451]

16) Die Diskussion in der Pfarrerschaft nach den Wahlen

Das Diktat der Kirchenwahlen und das Auftreten der DC in Bayern machten erste Risse in der Geschlossenheit der bayerischen Pfarrerschaft bemerkbar. Auf einer Pfarrvereinsversammlung am 18.7.1933 versuchten aber die meisten Redner die Lage zu verharmlosen. Nur OKR Meinzolt gab zu, daß die Verfassungsverhandlungen in Berlin schwierig gewesen seien.[452] Sein Beitrag wurde ergänzt durch den Kirchenjuristen Professor Liermann, der das Eingreifen des Staates in die preußische Kirche als "notwendig" ansah wegen der "juristischen Fehler der preußischen Kirchenleitung". Auch gegen die Kirchenwahlen hatte er nichts einzuwenden; sie hätten sowieso "einmal kommen müssen, der kurze Termin sei wegen der Ausschaltung politischer Einflüsse zu begrüßen". Der nächste Redner, Rektor Lauerer, war vor allem darum besorgt, daß kein "gebrochenes Verhältnis" zum "neuen Staat" sich entwickele, vor allem deshalb, weil er ergriffen war "von dem, was Gott unserem Volk gibt, daß es sich selber findet und sein deutsches Wesen entdeckt". Er ahnte, "daß in dem Verhältnis von Kirche und Volk und damit auch Staat, eine neue Zeit kommt, die einen Wandel von der Größe der Reformationszeit bringt".

Bei dieser Pfarrvereinsversammlung gab es, im Gegensatz zur vorherigen, eine "lebhafte Aussprache, die vor allem um die Frage des totalen Staats ging". Pfarrer Ammon, der die Spannung bei früheren Versammlungen des Jahres registriert hatte,[453] ging mit heftiger Kritik gegen den Vortrag von Lauerer vor:[454]

> "Hier wird vernebelt! Lassen wir uns durch keine Versprechungen und Vernebelungen täuschen! Wir müssen die Tendenzen sehen und daraus unsere Zeit verstehen. Die Idee des totalen Staates setzt sich mit unerbittlicher Gewalt durch. Sie marschiert über die Kirche hinweg und wird sie zwangsnotwendig zu einer Märtyrerkirche machen müssen. Volkstum und Kirche? Das ist eine ganz schwere ethische und pädagogische Aufgabe, die uns gestellt ist. Aber dieses 'und' gehört um keinen Preis in die Dogmatik. Christus allein, heißt es hier."

Pfarrer W.F.Schmidt äußerte sich in der Aussprache besorgt über die Zurückstellung der Frage, "ob die Verkündigung der deutschen Christen dem Bekenntnis entspreche oder nicht". Ehe man die entscheidenden Posten der Reichskirche besetzte, müsse diese Frage gelöst werden.[455]

An der wachsenden Kritik innerhalb der Pfarrerschaft hatte Pfarrer Schmidt einen wichtigen Anteil. Er hat nicht nur Müllers fragwürdige theologische Äußerungen im Bürgerbräukeller im "Korrespondenzblatt" veröffentlicht, er wagte es auch, eine Darstellung der "Jungen Kirche" zu den kirchenpolitischen Ereignissen in Preußen im "Korrespondenzblatt" zu bringen, damit die Leser "auch einmal die Gegenseite" hören konnten.[456] Und eine Woche vorher hatte er auf eine Schrift aufmerksam gemacht, die für manche wie ein "Paukenschlag" wirkte:[457] Karl Barths "Theologische Existenz heute". In einer kurzen Besprechung räumte er ein, daß er Barths Ergebnissen meist nicht beistimmen konnte; seine Aufzählung der Hauptargumente Barths verrät jedoch einen gewissen Grundkonsens.[458] Vor allem das erste Argument sollte eine maßgebende Rolle in der kommenden Auseinandersetzung mit den Deutschen Christen spielen. Barth kritisierte die Äußerung des Dreimännerkollegiums: "In Gottes Wort gebunden erkennen wir einen neuen Auftrag des Herrn an seine Kirche". Dazu fragte Barth:

"Ist das nicht die Proklamierung eines unerhört neuen Erkenntnis- und Normprinzips in der evangelischen Kirche, wenn man offen erklärt, den 'neuen Auftrag des Herrn an seine Kirche' nicht etwa in der heiligen Schrift, sondern 'in dem großen Geschehen unserer Tage' erkannt zu haben?"

Die Auseinandersetzung mit Barth beschäftigte auch andere Pfarrer der Landeskirche. Am 12. Juli vor 30 Pfarrern in Treuchtlingen sprach Pfarrer Sammetreuther aufgrund der Barth'schen Schrift "Theologische Existenz heute" "sein Bedenken über die Entwicklung der Dinge aus, die allgemein geteilt wurde".[459] Er verglich die Lage mit dem Jahre 1529: "politisches Einigungsstreben ohne Bekenntniseinheit". Eine eindeutige Ablehnung dagegen erfuhr Barth von den in der Volksmission engagierten Geistlichen. Missionsdirektor Eppelein, zusammen mit Helmut Kern Schriftleiter des "Freimunds", und auch mit Kern seit dem Sommer 1933 Mitglieder bei den Deutschen Christen, nahm zu Barths Schrift öffentlich Stellung.[460] In einem "Freimund" Artikel drückte er seine Erschütterung aus: "über diese 'wissenschaftliche Kälte' gegenüber Führungen unseres Gottes in der Geschichte des deutschen Volkes". Diese "Kälte" sei nur erklärbar durch die Tatsache, daß Barth Schweizer und Reformierter sei.

"Weil in der Bibel nichts von einer nationalen Erhebung des Jahres 1933 zu lesen ist, kann man nach Karl Barth auch nicht aus den Geschehen unserer Tage einen neuen Auftrag unseres Herrn Jesu Christi an die Kirche ableiten. Da trennen uns Welten!"

Auch Barths Ablehnung der Deutschen Christen hat Eppeleins positive Stellungnahme gegenüber dieser Bewegung "nicht im geringsten erschüttert".

17) Die Auseinandersetzung mit den Deutschen Christen in Bayern im Sommer 1933

Aber vor allem über das Auftreten der Deutschen Christen in Bayern begannen sich die Geister zu scheiden. In der Phase, wo die Partei öffentlich die Deutschen Christen unterstützte (Juni-Juli 1933)[461] begann auch die große

Werbetätigkeit der DC in Bayern mit besonderer Hilfeleistung von der Fränkischen Gauleitung. In einem Kommentar in der "Fränkischen Tageszeitung" über "Die Krise in der evang. Kiche" Ende Juni schrieb P.E.Rings, daß die DC Anerkennung verdienten und daß aus ihren Reihen der Reichsbischof kommen sollte.[462] Am 3. Juli veranstaltete die Kreisleitung von Ansbach und Feuchtwangen eine "Massenkundgebung" in Ansbach mit Pg. Pfarrer Dr. Engel über "Die Bewegung der Deutschen Christen und Unser Dienst am Volk".[463]

Weit mehr Beachtung fand eine DC-Kundgebung am 17. Juli auf dem Nürnberger Hauptmarkt mit Pfarrer Hossenfelder als Hauptsprecher. Etwa 20,000 Leute hörten seine Ansprache, die sehr "volkstümlich, anschaulich, ohne Angriff auf Kirche und Pfarrer" und für eine "kirchenferne Bevölkerung" bestimmt gewesen sei, so daß, in den Worten des Presseverbandsberichts, "man sich restlos freuen konnte".[464] Obwohl eine SA-Kapelle spielte, waren politische Formationen nicht erschienen.[465] Bedenklich klangen jedoch die Schlußbemerkungen des Gaupropagandaleiters Karl Holz, der die Versammlung leitete:[466]

"Mit Pfarrer Hossenfelder habe heute zu uns ein deutscher Pfarrer gesprochen wie noch kein anderer vor ihm in Nürnberg jemals gesprochen habe. Kirche und Blut, Volk und Glaube an Gott, das gehöre zusammen! Hierfür wollen die 'Deutschen Christen' sorgen."

Da aber die angekündigte Rundfunkübertragung nicht durchgeführt wurde, blieb die Wirkung dieser Versammlung in Bayern auf Pressemeldungen beschränkt.[467]

Die große Werbearbeit der Deutschen Christen in Bayern kam aber erst nach den Kirchenwahlen. Dabei war Hitlers ausdrückliche Empfehlung der DC am Tag vor der Wahl - eine Rede, die im Rundfunk und Presse wiedergegeben wurde, und auszugsweise auch als DC-Flugblatt diente[468] - eine wesentliche Hilfe, denn ein Beitritt zu den DC schien nicht nur dem Wunsch des Führers zu entsprechen, auch die Unterstützung durch die Fränkische Gauleitung wurde, bis Hitler anders verfügte, fortgesetzt.

Den Hauptangriff leitete der DC-"Frankenführer", Pfarrer Wolf Meyer, ein.[469] Am 24. Juli erschien sein "Aufruf an die Deutschen Christen", in dem er Arbeiter, Bauern, Pfarrer, Lehrer und Studenten aufforderte, Franken zur Hochburg der DC zu machen.[470] Schützenhilfe leistete ihm die "Fränkische Zeitung" am nächsten Tag mit Schlagzeilen auf der ersten Seite: "Die Deutschen Christen siegen!" und mit der Bemerkung, daß man annehmen könne, daß Müller nun Reichsbischof werde, da er das "unumschränkte Vertrauen des Reichskanzlers" besitze.[471]

Einen besonders aggressiven Ton verwendete Meyer in seinen zweiten Aufruf.[472] Vor der Wahl seien die Deutschen Christen "nichts als ein kleines, unbekanntes Häuflein, verlacht, verleumdet, als Feinde gehaßt und bekämpft gewesen". Aber nun seien sie "ein Heerhaufen, gegen dessen Wille nichts mehr geschehen kann". Vor allem Meyers unpräzise Worte über die Kirchenleitung hatten eine beunruhigende Wirkung in der Landeskirche:

> "Weltfremde, volksferne kirchliche Führer, die nie zu einem überwältigenden Erlebnis von Deutschland gekommen waren, wollten unser Bayernland absperren gegen den Sturm, der aus dem ganzen deutschevangelischen Volke herausbricht."

War das der Auftakt für eine Kampagne gegen den Landeskirchenrat und den Landesbischof? Meyers Ziel für den kommenden Monat war auf jeden Fall das Schaffen einer neuen Landessynode "aus dem Willen der erwachten Kirche heraus". Seine Strategie dazu stellte er sich folgendermaßen vor:

> "Die Kirchenvorstände auf der Liste 'Deutsche Christen', die Männer der nationalsozialistischen Revolution in den neuen Kirchenvorständen sind die Zellen für die nun erstehenden Ortsgruppen der Deutschen Christen in ganz Bayern. Sie haben alle Suchenden zusammenzuschließen zu einer unerschütterlichen Kampffront. Sie haben mir in Mittelfranken und Unterfranken das Entstehen von Ortsgruppen 'Deutscher Christen' zu melden."

Die selbe Ausgabe der "Fränkischen Tageszeitung", die diesen Aufruf brachte, enthielt auch die Meldung, daß Meyer Pfarrer Baumgärtner als geistlichen Vertrauensmann der DC für Nürnberg ernannt hatte, und als weltlichen Vertrauensmann Stadtrat Holz, den Fränkischen Gaupropagandaleiter.[473] Am 1. August berichtete die "Fränkische Tageszeitung", daß der große Andrang zu den DC die Errichtung einer zweiten Anmeldestelle - in der Großdeutschen Buchhandlung von Karl Holz - nötig machte.[474] Und am 4. August brachte die gleiche Zeitung einen Bericht ihrer eigenen Berliner Redaktion über Pfarrer Kessels Ausführungen über die nächsten Ziele der DC.[475] Alle, so Kessel, "welche der Neuzeit gegnerisch oder 'neutral' gegenüberständen" sollten die Bahn freiwillig freimachen; "ein schnelles und durchgreifendes, möglichst freiwilliges 'Revirement' in allen Landeskirchen sei eine unabweisbare Notwendigkeit". Das konnte so verstanden werden, daß der Sieg der DC in anderen Landeskirchen - Ludwig Müller ist am 4.August Landesbischof in Preußen mit besonderen Vollmachten geworden - auch in Bayern zu realisieren sei.[476]

Aber die Unterstützung für Meyer und die DC durch die Fränkische Gauleitung ging noch viel weiter. Für den großangekündigten Frankentag auf dem Hesselberg wurde als einziger Programmpunkt am Sonntagvormittag, dem 13. August, ein Feldgottesdienst mit Pfarrer Wolf Meyer angekündigt.[477] Am Nachmittag sollte dann Gauleiter Streicher in "gewaltiger Bergpredigt zu den Massen sprechen".[478]

Die Reaktion auf das Aufkommen der Deutschen Christen in Bayern war gemischt. Einen ungewöhnlichen Vorschlag machte Professor Ulmer, ein Mitbegründer der "Lutherischen Arbeitsgemeinschaft Deutscher Studenten".[479] Ein Anliegen dieser Ende Juni gegründeten Gruppe war das Schaffen einer vom Staat unabhängigen, auf dem Boden der lutherischen Bekenntnisschriften gebildeten "Lutherischen Kirche Deutscher Nation". Die Gruppe wollte sich kirchenpolitisch nicht festlegen und lehnte eine Gruppenbildung in der Kirche ab.[480] Am 10. Juli, nachdem einige Pfarrer in Bayern anfingen Ortsgruppen der DC zu bilden, unterbreitete Ulmer dem Landesbischof folgenden Plan:[481]

> "Ich würde nun eine Möglichkeit, die allerdings ein großes Wagnis darstellt, sehen darin, daß sich einmal etwa der Synodalausschuß und die Fakultät zu einer Beratung zusammenfände, die Lage zu beraten... Ich denke mir als Ziel der Beratung eine Entscheidung darüber, ob man den Mut fassen solle, daß etwa die bayerischen Pfarrer sich der Bewegung zur Verfügung stellen."

Allerdings mußten zuerst besondere Richtlinien dafür aufgestellt werden.

Ähnlich reagierte, zum Entsetzen einiger junger Vikare und Pfarrer, Dekan Langenfaß, der nach den Kirchenvorstandswahlen den geschlossenen Beitritt seine Pfarrkonferenz zu den DC vorschlug.[482]

Und, obwohl der Aufruf von Pfarrer Meyer vom 26. Juli auf allgemeine Ablehnung in der Pfarrerschaft stieß, konnte Helmut Kern am 27. Juli Meyer schreiben, daß er große Möglichkeiten in der GDC sähe und versucht sei, die Bewegung in Bayern bodenständig zu machen.[483]

Andere Pfarrer reagierten fatalistisch und meinten, man müsse die Bewegung auffangen; aufzuhalten sei sie ohnehin nicht, "weil sie von der heute einfach unwiderstehlichen Macht der Partei in die Kirche hineingetragen werden wird".[484]

Dennoch standen die meisten bayerischen Pfarrer den Deutschen Christen ablehnend gegenüber.[485] Folgendes Schrieben an den LKR aus Pappenheim, das Bezug auf die Meyer-Aufrufe nahm, dürfte, vor allem für die ländlichen Gemeinden, typisch sein:[486]

> "Unsere Gemeinden, die als überwiegend nationalsozialistisch anzusehen sind, blicken in vollem Vertrauen zu der gegenwärtigen Führung unserer Landeskirche auf und sehen in der Bewegung der Deutschen Christen nur eine Störung dieses ihres guten Verhältnisses zur kirchlichen Oberbehörde."

Auf die Bedrohung seiner Autorität reagierte Meiser sofort und ließ die Pfarrer Klein und Meyer am 28. Juli zu sich kommen.[487] Über die Ergebnisse dieser Aussprache berichtete Meiser am 2. August in einem vertraulichen Rundschreiben an alle Geistlichen:

> "Während in unserer Landeskirche bisher alles in bester Ordnung verlief und trotz erheblicher Verschiedenheiten in der grundsätzlichen Beurteilung der Lage unsere Geistlichkeit das Beispiel erfreulicher Einmütigkeit gab, ist plötzlich, wie mir berichtet wurde, eine nicht geringe Unruhe in weiten Kreisen entstanden. Veranlaßt wurde sie im

wesentlichen durch den überraschenden Versuch, die Glaubensbewegung der Deutschen Christen auch zu uns nach Bayern hereinzutragen und da und dort mit der Gründung von Ortsgruppen zu beginnen."

Meiser war dennoch bereit, den Deutschen Christen einen Platz innerhalb der Landeskirche zu gestatten, nachdem Klein und Meyer die Erfüllung folgender Bedingungen zugesagt hatten:

1) Die unbedingte Wahrung des Bekenntnisstandes ist die unerläßliche Voraussetzung für alle Betätigung innerhalb der Bewegung.

2) Das Ziel der Bewegung kann nur ein innerkirchlich religiöses sein, nämlich die Verbindung zwischen Kirche und Volk aufrecht zu erhalten und vor allem diejenigen durch die neue Freiheitsbewegung erfaßten Kreise zu gewinnen, welche der Kirche erst wieder nähergebracht werden müssen.

3) Die Geistlichen, welche in Bayern an die Spitze der Bewegung treten, unterstellen sich meiner Führung. Es ist nicht angängig, daß die Einheitlichkeit unseres kirchenpolitischen Wollens durch Einzelaktionen zerstört wird. Auch ist es nicht zulässig, daß führende kirchliche Persönlichkeiten durch Presseartikel in der Öffentlichkeit herabgesetzt werden.

Für Meiser war der Weg des Kompromißes mit den Deutschen Christen ein Teil seiner kirchenpolitischen Gesamtorientierung, die er im selben Rundschreiben präzisierte:

"Die kirchenpolitische Orientierung wird auch in Zukunft in der gleichen Richtung gesucht werden müssen wie bisher: Unsere Landeskirche so zu führen, daß einerseits an ihrem Bekenntnisstand und an ihrem Wesen nichts abgebrochen wird und daß sie andererseits auch weiterhin in dem vertrauensvollen Verhältnis zur neuen Freiheitsbewegung, zum nationalen Staat und zu unserer Staatsregierung erhalten bleibt."

Die Unterstellung von Meyer und Klein unter den Landesbischof war ein wichtiger Schritt zur Entspannung der Lage. Am 10. August veröffentlichte die Presse eine von Wolf Meyer unterzeichnete Erklärung der bayerischen GDC, die ein Bekenntnis zur Leitung der Landeskirche beinhaltete.[488] Meyer erklärte, daß sein Wort von "volksfernen kirchlichen Führern" nicht Meiser und "seinen engsten Mitarbeitern" galt. Er erwähnte auch die Gespräche, die zwischen Meiser und den Führern der GDC in Bayern stattfanden, die "das Verständnis des Herrn Landesbischofs und seiner Mitarbeiter für die Glaubensbewegung gezeigt" hätten.

Ein viel wichtigerer Schritt zur Entspannung kam am 5. August auf der Gauleitertagung auf dem Obersalzberg, als Hitler "jegliche Einflußnahme auf die Entwicklung der Verhältnisse in der evangelischen Kirche verboten" hatte.[489] Obwohl die Berichterstattung in der Presse über die Tagung gerade Hitlers Ausführungen zur "Kirche und Politik" verschwieg, war die Haltung der Fränkischen Gauleitung zu Meyer und den Deutschen Christen nach dem 5. August wesentlich anders als vorher. Durch den wieder eingeleiteten Neutralitätskurs der Partei in der Kirchenfrage verlor Meyer seine große Chance, auf dem Frankentag zu predigen. Am 10. August meldete die "Fränkische Tageszeitung", daß das Hesselberg Programm "etwas abgeändert" werden mußte.[490] Für Sonntagvormittag wurden nun Reigentänze, Volkslieder und Box- und Ringkämpfe vorgesehen; für den abgesetzten Feldgottesdienst gab es keine Erklärung, und es trifft sicherlich nicht zu, was das "Weißenburger Tagblatt" später schrieb, daß Meyer an diesem Tag "verhindert" war.[491] So fand der Frankentag vor 150.000 Leuten ohne Gottesdienst statt, und Streicher versprach, daß der Frankentag auch in Zunkunft am Sonntag nach der Sommersonnenwende "auf diesem heiligen Berg unserer Vorfahren" wiederholt werde.[492]

Nach dem 5. August waren auch Meldungen über Aktivitäten der Deutschen Christen in den Seiten der "Fränkischen Tageszeitung" auf ein Minimum reduziert. Einen am 15. August eingesandten Artikel eines SA-Mannes über die Einführung und Verpflichtung einiger seiner SA-Kameraden als neugewählte Kirchenvorsteher der Nürnberger Spitalkirche zum Heiligen Geist, mit SA-Aufstellung im Altarraum, druckte die "Fränkische Tageszeitung" nicht.[493] Aber der überzeugendste Beweis für den neuen Kurs der Fränkischen Gauleitung war, daß die Gauzeitung am 24. August einen den DC gegenüber sehr neutralen Artikel aus der "Allgemeinen Rundschau", mit einigen Abstrichen, übernommen hat.[494] Ende Juli war es genau umgekehrt, als die "Allgemeine Rundschau", wohl von der Gauleitung, gezwungen wurde, die zwei Aufrufe von Meyer zu drucken.[495] Der Artikel, "Die 'Deutschen Christen' in Bayern", berichtet über die Beunruhigung, die das Auftreten der DC, auch in Kreisen der "aktive(n) Mitkämpfer der nationalen Revolution", verursacht habe, denn ein großer Teil der Pfarrer sei den DC zurückhaltend oder ablehnend gegenübergestanden, und bezeichnet ihr Auftreten als "Stoß gegen die Einheit der bayerischen Kirche" oder als "Verletzung des Treuegelöbnis gegen den Landesbischof".[496] Vor allem, meinte der Schreiber,

"dank der ruhigen und sachlichen Haltung der überwiegenden Mehrheit der Pfarrer und des verständnisvollen Eingreifens der kirchlichen Leitung kam es nicht zum Streit."

Als positiv bewertet der Schreiber den Leitartikel "Politik und Kirche" von Alfred Rosenberg im "Völkischen Beobachter".[497] Rosenberg habe darin betont,

"daß einerseits die politischen Auseinandersetzungen nunmehr auf einem Boden ausgefochten werden, der nicht durchkreuzt wird von kirchlichen und religiösen Streitfragen; ebenso wird sich auch die politische Bewegung aus dem Kampf der konfessionellen Fragen herausziehen. Rosenberg stellt fest, daß wir in das Stadium getreten sind, 'wo der Nationalsozialismus sich nicht zur politischen Stütze der einen oder anderen kirchlichen Gruppierung hergeben kann'".

18) Die Wahl der Landessynode

Aber mit dem allmählich bis zur Basis implementierten Neutralitätskurs der Partei war die kirchliche Lage noch lange nicht entspannt. Das Reichsgesetz vom 14. Juli bestimmte, daß auch die Landessynode bis zum Ende August neu gewählt werden mußte, was den DC und vor allem den Unterorganen der Partei ein neues Betätigungsfeld darbot.

Nach Bestimmungen der Landeskirche war die Wahl der Abgeordneten zur Landessynode mittelbar; Wahlmänner eines Wahlkreises waren die Pfarrer und Kirchenvorsteher, die entweder in einer Versammlung oder in engerem Ausschuß die ganze Arbeit machten. Die Wahl fand entweder als Verhältniswahl oder Mehrheitswahl statt. Bei Verhältniswahlen mit nur einer Vorschlagsliste entfiel die Wahlhandlung.[498] Um die Wahl der 84 Abgeordneten in den 26 Wahlkreisen zu koordinieren, ernannte der LKR am 21. Juli Wahlkreisobmänner und Stellvertreter; als Wahltag wurde der 27. August genannt.[499]

Gleich nach den Kirchenvorstandswahlen begann der DC-Landesleiter für Bayern, Pfarrer Klein, seine eigene Organisation zur Lenkung der Landessynodalwahl aufzubauen. In allen Wahlbezirken beauftragte er Bezirksleiter, die die Aufgabe hatten, ein Verzeichnis der NS-Kirchenvorsteher herzustellen. Die Beauftragten erbaten diese Information interessanterweise nicht im Namen der DC, sondern im Auftrag der Reichsführung der Arbeitsgemeinschaft nationalsozialistischer evangelischer Geistlicher, deren Reichsleiter Pfarrer Klein auch war.[500] Zugleich erhielten die Pfarrer meist eine Einladung, der Arbeitsgemeinschaft, vorher NS-Pfarrerbund, beizutreten.[501] Für den Beitritt war die Parteimitgliedschaft keine Bedingung.[502]

Den Zweck seiner Maßnahmen erklärte Klein in einem Brief vom 31. Juli.[503] Bezirksleiter seien ernannt worden, da die Gefahr drohe,

"daß von der Partei her eigene Listen aufgestellt werden und somit rein politische Momente, ohne Rücksicht auf kirchliche Interessen, in dieser Sache maßgebend werden. Darum mußte das von uns in die Hand genommen werden, damit bei voller Berücksichtigung der nationalsozialistischen Forderungen die Auswahl der Kandidaten nach kirchlichen Gesichtspunkten geschehe."

Zu der Frage, weshalb er die Personalien der Kirchenvorsteher haben wollte, antwortete Klein:

"Es muß mit den nat.soz. Kirchenvorstehern Fühlung genommen werden zu folgenden Zwecken: a) sie über die Bedeutung ihres Amtes zu unterrichten, muß doch damit gerechnet werden, daß eine Reihe der KV nach politischen Gesichtspunkten gewählt worden sind und darum keine Ahnung von dem haben, was ihr Amt ist und Kirche heißt. Es handelt sich um ein Stück Erziehungsarbeit an ihnen; b) um sie über die Bedeutung der Synoden und der Reichskirche zu belehren; c) über die Wahl mit ihnen zu reden."

Es treffe jedoch nicht zu, daß die Bezirksleiter die Aufgabe hätten, die Wahl zu "machen".

> "Sie haben die Aufgabe, sich nach Beratung in ihrem Kreise mit dem kirchlicherseits aufgestellten Wahlobmann in Verbindung zu setzen und ihre Vorschläge vorzubringen und, wenn irgendwie möglich, eine gütliche Vereinbarung herbeizuführen."

In der Praxis sorgte dieser Plan für große Beunruhigung. In einem Wahlkreis wurden nur die NS-Kirchenvorsteher zu einer Versammlung eingeladen, um die Liste für die Landessynode aufzustellen.[504] Alle anderen hatten "sich einfach zu fügen und das Unabänderliche zu genehmigen" und wurden dadurch zu "Beratern 2. Ordnung" degradiert. Aus Oberfranken, wo Klein und NS-Pfarrer Zwörner als Spitzenkandidaten aufgestellt wurden, bekamen diejenigen Pfarrer, die gegen diese Kandidaturen Einwendungen vorbrachten, von der Kreisleitung zu hören, daß sie zwar andere Listen aufstellen könnten, aber "die Kreisleitung werde unter allen Umständen ihre Liste durchsetzen".[505]

Eine Erklärung für diese Wahllenkung, die nicht gerade dazu geeignet war, Verständnis in der Pfarrerschaft zu gewinnen, bot Pfarrer Dr. Daum an.[506]

> "Und wenn wir Kirchenvorsteher, welche Mitglieder der NSDAP sind, um uns sammeln, so nicht deswegen, weil wir evangelische Christen erster und zweiter Klasse schaffen wollen, sondern allein deswegen, weil wir die kühne, aber ganz unmaßgebliche Meinung haben, diese seien besser geeignet, ein positives Verhältnis der Kirche zum Staate Hitlers herbeizuführen als solche, die noch vor kurzem auf eine andere Fahne geschworen haben."

Große Verwirrung in Kleins Wahlvorbereitungen brachte ein vom Landesbischof am 1. August erlassenes Kirchengesetz, das die Mitglieder der Landessynode von 90 auf 50 heruntersetzte (davon waren nur 39 zu wählen, 13 Geistliche und 26 Weltliche) und die Zahl der Wahlbezirke von 26 auf 12 verringerte.[507] Diese radikale Zusammenschneidung der Zahl der Synodalen wurde zuerst aus finanziellen Gründen gerechtfertigt;[508] später wurde erklärt, daß dies eine Anpassung an die Nationalsynode sei, die nur 60 Abgeordnete hatte.[509] Die Folgen dieses Gesetzes waren, was Klein anging, "nicht recht erfreulich". So schrieb er in einem Privatbrief:[510]

> "In einem Wahlkreis hat die NSDAP - wie behauptet wird, auf Anordnung der Gauleitung - dem von mir beauftragten Kollegen die Sache aus der Hand genommen und sie einem andren gegeben, von dem sie weiß, daß er blind nur von politischen Gesichtspunkten her denkt. Leider habe ich es erst heute zufällig erfahren... Nun ist nichts mehr zu machen. Doch habe ich bei der Reichsleitung der NSDAP sofort scharfen Protest eingelegt."

Nach diesem Gesetz schrieben Kleins Bezirksleiter, daß sie auch im Auftrag der Deutschen Christen handelten, wie ein Brief Pfarrer Dr. Hoffmanns aus dem Wahlkreis 9 zeigt:[511]

> "Für die Wahl zur Landessynode hält die Arbeitsgemeinschaft nationalsozialistischer Pfarrer (in Verbindung mit der Glaubensbewegung

Deutscher Christen)...für notwendig, möglichst Männer zu wählen, die...aktiv im heutigen staatlichen und völkischen Leben stehen."
Die Bezirksleiter benutzten auch die NS-Ortsgruppenleiter, um Kontakt mit den Kirchenvorstehern aufzunehmen.[512]

Das Dekanat Weißenburg war dem Wahlkreis 5 zusammen mit Altdorf, Pappenheim, Roth, Schwabach und Thalmässing zugeordnet. Kleins Bezirksleiter hier war Pfarrer Kalb, der schon früh damit begonnen atte, ein Verzeichnis der NS-Kirchenvorsteher im Bezirk herzustellen.[513] Nachdem eine Verhältniswahl beantragt wurde, stellte ein "Prüfungsausschuß" fest, daß der einzige eingereichte Wahlvorschlag, der von 17 Vertrauensmännern zusammengestellt war, als endgültig anzusehen sei.[514] Über die Ortsgruppenleiter der Partei bekamen die Kirchenvorsteher einen Bericht über die Gewählten, den sie mit Unterschrift zur Kenntnis nehmen sollten.[515] Während einige diese Wahlprozedur sinnvoll fanden, da es zu zeitraubend wäre, alle 750 Kirchenvorsteher persönlich zu fragen,[516] kritisierten andere "das Eingreifen in die Wahlen der Landessynode...von Weißenburg her", eine Handlung, die "den Ordnungen unserer Landeskirche" in keiner Weise entspräche.[517] Die zwei im Wahlkreis 5 gewählten Kandidaten deuteten auf einen Kompromiß im Ausschuß hin; neben dem parteiungebundenen Rektor der Rummelsberger Anstalten, Karl Nicol, wurde der NS-Kreisleiter von Hilpoltstein, Karl Minnameyer, in die Synode gesandt.

Insgesamt hatte die neue Synode eine starke NS-Prägung bekommen. Von den 13 gewählten Geistlichen waren 8 Pgg. oder Mitglieder des NS-Pfarrerbundes oder beides; von den 26 gewählten Weltlichen waren mindestens 15 Pgg.[518] Zehn Abgeordnete wurden von Meiser in die Landessynode berufen, davon waren 6 Pfarrer, darunter 3 vom NS-Pfarrerbund einschließlich Wolf Meyer.[519] Nur 13 der 50 Synodalen waren schon in der alten Synode, und nur 5 von 12 Wahlbezirke hatten Altsynodale wiedergewählt. Besonders stark wurde die Wahl von der Partei in Oberfranken beeinflußt, wo keine Altsynodalen wiederkehrten, und fast so stark in Teilen von Mittelfranken. Sehr gering dagegen war die Parteibeeinflussung im Kirchenkreis München.[520]

Angesichts der Wahlbeeinflussung durch die Partei und die Deutschen Christen fühlten sich manche Pfarrer "auf schwerem Posten", ohne "eindeutigen Marschbefehl" der Kirchenbehörde.[521] Eine Kanzelkungebung des Landesbischofs vom 13. August, zwei Wochen vor der Wahl, war sehr allgemein gehalten. Meiser registrierte die "ernste Besorgnis" in den Gemeinden "darüber, daß durch das Auftreten neuer kirchlicher Bewegungen der Bekenntnisstand unserer Kirche gefährdet werden könnte".[522] Er versprach, bekenntniswidrige Handlungen abzuwehren und rief die Gemeinden auf, "sich, je bewegter die kirchliche Lage wird, umso fester auf den Boden des Bekenntnisses zu stellen". Klare Anweisungen oder Zurückweisungen bezüglich der Landessynodalwahl enthielt die Kundgebung jedoch nicht.

Erst nach der Wahl äußerte sich Meiser kritisch zu dem Versuch der Deutschen Christen, Einfluß auf die Zusammensetzung der Landessynode zu gewinnen.[523]

> "Damit wurde viel Unruhe in die Gemeinden getragen und ernste Gewissensnot über Pfarrer und Kirchenvorsteher gebracht. Denn nach den mir vorliegenden Berichten wurden zur Wahlbeeinflussung stellenweise Mittel angewendet, die nicht gebilligt werden können und wodurch die von der Reichsregierung zugesicherte Freiheit der Wahl mancherorts illusorisch gemacht wurde. Auf keinen Fall kann gesagt werden, daß bei diesen Wahlen überall rein kirchliche Gesichtspunkte obwalteten."

18) Die Diskussion in der Pfarrerschaft zur Frage der Deutschen Christen im August 1933

Auch wenn die Kirchenleitung nicht energisch in die Wahlvorbereitungen eingriff, ganz allein hat sie die Pfarrer in Franken, wo die DC-Aktivität am stärksten war, nicht gelassen. Anfang August machte OKR Meinzolt eine Rundreise durch Franken und hielt Mehrkapitelskonferenzen in 7 Städten ab. Zweck der Reise war, das Vertrauensverhältnis zwischen Kirchenleitung und Pfarrern in einer Zeit der "kirchenpolitischen Hochspannung" zu vertiefen, und auch die Einstellung der Pfarrerschaft zu den DC herauszufinden.[524] In fast allen Konferenzen stellte Meinzolt fest, daß die DC "eine nahezu einmütige Ablehnung" erfuhren.[525] Nur unter den 150 Pfarrern in Nürnberg gab es "nicht wenige" die für die DC gesprochen hatten, wobei einige sich auf eine DC "bayerischer Observanz" Hoffnung machten.[526] Die meisten DC-Pfarrer waren der Meinung, daß man nur in die Bewegung "eintreten könne und solle, um die Leitung in der Hand zu halten". Das Auftreten von Wolf Meyer wurde allgemein abgelehnt; Meinzolt gewann auch den Eindruck, daß Meyer, der offenbar bereit sei, "durch Dick und Dünn mit den Berlinern" zu gehen, eine Ausnahme unter den DC-Pfarrern sei. Durch das Fazit seiner Reise war die Kirchenleitung in München sicherlich erleichtert:[527]

> "Festgestellt kann werden, daß die Deutschen Christen quantitativ und qualitativ eine verschwindende Minderheit in der bayerischen Pfarrerschaft darstellen und daß sie eine Gefahr für die Kirche zur Zeit nicht bedeuten. Das kann natürlich in dem Augenblick anders werden, wo die Deutschen Christen nun einfach den Befehlen der Parteileitung der NSDAP oder den Befehlen Hossenfelders folgen werden. Ich bin überzeugt, daß die meisten, ja fast alle bayerischen Pfarrer in einem wirklichen Konflikt zwischen ihrem kirchlichen Amt und ihrer Stellung als Parteimitglieder sich für das kirchliche Amt entscheiden würden und daß die Kirchenleitung in einem Falle, wo etwa ein Pfarrer der Deutschen Christen gegen ihre Weisungen verstösst, unbedenklich tatkräftig durchgreifen kann und muss; ganz ausschliessen aber möchte ich die Konfliktsmöglichkeit doch nicht und in dieser Richtung scheint mir Klein nicht ganz verlässig zu sein. Die Stillen im Lande, von denen man nie etwas

hört, sind in ernster Sorge, ob die Schreier nicht die Kirchenleitung in falscher Richtung beeinflussen; ich habe ihnen bei wiederholten Gelegenheiten versichert, daß der Herr Landesbischof...in keiner Weise gewillt ist, von dem Wesentlichen der Kirche etwas preiszugeben oder seine Maßnahmen sich von den Deutschen Christen vorschreiben zu lassen."

Während der Aussprache auf der Nürnberger Konferenz meldeten sich zwei Pfarrer, die auch in den kommenden Monaten die Debatte über das Für und Wider der Deutschen Christen führen sollten: der Nürnberger DC-Pfarrer Han Greifenstein und der Direktor des Nürnberger Predigerseminars Julius Schieder. Die Gründe seiner ablehnenden Haltung zu den DC legte Schieder in zwei Beiträgen im "Korrespondenzblatt" dar.[528] Zuerst belegte er seine Besorgnis, daß DC-Pfarrer sich nicht davon zurückhielten, in fremde Gemeinden einzubrechen.[529] Dies sei durch die Anfrage wegen der Parteizugehörigkeit der Kirchenvorsteher geschehen, und auch vom DC-Landesleiter Klein für einige Gemeinden in Oberfranken zugestanden.[530] Dann machte er theologische Argumente für seine Ablehnung geltend, denn auch bei den gemäßigten Deutschen Christen erscheine "der alte Liberalismus, der sich den Mantel des Völkischen umgehängt hat und so aufs neue die Kirche erobern will". Problematisch vor allem sei das Erkenntnisprinzip der DC, wie es in den immer noch geltenden Thesen von Hossenfelder im Punkt 4 zum Ausdruck komme:[531] "Wir bekennen uns zu einem bejahenden artgemäßen Christusglauben, wie er deutschem Luthergeist und heldischer Frömmigkeit entspricht". Hier sah Schieder eindeutig den Liberalismus, denn für ihn gab es "nur einen Christusglauben, wie er dem Wort Gottes entspricht, wie er dem Heiligen Geist entspricht". Leider sei das Gerede von einem artgemäßen Christusglauben auch in den Richtlinien der Deutschen Christen, Ortsgruppe Nürnberg, vorhanden.

Greifensteins Antwort zeigt, daß seine Differenzen mit Schieder mehr politisch als theologisch begründet waren.[532] Er bejahte die GDC, weil er in ihr eine für die Kirche positive Dynamik sah: Die GDC

"hat die deutsche evangelische Kirche, der unsere bayerische Landeskirche jetzt angehört, bereits weithin erobert. Das hat in unseren Laienkreisen ein großes Aufhorchen hervorgerufen. Die Laien, die im Nationalsozialismus stehen, sehen in der Glaubensbewegung 'Deutsche Christen' die kirchliche Parallele zur politischen Bewegung. Sie erhoffen von ihr die Verlebendigung und Aktivierung der Kirche, die sie auch im Interesse des neuen Staates für nötig halten...Darum wünschen sie eine Kirche, die nicht bloß die kleinbürgerliche Schicht im Volk erfaßt, sondern eine Kirche, die mit derselben Energie, wie es der Nationalsozialismus auf politischem Gebiet verstanden hat, auch auf dem Gebiet des Glaubens das ganze Volk aufrüttelt, zum Erwachen, zur Entscheidung und zum entschlossenen Kampfe bringt."

Greifenstein versicherte, daß er genauso fest zum Bekenntnis stehe wie Schieder. Die Deutschen Christen hätten auch nichts zu befürchten von der von Schieder initiierten "Front von Theologen, die über das Bekenntnis wacht".

Daß eine Frontenbildung in der Pfarrerschaft zu dieser Zeit tatsächlich im Gange war, zeigt eine Tagung des "Bruderkreises jüngerer Theologen" in Rummelsberg vom 28. bis 31. August. Vierzig bayerische Pfarrer, darunter auch aus Weißenburg Dekan von Löffelholz und Pfarrer Rottler, hörten eine Reihe von Vorträgen über "Christliche Erziehung" von dem Karl Barth nahestehenden Bethler Dozenten Georg Merz.[533] In einer klaren Abgrenzung zu den DC-Ansätzen, lehnte Merz einen "artgemäßen Unterricht" kategorisch ab; christlicher Unterricht könne "nicht von Rasse und Volk her, nicht vom Staate und nicht von einem Kulturgefüge" begründet werden, denn sonst werde "aus der Offenbarung von Christus, aus dem Evangelium eine Kulturreligion gemacht". Nach den Vorträgen erzählte Merz "aus genauer Kenntnis von den kirchlichen Ereignissen der letzten Monate sowie von der Reichsbischofswahl". Da Merz Pastor v. Bodelschwingh sehr nahe und der neuen Reichskirche äußerst kritisch gegenüberstand, befand sich seine Sicht der Lage im deutlichen Kontrast zu der von der kirchlichen Presse und der bayerischen Kirchenleitung propagierten Version.[534]

Im "Bruderkreis" zusammengefaßt waren auch einige alte Volksdienst-Anhänger, darunter einer der Gründer des Kreises Dekan Georg Kern, der auf der Nürnberger Konferenz mit Meinzolt kein Hehl aus seiner Ablehnung der DC gemacht hatte.[535] Der Kreis gewinnt aber auch deshalb an Bedeutung, weil aus ihm heraus die bayerische Pfarrerbruderschaft - der Kontrahent der DC und NS-Pfarrerbund - im Frühjahr 1934 gebildet wurde.[536] Schon im August 1933 versuchte der Kreis andere Pfarrer anzusprechen und veröffentlichte Leitsätze, die, allein durch ihren Mangel an nationalem Pathos, sich stark von vielen kirchlichen Äußerungen der Zeit abheben. Um gegenseitige Hilfe zu leisten sei der Kreis entstanden:[537]

> "Wie er es bisher tat, so will er gerade heute, wo sich die Gegensätze unter uns Pfarrern verschärfen, den Brüdern dadurch beistehen, daß er die überlegne Hoheit des Dienstes am göttlichen Worte in allen Dingen zu Ehren bringt."

Obwohl der "Bruderkreis" Kirchenpolitik dem Kirchenregiment überlassen wollte, geriet er durch seine bewußte Ablehnung einer von den politischen Ereignissen der Zeit bestimmten Theologie in eine Kontrasthaltung zu den DC, wie folgender Teil der Leitsätze zeigt:

> "In der frohen Gewißheit, daß das Wort von der Königsherrschaft Jesu Christi alle irdischen Losungen überdauert und daß die Predigt von der freien Gnade die einzige Botschaft ist, die selig macht, bitten wir alle, die sich zu uns halten wollen, den Ruf der gegenwärtigen Stunde unter dies Licht zu stellen, ebenso aber entschlossen jeder Erstarrung zu wehren und liebgewordene Überlieferungen und menschliche Meinungen und Grundsätze dem Gericht des göttlichen Wortes anheimzustellen. So hoffen wir frei zu werden für den Ruf Gottes und für den Dienst an seinem Worte."

20) Die Aktivität der Deutschen Christen im Spätsommer 1933

Welche Formen die DC-Werbung im Spätsommer 1933 annahm, zeigt sehr eindrucksvoll die Kundgebung am 27. August in der Zionshalle der Hensoltshöhe in Gunzenhausen. Angekündigt wurde die Versammlung auch in Weißenburg mit der Bemerkung, daß man nun die Gelegenheit haben werde, Pfarrer Wolf Meyer zu hören, der auf dem Frankentag hätte sprechen sollen.[538] Erschienen waren 3500, darunter die NS-Prominenz von Gunzenhausen, Bürgermeister Dr. Münch und Kreisleiter Appler.[539] Eine Fahnenaufstellung des SA-Sturmbannes III/13 umrahmte das Rednerpodium, was sich als durchaus angebracht erwies, denn die Rede Meyers, "Wofür kämpfen wir Deutsche Christen?", bewegte sich hauptsächlich in politischen Bahnen. Nicht viel anders als die Parteiredner der Zeit, stellte Meyer fest:

"Was wären wir nach der roten Revolution, die gekommen wäre, wenn nicht die Männer der SA gewesen wären. Es gäbe keine Pfarrer und Pfarrhäuser mehr, die Dörfer wären verödet, es gäbe kein Brot, viele lägen erschlagen... Daß heute noch bei uns Pfarrer predigen dürfen verdanken wir den Männern der SA und ihren Führern."

Meyer nannte die "nationalsozialistische Revolution" "einen Faustschlag Gottes gegen die Gottlosigkeit". Er war überzeugt, daß der Wunsch, daß Deutschland Christus gehören soll, "in den Männern der nationalen Revolution lebendig" sei; hierfür gelte auch der Kampf der DC.

Wie eng Meyer den hossenfelderschen Thesen verbunden war, kam auch zum Ausdruck. Obwohl er eine Vergötzung von Rasse und Volk ablehnte, betonte er dennoch:

"Wir deutsche Christen kämpfen für den neuen Staat, weil wir kämpfen für unser Volk. Wir kämpfen für den Gedanken: Deutschland den Deutschen. Das ist unser Wille zum Volkstum und unser Bekenntnis zur Rasse."

Als überzeugendste Daseinsberechtigung der DC führte Meyer die Befürwortung Hitlers an:[540]

"Wir kämpfen mit unserem Volk den nationalen und sozialen Kampf. Der Führer trat an unsere Seite, er hat sich zu uns bekannt. Nicht um ein politisches Geschäft zu machen, sondern um der Wahrheit willen, daß nur ein Volk des Glaubens die Kraft hat allen Gewalten Trotz zu bieten."

Anschließend an Meyers Rede sprach Dekan Sperl und stellte fest, daß die Ziele, die Meyer aufzeigte, vor allem für eine lebendige Volkskirche, "vielfach dieselben (sind) wie die, welche unsere Gemeinden sich gestellt haben".[541] Da Meyer es wohl nicht gesagt hat, wies Sperl darauf hin,

"daß die bayerischen Deutschen Christen sich ausdrücklich unter unsern Herrn Landesbischof gestellt haben, dem wir als unserm Führer Treue und Gehorsam versprochen haben."

Dies war auf der Hensoltshöhe eine besonders wichtige Feststellung, denn der Hensoltshöhe Gemeinschaftsverband, eine von der Landeskirche unabhängige Einrichtung, hatte sich schon der GDC angeschlossen und in seinen Gemeinschaften im Lande für den Beitritt zu der Bewegung sich eingesetzt. Der Direktor der Hensoltshöhe, Rektor Ernst Keupp, war außerdem einer der Organisatoren der DC in Bayern.[542] Da die Gemeinschaften der Hensoltshöhe die kirchliche Ordnung nicht immer respektierten und deshalb oft in Spannung mit den Gemeinden der Landeskirche lebten, war die Gefahr groß, daß eine der DC angeschlossene Gemeinschaft die Unterordnung der Bewegung unter den Landesbischof nicht akzeptieren und eine Spaltung in den Gemeinden hervorrufen würde.[543]

Um der Gefahr eines unerlaubten Einbruchs eines DC-Pfarrers in eine fremde Gemeinde zu begegnen, reagierte Landesbischof Meiser prompt mit einem scharf formulierten Rundschreiben an alle Geistlichen.[544]

> "Ein Pfarrer, der ohne Benehmen mit dem zuständigen Amtsbruder in dessen Gemeinde oder Amtssprengel Handlungen vornimmt, die auf kirchliche Dinge Bezug haben, verstösst nicht allein gegen die Pflicht der Amtsbrüderlichkeit, sondern auch gegen die Installationsverpflichtung, die jeden Pfarrer an seine Gemeinde und jede Gemeinde an ihren Pfarrer weist. Ich stehe nicht an, ein solches Verhalten eines Geistlichen aufs schärfste zu mißbilligen und behalte mir Maßnahmen im Einzelfall vor."

Offensichtlich ermutigt durch die Meinzolt Berichte über die tatsächliche Stärke der DC, setzte Meiser seinen absoluten Führungsanspruch, auch gegenüber den DC, durch:

> "Die Einheit und Geschlossenheit unserer bayerischen Landeskirche ist gerade in den Stürmen der gegenwärtigen Zeit ein so hohes Gut, daß ich an ihr nicht rütteln lassen darf. Ich erwarte von allen Herrren Geistlichen die gewissenhafte Beobachtung der Brüderlichkeit im Amt und unbedingten Gehorsam gegenüber meinen Anordnungen."

Interessanterweise akzeptierte Meyer diese Bedingungen und gab die Weisung aus, daß kein DC-Pfarrer "in der Gemeinde eines anderen Amtsbruders ohne dessen Zustimmung irgendeine kirchliche Handlung vornehmen" darf.[545] Sein kämpferischer Ton blieb dennoch unverändert:

> "Kameraden, die nationalsozialistische Revolution hat auf legalem Wege durch die Macht ihrer Idee den Staat erobert. Die Glaubensbewegung Deutscher Christen geht denselben legalen Weg, in der unerschütterlichen Gewißheit, daß der Tag kommt, an dem ihr Wille, ihre Sache, ihr Ziel alle Gemeinden erobert haben wird."

21) Die erste Sitzung der neuen Landessynode

In dieser gespannten Atmosphäre fand die erste Sitzung der neugewählten Landessynode statt. Um Stellung zu den Vorbereitungen zu nehmen, traf vorher am 4. September der Landessynodalauschuß zusammen.[546] Zuerst wurde der Vorschlag Meisers, als Tagungsort das Dienstgebäude des LKR in München zu wählen, knapp angenommen. Andere plädierten für Bayreuth und Nürnberg, und Rektor Lauerer gab zu Protokoll,

"daß er Nürnberg als den Brennpunkt des kirchlichen und gegenwärtigen politischen Lebens für den einzig möglichen Tagungsort halte, weil ein Vermeiden des heißen Nürnberger Bodens nur ein Hinausschieben der kommenden, unbedingt notwendigen Auseinandersetzung bedeute."

Daß Meiser aber eine Konfrontation vermeiden wollte, zeigten seine Bemerkungen zu den DC. Obwohl die DC bei der Synodalwahl viel Sympathie verloren hätten, seien viele der Meinung, man könne nicht zum Kampf gegen die Bewegung antreten. Wenn die DC-Pfarrer zusammenstünden und eine "bayerische Observanz" tatsächlich durchsetzten, "dann könne auch die Haltung der Kirchenleitung eindeutiger sein als bisher". Die Lage sei allerdings erschwert "durch den Anschluß der Gemeinschaft an die DC, die dadurch versuche den starken Impuls der DC für ihre durchsichtigen Ziele auszunützen".

Die Synode, die vom 12. bis zum 14. September tagte, hatte als Hauptaufgabe, einen Abgeordneten für die Nationalsynode zu wählen und einen neuen Synodalausschuß zu bilden. Ein potentieller Streitpunkt war schon vor der Synode aus den Weg geräumt, als Pfarrer Klein seinen Antrag auf die Einführung eines Kirchenbeamtengesetzes mit einem Arierparagraphen nach dem Vorbild der Altpreußischen Union zurücknahm.[547] Aber auch ohne diesen Antrag waren genügend Spannungsmomente vorhanden, hauptsächlich bezüglich der DC und des erwarteten Machtkampfs um Einfluß im neuen LSA, aber auch um die Stellungnahme zur neuen Reichskirche.

Vor der Synode wurde die Sorge offen ausgesprochen, daß die Bekenntnisfrage in der Verfassung der Reichskirche keine klare Antwort bekommen hatte. In seiner Schrift, "Was wird aus unserer Kirche?", hat Professor Ulmer, Abgeordneter der Erlanger theologischen Fakultät auf der Synode, die neue Reichskirche als eine Vergewaltigung der lutherischen Kirche betrachtet, wobei die Union die Hauptschuld trage.[548] Und Hermann Sasse nannte die kirchliche Einigung ganz schlicht "die deutsche Union von 1933". Eine letzte Hoffnung, die Bekenntnisfrage befriedigend zu lösen wurde in der Personenfrage, d.h. Reichsbischof und Ministerium, gesehen. Wie ein besonders weitsichtiger Pfarrer es ausdrückte:[549]

"Wenn hier eine echte kirchliche Antwort gegeben wird, bleiben wir vor viel Herzeleid bewahrt und die Revision der Verfassung kann beginnen. Kommen Männer in die verantwortlichen Ämter, deren Lehre und Verkündigung unser Bekenntnis als Irrlehre verurteilt, so wird die bei ihrer Ernennung verachtete Bekenntnisfrage sehr bald neu hervorbrechen. Wahrscheinlich bei der Durchführung ihrer Anordnungen. Einmal werden unsere lutherischen Kirchen am status confessionis ankommen!"

In seiner Eröffnungsrede auf der Synode gab Meiser zu, daß eine lutherische Reichskirche seinen persönlichen Vorstellungen viel mehr entsprochen hätte. Die Verfassung gewährleiste dennoch die Erhaltung von Bekenntnis und Kultus in den einzelnen Landeskirchen, und es werde die Aufgabe der bayerischen Landeskirche sein, den Standpunkt des Luthertums in der Reichskirche mit Nachdruck zu vertreten.[550]

Mit Spannung wurde Meisers Stellungnahme zu den DC erwartet, wurden doch vor der Synode Stimmen laut, die dem Landesbischof baten, die Daseinsberechtigung der Bewegung in Bayern zu verneinen.[551] Meiser räumte ein, daß die kirchlichen Verhältnisse in Bayern eher gegen die Notwendigkeit der Bewegung sprechen würden.[552] Dennoch sei "das leidenschaftliche Interesse" nicht zu verkennen, "mit welchem in dieser Bewegung der junge nationale Staat sein Interesse an der Kirche anmeldet". Wenn die DC in Bayern die drei ihr gestellten Bedingungen vom 28. Juli erfüllen - Wahrung des Bekenntnisses, volksmissionarische statt kirchenpolitischer Zielsetzung, Unterordnung unter den Landesbischof - dann können die bayerischen DC ein Segen für die ganze Bewegung sein, und dann würde auch die abwartende Haltung der Kirchenleitung fallen.

Der Sprecher der DC, Pfarrer Greifenstein, versicherte Meiser, daß die Bewegung in Bayern die drei Bedingungen akzeptierte. Als Zeichen des gemeinsamen Vertrauens billigte die Synode einstimmig die fristlose Verlängerung des Ermächtigungsgesetzes für den Landesbischof. Dadurch schien eine Art Waffenstillstand in der Frage der DC erreicht zu sein.[553]

Am nächsten Tag jedoch brach eine leidenschaftliche Debatte aus, weil Professor Ulmer, bei der Begründung seines Antrages über die Wahrung des Bekenntnisses in der Reichskirche, vor Gruppenbildung gewarnt und die Synodalen auch gebeten hatte, die Machtfrage bei der Wahl des LSA nicht gelten zu lassen.[554] Diese Spitze traf selbstverständlich die DC-Gruppierung, die noch einmal um das Vertrauen der Synode warb. Dabei wurde auch deutlich, wo die Grenzen der Zusammenarbeit der zwei Gruppen auf der Synode lagen. Einmal war es die Einstellung zur Reichskirche. Die DC wollten das von Hitler gesegnete Gebilde nicht in Frage stellen; wenn die andere die Reichskirche nicht für tragbar halten sollten, dann, sagte Greifenstein, "müßten wir zu dem Schluß kommen, daß wir uns trennen".[555] Eine unterschwellige Differenz lag auch in der Weise, wie man zum NS-Staat stand, denn ob man begeistert bei den DC dabei war oder ihnen abwartend oder ablehnend gegenüberstand, war zum großen Teil bedingt durch die jeweilige Einstellung zum Nationalsozialismus.

Selbstverständlich haben alle Synodalen, die sich dazu geäußert haben den neuen Staat bejaht; trotzdem waren Differenzen erkennbar. Was Pfarrer

Eckstein in seinem Bericht über die Synode geschrieben hat, hätten einige Synodalen sicherlich anders ausgedrückt. Er führte aus:[556]

"Das Bekenntnis zum neuen Staat zog sich wie ein tragender Grundton durch die ganzen Verhandlungen der Synode hindurch. Es war mehr als Formsache und als leere Demonstration, daß man den Volkskanzler am Beginn der Synode mit dreifachem Heil begrüßte. Aus allen Reden klang immer wieder die tiefe Freude am neuen Staat und neuen Volk heraus. Diese Freude ist religiös, nicht bloß gefärbt, sondern verankert. Von den verschiedensten Seiten der Synode wurde das Bekenntnis abgelegt, daß man in der nationalen Revolution ein Geschenk Gottes an unser Volk, daß man in der nationalsozialistischen Bewegung und ihrem Führer den von Gott in höchster Not gesandten Retter erkennt. Es ist also nicht bloß politische Klugheit oder Loyalität, wenn die Kirche dem neuen Staat sich unterstellt, sondern es ist Gewissenspflicht für den Christen, diese Gottesgaben freudig zu bejahen und es ist Dankespflicht gegenüber dem gnädigen Gott, dem Führer Gefolgschaft zu leisten. Diese Erscheinung eines religiösen Nationalismus, die in solcher Stärke und Ungebrochenheit auftritt, verdient stärkste Beachtung."

Obwohl diese Rhetorik bei den DC-Synodalen wie Greifenstein zu finden ist, haben andere Redner eine ganz andere Sprache gewählt.[557] Dekan Georg Kern sprach auf der Synode zwar auch von einer "von Gott geschickte(n) Wendung", seine immer noch distanzierte Haltung zum NS-Staat hat er jedoch in keiner Weise versteckt:[558]

"Manchmal beneide ich die Herren, die der nationalsozialistischen Sache und Bewegung gegenüber nur Optimisten sein können. Wenn wir das nicht sein können, dann ist es der Sache des Kanzlers gewiß nicht abträglich. Das ist vielmehr notwendig. Denn wenn wir uns nicht so rasch umstellen können, ja wenn wir uns nach der Wendung nicht gleichschalten konnten und wollten, dann taten und tun wir das nicht, weil wir der Sache abträglich sein wollen, sondern dann tun wir es, weil wir's für besser halten, daß etliche gerade dem Führer zuliebe der Sache 'kritisch' im guten Sinn gegenüberstehen und nun von der guten Gesinnung aus auch einmal ein anderes Wort sagen und ein anderes Licht auf die Sache werfen können."

In den Reden des Landesbischofs auf der Synode wird man auch vergeblich nach einer Sprache, wie sie Eckstein benutzte, suchen. Meiser, der vor allem bestrebt war, die Differenzen auf der Synode zu überbrücken, hatte auch die den DC Fernstehenden in Schutz genommen. Als der DC-Synodale Mitschke die Meinung äußerte, daß jedes Mißtrauen beseitigt wäre, wenn alle "restlos auf dem Boden des neuen Reiches stehen" würden, sah sich Meiser genötigt, diejenigen Geistlichen zu verteidigen, die "in Dingen der Politik nicht zu tief in die Arena heruntersteigen" wollten.[559]

"Wenn viele ihre unpolitische Haltung beibehalten haben, so aus guten Gründen. Wenn sie auch heute nicht hineinsteigen in den politischen Tageskampf, heute, wo dazu noch weniger Anlaß ist als je, nachdem der Führer es als seinen ausdrücklichen Willen erklärt hat, daß sich die Geistlichen der Politik enthalten sollen, so möchte ich nachdrücklichst feststellen, daß dies kein Beweis politischer Unzuverlässigkeit und reaktionärer Gesinnung unserer Geistlichen ist."

Nach der Debatte stellte man fest, daß es wohl zwei Gruppen oder "Schattierungen" gab. Aber anders als auf der Preußischen Generalsynode am 5. September, wo es zum offenen Bruch kam, war in Bayern der gute Wille noch vorhanden, "zu einer letzten Einheit des Bekennens zu kommen".[560] Dies wurde vor allem bei der Wahl des LSA am letzten Tag eindrucksvoll demonstriert. Der Vertrauensausschuß, der die Wahl vorbereitet hatte, schlug jeweils nur vier geistliche und weltliche Mitglieder, sowie acht Ersatzleute vor, anstatt wie üblich die doppelte Zahl.[561] Die Deutschen Christen im Ausschuß waren damit einverstanden, daß beide Gruppen unter den Vorgeschlagenen gleichmäßig repräsentiert waren. Die Wahlhandlung war dann nur eine Bestätigung der Vorschlagsliste. Gewählt wurden von der DC-Gruppe die Pfarrer Klein und Greifenstein, sowie Dr. Schneider und Soldner; radikale DC waren nur unter den Ersatzleuten.[562] Die vier restlichen Mitglieder wurden Ende September von Meiser ernannt, allerdings nicht im gleichen Proporz, denn nur Studienrat Deye gehörte der DC-Gruppe an.[563]

In seinem Schlußwort bat Meiser vor allem die Laien darum, die Debatte auf der Synode "nicht als einen Pfarrerstreit oder als ein Pfarrergezänk" anzusehen.[564] Es gebe "Verschiedenheiten in der Auffassung", und die Dinge lägen nicht "so einfach und glatt, wie manche sich das vorstellen". Meiser drückte den Wunsch aus,

"daß die Art und Weise, wie wir uns hier trotz aller Gegensätzlichkeit, die nicht verschleiert werden sollte, doch wieder zu gemeinsamen Handeln zusammengefunden haben, vorbildlich sein möchte für unsere Pfarrkonferenzen wie für unsere Gemeinden."

In seinem Bericht über die Synode zog Eckstein folgendes Fazit:[565]

"Man hat eine entschiedene Wendung vollzogen, von der Kirchenpolitik und dem Hin und Her in der Kirche zum Einsatz und Angriff der Kirche in volksmissionarischer Arbeit."

Die Bejahung der volksmissionarischen Arbeit war das bindende Element zwischen den zwei Gruppen auf der Synode und für Kritiker der Deutschen Christen die einzig mögliche Berechtigung für die Bewegung in Bayern.

Nach der Landessynode wurde die Feststellung gemacht, daß "in den kirchlichen Vorgängen in Bayern eine mehr und mehr zunehmende Entspannung eingetreten" sei.[566] In Zeichen der Entspannung haben auch Schieder und Greifenstein ihr Streitgespräch im "Korrespondenzblatt" "um der Sache willen" abgebrochen.[567]

22) Die theologische Diskussion in der Pfarrerschaft und die Rüstung für die kommende volksmissionarische Arbeit

Als weitere Stufe der Entspannung kann man die Versammlung des Pfarrervereins am 27. September in Nürnberg werten. Im Gegensatz zu der Synode, wo die DC zahlenmäßig überrepräsentiert waren, stellten die DC unter den 450 versammelten Pfarrern in Nürnberg eine Minderheit dar, da die DC-Stärke in der Pfarrerschaft zu dieser Zeit schätzungsweise 10 bis 12 Prozent betrug.[568] Die zwei vorgetragenen Referate waren auch der vorläufige Schluß in der Debatte über die GDC.

Das Referat von Rektor Lauerer bewegte sich, was die DC anging, durchaus auf der abwartenden Linie von Meiser.[569] Für Lauerer war die Zusicherung der DC-Leitung auf der Landessynode, daß sie "auf dem Bekenntnis stehen und dafür kämpfen wollen" maßgebend, denn nur eine lutherische GDC könne man bejahen. Abzulehnen sei die dialektische Theologie Karl Barths, denn es sei wichtig für die kirchliche Verkündigung, daß ihre Form "sich nach der Beschaffenheit der Empfänger" richtet, obwohl ihr Inhalt unwandelbar bleibt. Das bedeutete für Lauerer, daß die Kirche ihre Pflicht versäume wenn sie nicht "dem Rechnung trägt, daß die Welt, in der jetzt die Deutschen leben, der Nationalsozialismus ist". Dahinter stand Lauerers Überzeugung, die auch viele andere mit ihm teilten, "daß Gott in dem Werk, das der Nationalsozialismus an unserem Volk ausrichtet, große Barmherzigkeit an unserem Volk getan hat und tun will, das weist uns Dienern der Kirche den klaren Weg".

Die Meinungsunterschiede auf der Versammlung machte das zweite Referat von Pfarrer W.F.Schmidt deutlich.[570] Er begrüßte zwar das Aufwachen des Volkes "durch die Tat Adolf Hitlers", stellte aber gleichzeitig fest, daß "auch die glänzendsten geschichtlichen Ereignisse...weltanschaulich und religiös mehrdeutig (sind), wie heute das Auftreten der völkischen Religionen zeigt". Deshalb komme Gottes Befehl an die Kirche "nie mehr durch Geschichte allein, sondern durch Anwendung des biblischen Offenbarungswortes auf die konkrete Lage". In einer klaren Anspielung auf Meyers Rede, "Das Gebot der Stunde", auf einer DC-Versammlung am 22. September, mit dem Haupttenor, "Gottes Sache und meines Volkes Sache gehen gut zusammen",[571] sagte Schmidt:[572]

"Es gibt also für die Kirche kein 'Gebot der Stunde' als göttliches Gebot, das ohne maßgebende Leitung der biblischen Offenbarung feststellbar wäre. Wer das 'Gebot der Stunde' nur aus den geschichtlichen Ereignissen feststellen zu können glaubt, stellt sich damit gegen Luther auf die Seite der Schwärmer."

In der mehrstündigen Aussprache nach den Referaten kam es "zu dramatischen Szenen", wobei keine Einigung darüber erreicht wurde, "wie Gottes Wort in der Geschichte erkannt werde und ob die nationale Umwälzung als ein heilsgeschichtliches Ereignis bezeichnet werden könne".[573] Uneinigkeit herrschte auch über die Rolle, die die DC in Bayern spielen könnten. Die Vertreter der DC sahen ihre Funktion als einen "Schutzwall gegen die völkische Religiosität", denn nur sie hätten "das Vertrauen der Kreise..., welche in Gefahr seien zur entstehenden völkischen Kirche abzugleiten". Die Kritiker der DC waren hier aber weniger zuversichtlich, denn es gebe in der GDC außerhalb Bayerns "zu viele Stellen, welche gegen den Einbruch der völkischen Religiosität ungeschützt seien".

Aber genauso wie auf der Landessynode erreichte man auch hier eine Übereinstimmung bezüglich der volksmissionarischen Aufgabe.[574]

"Einig war man aber in dem Willen, sich der volksmissionarischen Aktion des Herrn Landesbischofs, auf welche der dafür kommissarisch beauftragte H. Kern mit großen Ernst hinwies, bedingungslos zur Verfügung zu stellen."

In der Tat gelang es auch Kern in den kommenden Wochen, "in sei-nen volksmissionarischen Arbeitsgemeinschaften beide Gruppen zu brüderlicher Zusammenarbeit zu vereinen".[575]

Die Ernennung Kerns als Sonderbeauftragter für Volksmission am 15. September war notwendig, um die verschiedenen Gruppen, die die Arbeit aufnehmen wollten - darunter die Gemeinschaften und auch die DC - zu lenken und an die Kirche zu binden. Dabei waren Kerns fünfjährige Erfahrung als Inspektor der Neuendettelsauer Volksmission sowie seine Mitgliedschaft bei der DC eine große Hilfe. Dazu kamen noch seine Erfahrung als Frontoffizier im Krieg sowie persönliche Eigenschaften wie "Einfallsreichtum und Organisationstalent".[576]

Wie sich Kern die volksmissionarische Arbeit vorgestellt hat, geht aus seinem Artikel im "Freimund" vom 20. Juli hervor.[577] In enger Anlehnung an die politischen Ereignisse, vor allem das Anfang Juli proklammierte "Ende der Revolution", schrieb Kern, daß "im Kampf um unser deutsches Volk...eine Gefechtspause eingetreten" sei; "die Fronten haben sich verschoben", und nun gelte es sich zu rüsten gegen eine neue Religion, gestaltet aus Rasse und Blut. Kern war im Klaren darüber,

"daß viele Tausende, Anhänger neuer arischer Blutreligionen, deutscher Nationalkirchen, die wie Pilze und Sekten aus dem Boden schießen und ihre flammenden Aufrufe versenden, unserer Zeit herrlichen deutschen Erwachens grüßen als Morgenrot ihres jungen Tags."

Deshalb müsse der Kampf der Volksmission weitergeführt werden. Für diese Aufgabe müsse die Kirche "eine kampfesfrohe stürmende Missionskirche" werden, und dazu diene die Volksmission als "Pioniertruppe", oder "etwas gewagt" gesagt als "die SA der Kirche".

Kern stellte mit Genugtuung fest, daß das langbestehende Streben der Volksmission nach Volksgemeinschaft "nunmehr Gemeingut der großen deutschen Freiheitsbewegung geworden ist".[578] Ja durch den Kampf gegen die Gottlosenbewegung hätte die Volksmission sogar "der deutschen Freiheitsbewegung auf unsre Weise mit die Bahn gebrochen, ein geistiger und geistlicher Dienst, der für die völkische Bewegung unentbehrlich war."

Obwohl die Evangelisation für Kern nach wie vor ein wichtiger Bestandteil der Volksmission war, legte er ebenso viel Wert auf die Freizeiten und die Schulungsarbeit. Hier galt es besonders, Freizeiten und Schulung für die SA und SS, sowie für Bürgermeister und Mitglieder der Gemeinderäte zu organisieren, denn die dringliche Aufgabe der Volksmission war für Kern, "in erster Linie die Männerwelt" zu erreichen.[579]

Anfang Oktober in Riederau wurden Richtlinien für die volksmissionarische Arbeit aufgestellt.[580] Mit Thesen über "Völkisches Erwachen und Heilsgeschichte", "Artgemäßes Christentum" und "Das Alte Testament als Buch der Kirche" zeigte man eine Bereitschaft, die drängenden Fragen der Zeit direkt anzusprechen. Dabei schuf man auch ein Programm, das Kritiker der DC vertreten konnten. Zum "völkischen Erwachen" hieß es zum Beispiel:[581]

"Wer also das völkische Erwachen zur göttlichen Heilsgeschichte macht, reduziert das Christentum auf eine völkische Gesetzesreligion. Wer das Dritte Reich als direkte Vorbereitung der Wiederkunft Christi betrachtet, verdirbt die Theologie des Kreuzes und ergibt sich der endgeschichtlichen Schwärmerei, die keine Verheißung hat."

Einige Zugeständnisse an die Zeit machte man aber in den Thesen zum "Artgemäßen Christentum". Hier wurde festgestellt: "Unsere Zeit hat mit neuer Deutlichkeit die Bedeutung des völkischen Wesens und des völkischen Lebensraumes erkannt und kämpft mit Leidenschaft um ihre Reinhaltung."[582] Christliche Verkündigung hat die Psychologie und Sprache eines Volkes zu berücksichtigen - "in diesem Sinne muß sie artgemäß sein".[583] Die "Volksseele" könne aber niemals "zum Erzeuger des religiösen Lebens gemacht" werden.

Mit diesen Thesen wurden 120 bayerische Pfarrer für die Arbeit der Volksmission geschult, darunter auch Pfarrer Rottler als Kapitelsbeauftragter für Weißenburg.[584] Ihre Erkenntnisse sollten sie in den Pfarrkonventen weitergeben und dadurch die ganze Landeskirche für die Volksmission vorbereiten. Die Kapitelsbeauftragten hatten auch die Aufgabe, ab November 1933 Monatsberichte an den Sonderbeauftragten Kern zu senden, die sehr eindrucksvoll den Prozeß der Desillusionierung der volksmissionarischen Arbeit belegen.[585]

23) Das Landesfest des Evangelischen Bundes in Weißenburg

Vor dem eigentlichen Beginn der Volksmissionskampagne in Bayern Ende November 1933 in Nürnberg, gab es einige Veranstaltungen, die für den Geist der Volksmission sehr charakteristisch waren. Eine davon war das Landesfest des Hauptvereins des Evangelischen Bundes in Bayern in Weißenburg am 16. und

17. September. Da Weißenburg wegen der Evangelisation im Jahre 1932 keine großangelegte volksmissionarische Aktivität für 1933/34 plante - außer Kirchenvorsteher- und Männerschulung[586] - diente das Landesfest mit seiner Massenschlußkundgebung als eine Art Ersatz für sowie eine Vorwegnahme der Volkmission.

Die Stimmung dieser Tagung war geprägt von einer begeisterten Zustimmung zu der Hitler-Regierung, vor allem wegen der Ausschaltung der zwei Hauptfeinde des Bundes, des politischen Katholizismus und der Linksparteien, und von der Zuversicht, daß große Chancen für die Lehre der Reformation in Deutschland nun geöffnet seien. In einer Entschließung am ersten Tag des Festes drückten die Deligierten ihre Freude darüber aus, "daß am 10. November dieses Jahres die 450. Wiederkehr des Geburtstages unseres D. Martin Luther in ganz Deutschland gefeiert wird", und setzten sich noch dafür ein, "daß der 31. Oktober im ganzen Deutschen Reiche zum staatlich anerkannten Feiertag werde".[587]

Von den vielen Reden und Predigten auf der Tagung sind einige sehr charakteristisch für die Arbeit und Perspektiven des Bundes. Pfarrer Rottler, Vorsitzender des Weißenburger Zweigvereins, gab etwas von der Stimmung der Zeit nach der sogenannten "Beendigung der Revolution", und auch nach der September-Landessynode in seiner Begrüßungsrede wieder:[588]

"Es ist ein furchtbares Gewitter an unserem Volke vorübergegangen. Es hat sich verzogen, der Wind ist geblieben, in dem das Schiff unsrer Kirche auch heute noch nicht zur Ruhe gekommen ist. Es wird von den hochgehenden Wogen der Zeit und der Meinungen mitgetrieben, und die Bewegung wird noch lange nicht zur Ruhe kommen."

In einer solchen Zeit, führte Rottler aus, sei der Gedanke des Kampfes ein wichtiger Markierungspunkt für die Kirche. Er stellte mit Genugtuung fest, daß "der kämpferische Geist" schon immer ein Bestandteil des Evangelischen Bundes gewesen sei:

"Wir brauchen da nicht umzulernen oder uns gleichschalten zu lassen, sondern gerade in den verflossenen Jahren, wo viele Blätter und Kirchenleute geschwiegen haben oder allzu leise aufgetreten sind, ist in der 'Fränkischen Wacht' und von ihrem Schriftleiter in einer Weise gekämpft worden, die damals vielen auf die Nerven ging, in einer Weise, deren Verständnis uns jetzt vermöge des Geistes unsrer Zeit aufgeht."

In Antwort auf die auf der Tagung oft gestellte Frage um die Daseinsberechtigung des Bundes in der "neuen Zeit", meinte Rottler:[589]

"Die jetzige Zeit ist gegenüber allem Sondergeist und aller Weichlichkeit die Erfüllung, aber nicht das Ende dieses Kämpfens. Der Ruf: Seid auf der Wacht! ergeht von der älteren Generation an die jüngere, und wir nehmen ihn auf, weil wir wissen, daß die schwarzroten Ströme der letzten zehn Jahre wie die Flüsse Innerafrikas plötzlich im Erdboden verschwinden können, um unter der Erde ihren Lauf fortzusetzen."

Zur gleichen Frage sprach Dr. Plitt, Vorsitzender des Münchener Zweigvereins:[590]

"Der Evangelische Bund, in der Jugendzeit der Reichsfarben Schwarz-Weiß-Rot entstanden, will und wird auch dem erneut unter dieser Flagge segelnden Reichsschiff treu dienen. Seine Zeit ist mit der neuen Gestalt der Dinge nicht abgelaufen, denn der alte, undeutsche Geist ist noch nicht allenthalben ausgestorben und fordert die Abwehr heraus."

Unter Erwähnung der Zeit, wo die evangelische Kirche in Bayern benachteiligt worden sei, freute sich Plitt

"der jetzt unter einem evangelischen Ministerpräsidenten und evangelischen Kultusminister eingetretenen Änderung. 'Einigkeit und Recht und Freiheit sind des Glückes Unterpfand', auch für das der evangelischen Kirche. Des deutschen Volkes Führer setzt sich auch dafür ein."

Auf der Tagung kam auch die Einstellung des Bundes zu den Deutschen Christen zur Sprache. Der Präsident des Bundes Dr. Conze erwähnte, daß das Direktorium den Deutschen Christen beigetreten sei; die bekenntnisbedingten Besorgnisse in Bayern um die Reichskirche hielt er für unbegründet.[591] Ein anderer Redner, Dr. Ohlemüller, warnte jedoch vor den radikalen DC-Anhängern, die glaubten, eine geeinte deutsche Reichskirche sei möglich, da "das große nationale Erwachen die römischen Katholiken Deutschland zur Erkenntnis des Artfremden in der römischen Religion und Kirche bringen" werde.[592] Wichtige Aufgabe des Bundes sei es dagegen, gute Kameradschaft zwischen Evangelischen und Katholischen zu entwickeln, "auf der Grundlage unbedingter Wahrhaftigkeit".[593]

Die engen Beziehungen zwischen dem Evangelischen Bund und den Deutschen Christen in Bayern wurde am 22. September offen gezeigt, als ein Redner auf dem Landesfest in Weißenburg, Pfarrer Gloßner, bei der DC-Kundgebung in Nürnberg auftrat, und im Namen des Bundes "hoffnungsfreudig die Arbeitsgemeinschaft mit den Deutschen Christen" begrüßte.[594]

Viel Beachtung fand die Schlußkundgebung auf der Wülzburg, an der annähernd 3000 Personen teilnahmen.[595] Einer der Redner war Pfarrer Ernst Fikenscher, Pg. und Ansbacher Studienrat, der kurz vorher zum Sonderbeauftragten für die volksmissionarische Arbeit an der Jugend der bayerischen Landeskirche ernannt worden war.[596] Seine Rede enthielt auch viele typische Züge einer volksmissionarischen Predigt des Herbstes 1933: Lob für die NS-Bewegung unter der Führung Hitlers, der "die Durchbruchsschlacht zu einer neuen Volkwerdung gewonnen" hätte; das Aufstellen Luthers als Vorbild, "ein Mann, der wußte um Blut und Boden"; die Feststellung, daß "ein Erwachen durch das kirchliche Leben" gehe und daß "die letzte entscheidende Neuwerdung des Volkes" nur "vom Evangelium her" geschehen könne, daher Dank an Hitler, "daß er in allen großen Augenblicken seines Kampfes sich unter die

Vorsehung des Allmächtigen gestellt weiß und damit dem Volk die Richtung zeigt zum letzten Begreifen seiner selbst"; eine Warnung vor "allerlei völkische(n) Religionsphantasien" bei gleichzeitiger Beteuerung, daß man "mit der Glaubensbewegung Deutscher Christen", "unbeschadet unserer protestantischen Sonderaufgaben", "weite Strecken" gehen könne.[597]

Die Schlußansprache hielt der Weißenburger Kapitelsbeauftragte für die Volksmission, Pfarrer Rottler, der versuchte, "den Sinn dieser Stunden zu einer Mitgabe für die kommenden Wochen ... zusammenzufassen":[598]

> "Der Reformator sagt einmal: 'Deutschland ist wie ein schöner, weidlicher Hengst, der Futter und alles genug hat, was er bedarf. Es fehlt ihm aber an einem Reiter.' Gott gab uns den Reiter. Dafür danken wir dem Herrn über Völker und Schicksale aus vollem Herzen. Nun laßt uns dem Reiter nicht Steine in den Weg werfen durch halbes Vertrauen, durch lieblose Kritik oder enttäuschte Eigensucht, sondern laßt uns zeigen, daß wir den biblischen Sinn des Wortes 'Vertrauen' auch auf unsern Volkskanzler anwenden können, und ihm mit einem Glauben entgegenbringen, der eine Zuversicht ist des, das man hoffet, und ein Nichtzweifeln an dem das man nicht siehet. Das sei unser deutscher Glaube in der kommenden Zeit."

Mit einem anderen Lutherzitat, "Gottes Wort und Gnade ist ein fahrender Platzregen", sprach Rottler die missionarische Aufgabe der Zeit an:

> "Spüren wir nicht diesen Platzregen des Evangeliums, der wieder übers Volks sich ausgießen will in dieser großen Zeit? Ach, daß unsre große Zeit keine kleinen Christen fände! In die deutsche Ackererde wollen wir den Platzregen des Evangeliums tief eindringen lassen, wollen wir die deutsche Scholle damit durchtränken lassen. Beides gehört zusammen, der Platzregen Gottes und die deutsche Erde."

Rottler schloß seine Rede mit der Feststellung:

> "Gott hat uns eine Reiter für den deutschen Hengst gesandt, Gott gibt uns den Auftrag, den Platzregen des Evangeliums neu zu empfangen. Seien wir würdig dieser Gaben! Dann wächst aus beiden Gaben die Ernte der künftigen Zeit. Das walte Gott."

24) Die Beanspruchung der Sonntage und des Erntedankfests durch die Partei

In den Worten des Rother Kirchenboten legte das Landesfest in Weißenburg "ein glänzendes Zeugnis ab von der Volkstümlichkeit des Evangelischen Bundes".[599] Es war jedoch nicht zu übersehen, daß eine wichtige Zielgruppe der kirchlichen Bemühungen an diesem Tag fehlte, nämlich die SA, die den ganzen Sonntag, vom 8 Uhr an, ein Sturmbann-Sportfest veranstaltet hatte in Vorbereitung auf das Standarten-Sportfest am Sonntag den 1. Oktober und für das Brigade-Sportfest am Wochenende des 7.-8. Oktober in Nürnberg.[600]

Diese sonntägliche Inanspruchnahme der jungen Männer der Gemeinden durch die Partei wurde überall in der Landeskirche registriert und stellte eine Bedrohung nicht nur für die Volksmission, sondern für die kirchlichen Sitten überhaupt dar. Der Brief eines Unterfränkischen Dorfpfarrers Ende August an

Meiser drückt aus, was sicherlich alle Gemeindepfarrer Mitte 1933 erlebt haben. Er schrieb:[601]

"Wenn man...fast allsonntäglich als Pfarrer beobachten muß, wie Parteimitglieder, SA, Hitlerjugend usw. vom regelmässigen Gottesdienstbesuch und damit von der eigentlichen Feiertagsheiligung durch nicht enden wollende Veranstaltungen, Kundgebungen, Deutsche Tage, Generalappelle usw. abgehalten werden, denn hat man den Eindruck, daß sich das alles einmal ungünstig auswirken muß vor allem für unsere Jugend. Das grosse Gebietstreffen der Hitlerjugend in Nürnberg war ohne Gottesdienst, der grosse Hesselberg-Tag ebenfalls; der grosse 'Generalappell' in Würzburg, der gestern die gesamte SA der Umgebung schon in aller Morgenfrühe dorthin zusammenrief, war ohne Gottesdienst, und vom grossen Parteitag in Nürnberg ist auch nichts bekannt von einem Gottesdienst. Wenn das so weiter geht, obwohl wir ein Potsdam erleben durften, muß man ernstlich um die gute alte Volkssitte und Gewöhnung zur Sonntagsheiligung besorgt sein."

Beunruhigt durch diese Entwicklung, schickte Meiser am 19. September ein Rundschreiben an alle Pfarrämter mit der Bitte, die tatsächlichen Störungen des Gottesdienstbesuches genau zu schildern.[602] Meiser war zugleich zuversichtlich, daß das Problem zu lösen sei:

"Wir wissen, daß sowohl der Herr Kultusminister als auch die oberste Leitung der NSDAP jede Gefährdung der kirchlichen Sitte ablehnt, darum wird die unsererseits beabsichtigte Vorstellung bei den maßgebenden Stellen zu einer Beruhigung unserer Kirchengemeinden und zur Befriedigung unserer Pfarrer führen."

Zum Testfall wurde das für den 1. Oktober vorgesehene Erntedankfest. Dieses herkömmlich kirchliche Fest wollte die Partei als "Tag des deutschen Bauern" gestalten. Als "Störung alter ländlicher und kirchlicher Sitten" wurde es gesehen, daß die SA-Männer aus ihren angestammten Gemeinden herausgezogen wurden und an zusammengelegten Erntedankfeste teilnahmen.[603] In anderen Orten, wo SA-Sportfeste für den 1. Oktober anstanden, hat die Fränkische Gauleitung angeordnet, daß an Stelle des Hauptgottesdienstes Feldgottesdienste vorher stattfinden sollten. Dagegen wehrte sich der LKR in einem Schreiben an die Pfarrämter.[604] Nicht nur sei die Gauleitung zu einer solchen Anordnung nicht berechtigt; dort wo das Abendmahl am Erntedankfest gefeiert werde, sei eine "schwere Beeinträchtigung dieser wertvollen kirchlichen Sitte" zu erwarten. Eine Ersetzung des Hauptgottesdienstes durch einen Feldgottesdienst könne daher nur dort genehmigt werden, wo eine Abendmahlfeier nicht vorgesehen sei.

In Weißenburg kam es deshalb zu zwei Erntedankfeiern: einen Feldgottesdienst zwischen 7.30 und 8 Uhr vor dem Standartensportfest, wo Pfarrer Kalb Hitler als Retter vom Bolschewismus pries und dem Festgottesdienst um 9 Uhr in der Kirche.[605] Nachmittags fand auch noch ein Festzug statt, und Gerstner stellte in seiner anschließenden Rede fest, daß das Erntedankfest nun "zum ersten Mal im Geiste der deutschen Volksgemeinschaft gefeiert" worden sei.

Eine ganz andere Einschätzung des Tages liefert der Bericht des Schwabacher Dekans Herold:[606]

"Die diesjährige Form der Erntefestfeier (war) durchaus kein innerer Gewinn für das Volksleben, sondern eine Veräusserlichung, auch eine schwere Verärgerung der besten Elemente in den Kirchengemeinden, und letzten Endes waren die Hauptgewinner bei der Sache wohl die Gastwirte. Im nächsten Jahre müssen die Erntefeiern ganz anders und zwar lokal je nach den Ortssitten und kirchlichen Gebräuchen eingerichtet werden in treuer Zusammenarbeit zwischen Kirche und staatlichen Führern. Unsere Bauern wollen durchaus nicht in dieser aufdringlichen Weise durch Anhäufung von ortsfremden Menschen in ihren Gemeinden zum Zweck von Bauernehrungen 'geehrt' sein; sie wollen vielmehr ihre angestammten guten Sitten gewahrt wissen, anstatt dieselben durch ortsfremde Elemente gestört zu sehen."

Wenn ein Pfarrer den Mißbrauch des Sonntags durch die Partei öffentlich kritisierte, lief er Gefahr, von den Parteiorganen angeprangert zu werden, wie Pfarrer Kraus in Fürth, dem die "Fränkische Tageszeitung" am 10. Oktober den Kanzelmißbrauch vorgeworfen hat, weil er in seiner Predigt seine jungen Gemeindeglieder ermahnt hatte, sie kämen ihren kirchlichen Pflichten nicht nach; Kraus hätte sich lieber an den zuständigen Stellen wenden sollen.[607] Von daher gesehen war der Artikel "Gebt unserem Volk den Sonntag wieder" in der "Allgemeinen Rundschau" vom 17. Oktober ein durchaus mutiger Schritt.[608]

Es gab zugleich auch Stimmen, die die Sonntagsstörungen als keine allzu ernste Gefahr für die Kirche ansahen. Das Pfarramt Treuchtlingen meldete zum Beispiel, daß, nachdem die Sportfeste beendet seien, "eine Besserung der Verhältnisse zu erhoffen ist".[609] Auch die Stimmung auf der Sitzung des LSA am 18. Oktober, wo das Problem besprochen wurde, war zuversichtlich.[610] Zur Lage berichtete Meiser: "Wir sind in eine neue Zeit hineingestellt. Wir müssen erst wieder an einander herankommen. Die neuen Männer des Staates sind in kirchlichen Dingen noch vielfach unerfahren." Und LSA Mitglied Schneider fand die Störungen "nur Begleiterscheinungen der Übergangszeit", die dann verschwinden werden "sobald die bereits in Aussicht und teilweise schon in Angriff genommenen Umstellungen in der SA und SS durchgeführt werden".[611]

Diese optimistische Haltung wurde aber bald enttäuscht, wie die Berichte der Volksmission in den nächsten Monaten deutlich belegen. Der Kapitelsbeauftragte für das Dekanat Hersbruck meldete am 12. Dezember: "In der letzten Zeit ist wieder mehr zu beobachten, wie Parteiveranstaltungen, SA und SS Appelle ohne Rücksicht auf die Gottesdienste an Sonntag-Vormittagen abgehalten werden."[612] Sogar die Visitationen in diesem Dekanat mußten Ende

1933 ausfallen, weil sie durchkreuzt waren von politischen Veranstaltungen.[613] Dies scheint auch der Fall in Weißenburg gewesen zu sein.

Die Sonntagsstörungen wurden bald zum Normalfall, wie der Volksmissionsbericht vom 29. Mai 1934 aus Pegnitz bestätigt:[614]

"Die Abhaltungen vom Gottesdienstbesuch durch alle möglichen Veranstaltungen der NSDAP und ihrer Organisationen werden immer mehr. Es geht oft wie ein Murren durch die davon Betroffenen, wenn immer wieder das 3. Gebot, so wie man es bisher verstanden hat, außer Geltung gesetzt wird."

25) Konflikte zwischen Kirche und Partei über die Rassenfrage

Die Schwierigkeiten, die die Kirche und besonders die Volksmission hatte, an die NS-Verbände heranzukommen, waren nicht nur durch konkurrierende Veranstaltungen bedingt. Es stellte sich bald heraus, daß weltanschauliche Differenzen die volksmissionarische Arbeit in diesem Bereich erschwerten und letzlich unmöglich machten. Denn die SA, beispielsweise, hatte nicht nur ein umfangreiches Programm an Wehrsportkursen,[615] sondern auch das Vorhaben, ab Oktober 1933 regelmäßig weltanschaulichen Unterricht durchzuführen.[616] In der Themenliste gab es besonders einen Punkt, wo es bald zur Reibereien mit der Kirche kam: "Rassenkunde und Rassenhygiene".

Die verschiedenen Anschauungen der Partei und der Kirche zur Rassenfrage verursachten schon im Juli 1933 einen Streit in Westmittelfranken, der bald große Beachtung fand. Es ereignete sich in Egenhausen, einem Dorf im Dekanatsbezirk Windsheim mit 301 Protestanten, 7 Katholiken und 14 Israeliten, und einer Schule.[617] Ortsgeistlicher war seit 1915 Wilhelm Müller; an der Schule lehrte Wilhelm Mitschke, der auch die NS-Ortgruppe gegründet hatte und leitete. Als NS-Bezirksredner hatte Mitschke sich schon einen Namen gemacht, vor allem wegen seiner antisemitischen Ausführungen.[618] Daher wußte auch Pfarrer Müller, was ihn erwartete, als Mitschke am 16. Juli das Dorf Egenhausen zu einer NS-Versammlung über die Judenfrage einlud.

Der erste Redner, ein Lehrer vom Nachbardorf, kündigte die Erstellung einer schwarzen Liste an, wenn die Bewohner weiterhin mit Juden handelten, oder sie sogar grüßten.[619] Dazu steuerte Mitschke in seiner Ausführungen die Bemerkungen bei, daß die Juden die Religion Christi mit Dogmen verdorben hätten und daß es verwunderlich sei, warum Gott diese "unter der Stufe des Tieres stehende Rasse" geschaffen habe. Der anwesende Pfarrer Müller fühlte sich gezwungen, darauf zu antworten, und sprach in einer für die evangelische Kirche sehr typischen Weise. Zwar konnte er die Richtigkeit einiger Maßnahmen gegen die Juden verstehen, aber theologisch gesehen waren sie doch die Wiege der höchsten Offenbarung Gottes, und erst durch ihre Ablehnung des

Christus zu einem Volk des Fluches geworden. Obwohl Müller nicht mit den Juden Handel betreibt, lehnte er es dennoch ab, ihren Gruß nicht zu erwidern. Wie er sagte:

> "Dann müßte ich wohl der erste sein, dessen Name auf die schwarze Liste gesetzt würde. Wenn unseres Herrgotts Gnade und Barmherzigkeit nicht Halt mache vor dem hintersten Stamm der Buschneger im Innersten Afrikas, so bleibe wohl auch das Judentum des Fluches einbeschlossen in den gnädigen Rat Gottes... Wenn also Gott seine Barmherzigkeit vom Volk des Fluches nicht völlig zurückzieht, so gelte auch für uns in der Judenfrage noch das Wort Jesu: 'Seid barmherzig, wie auch euer Vater im Himmel barmherzig ist!'"

Wie Mitschke es später ausdrückte, war die Wirkung dieser Rede "auf die ausgezeichnet verlaufene Versammlung...verheerend".[620] Er wußte jedoch im dem Moment keine Antwort darauf zu geben, hätte aber "die Rolle des übergossenen Pudels spielen müssen", wenn er auf Dauer geschwiegen hätte.

Nach einer Woche rief Mitschke erneut eine Versammlung zusammen, wo er gewappnet mit "geschichtlichem Material und Worten Luthers" die Schädlichkeit der Juden aufzuzeichnen versuchte. Einen Bundesgenossen sah er auch in den Deutschen Christen, die den "artgemäßen, heldischen, arischen Christus" predigten.[621] Ein Altes und Neues Testament, gesäubert vom jüdischen Geist, sei anzustreben.

Auch bei dieser Versammlung antwortete Pfarrer Müller mit einer Verteidigung des Alten Testaments und des Glaubens der Kirche.

> "Wer dem Juden die Gnade Gottes, die Erlösungsfähigkeit, die Menschenwürde abspreche, der entferne sich soweit von der Linie, die Jesus aufgezeigt hat, daß er hier schon in Gottesferne stehe und dort in ewiger Gottesferne ende."

Diese Auseinandersetzung zwischen Pfarrer und Lehrer wurde bald in weiteren Kreisen bekannt durch einen Bericht Pfarrer Müllers an verschiedene geistliche Dienststellen und Mitschkes Entgegnung darauf vom 28. August. Inzwischen war Mitschke auch, unter Druck der Partei, zum Mitglied der Landessynode gewählt worden, wo er sich der DC-Gruppe anschloß.[622] In seiner Entgegnung warf er Zweifel an Müllers politischer Zuverlässigkeit auf.[623] Er äußerte sich empört darüber, daß Müller ihm in beiden Versammlungen widersprochen hatte:

> "Hiezu ist ein für allemal die Feststellung notwendig, daß der NSDAP und ihren Amtswaltern heute überhaupt kein Mensch mehr entgegenzutreten hat, auch kein Geistlicher... Einzig und allein die mir vorgesetzten Amtswalter, in letzter Instanz unser Gauleiter Julius Streicher haben das Recht darüber zu entscheiden, ob meine Ausführungen in der Judenfrage zu radikal sind oder nicht."

An diese letzte Instanz hat sich Mitschke schließlich auch gewandt, mit dem Ergebnis, daß der "Stürmer" im Oktober Pfarrer Müller, nebst Bild, als "Judenknecht" anprangerte.[624]

"Pfarrer Müller hat sich als Judenknecht geoffenbart... Damit, daß er den Bekennern deutscher Art in den Rücken fällt und den Juden Knechtsdienste leistet, hat er sich als Volksschädling erwiesen. Pfarrer Müller ist reif für Dachau."

Die "Stürmer"-Attacke löste eine Welle des Protestes aus. Am 17. Oktober gaben 19 SA-Männer in Egenhausen eine Erklärung ab, in der sie Pfarrer Müller als guten Nationalsozialisten, der sich schon lange vor 1933 für die Bewegung aussprach, in Schutz nahmen.[625]

"Durch diesen Artikel im Stürmer wurde unsere Ortschaft, die mit 95 Prozent hinter ihrem Seelsorger steht, sowie die ganze Umgebung in höchste Erregung versetzt, was eine große Gefahr für unsere Bewegung ist."

Besonders heftig reagierten Helmut Kern und die Kapitelsbeauftragten für Volksmission auf einem Schulungskurs in Neuendettelsau. Am 18. Oktober unterschrieben die 50 Teilnehmer einen Brief an alle bayerischen Pfarrer, mit der dringenden Bitte, sofort Protestschreiben an Ministerpräsidenten Siebert zu schicken "gegen die Art und Weise, wie einer unserer Amtsbrüder in dem... Artikel des 'Stürmers' angegriffen" wurde.[626] Die Briefe sollten jedoch keine "persönlichen Angriffe gegen den Schriftleiter des 'Stürmers'" enthalten.

Nachdem Kern aber Rücksprache mit München wegen seiner Aktion aufgenommen hatte, schrieb er in einer Nachschrift, daß der LKR bittet, Siebert nicht "durch eine Flut von Briefen zu belästigen"; der Landesbischof wolle selbst die Angelegenheit aufnehmen. Der Plan von Kern, zusammen mit nahezu 20 anderen Teilnehmern der Schulung, die beim Freikorps Epp waren, die Sache Epp bei der nächsten Freikorpskämpfer Wiedersehensfeier am 28. Oktober vorzutragen, wurde vom LKR gebilligt. Kerns Brief wurde aber dessen ungeachtet an alle Pfarrer und an Siebert hinausgeschickt mit der Begründung:

"...weil uns der beschämende, die Ehre eines Amtsbruders und das Ansehen der evangelischen Kirche verletzende typische Artikel des 'Stürmer' zusammenschließen will zu einer unzerreißbaren Bruderschaft lutherischer Pfarrer. Die Stunde von Kirche und Volk ruft uns, auf das lebendige Bekenntnis der lutherischen Kirche gegründete, den neuen Staat <u>freudig</u> <u>und</u> <u>ehrlich</u> <u>bejahende</u> Pfarrer zu gläubigem Widerstand und <u>Angriff</u>."

Schon bei diesem Schulungskurs vor dem eigentlichen Beginn der Volksmission wurde es deutlich, daß der Kampf gegen die völkische Religion auf einen Kollisionskurs mit der Fränkischen Gauleitung, vor allem in der Rassenfrage, zusteuerte. Hier ist auch zu erkennen, wie der Apparat der Volksmission von seinem ursprünglichen Plan, die von der NS-Bewegung erfaßten Leute für die Kirche zu gewinnen, abgekommen ist und vom Angriff zur Verteidigung der Kirche gegen die NS-Weltanschauung übergehen mußte.

Interessanterweise galt der nächste "Stürmer" Angriff nicht Kern, sondern Pfarrer Klingler, dem Vorsitzenden des Pfarrervereins, und der etwas vorsichtig ausgdrückten Entschließung des Vereins vom 24. Oktober.[627]

> "Die Pfarrerschaft ist entschlossen, alle Angriffe auf das Bekenntnis der Kirche und auf die Ehre des Pfarrerstandes nachdrücklichst abzuwehren und brüderlich für alle Kollegen einzutreten, welche wegen gewissenhafter Ausrichtung ihres Dienstes an der ihnen anvertrauten Gemeinde verfolgt werden."

Gegen diese Entschließung und ihre Veröffentlichung in der "Allgemeinen Rundschau" am 30. Oktober ging Karl Holz, der kurz vorher die Deutschen Christen in Nürnberg offen unterstützt hatte, sehr scharf vor:[628]

> "Wir wissen, warum der Pfarrerverein eine solche Sprache spricht. Wir kennen seine heimlichen Freunde. Wir kennen die, die selbst den Juden im Leibe haben und die heute glauben, aus Feigheit und Charakterlosigkeit dem Antisemitismus den Dolchstoß geben zu können. Der Pfarrerverein möge sich aber keiner Täuschung hingeben. Der 'Stürmer' ist nicht bestechlich und nicht charakterlos. Der 'Stürmer' kämpft und marschiert weiter. Und er wird sein Ziel erreichen."

Dieser Angriff zeigt wie heiß der Nürnberger Boden schon 1933 wirklich war. Mitbedingt war dies durch den Kreis um Schieder, der eine dezidierte Stellung gegen die Deutschen Christen einnahm. Zudem gelang es der Pfarrerschaft in Nürnberg bei der Wahl zur Landessynode, die Parteibeeinflussung teilweise abzuwehren, denn nur die Hälfte der Abgeordneten aus Nürnberg waren Pgg., und radikale DC wie Dr. Bub landeten nur auf die Ersatzliste.[629] Auf diesem Hintergrund ist es verständlich, warum Holz den nahen Gegner in Nürnberg, Klingler, anstatt den fernen, Kern in Augsburg, angriff.

Wußte man in der Kirche, was von der Fränkischen Gauleitung zu erwarten war, so wirkt es sehr befremdend, daß die "Bayerische Lehrerzeitung" im Dezemeber den "Stürmer"-Angriff auf den Pfarrerverein druckte, denn dies stellte die Annahme vieler in der Landeskirche in Frage, man hätte in dem evangelischen Kultusminister und Herausgeber der "Bayerischen Lehrerzeitung" Schemm einen Bundesgenossen. Man kam jedoch langsam zu der Erkenntnis, daß Schemm in der Rassenfrage nicht sehr viel anders dachte als Streicher, auch wenn Schemm sich darüber etwas vornehmer auszudrücken pflegte.[630]

Der Fall Mitschke kam im Dezember 1933 vor den LSA, der ihn wegen seiner "vom Bekenntnis der Kirche abweichenden Haltung" aus der Landessynode ausschloß.[631] Mitschke selbst bestritt, daß er sich im Widerspruch zum Bekenntnis befand; vielmehr betrachtete er sich als treuen Anhänger Luthers und setzte zu seiner Verteidigung seine Lutherzitate gegen die Juden in Umlauf.[632] Ein vom LKR bei D. Steinlein in Auftrag gegebenes Gutachten stellte fest, daß Mitschke sämtliche Zitate aus einem Buch des Mathilde Ludendorff-Kreises entnommen hatte.[633] Steinlein stellte auch an Mitschke vier Fragen, woran erkennbar wird, daß der von der Kirche gewünschte Dialog mit dem Nationalsozialismus über die Rassenfrage letzlich zum Scheitern verurteilt war.

"1. Sehen Sie auch wie Luther das Entscheidende in der Judenfrage in der Stellung der Juden zu Christus und dem christlichen Glauben?
2. Ist es Ihnen wie unserem Luther schmerzlich, daß auf den Juden infolge ihrer Verstockung Gottes Zorn liegt?
3. Würden Sie sich mit Luther freuen, wenn sich Juden ernstlich zu Christo bekehren würden und würden Sie dieselben wie er 'gerne' als Ihre 'Brüder' halten?
4. Beten Sie mit Luther dafür, daß sich wenigstens etliche Juden bekehren möchten?"

Steinlein gelangte zu dem Ergebnis,

"daß trotz vielfacher Übereinstimmung im Einzelnen Luther auf den Ausgangspunkt, die Art und das Ziel seines Kampfes gesehen sich grundsätzlich von dem vulgären Antisemitismus unterscheidet und daß letzterer kein Recht hat, sich als den treuen Erben und Nachfolger Luthers zu betrachten."

Steinleins Gutachten erfuhr jedoch keine weite Verbreitung, wohl aus taktischen Überlegungen der Kirchenleitung.

Der Fall Mitschke zeigt sehr deutlich, daß Landesbischof Meiser einen offenen Streit mit dem Staat über die Rassenfrage möglichst vermeiden wollte. Seine Haltung wird im Sitzungsprotokoll des LSA vom 4.9.1933 gut wiedergegeben.[634]

"Immer wieder wird der Herr Landesbischof um ein klärendes Wort in der Arier- und Judenfrage gebeten. Aber die hinter dieser Forderung stehenden Kreise scheinen zu verkennen, daß der neue Staat die agitatorische Bekämpfung des Judentums abzustreifen im Begriffe sei. Bei dem ganzen Fragenkomplex handle es sich um ein wichtiges bevölkerungspolitisches Problem."

In Fragen der individuellen Seelsorge war Meiser aber durchaus bereit, zur Rassenfrage eine Stellung zu nehmen. Zu der Frage eines Dekanats, ob ein jüdisches Mädchen Taufunterricht erhalten könne, schrieb er, wenn die Beweggründe ein aufrichtiges Verlangen nach den Gütern der Kirche beinhalteten,

"dann gehorcht die Kirche mit der Gewährung des Taufunterrichts lediglich der Weisung ihres Herrn. Bedenken politischer Art sind hier nicht am Platze".[635]

Die Hilflosigkeit der Kirche in der Judenfrage kommt sehr deutlich in einem Brief Meinzolts an ein Kirchenmitglied, dessen Frau Halbjüdin war und dessen Kinder beruflich benachteiligt wurden, zum Ausdruck:[636]

"Die evangelische Kirche bedauert es tief, wenn durch die Maßnahmen, die der Zurückdrängung des jüdischen Einflusses im deutschen Volke dienen sollen, auch Unschuldige getroffen werden. Der Herr Landesbischof behält sich vor, in geeigneter Weise und zu gegebener Zeit gegen unbillige Härte und Schäden, die sich im Vollzug der erwähnten Maßnahmen ergeben, Stellung zu nehmen; leider sind dem Erfolg seiner Einwirkung hiebei bestimmte Grenzen gesetzt."

26) Die Diskussion über den Arierparagraphen und die Enttäuschung über die National Synode und den Reichsbischof

Am 5. September übernahm die Preußische Generalsynode das Beamtengesetz mit dem Arierparagraphen; dadurch wurde der Druck auf Meiser noch verschärft, vor allem vom Kreis um Schieder, zu dieser Frage öffentlich Stellung zu nehmen. In einem Schreiben an ihre Amtsbrüder vom 14. September lehnten 25 Pfarrer aus Nürnberg und Umgebung, darunter Schieder, Ammon und Plesch, den Arierparagraphen in der Kirche als bekenntniswidrig ab: "Der Arierparagraph bedeutet, daß in unserer Kirche weder Petrus noch Paulus noch der Herr Christus selber predigen dürfen."[637] Da es zu befürchten sei, "daß die gleiche bekenntniswidrige Haltung bei der Nationalsynode auf der ganzen Linie zutage treten wird", baten die Pfarrer den Landesbischof, als "Hüter des Bekenntnisses", dagegen zu protestieren, denn sie waren der Überzeugung: "Unter diesen Umständen komme es für die Kirche zum status confessionis."

Auf dieses Schreiben erhielten die Nürnberger Pfarrer "allerlei Anfrage und Bedenken".[638] Sie mußten daraufhin in einem Schreiben vom 20. September zunächst klären, daß ihr Protest nicht gegen die Anwendung des Arierparagraphen im "Volksleben" gerichtet war: "Wir glauben, daß die Kirche vom ersten Artikel her ein Verständnis für die rassenbiologische Reinigung unseres Volkskörpers haben muss." Sie hätten aber die Sorge, daß eine Übernahme des Gesetzes in der Kirche "einer evangeliumsfremden Rassenreligion die Tür" öffnen würde: "Sollten diese Gedanken einmal die Herrschaft in der Kirche beanspruchen, dann sehen wir den status confessionis auch im prägnanten Sinne gekommen."

Meisers Reaktion auf diese Sorge war bestimmt verständisvoll, denn er hatte wohl selbst hinter den Kulissen den Versuch, den Arierparagraphen in der bayerischen Landeskirche einzuführen, vor der Landessynode abgewehrt.[639] Dennoch verlangte er, daß eine öffentliche Diskussion über den Arierparagraphen zu der Zeit unterbleiben mußte.[640]

Die Diskussion über die Bekenntniswidrigkeit des Arierparagraphen in der Kirche wurde aber trotzdem weitergeführt durch das Gutachten der Theologischen Fakultät Marburg vom 20. September, welches das Gesetz für die Kirche eindeutig ablehnte, und durch das Gutachten der Erlanger Theologischen Fakultät vom 25. September, das einen mittleren Weg einschlug.[641] Dieses von Althaus und Elert ausgearbeitete Dokument hat die "volle Gliedschaft" der Judenchristen in der evangelischen Kirche anerkannt; die Kirche müsse aber, da die Juden "als fremdes Volkstum" in Deutschland empfunden würden, "die Zurückhaltung ihrer Judenchristen von den Ämtern fordern". Eine Entlassung vom Amt würde jedoch "das Wesen des geistlichen Amtes" verletzen.

Interessanterweise war Meiser mit dem Erlanger Gutachten keineswegs zufrieden. In einem Brief vom 6. Oktober an Dekan Strathmann, der auch in dieser Frage einen mittleren Weg vertrat,[642] schrieb Meiser:[643]

"Zustimmung zu dem berechtigten Kern, der in der Forderung des Arierparagraphen liegt, scheint im Urteil vieler zugleich die Zustimmung zu dem ganzen rassematerialistischen Hintergrund zu bedeuten, von dem aus die völkischen Kreise ihre Forderungen erheben... Von daher ist es zu verstehen, daß für viele evangelische Christen, Theologen wie Laien, mit der Annahme des Arierparagraphen der status confessionis gegeben ist. Diesen Kreisen wäre es eine Hilfe gewesen, wenn das Gutachten der Fakultät noch etwas stärker, als es geschehen ist, die Irrtümer abgewiesen hätte, die in der Linie einer Überspitzung des Arierparagraphen liegen."

Dieser Brief zeigt, daß Meiser durchaus Verständnis für die Position des Pfarrernotbundes hatte, auch wenn er nicht öffentlich dazu Stellung nehmen wollte. Zu diesem Zeitpunkt war er ohnehin von den Entwicklungen in der Reichskirche, vor allem bei der Nationalsynode am 19. September, schwer enttäuscht. Zuerst war er mit der Zusammensetzung des Geistlichen Ministeriums unzufrieden, das nur ein Lutheraner und nicht DC-Mitglied hatte, den Hamburger Landesbischof Schöffel.[644] Zweitens war er über den neugewählten Reichsbischof nicht glücklich, denn Müller, der nach Meisers Vorstellung ein lutherischer Reichsbischof sein sollte, bestand darauf, seine Stelle als Landesbischof der Altpreußischen Union beizubehalten.[645] Auch in seiner Rede auf der Synode, hat sich Müller nicht zum Luthertum bekannt, wie er Meiser versprochen hatte.[646] Und noch dazu, obwohl der Arierparagraph wegen Druck vom Ausland und vom Auswärtigen Amt der Synode nicht vorgelegt wurde,[647] machte Müller in seiner Rede kein Hehl aus seiner Sympathie für das Gesetz, als er sagte:[648]

"Zudem wird es sich als selbstverständlich erweisen, daß die Träger öffentlicher Ämter in Deutschland unserer Art und Abstammung sein müssen, so daß auch das Pfarramt dem Zuge dieser Rechtsentwicklung folgt und eine Sonderregelung von kirchlicher Seite sich sehr bald erübrigen wird."

Die Gemeinden hörten aber zunächst nur Positives über den Verlauf der Nationalsynode.[649] Diesen Eindruck versuchte auch der Reichsbischof in seinem Grußwort an die Gemeinden zu vermitteln:[650]

"Der Kampf um die Einigung der Kirche war nicht leicht; umso dankbarer müssen wir sein, daß die erste Deutsche Evangelische Nationalsynode zu einem einmütigen Beschluß kam. So wurde der Tag von Wittenberg groß und entscheidend. Wir stehen vor der Aufgabe die Kirche so volksverbunden zu gestalten, wie es lebensnotwendig für Volk und Kirche ist."

Aber langsam sickerte die Information durch von der Opposition der Notbundpfarrer, deren Eingabe von der Nationalsynode ignoriert wurde. Am 16. Oktober veröffentlichte das "Korrespondenzblatt" dieses Dokument, das als Flugblatt in Wittenberg verteilt wurde.[651] Hierin war, im Namen von 2000

Pfarrern, eine ganz andere Schilderung der Lage zu lesen: "Die National-
synode darf nicht durch ihr feierliches Gepräge den Anschein einer geeinten
Kirche erwecken, solange die Gemeinden von tiefsten Gegensätze zerrissen
sind." Die Pfarrer forderten die lutherischen Bischöfe auf, "um der Wahrheit
willen ein klares Wort" zu sagen, vor allem zu dem Arierparagraphen, der im
Widerspruch zur "Heiligen Schrift und dem Bekenntnis" stehe, aber auch zum
Druck, den die "in der Kirche zur Zeit herrschende Gruppe" auf anders
Denkende ausübte.

27) Die Schwierigkeiten mit den bayerischen Deutschen Christen und deren
interne Probleme: Herbst 1933

Für die Deutschen Christen in Bayern, die im Gegensatz zu Norddeutschland
nicht die "herrschende Gruppe" bildeten, war mit der Verschärfung der Gegensätze eine schwierige Lage eingetreten, denn es wurde zunehmend klar, daß
die DC "bayerischer Observanz" mit der DC-Reichsorganisation nicht allzuviel
Gemeinsames hatte.[652] Auch die Kritik an der Entwicklung in der Reichskirche, die "in weiten Kreisen der Landeskirche" als eine "Union in Großfor-
mat" angesehen wurde,[653] forderte die DC in Bayern schon jetzt auf, Stellung
zu nehmen: Entweder für den Landesbischof und seine Haltung zur DEK, oder
für den Reichsbischof. Schließlich gab es noch die Befürchtung,

"daß die bekenntnistreuen Deutschen Christen 'bayerischer Observanz'
eines schönen Tages vom unionistischen Norden verschluckt werden könnten, sodaß es dann mit dem Luthertum in Bayern zu Ende wäre!"

Wie anders die DC "bayerischer Observanz" waren, geht aus den Richtlinien
hervor, die Meiser Ende Oktober überreicht wurden.[654] Die DC betonten darin,
daß Sie die Einheit der Gemeinden nicht gefährdeten: "Die Arbeit geschieht
überall im Einvernehmen mit dem Ortspfarrer".[655] Eine klare Unterstellung
unter Meiser wird ausgedrückt: Die GDC "wird jeder Weisung des Landesbischofs, die vom Bekenntnis und der Verfassung der Kirche herkommt, unbedingt Gehorsam leisten". Auch ein Alleingang bei der Volksmission wird
ausgeschlossen: "Die Arbeit der GDC geschieht im Einvernehmen mit dem Sonderbeauftragten der Volksmission. Sie fügt sich in das volksmissionarische
Programm der Landeskirche ein". Obwohl die "arische Abstammung" von ihren
Mitgliedern verlangt wurde, war das Bekenntis zu Hitler in den neuen Richtlinien wesentlich abgemildert, besonders im Vergleich zu den Grundsätzen der
DC, "Unser Bekennen und Wollen", mit denen die DC in Bayern nach wie vor
neue Mitglieder warben,[656] und wo es hieß: "Wir sehen in Adolf Hitler das
Werkzeug, durch das Gott heute an unserem Volk handelt".[657] Potentiellen
Zündstoff enthielt aber Punkt 2 der Richtlinien, der die Reichskirche als
"ein Gottesgeschenk an unser Volk" ansah: Die GDC "betrachtet es als ihre

Pflicht, an ihr festzuhalten, sie zu hüten und mit ausbauen zu helfen. Sie wird jedem Versuch, eine kirchliche 'Mainlinie' aufzurichten, den energischsten Widerstand entgegensetzen."[658]

Die betonte Bindung der DC an der Gemeindearbeit, und der Gehorsam gegenüber Meiser wurden deshalb so stark hervorgehoben, weil die bayerische GDC im Herbst 1933 nicht mehr wie am Anfang primär eine Pfarrerorganisation darstellte, sondern viele Komponenten hatte, wie: die einzelnen Gruppen der Gemeinschaften, die sich den DC angeschlossen hatten; Gruppen bzw. Individuen beim Evangelischen Bund; der Studentenkampfbund Deutsche Christen in Erlangen; sowie Laien, die für die DC erworben wurden, vor allem in Nürnberg, wo am 28. September ein "systematischer Feldzug" durch die Gemeinden unter Pfarrer Baumgärtner gestartet wurde.[659] In Nürnberg tauchen schon im Herbst 1933 radikale DC-Laien wie Dr. Bub auf, der mit der volksmissionarischen Arbeit in den SA-Formationen betraut wurde.[660] In Nürnberg gab es auch seit Oktober eine Geschäftsstelle der DC bei der Inneren Mission.[661]

Als die Partei am 13. Oktober durch den Heß-Erlaß eindeutig von den Deutschen Christen abrückte,[662] verloren die DC immer mehr Einflußmöglichkeiten auf dem Gebiet, wo sie auch ihre Daseinsberechtigung sahen: die volksmissionarische Arbeit in den NS-Verbänden. Schon am 16. Oktober berichtete der LKR von Schwierigkeiten, an die Verbände heranzukommen,[663] und aus Nürnberg wurde Anfang November gemeldet, daß die volksmissionarische Arbeit in den SA-Formationen sowie durch den vergangenen Reichsparteitag als auch durch die laufende Vorbereitung für die Volksabstimmung erschwert war.[664] Das gleiche Bild bestätigen auch die Volksmissionsberichte für diese Zeit. Dazu gab es NS-Führer wie Schirach, die die Volksmission innerhalb ihrer Organisationen schlicht ablehnten.[665]

Diese Entwicklung machte es den gemäßigten DC-Anhängern in Bayern zunehmend schwierig, ihre Mitgliedschaft in der GDC zu rechtfertigen. Schon vor dem Heß-Erlaß hatten beispielsweise die Leiter der Neuendettelsauer Missionsgesellschaft, die sich den DC angeschlossen hatten, Probleme, ihren Schritt zu erklären. Sie hätten es getan, weil sie den DC helfen wollten, ihren "einzigartigen volksmissionarischen Dienst" zu tun, und weil sie gleichzeitig das Abgleiten der Bewegung "auf Abwege" verhindern wollten.[666] Sie waren überzeugt, daß Gott die "braunen Bataillone" gebraucht hat, um das Gottlosentum zu besiegen; daß Gott dem "Volke die Möglichkeit einer christlichen Erneuerung gegeben hat. Nun ist es an der Kirche, die Gelegenheit zu nutzen. Geht sie vorüber, so kehrt sie nicht wieder."[667] Nach dem Heß-Erlaß fiel die Begründung der Neuendettelsauer wesentlich schwächer aus. Die GDC

sei "nun eben einfach da" und sei ein maßgebender Faktor in Kirchenvorstand und Landessynode.[668] Ein Gesellschaftsmitglieder könne mit gutem Gewissen so lange bei der Bewegung bleiben, als die GDC
> "unzweideutig für die Unversehrtheit des lutherischen Bekenntnisses innerhalb unserer bayerischen Landeskirche und für das ungeschmälerte Recht des lutherischen Bekenntnisses innerhalb der Deutschen Evangelischen Kirche sich einsetzt".

Wie illusorisch dieser Standpunkt war, sollten die kommenden Wochen zeigen.

Im Oktober gab es auch große Unklarheit über die Führung der DC in Bayern. Am 12. Oktober erhielt der DC-Leiter für Franken, Wolf Meyer, eine Professur für praktische Theologie in Jena, die er am 1. November antrat.[669] Und Ende Oktober wurde der DC-Landesleiter Klein als kommissarischer Beauftragter der Reichskirchenregierung für das kirchliche Frauenwerk ernannt.[670]

Es gibt auch Indizien dafür, daß die Reichskirchenregierung in Berlin diesen Führungswechsel ausnutzen wollte, um ihren Einfluß in Bayern stärker zur Geltung zu bringen. In einem Monatsbericht des Kapitelsbeauftragten der Volksmission in Schweinfurt vom 7. November wird von einem Kreis um die NS-Frauenschaft berichtet, die sich "Deutsche Christen" nannten, und "Tendenzen der völkischen Religion" vertraten.[671] Als diese Gruppe für November einen Vortrag ankündigte, faßte die Pfarrerschaft den Plan, geschlossen der GDC "bayerischer Observanz" beizutreten, um der Gemeinde zu zeigen, wer die richtigen DC waren.[672] Sie stellten den Plan aber zurück, als sie hörten, daß Hossenfelder in München neue Leiter der Glaubensbewegung Deutscher Christen in Bayern eingesetzt hatte.

Aus Württemberg erhielt Meiser am 19. Oktober einen warnenden Brief vom Landesbischof Wurm, der gerade eine Machtprobe mit der radikalen DC-Führungsgruppe in seiner Landeskirche bestanden hatte - was zur Spaltung innerhalb der DC dort führte -, daß die Leitung der DEK gegen Württemberg und Bayern vorgehen wollte.[673]

Daher kam es zu den ersten Ansätzen einer Südfront, vor allem gegen die Ambitionen Hossenfelders in Berlin. Als Klein am 19. Oktober in München war, um die neuen DC-Richtlinien im LKR zu besprechen, bat ihn OKR Daumiller, der Frage nachzugehen, ob Hossenfelder tatsächlich neue DC-Führer in Bayern bestellt hatte.[674] Dies meinte Klein in einem Schreiben an Meiser vorläufig verneinen zu können; er teilte Meiser auch mit, daß er aus Berlin erfahren hätte, daß Hossenfelder nicht mehr die Rückendeckung des Reichsbischofs und eines Teils der DC-Pfarrer in Preußen genießen würde.[675] Klein selbst sei beauftragt worden, "innerhalb der Deutschen Christen den Widerstand gegen Hossenfelder zu organisieren". Erleichtert äußerte Meiser in seinem Brief an Klein die Hoffnung,[676] "daß wir auf kirchlichem Gebiet endlich zu einer Befriedung unserer Verhältnisse kommen; denn wenn Hossenfelder wirklich beseitigt werden kann, so wird dadurch eine ungeheuere Entspannung der Lage eintreten, und ich hoffe, daß dann auch in Norddeutschland die Glaubensbewegung Deutsche Christen in gesunde Bahnen einlenkt."

Zu dieser Zeit wuchs auch die Unzufriedenheit mit Klein und seiner undurchsichtigen Hantierung zwischen Berlin und Bayern. Auf der Wirsberger Tagung der Volksmission am 27. Oktober verlangten die Pfarrer sogar Kleins Rücktritt, was H. Kern aber als nicht tunlich ansah, denn, wie er in einem Brief an Meiser schrieb, "es bestünde Gefahr, daß Putz in seinem Radikalismus einen unbedachten Kampf gegen Norddeutschland und gegen Hossenfelder entfachte, der für unsere Kirche allenfalls böse Folgen haben könnte!"[677] Kern war jedoch über die Entwicklung in der Reichskirche sehr beunruhigt. Am 27. Oktober hatte Müller auf einer DC-Reichstagung betont, "wie wichtig es sei, in der Durchführung des Arier-Prinzips unerbittlich zu sein".[678] Was Kerns Arbeit direkt tangierte, war die Beauftragung Hossenfelders mit der Durchführung der Volksmission; nach Müller lag die Aufgabe der Volksmission "auf den Schultern der Glaubensbewegung", die den anderen beweisen würde, "daß wir es besser machen, als sie es bisher taten".[679]

In der zweiten Novemberwoche setzte Kern eine Aktion in Gang, wodurch sämtliche bayerischen Pfarrer über die Kapitelsbeauftragten gebeten wurden, folgende Gehorsamserklärung an Meiser abzugeben.[680]

"Angesichts der schweren Bedrohung des ev.-luth. Bekenntnisses erkläre ich feierlich vor Gott, daß ich mich auf Grund meines Ordinationsgelübdes in unbedingtem Gehorsam hinter meinen rechtmäßig berufenen Landesbischof D. Meiser stelle. Vor dieser Gehorsamsverpflichtung kann mich niemand entbinden."

Eine ähnliche Aktion war schon Ende Oktober in Württemberg für Wurm erfolgreich durchgeführt worden.[681]

Im Kapitel Weißenburg schrieb Rottler am 10. November an seine Amtsbrüder und bat sie, die beigefügte Treueerklärung "umgehend mit oder ohne Zusatz oder Abstrich an den Herrn Landesbischof persönlich einzusenden".[682] Eine Verpflichtung dazu bestünde jedoch nicht; wer gewissensmäßige oder theologische Bedenken habe, möge das ruhig dem Landesbischof mitteilen. Die Aktion sei notwendig geworden durch "Umstände", die "in den letzten Tagen" eingetreten seien; gegen die Deutschen Christen würde sich die Gehorsamserklärung aber nicht richten.

Über den Erfolg der Aktion wurde man nicht unterrichtet, denn Meiser hat die Zahlen der Zuschriften nicht veröffentlicht.[683] Dennoch kann man annehmen, daß die große Mehrzahl der Pfarrer hinter Meiser stand, auch wenn einige die Erklärung aus theologischen Gründen nicht unterschrieben haben;

denn wie ein Pfarrer es ausdrückte: "Das ernst genommene Ordinationsgelübde" schliesse "ein persönliches Treuegelöbnis nicht ein".[684]

"Wir Pfarrer haben mit dem Herrn Landesbischof dem gemeinsamen Herrn die Treue versprochen. Es ist nicht evangelisch, sich darüber hinaus an das Gewissen eines Bischofs, auch nicht eines anerkannten und verehrten Kirchenführers, zu binden."

Andere Pfarrer hatten allerdings kirchenpolitische Motive für ihre Verweigerung, wie ein Mitglied des NS-Pfarrerbundes, der schrieb: "Ich binde mich nicht...bevor nicht Kollege Klein Weisung zur Unterschrift gegeben hat."[685] Um Rat gefragt, schrieb Klein aus Berlin, daß man nicht unterschreiben solle; die ganze Aktion richte sich anscheinend gegen Hossenfelder, und das "geht uns in Bayern niemand etwas an, denn wir sind nicht Hossenfelder."[686] Außerdem sei eine solche Bindung deshalb gefährlich, weil sie sich leicht gegen die Reichskirche wenden könnte.

Ähnlich, aber wesentlich schärfer, reagiert Wolf Meyer auf die Gehorsamserklärung. In einem verbitterten Abschiedsbrief an Meiser schrieb er:[687]

"Wenn ernste Männer mir von dem Geist der Reaktion schreiben, wenn alte Kämpfer mich bitten, ein Wort dagegen zu sagen, dann kann ich heute nur sagen: Jede Reaktion, die nur das Gestrige hüten will, treibt unweigerlich zur Revolution. Die Kirche ist auf dem besten Wege zur Sekte".

Für die Geschlossenheit der bayerischen Pfarrerschaft war es sehr vorteilhaft, daß Klein und Meyer ab November nicht mehr eine führende Rolle in der Landeskirche spielten. Der stellvertretende Landesleiter der DC, Pfarrer Greifenstein, stand noch in Gespräch mit Direktor Schieder über die Zusammenkunft der Zehnmännerkommission, die die Gegensätze in der Pfarrerschaft überwinden sollte.[688] Und auch der Kreis um Schieder hielt sich zurück; obwohl zur Bildung von Arbeitskreisen, vor allem dort wo "sich Amtsbrüder gegenüber der Werbung einzelner Deutscher Christen isoliert fühlen", aufgemuntern wurde, hielt der Kreis es nicht für tunlich, "eine ausdrückliche Parole" zum Eintritt in den Pfarrernotbund auszugeben, was nur mehr Spannung mit den DC-Pfarrern verursacht hätte.[689]

Daß die Stimmung sehr gereizt war, demonstriert eine Mehrkapitelskonferenz in Treuchtlingen, an der auch die Weißenburger Pfarrer teilgenommen hatten.[690] Hier hat Studienrat Fikenscher, Beauftragter des Landesbischofs für die volksmissionarische Arbeit an der evangelischen Jugend, über die kirchliche Lage referiert. Dabei soll er gesagt haben: "Wir wissen noch nicht, ob wir an dem Herrn Reichsbischof mehr Halt haben als an einem Strohhalm".[691] In einem Rundschreiben an die beteiligten Dekanate protestierte Kalb gegen diese Unterstellung und auch gegen die Titulierung Müllers als "Hofbischof".[692] Auch gegen die Behauptung des Referenten, die außerbayerischen Landesbischöfe "seien jetzt wohl in ihr Amt eingesetzt, aber wüßten grossenteils nicht, was sie jetzt eigentlich zu tun hätten", erhob Kalb seine Stimme. Die Reaktion des Kapitels Pappenheim zeigt, daß Kalb in dieser Frage eine Außenseiterposition hatte.[693]

"Wenn von Gründen der Brüderlichkeit geredet wird, aus welcher willen solche Äußerungen hätten unterbleiben müssen, so fragt man sich, wo denn, - um nur Eines herauszugreifen, - in Wittenberg die Brüderlichkeit gegen unsern Herrn Landesbischof und die Vertreter unserer Landessynode wie überhaupt gegen die lutherischen Gerichteten geblieben ist."

Das Kapitel erhob auch Kritik an Kalbs Verhalten im August, als es fragte,

"ob das Eingreifen in die Wahlen zur Landessynode in unserem Wahlkreis von Weißenburg her etwa den Ordnungen unserer Landeskirche entsprach und im Sinne Hitlers war, der doch jede Art politischer Beeinflussung ablehnte."

Und der Kapitelsbeauftragte der Volksmission für Pappenheim, Schattenmann, bemerkte:[694]

"Die Empfindlichkeit dieser Seite steht in merkwürdigem Kontrast zu der Rücksichtslosigkeit, mit der man über Männer wie Bodelschwingh und über das Gewissen Tausender von norddeutschen Pfarrern hinweggegangen ist. Jetzt auf einmal weiß man etwas von 'christlicher Brüderlichkeit' - jetzt wo man an der Macht ist."

Die Spannung wurde noch akzentuiert durch unterschiedliche Positionen in der Rassenfrage. Während Pfarrer Sell-Emetzheim meinte, durch die Annahme des Arierparagraphen würde die Kirche aufhören, Missionskirche zu sein,[695] vertrat Pfarrer Kalb in einem Vortrag vor dem Volksbildungsverein den Standpunkt, daß die Arierfrage in der Kirche berechtigt sei; "unter Hinweis auf die Schöpferordnung Gottes und die Geschichte des jüdischen Volkes" kam Kalb zu dem Schluß, daß kein Judenchrist für die Verwaltung eines kirchlichen Amtes in Frage kommen könne.[696]

28) Die Volksabstimmung und das Lutherfest: November 1933

Als einigendes Moment im kirchlichen Leben waren die Feierlichkeiten zum 450. Geburtstag Luthers gedacht. Am Reformationstag, dem 31. Oktober, fand ein großangelegter Luthertag in Coburg statt. An der öffentlichen Kundgebung am Nachmittag teilten Schemm und Meiser das Podium, was der Landesbischof nachher womöglich etwas peinlich gefunden hat, denn Schemm führte aus, daß Luther zwei Begriffe gefunden hätte: Volkstum und Rasse; "man versteht Luther nicht, wenn man die antisemitische Seite vergißt".[697] Luther sei ein "unerbittlicher Gegner des zersetzenden jüdischen Geistes gewesen".[698]

Vorher in seiner Predigt beim Hauptgottesdienst hatte Meiser auf die wegen Deutschlands Austritt aus dem Völkerbund anberaumte Volksabstimmung am 12. November hingewiesen:[699]

"Nun geht es einmal um Sein oder Nichtsein der Nation. Nun sehe ich es als Pflicht aller Glieder unseres Volkes an, in dieser ernsten Stunde, in der der Führer unseres Volkes uns zur Entscheidung aufruft, unser

Volk nicht im Stiche zu lassen, sondern dazu mitzuhelfen, daß die Entscheidung, die von uns gefordert wird, ein einmütiges kraftvolles Zeugnis wird, daß wir zu unserem Volk gehören und mit unserem Volk leben und sterben wollen. Irgendeine Feindseligkeit gegen andere Völker ist in diesem Bekenntnis nicht enthalten.

Wegen der Volksabstimmung mußte der lang vorher geplante Luthertag, am 10. November, dem Geburtstag Luthers, auf den 19. November verschoben werden; alle Proteste des Reichsbischofs, der den 10. November zum gesetzlichen Feiertag erklärt haben wollte, erreichten nichts.[700] So wurde auch der Reformationssonntag im Zeichen des Wahlkampfes gefeiert. In Weißenburg kam es sogar zu einem zeitlichen Konflikt zwischen der NS-Wahlkundgebung mit Streicher und dem Reformationsfest in der Andreaskirche. Trotzdem war der Gottesdienst gut besucht, mit einer hohen Beteiligung am Abendmahl.[701] Streicher, der einen vollen Wahlkampftag hatte, hielt eine relativ milde Rede, wie die "Weißenburger Zeitung" berichtete:[702]

"Wer den Frankenführer in früheren Wahlversammlungen gehört und an seinem manchmal sehr scharfen Ton Anstoß genommen hat, war von seinen gestrigen Ausführungen angenehm berührt."

Streicher hat lediglich betont: "Wer Nein sagt, ist ein Verräter. Wer wegbleibt von der Wahlurne gibt sich dem Volk ebenfalls als Verräter bekannt und wird als solcher behandelt werden."

In Weißenburg konnte die Partei mit dem Wahlergebnis auch relativ zufrieden sein; bei einer nahezu 100-prozentigen Wahlbeteiligung gab es lediglich 146 Nein Stimmen in der Stadt.[703] Die meisten Bürger folgten dem Aufruf, möglichst frühzeitig zu wählen, sodaß am Nachmittag kaum jemand zu sehen war, "der nicht das Abzeichen 'Ja' trug".[704]

Auch wenn die Wahl unter massivem politischen Druck durchgeführt wurde, so konnten, was die Arbeitslosigkeit anging, viele Weißenburger wieder hoffnungsvoll sein. Für Oktober wurde berichtet, daß es 56% weniger Arbeitslose als im Vorjahr gab, auch wenn eine völlige Normalisierung erst im Sommer 1934 eintrat.[705]

Die volksmissionarische Arbeit, die am 10. November hätte "schlagartig" einsetzen sollen,[706] war ein Hauptthema des Luthertages am 19. November. In der Ankündigung der "Weißenburg Zeitung" zum "große(n) Lutherfest der geeinten Deutschen Evangelischen Kirche", hieß es zu der in Angriff genommenen Volksmission: "Die Kirchenscheu unsrer Protestanten muß überwunden werden evangelische Gemeinde, in die neue Kirche im neuen Deutschland!"[707] Zum Festgottesdienst in der Andreaskirche erschienen die SA, SS, Stahlhelm und die Honorationen der Stadt.[708]

Ein häufiges Thema dieses Tages war "Luther und die deutsche Art", wie der Festvortrag von Pfarrer Götz auf einem Gemeindeabend in Weißenburg hieß.[709] Laut Zeitungsbericht betonte Götz, daß die deutsche Seele neben "Blut, Rasse und Boden" auch Luthers "Gläubigkeit, Innigkeit und Echtheit" brauche. Sehr oft wurde auch der Vergleich zwischen Luther und Hitler aufgestellt, wie von Pfarrer Pfaffenberger beim Feldgottesdienst zur Einweihung eines Hitlergedenksteins in Höttingen, als er die Gemeinde mahnte, "dem von Gott gesandten Helden Adolf Hitler zu folgen, wie es einst unsere Väter bei unserem Luther taten".[710] Als Hilfe, diesen Vergleich aufzustellen, diente das Pamphlet des Erlanger Kirchenhistorikers Hans Preuß, "Luther und Hitler" im Freimund-Verlag erschienen.[711] Preuß sah eine Gemeinsamkeit darin, daß beide ein bleibendes "Rettungswerk an Deutschland" geleistet hätten:

> "Und zwar sind es Rettungswerke von solcher Bedeutung, daß das dankbare Volk in seinem Jubel beide Male, bei Luther und bei Hitler, bis an die Grenze der Apotheose ging."

Und der bekannte Münchner Publizist Hans Pförtner zog einen Vergleich zwischen der "Volksbewegung des 16. Jahrhunderts" und der "Volksbewegung des 20. Jahrhunderts", denn beide seien "aus dem deutschen Gewissen geboren", und beide hätten "eine in Menschenknechtschaft und damit in Unordnung geratene Welt...zum Gehorsam gegen die ewigen Gesetze alles Menschendaseins" zurückgeführt.[712] Damit seien beide "zu den größten Freiheitsbewegungen der Geschichte geworden".

Diese Verknüpfung von national-politischen mit religiösen Momenten, ein Charakteristikum der Volksmission, kommt auch sehr deutlich im Aufruf des Landesbischofs zum Ausdruck, der von allen Kanzeln am Luthertag gelesen wurde und der "die volksmissionarische Arbeit in den Gemeinden einleiten" sollte.[713]

> "Durch ein gewaltiges Geschehen ist unser Volk bis zum letzten Glied erfaßt. Ein Umwandlungsprozeß von ungeahntem Ausmaß hat eingesetzt. Solche Zeiten sind in der Geschichte immer Gottes Zeiten gewesen. In solchen Zeiten erneuert Gott seinen ewigen Anspruch an Menschen und Völker in besonders dringlicher Weise. Er ruft zur Buße und zur Beugung unter seine heiligen Gerichte und läßt zu gleicher Zeit seine Gnade anbieten und sein Heil verkündigen. Wir würden die Stunden Gottes versäumen, wenn wir seinen Ruf überhörten."

Es ist zugleich bemerkenswert, daß der Aufruf Hossenfelders zur Volksmission, der auch am Luthertag hätte gelesen werden sollen, nicht als Kanzelkundgebung vom LKR ausgegeben wurde.[714] Dieser Aufruf enthielt auch eine ganz andere Sprache als die von Meiser. Er wurde an die "Deutschen evangelischen Volksgenossen" adressiert mit der Feststellung am Anfang: "Als unter Adolf Hitlers Führung Deutschland sich aufmachte, ein Volk zu werden, da riß die ungestüme Kraft dieses Aufbruchs auch die evangelischen Kirchen mit." Besonders die "evangelischen Männer der SA, SS, des Stahlhelms, und... von der nationalsozialistischen Jugend" sollten sich für den Ruf der Volksmission bereit halten, denn: "Ihr wißt, der Führer ruft nach diesem Dienst der Kirche im Dritten Reich - enttäuschen wir ihn nicht!"

29) Die DC-Sportpalastkundgebung und ihre Auswirkungen in Bayern

Aber Hossenfelder stand zu dieser Zeit in der bayerischen Landeskirche besonders schlecht da, denn die Lutherfeier und der Auftakt zur Volkmission waren sehr zu Ungunsten der Reichskirchenregierung von der Generalmitgliederversammlung der GDC am 13. November im Berliner Sportpalast, an der Hossenfelder mitgewirkt hatte, mitgeprägt.[715] Hier brach, in den Worten Müllers, "ein rationalistisches Denken aus den längst verklungenen Tagen des Liberalismus wieder" hervor.[716] Auf dieser Versammlung hat der radikale DC-Gauobmann Dr. Krause Gedanken vorgetragen - die dann auch von den Anwesenden in Form einer Entschließung gebilligt wurden - die die schlimmsten Befürchtungen der Kritiker der Deutschen Christen und auch der gemäßigten DC in Bayern bestätigten. Dadurch waren auch die Tage der DC in Bayern gezählt, denn die Entschließung widersprach der Vereinbarung zwischen Meiser und den bayerischen DC in eklatanter Weise. Der allerwichtigste erste Punkt der Vereinbarung - "Es darf innerhalb der Bewegung nichts geschehen, was dem Bekenntnis unserer Kirche zuwider ist" - wurde durch die Forderung der Entschließung nach Befreiung des Gottesdienstes und des Bekenntnisses von allen undeutschen Elementen, "insbesondere vom Alten Testament und seiner jüdischen Lohnmoral", sowie durch die Forderung nach schleunigster Durchführung des Arierparagraphen in der Kirche direkt tangiert; der zweite Punkt - die GDC in Bayern müsse "eine innerkirchliche Bewegung" sein und "sich nicht in das Fahrwasser einer kirchenpolitischen Bewegung treiben" lassen - durch das Verlangen nach "Versetzung oder Amtsenthebung aller Pfarrer", die nicht "aus dem Geist des Nationalsozialismus" an dem Aufbau der Kirche mitarbeiten wollten; und der dritte Punkt - die DC müßten sich Meisers Führung unterstellen - durch die Aussage, "Wir lassen uns keine Führer aufzwingen, die wir innerlich ablehnen müßten, weil wir weder zu ihren Nationalsozialismus noch zu ihrem deutschen Glauben das rechte Vertrauen haben".

Die Sportpalastkundgebung sollte auch einen "volksmissionarischen Propagandafeldzug" einleiten.[717] Dadurch war zugleich die Gefahr gegeben, daß die sorgfältig vorbereitete Volksmission der Landeskirche, an der die GDC auch beteiligt war, schon vor dem Beginn in Mißkredit geraten würde. Daher ist auch die Eile verständlich, mit der die bayerische GDC sich von der Sache distanziert hat; am 23. November in Weimar verließen die Vertreter Bayerns die DC-Reichsorganisation, nachdem ihre Forderung nach Anerkennung der Tatsache, daß sie sich ihren Landesbischof unterstellt hatten, nicht schriftlich anerkannt wurde.[718]

Die Gemeinden wurden durch die Presse über die Sportpalastkundgebung und ihre Auswirkungen ausführlich unterrichtet. Am 16. November trug die erste Seite der "Allgemeinen Rundschau" die Schlagzeile: "Scharfe Verwahrung des Reichsbischofs gegen böse Entgleisungen", mit dem Text von Müllers Erklärung, in der er sich "gegen die Angriffe auf die Substanz unserer Kirche" wendete.[719] Und am nächsten Tag berichtete die gleiche Zeitung über die Stellungnahme Meisers auf der Lutherfeier des Evangelischen Bundes in München am 14. November, wo Meiser "alle treu lutherisch Gesinnten innerhalb unserer Reichskirche zu einem flammenden Protest" gegen die DC-Entschließung von Berlin aufrief.[720]

Durch die Sportpalastkundgebung bekam auch die Volksmission einen neuen Akzent, denn nun galt es, in den Worten des Münchener Gemeindeblatts, die Gemeindeglieder zu rüsten gegen den Sturm, der sich "gegen die Bibel und gegen das Christentum" vorbereitete.[721] Auch die Rede Helmut Kerns am 22. November vor 2000 Menschen in Augsburg war gekennzeichnet von einer Schilderung der Gefahren, gegen die man ankämpfen müsse.[722] In erster Linie sei die Bibel in Gefahr, aber gleichermaßen auch die Kirche, wenn Männer wie "der Führer des 'Notbundes' Pfarrer Niemöller" einem "kirchenzerstörenden Terror" ausgesetzt wären, wobei die Reichskirchenleitung tatenlos zusehe. In Gefahr sei auch "die Einheit des Weltluthertums", falls der Arierparagraph überall in der Kirche eingeführt werde. Und letztlich sei "das deutsche Volk und Vaterland" in Gefahr, denn das Ausland werde sich "noch in ganz anderer Weise wie bisher von uns und gegen uns wenden", wenn die "Vergötzung der arischen Rasse" "weitere Fortschritte" mache. "Wir wollen den Weltfrieden mit dem Kanzler unseres Volkes; wir wollen aber die Welt nicht herausfordern durch unerhörte Rasseüberheblichkeit."

Vom Neuendettelsauer Missionsdirektor Dr. Eppelein wurde in Hinblick auf die Sportpalastkundgebung eine andere Sorge laut, nämlich, daß man, vor allem im Ausland, "den Nationalsozialismus und unseren geliebten Führer Adolf Hitler für diesen kirchlichen Skandal am 13. November verantwortlich" machen würde, denn der "Freimund" habe sich bemüht, "in der Welt Verständnis zu wecken für das reine Wollen und gesegnete Wirken unseres Führers Adolf Hitler und so ihrerseits der für das deutsche Volk so überaus nachteiligen Greuelpropaganda entgegenzuwirken".[723] Mit Zitaten aus "Mein Kampf" versuchte Eppelein zu zeigen, wie man in Berlin "die Weisungen unseres Führers Adolf Hitler so mit Füßen" getreten habe. Die DC-Kundgebung in Berlin habe, nach Eppelein, die zwei tatsächlichen Fronten "blitzartig erleuchtet", und zwar nicht "hier Deutsche Christen deutschnationaler Prägung, dort 'deutsche Christen' nationalsozialistischer Prägung", sondern eine "deutsch-lutherische Front, zu der viele Glieder der Glaubensbewegung 'Deutsche Christen' und alte nationalsozialistische Kämpfer gehören", gegenüber "der Front eines neuen deutschen Heidentums". Verantwortlich für die Misere war, nach Eppelein, die Tatsache, daß die Reichskirche "in ihrem jetzigen Zustand" eine "Unionskirche" sei, und daher "auf die Dauer eine Unmöglichkeit":

"Es ist gar kein Wunder, wenn es in einer solchen Kirche zu einer Union mit dem neuen Heidentum kommt; denn die Union, die auf konfessionellem Gebiet vermeidet die Wahrheitsfrage mit der letzten Gewissenhaftigket zu beantworten, wird durch solche gewohnheitsmäßige Unwahrhaftigkeit auch außerordentlich stark versucht, dem Geist dieser Welt gegenüber es mit der von Gott anvertrauten Wahrheit auch nicht genau zu nehmen."

Für Eppelein, und sicherlich auch viele andere konservative Lutheraner, habe eine solche Kirche aufgehört Kirche zu sein. Hier kommt eine starke Desillusionierung bezüglich der Reichskirche zum Ausdruck, die ein wichtiger Faktor in der Bewahrung der Unabhängigkeit der bayerischen Landeskirche in dem kommenden Jahr werden sollte.

Interessanterweise druckte die "Fränkische Tageszeitung" eine Verurteilung der Sportpalastkundgebung als "einen unerhörten Angriff auf den Bekenntnisstand" der Kirche, eingereicht von der bayerischen DC-Landesleitung.[724] Der "Stürmer" dagegen, lobte Dr. Krause als "mutigen Bekenner" und stimmte der Forderung seiner Rede zu,[725]

"daß alles Fremdvölkische aus der Reichskirche verschwinde und der nordische Geist den orientalischen Materialismus niederringe. Der judenblütige Prediger müsse aus der protestantischen Kirche restlos verschwinden und die heldische Jesusgestalt des Kämpfers von Nazareth müsse der zerbrochenen Knechtseele ein Ende bereiten".

Damit war die Volksmission in Bayern auch vor ein großes Problem gestellt. Denn, um nach der Sportpalastkundgebung Klarheit zu schaffen, mußte sie die Rassenproblematik direkt ansprechen. Damit begab sie sich aber unweigerlich auf Kollisionskurs vor allem mit der Fränkischen Gauleitung, die sehr schnell zur Diffamierung in den Seiten des "Stürmers" bereit war.[726] Es war daher eine gewisse Hilfe, daß eine Verlautbarung der Reichsregierung vom 1. Dezember die Auseinandersetzungen innerhalb der evangelischen Kirche als "eine rein kirchliche Angelegenheit" wertete und das Eingreifen von außen her verbat.[727] Andererseits erschwerten die restriktiven Presseanordnungen des Reichspropagandaministeriums, die das Behandeln der kirchlichen Auseinandersetzungen in der Presse weitgehend einschränkten, den Informationsfluß in dieser wichtigen Phase des Kampfes in und um die Kirche.[728]

Der durch die Sportpalastkundgebung besonders gestellten Herausforderung, zur Rassenfrage und zur völkischen Religion àla Rosenberg Stellung zu nehmen, wich die bayerische Volksmission keineswegs aus.[729] Vor der Vertreterversammlung der deutschen Pfarrervereine in Nürnberg am 14. November berichtete Helmut Kern über die Schulungskurse, die die Volksmission vorbereitete, und sprach vom notwendigen damnamus zum Liberalismus und zum Rosenbergianismus;[730]

"Wehe der Kirche, welche gegenüber der Schulung in den Gedanken Rosenbergs kein entschlossenes damnamus hat! Hitler ist uns darin vorausgegangen. Wehe, wenn die Kirche feige ist! Der Staat erwartet von uns ein Bekenntnis."

Für die Kirchenvorsteherschulung, einen wichtigen Bestandteil der Volksmission, wurden am 25. November u.a. folgende Themen angekündigt: Das Alte Testament als Buch der Kirche; Jesus Christus, Heiland oder 'artgemäßer Held'?; Was sagt Deine Kirche zur Judenfrage?; und Rassenpflege, 'lebensunwertes' Leben und Gottes Wille.[731]

Die Behandlung dieser Themen durch die Volksmission war fast immer mit einer Ja-Aber-Haltung verbunden. Dies geht sehr deutlich aus den Ausführungen Pfarrer Sommerers hervor, der die Leitsätze für Eugenik und Rassenpflege erstellte.[732] Da Eugenik sich "im Raume des ersten Glaubensartikels" bewege, sei es als "Kampf gegen des Sterben des Volkes" berechtigt. Da aber die Sünde in den Raum des ersten Glaubensartikels eingebrochen sei, brauche die Eugenik "die Erfüllung mit dem ganzen Reichtum christlichen Glaubens". So könnten Eugenik und Kirche "in gemeinsamer Front miteinander" stehen.[733]

Besonders in der sehr heiklen aber doch entscheidenden Rassenfrage war diese Ja-Aber-Haltung sichtbar. Im November 1933 erschien der Aufsatz "Kirche und Rasse", der später als Flugblatt der Volksmission weite Verbreitung fand.[734] Der Autor, Inspektor des Predigerseminars in Nürnberg, Kurt Frör, war einer der entschiedensten Gegner der Deutschen Christen. Der Aufsatz hat einen zweiteiligen Aufbau: Ein ja zur Rasse als Schöpfung, ein nein zur Rasse als Religion. Da die Rasse "ein heiliges Geschenk Gottes" sei, müßten Christen "an der Erhaltung, Reinigung und Gesundung unserer Rasse" mitarbeiten. Diese "Gesundungsarbeit" sei zwar "nicht ohne Kampf gegen andere Rassenangehörige möglich", aber der Christ dürfe nie "eine andere Rasse als untermenschlich und mehr oder weniger tierähnlich" betrachten. Im zweiten Teil beantwortet Frör die Forderungen einer Rassenreligion: man werde nicht durch Rassenzugehörigkeit Glied der Kirche, "sondern nur durch den Glauben an Jesus Christus"; das Alte Testament sie kein "Rassenbuch, sondern Gottes Buch"; an Christus glaube man, "weil er Gottes Sohn ist", "nicht weil er zu dieser oder jener Rasse gehört". Zum Schluß schrieb Frör:

> "Evangelischer Christ! So sehr du auf der einen Seite Ja sagen kannst zu dem gesunden Ringen um rassische Reinheit und Kraft, so klar mußt du dir auf der andern Seite darüber sein, daß daneben eine neue Religion, die Religion der Rasse, der Kultus des Blutes, um unser Volk und auch um die evangelische Christenheit wirbt.
> Zwischen dieser Religion der Rasse und des Blutes und dem biblischen Christentum gibt es keinen Kompromiß, sondern nur ein hartes Entweder - Oder. Als evangelische Christen haben wir diesem Kult des Blutes und der Rasse gegenüber nur eine Antwort: Das erste Gebot: Ich bin der Herr dein Gott; du sollst keine anderen Götter neben mir haben!"

Frör war allerdings der Meinung, daß man Nationalsozialismus mit völkischer Rassenreligion nicht verwechseln dürfe, obwohl es genügend Stimmen gebe, die hier eine Identität sähen:[735]

> "Das sind aber gerade die Kreise, die jene neue Rassenreligion propagieren und das allergrößte Interesse daran haben, die christliche Kirche in Deutschland auszurotten und dem politischen Nationalsozialismus die Überzeugung beizubringen, daß es für das Dritte Reich gar keine passendere, geeignetere und angemessenere Religion geben könne, als die christusfeindliche Rassenreligion."

Deshalb habe die evangelische Kirche darum zu ringen,

> "daß man begreift, daß einer bibelgläubiger Christ und trotzdem nicht weniger entschiedener Nationalsozialist sein kann, wie jene, deren Nationalsozialismus von einer christusfeindlichen völkischen Rassenreligion getragen ist."

Diese weitverbreitete Überzeugung, die in den kommenden Jahren langsam, wenn auch nicht überall, abgebaut wurde,[736] war auch eine der grundlegenden Voraussetzungen der Volksmission.

30) Der Beginn der Volksmission und ihre Schwierigkeiten

Die Volksmission mußte jedoch gegen die harte Realität ankämpfen, daß die Gedanken Rosenbergs eine ziemlich dominierende Rolle in der Partei spielten. Dies geht aus einem Brief Kerns vom 2. Dezember deutlich hervor:[737]

> "In den nationalen Verbänden, in sehr vielen politischen Organisationen wird heute die Rosenberg'sche Weltanschauung verkündigt. In den meisten Amtswalterschulen ist die völkische Religiosität die offizielle Weltanschauung. Wir werden am Ende dieses Winters ein Heer von geschulten Amtswaltern haben, die in schroffer Ablehnung der Kirche gegenüber stehen und das Rosenberg'sche Evangelium vom Blut verkündigen."

Trotzdem wurden die Erfolgschancen der Volksmission bei ihrer Männerschulungsarbeit als gut eingeschätzt, auch wenn Meisers Bemerkungen dazu vom 24. November viel zu optimistisch klingen:[738]

> "Erfahrungen der allerletzten Wochen haben gezeigt, daß die Aufnahmebereitschaft bei den Männern unserer Gemeinden groß ist. An manchen Orten kommt die SA geschlossen zu den Abenden. In der Männerwelt wird heute um die großen Zeitfragen gerungen und sie erwartet mit Recht, daß sie von der Kirche Antwort bekommt auf ihre brennenden Fragen. Die Türen stehen weit offen!"

In Wirklichkeit aber hatte die Volksmission von Anfang an mit großen Schwierigkeiten innerhalb und außerhalb der Kirche zu rechnen. Einige Tage vor Beginn der Volksmission wurde eine Versammlung im Nürnberger Kolosseum mit Helmut Kern als Redner, die als Wiederholung der Augsburger Kundgebung vom 22. November gedacht war, von der Polizeidirektion Nürnberg verboten.[739] Auch während der Volksmission in Nürnberg kam es zu einzelnen Störaktionen durch die HJ.[740] Trotzdem konnte man die Nürnberger Volksmission, die mit einer Versammlung von mehreren tausend Besuchern am 29. November mit Pfarrer Putz begann und am 10. Dezember mit Landesbischof Meiser in der überfüllten Lorenzerkirche ihren Abschluß fand, als Erfolg bewerten.[741] Die Eröffnungsansprache von Putz, "Der Auftrag Adolf Hitlers und die Sendung Martin Luthers an das deutsche Volk", enthielt die für die Volksmission so charakteristische Mischung von politischen und religiösen Momenten.[742] Zum Auftrag Hitlers sagte Putz, daß, als im deutschen Volk 1918 alles nieder gebrochen sei, "da berief Gott einen Menschen und zeigte ihm, was die Herrlichkeit eines echten Staates ist, und gab ihm den Auftrag, diesem Volk die Herrlichkeit dieses Staates wiederzubringen". Zum "kirchenpolitischen Kampf, der jetzt tobt", meinte Putz, daß man wie Luther in Worms nicht nachgeben könne, "denn es handelt sich nicht um einen privaten Streit oder ein theologisches Gezänk, sondern um die Reinigung des in Preußen durch den Liberalismus vor 150 und 50 Jahren verfälschten evangelischen Bekenntnisses". Zum Schluß betonte Putz:

"Ich, der politisch nichts anderes kannte als den Nationalsozialismus, fühle mich als lutherischer Christ durch meine Ordination verpflichtet, das Wort Gottes lauter und rein zu predigen und gegen jede Verfälschung des Evangeliums durch Rasseglauben und Rassereligion zu kämpfen! Was dort im Sportpalast aufgebrochen ist, das ist seit Luthers Tagen der größte Angriff, der gegen den Protestantismus geführt wurde. Hitler sagte einmal zum Reichsbischof: Ich brauche ein Volk mit einer starken Seele. So erhält unser Kampf eine große politische und außenpolitische Bedeutung. Dazu helfe uns Gott in Gnaden!"

In seiner Schlußansprache in Nürnberg erklärte Meiser, daß die Volksmission allein darin begründet sei, weil die "Kirche in einem ernsten, schweren Kampfe um ihr Bekenntnis" stehe.[743] Als Gegner außerhalb der Kirche sah er die Verfechter einer nordischen, germanischen Religion und innerhalb der Kirche die Menschen, "die nur eine heldische Christusgestalt sehen". In so einer Kampfzeit rufe die Kirche dazu auf, sich "in die große Bekenntnisfront" einzureihen.

Diese offene Sprache der Kirche wurde aber nicht überall gern gehört. So mußte am 8. Dezember in Hiltpoltstein, Oberfranken, der Redner einer Evangelisationsversammlung "auf Veranlassung der Obersten SA Führung von Bayreuth" die Stadt verlassen "um einer Schutzhaft zu entgehen".[744] Als Begründung wurde "Beunruhigung der Bevölkerung" angegeben, aber der Kapitelsbeauftragte Riedel vermutete hinter dieser Aktion einen "getarnte(n) Angriff völkischer Religiosität".

Es gab aber auch Schwierigkeiten für die Arbeit der Volksmission innerhalb der Pfarrerschaft. Ein Kapitelsbeauftragter schrieb an Kern, daß man den Mut haben müsse sich der Kritik der "Nürnberger Kollegen" zu stellen, "gerade weil so manche unter ihnen ablehnend unserer Arbeit gegenüber standen".[745] Was die Gründe für die Ablehnung waren, ist aus dem Brief eines anderen Kapitelsbeauftragten ersichtlich; er schrieb von Kollegen, die ihre Gottesdienste nicht volksmissionarisch eingestellt hätten, entweder weil sie "dazu keinen inneren Antrieb" besaßen, oder weil sie "aus gewisser politischer Einstellung heraus allzu treue Schüler Barths sein wollen".[746] Die Barth'schen Bedenken gegenüber einigen Grundeinstellungen der Volksmission waren Kern schon vorher begegnet, als ihn Vikar Höchstädter in Neu-Ulm fragte, "woher er wisse, daß die Stunde der nationalen Begeisterung der Kairos sei".[747] Als Höchstädter in seiner Wortmeldung den Namen Barth erwähnte, unterbrach ihn Kern: "Hören Sie mir auf mit Karl Barth! Karl Barth ist Schweizer, er hat kein Verständnis für uns Deutsche! Er ist Sozialdemokrat und hat einen Widerwillen gegen alles Nationale und gegen Hitler".

Bei manchen Pfarrern war ihre distanzierte Haltung zur Volksmission durch ihr Mißtrauen gegen die Gemeinschaften, die diese Arbeit früher fast ausschließlich trieben, bedingt.[748] Man hatte die Sorge, daß die Gemeinschaften über die Volksmission der Landeskirche einen stärkeren Einfluß in den Gemeinden gewinnen könnten.[749] Und ein radikaler DC-Pfarrer in Bayern fürchtete sogar, daß die Volksmission den Konfessionalismus dienen könnte.[750]

Manche Pfarrer gaben Zeitprobleme als Haupthindernis für die Volksmission an. In Weißenburg klagte Rottler, daß die geplante Kirchenvorsteher-Schulung zu knapp angesetzt sei; bei der "starken anderweitigen Belastung" der Männer (u.a. durch SA-Dienst), könnte er nur einmal im Monat eine Schulung durchführen.[751] Auch die Pfarrer selber waren vor allem in den Städten überlastet, denn zu den normalen Pflichten wie Gottesdienste, Seelsorge und Religionsunterricht[752] nahm die neue Aufgabe der Erstellung der Nachweise über die arische Abstammung sehr viel Zeit in Anspruch.[753]

Der Zugang zu den Männern, vor allem innerhalb der nationalen Verbänden, war nicht nur ein Zeit-, sondern auch ein Personalproblem. Die kirchliche Schulungsarbeit wurde akzeptiert oder abgelehnt, je nach Einstellung der verschiedenen Führer. Aus Pappenheim wurde berichtet: "In Pappenheim steht

man der Hitlerjugend und der SA wie einer Mauer gegenüber. Auf dem Lande gliedern sich die Mitglieder der SA und der HJ in das Gemeindeleben ein".[754]
Aus einem mittelfränkischen Dorf berichtet ein Pfarrer, daß er "noch massgeblichen Einfluß auf die SA und HJ hatte";[755]

> "Diese erklärt sich einerseits aus der Tatsache, daß der Ortspfarrer schon seit Jahren sich bewußt durch Wort und Tat für den Nationalsozialismus eingesetzt hat, andererseits aus dem Umstande, daß der hiesige Lehrer selbst Führer der SA und der HJ ist und den Pfarrer mit dem Lehrer das gleiche Band der Gesinnung verbindet. Auf diese Weise ist es mir ohne jede Reibung und Schwierigkeit möglich, auf die Mitglieder der SA...und auf die HJ volkmissionarisch einwirken zu können."

Vorteilhaft für die Volksmission war es allerdings, wenn der Pfarrer selbst von innen wirken konnte, als Parteigenosse, NS-Ortsgruppenleiter, oder gar, wie in einem Fall, als SA-Schulungsleiter der Standarte.[756]

Aber über die Mitgliedschaft der Pfarrer bei der SA war die Kirchenleitung alles anders als glücklich. Das Thema wurde schon vom Reichsbischof auf der Nationalsynode angesprochen, als er sagte, daß "der junge Theologe den Dienst an Volk und Vaterland in SA und Arbeitslager als Ehrenpflicht ansehen" müsse.[757] Daraufhin hatten einige DC-beherrschten Landeskirchen ihre jungen Pastoren aufgefordert, in die SA einzutreten.[758] In Bayern wurden die Pfarrer zunächst über ihre Studentenverbindungen aufgefordert, sich der SA anzuschließen. So hat zum Beispiel der Theologiestudent v.Gilardi, der "zum Stabe des Braunen Hauses gehört", die Philister der Uttenruthia in einem Schreiben aufgefordert, "unverzüglich der SA bzw. einer ähnlichen Formation beizutreten".[759] Manche haben diesen Schritt auch erwogen, zumal "die SA der Rahmen des grossen kommenden Volksheeres zu werden scheint und nicht mehr eine ausgesprochene Parteitruppe ist".[760] Auf die vielen Anfragen in dieser Sache gab der LKR am 14. November eine Weisung an alle Geistlichen, daß sie "sich zunächst abwartend verhalten sollen" bis eine Regelung mit der obersten SA-Führung erreicht sei:[761]

> "Denn so wenig wir einen Anlaß sahen, unsere Theologiestudierenden von der Teilnahme an dieser Volksbewegung zurückzuhalten, so sehr scheint es uns geboten hinsichtlich der bereits ordinierten und im Amte stehenden Geistlichen erst Klarheit zu schaffen, inwieweit sich die Zugehörigkeit zu einem Wehrverband mit den allgemeinen und besonderen Pflichten des geistlichen Amtes vereinbaren läßt."

Aus Gunzenhausen wurde in Antwort auf das Schreiben des LKR gemeldet, daß von den Geistlichen des Kirchenbezirks "mehr als ein Drittel den Anschluß an die SA oder eine andere Formation" bereits vollzogen hätte.[762]

Verhandlungen zwischen dem LKR und der obersten SA-Führung ergaben Anfang Dezember, daß die Geistlichen nicht verpflichtet waren, der SA beizutreten, und daß Pfarrer, die der SA angehörten, sich "um ihres Amtes willen" vom

Dienst dispensieren konnten.[763] Auf jeden Fall aber war "ein Auftreten der Geistlichen in der SA-Uniform im Dienst" "mit den Aufgaben im übrigen Dienst" nicht zu verbinden. Für die Theologiestudenten strebte der LKR eine Regelung an, die den SA-Dienst auf die ersten 5 Semester beschränken sollte.

31) Die Auflösung der DC in Bayern

Als die Volksmission sich in ihrer Anfangsphase befand, kam es zu einer wichtigen Entscheidung über die DC in Bayern. Nachdem die bayerischen DC Ende November aus der Reichsbewegung ausgetreten waren, vermehrte sich der Druck, vor allem von seiten des Schieder Kreises, sich völlig aufzulösen. In einem Artikel im "Korrespondenzblatt" - "Das Ende der Deutschen Christen"[764] - aber in einer noch schärferen Form in einem Rundschreiben vom Anfang Dezember, machte der Kreis seine Argumente für die Auflösung geltend.[765] Bisher habe man "unter grossen Opfern...von einem Kampf gegen die bayerische Bewegung abgesehen", teils um der Geschlossenheit der bayerischen Landeskirche willen, teils weil man ein gewisses Verständnis für die Aufgaben der bayerischen DC haben konnte. Nun aber sei die Situation völlig verändert. Hatte man zuerst die DC als eine Brücke zu den "entkirchlichten Kreisen der NSDAP" gesehen, so müsse man jetzt erkennen, daß die Volksmission der DC "restlos durch die landeskirchliche Mission erfüllt" sei; eine zweite Organisation könne nur noch schädlich sein. Im Reich habe die GDC auf diesem Gebiet gar nichts unternommen, "sondern sich die ersten Pläne von der bayerischen Mission geholt". Hatte man auch gehofft, die DC könnten eine Brücke zur Reichskirche sein, so müsse jetzt festgestellt werden, daß die Reichskirche nicht durch die DC, "sondern durch den Notbund repräsentiert" werde. Schließlich wollten die bayerischen DC den rechten Flügel der Bewegung stärken, aber diesen Flügel gebe es nicht mehr. Deshalb fühlte sich der Schieder-Kreis berechtigt, folgende Forderungen zu stellen, die zugleich ein aufschlußreiches Bild über das Wesen der DC in Bayern vermitteln:[766]

> "a) Um des einheitlichen Kampfes der gesamten bayerischen Kirche Schulter an Schulter mit denen, die im Norden um die Existenz der Kirche kämpfen, willen, ist es lebensnotwendig, daß die Landeskirche auch äußerlich geschlossen in Erscheinung tritt. Deshalb müssen Sonderaktionen von Einzelnen weiterhin unmöglich sein. Es darf keine Sondergruppe mehr in Bayern geben. Die Glaubensbewegung war ja in Bayern überhaupt nur als Abwehr und Notwehr zur Verhütung von Schlimmerem gedacht. Heute fehlt ihr:
> 1. die volksmissionarische Möglichkeit,
> 2. das Vertrauen der Gemeinden,
> 3. jeder Einfluß auf den Norden,
> 4. jede Existenznotwendigkeit innerhalb der bayerischen Kirche.
> b) Die Gruppe der DC war bei uns immer eine Minderheit, und selbst von

dieser kleinen Zahl ist der weitaus überwiegende Prozentsatz nur aus seelsorgerlichen Rücksichten auf die eigene Gemeinde und aus einer gewissen Psychose heraus und unter einem starken politischen und agitatorischen Druck eingetreten, und wartet längst auf den Moment, wo er die Bewegung wieder mit Anstand verlassen kann.
c) Überall in der bayerischen Landeskirche verstärkt sich das Gefühl, daß wir zu lange unsere norddeutschen Brüder im Stiche gelassen haben. Überall sind bereits Einzelaktionen im Gange und der Landesbischof wird überschüttet mit Forderungen und Bitten. Diese Einzelaktionen können sich sofort einen und der Kampf gegen die DC im ganzen Reich wird aufs schärfste entbrennen. Wenn die bayerischen DC nicht sofort völlig ihre innere und äussere Trennung von allem was DC heisst, dadurch beweisen, daß sie die Glaubensbewegung auflösen und jede analoge Gruppierung weiterhin vermeiden, ist der Bruch auch in Bayern nicht mehr aufzuhalten.
d) Wir sind bereit, einen Strich unter die ganze Vergangenheit zu machen und in aufrichtiger Brüderlichkeit und Geschlossenheit unter dem Landesbischof den Kampf innerhalb der Reichskirche um eine wahrhaft christliche Reichskirche Schulter an Schulter mit allen, die eines guten Willens sind, zu kämpfen."

Eine Lösung wurde am 8. Dezember im Nürnberger Predigerseminar gefunden, als auf Wunsch Greifensteins das am 27. September aufgestellte "Zehnmännerkollegium" zum ersten Mal zusammentrat.[767] Ursprünglich sollte das Kollegium theologische Leitsätze herausarbeiten, wozu der Greifenstein-Kreis sich jedoch nicht bereit fand. Das Treffen am 8. Dezember sollte lediglich kirchenpolitische Gegenstände behandeln. Vom Kreis Schieder waren anwesend: Schieder, Götz, Kornacher, Frör und Lic. Schmidt; von der anderen Seite: Greifenstein, Eckstein, Baumgärtner, Fikenscher und Dr. Daum, der am 28. November die Landesleitung des NS-Pfarrerbundes von Klein übernommen hatte.[768] Das Kollegium kam zu der Vereinbarung,[769]

"daß sich die bayerische Pfarrerschaft geschlossen in die von dem Herrn Landesbischof geführte Bekenntnisfront einordnen wird. Es sollen in Bayern keinerlei kirchenpolitische Gruppen gebildet werden. Bei Meinungsverschiedenheiten soll amtsbrüderliche Verständigung gesucht werden".

Unter diesen Umständen war Greifenstein bereit, die Auflösung der bayerischen GDC auszusprechen.[770]

Daß diese Vereinbarung jedoch ein schwaches Fundament hatte, ist daran zu sehen, daß unter der im "Korrespondenzblatt" veröffentlichten Erklärung des Zehnmännerkollegiums eine wichtige Unterschrift fehlte - die vom Landesleiter des NS-Pfarrerbundes Dr. Daum.[771] Aus dem Protokoll des Treffens ist der Grund dafür ersichtlich:[772]

"Die radikaleren Mitglieder der bisherigen Deutschen Christen halten es für die unerläßliche Bedingung, unter der ihnen allein die Auflösung der Glaubensbewegung tragbar erscheint, daß der nationalsozialistische evangel. Pfarrerbund desto eifriger arbeitet.
Dr. Daum erklärt über die Absichten dieses Pfarrerbundes:

> a) er wolle den bestehenden Pfarrerverein keineswegs verdrängen, sondern lediglich die nationalsozialistische Idee unter den Pfarrern pflegen; doch müsse er sich Freiheit vorbehalten, falls anderweitige Befehle von der Oberleitung kommen (Problem Klein!);
> b) der nationalsozialistische Pfarrerbund wolle jetzt keine kirchenpolitische Front darstellen, doch könne natürlich der Augenblick kommen, wo der kirchenpolitische Einsatz dieser Gruppe notwendig wäre.
> Die von Schieder und Kornacher ausgesprochene Bitte den NS-Pfarrerbund aufzulösen, wird dementsprechend abgelehnt. Kornacher erklärt, daß man sich auf der Gegenseite nicht darüber wundern dürfe, wenn allenfalls eine Gegenorganisation gegen die von Dr. Daum geführte Gruppe entstehe."

Wie sich Dr. Daum die Arbeit des NS-Pfarrerbundes vorstellte, zeigt, wie brüchig die Vereinbarung vom 8. Dezember war.[773] Als erste Aufgabe sah er die

> "Vertiefung des Wissens um den Nationalsozialismus. Wie wir als Christen wachsen sollen hin zu und hinein in Jesus Christus (Eph. 4, 15), so auch als Deutsche hin zu dem Manne, der die reinste Verkörperung der nationalsozialistischen Idee ist. Wir sollen nicht Vaterlandsfreunde schlechthin sein, sondern Nationalsozialisten".

Die letzte Aufgabe soll die "theologische Bearbeitung aller durch das Erwachen des Volkstums und Rassebewußtseins gegebenen Fragen und Aufgaben" sein.

> "Dabei soll zweier Männer Geist in uns lebendig sein; der eine ist Luther, der Kämpfer um das reine Evangelium Jesu Christi, der andere Hitler, der Kämpfer um die Volkheit. Beides sind Menschen, deren Sendung weit über die Grenzen unseres Volkes sich erstreckt, aber beides Propheten, unserem Volke gesandt."

Am 13. Dezember versprach Daum, daß sein Bund "die Geschlossenheit der Pfarrerschaft, soweit sie das Bekenntnis betrifft, nicht antasten" werde, und bat um die Chance "in Ruhe" arbeiten zu dürfen.[774] Aber schon in dem kommenden Monat sollte die Geschlossenheit der Pfarrerschaft, und auch die des NS-Pfarrerbundes, ernshaft in Frage gestellt werden.

Die Auflösung der bayerischen DC hatte vor allem für die Volksmission wichtige Auswirkungen. Helmut Kern hat in einem Schreiben vom 12. Dezember seinen Kapitelsbeauftragten gebeten, "dafür zu sorgen, daß kein bisheriger DC-Pfarrer irgendeine Position volksmissionarischer Art in den nationalen Verbänden preisgibt."[775] Die Schwierigkeiten, denen die Volksmission unter den Verbänden zu diesem Zeitpunkt begegnete, sind in diesem Schreiben ersichtlich:

> "Wir müssen im gegenwärtigen entscheidenden Augenblick alles dran setzen, daß wir Männer der Kirche aus dem großen Strom des Geschehens nicht ausgeschaltet werden, selbst wenn man unseren Dienst nicht wünscht oder uns erklärt, daß die Kirche in ihrer gegenwärtigen Zerrissenheit keinen Anspruch auf Mitarbeit in den Verbänden habe."

Der nach der Sportpalastversammlung aufgenommene innerkirchliche Kampf um das Bekenntnis, den die Volksmission sich zu eigen machte, wurde aber gerade von den Kreisen, die die Volksmission erreichen wollte, nicht verstanden, wie der Jahresbericht des Bayreuther Kreisdekans Prieser eindrucksvoll belegt:[776]

"Über all den erregenden und niederdrückenden Wirrnissen dieser Monate sind wir in der Gefahr, den großen Gedanken der Volksmission und damit das neue Feuer, das die 'Glaubensbewegung deutsche Christen' hätte entzünden können, wenn sie auf der kirchlichen Linie geblieben wäre, zu verlieren, nämlich die national erweckten Massen nun auch kirchlich zu erreichen und zu durchdringen. Nun gilt die Kirche schon in manchen Kreisen, weil sie für ihr Bekenntnis, für ihre Eigenart und ihren Lebensraum eintreten mußte, als eine Zufluchtsstätte der politischen Reaktion, womit sie doch nicht das mindeste zu tun hat, und die Scharen der SA Männer ziehen an den Sonntagen an der Kirche vorbei zu ihren Appellen und Übungen."

32) Die Krise in der Reichskirche und ihre Auswirkungen in Bayern

Die durch die Sportpalastversammlung ausgelöste Krise in der Reichskirche verschärfte sich in den letzten Wochen des Jahres und verursachte eine Beunruhigung der Gemeinden, die jetzt für zuverläßige Information fast ausschließlich auf die kirchliche Presse angewiesen waren. In dem Vorwort zu Heft 6 der Schriftenreihe "Bekennende Kirche", mit Dokumenten zum Kirchenstreit, schrieb Anfang Dezember der Herausgeber Christian Stoll, daß die deutsche Presse, die "eine Zeitlang über die tatsächliche Lage berichten konnte", seit Ende November, als die lutherischen Bischöfe und andere mit ihnen verbundene Kirchenführer in Berlin um eine Befriedung der Reichskirche kämpften, schweigen mußte.[777] Darum sei es notwendig, "um unserer Gemeinden willen", daß Rechenschaft über die Schritte der Kirchenführer abgelegte werde; "daß ihre Handlungen im Dienste der Kirche nicht in der Verborgenheit bleiben":

"Das ist umso nötiger, als man sich vonseiten neuprotestantischer Kirchenführer nicht gescheut hat, sie 'reaktionär' zu nennen, um sie durch Verdächtigung zu erledigen...Das Erschütterndste in den Auseinandersetzungen der vergangenen Tage ist die Verleumdung und Unwahrhaftigkeit im Raume der Kirche."

Was die Kirchenführer der Bekenntnisfront (auch "Bekenntnisblock" oder "Gruppe Meiser" genannt)[778] Ende November in Berlin verlangt hatten, war eine "Gesamtbereinigung" der Reichskirche, angefangen mit einer Neubildung des Reichskirchenministeriums, das das Vertrauen des Kirchenvolkes hinter sich haben muß; weiterhin verlangt wurde die Ausschaltung von Zwang und Gewalt zur Durchführung kirchlicher Maßnahmen sowie die Nebenregierung der Deutschen Christen.[779] Obwohl Müller einige Maßnahmen zur Beruhigung der

Lage traf, wie die Niederlegung der Schirmherrschaft über die GDC und die Beurlaubung Hossenfelders, gelang es ihm nicht, das Anfang Dezember zurückgetretene Geistliche Ministerium neu zu bilden. Am 19. Dezember stellten die lutherischen Bischöfe dem Reichsbischof ein erneutes Ultimatum, daß sie, wenn innerhalb einer Woche das Ministerium nicht nach den Wünschen der Gruppe Meiser gebildet werde, nicht mehr imstande sein würden, "die Reichsregierung mit unserer landeskirchlichen Autorität zu decken". Der Reichsbischof war aber zu dieser Zeit dabei, die Vertrauenskrise noch zu verschärfen durch seine Vereinbarung mit Schirach über die Überführung der evangelischen Jugendverbände in die HJ.

V DIE PREISGABE DER EVANGELISCHEN JUGENDVERBÄNDE

1) Die Jugendverbände vor 1933

Wenn im Rahmen dieser Arbeit ein besonderes Kapitel den evangelischen Jugendarbeit gewidmet wird, so deshalb, weil auf diesem Gebiet einer der ersten Konflikte zwischen den Ansprüchen des totalen Staates und den traditionellen Zuständigkeitsgebieten der Kirchen ausbrach. Die Abwehrmaßnahmen und auch die Kompromißbereitschaft der Kirche auf diesem Gebiet sind sehr wichtige Faktoren für ein Verständnis der darauf folgende Phases des Kirchenkampfes. Von diesem Konflikt waren auch die Gemeinden unmittelbar betroffen, denn schon innerhalb des ersten Jahres der NS-Herrschaft mußte die kirchliche Jugendarbeit ganz neu strukturiert werden.

Anfang 1933 gab es in Deutschland eine vielfältige, gut entwickelte Jugendverbandstätigkeit. Nach Schätzung von Baldur von Schirach waren etwa 5 Millionen der rund 7,5 Millionen Jugendlichen zwischen 10 und 18 Jahren von irgendeiner Organisation erfaßt.[1] Darunter waren viele bei den konfessionellen Jugendverbänden. Zu den katholischen Jugenverbänden gehörten etwa 1,7 Millionen Mitglieder; zu den evangelischen über 700.000, wobei noch dazu etwa 600.000 zu evangelischen Jugendgruppen gehörten, die keinem größeren Verband angehörten.[2]

Bis zum Jahre 1933 wird generell von einer blühenden kirchlichen Jugendarbeit gesprochen,[3] und in der Tat hat die Kirche seit 1918 auf diesem Gebiet erheblich aufgeholt. Die Notwendigkeit der kirchlichen Jugendarbeit, die im neunzehnten Jahrhundert im Zuge der Verstädterung und Entkirchlichung erst akut wurde, hat sich im Laufe des ersten Weltkrieges und der Revolutionszeit überall, auch im kleinstädtischen und ländlichen Bereich bemerkbar gemacht. Der Visitationsgesamtbericht der bayerischen Kirchenleitung für das Jahr 1919 kennzeichnet die Arbeit an der heranwachsenden Jugend als "dringende Forderung der Zeit".[4] Als besonders bedenklich wurde der Erfolg angesehen, den "die sozialdemokratischen Massen" bei der Jugend hatten; gegen die "sehr leicht eingehenden Ideale" der Sozialdemokraten sei es zwar schwierig, die Jugend für "christlich-kirchliche Ziele" zu gewinnen, die Arbeit müsse aber von den Gemeinden aufgenommen werden.

Dieses Bild wird auch von der Weißenburger Pfarrbeschreibung von 1920 bestätigt, wo die kirchliche Jugendarbeit, die noch im Anfangsstadium stecke, besonders als Gegengewicht zu der "Freien Jugend" unter sozialdemokratische Führung konzipiert wurde.[5] Auch als Kirchenpräsident Veit 1922 berichten konnte, daß eine gewisse Normalität wieder eingetreten sei, und daß die "Umwälzung" das Leben der Landeskirche nicht erschüttert habe, machte man sich immer noch Sorgen um die Jugend.[6] Durch die Revolution habe "ein Geist der Zuchtlosigkeit und Unbotmäßigkeit" sich der Jugend bemächtigt, so daß deshalb die Jugendpflege "zu den dringlichsten Aufgaben der Gegenwart" gehöre. Im Laufe der zwanziger Jahren konnten die kirchlichen Jugendorganisationen erfolgreich aufgebaut werden und sie erreichten im Jahre 1932 den Höhepunkt ihrer Entwicklung.[7]

Zentren der Jugendorganisationen in Bayern waren die grösseren Städte wie Nürnberg, Fürth, München und Augsburg, aber auch die mittleren Städte wie Treuchtlingen, Weißenburg und Pappenheim hatten aktive Jugendverbände.[8] Auch in den ländlichen Gemeinden gab es aktive Jugendvereine, meist auf Gemeindebasis organisiert, wie zum Beispiel der Jugendtag in Gunzenhausen zu Pfingsten 1933 demonstriert.[9]

Unter den wichtigsten evangelischen Jugendverbänden in Bayern waren:
- Der Bayerische Evangelische Jungmännerbund, Mitglied beim Reichsverband der Evangelischen Jungmännerbünde Deutschlands (Evang. Jungmännerwerk). Vorsitzender: Bankbeamter Krauß in Nürnberg. Bundespfarrer: Pfarrer Grießbach, Erlangen. Zum Reichsverband, geleitet von Reichswart Pfarrer D. Erich Stange, gehörten rund 265.000 Mitglieder.(10) In internationaler Gemeinschaft mit den YMCA-Gruppen. Im Jahre 1932 in Bayern besaß der Jungmännerbund 140 Vereine; allein der Nürnberger CVJM zählte 3000 Mitglieder.(11)
- Der Verband der Evangelischen Weiblichen Jugend in Bayern, Mitglied beim Reichsverband Evangelischer Weiblicher Jugend, der eine Stärke von etwa 300.000 aufwies.(12) In Bayern waren die über 6000 Mitglieder in 215 Mädchenvereinen und Jungscharen erfaßt.(13)
- Der Jugendbund der Evangelischen Arbeitervereine Bayerns. Vorsitzender Pfarrer Baumgärtner, Nürnberg. Mehr als 4000 Mitglieder.(14) Mitglied bei der Evangelischen Arbeiterjugend (EAJ).
- Die Jugendgruppen der Evangelischen Arbeiterinnenvereine, Hauptsitz in Nürnberg, Mitglied beim Jugendverband der Evangelischen Arbeiterinnen.
- Der Landesverband Bayern im Bund deutscher Bibelkreise (BK). Vorsitzender Pfarrer Kolb, Zwiesel; dazu die Vereinigung bayerischer Mädchenbibelkreise. Ende 1931 gab es 28 BK Gruppen in 22 bayerischen Städten, mit 854 eingetragenen Mitgliedern.(15)
- Der Bayerische Jugendbundverband. Vorsitzender Pfarrer Keupp, Hensoltshöhe. Teil des Jugendbundes für Entschiedenes Christentum (EC). Stärke im Reich etwa 60.000; in Bayern mehr als 4000 im Jahre 1925.(16)
- Die Christliche Pfadfinderschaft (CP), die 1931 selbständig vom Reichsverband der Evangelischen Jungmännerbünde wurde. Etwa 17.000 Mitglieder im Reich.(17)
- Bund Christdeutscher Jugend (BCJ). Anfang 1933 entstanden aus dem Christdeutschen Bund und dem Bund Deutscher Jugendvereine (BDJ). Mitgliederstärke im Reich etwa 21.000.(18)

Eine Einigung dieser evangelischen Jugendgruppen war kaum denkbar, denn die verschiedenen Jugendverbände betrachteten sich gegenseitig meist als

Konkurrenten, eine Folge ihrer verschiedenen Entstehungsgeschichte, Zielsetzungen und Wirkungskreise.[19] Der Jungmännerbund, aus der Erweckungsbewegung des neunzehnten Jahrhunderts hervorgeganen, hatte die längste Tradition und sprach verschiedene Schichten an, am meisten aber die kleinbürgerlichen. Die BK dagegen, eine wesentlich kleinere Gruppe, sprach in erster Linie die höheren Schüler an. Die BDJ wandte sich gegen die pietistische Prägung des Jungmännerbundes und strebte eine engere Beziehung zur Kirchengemeinde an. Der Jugendbund für Entschiedenes Christentum, mit enger Verbindung zur Gemeinschaftsbewegung, distanzierte sich stark von den anderen Gruppen und auch, wie die Gemeinschaften generell, von den Kirchengemeinden.

Konfrontiert mit den Einheitsbestrebungen des NS-Staates erwies sich die organisatorische Vielfalt der evangelischen Jugendgruppen als Nachteil. Auch die relative Selbständigkeit der Jugendvereine und ihre zum Teil lose Bindung an dee Landeskirche schwächten den Widerstandswillen vieler in der Kirche, die die Verbandstätigkeit als peripher zur Kirche und auch als überholt im neuen Staat ansahen.

2) Die Ansprüche der HJ im März 1933 und die Reaktion der kirchlichen Jugendorganisationen

Im Vergleich zu den konfessionellen und bündischen Jugendorganisationen war die Stärke der Hitlerjugend Ende 1932 kaum beachtlich. Mit schätzungsweise 110.000 Mitgliedern war sie nur eine Minderheit, verglichen mit der Gesamtzahl der im Reichsausschuß der Deutschen Jugendverbände zusammengefaßten Jugendgruppen.[20] Der HJ-Gebietsführer Klein schätzte die Zahl der HJ-Mitglieder in Bayern Anfang 1933 auf 3000.[21]

Von der NS-Machtübernahme profitierte auch die Jugendorganisation, die den Namen des neuen Reichskanzlers trug. Obwohl Anfang 1933 von der Partei meist sich selbst überlassen,[22] setzte ein starkes Wachstum in den Reihen der HJ an, begünstigt durch die Rolle der NSDAP als Mitträger der "nationalen Regierung" und auch durch die bevorzugte Stellung der HJ vor anderen Jugendorganisationen bei den vielen Aufmärschen und Kundgebungen, die nach den Märzwahlen an der Tagesordnung waren.[23] Innerhalb der ersten drei Monate des Jahres 1933 erfuhr die HJ nach Schirachs Beschreibung ein "lawinenartiges" Anwachsen[24] und vervierfachte ihre Mitgliederstärke.[25]

Das durch die Machtübernahme stark gekräftigte Selbstbewußtsein der HJ machte sich den anderen Jugendgruppen gegenüber bald bemerkbar. Am 25. März, einen Tag nach dem Ermächtigungsgesetz, lud die Hitlerjugend in Nürnberg die Vertreter der "vaterländischen" bzw. christlichen Jugendverbände zu einem Diskussionsabend ein, um "im Bewußtsein ihres Sieges ihre Forderungen an die christliche Jugend zu richten".[26] Der zweite Redner des Abends, HJ-Unterbannführer Porsch, führte aus, daß die HJ auch ihren Anteil am NS-Sieg haben wollte, als er sagte: "Heute sind wir noch Bewegung, aber wir werden kämpfen, bis wir das ganze deutsche Volk sind, bis die Hitler-Jugend die Staatsjugend werden wird." Um dieses Ziel zu erreichen, rechnete Porsch mit Unterstützung von oben: "Der Führer wird in Bälde die Aufgabe geben, die gesamte deutsche Jugend in unsere Reihen aufzunehmen."

In der anschließenden Diskussion betonten die meisten kirchlichen Jugendführer ihre Bereitschaft, die nationalen Ziele der neuen Regierung zu unterstützen. Sie waren jedoch nicht gewillt, die eigenen Organisationen aufzugeben und warnten sogar vor einer "Uniformierung des Geisteslebens der Jugend". Porsch, irritiert von der "deutsche(n) Eigenbrötelei" der Jugendführer, äußerte sich daraufhin vorwurfsvoll: "Jetzt wollt Ihr auf einmal alle deutsch und national sein, aber wo wart Ihr denn, als man uns verbot, als Hitler eingesperrt wurde...", worauf die meisten Eingeladenen "in großer Erregung" den Saal verließen, wohl mit der Befürchtung, es könnte bald zur erzwungenen Auflösung der evangelischen Jugendverbände kommen.[27]

Porsch unterstrich seine Forderungen am nächsten Tag auf einer HJ-Kundgebung auf dem Nürnberger Marktplatz. Neben der Aufforderung an die Jugend, in die Reihen der HJ einzutreten, mahnte er: "Wer... glaube, sich in den Weg stellen zu können, über den werde die Geschichte hinwegschreiten".[28]

Das unglücklich verlaufene Gespräch mit der HJ wurde auf die Initiative von Pfarrer Hans Weigel, Gauführer der christlichen Pfadfinderschaft Bayerns, am 28. März im Gemeindesaal von Großgründlach wiederaufgenommen. In Weigels Bericht im "Korrespondenzblatt" über den Abend kommt eine für viele evangelischen Jugendführer sehr charakteristische Einstellung zur HJ zum Ausdruck.[29] Weigel begrüßte die HJ als einen "Neuaufbruch der deutschen Jugendbewegung". Das neue und beachtenswerte an der HJ liege in ihrer Aufgabe, keine Elite- sondern eine Massenjugend zu sein. Dadurch strebe sie das wichtige Ziel der "Volkwerdung" an. Gegenüber der einheitlichen Zielsetzung der HJ erscheine die Menge der christlichen Jugendgruppen als Mangel. Weigel zeigte auch Verständnis für den Ruf der HJ an die christlichen Jugendgruppen, das "Opfer der Gleichschaltung" um der Volksgemeinschaft willen zu bringen. Er meinte dennoch, daß die Selbständigkeit der evangelischen Jugendgruppen aus zwei Gründen bewahrt werden müßte. Einmal, weil die Vielfalt der christlichen Jugendgruppen aus den verschiedenen Arten herrühre, die christliche Wahrheit zu erfassen. Diese Unterschiede könne man nicht durch Zwang aus der Welt schaffen. Der zweite und wichtigste Grund für

Weigel war der besondere Auftrag, den alle christliche Gruppen gemeinsam hätten - die Gottlosigkeit zu bekämpfen. Er begrüßte das Vorgehen der HJ gegen das "undeutsche Wesen"; dadurch stünden die christlichen Gruppen mit der HJ in der gleichen Front. Der christliche Auftrag greife dennoch weiter. Zu dem von der HJ in Aussicht gestellten Auflösungsgesetz für alle anderen Jugendgruppen meinte Weigel, dies sei eine Mahnung an die christliche Jugend, ihren eigentlichen Auftrag wieder an die erste Stelle zu setzen und anderen Aktivitäten wie sportliche Wehrschulung einen untergeordneten Platz einzuräumen. Der christliche Auftrag würde auch dann weiter bestehen, wenn die äussere Form der Jugendgruppen verschwinden sollte:

"Wenn durch den machtvollen Aufschwung der HJ und ihre Forderungen Gefahr für den äußern Bestand der christlichen Jugend vorzuliegen scheint, so werden wir nie vergessen, daß ein Auflösungsgesetz immer nur die Formen, nie aber den Inhalt unserer Gemeinschaft treffen kann."

Weigel sah auch Möglichkeiten, den missionarischen Auftrag der evangelischen Jugend innerhalb der HJ zu realisieren, denn er war von der Frage des HJ-Führers tief beeindruckt: "Durch unsere Reihen geht ein religiöses Sehnen, warum entzieht ihr euch uns?"

Um der Gefahr der Auflösung zu entgegnen, schlossen sich am 30. März die kirchlich anerkannten Jugendverände in den "Landesverband der evangelischen Jugend in Bayern" zusammen; Vorsitzender wurde Pfarrer Grießbach, der auch einem Auftrag des Landeskirchenrats erhielt.[30] Diese Gründung demonstriert den Willen der Landeskirche, ihre Jugendgruppen zu schützen und zu konsolidieren.

Der Wille der Kirchenleitung, ihre Jugendarbeit in der bisherigen Form zu bewahren, wurde auf der Dekanskonferernz am 4. April in München bekräftigt. Als Kirchenpräsident Veit auf die Jugend zu sprechen kam, drückte er seine Genugtuung aus, daß "die ganze Jugend wieder im nationalen Geist erzogen" sein sollte, was aber für die evangelische Jugendarbeit keine Neuigkeit sei.[31] Veit betonte, daß die Kirche auf die Freiheit ihrer Jugendarbeit nicht verzichten könnte. Was an der kirchlichen Jugendarbeit geändert werden müßte, war, daß die Jugendverbände "unter sich die Einheit und Geschlossenheit" finden sollten; ansonsten sei es wichtig, "an dem Bisherigen festzuhalten". Veit lehnte auch irgendwelche Einschränkungen in der Jugendarbeit ab: "Wenn eine Teilung nach körperlicher und geistiger Pflege zwischen Staat und Kirche kommen solle, so bringt das eine Zerreißung der Sache, die nicht begründet und förderlich ist."

Auf der Konferenz berichtete der zuständige Oberkirchenrat für Fragen der Jugendarbeit, Hans Meiser.[32] Angesichts der unsicheren Lage der evangelischen Jugendverbände betonte Meiser die Notwendigkeit, Sonderaktionen einzelner Gruppen und Bünde zu vermeiden.[33] Vor allem warnte er davor, die eigenen Organisationen aufzulösen und zur HJ überzugehen.[34] Um Klarheit über die Zukunft der evangelischen Jugendverbände zu bekommen, habe der Landeskirchenrat bereits Gespräche mit Kultusminister Schemm geführt, die eine gewisse Beruhigung bringen konnten. Obwohl Meldungen aus Regierungskreisen teils widersprüchlich seien, habe Schemm die Schaffung einer staatlich geleiteten Jugendorganisation nur als Fernziel der Partei angegeben.[35] Daher bestehe momentan keine Befürchtung, daß der Staat die evangelischen Jugendverbände auflösen wolle. Sie könnten neben der HJ bestehen, müssten sich aber jeder parteipolitischen Betätigung enthalten. Aber trotz dieser Zusicherungen von Schemm blieb Meiser vorsichtig in seinem Gesamturteil:[36]

> "Die ganze Frage sei noch sehr ungeklärt, so daß es nicht möglich sei, ein entscheidendes Wort in dieser Frage zu sprechen. Eine Änderung der Lage sei von Tag zu Tag möglich...; es müsse mit der Möglichkeit gerechnet werden, daß der Staat an den Lebensnerv der evangelischen Jugend herangreifen wird."

Aber selbst wenn der Staat die kirchlichen Jugendverbände in Ruhe lasse, fuhr Meiser fort, bestehe Gefahr, daß die HJ so sehr vom Staat gefördert werde, daß die kirchlichen Verbände nicht mehr konkurrieren können.[37] Zum Schluß äußerte sich Meiser zu der Frage, wie sich die Kirche zur HJ verhalten sollte. Angesichts der wachsenden Mitgliederzahlen bei der HJ, war die Frage erörtert, ob die Kirche der HJ Pfarrer als Führer stellen sollte. Meiser meinte, man könne dies tun, nur müsse man vorher wissen, was die HJ verlangen werde. Problematisch sei es, daß die HJ ein interkonfessionelles sowie ein weltanschauliches Gepräge habe.

Drei Tage nach dieser Konferenz erfuhr die Öffentlichkeit von den Gesprächen mit Schemm in Form einer Erklärung des Pfarrervereins, die die "ausdrückliche Zustimmung" Schemms erhalten hatte.[38] In der Erklärung versprach die Kirche "an der nationalen und religiösen Wiedergeburt" des Volkes mitzuarbeiten, und erhielt die Zusicherung, daß der im Staatsvertrag garantierte "Schutz der evangelischen Jugendorganisationen" aufrechterhalten wird.

Das Ausbleiben eines Auflösungsgesetzes und die Möglichkeit, sich auf den Kultusminister berufen zu können, hatten eine beruhigende Wirkung auf kirchliche Jugendkreise. Dazu kam noch die Zusicherung Baldur von Schirachs, daß das Eigenleben der Verbände, die im Reichsausschuss der Deutschen Jugend zusammengefasst waren - am 5. April hatte die HJ die Geschäftsstelle des Reichsausschusses besetzt und Schirach den Vorstand übernommen - unangetastet bleiben würde, solange diese keine Handlungen unternehmen, "die sich mit den Zielen der Regierung der nationalen Revolution nicht vereinbaren lassen".[39] Für die evangelischen Jugendverbände war diese Bedingung eine Selbstverständlichkeit. Beteuerungen der nationalen Zuverlässigkeit der evangelischen Jugend waren 1933 an der Tagesordnung, wie das "Gemeindeblatt für das Allgäu" bezeugt:[40]

"Die evangelische Jugend und der neue nationale Staat gehören so eng miteinander zusammen, wie sich die evangelische Jugend mit ihrer Kirche verbunden weiß. Darum hat sich auch sofort nach dem Tag von Potsdam die evangelische Jugend Deutschlands mit einer klaren, in der Presse allgemein verbreiteten Erklärung rückhaltlos zum neuen Staat bekannt. (41) Sie hat sofort zu ihren alten christlichen Symbolen, Wimpeln und Abzeichen sich die Fahnen und Hoheitszeichen des neuen deutschen Staates, Schwarz-Weiß-Rot und Hakenkreuzfahnen beigelegt und nimmt an allen nationalen Feiern und Veranstaltungen mit den nationalen Jugendgruppen teil."

Auf dem mittelfränkischen Gautag des Jugendbundes der evangelischen Arbeitervereine in Bayern am 29. & 30. April in Forchheim zeigten die 700 Anwesenden "mit welch großer Begeisterung die evangelische Jugend das gesunde Wollen im neuen Staat begrüßt".[42] In den Worten des Bundesführers Baumgärtner sei die evangelische Jugendarbeit nun "um vieles erleichtert", da sie in einem Staat lebe, "der wieder gewillt ist, christlich-deutschen Geist zu pflegen". Kirchliche Jugendarbeit bleibe dennoch notwendig, um "die Kräfte des Evangeliums in unserem Volk" zu bezeugen.

Am 1. Mai, dem "Tag der Nationalen Arbeit", nahmen in vielen Orten evangelische Jugendgruppen zusammen mit der HJ an den Gottesdiensten und Feierlichkeiten teil.[43] Der "Deutsche Jugendtag" am 7. Mai bot das gleiche Bild der Geschlossenheit, wie in Weißenburg, wo die Jugend "vollzählig" einer Kundgebung auf dem Marktplatz beiwohnte.[44] Am gleichen Tag in Neuendettelsau gab die gesamte Jugend, einschließlich HJ, ihrer "vaterländischen Begeisterung" Ausdruck durch Teilnahme an der Pflanzung einer Adolf-Hitler Eiche, geleitet durch Rektor Lauerer.[45] Am "Tag der deutschen Jugend" fanden auch zahlreiche Wettbewerbe statt, an denen neben der HJ auch evangelische Jugendverbände teilnahmen. Nach den Sportveranstaltungen in München marschierten die evangelischen Jugendverbände in die Arcisstraße, um den neugewählten Landesbischof Meiser zu grüßen, der ihnen die Wichtigkeit der Jugendarbeit beteuerte: "Wer Kirche bauen will, muß mit der Jugend anfangen".[46]

Die vielen Jugendversammlungen im Mai brachten die Stärke der evangelischen Jugendgruppen eindrucksvoll zum Ausdruck. Am 14. Mai kamen 1300 Mitglieder des Verbandes der Evangelischen Weiblichen Jugend im Nürnberger Kolosseum zusammen und hörten eine Rede ihres Reichsführers, Pfarrer Otto

Riethmüller.[47] Für Pfingsten 1934 wollte der Verband Gastgeber sein bei einer geplanten Reichstagung in Nürnberg. Am 21. Mai trafen 900 Mitglieder der evangelischen Jugendvereine aus der Nürnberger Gegend in Zirndorf zusammen.[48] Ein Sprecher dieser Tagung wies "auf die vielen Anfechtungen, auf die Geringschätzung hin, die gerade die evangelischen Jugendbünde vor Wochen noch zu erdulden hätten", was jedoch die evangelische Jugend nicht hindern werde, "treu zu ihrem Glauben zum Vaterland und seinen Führern zu stehen". Auch bei Meisers Amtseinsetzung in Nürnberg am 11. Juni war die evangelische Jugend reichlich vertreten; Spalier bildeten zusammen mit SA, SS und HJ, 1600 Jugendliche des CVJM.[49]

3) Die erneute Verunsicherung der kirchlichen Jugendorganisationen im Sommer 1933

Die Lage der konfessionellen Jugendverbände wurde aber im Juni erneut unsicher. Ein Verbot der Bayerischen Politischen Polizei (BPP) von öffenlichen Versammlungen und Aufzügen am 13. Juni, in erster Linie gegen die katholischen Vereine gerichtet, könnte auch die evangelischen Verbände treffen.[50] Erste Auswirkungen dieses Verbotes zeigten sich bei dem von Reichsinnenminister Frick aufgerufenen "Fest der Jugend", das als Feier der Sonnenwende am 24. Juni für alle deutschen Jugendlichen gedacht war.[51] In der Anweisung der BPP darüber, wer zum "Fest der Jugend" marschiern durfte, hieß es: "Alle Jugendorganisationen mit Ausnahme der nationalsozialistischen Jugendverbände und des Scharnhorstbundes fallen restlos unter das Uniform- und Aufmarschverbot".[52] So nahm beispielsweise an diesem Tag in Weißenburg die evangelische Jugend als Gesammtgruppe jedoch ohne Uniformen teil.[53]

Vom Uniformverbot beim "Fest der Jugend" wurden in erster Linie die konfessionellen Jugendverbände getroffen, denn am 17. Juni hatte Schirach seinen Hauptrivalen, den Großdeutschen Bund, durch Anordnung aufgelöst.[54] Dies erfolgte am gleichen Tag als Schirachs Ernennung durch Hitler zum "Jugendführer des Deutschen Reiches" bekanntgegeben wurde.[55] Dabei erhielt Schirach einen Sonderstatus; denn als "Dienststelle des Reiches" wurde der Reichsjugendführer Hitler unmittelbar unterstellt, was eine erhebliche Machtzunahme bedeutete, die ihm erlaubte, sämtliche Jugendorganisationen zu überwachen.[56] An Stelle des von Schirach darauf aufgelösten Reichsausschusses der deutschen Jugendverbände, berief er einen "Deutschen Jugendführerrat", mit u.a. Vertretern der evangelischen und katholischen Jugend.[57]

Schirachs Auflösung des Großdeutschen Bundes hat auch einige evangelische Jugendgruppen getroffen. In Pappenheim zum Beispiel gehörte der evangelische Jugendverband dem Großdeutschen Bund an.[58] Nach dessen Auflösung versuchte die Pappenheimer Jugend, von dem Evangelischen Jungmännerwerk aufgenommen zu werden, was jedoch scheiterte. Denn, wie Pfarrer Grießbach dem Papenheimer Dekan mitteilte, habe Schirach "der 'Evangelischen Jugend' im ganzen Reich...eine Sperrfrist bezüglich der Aufnahme ehemals großdeutscher Jugendgruppen auferlegt".[59] Eine Eingliederung in die Pappenheimer HJ wollte man aber mit allen Kräften vermeiden "angesichts der Minderwertigkeit der hiesigen HJ". Als Ausweg blieb nur noch Unterschlupf bei der Scharnhorstjugend, bis auch sie Anfang Oktober endgültig in die HJ aufging.

Wie unsicher die Lage der konfessionellen Jugendverbände Mitte Juni tatsächlich war - denn man wußte nicht, wo Schirach haltmachen würde - verdeutlicht ein Blick in die Tagespresse. Am 19. Juni berichtete die "Fränkische Tageszeitung" von Schirachs Vorgehen gegen den Großdeutschen Bund mit der Bemerkung, daß "bald weitere Maßnahmen gegen die noch vorhandenen nicht nationalsozialistischen Jugendorganisationen folgen dürften".[60] Schirachs Rede in Kolberg am 18. Juni enthielt auch eine Drohung; er fühle sich verpflichtet, "solche Jugendorganisationen anzugreifen, die in ihrer Haltung und Eigenart nicht dem Wollen der nationalsozialistischen Volksbewegung entsprächen".[61] Eine Woche später in Hannover drohte Schirach, daß "alle Jugendorganisationen aufgelöst werden, die sich dem revolutionären Wollen der deutschen Jugend entgegenzustellen wagten".[62] Eine Meldung der "Nürnberger Zeitung" vom 20. Juni, daß Beauftragte des Sonderkommissars für Staffelstein die kirchlichen Jugendvereine in ihrem Amtsbezirk verboten hätten, könnte als Anfang des Endes gedeutet werden.[63]

In dieser sehr kritischen Lage, brachte am 23. Juni die "Allgemeine Rundschau", die in Franken weit verbreitete evangelische Tageszeitung, eine merkwürdige Erfolgsmeldung:[64]

"DIE EVANGELISCHEN JUGENDVERBÄNDE BLEIBEN ERHALTEN - WEHRKREISPFARRER MÜLLER GREIFT EIN - BEFRIEDIGUNG IN KIRCHLICHEN KREISEN. Das Büro des Wehrkreispfarrers Müller teilt mit, daß eine bindende Zusage seitens des Reichsjugendführers Baldur von Schirach darüber erfolgt sei, daß an eine Auflösung der evangelischen Jugendverbände nicht gedacht werde. Auch der Reichswart der evangelischen Jugend, D. Stange, hat sich in der Sache bemüht und eine Zurücknahme der angekündigten Maßnahmen in Mecklenburg und Lübeck erwirkt."

Am nächsten Tag berichtete die gleiche Zeitung von einer Besprechung zwischen Schirach und Stange, bei der Richtlinien für eine einheitliche Zusammenfassung der "Evangelischen Jugend Deutschlands" besprochen wurden, "durch die in Zukunft Mißverständnisse und Verwechslungen mit anderen Jugendverbänden...vermieden werden" sollten.[65] Gleichzeitig ernannte Schirach den Reichswart Stange zum Vertreter der evangelischen Jugend im neuen Jugendführerrat, dessen Aufgabe nach Schirach die Vereinheitlichung der Jugendarbeit in Deutschland sein sollte.[66]

Die Leitung der Landeskirche reagierte erleichtert, als es klar schien, daß die evangelischen Jugendgruppen nicht aufgelöst werden würden. In einem Grußwort an die Jugend vom 23. Juni, einem Tag nach dem klärenden Gespräch zwischen Schirach und Stange, betonte Meiser noch einmal, daß die Kirche "die opferbereite Mitarbeit der Jugend nicht entbehren" könne, vor allem bei der Abwehr der "Gottesfeindschaft".[67]

Welche Rolle Ludwig Müller bei der Erhaltung der evangelischen Jugendverbände wirklich gespielt hat, ist noch nicht geklärt. Wenn er tatsächlich um das Weiterexistieren der evangelischen Jugendgruppen bei Schirach interveniert hatte, denn ist es auch verständlich, weshalb Stange, der inzwischen den Titel "Reichsführer der Evangelischen Jugend Deutschlands" angenommen hatte,[68] am 3. Juli folgendes Telegramm an Ludwig Müller schickte:[69] "Evangelische Jugend Deutschlands unterstellt sich dem Schutz des Bevollmächtigten des Kanzlers, damit ihr Dienst und Werk der Kirche erhalten bleibe". Mit der Unterstellung der evangelischen Jugend unter den Schutz Hitlers Bevollmächtigten hofften viele, daß jetzt auch Schutz durch Hitlers gewährleistet wäre. Dieses Wunschdenken kommt auch in der Überschrift des Berichts der "Allgemeinen Rundschau" über die Übertragung der Schirmherrschaft der evangelischen Jugend auf Ludwig Müller deutlich zum Ausdruck: "Die Evang. Jugend unter Hitlers Führung".[70]

Das Ende Juli gegründete Evangelische Jugendwerk Deutschlands wurde auch unter die Schirmherrschaft Ludwig Müllers gestellt.[71] Diese auf dem Führerprinzip aufgebaute Gesamtorganisation der evangelischen Jugend[72] und die Befehlsgewaltübertragung auf den zukünftigen Reichsbischof waren gedacht als Maßnahmen, die die Position der evangelischen Jugend im neuen Staat stärken sollten, aber unter der Führung von Müller wurde letzlich doch das Gegenteil erwirkt.

Eine wesentliche Beruhigung der Lage für die evangelischen Jugendverbände kam durch die Verfügung des Reichsinnenministers Frick vom 8. Juli, die den Reichsjugendführer dem Reichsinnenminister unterstellt und an gewisse Richtlinien gebunden hatte.[73] Wenn auch die Richtlinien erst am 27. Juli veröffentlicht wurden, bedeuteten sie einen Rückschlag für Schirach, denn laut Richtlinien war der Reichsjugendführer "zu irgendwelchen Zwangseingriffen...nicht befugt".[74] Diese Verfügung kam im Zusammenhang mit der von Hitler am 6. Juli proklamierten "Beendigung der Revolution."[75] Obwohl Schirach nun von Innenminister Frick gebremst wurde, war zugleich die von ihm aufgebaute Vormachtstellung der HJ jetzt staatlicherseits anerkannt.[76] Über die Vorherrschaft der HJ war jetzt nicht mehr zu zweifeln, zumal Hitler sie auch persönlich bestätigt hatte:[77]

"SA, SS, Stahlhelm und HJ werden nunmehr für alle Zukunft die einzigen Organisationen sein, die der nationalsozialistische Staat als Träger der politischen Jugend- und Männererziehung kennt."

Wie die Landeskirche die Lage ihrer Jugendarbeit nach "Beendigung der Revolution" beurteilte, vermittelt ein vertraulicher Bericht des LKR an sämtliche Dekanate vom 20. Juli 1933.[78] Anlaß des Berichtes waren die Klagen und Besorgnisse aus der ganzen Landeskirche "wegen wachsender Schwierigkeiten zwischen Hitlerjugend und evangelischer Jugend". Zwar begrüßte der Bericht die Regelung durch den Frick-Erlaß vom 8. Juli, wonach die evangelische Jugend als "eigene Säule" neben der HJ bestehen sollte.[79] In der Praxis jedoch traten häufig Konkurrenzkämpfe bzw. offene Konflikte zwischen HJ und evangelischer Jugend auf, vor allem um Fragen des Wehrsportausübens oder des Uniformtragens. Um eine Befriedigung zu erreichen, hätten schon Besprechungen zwischen kirchlichen Vertretern und dem HJ-Gebietsführer Klein[80] im Innenministerium und auch bei der BPP stattgefunden. Wie Pfarrer Grießbach, der an den Gesprächen teilnahm, dem LKR berichtet, sei auch eine gewisse Befriedigung eingetreten, obwohl nur eine erwartete staatliche Regelung eine endgültige Lösung bringen könne. Da die Lage momentan noch ungeklärt sei - man war besonders auf die Regelung für die katholischen Jugendverbände im Konkordat gespannt - müsse in der kirchlichen Jugendarbeit durchgehalten werden. Die Jugendarbeit sei für die Kirche lebensnotwendig; auf sie könne man nicht verzichten. Gleichzeitig betonte der Bericht, daß die Kirche sich auch ihrer Jugend, die in der HJ organisiert war, zuwenden müße. Ein Führerstab von Pfarrern, "die sich mit den kirchlichen Aufgaben an der Hitlerjugend befassen" sollte, sei schon zusammengestellt; dazu seien bereits Vorverhandlungen mit dem HJ-Gebietsführer Klein durchgeführt.[81] Eine dringliche Aufgabe für die Pfarrer sei es, Möglichkeiten für die Arbeit an die evangelischen Mitglieder der HJ zu suchen, denn man habe "die größte Sorge um die weltanschauliche und religiöse Entwicklung unserer durch die Freiheitsbewegung erfassten Jugend".

Trotz der Beruhigung, die durch die Frick'schen Richtlinien einsetzte, war es immer noch unklar, welche Form kirchliche Jugendarbeit im NS-Staat annehmen sollte. Denn während einige ihre Jugendarbeit "in neuer Freudigkeit" wieder aufnehmen wollten, "nachdem die Kirche die Zusicherung eigener Jugendarbeit vom Staat erhalten" hatte,[82] gab es andere Stimmen, die das Weiterexistieren kirchlicher Jugendverbände grundsätzlich in Frage stellten.

Die gleiche Meldung in der "Allgemeinen Rundschau", die von der Erhaltung der evangelischen Jugendverbände berichtete, fügte folgende Bedenken hinzu:[83]

> "Es ist...eine politische Frage, ob bei grundsätzlicher Einführung der Staatsjugend gerade von evangelischer Seite ein konfessionelles Privileg in Anspruch genommen werden kann, zumal es nach lutherischer Lehre eine evangelische Ethik nicht gibt, sondern der Glaube in den weltlichen Ordnungen bewährt werden muß. Wir glauben daher, daß die Frage der evangelischen Jugend noch einer Prüfung bedarf, die auch den praktischen Erfordernissen gerecht werden muß."

Zu der grundsätzlichen Frage über die Formen künftiger kirchlicher Jugendarbeit kam das praktische Problem hinzu, daß die evangelischen Jugendverbände mit dem Druck, den die HJ auf verschiedene Weise auf ihren Mitgliederbestand ausübte, fertig werden mußte. Aus einem Bericht des Jugendpfarrers Grießbach vom 25. Juli geht hervor, daß eine Zeit der Probe gekommen sei, denn es sei nicht leicht für die evangelischen Jugendgruppen standzuhalten, "wenn sie sehen, welche Scharen sich der jungen Bewegung der HJ und des BdM zuwenden".[84] Das gleiche Bild vermittelt ein Volksmissionsbericht aus Unterfranken, in dem es heißt, die kirchliche Jugendarbeit sei[85]

> "durch die staatlichen Jugendorganisationen stark eingeschränkt und besonders in der Nachwuchsfrage bedroht. In einer Reihe von Pfarreien ruht sie ganz, da die verfügbare Jugend zu HJ und BdM abgewandert ist".

Wie groß die Abwanderung evangelischer Jugendgruppen 1933 zur Hitlerjugend im ganzen war, läßt sich nicht mit Sicherheit feststellen. Die These, "daß die Mitgliederzahl der evangelischen Jugend im Frühjahr und Sommer 1933 von Monat zu Monat anstieg",[86] scheint zumindest für Bayern nicht zutreffend zu sein. Konnte der Reichsverband der Evangelischen Jungmännerbünde Deutschlands, nach der Statistik bei Priepke, einen Zugewinn von 15.000 Mitgliedern im Jahre 1933 gegenüber 1932 aufweisen, mußte der Nürnberger CVJM in seinem Jahresbericht für 1933 feststellen, daß "zum ersten Mal seit vielen Jahren...ein Rückgang der Mitgliederzahlen gemeldet" wurde.[87] Für Treuchtlingen wurde im Herbst 1933 berichtet, daß der dortige CVJM ganz aufgelöst wurde und daß seine Mitglieder zur HJ übergegangen waren.[88] Und zumindest Teile der Christlichen Pfadfinderschaft in Bayern traten im Sommer 1933 unter der Führung von Pfarrer Weigel nach Verhandlungen mit der HJ-Gebietsführung und angeblich "nicht ohne Erlaubnis der Kirchenbehörde" zur HJ über.[89]

Sicherlich war das große Wachstum der HJ im Jahr der Machtübernahme ein wesentlicher Grund für viele Jugendliche, sich doch der Bewegung anzuschließen, die den Anspruch erhob, die Staatsjugend Deutschlands zu werden. Auch die Massenveranstaltungen der HJ übten eine starke Sogwirkung auf die noch draussen Stehenden aus. Bei dem Gebietstreffen Franken Ostmark am 22.-23. Juli marchierten ca. 50.000 Jugendliche, und die HJ-Führung dieses Gebiets behauptete stolz, sie hätten schon eine Stärke von 70.000 Mitglieder erreicht.[90] Daß dieses Wachstum gleichzeitig große Probleme mit sich brachte, haben auch HJ-Führer zugegeben. E. Klein, Führer des HJ-Gebiets Hochland, dessen Mitgliederzahl von 1000 am 9. März 1933 bis auf 45.000 im Oktober angewachsen war, gab zu, daß es große Schwierigkeiten gegeben hat, geeignete Jugendführer zu finden, bzw. zu schulen.[91] Die Zustände innerhalb vieler HJ-Gruppen hätten nach Klein zunächst viele Klagen von Eltern und Lehrern hervorgerufen, die aber im Oktober zurückgegangen seien.

Alphons Koechlin, Vizepräsident des Weltbundes der YMCA, berichtete nach einer Reise in Deutschland von den Schwierigkeiten, die örtliche CVJM-Vereine hatten, ihr organisatorisches Leben aufrechtzuerhalten, vor allem wegen Schirachs "vielfachen Verordnungen über Uniform usw." und die Unterstellung der evangelischen Jugend der HJ-Führung in allen Fragen des Sports.[92] Im Hinblick auf diesen Druck fand es Koechlin bemerkenswert, "daß die evangelische Jugendbewegung nicht zerbrochen wurde", denn auch einzelne CVJM-Mitglieder hätten "die magnetische Anziehungskraft, die von der Hitlerjugend ausging", sehr stark empfunden.

Diese Schilderung bestätigt die Strategie, die Schirach anwandte, um die konfessionellen Jugendgruppen zu schwächen. Wie Schirach später schrieb:[93]

"Ich versuchte, diesen Verbänden das Wasser abzugraben, indem ich verfügte, daß die politische und sportliche Erziehung der Jugend ausschließlich Angelegenheit der HJ sei. Die konfessionellen Gruppen sollten sich auf die religiöse und seelsorgerische Tätigkeit beschränken, praktisch also auf Bibelstunden und Gottesdienst. Alles was Jugendliche lockt - Zeltlager und Fahrt, Geländespiele, Sport, Kleinkaliberschießen -, sollte nur noch in der Hitler-Jugend erlaubt sein. Dazu gehörte auch das Tragen von Uniformen und Fahnen ...Schulterriemen und Fahrtenmesser."

Schon am 23. Juni 1933 hatte Schirach das Tragen von Schulterriemen allen Jugendorganisationen mit Ausnahme der HJ verboten.[94] Da Schulterriemen als Zeichen der Wehrhaftigkeit galten, wollten viele Jugendliche nicht darauf verzichten, weshalb es zu ernsten Zusammenstößen zwischen konfessionellen und NS-Jugend kam, da die HJ in erster Linie die Durchführung dieser Anordnung selbst überwachen mußte.[95]

Im Juli scheint der Druck auf die konfessionellen Jugendverbände etwas nachgelassen zu haben. Reichsinnenminister Frick hat neben seinen bindenden Richtlinien für den Reichsjugendführer am 12. Juli die Länderregierungen instruiert, "mit Maßnahmen gegen katholische" und auch gegen evangelische Verbände "zurückzuhalten".[96] Und Beispiele lassen sich finden, wie das Leben evangelischer Jugendgruppen im Sommer 1933 wie bisher weiterlief. Ein Bericht über das Ferienlager der evangelischen Jungerschaft (BK) München vom 18.-31. Juli in Niederbayern zum Beispiel erwähnt das Tragen von "Kluft und Wimpel" sowie die Durchführung der beliebten "Kriegsspiele".[97] Der Druck auf die konfessionellen Jugendorganisationen wurde aber Ende Juli von Schirach erneut verstärkt, als er am 29. Juli die gleichzeitige Mitgliedschaft in nationalsozialistischen und konfessionellen Jugendorganisationen verbot. Als Begründung gab er an, daß "sich die konfessionellen Organisationen nicht auf ihren eigentlichen kirchlichen Aufgabenkreis" beschränkt hätten.[98] Jetzt kam noch zum Teil wirtschaftlicher Druck auf die noch außerhalb der HJ stehenden Jugendlichen hinzu, denn HJ-Mitgliederschaft brachte zunehmend Vorteile für die Ausbildung und das berufliche Weiterkommen.[99]

Das Verbot der Doppelmitgliedschaft nahm Stange zum Anlaß, mit Schirach Mitte August Verhandlungen aufzunehmen, wobei Stange eine "engere Arbeitsgemeinschaft" zwischen der HJ und dem Evangelischen Jugendwerk anstrebte, die sogar eine "fakultative Doppelmitgliedschaft" vorsah.[100] Nach einer kurzen Bedenkzeit lehnt Schirach diesen Vorschlag jedoch ab.

4) Die volksmissionarische Aufgabe der evangelischen Jugend und die antichristlichen Tendenzen in der HJ

Zur gleichen Zeit begannen die Vorbereitungen für die reichskirchliche Volksmission, die zunehmend als die Hauptaufgabe der evangelischen Jugendorganisation schlechthin angesehen wurde. Von dem künftigen Reichsbischof Ludwig Müller kam Mitte August der Aufruf an das Evangelische Jugendwerk, sich "für die große volksmissionarische Aufgabe" bereitzustellen.[101] Und um die Geschlossenheit der evangelischen Jugendverbände zu bewahren, bis "eine einheitliche und endgültige Regelung" gefunden sei, ordnete Müller am 1. September an, "daß jede Auflösung von bestehenden evangelischen Vereinen und Verbänden wie deren Überführung in eine andere Organisation zu unterbleiben hat".[102] Damit war auch erkenntlich, daß Müller an dem Zustandekommen dieser Neuregelung teilzunehmen dachte.

Die bayerische Landeskirche gab diese Anordnung in ihrem Amtsblatt gleich weiter.[103] Kurz danach wurde Pfarrer Fikenscher als Sonderbeauftragten des Landesbischofs für die volksmissionarische Jugendarbeit ernannt.[104] Eine seiner Hauptaufgaben war es, nach Wegen zu suchen, die evangelische Jugend innerhalb der HJ kirchlich zu betreuen. Dies war sicherlich keine einfache Aufgabe, denn es war bekannt, daß Schirach die konfessionelle Spaltung genau so wie die Klassenunterschiede in seinen Jugendorganisationen überwinden wollte. Schon im April 1933, in Schirachs Zeitschrift "Wille und Macht", war folgendes zu lesen: "Ebenso wie der soziale muß der konfessionelle Klassenkampf verschwinden, wenn von Schutz und Schirm der deutschen Nation die Rede ist".[105]

Ein Beispiel für die Schwierigkeiten, denen eine kirchliche Betreuung der HJ begegnete, zeigt das Gebietstreffen der HJ Franken-Ostmark in Nürnberg am 22.-23. Juli. Ursprünglich war für 9 Uhr am Sonntag den 23. eine "Morgenfeier mit Feldgottesdienst im Stadion" vorgesehen mit anschließender Kundgebung, bei der auch Schirach sprechen sollte.[106] Kurz vor dem Treffen jedoch wurden die Pläne geändert. Die Kundgebung mit Schirach fand am Samstag statt, der Gottesdienst fiel aus; stattdessen marschierte die HJ Sonntag Vormittag durch die Straßen Nürnbergs zur Zeit der Hauptgottesdienste in den Kirchen.[107] Der Verdacht liegt nahe, daß die örtliche HJ-Führung die Pläne auf Verlangen Schirachs ändern mußte.

Die "Sorge um die weltanschauliche und religiöse Entwicklung" der "durch die Freiheitsbewegung erfaßten Jugend", wie es der Bericht des LKR vom 20. Juli ausdrückte,[108] wurde immer mehr bestätigt. Die Grundtendenz des von Schirach herausgegebenen "Zentralorgans der nationalsozialistischen Jugend", "Wille und Macht", hat mehrmals Bedenken in kirchlichen Kreisen hervorgerufen. Im Juliheft zum Beispiel druckte Schirach den aufsehenerregenden Artikel des Grafen Ernst zu Reventlow, eines Vertreters der völkisch-religiösen Richtung in der NSDAP, "Gleichberechtigung für deutsche Nichtchristen", einen Artikel, der die Position der etablierten Kirchen in Frage stellte.[109] Im Augustheft erschien noch ein weiterer Artikel von Reventlow, "Die Bedeutung der religiösen Frage für Jugend und Arbeitertum".[110] Und ein Teil des HJ-Treuegelöbnisses enhielt den bedenklichen Satz: "Von der Reinheit der Rasse hängt des Volkes Stellung im Kreis der Nationen ab".[111]

In Gebieten mit noch intakten kirchlichen Bräuchen war man aber vor allem von der Beanspruchung der Jugend durch die HJ an den Sonntagen, die sie von den Gottesdiensten fernhielt, beunruhigt. Auch dort, wo HJ-Unterführer an einem guten Auskommen mit der Kirche interessiert waren, hatten die von den oberen HJ-Stellen angeordneten Aktivitäten - wobei viele davon Sonntagvormittags stattfanden - dies oft erschwert;[112] dies geschah auch trotz des Schemm-Erlaßes vom Juni, wonach Sportveranstaltungen an sonntags später anfangen oder eine Pause haben sollten, um den Gottesdienstbesuch nicht zu verhindern.[113] Am Tag der Hitlerjugend, Sonntag während des Reichsparteitages, war aber ein Kirchgang für die Jugendlichen ausgeschlossen.[114]

Am Tag der Hitlerjugend in Nürnberg behauptete Schirach vor ca. 65.000 HJ-Mitgliedern, die HJ habe schon über 1,5 Millionen in ihrer Reihen versammelt.[115] Nach dem Parteitag fing eine neue Werbeaktion der HJ an, die in Nürnberg umso stärker einsetzte, als hier die seit Juni geltende HJ-Mitgliedersperre Anfang September wieder aufgehoben wurde.[116] Bei der Werbung neuer Mitglieder war der Film, "Hitlerjunge Quex", der Mitte September in Nürnberg uraufgeführt worden war, eine große Unterstützung.[117] In Weißenburg war die Werbeaktion sehr erfolgreich als Mitte September fast 100 neue Mitglieder am Kriegerdenkmal feierlich verpflichtet wurden.[118]

Den kirchlichen Jugendverbänden wurde erneut das Leben schwer gemacht, als am 19. September die Bayerische Politische Polizei ihr Versammlungs-, Aufmarsch- und Uniformverbot erneuerte, bzw. noch verschärft.[119] Diese in erster Linie gegen die katholischen Organisationen gerichtete Verordnung galt auch, laut Antwort der BPP auf einer Anfrage des LKR, für die evangelischen Vereine.[120] Auch wenn, wie der Bericht von Pfarrer Grießbach vom 27. Oktober bestätigt, "das Verbot sehr milde gehandhabt wurde", so daß "an manchen Orten das ganze Leben der Evangelischen Jugend unbehindert seinen Fortgang nehmen konnte", wurde das Gefühl der Rechtsunsicherheit in den kirchlichen Jugendgruppen noch verstärkt.[121] Es wurde notwendig, sich zurückzuhalten und auf manche Aktivitäten, die unter den Jugendlichen beliebt waren, zu verzichten, was sie auch, nach dem Bericht der Polizeidirektion Nürnberg-Fürth vom Ende Oktober, getan haben:[122]

"trotz gewisser Reserviertheit (haben) die evangelischen Gruppen, wie Eichenkreuzler, Jungschar, BK'ler, CVJM usw., die mehr oder weniger schon seit langem nationalsozialistischen Gedankengängen zugänglich waren, sich ohne Widerspruch in den ihnen gezogenen Grenzen (gehalten)."

Um so mehr konzentrierte sich die evangelische Jugend auf ihre kommende volksmissionarische Aufgabe. In Berlin kamen über 20.000 meist Jugendliche zu einer Kundgebung am 29. September für den neuen Reichsbischof zusammen.[123] In seiner Rede dankte Stange dem Reichsbischof, daß er der evangelischen Jugend die Aufgabe zugewiesen hat, "Deutschlands junge Generation für das Evangelium der Reformation zurückzugewinnen".[124] Dazu versprach Stange, "eine große jugendmissionarische Woche im November" im ganzen Reich durchzuführen.

Daß dieses Vorhaben innerhalb der größten Jugendorganisation Deutschlands nicht durchzuführen war, machte Schirach eine Woche später in einer Rede in Frankfurt a/O. deutlich. In seinen Ausführungen lehnte Schirach nicht nur eine Volksmission in der HJ ab, sondern bekannte sich zugleich zum "Deutsch-Glauben".[125] Die "Frankfurter Oder-Zeitung" berichtete:[126]

"Der Reichsjugendführer kam...auf religiöse Fragen zu sprechen und sah in der immer weiteren Ausbreitung konfessioneller Verbände eine ernste Gefährdung der Entwicklung der nationalsozialistischen Jugend. Er sah den tiefsten Sinn der nationalsozialistischen Bewegung darin, daß sie in der kämpferischen Gemeinschaft das konfessionelle Bewußtsein überwinden und an Stelle der kirchlichen Überzeugung die völkische setzt...Er verbände damit die Überzeugung, daß jeder das Recht haben müsse, irgendwo seiner kirchlichen Überzeugung zu leben, aber er bestreite das Recht, dieses innerhalb einer kämpferischen Bewegung zu tun."

5) Die erneute Gefahr einer Auflösung der kirchlichen Jugendorganisationen

In der gleichen Frankfurter Rede kündigte Schirach die bevorstehende "restlose Eingliederung bestehender Jugendorganisationen in die HJ an",[127] eine Ankündigung, die am nächsten Tag in einer Rundfunkmeldung ins ganze Land weiterverbreitet wurde.[128] Obwohl die Reichsjugendführung kurz danach diese Meldung dahin qualifizierte, daß nur die berufsständische Jugend der DAF gemeint sei,[129] war wieder deutlich, daß die HJ nichts weniger als die ganze Jugend in ihren Reihen einigen wollte.

Das Echo auf Schirachs Rede war beachtlich. Die kirchliche und Tagespresse veröffentlichten die kontroversen Stellen der Ansprache.[130] Der Reichsbischof sprach bei Schirach vor und erwirkte ein Dementi über die Auflösung der Jugendverbände.[131] Selbst das Reichsinnenministerium schaltete sich erneut ein, um die Wogen zu glätten. In einer Besprechung am 10. Oktober mit Vertretern der evangelischen Jugend, der katholischen Jugend und der HJ unter dem Vorsitz des Ministerialdirektors Dr. Buttmann, haben die konfessionellen Jugendführer "den Vorrang der nationalsozialistischen Jugendorganisationen" anerkannt.[132] Gleichzeitig gab es aber Einverständnis darüber, daß die "großen Säulen" in dem von Schirach gegründeten Jugendführerrat - HJ, evangelischen Jugend, katholische Jugend, Sportjugend und berufsständische Jugend - "in voller Gleichberechtigung nebeneinander stehen" sollen.[133] Eine zusätzliche Garantie für die evangelische Jugendorganisationen wurde von einem Vertreter des Reichsinnenministeriums ausgesprochen:[134]

"Im Blick auf die durch das Konkordat gesicherten Verbände hieß es, daß alles, was der Katholischen Jugend recht sei, der Evangelischen billig sei. Das Reichsinnenministerium habe es übernommen, das Eigentum und Eigenleben der evang. Verbände zu schützen. Daran sei die Reichsregierung gebunden und denke nicht daran, davon abzuweichen."

Bei dieser erneuten staatlichen Anerkennung der konfessionellen Jugendorganisationen spielten wahrscheinlich außenpolitische Überlegungen eine Rolle, denn es wurde befürchtet, daß das Ausland eine Auflösung dieser Gruppen als Zeichen der Unterdrückung der Kirchen in Deutschland auslegen würde.[135] Auch der Außenminister Baron von Neurath mißbilligte die Auflösung einer Organisation wie der CVJM wegen ihrer engen internationalen Beziehungen.[136]

Deutliche Signale gab es auch von der Reichskirchenregierung, daß eine Auflösung der evangelischen Jugendorganisationen nicht in Frage käme. Bei der Besprechung in Berlin am 13. Oktober, die zur Bildung einer Jugendkammer der Deutschen Evangelischen Kirche führte, sprachen sich alle Teilnehmer für die Erhaltung der evangelischen Jugendverbände aus.[137] Ein Zeitungsbericht der "Allgemeinen Rundschau" sprach danach von einer "erneute(n) Anerkennung und Stützung der evangelischen Jugendverbände":[138]

> "Entgegen Falschmeldungen und Gerüchten stellte das zuständige Mitglied im geistlichen Ministerium der Deutschen Evangelischen Kirche, Herr Bischof Hossenfelder, in Übereinstimmung mit dem Herrn Reichsbischof bei einer Unterredung mit dem Reichsführer des Evang. Jugendwerkes, D. Stange, fest, daß eine Auflösung der Evang. Jugendverbände keinesfalls in Frage komme..."

Mit der Gründung der Jugendkammer waren die evangelischen Jugendverbände auch von der neuen Reichskirche offiziell anerkannt. Bedenklich war es freilich, daß der Leiter der Jugendkammer der DC-Reichsleiter Hossenfelder war und daß sein Stellvertreter, ein junger DC-Pastor, "höchst leidenschaftlich für die Auflösung der evangelischen Jugendbewegung gearbeitet hatte".[139] Was die Deutschen Christen zur Frage kirchlicher Jugendverbände dachten, war kein Geheimnis. Wie es Bischof Peter, der bei der Besprechung am 13. Oktober zugegen war, auf einer DC-Tagung ausdrückte, hätte die DC sich nicht gescheut, die "evangelische Jugend der Hitlerjugend einzugliedern", denn bei der HJ sei "im Letzten das Wort des Führers...entscheidend. Und bei ihm wissen wir das Erbe des Christentums in guter Hut".[140] Eine Eingliederung sei aber zunächst durch organisatorische Schwierigkeiten und durch Rücksichtnahme auf das Ausland verhindert worden. Nach Peter habe die DC, um Konflikte mit der HJ zu vermeiden, keine eigene Jugendorganisation aufgebaut. Außerdem behauptete er, sei das Evangelische Jugendwerk "in seiner Spitze, in Führung und Unterführung und in mindestens 90 Prozent seiner Gliederung für die Deutschen Christen gewonnen". Obwohl der DC-Einfluß im Jugendwerk tatsächlich nicht so stark war,[141] gab es hier trotzdem einen großen Unsicherheitsfaktor für die Zukunft der evangelischen Jugendorganisationen.

Eine der wichtigsten Aufgaben der Jugendkammer der DEK war es, eine Verbindungsstelle für die kirchlichen Jugendgruppen zu sein, damit die Verhandlungen mit der Staatsführung und der Reichsjugendführung die notwendige Geschlossenheit erhalten konnte. Daß Verhandlungen im Gange waren, war kein Geheimnis, wie ein Bericht aus der "Allgemeinen Rundschau" vom 7. November beweist:[142]

> "Über die Einordnung der evangelischen Jugendverbände in den Neubau der Kirche und die Neuordnung ihres Verhältnisses zu der politischen Jugend

sind in diesen Tagen von den maßgebenden kirchlichen Stellen entscheidende Verhandlungen geführt worden. Nach persönlicher Fühlungnahme mit dem Reichsjugendführer Baldur von Schirach berief zunächst Kirchenminister Bischof Hossenfelder die Führer der evangelischen Jugendverbände zu einer Aussprache. Unter dem Vorsitz des kommissarisch in die Reichskirchenregierung berufenen Pfarrers Hoff wurden dann von einem engeren Ausschuß Vorschläge ausgearbeitet, die für ein künftiges reibungsloses Zusammengehen beider Gruppen der Führung der Hitlerjugend unterbreitet werden sollten. Nachdem diese Richtlinien der Reichskirchenregierung vorgelegt waren und der Reichsbischof sich ausdrücklich bereit erklärt hatte, die Befehlsgewalt über die gesamte evangelische Jugend zu übernehmen, wurden die Verhandlungen während der letzten Tagen mit der Reichsführung der Hitlerjugend fortgesetzt. Hierbei kam man sich in vielen Punkten sehr nahe. Was noch an strittigen Punkten vorhanden ist, dürfe in einer demnächst stattfindenden Zusammenkunft zwischen dem Reichsbischof und dem Reichsjugendführer geklärt werden."

Diese Meldung macht deutlich, daß es der Öffentlichkeit bekannt war, daß Ludwig Müller and Schirach über die Zukunft der evangelischen Jugendverbände verhandelten. Was hier aber zunächst nicht zum Ausdruck kam, war, wie Stange später berichtet, daß "eine nachgeordnete Stelle innerhalb der Reichskirchenleitung mit dem Reichsjugendführer ohne Wissen der Führung des Evangelischen Jugendwerkes" Anfang Oktober in Verhandlungen eingetreten war, und über eine Eingliederung der evangelischen Jugendverbände nach dem Danziger Modell, was einer Auflösung gleichgekommen wäre, gesprochen hat.[143] Als diese Verhandlungen bekannt wurden, haben Müller und Hossenfelder sie gleich "desavouiert". Dies führte aber zu einer starken Verstimmung bei dem Verhandlungspartner, der HJ, der mit "verstärkten Angriffen" auf das Evangelische Jugendwerk antwortete.[144]

Daß die HJ trotzdem zuversichtlich über den Ausgang der Verhandlungen war, geht aus einem Ende Oktober verfassten Bericht des HJ-Gebietsführers Klein hervor:[145]

"...ebenso sind Verhandlungen vor dem Abschluß zur Selbstauflösung der evangelischen Jugendverbände und Einreihung in die Hitlerjugend. Mit der Selbstauflösung der evangelischen Jugend wäre das Druckmittel gegeben, auch die katholische Jugendorganisationen in irgend einer Form vereinsweise zur Auflösung zu bringen."

Auf der Ebene der Kirchengemeinden hat Schirachs Frankfurter Rede andauernde Auswirkungen. Pfarrer Grießbach berichtete Ende Oktober, daß die HJ-Untergliederungen "bis heute nicht aufgehört (haben), damit Propaganda zu machen, daß die Evangelischen Jugendverbände in Kürze doch aufgelöst werden".[146] Unter der Rivalität mit der HJ, die gelegentlich in Tätlichkeiten ausbreche, leide die evangelische Jugend schwer:

"Sie fühlt sich zu einer Jugend zweiter Klasse herabgewürdigt...Unsere Jugend sieht sich wider Willen in eine Gegnerschaft zur HJ hineingedrängt. Sie wird irre im Glauben an die Gerechtigkeit der Staatsführung... Eine baldige Behebung des unerträglichen Zustandes ist im Interesse des großen Ganzen, um der Kirche und des Staates willen, notwendig."

6) Die Schwierigkeiten des volkmissionarischen Einsatzes der Jugend: Herbst 1933

Die Vorbereitungen für die Volksmission, in der die Jugend als "Stoßtruppe der Kirche" tätig sein sollte, erfuhren durch Schirachs Rede einen deutlichen Dämpfer. Wie ernst man die Lage einschätzte, zeigt eine Bemerkung des Sonderbeauftragten für Volksmission, Helmut Kern, Anfang November: "Die Kirchenregierung kann ich nur bitten. 'Tun Sie alles, um Baldur von Schirach wegzubringen.' Alle unsere kirchliche Jugendarbeit wird sonst unmöglich gemacht".[147] Kirchliche Jugendführer, die darauf gehofft haben, durch die Eingliederung ihrer Verbände in die HJ die Gelegenheit zu bekommen, gefährlichen weltanschaulichen Tendenzen innerhalb der HJ entgegenzuarbeiten, wurden von dem von ihnen eingeschlagenen Weg zunehmend enttäuscht.[148]

Wie die Chancen für die kirchliche Arbeit innerhalb der HJ von den einzelnen Gemeinden eingeschätzt wurden, geht aus den Berichten hervor, die die Ausgangslage der Volksmission im Spätherbst 1933 schildern. Obwohl es durchaus Orte gab, wo die HJ dem Wunsch der Kirche nach Zusammenarbeit entgegenkam, war doch häufiger von Hindernissen die Rede. So wurde zum Beispiel aus Schwand (Dekanat Schwabach) berichtet, daß der dortige HJ-Führer zugänglich sei, daß er aber gegen "verschärfte Anweisungen" von oberen Stellen, die von einer kirchlichen Mitarbeit in der HJ abrieten, nichts unternehmen konnte.[149] Aus Dietersdorf (Dekanat Schwabach) wurde gemeldet, daß zur Zeit keine Möglichkeit bestünde, mit der HJ zusammenzuarbeiten. Der dortige Pfarrer hoffte aber, daß diese Einstellung Resultat eines vorübergehenden "Gärungszustandes" in der HJ sei.[150] Charakteristisch scheint der Bericht aus Weißenburg zu sein:[151]

> "Das Verhältnis zu HJ und BdM ist in Weißenburg und überall gut, aber eine eigentliche Seelsorge in diesen Kreisen ist noch nicht möglich. Die Einstellung der Führer ist überall kirchlich bejahend, aber man will sich des Einflusses des Pfarrers entziehen."

Die intensiven Vorbereitungen für den volksmissionarischen Einsatz - am 28. Oktober versammelten sich 1000 Jugendliche zu einem "Sturmappell" in Nürnberg, um ihre Bereitschaft zur Teilnahme an der Volksmission zu demonstrieren[152] - wurden Anfang November überschattet durch die Propaganda-Aktionen für die Volksabstimmung am 12. November. Auch die Feier des 450. Geburtstags Martin Luthers am 10. November mußte verschoben werden.[153] Für die vielen Wahlkundgebungen vor dem 12. November war auch das Mitwirken der Jugend vorgesehen. Um dies jedoch in Grenzen zu halten, hatte der Reichsinnenminister schon rechtzeitig einen Erlaß herausgegeben, der eine "übermäßige Inanspruchnahme" der HJ verbat.[154] Das Mitwirken der evangelischen Jugend an den Kundgebungen war vielerorts problematisch. In Nürnberg scheiterten Pläne des Ortsverbandes der evangelischen Jugend, am Wahltag zu einer großen öffentlichen Kundgebung aufzumarschieren durch das noch in Kraft befindliche Uniform- und Aufmarschverbot für konfessionelle Verbände.[155] In Zirndorf war die HJ die einzige Jugendgruppe, die zu den öffentlichen Kundgebung marschieren durfte; für alle anderen Jugendlichen war die Teilnahme nur mit ihren Schulklassen und Lehrern möglich.[156]

Diese Diskriminierung gegen die konfessionellen Jugendverbände hörte Mitte November für kurze Zeit auf. Am 14. November schrieb Meiser an sämtliche Pfarrämter:[157]

"Nach Mitteilung der bayer. politischen Polizei gilt die Aufhebung der Verordung vom 19.9.1933, derzufolge den kirchlichen Jugendvereinen Aufmärsche, Versammlungen und das Tragen einheitlicher Kleidung verboten war, auch für die evangelischen Jugendverbände."

Das Tragen "einheitlicher Kleidung" sei jedoch nur erlaubt, "wenn dazu die Hakenkreuzbinde getragen" werde, wozu kirchlicherseits keine Bedenken bestehen.

Obwohl die Aufhebung des Uniformverbots schon am 2. November "auf Antrag des Reichsinnenministers" - nicht durch Himmler, wie der LKR annahm - erfolgte, erfuhr der LKR erst später davon, da die Anordnung auf Befehl Heydrichs nicht veröffentlicht, sondern "intern" durchgeführt wurde.[158] So mußte Pfarrer Baumgärtner der evangelischen Jugend am 10. November mitteilen, daß ihr geplanter Aufmarsch zu einer öffentlichen Kundgebung am 12. November wegen des "noch in Bayern geltende(n) Uniformverbot(s) für die konfessionellen Verbände" nicht möglich sei.[159]

Diese "dankenswerte Erleichterung"[160] kirchlicher Jugendarbeit kam gerade rechtzeitig für die beginnenden volksmissionarischen Tätigkeiten und für die Feier des "Deutschen Luthertags" am 19. November. Es kamen aber auch, wie befürchtet, Konflikte mit der HJ auf: Einmal, weil die HJ nicht daran dachte, ihre Aktivitäten nach der Volksabstimmung zu reduzieren, und zweitens, weil die HJ daran Anstoß nahm, daß die Hakenkreuzbinde von kirchlichen Jugendvereinen getragen wurde.[161] Für den Luthertag wollte der LKR die geschlossene Teilnahme aller evangelischen Jugendlichen - ein Plan, der durch Schirachs Benennung des 19. Novembers zum "Hitlerjugendtag" zur Einführung des Winterhilfswerks, durchkreuzt wurde.[162] Um Konflikte zu vermeiden, empfahl der LKR deshalb, Jugendgottesdienste am Abend des 18. Novembers für die gesamte evangelische Jugend abzuhalten.[163] Diese Vorsichtsmaßnahme schien jedoch für manche Gemeinden gar nicht notwendig gewesen zu sein, wo die Gottesdienste am Luthertag doch unter Beteiligung der Jugend, einschließlich HJ, stattfanden.[164] Aus Nürnberg wurde beispielsweise berichtet, daß die evangelischen Jugendverbände "geschlossen mit ihren Fahnen und Wimpeln, mit den Hakenkreuzbinden am Arm" zusammen mit SA, Stahlhelm, und HJ, um 11.30 zur Lutherfeier auf den Adolf-Hitler-Platz marschierten.[165] Die HJ hatte eine knappe Stunde vorher auf demselben Platz ein Standkonzert und "Schildbenagelung" für das WHW durchgeführt.[166]

Aber das Bild des Zusammenmarschierens der Jugend täuschte, denn am Tag vorher hatte die "Fränkische Tageszeitung" unter der Überschrift, "Es gibt in Deutschland nur eine Jugend, die Hitler Jugend", folgende Zeilen veröffentlicht:[167]

> "Nur wenige Organisationen ohne schöpferischen Inhalt versuchen noch zu vegetieren, indem sie sich gleichschalten und ihrem Fähnchen einen Hakenkreuzwimpel beifügen. Aber auch sie werden sang- und klanglos abtreten müssen...Wir können und dürfen keine Rücksicht nehmen auf jene, die noch gleichgültig oder vielleicht 'sympathisierend' abseits stehen. Wer mitarbeiten will und bereit ist, sich unterzuordnen zum Wohle für Volk und Nation, der ist uns willkommen. Kann er das nicht, so sind wir gezwungen, ihn im Interesse der neuen Zukunft rücksichtslos aus dem Wege zu räumen."

Diese erste Reaktion der Fränkischen Gauleitung auf die Aufhebung des Aufmarsch- und Uniformverbotes ließ für die kommenden Wochen nichts Gutes ahnen.

Die Durchführung der Volksmission unter der Jugend war mit mancherlei Schwierigkeiten verbunden. Einmal brachte es, nach dem Bericht von Fikenscher, "erhebliche Verwirrung", daß die Reichskirche wenige Tage vor der evangelischen Reichsverbandsjugendwoche eine volksmissionarische Jugendwoche angeordnet hat.[168] Dies machte eine einheitliche Durchführung der Jugendwoche unmöglich.[169] Zweitens führte die Jugendwoche dort zu Enttäuschungen, wo "die Jugend in ihrer neuen Art nicht verstanden wurde". Es erwies sich als "katastrophal", berichtete Fikenscher, "wenn die neue Zeit eine unbekannte für den Sprecher in der Jugend ist". Er empfahl deshalb, daß die Jugendarbeit nur von Pfarrern durchgeführt werden sollte, "die willens sind, in die Lage der jungen Menschen von heute sich einzufühlen". Dazu gehöre "die Kenntnis der wichtigsten Literatur des nationalsozialistischen Deutschlands".

Die größten Schwierigkeiten kamen aber von der HJ selbst. Wie befürchtet, nahm die HJ an dem Tragen der Hakenkreuzbinden von Mitgliedern der kirchlichen Jugendvereine Anstoß, und es kam, vor allem in Nürnberg, zu Zusammenstößen. Meiser berichtete am 10. Dezember:[170]

> "Bei der Werbung für die Volksmissionswoche in Nürnberg wirkte auch die Jugend mit Posaunen- und Sprechchören in den Straßen Nürnbergs mit. Diese Werbeaktion wurde durch Demonstrationen und Gegenaktionen von Sprechchören der HJ unmöglich gemacht."

Diese Zusammenstöße müssen im Zusammenhang mit einem neuen Propagandafeldzug der HJ und mit einem immer häufiger geäusserten Totalitätsanspruch der HJ gesehen werden.[171] Der unterfränkische HJ-Oberbannführer Heinz Keß sagte Anfang Dezember: "Wir erkennen die Existenzberechtigung der religiösen Jugendbewegung nicht an."[172] Auf einer HJ-Führertagung in Bayreuth am 2. & 3. Dezember, an dem HJ-Führer Gugel und Lutz und auch Kultusminister Schemm teilnahmen, wurde "für die Einheit der Jugend und gegen das Weiterbestehen der anderen heute noch bestehenden Jugendverbände gesprochen".[173]

Zum großen Krach mit der HJ kam es während der Volksmissionswoche in Nürnberg. In einer Versammlung am 7. Dezember im CVJM-Haus, zu der die HJ eingeladen wurde, proklamierte ein HJ-Führer vor seinen zahlreich erschienenen Kammeraden, daß das CVJM-Haus beschlagnahmt sei und von nun an der HJ gehöre.[174] Nicht ohne handgreifliche Auseinandersetzungen gelang es dem CVJM schließlich, den Saal zu räumen. Am nächsten Tag brachte die NS-Presse ihre eigene Version des Abends, wie folgender Bericht der "Fränkischen Tageszeitung" zeigt:[175]

"Der CVJM provoziert die Hitler-Jugend...In zwei fast vollständig von Angehörigen der HJ besuchten Versammlungen hielten Geistliche Vorträge über die Volksmission. Während im Kolosseum Pfarrer Putz sich durchaus in sachlichem Rahmen hielt, waren im CVJM-Haus am Sterntor Tätlichkeiten nur durch das entschlossene Eingreifen der anwesenden HJ-Führer ...zu vermeiden...Dort wurde einem HJ-Führer, als er zu seinen Kameraden sprechen wollte, das Wort entzogen und die anwesenden HJ-Leute aufgefordert, den Saal zu verlassen".

Möglichkeiten für eine Gegendarstellung gab es für den CVJM nicht.[176]

Aufgrund der gespannten Lage zwischen HJ und den kirchlichen Jugendverbänden, zog es die Nürnberger Polizeidirektion vor, einen Stein des Anstoßes zu entfernen, und verbat den konfessionellen Jugendverbänden, "bis zur Herbeiführung einer endgültigen Regelung", das Tragen von Hakenkreuzbinden.[177]

7) Der Eingliederungsvertrag

Mit dieser Maßnahme der Polizei, die "zwecks Verhinderung immer wiederkehrender Reibereien" erlassen wurde, begann die optimistische Stimmung, die seit November in kirchlichen Jugendkreisen herrschte, zu verschwinden.[178] Auch vom Reichsjugendführer Schirach kamen neue Drohungen. In seiner Braunschweiger Rede vom 7. Dezember versprach er erneut "jeden Versuch, konfessionelle Gegensätze in die Hitlerjugend hineinzutragen, schärfstens" zu unterdrücken. Dazu bestritt er die Daseinsberechtigung aller anderen Jugendgruppen in Deutschland: "Diese Organisationen müssen zugunsten der Hitlerjugend verschwinden".[179] In dieser Hinsicht wirkte die Rundfunkmeldung vom

9. Dezember, daß die Beratungen zwischen dem Reichsbischof und dem Reichsjugendführer "über die Eingliederung der evangelischen Jugendbewegung in die Hitlerjugend auf dem Wege zu einer Lösung" sei, beunruhigend in kirchlichen Kreisen.[180] Meiser zum Beispiel sprach am 10. Dezember zwei Hauptprobleme an:[181]

> "Zum 1) die Sorge der inneren Beeinflussung und geistigen Führung unserer Jugend (wir denken hier an die Rede des Reichsjugendführers in Frankfurt a.d.O...); zum 2) die Sorge, daß unsere Jugend kaum mehr zur Kirche kommt. Unsere Kindergottesdienste leeren sich immer mehr, nicht einmal unsere Konfirmanden, die sonst jeden Sonntag zur Kirche erschienen sind, können am Gottesdienst regelmäßig teilnehmen."

Auf die Nachricht von der bevorstehenden Eingliederung war die kirchliche Öffentlichkeit wenig vorbereitet. Die Reaktion war "eine Sturmflut von telegraphischen Protesten" an den Reichsbischof und an das Jugendwerk.[182] Selbst die evangelischen Jugendführer reagierten überrascht, denn sie hatten den Entwurf eines Eingliederungsvertrags, den der Reichsbischof ihnen am 17. November vorgelegt hatte, eindeutig abgelehnt.[183] Der Reichsbischof wollte diesen Vertrag schon am 20. November unterschreiben, ist aber von Udo Smidt, der die BK, BCJ und CP vertrat, durch seine Drohung, aus dem Evangelischen Jugendwerk auszutreten, daran gehindert worden.[184] Der Vertrag, der eine obligatorische Doppelmitgliedschaft vorsah, wäre nach Smidt, "eine getarnte Auflösung unter dem Segen der Kirche". Die Jugendführer waren bereit, eine "fakultative Doppelmitgliedschaft" zu akzeptieren; diese aber lag für sie an der Grenze des Vertretbaren.[185]

Aber alle Proteste über die Undurchführbarkeit des Vertrages, sowie eine Reihe von Verhandlungen mit dem Reichsbischof, halfen letzlich nich, wie Meiser die Vorgänge später schilderte:[186]

> "Inzwischen war bekannt geworden, daß der Reichsbischof die Überführung des evangelischen Jugendwerkes in die Hitlerjugend plane. Als die Kirchenführer (187) auch auf diesen Punkt zu sprechen kamen, gab der Herr Reichsbischof eine ausweichende Antwort; immerhin war nach seiner Antwort anzunehmen, daß eine solche Vereinbarung noch nicht abgeschlossen sei. Als am Abend des gleichen Tages auch die Vertreter des evangelischen Jugendwerkes beim Herrn Reichsbischof vorstellig wurden (am 19. Dezember vom 21 bis 23 Uhr - d. Verf.), um mit ihm die praktischen Maßnahmen zu beraten, die zu einem Ausgleich der Gegensätze führen sollten, ließ der Herr Reichsbischof zwar seine Absicht erkennen, das evangelische Jugendwerk als Ganzes der Hitlerjugend einzugliedern, versprach jedoch seine, endgültige Entscheidung sich noch zu überlegen. Die Vertreter des evangelischen Jugendwerkes entzogen ihm, als sie die Absicht des Herrn Reichsbischofs, die Selbständigkeit des evangelischen Jugendwerkes aufzugeben, wahrnahmen, ausdrücklich die ihm vor einigen Monaten übertragene Befehlsgewalt. Es kam zu einem brüsken Abbruch der Besprechung."

Der Reichsbischof hätte gerne die Zustimmung der Jugendführer erhalten, denn er mußte sonst befürchten, daß es unter den Jugendverbänden zu einer Gehorsamsverweigerung kommen könnte.[188] Aber in seinen Überlegungen überwog die Hoffnung, durch die Überführung der evangelischen Jugendverbände in die HJ seine ohnehin geschwächte Stellung stärken, bzw. retten zu können.[189] Gleich am nächsten Tag, Mittwoch dem 20. Dezember, unterschrieb er zusammen mit Schirach den Eingliederungsvertrag.[190]

Am Abend des 21. Dezember, bzw. am 22 Dezember, brachte die Tagespresse die Nachricht vom abgeschlossenen Vertrag.[191] Die "Allgemeine Rundschau" druckte sogar die Meldung von der Eingliederung als Schlagzeile auf der ersten Seite.[192] Vor allem in NS-Zeitungen wurde die Nachricht dahin entstellt, daß von einer Auflösung der evangelischen Jugendgruppen berichtet wurde.[193] So hat beispielsweise die "Fränkische Tageszeitung" berichtet: "Mit Mittwoch ist die Evangelische Jugend aufgelöst worden. Zur gleichen Zeit wurden die Mitglieder der Evangelischen Jugend in die Hitler-Jugend übergeführt."[194] Gleichzeitig wurde in den meisten Berichten der Wortlaut des Vertrages veröffentlicht. Daraufhin kam es zu einer Welle von Protesten aus kirchlichen Jugendkreisen, denn es war ziemlich eindeutig, daß die eigentliche Durchführung des Vertrages "zwangsläufig die allmähliche Auflösung" des Jugendwerkes bedeuten würde.[195]

8) Die Opposition zu dem Eingliederungsvertrag

Daß der Reichsbischof und der Reichsjugendführer mit Opposition gerechnet hatten, zeigen einige von ihnen getroffenen Vorsichtsmaßnahmen. Müller hat zum Beispiel am 23. Dezember Stange seines Amtes als Reichsführer des Evangelischen Jugendwerkes enthoben und gleichzeitig den Führerrat aufgelöst.[196] Schirach hatte seinerseits schon vorher Stanges Ausschluß aus der Partei im Schnellverfahren beantragt mit der Begründung, Stange habe versucht, "die vom Reichskanzler Adolf Hitler gewünschte Einigung der deutschen Jugend zu sabotieren".[197] Schirach und Müller haben beide nach der Unterzeichnung Erfolgsmeldungen an Hitler geschickt,[198] und Schirach war selbst bei Hitler vorstellig, um ihn "von dem Abschluß des Vertrages in Kenntnis zu setzen". Nach HJ-Berichten habe der Vertrag "die volle Billigung des Führers gefunden".[199]

Die HJ-Führung unternahm auch Schritte, um die erwartete Opposition zum Vertrag gleich in Mißkredit zu bringen. Dies dokumentiert ein Brief, den Schirachs Stellvertreter, Carl Nabersberg,[200] an den bayerischen Reichsstatthalter v. Epp schrieb. Nachdem er Epp versicherte, daß der Vertrag Hitlers volle Billigung hat, führte er fort:[201]

"Es steht jedoch leider zu erwarten, daß kleinere Gruppen evangelischer Pfarrer und einzelne Jugendsekretäre, die um ihre Posten bangen, versuchen werden, gegen das Abkommen in irgendeiner Form Stellung zu nehmen.
Ich darf Sie, sehr geehrter Herr Reichsstatthalter bitten, gegen alle Versuche, die Einigungsarbeit der deutschen Jugend zu sabotieren, einzuschreiten und der HJ die Unterstützung zu leihen, die erforderlich scheint, um das Vertragswerk in die Tat umzusetzen. Es kommt besonders darauf an, alle Meinungsäusserungen, die sich gegen den Vertrag richten, zu unterdrücken und gegebenenfalls mit den Mitteln der Staatsgewalt Querulanten das Handwerk zu legen."

Die erwartete Opposition blieb auch nicht aus. Neben zahlreichen Protesttelegrammen, kam es am 30. Dezember in Würzburg zu einer feierlichen Ablehnung des Vertrages durch Vertreter der Bekenntnisfront, zusammengesetzt aus Delegierten des Pfarrernotbundes, Führern des Evangelischen Jugendwerkes und den nicht-deutschchristlichen Landesbischöfen.[202] Trotz verschiedener Standpunkte,[203] einigte man sich auf eine Erklärung, die den Vertrag mit der HJ "mangels ausreichender Bevollmächtigung des Reichsbischofs" als ungültig erklärte.[204] In der Erklärung wurde auch die Hoffnung ausgedrückt, daß ein neu abzuschließender Vertrag der Kirche die Möglichkeit bewahren würde, "ihre Jugend gemäß dem ihr von Gott gegebenen Auftrag zu betreuen" bei gleichzeitiger Berücksichtigung der "staatlichen Ansprüche an die staatsbürgerliche und SA-sportliche Erziehung der Jugend".[205] Hoffnungen auf einen neuen Vertrag sah man darin begründet, daß das Reichsinnenministerium, "als die für Jugenderziehungsfragen zuständige Reichsbehörde...am Vertragsabschluß nicht beteiligt" gewesen sei.[206] Der Reichsjugendführer sei in den staatlichen Behördenapparat nicht eingegliedert und außerdem, laut Richtlinien vom 27. Juli 1933, zu Zwangseingriffen in andere Jugendverbände nicht befugt.[207]

Frick zeigte sich seinerseits bereit, in der Eingliederungsfrage tätig zu sein, als er am 22. Dezember, gleich nach der Bekanntmachung des Vertrages, einen Burgfrieden anordnete, um die Gemüter zuerst zu beruhigen und um Störungen zu vermeiden.[208] Doch die Hoffnung, eine Änderung des Vertrages durch Frick zu erreichen, stellte sich als illusorisch heraus, und schwächte schließlich die Opposition zum Vertrag. Denn Frick, der in erster Linie bestrebt war, Ruhe und Frieden im Lande zu bewahren, vermochte es nicht, den Vertrag rückgängig zu machen.[209] Und die Opposition konnte den Vertrag nur so lange ablehnen, als der Staat dazu keine endgültige Stellung nahm.[210] Da der Staat in den ersten Wochen nach Unterzeichnung des Vertrages tatsächlich keine Stellungnahme dazu bezog, war eine öffentlich ausgetragene Opposition möglich, und sie richtete sich in erster Linie gegen den Reichsbischof, wenngleich eine versteckte Kritik auch an dem Reichsjugendführer unüberhörbar war, als vereinzelt von der Auslieferung der evangelischen Jugend an die dritte Konfession gesprochen wurde.[211]

Die Erklärung der Bekenntnisfront vom 31. Dezember erwähnt auch, daß das Verhalten der Reichskirchenregierung in der Jugendfrage "in den Gemeinden größte Erregung hervorgerufen" hätte; das kirchliche Leben sei durch den Vertrag "an der Wurzel" getroffen.[212] Und Berichte aus den Gemeinden bestätigen, daß die Gemüter tatsächlich sehr bewegt waren, nicht zuletzt durch falsche Zeitungsberichte über die Auflösung der evangelischen Jugendverbände.[213] Es wurde auch in Gegenden, wo die kirchlichen Sitten relativ intakt waren, als unmöglich empfunden, daß nach dem Vertrag die Jugend nur alle 14 Tage Kirchgang haben würde.[214] Auch wurde gerügt, daß die Selbständigkeit der evangelischen Jugend geopfert werden soll, die der katholischen Jugend dagegen weiterbestehen bleibt.[215] Generell nahm man den Standpunkt ein, "daß die Frage der künftigen Gestaltung des Evangelischen Jugendwerkes noch offen" sei und wartete auf eine Regelung zwischen der Kirchen und dem Reich.[216] Wie man sich in der Zwischenzeit verhalten sollte, sprach Helmut Kern in einer Ankündigung in der "Allgemeinen Rundschau" deutlich aus: "Die Verbände enthalten sich im Blick auf Selbstauflösung oder Eingliederung in die HJ aller örtlichen Sonderaktionen und warten die Weisungen des Herrn Landesbischofs ab."

9) Die Befürworter einer Kompromißlösung

Kern war aber persönlich keinesfalls ein Gegner der Eingliederung an sich. In einem Brief an Meiser vom 29. Dezember vertrat er die Meinung, daß man letzlich die Eingliederung akzeptieren müsse, und daß dadurch sogar Vorteile für die kirchliche Jugendarbeit entstehen würden.[218] Aus dem Brief ist auch zu erfahren, daß Kern nicht alleine diese Meinung vertrat: "Die Proteste gegen die Eingliederung kommen nicht aus dem Kreis der Mitglieder sondern von verständlicherweise persönlich interessierten Verbandsführern". Aus dem Mädchen Bibelkreis wurde Kern berichtet, daß man eine klare Weisung des Landesbischofs wünsche, denn viele "werden nicht mehr lange warten, sondern dann noch vorher lieber hinübergehen". Kern drückte Verständnis dafür aus, wenn ein CVJM-Mitglied unter den gegebenen Umständen seine Verbandszugehörigkeit löste und zur HJ überging, damit ihm "der Zugang zu SA und zu vielen Berufen (nicht) versperrt" blieb. Die meisten Pfarrersöhne hätten ohnehin die Wahl für die HJ schon getroffen. Kern rechnete aus, daß die Eingliederung der Kirche die Möglichkeit geben würde, "an wohl 40% der gesamten evangelischen Jugend" heranzukommen; die kirchlichen Jugendverbände dagegen würden in kurzer Zeit ein kleines "Häuflein" von höchstens 2-3% der evangelischen Jugend sein, darunter vielleicht Körperbehinderte oder Jugendliche mit politisch gegensätzlich eingestellten Eltern. Zwar bezeichnete Kern die Art und Weise, wie der Vertrag zustande kam, schlechthin als Verrat; es sei auch bedauerlich, daß keine Zeitung den Mut fand, der öffentlichen Diffamierung Stanges zu entgegnen. Kern war jedoch zuversichtlich, daß eine Revision des Vertrages mit Hilfe des Reichsinnenministeriums erreichbar wäre, und zwar in dem Sinne, daß die evangelische Kirche die Möglichkeit bekommen würde "an den 2 freien Sonntagen bzw. Nachmittagen an der gesamten evangelischen Hitlerjugend kirchlichen Dienst zu tun", eine Forderung, die Stange schon vergeblich durchzusetzen versucht hatte und die angesichts Schirachs Zurwehrsetzung gegen eine konfessionelle Beeinflussung der HJ als illusorisch betrachtet werden muß. Kern glaubte auch, daß eine bayerische Lösung möglich sei, und bat deshalb Meiser, mit dem für die Eingliederung in Bayern zuständigen HJ-Führer Gugel Verhandlungen aufzunehmen. Danach sollte Meiser den Befehl für die Eingliederung geben. Wenn der Landesbischof jedoch glauben sollte, anders handeln zu müssen, versicherte ihm Kern, "daß ich dabei mit vielen meiner Freunde und, wenn ich recht unterrichtet bin, mit den übrigen Sonderbeauftragten meines hochverehrten Landesbischofs allergetreueste Opposition bin." Auch Kerns Hoffnung auf eine landeskirchliche Regelung stellte sich bald als illusorisch heraus, denn die HJ-Führung in Bayern macht deutlich, daß sie auf eine Reichslösung wartete.[219]

Kerns Befürchtungen als "allergetreueste Opposition" zu seinem Landesbischof in der Jugendfrage stehen zu müssen, waren aber insofern unbegründet, als Meiser in dieser Sache durchaus eine Kompromißlösung suchte. Obwohl Meiser auf der Steinacher Pfarrerkonferenz am 3. Januar für eine Gleichberechtigung des Evangelischen Jugendwerkes mit der HJ und für eine "Angliederung" anstatt einer "Eingliederung" plädierte,[220] distanzierte er sich kurz danach von der kompromißlosen Haltung der Leitung des Evangelischen Jugendwerkes. Pfarrer Riethmüller, der stellvertretende Reichsführer des Jugendwerkes, hatte es kategorisch abgelehnt, mit dem vom Reichsbischof am 4. Januar ernannte Jugendpfarrer der DEK Zahn, der zugleich mit der Eingliederung beauftragt war, zusammenzuarbeiten.[221] Meiser distanzierte sich von dem Kurs Riethmüllers, indem er Zahns Ernennung begrüßte und Pfarrer Grießbach als Verbindungsmann in Bayern zum neuen Reichsjugendpfarrer aufstellte.[222] Meiser hoffte, daß die Unzufriedenheit mit der Amtsführung des Reichsbischofs in Regierungskreisen, besonders im Reichsinnenministerium aber auch im Amt des Reichspräsidenten, zu einem akzeptablen Kompromiß führen würde.pfarrer aufstellte.[222] Meiser hoffte, daß die Unzufriedenheit mit der Amtsführung des Reichsbischofs in Regierungskreisen, besonders im Reichsinnenministerium aber auch im Amt des Reichspräsidenten, zu einem akzeptablen Kompromiß führen würde.

10) Der steigende Druck auf einer Lösung in der Jugendfrage

Als Meiser zunehmend mit der Krise um den Reichsbischof beschäftigt und häufiger weg von seinem Amtsitz war, begann seine Autorität in der Jugendfrage in Bayern abzubröckeln. Der Leiter des Evangelischen Jugendwerkes in Nürnberg, Pfarrer Baumgärtner, trat am 9. Januar in das soziale Amt der HJ ein, was im Rundfunk als Übertritt zur HJ ausgelegt und von vielen auch so verstanden wurde.[223] Dadurch wurde die Front gelockert; die abwartende Haltung in der Jugendfrage wurde lagsam unhaltbar. Die örtlichen Jugendführer drängten die Kirchenleitung auf eine baldige Entscheidung, da das Abwarten, vor allem "im Bereich des 'Gebietes Franken' mehr und mehr mißverstanden und falsch ausgelegt wird".[224] Pfarrer Fikenscher, der Sonderbeauftragte für Jugendarbeit, bat deshalb in einem Brief vom 12. Januar seine Amtsbrüder um Geduld. Er wies auf die im Gange befindlichen Verhandlungen hin und berichtet optimistisch:[225]

"Sobald in der Reichskirche Ordnung herrscht und die Frage der Eingliederung der evang. Jugendverbände in die HJ eine beide Teile befriedigende Lösung gefunden hat, wird endlich die Bahn frei zu einer geordneten, allgemein geregelten evang. Jugendarbeit in Bayern."

Einen weniger zuversichtlichen Ton trägt der Bericht, den OKR Daumiller am 18. Januar aus München an den in Berlin weilenden Landesbischof Meiser schickte.[226] Er wies auf die dringende Notwendigkeit einer Klärung in der Jugendfrage hin, zumal der Reichsjugendführer Zahn ein Rundreiseprogramm zusammengestellt habe, "das ihn am 8. Februar nach Nürnberg führen sollte, wo er über das Thema 'Die revolutionäre Jugend' zu sprechen" gedenke. Meisers Verbindungsmann Grießbach warte auf Bescheid, ob die evangelische Jugend an diesem Abend teilnehmen solle oder nicht. Daumiller fuhr fort:

"Es ist klar, daß die Zeit des Hinwartens nun einem Augenblick der Entscheidung weichen muss, daß unsere Jugendführer vor der Öffentlichkeit werden erklären müssen, ob sie ihre Jugendgruppen einordnen und die Abmachung des Reichsbischofs mit dem Reichsjugendführer werden zur Durchführung kommen lassen. Es ist also sehr zu wünschen und zu hoffen, daß die heute im Reichsinnenministerium stattfindende Besprechung endlich zu einer klaren Lösung führt."

Aber die Beratung im Reichsinnenministerium mit Vertretern des Evangelischen Jugendwerkes brachte keine Klärung. Es wurde lediglich klargestellt, daß der im Vertrag vorgesehene Gesamtbeanspruchung der Jugend durch der HJ und den evangelischen Vereinen - 4 Sonntage im Monat und 4 Nachmittage in der Woche - als Höchstanforderungen anzusehen sind, die in Wirklichkeit nicht beansprucht werden sollten.[227] Von einer Änderung des Vertrages selbst wurde nicht berichtet.

Indessen stieg der Druck auf die evangelischen Jugendverbände. Hatte der sogenannte Burgfrieden des Reichsinnenministers zwischen Weihnachten und Sylvester "allenthalben Zwischenfälle" nicht verhindern können,[228] so sah die Lage im Januar noch besorgniserregender aus. In Nürnberg berichtet die "Fränkische Tageszeitung", daß Dekan Jäger, Wunsiedel, in Schutzhaft genommen sei, weil er den Deutschen Gruß im Konfirmationsunterricht nicht erlaube; außerdem soll er im Dezember 1933 das HJ-Prinzip, "Jugend soll von Jugend geführt werden", als einen "Schmarrn" bezeichnet haben.[229] Ein späterer Bericht der "Allgemeinen Rundschau" stellte jedoch fest, daß an der Inhaftierung kein Wort wahr sei.[230] In anderen Fällen wurde ein sanfter Druck ausgeübt. In Forchheim hat die HJ dem Ortspfarrer versprochen, wenn er gleich seine Jugendgruppe in die HJ eingliedere, könne er noch Einfluß in der HJ gewinnen; bleibe er noch abseits, liefe er Gefahr, als politisch suspekt angesehen zu werden.[231]

11) Die Eingliederung wird hingenommen und vollzogen

Die Frage des Jugendvertrages wurde letztlich geklärt, als die Bischöfe nach dem Kanzlerempfang am 25. Januar einer Erklärung zugestimmt hatten, in der sie versprachen, die "Maßnahmen und Verordnungen" des Reichsbischofs "in dem von ihm gewünschten Sinne durchzuführen".[232] Zu diesem Vorgang schrieb Pfarrer Geuder später:[238]

> "Ein erschütterndes Ereignis! Eine vollendete Kapitulation, die auch durch nachträglich einschränkende Erklärungen nicht mehr ungeschehen gemacht werden konnte. Sie stellte auch das Jugendwerk vor eine neue Situation. Denn nun stand hinter Ludwig Müller die Autorität des Führers. Jeder Widerstand gegen den Reichsbischof mußte als Auflehnung gegen das Staatsoberhaupt ausgelegt werden. Die Eingliederung der evangelischen Jugend in die HJ konnte jetzt als ausgesprochener Wille des Führers proklamiert werden, gegen den es keine Berufung mehr gebe."

Am 3. Februar 1934 schrieb der Führerrat des Jugendwerkes an seine Mitglieder: "Es ist der Wille des Führers, daß eine Eingliederung der Jugend bis zum 18. Lebensjahr vollzogen wird".[234] Man war im Führerrat aber immer noch der Überzeugung, daß durch den Vertrag "die Rüstung junger Scharen für den kirchlichen Dienst auf das schwerste gefährdet wird". Für Mitglieder des Jugendwerkes bis 18 blieb jetzt nur noch die Möglichkeit, die Doppelmitgliedschaft einzugehen - was praktisch nicht durchführbar war - oder ihre Mitgliedschaft im Jugendwerk aufzugeben. Konsequent handelte die Führung des

Schülerbibelkreises, die die Mitglieder ihrer Jungenschaft von ihren Verpflichtungen entließ.[235]

Der Prozeß der Eingliederung wickelte sich sehr schnell ab. Am 8. Februar war der Reichsjugendpfarrer Zahn in Nürnberg, um in Gesprächen mit den evangelischen Jugendführern und HJ-Führern, mit Pfarrern und Kirchenvorstehern, die Eingliederung vorzubereiten. Abends sprach er bei einer Großkundgebung vor der HJ und der evangelischen Jugend.[236] Am 12. Februar gab der LKR den Modus der Eingliederung bekannt.[237] Die Eingliederungsformulare sollten innerhalb einer Woche - bis zum 19. Februar - von dem jeweiligen Kirchenvorstand und der HJ-Führung unterschrieben sein. In Pappenheim, zum Beispiel, wurde deshalb der Kirchenvorstand eiligst zusammengerufen und das unterschiebene Eingliederungsformular an den Bannführer der HJ (Bann 33 - Weißenburg) weitergeleitet, der es am 18. Februar unterschrieb.[238] Es ging aber nicht überall so planmäßig. Pfarrer Dr. Wunsiedler, der für die Eingliederung in den Dekanaten Gunzenhausen, Heidenheim, Pappenheim und Weißenburg zuständig war, berichtete, daß er hoffte, bis zum 19. Februar wenigstens eine Teilmeldung über vollzogene Eingliederungen erstatten zu können. Er fügte hinzu:[239]

"Von Seiten der kirchlichen Beauftragten des evang. Jugendwerkes wird grossen Wert darauf gelegt, daß möglichst viele Mitglieder unserer evang. Jugendvereine in HJ und BdM eingegliedert werden, um das evang. Jugendwerk innerhalb der nationalen Jugend möglichst zu stärken."

In der Tat traten im März 1934 etwa 60 bis 70% der Jugendlichen des Evangelischen Jugendwerkes der HJ bei.[240] Diejenigen, die nicht beigetreten sind, mußten nach dem Vertrag ihre Mitgliedschaft beim Jugendwerk aufgeben.

Die Unterzeichnung des Eingliederungsformulars durch den Kirchenvorstand - was auch von Gemeinden ohne Jugendverbände gefordert wurde - leitete eine neue Phase ein, denn nunmehr erfolgte die evangelische Jugendarbeit "im Auftrag der Landeskirche auf dem Boden der Gemeinde. Trägerin der örtlichen Jugendarbeit ist die Kirchengemeinde".[241] Aber der Übergang zur neuen Form war nicht unproblematisch. Das "Evangelische Gemeindeblatt für München" mußte seine Leser ermahnen, Vergangenem nicht nachzutrauern und sich mit den Gegebenheiten abzufinden.[242] In der Tat, fand die neue Gemeindejugend in München nicht so viel Anlauf wie vorher bei den kirchlichen Jugenverbänden, denn die HJ mit ihren Sport- und Wandermöglichkeiten übte eine große Anziehungskraft aus.[243] Dennoch hatte der Wegfall der bündischen Form kirchlicher Jugendarbeit und die neue Bindung an die Gemeinde, wie Pfarrer Geuder bemerkte, wenigstens den Vorteil, daß jetzt eine klare Abgrenzung geschaffen sei, und daß ein Angriff gegen die Gemeindejugend "einen klaren status confessionis" schaffen würde; ein wiederholtes Nachgeben wäre nicht mehr möglich.[244]

Der Abschluß der Eingliederung wurde am Sonntag den 4. März in bescheidener Form gefeiert. Ursprüngliche Pläne, die eine Übertragung von Ansprachen des Reichsbischofs und des Reichsjugendführers vorsahen, ließ man fallen.[245] In Weißenburg beispielsweise versammelten sich die Mitglieder der HJ und der evangelischen Jugendverbände am Kriegerdenkmal und marschierten zum Evangelischen Vereinshaus. Dort hörten sie eine Ansprache von Pfarrer Kalb sowie die Übertragung der Eingliederungsfeier vom Berliner Dom um 9 Uhr. Mit dem Singen des HJ-Liedes fand die Feier ihren Abschluß[246]

Kurz vorher hatte das Reichsinnenministerium den Jugendvertrag als verbindlich erklärt.[247] Am 2. März kam noch dazu ein Gesetz vom Reichsbischof bezüglich der Jugendarbeit, das noch weit über den Vertrag vom 19. Dezember hinausging.[248] Das Gesetz beschränkte die Tätigkeit kirchlicher Jugendgruppen aller Jugendlichen (d.h. auch für diejenigen über 18 Jahre) auf die Wortverkündigung. Außerdem erhielt der Reichsjugendpfarrer das Recht, die einzelnen Landesjugendpfarrer zu bestellen, was als Verstoß gegen die in der Verfassung der DEK verankerten Selbständigkeit der Landeskirchen in Bekenntnis und Kultus angesehen wurde.[249] Das neue Gesetz wurde aber weitgehend von der bayerischen Landeskirche ignoriert, als diese am 26. April 1934 eigenmächtig Pfarrer Heinrich Riedel zum Landesjugendpfarrer ernannte.[250]

Obwohl die Trennung von ihren traditionellen Jugendverbänden vielen Jugendlichen schwerfiel, gab es zugleich Stimmen in der Kirche, die die Eingliederung durchaus positiv bewerteten, wie der Artikel, "Evang. Kirche und junge Generation", in der "Allgemeinen Rundschau" zeigt.[251] Die Eingliederung in die HJ und auch das Kirchengesetz der DEK vom 2. März wurden als beispielhaft gelobt, denn damit höre die innerliche Zerrissenheit der deutschen Jugend der letzten 14 Jahren auf. Diese Zerrissenheit habe "genau das Gepräge des damaligen Staates" getragen, und es sei auch notwendig gewesen, daß eine intensive evangelische Jugendarbeit in so einer Situation entstand. Jetzt sei aber alles anders für die kirchliche Jugendarbeit geworden:

> "Die Jugend unserer Gemeinden ist nunmehr geeint in der Hitlerjugend oder im Bund deutscher Mädchen. Heute kann die Kirche auf eigene Jugendbünde verzichten, kann alle Formen der Arbeit, die nicht zum Wesen der Kirche gehören, getrost der Hitlerjugend überlassen, um dafür umso ernster ihren Dienst an der getauften und konfirmierten Jugend der Kirchengemeinde auszurichten."

Der Schreiber des Artikels beurteilte sogar das Kirchengesetz vom 2. März positiv - dadurch solle eine straffe Führung in die kirchliche Jugendarbeit kommen.

Es stellte sich jedoch bald heraus, daß die Arbeit des Reichsjugendpfarrers Zahn sowohl in der Reichskirche als auch in der HJ völlig wirkungslos blieb.[252] Dagen vermochte der Landesjugendführer Riedel in Bayern trotz staatlicher Restriktionen, eine beachtliche Jugendarbeit aufzubauen.[253] Durch Gemeindejugendkreise und vor allem durch die gut besuchten Bibelfreiheiten für Jugendliche, die jedoch ab 1938 generell verboten wurden, schaffte die Kirche für ihre Jugendlichen einen "Freiraum" abseits der HJ, die ab 1936 die Staatsjugend Deutschlands wurde.[254]

VI DAS JAHR 1934

1) Die politische Stimmung in Weißenburg am Anfang des Jahres

Zur Jahreswende wurde überall Bilanz über das ereignisreiche Jahr 1933 gezogen. Dabei waren die öffentlichen Stellungnahmen von einer leidenschaftlichen Bejahung des neuen Staates gekennzeichnet, wie die Jahresbetrachtung "Neues Jahr - neues Reich aus der "Weißenburg Zeitung" demonstriert:[1]

> "In knapp 9 Monaten schuf die nationalsozialistische Revolution in naturhaft elementarem Geschehen und hieraus freiwerdender eruptiver Gestaltungskraft den deutschen Staat Adolf Hitlers, das Dritte Reich."

Zu der Lage in Weißenburg schrieb das "Weißenburger Tagblatt":[2]

> "Mögen auch immerhin noch manche im Eigensinn und Irrsinn beharren und trügerischen Hoffnungen nachjagen, mögen andere aus Konjunkturgründen sich begeistert zum Nationalsozialismus bekennen - unser Weißenburg ist zur Hochburg der großen vaterländischen Bewegung geworden und wird es bleiben."

Auch Bezirksamtsleiter Hahn bestätigt, daß die Bevölkerung "sich bis zu einem kleinen Prozentsatz" der neuen Regierung willig untergeordnet habe, "sowohl in der Landbevölkerung als auch im Industriegebiet".[3]

Aber der Versuch, weite Teile des Volkes durch immer neue Anläße zum Feiern in einem "Rauschzustand" zu halten, wurde auf Dauer zunehmend schwieriger.[4] So berichtet die Polizei-Direktion Nürnberg-Fürth schon im Dezember 1933, daß die allgemeine Stimmung nicht so durchgängig euphorisch sei:[5]

> "Nach dem grossen Rhythmus, der die ganze Nation erfasste und persönliche Erwägungen in dem Gedanken der Volksgemeinschaft zurücktreten liess, was besonders bei den Kundgebungen zum Ausdruck kam, machen sich nun im nüchternen Alltag immer mehr recht kleinliche und allzu menschliche Eifersüchteleien und Mißstimmigkeiten bemerkbar."

Vor allem über die "Überheblichkeit frischgebackener Amtswalter" wurde in diesem Bericht geklagt.

Auch in Weißenburg kam es zur Jahreswende zu Mißstimmungen, und zwar durch den Versuch der Mehrheit im Stadtrat, die immer noch freie Stelle des ersten Bürgermeisters durch eine qualifizierte, juristisch ausgebildete Person zu besetzen. In einer Stadtratsitzung Ende Dezember wurde Dr. Georg Roth, Vorstand des Bezirksamtes Eichstätt und ehemaliger Regierungsrat am Bezirksamt Weißenburg, zum ersten Bürgermeister von Weißenburg gewählt.[6] Hinter dieser Wahl, die nicht anders gesehen werden kann als eine öffentliche Brüskierung des geschäftsführenden, zweiten Bürgermeisters und NS-Kreisleiterb Gerstner, der noch seinen Beruf als Krankenkassenverwalter ausübte, scheint der SA-Standartenführer, Sonderkommissar und Stadtratfraktionsvorsitzender Sauber zu stehen. Der Oberlehrer Sauber, der erst 1932 der Partei beitrat und viel Ansehen in der Bevölkerung hatte,[7] wollte wohl einen standesgemäßen Bürgermeister für die Stadt gewinnen. Der Versuch scheiterte jedoch, denn hinter den Kulissen - die Presse hüllte sich in Schweigen - wurde erwirkt, daß Roth seine Wahl "von sich aus abgelehnt hat", und daß Gerstner, der "bereits von der Gauleitung für das Amt bestimmt worden" sei, im Neujahr zum ersten berufsmässigen Bürgermeister gewählt wurde.[8] Der Verdacht liegt nah, daß Gerstner seine Stelle in erster Linie der Fränkischen Gauleitung verdankte. Auf jeden Fall hat sich die Lage bis zum 6. Januar soweit geklärt, daß Sauber sein Mandat im Stadtrat niederlegte, mit der Begründung:[9]

"Die Art und Weise der Erledigung der Angelegenheit Dr. Roth machen es mir unmöglich, meinerseits dem Stadtrat angehören zu können. Seelischer Zwiespalt zwingt mich daher zu der Bitte, mich von dem Amt eines Stadtrates der Stadt Weißenburg mit sofortiger Wirksamkeit entbinden zu wollen."

Etwas später wurde Sauber vom SA-Obergruppenführer v. Obernitz von der aktiven SA zur SA-Reserve zurückversetzt, angeblich "wegen seines milden Vorgehens" - er habe z.B. Belästigungen gegen die Juden nicht geduldet - und "zu bürgerlichen Einstellung".[10] Seine Stelle als SA-Standartenführer übernahm der SA-Sonderkommissar für das Bezirksamt Gunzenhausen, Karl Bär.[11] Vermutlich hatte die Zurückversetzung Saubers eine nachteilige Wirkung für die Partei in bürgerlichen Kreisen. Symtomatisch dafür dürfte eine Versammlung der NS-Hago (Handwerks-, Handels- und Gewerbeorganisation) im März 1934 sein, die nur sehr schwach besucht wurde.[12]

Daß Gerstner ein Bürgermeister von Streichers Gnaden war, wurde bei der Amtseinsetzung im Juni deutlich, als Gerstner seine Amtskette vom Gauleiter persönlich bekam.[13] Streicher, der an diesem Tag Ehrenbürger der Stadt wurde, machte in seiner Rede eine deutliche Anspielung auf die Kritik an Gerstners mangelnde Qualifikationen für sein Amt als er betonte, daß der Charakter wertvoller sei als "juristisches Können".

Mit Gerstners Amtsführung konnte der Gauleiter zufrieden sein, denn vor allem in der Rassenfrage folgte er treu Streichers Linie, so z.B. als er im Dezember 1933 die Bevölkerung warnte: "Wer als Deutscher seine Weihnachtseinkäufe beim Juden tätigt, ist nicht nur kein Christ, sondern auch ein Volksverräter".[14] Und auch die Kirchen bekamen es zu spüren, wenn etwas dem Bürgermeister nicht passte. So wertete Gerstner den in der Weißenburger Presse im Januar 1934 veröffentlichen Aufruf des Landesbischofs für die Bekenntnisschule als "eine gröbliche Beleidigung der Bewegung und damit auch ihres Führers", und als "Sabotageakt schlimmster Art".[15] Im weiteren Verlauf des Jahres sollte die Kirche mehrmals erleben, wie die Verteidigung kirchlicher Interessen als mangelnde Staatstreue ausgelegt wurde.

2) Die Hoffnungen und Sorgen der Kirche zum Jahresbeginn

Dabei enthielten die Äußerungen der Kirche zum neuen Jahr generell eine begeisterte Zustimmung zum neuen Staat. Ein Gemeindeblatt zitierte den Neujahrsaufruf Hitlers, daß das Jahr der deutschen Revolution nun dem Jahr des deutschen Aufbaues weichen muß, und äußerte den Wunsch, daß man als Christ an dieser Wiederaufbauarbeit beteiligt werden dürfte.[16] Weite Verbreitung durch das "Sonntagsblatt" fand die Neujahrsansprache von Kreisdekan Prieser, Bayreuth, die mit folgenden, typischen Sätzen begann:[17]

> "Seit dem Kriegsbeginn ist kein so ereignisschweres Jahr über unser Volk dahingegangen, als es das Jahr 1933 war. Es wird für immer einen Markstein deutscher Geschichte bilden. Eine entscheidende Wendung ist geschehen. Unser Volk hat sich wieder gefunden. Wir sind auf dem Weg der Gesundung. Bewundernswertes ist geleistet worden; ungeheure Aufgaben stehen noch bevor. Eine Geschichtsperiode ist abgelaufen, eine neue Zeit hat begonnen. Die Kirche hat Recht und Pflicht, sich dem in einem neuen Staat zusammengefaßten Volk zur Verfügung zu stellen soweit nur immer ihr Auftrag zum Dienst am Volk reicht."

Prieser beschrieb auch wie die "nicht enden wollenden Wirrnisse" in der evangelischen Kirche sich "beschämend" "vor den Augen des Volkes, vor den Augen Roms und der ganzen Welt" darstellten, und betonte die Pflicht, die Landeskirche "in Einmütigkeit geschlossen" zu erhalten. Als weitere Aufgaben nannte er: neue Wege in der Jugendarbeit zu suchen, da nun die "Jugendverbände...uns zerschlagen worden" seien; für die Konfessionsschule, die sich "vielleicht... in Gefahr" befindet, zu kämpfen; und den Anspruch des SA- und SS-Mannes "auf seelsorgerliche Bedienung und gottesdienstliche Versorgung", durch eine Regelung des Dienstes am Sonntag zu erfüllen.

Die Hoffnungen und Sorgen, die das Jahr 1933 in der Kirche weckte, sind auch in der kirchlichen Statistik wieder zu finden. Am erfreulichsten fand man, daß die Kirchenaustrittszahlen zum ersten mal seit 1915 niedriger lagen als die Eintrittszahlen. Im Jahre 1932 verließen 2150 Menschen die bayerische Landeskirche bei 1869 Eintritten, dagegen registrierte man im Jahre 1933 nur 1165 Austritte bei 3405 Eintritten.[18] Fast ein Drittel (1062) dieser Eintritte waren in Nürnberg bei nur 234 Austritten.[19] Weniger dramatisch ging es in der Stadt Weißenburg zu, wo zwischen 1926 und 1931 im Schnitt 10 Menschen im Jahr die Kirche verließen, die meisten im Kirchenbuch als "kommunistisch" oder "religionslos" bezeichnet.[20] Die Austritte gingen schon 1932 auf 2 Personen zurück, und im Jahre 1933 waren es nur 3, alle im Januar oder Februar. Dagegen waren 1933 7 Menschen eingetreten und 1934 sogar 17. Auch erfreulich war, daß die Zahl der kirchlichen Trauungen in der Landeskirche von 10.798 im Jahre 1932 auf 12.696 anstiegen.[21] Bedenklich aber war, daß die seit 1915 stetig fallende Zahl der Kommunikanten mit 56,2%

den niedrigsten Stand des Jahrhunderts erreichte, sicherlich durch die vielen politischen Feiern des Jahres mitbedingt.[22] In einigen Gemeinden war der Rückgang sehr besorgniserregend wie in Treuchtlingen mit 62,2% im Jahre 1932 und nur 50,6% für das Jahr 1933.[23] Wenn die Abendmahlbeteiligung als zuverläßigster Gradmesser für das kirchliche Leben angesehen wird, dann zeigte das erste Jahr im NS-Staat keinen Gewinn für die bayerische Landeskirche. Dagegen in den Jahren 1934 und 1935, als die Kirche unter starkem Druck stand, stiegen die Kommunikantenzahlen mit 58,5% bzw. 65,7% wieder an.[24]

Daß die evangelische Kirche das Jahr 1934 "im Zeichen des Kampfes" anfängt, war die Beobachtung Dekan Felsensteins im "Rieser Kirchenboten".[25] Der Kampf sei nach Felsenstein nicht gegen "das neue Reich" oder die Reichskirche gerichtet, sondern "gegen die Entleerung und Verfälschung des biblischen Christentums, die sich anschickt, die Herrschaft in der Kirche zu erobern". Wenn Leute aus Gewissensgründen sich zu einer deutsch-völkischen Religion bekennen, sei dies zu respektieren, aber sie dürfen nicht Gleichberechtigung innerhalb der Kirche fordern. Gleichzeitig gelte der Kampf auch dem Volk und seiner Zukunft, denn Felsenstein war überzeugt, daß mit einer neuen Ersatzreligion dem Volk nicht gedient sei. Besonders interessant waren Felsensteins Bemerkungen über die Beziehungen der zwei Konfessionen zu einander unter den neuen Bedingungen im NS-Staat:

"Wir kämpfen auch für die katholische Kirche mit. Sie mag jetzt triumphieren: So etwas ist doch nur bei den Evangelischen möglich, bei uns nicht. Unsere Kirche steht erzfest, sie bleibt unberührt von dem Strom des Abfalls, der Lehrirrungen, der Zersetzung. Daß sie sich nur nicht stark täuscht! Die Deutschgläubigen haben den ganz heißen offenkundigen Wunsch, das ganze deutsche Volk unter einem Glauben zu einigen, wohlgemerkt, das ganze, nicht nur einen Teil, etwa den evangelischen."

Felsenstein fragte, ob es der katholischen Kirche gelingen würde, "ihre Glieder von jeder Beeinflussung durch den neuen Glauben freizuhalten - heute in der Zeit der gleichgeschalteten Zeitung und des staatlichen Rundfunks", und zog den Schluß:

"Darum sagen wir Evangelischen, wenn uns die Katholiken wegen unserer Kämpfe auslachen wollen: Wir kämpfen nicht nur für unserer Kirche, wir kämpfen auch für Euch! Wir kämpfen überhaupt für den Bestand des Christentums, auch für den Bestand des Christentums in eurer Kirche!"

Felsensteins Bemerkungen zeigen, wie die zwei Konfessionen, trotz Mißtrauen und Differenzen, langsam ihre Gemeinsamkeiten im NS-Staat entdeckten. In der Frage der Bekenntnisschule waren die Interessen beider von Anfang an bedroht, und in der Jugendfrage war abzusehen, daß nach Zerschlagung der evangelischen Jugendverbände, auch die katholischen an die Reihe kommen würden. Es wäre aber verfehlt zu meinen, daß nur die Evangelischen den Kampf gegen den Deutschglauben aufgenommen hätten, denn öffentliche Warnungen vor den Ideen Rosenbergs waren schon von katholischer Seite zu hören, und in der Ablehnung der Sterilisierung war die katholische der evangelischen Kirche auch ein Stück voraus.[26]

Eine warnende Stimme aus den katholischen Reihen, die auch von den Protestanten zitiert wurde in der Hoffnung, sie gebe vielleicht die Meinung der Reichsregierung wieder, kam von Vizekanzler von Papen in seiner Rede vor der Arbeitsgemeinschaft katholischer Deutscher über die "Christlichen Grudsätze des Dritten Reiches" in Gleiwitz Anfang Januar 1934.[27] Hier versuchte Papen, so lautet ein Bericht, "an die Äußerungen des Führers über die Religion in 'Mein Kampf' anzuknüpfen", als er sagte:

> "Diejenigen, die heute davon sprechen, daß die Konfessionen zu entbehren seien, daß an die Stelle der Bekenntnisschule eine Simultanschule das Erziehungswerk des jungen deutschen Menschen leiten könnte, diejenigen, die da meinen, daß der Glaube an Deutschland allein genüge, dem jungen Menschen die Ehrfurcht vor dem Sittengesetz beizubringen, ahnen wahrscheinlich gar nicht, daß sie damit dem Aufbauwerke des Kanzlers die besten und tragfähigsten Fundamente entziehen. In dieser Auffassung sind wir uns mit den Führern der evangelischen Kirche durchaus einig. Die Säulen der nationalsozialistischen Weltanschauung sind Familie, Gemeinschaft, Volk, Bindung und Autorität. Was ihr Totalitätsanspruch nicht wünscht, ist die ihm so oft nachgesagte Schaffung einer neuen Konfession oder Kirche, weil das die Rückkehr zu den Grundsätzen des Liberalismus sein würde."

Auch seine Bemerkungen zur Rassenfrage fanden in evangelischen Kreisen ein offenes Ohr:[28] "Die Liebe zur eigener Rasse wird niemals in Haß gegen andere Völker oder Rassen ausarten", meinte Papen.

Genau in diesem Sinne wollte auch die Bekenntnisfront ihren Kampf innerhalb der Reichskirche verstehen. Wie Meiser auf der von etwa 250 Pfarrern besuchten Steinacher Konferenz am 3. Januar betonte:[29]

> "...den Führern der Bekenntnisfront, die in engster Verbindung mit vielen Männern des neuen Staates stehen und diesen Staat freudig bejahen, liegt ganz allein daran, daß die Kirche Kirche bleibe und das Bekenntnis nicht angetastet werde, und deshalb kämpfen sie."

Jeder Versuch, die Bekenntnisfront "in den Verdacht der politischen Reaktion zu bringen", sei nichts als eine "ganz infame Verleugnung". Meiser begrüßte es sogar, daß im "nationalen Staat"[30]

> "der Versuch gemacht wird gleichsam wieder zu den Quellen des Lebens zurückzukehren, daß man das Blut wieder zu werten beginnt und das Volk auch in seinem biologischen Aufbau erzieherisch zu beeinflussen sucht".

Deshalb wäre es verfehlt, wenn die Kirche sich "in eine politisch oppositionelle Stellung zu dem neuen Staat hineindrängen" ließe.

Was Meiser sonst in Steinach zur kirchlichen Lage sagte, konnte aber bei vielen der neuen Machthaber leicht den Verdacht der politischen Reaktion wecken. Zur theologischen Aufgabe der Gegenwart gehörte nach Meiser, die NS-

Weltanschauung "einer genauen Prüfung und manches in ihr einer Korrektur" zu unterwerfen. Das politische Führerprinzip vertrage sich, "nicht ohne weiteres mit der Kirche und ihrem Wesen"; ohne die richtige Führernatur "artet das Führertum zur Diktatur" aus, die für die Kirche kaum geeignet sei. Die Reichskirchenleitung unterscheide nicht zwischen Parlamentarismus und einem gesunden Synodalismus; dies führe zu einer "Pastorenherrschaft" in der Kirche "mit einer vollkommenen Entrechtung der Gemeinden". Der 23. Juli, der Tag der Kirchenwahlen, sei ein "dies ater", der zur Eroberung der Kirche durch die Deutschen Christen - die zum Teil "ein wahres Terrorregiment" ausübten - geführt hätte. Im Pfarrernotbund sei ein Widerstand emporgeflammt, der für Ordnung und Sauberkeit in der Kirche kämpfe.

Um die Krise in der Reichskirche zu beseitigen, forderte Meiser die Bildung eines regierungsfähigen Reichskirchenministeriums, die grundsätzliche Regelung des unklaren Verhältnisses zwischen Reichskirche und Landeskirchen, die gründliche Überprüfung der Reichskirchenverfassung, und eine Regelung des Problems der Jugendverbände, "wobei das Ziel nicht Eingliederung in die HJ sondern Angliederung und Gleichberechtigung sein müsse".[31]

3) Die Reaktion auf den "Maulkorberlaß" des Reichsbischofs

Eine Verschärfung der Lage erfolgte durch die Verordnung des Reichsbischofs vom 4. Januar 1934, wodurch Maßnahmen gegen Pfarrer angedroht wurden, die den Gottesdienst "zum Zweck kirchenpolitischer Auseinandersetzungen" mißbrauchten.[32] Die Verordnung setzte auch die landeskirchliche Arierparagraphengesetzgebung erneut in Kraft.[33] Mit dieser bald "Maulkorberlaß" genannte Verordnung brach der Ausnahmezustand in der Reichskirche aus.[34]

Auch in den vom Kirchenstreit relativ unberührten Gemeinden Bayerns verursachte dieser Erlaß große Beunruhigung. Die am 8. Januar versammelten Pfarrer des Kapitels Pappenheim zum Beispiel äußerten in einem Schreiben an Meiser die Befürchtung, daß ihr Kampf um das Bekenntnis - denn sie seien durch ihre Ordinationsgelübde verpflichtet alle Irrlehren abzuwehren - nun möglicherweise als kirchenpolitischer Streit ausgelegt werden könnte.[35]

"Dazu kommt noch, daß diese Verordnung gegnerisch eingestellte Gemeindeglieder geradezu anreizt, unsere Predigten zu besuchen und nach angreifbaren Stellen in ihnen zu lauschen, zudem ist der Begriff 'kirchenpolitisch' sehr dehnbar."

Auch am 8. Januar schickte Meiser einen detaillierten Bericht an sämtliche Pfarrer über die Vorgänge in der Reichskirche seit seinem letzten Schreiben am 12. Dezember.[36] Zu der Verordnung des Reichsbischofs vom 4. Januar schrieb Meiser, daß sie keine Anwendung in Bayern finden würde, da erhebliche Zweifel an ihre Rechtmäßigkeit bestehe. Etwas vorsichtig fügte er hinzu, daß die Verordnung "in das kirchliche Leben - und wohl auch in das kirchliche Bekenntnis -" einschneiden würde. Gegen die Verordnung legte der LKR am 8. Januar Rechtsverwahrung ein.[37]

Am 9. Januar beriet eine Vorstandssitzung des Pfarrervereins mit einigen dazu eingeladenen Kollegen die Lage.[38] Hier war man einstimmig der Meinung, daß der Pfarrerverein sich für einen Kollegen einsetzen müßte, der bei der Abwehr bekenntniswidriger Äußerungen von der Müller'schen Verordnung betroffen werden sollte. In einer Eingabe an den LKR erklärten die Anwesenden ihre Treue zu Meiser und ihre Solidarität mit dem Pfarrernotbund.[39]

Bei dieser klaren Konfliktlage zwischen Landeskirche und Reichskirchenleitung war man gespannt auf die Stellungnahme des NS-Pfarrerbunds in Bayern. Am 10. Januar trafen 10 Mitglieder des Führerrats des Bundes mit Greifenstein als Repräsentant des LSA in Nürnberg zusammen und teilten dem LKR als Resultat ihrer Besprechung mit, daß man im Falle eines "akuten Konflikts" zwischen dem Landesbischof und dem Reichsbischof damit rechnen müsse,[40]

> "daß ein Teil der bayerischen Pfarrerschaft sich auf die Seite des Reichsbischofs stellen wird, weil die Frage, wann der status confessionis gegeben ist, hier anders als in andern Kreisen der Landeskirche beantwortet wird."

Wie der Landesleiter Pfarrer Daum es ausdrückte, "solange das Bekenntnis nicht angetastet sei", würden sie ihre Treue dem "obersten Führer der deutschen evangelischen Kirche" und "Adolf Hitler" geben, was aber kein "Treuebruch gegen den Herrn Landesbischof" bedeute.[41]

Am nächsten Tag erfuhr der Vorsitzender des Pfarrervereins Klingler von der NSEP-Erklärung und reagierte sehr beunruhigt, denn er hörte daraus, daß im Konfliktfall "ein erheblicher Teil der bayerischen Pfarrerschaft auf der Seite des Reichsbischofs stehen werde".[42] Um die tatsächliche Stärke dieser Opposition zu ermitteln - denn zum NSEP zählten Anfang 1934 ca. 350 Pfarrer in Bayern[43] - schickte Klingler an sämtliche Pfarrer der Landeskirche eine Treueerklärung für Meiser und Solidaritätserklärung mit dem Pfarrernotbund, mit der Bitte bald dazu Stellung zu nehmen. Die Ergebnisse dieser Aktion bestätigte Klingers Überzeugung, daß nur "eine verschwindend kleine Anzahl von Kollegen" hinter der NSEP-Erklärung stünden, daß die bayerischen Pfarrer dem Landesbischof "bei seinem Kampf um das Bekenntnis (nicht) in den Rücken fallen" würden.[44] Innerhalb der ersten Wochen unterschrieben 1219 die Erklärung bei 9 Ablehnungen und 112, die nicht geantwortet haben.[45] Bis Mitte Februar waren es 1236 Zustimmungen, bei 11 Ablehnungen und 19 bedingten

Zustimmungen.[46] Dabei würden, nach Klinglers Rechnungen, 95% der evangelischen Gemeinden in Bayern in einem Konfliktfall hinter Meiser stehen.

Damit wurde auch klar gezeigt, wie wenig geschlossen der NSEP, deren Zahlen im Jahre 1933 genau so wie die der Partei stark angeschwollen waren[47], hinter ihrer Führung eigentlich war. Es gab sogar Ende Januar den Versuch, die Pfarrer im NSEP gegen die Leitung des Bundes zu mobilisieren. So hat Pfarrer F.W.Schmidt der Leitung des NSEP das Recht abgesprochen, "im Namen der nat. soz. Pfarrer zu sprechen" und rief zur Gründung einer losen "Arbeitsgemeinschaft nat.soz. lutherischer Pfarrer Bayerns" auf:[48]

> "Wir Nationalsozialisten wissen etwas von der Treue dem Führer gegenüber: unsere Ordination und unser neuerliches Treuegelöbnis bindet uns eindeutig an unseren Landesbischof. Hier gibt es doch für jeden Nationalsozialisten nur Eines: Gefolgschaft!"

Um den NSEP zusammenzuhalten und um seine Position zu erklären, schickte Daum am 22. Januar die erste Nummer der "Mitteilungen des NSEP" an die Mitglieder. Hierin schildert er den Verlauf des Meinungsaustausches, den er am 16. Januar mit Meiser hatte, bei dem in vier Punkten eine "andersgeartete Anschauung" bestehen blieb:[49]

> "Erstens über die Bekenntniswidrigkeit im Handeln des Herrn Reichsbischofs, zweitens über den Pfarrernotbund, drittens über die prinzipielle Stellung zum Herrn Reichsbischof, viertens über unsere Stelung zum 'Führer' selbst, sowie über den Nationalsozialismus."

Nach Daum müsse der Reichsbischof "solange der Führer unserer Kirche bleiben, als er das Vertrauen Adolf Hitlers hat". Die entscheidende Frage für ihn lautete: "Wie stehst du zum Führer und zum Nationalsozialismus?" Es hänge alles von der Erkenntnis ab, "daß Hitler nicht etwa nur ein Cyrus sei, sondern auch ein Ezra und ein Nehemia". Daher war es auch für Daum "selbstverständlich, daß unsere allererste Treue Adolf Hitler gilt".

In seinen "Mitteilungen" beschwerte sich Daum über die Aktion des Pfarrervereins, denn es sei eine Zumutung, daß die Pfarrer ihre "Verbundenheit mit dem Pfarrernotbund unterschriftlich kundtun" sollten, zumal man die DC in Bayern unter der Voraussetzung aufgelöst habe, daß "eine kirchenpolitische Gruppierung auch in Richtung Pfarrernotbund unterbleiben" sollte. Und nun versuche man die "ganze bayerische Pfarrerschaft..., wenn auch nur ideell, in den Notbund" einzureihen, der nach Daum reine kirchenpolitische Zwecke verfolge.

Indessen kamen auch schwere Vorwürfe an die Leitung des NSEP aus dem Schieder Kreis. Die Erklärung des NSEP an den LKR sei als "Verrat" bezeichnet, der[50]

> "den Eindruck hervorrufen muß, und auch hervorrufen soll, daß die vielgerühmte und bisher einzig dastehende Geschlossenheit der bayerischen Pfarrerschaft zu Ende ist... Durch diese Sabotage der bayerischen

Geschlossenheit ist nicht nur die Arbeit des Landesbischofs in der Reichskirche, sondern sogar seine Stellung überhaupt aufs ernsteste bedroht."

Die Arbeit des Landesbischofs sei nicht politisch, sondern eine rein kirchliche.

"Sie ist auch keine Arbeit gegen den Reichsbischof als kirchliche Obrigkeit, sondern sie ist ein Ringen um die Reinheit des Bekenntnisses, das den Grund der Kirche und aller kirchlichen Obrigkeit bildet."

Die Verschärfung der Lage machte sich auch in den Pfarrkonferenzen bemerkbar, wo die kleine Minderheit der Pfarrer, die die Treueerklärung für Meiser und den Pfarrernotbund nicht unterzeichnet hatten, zum Teil als "Verräter" bezeichnet wurden.[51]

Die Protesterklärung des Pfarrernotbundes, die vor allem die erneute Inkraftsetzung "bekenntniswidrige(r) Gesetze" (i.e. des Arierparagraphen) beklagte, wurde jedoch auf Wunsch von Meiser, der im Hinblick auf die Verhandlungen in Berlin einer Art "Burgfriede" zugestimmt hatte, in Bayern nicht verlesen.[52] Trotzdem waren viele Gemeindeglieder und Pfarrer in diesen Tagen "bedenklich oder ängstlich gestimmt" da es kaum Nachrichten über die kirchliche Krise in der Öffentlichkeit gab.[53] Es kursierten sogar Gerüchte, daß Meiser in Schutzhaft genommen oder abgesetzt worden sei.[54]

Von einer immer größer werdenden "Ungeduld" schrieb auch Dekan Langenfaß in seinem Gemeindeblatt:[55]

"Man versteht dieses Zögern nirgends mehr und wünscht überall, daß den ernsten Bemühungen der bekenntnistreuen Kirchenführer bald Erfolg beschieden sei. Besonders wächst auch die Empörung darüber, daß immer wieder versucht wird, die bekenntnistreuen kirchlichen Führer, Verbände, Geistlichen und Gemeindeglieder als Reaktionäre oder gar als Staatsfeinde zu diffamieren."

4) Der Empfang der Kirchenführer bei Hitler

Der Verdacht der politischen Unzuverläßigkeit der Bekenntnisfront war schon oft vor dem mit Spannung erwarteten Kanzlerempfang geäußert worden. Besonders scharf formuliert wurde dieser Verdacht in einem Schreiben des Reichsstatthalters Murr in Württemberg, das Hitler beim Empfang am 25. Januar berücksichtigt haben sollte.[56] Nach Murrs Einschätzung waren die Mitglieder des Pfarrernotbundes hauptsächlich "die früheren Anhänger des Christlichen Volksdienstes und sonstige reaktionäre oder linksgerichtete Pfarrer".[57] Der Kampf der Bekenntnisfront, der "unter dem Deckmantel 'rein kirchliche Angelegenheit' geführt" werde, sei nach Murr zugleich ein Kampf "gegen den neuen Staat selbst".

"Unter dem Glorienschein des Einstehens für die kirchlichen Belange, für den evangelischen Glauben usw. wird hier gleichzeitig auch gegen die nationalsozialistische Weltanschauung und gegen den neuen Staat gekämpft. Dies zeigt deutlich das Auflehnen der Evangelischen Landeskirchenleitung gegen die Eingliederung der Evangelischen Jugend in die Hitler-Jugend."

Diese Beurteilung der Bekenntnisfront teilte auch der neue DC-Reichsleiter Christian Kinder. Der am 21. Dezember von Hossenfelder zu seinem Nachfolger bestimmte Reichsleiter war zu dieser Zeit bemüht, die nach der Sportpalastkundgebung stark angeschlagene "Glaubensbewegung Deutsche Christen" zu reorganisieren, was er mit einer Namensänderung in "Reichsbewegung Deutsche Christen" begann.[58] Aber auch unter Kinder blieben die Deutschen Christen weiterhin für die Bekenntnisfront unakzeptabel vor allem wegen Kinders Annahme der "28 Thesen der sächsischen Volkskirche" als Leitsätze der Organisation, denn auch diese Thesen bejahten das Arierprinzip in der Kirche.[59]

Am 23. Januar verfaßte Kinder eine Denkschrift, die scharfe Kritik an der Haltung der Bekenntnisfront übte, deren Haltung zum Reichsbischof Kinder als den "Zusammenstoss einer veralteten bürgerlichen Welt, mit einer echten, neuen, nationalsozialistischen Lebenshaltung" bewertete.[60] Wenn die Opposition Bekenntnisgründe für ihre Ablehnung der Maßnahmen des Reichsbischofs angebe, so sei dies nur "Spiegelfechterei", denn maßgebend seien "vielmehr ganz nüchterne kirchenpolitische und staatspolitische Gründe".[61] Der Vorwurf der Reaktion habe die Opposition ihrem eigenen Verhalten zuzuschreiben. Wenn sie zum Beispiel die Kirchenwahlen vom 23. Juli 1933 als unter Zwang und Terror erfolgt ablehne, müsse sie merken, daß "die Kirchenwahlen ausdrücklich vom Führer angeordnet wurden", und daß "der Führer im Rundfunk seine Stellungnahme persönlich bekanntgegeben" hatte.

"Eine solche Rede des Führers im neuen Deutschland genügt vollkommen, um jeden 'Zwang', jeden 'Terror' und jede 'Parteidisziplin' völlig überflüssig zu machen. Das deutsche Volk folgt seinem Führer nicht aus Zwang, sondern freudig. Wer deshalb die Wahlen vom Juli 1933 angreift, der greift den Führer an und seine Autorität im deutschen Volk."

Bezeichnend für Kinder sei es auch, daß der Gruß "Heil Hitler" sich in den Kreisen der Opposition noch nicht eingebürgert sei, da man "Gewissensbedenken der Menschenvergötterung" habe. In der Jugendfrage weigere sich die Opposition den Grundsatz des Dritten Reiches "Ein Volk, eine Jugend" anzuerkennen, und ähnliches gelte für die Rassenfrage:

"Durch einen Kirchenbegriff, der die Grundsätze der unsichtbaren Kirche des III. Glaubensartikels unberechtigt auf die organisierte Volkskirche überträgt und damit jeden Rassenunterschied bagatellisiert, durchkreuzt man das heiße Mühen des Dritten Reiches um die Rassenpflege und Rassenreinheit. Wieder also ein praktischer Affront gegen den Nat. Soz.!"

Schließlich sei allein die Tatsache der Existenz eines Pfarrernotbundes "eine Herausforderung gegen das Dritte Reich. Mit dem gleichen Recht könnten sich Arbeiternotbünde, Lehrernotbünde, Beamtennotbünde usw. gründen".

Zum Schluß betont Kinder wie entscheidend das Amt und die Persönlichkeit des Reichsbischofs sei:

"Die Tatsache besteht, daß allgemein in der ganzen Weltpresse der Kampf des Pfarrernotbundes gegen den Reichsbischof als die Anti-Hitlerbewegung gewertet wird. Mit dem Sturz des Reichsbischofs würde vor aller Welt deutlich werden, daß die Bewegung unseres Führers die erste große Niederlage und zwar auf dem Gebiet der Kirche hat erfahren müssen. Die Maßnahmen des Reichsbischofs, insbesondere seine letzte Verordnung zur Reinhaltung des Gottesehauses von kirchenpolitischem Streit und seine Maßnahme auf dem Gebiet des Jugendwerkes beweisen den klaren nationalsozialistischen Kurs."

Die Frage ob Kinders an Staatsstellen gerichtete Denkschrift irgendeinen Einfluß auf den Kanzlerempfang am 25. Januar hatte, sei dahingestellt; wichtig ist auf jeden Fall, daß seine Argumentation viele in der Bekenntnisfront in Verlegenheit brachte, denn wenn sie die Anordnungen des Reichsbischofs aus Bekenntnisgründen ablehnten, müßten sie bei ihren Forderungen auf Zurücknahme derselben oder auf Rücktritt des Reichsbischofs festbleiben, sonst wären sie dem Verdacht ausgeliefert, sie trieben nur Machtpolitik in der Kirche. Zudem, wenn Kinders Bild vom Nationalsozialismus tatsächlich stimmen sollte, denn war die Opposition der Bekenntnisfront nicht rein kirchlich, sondern hatte auch eine politische Komponente. Nun hatten viele in der Bekenntnisfront Anfang 1934 ein Bild vom NS-Staat als konservativ-autoritäres System, mit Freiraum für die Kirche - im Sinne von Luthers Zwei-Reiche-Lehre - und lehnten es ab, daß der Nationalsozialismus nicht nur ein totaler Staat sondern auch eine allumfassende Weltanschauung sein sollte. In dem vor allem in den ersten Jahren des NS-Staates noch vielseitigen Erscheinungsbild des NS-Systems, konnte man diese Wunschvorstellung noch aufrechterhalten. Aber letztendlich hatte Kinders Kritik doch ihre Berechtigung, wie die Leute der Bekenntnisfront, zum Teil erst nach Mai 1945, zugaben. Nur wollten wenige im Januar 1934 es wahrhaben, daß die Kritik an den Reichsbischof den neuen Staat irgendwie tangieren könnte, was letzlich eine sehr ungünstige Ausgangslage für den Kanzlerempfang am 25. Januar bildete.

Der Verlauf des Kanzlerempfangs ist schon vielfach detailliert geschildert worden.[62] Die nicht-deutschchristlichen Kirchenführer verlangten in ihrer Denkschrift an Hitler den Rücktritt Müllers,[63] aber in Gegenwart von Hitler wurden sie gleich in die Defensive abgedrängt. Göring las ein von der Gestapo abgehörtes Telefongespräch zwischen Niemöller und Künneth vor, worin Niemöller sagte, daß Hitler von Hindenburg die nötigen Hinweise zur Lösung des Kirchenkonfliktes bekommen würde. Darauf verurteilte Hitler diese "Hintertreppenpolitik" und den Versuch, einen Keil zwischen ihm und den Reichspräsidenten zu treiben.[64] Hitler, der mit seinem eigenen Prestige an Müller gebunden war, und der auch nicht gewillt war, seine Handlungsfreiheit vom Reichspräsidenten oder Reichsinnenminister, die eher für den Rücktritt Müllers waren,[65] einschränken zu lassen, richtete nach der Aussprache einen Appell "angesichts der außenpolitischen Lage des Reiches an das vaterländische Gefühl der Bischöfe" nochmals zu versuchen, mit dem Reichsbischof auszukommen.[66] Um nicht als "Reaktionäre" zu gelten, nahmen die Bischöfe diesen Wunsch Hitlers an. Der einzige Trost für die Bekenntnisfront war, daß Hitler mit keinem Wort, die von Müller, Göring und Rust gehegten Plänen eine Staatskirche einzuführen, Unterstützung verlieh. So gesehen konnte Hitlers Stellungnahme wenigstens als eine Art Kompromißlösung aufgefaßt werden.[67]

Gemäß Hitlers Aufforderung, sich "christlich-brüderlich"[68] zu vertragen, traf sich die Opposition am 27. Januar zusammen mit dem Reichsbischof. Auch Müller gab sich hier versöhnlich und machte einige Zusagen wie: den Bischofsrat stärker heranzuziehen, das Geistliche Ministerium neuzubilden, die Verordnung vom 4. Januar "nur in der weitherzigsten Weise" anzuwenden, und die "Frage des Glaubens und des Bekenntnisses... nicht mit Mitteln der politischen Gewalt (zu) entscheiden".[69] Die darauf vorgelesene Erklärung, die allerdings diese Zusagen nicht enthielt, wurde ohne Widerspruch aber auch ohne klare Zustimmung hingenommen.[70]

Es war auch diese Erklärung, die die gespannte kirchliche Öffentlichkeit als erste Meldung über den Ausgang des Kanzlerempfangs am Montag, den 29.1.1934, zu lesen bekam.[71] Auf der ersten Seiten der "Allgemeinen Rundschau" zum Beispiel stand die Überschrift "Die Kirchenführer hinter dem Reichsbischof", und darunter der Wortlaut der Erklärung, die als "Ergebnis der längeren, in völliger Einmütigkeit verlaufenen Aussprache" mit dem Reichsbischof zustande gekommen sei:[72]

"Unter dem Eindruck der großen Stunde, in der die Kirchenführer der deutschen Evangelischen Kirche mit dem Herrn Reichskanzler versammelt waren, bekräftigen sie einmütig ihre unbedingte Treue zum Dritten Reich und seinem Führer. Sie verurteilen aufs schärfste alle Machenschaften der Kritik an Staat, Volk und Bewegung, die geeignet sind, das Dritte Reich zu gefährden. Insbesondere verurteilen sie es, wenn die ausländische Presse dazu benutzt wird, die Auseinandersetzung in der Kirche fälschlich als Kampf gegen den Staat darzustellen. Die versammelten Kirchenführer stellen sich geschlossen hinter den Reichsbischof und sind gewillt, seine Maßnahmen und Verordnungen in dem von ihm gewünschten Sinne durchzuführen, die kirchenpolitische Opposition gegen sie zu verhindern und mit allen ihnen verfassungsmäßig zustehenden Mitteln die Autorität des Reichsbischofs zu festigen."

Erst im Lauf der nächsten Wochen erfuhr man über die kirchliche Presse die näheren Umstände der "Unterwerfungserklärung", und daß Meiser gleich am nächsten Tag in einem Brief an den Reichsbischof seine Zustimmung zu der

Erklärung dahin qualifiziert hat, daß er nach wie vor die Verordnung vom 4.1.1934 sowohl als rechtsungültig als auch "mit dem Bekenntnis unserer Kirche" nicht vereinbar betrachtete.[73] Die Durchführung weiterer Verordnungen des Reichsbischofs in Bayern hatte Meiser davon abhängig gemacht, "daß dadurch weder der Inhalt des Bekenntnisses angetastet, noch die Freiheit der evangelischen Verkündigung beeinträchtigt" werde.

5) Die Reaktion in Bayern auf dem Ausgang der Berliner Verhandlungen

Zurück nach München gekehrt, war Meiser schon auf die Enttäuschung in "weiten Kreisen" der Landeskirche gefaßt.[74] Die erste Reaktion kam schon am Tag der Veröffentlichung der Unterwerfungserklärung als Helmut Kern in einem Volksmissions-Rundbrief schrieb, daß man in Berlin einen "Versailler Friede geschlossen" habe.[75] Ähnlich reagierte der Pfarrernotbund, der von einer "Kapitulation" und einer "Preisgabe des Evangeliums" sprach.[76]

Am 31. Januar gab Meiser einen Rechenschaftsbericht vor dem Landessynodalausschuß.[77] Er schilderte wie die kirchliche Opposition zu Müller durch Göring in die Abwehr gedrängt wurde, und wie Hitler gedroht hatte, daß "der Staat seine Hände von der Kirche zurückziehen" würde, wenn "der Streit kein Ende nähme". Obwohl Hitler dem Reichsbischof "das erwartete Vertrauensvotum" nicht gab, befürchtete Meiser, daß "Göring und die Partei...durch Müller den ihnen genehmen Kurs in der Kirche zu halten" suchen würden, was zugleich ein "Querschläger" gegen den Reichsinnenminister sei. Zu der verhängnisvollen Erklärung vom 27. Januar sagte Meiser, daß ihm nicht "die Entschlußkraft...gegeben war, das richtige Wort zu finden". Er hätte aber am nächsten Tag den Ministerialdirektor Jäger davor gewarnt, die Notverordnungen zu vollziehen und über die Notbundpfarrer herzufallen. Meiser gab die Niederlage "nach außen hin" offen zu, denn "die politischen Kräfte (sind) in den Raum der Kirche erneut eingedrungen". Sein eigenes Amt stellte er abschließend zur Verfügung, erhielt jedoch einstimmig das Vertrauensvotum des LSA.[78]

Am nächsten Tag, den Meiser später als den härtesten seines Lebens bezeichnete,[79] versammelten sich mehr als 700 Pfarrer in Nürnberg um den Bericht ihres Landesbischofs zu hören. Daß mehr als die Hälfte der Geistlichen der Landeskirche sich kurzfristig zusammen fand, war ein Zeichen wie stark bewegt bzw. erschüttert sie waren von den letzten Ereignissen in der Reichskirche.[80]

Meisers Bericht wurde wegen den "vertraulichen Stücken" nachher nicht veröffentlicht, aber nach den Notizen des anwesenden Vikars Steinbauer zu urteilen, hat Meiser die Ereignisse vom 25. und 27. Januar mit ähnlicher Offenheit wie vor dem LSA geschildert.[81] Es ging Meiser vor allem darum zu erklären, wie die Pressemeldung von der "rückhaltlosen Anerkennung des Reichsbischofs" zustande kam. Da schilderte er den Verlauf des Kanzlerempfangs, einschließlich Hitlers Hinweis, "der Staat sei nicht dazu da, kirchenpolitische Streitigkeiten zu finanzieren". Aus Gehorsam gegen die Obrigkeit, hätten die Landesbischöfe dem Wunsch Hitlers entsprochen, den Versuch zu machen, mit dem Reichsbischof auszukommen. Über die kritischen Aussprache mit dem Reichsbischof berichtete Meiser, wie Müller sich entgegenkommend zeigte. Meiser gab zu, daß hinsichtlich der Erklärung eine "Überrumpelung" stattgefunden hat; in der kurzen Bedenkzeit von zwei Sekunden, und weil alle "zermürbt und abgekämpft" waren, hätten sie die Bedeutung der Erklärung für Kirche und Volk nicht überlegen können. Dabei hätten sie auch "die dringende Bitte des Führers" vor Augen. Hinterher habe Meiser in einem Schreiben an Müller versucht "Klarheit und Wahrheit zwischen ihm und mir" zu schaffen.

Nach diesen Zugeständnissen ging Meiser zur Offensive über. Zu drei Hauptvorwürfen glaubte er sich rechtfertigen zu können. Er habe erstens das Bekenntnis nicht verleugnet, und zweitens die Kirche nicht verraten. Zum dritten Vorwurf, "Haben wir die treuen Pfarrer im Notbund im Stich gelassen", sagte er aber lediglich: "Wir gedenken ihrer in inniger Anteilnahme". "Möchte sich der Herr Reichsbischof dazu verstehen, Amnestie zu üben."[82]

Im letzten Teil seines Berichtes richtete Meiser eine Mahnung an die Pfarrer, bei der Behandlung von weltanschaulichen Fragen klug und taktvoll vorzugehen, damit "keine politisierenden Eindrücke" entstehen.[83] Auf "kirchenpolitischem Gebiet" sollten die Pfarrer ihre Kräfte nämlich nicht verbrauchen, denn "der einzelne Pfarrer hat ja auch nicht den nötigen Überblick, um sich über auswärtige Kirchengebiete und die dort bestehenden Notwendigkeiten ein selbständiges Urteil zu bilden". Zum Schluß bat Meiser die Pfarrer um ihre Untertsützung, mit den Worten: "Werfet euer Vertrauen nicht weg!"[84]

Anschließend versprach Klingler im Namen der Pfarrerschaft,[85]

"daß sie nach dem Willen des Führers unbedingt mitarbeiten werde, in der Kirche zum Frieden zu kommen. Sie werde der Weisung ihres Bischofs getreulich folgen. Sie bitte aber auch dem Herrn Landesbischof, seiner Kirche und seinen Pfarrern die Treue zu halten".

Auch der Redner nach der Mittagspause, Helmut Kern, drückte sein Vertrauen für Meiser aus, und schlug vor, daß die Pfarrer das gleiche vor ihren Gemeinden tun sollten:[86] "Die Gemeinden sollen merken, daß die Pfarrer auch nach einer Niederlage ihren Oberhirten verehren".[87]

Die bisher ohne Aussprache verlaufene Versammlung wurde unterbrochen durch die Wortmeldung des Penzburger Vikars Steinbauer, der sich nicht imstande erklärte, vor seiner Gemeinde, die er über die bekenntniswidrige Haltung des Reichsbischofs aufgeklärt hat, die Neubestätigung Müllers zu vertreten.[88] Zu den drei Hauptvorwürfen, die Meiser erörtert hatte, meinte Steinbauer eine andere Antwort geben zu müssen: man habe das Bekenntnis verleugnet, man habe die Kirche verraten, man habe die Notbundpfarrer im Stich gelassen. Am schlimmsten sei es, daß die Bischöfe ihre Unterstützung für Müller gegeben haben, nachdem Hitler "ernste Folgen" angedroht hatte; dies sei ein "Reagieren auf Erpressung". Anstatt das Versagen des Landesbischofs zu verharmlosen, müsse man ihn bitten, Buße zu tun und seinen "bösen Schritt" wieder zurückzunehmen.

Obwohl Steinbauer das Wort entzogen wurde (und Disziplinarmaßnahmen für ihn folgten),[89] brachte sein Beitrag doch eine lebhafte Diskussion in Gang, die zeigte, daß die Fronten in der Pfarrerschaft noch vorhanden waren.[90] In der Führung des NS-Pfarrerbunds, die "den eingeschlagenen Weg der Bekenntnisfront nicht immer billigen" konnte,[91] begrüßte man den Ausgang der Berliner Verhandlungen. Vor der Versammlung dankte Pfarrer Möbus, Gauführer des NSEP für Oberfranken, für die "geraden, offenen Worte" des Landesbischofs, und fügte hinzu:

"Wir bekennen uns freudig und rückhaltlos zu unserem hochwürdigsten Herrn Landesbischof D. Meiser und werden alle unsere Kräfte einsetzen, daß die uns gezeigte Marschlinie auch in Bayern eingehalten wird."

Weniger erfreut war der NSEP-Führerrat über die Haltung der Pfarrerschaft auf der Versammlung, da sie "in ihrem Großteil den Ernst der Stunde nicht erfaßt" hätte. Dies sei vor allem dadurch zum Ausdruck gekommen, daß man es "immer noch wagt die Notwendigkeit des NSEP zu bestreiten", was nur "von der Rückständigkeit und Kurzsichtigkeit des Beurteilers" zeuge.

Kritik übte auch der NSEP Presseamtleiter, Dr. Däschlein an die von Schieder am Anfang der Versammlung gehaltene biblische Ansprache - was eigentlich mehr eine Bußpredigt war[92] - da in ihr eine "grundsätzlich andere Haltung gegenüber dem kirchlichen Geschehen unserer Tage klar" hervortrete.[93] "Wir können", so fuhr er fort:

"den Pessimismus, diese müde Untergangsstimmung, die heute bei so vielen Amtsbrüdern zu finden ist, nicht teilen. Wir wollen über die Vorgänge in unserer Reichskirche nicht rechten..., weil wir wissen, daß dadurch keine Besserung erzielt wird... Aber davon sind wir fest überzeugt, daß unsere evang. Reichskirche heute in viel stärkerem Maße als Volkskirche im Dritten Reich verankert wäre, wenn die ca. 7000 Pfarrer, anstatt Widerstandszellen zu bilden, freudig mitgearbeitet hätten am Aufbau unserer Reichskirche. Adolf Hitler faßte am 27. Januar die Aussprache der Kirchenführer zusammen in die Worte: 'Ich sehe, daß hier verschiedene Richtungen vorhanden sind und die eine mehr konservativ. Und diese Richtung mag sogar die Mehrheit der Pfarrerschaft und der Priester auf ihrer Seite haben, aber auf der anderen Seite (damit meinte er die nationalsoz. eingestellte) steht das Volk. Um das Volk ringen wir'."

Wie die Aussprache in Nürnberg im Einzelnen verlaufen ist läßt sich nicht rekonstruieren. Aber in den nächsten Tagen meldeten sich mehrere kritische Stimmen, die möglicherweise auch bei der Pfarrervereinsversammlung zu Wort kamen. So schrieb beispielsweise der Kapitelsbeauftragte der Volksmission für Bamberg, Pfarrer Geuder am 8. Februar:[94]

"Ich kann mich aufgrund meines Ordinationsgelübdes nicht hinter die von den Kirchenführern am 27.1. abgegebene Erklärung stellen, weil sie in dieser Form eine bekenntniswidrige Bindung darstellt. Die besten unserer Gemeindeglieder glauben die Erklärung in ihrer gegenwärtigen Fassung einfach nicht."

Aus Hof berichtete der Volksmissions-Kapitelsbeauftragte, daß die Vorgänge in Berlin "in unserer Gemeinde viel Aufregung hervorgerufen" hätten.[95] Man sei bereit, den Frieden in der Reichskirche zu fördern und dem Landesbischof zu folgen, doch müße man bedauerlicherweise feststellen, daß das Vertrauen in Meiser "in manchen, gerade kirchlichen Kreisen nicht größer, sondern geringer geworden ist".

Gerade dies aber wollten die offiziellen Berichte über die Vorgänge in Berlin und Nürnberg, die von Pfarrer Eckstein vom Evangelischen Presseverband für Bayern verfaßt waren, verhindern.[96] In dem Bericht "Friede in der Deutschen Evangelischen Kirche", beschrieb Eckstein die "bewegte und ernste Unterredung" der Kirchenführer in der Reichskanzlei. Ohne das abgehörte Telefongespräch oder Hitlers Drohungen zu erwähnen, hieß es nur:

"...daß der Führer die eindringliche Mahnung an die Kirchenführer richtete, nunmehr in brüderlich-christlichem Geist unter dem Herrn Reichsbischof zusammenzuarbeiten. Es war den Kirchenführern, auch denen, die ernsten Beschwerden und Sorgen über die in der Reichskirche aufgekommenen Zustände haben, eine Selbstverständlichkeit, sich dem ernsten Wort des Führers nicht zu verschließen und der Obrigkeit zu gehorchen."

Berichtet wurde auch von den Zusagen Müllers an die Bekenntnisfront: daß er sich einsetzen werde, um die Substanz der Kirche zu erhalten; daß er eine Staatskirche nicht befürworte; daß, obwohl die Verordnung vom 4.1. noch in Kraft bleibt, der Arierparagraph nicht durchgeführt werde. Mit diesen Zusagen und angesichts "der ernsten Worten" Hitlers kam die Erklärung im Rundfunk und in der Presse zustande. Eckstein gab zu, daß diese Erklärung überraschend sei und bei manchen Sorge erweckt habe, aber andere seien auch innerlich erleichtert gewesen. Der Artikel schließt mit einem optimistischen Ton:

"Wir sind der festen Zuversicht, daß der geschlossene Kirchenfriede gehalten wird. Oder wer wünschte die oft so unerquicklichen kirchlichen Streitigkeiten, die das Gemüt vieler Christen schmerzlich bedrückten, noch einmal zurück?"

Auch Dekan Langenfaß im Münchener Gemeindeblatt versuchte das Positive an den Ereignissen zu sehen.[97] Nach der Erklärung der Kirchenführer sei es nun unmöglich "noch irgendeine politische Verdächtigung auszusprechen, wenn Fragen des Bekenntnisses behandelt werden". Und nachdem der Reichsbischof "ausreichende und bindende Zusicherungen gegeben" habe, werde man mit Frieden in der Kirche rechnen dürfen. Daß Langenfaß durchaus auf den Frieden gehofft hat, zeigt die Tatsache, daß er bis zum 1. April keine Berichte in seinem Blatt über die kirchliche Lage verfasst hatte. Ähnlich zurückhaltend verhielt sich auch das Rothenburger Sonntagsblatt.

Aber die Auseinandersetzungen in der Reichskirche gingen auch nach der Kapitulation vom 27. Januar unvermindert weiter. Während sich die Leitung der NSEP in Bayern versöhnungsbereit zeigte, versuchten die DC im Reich ihren Sieg voll auszunützen. So nahmen sie die Unterwerfungserklärung als Beweis dafür,[98]

"daß die bisherige Gegnerschaft gegen den Reichsbischof in keiner Weise, wie vorgegeben wird, irgendwelchen glaubensmäßigen oder bekenntnismäßigen Bedenken entsprang. Denn niemand wird die für die früher oppositionellen Kirchenführer beleidigende Behauptung aufstellen wollen, sie hätten Glaubens- und Bekenntnisbedenken auf einen Wink des Staates hin zurückgestellt. Es sind politische Ziele als unerreichbar aufgegeben worden."

Schmerzlich war es auch, daß der Reichsbischof seine Machtposition rücksichtslos ausbaute durch die Maßregelung der Opposition - die Presse berichtete Anfang Februar von der Beurlaubung des Leiters des Pfarrernotbundes, Niemöller[99] - und durch eine Reihe von Verordnungen, in der Müller seinen absoluten Führungsanspruch in der preußischen Landeskirche ausweitete.[100]

Wer vor allem die "Junge Kirche" in Bayern las, konnte sich bald von dem verfehlten Weg des Landesbischofs überzeugen. In der Ausgabe vom 20. Februar, wurde viel Information zur kirchlichen Lage zusammengesammelt, darunter eine scharfe Anklage aus dem "Aufwärts":[101]

"Der Herr Reichsbischof hat tatsächlich volle Gewalt... Der Weg der lutherischen Kirchenpolitik...war ein Weg der Illusionen, vom 24. Juni 1933 an, als es in Eisenach die süddeutschen lutherischen Bischöfe mit Bedacht unterließen, den preußischen Kirchen ihre tätige Sympathie zu bezeugen, bis zum 27. Januar 1934, als die Kirchenführer, ohne auf ihren Bedenken und Wünschen zu bestehen, dem Herrn Reichsbischof die volle Macht zugestanden. Wer sich heute noch von solcher Kirchenpolitik etwas verspricht, ist ein Tor."

Ende Februar wurde auch in Bayern Kritik am Kurs des Landesbischofs laut. Der theologische Hilfsreferent im LKR, Christian Stoll, klagte im Vorwort seines zweiten Dokumenthefts zum Kirchenstreit über die unerträgliche Zustände in der Reichskirche.[102] Es sei nun nicht mehr einmal möglich "eine gewissensmäßige Kritik an kirchenregimentlichen Maßnahmen" anzubringen, denn dies sei "kirchenpolitische Opposition", und werde mit wirtschaftlichem Zwang begegnet. Aber wo versucht werde mit kirchenpolitischen Methoden Irrlehrer durchzusetzen, müsse die Antwort darauf eine kirchenpolitische sein. Erfreulich sei es, daß die reformierten Kirchen, mit ihrem "mächtigen Rufer im Streit", Karl Barth, sich gegen den protestantischen "Papalismus" des Reichsbischofs wehrten:

> "Ihre Kirchenzeitung leidet an keiner Knochenerweichung, sondern nennt Schwarz Schwarz und Weiß Weiß, ohne Rücksicht auf menschliche Wünsche. Das Luthertum dagegen hat noch niemand, der es mit solcher Macht, mit solcher unerbittlichen Einseitigkeit zur Sache ruft..."

Von der gleichen Sorge als Stoll bewegt, richtete Kurt Frör am 23. Februar einen Brief an den Landesbischof, in dem er stellvertretend für viele in der bayerischen Pfarrerschaft, vor allem für die Nürnberger Pfarrer um Schieder, sprach:[103]

> "Nach langer und reiflicher Erwägung der gegenwärtigen kirchlichen Situation fühle ich mich durch mein Gewissen gezwungen, Ihnen zu sagen, daß ich mich zu dem Urteil bekennen muß, daß durch die bekannten Vorgänge Ende Januar und ihre Behandlung in der bayerischen Landeskirche eine tiefe Unwahrhaftigkeit in die Haltung der gesamten bayerischen Kirche hineingekommen ist, und daß ich es nicht fertigbringe, an ihr oder ihren eventuellen Konsequenzen aktiv oder passiv teilzunehmen.
> Die Unwahrhaftigkeit, in der wir gegenwärtig stehen, liegt darin, daß unsere Haltung gegenüber dem Reibi, seinen Helfern und seiner Gruppe, noch genau dieselbe ist wie vorher, und daß wir trotzdem - unbeschadet dessen daß die Eingeweihten wissen, daß wir uns nicht geändert haben - vor der Öffentlichkeit und vor unsern Gemeinden den Anschein erwecken, als hätten wir uns unterworfen und hielten eine ehr-liche Zusammenarbeit mit dem Reibi für möglich. Sie kommt am deutlichsten darin zum Ausdruck, daß wir durch diese Haltung unsern Gegnern das Recht geben, unsern bisherigen Kampf als politische Reaktion und seine bekenntnismässige Begründung als verlogene Tarnung hinzustellen, denn, können sie nun mit offenem Hohn hinzufügen, 'niemand wird die für die früher oppositionellen Kirchenführer beleidigende Behauptung aufstellen wollen, sie hätten Glaubens- und Gewissensbedenken auf einen Wink des Staates hin zurückgestellt'! hier wird durch unsere Schuld der Name Christi verlästert."

Frör sah das Verharren der Landeskirche bei ihrer Haltung zum Reichsbischof als Preisgabe des Bekenntnisses und bat Meiser, der Kirche und der Pfarrerschaft wieder "eine klare und ehrliche Bekenntnishaltung" zu geben, "und zwar ohne jede Rücksicht auf unsere äußere Existenz". Er versicherte Meiser,

> "daß viele zu dieser Haltung bereitstehen, und daß viele von uns mit tausend Freuden einer verfolgten und verarmten Kirche, um keinen Preis aber einer im Zwielicht der Verleugnung stehenden Kirche dienen wollen."

Nachdem Müller am 1. März die preußischen Landeskirche in die Reichskirche eingliederte, wodurch er praktisch die Alleinherrschaft in der größten deutschen Landeskirche erlangte, wuchs der Druck auf Meiser, dazu Stellung zu nehmen, denn mit der Eingliederungstaktik des Reichsbischofs waren die Rechte sämtlicher Landeskirchen bedroht. Am 3. März riet Helmut Kern dem Landesbischof, dem Reichskanzler einen offenen Brief zu schreiben und die Gegenseite "des vielfachen Bruches des...geschlossenen Friedens" anzuklagen, denn: "Ein längeres Zusehen und Schweigen wird unsere bekenntnistreue Pfarrerschaft nicht mehr ertragen".[104]

Aber der Druck auf Meiser kam nicht nur von der Pfarrerschaft. Anfang Februar kursierten Gerüchte, der Landesbischof habe nicht mehr das ganze Vertrauen der bayerischen Staatsregierung.[105] Veranlaßt wurden diese Gerüchte durch Äußerungen des Kultusministers Schemms, der im Gespräch mit dem Reichsbischof Ende Januar in Berlin "ein ganz vernichtendes Urteil" über Meiser gehört haben soll.[106] Meiser habe, nach Schemms Bericht in der Ministerratssitzung vom 6. Februar, eine Zustimmungserklärung zu der Politik des Reichsbischof

> "zunächst unterzeichnet, nach zwei Tagen aber die Unterschrift in einem wesentlichen Punkte widerrufen, da er sie mit seinem Gewissen nicht vereinbaren könne. Außerdem habe er an den Reichsbischof die Frage gerichtet, was er zu tun gedenke, wenn dieses System von einem andern abgelöst werde. Meiser sei außerordentlich streng orthodox und insofern eine Parallelerscheinung zum katholischen Klerus."

Schemm war bestimmt auch nicht glücklich über Meisers öffentliche Erklärung für die Bekenntnisschule Mitte Januar, denn Schemms NSLB hat vor allem in Nürnberg den Kampf gegen die Bekenntnisschule aufgenommen.[107] In der gleichen Ministerratssitzung berichtet Siebert, wie er mit Hitler über die Kirchenfrage gesprochen hat:[108]

> "Dieser verurteilte die Uneinigkeit in der evangelischen Kirche; er wolle die Sache aber zunächst nur im Auge behalten und ein aktives Eingreifen mit Rücksicht auf die außenpolitischen Arbeiten zurückstellen."

Demnach, fuhr Siebert fort, "könne auch die Bayerische Staatsregierung den Kampf nicht aufnehmen"; das Klügste sei es, "in der Sache nichts zu tun".

Am 15. Februar waren 3 Mitglieder der Landessynode, Bracker, Lauerer und Klingler bei Schemm, um ihm zu zeigen wie viel Unterstutzung Meiser in der Landeskirche hatte, und um ihn zu bitten, daß von Seiten des Staates nicht in die kirchliche Verhältnisse eingegriffen wird.[109] Schemm willigte ein, mitzuhelfen, die "unerträgliche Spannung zwischen Reichskirchenleitung und Landeskirche" zu beseitigen. Am 21. Februar, ein Tag vor seinem Treffen mit dem Reichsbischof in Berlin, empfing Schemm auch Landesbischof Meiser, um seine Stellung zu Müller zu erfahren.[110] Dabei sagte Meiser, daß die Bischöfe ihr Vertrauen in den Zusagen Müllers vom 27. Januar gesetzt haben, was ihnen "von der einen Seite den Vorwurf des Verrats, von der anderen den Vorwurf der Feigheit eingetragen" hätte. Die Bischöfe seien aber trotzdem bereit, Müller noch zu unterstützen, "falls er Ordnung schaffe und die Verfassung achte". Nur habe es den Anschein, daß Müller seine Zusagen nicht einzuhalten gedenke.

Wenn auch Meiser bei Schemm sehr wenig erreicht hatte, war wenigstens das Empfangenwerden eine gewisse Beruhigung. In Hamburg dagegen, fand zur gleichen Zeit ein Kesseltreiben gegen Meisers Schulfreund Landesbischof Schöffel statt, das zum Rücktritt Schöffels am 1. März führte, als er merkte, daß der Hamburgische Staat, beeinflußt vom Reichsbischof, ihn nicht mehr halten wollte.[111] Der gleiche Versuch des Reichsbischofs, Meiser zu stürzen - von der die Öffentlichkeit Mitte März Kenntnis bekam[112] - scheiterte an der passiven Haltung der bayerischen Staatsregierung und an der loyalen Haltung der bayerischen Pfarrerschaft, einschließlich des NSEP.[113]

6) Der Bruch mit dem Reichsbischof

Entgegen seiner Zusage, die Verordnung vom 4. Januar in "weitherzigem Sinne" anzuwenden, ging der Reichsbischof indessen mit harten Maßregelungen gegen die Mitglieder des Pfarrernotbundes vor. Es wurde sogar von Fällen berichtet, wo oppositionelle Pfarrer in Schutzhaft genommen wurden.[114] Um dieser Gefahr in Bayern vorzubeugen, bat Meiser am 5. Februar in einem Brief an Siebert, in Fällen drohender Verhaftung ihn vorher zu informieren.[115] Am 10. März erhielt Meiser von Siebert die Zusage, daß im Fällen drohender Verhaftung von Geistlichen, dem Landesbischof vorher Gelegenheit zur Stellungnahme gegeben werde, wenn nicht Gefahr im Verzuge gegeben sei.[116]

Zu den nicht eingehaltenen Zusagen Müllers vom 27. Januar zählte die Nichteinberufung des Bischofsrats und die fehlende Konsultation bei der Ernennung des lutherischen Mitglieds zum Geistlichen Kirchenrats.[117] Besonders schwerwiegend aber war die begonnene Eingliederungspolitik, die die in der Verfassung garantierte Selbständigkeit der Landeskirchen in Frage stellte, und das Gespenst einer großen "Nationalkirche mit einheitlichem Bekenntnis und einheitlichem Kultus" wach rief.[118] Deshalb, am 8. März, teilten die Bischöfe Wurm und Meiser dem Reichskanzler mit, daß sie nicht mehr in der Lage waren, mit Müller weiter zu arbeiten.[119] Sie betrachteten ihr Opfer vom Januar als umsonst, da der Reichsbischof keinerlei Freidensbereitschaft gezeigt hatte, und hielten es für richtig, "nachdem die Staatsgewalt durch einen dreimaligen Eingriff in die Selbständigkeit der Kirche (Staatskommissar in Preußen, Kirchenwahlen unter Parteidruck, Verlangen des Kanzlers nach Beibehaltung des Reichsbischofs) die Entwicklung der kirchlichen Dinge maßgeblich beeinflußt hat", daß der Staat auch "einen Zwang auf den Reichsbischof zu verfassungsmäßigem Regieren... ausübt".[120]

Am 13. März empfing Hitler die beiden Bischöfe in der Reichskanzlei. Von dem Ausgang dieser Audienz erfuhr die Öffentlichkeit wenig, nur daß Meiser und Wurm sich von der Erklärung vom 27. Januar distanziert und "die Mitverantwortung für den weiteren Gang der Dinge" abgelehnt hatten,[121] und daß Hitler "nach einem längeren Gespräch" sich bereit erklärt hatte "den ehrlichen Makler zu machen"; dazu hatte er "Vertrauensmänner" bestellt, "mit denen die Verhandlungen fortgeführt wurden".[122] Von Hitlers Wutanfall, als Meiser ihm sagte, man werde "seine allergetreueste Opposition" sein, wenn er auf seinen Standpunkt beharre, vor allem über die Durchsetzung der Zentralgewalt in der Kirche, erfuhr die Öffentlichkeit nichts.[123] Es ist jedoch anzunehmen, daß Meiser Hitler mit anderen Augen zu sehen begann, nachdem er sich von Hitler als Vaterlandsfeind und Volksverräter beschimpfen hat lassen müssen.

Am 17. März erschien im Kirchlichen Amtsblatt eine bedeutsame Kundgebung, unterschrieben vom Landesbischof und LKR, von den Vorsitzenden der Landessynode und des LSA.[124] Ohne ein Wort über die kirchenpolitischen Entwicklungen der letzten Zeit zu verlieren, beschäftigt sich die Kundgebung mit grundsätzlichen Fragen der kirchlichen Auseinandersetzung. Einige Hauptpunkte der Kundgebung waren: 1) die Ablehnung jedes kirchlichen "Partikularismus" und jeder Art kirchlicher "Mainlinie"; 2) das Insistieren auf die in der Kirchenverfassung garantierte Selbständigkeit der Landeskirchen und die "unveränderte Fortdauer ihres Bekenntnisses; 3) der Grundsatz, daß "das Bekenntnis nach lutherischer Lehre der Verfassung unter allen Umständen übergeordnet" ist, und daß daher reichskirchliche Verfassungs- und Gesetzesbestimmungen am Bekenntnis geprüft werden müssen; 4) die Sorge, daß der "Gedanke des Führertums", der "in seinem Bereich auf dem weltlich-politischen Gebiet" voll anerkannt wird, in der Kirche jedoch fehl am Platz sei, und "in einem neuen Papsttums enden" müsse; 5) das Festhalten am Bekenntnis, daß weder ein "Widerstreben gegen die Volksgemeinschaft" noch "Widerstand gegen den Staat" sei. Schließlich legte die Kundgebung dar, wie die Kirche ihr Verlangen nach Freiheit verstanden haben wollte:

"Die Freiheit, die die Kirche fordert, hat nichts zu tun mit den 'Freiheiten', mit denen wir seit der Verkündigung der Menschenrechte in der Aufklärung überschüttet worden sind. Sie ist grundsätzlich etwas anderes als die Freiheit der Wissenschaft und die Freiheit der Kunst: es ist nicht die Freiheit, unsere persönliche Meinungen und Weltanschauungen in Wort und Schrift nach Belieben zu verbreiten, sondern die Freiheit für das kirchliche Amt, das zu sagen, was zu verkünden es durch den Auftrag Gottes gezwungen ist, und wovon die Kirche sich in ihrem Bekenntnis Rechenschaft gibt."

Diese Kundgebung, die den beginnenden Widerstand gegen den Alleinherrschaftsanspruch des Reichsbischofs dokumentiert,[125] wurde auszugswiese in den Kirchenblättern auch den Gemeinden Anfang April mitgeteilt,[126] wie im Münchener Gemeindeblatt, wo Dekan Langenfaß die Losung "Die Zeit des Bekennens ist gekommen", als Überschrift für die Kundgebung aussuchte.[127]

Aber mit der Kundgebung hat Meiser immer noch nicht seinen Kampf gegen Müller eindeutig vor der Pfarrerschaft klargelegt. Das tat er erst nachdem er in Verhandlungen am 22. März mit Hauptmann von Pfeffer und Hermann von Detten von der Abteilung für den Kulturellen Frieden bei der NS-Reichsleitung, die Zusicherung mitbekam, daß Partei und Gestapo sich von dem geistigen Kampf in der Kirche distanzieren und die nötige Pressefreiheit gewährleisten würden.[128]

Endlich am 28. März brach Meiser, in einem Brief an die Geistlichen, sein bisheriges Schweigen.[129] Darin beschrieb er, wie der Reichsbischof, entgegen seinen Zusagen,

"eine Gewalt- und Unterdrückungspolitik ein(setzte), wie sie in der Geschichte unserer Kirche ihresgleichen sucht. Ohne jede Fühlungnahme mit den verantwortlichen Kirchenführern wurde eine Reihe von Gesetzen so umstürzender Art erlassen, daß die Verfassung der Deutschen Evangelischen Kirche damit praktisch als aufgehoben gelten kann."

Erwähnt wurde auch die Aussprache mit Hitler am 13. März, wo Meiser sich von der Erklärung vom 27. Januar losgesagt hat. Von den daran anschließenden Verhandlungen, teilte Meiser den Pfarrern mit, daß die "oberste Führung der NSDAP" keine Absicht habe,

"eine geistige Richtung innerhalb der Kirche mit Gewalt in den Sattel zu heben und die innerkirchlichen Auseinandersetzungen, die sich auf das Wesen der evangelischen Kirche, die Fragen des Glaubens und der rechten Kirchenführung beziehen, zu verhindern."

Gleichzeitig sollten nicht "innerhalb der Kirche politische Widerstandszentren geschaffen werden". Zum Schluß betonte Meiser, daß die kommenden Auseinandersetzungen die "bayerischen Geistlichen und Gemeinden vor die Pflicht des Bekennens stellen werden". Wichtig dabei sei es "immer mehr zu lernen, auf Gott allein (zu) schauen".

Diese öffentliche Lossagung von der Unterstellung unter Müller hat Meiser, im Urteil Hermann Dietzfelbingers, "selber zuerst und am meisten befreit".[130] Sie gab auch gleichzeitig den Auftakt zum Kirchenkampf in Bayern.[131]

7) Das Schicksal der volksmissionarischen Offensive

Mit diesem Schritt waren auch die Kirchengemeinden voll in den innerkirchlichen Kampf - von dem sie in Februar und März abgeschirmt werden sollten - hineingestellt. Aber auch wenn die Gemeinden in diesen Monaten nicht unmittelbar mit den Problemen der Reichskirche befaßt waren, haben sie diese Zeit nicht unbedingt als ruhig erlebt. Vor allem für die Gemeinden, die die Volksmission ernst betreiben, waren die ersten Monate des Jahres 1934 äußerst bewegt, denn der Versuch ein kirchliches Wort zu den Hauptthemen der NS-Weltanschauung zu äußern stieß mehr und mehr auf die Mißbilligung des Staates und der Partei.

Für Januar 1934 berichten einige Gemeinden von Schwierigkeiten, Themen wie den Arierparagraphen oder die Stellung zum Reichsbischof zu behandeln. In einem Fall nahmen die NS-Männer daran Anstoß und blieben weiteren Männerversammlungen fern, sodaß nur die früher links eingestellten Gemeindeglieder sie besuchten, was dann die Nachrede schürte, die Kirche sei ein Hort der Reaktion.[132] Und auch im Januar erklärte der Sonderbeauftragte der SA beim Bezirksamt Fürth jeden, der etwas gegen den Reichsbischof sagte, als "einen Feind der Bewegung, weil er den vom Vertrauen des Reichskanzlers getragenen Reichsbischof angreife"; denn jede Opposition gegen einen von Hitler eingesetzten Führer, etwa Schirach, Rosenberg oder Müller, sei ein "Verbrechen an der Volksgemeinschaft".[133]

Daß die Kirchengemeinden jedoch alles andere als staatsfeindlich sein wollten beweisen die Gedächtnisfeiern zum 30. Januar wie in Weißenburg, wo der Wochengottesdienst vom Mittwoch auf Dienstag vorverlegt wurde.[134] Trotz dem Heß Erlaß vom 12. Januar, der den Parteidienststellen verbot, Sondergottesdienste zu beantragen, nahmen in einige Gemeinden die NS-Gruppierungen geschlossen an den Feiern in der Kirche teil.[135] Die kirchliche Verkündigung an diesem Tag enthielt erwartungsgemäß eine Danksagung für die durch Hitler herbeigeführte Wende.[136]

Eine erhebliche Verunsicherung der Volksmission, die vor allem eine christliche Beeinflussung der NS-Verbände anstrebte, war die Beauftragung Rosenbergs "mit der Überwachung der gesamten geistigen und weltanschaulichen Schulung und Erziehung der Partei und aller gelichgeschalteten Verbände" am 24. Januar durch Hitler.[137] Diese Ernennung wirkte auf die Kirche sehr beunruhigend, denn es war nicht ersichtlich, wie weit sich Rosenbergs Vollmacht erstreckte. Die Apologetische Centrale in Berlin mußte sogar in einem Gutachten feststellen, daß die Beauftragung Rosenbergs keinen maßgegenden Einfluß auf die kirchliche Arbeit haben könnte:[138]

"Alle weltanschaulich wichtigen Fragen einschließlich der Rassenfragen werden in der kirchlichen Schulungsarbeit unter spezifisch evangelischen Gesichtspunkten behandelt. Diese christliche Stellungnahme zur Rassenfrage in der kirchlichen Schulungsarbeit hat an sich mit den Gesichtspunkten des parteiamtlichen Rasseamtes nichts zu tun. Kirchliche Schulung ist in jedem Fall nur eine andere Form der evangelischen Verkündigung und liegt darum jenseits der staatlichen oder parteiamtlichen Anordnungen."

Auch wenn Rosenbergs tatsächliche Bedeutung innerhalb der Partei umstritten ist, gewann er nach dieser Ernennung einen maßgeblichen Einfluß auf die weltanschauliche Schulungsarbeit der Partei, so daß die normale Bevölkerung annehmen mußte, die NS-Weltanschauung sei mit Rosenbergs Ideen praktisch gleichzusetzen.[139] Berichte von Partei-Schulungen im Geiste Rosenbergs, d.h. im Sinne eines deutschen Glaubens, mehrten sich,[140] und die Hoffnung einiger Pfarrer, bei der SA-Schulung mitzumachen war nach dem 24. Januar mehr als fraglich.[141] Rosenberg selbst schob den Letzteren einen Riegel vor, als er in seiner weitverbreiteten Rede vom 22. Februar das Debattieren religiöser Fragen im Braunhemd verbot.[142] Für die in der Volksmission aktiven Pfarrer wurde es bald klar, daß das ungünstige Klima für ihre Arbeit im Zusammenhang "mit der ganzen Entwicklung, die die Partei nach dem Siege Rosenbergs nimmt", zu sehen war.[143]

Als Helmut Kern am 1. Februar vor mehr als 700 Pfarrern in Nürnberg seinen Bericht über die Volksmission erstattete, sprach er die Frage direkt an, ob bei "allen Schwierigkeiten und Mißerfolgen", die Arbeit jetzt aufhören sollte.[144] Dies bezeichnete Kern jedoch als "Feigheit, Ungehorsam, Unglaube", denn die Volksmission habe auch ihre Erfolge zu verzeichnen. Die sehr wichtige Männerschulung, zum Beispiel, sei bei solchen Pfarrern am besten gelungen, "die schon länger den völkischen Fragen innerlich offen standen. Dort wird auch ein kritisches Wort über die Lage angenommen." Kern fuhr fort:

"Die Veröffentlichungen der Volksmission beweisen (trotz mancher kritischer Äußerungen) durch ihre Auflageziffern, daß sie nicht fehl am Platze sind. Der Kampf um das positive Christentum entbrennt auf der ganzen Linie. Die Angst kann uns nie von unserer Arbeit wegtreiben. Die Rosenbergsche Geistigkeit bedeutet für uns einen Anlaß zu ernstester Arbeit. Die Vertreter dieser Religion haben keinen Respekt vor uns wenn wir einfach schweigen. Sie achten nur eine tapfere Evangeliumsverkündigung."

Kurz nach dieser Rede jedoch, sah auch Kern ein, daß die Arbeit der Volksmission nur unter einem anderen Vorzeichen fortzuführen war. In einem Rundschreiben vom 10. Februar an die Kapitelsbeauftragten gab Kern "auf Grund von sehr bitteren Erfahrungen" folgende Anweisung heraus:[145]

"Das Mißtrauen mancher Stellen gegen uns Pfarrer ist aufs Äußerste gewachsen. Sagen wir lieber in dieser Zeit der Erregung manches nicht, was wir gewissensmäßig sagen dürften, aber nicht sagen müssen... Die Zeit des Bewegungskrieges ist augenblicklich vorüber. Wir rollen unser Fähnlein ein und beziehen Schützengrabenstellung."

Diesem Schreiben vorausgegangen war eine Verordnung der Bayerischen Politischen Polizei vom 26. Januar, die Ermittlungen über die Mitglieder des Pfarrernotbundes anordnete.[146] Obwohl es in Bayern keinen Landesverband des Pfarrernotbundes gab, hatten im Januar ca. 1200 bayerischen Pfarrer ihre Solidarität zum Bund erklärt und einige waren als Einzelpersonen auch eingetreten.[147] Obwohl der bayerische Pfarrerverein sich nach dem Kanzlerempfang von dem Notbund distanziert hatte,[148] führte die BPP Anordnung zu einer Überwachung der kirchlichen Veranstaltungen, vor allem der der Volksmission.[149] Und der letzte Satz des Erlasses, der den bisherigen Neutralitätskurs gegenüber der Kirche bestehen ließ, jedoch ein entsprechendes Vorgehen "bei Angriffen gegen Staat und Nationalsozialismus, sowie bei Störungen der öffenlichen Sicherheit" anordnete, öffnete letztlich die Tür zum Verbot der Veranstaltungen, wo der Pfarrer versucht auch "ein kritisches Wort" zu den völkischen Fragen anzubringen.

Noch deutlicher war der Runderlaß Görings zur Behandlung kirchenpolitischer Fragen durch die Geheime Staatspolizei vom 29. Januar.[150] Hier erhielt die Polizei die Anweisung,

"dafür Sorge zu tragen, daß die Grenzen der innerkirchlichen Meinungsstreitigkeiten auf keinen Fall überschritten werden, und daß jedenfalls alle offenen oder versteckten Angriffe auf den Staat und die Grundsätze der nationalsozialistischen Bewegung, namentlich gegen das Führerprinzip, gegen die Rassenlehre, gegen Symbole des nationalsozialistischen Staates verhindert, unterdrückt oder geahndet werden."

Danach entstand eine große Unsicherheit, ob die Behandlung jenes Themas der Volksmission, "Was sagt Deine Kirche zur Judenfrage?", als versteckter Angriff gegen die NS-Rassenlehre gesehen werden könnte. So hat zum Beispiel Anfang Februar das Bezirksamt Dinkelsbühl einen Volksmissionsabend zu diesem Thema in Wassertrüdingen verboten und sogar Gendarmen vor dem Gemeinschafts-Saal aufgestellt.[151] Als Begründung gab das Bezirksamt an, daß "es sich um keine rein kirchliche Veranstaltung handele und bei den gespannten Verhältnissen im Bezirk solche Themen wie die Judenfrage besser nicht verhandelt würden". Auf Grund von Informationen der BPP konnte der LKR dem Dekanat Wassertrüdingen zwar mitteilen, daß Volksmissionsveranstaltungen "im ganzen...nicht genehmigungspflichtig seien, weil es sich um rein kirchliche Versammlungen handelt".[152] Dennoch mahnte die Kirchenleitung:

"Es ist aber festzustellen, daß die Lage sich im Blick auf diese Themen und die Arbeit der Volksmission verschärft hat. Es scheint demnach eine gewisse Vorsicht geboten zu sein, ohne daß wir der uns aufgetragenen Pflicht des Zeugnisses uns entziehen. Es wird vor allem auf die Form der Darbietung bei den jetzt kritischen Fragen ankommen."

Am 6. Februar wurde der Vortrag in Wassertrudingen dann doch gehalten. Der Gendarm, der in bürgerlicher Kleidung den Abend beobachtete, stellte fest, daß der Pfarrer "keinerlei Kritik an den Maßnahmen der Regierung geübt" habe. Im Gegenteil habe er wiederholt den Satz benutzt: "Wie Hitler mit Recht haben will".[153]

In Rohr bei Schwabach wurde aber einen Kirchenvorstands-Schulungsabend über die Judenfrage vom Ortsgruppenleiter am 12. Februar, nach Rücksprache mit seinen Vorgesetzten, verboten.[154] Obwohl der Kreisleiter dann feststellte, daß der Ortsgruppenleiter nicht berechtigt war, den Abend zu verbieten, gab ein Gendarm "im Auftrag des Bezirksamtes" dem Pfarrer in Rohr den "dringenden Rat", von der Besprechung der Judenfrage abzusehen.[155]

Einige Berichte der Volksmissionsbeauftragten bestätigen, daß gerade die Themen, wo die Kirche Stellung zu den völkischen Fragen und zum Alten Testament nahm, lebhaftes Interesse erweckten.[156] Es wurde jedoch auch aus einem Dorf berichtet, daß die Behandlung der Judenfrage für die Bauern keine praktische Bedeutung hätte: "Es war lehrreich zu hören, welches Geheimnis um das Judenvolk webt. Aber lieber wäre ihnen eine Antwort gewesen auf die Frage: Wie bringen wir unser Vieh los?"[157]

Ein klarer Beweis für die Interesse an der Stellungnahme der Kirche zu der Rassenfrage ist das Flugblatt der Volksmission, "Kirche und Rasse", das Anfang Februar in hohen Auflagen gedruckt wurde.[158] Auch Gemeinden die keine große volksmissionarische Aktivität zeigten, wollten das Flugblatt verteilten, wie Weißenburg, wo am 9. Februar 3000 Exemplare bestellt wurden.[159] Aber schon mitten in der Verteilung, in manchen Orten auch vorher, griff die BPP ein mit einer Anweisung, das Flugblatt, gemäß dem Gesetz zum Schutze von Volk und Staat, zu beschlagnahmen.[160] Offensichtlich schockiert, den Staat einen Anstoß gegeben zu haben, schrieb Pfarrer Eckstein vom Evangelischen Preßverband für Bayern an die Pfarrer:[161]

> "Soeben wird uns von der bayerischen politischen Polizei mitgeteilt, daß die Verbreitung des Flugblattes 'Kirche und Rasse' verboten ist. Ich bitte darum alle Kollegen dringend, das Flugblatt unter keinen Umständen und in keiner Weise zu verbreiten, sondern es <u>umgehend</u> bei der nächsten Polizeistation oder Gendarmeriestation abzuliefern. Gründe für das Verbot sind mir nicht mitgeteilt worden."

Bei vielen Pfarrern stieß das Verbot von "Kirche und Rasse" auf Unverständnis, denn es war nicht einsichtig, inwiefern das Flugblatt staatsgefährdend sein soll. In Altdorf, nach dem Verbot, las Pfarrer Haffner bei einer Kirchenvorstandschulung das ganze Flugblatt vor und stellte es danach zur Diskussion.[162] Dabei machten die NS-Mitglieder, nach Haffners Bericht geltend:

"Über solche Fragen seien die meisten viel zu wenig unterrichtet, es lohne sich nicht darüber zu sprechen, die Führer des Reiches würden, wie alle anderen Maßnahmen für das Volksleben, auch diese Fragen lösen und mit der Kirche einwandfrei ordnen."

Pfarrer Haffner dagegen betonte, daß das Flugblatt nichts enthalte, was nicht genau so gut von der Kanzel hätte gesagt werden können. Wenn man so ein Flugblatt verbiete, liege auch ein Verbot der Predigt im Bereich der Möglichkeit. Die Kirche müsse das Recht haben, "ihre Mitglieder auf den Grund des Wortes Gottes zu beraten". Haffner glaubte, daß über das Verbot von "Kirche und Rasse" das letzte Wort noch nicht gesprochen sei.

Das Verbot von "Kirche und Rasse" habe, nach dem Bericht der Ansbacher Regierung, nirgendswo eine Beunruhigung der Bevölkerung hervorgerufen.[163] Es sei aber "bemerkenswert", daß die Pfarrer der Volksmission den Standpunkt vertreten:

"Versammlungen im Rahmen der Volksmission könnten nicht polizeilich verboten werden und Flugblätter, die bei dieser Gelegenheit öffentlich verteilt werden, brauchten nicht vorgelegt zu werden."

Hier lag eine nicht unwichtige Meinungsverschiedenheit über die Frage der Form und der Freiheit evangelischer Verkündigung.[164]

Die Regierung in Ansbach sah das Verbot des Flugblattes darin begründet, daß es auf dem "heiklen Gebiet" der Rassenfrage "zum Streit" aufrufe; durch die Behandlung dieser Frage trete die Gefahr hervor, daß "die Zuhörer in Verwirrung und in innere Konflikte" gebracht werden.[165]

Solche "innere Konflikte" waren aber nur vorstellbar, wenn das Flugblatt eine Position vertrat, die im Widerspruch zur NS-Weltanschauung stand. Dies wollte vor allem der Autor des Flugblattes, Kurt Frör, zu diesem Zeitpunkt nicht wahrhaben, denn an anderer Stelle betonte er, daß die NS-Weltanschauung "politische und sittliche" Grundsätze enthalte, aber "keine im eigentlichen Sinne religiöse Haltung vorschreibt".[166] Darum sei es möglich "auch im Dritten Reich..., Nationalsozialist und zugleich bewußt evangelischer Erzieher zu sein". Was das Flugblatt eindeutig ablehnte, war die Rasse als Religion, wie sie vom Deutschglauben oder der "Dritten Konfession" vertreten wurde, die auch das Alte Testament, Christus und Paulus als jüdisch ablehnten. Für Frör jedoch sei dieser Deutschglaube mit der NS-Weltanschauung, die keine Religion sein wolle, nicht gleichzusetzen.

Es gab aber auch Stimmen die diesen Standpunkt grundsätzlich in Frage stellten, wie der Brief eines Pfarrers in Mittelfranken vom 5. März bestätigt:[167]

"Wenn von unsere Kirche aus, auch nach der Betreuung Rosenbergs mit der weltanschaulichen Schulung der Partei und aller Unterorganisationen, immer noch der falsche Wahn genährt wird, als bestünde zwischen der Kirche Jesus Christus und dem Nationalsozialismus bzw. dem totalen

Staat keine Gegensätze (vgl. Riedel, Volk und Christus, S. 5: 'Weltanschaulich steht unser Drittes Reich auf einem klaren Bekenntnis zu Volk und Gott')(168), so wird sehr bald die Zeit gekommen sein, wo der Staat und die Partei ohne einen einigermaßen ins Gewicht fallenden Widerspruch mit Gewalt eine neu-heidnische Staatsreligion durchsetzen kann."

Auch in einer Buchbesprechung im "Korrespondenzblatt" vom 12. Februar wurden einige bedenklichen Aspekte der NS-Weltanschauung, die der Autor "in milder verständnisvoller Kritik" von biblischen Standpunkt betrachten wollte, aufgelistet:[169]

"Allzugroßes Selbstvertrauen unter Verkennung der menschlichen Sünde, mystische Vergottung von Rasse und Volkstum mit völliger Entwertung des Einzelnen oder mit Leugnung der Einheit des Menschengeschlechtes, Verwechslung der Volksgeschichte und Offenbarungsgeschichte, Verherrlichung des tragischen Kampfes als Selbstzweck ohne Erlösungshoffen, Vermischung von dem Wesen und den Aufgaben des Staates und der Kirche."

Im Grunde trifft diese "milde Kritik" den Kern der Sache. Denn die NS-Weltanschauung, bei all ihren vieldeutigen Erscheinungsformen, hatte wenigstens den Wesenszug, daß die Rasse als oberster Wert aufgestellt wurde. Wie Professor Strathmann schon 1931 in seinem Heft "NS-Weltanschauung?" gleichermaßen für Parteiprogramm, Rosenberg und Hitler feststellte, sei die Rasse "zum Maßstab aller Werte gemacht, nach welchem sich schlechterdings alles zu richten, dem sich alles unterzuordnen hat, von dem aus alles, alles zu gestalten ist."[170] Von dem christlichen Standpunkt aus hat Strathmann dies als "Kreaturvergötterung" bezeichnet. Daher mußte auch konsequenterweise ein Flugblatt wie "Kirche und Rasse" als Angriff auf die NS-Rassenlehre angesehen werden, auch wenn es nicht so direkt gemeint war, denn schon allein die Feststellung, daß die Rasse eine Schöpfung Gottes sei, ist mit dem Prinzip Rasse als oberster Wert nicht zu vereinbaren. Und auch andere Aussagen des Flugblattes konnten leicht als Angriff auf die NS-Rassenlehre verstanden werden wie: "Der Kampf gegen eine fremde Rasse darf nicht dazu führen, daß das Bild Gottes in ihr geleugnet und beschmutzt wird;" oder folgender Satz, der ziemlich unmißverständlich gegen den fanatischen Antisemitismus etwa des "Stürmers" gerichtet war: "Ein Rassenkampf, der die Ausrottung eines moralisch und religiös verpesteten Halbtieres betreibt, hat mit evangelischen Christentum nichts mehr gemein."

Während das kritische Wort der Kirche zur Rassenfrage langsam zum Schweigen gebracht wurde, setzte die Partei, vor allem in Mittelfranken, ihre Kampagne gegen die Juden fort. Einer der, neben Streicher, jede Gelegenheit wahrnahm um diese Hetze zu treiben war der seit dem 1. Januar stellvertretender Gauleiter Karl Holz. Bei einer DAF Versammlung in Neuendettelsau am 27. Januar brachte er dabei den vom Kanzlerempfang in Berlin zurückgekehrten Rektor Lauerer in erhebliche Schwierigkeiten. Lauerer, der Holz vorher angeblich nicht kannte, beschrieb dessen am Hauptredner angeschlossenen Beitrag folgendermaßen:[171]

> "Was er sagte und vor allem wie er es sagte, das war allerdings furchtbar. Zwar mit seiner politischen Haltung und mit seiner Einstellung auf dem Nationalsozialismus war ich durchaus einverstanden; aber im Anschluss an die Judenfrage sagte er Dinge, die vom Standpunkt des evangelischen Christentums aus der schärfstens Zurückweisung bedurft hätten."

Aber während der Versammlung traute sich Lauerer, wegen der Gefahr verhöhnt zu werden, nichts zu sagen, und auch nachher, als er Holz die Hand gab, brachte er kein Wort der Kritik heraus. Diese Geste, die als Zustimmung mißverstanden wurde, sprach sich schnell herum, und es wurde angedeutet, daß Lauerer deswegen als Landessynodale und LSA-Mitglied zurücktreten sollte.

Im Februar rollte durch viele Orte Mittelfrankens eine sogenannte "Propagandawelle zur Bekämpfung des Judentums".[172] Ende Februar berichtete der Dekan in Markt Erlbach, daß die "NS-Aufklärungsvorträge über die Judenfrage" auch in seiner Gegend von vier Lehrern gehalten werden sollten:[173]

> "65 Vorträge selbst in den kleinen Gemeinden. Wie ich höre, soll diese Aktion ein Geburtstagsgeschenk an den Frankenführer sein (Streicher wurde 49 am 12. Februar, d.Verf.) und die Aufgabe haben, das deutsche Gewissen gegen den wieder freundschaftlich werdenden Verkehr mit den Juden mobil zu machen."

Nach Rücksprache mit anderen Kollegen erfuhr der Dekan, daß die Vorträge sich inhaltlich an der Nürnberger NS-Versammlung von Pfarrer Münchmeyer von Mitte Februar hielten. Nach Begrüßungsworten von Holz, hatte Münchmeyer dort die Frage: "Sind die Juden das auserwählte Volk?" verneint, kritische Bemerkungen über das Alte Testament gemacht, und die Geistlichen dazu aufgefordert, in ihren Schulungsabenden, Luther und seine antisemitischen Schriften heranzuziehen.[174] Der Dekan plante deshalb, falls Angriffe auf das Alte Testament bei der Versammlung in Markt Erlbach gemacht werden sollten, eine Erklärung der Kirche vorzulesen.[175] Er wollte jedoch vorsichtshalber zuerst die Einschätzung Helmut Kerns dazu erfragen, denn er war der Meinung, "daß der Führer verboten hat, daß Nationalsozialisten in Uniform und offiziell in öffentlichen Auseinandersetzungen über religiösen Fragen einlassen", und war unsicher ob dies auch für die "Aufklärungsvorträge über die Judenfrage" galt.[176]

Ein Bericht aus dem Dekanat Hersbruck bestätigt, daß das Wort der Kirche zu dieser Frage tatsächlich unterbunden wurde; in Parteiversammlungen, die die "germanische Religion" propagierten, habe die Gauleitung jede Diskussion verboten.[177]

Bei kommenden Volksmissionswochen wurde die brisanten Themen nunmehr gestrichen.[178] Wie man dennoch auf vorsichtige Weise die kritischen Fragen anzusprechen versuchte, machte Meiser beim Abschluß der Volksmissionwoche in Hof vor:[179]

"Wir erleben in diesen Tagen so viel von Blut und Boden und Geschichte. Und es ist wahr, was unser Volk so lange vergessen hat, welche Quellen der Kraft in ihm gegeben sind in dem Boden, aus dem es stammt, und in dem Blut, das in unseren Adern kreist, und in der Geschichte, aus der es herkommt. Zurück zu den Quellen, das ist der Ruf unserer Tage, zurück zu den Quellen des Volkstums! Aber meine Lieben: Vergessen wir doch nicht, daß es nicht nur Quellen gibt, die in den kühlen Waldesgründen rauschen und aus den geheimnisvollen Tiefen der Erde emporsteigen, sondern daß es auch Quellen gibt, die droben auf der Höhe entspringen..."

Der spätestens im Februar endgültig gescheiterte Versuch, die NS-Verbände durch ein direktes Ansprechen von weltanschaulichen Fragen christlich zu beeinflußen, war wohl eine herbe Enttäuschung für viele in der Volksmission engagierten Pfarrer. Dazu kam noch der Scheinfriede in der Reichskirche, der besonders deprimierend für diejenige Pfarrer war, die ihre Gemeinden über den falschen Weg der Deutschen Christen und des Reichsbischofs aufgeklärt hatten. In einem Fall wurde ein Pfarrer, der vor dem 27. Januar regelmäßig in seiner Bibelstunde ein Wort zur kirchlichen Lage gesagt hatte, sogar beim SA-Sonderbeauftragten angezeigt und von ihm verhört.[180] Nachdem der SA-Führer den Pfarrer einen "Konfessionsfanatiker" nannte, und auch die Juden hinter den Auseinandersetzungen um "kleinliche Dogmenstreitigkeiten" vermutete, zog der Pfarrer in seinem Bericht an den LKR diese Schlußfolgerung:

"Ich gebe mich keiner Täuschung hin, nachdem was mir der Kommissar gesagt hat, daß meine Meinung, daß der Weg der Kirche in die Verfolgung und ins Martyrium geht, schneller sich bewahrheitet als ich gedacht habe."

Ein anderer Bericht beschreibt, wie ein "gewisser Fatalismus" und eine "müde Resignation" angesichts der unübersichtlichen kirchlichen Verhältnisse die Gemüter ergriffen hätte.[181] Anderswo hieß es, daß die Gemeinden sowohl durch die "gänzliche Unterdrückung von Nachrichten kirchlicher Art in den Tageszeitungen", als auch durch die Nachrichten von Amtsenthebungen norddeutscher Pfarrer beunruhigt seien.[182] Dieser Bericht empfand auch die "sehr abfälligen Äußerungen" von Goebbels am 2. März über die Kirchen, "die nicht vom christlichen Geist beseelt sein können, weil sie sich das Winterhilfswerk aus der Hand nehmen ließen,... als höchst ungerecht", denn die Gemeinden hatten auch unter Zurückstellung mancher kirchlichen Sammlungen das WHW voll unterstützt und erst einige Wochen vorher hatte der bayerische Pfarrerverein dem Kultusminister 10.000 RM für das WHW überreicht.[183]

Die Erfahrung dieser Zeit hatte auch ihre Auswirkungen auf die kirchliche Verkündigung. In einem Volksmissionsbericht für Februar steht es:[184]

"Mit Recht wird von erfahrener Seite darauf hingewiesen, daß wir Pfarrer in dieser Notzeit mehr denn je uns auf unser eigentliches bescheidenes und doch so grosses Amt besinnen und es verwalten müssen: Verkündiger des Evangeliums an der Stätte zu sein, wohin wir gestellt sind."

Zu dieser Erkenntnis halfen besonders die Ratschläge Schieders, der betonte, daß das Bekenntnis erlitten werden müsse; dem "natürlichen Menschen" werde das Wort der Kirche von der Erbsünde, vom Schöpfer und Geschöpf nicht genügen.[185] Dadurch entstehe

"eine Isolierung der zum Bekenntnis haltender Kirchen. In irgendeiner Form wird ihr immer wieder vorgeworfen, daß sie das 'odium generis humani' habe. Das ist bittere Not für die Kirche. Aber eine Not, die um der Sache willen erlitten werden muß."

Zum Teil unter Schieders Einfluß haben manche Pfarrer, die in ihrer Begeisterung über die Ereignisse des Jahres 1933 politisch-schwärmerisch gepredigt haben, eine Umkehrung in ihrer Verkündigung vollzogen.

Ein sehr bekannter Pfarrer, der die Wandlung von begeistertem Verfechter der NS-Idee zum Warner gegen die völkische Gefahr vollzogen hatte, war der theologische Hifsreferent im LKR Eduard Putz. Am 12. März sprach er in Weißenburg vor dem Evangelischen Bund über "Neue Religionsstifter" und kritisierte die Weltanschauung von Rosenberg und die "Deutsche Glaubensbewegung" Jakob Hauers.[186] Putz stellte dabei fest: "Es gibt keine Rasse, der das Christentum artgemäß wäre". Für seine Bemerkungen, erntete er die Kritik des "Kampfbundes für deutsche Kultur", der ihm vorwarf, "keine Liebe zu dem Volkstum unserer Vorfahren" zu haben; Putz versteife sich auf einige dogmatische Lehrsätze wie, "Gott spricht nur in der Bibel zu uns", und lasse außer Acht, daß "der echte Nationalsozialist" längst die neue Sprache vernimmt, "in der die Gottheit mindestens bereits zum deutschen Volk in unseren Tagen geredet hat".[187]

Anschließend an seiner Weißenburger Rede war Putz ein begeisterter Zeuge in Westfalen, als am 16. März, in Widerstand zu der Machtpolitk des Reichsbischofs, die westfälische Bekenntnissynode gebildet wurde.[188]

8) Die Kirche und die antijüdische Kampagne in Franken

Die antisemitische Propagandawelle von Februar und März machte sich auch in Weißenburg bemerkbar. Die Zeitungen brachten regelmäßig Sprüche wie: "Wer bei Juden kauft, ist ein Volksverräter", oder ein paar Mal sogar, wohl provokativ, direkt über den Kirchenanzeiger plaziert, "Die Juden sind unser Unglück".[189] Am 22. März sah sich die Weißenburger Kreisleitung gezwungen, gegen die Kreise vorzugehen, die die Juden in Schutz nahmen, mit folgender Drohung in den Zeitungen:[190]

"Kein Deutscher, der nicht in den Verdacht kommen will, als Judenknecht für immer gebrandmarkt zu werden, wage es, sich irgendwie mit einem Juden in geschäftliche oder gar gesellschaftliche Beziehungen einzulassen."

Solche Sprüche waren im Mittelfranken weitverbreitet, vorangetrieben von der Gauleitung und insbesondere vom "Stürmer". Unter den Kreisen, die die Juden in Schutz nahmen, sah der "Stürmer" den Klerus beider Konfessionen, wie ein Titelbild kurz vor Ostern demonstriert, wo Jesus zu einem Pfarrer und einem Priester sagt: "Vor zweitausend Jahren habe ich die Juden als Teufelsvolk verflucht und Ihr macht ein Gottesvolk aus ihnen".[191] Gegen Pfarrer die in irgendeiner Weise versucht hatten, die antisemitische Hetze zu kritisieren oder zu bremsen, ging der "Stürmer" mit seinen bekannten Diffamierungen vor.

Im März wurde der 68jährige Pfarrer Ernst Bezzel in Wald bei Gunzenhausen Opfer einer solchen Attacke. In einem "Stürmer-Brief" wurde Pfarrer Bezzel vorgeworfen: er "kritisiert und nörgelt bei jeder Gelegenheit an den heutigen Verhältnissen herum"; er habe in einer Bibelstunde gesagt "er kaufe ein wo er wolle..., auch wenn es ein Jude sei; er predige, "daß nach dem Emporsteigen und der Machtergreifung oft schnell wieder der Fall und das Ende komme"; und im Gottesdienst nenne er "den Führer des deutschen Volkes in das Fürbittgebet" nicht.[192] Darum müsse man dem Pfarrer "das Konkordat unter die Nase halten", das dem Geistlichen verbietet in der Kirche Politik zu treiben.

Anders als beim Fall Müller/Mitschke Ende 1933, wo der Pfarrerverein eine Erklärung abgab und versprach, "alle Angriffe...auf die Ehre des Pfarrerstandes nachdrücklichst abzuwehren und brüderlich für einen Kollegen einzutreten, welcher wegen gewissenhafter Ausrichtung seines Dienstes an der ihm anvertrauten Gemeinde" verfolgt würde,[193] unternahm niemand eine öffentliche Verteidigung Bezzels. Es blieb Pfarrer Bezzel selbst überlassen in einem Beschwerdebrief an Siebert, die völlige Haltlosigkeit des Angriffs klarzustellen.[194] Bezzel betonte, daß er die Juden schon lange "als Gegner unserer deutschen Rasse" ansehe und daß er nie in seinem Leben bei Juden gekauft habe. Die anderen Behauptungen berührten auf einem Mißvertändnis seiner Predigten, sowie der Bräuche der evangelischen Kirche, wo es nicht üblich sei, den Namen der Obrigkeit im Gebet zu benennen. Schließlich habe das Konkordat für ihn als evangelische Pfarrer ohnehin keine Anwendung.

Aus Bezzels Bitte an Siebert, den "Stürmer" zu einer Entschuldigung zu bewegen, wurde nichts. Vielmehr wurde die Kampagne gegen Bezzel, vor allem vom SA-Sonderbeauftragen Karl Bär in Gunzenhausen fortgesetzt. In einem

Brief an seinen Vorgesetzten in Ansbach, sprach Bär für die "tunlichst umgehende Entfernung des Pfarrer Bezzel" aus:[195]

"Es ist schlechthin unmöglich einen Geistlichen wie Pfarrer Bezzel in einer nationalsozialistischen Gemeinde zu belassen, die seine seitherige Einstellung kennt und folglich politisch mit Entschiedenheit gegen ihn steht. Von einer ersprießlichen seelsorgerischen Tätigkeit kann da keine Rede mehr sein und darüber hinaus bildet ein solcher Geistlicher eine eminent politische Gefahr für eine ländliche Gemeinde."

Ob der "grosste Teil" der Gemeinde tatsächlich gegen Bezzel stand, wie Bär es behauptet, ist sehr zweifelhaft. Bezzel, im Wald geboren, diente der Gemeinde seit dem Jahre 1897. Im Jahre 1933 begrüßte er die "nationale Erneuerung", und diente dem Stahlhelm "mit regelmäßigen wöchentlichen Vorträgen aus den verschiedensten Lebensgebieten".[196] Als Grund des Konfliktes kann man vermuten, daß die jungen, Gunzenhausener Nazis, sich von einer älteren, deutschnational-eingestellten Autoritätsperson überhaupt keine Kritik gefallen lassen wollten.[197]

Der Fall Bezzel ging über den SA-Obergruppenführer Fuchs an das Kultusministerium und weiter an das Staatsministerium des Innern, das Bezzel "nachdrücklichst" verwarnte.[198] Kurz danach ist Bezzel, dem der Visitationsbericht vom April 1933 "beste Gesundheit und Leistungsfähigkeit" bescheinigt hatte,[199] in den Ruhestand nach Neuendettelsau gegangen, wo er aktives Mitglied der Pfarrerbruderschaft wurde.

Ernst Bezzel war nicht der einzige Pfarrer, der die Mißgunst der von Karl Bär geleiteten SA erweckte. Am 6. Februar zogen 200 SA-Leute vor das Pfarrhaus in Haundorf (Dekanat Gunzenhausen) mit dem Spruch: "Der Pfaff muß raus, der Pfaff muß raus, Volksverräter, Dickbauch, Judenfreund". Der seit 1929 in Haundorf amtierende Kriegsveteran und Freikorpskämpfer Karl Behringer wurde nach Gunzenhausen gebracht und in der Nacht wieder freigelassen.[200] An dieser Aktion nahm Bärs Neffe, Obersturmführer des Sturms 30/13, Kurt Bär, der das Gunzenhausener Pogrom vom 25. März 1934 anführte, teil.[201]

Die berüchtigten Gunzenhausener Ausschreitungen müssen im Zusammenhang mit der antijüdischen Hetze in Franken verstanden werden. So war es zum Beispiel im März 1934 für Partei- SA- und Gemeinderatsmitglieder in Mittelfranken Pflicht, eine Erklärung zu unterzeichnen, daß sie geschäftliche und gesellschaftliche Kontakte zu Juden strikt ablehnten.[202] Ein Verstoß gegen diese Verpflichtung löste die Ausschreitungen in Gunzenhausen aus, als Kurt Bär einen Dorfbürgermeister in einer jüdischen Gastwirtschaft entdeckte und ihn aufforderte das Lokal zu verlassen. Als Bär zurückgewiesen wurde, verhaftete er die Wirtsleute. Danach beklagte er sich in typischen "Stürmer"-

parolen vor einer aufgebrachten Menge, "daß es heute noch möglich ist, daß ein Christ bei einem Juden sein Bier trinkt, nachdem die Juden unsere Todfeinde sind und unsern Herrgott ans Kreuz genagelt haben".[203] Nachdem Bär erzählt hat, wie er in der Wirtschaft angespuckt wurde, zogen mehrere hundert aufgeregten Leute durch die Stadt zu den Häusern der jüdischen Einwohner: davon wurden 35 in "Schutzhaft" genommen und von Bär "in geradezu sadistischer Weise" mißhandelt;[204] zwei Juden verübten, wie ein Gericht später feststellte, "aus Verzweiflung und Angst", Selbstmord.[205]

Die Frage wie die Kirche auf diesen in Mittelfranken beispiellosen Vorfall[206] reagierte, muß gestellt werden, vor allem weil Gunzenhausen für eine Kleinstadt (ca. 5000 Einwohner) eine relativ hohe Kirchlichkeit aufwies.[207]

Zunächst muß festgestellt werden, daß die Kirche auch ihren Teil zur antisemitischen Stimmung in der Stadt beigetragen hatte. Im Rahmen einer volksmissionarischen Jugendwoche des Dekanats Gunzenhausen hielt Pfarrer Ott-Sammenheim einen Vortrag über Christentum und Rassenfrage, der durch die Veröffentlichung im "Kirchenboten vom Altmühltal und Hahnenkamm" eine weite Verbreitung fand.[208] Darin stellte Ott fest, daß die Kirche im 19. Jahrhundert vergeblich Widerstand gegen die gesetzliche Regelung der Eheschließung zwischen Juden und Christen geleistet hatte, und daß diese Haltung noch gültig sie, denn:

"Aufgabe und seelsorgerliche Pflicht ist es... und war es immer schon, diejenigen zu warnen, die eine Rassenmischung eingehen wollten. Aufgabe der Kirche ist es auch in der Predigt auf das Widergöttliche der Rassenmischung hinzuweisen. Reinhaltung der Rasse ist für Christen Pflicht; denn die Rasse ist etwas gottgewolltes."

Von der "Lösung der Judenfrage", glaubte Ott, "hängt Deutschlands Schicksal ab. Das ist nicht nur ein Schlagwort des Tages, das ist unerbittliche Wirklichkeit". Aufgezählt wird dann wie das deutsche Kulturleben durch jüdischen Einfluß überfremdet wurde; vor allem die Presse, die "zum größten Teil in jüdischen Händen" liege, habe die deutsche Moral verdorben, den deutschen Glauben bekämpft und beschmutzt. Wegen dieser "Tatsachen" sei für Ott der Kampf gegen das Judentum gerechtfertigt:

"Es ist Notwehr, die wir üben; es wäre ein Verbrechen gegen unser eigenes Volk, wenn wir die Dinge einfach so weitergehen ließen. Gegen diesen Kampf und seine Berechtigung ist auch vom Christentum her nichts einzuwenden."

Waren diese Ausführungen nicht gerade dazu geeignet ein friedliches Zusammenleben mit den etwa 200 jüdischen Bürgern in Gunzenhausen zu ermöglichen, machte Ott doch einige einschränkende Bemerkungen; er betonte, daß der Kampf "mit absoluter Wahrhaftigkeit" geführt werden müsse:

"Nur wer selber frei ist von jüdischem Geist, jüdischer Profitgier und jüdischer Gehässigkeit darf also diesen von der Not uns aufgezwungenen

> Kampf führen; denn wir wollen ihn führen in aller Gerechtigkeit, Wahrhaftigkeit und Reinheit. Und das sei die Art unseres Kampfes: Nicht Verhetzung, sondern von der Wahrhaftigkeit getragene Aufklärung, nicht gewaltsame Verfolgung - wir können keine jüdischen Märtyrer brauchen - sondern systematische Ersetzung aller jüdischen Persönlichkeiten und allen jüdischen Denkens durch bewußt deutsches Wesen. Dann wird dieser Kampf auch das gewünschte Ziel erreichen, die Rettung des deutschen Volkes und Geistes von der Verjudung".

Daraus kann man entnehmen, daß Ott die von Kurt Bär und seine SA-Kameraden geführte Terroraktion gegen die Juden keineswegs billigen konnte.

Ein klares Indiz, daß weite Kreise der Gunzenhausener Bevölkerung die Ausschreitungen ablehnten war die Schnelligkeit, mit der die Partei und auch Streicher sich von dem Rädelsführer Kurt Bär distanzierten. Drei Tage nach der Tat wurde Bär vom Kreisgericht Gunzenhausen aus der Partei ausgeschlossen, ein Urteil, das das Gaugericht am 5. April bestätigt.[209] Auch Bärs Einspruch, begleitet mit der Bitte, seine Angelegenheit dem Frankenführer vorzulegen, an dessen "antisemitische Mission" Bär "bedingungslos" glaubte, wurde von Streicher persönlich abgelehnt.[210] Schon vor Beginn der Hauptverhandlung gegen Bär und 24 SA-Männer[211] distanzierte sich Streicher öffentlich, wenn auch nicht direkt, von Bärs Aktion, als er warnte:[212]

> "Die Judenfrage wird nicht dadurch gelöst, daß man Gesetzlosigkeiten begeht. Ich warne jeden, etwas zu unternehmen, was er nicht billigen kann. Wenn ich nicht gewesen wäre, dann wäre vielleicht ein Pogrom über Franken gegangen. Ich habe niemals einen Befehl gegeben, der nicht zu verantworten wäre..."

Diese Äußerung läßt vermuten, daß Streicher, auf seine Popularität bedacht, sich von dem Gerede distanzieren wollte, als habe er die Aktion befohlen.[213]

Die interessierte Öffentlichkeit erfuhr wegen einer Nachrichtensperre sehr wenig von der Verhandlung im Juni gegen Bär und seine Genossen.[214] Nur das Ergebnis - Haftstrafen von 3 bis 10 Monaten gegen 19 der Angeklagten, und Feststellung der zwei Todesfälle als Selbstmord - wurde in einem knappen DNB-Nürnberg Bericht zur Veröffentlichung freigegeben.[215] Als jedoch am 15. Juli Kurt Bär auf die zwei jüdischen Wirtsleute geschossen hat, wobei einer ums Leben kam, fühlte sich die "Fränkische Tageszeitung" gezwungen, sich unmißverständlich von der Tat zu distanzieren: "Kurt Bär ist als Trunkenbold und mißratener Sohn bekannt... Seiner unglücklichen Veranlagung wegen, war er schon vor längerer Zeit aus der NSDAP ausgeschlossen worden".[216] Nachdem Bär am 1.10.1934 zur lebenslänglichen Zuchthausstrafe verurteilt wurde, betonte Streicher vor 4000 Zuhörern auf der Hensoltshöhe in Gunzenhausen, daß er niemals dazu aufgefordert habe, Juden zu erschießen.[217]

Diese Äußerungen lassen den Schluß zu, daß die Partei durch die Bär-Affäre unter Druck geraten war. Denn viele haben der Meinung von Bärs Verlobte zugestimmt: "Sein größter Fehler war der, daß er den Judenhaß, der immer und immer in Wort und Schrift (Stürmer) den Leuten gepredigt wurde, zu sehr in sich aufnahm. Er hat die Judenfrage nicht richtig erfaßt".[218]

Von der Reaktion der Kirche ist belegt, daß ein in Gunzenhausen verweilender Pfarrer nach den Ausschreitungen zum Bezirksamt ging, und verlangte, daß den Juden das Gastrecht eingeräumt werden soll.[219]

Sehr wahrscheinlich hatte Meiser das Gunzenhauser Pogrom vor Augen, als er am 29. März das Konzept eines Briefes an Siebert verfaßte, in dem er Stellung bezog zu der antijüdischen Erklärung der Kreisleitung Ansbach-Feuchtwangen, die "in weiten Kreisen ungeheure Erregung hervorgerufen hat":[220]

> "Wir wollen darauf verzichten des näheren auszuführen, in welch krasser Weise die Aufforderung zu der gesellschaftlichen und wirtschaftlichen Schädigung der Juden den Gesetzen christlichen Handelns zuwiderläuft; wir halten uns aber für verpflichtet, darauf hinzuweisen, daß das in der Aufforderung enthaltene Ansinnen gerade die besten Teile der Bevölkerung, die sich aus voller Überzeugung dem Nationalsozialismus und dem Dritten Reich erschlossen haben, in einen unerträglichen Gewissenskonflikt bringt und damit wohl vielfach in eine ablehnende Haltung gegenüber dem heutigen Staat. Wir bitten mit allem Ernst, dahin zu wirken, daß die Verbreitung der Aufforderung unverzüglich eingestellt wird, damit nicht unabsehbarer Schaden erwachse."

Wenn dieser Brief tatsächlich beim Konzept geblieben ist und Siebert nicht erreichte, wäre das ein Zeichen für den schweren Gewissenskonflikt in dem sich Meiser zu dieser Zeit befand.

9) Die Opposition zum Reichsbischof weitet sich in Bayern aus

Auf kirchenpolitischen Gebiet jedoch, war die bayerische Kirchenleitung Ende März aktiv dabei, die Pfarrerschaft und die Gemeinden von der Notwendigkeit des Kampfes gegen die Maßnahmen des Reichsbischofs zu überzeugen. Begonnen hat die Aufklärungskampagne mit einem Bericht des LKR über die kirchliche Lage in Westfalen, der an die Kirchenblätter weitergeleitet wurde, womit ein fast zwei-monatiges Schweigen in der Öffentlichkeit zur Kirchenpolitik gebrochen wurde.[221] Aus erster Hand hatte der LKR sich über die Ereignisse informieren können durch Pfarrer Putz, dessen Bericht, "Flammenzeichen in Rheinland-Westfalen", Ende März im "Korrespondenzblatt" erschien.[222] Für Putz, der im Sommer 1933 die norddeutsche Opposition zu Müller als Auflehnung gegen den totalen Staat verdächtigt hatte, waren die Tage in Westfalen äußerst lehrreich. Die westfälische Provinzialsynode, mit DC Minderheit, sollte sich auflösen und nach Maßgabe des Kirchengesetzes vom 2. März neubilden. Als die Mehrheit sich jedoch weigerte, erschienen zwei

Gestapo Beamte und erzwangen die Auflösung, was "ein großes Triumphgeschrei" von den Deutschen Christen hervorbrachte. Dazu kommentierte Putz:

> "Ich habe selten in meinem Leben ein so unwürdiges Schauspiel erlebt... Es wurde in diesem Vorgang nicht nur mir, sondern noch verschiedenen anderen Zuschauern blitzartig mit aller Deutlichkeit klar, auf welche geistliche Art und Weise die Deutschen Christen Kirche bauen wollen, daß es sich in Wirklichkeit nur um die Aufrichtung einer fremdkirchlichen Alleinherrschaft handeln könne."

Daraufhin wurde die freie westfälischen Bekenntnissynode gegründet und von den Gemeinden zwei Tage später, ohne öffentliche Bekanntmachung, in der überfüllten Westfalenhalle in Dortmund eindrucksvoll bestätigt. Von dieser Versammlung war Putz besonders vom vollkommenen "Mangel an Demagogie und Schlagworten" beeidruckt; hier sei vielmehr kirchlich geredet worden:

> "Hier weiß der Kirchenvorsteher und weiß die Gemeinde um den Unterschied zwischen Offenbarung allein aus der Bibel und Gottes Wort und der Offenbarung aus Blut und Geschichte. Hier weiß die Gemeinde von der grundsätzlichen Eigenständigkeit der Kirche allein im Glauben und nicht im Volkstum, und hier weiß die Gemeinde Jesus Christus dem Sohne Davids, der kein arischer Heiland ist."

Aber vor allem gewann Putz die Überzeugung, daß es eine Lüge sei zu behaupten, die Deutschen Christen seien "der Aufbruch des Kirchenvolkes" und die Opposition sei "ein Pastorenklüngel voller Reaktion und Verkalkung":

> "Ich weiß von jetzt an, und sage es mit allem Ernst denen, die es bei uns in Bayern immer noch nicht glauben wollen, daß die Deutschen Christen die größte Zerstörung gerade der Volkskirche und damit auch der Volkseinheit darstellen."

Darum müsse man, "auch in Bayern", eine klare "Abgrenzung gegen die Deutschen Christen vollziehen und zu entschlossenem kirchlichen Handeln vorschreiten".

Um die Gemeinden darauf vorzubereiten, wurden für die erste April Woche Bekenntnisversammlungen in München, Augsburg und Nürnberg angesagt. In München, wo Putz, Meiser und der suspendierte Führer des rheinischen Pfarrernotbundes, Dr. Beckmann, sprachen, war die Matthäuskirche eine Stunde vor Beginn schon überfüllt.[223] In Augsburg versammelten sich mehr als 7000 Personen in St. Ulrich und bei den Barfüßern.[224] Und auch in Nürnberg waren die zwei größten Kirchen der Stadt, die Lorenzkirche und die Friedenskirche, mit interessierten Gemeindegliedern überfüllt.[225] Überall begründete ein Vertreter der freien westfälischen Bekenntnissynode den Widerstand der Gemeinden gegen die Maßnahmen des Reichsbischofs; überall wehrten sich die Redner gegen den Vorwurf der Staatsfeindlichkeit.

Während die Tagespresse angewiesen war, nur den vom DNB verbreiteten Bericht über die Münchener Kundgebung zu veröffentlichen,[226] brachten die Kirchenblätter ihre eigenen, ausführlichen Berichte über die Versammlungen.[227] Dazu ignorierten die Kirchenblätter in Bayern die Karfreitagsbotschaft des Reichsbischofs an die Pfarrer sowie seine Osterbotschaft an die Gemeinden, die überall in der Tagespresse erschienen.[228] Die darin enthaltene Mahnung des Reichsbischofs zum kirchlichen Frieden blieb aber völlig wirkungslos, da Müller eine Amnestie der abgesetzten Pfarrer ablehnte und da er schon vorher in der Karwoche bei einer nicht ganz so gut besuchten DC-Versammlung in der Dortmunder Westfalenhalle seinen alten Vorwurf wiederholt hatte, die kirchliche Opposition sei politisch motiviert.[229]

Eine aufsehenerregende Antwort auf die Karfreitagsbotschaft des Reichsbischofs kam von Baron von Pechmann in Form einer Austrittserklärung aus der Deutschen Evangelischen Kirche. Pechmanns am Ostermontag verfaßter Brief an Müller - am 13. April in der AELKZ veröffentlicht - gab die Schuld für die von Müller beklagte "Verwirrung" in der Kirche dem Reichsbischof selbst, denn es wäre nicht dazu gekommen, "wenn nicht die Führer und Träger der kirchlichen Revolution, welche im Dienste kirchenfremder Zwecke und Ziele die Einheitskirche erzwungen hat, um vieles schwerer gefehlt hätten".[230] Am Schluß seines Briefes begründete Pechmann seinen Austritt in Worten, die vor allem angesichts der antijüdischen Hetze in Franken, außerordentlich mutig klangen:

> "Nun habe ich zwar, Sie wissen es ja, seit April v.J. oft und oft protestiert: gegen die Vergewaltigung der Kirche, gegen ihren Mangel an Widerstandskraft, auch gegen ihr Schweigen zu viel Unrecht und zu all dem Jammer und Herzeleid, das man, aus einem Extrem ins andere fallend, in ungezählte 'nichtarische' Herzen und Häuser, christliche und jüdische, getragen hat. Aber ich habe bisher nur in Wort und Schrift protestiert, und immer ganz vergeblich. Es ist Zeit, einen Schritt weiterzugehen, d.h. durch den Austritt aus einer Kirche zu protestieren, die aufhört, Kirche zu sein, wenn sie nicht abläßt, die auch von Ihnen wieder proklamierte 'Einheit zwischen Nationalsozialismus und Kirche' zu einem integrierenden Bestandteil ihres Wesens, zur Richtschnur ihrer Verwaltung zu machen; wenn sie nicht abläßt, sich einem Totalitätsanspruch zu unterwerfen, in dem ich schon an sich, vollends aber in seiner Anwendung auf Glauben und Kirche, nichts anderes zu erkennen vermag als einen Rückfall in vor- und widerchristlichen Absolutismus..."

Der Kirchenaustritt einer so wichtigen Persönlichkeit wie Baron von Pechmann, Direktor der Bayerischen Handelsbank, erster Präsident der Bayerischen Landessynode und von 1924 bis 1930 Präsident des Deutschen Evangelischen Kirchentages, fand große Beachtung in In- und Ausland. Am 14. April wertete die "Frankfurter Zeitung" den Austritt als ein Warnsignal, und druckte zugleich den Schluß des Briefes.[231] Zwei Tage später wagte es der "Fränkische Kurier", als erste bayerische Zeitung, von dem Brief Pechmanns an den Reichsbischof zu berichten, auch mit ausführlichem Zitieren des letzten Teils.[232] Am nächsten Tag brachte auch die "Allgemeine Rundschau" den Brief, allerdings in einer sehr gekürzten Fassung.[233]

Der mutiger Schritt des konservativ-national eingestellten "Fränkischen Kurier" hatte sein Nachspiel. Am 17. April schaltete sich Siebert ein und erwirkte das Verbot einer Wiedergabe des Pechmann Briefes in anderen Zeitungen.[234] Gleichzeitig setzte er sich mit Heydrich in Verbindung, der Sieberts Meinung teilte, gegen Pechmann nichts zu unternehmen, aber eventuell Schritte gegen den Schriftleiter einzuleiten. Die Gründe für Sieberts Beunruhigung brachte er in seinem Schreiben an die Polizeidirektion Nürnberg-Fürth zum Ausdruck:[235]

> "Die wiedergegebenen Teile des Briefes namentlich der Schluß, enthalten nicht nur eine scharfe Kritik an dem Kirchenregiment, sondern im Zusammenhang und im Zusammenhalt damit auch Vorwürfe gegen die nationalsozialistische Staatsführung... Ich ersuche deshalb der Schriftleitung des 'Fränkischen Kuriers' eine ernste Mißbilligung auszusprechen und dem für die Aufnahme des Artikels verantwortlichen Schriftleiter in Aussicht zu stellen, daß bei weiterer Beanstandung gegen ihn nach dem Schriftleitergesetz vorgegangen wird."

Dieser Vorfall zeigte nicht nur wie wenig Sympathie Siebert für die kirchliche Opposition zum Reichsbischof hatte, es dokumentiert zugleich den Konflikt zwischen den NS-Machthabern und den konservativ-traditionellen Kreisen in Bayern. Vor allem in Franken wurde dieser Konflikt in Form eines Konkurrenzkampfes zwischen den etablierten, konservativen Zeitungen wie dem "Fränkischen Kurier" und den neuen NS-Zeitungen der beiden fränkischen Gauleiter Schemm ("Das Fränkische Volk", seit 1.10.1932) und Streicher ("Die Fränkische Tageszeitung, seit 1.6.1933) öffentlich ausgetragen.[236] So hat zum Beispiel das "Fränkische Volk" im April 1933 den "Fränkischen Kurier" heftig angegriffen, weil er noch Inserate jüdischer Geschäfte druckte.[237] Im März 1934, mitten in der antisemitischen Hetze in Franken, berichtete der Kurier wohlwollend vom Tod einer 86jährigen jüdischen Wohltäterin, was die "Fränkische Tageszeitung" geradezu in Rage versetzt.[238] Das NS-Blatt machte dem Kurier das Recht streitig, sich national und deutsch zu nennen wegen dieses "längeren Ausschleimen(s)" über eine Jüdin, und weil er dazu immer noch an "fette(n) Judeninserate" verdiene.

Die Redaktion des Kuriers hatte immerhin den Mut, diese Vorwürfe öffentlich zurückzuweisen, als sie schreib:[239]

> "Der 'Fränkische Kurier' ernährt mehr als 500 Familien. Solange die Regierung unseres Volkskanzlers Adolf Hitler aus wohlerwogenem sozialem Verantwortungsbewußtsein ausdrücklich gestattet, daß jüdische Geschäfte existieren, solange wird der 'Fränkischen Kurier' die Inserate dieser Geschäfte aufnehmen und nicht eine Anzahl Angestellter und Arbeiter auf die Straße werfen."

Daraufhin verbreitete die "Fränkische Tageszeitung" ein Flugblatt mit dem Vorwurf, der Kurier sei, wegen seiner kritischen Bemerkungen zu Hitler vor 1933, politisch opportunistisch, und mit der Drohung: "Wer vom Juden frißt, stirbt daran! Der 'Fränkischer Kurier' hat vom Juden gefressen. Er wird eines Tages daran sterben".[240]

Auch gegen diesen Angriff wehrte sich der Kurier:[241]

"Der nationalsozialistische Staat aber ist sich bewußt: Wer die Macht hat, hat die Pflicht das Recht zu schützen. Die 'Fränkische Tageszeitung' ist das Organ der NSDAP in Mittelfranken: Sie dürfte sich dieser Verantwortung bewußt sein."

Außerdem bestätigte der Kurier, daß seine Leser nicht, wie das NS-Blatt behauptete, "voll Ekel" vor der Zeitung abwenden: "Die zahllosen Stimmen, die in diesen Tagen aus dem ganzen Lande an uns gelangt sind, beweisen das Gegenteil".[242]

Wegen dieser Haltung des Kuriers, auch auch nicht zuletzt wegen der Veröffentlichung des Pechmann Briefes, ist es nicht verwunderlich, daß die BPP sich für die Streichung des Chefredakteurs Dr. Kötter von der Berufsliste der Schriftleiter einsetzte.[243]

Im Gegensatz zum Kurier steuerte die evangelische Tageszeitung die "Allgemeine Rundschau", die im gleichen Konkurrenzkampf mit der "Fränkischen Tageszeitung" stand, einen sehr viel vorsichtigeren Kurs an. So hat die "Allgemeine Rundschau" schon im Mai 1933 öffentlich bekanntgegeben, daß sie keine Inserate jüdischer Firmen annehmen würde.[244] In der Kirchenpolitik hielt sich die Zeitung seit November 1933 fast vollkommen zurück.

Es war vielleicht mehr als ein Zufall, daß gleichzeitig mit dem Beginn der offenen Kampagne der Landeskirche gegen den Reichsbischof, der Hauptredakteur der "Allgemeinen Rundschau" und Leiter des Evangelischen Presseverbands, Pfarrer Richard Eckstein eine Berufung nach München als Studienrat erhielt.[245] Anscheinend galt Eckstein, der kurz vorher die Eingliederung der evangelischen Jugendverbände in die HJ begrüßt hatte und der für die reservierte Haltung der Zeitung in der Kirchenpolitik verantwortlich war, als falscher Mann an dieser wichtigen Stelle.[246] Kennzeichnend ist es auch, daß sein Nachfolger, Pfarrer Georg Käßler, nach einigen Anlaufschwierigkeiten, einen kirchenpolitisch viel kämpferischen Kurs ansteuerte.[247]

Käßler wurde auch Leiter des Evangelischen Presseverbands, der nun räumlich und sachlich vom Landesverein für Innere Mission getrennt wurde.[248] Gründe für diese Trennung waren sicherlich, daß die Innere Mission seit dem 19. Oktober 1933 in die Reichskirche eingegliedert war, daß der Präsident des Zentralausschußes, Pfarrer Karl Themel-Berlin, Mitglied der DC-Reichsleitung war, und vielleicht auch daß der Vorsitzende des Landesvereins in Bayern der ehemalige stellvertretende DC-Landesleiter Greifenstein war.[249]

Die Innere Mission selbst wurde zu dieser Zeit ohnehin von manchen in Frage gestellt, seitdem die NS-Volkswohlfahrt die Verbände wie Caritas, Rotes Kreuz und Innere Mission in einer Arbeitsgemeinschaft unter NSV-Führung zusammengefaßt hatte.[250] Die Innere Mission hatte ohnehin Probleme ihre Selbständigkeit zu behaupten, wie der sorgfältig geplante Volkstag der Inneren Mission am 15. April beweist. Obwohl die Innere Mission das ausschließliche Sammelrecht vom Reich für diesen Tag erhalten hatte, veranstaltete die SA in Franken eine gleichzeitige Sammelaktion um "den notleidenden SA-Kameraden zu helfen".[251] Durch ihre agressive Sammeltätigkeit - in Weißenburg zogen SA-Abteilungen am Sonntagvormittag und nachmittag durch die Straßen, bis niemand mehr ohne eine Blume im Knopfloch anzutreffen war - erzielte die SA die weitaus besseren Ergebnisse: in Nürnberg brachte die Straßensammlung der SA 100.000RM, und die der Inneren Mission nur 4.500RM.[252] Dazu klagte ein Münchener Pfarrer, "über die Kirche geht man zur Tagesordnung über".[253]

10) Der offene Bruch der Bekenntnisgemeinschaft mit der Reichskirchenregierung: Die Ulmer Erklärung vom 22. April 1934

Am Montag nach dem Volkstag für die Innere Mission trug die Schlagzeile der "Allgemeinen Rundschau" die Meldung: "Der Reichsbischof ruft zum Kirchenfrieden auf".[254] Darunter stand eine Botschaft des Reichsbischofs über das Kirchengesetz zur Befriedigung der kirchlichen Lage vom 14. April, das die Verordnung vom 4.1.1934 außer Kraft setzte, und Disziplinierungsverfahren einstellen bzw. neu überprüfen ließ.

Aber diese Geste des Reichsbischofs konnte die kirchliche Opposition nicht überzeugen, denn das "Friedensgesetz" war mitunterzeichnet von dem Mann, den Müller am 12. April als rechtskundiges Mitglied in das Geistliche Ministerium berufen hatte um "in Fortführung des Verfassungswerkes des Jahres 1933 die organisatorischen Fragen der Kirche der Lösung zuzuführen": August Jäger.[255] Vor allem durch seine Rolle als Kirchenkommissar in Preußen im Sommer 1933, ließ Jägers neue Position nichts Gutes ahnen. Vor dem Deutschen Nachrichtenbüro erklärte Jäger Ende April, sein Ziel sei die Durchführung des Führergedankens in der Kirche; es müsse in Verwaltung und Gesetzgebung "absolute Einheitlichkeit" herrschen, bei Selbständigkeit der Kirchenbezirke in Kultus und Bekenntnis.[256] Diese Trennung von Bekenntnis und äußerer Ordnung lehnten die Bekenntnisgruppen jedoch entschieden ab.[257] Ein weiterer Grund, dem "Friedensgesetz" von Müller und Jäger zu mißtrauen, war, daß die Deutschen Christen, die Jägers Ernennung als Erfolg zum richtigen

Zeitpunkt begrüßten, das Gesetz jedoch, besonders die darin enthaltene "Amnestie", mit einem "Sturm der Entrüstung" aufnahmen.[258]

Aber vor allem die Taten des Reichsbischofs sprachen gegen seinen Friedenswillen, denn dieselbe Montagsausgabe der "Allgemeinen Rundschau" mit der Botschaft des Reichsbischofs, enthielt gleich daneben folgende, am Wochenende verbreitete Rundfunkmeldung:[259]

"In Württemberg hat der Synodalausschuß dem Landesbischof Wurm durch die Ablehnung des geplanten Kirchenhaushalts das Vertrauen versagt. Landesbischof Wurm, dem von seinen Gemeinden vorgeworfen wird, daß er als Persönlichkeit im neuen Deutschland untragbar sei, und dessen Beziehungen zu dem sattsam bekannten Pfarrernotbund von seinen Gemeinden nicht verstanden werden, weigerte sich, aus dem Mißtrauensvotum die Konsequenzen zu ziehen. Dadurch herrscht in Württemberg ein Kirchennotstand, der in weite Kreise der Bevölkerung Beunruhigung trägt. Zur Behebung dieser Beunruhigung hat sich der Reichsstatthalter von Württemberg-Hohenzollern telegraphisch an den Reichsbischof gewandt."

In Wirklichkeit war weder ein Mißtrauensvotum gegen Wurm ausgesprochen, noch der Etat verworfen. Auch der spätere Bericht des DNB, wonach der Reichsbischof die Beteiligten überzeugt haben sollte, den Konflikt zurückzustellen "bis der äußere Aufbau einer mächtigen evangelischen Reichskirche durchgeführt sei, entsprach nicht den Tatsachen.[260] Diesen Bericht brachte die "Allgemeine Rundschau" am 18. April mit dem Zusatz: "Einen Kommentar hierzu müssen wir uns bei der angesichts der kirchlichen Lage gebotenen Zurückhaltung der Presse versagen".[261]

Um die richtige Lage darzustellen und um mit anderen Bekenntnisgruppen gemeinsame Schritte vorzubereiten fuhr Landesbischof Wurm am 18. April nach München wo er an einer von Meiser einberufenen Besprechung des "Nürnberger Ausschußes", mit Niemöller, Bodelschwingh und anderen, teilnahm.[262] Hier wurde ein gemeinsamer Bekenntnisgottesdienst für den nächsten Sonntag in Ulm geplant. Wurms mitgebrachter Bericht über die tatsächlichen Ereignisse, "Rechtswidriger Eingriff der Reichskirchenregierung in die württembergische Landeskirche", leitete der LKR gleich weiter zum "Unterricht in den Gemeinden".[263]

Die Befürchtungen die man in dieser Woche in Bayern hatte, gehen aus einem am 19. April in München verfassten Bericht hervor.[264] Angesichts der Versammlungsverbote in den Kirchen in Württemberg Anfang April, war der anonyme Autor des Berichts nicht sicher, ob die Polizei den Gottesdienst in Ulm verhindern würde. Eins war ihm jedoch klar: "Die Stunde des Kampfes ist da". Auch in Bayern werde der kirchliche Notstand einsetzen, denn die Deutschen Christen wollen auch hier einbrechen. Gerüchte um Meisers Nachfolger seien schon verbreitet, aber: "Meiser ist entschlossen nicht zu gehen. 'Man kann mich mit Gewalt entfernen, aber ich bin rite vocatus'", soll er gesagt haben. Während der Münchener Berichterstatter eine gute Geschlossenheit der Pfarrer in Südbayern konstatierte, befürchtete er, daß man es in Franken schwer haben würde. Wichtig sei es, daß jedes Kapitel "einen vertrauenswürdigen Kollegen nach Ulm zur Predigt und Kundgebung" schickte. Sollte in Bayern der Landesbischof abgesetzt werden,

"so wird sofort von den Kanzeln dagegen protestiert... Jeder läßt es darauf ankommen, daß auch er abgesetzt wird... Sie schrecken davor zurück, allzuviele Pfarrer abzusetzen... Wenn aber ein süddeutscher Block - Bayern Württemberg - geeint dasteht, davor fürchten sie sich doch! Dann würden doch auch die andern die im Reiche auf unsrer Seite stehen, eingreifen. (Frick)."

Daß man die NS-Kirchenpolitik nicht als einheitlich ansah, sondern differenziert zu unterscheiden wußte zwischen Freunden und Feinde der Kirche unter den Machthabern, verdeutlichen folgende Bemerkungen des Münchener Berichts:

"Während der Kanzler in Norwegen, Frick in Urlaub und Papen und Buttmann in Rom waren, konnte Göring mit Rust und Kube ungestört handeln.-- Die Kirche ist eine Schachfigur auf dem Schachbrett, auf welchem zwei Mächte im Reich gegeneinander kämpfen, die staatspolitisch (?) Gemäßigtere und die radikale, letztere: Rust, Jäger, etc. Der Reichsbischof hat sich auf Gedeih und Verderben Göring verkauft, schon seit langer Zeit. Darum waren Kenner mißtrauisch, als sie den Namen Jäger hörten."

Interessant bei diesen Bemerkungen ist, daß man Hitler eher zu den Gemäßigten gezählt hatte, und daß man wußte, daß der Kampf gegen den Reichsbischof auch Göring und seinen Machtbereich, die Gestapo und Polizei in Preußen, tangierte.[265]

Der Bekenntnisgottesdienst im Ulmer Münster am 22. April fand ohne polizeiliches Eingreifen statt, wobei ein Erlaß des Reichsinnenministers vom 16. April, daß die Staatsgewalt alles zu vermeiden habe, "was als ein Eingriff in den Kirchenstreit angesehen werden kann", eine wichtige Rolle gespielt hatte.[266] Bei dieser Versammlung traten die verschiedenen Bekenntnisgruppen - die noch intakten Landeskirchen von Bayern, Hannover und Württemberg, die Bekenntnissynoden von Rheinland und Westfalen, Vertreter des Pfarrernotbundes und der Bruderräte aus den DC-beherrschten Kirchen - in der öffentlichkeit als die Bekenntnisgemeinschaft der DEK, mit dem Anspruch, die "rechtmäßige evangelische Kirche Deutschlands" zu sein.[267] Nach der Predigt Wurms las Meiser vor den etwa 10,000 stehenden Zuhörern die "Ulmer Erklärung" vor. Darin wurde festgestellt, daß der Friedenswille des Reichsbischofs durch seine Taten in Württemberg widerlegt sei. Beklagt wurde auch, wie die deutsche Öffentlichkeit durch falsche Pressemeldungen irregeleitet worden war. Die Absicht des Reichsbischofs in Württemberg sei nicht Frieden zu stiften gewesen, "sondern die gewaltsame Niederkämpfung eines der letzten

Bollwerke der Bekenntniskirche in Deutschland". Die Kundgebung schloß mit einem Aufruf an alle Gemeinden:

"Das Bekenntnis ist in der Deutschen Evangelischen Kirche in Gefahr! Das geistliche Amt wird seines Ansehens durch die 'Deutsche Christen' und ihre Duldung durch die oberste Kirchenbehörde beraubt. Das Handeln der Reichskirchenregierung hat seit langer Zeit keine Rechtsgrundlage mehr. Es geschieht Gewalt und Unrecht, gegen welche alle wahren Christen beten und das Wort bezeugen müssen. Als eine Gemeinschaft entschlossener, dem Herrn Christus gehorsamer Kämpfer bitten wir Gott den Allmächtigen, er möge allen Christen die Augen auftun, daß sie die Gefahr sehen, welche unserer teuren Kirche droht."

In den Worten des Schweizer Pfarrers Alphons Koechlin klang die Erklärung "wie eine Kriegserklärung an den gegenwärtigen Reichsbischof und das Kirchenregiment", und Jäger selbst wertete die Erklärung als eine "offene Rebellion".[268]

Das Echo in Bayern auf die Ulmer Erklärung, die Meiser selbst als seine Neueinsetzung ins Amt ansah,[269] war überall sehr groß. Das Sonntagsblatt und die Gemeindeblätter brachten den Wortlaut der Erklärung und einen offiziellen Bericht, der feststellte: "Der Tag von Ulm wird für das Schicksal der Deutschen Evangelischen Kirche bestimmend sein...Die Front der bekenntnistreuen Kirchenführer und Gemeinden wird Dauer und Kraft haben".[270] Die vielen bayerischen Pfarrer, die in Ulm anwesend war, verbreiteten zu Hause ihre Eindrücke, und man begann Vorkehrungen zu treffen für den Fall eines Notstands in Bayern.[271]

Aber die für die Öffentlichkeitsarbeit der Bekenntniskräfte in Bayern wohl wichtigste Entwicklung war der Entschluß der Redaktion der "Allgemeinen Rundschau" ihre Zurückhaltung in der Berichterstattung über kirchliche Ereignisse aufzugeben. Am 24. April erschien auf einer ganzen Seite ein vollständiger Bericht über den Tag von Ulm, mit Wortlaut der Predigt Wurms und der von Meiser gelesenen Erklärung.[272] Als Anlaß für die Kundgebung sprach der Bericht von den "irreführenden Nachrichten" über die württembergische Kirche, die die "Allgemeine Rundschau" allerdings selbst verbreitet hatte. Diese Wende in der Berichterstattung geschah auch unter dem Druck von vielen Lesern, die als Einzelpersonen oder ganze Gruppen "erregte Zuschriften" an die Zeitung geschickt hatten.[273] Deshalb brachte die "Allgemeine Rundschau" auch am 26. April unter der Überschrift, "Die Wahrheit die Ehre", eine detaillierte Richtigstellung der falschen Nachrichten über die Ereignisse in Württemberg.[274] Etwas verlegen, versuchte die Zeitung ihre bisherige Politik zu rechtfertigen:

"Es ist - trotz aller gegenteiligen Meinungen aus unserem Lesekreise - gut gewesen, daß wir die Nachrichten ohne Abstriche und Schminke brachten; denn dadurch wurde deutlich und groß, wie unverantwortlich von gewissen Kreisen gearbeitet wird. Das Verlangen nach Wahrheit und Klarheit über den Anlaß zum Besuch und den Verlauf dieses Besuches des Herrn Reichsbischof in Württemberg wäre nicht so groß, das Verlangen nach rücksichtsloser Offenheit, die allein Grundlage eines wirklichen Friedens ist, wie ihn der Herr Reichsbischof in seiner letzten Kundgebung anstrebt, nicht so elementar aufgebrochen, wenn wir statt der tatsächlichen Meldungen frisierte und abgeschwächte gebracht hätten."

Der Bericht versuchte sogar die neue Offenheit der Zeitung mit Äußerungen Goebbels über die Presse in Einklang zu bringen:

"Reichsminister Goebbels hat wiederholt seinen Appell an die Verantwortlichkeit der deutschen Presse gerichtet und es ist eine oft ausgesprochene Wahrheit, daß die Presse im 3. Reich nicht einseitig für eine bestimmte Richtung oder Gruppe - auch nicht für eine kirchenpolitische - dienstbar gemacht werden darf. Sie dient dem ganzen Volk und dient ihm am besten, wenn sie die Wahrheit berichtet. Wo ein Kampf geführt wird, da muß auch dieser in einer den Tatsachen wirklich entsprechenden Berichterstattung in der Presse erscheinen."

Sich jedoch auf Goebbels Liebe zur Wahrheit zu berufen war ohnehin sehr fragwürdig, denn schon am Tag vorher hatte der Reichspropagandaminister in einer Rede betont, daß das Volk kein Verständnis für die Kämpfe innerhalb der protestantischen Kirche hätte, und daß die Regierung einen Konfessionskrieg nicht zulassen würde.[275] Es war auch gerade eine von Goebbels als Reichsleiter für Propaganda der NSDAP Anfang Mai gestartete Aktion gegen die "Miesmacher und Kritikaster", die der Aufklärungsarbeit in den Gemeinden über die kirchliche Lage Schwierigkeiten brachte. Diese in seiner Versprechungen sehr übertrieben angekündigte Aktion sollte bis 30. Juni laufen und durch:[276]

"Versammlungen, Demonstrationen und Kundgebungen gleich ein Trommelfeuer das Volk aufrütteln gegen diese Landplage, die ein für allemal verschwinden muß. Gleich den in Kampfzeiten geübten Methoden werden die Versammlungen alle umfassen bis ins letzte Dorf hinein..."

Wie es sich herausstellen sollte, konnten besonders eifrige Parteiführer sehr leicht diejenige, die das Vorgehen der Reichskirchenregierung ablehnten, in die Kategorie "Miesmacher und Kritikaster" einordnen.

11) Die Nachwirkungen der Ulmer Erklärung in der Pfarrerschaft

Nach dem offenen Bruch des Landesbischofs mit dem Reichsbischof wartete man gespannt auf die Reaktion der Leitung des NSEP und seiner Mitglieder. Im NSEP Mitteilungsblatt vom 19. April wurde eine wichtige Versammlung des Bundes für den 24. April angekündigt, auf der Reichsleiter Klein und Landesleiter Dr. Daum, der am 18. April mit Meiser eine Aussprache hatte, über die Lage berichten wollten.[277] Der NSEP, der schon Januar wegen der Unterstützung des Reichsbischof durch Dr. Daum auseinanderzufallen drohte, geriet erneut durch die Mitglieder, die zur Bekenntnisgemeinschaft standen, unter

Kritik. Am 20. April schrieb Putz an die NS-Pfarrer, daß der NSEP in seiner derzeitigen Form und Führung eine Aufnahmestelle für die DC in Bayern sei; eine Tatsache die weder Klein noch Daum bestritten hätte.[278] Dadurch sei eine "Gewissenszwiespalt" für viele NS-Pfarrer entstanden. Putz betonte deshalb:

> "Es geht künftig nicht mehr an, daß die verhältnismäßig zahlreichen Mitglieder des NS-Pfarrerbundes im kirchenpolitischen Kampfe ständig als Gesinnungsgenossen der DC hingestellt und dementsprechend stimmungsmäßig ausgenützt werden."

Obwohl Daum dies wohl bestritten hätte, ist er in der Tat als "Deutscher Christ" in der Öffentlichkeit aufgetreten, auch wenn er eine organisatorische Bindung zur DC-Reichsorganisation leugnete.[279]

Auf der NSEP Versammlung in Nürnberg wurde zunächst Kritik gegen das Vorgehen des Reichsbischofs in Württemberg laut.[280] Material wurde dem Reichsleiter Klein übergeben, damit er dem Reichsbischof "Vortrag halten" könnte, denn es ließe sich mit der Ehre seines Amtes nicht vereinbaren,

> "daß über den Anlaß und über die Durchführung seines Besuches in Württemberg derartig irreführende und beunruhigende Mitteilungen in der Presse unwiderrufen bleiben."

Es wurde auch "grundlegend über die neue Linie" des Bundes gesprochen, wobei folgende Übereinstimmung erreicht wurde:[281]

> "1. Der NSEP darf nicht identifiziert werden mit den 'Deutschen Christen'.
> 2. Der NSEP lehnt eine Neuaufbau der D.C. bei der gegebener Lage in Bayern ab.
> 3. Der NSEP erwartet, daß der Kampf um die Reichskirche im Blick auf die notwendige Einheit der Deutschen Evangelischen Kirche geschieht."

Es kamen auf der Versammlung aber auch tiefe Meinungsunterschiede zum Vorschein, hauptsächlich von zwei Mitgliedern, die später dem ersten Bruderrat der Pfarrerbruderschaft angehören sollten, Eduard Putz und Hermann Schlier. Nach dem Vortrag Dr. Daums, der über "seine Überzeugung über die göttliche Sendung Adolf Hitlers" sprach, las Putz eine Erklärung, die in der Feststellung gipfelte, daß es zwischen ihm und Daum "keine Brücke" gebe.[282] Diese Unterschiede wurden von Schlier in einem Brief an die NSEP Mitglieder in folgenden Fragen formuliert:[283]

> "a) Ist die werdende Reichskirche nur ein äußeres Dach ohne klare bekenntnismäßige Abgrenzung - oder: darf Reichskirche nur gebaut werden auf Grund eines klaren Bekenntnisses?
> b) Ist der Führer Hitler auch der Garant eines Neuwerdens der Kirche - oder ist er nur der gewaltige Staatsmann, der unser Volksleben auf eine neue Grundlage stellte?
> c) Ist der Aufbruch der Kirche zugleich mit dem Aufbruch des Staates gegeben - oder leitet sich dieser Aufbruch aus ganz anderen Quellen her, ist also nicht mit dem 5.3.1933 gegeben?

d) Sind die falschen Handlungen der bisherigen Reichskirche nur Organisationsfehler - oder sind sie eine Sünde gegen Lehre und Ethik der heiligen Schrift und des Bekenntnisses und erfordern damit eine scharfe Trennung von der bisherigen Führung der Reichskirche?"

Schlier stellte fest, daß nach der Ulmer Erklärung, wo die Fronten zwischen der Reichskirchenregierung und der Bekenntnisfront offen dargelegt wurden, eine neutrale Organisation zwischen den Fronten nicht mehr möglich sei. Deshalb müsse der NSEP aufgelöst und ein neuer Bund gegründet werden, "der nicht nur den Nationalsozialismus und die Notwendigkeit einer Reichskirche bejaht", sondern sich in die Bekenntnisfront einreiht.

Die Kritik an die Führung des NSEP führte zunächst dazu, daß Klein nach der Versammlung die Landesleitung an Pfarrer Friedrich Möbus übertrug.[284] In einem Schreiben an die Mitglieder vom 16. Mai, gab Möbus zu, daß der NSEP "in Neukonstituierung begriffen" sei.[285] Mitglieder die austreten wollten, wurde gebeten dies bei ihrem Gauführer zu tun. Möbus bat jedoch den Kollegen "keine persönlichen Entscheidungen" zu treffen bis zur Landessynode am Pfingstdienstag; danach werde der NSEP zur Lage Stellung nehmen.

Aber kurz bevor die Landessynode am 24. Mai zu einem "brüderlichen Gespräch" zusammenkam, gründeten die Pfarrer der Bekenntnisfront ihre eigene Organisation, die bayerische Pfarrerbruderschaft. Dabei waren fast 8 Wochen vergangen seitdem Meiser sich vor seinen Pfarrern von Müller lossagte bis zu dieser Gründung. Weshalb man gezögert hatte lag daran, daß die bayerischen DC in Dezember sich aufgelöst hatte unter der Bedingung, daß keine andere kirchenpolitische Front ins Leben gerufen werde. Man wollte es zunächst vermeiden, den DC einen Anlaß zu geben, sich neu zu organisieren.[286]

Schon auf der Riederauer Freizeit des "Bruderkreises jüngerer Theologen" vom 8.-11. April wurde aber die Notwendigkeit einer Bruderschaft erkannt, und der anwesende Landesbischof hat auch die Teilnehmer dazu ermuntert.[287] Parallel dazu lief auch eine Aktion des Erlanger Professors Ulmer, der in kleineren Kreisen einen Unterbau schaffen wollte für eine Sammlung der Lutheraner in eine zukünftige freie lutherische Synode.[288] Die Dringlichkeit für eine Sammlung zuverläßiger Pfarrer sah man darin, daß "wenn in statu confessionis" das Schisma in Bayern eintreten sollte, "eine Möglichkeit zum Reden und zum Handeln bereits vorhanden sein" sollte.[289]

Endlich am 7. Mai, zwei Wochen nach der Ulmer Erklärung, riefen Helmut Kern, Schieder und Putz zur Bildung einer "nicht kirchenpolitischen Pfarrerbruderschaft" auf.[290] Eine Woche später wurde eine Reihe von theologischen Thesen veröffentlicht, die auf der ersten Zusammenkunft der Bruderschaft in Rummelsberg am 21./22. Mai zu besprechen waren, da sie die Grundlage für die

Zusammenkunft bilden sollten.[291] Die Thesen wurden absichtlich sehr scharf formuliert - man erkennt sofort den Geist Karl Barths - damit eine klare Unterscheidung von Bekenntnis und Irrlehren erfolgen konnte.[292] Zuerst betonte man, daß die Bibel in ihrer Ganzheit die Grundlage der Kirche sei. Zweitens stellte man die besonders bei den Deutschen Christen beliebte Idee der Schöpfungsordnungen in Frage, mit der These:[293]

> "Eine anderweitige Offenbarung Gottes in Natur oder Geschichte, d.h. in Blut und Rasse oder in Volk und Staat, ist weder als Ersatz noch als Ergänzung neben der einmaligen Offenbarung in der biblischen Heilsgeschichte eine Grundlage für Lehre und Leben der Kirche."

Weitere Thesen stellten die Unvereinbarkeit fest zwischen Rassenüberlegungen und der Taufe, zwischen dem Führerprinzip und dem Hirtenamt. Die Thesesn bejahten die Reichskirche, aber sahen sie nicht als Kirche "im prägnanten Sinn des Bekenntnisses" an. Die Anschauungen der DC in ihrer Gesamtheit wurden als Irrlehre gezeichnet.

Ein positives Bekenntnis zum neuen Staat enthielt die Thesen nicht; Frör bemerkte hierzu, daß es an dieser Stelle nicht hingepaßt hätte, und berief sich auf Goebbels, der feststellte, daß solche Bekenntnisse viel zu oft gemacht wurden, "als es im Interesse des Taktes und der Würde des Reiches" angebracht erschiene.[294] Zwei Thesen enthielten sogar eine wichtige Abgrenzung zwischen Kirche und Staat, und eine deutliche Ablehnung der politischen Theologie, die im Jahre 1933 so häufig anzutreffen war:

> "Die Kirche übt in Christo Gehorsam gegen die heilsamen äußeren Ordnungen in Volk und Staat, aber sie bekommt ihren Auftrag nicht von Volk und Staat, sondern vom Herrn der Kirche, Christus.
> Die Kirche hat von Christus den Auftrag zum Dienst an Volk und Staat, aber ihr Dienst ist wesentlich anderer Art als der des Staatsmannes. Der Pfarrer verkündigt nicht das Kommen eines irdischen Reiches, sondern das Kommen des Reiches Gottes."

Diese Grundsätze, und ihre Unterstützung durch Männer der Volksmission wie H. Kern und Putz, signalisieren auch das endgültige Fallenlassen des Versuches, den Nationalsozialismus christlich zu beeinflussen. Dadurch hörte auch die Volksmission auf, ein neutrales Forum zu sein, wo Pfarrer beider Fronten zusammenkommen konnten. Unter den 110 Pfarrern, die sich in Rummelsberg der Pfarrerbruderschaft anschlossen, waren viele, die sich aus der "Arbeits-Bruderschaft" der Volksmission kannten, wenn auch nicht alle aus der Volksmission diesen Schritt nachvollziehen konnten.[295]

Auf der Tagung präzisierte Kurt Frör in seinem einleitenden Vortrag "Warum Pfarrerbruderschaft?" die Aufgaben der Gruppe:[296]

> "Sie soll helfen, daß eine ernsthafte theologische Besinnung einsetze über das, was die Kirche wirklich ist; sie soll helfen, daß niemand, der ernstlich brüderliche Gemeinschaft will, sagen muß, er stehe allein; endlich soll sie, sei es auf den bisherigen normalen Wegen, oder

wenn es notwendig ist, auf neuen Wegen die Gemeinde zu dieser Besinnung führen."

Frör sah die Notwendigkeit für eine Pfarrerbruderschaft darin begründet, daß man "in den letzten 15 Monaten" eine "Selbstpreisgabe des deutschen Protestantismus an eine seinem innersten Wesen fremde Macht" erlebt hätte: "Hinter ihr steht als treibendes Agens die völkische Religiosität des Mythus von Blut und Rasse, vom germanischen Helden und von der auserwählten arischen Art."[297] Die Deutschen Christen seien der kirchliche Exponent dieser "Kulturwelle". Die DC hätten es gut verstanden, "die Dinge so darzustellen, als ob sie mit diesem skrupelos geführten kirchlichen Kampf den echten Nationalsozialismus vertreten würden." Dabei hätten sie den NS-Staat "in ein Gebiet hineingelockt..., das seinem eigentlichen politischen Wollen nicht entsprach".

Die Notwendigkeit eine Organisation zur Abwehr gegen die Gleichschaltungspolitik von Müller und Jäger bereit zu haben, wenn Bayern an der Reihe kommen sollte, wurde durch den Vortrag des Dresdener Pfarrer Hahn unterstrichen, der von der Bildung einer Bekenntnisgemeinschaft in der gleichgeschalteten sächsischen Landeskirche berichtete.[298] Es wurde den Teilnehmern an der Konferenz auch vorher klar, daß es nicht möglich war, sich eine nicht kirchenpolitische Gruppe zu nennen, da "alles Handeln eben doch irgendwie kirchenpolitisches Handeln" sei.[299] Um die Arbeit der Bruderschaft zu koordinieren wurde ein Bruderrat ernannt: Hans Schmidt und Schlier für das nördliche Bayern, Frör und Schieder für die Mitte, und Putz und H. Kern für den Süden. Bis zum September 1934 wuchs die Zahl der Pfarrer, die die Grundsätze der Pfarrerbruderschaft unterschrieben hatten auf 250; bis zum Juni 1935 auf 600.[300] In Weißenburg schloß sich Dekan v. Löffelholz, der dem Bruderkreis jüngerer Theologen angehörte, der Pfarrerbruderschaft an.

Interessanterweise erfolgte nach der Gründung der Pfarrerbruderschaft keine Neubildung der DC in Bayern seitens der Pfarrer im NSEP. Andererseits wollten die Pfarrer der Bruderschaft Pfarrer, die zugleich im NSEP waren, in dieser Organisation bleiben und versuchen ihn in ihrem Sinne umzuformen. Schlier wollte dazu eine Arbeitsgemeinschaft der Pfarrerbruderschaft innerhalb des NSEP bilden, "die sich besonders freudig hinter die politische Entwicklung des letzten Jahres stellt", um "das klare lutherische Bekenntnis mit dem Nationalsozialismus" zu konfrontieren, und "damit vielleicht auch der Bruderschaft den Dienst erweis(en), sie vor falschen Verdächtigungen der Reaktion usw. zu schützen".[301] Die Parole sollte lauten: "<u>Klares</u> Bekenntnis und <u>klaren</u> Nationalsozialismus". Es gelang sogar Mitten in der theologischen Auseinandersetzungen des Sommers 1934 ein Abkommen zu erreichen, wonach die

Leitung des NSEP die gleichzeitige Mitgliedschaft beim NSEP und der Pfarrerbruderschaft, die sie vorher ablehnte, als möglich akzeptierte, solange die Bruderschaft ihre Glieder nicht kirchenpolitisch binden würde.[302]

12) Die Aufklärungsarbeit in den Gemeinden im Mai und Juni 1934

Während man die Geschlossenheit der Pfarrerschaft trotz Frontenbildung zu bewahren versuchte, wurde in den Gemeinden die zähe Aufklärungsarbeit über die kirchliche Lage und die Pläne der Reichskirchenregierung fortgesetzt. Auf der Tagung der Pfarrerbruderschaft malte Frör ein ziemlich düsteres Bild über die Schwierigkeiten dieser Arbeit.[303]

"Der heutige deutsche Mensch ist einem solchen Ansturm christentumsfremder Ideen und Anschauungen ausgesetzt, daß es kein Wunder ist, wenn unsere Laien in den primitivsten Fragen des Glaubens und der Kirche immer mehr jedes Unterscheidungsvermögen verlieren.
Fast kein Mensch in unsern Gemeinden ist heute noch imstande wirklich von der Kirche aus zu denken. Heute, wo die Gemeinde immer mehr zur bekennenden Gemeinde werden müßte, rächt es sich furchtbar, daß sie, auch da wo sie im gewöhnlichen Sinn kirchlich ist, das wirkliche Denken und Handeln von der Kirche aus verlernt hat und fast ausschließlich in der Gedankenwelt des Liberalismus und des pietistischen Individualismus denkt. Es ist doch furchtbar und erschreckend, wie gering das Verständnis auch unserer kirchlichen Laienwelt für die wirkliche Not der Kirche und die sich daraus ergebenden Notwendigkeiten ist. Das liegt nicht einfach daran, daß wir viel zu spät begonnen haben die Gemeinden über die kirchenpolitischen Vorgänge aufzuklären. Das liegt tiefer. Auf diese Not stößt man erst richtig, wenn man mit dieser Aufklärungsarbeit einmal begonnen hat."

Die Aufklärungsarbeit in den Gemeinden im Frühjahr 1934 mußte im Bereich des Frankenführers Streicher und seines Stellvertreters Holz, in einer besonders kirchenfeindlichen Atmosphäre durchgeführt werden. So wurde zum Beispiel die antijüdische Hetze fortgesetzt wie in der Schlagzeile der "Fränkischen Tageszeitung" zum Karfreitag: "Der jüdische Haß hatte gesiegt", mit der Bemerkung darunter:[304]

"Und es zeigte sich immer wieder, daß dann, wenn die Völker, dem göttlichen Willen zuwider, jenem Judentum maßgebenden Einfluß in ihrem Gemeinschaftswesen einräumten, daß Unglück über sie kam."

In der Zeit, wo die Landeskirche durch Bekenntnisversammlungen in München, Augsburg, Nürnberg und schließlich auch in Ulm sich gegen die Gefahr einer Gleichschaltung mit der DC-beherrschten Reichskirche zur Wehr setzte, machte die fränkische Gauleitung deutlich, daß sie auch auf religiösem Gebiet ein Wort mitzureden hatte. Ihre Ansprüche verdeutlichte Holz am 5. April folgendermaßen:[305]

"Was der Nationalsozialismus will, ist die Erneuerung der alten germanischen Weltanschauung, auch in Bezug auf die Religion. Wahres Tatchristentum muß wieder im deutschen Volk seinen Eingang halten."

Hier zeigt es sich wieder, wie schwierig es war, im Bereich Streichers die Vorstellung vom Nationalsozialismus als rein politische Bewegung aufrechtzuerhalten. Das Schlagwort "Tatchristentum" sollte man in den kommenden theologischen Auseinandersetzungen auch von Streicher und Holz öfters zu hören bekommen.

Am 16. April ließ sich die "Fränkische Tageszeitung" über die "Kirchliche Reaktion" aus.[306] Es gebe "gewisse kirchliche Kreise" in beiden Kirchen, die "einen Kampf gegen alles, was uns Nationalsozialisten heilig ist" führen. Als Beispiele wurde die Behandlung des Falles Dr. Krause erwähnt, der in seiner Sportpalastrede "Hunderttausenden aus dem Herzen gesprochen" hätte; oder ein beschlagnahmtes Flugblatt, das den "Nationalsozialismus frech beschuldigt" hätte, "er treibe Rassenvergötzung und huldige neugermanischem Heidentum". Schließlich wurde der Reichsbischof in Schutz genommen, dem von seinen Kritikern vorgeworfen werde, er handele nach dem Satz: "Es soll in der Kirche die völlige Schicksalsverbundenheit zwischen dem evangelischen Volk und dem Nationalsozialismus hergestellt werden."

Auch der "Stürmer" nahm die Gelegenheit im April wahr, seine Verachtung für Meiser auszudrücken.[307] Unter dem Titel "Treuer Hüter Israels" wurde auf die Pfarrervereinsversammlung vom 1. Februar Bezug genommen, wo das gleichlautende Kirchenlied gesungen wurde, während die Pfarrer Meiser anschaute, der bekanntlich "mit fanatischer Beharrlichkeit an der 'Ausserwähltheit' der Juden festhält".

Die Gauleitung beließ es aber nicht bei schriftlichen Attacken. In der dritten Aprilwoche war Pfarrer Teutsch in der Weißenburger Gegend unterwegs, wo er bei Parteiversammlungen zum Thema: "Die Kraft des Glaubens im Nationalsozialismus" sprach.[308] Die Versammlung in Weißenburg am 21. April, bei der Anwesenheit für Parteigenossen Pflicht war, wurde folgendermaßen angekündigt:

> "Pfarrer Teutsch, ein alter Kämpfer der Bewegung, wird auch denen die Antwort nicht schuldig bleiben, die teilweise in absichtlicher Verkennung des Grundsatzes: 'Gemeinnutz geht vor Eigennutz' bei jeder Gelegenheit glauben betonen zu müssen, daß der Nationalsozialismus die Religion gefährde."

In seiner Rede kritisierte Teutsch die Neutralität der Kirchenleitung zur Partei während der Kampfzeit.[309] Auch in der Beziehung der evangelischen Kirche zum neuen Staat, beklagte er sich,

> "daß viel Vertrauen des Staates zu den Kirchen durch das merkwürdige Verhalten der Kirchenregierungen direkt 'verdummt' worden sei. Die Sonderbare Stellungnahme vieler evangelischer Kreise bei der Frage der Überführung der evangelischen Jugend in die Hitler-Jugend sei geradezu zum Weinen gewesen."

Aus Pappenheim, wo Teutsch am 22. April geredet hat, wurde berichtet, daß die Pfarrer der Versammlung fern blieben, nachdem sie gehört hatten, daß Teutsch in Weißenburg "einen Vortrag im Sinne der Deutschchristen mit Ausfällen gegen Kirchenleitungen und Geistliche" gehalten habe, und auch den Versuch gemacht haben soll, "eine Gruppe der Deutschchristen zu gründen".[310]

Als am 27. April die BPP die Bezirksämter über den Erlaß des Reichsinnenministers vom 16.4.1934 informierten, wonach die Staatsgewalt nicht in den Kirchenstreit eingreifen sollte, schrieb das Bezirksamt Weißenburg an Kreisleiter Gerstner, daß gegen die geplanten Vorträge zur kirchlichen Lage im Amtsbezirk nichts zu unternehmen sei.[311] Gerstners Antwort, die die Hellhörigkeit der Weißenburger Parteileitung in dieser Frage zum Ausdruck brachte, plädierte für eine Überwachung der Versammlungen durch Gendarmeriebeamten in Zivil, denn die letzten Versammlungen des Evangelischen Bundes hätten gezeigt, daß es meist nicht "ohne einen gewissen Seitenhieb auf die Regierung" abginge.[312]

Für den Tag der nationalen Arbeit am 1. Mai ordnete der LKR, in Übereinstimmung mit der Reichskirchenleitung, Sondergottesdienste und Festgeläute an.[313] In Weißenburg wurden jedoch die Kirchen nicht wie im Jahre zuvor im offiziellen Programm erwähnt. Es genügte jetzt auch zum Beispiel vollauf, wenn die Weihe der Betriebsfahnen am 1. Mai ohne kirchliche Beteiligung durch den Kreisleiter vorgenommen wurde.[314]

Gleichzeitig mit dieser Brüskierung erschien eine Sondernummer des "Stürmers", der sich über ein Lieblingsthema der Zeitschrift ausbreitete: die Legenden über jüdischen "Ritualmorde".[315] Dazu stand in Klammern eine Bermerkung der Schriftleitung:

"Dieser verruchte, hohnvolle, jüdische Brauch hat eine verdächtige Ähnlichkeit mit dem christlichen Abendmahl. Auch bei diesem wird der Wein als Blut und die Hostie als Leib eingenommen. Der Christ macht's symbolisch, der Jude in Wirklichkeit, das ist der einzige Unterschied"

Dieser beiläufig erwähnte Vergleich wäre von vielen Kirchenmitgliedern unbemerkt geblieben wenn nicht die Gesamtgeistlichkeit Nürnburgs öffentlich dagegen protestiert hätte.[316] Am 11. Mai erschien die Erklärung der Nürnberger Pfarrerschaft in der "Allgemeinen Rundschau", die am Himmelfahrtstag, dem 10. Mai von allen Kanzeln Nürnbergs vorgelesen wurde:[316]

"Vor Gott und unseren Gemeinden erheben wir hiermit öffentlich Klage und Anklage gegen diesen ungeheuerlichen Angriff auf das Altarsakrament der Kirche. Denn hier wird der Herr Christus, ja Gott selber gelästert. Wir fordern die Gemeinde auf, überall mannhaft gegen solche Herabwürdigung des innersten Heiligtums unserer Kirche einzutreten."

In der kommenden Woche gab der LKR die Anweisung heraus, daß die Nürnberger Erklärung am Pfingstsonntag, dem 20. Mai, von allen Kanzeln der Ortschaften zu verlesen war, "innerhalb derer der 'Stürmer' verbreitet ist"; wie Dekan von Löffelholz hinzufügte, "also in allen unseren fränkischen Gemeinden".[318]

Vielleicht eine der schärfsten Reaktionen auf die "Stürmer"-Sondernummer kam von dem Mann, der im fränkischen Kirchenkampf von nun an eine maßgebende Rolle spielen sollte, OKR Georg Kern. Bei seiner Einführungspredigt als Kreisdekan des Kirchenkreises Ansbach am 13. Mai, sagte er mit kaum verhüllter Deutlichkeit:[319]

> "Wer diese Kraft des Blutes Christi schmäht, will den Tod für unser Volk und nicht das Leben. Wer diese Kraft des Blutes Christi schmäht, verstopft die größte Quelle der Bruderschaft, der Ehrfurcht vor dem Bruder und der Schwester im Volk, der soll nicht sagen, daß er dies deutsche Volk lieb hat, oder er irrt mit seiner Liebe."

Voll bewußt, daß diese Bemerkung ihn in den Verdacht ein Nörgler zu sein, bringen könnte, fügte Kern hinzu, daß wenn der an sich berechtigte Kampf gegen die Nörgler zu Ende geführt sei,

> "dann soll man rufen zum Kampf gegen die, welche immer nur Ja sagen, das sind die Urteilslosen, die Masse, die sind ebenso gefährlich wie die, welche Nein, Nein sagen. Es kann dem Volk, es kann dem Führer unseres Volkes nichts Besseres von Gott geschenkt werden als eine Kirche, welche unserem Volk Männer gibt, die zu urteilen vermögen aus der Liebe Christi, aus der Wahrheit des göttlichen Wortes heraus."

Dieser Überzeugung ist Kern auch im weiteren Verlauf des Kirchenkampfs in Franken treu geblieben.

Aus Unterfranken ist eine ähnlich scharfe Reaktion zu der "Stürmer"-Sondernummer belegt worden. Von der Kanzel sagte ein Geistlicher am 12. Mai:[320]

> "Wir Evangelischen, wir nationalsozialistischen Evangelischen protestieren gegen die Weise, wie in einer Zeitung, die die NS-Idee vertritt, unter dem Deckmantel des Nationalsozialismus gegen das Allerheiligste unseres Glaubens gelästert wird. Ich bitte euch, in eurer Liebe gegen das Dritte Reich und seine Führer um dieser Sache willen nicht zu erkalten; aber mit demselben Nachdruck ermahne ich euch, unsere Kirche und das ihr anvertraute Gut zu schützen. Wir vertrauen darauf, daß unsere wirklich grossen Führer sich zu dem halten, was sie manchmal mit guten Worten über den Wert des christlichen Glaubens gesagt haben, und daß es den kleineren Geistern nicht gelingt, das umzustossen, was § 24 des Parteiprogramms und manche Äußerungen hervorragender Führer als Selbstverständlichkeit ausgesprochen haben."

Sein Vertrauen in den "wirklich grossen Führer" sah dieser Pfarrer, und sicherlich viele mit ihm, bestätigt, als am 18. Mai eine Meldung aus Berlin in der Presse zu lesen war: "Auf Befehl des Reichskanzlers wurde die Sondernummer des 'Stürmers', Nürnberg, Mai 1934, betitelt 'Ritualmord-Nummer', wegen eines Angriffes gegen das christliche Abendmahl beschlagnahmt".[321] Daraufhin rückte auch Streicher von der "Entgleisung" im "Stürmer" ab.[322]

Der erfolgreiche Widerstand gegen Streichers Blatt verstärkte die Hoffnung, daß Hitler die kirchlichen Belange gegen Übergriffe der unteren

Parteiführer schützen würde; "wenn der Führer nur wüßte", wie es häufig hieß. Es hat die Kirche sicherlich auch dazu ermuntert, zukünftigen Angriffen der fränkischen Gauleitung zu widerstehen, in der Hoffnung ein offenes Ohr bei Regierungsstellen in Berlin oder auch in München finden zu können.

Eine Abwehrreaktion der Kirche gegen antichristliche Tedenzen in den Parteiorganen gab es auch in Hof Ende Mai. Die in Oberfranken vielgelesene NS-Zeitung "Das Fränkische Volk" brachte am Samstag vor Pfingsten den Artikel "Das Pfingstfest des deutschen Volkes", der im Sinne der Deutschen Glaubensbewegung das Christentum herabsetzte.[323] Die Pfarrer des Hofer Kapitels protestierten dagegen, daß eine Zeitung, "die als offizielles Parteiorgan doch Ausdruck des Staatswillens ist und den Artikel 24 des Parteiprogramms zu beachten hat", Artikel bringt, die die christlichen "Volksgenossen empfindsam verletzen" müssen.[324]

Zusammenfassend zu der kirchlichen Aufklärungsarbeit im Mai/ Juni 1934, kann man drei Haupttendenzen erkennen: eine zurückhaltende, eine gemäßigte und eine offene Vorgehensweise. Den zurückhaltenden Weg schlug der Schriftleiter des vor allem im ländlichen Franken vielgelesenen Rothenburger Sonntagsblatts ein. Hier, abgesehen von ein Paar offiziellen Meldungen zur kirchlichen Lage pro Ausgabe, beschäftigten sich die meisten Beiträge mit eher "zeitlosen", erbaulichen Themen. Wie ein Volksmissions Pfarrer über das Sonntagsblatt klagte: man tut so, "als wenn alle Leser wüßten, worum es in dem Weltanschauungskampf geht".[325] Dennoch blieb kein Zweifel an der loyalen Haltung des Sonntagsblatts zum Landesbischof.

Zu einem mittleren Weg war die Schriftleitung der evangelischen Tageszeitung die "Allgemeine Rundschau" fast gezwungen, denn auf der einen Seite standen die Gemeinden, die zuverlässige Information über die kirchliche Lage von ihrer Zeitung verlangten und androhten, der ohnehin in ihrer Existenz gefährdeten Zeitung die Unterstützung zu entziehen, auf der anderen Seite die Einschränkungen der Pressefreiheit und die angedrohten Folgen bei ihrer Mißachtung.[326] In einer Antwort auf die Kritik des Dekanats Öttingen zur Berichterstattung über den württembergischen Kirchenkonflikt, schrieb Käßler, daß seine Zeitung die einzige Tageszeitung in Bayern sei, die sich traut, Stellung zum Kirchenkonflikt zu nehmen, "weil es wirklich eine gefährliche Sache" sei.[327]

Die Stellung, die Käßler zum Kirchenkonflikt nahm, war durchaus für die Bekenntnisfront, er versuchte aber den Kampf der Kirche in Einklang mit den Zielen des NS-Staates zu bringen, um seine Parteinahme zu rechtfertigen. So schrieb er in einem Artikel, "Um den kirchlichen Frieden":[328]

"Das Kirchenvolk horcht auf, die Gemeinden stehen auf. So unendlich bedauerlich der Kirchenstreit ist, so sehr es einen aufrechten Anhänger und Vertreter des Dritten Reiches schmerzen muß, daß die Einheit der deutschen evangelischen Reichskirche nicht vorhanden ist als das wünschenswerteste Fundament des nationalsozialistischen Staates, so hat doch der Kirchenstreit auf der anderen Seite etwas recht begrüßenswertes. Es wird gekämpft und gerungen um letzte Wahrheiten; das ist echt deutsch und echt nationalsozialistisch. Keine Kompromisse, keine unwahrhaftige Union, keine äußerliche Zusammenschluß unter Bedingungen, die innerlich als Lüge empfangen werden müßten. Wohl eine starke Reichskirche, darin sind sich beide Gruppen einig, aber unbedingt so, daß keinem Bekenntnis und keinem Gewissen eines Volksgenossen Zwang angetan werden kann."

Wesentlich offener über die kirchliche Lage zu berichten trauten sich einige Gemeindeblätter, die den Vorteil hatten, den Druck der Pressebeaufsichtigung zuerst nicht so gespürt zu haben wie die Tageszeitungen. Ausführliche Berichte enthielten zum Beispiel das Gemeindeblatt für Dinkelsbühl, der Rieser Kirchenbote, und besonders das Gemeindeblatt für München. Neben regelmäßigen, eindeutig gegen die Politik der Reichskirchenregierung eingestellten Berichte über die kirchliche Lage, erschien im Münchener Gemeindeblatt ab dem 6. Mai über mehere Wochen eine Reihe: "Mit den 'Deutschen Christen' durchs Kirchjahr" von Pfarrer Sammetreuther, von Anfang an ein dezidierter Gegner der DC, dessen Schulungsvorträge vor den Münchener Kirchenvorsteher in der Reihe "Bekennende Kirche" vom Kaiser Verlag Mitte Mai erschienen ist.[329] Mit dem Titel "Die falsche Lehre der Deutschen Christen", wurde das Heft eine wichtige Hilfe bei der kirchlichen Aufklärungsarbeit.[330]

Es ist sicherlich richtig, daß man städtischen Gemeinden mit ihrem höheren Bildungsgrad viel mehr an Information zumuten könnte, und, weil mehr gefährdet von der NS-Weltanschauung, zumuten mußte, als dies für ländliche Gemeinden der Fall war, mit ihrer relativ höheren Immunität gegen kirchenfeindliche Tendenzen der NSDAP. Problematisch war es aber besonders für Kleinstädte wie Weißenburg, wo ein Teil der Bevölkerung für die NS-Ideologie sehr empfänglich war und wo das Rothenburger Sonntagsblatt und die "Allgemeine Rundschau" die einzigen verbreiteten kirchlichen Organe waren. Auch in der Stadt Nürnberg, die aus vielerlei Gründen ohnehin ein viel schwierigeres Terrain für die Kirche darstellte, war es ein Nachteil für die Bekenntnisfront, daß das Nürnberger Gemeindeblatt unter der Schriftleitung des Pfarrer Baumgärtners lag, einem Mann der zwar besorgt war, die Geschlossenheit der bayerischen Landeskirche zu wahren - davon zeugt seine Abwehr gegen den Einbruch der Thüringer DC im Sommer 1934[331] - der jedoch eine starke Zuneigung für eine gemäßigte DC-Position hatte, bis er September 1934 ganz auf die Seite des Reichsbischofs hinüberschwenkte.[332]

13) Die schwierige Lage in Weißenburg

Die Aufklärung der Gemeinden im Dekanat Weißenburg wurde hauptsächlich durch Flugblattverteilung in den Kirchen und während Schulungsabende durchgeführt, wobei der Ellinger Vikar Heinrich Schmidt, dessen Vortragsskizze über die kirchliche Lage im "Korrespondenzblatt" erschien, eine besonders aktive Rolle spielte.[333] Daß jedoch die Bekenntniskreise in Weißenburg in einer besonders schwierige Lage waren, zeigen zwei Fälle von Mitte Mai 1934.

Der erste betraf Frau Dekan v. Löffelholz, die wegen ihrer sehr aktiven Rolle in der Frauen- und Mädchenarbeit auf Kollisionskurs mit Parteistellen in Weißenburg geriet. Frau v. Löffelholz leitete lange vor 1933 eine Ortsgruppe des Evang. Arbeiterinnenvereins, aus dem sie im September 1932 eine besondere Gruppe, den "Mütterdienst", gründete, und damit als erste in Bayern die Mütterschulung angefangen hat.[334] Schon im September 1933 tauchten die ersten Reibereien mit der NS-Frauenschaft auf, die den Mütterdienst für sich beanspruchen wollte. Es fand sich jedoch keine Frau bereit, diesen Dienst zu übernehmen, sodaß Frau v. Löffelholz, die nur bereit war ihre Gruppe gleichschalten zu lassen, wenn dazu aufgefordert, mit ihrer Arbeit fortfuhr. Im Frühjahr kam es erneut zu Spannungen als die Partei ihre versprochene Unterstützung für einen von Frau v. Löffelholz organisierten Filmabend zurücknahm. Zu dieser Zeit zeigte Frau v. Löffelholz ihre Bereitschaft der NS-Frauenschaft beizutreten, solange sie die Pflichtabende, wo zum Teil weltanschauliche Themen im Geiste von Rosenberg behandelt wurden,[335] nicht besuchen mußte. Diese Bedingung und auch die Doppelmitgliedschaft in der NS-Frauenschaft und im Mütterdienst wurde jedoch abgelehnt, woraufhin Frau v. Löffelholz ihre Arbeit im Mütterdienst niederlegte. Sie pflegte aber weiterhin Kontakt zu den Frauen unter dem Namen "zwangsloser Zusammenkünfte" und organisierte auch Aktivitäten für die evangelischen Gemeindemädchen. Diese Tätigkeit wurde ihr bald übelgenommen und an den besonders eifrigen Sonderbeauftragten am Bezirksamt, SA-Sturmführer Kolb gemeldet, der sie beim Bezirksamt wegen "staatsfeindlichem Verhalten" am 10. Mai anzeigte.[336] Neben der Weiterführung der Frauen- und Mädchengruppen, wo sie angeblich "abträgliche und zersetzende Kritik an den Maßnahmen der Regierung geübt und verbreitet", sowie Kirchenpolitik getrieben hätte und "damit in starkem Maße ganz unnötige Beunruhigung in die Bevölkerung getragen" hätte, wurde Frau v. Löffelholz vorgeworfen folgende Äußerung gemacht zu haben: "In zwei Jahren sind wir alle katholisch. Wir gehen einer schweren Zeit entgegen. Mein Mann kommt von Amt und Brot, wir müssen schauen, wo wir die Kinder unterbringen." Kolb fand diese Behauptung unbegründet und eine

"Unverschämtheit", die nur beweist, wie unbeliebt die "Familie Freiherr von Löffelholz... bei der ganzen Bevölkerung bis auf wenige Ausnahmen" sei. Ein weiterer Vorwurf war, daß die Frau Dekan sich abfällig über das "rote Tuch" (d.h. Hakenkreuzfahne) von Pfarrer Kalb geäußert hatte. Kolb verlangte, daß es Frau v. Löffelholz verboten wird, sich als Leiterin einer Mädchen- oder Frauengruppen zu betätigen. Zudem wollte er sogar verhindern, daß Frau v. Löffelholz ihre Funktion als Führerin der Pfarrfrauen bei einer Pfarrfrauentagung in Neuendettelsau Ende Mai ausübt.[337] Und schließlich, nachdem er seine Anklageschrift schon abgeschickt hatte, beantragte er nachträglich "die Verhängung der Schutzhaft über Frau Dekan v. Löffelholz wegen gegnerische Einstellung gegen die Organisationen der NSDAP".[338]

Daraufhin ließ der Leiter des Bezirksamtes Hahn Frau v.Löffelholz zu sich kommen und hörte ihre Darstellung des Konfliktes an.[339] Bei dieser Vernehmung bestätigt Frau v. Löffelholz, daß ihr Mann "auf der schwarzen Liste" stünde; die Bemerkung "in zwei Jahren sind wir alle katholisch" habe sie jedoch in dieser Form nicht gesagt, dafür aber bestimmt: "Bleibt treu bei Eurem Bekenntnis". Das vor ihrem Wohnzimmerfenster aufgehängte rote Fahnentuch des Pfarrers Kalb fand sie deshalb unangenehm, wiel es sie an eine bei nächtlicher Demonstration vorbeigeführte Kommunistenfahne erinnerte. Hahn, der sich nicht vom Sonderbeauftragten einschüchtern ließ, befand, daß die Voraussetzungen für die Verhängigung der Schutzhaft in diesem Fall nicht gegeben waren.[340]

Der zweite Fall ereignete sich im Zusammenhang mit einer am Freitag den 11. Mai von der Weißenburger Ortsgruppe veranstalteten Massenveranstaltung, wiedereinmal mit einem auswärtigen Pfarrer, Pg. Ludwig Münchmeyer, der zum Thema : "Die Judenfrage im Lichte des Nationalsozialismus" sprach.[341] Da der Besuch der Versammlung für Parteigenossen und Untergliederungen der Partei zur Pflicht gemacht wurde, war die Sporthalle des Arbeitsdienstlagers mit rund 2000 Menschen voll.[342] In einer drei-stündigen Rede, betonte Münchmeyer, daß viele das Wesen des Nationalsozialismus noch nicht begriffen hätten, in dem die Judenfrage eine zentrale Rolle spielte.[343] Er warf der Kirche vor, Luthers antisemitische Schriften ignoriert zu haben, und warnte vor "Nörgler und Kritiker", die spüren müssen, "daß es mit der Judenherrschaft und der ihrer Werkzeuge vorbei" sei. Schließlich betonte er, daß das wahre Christentum in Taten, nicht in Worten bestehe, und daß "recht verstandener Nationalsozialismus... recht verstandenes Christentum der Tat" sei. Der Leiter der Versammlung Max Hetzner schloß mit der Aufforderung "zum Kampf gegen das Judentum, dem schwersten Kampf, den das deutsche Volk bestehen muß".[344] In den Worten des Bezirksamtvorstands war der Abend eine "überwältigende Massenkundgebung für die Weltanschauung des Nationalsozialismus."[345]

Umsomehr ärgerte es die Partei, daß die gleiche Zeitungsausgabe, die von der Versammlung berichtete, auch den Wortlaut der Kasseler Erklärung vom 7. Mai von der Bekenntnisgemeinschaft der DEK druckte.[346] In dieser Erklärung lehnte es die Unterzeichnende, darunter Meiser, Wurm und Niemöller, ab, sich der "ungesetzlichen Führung" und der "unevangelischen Bedrückung der Gewissen" durch das Reichskirchenregiment zu unterwerfen.[347] Sie gaben ihr Vorhaben bekannt, "wenn uns die Zeit gekommen erscheint,... zu einer gemeinsamen Kundgebung des Bekennens" aufzurufen. Diese erneute Absage der Bekenntnisgemeinschaft an den Reichsbischof nahm die Weißenburger NSDAP als einen Angriff auf den Nationalsozialismus, und schrieb in einer Anzeige in der Zeitung unter der Überschrift "Zur Abwehr!": "Die konfessionellen Gegner des geordneten deutschen Staates haben uns in der Öffentlichkeit den Fehdehandschuh zugeworfen".[348] Es folgte eine Beschreibung des abgehörten Niemöller-Telefongesprächs vor dem Kanzlerempfang vom 25. Januar und die Schlußfolgerung: "Sage mir, mit wem du umgehst, und ich sage dir, wer du bist. Evangelische Deutsche, die Augen auf!"

Am 16. Mai erfolgte sogar eine fernmündliche Weisung des Gauleiters Streicher:[349]

"Durch die Veröffentlichung von Erklärungen der evangelischen Geistlichkeit, wie sie in der 'Weißenburger Zeitung' vom 12.5.1934 erfolgt ist, wird eine starke Beunruhigung in die Bevölkerung getragen. Die Bezirkspolizeibehörden und Polizeidirektionen sind deshalb anzuweisen, den Schriftleitungen sämtlicher Tageszeitungen zu untersagen, weitere Erklärungen der evangelischen Geistlichkeit zu veröffentlichen."

Dieser Vorfall zeigt sehr deutlich, wie wenig die Parteileitung in Franken bereit war, das Bild einer geschlossenen Volksgemeinschaft durch Auseinandersetzungen um die Reichskirche stören zu lassen.

14) Meiser verteidigt seine Ablehnung der Gleichschaltung der Kirche

Streichers Anordnung, die die Regierung in Ansbach weitergab,[350] kam dem Reichsbischof sehr gelegen, denn am 15. Mai ging eine umstrittene, kirchenamtliche Erfolgsmeldung über den Stand der Gleichschaltung der Landeskirchen durch die Presse.[351] Mit der "freiwilligen Eingliederung" der Evang.-Luth. Landeskirche in Hannover seien, nach diesem Bericht, "bereits drei Viertel aller evangelischen Glaubensgenossen Deutschlands erfaßt", und Mitteilungen aus anderen Landeskirchen würden bestätigen, "daß auch dort diese Entwicklung mit freudigem Herzen entsprochen wird".

Gegen diese Verlautbarung protestierte Meiser in einem später veröffentlichten Brief an das Reichsinnenministerium.[352] Dabei zeigte er wie die Meldung "in schroffem Widerspruch" zu den Tatsachen stand und verlangte, "daß die Öffentlichkeit nicht dauernd durch einseitige Darstellungen der Reichskirchenregierung irregeführt, sondern durch die wahre Schilderung der Tatsachen aufgeklärt wird".

Meisers Brief an Frick diente auch als Basis für den Bericht, "Kirchliche Einheit der Deutschen Evangelischen Kirche", den mehrere Gemeindeblätter Ende Mai brachten.[353] Dieser Bericht wurde in einigen Punkten noch deutlicher als der Brief Meisers, so wie bei der Beschreibung des Ziels der Reichskirchenregierung: die Schaffung einer einheitlichen deutschen Nationalkirche als "Unionskirche":

"Ja, neuerdings scheint der Gedanke der Thüringer 'Deutschen Christen' bei der Reichskirchenregierung Anklang zu finden: in dieser Kirche auch die Katholiken zu haben. Damit wäre die Reformation rückgängig gemacht."

Diese häufig im Kirchenkampf ausgedrückte Befürchtung basiert auf einer Bemerkung des Reichsbischofs Mitte Mai bei der Amtseinsetzung des neuen Thüringer Landesbischof Martin Sasse: "Wir sind dem Nationalsozialismus eine einige, romfreie, deutsche Kirche schuldig",[354] was als Annäherung an die nationalkirchlichen Vorstellungen der Thüringer DC gesehen wurde. Sasse hatte schon im April öffentlich erklärt, daß man nicht von einer kirchlichen Einheit sprechen könne, solange noch zwei konfessionelle Säulen in Deutschland stehen: "Die gewaltige Idee des Nationalsozialismus wird aber vorstoßen und die Einheit erzwingen."[355]

Eine gewisse wenn auch begrenzte Unterstützung erfuhr Meiser von einer Erklärung der theologischen Fakultät Erlangen vom 18. Mai.[356] Sechs Professoren lehnten in dieser Erklärung ein Aufgehen der lutherischen Kirchen in die DEK ab und befürworteten, in völliger Außerachtlassung der in Ulm gebildeten Bekenntnisgemeinschaft, die "Bildung einer großen lutherischen Kirche deutscher Nation".

Eine wesentlich ausführlichere und kritischere Auseinandersetzung mit der Politik der Reichskirchenregierung erfolgte am 23. Mai von mehreren Lehrer der Theologie in Deutschland, darunter Barth, Bultmann, und Strathmann als einziger Professor aus Erlangen.[357] In dieser Erklärung wurde auch ein klares Wort zum Verhältnis Staat und Kirche ausgesprochen. Die Kirche habe zwar dem Staat als weltliche Obrigkeit Gehorsam zu leisten, was jedoch nicht einschließt, "daß die Kirche die Weltanschauung des Staates und der Partei zu verkündigen habe, und daß die Verfassung der Kirche den Formen des Staates anzugleichen sei. Die Kirche ist nicht die Stätte politischer Propaganda, sowenig wie die Stätte politischer Opposition, sondern die Stätte der reinen und Gott verantwortlichen Verkündigung des Wortes Gottes an das Volk, das sich zum Evangelium bekennt."

Diese offene Aussage konnte jedoch, da sie als eine "Erklärung evangelischer Geistlichen" galt, nach der Weisung Streichers nicht in den Tageszeitungen erscheinen, wurde jedoch in der kirchlichen Presse wiedergegeben.[358]

Angesichts des entstellten Bildes der kirchlichen Lage in der Presse sowie der drohenden Gleichschaltung der bayerischen Landeskirche, rief Meiser für den 24. Mai die Mitglieder der Landessynode zu einer Besprechung in München zusammen. Wegen der Zusammensetzung der Synode war dieser Schritt keinesfalls ungefährlich, und in der Tat schickte der Reichsbischof zwei Sendboten, die am Tag vorher einer Gruppe von Mitgliedern der Synode, die eine "Fraktion nationalsozialistischen Synodalen" bildete, Weisungen gaben, die zur Konstruktion eines "kirchlichen Notstandes" hätte führen können.[359] Diese Gefahr wurde jedoch zum Teil deshalb entschärft, weil die Zusammenkunft als "brüderliche Aussprache" und nicht als offizielle Synode angekündigt war. Daher konnte man auch den Wunsch des Stellvertreters des Reichsbischofs an der Besprechung teilzunehmen, abweisen.[360]

Durch einen Artikel in der "Allgemeinen Rundschau" vom 23. Mai wurden auch hohe Erwartungen an die Zusammenkunft geknüpft:[361]

"Man darf also mit großer Spannung dieser Münchener Synodalbesprechung entgegensehen. Ihre Haltung wird von entscheidender Bedeutung für das Schicksal der bayerischen, ja der deutschen Kirche sein."

In seinem Bericht vor den Synodalen begründete Meiser sein kirchenpolitisches Handeln und verlangte eine geistliche Leitung in der Reichskirche und eine Wiederherstellung der Rechtssicherheit.[362] Nach dem Bericht des Presseverbands zu beurteilen, gestaltete sich die anschließende Diskussion als schwierig. Darin hieß es etwas verschlüsselt:

"Die Aussprache brachte zum Ausdruck, in welcher Not sich die Gemeinden befinden. Da die Presse lediglich der Reichskirchenregierung zur Verfügung stand, herrscht eine völlige Verwirrung der Vorstellungen über die kirchliche Lage. Durch die einseitige Berichterstattung erscheinen unser Landesbischof und die Bekenntnisfront als die Friedensstörer."

Als Sprecher der NS-Fraktion bat der Gunzenhauser Bürgermeister Dr. Münch den Landesbischof alles zu versuchen, um eine Einigung mit der Reichskirche zu erlangen.[363] Meiser versicherte den Synodalen, daß er vor drei Monaten gehofft habe, über den Verhandlungsweg zum Ziel zu gelangen, daß die Erfahrung ihn jedoch eines Anderen belehrt hätte.[364]

Nach der Besprechung herrschte in der NS-Fraktion Mißmut über folgende in der Presse und im Runkfunk verbreitete Meldung des Evang. Presseverbands: "Die anschließende, von tiefem Ernst getragene Aussprache brachte zum Ausdruck, daß die Landessynode mit einmütigem Vertrauen hinter Landesbischof D. Meiser steht."[365] Diese Erklärung sei nach Münch irreführend, denn es hätten in der Aussprache zwei Auffassungen gegenübergestanden, und es wurde keinerlei Beschlußfassung vollzogen.[366] Kreisdekan Kern berichtete an Meiser, daß er einige der unzufriedenen Synodalen gesprochen hatte, und sie zum Teil dadurch beruhigte, als er sagte, daß der Bericht nicht von der Einmütigkeit der Synode sondern vom "einmütigem Vertrauen" zu Meiser sprach.[367] Aber vor allem Münch blieb dabei, daß der Bericht der tatsächlichen Stimmung nicht entsprochen hatte. Daraus schlußfolgerte Kern:

> "Aus all den Wahrnehmungen sowie auch aus der Tatsache, daß jegliche Veröffentlichung unsererseits nun auch in kirchlichen Blättern möglichst unterbunden werden soll, ziehe ich nach wie vor die Folgerung, daß unsere Laien sowohl in persönlichem Verkehr, wie in einzelnen Aussprachen innerhalb der Kirchenvorstände etc. viel stärker wie bisher unterrichtet werden müssen, sonst gelingt es einmal noch mehr, daß ein hergelaufener Sendbote Berlins die Köpfe vorher verwirrt."

15) Die Reaktion auf den Angriff Wolf Meyers und der Deutschen Christen in Bayern

Die Aufklärung der Laien wurde in den ersten Maiwochen noch dringender mit der Erscheinung eines offenen Briefes des ehemaligen DC-Leiter in Franken, Wolf Meyer, an Landesbischof Meiser mit der Titel "Kirche oder Sekte", erschienen im Verlag Deutsche Christen Thüringen.[368] In seinen persönlich beleidigenden, sprachgewaltigen Ausführungen erhob er zwei Vorwürfe gegen Meiser: 1) er treibe "Unionismus", und theologische "Irreführung" weil er gemeinsame Sache "mit der reformierten Renitenz im Rheinland" mache; 2) er mißachte den ersten Glaubensartikel indem er den engen Horizont der dialektischen Theologie übernehme und dadurch die Offenbarung Gottes in der Schöpfung und in der Geschichte, und auch im "Wunder der nationalsozialistischen Revolution", leugne. Er ließe sich ja in seiner "außerordentlich feinen, vornehmen Art" "zu finsteren Zwecken" mißbrauchen, denn in der Front gegen die Deutschen Christen sammele sich "die Verärgerung und das politische Ressentiment gegen den Staat".

In der Pfarrerschaft stieß dieser Angriff auf weitgehende Ablehnung, und hat die Geschlossenheit hinter Meiser eher gestärkt als geschwächt. Viele Pfarrkonferenzen beschäftigten sich mit Meyers Vorwürfen und lehnten den Inhalt und Ton seiner Schrift ab. So erschien am 22. Mai im "Korrespondenzblatt" ein offener Brief der Geistlichen von Meyers früheren Kapitel Nördlingen, die ihr "tiefstes Befremden" über die demagogische Herabsetzung des Landesbischofs äußerten.[369] Und die Pappenheimer Pfarrer, in ihrem Protest an Meyer, fühlten sich durch seine Schrift an die Feindpropaganda im Krieg erinnert, die die Front zermürben sollte.[370]

Die Widerlegung von Meyers Thesen war für die meisten Pfarrer nicht besonders schwer, und ist dem Referent im LKR Christian Stoll am besten gelungen, der schrieb:[371]

> "Es ist beinahe grotesk, daß aus Thüringen, der Heimat des Gedankens an eine romfreie deutsche Nationalkirche (also einer vollendeten Union mit Einschluß der Katholiken) eine wenig erfreuliche Schähschrift gegen den bayerischen Landesbischof kommt, derer Verfasser - ein ehemaliger bayerischer Pfarrer! - es wagt, sich zum Vorkämpfer der lutherischen Sache auszurufen."

Auch durch einige Gedanken in seiner Antrittsvorlesung in Jena hat sich Meyer in den Augen vieler bayerischer Pfarrer selbst disqualifiziert.[372] Nach dem Muster einer der üblichen Parteireden, schilderte Meyer wie Deutschland nach dem Krieg "durch fremdrassige Elemente" überschwemmt wurde. In Übereinstimmung mit "Mein Kampf" stellte er fest: "Kulturerhaltend aber ist allein die arische Rasse." Als Hauptfeind sah er die "Fremdenlegion der Theologie", d.h. die dialektische Theologie Barths, die "am Untergang unserer Kultur durch ihre Verwerfung des rassischen Idealismus" arbeite. "Gegen diese soll ein leidenschaftlicher Kampf geführt werden. Ein Heidentum mit fanatischer Liebe für Deutschland ist uns lieber als diese Theologie".

Gegen dieses "Schwärmertum" war mit wenigen Ausnahmen die bayerische Pfarrerschaft immun. Eine große Anfälligkeit dagegen befürchtete man in Laienkreisen. Der Altdorfer Dekan schrieb am 12. Mai über seine Eindrücke bei der Kirchenvisitationen,[373]

> "daß unsere nationalsozialistischen Kirchenvorsteher kein Verständnis aufbringen für den Standpunkt der Bekenntnisfront. Sie sagen sich einfach: Der Reichsbischof hat das Vertrauen des Führers, dem Führer folgen wir blindlings, also ist auch unser Stand nicht bei dem Landesbischof sondern bei dem Reichsbischof."

Eine ähnliche Beurteilung gab der ehemalig Hamburger Landesbischof Schöffel im Juni in der Zeitschrift "Luthertum":[374]

> "Im übrigen darf man nicht vergessen, daß es den Einzelnen, vor allem den Laien, nicht leicht ist, ein klares Urteil zu gewinnen. Die Zeit und die Möglichkeit der Aufklärung war gewöhnlich sehr beschnitten; das politische Denken nimmt zudem den Sinn aller in Anspruch. Der Mensch unserer Tage wird zum politischen Menschen geformt, und er ist geneigt alles, auch die Kirche, aus solchem Wollen und Schauen zu beurteilen."

Erschwerend kam hinzu, daß Meyers Schrift eine weite Verbreitung fand,[375] und vom Gauorgan die "Fränkische Tageszeitung" am 5. Juni extra gepriesen wurde, weil sie "der kirchlichen Reaktion den Mantel der Heiligkeit" wegreiße, weil sie "die Zionswächter als die Fremdenlegionäre, die die Kirche, die das Volk an eine falsche Theologie verraten", entlarve.[376] Deshalb solle man diese "Kampfschrift" hinausschleudern in das Volk, "das des Gezänkes, des Sektentreibens der kirchlich getarnten Reaktion endgültig satt ist".

Es war ein sehr mutiger Schritt, und half auch sehr zur Aufklärung der kirchlichen Laien, daß Georg Käßler, unter Zitierung des Artikels der "Fränkischen Tageszeitung", eine öffentliche Antwort an Wolf Meyer in der "Allgemeinen Rundschau" wagte.[377] Vor allem den Vorwurf der Reaktion wies er entschieden zurück:

> "Es ist einfach empörend und ein Verbrechen an der Volksgemeinschaft wider die evangelischen Geistlichen so zu reden... Wenn die evang.-luth. Pfarrer politisch reaktionär wären,... wenn sie... das Dritte Reich zerstören wollten,... dann gäbe es nur eines: Heraus mit ihnen, damit sie unschädlich sind! Wo es sich aber, und das ist genau zu scheiden, um den Kampf letzter christlicher Erkenntnisse handelt,... da lasse man sie ihren heiligen Kampf aus ganzer innerer Verantwortung führen!"

Die "Fränkischen Tageszeitung" vom 5. Juni meldete zugleich, daß Meyer "auf dringende Bitten aus Bayern", die Landesleitung der Deutschen Christen übernommen hätte. Die DC sollen nun als Laienbewegung in Bayern wieder entstehen, geführt von Laien, "die nur ihrem Gott, ihrem Volk, aber nicht einem reaktionären Bischof gehorsam sind".[378] Schon Ende Mai machte sich diese neue DC-Gruppe bemerkbar, als sie in Meyers altem Kirchenbezirk Würzburg versuchten, bei einer Versammlung mit Pfarrer Putz, das Pamphlet "Kirche oder Sekte" zu verkaufen.[379] Um einen Konflikt zu vermeiden, wurde die Versammlung von der geheimen Staatspolizei verboten. Auch in Nürnberg gab es Anzeichen, daß es Meyer gelungen war, Thüringer DC-Gruppen zu gründen.[380]

Es zeigte sich jedoch, daß auch die Laienwelt in Bayern für die nationalkirchliche Ideen der Thüringer nicht besonders empfänglich war. Ende August 1934 stellte ein Bericht fest, daß Meyer in den Gemeinden keine beträchtliche Gefolgschaft gefunden hatte; es gab lediglich kleine Gruppen in Würzburg und Nürnberg.[381] Als Gründe für diesen Mißerfolg waren angegeben, die allseitige Beliebtheit Meisers, und der "anmaßende, verletzende Ton", mit dem Meyer gegen seinen ehemaligen Landesbischof aufgetreten war. Auch die durch die Idee einer Nationalkirche initierte Befürchtung, katholisch werden zu müssen, wirkte für Meyer Konterproduktiv und mobilisierte viele Menschen für den Landesbischof.

Aber auch wenn die nationalkirchlichen Vorstellungen der Thüringer DC kein großes Echo in Bayern gefunden hatten, bedeutet das nicht, daß man den Laien von der Unrechtmäßigkeit der Eingliederungspolitik der Reichskirchenregierung und von der Notwendigkeit der Bekenntnisgemeinschaft überzeugt hatte. Und gerade die Versuche der Bekenntnispfarrer diese Problematik anzusprechen, stießen zunehmend auf Schwierigkeiten. In Dinkelsbühl beispielsweise wurde am 20 Mai einem Pfarrer, der in einem Bekenntnisgottesdienst einen Bericht über die kirchliche Lage geben wollte, das Sprechen verboten.[382] Und in Pegnitz wurde ein Geistlicher, der in einer Pfingstpredigt zu kirchenpolitischen Fragen Stellung genommen hatte, vom Ortsgruppenleiter wegen Kanzelmißbrauchs angezeigt.[383] Dabei hatte der Pfarrer lediglich eine klare Abgrenzung zwischen Staat und Kirche gefordert, und die Übertragung des Führergedankens auf die Kirche, wie dies der Reichsbischof praktizierte, abgelehnt.[384] Besorgt über diese Entwicklung, forderte Kreisdekan Kern am 31. Mai Berichte von den Dekanen über Verbote von kirchlichen Versammlungen an, um darüber den LKR informieren zu können.[385]

16) Die Barmer Bekenntnissynode und der Ansbacher Ratschlag

Die erste Tagung der Bekenntnissynode der DEK in Wuppertal-Barmen vom 29. bis 31. Mai sollte auch, nach einem Bericht von Putz, einem der bayerischen Teilnehmer, verboten werden.[386] Putz berichtete, daß ein Verbot unterlassen wurde, weil man in DC Kreisen glaubte, die Synode würde "mit einem großen Krach selbst auseinanderfallen". Dies passierte bekanntlich nicht, dennoch stellte die Barmer Bekenntnissynode eine große Belastungsprobe für die bayerische Landeskirche dar, denn durch die Mitwirkung der Landeskirche an der aus allen Kirchengebieten zusammengesetzten Synode und an der beabsichtigten "theologischen Erklärung", konnte man mit Sicherheit rechnen, daß der von Wolf Meyer erhobene Vorwurf des "Unionismus" neuen Nährstoff erhalten würde. Noch problematischer war die Haltung des Erlanger Professors Paul Althaus, der nach einem Bericht der "Basler Nachrichten" vom 7. Mai das Hauptreferat bei einem vom DC-Führer Kinder geplanten "lutherischen Konferenz" in Erlangen übernommen haben sollte.[387] Als Althaus einen Entwurf der Barmer "Theologischen Erklärung" Mitte Mai gesehen hatte, riet er Meiser dringend, den Entwurf "unter keinen Umständen anzunehmen".[388] In einer Bemerkung, die die Spannung zwischen der Erlanger theologischen Fakultät und den jungen theologischen Hilfsreferenten in München, Putz und Stoll, wiedergibt, fügt er hinzu:

"Daß der Entwurf so aussieht, das mag ja wohl den jungen rabiaten Barthianern in München lieb sein. Ich sehe darin einen Verrat an meiner Kirche und werde das öffentlich aussprechen... So drängt man die Lutheraner aus der 'Bekenntnisfront' heraus."

Der Spannung voll bewußt, auf der einen Seite die Bekenntnisgemeinschaft durch eine gemeinsame Erklärung gegen das DC-Kirchenregiment stärken zu wollen, und auf der anderen Seite eine möglichst von Erlangen gestärke

Opposition in der eigenen Landeskirche nicht aufkommen zu lassen, nahm die bayerische Delegation (Meiser, Breit, Meinzolt, Schieder, Putz, Sasse, Dörfler) an der Barmer Bekenntnissynode teil. Bei den Beratungen über die "Theologische Erklärung" bestanden die Lutheraner darauf, daß dadurch kein gemeinsames Bekenntnis und somit eine neue Union geschaffen werden sollte, sondern, daß in der Erklärung "nur die gemeinsame Not und Anfechtung, unter der Lutheraner, Reformierte und Unierte in der Deutschen Evangelischen Kirche gegenwärtig zu leiden haben, ihren Ausdruck finden soll."[389]

Bevor die Lutheraner bereit waren die Erklärung, die die Handschrift Karl Barths deutlich trug, zu akzeptieren, mußten zwei Bedingungen angenommen werden: 1) die Erklärung muß in Zusammenhang mit dem erläuternden Referat des Hamburger Lutheraner Asmussen zu verstehen werden; 2) die Erklärung soll als Grundlage für eine weitere Erarbeitung in bekenntnismäßig getrennten Konventen dienen.[390] Mit der Annahme dieser Bedingungen stimmte auch die bayerische Delegation der Erklärung zu. An der Abstimmung nicht beteiligt war der vorher abgereisten Erlanger Professor Hermann Sasse, der aus konfessionellen Gründen eine gemeinsame Erklärung ablehnte.[391]

Wenn auch die Tage in Barmen für die bayerische Delegation eine erhebende Erfahrung war, vor allem der Abschluß, wo Meiser, Schieder und Putz vor überfüllten gottesdienstlichen Versammlungen sprachen, war es problematisch, wie man zu Hause über die Ergebnisse der Barmer Synode berichten sollte, um die zu erwartende Spannung möglichst zu begrenzen.

Gleich am 2. Juni informierte der LKR die Pfarrämter über den Verlauf der Bekenntnissynode.[392] Bezüglich des Zustandekommens der Erklärung wurde erzählt, wie durch gemeinsames Ringen und viele Überarbeitungen eine Fassung gefunden wurde, "die auch dem Anliegen der strengsten Lutheraner gerecht wurde". Sich selbst einen Urteil darüber zu bilden war den Pfarrern jedoch noch nicht möglich, denn es hieß im LKR-Bericht: "Die Erklärung selbst wird wohl demnächst in der Öffentlichkeit erscheinen".[393] Gleiches Gewicht wie die Theologische Erklärung erhielten die juristischen Referate im LKR-Bericht, die den Anspruch der Bekenntnissynode rechtmäßig für die DEK zu sprechen, durch Hinweis auf die Rechtsverletzungen der Reichskirchenregierung untermauerten.

In einem Schreiben an die bayerischen Pfarrer vom 8. Juni betonte Meiser, daß das Referat Asmussens "als integrierender Bestandteil der Theologischen Erklärung der Synode zu achten ist", und daß die Erklärung "als Grundlage für die weitere Arbeit der nunmehr unverzüglich zu bildenden Theologenkonvente" dienen soll: "So erklärt sich die einmütige Zustimmung, die die in den sechs Sätzen ausgelegten biblischen Wahrheiten und die daraus gefolgerte Verwerfung von Irrlehren gefunden hat."[394]

In einem für die Gemeindeblätter bestimmten Bericht über Barmen hieß es zu der Theologischen Erklärung lediglich, daß ein lutherischer und ein reformierter Theologenkonvent "ein gemeinsames Wort an die Gemeinden" herausgearbeitet hätte, "das demnächst der Öffentlichkeit übergeben" werde.[395] Sonst beschäftigt sich der Artikel mit einer Beschreibung des Bekenntnis- und Rechtsnotstands in der DEK, der durch die Verfassungsverletzungen des durch die DC getragene Kirchenregiments entstanden sei. Barmen habe keine neue Kirche gründen wollen, sondern stehe auf dem Boden der Verfassung der DEK und bejahe die Reichskirche, die nach der Verfassung "den Charakter eines Bundes von Bekenntniskirchen" habe. Der von den DC erhobene Vorwurf, die Bekenntnisgemeinschaft sei reaktionär wird im Bericht einfach umgedreht mit der Behauptung, "daß die eigentlichen Schädlinge des Dritten Reiches die 'Deutschen Christen' sind".

Es war schon vorauszusehen wie die Barmer Erklärung in der bayerischen Pfarrerschaft aufgenommen werde würde. Im Kreisen der Pfarrerbruderschaft wurde sie allgemein begrüßt, gab es doch eine große Übereinstimmung zwischen den Grundsätzen der Pfarrerbruderschaft und der Barmer Erklärung. Dies zeigt sich am deutlichsten an der Frage der menschlichen Erkennbarkeit Gottes. Sowohl die Grundsätze als auch die Erklärung lehnten eine Offenbarung Gottes neben "der biblischen Heilsgeschichte" oder neben dem "einen Wort Gottes" als Grundlage für die Lehre der Kirche ab.[396] Beide lehnten es auch ab, daß die Kirche ihre Ordnung nach dem staatlichen Muster auszurichten habe.[397] Beide waren darin einig, daß die Kirche ihren Auftrag nicht vom Staat habe, auch wenn die Barmer Erklärung hier etwas weiterging und ablehnte, daß "der Staat über seinen besonderen Auftrag hinaus die einzige und totale Ordnung menschlichen Lebens werden" könnte.[398] So war es auch keine Überraschung als Christian Stoll, der in seinem am 5. Juni abgeschlossenen Heft "Dokumente zum Kirchenstreit, III. Teil", als wohl der erste in Bayern die Barmer Erklärung veröffentlichte, die Bekenntnissynode als einen "Markstein in der neuesten Kirchengeschichte" bezeichnete.[399]

Auf der anderen Seite erwartete man, besonders aus den Reihen des NSEP, eine negative Stellungnahme zu Barmen, die schon am 11. Juni in Form des "Ansbacher Ratschlags von 1934" erschien.[400] Von dem "Ansbacher Kreis" - einer theologischen Arbeitsgemeinschaft innerhalb des NSEP - als die "genuin lutherische Stimme" herausgegeben, trug der Ratschlag auch die Unterschriften der Erlanger Professoren Elert und Althaus.[401] Obwohl das von Elert verfasste Dokument Barmen mit keinem Wort erwähnt, wurde es als Antwort auf Barmen verstanden, und Althaus gab privat zu, daß es die "unglückliche Barmer theologische Erklärung" war, die ihn zu den Ansbacher führte.[402]

Der Ratschlag basiert auf einer grundlegenden Unterscheidung von Gesetz und Evangelium, wobei das Gesetz als ein Pol der Offenbarung "uns in der Gesamtwirklichkeit unseres Lebens" begegne, auch in den "natürlichen Ordnungen" wie Familie, Volk und Rasse. Das positive Wort zu der staatlichen Neuordnung, die man in Barmen vermißt hatte, wurde bei den Ansbacher deutlich ausgesprochen:

> "In dieser Erkenntnis danken wir als glaubende Christen Gott dem Herrn, daß er unserem Volk in seiner Not den Führer als 'frommen und getreuen Oberherren' geschenkt hat und in der nationalsozialistischen Staatsordnung 'gut Regiment', ein Regiment mit 'Zucht und Ehre' bereiten will."

Bei Elerts Originalfassung hieß diese Stelle "bereitet hat", was aber unter Althaus' Einwand in letzter Minute geändert wurde,[403] vielleicht mitbedingt durch den üblen Angriff auf Althaus in der "Fränkischen Tageszeitung" wegen seiner Rede über "Christentum und deutsche Seele" beim Nürnberger Missionsfest.[404]

Eine Aussage des Ratschlags, die kirchenpolitisch gegen Meisers Haltung leicht ausgenützt werden könnte, war die Feststellung, daß die Kirche die veränderbaren Ordnungsmerkmale der natürlichen Ordnungen trage und diese "immer aufs neue zu überprüfen" habe. Damit könnte man eine Argumentation für die Eingliederung aufbauen.

Das geteilte Echo auf den Ansbacher Ratschlag ließ nicht lange auf sich warten. Dekan Rahm aus Markt Erlbach, der im Kirchenkampf loyal zu Meiser hielt, begrüßte die Ansbacher Thesen, weil sie das Problem der Bindung des Pfarrers zur Kirche und auch zum Staat angesprochen hätten.[405] Rahm meinte dazu:

> "... es kommt doch jetzt einzig darauf an, daß wir in der Kirche ein großes Volk werden, die aus dieser Bindung handeln - und nun das Wichtigste - daß wir die ganze Pfarrerschaft zur Erkenntnis bringen sollten, daß Gott ihr die große Verantwortung für die Jetztzeit gelegt hat, die nicht durch die Distanzierung der Kirche vom Staat eingelöst wird. Hier beginnt die große Bedeutung eines starken NSEP."

Auch die Pfarrerbruderschaft antwortete, daß sie in sehr Vielem mit den Ansbacher Thesen einig gehen könnte; was dies jedoch letzlich unmöglich mache, sei das Fehlen der negativen Formulierungen:[406]

> "'Kräftige Irrtümer' haben die Kirche heute bis in den Grund hinein krank gemacht. Gegen diese Irrtümer brauchen wir ein Wort, das unzweideutig den Irrtum Irrtum nennt."

In einem Brief Christian Stolls an Elert wird die Enttäuschung vieler Pfarrer und Kirchenführer in München zu der Haltung der Erlanger Fakultät wiedergegeben.[407] Stoll wirft Elert vor, im "Sturmjahr 1933" nichts gegen die Gefahr der DC gesagt zu haben. Man habe sogar gehört, daß die Erlanger im Jahre 1933 im Begriff waren, dem Reichsbischof die Würde eines Doktors der Theologie ehrenhalber zu verleihen, was eine Rechtfertigung für seine "Unionspolitik" gleichgekommen wäre. Auf den Ansbacher Ratschlag zielte Stoll als er schrieb:

"Es wäre doch... sehr fehl am Platze, wenn die längst fällige Auseinandersetzung der lutherischen Theologen mit Karl Barth ausgerechnet auf dem Rücken der Bekenntnisfront herbeigeführt werden sollte. Es ist ja nun einmal leider so, daß Barth im Jahre 1933/34 als kirchlicher Lehrer einer Konfession geredet und gehandelt hat - ob er häretisch redete, das ist hier nicht die Frage - und daß er manches Odium auf sich nahm, während auf lutherischen Seite nicht mit der gleichen Kraft und der gleichen Deutlichkeit geredet werden konnte. Darum ist es sehr natürlich, daß der Einfluß Barths groß wurde, weil eine entsprechende Einflußnahme lutherischer Theologen nicht festzustellen ist."

Zum Ratschlag selbst schrieb Stoll, daß er gerade für diejenigen enttäuschend war, "die nun wirklich ein genuin lutherisches Wort zu den Fragen und Nöten unserer Zeit erhofften".

Die Enttäuschung über den Ansbacher Ratschlag drückte auch einer der besten Lutherkenner der Landeskirche, Hermann Steinlein, in einem Schreiben an Althaus aus.[408] Steinlein empfand, daß "das etwas kühn als 'Ansbacher Ratschlag' bezeichnete Schriftstück" in drei Punkten nicht genuin lutherisch sei. Zuerst habe Luther "den Akzent immer auf die Stelle, die besonders hervorzeheben war" gelegt. Die Ansbacher Thesen haben die "falsche Akzentuierung", denn nun gelte es die Selbständigkeit der Kirche zu verteidigen. Zweitens, in den Thesen herrsche "ein starker Staats- und Zeitoptimismus", was nicht bei Luther zu finden sei, der die Welt als "des Teufels Wirtshaus" gesehen habe. Auch von Luthers endzeitlichem Denken sei in den Thesen nichts zu spüren. Drittens machen die Ansbacher "den Eindruck eines Dazwischenwirkend", während Luther, "wenns zum Kampf kam nur klare Fronten" gekannt habe. Steinlein, der selber Pfarrer in Ansbach war, schrieb zum Schluß:

"Es tut mir ungemein leid, daß Du in diesen Ansbacher Kreis, der in unserem Kapitel geradezu als störende Clique empfunden wird, hineingekommen bist. Es tut mir leid um Deiner Person, um Deines Ansehens willen; auch um der Erlanger Fakultät willen. Es ist angesichts der kirchlichen Streitigkeiten mehrfach gesagt worden, dieselbe habe versagt. Und dadurch, daß jetzt zwei ihrer Mitglieder in das 'Gemischtwarengeschäft' des Ansbacher Kreises eingeteten sind, wurde die Sache nicht besser."

Die gravierendsten Einwände zu dem Ansbacher Ratschlag drückte Frör aus, als er feststellte, daß das Fatale an den Thesen deren Weitmaschigkeit sei, was auch jeden DC-Mitglied erlaubt sie zu untersützen: "Das wirkt peinlich, und ein theologisches Gutachten, in dem das 'Damnamus' fehlt, hat keinen praktischen Wert".[409] Ausserdem betonte Frör, daß nicht die theologische, sondern die kirchenpolitische Seite der Thesen als die wesentlichere empfunden werden.[409] Obwohl der Autor es nicht beabsichtigt habe, erwecke der Ratschlag "weithin den Eindruck einer kirchenpolitischen (nicht nur theologischen) Gegenparole gegen die vom Herrn Landesbischof in Barmen eingenommene Haltung". Dabei gerate der Ratschlag in "peinliche Nähe" zu der offenkundigen "kirchenpolitische(n) Wühlarbeit und Sabotage" des Herrn Professors Wolf Meyer.

Während Althaus am 26. Juni klarstellte, daß seine theologische Kritik an Barmen "durchaus als ein Wort innerhalb der gemeinsamen Barmer Front" zu verstehen sei,[410] gingen Gerüchte um, daß Elert in Kontakt zu Jäger stand.[411] Auch in seiner Widerlegung der Barmer Erklärung ("Confessio Barmensis") von Ende Juni ging Elert mit der Haltung Meiser schwer ins Gericht.[412] Zum Artikel Drei der Erklärung, die kirchliche Ordnung sei nicht von der "jeweils herrschenden weltanschaulichen und politischen Überzeugungen" abhängig, schrieb er:

"Wenn... Glieder lutherischer Kirchen dergleichen mit ihrer amtlichen Namensunterschrift decken, so setzen sie sich mit ihrem Bekenntnis wie auch mit historischen Tatbeständen in glatten Widerspruch."

Auch die Schriftleitung der Zeitschrift "Luthertum", die in Verbindung mit Schöffel, Meiser, Marahrens, Elert und Althaus herausgegeben wurde, zeigte eine distanzierte Haltung zur Barmer Erklärung. Während Schöffel in einem Aufsatz die sechs Sätze von Barmen als "Richtlinien... zum verantwortlichen Handeln, aber nicht zur Verpflichtung als Bekenntnis" beschrieb, fügte die Schritleitung die Bemerkung hinzu: "Es soll nicht verschwiegen werden, daß diese Sätze vom Standort lutherischer Theologie aus gesehen zum mindesten als unzulänglich, z.T. als bedenklich bezeichnet werden müssen."[413]

Angesichts der durch die Ansbacher Thesen hervorgebrachten Kontroverse, ist es allzu verständlich, daß die bayerische Kirchenleitung, die immer noch eine "intakte" Kirche zusammen zu halten strebte, sehr behutsam mit der Verbreitung der Barmer Erklärung umgegangen ist. Es ist kennzeichend, daß viele Gemeindeblätter - wohl wegen fehlender Anweisung - die Erklärung nicht druckten.[414] Aber trotzdem stand Meiser zu Barmen. Obwohl im Amtsblatt die Barmer Erklärung nicht erschienen ist - das gleiche gilt übrigens für die Ulmer und Kasseler Erklärungen - ersuchte Meiser im Amtsblatt die Dekanate, das von Karl Immer herausgegebene Berichtsheft über die Barmer Synode, besonders wegen des Asmussen Referats, zu bestellen, und "allen Geistlichen und hauptamtlichen Religionslehrern zuzuleiten".[415] Auch das vierseitige

Flugblatt, "An die Evangelischen Gemeinden und Christen in Deutschland", das die Theologische Erklärung und die Erklärung zur Rechtslage beinhaltete, hat der LKR den Pfarrämtern zur Verteilung empfohlen.[416]

17) Die verschärften Restriktionen der kirchlichen Aufklärungsarbeit im Juni 1934

Zu der Streicher Anordnung, keine Erklärungen von Geistlichen in der Tagespresse zu bringen, kam am 8. Juni eine Anordnung der BPP, die "jegliche Veröffentlichung über den evang. Kirchenstreit in der 'Tagespresse'" verbot.[417] Daher ist es auch erklärlich, weshalb die "Allgemeine Rundschau" Barmen mit keinem Wort erwähnt hat.[418] Diese Pressezensur, die schärfer in Mittelfranken als anderswo war und zum Teil auch die Kirchenblätter traf,[419] erschwerte die Aufklärungsarbeit über die kirchliche Lage. Es wurde sogar von evangelischen Gemeinden in der Hesselberggegend berichtet, die kaum über die kirchlichen Vorgänge informiert waren, sodaß man sich fragen müßte, wie diese Gemeinden "den rechten Weg finden", wenn sie vor eine Entscheidung gestellt werden sollten.[420]

Die Aufklärungsarbeit ging aber in vielen Gemeinden trotz Pressezensur weiter. In Pappenheim sammelte der Dekan am 10. Juni einen kleinen Teil der Gemeinde nach dem Hauptgottesdienst und las einen Bericht über die Barmer Bekenntnissynode vor.[422] Dekan von Löffelholz in Weißenburg ging einen Schritt weiter, und verteilte, auf Empfehlung des LKR, ein Flugblatt nach dem Früh- und Hauptgottesdienst mit der Barmer Erklärung und Rechtsgutachten.[422] Aber auch hier war die Information nur für die "Kern-Gemeinde" bestimmt, denn nur 500 Flugblätter wurden bestellt.[423] Trotzdem stieß die Verteilung auf Widerspruch, denn in Weißenburg wollten viele von dem Kirchenstreit nichts wissen, hatte doch der Kirchenvorstand am 12. Juni beschlossen, "daß es in Weißenburg zu keiner kirchenpolitischen Gruppenbildung kommen soll".[424] Einige Besucher des Frühgottesdienstes versuchten die Blätter den Verteilern aus den Händen zu reissen, andere informierten die Polizei, die die Verteilung nach dem Hauptgottesdienst unterband und 200 Exemplare beschlagnahmte.[425]

Am nächsten Tag ging der Dekan zur Polizeiwache, um den Grund für die Beschlagnahme zu verlangen, denn die BPP Verordnung vom 6. Juni, die die Verteilung von Flugblättern vor allem in Sache des evangelischen Kirchenstreites verbot, wurde streng vertraulich gehalten.[426] Dem Dekan wurde erklärt, daß eine Gefährdung der öffentlichen Sicherheit und Ordnung verhindert werden sollte, worauf von Löffelholz antwortete, daß die Verteilung in ganz Bayern, besonders südlich der Donau, anstandslos durchgeführt würde, daß ihm aber in Weißenburg immer wieder Schwierigkeiten bereitet würden, den Anweisungen seiner Kirchenbehörde Folge zu leisten.[427] Der Dekan habe das Flugblatt verteilt, weil er durch eine Verschmelzung mit der von den DC beherrschten Reichskirche, eine Verwässerung und Aushölung der Religion befürchte.[428] Nach dem Bericht des Polizeikommissars, später ein DC-Mitglied, fügte der Dekan hinzu: "Für ihn käme nur das Wort Gottes in Frage und er gehorche auch nur seinem Führer, dem Landesbischof Meiser; ein anderer Führer komme für ihn überhaupt nicht in Frage."[429] Als der Polizist den Dekan darauf aufmerksam machte, daß "bei seiner weiteren gegensätzlichen Einstellung zum Staat" die Gefahr bestehe, in Schutzhaft genommen zu werden, betonte von Löffelholz mehrmals, daß er dazu sofort bereit sei und seine Familie schon seit einiger Zeit darauf vorbereitet habe. Der Polizeikommissar schloß seinen Bericht mit der Bemerkung:

> "Aus dem ganzen Verhalten des Dekans v. Löffelholz ist zu schließen, daß er ein Fanatiker ist und gerne Märtyrer spielen möchte. Er wird deshalb auch versuchen, sich weiterhin zu dem vom Führer eingesetzten Reichsbischof und somit auch gleichzeitig zum Staat in Widerspruch zu setzen."

Diese kompromißlose Einstellung des Dekans wurde gleich dem SA-Sonderbeauftragten beim Bezirksamt gemeldet, der Bericht an die BPP erstattet, die ein Strafverfahren gegen v. Löffelholz wegen verbotener Flugblattverteilung einleitete.[430]

Dieser Fall demonstriert wiederum wie leicht die kirchliche Abwehrhaltung zum Reichsbischof in den Augen mancher unteren Behörden als eine gegnerische Einstellung zum Staat ausgelegt werden konnte. In Weißenburg kam erschwerend hinzu, daß die Pfarrerschaft unter sich nicht einig war. Dies verdeutlicht besonders ein Ausschnitt der Rede, die Pfarrer Kalb bei der Sonnwendfeier der HJ am 23. Juni gehalten hatte:[431]

> "Heißer Dank gebührt allen denen, die mitgeholfen haben, daß der Sieg errungen wurde. Das Rot unserer Fahnen erinnere uns immer wieder an das Blut, das auf dem Weg zu diesem Sieg hat vergossen werden müssen. Daß diesen und jenen dieses Rot zu revolutionär anmutet (z.B. Frau v. Löffelholz, d.Verf.), kümmert uns nicht. Die Bewegung muß etwas Revolutionäres behalten, oder sie wird versanden. Gegen die Reaktionäre, die sich gerne hinter das Christentum verschanzen möchten, ist zu sagen: Lebendiges Christentum ist nicht Reaktion, sondern Aktion, Tat."

Wer zur kirchlichen Reaktion gehöre, und was das "Christentum der Tat" sei, wußte jeder, der seine "Fränkische Tageszeitung" las.

Kalbs Rede deutete auch auf eine Unzufriedenheit in der Stadt hin, als er "Verachtung" für die "Armseeligen" ausdrückte, "die immer noch so tun, als hätte sich nichts Besonderes in Deutschland in den letzten Monaten zugetragen, weil Bier und Tabak noch nicht billiger geworden sind".[432] Diese Bemerkung wird noch ergänzt von einem Bericht des Arbeitsamtes Weißenburg vom Anfang Juni, der von einem weitgegenden Vertrauensverlust der Partei, auch unter den Parteigenossen, spricht.[433] Die Konflikte in der Stadt sprach auch Streicher einige Tage vor dem Frankentag auf dem Hesselberg direkt an, als er am 20. Juni bei der Amtseinsetzung des ersten Bürgermeisters, des NS-Kreisleiters Gerstner, das Ehrenbürgerrecht der Stadt verliehen bekam: "Wenn man sich auch in Weißenburg merken würde, praktisches Christentum zu üben, dann würde mancher zufriedener sein, dann würde es Nörgler und Kritikaster nicht geben".[434]

In Weißenburg hatte die bis zum 30. Juni laufende Kampagne gegen die "Miesmacher" - wohl um die Popularitätsflaute der Partei durch Nennung von Sündenböcken zu kompensieren - einen denunziatorischen Charakter angenommen, vor allem vom übereifrigen SA-Sonderbeauftragten beim Bezirksamt, Sturmführer Kolb, vorangetrieben. Am 23. Juni erschien, zum Beispiel, in der "Weißenburger Zeitung" folgende Aufforderung Kolbs:[435]

"Meldet mir die Wühler und Hetzer, die unwahre Gerüchte ausstreuen, durch Reden und Handlungen unzufriedene Stimmung im Volke hervorrufen und das Vertrauen ihrer Volksgenossen zum Führer und seiner Regierung zu erschüttern versuchen!... Es ist keine Rücksicht zu nehmen weder auf die Person, noch auf das Amt, noch auf die Parteizugehörigkeit! Auch die geringste abträgliche Äußerung melde man mir...
Gegen solche Saboteure am Wiederaufbau unserer heißgeliebten Vaterlandes muß mit allen Mitteln vorgegangen werden!... Wo wir heute nicht zugreifen, werden wir uns über diese erbärmlichen Wichte Vormerkung machen. Es kommt einmal der Tag, an dem sich die SA dieser heimtückischen Gesellschaft in liebevoller Weise annehmen wird."

Nicht nur Dekan v. Löffelholz und seine Frau waren von diesem denunziatorischen Klima der Stadt betroffen. Mitte Juni erschien in der "Allgemeinen Rundschau" ein "Weißenburger Brief", worin berichtet wurde, wie Landwirte der näheren Umgebung auf offener Straße geschäftliche Abmachungen mit jüdischen Viehhändlern trafen.[436] Da wurde die Drohung hinzugefügt: "Wer nicht hören will muß fühlen, das wird dann der Einzelne vielleicht noch zu erfahren haben".

18) Die Morde des 30. Juni 1934 ("Röhm-Revolte") und die Folgen

Die Krise der Partei in Weißenburg versuchte man auch durch ein Wiederbeleben des revolutionären Elan der SA durch das für den 30. Juni/1. Juli in Nürnberg geplante SA-Wehr-Sportfest zu überwinden. Nachdem etliche örtlichen Sportfeste vorher stattgefunden hatten, wollte die gesamte mittelfränkische SA mit 30.000 Männern am 30. Juni "unter den Klängen 'Volk ans Gewehr' ins Nürnberger Stadion" einmarschieren.[437] Dieses Vorhaben hatte jedoch peinliche Folgen für die fränkische SA, denn in den frühen Morgenstunden des 30.

Juni wurde SA-Führer Röhm und seine Gefolgschaft in Bad Wiessee verhaftet, und das Zusammenkommen in Nürnberg konnte leicht als Mobilmachung für den angeblich beabsichtigen Putsch der SA vertanden werden. Als die Nachricht von den Verhaftungen eintraf, wurde das Sportfest jäh abgebrochen und die ganze SA beurlaubt.[438]

Die ersten Reaktionen in kirchlichen Kreisen auf die Nachricht von der Verhaftung und Erschießung führender SA-Männer waren durch Angst und Erschütterung sowie durch Treuebekundungen zu Hitler charakterisiert. Ein Bericht über die an diesem Wochenende durchgeführte Rhön-Reise des Landesbischofs beschrieb die Lage am Sonntag den 1. Juli folgendermaßen:[439]

> "Die am Abend zuvor eingetroffenen Nachrichten von der furchtbaren Gefahr für unser Volk, die durch die eiserne Entschlossenheit des Führers in letzter Stunde angewendet worden war, durchzitterten noch die Versammelten, die sich in Dank und Bitte für den Führer vereinigten."

Offiziell verhielt sich jedoch der LKR zur Röhm-Affäre zurückhaltend, und gab, im Gegensatz zu anderen wichtigen nationalen Ereignissen, keine Kundgebung und kein Dankgebet an die Pfarrämter heraus.[440] Eine Erklärung hierfür ist, daß die Kirchenleitung in München, an einem Ort des Geschehens, bessere inoffizielle Informationsmöglichkeiten hatten als anderswo, zumal einige der Münchener Gemeindeglieder wie Gottfried Traub sehr gefährdet waren, und mindestens zwei Münchener Pfarrer seelsorgerisch mit einigen der Opfer zu tun hatten.[441] Auch das Münchener Gemeindeblatt reagierte zurückhaltend und brachte unter der Rubrik "Wochenschau" lediglich eine Zusammenfassung der offiziellen Presseberichten.[442]

Diesem Beispiel wurde jedoch nicht überall in der Landeskirche gefolgt. Das Rothenburger Sonntagsblatt, zum Beispiel, bewertete die Aktion des 30. Juni als ein Strafgericht Gottes:[443]

> "Das Herz stand einem still am Sonnabend dem 30. Juni. Es ging wie ein Erzittern durch den Volkskörper; ein Erschrecken vor einem jähen Abgrund. Was auf dem Spiel stand, ist ja erst deutlich geworden, als die Nachrichten von der überwundenen Gefahr durch die Ortschaften des weiten Landes eilten. Mehr als je wurde der Rundfunk gehört; die Zeitungen waren vergriffen. Man hatte das Gefühl: Der 30. Juni wird zu einem historischen Tag der deutschen Geschichte. Gott hat unser Volk vor namenlosem Leid und unausdenkbarer Zerrüttung bewahrt; er hat die Gewissen angeschlagen, denn sein Strafgericht ist es, das sich vor unseren Augen vollzogen hat.

Einen Schritt weiter ging das Nürnberger Gemeindeblatt mit der auf der ersten Seite erschienenen Aufforderung: "Laßt uns beten für Deutschland und unsern Führer Adolf Hitler":[444]

> "Wie ein jähes Wetter, wie Blitz und Schlag hat sich vor uns, dem nichtsahnenden Volk die Niederwerfung einer Gegenrevolution vollzogen. Daß wir nicht im blutigen Bürgerkrieg uns zerfleischen, das verdanken

wir der kühnen Tat Adolf Hitlers. - In welche Abgründe sittlicher Verkommenheit mußten wir schauen - noch schlimmer aber, daß Treue des Führers so mit Untreue gelohnt ward... Niemand konnte ahnen, daß solch furchtbare Kräfte am Werk gewesen, die sich nicht scheuten, mit einer unserem deutschen Volke feindlich gesinnten ausländischen Macht zu verhandeln, offensichtlich zum Sturze des Mannes, der Deutschland in hingebenstem, opfervollstem Kampfe gerettet hat... Unsere evang. Bevölkerung in Nürnberg hat bisher bereits bewiesen, daß sie treu zu Hitler und seiner Sache steht. Sie wird jetzt erst recht in unerschütterlicher Liebe und Treue zu Volk und Vaterland stehen, getragen von tiefster Verantwortung vor Gott, der unser aller Helfer und Retter ist. Darum ergeht an alle unsre Leser die herzliche Bitte von nun an täglich in ernstem Gebet unseres Volkes und unseres treuen Führers zu gedenken."

Eine ausgedehnte Besprechung der Röhm-Affäre findet man in dem bayerischen Organ des Evangelischen Bundes, der "Fränkischen Wacht". In der Woche nach der Tat erschien zuerst der Artikel "Säuberung", der darauf hinwies, daß das Blatt wiederholt für Sauberkeit innerhalb der Bewegung plädiert habe.[445] Man habe sogar in einem Brief "an eine maßgebende Stelle" auf das Treiben der "jetzt glücklich beseitigten Verbrecher Röhm und Heines" aufmerksam gemacht, nur die Namen dieser "ekelhaften Untermenschen" wollte man nicht drucken, um das Blatt nicht zu "besudeln". In einem Artikel nach der Rede Hitlers vor dem Reichstag mit der Überschrift "Rechenschaft", stellte die "Fränkische Wacht" fest, daß Hitler tat "was er von Rechtswegen tun mußte", denn die "Verschwörer" hätten "Landesverrat" betrieben.[446] In solch einem Fall seien auch die Anwendung von Kriegsartikeln, wie Hitler andeutete, gerechtfertigt. Die "Fränkische Wacht" witterte auch, daß die Ultramontanen im Spiel waren, und zitierte sowohl Dr. Ley, der von dem Mitschuldigen in "kirchlichen Kreisen" sprach, als auch die United Press, die behauptete, hinter Röhm und Schleicher stünden "katholische Kreise".[447]

Diese Beispiele geben das Spektrum der Reaktionen auf den 30. Juni in der Kirche wieder.[448] Nach den Sopade-Berichten reagierte nur ein Teil der Bevölkerung nachdenklich oder empört.[449] Dies war vor allem dort der Fall, wo man die Opfer persönlich kannte, wie z.B. in Altdorf, wo Gerüchte über die Erschießung des bekannten Lehrers Bergmann zirkulierten,[450] und wohl auch in Weißenburg, wo die Nachricht bald eintraf von der Ermordung Gustav v. Kahrs, des ehemaligen bayerischen Ministerpräsidenten, und gebürtiger Weißenburger.[451]

Wie groß die Gruppe der Nachdenklichen tatsächlich war, läßt sich kaum mehr feststellen - in den Regierungs- und Parteiberichten wurden sie kaum erfaßt.[452] Ein gebildeter Münchener Bürger aber, meinte in einem Gespräch mit dem dortigen Amerikanischen Konsul, daß die Mehrheit der Bevölkerung in Bayern mit Hitlers Rede vor dem Reichstag nicht zufrieden sei, sondern eine zurückhaltende Einstellung eingenommen habe.[453] Hitler habe an Macht gewonnen, aber in den Herzen der Leute sehr viel verloren. Die Mehrheit der Leute in Bayern habe das Gefühl, daß der Verlauf der Dinge am 30. Juni nicht ganz richtig gewesen sei.

Es ist auch kaum vorstellbar, daß ein Pfarrer in einem Gebet am Totensonntag 1935 seiner ländlichen Gemeinde folgendes zumuten konnte, wenn alle tatsächlich die offizielle Version des 30. Juni geglaubt hätten:[454]

> "Wir alle gedenken des 30. Juni 1934, wo unschuldiges Blut geflossen ist. Ob es gerechtes oder ungerechtes Blut war, das zu beurteilen ist nicht unsere Sache. Die Bluttat wird noch ihre gerechte Sühne finden am Ende der Welt durch unseren Herrn Jesus Christus."

Ohne Zweifel jedoch war die Aufhebung der Einrichtung der SA-Sonderbeauftragten an den Bezirksämtern als Folge des 30. Juni allgemein begrüßt, nicht zuletzt auch in Weißenburg, wo dem Treiben des SA-Stürmführers Kolb ein Ende gesetzt wurde.[455] Symbolisch für den Übergang von der SA-dominierten "revolutionären" Phase zu mehr bürgerlicher Normalität war es, daß die gleiche Ausgabe der "Weißenburger Zeitung", die die Aufhebung der SA-Sonderkommissariate meldete, einen Bericht über den Beginn der im Jahre 1934 völlig entpolitisierten Bergwaldtheatersaison mit Webers romantischer Oper "Der Freischütz" enthielt.[456] An den ersten drei Festspielwochenenden fehlte auch die bis zum 1. August beurlaubte SA völlig im Straßenbild.[457]

19) Der Druck auf die nicht eingegliederte bayerische Landeskirche: Juli 1934

Auch wenn infolge der Entmachtung der SA ein Gefühl der Rechtssicherheit im Staatsleben wieder eingetreten war,[458] ging in der evangelischen Kirche der Kampf um die verfassungsmäßigen Rechte der noch nicht eingegliederten süddeutschen Landeskirchen im Juli 1934 unvermindert weiter.

Energischster Verfechter der Pläne des Berliner Kirchenregiments in Bayern war der Jenaer Universitätsprofessor Wolf Meyer, der als selbsternannter Landesleiter der DC in Bayern eifrig bemüht war, eine Front gegen Meiser aufzubauen.[459] Dazu bediente er sich mehrmals der "Fränkischen Tageszeitung", um zur Neugründung der DC in Bayern aufzurufen,[460] oder um vor dem Feldzug der "kirchlichen Reaktion" in Bayern gegen die Einheit der Reichskirche zu warnen.[461]

Am 1. Juli fuhr er sogar selber nach Bayern, um einen Vortrag vor der DC-Ortsgemeinde in Würzburg zu halten. Als dies bekannt wurde, bemühte sich der LKR in einem Schreiben an die BPP, ein Verbot der Versammlung zu erwirken, wie auch eine Versammlung mit Putz in Würzburg einige Wochen vorher verboten worden war.[462] Der LKR betonte, daß eine Versammlung mit Meyer sofort neuen Anlaß "zu großen Protestaktionen im ganzen Lande" geben würde. Die Versammlung fand aber trotzdem statt, eingeleitet von Marschmusik in der zweitgrößten Saal Würzburgs. Meyers Vortrag enthielt einen scharfen Angriff auf die politische Haltung Karl Barths und auf die Pfarrer, die das neue Reich von der Kirche trennen wollten, obwohl sie von diesem Reich ihre Gehälter bekamen.[463] Seinen eigenen, politisch bedingten Glauben an eine zukünftige Nationalkirche erklärte er folgendermaßen:[464]

"Wir sagen es gibt nur einen Gott. Es gibt nur einen Jesus Christus... Wir wissen, daß wenn es Gott gefällt unserem Volk einen Mann zu schenken, der aus der Tiefe seiner Christuserkenntnis heraus, seiner Verwurzelung mit unserem Volk heraus so gewaltig reden darf, daß die Menschen im Innersten überwunden werden, daß dann auch die Stunde kommen kann, in der unser Volk in einem einzigen christlichen Dom zusammenkommt."

Zu Meyers Ausführungen stellte ein Berichterstatter mit Bedauern fest,[464]

"daß die Diffamierung der Gegner der 'Deutschen Christen' hier auf eine Spitze der Gehäßigkeit getrieben worden ist. Es handelt sich auch nicht nur um das, was gesagt wurde, sondern auch wie es gesagt wurde, mit großem rhetorischem Pathos und mit der Wucht der Überzeugung -, die wohl kaum überboten werden kann. Und das in einer Volksversammlung, in der die Möglichkeit der freien Aussprache nicht gegeben ist, und mit einem Redner, der es versteht, meisterhaft auf dem Instrument einer Volksversammlung zu spielen. Spricht hier der Politiker, der selbst viele Wandlungen durchgemacht hat, oder der Professor der praktischen Theologie?"

Die Abwehr der Landeskirche gegen die Angriffe von Meyer nahm verschiedene Formen an. So berichteten im Juli viele Gemeindeblätter von der relativ mild ausgefallenen Entschließung der Pfarrervereinsversammlung am 27. Juni, die den von Meyer gewählten Ton der Auseinandersetzung als untragbar bezeichnete.[465] Obwohl etwa 95% der anwesenden 350 Pfarrer auch eine scharfe Ablehnung des Inhalts des Meyer'schen Angriffs verlangte, verzichtete man nach langer Debatte darauf, "um die Einheit des Pfarrervereins und der Pfarrerschaft willen".[466] Auf dieser Versammlung gab auch Pfarrer Sommerer eine Erklärung für den Ansbacher Kreis ab, mit dem Wunsche nach einer raschen Befriedigung der kirchlichen Kämpfe. "Nur eine einige Deutsche Evangelische Kirche lutherischer Prägung", sagte er, "kann unserm, im Nationalsozialismus geeinten Volke dienen".[467]

Eine andere Form der Verteidigung gegen die Angriffe Meyers boten zwei Artikel vom Gerhard Hildmann, Leiter des Evangelischen Pressverbands in Bayern,[468] die Anfang Juli erschienen. In dem ersten, "Was ist mit der Union?", bestritt er, daß die Bekenntnisfront, wie Meyer behauptete, unionistisch sei.[469] Wenn die Bekenntnisfront die vom Reichsbischof geplante einheitliche Verwaltung ablehne, so deshalb, weil sie befürchte, daß daraus "ein verschwommenes allgemeines evangelisches Christentum" resultieren würde. Hildmann betonte, daß die Reichskirche auf Grund der Glaubensbekenntnisse und nicht der Einheitsverwaltung gebaut werden müsse. Was Meyer jedoch plane, sei "eine Union der deutschen Katholiken mit den Evangelischen", was "von einer falschen Vorstellung der römisch-katholischen Kirche sowie des evangelischen Glaubens" ausgehe.

In einem zweiten Artikel, "Die religiösen Mächte im Kampf um die Kirche", der auch in der "Allgemeinen Rundschau" erschien, beschrieb Hildmann die drei Hauptgruppen im gegenwärtigen Glaubenskampf: Die Bekenntnisfront, die Deutsche Glaubensbewegung und die Deutschen Christen.[470] Obwohl Hildmann die Bekenntnissynode erwähnte und deutlich ausdrückte, daß Bayern zur Bekenntnisfront gehöre, betonte er in seinen Ausführungen den besonderen Status des Luthertums:[471]

"Unser Landesbischof kämpft darum, daß alle Lutherischen in Deutschland sich zu einer großen deutschen lutherischen Kirchenkörperschaft zusammenschließen. Alle Reformierten Deutschlands mögen dasselbe tun. Dann werden wir beide, Lutherische und Reformierte, als rechte Brüder in der geeinten Reichskirche wohnen und den Kampf gegen den Unglauben in den eigenen Reihen und außerhalb mit Gottes Hilfe führen können."

Obwohl er mit der Aufforderung der "Bekenntnissynode von Wuppertal" ("Prüfet die Geister..." - aus der Präambel der Barmer Kundgebung) schließt, ist hier offensichtlich eine eigensinnige bayerische Interpretation dieser Synode erfolgt. Denn nirgendwo wurde die Barmer Erklärung erwähnt, nirgendwo der Anspruch der Synode, die rechtmäßige DEK zu sein. Dadurch hoffte man anscheinend die Angriffe Meyers zu entschärfen und mehr Verständnis in der Landeskirche für den Kurs Meisers zu gewinnen.

Nachdem jedoch die bayerische Kirchenleitung es abgelehnt hatte, an der Verfassungstagung der Reichskirche in Erfurt am 6./7. Juli in Erfurt teilzunehmen, verstärkte sich noch die Kritik an der abseitsstehenden Haltung der Landeskirche. Die Teilnahme war deshalb für Bayern unmöglich, weil Jäger nur seine bisherigen Maßnahmen in Vorbereitung auf die Nationalsynode bestätigt haben wollte, und auch weil Wolf Meyer als theologischer Berater anwesend sein würde.[472] Auf dieser Tagung machte Jäger den Fehler, zu fragen, ob die Ferngebliebenen nicht "mitschuldig sind an den Ereignissen, die in jüngster Zeit unser Volk erschütterten" - ein deutlicher Hinweis auf die Röhm-Affäre.[473] Als "politische Verunglimpfung" wurde diese Bemerkung folgerichtig verstanden,[474] nur hat Jäger dadurch seiner eigenen Position in Bayern mehr geschadet als genutzt, was er selber einsah, als er einige Wochen später beteuerte, daß er die kirchliche Opposition nicht in Zusammenhang mit der "Röhm-Revolte" bringen wollte.[475]

Nach Erfurt war Wolf Meyer entschlossener als je zuvor, an seinen Kurs festzuhalten. In einem Brief vom 9. Juli an einen bayerischen Pfarrer schrieb er:[476]

"Die Lüge mit dem Bekenntnis ist zusammengebrochen. Meiser selbst ist Irrlehrer und Hetzer. Ich werde ihn jetzt erbarmungslos wegen seines Verrates am Luthertum bekämpfen. Gegenwärtig arbeite ich im Verfassungsausschuß der deutschen Reichskirche mit. Im August tagt die Nationalsynode und schafft die gesetzliche Grundlage für die Eingliederung der Kirche. Meiser wird nichts mehr wagen. Seine Ketzereien, sein Verrat an Volk und Kirche hat Barmen offenbart."

Einen "erbarmungslosen" Kampf gegen Meiser konnte Meyer jedoch nicht unbehindert führen, da am gleichen Tag der Reichsinnenminister überraschenderweise[477] "alle den evangelischen Kirchenstreit betreffenden Auseinandersetzungen in öffentlichen Versammlungen, in der Presse, in Flugblättern und Flugschriften" ausnahmslos verbot. Die amtlichen Kundgebungen des Reichsbischofs waren jedoch nicht betroffen.[478] Obwohl dieses Verbot auch die Aufklärungsarbeit der Bekenntnisfront verhinderte, schränkte es zugleich die Tätigkeit Meyers und der Deutschen Christen in Bayern ein. In diesem Sinne kommentierte die AELKZ:[479]

"Dieses Verbot muß insofern begrüßt werden, als der Kirchenstreit z.T. ganz wüste Formen angenommen hat (s. den maßlosen Hetzartikel von Wolfg. Meyer-Erlach: 'Deutsche Christen'; in Bayern verbreitet), die ebenso dem öffentlichen Frieden àls der Ehre der evangelischen Kirche abträglich waren."

In der "Fränkischen Tageszeitung" unter der Überschrift "Deutsche Christen" beteuerte Meyer, daß er Fricks Weisung gehorchen würde und forderte von seinen Gegnern, "Gehorsam gegen den Staat, das neue Deutschland".[480] In der Tat mischte sich die "Fränkische Tageszeitung" bis Mitte September nicht mehr in den Kirchenkonflikt ein.

Für die "Allgemeine Rundschau" war das Verbot sicherlich eine Enttäuschung, denn die Zeitung hat nach der Röhm-Affäre gerade wieder begonnen, offener über die kirchenpolitische Lage zu berichten. Besonders problematisch war es, daß auch die Kirchen- und Gemeindeblätter vom Verbot betroffen waren. Der "Kirchenbote vom Altmühltal und Hahnenkamm" meldete dazu, daß er nicht mehr über die kirchenpolitischen Ereignisse berichten konnte, "bis die Verhandlungen des Landeskirchenrats abgeschlossen sind" - ein Zeichen, daß die Münchener Kirchenleitung bemüht war, eine Lockerung des Verbots zu erwirken.[481] Das "Korrespondenzblatt", das zum wichtigen Forum der kirchenpolitischen Auseinandersetzung in der Pfarrerschaft geworden war, mußte sich auch zurückhalten. Aber wenigstens ein Gemeindeblatt wagte es, eine offene Kritik an den Presseeinschänkungen auszudrücken. Dekan Felsenstein schrieb im "Rieser Kirchenbote":[482]

"Ich kann leider nicht umhin, diese Maßregeln für sehr schlimm und gefährlich zu halten. In unserer Kirche gehen Entwicklungen vor sich, die jeder biblisch gegründete Christ nur für schädlich, ja für eine Verleugnung des biblischen Geistes halten kann. Auf diese Entwicklungen müßte das Kirchenvolk mit ganzem Ernst aufmerksam gemacht werden, damit es sie prüfe, ihre unvermeidlichen Folgen überdenken, zu rechtzeitiger Entscheidung sich durchringen könne. Nun aber soll das alles, was den Beobachtern der kirchlichen Lage Sorge macht, sorgfältig vor den Augen und Ohren und Gewissen des Kirchenvolkes verborgen werden, damit es nicht 'beunruhigt' werde. Es soll in dem Wahn erhalten werden, es gehe alles ganz gut. Das ist das Gegenteil von evangelischer Glaubenshaltung und kann auf die Dauer weder für die Kirche noch für den Staat von Segen sein."

Während der Geltungsdauer des Verbots waren Pfarrer und Gemeinden mehr als je auf Briefe, Rundschreiben - zum Teil durch Privatboten geliefert - und Konferenzen für ihre Informationen angewiesen. So trafen sich zum ersten Mal am 16. Juli die Mitglieder der Pfarrerbruderschaft aus dem Kapitel Weißenburg und beschäftigten sich mit der Frage der "natürlichen Offenbarung" und der Kritik von Althaus an der Barmer Erklärung.[483] Hier wurde auch die Sorge laut, daß die Bruderschaft sich "doch am Ende zu sehr an Barth festlegen" könnte.

Am 10. Juli fand eine Mitgliederversammlung des NSEP in Nürnberg vor nur etwa 50 Pfarrern statt, sicherlich ein Zeichen dafür, daß der Bund zunehmend eine Randposition innerhalb der Pfarrerschaft eingenommen hat.[484] Die Erläuterungen Professor Elerts zum "Ansbacher Ratschlag 1934" fanden den "begeisterten und stürmischen Beifall" der Versammlung, die den Standpunkt annahm, "daß sich der NSEP mit der 'Barmer Erklärung' nicht identifizieren kann".[485] Einige der anwesenden NS-Pfarrer wollten von ihrem Treuegelöbnis für Meiser, wegen seiner Unterzeichnung der Barmer Erklärung, entbunden werden.[486]

Der Hauptvortrag von Pfarrer Dr. Johannes Sperl über die Weltanschauung des Nationalsozialismus im Lichte der evangelischen Theologie, speziell der dialektischen Theologie, zeigt, daß in NSEP-Kreisen, die Ernüchterung durch das Scheitern der Volksmission bei den NS-Verbänden nicht allgemein mitempfunden wurde.[487] Sperl warnte vor einer Trennung zwischen dem Reich der Erlösung und dem Reich der Schöpfung, wie dies bei der dialektischen Theologie zu beobachten sei, denn solch eine Trennung führe zur Entgottung der Schöpfung, zum verhängnisvollen Intellektualismus mit seinem "Fehlen jeder Erfurcht vor dem irrationalen Urgrund der Wirklichkeit". Im Nationalsozialismus sei eine Geisteswende eingetreten "zu einer neuen sachgemäßen Erfassung der Schöpfungswirklichkeit..., die in ihrer irrationalen Wesenhaftigkeit ergriffen wird: Volk, Blut, Rasse, Führerberufung..." Das vom Nationalsozialismus angestrebte Ziel der Volksgemeinschaft stehe dem biblischen Ideal der organischen Gemeinschaft sehr nahe, nur brauche das NS-Ideal eine "letzte Bindung" im Christentum. Zum Schluß drückte Sperl noch den Wunsch aus, daß alle im Staat die wahre Volksgemeinschaft anstreben sollten, und besonders, "daß bald die evangelische Kirche und die Pfarrerschaft in ihr als Mustervorbild solcher echten Gemeinschaft möchten bezeichnet werden können".

Dieser Wunsch, das Bild der Volksgemeinschaft nicht durch einen Streit in der Kirche stören zu wollen, der auch außerhalb den NSEP-Kreisen weit verbreitet war, stellte für die Leitung der Landeskirche in ihrer Opposition zum Reichsbischof ein ernstes Problem dar. Besonders durch die Nichtteilnahme Bayerns an der Verfassungstagung der Reichskirche in Erfurt befand sich die Landeskirche im Juli 1934, wie Kurt Frör es ausdrückte, auf der Anklagebank:[488]

"Es fehlt nicht an Anklägern innerhalb und außerhalb der heimatlichen Grenzen. Die Anklage lautet auf kirchliche und politische Reaktion, auf Verrat am Bekenntnis, an Luther und Luthertum, auf Irreführung des Kirchenvolkes, auf Mainlinienpolitik, auf kirchenpolitische Sonderbündelei, auf Meuterei und Sabotage der Volkseinheit, auf Bekämpfung der Reichskirche und anderes mehr".

Eine amtliche, in der Tagespresse erschienene Meldung vom 18. Juli, die über den Empfang Jägers und Müllers bei Hitler berichtete, war geeignet diese Anklagen noch zu unterstreichen.[489] Laut dieser Meldung, haben Jäger und Müller dem Reichskanzler vom Erfolg ihrer Eingliederungspolitik bei den "breiten Massen des Kirchenvolks" unterrichtet; lediglich drei Landeskirchen stünden abseits. Hitler soll auch seine Befriedigung über die weitgehende Befriedung der Reichskirche ausgedrückt haben.

Um dieser Zeit erhielt Meiser einen Brief Jägers, der ihm riet, in Verhandlungen über eine "freiwillige Eingliederung" der bayerischen Landeskirche einzutreten.[490] Um seine Abseitshaltung noch einmal zu erklären, wählte Meiser wieder den Weg eines Schreibens an sämtliche Geistlichen und Kirchenvorsteher.[491] Hierin bekräftigte er seinen Willen, das Bekenntnis zur Geltung zu bringen und die Reichskirche zusammenzuhalten. Dieses Ziel sei gegenwärtig nur möglich durch eine Kampfgemeinschaft mit den Unierten und Reformierten, die in Barmer keinesfalls eine Union schaffen wollten. Es sei immer noch die Aufgabe eines lutherischen Konvents, die in der Barmer Erklärung aufgeworfenen Fragen zu klären, und einen lutherischen Konsensus herzustellen. Was durch die Eingliederungspolitik des Reichskirchenregiments geschehe, sei

"nichts anderes als die Aufrichtung eines gewaltsamen Regiments der Deutschen Christen mit dem Ziel, alle zur DEK gehörenden Landeskirchen ihrer Selbständigkeit zu berauben und sie unter die Herrschaft der Deutschen Christen zu bringen".

Meiser habe sich bereit geziegt, eine Aussprache unter dem neutralen Vorsitz des Reichsinnenministeriums durchzuführen; das Reichskirchenregiment habe jedoch diesen Vorschlag abgelehnt. Stattdessen sollen die Rechtswidrigkeiten durch eine neue Kirchenverfassung, die die Nationalsynode billigen sollte, legalisiert werden. Zum Schluß betonte Meiser, daß sein Kampf nicht um Verfassungs- und Organisationsfragen, sondern um die Wesensfrage der Kirche gehe.

Als nächster Schritt gewann Meiser die Unterstützung des Landessynodalausschußes, der Meisers ablehnende Antwort an Jäger vom 24. Juli voll gebilligt hatte.[492] In diesem Schreiben, das auch den Geistlichen und Gemeinden übermittelt wurde,[493] wehrte sich Meiser gegen die von Jäger geäußerte Verdächtigung, "als stünden meine Freunde und ich in Zusammenhang mit der hochverräterischen Röhm-Revolte".[494] Die an dem Reichskanzler am 18. Juli gemeldete "weitgehende Befriedung der DEK" bezeichnete Meiser als falsch; "in Wirklichkeit ist der Frieden in den eingegliederten Landeskirchen weniger vorhanden wie zuvor". Meiser wollte dieses Schicksal seiner Landeskirche ersparen und lehnte deshalb den von Jäger gemachten Vorschlag der "freiwilligen Eingliederung" ab. Es war Meiser auch eine "Stärkung und Genugtuung" zu wissen, "daß diese meine Haltung nicht nur dem einmütigen Willen des Landeskirchenrates und des Landessynodalausschußes entspricht, sondern auch von den Gemeinden kraftvoll gefördert und gebilligt wird."

Diese Unterstützung wurde aber am gleichen Tag ernsthaft in Frage gestellt, als der Synodale und NS-Bürgermeister von Gunzenhausen Dr. Münch, in einem offenen Brief an Meiser im Namen der Arbeitsgemeinschaft der NS-Synodalen, die "freiwillige Eingliederung" Bayerns in die Reichskirche als "das unabweisbare Gebot der Stunde" gefordert hat.[495] Münch, der den Brief zusammen mit dem Synodalen, Regierungsrat Zerzog verfaßt hatte,[496] warf Meiser vor, zwar das Führerprinzip für sich in Anspruch genommen zu haben, es aber nicht in der Reichskirche gelten lassen zu wollen. Er forderte Meiser dazu auf, seine Stellung gegenüber der Reichskirche grundsätzlich zu ändern, oder als Landesbischof abzutreten. Er verlangte auch, daß die Landessynode bis zum 1.9.1934 einzuberufen und begann auch in diesem Sinne Unterschriften von einen Drittel der Synodalen zu sammeln, um die Einberufung zu erzwingen.[497]

Damit hatte sich die kirchliche Lage in Bayern erneut zugespitzt, zumal nun auch einige Mitglieder des LSA umzufallen drohten.[498] Am 30. Juli kam der Führerrat des NSEP, zusammen mit vier weltlichen Synodalen, zu dem

Schluß, daß eine freiwillige Eingliederung die einzige mögliche Lösung sei, denn wenn der Verhandlungsweg nicht genommen werde, so sei "die zwangsweise Eingliederung" unvermeidlich, was auch die Absetzung des Landesbischofs mit sich bringen würde.[499]

Am 31. Juli in einem Schreiben an die Synodalen wehrte sich Meiser energisch gegen die von Münch gemachten Vorwürfe und versprach, wenn die Lage zu einer Entscheidung reif sein werde, die Landessynode einzuberufen.[500] Am gleichen Tag schrieb Meiser erneut an die Geistliche und teilte mit, daß Jäger seine politische Verdächtigung der kirchlichen Opposition - allerdings nicht öffentlich - zurückgenommen hätte.[501] Er legte auch dem Schreiben ein Grußwort des Bruderrates der DEK an die verfolgten Pfarrer[502] mit der Bemerkung bei: "Möge es auch unseren Geistlichen zu Auffrichtung und Stärkung dienen, falls die gleiche Anfechtungen, die über unsere Amtsbrüder in anderen Landeskirchen ergehen, früher oder später auch über uns kommen sollten."

Inzwischen wurden schon Vorkehrungen getroffen für den Fall eines Eingriffs des Reichsbischofs in Bayern. Am 17. Juli informierte Kreisdekan Kern die Dekane, daß sie im Notfall "die Führung selbst in die Hand" nehmen müssten.[503] Wie der Widerstand organisiert werden sollte, war das Thema einer Zusammenkunft von Vertretern des Pfarrervereins, der Amtsbrüderlichen Konferenz, des Bruderkreises Jüngerer Theologen und der Pfarrerbruderschaft in Nürnberg am 24. Juli.[504] Da der Kampf als unausweichlich gesehen wurde, wollte man Pfarrer und Gemeinden jetzt vor die Entscheidung stellen und auch Vorkehrungen für den Notfall treffen. Sollte die bayerische Kirchenleitung handlungsunfähig gemacht werden, würde ein Bruderrat an ihre Stelle treten und über Bezirksbruderräte die Autorität des rechtmäßigen Kirchenregiments wahren. Falls die Landessynode handlungsunfähig werde, müsse der Versuch gemacht werden eine freie Synode einzuberufen. Auch die Versorgung bedrängter Pfarrfamilien wurde in die Pläne mitaufgenommen. Kreisdekan Kern stellte fest, daß ein Scheitern des Widerstandes zur Freikirche führen würde, daß aber "im Durchhalten der beiden süddeutschen Landeskirchen... sich das ganze System Müller brechen" würde.

Bei dieser Zusammenkunft wurde auch die wichtige Frage, was tun, wenn der Staat sich hinter die Maßnahmen der Reichskirchenregierung stellt, erörtert. Kern war der Meinung, daß die Haltung von Partei und Staat noch schwankte. Putz fügte hinzu, daß der Staat bisher nicht gegen die bekennenden Gemeinden vorgegangen sei, aber wenn es so weit käme, wäre "Widerstand gegen einen Übergriff des Staates... ein größerer Dienst der Kirche gegenüber dem Staat", dem man sich nicht entziehen dürfe: "Brechen wir in die Knie, wo

Anwendung von Gewalt unberechtigt ist, so verführen wir den Staat zu einer Anwendung seiner Machtmittel, die ihm selber letzlich schadet". Auch der anwesende Pfarrer Weber aus Württemberg teilte diese Ansicht, als er sagte: "Wir müssen den Staat schützen vor den in ihm schlummernden Dämonien, die ihn zu Grenzüberschreitungen verführen möchten." Die große Frage blieb jedoch, ob die meisten Pfarrer und Gemeinden auch dann standhalten würden, wenn der Staat der Reichskirchenregierung seine offene Unterstützung geben sollte.

In dieser Lage spürte die Bekenntnisfront sehr deutlich die hemmende Wirkung des Frick-Erlaßes vom 9. Juli. Einer, der mutig genug war, öffentlich Kritik an dieser Maßnahme zu üben, war wieder Dekan Felsenstein, der in seinem Gemeindeblatt schrieb:[505]

> "Die kirchliche Lage steht vor ganz ernsten Entscheidungen. Aber es ist verboten über den 'Kirchenstreit' zu reden und damit dürfen alle, denen der Streit der verschiedenen Glaubensmeinungen innerhalb der evangelischen Kirche längst zuwider war, sich dem Gefühl hingeben, daß nun 'Friede' ist und daß sie sich nicht weiter um eine Entscheidung 'Für oder Wider' zu bemühen brauchen. Andere aber kommen sich vor wie Menschen vor einer angeheizten Maschine, aus der kein Rauch aufsteigt, weil alle Ventile geschlossen sind. Nichtfachleute freuen sich an diesem Bild kraftvoller Ruhe, das solch eine Maschine bietet. Fachleute aber, die wissen, was im Innern eines angeheizten Dampfkessels vor sich geht, stehen mit großer Besorgnis davor. Man möge es uns nicht verdenken, uns nicht Pessimisten oder Querulanten zu schelten, wenn wir weiterhin unsere Bedenken und Besorgnisse haben."

20) Von der Nationalsynode bis zur Landessynode: August 1934

Eine kurze Pause im Kirchenkampf trat durch den Tod des Reichspräsidenten v.Hindenburg am 2. August ein. Der Landesbischof und Landeskirchenrat gaben hierzu, die Reichskirchenregierung umgehend, ihre eigene Kundgebung heraus, die mit keinem Wort den neuen Staat oder Hitler erwähnte, und die mit dem Satz endet: "Möge sein Vermächtnis: daß Christus dem deutschen Volke gepredigt werde! die Kirche allezeit an ihre erste und letzte Aufgabe gemahnen!"[506] Die Kundgebung Müllers und Jägers dagegen, schloß mit der Feststellung: "In der Hand unseres Führers Adolf Hitler liegt jetzt das geschichtliche Erbe, das Deutschland heißt. Mit ihm gemeinsam bauen wir am Dritten Reich."[507]

Mit der Vereinigung des Amtes des Reichspräsidenten mit dem des Reichskanzlers und der Vereidigung der Reichswehr auf Hitler war, in den Worten der von vielen Pfarrern zu dieser Zeit wegen ihrer kirchlichen Meldungen gelesenen "Basler Nachrichten", "die vollendete Diktatur geschaffen, das autoritäre Prinzip bis in seine letzten Konsequenzen verwirklicht".[508]

Am Montag, den 6. August, fanden überall Trauerfeier statt, wie in Weißenburg, wo Pfarrer Rottler in der überfüllten St. Andreaskirche Hindenburg als "Brückenbauer zwischen der kaiserlichen Zeit und dem dritten Reich" charakterisierte.[509] In der gleichen Nacht erfolgte die Beisetzung Hindenburgs im Tannenbergdenkmal, wo Hitler zum Schluß seiner Rede den für die Kirche etwas peinlichen Satz sprach, "Toter Feldherr, zieh nur ein in Walhall"; ein Satz, den die "Fränkische Tageszeitung" charakteristischerweise als Schlagzeile ihrer Berichterstattung wiedergab.[510]

Am 7. August, mitten in der von der Reichsregierung angeordneten vierzehntägigen Volkstrauer, kam die überraschende Meldung von der Einberufung der Nationalsynode am 9. August.[511] Es war offensichtlich, daß Jäger unter großem Zeitdruck stand, seine Eingliederungsbestrebungen möglichst rasch abzuschließen.[512] Die fünf zu verabschiedenden Gesetzentwürfe wurden den Mitgliedern erst am Abend vorher ausgehändigt. Von großer Tragweite für Bayern war das sogenannte Führungsgesetz, daß die kirchliche Gesetzgebung der Reichskirche übertrug, und Jäger auch ermächtigte zu bestimmen, wann das Gesetz für die noch nicht eingegliederten Kirchen in Kraft treten soll.[513] Ein anderes Gesetz, bald als "Sanierungsgesetz" gekennzeichnet,[514] legalisierte sämtliche bisher getroffenen Maßnahmen der Reichskirchenregierung. Ein weiteres Gesetz verordnete einen Diensteid für Geistliche an, die die Treue zu Hitler mit Gehorsam zur Leitung der DEK verband.

Auf der Sitzung der Nationalsynode, bevor die Gesetze mit großer Mehrheit gebilligt wurden, erlaubte man der Opposition das Wort zu ergreifen. Als erster gab der bayerische Delegierte, OKR Breit, im Namen der Vertreter aus Bayern und Württemberg, eine, in den Worten der "United Press", aufsehenerregende Erklärung ab.[515] Zuerst wurde die durch Kirchengesetz vom 7.7.1934 geänderte Zusammensetzung der Synode kritisiert, dann auch die Wahl des Zeitpunktes, mitten in der Landestrauer für Hindenburg und vor der Volksabstimmung am 19. August, wo nichts ablenken sollte "von dem hohen Ziel, dem uns geschenkten Führer das leidenschaftliche Vertrauen des Volkes zu sichern".[516] Auch die nicht zu leugnende Tatsache, daß das Vorgehen Jägers auf der Synode eine starke Ähnlichkeit zu Hitlers Regierungsstil aufwies, sprach Breit an. Nur sah Breit den wesentlichen Unterschied darin, daß der Reichstag Gesetze ohne Ausprache verabschieden kann "auf Grund des unbedingten Vertrauens zum Führer"; das gleiche Vertrauen zur Reichskirchenregierung bestünde jedoch nicht. Breit betonte die Bereitschaft der süddeutschen Landeskirchen an der "Vereinheitlichung" der Kirche mitzuarbeiten, lehnte es jedoch ab, "mit verletztem Gewissen und zerstörter Ehre, Gesetze anzuerkennen, die in ihrer Auswirkung das Bekenntnis unserer Väter aufheben und unsere kirchliche Vertrauenswürdigkeit vernichten".

Wegen des noch bestehenden Frick'schen Maulkorberlaßes erreichten die Pfarrer und Gemeinden zunächst nur die amtliche Meldung des DNB über die Synode.[517] In diesem sehr kurz gefassten Bericht stand über das umstrittene Führungsgesetz zu lesen: "Die kirchliche Gesetzgebung wird von der Deutschen Evangelischen Kirche allein ausgeübt. Soweit nur Bekenntnis und Kultus in Frage kommen, ordnen die Landeskirchen ihre Angelegenheiten selbst." Daß die süddeutschen Landeskirchen zu diesem Punkt energisch protestiert hatten, wurde verschwiegen. Im Schlußsatz des Berichts stand die von Müller geäußerte Überzeugung, daß die Synode dazu beigetragen habe, "zu einer brüderlichen Gemeinschaft zu kommen".

Um die Pfarrer trotz Verbot über die Nationalsynode zu informieren, wurde der Hauptschriftleiter der "Allgemeinen Rundschau" Georg Käßler, aktiv. Käßler hatte schon, nachdem er in seiner Zeitung keine Stellung zum Kirchenkonflikt beziehen durfte, seine Dienste als Redner vor Pfarrkonferenzen angeboten, um gegen die Eingliederungspolitik zu sprechen.[518] Nun ließ er ein zweiseitiges Flugblatt drucken mit einem Bericht der "Basler Nachrichten" über die Synode, sowie die dort abgegebene Erklärung des OKR Breits und die Stellungnahme des Bruderrats der Bekenntnissynode Berlin-Brandenburg.[519] Die Überschrift des Flugblatts entnahm er den "Basler Nachrichten", die hieß: "Die kirchliche Diktatur des Reichsbischofs Müller von der evangelisch. 'Nationalsynode' anerkannt". Der Bericht der "Basler Nachrichten" nannte auch die Synode ein "Rumpfparlament" und schloß mit der Frage:

> "Man schreitet über die bekenntniskirchliche Bewegung, über alle Proteste, Bedenken und Besorgnisse, die von dieser Seite aus der Erkenntnis des wahren Wesens der evangelisch-christlichen Kirche laut wurden, unbedenklich hinweg. Soll das etwa dem kirchlichen Vermächtnis Paul v. Hindenburgs entsprechen?"

Käßler bat die Pfarrer, die Mitteilungen "streng vertraulich" zu behandeln und betonte, daß das "Informationsblatt" nicht in Zusammenhang mit seiner Stellung als Hauptschriftleiter der "Allgemeinen Rundschau" gebracht werden sollte.[520]

Bald konnten aber Pfarrer und Gemeinden über den legalen Weg Information über die kirchenpolitische Lage bekommen. Am 17. August, zwei Tage vor der Volksabstimmung, änderte Frick seinen Erlaß vom 9. Juli; nun sollten alle "unsachlichen, polemischen" Beiträge zum Kirchenkonflikt in der Öffentlichkeit verboten werden.[521] Die im Juli beschlagnahmten Hefte des Kaiser Verlages, jedoch, wie die Hefte der "Theologischen Existenz" von Barth, und einige Hefte der Reihe "Bekennende Kirche", darunter Stolls "Dokumente zum

Kirchenstreit" und Sammetreuthers "Die falsche Lehre der Deutschen Christen", blieben verboten.[522] Nach Bekanntgabe des neuen Erlaßes haben viele Gemeindeblätter sofort wieder angefangen ihre Leser über die kirchliche Lage zu informieren, was sie mit gutem Gewissen glaubten tun zu können, denn sie hätten sich "jederzeit bewußt" von "unsachlichen, polemischen" Auseinandersetzungen ferngehalten.[523] Einige Blätter jedoch, wie die "Fränkische Wacht", hielten sich trotzdem zurück, mit der Begründung, es sei nicht leicht, "den Kirchenstreit zu behandeln, ohne 'polemisch' zu werden".[524]

Von solchen Skrupeln war die Schriftleitung der "Allgemeinen Rundschau" wenig geplagt, die gleich wieder anfing, dem Verlangen ihrer Leser nach kirchenpolitischen Informationen nachzukommen. In einem ausführlichen Bericht am 20. August versuchte sie, die inzwischen verschärfte kirchliche Lage mit ihren zwei festen Fronten anschaulich zu machen.[525] Auf der einen Seite sah der Berichterstatter die Deutsche Christen, die Stütze der Reichskirchenregierung. Als Beweis, daß Müller immer noch zu den DC hielt, zitierte der Bericht seine Rede in Stettin vom 6. Juni: "Wir bauen die Deutsche Evangelische Kirche mit den Deutschen Christen." Müllers wichtigster Helfer dabei sei sein Rechtswalter Jäger, der die Kirche fest an den Staat anschließen wollte, wie seine Rede vom 16. Juni in Bremen bezeuge:

"Der Nationalsozialismus kann sich mit der Einheit auf politischem und wirtschaftlichem Gebiet nicht begnügen, sondern muß auch die Kirche einbeziehen, wenn er seinen Totalitätsanspruch durchführen will".

Die Bekenntnisfront wolle genauso wie die DC eine starke Reichskirche aufbauen, nur bestehe sie darauf, daß diese auf die vom Staat anerkannte Verfassung von 1933 als Rechtsgrundlage zu geschehen habe, wonach die Landeskirchen schon "Glieder" der DEK seien, was eine zweite "Eingliederung" ausschließen müsse. Entschieden bestritt der Bericht, daß seine Haltung in der Kirchenfrage reaktionär sei; die noch nicht öffentlich zurückgenommene Bemerkung Jägers, der einen Zusammenhang zwischen der kirchlichen Opposition und Röhm angedeutet habe, sei "für die Ehre eines deutschen Mannes einfach unerträglich".

Vor allem durch ihr Verhalten bei der Volksabstimmung glaubte die Bekenntnisfront in Bayern den Beweis für ihre staatsloyale Haltung gebracht zu haben. Der LKR, der die Rechtmäßigkeit der Reichskirchenregierung sonst bestritten hat, war bereit, die Kundgebung der DEK zur Volksabstimmung im Amtsblatt zu veröffentlichen.[526] Müller und Jäger hatten die kirchlichen Führer verpflichtet, die Kundgebung "aller evangelischen Volksgenossen" "mahnend rechtzeitig" zur Kenntnis zu bringen. Nach der Abstimmung betonte das "Evangelische Gemeindeblatt für München", daß die besten Ergebnisse aus den evangelischen Landesteilen von Bayern und Württemberg kamen:[527]

> "Man wird sich das merken müssen. Unsere Gemeinden wissen, was sie dem Führer schuldig sind, und stehen in unerschütterlicher Treue zu ihm. Aber gerade aus diesem ihrem Gewissen heraus lehnen sie das Vorgehen der Reichskirchenregierung ab und stellen sich um der Kirche und des Volkes willen ebenso unerschütterlich hinter das Bekenntnis.

Die Resultate der Abstimmung wurden jedoch auch anders interpretiert, wie in Weißenburg, wo Hitler ein besseres Ergebnis bekam als im November 1933.[528] Für Gerstner stand es fest, daß die Arbeiterschaft zu 99% hinter Hitler stünde, und daß "die Gegner... bestimmt in anderem Lager zu suchen" wären.[529] Das konnte nur heißen im bürgerlichen Lager, vor allem unter der Bekenntnisfront.

Besonders den Pfarrern, die wegen der kirchlichen Nachrichten die ausländische Presse lasen, konnte es jedoch nicht verborgen bleiben, daß dort die Abstimmung nicht als Erfolg bewertet wurde. Die "Basler Nachrichten", die schon vorher die Abstimmung als "eine auf psychologische Effekte berechnete Demonstration" gekennzeichnet hatten,[530] bemerkten, daß die Zahl der Nein-Stimmen gegenüber dem November-Plebiszit bei stärkerer Wahlbeteiligung sich verdoppelt hätte.[531] Dies gab Anlaß zur Spekulation, daß der Staat in den Kirchenstreit einlenken würde, denn:

> "Hier hat der nationalsozialistische Staat ohne jede Not in beiden Hauptkonfessionen Mißstimmung gesät, die politisch nicht begründet, aber politisch offenbar sehr wirksam ist. Die Staatsleitung ließ sich von einer ahnungslosen Kirchenleitung in eine Stellung manövrieren, die sich ohne politischen Schaden nicht halten läßt. Wird man trotz dem 19. August versuchen, sie auch weiter zu halten?"

Pfarrer Baumgärtner im "Nürnberger Gemeindeblatt" redete seinen Lesern ein, sich nicht durch die Berichte der Auslandspresse irritieren zu lassen, die "unserem Volk und seinem Wiedererwachen schlechthin unfreundlich gesinnt" seien.[532] Mit Genugtuung wurde auf Hitlers Hamburger Rede vom 17. August hingewiesen, wo Hitler versprach, die Rechten der Kirchen zu stützen. Darum sollte man dem "Führer wirklich die Freude machen, den häßlichen Kirchenstreit zu begraben".[533]

Die Führer der süddeutschen Landeskirchen waren jedoch entschlossen, in einem am 13. August formierten "Kampfbund gegen das Reichskirchenregiment", der drohenden Eingliederung zu widerstehen.[534] Ihre Position verdeutlichten sie in einem Schreiben an Hitler vom 14. August.[535] Am gleichen Tag schworen Meiser und der LKR in einem Brief an Frick, sie würden "der derzeitigen Reichskirchenregierung in keinem Stücke Gefolgschaft... leisten".[536] Am nächsten Tag informierte Meiser die Geistlichen von seinem Entschluß, die Landessynode am 23. August in München einzuberufen.[537]

Die Einberufung der Synode war auf jeden Fall ein Wagnis, denn es war nicht abzusehen, wie viele Synodalen die von Münch und Möbus propagierte Idee der freiwilligen Eingliederung unterstützen würden. In der Woche vor der Synode sollte deshalb intensive Aufklärungsarbeit von den Dekanen getrieben werden.[538]

Einer der sich besonders bemüht hatte, die NS-Synodalen von der Richtigkeit des Meisers-Kurses zu überzeugen, war Kreisdekan Kern. In einem Bericht an Meiser über seine "Erkundungsfahrt", schilderte er die Schwierigkeiten, die Meiser auf der Landessynode zu erwarten hat.[539] Zuerst hat Kern herausbekommen, daß Münch die Hilfe des Synodalen Zerzog bei der Verfassung seines offenen Briefes gehabt hatte. Zwei andere NS-Synodale, die er gesprochen hatte, hätten sich noch nicht für Meiser festgelegt; es würde darauf ankommen, "daß Herr Dr. Schneider an diesen seinen Pgg. das Seine tut". Schließlich müsse Meiser mit einem Triumvirat von Klingler, Greifenstein und Lauerer auf der Synode rechnen, die über den möglicherweise unweigerlichen Schritt in die Freikirche und Meisers Verbindung mit dem Norddeutschen Notbund besorgt seien.[540] "Auf eine Beantwortung diesbezüglicher Fragen", schrieb Kern, "wirst Du Dich rüsten müssen".

Die Unentschlossenen unter den Pfarrern, vor allem im NSEP, versuchte Pfarrer Putz zu überzeugen in seinem offenen Brief an den NSEP Vorsitzenden Möbus.[541] Putz lehnte Möbus' Versuch, die Mitglieder des NSEP für eine freiwillige Eingliederung zu verpflichten als einen "brutalen Gewaltstreich" ab, und glaubte, "die weitaus überwiegende Mehrzahl des Bundes" hinter sich zu haben. Putz betonte, daß Meiser nicht "die Eingliederung und grössere Vereinheitlichung als solche" ablehnte, sondern nur den dazu eingeschlagenen Weg der Reichskirchenregierung. Möbus' Brief erwecke den Anschein, "als wären Rechtsbrüche, Verfassungs- und Bekenntnisunmöglichkeiten überhaupt nicht vorgekommen".

Putz' Schreiben, vier Tage vor der Landessynode, hatte weniger den Zweck den NSEP zu retten - was kaum noch möglich war - als vielmehr den Mitgliedern der Landessynode im NSEP, die immerhin mehr als die Hälfte der geistlichen Synodalen ausmachten,[542] die Richtigkeit des Weges der Landeskirchenleitung noch einmal zu präsentieren. Dabei hatte Putz gute Chancen, die Zustimmung der NSEP-Synodalen zu bekommen, denn nur einer von ihnen, Pfarrer Hans Gollwitzer,[543] war im NSEP-Führerrat, in dem Gremium, das die freiwillige Eingliederung beschlossen hatte. Unter den NSEP-Synodalen waren auch keine Repräsentanten des Ansbacher Kreises. Überhaupt, unter den etwa 80 NSEP-Pfarrern, die nach Oktober 1934 Meiser den Gehorsam verweigerten, waren nur zwei - Gollwitzer und Adolf Siegel - Mitglieder der Landessynode. Aber besonders günstig für die Landeskirchenleitung bei der kommenden Tagung der Synode war das Ausscheiden einiger Mitglieder seit der letzten offiziellen Tagung der Synode im September 1933. So fehlte der ehemalige NSEP-Landesleiter Klein, der von Siegel ersetzt wurde; und die Stelle von Meisers Hauptkontrahent, Wolf Meyer, hatte Helmut Kern übernommen.[544] Weiterhin waren zwei prominente NS-Funktionäre, Mitschke und Minnameyer,[545] ausgeschieden, und von zuverlässigeren Mitgliedern ersetzt. So gesehen, war Meisers Urteil, die Synode sei "ein Zerrbild unserer Landeskirche",[546] zwar zutreffend, aber die Zusammensetzung der Synode hätte noch viel ungünstiger für ihn sein können. Mit dieser Synode konnte Meiser und der LKR zwar sicher sein, für die auch vom LSA einstimmig angenommene Ablehnung der Eingliederung eine Mehrheit zu finden, es war jedoch nicht voraussehbar, ob eine große oder kleine Minderheit diesen Entschluß akzeptieren oder ablehnen würde.[547] Sehr viel würde vom Verhalten der NS-Synodalen wie Zwörner und Gollwitzer, Münch und Zerzog, abhängen.

Die außerordentliche Tagung der Landessynode am 23. August war vom LKR sehr sorgfältig vorbereitet, wobei die Wahl wieder auf München als relativ sicheren Tagungsort fiel. Eingeleitet wurde die Tagung durch einen Abendgottesdienst in der überfüllten St.Matthäuskirche, mit OKR Breit als Prediger, der, bei Dankbarkeit für die "Bändigung des drohenden Chaos" im Staat, betonte, daß die Kirche ihren Dienst am Staat nur dann leisten könne, "wenn sie nicht in ihr fremde Formen gezwängt" werde.[548]

Die Verhandlungen wurden am nächsten Tag im Gemeindesaal der Christuskirche, vor gedrängt vollen Zuhörertribünen, vom Präsidenten der Synode, ORR Bracker eröffnet.[549] Nach einem kurzen Andenken an den verstorbenen Reichspräsidenten und ein "Sieg-Heil" auf den "unvergleichliche(n) Führer", präsentierte Bracker den Verhandlungsgegenstand der Synode: ob die Landeskirche dem Verlangen der DEK nach Eingliederung stattgeben sollte. Dabei schilderte er ausführlich seine eigene ablehnende Beantwortung dieser Frage. Der Reichsbischof habe die Rechtsgrundlage der DEK verlassen durch seine Mißachtung der Verfassung, die vom Reich anerkannt sei, und "im wahrsten Sinne des Wortes 'Revolutionäres Recht' darstelle". Als er den von Jäger gemachten Vorwurf, die kirchliche Opposition sei an der Entwicklung zur "Röhmrevolte" mitschuldig, scharf zurückwies, erntete er den "brausenden Beifall sämtlicher Synodalen".[550] Dann erteilte er dem Landesbischof das Wort.

In seiner zweistündigen Programmrede, die "häufig von lauten Zustimmungskundgebungen unterbrochen" wurde,[551] forderte Meiser den Synodalen auf, "in einer Stunde, in der es um Leben oder Sterben unserer evangelischen Kirche in Deutschland" gehe, "eine klare und tapfere Entscheidung" zu treffen.[552] In vier Punkten begründete er seine ablehnende Haltung zu einer Eingliederung in die DEK. Erstens sei die Verfassung, die "der neuen Lage Rechnung tragen (sollte), die für die Kirche durch das stürmische Auftreten der jungen nationalen Bewegung gegeben war", durch eine Kette von Rechtswidrigkeiten mißachtet und verlassen worden. Von allen verfassungsmäßigen Organen sei nur noch der Reichsbischof legal. Dabei habe der Reichsinnenminister betont, daß "das Recht die unerschütterliche Grundlange auch des dritten Reichs sein müsse". Zweitens vermisse man bei der Reichskirchenregierung die notwendige Wahrhaftigkeit, denn Zusagen seien mehrmals gebrochen worden; das in sie gesetzte Vertrauen gründlich enttäuscht. Drittens fehle es beim Reichsbischof an einer wahrhaft geistlichen Führung. Vor allem durch die von der Nationalsynode angenommenen Gesetze seien "Art und Wesen und Ordnung des Staates geist- und ideenlos auf die Ordnung der Kirche" übertragen, sodaß man nun mit einer "Diktatur des Reichsbischofs" konfrontiert sei. Hier gedachte Meiser "all der bedrängten und kämpfenden Brüder in den anderen Kirchen", und sprach im Namen der Landeskirche offen aus,[553]

"daß wir uns mit ihnen eins wissen in der Abwehr solchen Unrechts und solcher Gewaltpolitik und solch ungeistlicher Art, die Kirche zu führen und zu leiten. Ich muß es als eine Grundforderung für ein Neuwerden in der Kirche und die Befriedung in ihr erachten, wenn ich erkläre, daß alles begangene Unrecht in irgendeiner Weise wieder gutgemacht wird. Sonst wird kein Friede in der Kirche."

Schließlich sei die Geltung des Bekenntnisses in der DEK nicht gewährleistet, denn die Reichskirchenregierung stütze sich auf die kirchenpolitische Partei der Deutschen Christen.

Obwohl Meiser in seiner Rede vor der Synode mit keinem Wort die Barmer Bekenntnissynode und ihre Ansprüche, die rechtmäßige DEK zu sein, erwähnte, machte er es dennoch deutlich, daß eine vom Führer gewünschte Einigung des deutschen Protestantismus nur vom "Kreise der bekennenden Gemeinden" realisierbar sei:[554]

"Wir sind überzeugt, wenn der Geist, der hier lebendig ist, die ganze deutsche evangelische Kirche ergriffen hat, dann gibt es über Äußerlichkeiten und Einzelheiten und über Personalfragen kaum mehr eine ernste Differenz. Hier wären die tragenden Kräften, um die DEK wirklich zu bauen."

Zu der Befürchtung, sein Kurs führe unweigerlich zur Freikirche, sagte Meiser, daß er noch die Hoffnung habe, geordnete Zustände in der Reichskirche zu erreichen.

Von den Synodalen verlangte Meiser zum Schluß eine Stellungnahme zur Lage der Kirche:[555]

"Wir erwarten von Ihnen, daß Sie heute klar und unzweideutig erklären, daß Sie sich mit uns gegen diese gesetzwidrige, unevangelische und ungeistliche Art, die Kirche zu leiten, mit aller Entschiedenheit verwahren und daß Sie mit uns verlangen, daß ein gründlicher Kurswechsel in der Reichskirche eintritt, der, soweit möglich, auch mit einem Personalwechsel verbunden sein muß."

Auch wenn diese Forderung Meisers im Vergleich zu den viel härteren Tönen der norddeutschen Bekenntnisgruppen, die schon die Exkommunikation von Müller und Jäger erwogen hatten,[556] etwas zaghaft klingt, muß man bedenken, daß Meiser keine einheitliche "Bekenntnissynode" vor sich hatte, sondern bemüht war, die letzte verbliebene rechtmäßig gebildete Landessynode in Deutschland von der Richtigkeit seines Kurses zu überzeugen. Daß ihm dies auch weitaus gelungen war, zeigte der stürmische, minutenlang anhaltende Beifall am Schluß, an dem sich auch die vielen Zuschauer entgegen der Geschäftsordnung beteiligten.[557]

Zu Meisers Rede kommentierte der Schriftleiter des "Korrespondenzblatts":[558]

"Sie machte in ihrem unpathetischen Ernst und in der Art, wie sie nüchterne Sachlichkeit mit tiefster innerer Ergriffenheit vereinte, einen außerordentlich großen Eindruck, nicht nur auf die, die hier zum ersten Male, das Tatsachenmaterial erfuhren, sondern auch auf die, denen die Einzelheiten schon vertraut waren."

Anschließend erzählte OKR Breit nur kurz von der Nationalsynode, denn sein ausführlicher Bericht darüber hatten alle bayerischen Pfarrer schon erhalten.[559] Er betonte besonders seine Einwände gegen den Diensteid der Geistlichen und Beamten, denn ein Eid auf kirchliche Weisung und eine Verbindung von kirchlichen und staatlichen Verpflichtungen seien unmöglich. Als er die Antwort des Reichsbischofs auf die Einwände der Opposition vorlas, vor allem den Satz: "Wir machen nichts für die Ewigkeit, sondern sind in unserer Arbeit, die vor neuen Dingen steht, so eingestellt, daß wir dann bei der nächsten Tagung die Änderung vollziehen", ging "eine spürbare Bewegung durch den Saal".[560]

Die Einwände zum Diensteid unterstrich auch der nächster Redner, Landgerichtsratsdirektor Doerfler, ein Altparteigenosse, der über seine persönliche Eindrücke von der Nationalsynode berichtete. Nach seinem Gefühl sei der Eid besonders "boshaft abgefaßt" und könnte den Pfarrern "in die schwersten Gewissenskonflikte" bringen, wenn zum Beispiel eine Weisung der DEK den von den DC und auch vom Reichsbischof geäußerten Gedanken einer "Nationalkirche" Vorschub leisten sollte.[561] Er stellte auch fest, daß die Kirchenpolitik Müllers und Jägers nicht als Teil der NS-Revolution angesehen werden könne, denn die letztere sei schon abgeschlossen, außerdem stünden in der kirchenpolitischen Frage Nationalsozialisten gegen Nationalsozialisten. Daher sei es auch unmöglich, wenn staatliche Unterorgane die eine Seite unterstützen und rein theologische Schriften beschlagnahmen und innerkirchliche Veranstaltungen und Gottesdienste verbieten oder überwachen.

Die Beiträge von Breit und Doerfler verdeutlichten, daß die umstrittene Teilnahme der bayerischen Delegation an der Nationalsynode sich wenigstens in einem Punkt gelohnt hatte, denn dadurch konnte die Landeskirchenleitung den noch nicht überzeugten Synodalen zeigen, daß bei aller Opposition gegen die Reichskirchenregierung die positive Einstellung Bayerns zur Reichskirche an sich eindeutig bekundet wurde.

Der nächste Redner, Reichsgerichtsrat Flor-Leipzig, lieferte in seinem Rechtsgutachten den Beweis für die Illegalität der Gesetze der Nationalsynode. Wenn der Reichsbischof nicht durch ungesetzliche Mitteln die Zusammensetzung der Synode geändert hätte, wären diese Gesetze wahrscheinlich nicht angenommen worden.[562]

Nach der Mittagspause sprachen Vertreter der schon eingeleiderten badischen und der noch intakten württembergischen Landeskirchen. Sie betonten, wie wichtig es für die DEK sei, daß die bayerische Landeskirche standfest bleibe.[563]

Schließlich stellte der Vorsitzender des LSA und ehemaliger DC-Landesleiter für Bayern, Pfarrer Greifenstein, der die Machtpolitik des Reichsbischofs als "einen neuen Papalismus" bezeichnete, den Antrag des LSA mit dem Kernsatz:[564]

"Sie (die Landessynode, d. Verf.) betrachtet es als innerlich unmöglich, sich den Gesetzen zu beugen, die von einer verfassungswidrig zusammengesetzten willfährigen Nationalsynode beschlossen wurden, weil diese Gesetze in der Kirche der Reformation eine unbiblische und unerträgliche Gewaltherrschaft eines einzelnen aufzurichten versuchen."

In der mit Spannung erwarteten Aussprache stellte der Bayreuther Studienrat und ehemaliger Pfarrer in Selb, Richard Zwörner, "im Namen von 15 nationalsozialistischen Abgeordneten" den Antrag, daß die Synode keinen Beschluß über die Eingliederung fassen sollte.[565] Zwörner, der selber Parteirichter war, fand einige Wendungen in der Erklärung des LSA "aufreizend und verschärfend" und wollte seiner Gruppe die Chance geben, in eigener Verantwortung die Sache zu prüfen.[566]

Zwörners Einwände wurden jedoch durchaus sachlich vorgetragen und weit entfernt von dem Ton des Briefes, den der Synodale Münch in Namen der Arbeitsgemeinschaft der NS-Synodalen an Meiser mit der Forderung geschickt hatte: Eingliederung oder Rücktritt. Interessanterweise blieben die radikaleren NS-Synodalen wie Münch, sein Helfer Zerzog und auch Pfarrer Gollwitzer stumm auf der Synode und ließen sich durch das gemäßigtere Mitglied ihrer Gruppe, Zwörner, vertreten.

In den weiteren Wortmeldungen fiel auch auf, daß sich kein einziger Synodaler für eine Eingliederung aussprach. Ein Amtsgerichtsdirektor, der bei der Tagung einen Antrag auf eine freiwillge Eingliederung stellen wollte, beschrieb, wie die beleidigenden Bemerkungen des Rechtswalters Jäger bei ihm den Anstoß zur Wandlung verursachten.[567] Die Gesetze der Nationalsynode brachten dann den "Umschwung", denn er befürchtete, daß man dabei "jeden Rechtsboden unter den Füßen" verlieren würde. Sein Vorschlag war, eine gemeinsame Erklärung mit der NS-Gruppe herauszuarbeiten, die eine Eingliederung "zur Zeit, d.h. gegenüber der jetzigen Reichskirchenregierung", ablehnen sollte.

In der Diskussion machten vor allem zwei Altparteigenossen, beide Träger des goldenen Parteiabzeichens, großen Eindruck auf die noch Unentschlossene. Ministerialrat Engert, Pg. seit 1927,[568] der nicht zur Gruppe der 15 NS-Synodalen zählte, sah in der Vertrauensfrage den entscheidenden Faktor. Das Volk habe Hitler am 19. August "ohne irgendwelchen Zwang" das Vertrauen ausgesprochen wegen seiner Verdienste:[569]

"Dadurch hat unser deutsches Volk gezeigt: Ich bin willens, über jeden Verfassungsbruch (wenn wir überhaupt in der Tat vom 30.6. einen Verfassungsbruch sehen wollen) hinwegzusehen, wenn wir das Vertrauen zum Führer haben, daß dieser Verfassungsbruch im Interesse des deutschen Volkes geschah."

Zu Müller könne man jedoch kein Vertrauen haben, denn er habe die Uneinigkeit herbeigeführt und das außenpolitische Wollen des Führers gefährdet. Die Synode müsse "im Interesse unseres Führers und des Reiches" zu einem einheitlichen Entschluß kommen.

Der "alte Kämpfer", der nach Engert sprach, war der Universitätsprofessor Dr. Freiherr von Bissing, der von Meiser in die Synode berufen wurde "für den aus Gesundheitsgründen am Erscheinen verhinderten" Synodalen Dr. Neumeyer.[570] Baron von Bissing, der "seit der Gründungszeit" der NSDAP Pg. war, machte in seiner kurzen Rede einen großen Eindruck auf die Synode.[571] Er betonte, daß der Führer, der sich eine einige evangelische Kirche wünsche, sich nicht in kirchliche Dinge einmischen möchte.[572] Wenn der Anschein jedoch manchmal anders sei, so liege dies daran, daß die Kirchenleitung "nicht genügend kirchliche und politische Dinge auseinandergehalten" habe. Bissing, der wohl über gute Beziehungen zur Parteileitung verfügte, wußte sogar zu berichten,

"daß in den letzten Wochen der Führer über vieles unterrichtet worden ist, von einer ganz anderen Seite, das ihm die Augen geöffnet hat über die ungeheuren Gefahren, die an unserer Jugenderziehung und an vielen anderen Punkten sich geltend machen."
Hitlers Versprechung in Hamburg, die christlichen Bekenntnisse zu schützen, sei dieser "neuesten Aufklärung" zu verdanken. Der Reichsbischof dagegen, sei "diesen Gefahren nicht entgegengetreten" und sei ungeeignet, "an der Spitze der Reichskirche zu stehen".

Nach dem Bericht des Presseverbands stand die ganze Versammlung unter dem Eindruck dieser Rede.[573] Ein Antrag wurde gestellt, daß ein um Engert, Bissing und Zwörner erweiterter Vertrauensausschuß versuchen sollte, eine gemeinsame Erklärung auszuarbeiten.[574] Nach zwei Stunden stand eine Erklärung, die auch Zwörner vor seiner Gruppe vertreten konnte. Zwörner betonte, daß die neue Erklärung eine wesentlich andere Gestalt habe: sie beinhalte "die momentane Ablehnung" einer Eingliederung, weil die Reichskirchenregierung die Verfassungsgrundlage verlassen hätte und weil auch die Nationalsozialisten die Reichskirche auf legalem Wege verwirklichen wollten.[575] Zwörners Mißtrauen gegen die Gesetze der Nationalsynoden, vor allem gegen das Diensteidgesetz war groß genug, daß er der Formulierung, diese Gesetze würden "eine unerträgliche Willkürherrschaft eines einzelnen aufrichten", zustimmen konnte.

Die mühevoll gewonnene Einigung wurde für eine kurze Zeit von Professor Ulmer in Frage gestellt, der ein Wort zur "Lutherischen Kirche" in der Erklärung vermißte und "unter lebhafter Erregung des Hauses" die Sitzung verließ.[576] Nachdem jedoch eine dementsprechende Änderungen vorgenommen wurde, kehrte er wieder zurück, und sämtliche 49 Synodalen nahmen stehend die Erklärung an. Nach Verlesung der Erklärung brach ein "stürmischer Beifall" aus; die Glocken der Christuskirche läuteten, als die Versammlung spontan "Nun danket alle Gott" anstimmte.[577] Mit "tiefer Bewegung" dankte Meiser der Synode für die einstimmige Unterstützung.[578]

Auch wenn man die kluge Planung der Synode durch den LKR berücksichtigen muß - die aufgestellten Redner, die Berufung von Bissing, der Meisers "Trumpf" wurde, das Stillhalten der prominenten Bekenntnispfarrer wie Helmut Kern - war die erreichte Einigkeit nach den Worten W.F.Schmidts ein Resultat, wie es auch "die gewiegtesten Versammlungstaktiker nicht erwartet" hätten.[579] Auch der Zeitpunkt der Synode - nach der Volksabstimmung und vor dem Reichsparteitag - wirkte sich zu Meisers Gunsten aus, denn nach dem Parteitag fielen einige Synodalen wieder um, vor allem Richard Zwörner.[580]

21) Die Berichte über die Landessynode und das Einschreiten der Polizei

Aber das allerwichtigste war, daß die Presse ausführlich über die Resultate der Tagung der Landessynode berichtete, so daß die Gemeinden sich leicht ein klares Bild über die kirchliche Lage machen konnten. Ein bei der Synode wohl anwesender Lokalredakteur des "Völkischen Beobachter" verfaßte sogar einen objektiven Bericht über das einstimmige Ergebnis der "wahrhaft brüderlichen und christlichen Beratung, an der sich mit besonderem Nachdruck alte nationalsozialistische Kämpfer beteiligten".[581] Der Bericht erschien in der süddeutschen Ausgabe am 25. August.

Aber die detaillierteste Berichterstattung fand man in der "Allgemeinen Rundschau". Schon am 24. August trug die erste Seite die Meldung vom Ausgang der Synode in München, und am nächsten Tag stand die zweiseitige Reportage des Schriftleiters Georg Käßler unter der Überschrift: "Einmütigkeit in der evangel. Landessynode".[582] Nach Informationen von Wolf Meyer war diese Ausgabe "in sämtlichen Verkaufsstellen in Nürnberg sofort vergriffen".[583] Am 24. August ging von der Landesstelle München-Oberbayern des Reichspropagandaministeriums eine Direktive an die Presse, nur den DNB-Bericht über die bayerische Landessynode zu bringen.[584] In einer "nun-erst-recht Stimmung" trug die erste Seite der "Allgemeinen Rundschau" am 27. August als Überschrift: "Die bayer. evangelische Kirche hat gesprochen. Ein Nachwort zur Landessynode".[585] Hier wurde die Synode eine "einzigartige Erscheinung" genannt; während überall in den deutschen Landeskirchen die schwersten Kämpfen ausgebrochen seien, herrsche in der bayerischen Synode eine Einigkeit, die "nicht künstlich geschaffen wurde,... etwa durch Schließung eines lauen Kompromisses", sondern weil die bayerische Landeskirche "eines Sinnes" sei.

Auch das "Korrespondenzblatt" und die vielen Gemeindeblätter berichteten ungehindert von der Landessynode.[586] Das sonst in der Kirchenpolitik etwas reservierte Rothenburger Sonntagsblatt brachte seinen eigenen Bericht mit Wortlaut der Erklärung und die Bemerkung, daß die Bedeutung der Synode darin läge, "daß hier die Welle der Eingliederung der deutschen evangelischen Landeskirchen und ein unkirchliches Gewaltregiment in der deutschen evangelischen Kirche auf einmütigen Widerstand gestoßen ist".

Schließlich, in Übereinstimmung mit dem Entschluß der Synode erschien Ende August im Auftrag des LKR in einer Auflage von über 100.000 Exemplaren der Bericht von Pfarrer Hildmann vom Evangelischen Presseverband über die Tagung mit der vollständigen Rede des Landesbischofs.[588]

Während Meiser sich um Verständnis bei den Staatsstellen, die noch ein offenes Ohr für die Landeskirche hatten, bemühte, begannen die Pfarrer, ihre Gemeinden über den Ausgang der Synode zu unterrichten.[589] So wurde am Sontag den 26. August von vielen Kanzeln eine Kundgebung des Landesbischofs verlesen, in der Meiser alle Gemeinden bat, "sich in gleicher Einmütigkeit, Entschlossenheit und Freudigkeit hinter die Beschlüsse der Landessynode zu stellen".[590] Am 27. August bat der LKR die Pfarrer, Gemeindeversammlungen abzuhalten, um noch vollständiger über die Synode zu berichten.[591]

In der Woche nach der Synode griff die Polizei, im Einklang mit dem Frickerlaß vom 17. August, nicht in die kirchliche Aufklärungsarbeit ein. Erst am 30. August bekam die BPP Kenntnis von Meisers Kundgebung vom 24. August und informierte die Gestapa in Berlin, daß ihr die Verlesung der Kundgebung unbedenklich erscheine, da "bereits die breite Öffentlichkeit über die Vorgänge durch die Presse unterrichtet worden ist".[592] Am Samstag, den 1. September erhielt die BPP eine Antwort, nicht von der Gestapa, sondern von Major von Detten von der Abteilung für kulturellen Frieden der NSDAP. "Im Auftrag des Führers" ersuchte der unterzeichnende von Pfeffer, die Kanzelkundgebung als Gefährdung der öffentlichen Ruhe und Ordnung zu verbieten und den Pfarrern "auf dem polizeilichen Wege noch heute" vom Verbot zu unterrichten.[593] Daraufhin hat die BPP, wo sie noch konnte, die Gemeindeversammlungen über die Landessynode verboten.[594] So wurden zum Beispiel in Kulmbach, Naila, Treuchtlingen und Nürnberg solche Veranstaltungen untersagt,[595] während am 2. September in Heidenheim a.H. ein Bezirkskirchentag noch ungestört abgehalten werden konnte mit Vorträgen von Stoll, "Was geht in der Kirche vor?", Frör, "Was ist unsere Aufgabe in den kirchlichen Wirren und Nöten der Zeit?", und von Kreisdekan Kern.[596]

Am 6. September wurden auch noch, nach Anweisung des Amts für kulturellen Frieden, die weitere Auslieferung des Hildmann Berichts über die Landessynode durch polizeiliche Beschlagnahme unterbunden und die Druckplatten zerstört.[597] Dafür erschien ungehindert das Münchener Gemeindeblatt mit einem Bericht zur Synode in einer großen Auflage und wurde für 5 Pfennig verkauft.[598] Kurze Zeit später erschien Meisers Rede auf der Landessynode im vollen Wortlaut als Flugblatt, das ein Augsburger Drucker in großen Mengen herausgab.[599] Im Vergeich zu der ängstlichen Reaktion auf die Beschlagnahme des Flugblattes "Kirche und Rasse" im Frühjahr 1934 zeugten die verschiedene Versuche, die polizeilichen Maßnahmen gegen die Verbreitung der Ergebnisse der Landessynode zu unterlaufen, von einer in obrigkeitstreuen, lutherischen Kreisen kaum vermuteten Bereitschaft, die Grenze zum zivilen Ungehorsam zu überschreiten.

Aus der ganzen Landeskirche liefen Proteste gegen diese polizeilichen Eingriffe bei verschiedenen Staatsstellen ein. Am 6. September schrieb Meiser an Frick:[600]

"Es ist das erste Mal in der Geschichte der bayerischen Landeskirche seit der Beseitigung der staatlichen Kirchenhoheit, daß eine Kanzelkundgebung ihres obersten geistlichen Amtsträgers staatlicherseits unterbunden wurde. Dazu kommt, daß das Verbot sich ausdrücklich auf eine 'Anordnung des Führers' stützte..."

Ein Beispiel für die vielen Protestbriefe, die an v.Epp gerichtet wurden, ist das Schreiben der Geistlichen des Weißenburger Kapitels von 10. September. "Mit tiefem Befremden" nahmen sie das Verbot der BPP, die Kundgebung über die Landessynode vorzulesen, auf der auch "bewährte nationalsozialistische Parteigenossen" das Vorgehen des Reichsbischofs abgelehnt hätten, zur Kenntnis.[601] Sie fragten:

"Sollen die Gemeinden nicht hören dürfen was ihre Abgeordneten zur Landessynode zu ihrem einstimmigen Beschluß bewegt hat? Soll der Kampf unserer Landeskirche um eine wahrhaft einige starke Deutsche Evang. Reichskirche gehemmt werden durch polizeiliche Gewaltanwendung im Sinne einer Minderheit, deren Rechts- und Verfassungsbrüche das einzige Hindernis zur vollen Einigung der Deutschen Evang. Kirche sind? Wir können solche Maßnahmen nicht vereinbar finden mit den wiederholten feierlichen Zusicherungen unseres Führers bezüglich kirchlicher Freiheit."

Das Schreiben trug die Namen von 19 Geistlichen, einschließlich Kalb, Rottler, Pfaffenberger und Bestelmeyer - ein Zeichen, daß zu diesem Zeitpunkt die Pfarrer des Weißenburger Kirchenbezirks noch alle hinter dem Landesbischof standen.

Hinter dem vom Amt für den kulturellen Frieden initierten Verbot vermutete man den Rechtswalter Jäger, der zu Pfeffer gute Beziehungen hatte.[602] Oder, wie OKR Breit es am 6. September ausdrückte:[603]

"Die Reichskirchenregierung ist augenscheinlich entschlossen und in der Lage, das unter dem 3. September veröffentlichte Gesetz der Eingliederung der Bayerischen Kirche mit Hilfe der staatlichen Macht zu vollziehen."

Auch an der Bildung einer Oppositionsgruppe in Bayern zum Kurs Meisers war Jäger lebhaft interessiert und beteiligt. Die Bildung einer solchen Gruppe erfolgte schon am 27. August in Nürnberg im Beisein von Wolf Meyer. Unter der Führung von Senior Daum-Heiligenstadt gründeten 22 Pfarrer die "DC-Pfarrgemeinde in Bayern" mit dem Ziel, die Eingliederung in Bayern einzuleiten, einen neuen Landesbischof aufzustellen - man dachte dabei an Professor Elert, wollte Meiser aber als "tapferem Bekenner" einen "gehobenen Platz" zugestehen - und letztlich den Reichsbischof von seiner Umgebung zu befreien, um in der Reichskirche eine "bayerische Theologie" durchzusetzen.[604] Die DC-Pfarrer wollten auch den alten NSEP.auflösen, und es war bezeichnend, daß der NSEP-Landesleiter Möbus nicht zur Gruppe zählte, vielmehr am 31.

August, mit Verständis für die Entscheidung seiner Gesinnungsfreunde auf der Landessynode, seinen Rücktritt erklärte, wenn er auch noch drei Monate als Geschäftsführer blieb.[605]

Zu dieser neuen DC-Gruppierung zählten auch einige Pfarrer - einer aus dem Landkreis Weißenburg -, die ihre Dienste und aus Pfarrerkreisen gewonnene, vertrauliche Information dem fränkischen Gaupropagandaleiter Karl Holz zur Verfügung stellten.[606] In den Tagen vor dem Reichsparteitag begann auch Holz sich kirchenpolitisch zu engagieren durch die Gründung eines "Bundes süddeutscher evangelischer Christen", der das Ziel verfolgte, die Politik des Reichsbischofs auch in Bayern durchzusetzen.[607] Dadurch hatte die kleine Zahl der Meiser Gegner in der Pfarrerschaft den starken Propagandaappparat der Gauleitung auf ihrer Seite.

22) Die Zeit um den Reichsparteitag in Nürnberg: 4.-10. September

Der am 4. September begonnene Reichsparteitag der "stabilisierten Macht",[608] eingeläutet von den Nürnberger Kirchenglocken,[609] brachte alles anders als eine Pause im Kirchenkampf. Schon am 3. September hatten Müller und Jäger, auf Grund der umstrittenen Beschlüssen der Nationalsynode aber entgegn Jägers Versprechung nicht gewaltsam vorzugehen, die Eingliederung der Landeskirchen Bayerns und Württembergs zwangsweise verordnet.[610] Gleich am 5. September lehnte Meiser und der LKR, "in Übereinstimmung mit der einmütigen Willenskundgebung der Landessynode", diese Anordnung kategorisch ab.[611] Dadurch war, nach der Feststellung des Nürnberger Polizeipräsidenten Martin, "insbesondere in den Kreisen der Nürnberger Nationalsozialisten die kirchenpolitische Atmosphäre bis zur Explosion geladen",[612] zumal Hitler auf dem Parteitag ganz eindeutige Unterstützung für die Reichskirche und den Reichsbischof zeigte. So hatte er in seiner Proklamation am 5.September seine Zustimmung zu der Beseitigung der geschicht- lich bedingten "organisatorischen Zersplitterung" der evangelischen Kirche in der Gewissheit geäußert, daß auch Luther unter den nun gegebenen Umständen "nicht an Landeskirchen, sondern an Deutschland... und seine evangelische Kirche" denken würde.[613] Schließlich begrüßte er Müller, dem er einen Ehrenplatz in der Mitte der Haupttribüne für den SA-Vorbeimarsch am Sonntag zugewiesen hatte, vor einer jubelnden Menge mit einem Handschlag. Das weitverbreitete Bild dieser Geste und Hitlers Proklamation dienten als Beweise für die höchste staatliche Billigung der Politik des Reichsbischofs.

Auf dem Parteitag waren Jäger und Müller bemüht, Unterstützung für ihre Politik in der bayerischen Pfarrerschaft zu finden. So konnten sie Zwörner von der rechtmäßigen Zusammensetzung der Nationalsynode überzeugen,[614] und einigen der nächsten Mitarbeiter des Reichsbischofs gelang es, Pfarrer Dr. Ludwig Beer auf ihre Seite zu ziehen.[615] In diesen Tagen faßte auch Dr. Münch den Entschluß, sein Mandat als Synodaler niederzulegen.[616] Auch der bayerischer Ministerpräsident Siebert, der am 9. September beim Vorbeimarsch der SA fünf Stunden neben dem Reichsbischof auf der Haupttribüne saß, wurde von Müller gefragt, ob er jemanden an Stelle von Meiser als Landesbischof vorschlagen konnte; gleichzeitig versprach Müller, Siebert zu informieren, bevor er etwas in Bayern unternehmen würde.[617]

Während des Parteitags versuchte auch die Bekenntnisfront in Bayern weitere Unterstützung für ihre Position zu finden. So startete Pfarrer Putz am 7. September eine Unterschriften- und Sammelungsaktion der alten Parteigenossen, die die Haltung der Landessynode unterstützen zu können glaubten.[618] Geplant war sowohl eine Tagung als auch eine größere Abordnung aus diesem Kreise, die "unsere Auffassung von der Lage höheren Orts zur Geltung" bringen sollte.

Daraufhin wurden in vielen Dekanaten unterschriftliche Zusagen von der Bekenntnisfront zugetanen Parteimitgliedern gesammelt. Aus Pappenheim berichtete Dekan Boeckh von der ängstlichen Reaktion des Bürgermeisters Dr. Ehrlicher, Träger des goldenen Parteiabzeichens, der zuerst das Einverständnis des Kreisleiters Gerstner in Weißenburg einholen wollte.[619] Da Dekan Boeckh wußte, daß Gerstner "im andern Lager steht", wollte er Rottler beauftragen, der "gut mit dem Kreisleiter und auf unsrer Seite steht", mit Gerstner zu reden, um zu erreichen, daß er wenigstens die Aktion nicht stört. Dies glaubte man auch erreicht zu haben,[620] jedoch ein nachträgliches Schreiben des Kreisleiters deutete an, daß die Bekenntnisfront im Kreis Weißenburg einen schweren Stand haben würde. Zu der Frage, ob er etwas gegen die Unterschriftensammlung hätte, schrieb er:[621]

> "Ich habe betont, daß ein Nationalsozialist selbstverständlich nicht gegen den Führer sich stellen kann. Es ist also undenkbar, daß ein Nationalsozialist sich gegen den Reichsbischof ausspricht. Ich kann aber, habe ich weiter ausgeführt, einem Protestanten nicht verwehren, in rein religiösen Fragen das zu tun, wozu sein Gewissen ihn zwingt."

Diese unklare Haltung des Kreisleiters sollte für einige kirchentreue Pgg. im Kreis in den kommenden Wochen verhängnisvolle Auswirkungen haben.

Während des Parteitags wandten sich die Pfarrer und Kirchenvorsteher der St.Lorenzkirche an Hitler wegen des Verbots eines Gottesdiensts Anfang September in einer in Hitlers Hotel abgegebenen Denkschrift.[622] Sie hätten auch genügend Grund sich auch über den Parteitag zu beschweren, denn am Sonntag den 9. September mußten die Gottesdienste in der Innenstadt auf acht

Uhr vorverlegt werden, und Besucher der St.Sebaldkirche mußten sich eine SS-Begleitung bis zur Kirchentür gefallen lassen.[623]

Dennoch fand der Parteitag in evangelischen Kreisen eine allgemein positive Resonanz. Dabei hatte zum Beispiel die "Allgemeine Rundschau" die nationalen Momente, wie den "Tag der Reichswehr", sehr in den Vordergrund der Berichterstattung gestellt, und im Gegensatz zu der "Fränkischen Tageszeitung", wo das Bild Streichers als Gastgeber allgegenwärtig war, die parteimäßigen Elemente mehr heruntergespielt. Für die "Fränkische Wacht" habe der Parteitag auch den "Bedächtigsten" bewiesen, daß Hitler "von Gott begnadet" sei, das Werk der Großen wie Luther, Friedrich und Bismarck "der Vollendung zuzuführen".[624] Was man in Nürnberg erlebt habe, sei "dem äußeren Umfang sowie der inneren Bedeutung nach" in Deutschland und in der ganzen Welt nicht annährend vorher dagewesen. Die "fest geschlossene Einheit" der gewaltigen Menge habe gezeigt, "daß das deutsche Volk eine wirkliche Wiedergeburt erlebt" habe. Während der verzweifelten Lage vor wenigen Jahren sei die "Fränkische Wacht" immer der Überzeugung gewesen,

"...daß nur noch ein gottgesandtes Wunder Rettung bringen konnte, wie dies im Laufe der deutschen Geschichte wiederholt geschehen ist. Allzuviele hatten den Glauben an die Möglichkeit von Wundern längst verloren. Wir freilich, denen Evangelium und Deutschtum in engster Verschmelzung Kern und Ziel des Menschenlebens bedeuten, gaben keinen Augenblick die Zuversicht auf, daß Gott uns eines Tages in seiner Gnade von dem auf uns lastenden Übel erlösen, uns das rettende Wunder schenken werde... Und nun hat der Reichsparteitag so deutlich wie nur möglich bewiesen, daß das Wunder geschehen ist."

Die vielen nationaldenkenden Protestanten hatten zur Kernaussage dieser Ausführungen nichts einzuwenden gehabt, auch wenn die Gemeindeblätter in der Regel den Parteitag nur kurz und unpathetisch unter den - falls überhaupt vorhandenen Rubriken "Wochenschau" oder "Politischer Wochenbericht" - besprochen hatten. Eine Ausnahme war jedoch das "Gemeindeblatt für Nürnberg", das in geradezu schwärmerischen Tönen einen mit Hitler-Bild geschmückten Erlebnisbericht über den Parteitag brachte.[625] Die Nürnberger Veranstaltung, die mehr als je auf die Person Hitler zugeschnitten und daher eine "sichtbare Versinnbildlichung des Führerprinzips" war,[626] hatte auf den Schriftleiter Baumgärtner eine so starke suggestive Wirkung, daß er den Satz schreiben konnte: "Wenn uns Luther der Prophet des Glaubens der Deutschen ist, so Adolf Hitler der Prophet des deutschen Wesens, der deutschen Art - kurz des deutschen Volkes."[627] Bei Baumgärtner sieht man, wie das Hauptziel der Parteitage erreicht wurde: Die ekstatische Zustimmung der Massen zu Hitler als dem unumstrittenen Führer.[628] So schloß er seinen Bericht:[629]

"Singend ziehn die Truppen der SA ab, der Schmuck verschwindet, sinnend und träumend steht wieder die Stadt Nürnberg. Der Führer hat ihre

Mauern verlassen. 'Heil, Heil, Adolf Hitler.' 'Aber ging es leuchtend nieder, leuchtet's noch zurück.' Großer Gott, wie sollen wir den Dank in arme Worte fassen? Dir sei Dank für alles!"

23) Die Fronten in Bayern in Erwartung des Einbruches

In dieser euphorischen Stimmung während und nach dem Parteitag verstärkte sich in Kreisen der NS-Pfarrer der Wunsch nach einer raschen Beendigung des Kirchenstreits, der das in Nürnberg glänzend inszenierte Bild einer geeinigten Volksgemeinschaft empfindlich störte. Ein Ausdruck dieses Wunsches war die Erklärung "Friede in der Kirche", die am 9. September im Nürnberger Grand Hotel im Beisein von Wolf Meyer von Mitgliedern des Ansbacher Kreises, zuzüglich Beer aber ohne Elert und Althaus, unterzeichnet wurde.[630] Die Erklärung zitierte Hitlers Äußerung zur Reichskirche auf dem Parteitag und auch seine Zusicherung auf der Saarkundgebung vom 26. August, daß "kein Eingriff in die Lehre und Bekenntnisfreiheit der Konfessionen... jemals stattfinden" würde.[631] "In Übereinstimmung mit diesem Willen des Führers", fuhr die Erklärung fort, "hat die Reichskirchenregierung die Eingliederung der bayerischen Landeskirche vollzogen." Daher sei in Gehorsam zum "Bekenntnis und dem Worte Christi, dem Staate zu geben, was des Staates ist", und die Engliederung anzuerkennen. Der Schlußsatz verriet eindeutig das Mitwirken Wolf Meyers: "Kameraden, die Stunde der Entscheidung ist da. Tretet ein in unsere Reihen zum Kampf für Gottes Wort und Luthers Lehren!"

An sich wiederholte die Ansbacher Erklärung lediglich die schon von der DC-Pfarrgemeinde gemachten Forderung nach der Eingliederung der Landeskirche in die DEK. Was jedoch die Erklärung brisant machte, war ihre Förderung durch die fränkische Gauleitung, denn die Landesstelle Mittelfrankens des Reichspropagandaministeriums, mit Propagandaleiter Karl Holz als treibende Kraft, befahl die Veröffentlichung in der Tagespresse, was am 12. September in den Weißenburger Blättern und am 14. September auch in der "Allgemeinen Rundschau", die gleichzeitig auf den Veröffentlichungszwang hinwies, erfolgte.[632]

Der weitaus größte Teil der Pfarrerschaft fand kein Verständnis für diese Erklärung, denn Hitlers Proklamation auf dem Parteitag könnte bloß als eine generelle Befürwortung der Reichskirche verstanden werden, und die offizielle Haltung der Landeskirche, verstärkt durch den Beschluß der Landessynode, bejahte eine starke DEK. So konnte die "Allgemeine Rundschau" am 8. September schreiben, daß Meisers positive Vorschläge an Frick vom 24. August zur Einigung der Reichskirche "ganz im Sinne der bedeutsamen Ausführungen unseres Führers" stünden.[633]

Heftige Kritik richtete der Bruderrat der bayerischen Pfarrerbruderschaft an den Ansbacher Kreis, nicht nur wegen der in seiner Erklärung implizierten politischen Diffamierung, sondern auch, weil der Kampf in die Presse getragen wurde: "Ihr wißt genau, daß uns andern jede Möglichkeit fehlt, an der gleichen Stelle zu antworten. Das ist ein unmännliches, unritterliches - das ist ein unbrüderliches, ein unchristliches Kämpfen."[634] Als Beispiel dafür, daß die Eingliederung keine harmlose Sache sei, wies die Pfarrerbruderschaft auf den bekenntniswidrigen Eid für die Pfarrer hin:[635]

"Wer den Eid schwört, gibt einen Blankowechsel ab gegenüber der jetzigen Reichskirchenregierung... Hier gibt's nur ein Entweder - Oder. Entweder dem Reibi gehorchen und dem Herrn Christus ungehorsam sein, oder dem Herrn Christus gehorchen und dem Reibi widerstehen."

Am gleichen Tag jedoch, änderten Jäger und Müller das Eidesgesetz für die Geistlichen und ermöglichten dadurch, daß einige Pfarrer ihre hauptsächlichen Bedenken zur Eingliederung aufgeben konnten.[636]

Wolf Meyer und der Ansbacher Kreis waren der festen Überzeugung, daß Müller und Jäger die "unglaublich günstige Lage nach dem Parteitag" dazu ausnützen würden, die Eingliederung in Bayern rasch zu vollziehen.[637] Dafür sprach einiges: Am 9. September gaben Müller und der DC-Reichsleiter Kinder bei ihrer Abreise von Nürnberg die Zusage "jetzt sofort in Bayern einzugreifen",[638] und am 8. September war Jäger schon in Württemberg eingebrochen und hatte einen "Geistlichen Kommissar" eingesetzt.[639]

Der Einbruch in Bayern ließ jedoch auf sich warten, und die Nachricht von der Jägeraktion in der Nachbarkirche diente nur noch dazu, den Widerstandswillen in Bayern zu verstärken. Hierzu half besonders die Berichterstattung der "Allgemeinen Rundschau", die am 12. September die obligatorische DNB-Meldung zum Kirchenkommissar für Württemberg zwar brachte, um gleich anschließend die Begründung der Aktion - angebliche Veruntreuung von Geldern durch Landesbischof Wurm - als völlig haltlos zu entlarven.[640] Zum Schluß zitierte der Bericht die von Jäger in Stuttgart gemachten Äußerungen, die die schlimmsten Befürchtungen der Bekenntnisfront bestätigten:

"Bekenntnisse seien wandlungsfähig. Am Ende der Entwicklung sehe er eine Nationalkirche; er sehe als Fernziel die Überwindung der Konfessionen und der religiösen Spaltung im deutschen Volk."

Mit dieser taktisch unklugen Bemerkung lieferte Jäger wieder einmal der Opposition eines ihre wichtigsten und bei den Laien einleuchtendsten Argumente gegen die Eingliederung.

Nach dem Eingriff in Württemberg wußte man, daß eine ähnliche Aktion in Bayern nur noch eine Frage der Zeit war.[641] Schieder und Frör äußerten in einem Rundbrief die Vermutung, daß die Eingliederung bis zur Einsetzung des

Reichsbischofs am 23. September vollzogen werden sollte.[642] Dabei werde es entscheidend sein, ob sich der Staat mehr als nur eine "wohlwollende Neutralität" an diesem Tag zeige.[643] Man solle daher vorbereitet sein gegenüber dem Staat, der "sich zur Durchführung des Willens der Reichskirchenregierung in Bayern zur Verfügung stellt..., nicht mehr Römer 13, sondern Apg. 5,29" anzuwenden.[644] "Man soll endlich aufhören, sich in dieser Sache immer auf Luthers Obrigkeitsbegriff zu berufen, sondern soll an Worms denken." Aufgabe der Pfarrerbruderschaft sei es, den "ewig Unentschlossenen" in der Pfarrerschaft zur Entscheidung herauszufordern, denn: "Der status confessionis ist gegeben!!"

Ganz in diesem Sinne schrieb Dekan von Löffelholz am 13. September an die Pfarrämter:[645]

> "Fest bleiben, für Aufklärung der Gemeinden sorgen und, falls Kommissar in Bayern kommt, passiven Widerstand. Wir unterstehen nach wie vor unserem Herrn Landesbischof. Laßt uns weiter in Einmütigkeit zusammenstehen. Der Herr der Kirche steht seiner Kirche in dieser ernsten Lage bei."

Als Reaktion auf die gespannte Lage gaben Meiser, der LKR und LSA eine Kundgebung an die Gemeinden heraus.[646] Hierin wurde eindeutig Bezug genommen zu Jägers Äußerungen in Stuttgart als sie schrieben:

> "Wir verwerfen alle die als Irrlehrer, die in den Bekenntnissen 'wandlungsfähige' Größen sehen und über die Bekenntnisse hinweg eine deutsche 'Nationalkirche' mit deutschgläubigem Einschlag erstreben."

Aber auch Hitlers auf dem Parteitag gemachte Behauptung, Luther würde heute "nicht an Landeskirchen" denken, wurde indirekt aber dennoch eindeutig zurückgewiesen, indem die Kundgebung feststellte, daß die Landeskirche, um ihr Bekenntnis zu bewahren, auf ihre Kirchengewalt nicht verzichten können, denn: "Luther würde uns, wenn er heute unter uns weilte, des Verrates an seinem Werke ziehen, wenn wir anders stehen würden." Hier wurde die fünfte These der Barmer Erklärung, die die Grenzen des totalen Staates aufzeichnet, auch in Bayern in die Praxis umgesetzt.

Indessen bemühte sich Wolf Meyer, den Pfarrern zu zeigen, daß der Widerstand zur Eingliederung in Bayern politisch begründet sei. In einer nach dem Parteitag herumgereichten Schrift beschrieb er, wie "das nationalsozialistische Kirchenvolk und vor allem die zum Führer treu haltenden Pfarrer" durch die Opposition der Landeskirche "in den schwersten Konflikt getrieben" seien.[647]

> "Durch jede weitere Duldung des Meiser'schen Widerstandes gegen die Reichskirchenregierung werden, wie die Belege beweisen(648), die Pfarrkonferenzen und durch sie die Kirchenvorstände zu Widerstandsnestern gegen das Dritte Reich."

Meyer stellte fest, daß die Kirche ihre äußere Gestalt immer nach der Gestalt des Staates gerichtet habe. Durch die Ablehnung der Reichskirchenregierung und auch des klar ausgesprochenen Willen des Führers wolle die Kirche

"auf einmal ihre äußeren Ordnungen gegen die Lehren Luthers, gegen die ganze Geschichte des Luthertums als heilig erklären, um so ein Widerstandszentrum gegen den neuen Staat und seine Formen und seinen Geist schaffen zu können."

24) Karl Holz' Angriff auf den Landesbischof und die Abwehr der Kirche

Der erste massive Angriff auf die Landeskirche ging jedoch nicht von Meyer, sondern vom fränkischen Gaupropagandaleiter Karl Holz aus. Als eine Art Vorwarnung erschien ein von ihm unterzeichneter Artikel im "Stürmer", "Die Afterchristen", in dem er auf seine Art mit der "Allgemeinen Rundschau" "abrechnete".[649] Es hat Holz besonders irritiert, daß die "Allgemeine Rundschau", daß "ehedem... das Organ eines des widerlichsten Parteigebildes, des 'Christlichen Volksdienstes'" gewesen sei, einen Vergleich gezogen hatte "zwischen der jetzigen Zeit und der Zeit der Christenverfolgung".[650] Diesen "Lümmeln", die "nicht etwa aus Irrtum, sondern aus Haß gegen den nationalsozialistischen Staat" schrieben, stellte Holz das wahre Christentum, das "Christentum der Tat", das etwa in der NS-Volksfürsorge zum Ausdruck komme, entgegen. Die "'Opposition' treibenden Afterchristen" seien für Holz "das schlechteste Unkraut, das im deutschen Volk sich befindet. Wie es zu behandeln ist, steht im Evangelium geschrieben: Man soll es ausreißen und vernichten."

Der Verleger der "Allgemeinen Rundschau", J. Bollmann, antwortete darauf durch Betonung der positiven Einstellung seiner Zeitung zur NSDAP vor 1933 und durch vollständige Wiedergabe des "Stürmer"-Artikels, um damit "das Urteil über die unflätige Art und Weise, wie hier gegen uns vorgegangen wird", den Lesern zu überlassen.[651]

Der Hauptangriff erfolgte am Samstag, dem 15. September, als die "Fränkische Tageszeitung" auf der ersten Seite einen Bericht über die Beurlaubung Bischof Wurms brachte und dazu die Frage aufwarf: "Wann verschwindet der hitlerverräterische Landesbischof Meiser?"[652] Diese Frage war in erster Linie an die Reichskirchenregierung gerichtet, die noch keine Anstalten machte, in Bayern ihr Versprechen einzulösen. So kann der von Karl Holz als Schriftführer des "Süddeutschen Bundes evangelischer Christen" auf Seite 3 der gleichen Ausgabe geführte Angriff auf Meiser als Ausdruck der Frustration in fränkischen Parteikreisen, daß der Wille des Führers in der Kirchenfrage in Bayern nicht realisiert wird, gesehen werden.

Die von Karl Holz in eigener Regie und nach typischer "Stürmer"-Manier angeführten Argumente gegen Meiser waren aber kaum dazu geeignet, die noch Unentschlossenen von der Richtigkeit des Kurses der Reichskirchenregierung zu überzeugen. Die Vermutung liegt nahe, daß Holz, der Wolf Meyer von seinem Angriff auf Meiser nicht vorher informiert hatte,[653] dessen etwas kompliziertere Argumentationsweise entweder nicht verstanden hatte oder für zu professoral hielt.[654]

In seinem Artikel "Fort mit Landesbischof D. Meiser" beklagte sich Holz über die "Hetze" in der evangelischen Kirche gegen den Staat und die NS-Weltanschauung.[655] Dieses Treiben habe den Zweck, das Vertrauen des evangelischen Christen zu Staat und Regierung zu erschüttern und den Pgg. in Gewissenskonflikte zu bringen. Als Beispiel für die "landesverräterische Gesinnung" in der Pfarrerschaft erwähnte Holz die ihm wohl über Meyer zugespielte Äußerung aus einer Pfarrkonferenz, man müsse in Deutschland ausländische Medien benutzen, um die Wahrheit zu erfahren.[656] Besonders den Schriftleiter der "Allgemeinen Rundschau", Georg Käßler, rügte Holz wegen seinem im August unter den Pfarrern vertraulich verbreiteten Artikel aus den "Basler Nachrichten", das "Sprachorgan von Juden und Freimaurern", über die "angebliche Unterdrückung der evangelischen Kirche in Deutschland".[657] In einer Pfarrerkonferenz in der Moritzkapelle in Nürnberg im August habe Pfarrer Ruck-Nennslingen Käßlers Rückgriff auf eine ausländische Zeitung "geistiges Emigrantentum" genannt und habe gedroht, "sich gegebenfalls an andere Stelle" zu wenden, worauf ihm Käßler erwiderte: "Wenn Sie sich über mich beschweren wollen, dann beeilen Sie sich nur, denn in einem halben Jahr ist es zu spät." Holz verstand diese Bemerkung als Ausdruck einer landesverräterischen Gesinnung, die auf einem Zusammenbruch des Dritten Reiches hoffe, und veranlaßte wohl die am 16. September erfolgte Inschutzhaftnahme Käßlers.[658]

Als "Haupthetzer" bezeichnete Holz jedoch Landesbischof Meiser. Dabei wußte er jedoch lediglich zwei Anschuldigungen gegen Meiser anzuführen:[659] der Landesbischof habe Ende Januar versprochen, die Maßnahmen des Reichsbischofs durchzuführen und habe sich im Mai in der Erklärung von Kassel von diesem Versprechen distanziert. Wegen dieses "Wortbruchs" und "Treuebruchs" habe Meiser nicht mehr die "moralische Eignung" für sein Amt. In einem Schlußappell machte sich Holz gar zum Sprecher des evangelischen Kirchenvolks:

"Die Geduld der evangelischen christlichen Bevölkerung ist nun zu Ende... Sie duldet nicht mehr, daß die evangelische Kirche zum Tummelplatz volks- und landesverräterischer Ziele und Machenschaften gemacht wird... Die evangelische Bevölkerung... tritt ein und kämpft für eine einige, geschlossene evangelische Reichskirche, die keine Landesgrenzen mehr kennt.., für den Reichsbischof Müller und seine unbedingte Autorität über die gesamte evangelische Kirche Deutschlands.., für ein wahrhaftiges Christentum, nicht nur des Wortes, sondern vor allem der Tat."

Um die Leute außerhalb des Leserkreises der "Fränkischen Tageszeitung" zu erreichen, machten Plakate in Nürnberg auf den Artikel aufmerksam, und ein Sonderdruck wurde als Flugblatt über Nürnberg hinaus verbreitet.

Wenn aber Holz durch seinen Großangriff auf Meiser zu einer schnellen Beseitigung der Opposition zur Reichskirchenregierung in Bayern beitragen wollte, so erwirkten seine Bemühungen gerade das Gegenteil. Denn die Kirchenleitung in Bayern, die ohnehin wegen des erwarteten Kirchenkommissars in Alarmbereitschaft stand, konnte in vollintaktem Zustand die Abwehr gegen diesen von der Partei in Franken ausgehenden Angriff organisieren. Gleich nach Erhalt der Nachrichten über den Angriff schickte der LKR folgendes Telegramm an Hitler:[660]

"In Nürnberg wird durch Fränkische Tageszeitung Landesbischof Meiser öffentlich in Schrift und Plakat unerhört verdächtigt. Evangelisches Volk in grosser Erregung. Bitten sofortige Abhilfe."

Gleichzeitig ging ein Telegramm an sämtliche Dekanate: "Zurückweisung der Angriffe von allen Geistlichen erwartet in morgiger Predigt".[661] In Weißenburg benachrichtigt Dekan von Löffelholz sofort seine Geistlichen mit der Bitte, entweder in der Predigt oder in der Verkündigung gegen die "unerhörten Angriffe" Stellung zu nehmen. Dazu hatte der LKR schon am 12. September die Verwendung besonderer Kirchengebete angeordnet, wobei das erste, das die Bitte um Erhalt der Kirche "wider alles Wüten und Toben des Satans", durch die "Fränkische Tageszeitung" eine neue Aktualität erhielt.[662]

So kam durch den Holz'schen Angriff eine Sympathiewelle für Meiser ins Rollen, die bald die ganze Landeskirche erfaßte. Wie ein damaliger Pfarrer bemerkte, man müßte Holz fast dankbar sein, "daß er so grobes Geschütz aufgefahren hatte".[663]

Dabei übertraf die Heftigkeit der Reaktion in der Landeskirche alle Erwartungen. Am Samstag, den 15. September, konnte der Ansbacher Regierungspräsident noch die Gewißheit äußern, daß keine "unmittelbare Gefahr für die öffentlich Ruhe und Ordnung... durch den Zeitungsbericht" zu erwarten wäre, "weil die hinter dem Landesbischof Dr. Meiser stehenden kirchlich gesinnten evangelischen Kreise zu der ordnungsliebenden Bevölkerung gehören".[664] Aber der leidenschaftliche Protest aus den Gemeinden, die am Sonntag, den 16.

September ansetzte, hat nicht nur ihn sondern auch viele anderen, innerhalb und außerhalb der Kirche, völlig überrascht.[665]

Am 16. September wurde von den meisten Kanzeln der Landeskirche gegen die Verunglimpfung Meisers protestiert, wobei es in Mittelfranken zu polizeilichen Überwachungen oder Verboten der Veranstaltungen außerhalb des Gottesdienstes kam.[666] So wurde der Vortrag von Kreisdekan Kern in Treuchtlingen vor einer Versammlung der Pfarrer und Kirchenvorsteher der Dekanatsbezirke Weißenburg und Pappenheim von dem örtlichen Polizeikommissar mitverfolgt.[667] Am Ende seiner deshalb vorsichtig gemachten Ausführungen sagte Kern, man werde:

"in 8 Tagen das Gustav-Adolf-Vereinsfest in Ingolstadt (feiern), d.h. wenn es uns noch möglich ist. Wenn es allerdings so weitergeht mit der Ehrabschneidung gegenüber unserem Herrn Landesbischof, wie sie sich eine in Nürnberg erscheinende Tageszeitung eben erlaubt hat, dann kann es sein, daß wir dieses Fest auch nicht mehr feiern können."

Daraufhin erklärte der Kommissar, der strikte Weisung hatte, derartige Äußerungen zu verbieten, die Versammlung für aufgelöst. Dazu bemerkte das "Gemeindeblatt aus Treuchtlingen": "Daß diese Zusammenkunft so enden würde, darauf waren viele nicht gefaßt. Aber zweifellos war diese Versammlung für viele ein Erlebnis, das sie nicht missen wollten.

Der dramatischste Protest am Sontag, den 16. September, ereignete sich in München, wo es nach der Predigt des Landesbischofs in der überfüllten Matthäuskirche und nach der Verlesung der sehr scharfen Kanzelkundgebung der Münchener Geistlichen zu einer spontanen Straßendemonstration kam.[668] Die Nachricht von dieser Kundgebung verbreitete sich am nächsten Tag durch die ganze Landeskirche durch den mutigen Bericht in großen Buchstaben auf der ersten Seite der "Allgemeinen Rundschau".[669] Darin wurde erzählt, wie sich "ein Sturm der Entrüstung" in der Kirche erhob, als Dekan Langenfaß die Erklärung vorlas:

"Nach Schluß des Gottesdienstes versammelte sich die ganze Gemeinde in großen Scharen auf dem Platze vor der Kirche und sang das Lutherlied. Dann bewegte sie sich spontan in großem Zuge durch die Stadt zum Gebäude des Landeskirchenrats in der Arcisstraße, um Landesbischof D. Meiser eine aus dem Herzen kommende Kundgebung der Treue und Ergebenheit darzubringen. Von den unablässigen Rufen der Menge herausgerufen, erchien Landesbischof D. Meiser auf dem Balkon und sprach zu der Gemeinde. Die Versammelten sangen das Deutschlandlied und das Horst-Wessel-Lied."

Nach anderen Berichten ging die Menge, nachdem sie "mit erhobener Rechte" an Meiser vorbeimarschiert war, zum Braunen Haus, wo das Lutherlied noch einmal gesungen wurde.[670] Erst dann folgte sie der polizeilichen Aufforderung und ging auseinander.[671]

Die gleiche Montagsausgabe der "Allgemeinen Rundschau" erlaubte sich auch einen zweiten Schlag gegen die "Fränkische Tageszeitung". Obwohl Holz die ganze Wucht des Propagandaapparats zur Verbreitung seines Artikels durch Plakate und Flugblätter eingesetzt hatte, was jedoch die Nürnberger Polizeidirektion dann unterbunden hatte,[672] druckte die "Allgemeine Rundschau" den vollständigen Text des Holz'schen Agriffs mit der Bemerkung: "Ein Urteil hierüber kann sich jeder unserer Leser selbst bilden".[673] Dadurch wurde der völlige Fehlschlag der Aktion von Holz eindrucksvoll demonstriert.

Die polizeiliche Verwarnung hinderte Holz allerdings nicht daran, in der Montagsausgabe der "Fränkischen Tageszeitung" auf der ersten Seite erneut den Rücktritt des Landesbischofs zu verlangen.[674] Neben seinen wiederholten Vorwürfen gegen Meiser versuchte er zu zeigen, daß Hitler eindeutig die Politik des Reichsbischofs unterstützte. Er zitierte aus Hitlers Proklamation auf dem Reichsparteitag und auch aus einem Brief des Staatssekretärs Meißner an Meiser vom 12. September: "Der Führer habe alle mit der Eingliederung der Landeskirchen in die Reichskirche zusammenhängenden Fragen genau prüfen lassen. Er habe sie mit der Verfassung im Einklang stehend gefunden."

Dieses Schreiben wirkte überzeugend auf 15 Mitglieder der DC-Pfarrgemeinde, die am 17. September sich dem Ansbacher Kreis anschlossen und den freiwilligen Rücktritt des Landesbischofs und seiner Mitarbeiter verlangten.[676] Darunter waren auch zwei Pfarrer, Ruck und Auer, die durch Erklärungen in der "Fränkischen Tageszeitung" vom 17. September das Vorgehen Holz' gegen Meiser ausdrücklich begrüßten, wobei ihre politischen Beweggründe eindeutig zum Ausdruck kamen wie im Schlußsatz von Rucks Brief:[677]

"Wir evangelischen Pfarrer aber wollen nicht, wie uns geraten wurde, 'vorsichtig' sein in der Bezeugung unserer nationalsozialistischen Gesinnung, sondern wollen im Gegenteil erst recht offen und treu nicht nur zu unserm göttlichen Herrn und Meister, sondern auch zu unserm Führer und seinem Werk uns bekennen, damit die Wankenden an uns Halt und Stütze finden."

Auch der Landesleiter des NSEP Möbus erklärte in einem Brief an Meiser vom 19. September aufgrund der Verlautbarungen über Hitlers Stellung zur Reichskirchenregierung die Opposition der Landeskirche für unhaltbar.[678] Seine Behauptung jedoch, für die 250 (nicht gefragten) Mitglieder des Bundes zu sprechen, war kaum ernst zu nehmen, denn er hatte schon im August erfahren müssen, daß nur eine Minderheit im Bund für seine Befürwortung einer freiwilligen Eingliederung war.[679]

Auch wenn die Zahl der Pfarrer sehr klein war, die den noch nicht abgesetzten Landesbischof die Gefolgschaft aufkündigte, trat der dadurch entstanden Riß in der Pfarrerschaft sehr deutlich hervor. So begann man, den "unzuverlässigen Kollegen" nicht mehr über wichtige Vorgänge zu informieren aufgrund der berechtigten Befürchtung, diese würden die Abwehrmaßnahmen der Kirche an Polizei und Partei weitergeben und dadurch Verbote einleiten.[680]

Solange Jäger und Müller keinen Kommissar in Bayern einsetzten, konnten die noch unentschlossenen Pfarrer ihre Entscheidung hinausschieben. Manche unter ihnen waren ohnehin mit der Holz'schen Attacke auf die Ehre des Landesbischofs nicht einverstanden und bekamen Bedenken, in einer Front mit Holz, der für die Herabsetzung des Abendmahls im "Stürmer" verantwortlich war, gedrängt zu werden.[681] So distanzierten sich zwei Unterzeichner des Ansbacher Ratschlags aus Gewissensgründen von der Erklärung "Friede in der Kirche" des Ansbacher Kreises,[682] und Wolf Meyer beklagte sich Anfang Oktober, daß "die Front in Bayern völlig zusammenbricht" wegen des Zögerns der Reichskirchenregierung.[683]

Eine sehr wichtige Unterstützung für Meiser in diesen Tagen kam von zwei seiner früheren Kritiker an der theologischen Fakultät Erlangen, Althaus und Elert, die nach der Bekanntgabe von "Friede in der Kirche" den Ansbacher Kreis verließen.[684] Dazu hatten Althaus und Elert, zusammen mit Ulmer, Sasse, Preuß und Procksch, in einer öffentlichen Erklärung vom 14. September, die Entwicklung innerhalb der DEK "aufs schmezlichste" beklagt, besonders die Tatsache, daß das lutherische Bekenntnis kein Vorrecht in der Reichskirche erlangt hätte.[685] Obwohl die Professoren die Politik der Reichskirchenregierung nur deswegen ablehnten, weil sie darin "die Ausdehnung der überlebten preußischen Union auf das ganze deutsche Kirchengebiet" gesehen haben, war wenigstens die Feststellung, daß eine "Trennung der Gebiete des Bekenntnisses und der Ordnungen... eine Unmöglichekeit" sei, an sich eine wesentliche Zurückweisung der Jäger'schen Argumentationen.[686] Wohl wegen des stark konfessionellistischen Tenors der Erklärung hat Professor Strathmann, der Meiser aktiv in Erlangen unterstützte,[687] sie nicht unterschrieben. Daß Meiser letzlich die Hilfe der Erlanger bekam, hängt viel mit seiner Teilnahme an der Gründung eines Lutherischen Rates am 25. August zusammen, die zwar ein Abrücken von der Barmer Front bedeutete,[688] aber gleichzeitig, durch das Mitwirken von Althaus und Ulmer, Meisers Unterstützung in der Landeskirche noch fester untermauerte.[689]

Eine weitere nicht zu unterschätzende Unterstützung für Meiser kam aus Neuendettelsau. Am 15. September unterschrieb Rektor Lauerer einen offenen Brief der missionarischen und diakonischen Verbände an den Reichsbischof, der eine Zurücknahme der "Gewaltmaßnahmen" und personellen Änderungen in der DEK forderte, um eine Spaltung der Kirche zu vermeiden.[690] Obwohl dieser

Brief auch von D. Michaelis, Vorsitzender des Gnadauer Verbands, unterzeichnet wurde, hatte ein wichtiges bayerisches Mitglied dieser Dachorganisation der Gemeinschaftsbewegung, der Hensoltshöher Gemeinschaftsverband in Gunzenhausen, diese Kritik an der Reichskirchenregierung nicht mitgetragen.[691] Ihr Rektor, Pfarrer Keupp, gab Meiser am 23. September den Rat, "die bayerische Kirche mit der Reichskirche zusammenzuschließen, um in derselben Christus zu bekennen".[692]

Ein weiterer kirchlicher Verband in Bayern, mit dessen Unterstützung Meiser nicht rechnen konnte, war der Evangelischer Bund. Auf seinem Landesfest in Hersbruck am 15. und 16. September kam der Wunsch des Bundes, im Kirchenstreit möglichst neutral zu bleiben, sehr deutlich zum Ausdruck.[693] So enthielt die Rede des Landesleiters Professor Hoefler, der betonte, wie der Bund den Boden zu bereiten half, "auf dem sich das Dritte Reich aufbauen konnte", keine Zurückweisung des Angriffs auf den Landesbischof.[694]

Eine von Meisers wichtigsten Stützen im Kampf gegen die Angriffe der "Fränkischen Tageszeitung", die vielgelesene "Allgemeine Rundschau" wurde bald, was kirchenpolitische Themen anging, zum Schweigen gebracht. Am 18. September gab die Landesstelle Mittelfranken des Reichsministeriums für Volksaufklärung und Propaganda folgende Mitteilung an die Presse:[695]

> "Es ist den Zeitungen ab sofort untersagt, Artikel über die gegenwärtigen Kirchenstreitigkeiten zu veröffentlichen. Unter dieses Verbot fallen auch Berichte über Kundgebungen und Versammlungen, sowie Annoncen, Aufrufe usw., die sich mit der kirchlichen Lage befassen. Ausgenommen davon sind Artikel, die durch 'das Deutsche Nachrichtenbüro' (DNB) ausgegeben werden."

In einem Rundschreiben an die Pfarrer teilte der Verleger der "Allgemeinen Rundschau" mit, daß seine Zeitung nicht auf die in der "Fränkischen Tageszeitung" vom 17. September gemachten Vorwürfe[696] antworten dürfte, sonst sei mit einem dreimonatigen Verbot der Zeitung zu rechnen.[697] Das Verbot hinderte allerdings die "Fränkische Tageszeitung" nicht daran, am 19. September folgende Meldung zu bringen: "Pfarrer Käßler in Schutzhaft. Endlich ein Schlag gegen die Hetzpolitik der 'Allgemeinen Rundschau' in Zirndorf".[698] Die "Fränkische Tageszeitung" versprach sich dadurch ein Ende der "Hetze", die durch Käßler und Teile der protestantischen Geistlichkeit in Mittelfranken gegen die NS-Bewegung geführt worden sei.

Aber nicht nur die Tagespresse wurde von der Anweisung aus Nürnberg betroffen. Auch die mittelfränkischen evangelischen Gemeindeblätter erhielten, vermittelt durch den Evangelischen Presseverband in Nürnberg, die Mitteilung, daß das Verbot auch für sie galt.[699] Nur unwillig fügte man sich, und sogar das "Rothenburger Sonntagsblatt" zitierte die Klage des

"Erlanger Kirchenboten" über die "empfindliche Einengung evangelisch-kirchlicher Meinungsäußerung".[700] Der Kirchenbote stellte fest,
"daß nicht er und die andern evangelischen Gemeindeblätter Mittelfrankens Anlaß zu dem Vorgehen der genannten Stelle gegeben haben, sondern eine Journalistik, deren Kampfmethoden sattsam bekannt sind."
Daß diese Bemerkung gegen Karl Holz gerichtet war, konnte dem Leser kaum verborgen beiben.

Auch W.F.Schmidt im "Korrespondenzblatt" ging mit Karl Holz heftig ins Gericht.[701] Schmidt stellte fest, daß der Angriff gegen Meiser unter der Führung des Mannes vorgetragen werde, der das Heilige Abendmahl verschmäht habe und der zudem behauptet habe: "Was der Nationalsozialismus will, ist die Erneuerung der alten germanischen Weltanschauung, auch in Bezug auf die Religion".[702] Schmidt bedauerte es, daß eine Anzahl Pfarrer, "in unbegreiflicher Verblendung... sich diesem antichristlichen Kämpfer... an die Seite gestellt" hätten.

Durch das Verbot, das nur für Mittelfranken galt, entstand im kirchlichen Pressewesen in Bayern ein Nord-Süd Gefälle. In den Regierungskreisen Oberbayern und Schwaben konnten die Gemeindeblätter zunächst weiter über die kirchlichen Ereignisse berichten, und diese Blätter fanden auch in Mittelfranken Verbreitung.[703] Besonders wichtig waren das Münchener Gemeindeblatt und das "Korrespondenzblatt" mit Redaktion in München und Druckerei in Nördlingen. Als weitere wichtige Nachrichtenquellen kamen hinzu die Rundbriefe der Pfarrerbruderschaft und die Briefe der inzwischen nach München verlegten Pressestelle unter Pfarrer Hildmann. Diese vervielfältigten Berichte, die oft auf Privatwegen an die Pfarrämter gelangten,[704] erreichten die Gemeindeglieder, indem man sie einfach als Beilage zum Gemeindeblatt oder Sonntagsblatt hinzufügte.[705] Die zum Schweigen gebrachten Gemeindeblätter wehrten sich außerdem mit Lutherzitaten wie: "Das Predigtamt ist nicht ein Hofdiener oder Bauernknecht, es ist Gottes Diener und Knecht, und sein Befehl geht über Herren und Knechte", oder durch das Drucken des in großer Auflage zirkulierenden Meiserbildes.[706]

So haben die Presseeinschränkungen in Mittelfranken es nicht verhindern können, daß die Pfarrämter von den dramatischen Ereignissen in Nürnberg vom 17.-19. September sehr bald erfuhren.[707] In verschiedenen Berichten war darüber zu lesen, wie die von Holz geplante Mobilisierung der Massen gegen Meiser vollkommen fehlschlug.[708] In der "Fränkischen Tageszeitung" am 17. September und durch Spruchbänder in der Stadt wurde zur Massenkundgebung für die Eingliederung der bayerischen Landeskirche am Abend auf dem Hauptmarkt eingeladen. Im Predigerseminar haben Schieder und Frör - "etwas illegal", wie Schieder später zugab, denn Dekan Weigel wäre dafür zuständig - sofort angefangen, den Widerstand zu organisieren.[709] Da die bei der Polizei ersuchte Gegenkundgebung für den nächsten Tag nicht genehmigt wurde, haben die Kandidaten des Predigerseminars die Meiser-Anhänger in der ganzen Stadt aufgefordert, zum Hauptmarkt zu kommen und mit Singen zu protestieren, falls die Ehre des Landesbischofs oder der Landeskirche erneut von Holz angegriffen werden sollte.[710] Die erregte Stimmung und heftige Debatten auf dem Hauptmarkt vor der Versammlung führten jedoch dazu, daß die Geistlichen, unter polizeilichem Druck, die Meisertreuen aufforderten, sich in drei Kirchen der Innenstadt zu versammeln, woraufhin der Hauptplatz fast vollständig geleert schien.[711] Vor der Kundgebung füllte sich der Platz wieder, meist mit Neugierigen oder Abkommandierten; aber die von Holz erwünschte Stimmung gegen Meiser kam nicht auf, teils, weil die Redner Holz und Wolf Meyer von der Polizei zur Besonnenheit ermahnt wurden[712] und teils wegen des inneren Unbeteiligtseins der meisten Zuhörer. So erntete Wolf Meyer, der an der Planung der Kundgebung angeblich nicht beteiligt war,[713] für seinen kurzen Beitrag, der die Feststellung wiederholte, "Wer dem Reichsbischof das Vertrauen aufsagt, mißtraut auch dem Führer", nur mäßig und vereinzelt Beifall.[714] Auch das Referat von Karl Holz, das darauf hinauslief, daß "der Widerstand der Bekenntnisfront... nicht religiösen Motiven, sondern von früher her bestehenden politischen Bindungen entspränge", vermochte es nicht, eine Begeisterung zu erzeugen.[715] Als Holz nach dem Schlußlied die Bemerkung noch hinzufügte, daß Meiser einem Pfarrer gesagt habe, wenn Streicher länger in Franken bliebe, ginge die Bevölkerung der Partei verloren, kam keine Empörung auf, sondern nur Heiterkeit und schallendes Gelächter.[716]

Ganz anders verliefen die drei Gottesdienste mit dem aus München eiligst, und ohne die Polizei darüber zu informieren,[717] herbeigerufenen Landesbischof. In allen drei überfüllten Kirchen wurde Meiser begeistert begrüßt. Beim Verlassen der letzten Kirche, St. Aegidien, unter dem Gesang vom Gustav Adolfs Schlachtlied "Verzage nicht, du Häuflein klein", wurde der Landesbischof vor der Kirche von Tausenden mit den Sprechchören: "Wir halten fest an Landesbischof Meiser" und "Heil Meiser", stürmisch gefeiert.[718] Da zu Meisers Wagen am anderen Ende des Platzes kein Durchkommen war, wurde der Weg zum Wagen eines Polizeibeamten freigemacht, der Meiser zurück zum Pfarramt St.Lorenz brachte.[719] Anschließend fing die Menge auf dem Platz an, Choräle zu singen. Der Versuch der Polizei, dem Singen ein Ende zu machen, beantwortete man mit der Anstimmung des Deutschland- und Horst-Wessel-

Liedes.[720] Danach endete, laut einem kirchlichen Bericht, "diese eindrucksvolle Kundgebung".[721] So hatte die Kirche, die genau so viel, wenn nicht mehr, Menschen für ihre Gegenversammlungen aufgebracht hatte, der Parteiführung in Nürnberg offenkundig getrotzt.[722]

In den nächsten Tagen versuchte die Kirchenkampfleitung in Nürnberg noch mehr Gemeindeglieder für Meiser zu mobilisieren. Am Dienstag fanden in den sechs größten Kirchen Bekenntnisgottesdienste statt,[723] darunter auch in der Lorenzkirche, wo OKR Daumiller, der am gleichen Tag vom LKR mit der Führung des Kirchenkampfes in Nürnberg beauftragt wurde,[724] vor einer großen Gemeinde sprach.[725] Am Mittwoch ließ die Geistlichkeit, laut Martins Bericht, "eine riesige Versammlungswelle über Nürnberg hinlaufen".[726] Durch polizeilich nicht vorher genehmigte Einladungszettel benachrichtigt, versammelten sich über 20.000 Teilnehmer in 16 Kirchen der Stadt.[727] In einheitlicher Weise versuchten die Prediger, die Haltung des Reichsbischofs Jäger und Wolf Meyer zu schildern, und die Notwendigkeit des Kampfes gegen sie zu begründen, wobei gelegentlich spontane Beifallskundgebungen aufkamen. Nach den Gottesdiensten kam es erneut zum Singen von Chorälen und Sprechchören für Meiser vor den Kirchen. Überall zeigte die Menge eine musterhafte Disziplin,[728] und die Polizei, die eine strenge Weisung zur Zurückhaltung von Martin hatte, griff nirgendwo gewaltsam ein.[729] Als Fazit der Nürnberger Ereignisse schrieb ein kirchlicher Bericht:[730]

> "Mit einiger Sorge hatte man für Mittelfranken den Beginn des Kampfes erwartet; denn der Bürger der alten Reichsstadt hat eine starke Abneigung dagegen, offen für seine Kirche einzutreten; außerdem war aus Franken noch kaum eine klar entschiedene Stimme vernehmbar geworden. Der rücksichtslos mit allen Mitteln geführte Angriff hat aber eine höchst überraschende und erfreuliche Klarheit geschaffen: Das evangelische Kirchenvolk steht nicht gegen Meiser, sondern zu ihm und zeigt das in einer Weise, die nicht mehr zu übersehen und in der Geschichte Nürnbergs ganz ungewöhnlich ist."

25) Die Bekenntnisgottesdienste in Mittelfranken und ihre Auswirkungen

Kamen die Gottesdienste mit Meiser am Montag in Nürnberg erst kurzfristig zusammen, so unterlag den weiteren Bekenntnisgottesdiensten eine sorgfältige Planung. Schon am 17.9. gab Kreisdekan Kern die Anweisung an seine Dekanate, in allen Kirchen "Bittgottesdienste" durch auswärtige Prediger, die Helmut Kern aus den Kreisen der Volksmissionäre und Pfarrerbruderschaft bestimmen sollte, abzuhalten.[731] Begonnen hat die Aktion am Mittwoch in 16 Nürnberger Kirchen und wurde am Donnerstag fortgesetzt mit Bekenntnisgottesdiensten in allen Kirchen der Stadt Fürth und Umgebung.[732] Am Wochenende erreichte die Welle auch die meisten Ortschaften Mittelfrankens.

Über diese Aktion war die Nürnberger Parteileitung, vertreten durch Karl Holz - denn Streicher befand sich zu der Zeit auf Kur in Bad Wörishofen[733] - begreiflicherweise erbittert, denn ein von Martin mit der Zustimmung Streichers erlassenes Verbot von kirchenpolitischen Versammlungen traf nur die Holzgruppe, denn gegen die Bekenntnisgottesdienste in den kirchlichen Räumen wurde nicht vorgegangen.[734] Da Holz auch noch eine Verwarnung wegen seiner Zeitungspolemik bekommen hatte, versuchte er seinen Kampf in einem Rundschreiben vom 20. September, die alle Ortsgruppenleiter bekamen, weiterzuführen.[735] Bezeichnenderweise unterzeichnete er dieses Schreiben nicht als Führer des Süddeutschen Bunds Evangelischer Christen, sondern hochoffiziell: "Die Gauleitung Franken der NSDAP - gez. Karl Holz - Stellvertretender Gauleiter".

In diesem Rundschreiben, "Die Rebellion des Landesbischofs Meiser gegen Kirchenregiment und Staat", wiederholt Holz seine längst bekannten Vorwürfe gegen Meiser und die Meiser treuen Pfarrer. Dazu kam eine Anzahl angeblich "staatsfeindliche(r) Äußerungen" von bayerischen Pfarrern, die Holz über seine Informanten in der Pfarrerschaft erhalten hatte.[736] Darunter an erster Stelle stand die Bemerkung Meisers über Streicher, dessen Richtigkeit der ehemalige NSEP-Führer Dr. Daum eidesstattlich versichert habe. Hinzu kam die Äußerung Hitlers auf dem Parteitag und seine durch Staatssekretär Meißner an Meiser vermittelte Billigung der Eingliederung der Landeskirchen. Daher zog Holz den Schluß, daß Meisers Rebellion nicht nur gegen den Reichsbischof, sondern auch gegen den Führer gerichtet sei. Damit begründete Holz auch sein Eingreifen in die Kirchenfrage:[737]

> "Nunmehr sah der 'Süddeutsche Bund Evangelischer Christen' den Augenblick für gegeben, die Öffentlichkeit über das treubrüchige und wortbrüchige Verhalten des Landesbischofs Meiser aufzuklären und seinen Rücktritt zu verlangen. Leider hat Reichsbischof Müller in demselben Augenblick nicht energisch genug zugegriffen. Landesbischof Meiser ließ in München eine Straßendemonstration durchführen, er ordnete eine solche auch in Nürnberg an. Dekan Weigel lehnte eine solche Art des Kampfes ab. Es wurde nun die Aufgabe der Durchführung des Kulturkampfes dem Oberkirchenrat Daumiller, München, übertragen. Dekan Weigel, Nürnberg, hat den Auftrag erhalten, sich in seiner Tätigkeit nur auf das rein Büromäßige zu beschränken. Oberkirchenrat Daumiller organisiert z.Z. den Kulturkampf in Nordbayern. Es werden selbst in den kleinsten Ortschaften sogen. Bekenntnisgottesdienste abgehalten, in denen die Kirchenbesucher bis zum Fanatismus aufgepeitscht werden. Zum Teil sprechen auswärtige, darunter auch ausländische Pfarrer. Die Gottesdienste finden an den Vormittagen, an den Nachmittagen und an den Abenden statt. Im ganzen Land herrscht (laut den Berichten der Kreisleiter) große Verwirrung und Unruhe."

Als Schuldigen an der "planmäßigen Volksverhetzung" sah Holz nach wie vor den Landesbischof, dessen "sofortige Enthebung" er sowohl "im Interesse des Staates, als auch der evangelischen Kirche" verlangte.

Mit diesem Rundschreiben machte Holz den Ortsgruppenleitern in Franken klar, wie die Parteileitung in Nürnberg den Kirchenstreit betrachtete. Es ist daher auch nicht überraschend, daß die Kirche in vielen Orten die Mißgunst der Parteiführung zu spüren bekam, wie zum Beispiel in Altdorf, wo der Dekan am 27. September berichtete: "Die Partei steht freilich wegen unserer Haltung zu unserem Herrn Landesbischof auf Kriegsfuß mit uns..."[738] Besonders die Erwähnung der Äußerung, die Meiser angeblich über Streicher gemacht hatte, verfehlte seine Wirkung nicht, denn die meisten Kreisleiter und Ortsgruppenleiter in Franken standen in einem starken Treueverhältnis zu Streicher.[739] So befürchtete Martin, daß die "fanatisch ergebene Gefolgschaft des Gauleiters sich auch hier einmal zu einer Unbesonnenheit hinreißen lassen" würde.[740]

Die Kirchenleitung in München zog es vor, zu der behaupteten Äußerung Meisers über Streicher keine Stellung zu nehmen.[741] Viel problematischer dagegen war das in der Öffentlichkeit bekannt gewordene Schreiben Meißners über Hitlers Billigung der Eingliederung. In einem Bericht vom 21. September, der als Zurückweisung der Vorwürfe des "Süddeutschen Bundes Evangelischer Christen" gedacht war, bestätigt der LKR zwar, "daß eine hohe staatliche Stelle Landesbischof Meiser auf eine allgemein gehaltene Vorstellung hin eine diesbezügliche... Mitteilung zugehen" ließ, Meiser habe aber gleich daraufhin gebeten, daß eine "unparteiische Sachverständige" zur Klärung der Frage herangezogen werden sollte.[742] Damit wurde die Wirkung der Meißnermitteilung, die nach dem LKR "eine nicht unerhebliche Rolle... in den kirchlichen Auseinandersetzungen spielte",[743] etwas entschärft, damit wollte man auch eine eindeutige Stellungnahme vom Staat forcieren,[744] und man wartete gespannt auf die Äußerungen des Staates zur kommenden DC-Reichstagung am 21./22. September und zur Amtseinführung des Reichsbischofs am 23. September.

Aber der Reichsbischof selbst hat durch seine Rede in Hannover am 18. September eine positive Stellungnahme des Staates zur Reichskirchenregierung erheblich erschwert. Laut den ersten Berichten, sagte Müller am Schluß dieser Rede:[745]

> "Wer den Aufbau dieser Kirche nicht mitmachen kann, nicht so wie wir kämpfen im Dritten Reich, der soll Ruhe geben oder beiseite treten. Tut er es nicht, so muß ich ihn dazu zwingen. Was wir wollen, ist eine romfreie deutsche Kirche. Das Ziel, für das wir kämpfen ist: ein Staat, ein Volk, eine Kirche!"

Damit hatte Müller nicht nur das Außenministerium wegen der negativen Reaktionen im Saargebiet geärgert,[746] sondern auch der Bekenntnisfront durch diese Kampfansage neue Beweise für die nationalkirchlichen Ziele der Reichskirchenregierung geliefert. Die sonst bis auf Nachrichten des DNB gegängelte "Allgemeine Rundschau" druckte daher sicherlich bewußt die erste Version der Rede, die von der romfreien deutschen Kirche sprach.[747]

Am 19. September traten Jäger und Kinder vor die Auslandspresse, um, in den Worten der "Basler Nachrichten", den Versuch zu machen, die von Jäger in Stuttgart und von Müller in Hannover[748]

"vertretene Auffassung vom Endziel, einer einzigen, in ihrer Substanz von der nationalsozialistischen Weltanschauung und Staatsauffassung bestimmten Nationalkirche, in der letztendlich evangelisch und katholisch aufgehen sollen ('ein Staat, ein Volk, eine Kirche'), abzuschwächen."

Zu der Frage, wie er seine Idee einer Nationalkirche, worin, wie er in einer Denkschrift schrieb, "die völkische Art... eine Vorrangstellung haben müsse", verwirklichen wollte, antwortete Jäger:[749]

"Es wäre gewiß ein Ideal, wenn es eine einzige Kirche gebe, das Volk in einer religiösen Einheit zusammengefaßt werde. Aber diese Dinge können nicht organisiert und getrieben werden, sie müßten sich entwickeln. Von der Reichskirchenregierung denkt niemand daran, irgendeinen Zwang auszuüben. Die Vereinheitlichung der deutschen Kirchen werde sich hoffentlich weiterentwickeln, und im geeinten Volk werde es auch eine geeinte Kirche geben. Vom Führer sei kein Befehl zur Einigung gegeben worden."

Interessant an dieser Bemerkung war, daß Jäger die ihm zugeschriebene Bemerkung, daß die völkische Idee höher als die christliche sein sollte, nicht bestritten hatte. Daher war auch die Feststellung des Bruderrates der Bekenntnissynode für viele einleuchtend, daß der Kampf nicht um organisatorische Fragen sondern "um die grundlegende Geltung des reformatorisch verstandenen Evangeliums" gehe.[750] In einem Manifest, das am 23. September am Tag der Einführung des Reichsbischofs von 7000 Pfarrern in Deutschland gelesen wurde, erklärte der Bruderrat:[751]

"Wir verwerfen die Irrlehrer, die über die Bekenntnisse hinweg eine deutsche 'Nationalkirche' mit deutschgläubigem Einschlag erstreben. - Weil sie das tun, haben sich der Reichsbischof Ludwig Müller und der Rechtswalter Dr. Jäger sowie alle, die ihnen hierin Gefolgschaft leisten, von der christlichen Gemeinde geschieden. Sie haben den Boden der christlichen Kirche verlassen und sich aller Rechte an ihr begeben. - Diese Scheidung muß die christliche Gemeinde sehen, anerkennen und vollziehen!"

Wegen dieser Erklärung, die die Regierung in Ansbach als "eine Herabwürdigung des kirchlichen Aktes der Einführung des Reichsbischofs" ansah, wurde für den 23. September eine Überwachung der evangelischen Kirchen angeordnet.[752]

Auch die Gauleitung in Nürnberg blieb weiterhin aktiv und versuchte, die wachsende Sympathiewelle für Meiser einzudämmen. Am 20. September schrieb

Karl Holz an den bayerischen Ministerpräsidenten Siebert - der am 16. September bei seinem Auftritt in Nördlingen demonstrativ den ihm von Wolf Meyer überreichten Anti-Meiserartikel aus der "Fränkischen Tageszeitung" zerrissen hatte[753] -, daß es im Kirchenstreit "nicht um eine kirchenpolitische Angelegenheit, sondern um den Austrag eines Kampfes von politischen Gegnern des Nationalsozialismus" handele.[754]

Außerdem wurde die SA von der fränkischen Gauleitung dafür eingesetzt, um Unterschriften gegen Meiser zu sammeln.[755] Letztlich, um ein erneutes Auftreten Meisers in Franken zu verhindern, beantragte die Gauleitung bei der Regierung in Ansbach ein Redeverbot für den Landesbischof in ganz Mittelfranken.[756] Als Begründung wurde die behauptete, abschätzige Äußerung Meisers über Streicher angegeben. Gleichzeitig wurden die Kreis- und Ortsgruppenleiter angewiesen, "die Durchführung dieses Antrages zu sichern".

Obwohl die BPP am 21. September per Fernschreiber das Redeverbot gegen Meiser in Franken bekanntgab,[757] fuhr der Landesbischof nach Ansbach zu seiner angekündigten Sonntagvormittagspredigt in der Johanniskirche.[758] Inzwischen wurde aber nach Verhandlungen im Ministerium des Innern das gegen Meiser verhängte Redeverbot wieder rückgängig gemacht,[759] so daß Meiser an diesem Tag ungestört in Ansbach und Gunzenhausen predigen durfte.

In Ansbach verwehrte man den SA-Mitgliedern und Trägern von Parteiabzeichen den Zutritt zur Johanniskirche und zur Gumbertuskirche, wo der Gottesdienst übertragen wurde - eine offensichtliche Reaktion auf die von der Parteileitung in Nürnburg gelenkte Kampagne gegen Meiser.[760] Schon eine Stunde vor Beginn waren beide Kirchen so überfüllt, daß der Einzug von sämtlichen Pfarrern Ansbachs und der Umgebung, mit dem DC-Pfarrer Fuchs als einziger Abwesender, in die Johanniskirche nur schwer gelang.[761] Nach dem Gottesdienst wurde Meiser auf dem dicht besetzten Oberen Markt mit Heilrufen begrüßt. Nach dem Singen des Luther-, Deutschland-, und Horst-Wessel-Liedes, hielt Meiser wieder eine kurze Ansprache und schloß mit einem dreifachen "Sieg Heil auf den Führer".[762]

Ein Beobachter bestätigt, daß nicht nur 90% der evangelischen Bevölkerung hinter Meiser stünde, sondern daß auch die Katholiken der Stadt die Sache Meisers lebhaft unterstützten, weil sie durch Müllers Gerede von einer "romfreien Kirche" die Zertrümmerung ihrer eigenen Kirche befürchteten.[763]

Der Höhepunkt des Tages war Meisers Auftritt am Nachmittag beim Bezirkskirchentag in Gunzenhausen. Auch hier war es schon Wochen vorher keinesfalls gewiß, ob der Kirchentag stattfinden dürfte, denn man befürchtete Schwierigkeiten vom Gunzenhausener Kreisleiter Appler, der, wegen der Ablehnung

seiner Kandidatur als Kirchenvorsteher, sehr gegen die Landeskirche eingestellt war.[764] Vom Bezirksamt war auch keine Hilfe zu erwarten, denn die Regierung in Ansbach hatte Anfang September alle Versammlungen verboten, die sich möglicherweise mit der letzten Landessynode beschäftigen könnten.[765]
Ohne die beantragte polizeiliche Genehmigung abzuwarten, schickte Dekan Sperl Einladungen an die Geistlichen und Gemeinden der benachbarten Dekanate, darunter auch an Weißenburg.[766] Hierin erwähnte er, daß der Kirchentag in der Stadtkirche stattfinden würde mit einer Übertragung auf den Marktplatz durch den Lautsprecher der Inneren Mission in Nürnberg, da der ehemalige NS-Synodale, Bürgermeister Münch, die Benutzung der städtischen Lautsprecher abgelehnt habe.[767] Münch hatte danach das Bezirksamt Gunzenhausen gebeten, den Kirchentag ganz zu verbieten, da "mit schweren Störungen der öffentlichen Ruhe und Ordnung" zu rechnen sei.[768] Münch machte geltend, daß sich das Kirchenvolk bisher "zu 99% an dem häßlichen... Streit" nicht beteiligt habe und daß nur die Pfarrer und einige von ihnen beeinflußte Laien "die Träger des allmählich staatsgefährlichen Treibens" seien.

Vier Tage vor dem Kirchentag informierte das Bezirksamt den Dekan, daß auch die Abhaltung eines Bittgottesdienstes "von einer noch zu erteilenden polizeilichen Genehmigung abhängig" sei.[769] Dagegen legte Sperl Verwahrung ein mit der Begründung, daß dieser vom Kreisdekan Kern angeordnete Gottesdienst eine Einrichtung der Kirche sei und als Bekenntnisakt den Schutz des "Führers und Reichskanzlers" genieße.

Nachdem das Redeverbot gegen Meiser aufgehoben wurde, gab auch das Bezirksamt in Gunzenhausen nach. Verboten wurde jedoch der traditionelle Zug der Geistlichen und Kirchenvorsteher in die Kirche, und nur ein Lautsprecher durfte auf dem Kirchplatz aufgestellt werden.[770]

Am Nachmittag des 23. September versammelten sich mehr als 6000 Menschen, vorwiegend Bauern aus der Gegend um Gunzenhausen, Weißenburg, Pappenheim, Öttingen und um den Hesselberg in und um die Stadtkirche.[771] Ein Erbhofbauer erklärte, daß Zentausende gekommen wären, wenn sie vorher gewußt hätten, daß das Redeverbot gegen Meiser aufgehoben worden sei.[772] Da die Kirche nur 3000 fassen konnte, waren die anderen auf den einzigen, nicht ausreichenden Lautsprecher auf dem Kirchplatz angewiesen.

Die Predigt des Landesbischofs wurde, laut Regierungsbericht, "in vornehmer, sachlicher Weise, voll Ernst und Würde, ohne Ausfälligkeiten" vorgetragen.[773] Meiser sprach von "Zeichen und Wundern in unserer Kirche".[774] Bis ins letzte Dorf seien die Gemeinden aufgeweckt; ein Kampfeswille sei aufgekommen, "von dem wir uns in den vergangenen Zeiten keine Vorstellung machen". Es sei nun wichtig, diesen Kampf "recht und würdig" zu führen.

Vor seinen meist ländlichen Zuhörern schilderte Meiser die Haupteinwände zu der Eingliederungspolitik der Reichskirchenregierung:
- Die Partei der Deutschen Christen stelle eine Gefährdung der Bekenntnis dar;
- Bekenntnis und Kirchenordnung gehören zusammen: "Wie kann ein Kirchenregiment, das nicht von uns ist, in der Lage sein, über Rechte, Verfassung und Sakramente zu wachen, was die oberste Aufgabe eines Kirchenregiments ist und bleibt";
- Die Deutschen Christen wollen das Führerprinzip auf die Kirche übertragen. Dies bedeute aber eine willkürliche, diktatorische Vollmacht für eine einzelne Person;
- Die Deutschen Christen glauben, "daß das nationale Prinzip ausreiche und ausschlaggebend sein müsse für die Einheit der Kirche". Aber die wahre Einheit der Kirche komme nicht vom Volk sondern vom Bekenntnis.
- Die Deutschen Christen verkünden ein artgemäßes Christentum, aber die Kirche habe den Auftrag, allen Menschen "gleich welche Rasse und Religion" zu sagen: "Es ist in keinem andern Heil, ist auch kein anderer Name den Menschen unter dem Himmel gegeben, darinnen sie sollen selig werden, denn in dem Herrn Jesu Christo".

Es ist auffallend, daß Meiser es vermied, den Reichsbischof in seiner Predigt zu erwähnen. Es war jedoch klar genug, wen er durch seine Kritik an die Deutschen Christen treffen wollte, hatte doch der Reichsbischof am Tag zuvor auf der DC-Reichstagung in Berlin bekräftigt: "Ich betone an dieser Stelle, daß ich immer deutscher Christ gewesen bin und sein werde".[775]

Meiser führte weiter aus, wie wichtig es sei, daß man in Bayern festbleibe, daß man wie Luther "ganz allein auf dem Evangelium" bestehe, denn, "wenn das Evangelium in gläubigen Herzen aufgenommen wird, schafft es eine Gemeinschaft, besser wie die festeste Volksgemeinschaft".[776] Deshalb forderte Meiser seine Zuhörer auf, tapfer auszuhalten, wie einst ihre fränkischen Vorväter, die den Stürmen des Katholizismus standgehalten hätten; "Laßt euch nicht erschrecken von den Widersachern", fuhr er fort, wobei man sicherlich, ohne daß er es ausdrücklich sagen mußte, auch an die fränkische Parteileitung dachte. Man solle sich auch nicht irre werden, wenn gesagt wird: "Ihr seid Verräter am Dritten Reich, ihr habt euch als unzuverlässig erwiesen." Meiser betonte: "Wir wissen, was wir unserem Führer schuldig sind; denn wir haben immer aufs neue unserem Führer und Volk den Dienst freudig zu erweisen." Zum Schluß sagte der Landesbischof:

"Es ist in der Tat eine entscheidende Stunde für unsere Kirche gekommen. Nicht aus politischen Gegensätzen, Leidenschaft oder Reichthaberei, sondern ein Kampf, weil ein Ruf Gottes an uns ging, und diesem Ruf wollen wir gehorsam sein... Wir wollen diesen Kampf zuversichtlich und treu führen, weil wir diesen Gott kennen, dem es leicht ist, durch große oder kleine Bekennerschar seine Sache zum Sieg zu führen. Gott ist mit uns und wir mit Gott."

Diese bedeutsame Predigt Meisers, die tief vom Geist der Barmer Erklärung atmet, war, nach einem Augenzeugen, "von überwältigender Wirkung. Viele konnten sich der Tränen nicht mehr enthalten."[777] Nach dem stehend gesungenen Lutherlied, las Dekan Sperl folgende Erklärung vor:[778]

> "Das fränkische Kirchenvolk, zu Tausenden auf dem Kirchentag in Gunzenhausen vereint, steht in Treue auf dem Bekenntnis der Väter und bittet den Landesbischof unsrer bayerischen Kirche, der treue Führer wie bisher zu sein und zu bleiben und das ev.-luth. Bekenntnis im Kirchenkampf der Gegenwart zu wahren bis zum letzten."

Mit "erhobener Hand" nahm die Menge diese Erklärung einstimmig mit "Ja" an.[779] Zum Lied "König Jesu, streite, siege" ging dann der Gottesdienst in der Kirche zu Ende. Als Meiser die Kirche verließ, wurde er von der Menge draußen "mit einem jubelnden Sieg-Heil" begrüßt.[780] Vom Fenster des Dekanats aus sprach Meiser ein letztes Mal von seinem Ziel, "mahnte zur Treue zum Führer", und brachte ein dreifaches "Sieg-Heil auf denselben".[781] Als Meiser über den Marktplatz ging, waren die "Heilrufe" der Tausenden wieder auf ihn gerichtet.

Das Fazit zum Gunzenhausener Kirchentag zog das Münchener Gemeindeblatt:[782]

> "Der fränkische Protestantismus ist wach! Die Gemeinden stehen hinter ihrem Führer! Das Kirchenvolk wird mit seinem Bischof gehen, komme, was da wolle; denn es weiß, seine Entschlüsse werden von der Verantwortung vor dem heiligen Gott der Bibel bestimmt und nicht von anderen, schlechten Motiven, die man ihr unterschieben wollte."

Meiser selbst äußerte sich zu den Stunden in Gunzenhausen: "Sie gehören mit zu dem Erhabensten und Eindrucksvollsten, was ich in meiner ganzen amtlichen Laufbahn bisher habe erleben dürfen."[783]

Die Regierung in Ansbach zeigte sich überrascht über den Verlauf der zwei Auftritte Meisers am 23. September, denn "der Zustrom und die Anteilnahme der Kirchenbevölkerung übertraf alle Erwartungen; die Persönlichkeit des Landesbischofs selbst hinterließ allenthalben tiefsten Eindruck."

Verlierer des Tages waren eindeutig der Reichsbischof und die fränkische Parteiführung. Ein Gunzenhausener Beobachter beschrieb, wie Bürgermeister Münch den städtischen Lautsprecher auf dem Marktplatz aufgestellt hatte, um die Einsetzung des Reichsbischofs in Berlin zu übertragen, was jedoch auf keinerlei Interesse in der Bevölkerung stieß.[785] Durch die Lautsprecherangelegenheit hätten "zwei Gewaltige... ziemlich an Vertrauen" eingebüßt. Der Schreiber wollte wegen der Postüberwachung[786] keine Namen nennen, aber es war ersichtlich, daß Kreisleiter Appler und Bürgermeister Münch gemeint waren. Deutlich eingebüßt hatte aber auch der Gaupropagandaleiter Holz, der nun den öffentlichen Kampf gegen Meiser völlig einstellte.[787] Seine in der Woche vorher gemachte Behauptung, für die evangelische Bevölkerung zu sprechen, wurde vor allem durch die Ereignisse am 23. September eindrucksvoll widerlegt.

Wenn auch die meisten der nahezu 400 angeordneten Bittgottesdienste im Kirchenkreis Ansbach ruhig und ohne Störung abliefen, stießen diese kirchlichen Aufklärungsveranstaltungen in einigen Gemeinden, zumal im Landkreis Weißenburg, auf Schwierigkeiten. Einige diese Konflikte wurden durch den Entschluß provoziert, auch in Gemeinden mit DC-Pfarrern die mit auswärtigen Rednern versehenen Bittgottesdienste durchzuführen. So wurden in Nennslingen (Bezirksamt Weißenburg) am 20. September Handzettel für einen für den nächsten Tag vorgesehenen Bittgottesdienst in Umlauf gesetzt.[788] Sofort begann der Ortsgeistliche Pfarrer Ruck, der in einem Brief in der "Fränkischen Tageszeitung" die Holz'sche Kampagne gegen Meiser ausdrücklich gebilligt hatte,[789] die Gegenwehr zu organisieren. Nachdem sein Versuch, beim Bezirksamt Weißenburg ein Verbot gegen den Bittgottesdienst zu erwirken, an einer Weisung der daraufhin gefragten BPP scheiterte, plante er den Gottesdienst durch Störaktionen zu unterbrechen, falls der Reichsbischof angegriffen werden sollte.[790] Schließlich entschloß er sich einfach die Kirche abzusperren und verhinderte dadurch das Zustandekommen der Veranstaltung.

Dieser Vorfall hatte Auswirkungen im vier Kilometer entfernten Burgsalach, wo Anweisungen für einen am Abend des 23. Septembers abzuhaltenden Bittgottesdienst am Tag zuvor eintrafen.[791] Da der Ortsgeistliche Pfarrer Bestelmeyer beim Gustav Adolf Vereins Fest in Ingolstadt war, beauftragte seine Frau ein treues Kirchenglied, Fritz Strauß, die Einladungen im Dorf zu verbreiten. Dieser bekam jedoch Bedenken, nachdem er vom Geschehen in Nennslingen hörte, und fuhr daraufhin, Rat suchend, zum Kreisleiter Gerstner, von dem er am gleichen Tag das Holz'sche Flugblatt "Die Rebellion des Landesbischofs Meiser gegen Kirchenregiment und Staat" zugestellt bekommen hatte. Dort erfuhr Strauß, "daß alle Pfarrer, welche diese Bekenntnisgottesdienste zulassen, demnächst ihres Amtes entsetzt würden". Daraufhin rief er den Kirchenvorstand zusammen, der beschloß, den geplanten Redner auszuladen, "weil wir unsern Pfarrer haben und behalten wollen und mit ihm zufrieden sind". Zusammen hörte sich dann der Kirchenvorstand die Übertragung der Einführungsfeier in Berlin an und gewann den Eindruck, daß der Reichsbischof nichts anderes als den Glauben wollte. Inzwischen erfuhr das Dekanat Weißenburg von der widerstrebenden Haltung in Burgsalach und bestellte den Nachbarpfarrer Seitz aus Oberhochstatt, eine erneute Kirchenvorstandsitzung einzuberufen. Auf dieser Sitzung fühlten sich die Laien von Pfarrer Seitz und dem als Redner des Bittgottesdienstes bestellten Stadtvikar Rabenstein derart abgekanzelt, daß sie grußlos fortgingen. Der Versuch der Geistlichen den Gottesdienst zu erzwingen, scheiterte daran, daß Strauß die Kirche absperrte und mit dem Schlüssel verschwand.

Auch in Weißenburg kam es am 23. September wegen eines Bittgottesdienstes zu Konflikten. Auch hier wurde erst am Abend vorher - eine Taktik, die Gegenaktionen von der Partei aus erschweren sollte - per Handzettel zum Bittgottesdienst am Sonntag um 9 Uhr eingeladen.[792] Den Namen des Predigers, den in Weißenburg geborenen Predigerseminardirektor Schieder, erfuhr man aber nur durch mündliche Anfrage. Gemäß der Anweisung der BPP im Fall Nennslingen fühlte sich das Bezirksamt nicht in der Lage, den Gottesdienst zu verhindern oder dem Prediger Beschränkungen aufzuerlegen. Als Schieder in seiner Predigt kritische Worte über den Reichsbischof und die Reichskirchenregierung sagte, verließ, nach dem Bezirksamtsbericht, "ein großer Teil der Kirchenbesucher... um seine Mißbilligung darzutun" die Kirche.[793] Die Vermutung liegt nah, daß diese aufsehenerregende Protestaktion vom Ortsgruppenleiter und Kirchenvorstandsmitglied Hetzner geplant war, denn am 25. September erschien eine Zeitungsnotiz, die feststellte, daß die Verantwortung für den Bittgottesdienst beim Pfarramtsvorstand, also beim Dekan, läge, und daß "die übrigen geistlichen und weltlichen Mitglieder" des Kirchenvorstandes der Sache völlig fern stünden.[794] Hier wurde öffentlich signalisiert, daß Dekan von Löffelholz nicht nur vom Kirchenvorstand keine Unterstützung erwarten konnte, sondern daß Pfarrer Kalb und offenbar auch Pfarrer Rottler nach dem 23. September sich vom Dekan noch mehr distanzierten. Es half wohl auch nicht viel, daß der Dekan in einer Zeitungsnotiz feststellte, daß nicht er sondern eine höhere kirchliche Stelle den Bittgottesdienst angeordnet habe.[795] Denn die Weißenburger Parteileitung hat deutlich zu erkennen gegeben, daß sie die Holz'sche Linie im Kirchenstreit vertrat; schon in seiner Rede am Abend des 23. September äußerte sich Kreisleiter Gerstner kritisch über den Vorfall vom Vormittag in der Andreaskirche.[796]

So wurde es auch in Weißenburg klar, daß eine Verteidigung der Rechte der Landeskirche mit dem Widerstand der örtlichen Parteileitung rechnen mußte.[797] Dadurch gingen auch Pfarrer Kalb und Rottler, die es nicht mit der Partei verderben wollten, zunehmend auf Distanz zum Dekan und zum Landesbischof. Im Rottlers Fall kam noch die positive Einstellung des Evangelischen Bundes zum Reichsbischof hinzu, denn an der Einführungsfeier am 23. September in Berlin haben von den Verbänden der Inneren Mission nur der Gustav Adolf Verein und der Evangelische Bund teilgenommen.[798]

Wie nicht anders zu erwarten, haben die Bittgottesdienste zu einer Verhärtung der Fronten zwischen den erklärten DC-Pfarrern und den Meiser-Anhängern erheblich beigetragen. Besonders der Vorfall am 23. September in Mönchsroth (Dekanat Dinkelsbühl), wo der DC-Pfarrer Karl Brunnacker amtierte, wurde bald über das mittelfränkische Dorf hinaus bekannt und galt in DC-Kreisen als Musterbeispiel für die Intoleranz und Rücksichtslosigkeit der Bekenntnisfront. Brunnacker, seit 1932 Pg.,[799] war von den Pfarrkonferenzen seines Kreises als Verteidiger des Reichsbischofs und glühender Nationalsozialist bekannt, und hatte vertrauliche Äußerungen aus diese Konferenzen an die fränkische Gauleitung weitergeleitet.[800] Am Abend des 22. September, während Brunnacker sich auf einem vom Dekanat genehmigten Urlaub außerhalb des Ortes befand, wurden Handzettel für einen Bittgottesdienst für den nächsten Tag um 8 Uhr, meist durch ehemalige DNVP-Anhänger, verteilt.[801] Predigen sollte der Koordinator der Bittgottesdienste in Franken, Helmut Kern, der schon am 21. September in der Heilig-Geist-Kirche in Dinkelsbühl gesprochen hatte. Wohl ahnend, daß in seiner Anwesenheit die Bekenntnisfront versuchen würde, eine Aufklärungsveranstaltung im Dorf durchzuführen, hatte Brunnacker den DC-Pfarrer Auer mit einem Sonntagsgottesdienst um 13 Uhr beauftragt und zwei Kirchenvorsteher, den Hauptlehrer Breit und den Ortsgruppenleiter und Bürgermeister Rollbühler sowie den Mesner instruiert, keinen anderen Prediger zuzulassen. Als Kern am 23. September ankam, stand er vor einer geschlossenen Kirche. Vor Breit und Rollbühler habe Kern daraufhin, laut Polizeibericht, betont, er käme "im Auftrag des Landesbischofs und des Reichsstatthalters Ritter von Epp". Dann habe er seine Freikorps-Epp Karte vorgezeigt und gedroht, den Bürgermeister bei Epp zu melden, falls er den Gottesdienst verhindern sollte.[802] Die gleiche Legitimation habe Kern auch dem Mesner gezeigt, der zusätzlich behauptete, Kern habe ihm mit Versetzung nach Dachau gedroht.[803] So wurde die Kirche geöffnet und für den Gottesdiesnt geläutet.

In seiner zweistündigen Predigt ging Kern sehr scharf gegen die Kontrahenten der Bekenntnisfront vor. Bezugnehmend auf den Angriff auf Meiser in der "Fränkischen Tageszeitung" sagte er, daß Holz damit zum Rebellen gegen Hitler geworden sei, da Hitler die politische Bewegung grundsätzlich von religiösen Streitigkeiten freihalten wollte.[804] Wörtlich sagte er: "Diese Hetze eines Karl Holz ist so niedrig und gemein, daß jeder anständige Mensch sich mit Grausen davon abwendet". Holz sei auch derselbe, der das Abendmahl im "Stürmer" verumglimpft habe.

Aber seine Hauptkritik richtete Kern gegen den Reichsbischof, der sich "der Bolschewisierung Deutschlands" schuldig mache, weil er die Gesetze nicht achte. In Müller habe sich Hitler, der auch nur ein Mensch sei, kräftig geirrt.[805] Gegen die "Terrorherrschaft des Papstes zu Berlin" gebe es nur das Mittel der Gehorsamsverweigerung.[806] Denn wenn Jäger und Müller ihr Fernziel einer deutschen Nationalkirche verwirklichen sollten, "werden wir mehr oder weniger katholisch".

Kern kritisierte auch die Ortsgruppenleiter in Franken, weil sie im vorigen Jahr die Kirchenvorstandswahl politisiert hätten. Wolf Meyer, der nun gemeinsam mit dem Erzantisemit Karl Holz aufgetreten war, warf er seine frühere judenfreundliche Einstellung vor; Meyer habe 1929 an der Einweihung einer Synagoge teilgenommen und 1933 sogar während des Boykotts der jüdischen Geschäfte ausdrücklich bei Juden eingekauft.[807] Schließlich bat Kern die Gemeinde, für ihren Pfarrer zu beten, daß er sich von seinem falschen Weg wende.

Der Auftritt Kerns verursachte eine große Beunruhigung im Dorf, zumal Brunnacker angeblich seine Gemeinde vorher von der Kirchenpolitik verschont hatte. Aber auch vor dem Bittgottesdienst war, wie der Polizeibericht bestätigt, ein erheblicher Teil der Gemeinde gegen den Pfarrer und den Ortsgruppenleiter eingestellt.[808] Diese Leute, die zum Teil als ehemalige DNVP-Anhänger gekennzeichnet wurden, also nach NS-Begriffen die "Reaktion", fühlten sich durch Kerns Ausführungen in ihrer Haltung nur noch bestätigt. Dadurch wurde die Spaltung in der Dorfgemeinschaft nur noch vertieft.

Der Bericht des Bezirksamts Dinkelsbühl über die am 23. September überwachten Gottesdienste stellte fest, daß eine "tiefe Erregung und Beunruhigung" sich "der gläubigen Kreise der evangelischen Kirche" bemächtigt habe.[809] Aus Wassertrüdingen wurde mündlich berichtet, daß bei einer neuen Volksabstimmung "kaum mehr die Hälfte der Stimmen für Hitler abgegeben würden". Der Bericht fuhr fort:

> "Die evangelische Bevölkerung ist in der großen Mehrheit gegen den Reichsbischof und die Deutschen Christen, insbesondere weil verbreitet ist, daß Christus nicht mehr als Gottheit, sondern nur als Held anerkannt werde wie bei den Juden. Die evangelische Bevölkerung glaubt, sie werde gezwungen, katholisch zu werden, was große Erbitterung auslöst, insbesondere auch gegen den Führer Adolf Hitler, weil vermutet wird, der Reichsbischof handle nach seinem Willen."

Diese letzte Feststellung, daß man auch Hitler von der Kritik nicht ausnahm, wurde im Bericht der Ansbacher Regierung etwas entschärft, wo es hieß:[810]

"Es ist gefährlich, den evangelischen Kirchenstreit weiterhin landauf, landab vor das Forum Hunderter von Kirchengemeinden zu bringen, wo die Laien-Bevölkerung das Kirchliche und das Politische dieses Streites nur zu leicht vermengt, zumal die Grenzen beider Bereiche sich gerne verwischen."

Wenn auch die Bekenntnispfarrer eine Kritik an Hitlers kirchenpolitischer Rolle vermieden hatten, wurden viele Laien, durch die Angstvision, katholisch werden zu müssen, auch Hitler gegenüber mißtrauisch. So bestätigt auch Martin zum Beispiel, daß dort, wo die Bekenntnisfront mit der Parole gearbeitet habe, man wolle die Protestanten in Bayern langsam katholisch machen, wurden "bedauerlicherweise... auch die Namen des Führers und des Reichsstatthalters von Epp mit Rücksicht auf deren Angehörigkeit zur katholischen Konfession strapaziert".[811] Daß eine Kritik an Hitler überhaupt aufkommen konnte, zeigt nicht nur den Grad der Erregtheit im Kirchenstreit sondern auch, daß der Führer-Mythos nicht überall in evangelischen Kreisen befestigt war.[812]

Nach dem 23. September konnte die Bekenntnisfront jedoch erleichtert feststellen, daß der Staat sich deutlich von der Reichskirchenregierung distanziert hatte. Auffallend war das geringe staatliche Interesse an der DC-Reichstagung und an der Amtseinführung des Reichsbischofs, wobei besonders das Unterbleiben eines Grußwortes Hitlers an Müller registriert wurde.[813] Das "Korrespondenzblatt" stellte daraufhin fest: "Das Schweigen der staatlichen Vertreter am Sonntag zeigt, daß man auch bei der Reichsregierung das System Müller-Jäger kennt."[814]

Es war auch kein Geheimnis, daß die Landeskirche mit dem Verständnis einiger Regierungsstellen in Bayern rechnen konnte, wie Schieder und Frör in einem Rundbrief vom 24. September mitteilten: "Das ist Tatsache, daß die bayerische Regierung einen guten Willen hat, Recht Recht sein zu lassen. Offenbar geht von hier aus auch der Versuch, zum Frieden mitzuhelfen."[815] In einem Brief vom 25. September bestätigt OKR Meinzolt, daß Schemm den Landesbischof zu einer längeren Besprechung empfangen habe und daß auch Siebert inzwischen mit der Sache befaßt sei; vertraulich hatte Meinzolt auch erfahren, daß "bereits eine Besprechung des Führers mit dem Herrn Reichsstatthalter in der Kirchenfrage stattgefunden hat".[816] Daß v.Epp "sich angeblich für Meiser eingesetzt" hatte, erschien sogar als UP-Meldung in den "Basler Nachrichten".[817]

26) Gefechtspause im Kirchenkampf: Ende September bis Anfang Oktober

In der Woche vom 23.-30. September breiteten sich die Bittgottesdienste auf Oberfranken und Nordschwaben aus mit Auftritten des Landesbischofs in

Würzburg und Lindau.[818] In Mittelfranken war man indessen bemüht, die Bewegung im Kirchenvolk durch Wochengottesdienste, Bibelstunden und Unterschriftsammlungen für Meiser nicht verflachen zu lassen, denn man wußte, daß die wirkliche Probe, mit dem erwarteten Einsetzen eines Kirchenkommissars, analog zu Württemberg, erst kommen würde.[819]

Einer, der dieser Entwicklung sehr mißtrauisch gegenüberstand, war der Chef der Nürnberger Polizei, Martin, der die Sammlung von Unterschriften für Meiser nach der erfolgten Amtseinsetzung des Reichsbischofs für eine Unmöglichkeit hielt.[820] Er plädierte dafür, daß eine staatliche Zentralstelle eingreift, damit man ihm nicht den Vorwurf machen könnte, wie es schon in der Pressepolitik der Fall war, es werde "in den verschiedenen Gegenden mit zweierlei Maß gemessen". Obwohl Daumiller durch Martins taktisch bedingte Zurückhaltung gegenüber den Meiser-Anhänger den Eindruck gewann, daß Martin "eigentlich auf unsere Seite stand",[821] war dies keinesfalls zutreffend. Für Martin ging es in erster Linie darum, den öffentlichen Frieden zu bewahren, den er sowohl von der Gauleitung als auch von der Bekenntnisfront als bedroht ansah. Als SS-Obersturmführer war er, zum Beispiel, durch "die Ablehnung der Bindung an eine bestimmte Rassezugehörigkeit" in den Grundsätzen der bayerischen Pfarrerbruderschaft hellhörig gemacht.[822]

Martin war auch beunruhigt durch die "stärkste Beachtung", die der Kirchenstreit in der Auslandspresse, insbesondere in den "Basler Nachrichten" fand.[823] Mehrere Berichte bestätigen, daß die "Basler Nachrichten" zu dieser Zeit als Nachrichtenquelle für die kirchliche Lage in Deutschland sehr gefragt war.[824] Obwohl selbst die BPP der "Basler Nachrichten" "eine ziemlich sachlich gehaltene... Berichterstattung" bescheinigte,[825] machte auch diese Zeitung einige für die NS-Machthaber unbequeme Beobachtungen, wie zum Beispiel, daß die Reichskirche ohne die Macht des Staates nichts wäre,[826] oder die oft gestellte Frage, wann Hitler endlich in den Kirchenstreit eingreifen würde.[827] Andere ausländische Beobachter, wie das "Neue Tage-Buch", werteten die Opposition zum Reichsbischof als "die erste größere Bewegung" gegen den Nationalsozialismus und "tatsächlich die einzige, die sich bisher ans Licht wagte".[828] Die Amerikanische Legation in Wien berichtete sogar, daß gut informierte Kreise glaubten, daß der Kirchenkonflikt zusammen mit den wirtschaftlichen Schwierigkeiten zu einem Regierungwechsel führen könnte.[829]

Die Bekenntnisfront stand diesem Interesse des Auslands durchaus zwiespältig gegenüber, denn einerseits wollte und konnte man die politische Komponente der Opposition zur Reichskirchenregierung nicht zugeben,[830] andererseits wußte man, daß der Druck vom Ausland Hitler zum Einlenken in der Kirchenfrage zu ihren Gunsten bewegen könnte.[831]

Am 30. September feierte man im ganzen Land das Erntedankfest. Zu diesem Anlaß erschien wieder ein Aufsatz des emeritierten Pfarrers Karl Kelber in einigen mittelfränkischen Zeitungen mit dem Hauptgedanken, Gott habe die Früchte des Feldes wachsen lassen genauso wie er "den Führer" und die "tapfere Männerbewegung" wachsen ließe.[832] Gleichzeitig stellte Kelber fest, wo er in der Kirchenfrage stand:[833]

"1) Ich bekenne mich nach wie vor entschieden zum Nationalsozialismus,
2) Ich stehe mit der gleichen Entschiedenheit auf Seiten des reinen und lauteren Evangeliums, also unseres Landesbischofs."

Diese Haltung wurde aber in Parteikreisen, die am Erntedankfest das Bild einer geeinten Volksgemeinschaft vorführen wollten, wenig verstanden. Im Kreis Weißenburg hatte die Partei wie 1933 die Gestaltung des Tages wieder in die Hand genommen und veranstaltete Feierlichkeiten an drei Kernpunkten: Ellingen, Nennslingen und Langenaltheim.[834] Vorgesehen waren Gottesdienste, Festzüge, Tänze und die Übertragung der Rede Hitlers vom Erntedankfest auf dem Bückeberg.[835] In Nennslingen sprach der Redner Hauptlehrer Sauber die Kirchenfrage direkt an.[836] Sauber kennzeichnete die neuerlichen Vorgänge im Kirchenstreit als "ein schwarzes Geschehen in dem Gesicht Deutschlands". Es sei nicht christlich, "wenn man Braunhemden die Kirche verweigert".[837] Er selber sei Zeuge, "wie man die Kirche zum Versammlungslokal" gemacht habe. Er betonte,[838]

"daß der durch den Führer Adolf Hitler berufene Reichsbischof der evangelischen Kirche sich mit Gott und dem Vaterland verbunden fühlt und er wünschte, daß alle so dächten und handelten wie dieser, dann wäre es nicht möglich, daß jetzt wieder zu nörgeln angefangen wird. Möge der heutige Erntedanktag dazu beitragen, daß in der evangelischen Kirche wieder Friede und Eintracht einzieht."

Trotz dieses frommen Wunsches blieb die kirchenpolitische Lage das beherrschende Tagesthema für die Kirchenbesucher am Erntedanktag. Bei vielen Gottesdiensten kam das Flugblatt "Ein ernstes Wort an unsere Gemeinden zum Frieden in der Kirche" von Greifenstein, Klingler und Schieder zur Verteilung.[839] Darin wurden die Voraussetzungen für den kirchlichen Frieden aufgelistet, darunter an erster Stelle, daß die verfassungsmäßig garantierte Selbständigkeit der Landeskirche in Bekenntnis und Kultus erhalten bleibt. Es wurde auch verlangt, daß die Polizeigewalt nicht in den kirchlichen Auseinandersetzungen in Anspruch genommen wird und daß Organe der Partei kirchenpolitisch nicht eingesetzt werden sollen. Falls diese Voraussetzungen nicht erfüllt werden, müsse

"der Kampf um eine rechte Kirche bis zum bitteren Ende durchgefochten werden. Die Verantwortung dafür fällt dann denen zu, welche die Gewissen vergewaltigen und dadurch die Gefahr einer Kirchenspaltung heraufbeschwören."

In den Erntedankgottesdiensten hörten die Gemeinden die Kundgebung des Landesbischofs und des LKR, "Lutherische Kirche deutscher Nation oder romfreie deutsche Nationalkirche".[840] Dieses "Bekenntniswort an Pfarrer und Gemeinden" wies einige Ähnlichkeiten zu der Erklärung des Bruderrats der Bekenntnissynode der DEK, die von vielen Bekenntnispfarrern in Deutschland am 23. September von den Kanzeln gelesen wurde.[841] Beide lehnten Jägers Vorstellung von einer überkonfessionellen Nationalkirche als Preisgabe der Reformation ab; beide verwarfen die Verfechter einer solchen Kirche als "Irrlehrer".[842] Dazu betonte die bayerische Erklärung, daß die Ziele Jägers eng verwandt seien mit Alfred Rosenbergs Vorstellung von einer deutschen Kirche für die "nordische Rassenseele", mit der dazu gehörigen Verwerfung des Alten Testaments und des "Paulinismus".

Sonst war die Kundgebung des Landesbischofs und des LKR sehr auf die bayerischen Verhältnissen zugeschnitten. So wurde zum Beispiel nicht wie in der Erklärung des Bruderrats von einer "Sammlung der bekennenden Gemeinde" gesprochen, die für die DC-beherrschten Landeskirchen besonders relevant war, wenn auch die bayerische Erklärung der Möglichkeit der Freikirche direkt ins Auge sah.[843] Die Erklärung aus München spricht eindeutig vom Standpunkt der "lutherischen Kirche" heraus und erwähnt mit keinem Wort die Zugehörigkeit der Landeskirche zur Bekenntnissynode oder deren Anspruch, die "rechtmäßige Deutsche Evangelische Kirche" zu sein.[844] Der Eindruck ist sicherlich nicht falsch, daß die bayerische Landeskirche es viel leichter hatte, sich alleine als lutherische Kirche zu verteidigen als in der Front der Bekenntnissynode auf der Basis der Barmer Erklärung. So warnte die bayerische Kundgebung, daß die DEK "zur völligen Unionskirche" zu werden drohe, und stützt sich in vielen Stellen der Erklärung auf die lutherischen Bekenntnisschriften.

Anders als die Erklärung des Bruderrats verlangte die bayerische Kundgebung nicht die Scheidung der christlichen Gemeinde vom Reichsbischof und seinem Rechtswalter. Vielmehr richtete Meiser am 2. Oktober einen offenen Brief an den, ohne die Teilnahme eines bayerischen Vertreters, nun in sein Amt eingeführten Reichsbischof, mit der Hauptfrage, ob er bereit sei, der Irrlehre, den Rechtsbrüchen und der Gewissensnot in der DEK entgegenzutreten, entsprechend seinem Gelöbnis als "lutherischer Reichsbischof".[845] So zeigte dieser offene Brief, den alle bayerischen Pfarrer bekommen haben, die Bereitschaft des Landesbischofs, Müller eine letzte Chance zur Kursänderung zu geben, wenn auch Meiser kaum mit einem solchen Wechsel gerechnet hatte.

Der Brief an Müller hatte wohl auch eine taktische Komponente, denn es gab einige schwankende Pfarrer in der Landeskirche, die die Hoffnung noch hegten, der Reichsbischof würde sich an sein Gelöbnis gebunden fühlen und dementsprechend handeln.[846] Ein Nichteingehen des Reichsbischofs auf diesen Brief sollte zeigen, daß die Verantwortung für den desolaten Zustand der Reichskirche beim Reichsbischof lag.

Für den harten Kern der DC-Pfarrer aber halfen auch die besten Argumente gegen die Reichskirchenregierung nicht, denn seit dem Beginn des Abwehrkampfes der Landeskirche Mitte September herrschte unter den DC-Pfarrern eine große Verbitterung. Dies bestätigt vor allem ein Brief Wolf Meyers an seine "Kameraden", worin er auf die vielen Briefe aus Bayern antwortete, die Klage gegen die "Kanzelschändung" und "kirchenpolitische Hetzreden" erhoben hatten.[847] Meyer beklagte den Gewissenszwang", in den die DC-Pfarrer versetzt waren, denn es gab auch DC-Pfarrrer, die November 1933 die Treueerklärung für Meiser unterzeichnet hatten und die nun den Reichsbischof als ihren obersten Dienstherrn betrachteten. Meyer kritisierte auch das "Spiel mit der Angst der Menschen, wenn mit der Schutzhaft und Verschickung nach Dachau gedroht wird". Die andere Seite sollte

> "ihre Verhetzung in weltlichen Räume treiben, wo ihnen jeder freie Mann entgegentreten kann. Das Asylrecht und Heiligtum der Kirche und Kanzel solcherart feige zu entweihen, ist und bleibt ein Verbrechen, dem der nationalsozialistische Staat niemals die Hände leihen wird."

Meyer bat seine Kameraden, sich der Kirchenpolitik in ihren Gottesdiensten zu enthalten und schloß mit der Zusicherung: "Wir stehen... mit der Sache unsres Führers Adolf Hitler, dem gottgesandten Retter unsres Volkes und der Kirche. Was *er* bestimmt, hat uns zu gelten!"

Der Verbitterung in der Pfarrerschaft versuchte Meiser, der sich als Bischof aller Geistlichen der Landeskirche verstand, entgegenzuwirken. In einer "Ermahnung an unsere Geistlichen" vom 2. Oktober rügte er nicht nur das Verhalten der Pfarrer, die "eine äußere und innere Einigung der Deutschen Evangelischen Kirche erzwingen möchten", sondern zeigte gleichzeitig Verständnis dafür, "daß nicht alle Geistlichen aus ihrer Einsicht in Wesen und Aufgabe unserer Kirche zu dem gleichen Urteil über das Gebot der Stunde kommen".[848] Auch an die Adresse der engagierten Bekenntnispfarrer bat Meiser, die Ehre der Brüder im Amt nicht zu verletzen, ihre Rede zu mäßigen und nicht in Versuchung zu kommen den anderen zu richten.[849]

Da die Reichskirchenregierung wegen der Schwierigkeiten, ihre Eingliederungspolitik in Württemberg durchzusetzen, immer noch in Bayern untätig war, fühlte sich Wolf Meyer genötigt, eine bittere Anklage an Müller, Jäger und

Kinder zu erheben: Die bayerischen DC-Pfarrer bekämen keine Rückendeckung aus Berlin, die Reichskirchenleitung tue "nichts zur Aufklärung der bayerischen Pfarrer, nichts zur Aufklärung der bayerischen Gemeinden".[850] Mit einem merkwürdigen Vergleich fuhr Meyer fort:

> "Nie war der Führer größer als in der Stunde, als er die Mörder von Potempa deckte mit seinem berühmten Telegramm. Nie war die Reichskirchenregierung kleiner als in den Tagen, in denen sie jeden Hilfeschrei aus Bayern nur mit einem Schweigen beantwortete."

Meyer war besorgt, daß durch das Zögern Müllers und Jägers in Bayern einzugreifen, die Front für die Reichskirchenregierung, die er mühsam in Bayern aufgebaut habe, völlig zusammenbrechen würde. Wenn bald nicht etwas in Bayern geschehe, könne er nicht mehr für die Reichskirchenregierung eintreten.

Ein Nordbayerischer NS-Pfarrer bestätigt, daß viele seiner "Gesinnungsgenossen" eine abwartende Haltung eingenommen hatten.[851] Er schrieb, daß die "Führer unserer Richtung" bei einem Treffen in Kulmbach der Meinung waren, "daß man sich vorläufig noch hinter Meiser stellen könne und solle, solange der Führer noch nicht hochoffiziell sich für die jetzige Reichs(kirchen)regierung und gegen die Bekenntnisfront ausgesprochen habe." Er fügte noch hinzu, daß die Meinung verbreitet sei, die bayerische Regierung sympatisiere mit Meiser, und auch "daß sich in der Stellung des Führers zur bisherigen Reichskirche eine entscheidende Stellungsänderung vorbereite und daß dann die Bekenntnisfront schließlich doch noch siegen würde".

Eine der unermüdlich weiter Stimmung für die Reichskirchenleitung machte, war der stellvertretende Gauleiter Holz. Das Verbot für die Presse, über den Kirchenstreit zu schreiben, hinderte ihn nicht daran, Anfang Oktober im "Stürmer" den Reichsbischof für seine NS-Einstellung zu loben:[852]

> "Reichsbischof Dr. Müller war ein tapferer Soldat des großen Krieges und ist seit langem mutiger Bekenner des Nationalsozialismus. Er ist hochgewachsen und hat ein hellhäutiges, helläugiges und edelstirniges Gesicht. Ein Mann, der aussieht wie er, verkörpert das, was wir nordische Rasse heißen. Ein Reichsbischof, der selbst rassisch gut geartet ist, muß zwangsläufig auch das Gute für die Kirche wollen, die er zu betreuen hat. Daß Reichsbischof Müller das Gute für die Kirche des Protestantismus will, hat er bereits in der Tat bewiesen: Durch die Einführung des Arierparagraphen."

Eine solche Logik war aber nur für diejenigen nachvollziehbar, die der Rassenideologie des "Stürmers" ganz verfallen waren.

Für den 4. Oktober riefen Holz und Dr. Gustav Bub, ein prominenter Verfechter der NS-Weltanschauung in Nürnberg, ihre Vertrauensleute unter den Nürnberger Kirchenvorstehern zu einer Versammlung zusammen.[853] Holz, der Hauptreferent, begründete wieder einmal seinen Vorwurf des Treuebruchs gegen

Meiser, denn Meiser habe sich im Januar dem Reichsbischof untergeordnet und, "wer einmal sein Wort gibt, muß dieses Wort halten bis an sein Grab". Holz unterstrich nochmals seine Auffassung, daß die Opposition der Landeskirche zum Reichsbischof letzlich politisch begründet sei, denn Meiser weigere sich, eine "vom Führer gebilligte Anordnung durchzuführen und hat damit gegen den Führer verstoßen". Hinzu kam ein neuer Vorwurf, daß ein Amerikanischer Jude, "der den Krieg gegen Deutschland finanziert" habe, eine Million für die Bekenntnisfront gestiftet hätte. Zum Schluß der Versammlung wurde eine Erklärung für den "vom Vertrauen des Führers getragene(n) Reichsbischof" von der Mehrheit der 72 Anwesenden angenommen.[854]

Nachricht über diese Versammlung und deren Erklärung zirkulierte durch die Landeskirche und veranlaßte den LKR, eine Aufklärungsschrift an die Kirchenvorsteher und Synodalen hinauszusenden.[855] Hierin wurde die Beunruhigung der Gemeinden durch den der Landeskirche aufgezwungenen Kampf bedauert und die Versicherung gegeben, den Kampf keine Stunde länger als notwendig zu führen. Zu den von Holz erhobenen Vorwürfen, die, wie der LKR zugab, "neuerdings Verwirrung anrichten", wurde ausführlich Stellung genommen, besonders zur Haltung Hitlers in der Kirchenfrage. Es wurde betont,

"daß der Führer..., getreu seinem wiederholt ausgesprochenen Grundsatz, sich in die inneren Angelegenheiten der Kirche nicht einzumischen... sich der Amtseinführung des Reichsbischofs ferngehalten hat und auch sonst der gegenwärtigen Reichskirchenregierung keine Ermächtigung gegeben hat, sich auf sein besonderes Vertrauen zu berufen. Wir - und mit uns sicher die besten seiner Kampfgenossen - danken dem Führer für diese klare Haltung."

Der LKR stellte fest, daß bisher nur ein DC-Pfarrer in Bayern diszipliniert wurde (Daum, Wonsees)[856] und dies auf Antrag seines Kirchenvortandes wegen seiner Beschimpfung des Landesbischofs und des LKR von der Kanzel als "Verräter am Führer, Meuterer und Separatisten". Die Behauptung, die Bekenntnisfront werde mit jüdischem Geld finanziert, erinnerte den LKR "an die Methode, mit der seinerzeit der Kampf des Führers beschmutzt wurde".

Unterstützung für die Landeskirche wurde aber am effektivsten durch die fortgesetzten Auftritte des Landesbischofs mobilisiert, wie am 4. Oktober in Schweinfurt und am 7. Oktober in Neu-Ulm, wobei Meisers Sonntagnachmittagspredigt in der Neu-Ulmer Stadtpfarrkirche durch die Nähe zu der bedrängten Schwesterkirche in Württemberg eine besondere Note erhielt. Schon zwei Wochen vorher hatte der Neu-Ulmer Dekan Sittig den Landesbischof dringend gebeten, in seine Stadt zu kommen, denn die nicht ganz einflußlosen DC-Leute der Nachbarstadt hätten begonnen, auch in seiner Gemeinde Anhänger zu finden.[857] Hinzu kam, daß der Reichsbischof und sein Vikar Engelke Ende September Anfang Oktober einen durch die Partei großzügig unterstützten Propagandafeldzug durch Württemberg veranstalteten, um Sympathie für die gewaltsam vollzogene Eingliederung der Württembergischen Landeskirche zu gewinnen.[858] Am 29. September predigte Müller im gesteckt vollen Ulmer Münster - die SA und NS-Frauenschaft wurden zum Gottesdienst abkommandiert - und am 2. Oktober vor einer großen Versammlung in Stuttgart.[859] Die Chance, sich zu verteidigen, wurde dem württembergischen Bischof Wurm am 6. Oktober genommen, als das Stuttgarter Innenministerium ihm verbot, seine Wohnung zu verlassen.[860]

Der Bericht über den "Tag von Ulm" am 7. Oktober, der als Rundschreiben der Evangelischen Pressestellte in München durch die ganze Landeskirche verbreitet wurde, sprach von einem Ereignis, das "die bisherigen an entschlossenem Ernst und an Innigkeit" übertrofen habe und von einem Erlebnis wie aus der Reformationszeit.[861] Die Neu-Ulmer Stadtpfarrkirche konnte die Menschen als Neu-Ulm, Ulm, der schwäbischen Alb und der bayerischen Diaspora nicht fassen, und Tausende mußten den Gottesdienst über zwei auf dem Kirchenplatz aufgestellte Lautsprecher verfolgen.[862] In seiner Predigt betonte Meiser, "daß es doch nicht sein brauchte, daß man die Evang.-Luth. Kirche einreiße, wenn man das Dritte Reich aufbaue".[863] Die äußere Gestalt der Kirche sei nicht mit der Gestalt des Staates zu vergleichen; aus Gott könne man keinen arischen Helden machen.[864] Nach dem Gottesdienst wurde Meiser von der Menge auf dem Kirchenplatz begeistert begrüßt, und es kam sogar eine Demonstration für ihn auf, als er am Nachmittag abreiste, wie die Münchener Pressestelle berichtete:[865]

"Der Bahnhofsplatz war erfüllt von einer Menschenmenge, die in Heilrufe nicht enden wollte. Hunderte standen an der Sperre, Hunderte gingen mit auf den Bahnsteig; der Eisenbahnsteg, der über den Bahnhof führt, war dicht besetzt. Alle die Menschen sangen, eine Lied löste das andere ab, Choräle, Vaterlandslieder. Züge liefen ein, die Fenster öffneten sich und ungezählte Reisende sangen mit. Unter den Rufen: 'Wir wollen Wurm' fuhr der Münchener Zug ab."

Angesichts der vielen Sympathiekundgebungen für Meiser war es besonders auffallend, daß die Tagespresse, zumal die "Allgemeine Rundschau", keinerlei Berichte hierzu brachte. Am 2. Oktober bat die "Allgemeine Rundschau" ihre Lesern um Verständnis dafür, daß sie nach der Anweisung des Reichspropagandaministeriums, Landesstelle Franken, nichts über den Kirchenkonflikt berichten dürfte.[866] Sie erklärte einen Tag später noch dazu, daß die Redaktion gegen die Veröffentlichung von "sachliche(n) Berichten über die Abhaltung von Bekenntnisgottesdiensten" entschieden hätte, "so daß wir auch von der Veröffentlichung der zahlreichen, uns aus allen bayerischen Landesteilen zugegangenen Berichte über stark besuchte Bekenntnisgottesdienste absehen müssen".[867] Aber selbst diese Meldung hatte ihren Informationsgehalt und war nicht ganz ohne Risiko veröffentlicht.

27) Der kirchliche Notstand in Bayern

Trotz Presseeinschränkungen sah es Anfang Oktober fast so aus, als würde die Reichskirchenleitung, beeindruckt von der massiven Unterstützung für Meiser, von einem gewaltsamen Vorgehen gegen die bayerische Landeskirche absehen. Am 10. Oktober konnte Meiser den 300 Pfarrern auf der Steinacher Konferenz eine Mitteilung von Jäger vom 5. Oktober bekanntgeben, wonach die Landeskirche angewiesen wurde, "die Verwaltung im eigenen Namen in dem bisherigen Umfang weiterzuführen".[868] Auf dem Rückweg nach München am nächsten Tag erfuhr Meiser jedoch in Augsburg, daß Jäger einige Stunden vorher in den Landeskirchenrat eingebrochen war und die Kirchenleitung beurlaubt sowie Kirchenkommissare eingesetzt hatte.[869]

Die Nachricht vom kirchlichen Notstand in Bayern breitete sich sehr rasch durch die Landeskirche aus, dank der organisatorischen Vorkehrungen Helmut Kerns, der am 28. September vom Landesbischof beauftragt war, im Ernstfall überall in der Landeskirche Bußgottesdienste zu veranstalten.[870] Schon am Nachmittag des 11. Oktober wurden die Gemeinden verständigt, so daß am gleichen Abend in den größeren Städten überfüllte Gottesdienste abgehalten werden konnten.[871]

Von dem dramatischen Auftritt Meisers in der Münchener Matthäuskirche erfuhr die ganze Landeskirche durch den Brief der Münchener Evangelischen Pressestelle vom 11. Oktober, dem vorläufig letzten Schreiben dieses Büros, das am 12. Oktober von der Polizei beschlagnahmt wurde.[872] Sein Entschluß festzubleiben teilte Meiser den vielen Zuhörern, einschließlich sämtlichen Münchener Pfarrern, mit folgenden Worten mit:[873]

> "Es liegt ja nicht in unserem Belieben, ob wir treu bleiben wollen oder nicht, hier geht es um Himmel und Hölle. Aber wir sind nicht von denen, die ihren Glauben lassen, ich will nicht weichen und lege hier vor dieser Gemeinde, vor dem Angesicht des Herrn unserer Kirche Verwahrung ein gegen die Gewalt, die man an unserer Kirche übt und bin nicht gewillt, das mir von unserer Kirche übertragene bischöfliche Amt von mir zu legen. (Ein Rauschen von freudiger Zustimmung ging durch die Kirche). Nun kommt es auf die Tat an. Von dir, Gemeinde, wird jetzt die Tat der Treue gefordert."

Die Gemeinde zeigte ihre Zustimmung mit einer großen Demonstration für Meiser nach dem Gottesdienst vor der Kirche und später vor seiner Wohnung in der Arcisstraße, die schließlich von der Polizei aufgelöst werden mußten.[874]

Am nächsten Tag, als der Bericht aus München durch ein gut organisiertes Verteilungssystem überall verbreitet wurde,[875] brachte die gleichgeschaltete Tagespresse die Meldung - oft als Hauptartikel auf der ersten Seite - von der "Neuordnung der bayerischen Landeskirche".[876] Was folgt, war der Bericht des amtlichen Deutschen Nachrichtenbüros von der Aufgliederung der Landeskirche in zwei Reichskirchengebiete, Franken und Altbayern, mit Bischofssitzen in München und Nürnberg. Diese Neuregelung, fuhr der Bericht fort, würde den "stammesmäßigen Eigenarten des evangelischen Kirchenvolkes" entsprechen und sei deswegen "von den breiten Massen der evangelischen Bevölkerung lebhaft begrüßt" worden. Durch die Neuordnung beweise die Kirche, daß sie "im lebendigen Zusammenhang mit dem gewaltigen Geschehen unserer Zeit steht und sich sinngemäß einfügt in die Arbeit an der Erneuerung unseres Volkes".

Das fränkische Parteiorgan, die "Fränkische Tageszeitung", betonte in ihrem Bericht die "ehrenvolle Stellung", die Nürnberg nun bekommen sollte, mit der Überschrift: "Franken erhält einen evangelischen Landesbischof" und dem Bild vom geistlichen Kommissar von Ober- Mittel- und Unterfranken, Pfarrer Hans Sommerer,[877] der bald von der Zeitung als "Frankenbischof" tituliert wurde.[878]

Am Abend des 12. Oktober betonte Jäger in einer Rundfunkansprache, daß die Neuordung in Bayern "dem Wunsche der breiten Masse des evangelischen Kirchenvolkes" entsprechen würde.[879] Er stellte auch fest, daß die Eingliederung gesetzmäßig und eine geschichtsnotwendige Entwicklung sei, derer ein Einzelne nicht das Recht habe, sich zu entziehen. Als Beweggründe für seine Handlung sagte er:

"Spätere Generationen werden froh auf die zielstrebige Entwicklung in der Deutschen Evangelischen Kirche zurückblicken. Die Einheitlichkeit der Deutschen Evangelischen Kirche in dem einen Deutschen Volke ist ein so großes Gut und bietet für die wirkungsvolle Wortverkündigung so große Möglichkeiten, daß sie auch das Opfer einer innerkirchlichen Auseinandersetzung in einer kurzen Zeitspanne wert ist."

Am nächsten Tag brachte die Presse noch den Artikel, "Das große evangelische Einigungswerk", der die geschichtlichen Hintergründe der Eingliederung aus der Sicht der Reichskirchenleitung erläuterte.[880] Die in ihrer Mehrheit hinter Meiser stehenden Protestanten trauten ihren Augen nicht, als sie hier lasen, daß die Eingliederung "gerade bei der Masse des evangelischen Kirchenvolkes lebhafte Zustimmung" fände. Dieser Artikel betonte auch, daß die "notwendige Organisations- und Verwaltungsmaßnahme" vom "Führer ausdrücklich gebilligt" worden wäre.

Um den Widerstand in Franken zu mobilisieren, schickte Kreisdekan Kern am 11. Oktober ein Schreiben an die "kirchlich zuverlässigen Kollegen" mit den Aufforderungen, sofort Buß- und Betgottesdienste durchzuführen, "keinen Verkehr mit der usurpatorischen Kirchenregierung" zu pflegen, "möglichst viele Einzelproteste an Reichsstatthalter, Ministerpräsident, Stellvertreter des Führers, und Reichsinnenminister" abzusenden, sowie "Abordnungen nach München aus allen Ständen" zu organisieren.[881] Am 13. Oktober kam noch hinzu eine "verpflichtende Anweisung von München", sofort Unterschriften der Gemeindeglieder für Meiser zu sammeln.[882] Das Schreiben betonte, daß der LKR seine Arbeit weiterführe, und schloß mit dem Zusatz:

"Außerdem wird neuerdings darauf hingewiesen, daß keinerlei polizeiliche Verpflichtung eingegangen wird. Wir haben den status confessionis, der offenes Reden von uns erfordert. Auch die Besten unserer Gemeinden erwarten von uns den Mut des Bekenntnisses, und die anderen erwarten ihn bei uns nicht. Lieber Verhaftung als Schweigen! Dem neuen Kirchenregiment wird jeder Gehorsam verweigert. Act.5,29."

Auch der Rundbrief der Pfarrerbruderschaft vom 13. Oktober munterte die Pfarrer auf, den Mut zu zivilem Ungehorsam zu haben:[882].

"Vor der Behörde seid nicht nur Leute, die beweisen wollen, daß sie brav und ordentlich sind, sondern seid Zeugen... In den Tagen vom 12.-15. Oktober 1518 stand Luther vor dem Kardinal Kajetan. Ihr wißt das Wort, das er gesagt hat auf die Frage: wo er bleiben wolle, wenn der Papst ihn bannt und der Kaiser ihn ächtet - unter dem Himmel."

Anweisungen für die Gestaltung der Bußgottesdienste hatten die Pfarrer schon Anfang Oktober von Helmut Kern erhalten: die Altar- und Kanzelbekleidung solle schwarz sein, ein Protestschreiben an die Regierungsstellen sei vorzulesen und als Zeichen der Trauer sei eine symbolische Handlung wie Kerzen löschen und Trauergeläute vorzunehmen.[884] Kern rechnete damit, daß die politische Polizei die Gottesdienste nicht verbieten würde, und betonte, daß "einem bloß örtlichen Verbot mit aller Energie entgegenzutreten" sei.

In der Tat kam von der BPP, die in den Jäger-Einbruch eingeweiht war,[885] kein Verbot der Bußgottesdienste, dagegen aber am 11. Oktober die Anordnung, die "zu erwartenden Demonstrationen, Umzüge und Flugblätterverteilungen" sowie "Demonstrationsglockenläuten" zu verbieten.[886]

So wurde in Weißenburg eine Bibelstunde des Dekans am 12. Oktober, die sich mit der kirchlichen Lage beschäftigte, von der Polizei von außen kontrolliert.[887] Als der Beamte merkte, daß Flugblätter verteilt wurden, beschlagnahmte er diese, als der Dekan das Mesnerhaus vierließ.[888]

Die polizeiliche Anordnung brachte auch die außerfränkischen Gemeindeblätter zum Schweigen. So wurde die Drucklegung der 42. Ausgabe des Münchener Gemeindeblattes verhindert, aber auch die Kirchenblätter ohne kirchenpolitischen Inhalt durften bis zum 14. Oktober nicht erscheinen.[889]

Um die Gemeinden über die Lage zu informieren und sie zum Widerstand gegen das Jäger-Regiment aufzurufen, entwarf der LKR am 12. Oktober im Schweizer-Hof ein Wort an die Gemeinden für den Gottesdienst am Sonntag, dem 14. Oktober.[890] Diese Erklärung wurde von fast allen Kanzeln der Landeskirche vorgelesen, auch in Nürnberg, wo ein Polizeiverbot in der Nacht zum Sonntag die Verlesung untersagte.[891] Die Kundgebung schilderte, wie Jäger mit "lauten Kommandorufen" sich des Landeskirchenrates bemächtigt hatte und wie dem Landesbischof "durch einen Vertreter der bayerischen politischen Polizei das Verlassen seiner Wohnung" verboten wurde.[892] Das Vorgehen Jägers sei "einer kriegerischen Handlung" vergleichbar, "dunkle Gewalten" seien hier am Werk, eine "Brandfackel des Krieges" sei in das Haus der Kirche geworfen. Unter dem Hinweis, daß Verwahrung bei den staatlichen Stellen eingelegt wurde, rief der LKR die Pfarrer und Gemeinden dazu auf, dem "bekenntnis- und verfassungswidrigen Kirchenregiment keinen Gehorsam zu leisten... Der Landesbischof und der Landeskirchenrat bleiben auch in Zukunft die rechtmäßige kirchliche Obrigkeit der gesamten Landeskirche."

Weißenburg war eine der wenigen Gemeinden der Landeskirche, in der die Kundgegung des LKR in dem normalen Gottesdienst am 14. Oktober sehr wahrscheinlich nicht gelesen wurde. Dies lag daran, daß Pfarrer Rottler den Vormittagsgottesdienst und Pfarrer Kalb den Nachmittagsgottesdienst gehalten hatten.[893] Pfarrer Kalb, zusammen mit Pfarrer Pfaffenberger und Pfarrer Bestelmeyer im Dekanatsbezirk Weißenburg, war unter den 63 bayerischen Pfarrern, die bei einer Versammlung der NS-Pfarrer am 16. Oktober in Nürnberg mit den geistlichen Kommissaren die Eingliederung unterschriftlich anerkannt hatten.[894] Und Pfarrer Rottler hatte schon am 14. Oktober den geistlichen Kommissar Sommerer zu seinem Amt beglückwünscht und die Freude ausgedrückt, daß in Sommerer "ein Mann der Mäßigung und der Güte" ernannt worden war.[895] Er bat Sommerer, "dies gegenüber radikalen Elementen walten zu lassen".

Obwohl Rottler sich gegen Meiser entschieden hatte, was durch seine Mitgliedschaft beim Evangelischen Bund mitbedingt war,[896] war er kein Freund des Reichsbischofs, wie sein Brief vom 16. Oktober an Siebert bewies, wo er als einzigen Ausweg aus dem Kirchenkonflikt die Ersetzung Müllers durch den Feldprobst der Armee Dr. Dohrmann, der die Trauerrede für Hindenburg gehalten hatte, empfiehl.[897]

Rottlers Schreiben an Sommerer enthielt eine spezifische Bitte bezüglich der Lage in Weißenburg:[898]

"Insbesondere bitte ich Dich darum, für unsern Herrn Dekan von Löffelholz, dessen sofortige Disziplinierung vielleicht schon bei Euch ausgesprochen ist. Er ist ein tapferer Kämpfer, aber ganz extrem auf D. Meisers Seite, auch jetzt noch nach der Absetzung von D. Meiser. Er ist außerdem total mit der hiesigen Partei zerfallen. Ich bitte Dich um die Milde, daß er nicht einfach vom Amt entsetzt wird, sondern, daß man ihm binnen einer Frist die Wahl einer anderen Pfarrstelle gibt, oder auf eine ander Stelle versetzt. Allerdings müßte er hier möglichst bald abgehen - um der Gemeinde willen, da er in der Gemeinde durchaus den Kampf für D. Meiser führt, und dadurch die Gemeinde zerrissen wird."

Löffelholz hatte nämlich am 14. Oktober einen Bußgottesdienst mit OKR Daumiller als Redner veranstaltet.[899] In einem Brief danach an Meiser bestätigt v.Löffelholz, daß er in Weißenburg "einen schweren Kampf" zu kämpfen hätte; ein Gemeindeglied, der Zeuge des Gottesdienstes für den arretierten Landesbischof im Hofe des Landeskirchenrats am 14. Oktober war, bat er, "hier auf dem schweren Boden Missionär zu sein".[900] Die Partei nahm es dem Dekan besonders übel, daß er ausgerechnet am ersten Eintopfsonntag des am 9. Oktober begonnenen Winterhilfswerks, das die nationale Solidarität der Volksgemeinschaft symbolisch zum Ausdruck bringen sollte, seinen Kampf für den Landesbischof fortführen mußte.[901] An diesem Tag hatte Kreisleiter Gerstner bei einer SA-Feier auf dem Marktplatz die "Juden und Judenknechte" kritisiert, die "gerade in diesen Tagen wieder... am Werk" seien, "um unser Volk zu vergiften mit ihren Irrlehren und Versprechungen".[902] Den Druck auf die Bekenntnispfarrer in Weißenburg seitens der Partei bestätigt der von Helmut Kern mit der Durchführung der Bußgottesdienste in Weißenburg betraute Pfarrer Heinrich Schmidt, der, da er sich für Meiser einsetzte, von manchen Leuten in seiner Stadt Ellingen nicht mehr gegrüßt wurde.[903]

Wenn auch die Druckmaßnahmen in vielen kleinen Städten besonders stark waren,[904] stellte Weißenburg mit seinen zwei reichskirchlich eingestellten Pfarrern eine große Ausnahme dar. Ein Schreiben Schieders und Frörs an die Pfarrerbruderschaft vom 15. Oktober bestätigt, daß die Haltung der Pfarrer und Gemeinden nach dem ersten Wochenende von Meisers Inhaftierung sehr gut sei, wenn es auch "da und dort LAPSI" gäbe.[905] Die große Front der hinter Meiser stehenden Pfarrer wurde durch die bald veröffentlichte Protesterklärung fast der ganzen Erlanger Theologischen Fakultät vom 13. Oktober noch verstärkt.[906] Die Professoren lehnten die Zerspaltung der Landeskirche als verfassungswidrig und als Verstoß gegen die Kirchlichkeit ab.

Am gleichen Tag, als die 63 NS-Pfarrer in Nürnberg die Eingliederung guthießen, gelang es Meiser trotz Hausarrest und Bewachung, einen Hirtenbrief an die Pfarrer hinauszuschicken.[907] In diesem Schreiben konstatierte Meiser, daß das Erleben der letzten Tage seinen Entschluß, sich "bis zum Letzten" "für die große und heilige Sache, um die es geht", einzusetzen, nur noch bestärkt habe. Da es "in Fragen des Glaubens und des Gewissens... kein

Paktieren" gäbe, könne er die Pfarrer aus dem ihm "gelobten Gehorsam und der Treue der Gefolgschaft" nicht entlassen.

Zur gleichen Zeit erschien, zum Teil auf der ersten Seite der Tagespresse, ein Aufruf der geistlichen Kommissare an das evangelische Kirchenvolk und die Geistlichkeit.[908] Gollwitzer und Sommerer betonten, daß die Eingliederung vom Staat anerkannt und daher rechtsgültig sei. In den neuen Kirchengebieten Franken und Altbayern werde "an dem bisherigen Bekenntnisstand nicht das Geringste geändert", deshalb müsse man "den unseligen Streit, der das ganze kirchliche Leben gefährdet", beenden.

Darauf antworteten die "Beauftragten des Landesbischofs", in Wirklichkeit der Bruderrat der Pfarrerbruderschaft, am 17. Oktober, daß Hitler Meisers Bitte um Überprüfung der Rechtmäßigkeit der Eingliederung an das Reichsministerium des Innern weitergeleitet hätte, daß die Frage also noch in Behandlung sei.[909] Die Beauftragten riefen dazu auf, gegen die "widerrechtlich versuchte Zerreißung der Kirche" die "Sammlung der bekennenden Gemeinde" voranzutreiben.

Dieses Ziel verfolgten die in der ganzen Landeskirche fortwährend durchgeführten Bekenntnisgottesdienste, die besonders in Nürnberg einen immer stärkeren Besuch aufwiesen.[910] Am 16. Oktober, als Direktor Schieder in St. Lorenz predigte, war die Kirche mit 5 - 6000 Menschen derart überfüllt, daß ein zweiter Gottesdienste in der Sebaldskirche, die auch voll wurde, durchgeführt werden mußte. Nach dem Gottesdienst, als die Geistlichen sich zu einer Aussprache zurückgezogen hatten, strömte die Masse der Kirchenbesucher zum Hauptmarkt und begann dort, Choräle zu singen.[911] Sofort schickte Daumiller, der Martin versprochen hatte, keine öffentliche Demonstration stattfinden zu lassen, einige Leute zum Hauptmarkt, um die Menge zur Heimkehr zu bewegen. Als die Polizei eintraf, hatte sich die Demonstration bereits aufgelöst.[912]

28) Streichers Wende im Kirchenstreit

Diesen Vorfall nahm Martin zum Anlaß, die gesamte Pfarrerschaft Nürnbergs und Fürths zu einer Besprechung am nächsten Tag einzuberufen.[913] Diese Sitzung war für den weiteren Verlauf des Kirchenkonflikts außerordentlich wichtig, denn sie markierte eine signifikante Wendung in der Haltung des anwesenden Gauleiters Streicher zur Kirchenfrage. Um diese Wendung begreiflich zu machen, muß zuerst die Lage, in der sich Streicher im Oktober 1934 befand, kurz geschildert werden.

Einige Geschehnisse machen es deutlich, daß Streichers Machtposition zu dieser Zeit keinesfalls befestigt war. Besonders nach der Röhm-Affäre zeigte er eine gewisse Nervosität, was am deutlichsten in der allgemein bekannten Steinrück-Affäre zum Ausdruck kam, wo er einen Studienrat, der ihm das gleiche Schicksal wie Röhm wünschte, im Polizeigefängnis persönlich mit der Peitsche prügelte.[914] Seine Gastgeberrolle beim Reichsparteitag benutzte Streicher dazu, sein Image etwas aufzupoliere; seine Auftritte waren vom Parteiorgan, die "Fränkische Tageszeitung", dementsprechend hochgespielt. Nach dem 14. September verschwanden plötzlich die Berichte in der "Fränkischen Tageszeitung" über die Tätigkeiten des Gauleiters, da Streicher sich ab dieser Zeit, in der sein Stellvertreter Holz die Attacke gegen Meiser startete, auf Kur in Wörishofen befand.[915] Streicher war immer noch von Nürnberg abwesend, als Hitler am 4. Oktober, begleitet von Speer und Hauptmann von Pfeffer, einen überraschenden Besuch in der Stadt machte, um über die weitere Ausgestaltung des Parteitaggeländes zu sprechen.[916]

Durch die lange Abwesenheit des Gauleiters von Nürnberg begannen allerlei Gerüchte über ihn zu kursieren, wie: "Der Streicher hat einen Nervenzusammenbruch erlitten und mußte deshalb zur Kur nach Wörishofen", "der Streicher ist vom Führer mit der Reitpeitsche geschlagen worden", "der Streicher ist vom Führer abgesetzt worden", "der Führer sei gekommen, um in den Kirchenstreit einzugreifen".[917] Über diese Gerüchte von der Polizeidirektion informiert, rief Streicher für den 12. Oktober eine Versammlung in Nürnberg zusammen.[918] Seine Rede wurde in der "Fränkischen Tageszeitung" fast wörtlich wiedergegeben unter der Vorankündigung: "Ein vernichtender Schlag gegen die Gerüchtemacher. Der Sieg der Wahrheit!".[919]

Nachdem Streicher in seiner Rede die Gerüchte über seinen Gesundheitszustand und sein Verhältnis zu Hitler behandelt hatte, wandte er sich den Kirchenstreit zu und stellte zunächst fest, daß es einen solchen nie gegeben habe.[920] Die Kirchen seien von der Gefahr des Bolschewismus gerettet worden und können "im Schutze des Reiches ihre Gottesdienste ausüben". Leider sei man in kirchlichen Kreisen bereit, unter diesem Schutz, "das Reich an das Ausland zu verraten!" Ohne Meiser namentlich zu nennen, nahm Streicher Bezug auf den Kirchenstreit in Bayern, zunächst mit dem Meiser zugesprochenen Satz:

> "'Wenn in Franken dieser Streicher noch länger arbeitet, dann geht alles kaputt'. Dazu fragte Streicher: 'Hat das mit dem Bekenntnis etwas zu tun. Hier gibt es eine Grenze. Wir haben uns nie um gottesdienstliche Regeln in der Kirche gekümmert, aber wenn Bischöfe - von welcher Konfession sie auch sein mögen - in unsere Sachen hineinreden und es wagen zu sagen, dieser oder jener müsse weg, dann stehen wir auf und

sagen: Halt ein mein Lieber, sonst wird sich das an dir erfüllen, was du uns wünschst!'"
Streicher erzählte weiter, wie er Holz die Erlaubnis gab, seine Bedenken in der Kirchenfrage zu äußern, solange die Bewegung frei bleibe. Zur Holz-Kampagne gegen Meiser sagte er dann:

"Er sprach zu Ihnen, so wie er dachte (Beifall). Es kommt eine Zeit, da werden die, die da gesagt haben, man solle solchen Leuten nicht glauben, sagen: Herr Gott!, da habe ich wieder einmal daneben gehauen. Meine lieben Volksgenossen! Sie haben gehört, daß man behauptet, wir, Streicher, Holz, Liebel, seien abgesetzt. - Wer aber ist in diesen Tagen abgesetzt worden? Nicht wir. Sondern die, die man jetzt einige Tage und Wochen nicht finden wird."

Daß diese Bemerkung Meiser und der Landeskirchenleitung galt, konnte kaum jemandem verborgen bleiben, da die Zeitungen an diesem Tag voll waren mit Meldungen über die Neuordung der bayerischen Landeskirche.[921]

In der nächsten Woche setzte Streicher seine Rednertätigkeit mit fast täglichen Auftritten fort.[922] Seine Unterstützung für die Maßnahmen der Reichskirchenleitung in Bayern demonstrierte er eindeutig am 14. Oktober mit einem Besuch der Hensoltshöhe in Gunzenhausen, deren Rektor, Pfarrer Keupp, sich für die Eingliederung der Landeskirche ausgesprochen hatte.[923] Rund 4000 Menschen - denn es gab Anwesenheitspflicht für SS, SA und Parteimitglieder[924] - kamen am Sonntagnachmittag in der Zionshalle zusammen, um die wohl auch für die Hensoltshöhe peinliche theologischen Ansichten des Gauleiters anzuhören, wie:[925]

"Christus war weder Katholik noch Protestant, aber er war ein besserer Christ als wir es sind. Deshalb ist es nationalsozialistische Aufgabe, ein Christentum der Tat zu leben, so wie es die Frauen des Mutterhauses auf Hensoltshöhe tun.
Meine lieben deutschen Volksgenossen, wir befinden uns auf dem Wege der Erlösung, aber noch sind wir nicht erlöst. Es muß noch vieles geleistet werden."

Streicher lobte Pfarrer Keupp für seinen Mut, "daß er ausgerechnet in dieser Zeit einen Julius Streicher in diesem geweihten Raum sprechen läßt", und stellte zugleich fest, daß der Geist des wahren Christentums auf der Hensoltshöhe zu sehen sei. Er fuhr dann fort:

"Wo waren diejenigen, die heute an unserem wahren Christentum zweifeln, als das vom Judentum über das deutsche Volk gebrachte Revolutionsverbrechen in Berlin eine Gottlosenzentrale schuf. Damals hatten sie versagt. Viele von ihnen bezeichnen heute noch die Juden als Gottesvolk, und Adolf Hitler hat mehr für das Christentum getan als sie."

Der Auftritt Streichers in Gunzenhausen hat die zahlreichen Meiser-Anhänger besonders gereizt, zumal der Kreisleiter Appler bei der Veranstaltung dem Gauleiter gemeldet hatte, "daß 100% der Bevölkerung hinter dem Reichsbischof Müller" stünde.[926] Auffällig war auch, daß sich nur eine kleine Anzahl Leute auf den Straßen Gunzenhausens versammelte, um den Gauleiter zu grüßen[927] - ein deutlicher Kontrast zu Meisers triumphalem Auftritt in der Stadt drei Wochen früher. Trotz der großen, propagandistischen Reportage über den Besuch in der "Fränkischen Tageszeitung" dürfte es Streicher schon klar geworden sein, daß seine angeschlagene Popularität nicht durch Parteinahme im Kirchenstreit zu korrigieren war. Dies wäre jedenfalls eine Erklärung für sein Verhalten bei der Besprechung mit Martin und den Nürnberger Pfarrern am 17. Oktober.

Diese Zusammenkunft fing damit an, daß Martin als unparteiischer "Hüter der Ordnung" die Pfarrer an die durch ihre Vertreter mehrfach gemachten Zusicherungen erinnerte, "die bestehenden Gesetze und Polizeiverordnungen unter allen Umständen" zu beachten.[928] Martin war beunruhigt über die Demonstration nach dem Gottesdienst am vorherigen Tag, an der, wie seine Ermittlungen festgestellt hatten, die Pfarrer doch nicht schuld waren sowie über die Verteilung von polizeilich nicht genehmigten Flugblättern.[929] Zum Kirchenstreit wollte Martin keine Stellung nehmen; er meinte jedoch, daß seine vorgesetzte Staatsregierung die von Jäger getroffenen Maßnahmen als rechtsgültig anerkannt habe. Daher meinte er, daß der von ihm eingeladene Kommissar Sommerer zurecht anwesend sei.[930] Als Martin um Wortmeldungen fragte, entgegnete ihm Daumiller, daß die Pfarrer nicht bereit wären, mit Sommerer und seinen Leuten zu verhandeln. Martin war zunächst nicht bereit nachzugeben, bis Streicher, der hinten saß, sich erhob und Sommerer und seine Begleiter bat, den Saal zu verlassen. Er selbst wolle bleiben und beweisen, daß er sich persönlich um den Kirchenstreit nicht kümmerte. Als Streicher nach vorne ging, meldete sich Daumiller wieder:[931]

> "Darf ich noch ein Wort sagen: Wir sind uns darüber klar, daß Herr Gauleiter Streicher als Stellvertreter des Führers hier teilnehmen muß; aber Sie werden es verstehen, Herr Gauleiter, daß es uns schmerzlich ist, daß im 'Stürmer' jene Stelle über das Abendmahl damals gekommen ist, und daß das etwas ist, was uns aufs Tiefste scheiden muß. Wir wären dankbar, wenn Sie uns darüber ein Wort sagen könnten. Es geht um die Ehre unseres Herrn Christus!"

Auch nach dieser Anfrage zeigte sich Streicher verhandlungsbereit und beteuerte, daß er den Artikel weder geschrieben noch gelesen hätte und daß er sogar den Verfasser in Martins Gegenwart gerügt hätte, da der Vergleich falsch und "politisch absolut ungeschickt" gewesen sei. Man müsse aber verstehen, daß er einen Pg. nicht öffentlich desavouieren dürfe.

Mit der Bitte um gegenseitiges Verständnis fuhr Streicher fort:

> "Nehmen Sie den, welcher hier vor Ihnen steht, als einen Mann, der Gutes will, mit all seinen Fehlern, wie ich überzeugt bin, daß auch Sie absolut das Richtige wollen. Auch Sie haben menschliche Fehler, wie wir alle; wenn wir das von einander annehmen, dann kommen zumindesten wir uns nahe. Ich muß eins verlangen: Ich bin nun einmal der Beauftragte

des Führers. Ich habe den Auftrag, mich nicht einzumischen. Und Sie sind die Pfarrer. Sie haben eine hohe, wichtige Aufgabe. Wir dürfen unter keinen Umständen gegeneinander arbeiten."

Als Erklärung für die Attacke auf Meiser in der Parteizeitung gab Streicher an, "daß Holz sich nicht als Nationalsozialist sondern als Protestant geäußert hat". Streicher habe aber vorher Holz mehrmals verhindert, seine Meinung zur Kirchenfrage zu sagen und er habe Holz auch verboten, "nach dem Zeitungsartikel Flugblätter erscheinen zu lassen".[932]

Streicher zeigte als "Pädagoge" Verständnis dafür, daß das Volk die Absetzung eines Bischofs, der vor kurzem unter Regierungsbeteiligung eingesetzt war, nicht begreifen könne. Er bedaure diese Entwicklung "ungeheuer", sehe aber jetzt kein Zurück mehr, auch wenn es lange dauern werde, bis das Volk die neue Lage akzeptiere. Durch die Angriffe auf die Kirche sei deren Autorität geschädigt, genauso wie die Autorität des Gauleiters in Frage gestellt werde, wenn gemeine Gerüchte über ihn verbreitet werden. Auch Hitler, den Streicher "vor Tagen" gesehen habe, sei "tief berührt und erschüttert" vom Kirchenkonflikt; "Er hätte nie gedacht, daß es so weit kommen könnte, wie es da kam, daß ein Streit heraufbeschworen wurde bis zu furchtbaren persönlichen Gegensätzen." Streicher befürchtete, daß sowohl die Kirche als auch der Staat Schaden durch diesen Konflikt erleiden könnte. Dabei betonte Streicher, daß der Staat die Kirche, insbesondere die evangelische Kirche, brauchte.

Worauf Streicher eigentlich hinaus wollte, kam in der folgenden Bitte zum Ausdruck:

"Sagen Sie doch zu Ihren Kollegen auf dem Lande, sie sollen mich nicht in der Kirche beschimpfen. Ich habe da ein paar Fälle... Da wird zum Teil hinten herum über mich geschimpft, über Holz ist das schließlich begreiflich. Ich verbiete den Sektionen in diese Sache einzugreifen. Und wenn Sie nachweisen können, daß es geschehen ist, dann melden Sie es mir, ich kann natürlich nicht überall sein."

Als Pfarrer Greifenstein daraufhin einige Fälle erzählt hatte, wo gegen das Alte Testament in Parteiversammlungen gesprochen wurde, antwortete Streicher, daß so etwas nicht ginge, daß er aber leider nicht immer wissen könne, wenn sowas gemacht werde. So wie er einige geplante Demonstrationen von Parteikreisen gegen Bekenntnispfarrer verboten habe, werde er dafür sorgen, daß solche Angriffe aufhören, die Pfarrer sollen aber ihrerseits sehen, "daß wir nicht ungewollt ein Trümmerfeld bekommen".

Nach diesen Zugeständnissen wollte Streicher, die Pfarrer zum Akzeptieren der Neuordnung der Landeskirche bewegen. Er bezeichnete Sommerer als "einen absolut anständigen Menschen" und meinte, die Pfarrer müssen sich mit ihm unterhalten können. Dazu kam der Zuruf "Ausgeschlossen!" vom Saal. Streicher prophezeite, daß die Pfarrer im Laufe der Zeit ihre Meinung ändern würden und erzählte dann von seinem Besuch auf der Hensoltshöhe, jene "herrliche Schöpfung des Protestantismus im Frankenland", deren Direktor eine ganz andere Stellung im Kirchenstreit eingenommen hatte. Er fuhr dann fort:

"Ich glaube, daß die Entwicklung dahin gehen wird, daß Sie, die sich heute noch dagegen stellen mit Fanatismus, daß Sie sagen werden: Wir sind nicht den richtigen Weg gegangen. Das ist auch meine Überzeugung: Sie werden sich zusammen finden... Es muß bleiben, so wie es geordnet ist. Wir haben das Kirchengesetz, der Führer vertritt diese Angelegenheit als zu Recht bestehend, dagegen wird nichts zu machen sein."

Streicher schloß seine etwa einstündige Rede mit der Bemerkung:

"In der Kirche Schluß mit allen persönlichen Angriffen! In der Organisation Schluß mit allen Angriffen auf die Kirche!... Es wird sofort mit strengsten Strafen gegen die vorgegangen, die hier die Parteiorganisation mißbrauchen. (Applaus.)"

Danach ergriff Daumiller wieder das Wort und versicherte zunächst, daß die Demonstration am vorigen Tag ohne das Wissen und Wollen der Pfarrer geschehen sei. Dazu erzählte Streicher, wie er in der "Kampfzeit" die Leute "so unter der Hand" zum Demonstrieren brachte, und nachher vor der Polizei natürlich nichts davon wußte. Hier unterbrach ihn der Zuruf: "Das haben wir nicht getan!" Als er fortfuhr und den Standpunkt Hitlers darlegte: "Gegen das Bekenntnis einer Konfession, einer Kirche loszugehen von seiten des Staates, das wäre ein Verbrechen", kam noch ein Zuruf: "Ist aber jetzt geschehen!"

Daraufhin versuchte Daumiller in einer halbstündigen Rede dem Gauleiter klar zu machen, worum es den Bekenntnispfarrern im Kirchenstreit ging. Die Bekenntnisfront sei bemüht, "den Kampf ganz rein (zu) kämpfen als kirchlichen Kampf". Die Versuche, die Meiser-Anhänger als staatsfeindlich hinzustellen, seien verwerflich, denn: "Wir sind durch Schrift und Bekenntnis ganz klar zum Staat gestellt und können gar nicht anders, als für diesen Staat, der unsere Obrigkeit ist, einzutreten mit Leib und Leben (Applaus)." Daumiller versicherte Streicher, daß die Pfarrer sich für das Winterhilfswerk einsetzen würden, daß sie "nichts ins Ausland geben", und daß sie sich "peinlichst freigehalten" hätten von aller Politik. Sie hätten keine Fühlung "zu irgend einer früheren politischen Front" und auch nicht zur katholischen Kirche. Man könne aber eine Vermischung von Partei und Kirche nicht hinnehmen, so zum Beispiel, wenn die Partei die Kirchenvorsteher einlädt.[933] Daumiller betonte: "Kirche ist nicht etwas, was man mit dem Staat macht. Die Kirche kann man nicht irgendwie gleichschalten." Die Kirche leide Schande und Not, wenn ihre berufenen Führer abgesetzt werden: "Man hört's nur nicht, weil wir nicht mehr reden dürfen." Es sei ein bitteres Unrecht, wenn ein

Ehrenmann wie Meiser in den Schmutz gezogen wird. "Glauben Sie nicht, daß das uns in innerster Seele weh tut? Und noch niemand hat vom Staat her schützend die Hand über den Mann gehalten, der hier feierlich eingesetzt wurde."

Daumillers Schlußplädoyer dürfte die Einstellung der meisten bayerischen Pfarrer in diesen Tagen wiedergegeben haben:

"Wir sind in Sorge, nicht um unsere Kirche; die steht in eines anderen Hand... Aber wir sorgen uns um unser liebes deutsches Volk, um dieses Reich, in dem so viel verwirklicht ist, darum wir gerungen haben, daß wieder Einheit, Zucht, Ehre da ist, daß die Arbeiter wieder arbeiten können. Wir bejahen voll und ganz diese Dinge. Aber wir sorgen um ein ganz anderes. Wenn Sie die Dinge abdrehen gewaltsam, dann gibt's eine wahnsinnige Not. Und wenn jetzt Unrecht zu Recht erklärt wird, dann zerbricht das Vertrauen des Volkes. Dann kann man wohl irgendwie alles unter Druck halten, aber es fehlt dann das, was den Staat wirklich hält. Und dann kann man mit keinem Mittel mehr den Menschen gesund machen. Es kommt nur auf eines an, daß man das Unrecht gutmache. Es muß der Landesbischof und seine Führer zurück an ihren Platz. (Große Zustimmung!)... Darum bitte ich Sie jetzt (um) eines: Geben Sie uns die Möglichkeit, daß wir an allen leitenden Stellen, vor allem vor dem Führer sprechen können. Ich weiß, wenn der Führer, den ich liebe, mit dem ich draußen in einer Division war, wenn der wirklich hört, was für eine ungeheuere Not da brennt, dann wird er, der unser Volk liebt wie wir, den Dingen abhelfen. Helfen Sie uns, daß wir ihm sagen können, was uns auf der Seele brennt aus Sorge um die Gemeinde und das Volk, damit er dann zur rechten Stunde das Steuer herumwerfe! Es handelt sich nicht um Prestigegründe. Wenn das gemacht wird, was wir heute verlangen, dann geht ein Aufatmen durchs ganze Land. Dann bekommen wir eine Zustimmung in der ganzen weiten Welt. Dann werden viele Dinge zusammenbrechen, das wird ein staatspolitischer Akt von ganz besonderer Größe. Dann wird Friede im ganzen deutschen Volk."

Streicher zeigte sich beeindruckt von Daumillers Ausführungen; er komplimentierte ihm für seine Fähigkeit als Redner und wünschte, daß all seine Gauredner so wären. Aber im Hinblick auf die kirchliche Lage sah er nach wie vor kein Zurück, "denn das ist mit Einwilligung des Staates geschehen". Dies führte zu folgendem Wortwechsel:

<u>Daumiller</u>: "Keine Stelle im Ministerium hat von dem Eingriff gewußt. Einige haben es erst aus der Zeitung erfahren."

<u>Streicher</u>: "Ich kenne die Einzelheiten nicht. Ich werde dafür sorgen, daß die Partei außerhalb bleibt. Und sie machen es auch, daß ich nicht mehr diffamiert werde. Warum wollen Sie nicht mit Sommerer verhandeln?"

<u>Daumiller</u>: "Der Herr Landesbischof muß frei werden!... ich kann hier nicht als Vertreter meiner Behörde mit Usurpatoren reden."

<u>Streicher</u>: "Wir müssen einmal zusammen kommen lediglich als Menschen. Und dann reden wir miteinander. Die Herren sind einverstanden. Wir kommen zusammen und reden miteinander."

Daraufhin stand Pfarrer Klingler auf und dankte Streicher für das Verständnis, das er für die versammelten Pfarrer gezeigt hatte. Unter Erwähnung der Tatsache, daß beide schwäbische Landsmänner waren, sagte er etwas gewagt: "Man mag an Ihnen vieles nicht billigen, aber eins haben wir an Ihnen immer bewundert, diese Treue." So müsse Streicher es auch verstehen, daß 1250 bayerische Pfarrer ihre dem Landesbischof versprochene Treue halten wollen.

"Sie können sich das ungeheuere Verdienst erwerben, daß Sie es uns ermöglichen, daß eine Abordnung zum Führer kommt. Wir werden dann dafür sorgen, daß von den Kanzeln nicht gegen Sie, sondern für Sie ein Wort gesprochen wird."

Auch nach diesem Beitrag blieb Streicher gelassen und versprach, sogar mit Hitler über seine Eindrücke von der Besprechung zu reden, wenn auch er nicht glaubte, daß Hitler den Reichsbischof fallenlassen würde. Er sah auch keine große Chancen, daß die Pfarrer direkt mit Hitler reden könnten, denn Hitler sei mit außenpolitischen Sachen - Deutschland sei "vor ein paar Monaten... direkt vor einem Krieg gestanden"[934] - sehr beschäftigt.

Nach einigen kurzen Wortmeldungen wollte Martin die Sitzung mit einem "Sieg-Heil auf den Frankenführer" schließen, den Streicher aber in einem "dreifachen Sieg-Heil auf den Führer" umänderte. Nach der Sitzung redete Streicher mit einzelnen Gruppen von Pfarrern. Daumiller jedoch, folgte dem ihm von Martin zugeflüsterten Rat - "Machen Sie Schluß, sonst verfliegt der ganze Eindruck" -, verabschiedete sich von Streicher und ging.[935]

Über die Ergebnisse dieser Besprechung waren alle Beteiligten zufrieden. Martin, der zunächst erschrocken war über Daumillers Direktheit,[936] berichtete, daß "Streicher die erschienene Geistlichkeit bis auf den letzten Mann für sich gewonnen hatte".[937] Dies fand er hinsichtlich der Spannung zwischen Kirche und Partei in Franken "von außerordentlicher Bedeutung", denn der Gauleiter habe nun "die Atmosphäre völlig gereinigt und nach der Parteiseite hin Befriedung geschaffen". Am 19. Oktober schickte Streicher, wie versprochen, eine Anordnung an die Parteistellen, die die Einmischung der Partei in den Kirchenstreit verbot.[938] Am nächsten Tag war diese Anordung überall in der Tagespresse zu lesen.[939]

Sucht man nach Gründen für Streichers Meinungswechsel in der Kirchenfrage - denn vor dem 17. Oktober hatte die Gauleitung auch noch die Inschutzhaftnahme von Geistlichen "in sehr vielen Fällen", auch bei Daumiller verlangt[940] - werden diese in Streichers angegriffener Machtposition und wohl auch in der Beeinflußung durch Martin zu finden sein. Man kann annehmen, daß Martin dem Gauleiter vor der Besprechung am 17. Oktober seine Einschätzung der Lage erklärt hatte; daß 95% der Nürnberger Pfarrer "mit einem Fanatismus ohnegleichen für Meiser" seien, mit ungefähr 90% des Kirchenvolkes hinter ihnen; daß eine Schwächung des Widerstandes "selbst durch die schärfsten

Maßnahmen nicht vorstellbar" sei; daß es "eine ausgesprochene Dummheit" wäre Märtyrer zu machen, denn darauf warte die Bekenntnisfront gerade.[941]

Auch die Kirche äußerte sich zufrieden über die Ergebnisse der Zusammenkunft mit Martin und Streicher. Ein Nürnberger Bericht betrachtete die Besprechung als "wertvoll", vor allem weil man Zeugnis "auch vor diesen Männern" ablegen konnte, und weil durch die Zusagen Streichers zunächst keine Gefahr von dieser Seite zu befürchten sei.[942] In einem Schreiben an die Pfarrer im Gau Franken vom 17. Oktober sah Schieder die Versicherung Streichers als geeignet an, "den kirchlichen Kampf zu entgiften und die politische Diffamierung... aus der kirchlichen Auseinandersetzung zu verbannen".[943] Er bat die Pfarrer, persönliche Angriffe auf den Gauleiter und auf seine Mitarbeiter von der Kanzel "aufs peinlichste zu vermeiden". Der achte Brief der inzwischen wieder aktiven Evangelischen Pressestelle in München wertete die Zusammenkunft als eine "eigenartige Wendung" im Kirchenkampf und brachte einen knappen, sehr zu Ungunsten Streichers entstellten Bericht, den Martin später als Beweis dafür nahm, daß die Pfarrer ihr Versprechen Streicher gegenüber nicht eingehalten hätten.[944]

Es gibt durchaus Anzeichen dafür, daß durch die Streicher-Anordnung die Spannung zwischen Partei und Kirche in Franken zunächst etwas entschärft wurde.[945] Das Parteiorgan, die "Fränkische Tageszeitung", das in jener Woche mehrere Beiträge von den geistlichen Kommissaren und deren Helfer gebracht hatte,[946] stellte nach Erscheinen der Anordnung am 20. Oktober ihre Berichte über den Kirchenkonflikt in Bayern für eine kurze, aber durchaus kritische Zeit, ein.[947] Vor allem auf der unteren Parteiebene, bremste die Streicher-Anordnung den Übereifer so mancher Kreis- und Ortsgruppenleiter in der Kirchenfrage.[948] Die Auswirkungen der Anordnung werden aber besonders deutlich, wenn die Zustände in der württembergischen Landeskirche als Vergleich herangezogen werden, wie in folgendem Bericht der "Basler Nachrichten" über die Verhaftung eines Geistlichen in Stuttgart:[949]

> "In Württemberg ist die Erregung der Bevölkerung in stetem Wachsen begriffen. Im Gegensatz zu Bayern greifen hier immer wieder die Polizei und untere Parteistellen in den Kirchenkampf ein."

29) Die Auseinandersetzung in der Pfarrerschaft um den Einbruch der Reichskirchenregierung in Bayern

Auch wenn eine zeitweilige Entspannung zwischen Partei und Kirche in Franken eintrat, wurde der Kampf innerhalb der Pfarrerschaft zwischen der kleinen Zahl der Befürworter der Neuordnung und den vielen Meiser-Anhängern mit steigender Intensität weitergeführt. So versuchte die NSEP-Führung, über die 63 Pfarrer hinaus, die die Eingliederung am 16. Oktober gebilligt hatten, noch weitere Unterstützung in der Pfarrerschaft zu finden.[950] Die Argumente, die dabei benutzt wurden, kommen im Flugblatt des NSEP-Mitglieds und kommissarischen Leiters des Predigerseminars in Nürnberg Kurt Halbach zum Ausdruck. Halbach, dem es nicht gelang, sich der Leitung des Predigerseminars zu bemächtigen,[951] begründete in seiner auch in der "Fränkischen Tageszeitung" am 20. Oktober veröffentlichten Schrift "Jetzt ist genug!", weshalb er der Führung des von ihm persönlich hochgeschätzten Landesbischofs nicht mehr folgen konnte.[952] Obwohl er einräumte, daß man lange Zeit sich kein klares Bild über die Reichskirche machen konnte, "so war durch das Wort des Führers und den Eid des Reichsbischofs für mich der Weg nunmehr eindeutig klar gewesen". Er appellierte an die Pfarrerschaft, die Kirchenvorsteher und die Gemeindeglieder: "Helft mit, daß endlich Friede werde! Helft mit, daß der Befehl unseres Führers Gehör und Befolgung finde! Helft mit am Bau der einigen Deutschen Evangelischen Kirche..."

Durch solche Argumente gerieten einige Pfarrer in schwere Gewissenskonflikte und gingen zum Teil auf die Seite der Reichskirchenleitung über. Ein solches Beispiel war der Schwabacher Dekan Herold, NSDAP-Mitglied seit Mai 1933.[953] In einem Brief an Kreisdekan Kern argumentierte er, daß in einem Streitfall die letzte Instanz "die von Gott gesetzte Obrigkeit" sei, solange diese Obrigkeit keine Glaubensverleugnung verlange.[954] Die Beweggründe der Benkenntnisfront sah er als "künstliche Kontruktion" an. Auch wenn viel Befremdendes in der Reichskirche vorgekommen sei, meinte Herold:

"wenn ein Mann wie der Herr Reichsbischof, dem unser großer Führer A. Hitler sein Vertrauen schenkt, in feierlicher Stunde bei seiner Amtseinsetzung ein Gelöbnis gibt, das ihn an Bibel und Bekenntnis bindet, ... so ist es unsere Christenpflicht, und Liebespflicht, ihm das zu glauben, bis ein wirklich strikter Beweis des Gegenteils offen zu Tage liegt."

Herold war besorgt, daß der Kirchenstreit die Bestrebung nach Einigkeit im Volk gefährde, und daß unzählige im NS-Lager für die Kirche verlorengehen würden, "weil die Kirche als Zankanstalt erscheint". Um am gottgeschenkten Aufbruch des Volkes mitzuarbeiten, müsse man innerhalb der Reichskirche stehen, denn: "Wenn wir jetzt die große Stunde versäumen, die Gott uns zur Schaffung der Kircheneinheit zeigt, so wird sie vielleicht in Jahrhunderten nicht wiederkommen, nostra culpa!"

Wenn es auch viele gemäßigte Befürworter der Eingliederung, wie Dekan Herold und auch Sommerer und Halbach, in Bayern gab, befanden sie sich aber zugleich im selben Lager mit den radikalen DC-Pfarrern, die einen sehr viel schärferen Kampf gegen die Bekenntnisfront führten. In Nürnberg-Steinbühl machte zum Beispiel der Vikariatsverweser Heinz Preiß, ein SA-Mann mit guten

Beziehungen zur Gauleitung,[955] auf sich aufmerksam, als er, laut Bericht der Pfarrerbruderschaft,[956] beim Gemeindepfarrer Söllner eindrang,

"ihn als Hoch- und Landesverräter beschimpfte und dabei eine Äußerung hinzufügte, die vielleicht doch als mehr denn eine rein persönliche Meinung gewertet werden dürfte, wenn man weiß in wie starkem Maße gerade P. das Sprachrohr anderer ist: 'Es wird nicht eher Ruh bis nicht 50 an die Wand gestellt sind.'"

Wie stark politisch gefärbt die Rhetorik eines DC-Pfarrers in Bayern sein konnte, zeigt ein gedrucktes Flugblatt eines NSEP-Mitglieds aus Oberfranken mit dem Titel: "Kirchenvolk! Höre auch die andere Seite".[957] Der Schreiber beklagte sich über die "unerfahrenen Seminarkandidaten", die als "Kurier und Kämpfer" durchs Land ziehen und gegen die Neuordnung der Landeskirche "in erhitzender Weise" predigen. Solche Leute erzielten "mit Verherrlichung der Ungehorsamen als Märtyrer" eine

"billige Massenwirkung und schafft bei dem leichtgerührten Kirchenvolk eine Psychose, da und dort unter theatralischen Zeremonien wie Lichterauslöschen, Trauerflor und unter Mißbrauch der aus blutiger Verfolgungszeit stammenden Kirchenlieder."

Seine Losung lautete:

"... ihr Führer und Geängsteten der Kirche, verlaßt diesen Weg; die Straße frei den braunen Bataillonen und dem deutschen Führer, der eine Reichskirche um Deutschlands willen als äußere Ordnung haben will und der die Maßnahmen der Reichskirchenregierung als rechtsgültig anerkannt hat. Macht den geheimen und offenen Feinden des neuen Deutschland nicht die Freude, das Dritte Reich zu gefährden."

Die schärfsten Töne kamen jedoch von Wolf Meyer, der versuchte den Kampf der DC-Pfarrer von Jena aus fernzusteuern. In einem Brief vom 19. Oktober an einen unbenannten "Feuerträger der Aufklärung" gab er Anweisungen, wie der Kampf zu führen sei.[958] Beigelegt waren zwei Flugblätter; das erste sollte über den "Süddeutschen Bund" an die Ortsgruppenleiter zugeleitet werden, das zweite an alle Lehrer. Wichtig sei es "in allen Gemeinden Stützpunkte" zu schaffen, wobei man versuchen sollte, in den Gemeinden, "in denen der Pfarrer versagt", die Lehrer "zu Kampfgenossen" zu gewinnen.[959] Bei der Aufklärung müsse man betonen, daß Bekenntnis und Bibel bleiben, und daß die Gemeinden durch die Bekenntnisgottesdienste "in furchtbarer Weise" angelogen werden". Der Kampf gehe schließlich

"um die Sache Gottes und Deutschland. Alle Anklagen gegen Meiser, gegen die Bekenntnisfront unter das Volk bringen. Sie müssen nur noch die Lügenpfaffen heissen. Vor allem in den Gemeinden, in denen die Pfarrer die Kirche mit ihrer Bußkomödie schänden, für Aufklärung sorgen, durch Flugblätter. Rücksichtslos dafür kämpfen, daß die Gemeindeblätter, daß das Sonntagsblatt andere Schriftleiter bekommt, damit die Giftspritzen aufhören."

Besonders wichtig sei es, daß Sommerer als ein "Bischof für alle" erscheine, der sich aus dem Kampf möglichst heraushält.

"Wir aber sind die Sturmtruppen, die für ihn die Stellungen sturmreif machen. So soll er uns auch nicht in die Parade fahren, wenn es nicht unbedingt notwendig ist. Wir wollen seine Gegenfront so erschüttern, daß sie ihn um Hilfe gegen uns bitten. Aber er soll bedingungslose Unterwerfung fordern. Sonst wird weiter gekämpft."

Um der Gefahr des Abfallens von Meiser in der Pfarrerschaft zu entgegnen - wobei die Meyer'sche Taktik die Front der Meiser-Anhänger eher verstärkt haben dürfte - wurden verschiedene Maßnahmen getroffen. So startete der Vorsitzende des Pfarrervereins Klingler am 19. Oktober eine Unterschriftsaktion in der Pfarrerschaft gegen die "gewaltsamen und unrechtmäßigen Eingriffe" Jägers, und konnte innerhalb weniger Tage die Unterstützung durch 1170 bayerische Pfarrer melden.[960] Das Organ des Pfarrervereins, das "Korrespondenzblatt", verurteilte am 21. Oktober die Spaltung der Landeskirche als einen "brutalen Zugriff", und bekannte sich zu Meiser und zum rechtmäßigen LKR.[961]

Am 22. Oktober mittags versammelten sich über 800 Pfarrer mit etwa 700 Pfarrfrauen und Angehörigen zu einer Abendmahlsfeier in der Nürnberger Lorenzkirche.[962] Anschließend fand eine Versammlung des Pfarrervereins in der Heilig-Geist Kirche statt, nachdem die vorgesehene Benutzung des Künstlerhauses polizeilich untersagt wurde.[963] Hier berichtete Klingler von seinen Gesprächen mit dem Reichsvikar Engelke in Berlin, der eine Bereitschaft zu Friedensverhandlungen gezeigt habe.[964] Zu diesem Zeitpunkt hatte die Auslandspresse bereits über eine Krise in der Reichskirchenregierung und besonders über den Bruch zwischen DC-Reichsleiter Kinder und dem Rechtswalter Jäger berichtet.[965] Schieder und Frör warnten jedoch entschieden davor, "im gegenwärtigen Augenblick des Kampfes" von Frieden zu reden, denn die Opposition zu Reichsbischof und Rechtswalter in der Reichskirchenregierung sei wohl aus persönlichen Gründen entstanden.[966] Obwohl die Auffassung der Pfarrerschaft am diesem Punkt geteilt war, nahmen die über 850 Anwesenden einstimmig einen Beschluß an, der den Rücktritt der kirchlichen Kommissare und die Wiedereinsetzung Meisers und des LKR forderte.[967]

Die Entschlossenheit in der Leitung der Pfarrerbruderschaft, den Kampf wenn nötig auch gegen den Staat zu führen, kam sehr deutlich in einem Schreiben Georg Kerns an seine "Amtsbrüder" zum Ausdruck.[968] Kern verurteilte das Tun der Reichskirchenregierung und der von ihr eingesetzten Kommissare als eine Nachahmung der "Schmach von Versailles". Die "revolutionären Methoden", mit der in der Landeskirche vorgegangen werde, seien verwerflich, denn: "Luther und die Lutherische Kirche erkennen revolutionäre Maßnahmen nicht einmal beim Staate als einen Weg Gottes an, geschweige denn bei der Kirche und ihrer Aufgabe".[969] Zu der Berufung der Gegenseite auf die Entscheidung Hitlers, erinnerte Kern daran, daß immer noch keine endgültige, öffentlich bekanntgegebene Entscheidung des Staates gefallen sei. Außerdem hätten Mitglieder des Reichsgerichts durchaus Bedenken gegen die Rechtsgültigkeit der Maßnahmen der Reichskirchenleitung gezeigt. Die Kirche könne außerdem unrechtmäßiges Handeln nie anerkennen,

> "selbst wenn der Staat den Schein des Rechtes darüber breiten würde. Wir müssen diesen falschen Bischöfen antworten: Euer letztes Wort ist die Berufung auf den Staat und den Führer. Ihre Entscheidung soll für die Kirche die endgültige sein. Unser letztes Wort ist die Berufung auf Gottes Wort und unser in Gottes Wort und Luthers Lehre gebundenes Gewissen."

Kern erinnerte an Beispiele aus der Geschichte, wo sich Protestanten gegen Maßnahmen katholischer Herrscher gestellt hatten, und sah den Jäger/Müller-Eingriff "unter Mithilfe der Polizei", durchaus in dieser geschichtlichen Linie.[970] Er folgerte daraus, daß sich "das evangelische Gewissen auch heute gegen falsche Kirchenführer" erheben müsse, die, indem sie sich auf den Staat beriefen, "die Autorität des Staates und seines Führers einer ganz großen Gefahr" aussetzten. Denn wenn der Staat seine versprochene Neutralität in der Kirchenfrage aufgeben sollte, dann nur, weil er falsch informiert sei. Und wer den Staat falsch informierte, "der will damit das Führerprinzip mißbrauchen für einen aussichtslosen Einsatz der staatlichen Autorität für seine selbstischen kirchlichen Ziele und Zwecke". Aber solange der Staat die Maßnahmen der Reichskirchenleitung nicht öffentlich billigte, glaubte Kern nicht, "daß er sich eine solch verkehrte Anweisung hat aufdrängen lassen". Sollte sich der Staat aber tatsächlich hinter Jäger stellen,

> "müssen wir uns immer noch um unseres Gewissens, unserer Kirche und unseres Volkes willen von dem 'schlecht informierten' an den 'besser zu informierenden' Führer wenden.(971) Wir müßten in schuldiger Ehrfurcht bitten, er wolle sich von dem Gewaltmenschen und Unrechtswalter Dr. Jäger nicht in die Linie Karls V. und anderer Herren rücken lassen. Denn es geschieht dies nie und nimmer zum Heil unseres geliebten Volkes und des neuen Staates, dem wir als lutherische Menschen ausdrücklich Treue, Ehrfurcht, Gehorsam, ja Hingabe von Leib und Leben zusagen bis zur Grenze des in Gott gebundenen Gewissens: man muß Gott mehr gehorchen als den Menschen."

Diese kritischen Überlegungen Kerns erhielten eine besondere Relevanz durch die bevorstehende feierliche Vereidigung des Reichsbischofs durch Hitler, was einer staatlichen Anerkennung der Eingliederungspolitik gleichgekommen wäre.[972] Um den Widerstandswillen der Pfarrerschaft auch für diesen Fall zu stärken, organisierte Schieder, auf Anordnung des LKR, außerordentliche Kapitelskonferenzen, die zwischen dem 21. und dem 24. Oktober abzuhalten waren.[973] Mit den Leitern dieser Konferenzen wurde eine Materialsammlung im Nürnberger Predigerseminar durchgesprochen, die sehr aufschlußreich für die Einstellung des Schieder-Kreises zum Kirchenkonflikt ist.[974]

Auch die Autoren dieses Materials vertraten die These vom schlecht informierten Führer. Hitler habe wohl nur deshalb "sein Einverständnis mit dem Eingriff in München erklärt", weil er von Jäger einseitig informiert gewesen sei.[975] Die Aktion sei beschlossen in einer Besprechung zwischen Jäger, Pfeffer und Himmler. Weder der Reichsbischof und seine Mitarbeiter noch der Reichsinnenminister seien vor dem Eingriff unterrichtet. Das Material vertrat den Standpunkt, daß die Aktion in Bayern, wie Pfeffer gesagt haben soll, ein "Einschüchterungsversuch" sei:

> "Das ganze Unternehmen scheint also mehr versuchsweise zu sein, um die Widerstandskraft der bayerischen Bekenntniskreise zu erproben. Man ist seiner Sache nicht ganz sicher. Umso mehr Grund für uns, bis aufs letzte Widerstand zu leisten."

Außerdem lehne die bayerische Regierung bis auf Wagner die Aktion Jägers ab, und auch innerhalb der Reichskirchenleitung gebe es starke Opposition zu Jäger. Die Zurückhaltung der staatlichen Stellen sei nicht zuletzt auf die Haltung der Gemeinden zurückzuführen: "In den bayerischen Gemeinden herrscht zum Teil eine unglaubliche Erbitterung über den Eingriff in die Kirche, die bald auch eine staatspolitische Gefahr zu werden droht (Winterhilfswerk)."

Das Material betonte, daß es im Kirchenkampf darum gehe, daß "Christus als alleiniger Herr der Kirche" bleibe:

> "Das Werk Jägers... bedeutet nichts geringeres als die radikalste Zerstörung der Kirche Jesu Christi in Deutschland. Hier ist der Antichrist am Werk, genau wie dort, wo man die Kirchen verbrennt und die Pfarrer erschießt."

Die Lage verlange von dem einzelnen Pfarrer, daß er "die Stunde der Entscheidung" wahrnehme:

> "Wir müssen heute alle sentimentale Brüderlichkeit abstreifen, wo sie nicht am Platz ist. Heute erfordert die Lage ein ehrliches und offenes Feind-Freundverhältnis, das ist brüderlicher als eine Scheinkollegialität, die nur noch von dem Mangel an persönlicher Entscheidungskraft lebt."

Schließlich sei es für die praktische Arbeit in den Gemeinden erforderlich, zellenartige kleine Kreise zu bilden:

> "Wenn wir auf die Zukunft sehen, dann hat diese Zellenarbeit das Ziel, die wirklich bekennende Gemeinde der Zukunft, die kommende Gemeinde, wenn die Not es fordert, der freien Volkskirche vorzubereiten."

Wie viele bayerischen Pfarrer diese konsequente Linie bis zur Freikirche weiterverfolgt hätten, bleibt eine offene Frage. Wenn man die bayerische Landeskirche nach Oktober 1934 betrachtet, wird es deutlich, daß die Führungskreise der Pfarrerbruderschaft, die in erster Linie den Widerstand gegen das Jäger-Regiment in Bayern geleitet hatten, nicht repräsentativ für die Mehrheit der Pfarrer und auch nicht für den weiteren Kurs der Kirchenleitung waren. Während der Inhaftierung Meisers jedoch bestimmte vor allem die konsequente Haltung der Pfarrerbruderschaft das Bild der Landeskirche.

Es ist daher auch verständlich, daß die bayerische Landeskirche während dieser Zeit durchaus einig ging mit der Bekenntnissynode im Reich. So empfahl zum Beispiel Kreisdekan Kern seinen Amtsbrüdern, die Kundgebung des Bruderrats der Bekenntnissynode vom 12. Oktober, die die Vergewaltigung des rechtmäßigen Kirchenregiment in Bayern mit polizeilichen Macht als das Werk Satans anklagte,[976] im Gottesdienst ihren Gemeinden vorzulesen.[977]

Solange der Landesbischof und LKR abgesetzt blieben, zählte die bayerische Landeskirche, bis dahin letzte "intakte" Landeskirche im Reich, nunmehr auch zu den "zerstörten" Kirchen. In dieser gemeinsamen Lage fand am 19./20. Oktober in Berlin-Dahlem die zweite Bekenntnissynode der DEK mit elf Repräsentanten aus Bayern statt.[978] Die Synode wurde um 10 Tage vorverlegt, um der bedrängten süddeutschen Landeskirchen zu helfen und auch um die Trennung zum Reichsbischof vor dessen Vereidigung auszusprechen.[979] Die weit verbreitete Botschaft dieser Synode stellte fest, daß angesichts der "Vergewaltigung der süddeutschen Landeskirchen", das "kirchliche Notrecht" eingetreten sei, und die Synode daher auch berechtigt sei, eine neue Leitung der DEK aufzustellen.[980]

In Bayern wurde die Botschaft von Dahlem durchaus begrüßt. Der Rundbrief der Evangelischen Pressestelle München vom 23. Oktober enthielt die Dahlemer Botschaft als Beilage und wertete die Synode als eine "entscheidene Wendung in der DEK".[981] Die Pfarrerbruderschaft betonte, daß das lutherische Anliegen in der Botschaft gewahrt sei, denn die Organe der Bekennenden Synode würden "künftig bekenntnisgemäß zusammengesetzt und gegliedert" werden.[982] Besonders wichtig war aber das Schreiben der "Beauftragten des Landesbischofs" vom 26. Oktober, das die "rechtmäßige kirchliche Führung durch den Bruderrat der DEK" begrüßt hatte.[983]

30) Die Lage in den Kirchengemeinden nach dem Einbruch

Sicherlich bedeutete die Dahlemer Synode eine zusätzliche Stärkung für die bayerischen Gemeinden in ihrem Widerstand gegen das Jäger-Regiment. Daß das Kirchenvolk mehrheitlich hinter Meiser stand, erfuhren die staatlichen Stellen in Bayern durch die zahlreichen Protestschreiben der Gemeinden. Am 20. Oktober stellte Dr. Boepple vom Kultusministerium in einem Bericht an Epp fest:[984]

> "Ein zahlenmäßig einigermaßen verlässiges Bild über die Stärke der beiderseitigen Lager ist im Augenblick schwer zu gewinnen; rein zahlenmäßig dürfte aber kein Zweifel sein, daß in dem Teil der evangelischen

Bevölkerung, der als kirchlich gesinnt anzusprechen ist, die Anhänger der Bekenntnisfront weit überwiegen."

Diese Mitteilung dürfte jedoch keine Überraschung für den bayerischen Reichsstatthalter gewesen sein, der eine Flut von Protestschreiben aus evangelischen Kirchengemeinden schon erhalten hatte. Ein gutes Beispiel dafür ist folgender Brief aus Pappenheim vom 19. Oktober:[985]

"In heller Entrüstung über das Eingreifen des Herrn Ministerialdirektor Jäger in unsere bayerische Landeskirche, die dem Vernehmen nach ohne Auftrag der übrigen Mitglieder der Reichskirchenregierung erfolgte, wendet sich der evangelische Kirchenvorstand Pappenheim im Namen der Kirchengemeinde vertrauensvoll an die geordneten Stellen des Staates und ruft sie um eilende, durchgreifende Hilfe an.
Wir sind empört über den Rechtsbruch am Staatsvertrag durch das Zerreissen der Landeskirche in drei Teile noch ehe die politische Trennung durchgeführt ist.
Wir sind empört über die uns bekannt gewordene Vergewaltigung unseres Herrn Landesbischofs, unseres Landeskirchenrates und seiner Beamten.
Wir sind empört, daß die Presse im kirchlichen Kampf die Leser nur einseitig informiert.
Wir sind empört ob der polizeilichen Überwachung unserer Gottesdienste. Solche Vorgänge sind leider geeignet, das Vertrauen in unserem Kirchenvolk zur obersten Kirchenleitung im Reich zu untergraben. Auch glauben wir ihrer Versicherung, das Bekenntnis sei unter ihr geschützt, darum nicht, weil der Reichsbischof zu dem offenen Brief unseres Herrn Landesbischofs schweigt.
Dazu ist im Volk die Meinung verbreitet worden, der Führer, Adolf Hitler, hätte selbst den Reichsbischof zu diesem Amt bestimmt. Hierdurch werden die Bekenntnistreuen, die auf den Führer vereidigt sind, in einen Gewissenskonflikt gebracht, falls sie um ihres Glaubens willen den Reichsbischof nicht anerkennen können.
Wir geben diese Erklärung aus der Besorgnis kund, es möchte mit dem Vertrauen zur Reichskirche auch dasjenige zum dritten Reich gefährdet werden, zu welchem wir in unerschütterlichen Treue stehen.
Heil Hitler!"

Die Haltung der Gemeinde Pappenheim, wo beide Pfarrer, Kirchenvorstand, und Gemeindeglieder im wesentlichen geschlossen hinter Meiser standen,[986] dürfte als typisch für die Landeskirche angesehen werde. Ganz anders jedoch war die Lage in jenen, zahlenmäßig wenigen Gemeinden, wo es unter den Pfarrern oder Vikaren, Befürworter der neuen Kirchenordnung gab. Hier kam es auch meist, ohne eine einheitliche Führung des geistlichen Amtes, zu tiefen Rissen in den Gemeinden. Dies war durchaus der Fall in Weißenburg, wo Pfarrer Kalb und Pfarrer Rottler die erzwungene Eingliederung öffentlich unterstützten, und wo Dekan von Löffelholz, zusammen mit den meisten Pfarrern des Dekanats und den emeritierten Geistlichen, den Kampf für die Bekenntnisfront führte.

Der Riß in der Pfarrerschaft Weißenburgs kam am 15. Oktober während einer Pfarrkonferenz sehr deutlich zum Ausdruck. Zu Beginn der Konferenz, die im Dekanat mit zugedecktem Telefon, um Abhörversuche auszuschalten, stattfand, betonte der Dekan, daß die Besprechung vertraulich und nur für Anhänger des

Landesbischofs bestimmt sei.[987] Daraufhin gab Pfarrer Rottler seine andere Einstellung kund, und verließ den Raum. Geblieben war jedoch der noch schwankende Pfarrer Bestelmeyer aus Burgsalach, der einige Tage später vor einer Konferenz der Reichskirchenpfarrer in Weißenburg erklärte, er habe die Bekenntnisfront verlassen, weil der Dekan auf der Konferenz "dem Sinne nach" gesagt habe: "Jetzt geht es gegen den Staat". Diese Äußerung, die die Polizei in Weißenburg Wochen danach beschäftigte, geht sicherlich auf die Überzeugung des Dekans wie auch vieler anderen Mitglieder der Pfarrerbruderschaft zurück, daß der Widerstand auch dann fortgesetzt werde müsse, wenn der Staat sich öffentlich die Eingliederungspolitik der Reichskirchenleitung anerkennen sollte.

Den Reichskirchenpfarrern in Weißenburg gelang es auch, Unterstützung für ihre Haltung in der Gemeinde zu finden. Am 18. Oktober sprach Pfarrer Kalb im Evangelischen Vereinshaus über den "Weg zum Kirchenfrieden", und einige Tage später lud Pfarrer Rottler besonders die Gemeindeglieder der dritten Pfarrstelle und die Mitglieder des Evangelischen Bundes zu seinem Vortrag über die kirchliche Lage ein.[988] Danach schrieb Rottler dem geistlichen Kommissar Sommerer:[989]

"Ich hielt gestern eine Massenversammlung für unsere Sache. Sie war überfüllt. Ich habe in unbedingt objektiver Weise beide Seiten gezeigt und bin für Eingliederung und Rechtmäßigkeit der Neuordnung eingetreten. Damit haben wir hier den größeren Teil der Gemeinde hinter uns! Ich bin gerne bereit diesen Vortrag auf Euern Ruf hin in anderen Gemeinden zu halten."

Wenn man die Zahl der Unterschriften für Meiser aus Weißenburg betrachtet, muß man Rottlers Einschätzung zustimmen; nur 547 Gemeindeglieder haben die Treueerklärung für den Landesbischof unterschrieben.[990] Demgegenüber standen die ländlichen Gemeinden des Dekanats - mit Ausnahme von Burgsalach und Höttingen, wo keine Unterschriftenaktion durchgeführt wurde - geschlossen zur Bekenntnisfront.[991]

Die Geschlossenheit der Gemeinden des Dekanats wurde auch in der Stadt Weißenburg demonstriert bei einem Bekenntnisgottesdienst am 19. Oktober in der Andreaskirche. Unter Vorantritt des Dekans zogen 12 aktive und pensionierte Pfarrer in die Kirche, wo der zweite Pfarrer der Nürnberger Lorenzkirche, Wilhelm Geyer, eine von der Polizei fleißig mitstenographierte Predigt hielt.[992] Als Text nahm Geyer die Geschichte von der Belagerung Jerusalems zur Zeit von König Hiskia, und zog dann die Parallelen zwischen der Not Israels und der gegenwärtigen Not der Kirche. Letztere sei durch diejenigen entstanden, die die Kirche auf Christus und noch etwas wie Rasse, Blut und Boden bauen wollten, die alles jüdische von der Kirche entfernen wollten. Die jetzige Not bestehe auch darin, "daß in dieser Kirche nicht mehr mit geistigen Waffen gefochten wird, sondern daß die Kirche geworfen ist unter die Gewalt". Die Antwort auf Meisers offenen Brief an den Reichsbischof sei nicht "mit der Waffe des Geistes, sondern in Gestalt staatlicher Gewalt" gekommen. Dabei habe der Staat noch nicht eindeutig gesagt, daß die Bekenntnisfront im Unrecht sei. Zu den Hauptvorwürfen zum Widerstand der Bekenntnisfront, man schade "dem Werk des Führers" und habe ohnehin keine Erfolgsaussichten, da "die Macht doch auf der andern Seite ist", sagte Geyer:

> "Daß wir Widerstand gegen den Führer leisten, das ist nicht wahr. Wir möchten nichts lieber, wir von der Bekenntnisfront, als daß wir dem Volk und unserem Führer dienen und seinem Werk zur Gesundung am deutschen Volk helfen mit unserer Kraft. Aber das müssen wir sagen, es hätte keinen Wert und es wäre auch dem dritten Reich nichts gedient mit einer Kirche die nicht ganz in dem Wort Gottes allein lebt und lehrte. Und wenn andere kommen und sagen euer Widerstand ist unsonst - aber er ist nicht umsonst denn er geschieht im Gehorsam gegen den Herrn."

Dann berichtete Geyer von den Nürnberger Bekenntnisgottesdiensten, dem Choral-Singen auf dem Hauptmarkt, und vom Treffen mit Streicher und dessen Verständnis für die Aufregung wegen der Absetzung eines Bischofs. Zu Streichers Versprechung, die Parteiaktionen gegen die Kirche abzustellen, sagte Geyer: "Wer hätte das geglaubt, daß dies aus diesem Munde kommen konnte".

Zum Schluß erzählte Geyer wie die Pfarrer erst in dieser Zeit gelernt hätten, brüderlich zu sein, und ermahnte alle, die zur bekennenden Kirche gehören wollten, vor einer pharisäerische Haltung den anderen gegenüber. Stattdessen wünschte er, daß man die Kluft überbrücken und "einen ehrlichen wahrhaftigen Frieden" erreichen würde.

Nach dem Gottesdienst zogen die Geistlichen, "Ein feste Burg" singend, wieder ins Dekanat, während die Gemeinde auf dem Kirchplatz das Lied zu Ende sang.[993] Im Mesnerhaus wurden Flugblätter verteilt.

Der Bericht des Weißenburger Polizeikommissars über diesen Gottesdienst kennzeichnet den Dekan als den einzigen "Hetzer, der alle ansteckt".[994] Dekan von Löffelholz, so fuhr er fort,

> "stiftet weiter Unfrieden unter der hiesigen evangel. Bevölkerung. Er betreibt dies mit einem Fanatismus, der auch immer mehr auf die Gläubigen übergreift. Löffelholz kümmert sich um keine Anordnungen des Reichsbischofs, sondern sucht immer wieder mit der Staatsgewalt in Konflikt zu kommen. Wenn die Verhetzung der hiesigen Bevölkerung noch länger so weiter geht... dann darf man sich zum Schlusse nicht wundern, wenn sich fanatisierte Gläubige zu Exzessen hinreissen lassen."

Am 22. Oktober beantragte die Mehrheit der Kirchenvorsteher, herangeführt von Kalb, Rottler und Hetzner, eine außerordentliche Sitzung des Kirchenvorstandes.[995] Am gleichen Tag holte der Dekan eine schriftliche Vollmacht vom Kreisdekan Kern für bereits abgehaltene und auch zukünftige außerordentliche Gottesdienste "ohne Anhörung des Kirchenvorstandes Weißenburg".[996] In der Sitzung am 23. Oktober wurde ein Antrag Pfarrer Kalbs, keine weiteren Bekenntnisgottesdienste in Weißenburg zu veranstalten, mit 8 zu 6 Stimmen angenommen.[997] Bevor jedoch über seinen zweiten Antrag abgestimmt werden konnte, der dem geistlichen Kommissar Sommerer die Erlaubnis gegeben hätte, am 28. Oktober in der Andreaskirche zu predigen, unterbrach der Dekan die Sitzung. Auch das Erscheinen von Kreisdekan Kern bei einer außerordentlichen Sitzung des Kirchenvorstands am 27. Oktober vermochte die feindliche Stimmung in diesem Gremium nicht zu ändern; ein Kirchenvorsteher verweigerte sogar die Begrüßung mit Handschlag, weil der Kreisdekan zur "Meiserfront" gehörte.[998]

Wenn es in Weißenburg zu einer Predigt Sommerers gekommen wäre, wäre dies das erste Mal, daß Sommerer, seit seiner Ernennung als Kirchenkommissar in einer Kirche gepredigt hätte. Seine in der Presse für den 21. Oktober in Nürnberg-Maxfeld angekündigte Predigt war nämlich am Widerstand der Bekenntnisfront gescheitert und hatte auch einen bedeutenden Rechtsstreit als Folge.[999] Die Gemeinde Maxfeld hatte man deshalb als Ort für die erste Predigt des "Frankenbischofs" Sommerer ausgesucht, weil dort zwei DC-Stadtvikare das Pfarramt führten bis der vom Kirchenvorstand gewählte und vom LKR ernannte Pfarrer Schick seine Stelle am 1. November antreten sollte. Um diese Predigt zu verhindern, wurde Schick von dem von Jäger schon abgesetzten Dekan Weigel und OKR Daumiller am 20. Oktober ermächtigt, seine Stelle sofort anzutreten.[1000] Am Sonntag kam es dann in der Lutherkapelle zu einem heftigen Zusammenstoß, als der schon frühzeitig von Schick begonnene Gottesdienst durch den später erschienenen Sommerer und die zwei Vikare unterbrochen wurde. Obwohl Sommerer von der Rechtmäßigkeit seiner Position überzeugt war, und obwohl seine von überall in Nürnberg zusammengekommenen, meist uniformierten Leute in der Überzahl waren, gab er schließlich nach und forderte die Gemeinde auf, die Kirche zu verlassen. Vor rund 90% der Kirchenbesucher hielt er dann im Freien seine Predigt.

Bemerkenswert an diesem Vorfall war es - wie auch die Auslandspresse auch konstatierte -, daß obwohl Polizeibeamte anwesend waren, es zu keinem Polizeieingriff kam.[1001] Dies war jedoch der Taktik des Polizeipräsidenten Martins zu verdanken, der, obwohl er die Neuordnung der Landeskirche als rechtmäßig ansah, dennoch glaubte, daß mit Polizeigewalt im Kirchenstreit nichts zu erreichen war.[1002]

Gerichtlich wurde dann entschieden, wer das Recht hatte das Pfarramt Maxfeld zu führen.[1003] Am 27. Oktober stellte das Nürnberger Amtsgericht fest, daß die Gesetze bezüglich der Eingliederung der bayerischen Landeskirche rechtsungültig seien, und daß auch die durchgeführte Umbildung der Landeskirche kein geltendes Recht schaffe, da diese Umbildung

> "in der angestrebten Form bisher nicht gelungen ist, nach dem über 90% der Geistlichen diese tatsächlich gewordene Lage nicht anerkennen. Bei der bestehenden kirchlichen Lage kann aber auch nicht angenommen werden, daß ein entscheidender Teil des Kirchenvolkes einen anderen Standpunkt einnimmt als die Geistlichen und Führer der bayerischen Landeskirche."

Hier zeigte es sich, daß der entschlossene Widerstand der Landeskirche bei den staatlichen Stellen nicht ohne Folgen geblieben war.

31) Die Abordnungen nach München

Wohl die eindruckvollste Form dieses Widerstandes waren die vielen, sogenannten Bauernabordnungen, die im Oktober Regierungsstellen in München und Berlin aufsuchten. Die Initiative für die erste Abordnung kam aus dem Dekanat Gunzenhausen, wo Pfarrer Behringer, ehemaliger Freikorpskämpfer und im Frühjahr 1934 auch Zielscheibe von Parteiterror, zusammen mit zwei Bauern seiner Gemeinde Mitte September von Oberst Hofmann, dem Staatssekretär in der Reichsstatthalterei, verständnisvoll empfangen wurde. Danach vereinbarte man mit Hofmann den Empfang einer Delegation von 45 Personen aus dem Dekanat in der Reichsstatthalterei am 12. Oktober. Wegen des Jäger-Eingriffs am 11. Oktober hatte aber Ministerialrat Schachinger den Empfang abgesagt. In einer Besprechung zwischen Dekan Sperl und Kreisdekan Kern am 14. Oktober bestand Kern darauf, die Deputation trotzdem nach München zu schicken, auf der Basis von sechs Dekanaten aus Südwest-Mittelfranken: Dinkelsbühl, Feuchtwangen, Gunzenhausen, Heidenheim, Wassertrüdingen und Weißenburg. Am 18. Oktober reiste dann eine Delegation von 15 Personen, darunter 5 Theologen und nur 3 Bauern, nach München und besprach am gleichen Abend mit Dekan Langenfaß, Pfarrer Sammetreuther und Rechtsanwalt Dr. Schneider die von Sperl entworfene schriftliche Erklärung, die allen besuchten Regierungsstellen übergeben werden sollte.

Diese Erklärung stellte zunächst klar, weshalb man zu dieser Form des Protests gegriffen hat:[1005]

> "Seitdem die Fränkische Tageszeitung ihren Angriff auf den Landesbischof der Evang.-Luth. Landeskirche in Bayern eröffnete, geht durch die evang.-luth. Kirchengemeinde Mittelfrankens der lebhafte Wunsch, in grossen Scharen mittels Sonderzugs nach München zu fahren, um bei den hohen Reichs- und Staatsbehörden darzulegen, daß die evang. Gemeinden

treu zu ihrem Landesbischof stehen und daß die anderslautenden Zeitungsnachrichten der Wirklichkeit nicht entsprechen.
Aber die Überlegung, daß ein solches Unternehmen als Störung der Ruhe gedeutet werden könnte, heißt uns davon Abstand nehmen. Zudem ist die Methode einer Massendemonstration dem Wesen unseres Glaubens nicht entsprechend. Um so mehr aber mögen die hohen Behörden gebeten sein, unsere kleine Abordnung als die Stimme unsres ganzen fränkischen Kirchenvolks, zumal unsres Bauernstandes anzuhören."

Die Erklärung beklagte die Absetzung Meisers und die Zerschlagung der Landeskirche, weil dadurch das Recht verletzt, das Bekenntnis gefährdet und die eigene Ehre angetastet sei. Aber auch die Autorität sei dadurch beeinträchtigt:

"Nach den Jahren der Autoritätslosigkeit und der Zerstörung jeglicher Autorität in Kirche und Staat ist nun im dritten Reich uns wieder Autorität geschenkt worden. Nun wird durch das Vorgehen der Reichskirchenregierung auf kirchlichem Gebiet die Achtung vor Vorgesetzten und Leitern zerstört. Wird die dadurch hervorgerufene Autoritätslosigkeit sich nur auf das kirchliche Gebiet beschränken? Muß sie nicht, wenn sie einmal von den Menschen Besitz ergriffen hat, sich auch auf die andern Lebensgebiete ausdehnen?...
Nicht nur die Kirche, sondern auch der Staat ist in schwerer Gefahr. Eine bittere Enttäuschung geht durch unser Bauernvolk. Wir fordern deshalb um des Volkes willen: Der Vergewaltigung unsrer Kirche muß Einhalt geboten werden. Der furchtbare Schimpf, der unserem Landesbischof angetan wurde, muß wieder aufgehoben werden. Der Reichsbischof und Dr. Jäger müssen unverzüglich verschwinden. Sonst wird kein Friede in Kirche und Volk."

Am nächsten Tag erschien die Deputation unangemeldet in der Reichsstatthalterei.[1006] Obwohl es ihr nicht gelang, von Epp zu sprechen, wurde sie von seinem Staatssekretär Hofmann sehr freundlich empfangen. Da es vereinbart wurde, daß die Laien möglichst im Vordergrund stehen sollten, erzählte der Sprecher der Gruppe, der Artzt Dr. Städtler, daß sie im Namen von 60.000 meist bäuerlichen Evangelischen sprächen, die alle unterschriftlich ihre Unterstützung für Meiser ausgedrückt hätten. Städtler beklagte, "daß vielfach frisierte Stimmungsberichte an die höchsten Stellen gelangten", mit falschen Behauptungen über die Popularität des Reichsbischofs. Hofmann erzählte, daß von Epp die Stimmung in der Landeskirche Hitler schon vorgetragen hätte, daß man aber nicht die Macht habe, "den Eindruck, den der Führer von andrer Seite erhalten hat zu verwischen". Ein Pfarrer der Gruppe meinte, daß Hofmann die vorgetragene Beschwerde sogar begrüßt habe als "wertvollstes Belastungsmaterial gegenüber den auch von Epp und ihm wenig geschätzten Streicher, Holz und anderen hohen Herren". Hofmann telefonierte auch mit dem Ministerpräsidenten Siebert und bat ihm, die Abordnung zu empfangen, und soll zum Schluß gesagt haben: "Unser Staat ist noch zu jung und darum noch nicht in Ordnung".

Sehr verständnisvoll wurde die Abordnung auch von Siebert empfangen. Wiedermal trug Städtler die Beschwerde der Gruppe vor, und schloß mit der Befürchtung, daß wenn Meiser nicht bald wieder in sein Amt gesetzt werde, "könnten die Bauern von einer Rebellion nicht zurückgehalten werden und würden irre auch an ihrem politischen Bekenntnis". Ein Pfarrer fügte hinzu, daß die Bauern teilweise nichts mehr zum Winterhilfswerk gäben, bis die Frage gelöst sei. Siebert gab zu, daß die Spaltung der Landeskirche keine glückliche Lösung sei, und daß er schon am Montag dem Reichsinnenminister einen langen Eilbrief geschickt hätte. Man müsse nun die Entscheidung der Reichsregierung abwarten. Siebert war irritiert, daß der Reichsbischof, entgegen seiner Versprechung, ihn nicht vorher über den Eingriff in Bayern informierte hatte. Er versicherte der Deputation, daß er ihren Protest nicht als "kirchenpolitische Reaktion" ansehe: "Er kenne seine Franken als echte Nationalsozialisten und bedauere, daß sie unter der jetzigen kirchlichen Lage zu leiden hätten". Er versprach sein Möglichstes zu tun und drückte zum Schluß den Wunsche aus: "Wenn es Ihnen nur gelänge mit ihren Anliegen zum Führer selber vorzudringen! Mir gelingt es schon lange nicht mehr..." Dem Gesuch der Gruppe, ihnen einen Besuch beim Landesbischof zu ermöglichen, da sonst die Leute zu Hause meinen könnten, "er sei vielleicht schon erschossen", entsprach Siebert jedoch nicht.

Weniger Erfolg hatte die Abordnung beim Kultusministerium und im Braunen Haus, wo die Gruppe den Eindruck bekam, daß sowohl Schemm als auch Hess sich vor einem Empfang gedrückt hätten. Recht dramatisch dagegen verlief die Verhandlung im Innenministerium, wo Wagner, mit der Reitpeitsche in der Hand, höchstpersönlich erschien. Als Wagner von der Gruppe wegen der von ihm zu verantwortenden Haftbedingungen des Landesbischofs zur Rede gestellt wurde, fing er an, die Abordnung anzubrüllen, worauf Dr. Städtler zurückschrie: "Herr Minister, wir sind doch nicht gekommen, daß wir Sie anhören, sondern daß Sie uns anhören!" Zum Erstaunen der Gruppe wurde Wagner daraufhin wieder ruhiger; er versicherte, daß ein offenes Wort der Regierung zur Lage in Bälde zu erwarten sei, und entließ die Deputation, nachdem sie seiner Feststellung zugestimmt hatte, daß sie kein Vertrauen zur gegenwärtigen Kirchenregierung hätte. Draußen vor der Tür wartete Daumiller, der der Gruppe zu ihrem Erfolg gratulierte.

Obwohl die Abordnung ihr Ziel, die Freilassung des Landesbischofs, nicht erreicht hatte, wurde die internationale Presse auf die Sache aufmerksam gemacht und brachte schon am nächsten Tag die Meldung vom Besuch der "Deputation von fränkischen Bauern" bei Epp und Siebert.[1007] Ein Deputierter ermunterte auch die Bauern der Reiser Gegend "in die gleiche Kerbe bei den gleichen Herren zu hauen", was dann auch am 24. Oktober geschah.[1008] Nach dem Erfolg der ersten Deputation kamen jeden Tag andere Gruppen nach München.[1009] Am Sonntag den 21. Oktober reisten über 800 Nürnberger per Sonderzug nach München. Obwohl es ihnen nicht gestattet war, den Landesbischof zu besuchen, gelangten 600 Menschen "unter erschwerten Umständen", wie die Evangelische Pressestelle berichtete, in den Hof des Landeskirchenrats, wo ein Gottesdienst für Meiser abgehalten wurde.[1010] Die Münchener Polizei, die den Zugang zum Hof zu überwachen hatte, soll sich geweigert haben, gegen die Leute vorzugehen.[1011] Am nächsten Tag protestierte ein Teil der Nürberger Delegation bei den Regierungsstellen in München.[1012]

Besonders spannungsvoll verlief die sogenannte Dörfler-Deputation mit drei Pfarrern und 15 Bauern, zumeist Parteigenossen, aus den Dekanaten zwischen Ansbach und Uffenheim, die am 22. und 23. in München weilte.[1013] Wieder mal kam es im Innenministerium zu einer heftigen Auseinandersetzung als Staatsektretär Köglmeier sich weigerte, Auskunft über die Verhaftung Meisers zu geben. Viel freundlicher dagegen wurde die Gruppe vom Reichsstatthalter Epp empfangen, der sich verständnisvoll die Beschwerden über das Verhalten der örtlichen Parteiführer anhörte. In der Erklärung der Gruppe hieß es:[1014]

"Es ist höchste Zeit, daß auch die unteren Staatsorgane, nach denen die Landbevölkerung den ganzen Staat beurteilt, ihre Hand nicht mehr der derzeitigen Reichskirche zur Verfügung stellt. Es ist höchste Zeit, daß ebenso die unteren Parteistellen sich nicht in ihrer Stellung gegen unsere Kirche auf den Führer berufen. Es geht nicht an, daß Bürgermeister oder Lehrer bedroht werden mit Entlassung aus der Partei und mit Entlassung aus ihrem Amte, wenn sie auf Seiten der bekennenden Gemeinde stehen. Die fränkischen Bauern sind ebenso fanatische Vorkämpfer für ihren Glauben wie sie es gewesen sind für das dritte Reich. Sie verlangen nicht vom Staat, daß er sie vor einem Herrn Ludwig Müller und vor einem Herrn Jäger schützt, Sie verlangen aber, daß der Staat und die Parteiorganisation jeden Anschein vermeidet, als ob sie auf Seiten dieser Herren stünden."

Die Gruppe überreichte Epp auch ein Schreiben des Landesbischofs, die seine sofortige Freilassung und die "Zurückziehung der Parteiorgane aus dem kirchlichen Kampf und Unterlassung aller weiteren polizeilichen Eingriffe und sonstiger Gewaltmaßnahmen" verlangte. Nach zweieinhalb Stunden verabschiedete sich Epp mit der Versprechung, sich für ihre Sache einzusetzen: "Meine fränkischen Bauern! Ich kann Ihnen versichern, daß wir uns in dieser Angelegenheit nicht mehr zu sprechen brauchen".[1015]

Diese Abordnung wurde auch von Siebert am nächsten Tag empfangen, der erzählte, daß er am Vorabend eine dreistündige Besprechung mit Epp über die

Sache geführt habe.[1016] Siebert ermöglichte es auch, daß sechs Personen der Gruppe den Landesbischof kurz besuchen durften.

Die besondere Spannung die diese Abordnung am 22. Oktober erlebt hat, war mitbedingt durch die für den nächsten Tag erwartete Vereidigung des Reichsbischofs durch Hitler, und auch durch die Tatsache, daß an dem Tag, keine ausländischen Zeitungen zu bekommen waren.[1017] Um das Unheil einer öffentlichen Anerkennung der Eingliederungspolitik durch Hitler zu verhindern, entschloß sich die Gruppe folgendes Telegramm zu senden:[1018]

> "Reichskanzler Hitler, Berlin! 75 000 fränkische Bauern beschwören in letzter Stude unseren Führer, keine Entscheidung zu treffen, zu der das gottgebundene Wissen nein sagen wird. Wir wollen eine wahre evangelische Reichskirche, aber unbedingt auch unseren Landesbischof Meiser. Abordnung Franken."

Es war daher eine große Erleichterung als man am nächsten Tag erfuhr - soweit die Meldungen der ausländischen Presse durchdrangen -, daß die Vereidigung des Reichsbischofs erneut verschoben wurde. Die "Basler Nachrichten" stellten sogar in einer Überschrift auf der ersten Seite die vorsichtige Frage: "Eine Wendung im deutschen Kirchenstreit?"[1019]

32) Die letzten Tage der Kirchenkommissare in Bayern

In dieser Woche änderte sich die kirchliche Lage von Tag zu Tag. Am 24. Oktober meldeten die "Basler Nachrichten", daß Hitler den Reichsbischof und die Landesbischöfe empfangen würde, wobei eine Vereidigung Müllers nicht ausgeschlossen sei.[1020] Dieselbe Ausgabe mutmaßte einen Kompromiß im Kirchenstreit "auf schmalster Basis", indem Jäger weggehen und Müller bleiben sollte. Am nächsten Tag berichtete die Zeitung von einer "Überraschung allererster Ranges": die Vereidigung Müllers sei "auf unbestimmte Zeit vertagt".[1021] Derselbe Bericht spekulierte auch, daß Meiser sein Amt bald wiederaufnehmen würde. Und am 26. Oktober drückten die "Basler Nachrichten" in einer Überschrift das aus, worauf es nun jetzt alles ankam: "Der deutsche Protestantismus in Erwartung des Führerentscheides".

In einem Brief an die Pfarrerbruderschaft vom 26. Oktober lieferten Schieder und Frör einige Gründe für die abgesagte Vereidigung:[1022]

> "a) Justizminister Gürtner berichtete dem Führer über die Prozesse der Notbundpfarrer, die zum Teil jetzt bereits beim Reichsgericht laufen. Er teilte dem Führer mit, daß diese Prozesse gegen die Reichskirchenregierung entschieden werden würden. (1023)
> b) Die Ereignisse in Württemberg... und in Bayern (eine ganze Menge Bauerndeputationen war in der letzten Woche bei den Stellen in München; sehr großen Eindruck machte vor allem der Extrazug der Nürnberger nach München mit rund 900 Leuten).
> c) Eine Anzahl Gauleiter berichteten, daß die kirchlichen Kämpfe zu schwerer Schädigung der Bewegung führten. (1024)

d) Am Mittwoch Abend scheint die Reichskirchenregierung noch irgend etwas Ungeschicktes begangen zu haben, was den Führer entzürnte."

Am 27. Oktober brachte auch die deutsche Presse die aufsehenerregende - wenn auch vorläufig nicht ganz zutreffende - Meldung, daß Jäger zurückgetreten sei.[1025] Am gleichen Tag informierten die Beauftragten des Landesbischofs sämtliche Dekane, daß Meiser freigelassen und "zu wichtigen Verhandlungen nach Berlin berufen" war.[1026] In Kreisen der Bekenntnisgemeinschaft war man sich dennoch im Klaren, daß mit Jägers Rücktritt, den schließlich auch die DC-Reichsleitung verlangt hatte, noch keine richtige Entscheidung im Kirchenstreit gefallen war.[1027] Man wartete gespannt darauf, was aus den Empfang der Bischöfe Meiser, Wurm und Marahrens bei Hitler kommen würde.

Um Meiser in Berlin den Rücken zu stärken, begleitete ihn eine Gruppe von 36 Bauern und Pfarrern, die zum Teil den verschiedenen Deputationen nach München angehört hatten.[1028] In Berlin trafen sie sich mit anderen bayerischen Abordnungen - eine UP-Meldung sprach von 60 fränkischen Bauern in der Hauptstadt[1029] - und begaben sich am 29. Oktober zur Reichskanzlei. Hier wurden sie mit der offensichtlichen Lüge abgespeist, daß Hitler für zwei Wochen verreist sei. Wie die UP berichtete, haben sie sich daraufhin "mit echt fränkischer Grobheit und einigen abfälligen Bemerkungen über Berlin" Zugang zur Reichskanzlei verschafft, wo der stellvertretende Adjutant Wernike ihnen mitteilte, daß Hitler gegen 4 Uhr eintreffen würde. Nach einem höflichen Empfang durch Buttmann im Innenministerium, kehrte die Gruppe zurück zur Reichskanzlei und belagerte den Vorplatz, um Hitler bei seiner Ankunft sehen zu können. Dieser jedoch wurde durch die Seitentür hineingelassen und weigerte sich die Abordnung zu empfangen. Es gelang ihnen nur noch Major von Detten zu sprechen, der ihnen versprach, "alles dem Führer zu unterbreiten".[1030] Obwohl Meinzolt der Meinung war, daß das Auftreten der Franken "bei den genannten Stellen des Eindruckes nicht entbehrte", berichtete er auch, daß sie "keinen sehr befriedigenden Eindruck von Berlin" mit nach Hause nahmen.[1031]

Indessen war die Lage in der bayerischen Landeskirche in den letzten Oktobertagen völlig undurchsichtig. Denn noch waren die Kommissare nicht abberufen, und am Tag von Jägers Rücktritt erschien ein Kirchengesetz, das die Zweiteilung der Landeskirche festsetzte, die Landessynode und den Landessynodalausschuß auflöste und dem jeweiligen Bischof oder Kommissar weitgehende Befugnisse einräumte.[1032] In den Worten des Gemeindeblatts München war dies ein deutliches Zeichen, "daß die Reichskirchenregierung den

Weg der Gewalt weiterbeschreiten will, gegen den sich fast alle Gemeinden und fast die ganze Pfarrerschaft in Bayern zur Wehr setzen".[1033]

Die Taktik der Kirchenkommissare war es, um Verständnis für die Neuordnung weiterhin zu werben, in der Hoffnung, daß der Widerstand mit der Zeit aufhören würde. Am 29. Oktober glaubten Gollwitzer und Sommerer sogar feststellen zu können, "daß die kirchenpolitische Lage in Bayern wenn auch langsam, so doch sicher einer Entspannung zugeht".[1034] Vor allen hofften die Kommissare die Laien überzeugen zu können, und meldeten hier auch einige Erfolge, wie die zwei Versammlungen am 27. Oktober vor ca. 4000 Menschen, die Sommerers Ausführungen "begeistert" zustimmten.[1035] In einer Rede am 31. Oktober stellte Gollwitzer fest, daß die Bekenntnispfarrer an Boden verloren hätten; aus einem Brief las er vor, daß in einer Gemeinde nur 10-12 Personen die Bittgottesdienste besucht hätten, und daß die ganze Gemeinde gegen den Pfarrer stehen würde.[1036]

Die Kirchenkommissare betonten unablässig, daß das Bekenntnis keinesfalls gefährdet sei, und gaben als Beweis die Tatsache an, daß noch kein bayerischer Pfarrer von ihnen diszipliniert worden sei.[1037] Das Trennende im Kirchenstreit sei - so drückte es Beer aus - die grundverschiedene Einstellung zum Staat, nicht das Bekenntnis.[1038] Und Gollwitzer und Sommerer bemerkten, daß die Führung der kirchlichen Opposition vorwiegend in den Händen solcher Männer liege, "die nicht in den Reihen des Nationalsozialismus stehen".[1039] Sie hätten sogar Beweise, "daß unter dem Einfluß der führenden Männer die Bekenntnisfront in stärkstem Maße auch in politische Opposition gegenüber dem Staat trat". Besonders prägnant äußerte sich Rottler hierzu in seinem Brief an Sommerer vom 24. Oktober:[1040]

"Bitte stellt doch die Gefahr nach oben hin, recht dar, die dem dritten Reich mit diesem Kirchenstreit droht! Allenthalben regen sich in unseren Gemeinden die alten Anhänger des Volksdienstes, der Roten und der Deutschnationalen! Sie wittern bereits Morgenluft! Beweise dafür stehen uns genügend zur Seite."

Um möglichst viele Laien zu erreichen setzten die Kirchenkommissaren eine Menge Flugblätter in Umlauf.[1041] In einem versuchten sie, die weitverbreiteten Gerüchte zu widerlegen, als würden nun kirchliche Bräuche abgeschafft, oder als müßten alle jetzt katholisch werden.[1042] Sie baten das Kirchenvolk, diese "Märchen und falschen Gerüchten" nicht zu glauben und "dem sinnlosen Streit" ein Ende zu machen, denn "Luthertum und Nationalsozialismus, der alte Glaube unserer Väter und die Treue zum neuen Reich sollen uns begleiten durch unser Leben, uns und unsere Kinder".

Die Bekenntnisfront ihrerseits konterte mit einem im Auftrag Schieders im Bollmann Verlag, dem Herausgeber der "Allgemeinen Rundschau", am 26. Oktober erschienenen Flugblatt, "Pfarrersgezänk oder nicht?"[1043] Zuerst wurde hier festgestellt, daß der Kirchenkampf keine "Gegnerschaft gegen den Nationalsozialismus" bedeute, sondern allein ein Kampf um den Glauben sei. Dann wurden Beispiele aufgelistet für die Gefährdung des Bekenntnisses in der Reichskirche, die in Jägers Äußerung gipfelte: "In der Kirche müssen die völkisch-heidnischen Gedanken den Vorrang vor den christlichen bekommen". Deshalb könne man zu den Männern die dies zu verantworten hätten, kein Vertrauen haben, und auch nicht zu den Kirchenkommissaren, "die sich diesen Männern zur Verfügung stellen". Denn: "Wer sich der Müllerkirche zur Verfügung stellt, hilft mit an dem Satanswerk der Kirchenzerstörung".

In einem Fall ging der kirchliche Kampf so weit, daß wieder ein Gericht eingeschaltet werden mußte. Am 30. Oktober verbot das Amtsgericht Oettingen einem DC-Pfarrer die Behauptung zu wiederholen, Meiser habe "von jüdischer Seite 1 Million Dollar zur Führung des Kirchenkampfes zur Verfügung gestellt bekommen".[1044] Interessant dabei war, daß diese auch vom kommissarischen Kreisdekan Fuchs gemachte Behauptung, ursprünglich vom stellvertretenden Gauleiter Holz aufgestellt wurde.[1045]

Dieser war in den letzten Oktoberwochen ausserordentlich aktiv mit einer Versammlungswelle unter dem Motto: "Der Kampf geht weiter!"[1046] Obwohl die Gauzeitung gemäß der Streicher-Anordnung keine polemischen Äußerungen Holz' zum Kirchenstreit brachte, setzte Holz in diesen Reden, wie in Treuchtlingen am 26. Oktober, seinen Angriff auf die Bekenntnisfront auf seine übliche Art, samt der Behauptung über das jüdische Geld aus Amerika, fort, denn es galt, bei dieser Versammlungswelle das durch den Kirchenkampf in Franken verlorenes Terrain für die Partei wieder zu gewinnen.[1047]

Außerordentlich empfindlich reagierte die "Fränkische Tageszeitung" auf den Rücktritt Jägers. Sie griff vor allem den "Fränkischen Kurier" an, der am 27. Oktober in einer Schlagzeile die "Amtsniederlegung Jägers" gemeldet hatte.[1048] In einem unter der Überschrift "Evangelisches Kirchenvolk Achtung!" auf der ersten Seite erschienenen Bericht stellte die Gauzeitung fest, daß Jägers Rückgabe seiner kirchenpolitischen Befugnisse "ein durchaus normaler Amtsvorgang" sei, den aber ein "sensationslüsterner" und "verantwortungsloser" Journalismus zum Anlaß genommen habe, das gutgläubige evangelische Volk aufzupeitschen und zu verwirren. Daher brachte die Zeitung folgende Zusicherung der Kirchenkommissare:

"Die von Ministerialdirektor Jäger in seiner Eigenschaft als Sonderkommissar des Reichsbischofs getroffenen Maßnahmen haben sowohl die Billigung des Führers und Reichskanzlers wie auch die des Reichsbischofs und behalten nach wie vor ihre Gültigkeit".

33) Das Scheitern der Eingliederung in Bayern

In dieser verworrenen Lage war es jedem klar, daß nur noch der lang erwartete Führerentscheid Klarheit schaffen könnte.[1049] Wie dieser Entscheid nun ausfiel war der knappen DNB-Meldung in der deutschen Presse am 31. Oktober, daß Hitler in Gegenwart von Frick die Bischöfe Meiser, Wurm und Marahrens "zu einer Aussprache über kirchenpolitische Fragen empfangen" hätte, nicht zu entnehmen.[1050] Dafür gab es aber am gleichen Tag einen ausführlichen und erstaunlich zutreffenden Bericht über "Hitlers Kirchenentscheid" auf der ersten Seite der "Basler Nachrichten".[1051] Die Zeitung wertete den Empfang bei Hitler als eine "Sensation", zumal "die Einladung an die drei Bischöfe vom Reichskanzler persönlich" erfolgt sei. Dennoch seien die Bischöfe in ihren Erwartungen getäuscht, denn Hitler habe ihre "Vorschläge zur Beendigung des Konfliktes" - die vor allem den Rücktritt des Reichsbischof vorsahen[1052] - nicht angenommen. Stattdessen habe Hitler den Bischöfen seine Entscheidung dahin mitgeteilt, "kein weiteres Interesse mehr an den Vorgängen in der Deutschen Evangelischen Kirche zu nehmen". Ferner nahm die Zeitung an, daß "Befehle an die SA und an die Geheime Staatspolizei ergangen" wären, "in den Kirchenkonflikt nicht mehr einzugreifen". Tatsächlich hatte Frick bereits am 1. November "jegliche Einmischung staatlicher Stellen" in den Kirchenstreit, abgesehen von "allgemeinen polizeilichen Erfordernissen", verboten.[1053]

Zum Schluß des Berichtes zogen die "Basler Nachrichten" den zutreffenden Schluß, daß "eine wirkliche Entscheidung des Oberhauptes des deutschen Staates... nicht gefallen" sei. Hitler habe sich enttäuscht von der Kirchenfrage zurückgezogen, und was nun weiter geschehe, ließe sich nicht voraussagen:

> "Fest steht vorläufig nur das eine, daß man in der Deutschen Evangelischen Kirche von nun ab zwei Organisationen haben wird, die offizielle Kirche, an deren Spitze Reichsbischof Müller und die Kirchenregierung steht, und auf der anderen Seite die Bekenntnisgemeinschaft... In der kirchlichen Opposition hofft man, daß die Reichskirchenregierung und mit ihr Reichsbischof Müller im Laufe der Zeit die Unhaltbarkeit ihrer Stellung einsehen werden, da die Autorität des Staates, auf der allein bis jetzt ihre Macht basiert war, ihnen entzogen ist und ihnen daher der Hauptfaktor ihrer Existenzkraft fehlt."

Die gleiche Ausgabe der "Basler Nachrichten" meldete auch, daß Meiser und Wurm "selbstverständlich ihre Funktionen wieder aufgenommen" hätten. Dies wurde in München tatsächlich erst am 1. November realisiert, als es am Nachmittag zwanzig Seminaristen gelang, in das wegen des Feiertages geschlossene Gebäude des Landeskirchenrates einzudringen und es zu besetzen.[1054] Vorher wurden Staatssekretär Hofmann in der Reichsstatthalterei,

Innenminister Wagner und Ministerpräsidenten Siebert von dem Vorhaben informiert.[1055] Obwohl alle keine Bedenken geäußert haben, waren die nächsten Tage für die wieder amtierende Kirchenleitung doch von "Unruhe und Sorge" beherrscht, denn der ausgeschlossene Pressekommissar Baumgärtner hatte sich gleich beim Innenministerium und beim Kultusministerium beschwert. Daraufhin hatte Mezger vom Kultusministerium Meinzolt gegenüber die Wiederbesetzung des Landeskirchenrates als eine "sehr schwere Sache", die Folgen haben werde, bezeichnet[1056]

Gleich am 1. November in einem Schreiben im Amtsblatt gab Meiser die Gründe für die Wiederaufnahme seines Amtes an.[1057] An erster Stelle erwähnte er, daß Hitler ihn "als rechtmäßigen Landesbischof der bayerischen Landeskirche" zu einer Aussprache empfangen hätte. Weiterhin sei die Rechtsungültigkeit seiner Amtsenthebung inzwischen von gerichtlicher Seite bestätigt, und zudem auch "überwältigende" Vertrauensbeweise zu seiner Führung aus der ganzen Landeskirche gekommen.

Im gleichen Amtsblatt ging eine Kundgebung an die Gemeinden heraus, mit der Bekanntgabe der Wiederherstellung "verfassungsmäßiger Zustände" in der Landeskirche, und vor allem Dank an alle, die "für die bedrängte Kirche" Standfestigkeit und Treue gezeigt hätten: "Was in diesen Wochen... an freudigem Bekennermut offenbar geworden ist, wird unvergessen sein", betonte Meiser.[1058]

Die Befürworter der Eingliederung in Bayern, die durch die Ereignisse völlig überrascht waren, mußten auch erleben, wie der Reichsbischof am 2. November die Kirchenkommissare zurückgezogen und die Abberufung Meisers rückgängig gemacht hatte.[1059] Dennoch betonte die "Fränkische Tageszeitung" auf der ersten Seite ihrer Wochenendausgabe vom 3./4. November, daß der alte Zustand in der Landeskirche keinesfalls wiederhergestellt worden sei:[1060]

"Landesbischof Meiser hat sich vielmehr der Anordnung der Führers gefügt, und sich der unter der Führung des Reichsbischofs Müller stehenden Reichskirche eingegliedert und disziplinarisch unterstellt."

Sofort ging eine zusätzliche LKR-Kundgebung an die Gemeinden heraus, die diese Behauptungen widerlegte:[1061]

"1) Der Führer hat dem Herrn Landesbischof bei seinem Empfang in Berlin keinerlei Auflagen betr. Unterordnung unter den Reichsbischof gemacht.
2) Die Stellung Bayerns zur Reichskirche ist unverändert.
3) Der Reichsbischof hat die Absetzung des Herrn Landesbischofs zurückgenommen und die aufgestellten Kommissare zurückgezogen.
4) Landesbischof Meiser hat sich dem Reichsbischof über das bisherige Verhältnis hinaus in keiner Weise disziplinarisch unterstellt."

Problematisch blieb jedoch der letzte Punkt, denn Meiser hatte am 1. November die Zusicherung geäußert, er würde "die Geschäfte der bayerischen

Landeskirche unter strengster Beachtung der geltenden Gesetze, insbesondere der Reichskirchenverfassung vom 11. Juli 1933 führen".[1062] Diese Verfassung aber, obwohl sie die Selbständigkeit der Landeskirchen in "Bekenntnis und Kultus" garantierte, hatte auch das Amt des Reichsbischofs im Einklang mit dem Führerprinzip geschaffen, und noch hieß der Reichsbishof Ludwig Müller.[1063] Darum setzte die Bekenntnisgemeinschaft in den kommenden Wochen alles daran, Müller zum Rücktritt zu bewegen.

Trotz der verworrenen rechtlichen Lage in der Reichskirche, war man in Bayern für die eintretende "Atempause" sehr dankbar.[1064] Im Rundbrief der Pfarrerbruderschaft vom 1. November äußerten sich Schieder und Frör erfreut über die Ergebnisse in Berlin, auch wenn manche lieber "ein direktes Eingreifen des Staates" gesehen hätten.[1065] Denn nun könne man "die kirchliche Auseinandersetzung auf rein kirchlicher Grundlage" weiterführen. Dazu meinten sie, daß eine "öffentliche Erörterung des Kirchenkampfes", im Rahmen des Frick-Erlaßes, in der Presse wieder erlaubt sei.

Diese, wie es sich bald herausstellte, trügerische Hoffnung war allzu verständlich, denn den Bekenntnispfarrern war es offensichtlich unangenehm, ihre kirchenpolitischen Nachrichten zum größten Teil der Auslandspresse entnehmen zu müssen. Ein Brief der Evangelische Pressestelle München, zum Beispiel, bedauerte, daß gewisse Auslandszeitungen "aus dem Kirchenkampf Kapital gegen Deutschland" schlagen würden, und ein anderes Schreiben dieser Stellen warnte ausdrücklich, daß ihre Briefe "nur für deutsche evangelische Christen bestimmt" seien, und "wer sie in die Hände von ausländischen Korrespondenten" spiele, handle "gegen den Willen der Herausgeber und gegen unser deutsches Vaterland".[1066] Diese Haltung bekräftigten Dekan Langenfaß und Pfarrer Sammetreuther in einem Interview in den "Münchener Neuesten Nachrichten" vom 28. Oktober, wo sie sagten: "Die Weitergabe von kirchlichen Nachrichten zum Zweck der Unterstützung politischer Tendenzen ausländischer Zeitungen halten wir für Landesverrat".[1067] Und Schieder und Frör rühmten sich sogar in einem Rundschreiben der Pfarrerbruderschaft, daß die Bekenntnisfront in Berlin, den "Juden Klein, Vertreter der Basler Nachrichten", fortgeschickt hätten, der dann bei der DC-Reichsleitung Material für seinen nächsten Bericht bekommen hätte.[1068]

Diese xenophobische Einstellung ist zum Teil durch die Schlüsse, die manche ausländische Beobachter aus den Kirchenkampf gezogen hatten, erklärlich. Typisch dabei war das Urteil der Sopade-Berichte, die das Scheitern der Gleichschaltung der Kirche als einen Rückzug für die Idee des totalen NS-Staates bewerteten; dies sei "eine peinliche Niederlage des Prinzips und eine Beeinträchtigung des Nimbus der Diktatur".[1069] Auch das "Neue Tage-Buch" sah Hitlers Rückzug als einen "Canossa-Gang von unabsehbaren Folgen", und als "die erste offene Niederlage des Diktators, der erste ihm abgenötigte, öffentliche Verzicht auf etwas, was er öffentlich durchzusetzen versucht hatte".[1070] An anderer Stelle kommentierte das "Neue Tage-Buch":[1071]

"Alle Organisationen bis zu den Schachklubs und Mandolinenvereinen gleichzuschalten, und einer so großen und mächtigen Organisation wie der Kirche die Selbstbestimmung zu lassen: das ist ein so fundamentaler Widerspruch, daß man die Qualen, die das Totalitäts-Regime jetzt leidet, verstehen kann."

Eine ähnliche Beurteilung lieferte der US-Botschafter William Dodd in einem Bericht nach Washington.[1072] Die Motive für Hitlers Rückzug sah er in der Befürchtung, die Partei werde durch den Kirchenstreit in Süddeutschland ernsthaft geschwächt, und auch in der ungünstigen Auswirkungen auf die öffentliche Meinung im Ausland. Er meinte, daß das NS-Prinzip des totalen Staates zum ersten Mal erfolgreich in Frage gestellt worden sei, und auch, daß Zugeständnisse von dem Hitler-Regime doch errungen werden konnten. Dodd fügte allerdings hinzu, daß der Rückzug Hitlers von der Kirchenfrage, die Folge haben könnte, daß Rosenberg und andere ihre unorthodoxe Lehre nun ungehindert propagieren würden. Diese Befürchtung äußerten auch die ersten kirchlichen Berichte vom Kanzlerempfang am 30. Oktober.[1073]

Die in Deutschland während der heißen Phase des Kirchenkampfes besonders viel gelesenen "Basler Nachrichten",[1074] deren Berichterstattung selbst die Gestapo als "ziemlich sachlich gehalten" bewertete,[1075] kommentierten dagegen, daß Hitler in seiner Umkehr in der Kirchenpolitik Selbstvertrauen gezeigt hätte, und "mit gutem politischen Instinkt in die Fußstapfen des Alten Fritz getreten" sei.[1076] Hinzu komme, daß die Bekenntnisfront keine getarnte politische Opposition sei, zumal es "in aller Welt keine staatsfrommere Religion als das deutsche Luthertum" gäbe. Als Beweis erwähnte der Bericht, daß die Bekenntnisfront zum Arierparagraphen im Staat nichts gesagt, und auch zum 30. Juni keine Stellung genommen habe:

"Schon diese Tatsache konnte dem Reichskanzler zeigen, daß er politisch von der Bekennende Kirche nichts zu besorgen hat, wenn er sich im Streite der Kirchenparteien neutral verhält."

Auch wenn dies die Meinung der Bekenntnisfront wohl wiedergibt, war man dennoch besorgt, daß Hitlers Ansehen - im Inland und Ausland - durch ihre Opposition zu Müller und Jäger, Schaden erlitten hatte. Denn wenn die Bekenntnispfarrer sich in ihrem Protest sehr vorsichtig ausgedrückt hatten, gab es vor allem unter der bäuerlichen Bevölkerung genügend Anzeichen, daß nicht nur die Partei und die örtlichen Führer sondern auch Hitler in die Kritik gezogen wurde. So berichtete zum Beispiel das Dekanat Naila, daß die

Kreisleitung bemüht war, die Partei aus den Kirchenstreit herauszuziehen, denn "das Winterhilfswerk sei in Gefahr, Widerstand gegen die Partei, ja Zweifel am Führer würden laut".[1077] Vor allem das Argument, "Wenn der Führer nur wüßte", wirkte in den Tagen des sehr lauten Protestes gegen die Inhaftierung Meisers, nicht mehr ganz so überzeugend. Wenn ein NS-Pfarrer in einem Bittgottesdienst die fast verzweifelte Frage stellen konnte, "Warum greift unser Führer Adolf Hitler nicht ein?",[1078] so ist es nicht verwunderlich, daß die Bauern gelegentlich härtere Ausdrucksweise benutzt hatten. Pfarrer Baumgärtner, der solche Äußerungen zugegebenermaßen sehr gelegen kamen, berichtete von fränkischen Bauern, die gesagt haben sollten: "Hitler will uns die Kirche nehmen; wir würden ihn nie mehr wählen." Oder: "Wenn das Bekenntnis, der Glaube uns genommen wird, dann können wir zu Adolf Hitler kein Vertrauen mehr haben."[1079] Baumgärtner stellte sogar fest, daß "die Bilder des Führers... vielfach von den Wänden" verschwunden und "durch Bilder des D. Meiser ersetzt" wären. Der Halbmonatsbericht der BPP vom Ende Oktober beobachtete auch bei einem Teil der evangelischen Bevölkerung "eine feindliche Einstellung zum Nationalsozialismus..., weil die Reichskirchenregierung mit der Reichsregierung von der Bevölkerung auf eine Stufe gestellt worden ist".[1080] Auch bei dieser Beobachtung ist eine Kritik an Hitler nicht auszuschließen, denn im Führer-Staat war die Reichsregierung vom Führer kaum zu trennen.[1081]

Gerade weil der Kirchenstreit staatspolitische Auswirkungen hatte, die bis zur Kritik an Hitler reichten, versuchte man in kirchlichen Kreisen nach der Wiedereinsetzung Meisers die Treue zum Staat und Führer um so mehr zu betonen. Am 5. November ordnete der LKR an, daß "im großen Kirchengebet des Sonntagsgottesdienstes... regelmäßig des Führers und Reichskanzlers zu gedenken" sei.[1082] Und obwohl man sich des rechtlichen Durcheinanders in der Reichskirche wegen Hitlers Weigerung, Müller fallen zu lassen, durchaus bewußt war, schrieb das Münchener Gemeindeblatt, daß die Gemeinden "es dem Führer und Reichskanzler nie vergessen (werden), daß er durch sein Eingreifen diese erfreuliche Entwicklung in Fluß gebracht hat".[1083] Auch die während der Inhaftierung Meisers abseits stehende "Fränkische Wacht" sprach ihre Freude darüber aus, "daß der Führer unserm verehrten Herrn Landesbischof zu seinem Rechte verholfen hat".[1084]

Bei der ersten gemeinsamen Sitzung des LKR und LSA in November wurde folgendes, auf dem martialischen Schmuckblatt des Reichsparteitages 1934 gedrucktes Ergebenheitstelegramm an Hitler geschickt:[1085]

> "Der Führer und Reichskanzler hat die Wiederherstellung gesetzlicher Zustände in unserer bayrischen evangelisch lutherischen Landeskirche

ermöglicht... In unerschütterlicher Treue zum Führer und zum Dritten Reich geloben wir nach wie vor, die gesamte Kraft unserer Landeskirche zum Aufbau von Volk und Staat freudig einzusetzen."
Und in einer Predigt vom 11. November in München, betonte Meiser "die Pflicht der Protestanten, die weltlichen Autoritäten zu unterstützen".[1086]

Gleichzeitig rief der LKR die Gemeinden dazu auf, das von Hitler am 9. Oktober eröffnete Winterhilfswerk, das sowohl durch den Kirchenstreit als auch durch das Hammstern im Zuge der Kriegspsychose gelitten hatte,[1087] freudig zu unterstützen.[1088] Auch Schieder und Frör warnten die Pfarrer ausdrücklich, "ja keinerlei Bemerkungen schriftlicher oder mündlicher Art gegen das Winterhilfswerk" zu machen.[1089]

Aber neben der Betonung der Staatsloyalität, galt es auch für die Landeskirche, sich für die kommende kirchenpolitische Auseinandersetzung zu rüsten und die in den vergangenen Wochen für die Kirche mobilisierte Unterstützung zu festigen. Hierzu diente in vorzüglichster Weise die Feier des Reformationstages am 4. November, der erste Sonntag seit drei Wochen an dem die Kirchenglocken wieder läuteten, die Altarkerzen wieder brannten, und der schwarze Verhang an Altar und Kanzel der Farbe der Kirchenjahreszeit gewichen waren.[1090]

Der Höhepunkt des Reformationsfestes war der Bibeltag in Nürnberg, aus Anlaß des vierhundertjährigen Jubiläums von Luthers Bibelübersetzung. Schon Wochen vorher geplant, bekam der Bibeltag eine besondere Note als bekannt wurde, daß der Landesbischof dabei sein würde, um die erste Predigt nach seiner Freilassung zu halten.[1091] An alle Gemeinden in Bayern ergingen Einladungen, in Nürnberg die Einheit der Landeskirche zu demonstrieren, und es kamen in zehn Sonderzügen rund 20.000 Menschen (darunter 500 aus München), die nach einem sorgfältig ausgearbeiteten Plan an die verschiedene Kirchen der Stadt verteilt wurden.[1092]

Ein besonders starker Andrang herrschte in der Lorenzkirche, wo Meiser predigte. Er erzählte anfangs von der Nöte der vergangenen Wochen, und stellte fest, daß man das Reformationsfest "mit so bewegtem Herzen" noch nicht gefeiert habe.[1093] Als er an einer Stelle erwähnte, wie "sich unsere Pfarrer zu einer bis dahin nie gekannten brüderlichen Gemeinschaft zusammenschlossen", kamen ihm die Tränen und er mußte kurz anhalten.[1094] Dann sprach er vom Widerstandswillen, vor dem "wir alle beschämt stehen müssen, weil wir das den Gemeinden nicht zugetraut haben". Diese Treue habe ihren Lohn bekommen, als er zusammen mit Wurm und Marahrens nach Berlin gerufen wurden, wo sie "den Führer und andern im Staate sehr einflußreichen Männern vielerlei sagen" konnten. Als Resultat habe er sein Amt wieder aufnehmen können, und die Kommissare seien zurückgerufen. Aus diesem Erfolg solle jedoch keine "Triumphstimmung" aufkommen, sondern eine "gesteigerte Verantwortung", da in den anderen Kirchen im Reich "der Kampf noch hin und her" gehe. Meiser betonte die Verantwortung Bayerns für die Reichskirche, als er erzählte wie er "dem Führer... feierlich versichert" habe, "daß uns nichts ferner liegt, als eine Trennung von der Reichskirche, als separatistische, partikularistische Bestrebungen".

Für die vielen tausenden Gottesdienstbesucher an diesem Tag in Nürnberg - die "Allgemeine Rundschau" sprach in einem ausführlichen Bericht am 6. November von rund 80.000 - war es eine große Enttäuschung, daß die in der Presse angekündigte Kundgebung für den Nachmittag auf dem Marktplatz, vom Poliezipräsidenten Martin verboten wurde, denn durch dieses Verbot haben die meisten den Landesbischof weder sehen noch hören dürfen.[1095] Martin hatte in den Samstagszeitungen "ausdrücklich festgestellt, daß am nächsten Sonntag weder auf dem Adolf-Hitler-Platz noch sonstwo eine öffentliche Kundgebung zugelassen ist oder geduldet wird"; vor "spontanen" Ansammlungen wurde gewarnt.[1096] Auch die von Karl Holz und seinem Süddeutschen Bund evangelischer Christen für den 4. November beantragte Kundgebung auf dem Marktplatz wurde von Martin verboten. Der Polizeipräsident war der Überzeugung, daß die von kirchlicher Seite als "ein rein religiöses Gedenkfest" beschriebene Veranstaltung dazu benutzt werden würde, die bei der Bekenntnisfront herrschende "Siegesstimmung" "durch die Weiterführung einer starken Propaganda zu festigen und auszubauen". So kam es nur ganz kurz zu einer Menschenansammlung als Meiser beim Verlassen der Kirche den Weg zu seinem Auto schritt.

Dennoch hatte der Bibeltag in Nürnberg einen ausgesprochenen Demonstrationscharakter für die Bekenntnisfront. Schon allein die hereinströmende Menschenmengen, viele in den verschiedenen Trachten der fränkischen Regionen, und die Posaunenchöre von den Kirchentürmen konnten nicht unvermerkt bleiben.[1097] Dazu wehte wieder von der Lorenzkirche die von der Reichskirchenregierung im August abgeschaffte und auf Weisung des Präses der Bekenntnissynode Koch wieder zugelassene Kirchenflagge, mit dem violettes Kreuz auf weißem Grund.[1098] Die Wiedereinführung der Kirchenfahne - der Reichsbischof wollte nur die zwei Reichsflaggen "im einigen Deutschland" zulassen[1099] - war ein deutliches Zeichen, daß die Bekenntniskirche die Lehre von den zwei Reichen ernstnahm und eine Gleichschaltung mit dem Staat ablehnte. Ferner wurden am Bibeltag in Nürnberg, wie Martin berichtete, Flugblätter mit kirchenpolitischem Inhalt, wie das scharf formuliertes Blatt

"Pfarrersgezänk oder nicht?", verteilt.[1100] Bei den nachmittags Bittgottesdiensten predigten "Pfarrer aus den verschiedensten Teilen des Reiches, die alle in vorderster Linie im Kampf der bekennenden Kirchen stehen", wie die "Allgemeine Rundschau" feststellte.[1101]

Und sicherlich hatte niemand von den vielen Teilnehmern am Reformationsfest in Nürnberg vergessen, daß erst vor sechs Wochen der Ruf "Fort mit Meiser" von hohen Parteikreisen in dieser Stadt herausgegeben wurde. So gesehen war der am 4. November in Nürnberg gefeierte Sieg der Bekenntnisfront eindeutig und beeindruckend.

Deshalb herrschte aber unter den Gegnern der Bekenntnisfront eine um so stärkere Verbitterung,[1102] und es war zu erwarten, daß der Kirchenkampf der letzten sechs Wochen seine Nachwirkungen haben würde.

34) Die Nachwirkungen des Kirchenkampfes in der Pfarrerschaft und in den Gemeinden

In Weißenburg hatte der Kirchenkampf eine gespaltene Gemeinde hinterlassen, was am klarsten an den zwei gleichzeitig stattfindenden Reformationsfesten zum Ausdruck kam; im Evangelischen Vereinshaus gab es eine Feier mit Pfarrer Kalb und Pfarrer Rottler, während in der Andreaskirche ein Bekenntnisgottesdienst mit Dekan von Löffelholz und Seminar-Inspektor Frör als Redner stattfand.[1103] Beide Veranstaltungen waren laut Zeitungsbericht "überaus stark besucht".[1104] Eine besondere Verstimmung stellte die Polizeibehörde fest, als ein Theologiestudent versucht hatte, die in der Andreaskirche verteilten Flugblätter auch ins Vereinshaus zu bringen.[1105]

Die Spannung in Weißenburg empfand Kreisleiter Gerstner als so bedenklich, daß er zusammen mit dem zweiten Vorstand des Handwerkervereins und dem Amtsgerichtsrat Lösch am 7. November zum LKR nach München fuhr.[1106] Dort beschwerte er sich vor allem über die vom Dekan veranstalteten Bekenntnisgottesdienste. Der anwesende Daumiller versuchte die Notwendigkeit des kirchlichen Abwehrs zu erklären und stellte fest, daß die Entwicklung der Dinge der Landeskirche und dem Dekan Recht gegeben hätten, aber die Herren ließen sich nicht recht überzeugen. Daumiller stellte eine Aussprache in Weißenburg, womöglich in Gegenwart vom Kreisdekan Kern, in Aussicht, und versicherte Gerstner, daß der Friede rascher kommen würde, wenn Parteiorgane sich zurückhielten.[1107] Danach bat er auch den Dekan, in Gesprächen mit Kalb und Rottler seinen Teil dazu beizutragen, die Spannung unter den Pfarrern in Weißenburg abzubauen.

Schon in der zweiten Novemberwoche kam es zum Bruch zwischen Kalb und Rottler, als Rottler Kalbs Ansuchen ablehnte, eine Erklärung des NSEP vom 13. November zu unterzeichnen.[1108] Rottlers Richtungswechsel fiel zusammen mit seiner Fahrt nach München zum LKR Anfang November und bewegte sich durchas im Rahmen des Präsidiumsbeschlusses des Evangelischen Bundes vom 7. November, wo betont wurde, daß der Bund den ehrlichen Makler im Kirchenstreit spielen und sich weder mit der Bekenntnisfront noch mit der DC identifizieren wollte.[1109] Pfarrer Kalb dagegen war einer der 46 NSEP-Pfarrer, die in ihrer Erklärung ausdrücklich betonten, daß sie nur die landeskirchlichen Anweisungen durchführen würden, die nicht im Widerspruch zu den Weisungen der Reichskirchenregierung stünden.[1110] Gleichzeitig bekräftigten sie, daß sie "Reichsbischof Müller als den rechtmäßigen Reichsbischof" anerkennen würden und sein Wort an die Gemeinden und Pfarrern vom 8. November "freudig" bejahten. Dies war eine sehr deutliche Aussage, denn Müller hat in jenem Schreiben, die aus vielen Kreisen der Reichskirche an ihn gerichtete Bitte sofort zurückzutreten, kategorisch abgelehnt.[1111] Schließlich wiesen die NS-Pfarrer die ihr von der Bekenntnisfront auferlegte "Schuldbelastung" für ihre bisherige Haltung entschieden zurück. Besonders kränkend empfanden sie den Vorwurf, daß sie "an dem Satanswerk der Kirchenzerstörung" mitgeholfen hätten.[1112]

Die NSEP-Erklärung war die Antwort auf Meisers Brief an die Geistlichen vom 8. November, in dem er den gegen ihn stehenden Pfarrern die Rückkehr in die brüderliche Gemeinschaft in Aussicht stellte,[1113]

> "wenn sie anzuerkennen bereit und willens sind, daß Kirche nur vom Worte Gottes und Bekenntnis her gebaut werden darf und daß alls Hereinziehen außerkirchlicher Instanzen in die kirchlichen Auseinandersetzungen in Zukunft unterbunden bleiben muß."

Nur in Fällen wo "Verleumdung, Denunziation und böser Wille am Werke waren", behielt sich Meiser vor, "mit den Beteiligten im einzelnen zu handeln". Er drückte zum Schluß die Hoffnung aus, daß "eine Überwindung der bestehenden Gegensätze", auch mit den Deutschen Christen, im Bereich des Möglichen läge, allerdings nicht "ohne einen grundlegenden Personalwechsel in der Reichskirchenregierung".

Diese Bedingung hatten aber die NS-Pfarrer in ihrer Erklärung sehr deutlich abgelehnt, was Meiser in einem Schreiben an allen Unterzeichnenden "unbotmäßig" nannte, denn er nähme "den Dienst und Gehorsam aller Geistlichen in unverkürztem Maße in Anspruch" und konnte "Vorbehalte irgend welcher Art nicht gelten lassen".[1114]

Aus Weißenburger und der Umgebung waren es neben Kalb drei andere Pfarrer, die die NSEP-Erklärung unterschrieben hatten: Bestelmeyer in Burgsalach, Pfaffenberger in Höttingen, und Ruck in Nennslingen. Besonders in Burgsalach verursachte der Kirchenstreit eine ernsthafte Zerspaltung der Gemeinde. Ausgelöst wurde der Konflikt durch das Einschwenken Bestelmeyers zu den Anhängern des Reichsbischofs Mitte Oktober und vor allem durch die von Bestelmeyer einberufene "Aufklärungsversammlung" in Burgsalach am 24. Oktober, an der auch Dekan von Löffelholz mit 15 Pfarrern und Theologiestudenten teilnahm.[1115] Dabei habe, nach dem Bericht des Bürgermeisters, besonders die Gegenrede von Pfarrer Geuder, ein führendes Mitglied der Pfarrerbruderschaft aus Pommersfelden, zur großen Beunruhigung der Versammlung geführt. Zum Schluß der Versammlung ließ Bestelmeyer Pfarrer Kalb das letzte Wort haben; das Ansuchen des Dekans auch ein Wort sagen zu dürfen lehnte Bestelmeyer ab.

Auch nach der Versammlung hielt die Spannung im Dorf an, als der Dekan einige Dorfbewohner beauftragte, Unterschriften für den Landesbischof zu sammeln. Dadurch wurden, in den Worten des Bürgermeisters, "Nachbar gegen Nachbar, sogar Familienangehörige gegeneinander gehetzt". Auch für die Partei hatte der Kirchenstreit Auswirkungen, als Anfang November der Versuch einer Ortsgruppe der NS-Frauenschaft zu gründen, scheiterte.[1116] In seinem Bericht vom 21. November stellte der Bürgermeister fest, daß "das gegenseitige Vertrauensverhältnis... zur Zeiten des politischen Großkampfes vor Jahren nie so gestört" sei "wie heute durch die Kampfesweise der sogenannten 'Bekenntnisfront'".[1117] Bei der Unterschriftensammlung seien bewußte Unwahrheiten aufgestellt, und sogar Staat und Partei für den Streit verantwortlich gemacht. Dem Bürgermeister fiel es auch auf, daß auch solche Leute unterschrieben hatten, "die in Glaubenssachen bisher nie den Standpunkt von treuen Christen eingenommen hatten und die politisch den heutigen Staat bis zuletzt verneint haben". Das spürbare Resultate des Streites sei,

> "daß die Gebefreudigkeit zu den Einrichtungen der Partei: NSV, Sammlung für das Eintopfgericht und WHW usw. sehr leidet. Ja, daß in Zukunft der Erfolg von Sammlungen in Frage gestellt ist. Was in jahrelanger mühevoller Aufbauarbeit an Einigkeit und Zusammenschluß erreicht wurde, hat H. Dekan v. Löffelholz durch Erteilung seines Auftrages (Unterschriftensammlung!) gründlich zerstört."(1118)

Aus dem Nachbardorf Nennslingen lieferte der DC-Pfarrer Ruck eine besonders plastische Darstellung der Zustände in Burgsalach:[1119]

> "In den Wirtshäusern tobt der Streit, Man grüßt einander auf der Straße nicht mehr. Man wird einander bitter feind. Die treuesten Kämpfer der nat.soz.Bewegung sind gehaßt. Der gewissenhafte und durchaus bekenntnistreue Pfarrer wird mißachtet und angepöbelt, nur weil er zur Reichskirche steht. Nach allem was man hört, geht das Treiben vornehmlich auf den Herrn Dekan von Weißenburg zurück. Das ist nicht mehr 'Kirchen-

streit', sondern die öffentliche Ruhe und Ordnung sind gefährdet, der Friede ist gestört, die Freiheit ehrlicher Überzeugung bedroht: alles Güter und Werte, die der Staat zu hüten und zu wahren hat."
Ruck stellte zugleich fest, daß auch in seinem Dorf sich "bedenkliche Anzeichen von Unruhe und Unordnung bemerkbar" machten.

Einer der sich gegen Ruck in Nennslingen stellte war ein früherer Vertrauensmann des Landbundes, Karl Weixelbaum, der auch bald die Rache der Partei zu spüren bekam. Am 3. November druckte das "Weißenburg Tagblatt" einen denunziatorischen Artikel der NSDAP, getitelt "Ein dachaureifer Judenknecht", in dem Weixelbaum vorgeworfen wurde, die Judentafel des Ortes entfernt zu haben, nichts zum WHW zu geben, wobei er "seinen Geiz mit dem Mäntelchen des sogenannten 'Kirchenstreites'" gedeckt habe, sowie eine Unterschriftensammlung zugunsten der jüdischen Viehhändler in Ellingen organisiert zu haben.[1120] Auch bei Ruck hatte sich Weixelbaum unbeliebt gemacht, als er ihn einen "Herrgottsschnitzer" nannte, womit er ausdrücken wollte, daß der DC-Pfarrer sich sein eigenes Gottesbild zurecht geschnitten hätte.[1121] Als Protest gegen Ruck pflegten die Weixelbaums, mit fünf anderen Familien im Dorf, an Sonntagen zur Nachbarkirche in Bergen zu pilgern. Wegen seiner fortgesetzten Weigerung zum WHW zu geben, und wegen seiner Äußerung über Ruck, kam Weixelbaum im Frühjahr 1935 für zwei Wochen in Schutzhaft nach Weißenburg.[1122] Dank der Einsicht des Bezirksamtvorstandes Hahn blieb es aber bei dieser Abschreckungsmaßnahme.[1123]

Ein ähnlicher Fall wird aus dem Bezirksamt Gunzenhausen berichtet. Hier beantragte Kreisleiter Appler die Verhängung der Schutzhaft über einen Bauer, der wegen des Kirchenstreits nichts zum WHW gab und auch andere Bauern in diesem Sinne beeinflußt hatte.[1124] Auch hier handelt das Bezirksamt besonnen, nachdem die Gendarmerie bestätigt hatte, daß der Bauer wieder zum WHW geben würde, wenn die Kirchenfrage gelöst sei.[1125] Über die Ablehnung seines Antrages äußerte sich Kreisleiter Appler sehr erbost, da bei einem ähnlichen Fall im Kreis Ansbach "der Betreffende sofort eingesperrt wurde. In meinem Kreis jedoch können Saboteure und Verleumder ungestört ihr Judenhandwerk gegen die Bewegung ausführen".[1126]

Weniger Glück dagegen hatte ein Händler und früherer Fabrikarbeiter, der im Weißenburger Bezirk als Redner und Flugblattverteiler für die Bekenntnisfront tätig war. Er wurde als geistig nicht normal eingestuft und zur Sterilisierung verurteilt.[1127]

Nachhaltige Auswirkungen des Kirchenstreits für die Partei wurden aus einem Ort im Bezirk Gunzenhausen gemeldet. Im Mai 1935 berichtete der Bürgermeister, daß durch den Streit im Herbst 1934 "eine große Spannung und

Verstimmung gegen den Nationalsozialismus hereingetragen" wurde "der nicht mehr wieder gut zu machen ist".[1128] Die Versammlungen der NSDAP seien sehr schlecht besucht; "die Stimmung und Spannung gegen den Nationalsozialismus nimmt immer ärgere Formen an und greift sogar ins Familienleben ein".

Ähnliche Auswirkungen hatte der Kirchenstreit in einem Ort im Bezirk Weißenburg. Die Gemeinde Langenaltheim mit ihrem 1600 Einwohner war von der Landwirtschaft und von den umliegenden Steinbruchbetrieben beherrscht. Da im September 1923 die erste NS-Ortsgruppe im Bezirk in Langenaltheim gegründet wurde, galt der Ort als eine Hochburg der NSDAP.[1129] Nach der Machtübernahme wurden die beiden Bürgermeister der Mittelstandsvereinigung von zwei Nazis ersetzt: dem Steinbruchbesitzer Johann Zischler als erster und der Postagent Georg Dörfler als zweiter Bürgermeister. NS-Ortsgruppenleiter seit 1931 war der älteste Sohn des ersten Bürgermeisters, Rudolf Zischler, eines der Gründungsmitglieder der NSDAP im Ort. Zu dem seit 1906 im Ort amtierenden Pfarrer, Edmund Schöner, pflegte die Familie Zischler gute Beziehungen.[1130] Schöner, der DNVP-Anhänger war, unterstützte auch die NSDAP und wurde nach den Märzwahlen 1933 vom Ortsgruppenleiter gebeten, bei der Fahnenhissung eine Rede zu halten.[1131]

Die Kirchengemeinde Langenaltheim war eine der vielen Gemeinden der Landeskirche, die bis zum Herbst 1934 wenig vom Kirchenkonflikt berührt war. Die Kirchenvorstandswahl in Juli 1933 verlief ruhig und brachte keine wesentliche Änderung; die kirchenpolitische Lage wurde lediglich im Kirchenvorstand besprochen.[1132]

Dies änderte sich rasch nach dem Angriff der Gauzeitung gegen Meiser, als Pfarrer Schöner die "verleumderischen Beleidigungen" zurückwies und die Gemeinde aufforderte, ihre Treue zum Landesbischof offen zu zeigen.[1133] Nach dem Gottesdienst machte der erste Bürgermeister Zischler einen offiziellen Besuch beim Pfarrer und versicherte ihm, daß er als Führer der politischen Gemeinde und sein ganzes Haus "hinter seinem Landesbischof und hinter seinem Ortspfarrer stehe und stehen werde". Zugleich ermächtigte er den Pfarrer, von seiner Erklärung "jeden Gebrauch machen zu dürfen".[1134] Von Schöner über diese Treueerklärung informiert, bedankte sich Meiser persönlich und versicherte dem Bürgermeister, daß er seinen Kampf "im wahrsten Sinne des Wortes auch zu Gunsten unseres deutschen Volkes" führen würde.[1135]

Während der Inhaftierung Meisers organisierte Pfarrer Schöner eine Unterschriftensammlung gegen das an der Landeskirche verübte Unrecht.[1136] Bürgermeister J. Zischler und Ortsgruppenleiter R. Zischler glaubten, diese Aktion ohne Bedenken unterstützen zu können, nachdem die Anordnung von

Streicher vom 19. Oktober jedem Amtswalter erlaubte, "seine Meinung in kirchlichen oder religiösen Dingen vertreten" zu dürfen.[1137] Insgesamt hatten 823 wahlberechtigte Kirchenmitglieder unterzeichnet, bei nur 101 Enthaltungen, wie Schoener dem Reichsstatthalter Ende Oktober mitteilte.[1138]

Einer, der die Unterstützung für Meiser ablehnte, war der zweite Bürgermeister Dörfler, der den Ortsgruppenleiter für seinen Plan gewinnen wollte, mit der Gendarmerie und durch Zwischenrufe im Gottesdienst gegen den Pfarrer vorzugehen.[1139] Ortsgruppenleiter R.Zischler lehnte es jedoch entschieden ab, den Mann anzugreifen, der ihn getauft und konfirmiert hatte, außerdem argumentierte er, daß eine solche Aktion die ganze Bewegung im Ort auf dem Spiel stellen würde.[1140] Auch J.Zischler riet Dörfler von seinem Plan ab: "Nahezu die ganze Bevölkerung hier ist kirchentreu und es wäre doch geradezu Wahnsinn, wenn man dadurch das Ansehen unserer Partei zerstören würde".[1141] Daraufhin fuhr Dörfler nach Weißenburg und denunzierte den Ortsgruppenleiter beim Kreisleiter Gerstner. Dieser reagierte sofort und beurlaubte R.Zischler, ohne ihn vorher angehört zu haben.[1142] Als Begründung schrieb Gerstner am 26. Oktober den Ortsgruppenleiter,

"daß Sie im Lager der Bekenntnisfront, also gegen den vom Führer eingesetzten Reichsbischof stehen. Der Führer hat die Rechtmäßigkeit der Anordnungen der Reichskirchenregierung und damit den Reichsbischof Müller ausdrücklich bestätigt! Ein Ortsgruppenleiter, der so wenig Vertrauen zum Führer zeigt, und sich einfach über den eindeutig gezeigten Willen desselben hinwegsetzt ist kein wirklicher Nationalsozialist und unwürdig eine Führerstellung in der Bewegung einzunehmen."

Am 28. Oktober rief Ortsgruppenleiter R.Zischler sämtliche Parteigenossen zusammen und teilte seine Beurlaubung mit, die nur wegen seiner Zugehörigkeit zur Bekenntnisfront erfolgt sei, auch wenn er keinen Pg. in diesem Sinne beeinflußt habe.[1143] Eine Bitte R.Zischlers an Gerstner vom 30. Oktober, ihm das Recht zu gewähren, zu den Vorwürfen Stellung zu nehmen und mit seinem Ankläger konfrontiert zu werden, blieb erfolglos.

Stattdessen erschien am 1. November der stellvertretende Gauleiter Holz bei einer schnell einberufenen Parteiversammlung in Langenaltheim. Ohne die zwei Zischler zu grüßen, begann Holz über die Kirche herzufallen: die "scheinheiligen Kirchengänger opfern nicht beim Winterhilfswerk"; "die Pfarrer haben nie gegen den Marxismus gearbeitet"; "ein Jude Warburg hat eine Million zur Finanzierung des Kirchenstreites gegeben".[1144] Darauf unterbrach Bürgermeister Zischler die Rede von Holz mit dem Zuruf: "Das geht zu weit. Was Sie hier sagen trifft auf uns nicht zu. Ich entstamme einer guten christlichen Familie und empfinde es als Schmach, wenn man hier so behandelt wird." Holz entgegnete, daß er ein schlechtes Gewissen haben müsse, wenn er sich so aufrege, worauf R.Zischler mehr Rücksicht von Holz für den gesundheitlichen Zustand seines Vaters verlangte. Darauf sagte Holz zu seinen Adjutanten: "Melden Sie diese beiden Parteigenossen dem Parteigericht zur Bestrafung wegen Disziplinlosigkeit".[1145] Die Bitte eines Teilnehmers, die beiden Zischler sollten ein Wort zu ihrer Verteidigung sagen dürfen, lehnte Holz schroff ab und schloß die Sitzung. Die meisten Versammlungsteilnehmer, so berichtete J. Zischler, "waren darüber erregt, wie man hier mit alten Parteigenossen umgeht".

Am Reformationsfest gab Pfarrer Schöner die Ergebnisse der Unterschriftensammlung im Gottesdiesnt bekannt und kam auch auf die "beispiellos erlogene Hetze hier von allgemein bekannten Personen" zu sprechen.[1146] Dabei erwähnte er die Lügen gegen die Bekenntnisfront, die "in einer in Treuchtlingen gehaltenen Rede" aufgestellt, und in Form eines am schwarzen Brett aufgehängten Zeitungsberichtes im Ort bekanntgemacht wurden. Den Gemeindegliedern war es dabei kein Geheimnis, daß Pfarrer Schöner die Rede des stellvertretenden Gauleiters Holz meinte, die Holz im Rahmen seiner Versammlungswelle "Der Kampf geht weiter" gemacht hatte, und in der er ganz offensichtlich, entgegen der Anordnung Streichers, die Bekenntnisfront frontal angegriffen hatte.[1147]

Zum Schluß seiner Ausführungen dankte Schöner den Gemeindegliedern für ihr Festhalten und

"besonders denen, die in ihrer führenden Stellung dadurch ein besonders hochzuschätzendes Vorbild evang. Treue gegeben haben, daß ihnen zwar viel Aufregung und Ungemach, Leid und Verdruß und vor allem viel Undank von Menschen gebracht hat, daß aber auch dafür seines Lohnes von dem Herrn der Kirche gewiß sein darf. Zu ihnen wollen, die wir es mit Kirche und Vaterland, mit Heimat und Gemeinde gut meinen, in geschlossener Eintracht stehen nach dem Grundsatz: 'Treue um Treue'." Hier war

es auch kein Geheimnis, daß die beiden Zischler gemeint waren.

Ganz offensichtlich litt die Partei in Langenaltheim erheblich unter dieser Affäre. R. Zischler berichtete, daß die Versammlungen schlecht besucht waren, und daß die Bevölkerung "eine grausame Gleichgültigkeit an den Tag" legte.[1148] Die Vertrauenskrise wurde noch verschärft, als das Kreisgericht Weißenburg den beiden Zischler die Ämterfähigkeit aberkannt hatte, einen Spruch, den das Oberste Parteigericht bestätigte.[1149] Daraufhin wurde der wenig beliebte Dörfler zugleich erster Bürgermeister und Ortsgruppenleiter.[1150] Ein Indiz für sein geringes Ansehen war, daß die von ihm aktiv unterstützte Ortsgruppe der "Deutschen Christen" im Ort nicht Fuß fassen konnte; ihre Versammlungen wurden nur von 20-30 Personen besucht, und im Jahre 1938 stellten sie ihre Tätigkeit sogar ein.[1151]

Die Parteikrise in Langenaltheim, die durch den Weißenburger Kreisleiter Gertsner ausgelöst wurde, zog auch sein Ansehen in Mitleidenschaft. Aber nicht nur die Anhänger der Bekenntnisfront empfanden das Verhalten des Kreisleiters und Bürgermeisters befremdend. Seine häufigen, im Stil Streichers gemachten Spitzen gegen die sozial höher gestellten Bürger - er sprach verächtlich über die "dressierten Gehirne" oder die "Damen mit den gepflegten Händen" - führten dazu, daß "gute und verdiente Parteigenossen aus Akademikerkreisen die Versammlungen nicht mehr besuchen" wollten, wie die Führerin der NS-Frauenschaft feststellte.[1152]

Besonders gestört war das Verhältnis der Kirche zur Partei in Langenaltheim. Pfarrer Schöner weigerte sich mit dem neuen Ortsgruppenleiter in der NSV zusammenzuwirken[1153] und warnte die Gemeinde sogar von der Kanzel vor der verstärkten Werbeaktivität jener Zeitungen, "die sich als erbitterste Feinde unserer Kirche und ihres Bischofs erwiesen haben".[1154] Er bat die Gemeinde, der "einzigen evangelischen Zeitung, die wir noch besitzen,... der 'Allgemeinen Rundschau'", die Treue zu halten. Für diese Empfehlung drohten zwei SA-Männer, die für die "Fränkische Tageszeitung" und für den "Stürmer" Werbung im Ort durchführten, den Pfarrer mit der "baldigsten Verbringung... nach Dachau".[1155]

35) Zunehmende Behinderung kirchlicher Informationsarbeit

Dieser Vorfall wirft ein Licht auf den sehr hart geführten Konkurrenzkampf der "Fränkischen Tageszeitung" gegen die bürgerlichen Zeitungen der Region, vor allem gegen den "Fränkischen Kurier" und die "Allgemeine Rundschau". Dabei war der Kampf gegen die "Allgemeine Rundschau" zugleich die Fortführung des Kampfes der Gauleitung gegen die evangelische Kirche, denn die "Allgemeine Rundschau" blieb trotz Presseeinschränkungen konsequent in ihrer Unterstützung für Meiser und die Landeskirche. Zugleich war auch eine politische Komponente im Spiel, denn die "Allgemeine Rundschau", obwohl sie die Politik des NS-Staates voll deckte, war, wie der "Fränkische Kurier", durchaus eine bürgerliche Zeitung geliebn, wo das Nationale stark im Vordergrund stand, und die NS-Weltanschauung, die in der "Fränkischen Tageszeitung" deutlich hervortrat, stark heruntergespielt wurde.[1156]

Der Kampf gegen die "Allgemeine Rundschau" erreichte im Spätherbst 1934 seine Zuspitzung. Am 23. November wurde der Verleger der Zeitung, Johann Bollmann, "im Interesse der öffentlichen Sicherheit", für drei Tage in Schutzhaft genommen.[1157] Dieser Schritt wurde damit begründet, daß Holz an diesem Tag eine Versammlung in Zirndorf angekündigt hatte, wo Ausfälle gegen

Bollmann wegen seines Verhaltens im Kirchenstreit erwartet wurden. Nach der Haft verteidigte sich Bollmann in einer Ausgabe der "Allgemeinen Rundschau" gegen die über ihn kursierenden Gerüchte - die "Fränkische Tageszeitung" hatte nämlich über die Schutzhaft von Bollmann, der "in letzter Zeit durch sein Benehmen immer wieder die Ursache großer Unruhen im Volk" gewesen sei, berichtet.[1158] Bollmann druckte den vollständigen Schutzhaftbefehl, beteuerte die nationale Zuverlässigkeit seiner Zeitungen, und schloß mit der Feststellung: "Religion hat mit dem Staat nichts zu tun. Auch in der Zukunft ist völlige Religionsfreiheit durch unseren Führer und Volkskanzler Adolf Hitler in Deutschland gewährleistet".[1159] Für diesen Beitrag wurde die "Allgemeine Rundschau" auf Anordnung des Reichsministeriums für Volksaufklärung und Propaganda auf drei Tage verboten.[1160]

Der Hauptanklagepunkt gegen Bollmann war, daß das Flugblatt "Pfarrersgezänk oder nicht?" in seinem Verlag gedruckt wurde. Zwar behauptete Bollmann, daß er, nachdem das Flugblatt am 3. November von der Polizeidirektion Nürnberg beschlagnahmt worden war, den Versand weiterer Exemplaren eingestellt habe; dennoch war die Auflagenhöhe so groß, daß auch über dieses Datum hinaus die Verbreitung des Blattes fortgesetzt wurde.[1161]

Durch die Frick'sche Nachrichtensperre vom 6. und 7. November wurden nicht nur Veröffentlichungen über die evangelische Kirche in der Tagespresse, sondern auch in Flugblättern, Flugschriften und Kirchenzeitungen verboten.[1162] Einzige Ausnahme waren "amtliche Kundgebungen der Reichskirchenregierung". Danach ging man rigoros gegen die kirchliche Flugblattverteilung vor. Am 14. November ordnete die BPP an, daß jegliche Verbreitung von Flugschriften, "also auch der Vertrieb von Haus zu Haus, durch Briefsendungen, in Kirchen, bei Versammlungen" unnachsichtig zu unterbinden sei.[1163] Man solle lediglich "von einem polizeilichen Einschreiten in Kirchen selbst... vorerst Abstand" nehmen. Einzige noch legale Quelle kirchlicher Nachrichten war die Auslandspresse, die "wegen der wechselseitigen Rücksichtnahme aus außenpolitischen Gründen" noch geduldet wurde, solange ihre Berichterstattung die Staatssicherheit oder den inneren Frieden nicht gefährdete.[1164]

Mit diesen Maßnahmen wurde die, in den Worten Martins, "rege Flugblattpropaganda" der Bekenntnisfront Anfang November weitgehend eingeschränkt.[1165] Ende November stellte Martin fest, daß die "Flugblattpropaganda" zwar auch nach dem Verbot weitergeführt wurde, "allerdings mehr beschränkt auf den Kreis der Geistlichen":[1166]

"So konnte in Nürnberg noch am 17. November 1934 eine Sendung ca. 20 vervielfältigter Briefe der Ev. Pressestelle München festgestellt werden. Die Verbreitung geschah über Deckadressen; auch scheint ein besonderer Kurierdienst eingerichtet zu sein."

Auf die Frick'schen Nachrichtensperre reagierte man in der Kirche unterschiedlich. Am 29. November gab der LKR bekannt, daß die Berichterstattung des Evangelischen Presseverbandes für Bayern "auf Grund staatlicher Anordnung" "bis auf weiteres unterbleiben" müsse.[1167] Die Briefe der Evangelischen Pressestelle München dagegen erschienen weiter, wenn auch nicht so häufig, und die Rundbriefe der Pfarrerbruderschaft wurden mit der gleichen Regelmäßigkeit und Offenheit fortgesetzt.[1168]

Die meisten Kirchen- und Gemeindeblätter stellten gleich nach dem Frick-Erlaß ihre Berichterstattung über die kirchenpolitische Lage ein.[1169] Da aber die neuen Bestimmungen Fricks in der Tagespresse nicht erschienen waren, und nur im "Wort des Reichsbischofs an die Gemeinden und Pfarrer" im Gesetzblatt der DEK bekanntgemacht wurden,[1170] haben einige kirchliche Zeitschriften die Bestimmungen entweder nicht gekannt oder nicht geachtet. Der UP gegenüber haben Vertreter der Bekenntniskirche geäußert, sie würden das Verbot nicht einhalten, weil sie den Reichsbischof nicht anerkennen und sie wunderten sich zudem, "daß Frick sich überhaupt zu solchen Erlassen entschlossen hat, die wieder einen Eingriff des Staates in den Kirchenstreit bedeuten".[1171]

So kam es auch zu einer Reihe von Beschlagnahmen von kirchlichen Blättern. Das Rothenburger Sonntagsblatt, das in seiner Ausgabe vom 18. November den ersten Artikel einer Serie über die Oktober-Ereignisse in der Landeskirche, wohl aus Unkenntnis der Frick'schen Bestimmungen veröffentlichte, wurde polizeilich beschlagnahmt.[1172] Die "Junge Kirche", die am 17. November die Rücktrittsforderungen an den Reichsbischof druckte, wurde ebenfalls beschlagnahmt,[1173] sowie die nächste Ausgabe vom 1. Dezember, obwohl man die zwei Rubriken mit kirchenpolitischen Nachrichten gestrichen hatte.[1174] Etwas mehr Glück dabei hatte das "Korrespondenzblatt", das unbehelligt am 12. November die Rücktrittsforderungen an den Reichsbischof veröffentlichte.[1175] Dennoch schränkte auch das "Korrespondenzblatt" seine kirchenpolitische Berichterstattung weitgehend ein.[1176]

Während einige von der Bekenntniskirche die Nachrichtensperre als eine "einseitige Parteinahme des Staates für die vom Reichsbischof vertretenen... Richtung" ansahen,[1177] wiesen andere auf die positiven Aspekte der Maßnahmen hin. Die AELKZ kommentierte, zum Beispiel:[1178]

> "So schmerzlich dieser Erlaß für die anständige Presse ist, so dringend nötig war es gegenüber der Infamität gewisser Presseorgane, die fortwährend mit Lüge und Verhetzung arbeiteten. Man darf der bewährten Gerechtigkeit des Ministers vertrauen, daß er das Schweigesiegel für

die anständige objektive Berichterstattung, wie sie auch uns immer Gewissenssache war, bald wieder lösen wird..."

So haben denn auch die Bekenntnispfarrer mit einer gewissen Genugtuung die Beschlagnahme einer Ausgabe des DC-Blattes "Evangelium im Dritten Reiche" zur Kenntnis genommen.[1179]

In Bayern hatte die Frick'sche Nachrichtensperre auch die Arbeit der Anhänger des Reichsbischofs gehindert, die gerade dabei waren, zum Teil mit Hilfe des "Süddeutschen Bundes Evangelischer Christen", Unterstützung für ihre Position in den Gemeinden zu organisieren.[1180] Mitte November hatte Pfarrer Baumgärtner eine "Pressestelle Nürnberg für die Deutsche Evang. Kirche" errichtet, die ein kirchliches Wochenblatt "Sonntag in Franken" als Beilage zum "Deutschen Sonntag", ein DC-Blatt aus Württemberg, herausgab.[1181] Da aber eine unpersönliche Verteilung der Zeitschrift als Flugblatt polizeilich verboten war, schickte der stellvertretende Leiter des "Süddeutschen Bundes Evangelischer Christen", Karl Strehl, an die Kreis- und Ortsgruppenleiter in Franken sowie die Mitglieder des Bundes Freiexemplare der Zeitschrift.[1182] Hier war wiederum ein Beweis für die Unterstützung der Anhänger des Reichsbischofs durch die Gauleitung, was besonders in folgenden Ausführungen Strehls zum Ausdruck kam:

"Glaubt nicht der Süddeutsche Bund schläft, er überblickt mit wachen Augen alles. Hört auf die Gauredner, die auch unsere Mitglieder sind, denn jeder Satz hat seine Bedeutung. Laßt dem S.B.E.C. oder besser der Gauleitung Berichte und alle Beobachtungen zukommen. Keiner von Euch Treuen wird vergessen werden."

Auch der Gaupropagandaführer und Leiter des "Süddeutschen Bundes Evangelischen Christen" Karl Holz setzte seine Redekampagne, mit Angriffen auf die Bekenntniskirche, fort. Nach dem Stenogramm seiner Rede vom 30. November in Neustadt a.d.Aisch hatte Holz die Bekenntnispfarrer als "niederträchtige Lügner" bezeichnet:[1183]

"Es geht ihnen nicht um das Bekenntnis, sondern um den eignen Machtdünkel und ihre Pfründe; es ist eine gemeine politische Quertreiberei, die sich nicht fügen will; es geht darum, das nationalsozialistische Deutschland und seine Weltanschauung nicht anzuerkennen. Die Geistlichen sind nicht verwurzelt im Volk, sondern verbunden mit dem Ausland. Sie lesen nur ausländische Zeitungen und schreiben sogar in denselben. Nicht die Religion ist in Gefahr, sondern ihre Heuchelei und Scheinheiligkeit. Nur der Nationalsozialismus hat das Christentum der Tat eingeführt."

Auch die Legende vom jüdischen Geld aus Amerika für die Bekenntnisfront fügte Holz erneut hinzu, diesmal auf vier, statt nur eine Million Mark beziffert. Daß Holz diese gerichtlich schon untersagte Behauptung dauernd wiederholen durfte, hing mit seiner Immunität als Reichstagsabgeordneter zusammen.[1184]

Dennoch hatten die Holz'schen Tiraden, zumal auf dem flachen Land, nur mäßig Erfolg. Bei der Versammlung in Neustadt wurde die HJ in den Saal hineinkommandiert "als Füllsel für (eine) schlecht besuchte Versammlung", wie der Leiter des evangelischen Schülerheims Neustadt beklagte.[1185]

Die "Fränkische Tageszeitung" jedoch hielt sich an den Frick'-schen Bestimmungen und brachte lediglich einige kurze Meldungen über Versammlungen der am 25. November in Bayern neugegründeten Deutschen Christen.[1186]

Ein zusätzliches Hindernis für die Bekenntniskirche, aber auch besonders für die Aufbauarbeit der Deutschen Christen, war die Anordnung der BPP vom 10. Dezember, die "sämtliche öffentlichen Veranstaltungen und Kundgebungen kirchlich-konfessionellen Charakters" verbot.[1187] Ausgenommen waren lediglich Veranstaltungen in der Kirche.

Wie man unter diesen Umständen die Gemeinden über die kirchliche Lage noch informieren konnte, erläuterte Schieder in seinem letzten Brief an die Pfarrerbruderschaft am 19. Dezember.[1188] Am besten sei es, meinte er, wenn man "nur wirklich Wichtiges und Ernsthaftes" bei der Verkündigung im Gottesdienst bekanntgibt; für die Formulierung sollen "etliche Brüder (sich) vorher zusammensitzen". Sonst könne man in geschlossenen Kreisen informieren, wobei Schieder betonte, daß Sitzungen nicht verboten seien: "Also Kirchenvorstandssitzungen, aber nicht Kirchenvorstandsversammlungen".

Dagegen informierte der LKR am 20. Dezember die Pfarrämter, daß die BPP der Kirchenleitung mitgeteilt habe, daß "alle Veranstaltungen, auch nicht politische, wie Pfarrkonferenzen,... Kirchenvorsteherversammlungen, Gemeindeabende... anmelde- und genehmigungspflichtig" wären.[1189] Dennoch würden diese Veranstaltungen "grundsätzlich genehmigt, soferne nicht die Aufrechterhaltung der öffentlichen Ruhe und Ordnung im Einzelfalle eine andere Regelung erfordert". "Hiernach ist zu verfahren", fügte der LKR hinzu.

Durch diese Reihe von staatlichen Maßnahmen gegen die Kirche, die keinesfalls im Reich einheitlich durchgeführt wurden, begann man die Willkür und Rechtsunsicherheit im NS-Staat im alltäglichen Leben der Kirche hautnah zu spüren.[1190]

36) Der mittlere Weg der bayerischen Kirchenleitung: November und Dezember

Wie das oben erwähnte Beispiel zeigt, begann im Spätherbst 1934 die Differenzen zwischen der Pfarrerbruderschaft und der Kirchenleitung immer deutlicher zu werden. Als "bedenkliche Verbeugung gegenüber Partei und DC-Bewegung"[1191] betrachtete die Bruderschaft die Ernennung des LSA-Vorsitzenden und früher stellvertretenden GDC-Landesleiter Hans Greifensten, sowie des Altparteigenossen Friedrich Hanemann zu Geistlichen Oberkirchenräten durch Beschluß des LKR vom 20.11.1934.[1192] Die Opposition der Bruderschaft zu dieser Ernennung artikulierte Helmut Kern in einem Brief an Meiser vom 16.11.1934:[1193]

> "Wir sehen die neue Lage ernster an als die Lage nach dem 27. Januar und nach dem Jäger'schen Gewalteinbruch. Damals standen wir in voller Einigkeit hinter Ihnen und das gab uns die durchstoßende Stärke in allen Kämpfen. Heute geht ein Riß durch unsere Pfarrerschaft, der schlimmer ist als der durch die DC geschaffene."

Der Grund dafür lag hauptsächlich an der Ernennung Greifensteins, den die Bruderschaft als in seinem bisherigen Verhalten zu schwankend für ein so wichtiges Amt betrachtete. Greifenstein genieße außerdem weder das Vertrauen der DC, noch das Vertrauen des Ordungsblockes in der Mitte. Besonders irritiert fragte Kern, warum man in München nicht vorher "die Stimme des Landes" gehört habe:

> "Warum nicht, rein beratend, die Stimme Ihrer getreuen Kämpfer? Ich meine damit nicht mich, aber Leute, der im Kampf bewährten Pfarrerbruderschaft. Wir fürchten, daß in diesem Fall kluge Weichensteller ihres Amtes gewaltet haben, Warum hat man den Bruderrat, der sich wahrlich bewährt hat, gleich nach Bereinigung der Jägerzustände wenigstens nicht beratend gehört. Es ist nicht gut im Kriegsfall Leute mit großer Verantwortung zu belasten und sie dann im 'Frieden' sofort von jeder tragenden Mitverantwortung zu entbinden... Wir haben nicht gekämpft um danach regieren zu dürfen, aber es war zu jeder Zeit gut, wenn die obersten Führer sich immer wieder die Offiziere aus den Schützengraben zur Beratung holten."

Am 22. November erzählte Meiser einer Abordnung der Bruderschaft die Gründe für seine Entscheidung und versicherte ihnen, daß die Ernennung "in keiner Weise einen Kurswechsel bedeuten sollte".[1194]

Auch über die Behandlung der sogenannten "Lapsi", der reichskirchlich eingestellten Pfarrer, gab es Differenzen zwischen der Bruderschaft und dem Landesbischof. Hier verlangte die Bruderschaft, daß "über alles Behördliche und rechtliche hinaus im Raum der Kirche ein klares Wort gesprochen wird".[1195] Die Lapsi hätten sich in der Kampfzeit außerhalb der brüderlichen Gemeinschaft gestellt, und man könne jetzt nicht so tun, als wäre nichts geschehen: "Sonst sieht es so aus, als hätten wir doch nicht um das Evangelium gekämpft und als würden wir jetzt, wo wir wieder im Besitze der Macht sind, alles beim Alten lassen." Hier waren die Differenzen zu Meisers Haltung nicht sehr groß, denn Meiser hatte sich bereit erklärt, "jedem zur Umkehr willigen Amtsbruder die Hand zur Mitarbeit zu reichen", nur solange keine Vorbehalte gemacht wurden.[1196]

Besonders problematisch dagegen war die Behandlung derjenigen - immerhin fast 2/3 der Lapsi -, die Meiser nur dann folgen wollten, wenn sie dadurch nicht in Konflikt mit ihrer Loyalität zum Reichsbischof gebracht würden. Hier nahm die Bruderschaft eine prinzipielle Haltung ein:[1197]

> "Wir bekennen uns wie bisher zu dem Urteil, daß Pfarrer, die der gegenwärtigen Reichskirchenregierung Gefolgschaft leisten, an der Zerstörung der Kirche mithelfen und wir deshalb unbeschadet ihrer persönlichen Bekenntnistreue und Ehrenhaftigkeit die amtliche und persönliche Gemeinschaft versagen müssen."

In dieser Frage fühlte sich aber die Kirchenleitung aus taktischen Gründen gezwungen, sehr behutsam vorzugehen, denn auch die wenigen Disziplinierungsfälle hatten die Kritik des Staates geweckt. So hatte Frick auf die Beschwerde einiger gemaßregelter bayerischen Pfarrer hin, den Landesbischof ermahnt, die Disziplinierungen "aus kirchenpolitischen Gründen" einzustellen.[1198] Meiser hatte zu seiner Verteidigung betont, daß nur dann Verfahren eingeleitet würden, wo der Verdacht unehrenhaften Handelns bestünde.[1199] Nur in drei Fällen seien Geistliche des Amtes enthoben, und sie - Halbach, Baumgärtner und Sommerer - waren von der Inneren Mission, nicht der Landeskirche entlassen.[1200] Auch sie wären in den Pfarrdienst wieder aufgenommen, wenn sie darum gebeten und eine Erklärung der Loyalität abgegeben hätten.[1201] In drei Fällen seien Dienststrafverfahren mit Amtssuspendierung eingeleitet worden, wegen Verletzung der Berufspflichten.[1202] Von den sechs Predigtamtskandidaten, die sich gegen Meiser gestellt hätten, seien nur zwei aus dem Amt geschieden, weil sie sich geweigert hätten, die ihnen übertragene Stelle anzutreten.[1203]

So wurden die meisten Lapsi von der Landeskirche weiterhin getragen, obwohl dies viele Pfarrer und Gemeinden als eine sehr unbefriedigende, wenn nicht kompromittierende, Lösung ansahen. Auch für Meiser war diese Lösung keineswegs optimal, aber angesichts der verworrenen Rechtslage in der Reichskirche, war sein Handlungsspielraum deutlich eingeschränkt, denn er hatte Hitler versprochen die Kirchenverfassung von 1933 zu respektieren, und noch wollte der Staat den verfassungsrechtlichen Reichsbischof nicht fallenlassen.

Die Lage der Reichskirche wurde auch noch schwieriger durch das Verhalten des Reichsbischofs, der durch die Rücknahme der Gleichschaltungsmaßnahmen am 20. November den Versuch unternahm, auf den alten, und von Frick dazu anerkannten, Rechtsboden zurückzukehren.[1204] Die Antwort der Bekenntnisgemeinschaft darauf war die Bildung einer "Vorläufigen Kirchenleitung" (VKL) am 22. November mit dem Auftrag, die "in der Verfassung vom 11. Juli 1933 begründete Einheit der Deutschen Evangelischen Kirche" zu erhalten.[1205] Unter dem Vorsitz des moderaten Bischofs Marahrens, hoffte die VKL auf die staatliche Anerkennung. Die Bildung einer nach den Bestimmungen der Kirchenverfassung neuen Kirchenleitung war ein Erfolg für Meiser, der besonders dafür plädiert hatte, die Bekenntnisgemeinschaft auf eine breitere Basis als das Notrecht von Dahlem zu stellen.[1206] Kritik an dieser Lösung übten die Radikalen in der Bekenntnisfront - Barth befürchtete, daß "hinter dem bayerischen Anliegen die Vermittlung steht und eine mittlere Linie herauskommt"[1207] - und einige, darunter Barth und Niemöller, verließen darauf den Reichsbruderrat.[1208]

Es war sicherlich ein Trost für Meiser, daß seine "allergetreuste Opposition" in Bayern, sein Vorgehen bei der Bildung der VKL gebilligt hatte. In einem Rundbrief an die Pfarrerbruderschaft begrüßte es Frör, daß "sich die Führer der Bekenntnisfront für eine positive Linie der konstruktiven Kirchengestaltung gewinnen" ließen.[1209] Die Wahl von Marahrens, der "vielen als ein nur schwer tragbarer Vermittlungsvorschlag" erschien, glaubte Frör aus taktischen Gründen verteidigen zu können. Auch das Ausscheiden Barths aus dem Reichsbruderrat wertete Frör als "für beide Teile das Beste", denn man könne an dem "positive(n) Aufbau" nicht mitbauen, wenn "man immer nur 'nein' sagt". Frör fügte hinzu:

"Es ist auch nicht so, daß jede Opposition gegen den Staat als solche schon deshalb evangelischer Gehorsam wäre. Hier scheint eben doch der Unterschied zwischen dem lutherischen und dem barthschen Staatsbegriff seine Konsequenzen zu haben, so sehr wir auch immer wieder von dem letzteren uns warnen lassen müssen, daß der erstere nicht in die DC-Haltung entartet. Gerade wir, die wir als Barthianer im ganzen Land verschrieen sind, wissen, daß wir uns noch keiner Pietätslosigkeit schuldig machen, wenn wir sagen, daß wir mit dem 'Korrektiv' und dem 'Nein' allein niemals zum Bau einer konkreten Kirche und eines konkreten Kirchenregiments kommen würden."

Aber die Aufbauarbeit unter der VKL stieß von Anfang auf große Schwierigkeiten. Am 27. November gab der Reichsbischof bekannt, daß die VKL nicht auf der Kirchenverfassung stehe und als ein "rein privates Unternehmen" zu betrachten sei.[1210] Schlimmer noch war die Reaktion des Reichsinnenminister, der ganz offensichtlich die VKL als einen Störfaktor für seine Befriedungspläne ansah.[1211] In einer Rede am 7. Dezember, bescheinigte Frick der Reichskirchenregierung, daß sie wiederangefangen habe, auf der Kirchenverfassung zu bauen.[1212] Gleichzeitig kritisierte er die Fortführung des Kirchenstreits und äußerte den Verdacht, daß "sich unter dem Deckmantel christlicher Belange... alle möglichen staatsfeindlichen und landesverräterischen Elemente sammeln" würden. Obwohl Frick im Grunde nicht die Trennung von Staat und Kirche befürwortete, drohte er dennoch zum Schluß: "Die Reichsregierung hat... gar kein Interesse daran, Kirchen, die der inneren Erbauung des deutschen Menschen dienen sollen, die aber nur Zank und Streit ins Volk tragen, mitzufinanzieren."

Der Versuch der Bekenntnisfront, auf diese Vorwürfe eine Antwort zu geben wurde vereitelt, als die Verlesung einer Erklärung der VKL am 15. Dezember verboten wurde.[1213]

Wie sehr Meiser einen Konflikt mit dem Staat - und besonders mit dem Reichsinnenministerium - über seine Amtsführung vermeiden wollte, zeigt ein Brief, den er Anfang Dezember an Frick schrieb.[1214] Hier nahm er zuerst zu dem von Schieder herausgegebenen Flugblatt "Pfarrersgezänk oder nicht?" Stellung. Das Flugblatt sei ohne Kenntnis des LKR verfasst und verbreitet worden, und, obwohl er Inhalt und Fassung nicht billigen könne, müsse man "dessen Ton... der Erregung zugutehalten, die weite Kreise der bayerischen Pfarrerschaft und Gemeinden wegen der Gewalttat der Reichskirchenregierung ergriffen hatten". Dann ging er auf die Beschwerde eines bayerischen Pfarrers ein, der, obwohl er seine Unterstellung unter den Kirchenkommissaren zurückgenommen und sich auf die Seite der Bekenntnisgemeinschaft gestellt hatte, sich dennoch von der Kirchenleitung nicht richtig behandelt fühlte. Meiser bekräftigte seine Hoffnung, daß "das amtsbrüderliche Verhältnis unter den bayerischen Pfarrern im Laufe der Zeit wieder hergestellt werden wird". Der Pfarrer müsse es aber verstehen, wenn seine Amtsbrüder ihm wegen seines "Gesinnungswechsel zunächst beobachtend gegenüberstehen".

Zu dem Vorwurf, daß "von der Kanzel gegen den Staat unter dem Deckmantel des Bekenntnisses polemisiert worden" sei, betonte Meiser, daß ihm kein solcher Fall bekannt sei; er würde auch "eine derartige Handlung" nicht dulden. Viel weniger beabsichtige er den Pfarrer für seine Haltung in Oktober zu "schikanieren"; weder ein Verfahren noch "sonst ein unmittelbar dienstlicher Nachteil" habe er zu erwarten. Dazu bemerkte Meiser:

> "Für die Unparteilichkeit, mit der der Landeskirchenrat vorgeht, dürfte übrigens Beweis sein, daß vor kurzem ein junger Geistlicher der bekenntnistreuen Richtung, der sich in der Wahl der Kampfmittel vergriffen hatte, gegen den starken Widerspruch seiner Gemeinde auf eine andere Stelle versetzt wurde."

Diese "Überparteilichkeit" des LKR kam auch im Fall Julius Kelber, Pfarrer in Krögelstein/Oberfranken, sehr deutlich zum Ausdruck. Kelber war Kriegsteilnehmer, beim Freikorps Epp, sehr aktiv bei der Inneren Mission in Nürnberg und in Krögelstein bei der Volksmission, und auch Mitglied der Pfarrerbruderschaft.[1215] Durch seine offene Bemerkungen in der heißen Phase des Kirchenkampfes - er hatte zum Beispiel in einer Rede am 23. September gefragt: "Will man auch in Bayern die im Norden eingerissene Knechtung der Gewissensfreiheit durch polizeiliche Maßnahmen einführen?"[1216] - hatte er die Feindschaft der örtlichen Parteileitung und des Bezirksamtes erweckt, das, in einem Bericht an die BPP, die Notwendigkeit seiner Versetzung betonte.[1217] Als die Spannung in Krögelstadt auch nach der Amtswiederaufnahme Meisers nicht nachließ, wandte sich die BPP an das Kultusministerium mit der Bitte, die Versetzung Kelbers beim LKR zu beantragen.[1218] Dabei betonte die BPP, daß Kelber

"weit über den Rahmen seines kirchlichen Amtes hinaus eine Politik getrieben hat, die den Kirchenstreit zu einer gemeindepolitischen Angelegenheit zu machen droht und eine Gegnerschaft gegen Staat und Partei bedeutet".

So hatte er vor Zeugen gesagt, "daß nach seiner Meinung der Kampf nicht enden könne, solange Rosenberg noch in einer leitenden Parteistellung sei".

Und in einer Predigt vom 21. November erzählte er der Gemeinde:

"Ich muß heute persönlich werden. In 3 Tagen war die Gendarmerie 4 mal bei mir. Ich bin angezeigt worden, es ist eine Schande für die ganze Gemeinde. Bedankt Euch bei denen, die Gemeinde will es nicht, es sind nur einige. Ich bin angezeigt worden, weil ich eine christliche Zeitung empfohlen habe, auch weil ich gesagt habe, die Zeitungen schreiben Lügen. Ich sage das so oft, als es einer haben will."

Auf Grund des BPP-Berichtes, beantragte das Kultusministerium am 17. Dezember beim LKR ein Disziplinarverfahren gegen Kelber und seine Versetzung von Krögelstein.[1219] Einen Monat später erhielt das Ministerium Meisers Antwort:[1220]

"Pfarrer Kelber hat sich gegenüber einer Reihe der gegen ihn erhobenen Vorwürfe in genügender Weise zu rechtfertigen vermocht; insbesondere kann ihm wohl nicht eine grundsätzlich ablehnende Einstellung zum Nationalsozialismus zur Last gelegt werden. Immerhin mußten wir feststellen, daß er in seinen Äußerungen über politische Maßnahmen das zulässige Maß überschritten hat und in der Beurteilung hoher Amtsträger des Staates die schuldige Achtung hat vermissen lassen.
Wir haben Pfarrer Kelber für dieses Verhalten eine ernste Mißbilligung ausgesprochen und ihm aufgegeben, sich so rasch wie irgend möglich um eine andere Pfarrstelle zu bewerben."

Auf ein erneutes Schreiben des Kultusministeriums versprach Meiser "etwaigen Verschleppungsversuchen" Kelbers entgegenzutreten und hoffte, "daß es zur Aufrechterhaltung der Ruhe und Ordnung in Krögelstein beiträgt, wenn bekannt geworden ist, daß Pfarrer Kelber in Bälde seine Stelle verlassen wird".[1221]

Am 16.3.1935 übernahm Kelber die kleine Dorfpfarrei Ulsenheim/Mittelfranken, wurde aber 1939 Stadtpfarrer in Treuchtlingen, wo er bald mit der Weißenburger Kreisleitung und der Gestapo Schwierigkeiten bekam, was 1944 zu seiner Ausweisung aus der Stadt führte.[1222]

Der Fall Kelber exemplifiziert die Kompromißbereitschaft, die die Kirchenleitung im Umgang mit dem NS-Staat zeigte: Um die Spannung zwischen Kirche und Partei in Krögelstein abzubauen, war man bereit den Pfarrer gegen seinen Willen und den Willen der Gemeinde, zu versetzen. Dem Verlangen des Staates nach einem Disziplinarverfahren gab man jedoch nicht nach. Es blieb jedoch im Ermessen der Kirchenleitung wann ein Pfarrer "in seinen Äußerungen über politische Maßnahmen das zulässige Maß überschritten hat". Im Falle Hermann Söllner, Dorfpfarrer in Gülchsheim (Dekanat Uffenheim) und Mitglied der Dörfler-Deputation verhielt sich der LKR anders als im Falle Kelber. Söllner wurde am 3. Dezember wegen Äußerungen gegen Streicher, Holz und die "Fränkische Tageszeitung" in Schutzhaft genommen, aber nach drei Tagen wieder freigelassen, weil die Männer seiner Gemeinde mit Parteiaustritt gedroht hatten, falls die von der BPP veranlaßte Schutzhaft nicht aufgehoben würde.[1223] Söllner blieb auch nach seiner Verhaftung Pfarrer in Gülchsheim.

Die vorsichtige Haltung der Kirchenleitung dem Staat gegenüber teilten vor allem die Pfarrer im "Ordnungsblock" oder "Bund der Mitte" ("BdM"), wie die Bruderschaft sie nannte. Zu dieser Gruppierung, die ihre Amtshandlungen innerhalb den von der Kirchenleitung abgesteckten Grenzen hielt, zählte die Mehrzahl der bayerischen Pfarrer.[1224]

Eine sehr treffende Beschreibung der Haltung des LKR liefert Ernst Henn: "Die bayerische Kirchenleitung verfolgte dem Staat gegenüber den Grundsatz politischer Loyalität und kirchlicher Unabhängigkeit".[1225] Daß dieser Weg viel Spannung in sich trug war Meiser durchaus bewußt, der in seiner Verantwortung für eine inktakt gebliebene Landeskirche oft auf eine restlose Durchsetzung von Grundsätzen verzichten zu müssen glaubte, damit, wie er meinte, die Sache an sich nicht verloren ging.[1226]

Über den Weg Meisers waren die rund 200 aktiven Pfarrer in der Bruderschaft nicht immer einverstanden.[1227] Sie gingen jedoch nicht so weit, daß sie ihre eigene Kirchenpolitik neben der der Kirchenleitung machten; dafür ist die Entscheidung Anfang 1935, sich in den Pfarrernotbund nicht einzugliedern zu lassen, sehr bedeutend.[1228] Sie betrachteten aber die Tätigkeit des LKR mit einem wachsamen Auge und brachten oft ihren eigenen Standpunkt der Kirchenleitung gegenüber sehr deutlich zum Ausdruck.

So hatte Pfarrer Sammetreuther in einem Brief an Meiser vom 17. Dezember die Besorgnis in den Reihen der Bruderschaft ausgedrückt über "vereinzelte Stimmen" in der Landeskirche, die von der Notwendigkeit der Friedensbereitschaft mit dem Reichsbischof redeten.[1229] Obwohl die Bruderschaft Meiser diese Bereitschaft nicht unterstellte, war man wohl dennoch beunruhigt über die Meldung der "Basler Nachrichten", daß Meiser zusammen mit Breit und Wurm den Weg zum gemäßigten Flügel der DC suchten.[1230] Sammetreuther betonte, daß nichts eingetreten sei, was Friedensverhandlungen mit Müller rechtfertigen könnte:

> "Herr Ludwig Müller ist heute noch der gleiche Irrlehrer, der er bisher gewesen ist. Deswegen haben wir ihn doch bekämpft, weil er Irrlehre vertritt und die Substanz der Kirche zerstört. Wer das nicht sieht und

nach Frieden ruft, der hat den bisherigen Kampf in der Kirche so wenig verstanden, wie die, die diesen Kampf zum Pfarrersgezänk stempeln wollen. Ja er würde diesen damit rechtgeben. Unser ganzer bisheriger Kirchenkampf wird zu einer Farce erniedrigt werden."
Sammetreuther drückte zum Schluß das Vertrauen der Bruderschaft darüber aus, daß Meiser "allen Versuchen in der angedeuteten Richtung widerstehen und die bis jetzt eingehaltene kirchliche Linie auch weiterhin einhalten" würde. Als Meiser und Wurm vom 18. bis 22. Dezember in Berlin verhandelten, blieben sie auch innerhalb dieser Grenze; sie wiederholten ihre Forderung, daß der Rücktritt Müllers eine Grundvoraussetzung für eine Lösung der Kirchenfrage sei und betonten auch ihre Bedenken gegen DC-Reichsleiter Kinder.[1231]

37) Der Aufbau der Reichskirchenbewegung Deutche Christen in Bayern und die Abwehr der Landeskirche

Einig waren Pfarrerbruderschaft und Kirchenleitung über die Notwendigkeit, die im Aufbau befindlichen Deutschen Christen in Bayern Einhalt zu gebieten. Die Reichskirchenbewegung Deutsche Christen in Bayern, die am 25. November in Nürnberg mit Pfarrer Baumgärtner als Landesleiter gegründet wurde, machte sich schnell ans Werk, zunächst in vielen Gemeinden Nürnbergs Ortsgruppen aufzustellen.[1232] Hierzu diente besonders die Werbeversammlung im Nürnberger Kollosseum am 4. Dezember.[1233] Ziel der DC in Bayern war es, wie ein Regierungsbericht es ausdrückte, "durch Gründung von Ortsgruppen die Bekenntnisfront aufzurollen".[1234] Oder wie Georg Stadlinger, DC-Kreisleiter von Nürnberg in seiner Kampfansage an Meiser sagte:[1235]

"Wir Laien haben Sie und Ihren reaktionären Landeskirchenrat erkannt... Wir werden Ihnen in Kürze zeigen, daß nicht 90% des bayerischen Kirchenvolkes hinter Ihnen stehen... Nicht ruhen werden wir, bis diese Aufklärung ins entlegenste Dorf dringt, denn das Kämpfen haben wir um Deutschlands Wiedererwachen gelernt."

Dabei hatten die DC auch die Hilfe des "Süddeutschen Bundes Evangelischer Christen", der offensichtlich verbittert war über die Niederlage seines Leiters, Karl Holz, in seinem Kampf mit Meiser. Der Bund, der Anfang Dezember begonnen hatte, "als Anhänger des Reichsbischofs sich zu organisieren",[1236] entschloß Mitte Dezember sich aufzulösen und seine Mitglieder in die DC einzuführen, "in der Überzeugung, daß Pfarrer Baumgärtner den Weg geht, den wir bereits... beschritten haben".[1237] Der stellvertretende Leiter des Bundes, Strehl, wurde Mitarbeiter Baumgärtners. Auch von der Partei selbst bekam die DC Hilfe, wie Meisers Bericht auf der Sitzung des LSA am 28. Dezember bestätigte: "Baumgärtner arbeitet ganz stark mit Parteiorganisationen, wie es bisher in Bayern noch nie der Fall war".[1238]

Unter den ersten DC-Gründungen außerhalb Nürnbergs war die am 9. Dezember initierte Gruppe in Weißenburg.[1239] Durch folgende große Ankündigung in der

Zeitung wurde zur Teilnahme an der DC-Versammlung aufgefordert:[1240]

"Deutsche! Christen!
Am morgigen Sonntag spricht im Evangelischen Vereinshaus abends 8 Uhr der neben mehreren anderen nationalsozialistischen Geistlichen in Bayern seines Amtes enthobene Pg. Pfarrer Baumgärtner über 'Aufbruch der deutschen Christen in Franken'. Eintritt frei. Heil Hitler!
Die Ortsgruppe der deutschen Christen: Veeh."

Die knappen Zeitungsberichte am Montag sprachen von "sehr vielen Interessenten", die die Ausführungen "mit großem Interesse verfolgt" hätten.[1241] Den Inhalt des Abends vermittelt ein nach der Versammlung in Weißenburg und Umgebung zirkulierendes Flugblatt: "Was wollen die Deutschen Christen?"[1242] Unter den sieben Punkten dieses Blatts waren drei, die eine Weiterführung des Kampfes in Weißenburg praktisch vorprogammierten:

"Die Deutschen Christen... wollen verhindern, daß politisch unzuverläßige Elemente hinter den Kirchenmauern Deckung suchen und Möglichkeit finden zur Fortsetzung ihrer unheilvollen Tätigkeit,... wollen die Beendigung des unseeligen, die Volksgemeinschaft gefährdenden Kirchenstreites,... wollen auf keinen Fall Kirchenpolitik auf der Kanzel, sondern schlichte, aber lebendige Verkündigung des Evangeliums. Die Deutschen Christen wollen die bewußt evangelischen Nationalsozialisten im Dritten Reich sein."

Obwohl die Leitung der Weißenburger DC-Ortsgruppe in den Händen von Laien lag, war der führende Mann der DC-Pfarrer Kalb, der überzeugt war, die Sache der Kirche als Mitglied der DC fördern zu können, und der dabei gehofft hatte, den antichristlichen Geist in der Partei besser bekämpfen zu können.[1243] Auch Dekan von Löffelholz bestätigte, daß Kalb "bekenntnismäßig gepredigt hat, bekenntnismäßiger als manch anderer".[1244] Zur Partei waren Kalb im Jahre 1934 die Türen noch offen; bei der NS-Trauerfeier am 9. November hielt er die Gedenkrede, und zum 30. Dezember wurde er gebeten bei der Weihnachtsfeier der Partei die Ansprache zu halten.[1245] Dennoch war von Anfang an eine gewisse Spannung zwischen Kalb und der Laien-Führung der DC-Ortsgruppe zu spüren; gleich am 11. Dezember hatte der DC-Leiter Veeh eine Anzeige gegen die Bekenntnisschule, die Kalb bisher öffentlich verteidigt hatte, mitunterschrieben.[1246]

Am Tag nach der Gründung der Ortsgruppe in Weißenburg wurde weitere DC-Werbearbeit durch das BPP-Versammlungsverbot stark behindert.[1247] Nun war Baumgärtner gezwungen, das Gleiche zu tun was er Daumiller, Schieder und Frör in seinem Brief an Hitler vom 31. Dezember vorgeworfen hatte: polizeiliche Anordnungen zu umgehen.[1248] So mußten die DC von nun an ihre Versammlungen, wie die am 15. Dezember im Nürnberger Herkulessaalbau, als "geschlossen" angeben, was jedoch bei einer Werbeveranstaltung für neue Mitglieder eine klare Fiktion war.[1249] Auch Polizeipräsident Martin, der die DC bisher als "polizeifromm" im "wohltuenden Gegensatz zur Bekenntnisfront" bezeichtnet hatte,[1250] mußte feststellen, daß die DC sich nicht immer an den polizeilichen Anordnungen hielten, "sodaß sie unter etwas schärferen polizeilichen Druck gesetzt werden mußten".[1251]

Zum Teil haben die DC in Bayern sich selbst gehindert durch persönliche Rivalitäten, die von Anfang an zu merken waren. So war es affallend, daß der Mann, der bisher am vordersten Front der DC-Arbeit in Bayern stand, Wolf Meyer, beim DC-Aufbau unter Baumgärtner keine Rolle mehr spielte.[1252] Die Gründe dafür lagen nicht nur in Meyers Beziehungen zu den radikalen Thüringer DC, sondern auch in Baumgärtners Ängsten um seine eigene Führungsrolle in Bayern.[1253]

Große Probleme gab es auch von Anfang an zwischen den DC-Pfarrern, die allgemein bemüht waren auf dem Boden des lutherischen Bekenntnisses zu stehen, und den DC-Laien, die nur zu oft, Grundsätze der NS-Weltanschauung (zumal Streicher'scher Prägung), die im Gegensatz zu der Lehre der Kirche standen, hervorgehoben hatten. Während einerseits die erste Ausgabe vom "Sonntag in Franken" betont hatte, daß "die DC-Bewegung... die Periode theologischer Unreife hinter sich" habe und "jetzt auf festem kirchlichen Grunde" stehe,[1254] berichtete andererseits die Pfarrerbruderschaft über die DC-Versammlung im Herkulessaalbau, wo ein DC-Ortsgruppenleiter "in höhnischer und verächtlicher Weise über die Bibelsprüche, über den Himmel und über das alte Testament geredet" hatte.[1255] Der Bericht stellte dazu fest,

"daß von den anwesenden deutschchristlichen Pfarrern diese Verächtlichmachung unseres Glaubens ohne jeden Widerspruch hingenommen wurde. Hier kann nicht mehr davon geredet werden, daß man auf dem Boden des Bekenntnisses stehe."

Auch zwischen Baumgärtner und dem DC-Reichsleiter Kinder gab es Spannungen. Kinder, der am Sturz Jägers mitgearbeitet hatte, verfolgte eine gemäßigte, kompromißoffene Richtung, die der stagnierenden, in den meisten Landeskirchen des Reiches an der Macht etablierten Position der DC durchaus entsprach. Die bayerischen DC dagegen, eine im Aufbau begriffe, machtlose Minderheit, befanden sich in einer Phase vergleichbar etwa mit der der DC in Preußen zwei Jahre vorher. Daher ist auch der missionarische Eifer der bayerischen DC begreiflich, wie ihn Martin sehr treffend beschrieb:[1256]

"Wenn man die Begeisterung und Einsatzfreudigkeit der Versammlungsteilnehmer beobachten konnte, so findet man es verständlich, wenn die Führer der Deutschen Christen Frankens sich zur Parole gemacht haben von Franken aus den religiösen Umbruch der Evangelischen Kirche in Deutschland einzuleiten."

Daher ist auch zum Beispiel die Kritik Baumgärtners an die DC-Reichsleitung erklärlich, die er verdächtigte, nicht mehr ganz fest hinter dem Reichsbischof zu stehen:[1257]

"Reichsbischof Müller muß zunächst bleiben. Diesem frommen, ernsten und gütigen Mann fehlen nur genügende treue Palladine, die im Volk verwurzelt sind. Wir rufen sie ihm aus dem Volke heraus und stellen sie neben ihn hin... Wir haben uns in aller Schärfe nach Berlin an die Reichsleitung 'Deutsche Christen' gewandt, die einem Kompromißfrieden, der mit Volksverrätern abgeschlossen werden soll, leidenschaftlich ab."

Aber das größte Problem für die bayerischen DC war etwas was sie in der euphorischen Aufbauphase nicht einsehen wollten: die Zahl ihrer potentiellen Anhänger reichte bei weitem nicht aus, ihr selbsgesetztes Ziel der Eroberung der Landeskirche zu erreichen. Vor allem auf dem flachen Land hatten sie Schwierigkeiten, Fuß zu fassen.[1258] Anfang Januar stellte ein Regierungsbericht fest, daß die Bestrebung der DC, durch neue Ortsgruppen die Bekenntnisfront aufzurollen, "bis jetzt nur in verhältnismäßig wenig Gemeinden gelungen zu sein (scheint); außer in Nürnberg und Weißenburg i.Bay. ist auch die Zahl der eingeschriebenen Mitglieder recht gering."[1259]

Aber diese Schwierigkeiten konnten nicht die Siegesstimmung der DC dämpfen, wie der Brief des Nürnberg DC-Kreisleiter Stadlinger an Hitler vom 31. Dezember zeigt:[1260]

"Wenn innerhalb drei Wochen bereits 40 starke Ortsgruppen in Franken spontan aus dem nationalsozialistischen evangelischen Kirchenvolk heraus entstanden sind, wenn ununterbrochen neue nachfolgen, so ist das der beste Beweis dafür, daß in Franken, dem Gau, der immer die Fahne des Nationalsozialismus vorraustrug, aus den Tiefen der deutschen Seele eine Volksbewegung entstanden ist, die die evangelische Kirche nicht nur dem Namen nach, sondern wahrhaft dem Dritten Reich gewinnen will. Und wenn die alten aktiven Kämpfer der NSDAP diesen Ortsgruppen zuströmen, so tun sie es, weil sie leider neben Parteigenossen in der Bekenntnisfront die Reste jener gegnerischen Kräfte wiederfinden, gegen die sie jahrelang den schwersten politischen Kampf geführt haben."

Stadlinger bat Hitler nicht um Unterstützung von Staat oder Partei, sondern lediglich, daß die DC ihren "Angriff ohne Einschränkungen und Hemmnisse durchführen" dürften. Aber diese Bitte vermochte freilich nicht das lästige Versammlungsverbot zu beenden.

Als Teil der DC-Werbekampagne war die für die dritte Dezember Woche angekündigte Frankenfahrt des Reichsbischof vorgesehen, die jedoch Baumgärtner letztlich alleine, ohne Müller durchführen mußte.[1261] Als Meiser von der geplanten Müller-Reise erfahren hatte, schilderte er in einem Brief an Georg Kern die Hauptzüge der Gegenmaßnahmen der Landeskirche zum Vormarsch der DC.[1262] Die Bereitstellung einer Kirche für Müller könne

"natürlich nicht in Frage kommen. Wo er auftauchen sollte müßten sofort Gegenversammlungen und nötigenfalls auch Gottesdienste veranstaltet werden, wie wir überhaupt zur Regel machen müssen, daß wir jede Versammlung der Deutschen Christen mit einer Gegenversammlung beantworten."

Eine andere Maßnahme war die von Meiser vorgeschlagene und vom LKR beschlossene Bildung von Bekenntnisgemeinschaften in den Gemeinden.[1263] Diese

Idee hatte die Pfarrerbruderschaft schon vorher angeregt, als sie Leitsätze für einen kirchlichen Männerdienst, mit der Bildung eines Gemeindebruderrates unter dem Vorsitz eines Laien, ausgearbeitet hatte.[1264] Die Bruderschaft erkannte, daß ihre Offensive zwar "versackt" sei, aber mit der Aktivierung einer Kerngemeinde solle man sich für den "Stellungskrieg" rüsten, der allerdings schwieriger zu führen sein werde als der "Bewegungskrieg".[1265]

Am 19. Dezember gingen vom LKR Anweisungen an die Dekane zur Bildung von Bekenntnisgemeinschaften, mit einer Zusatzinformation am nächsten Tag von Hildmann, daß die Mitgliedskarten und Erklärungsformulare zunächst nicht zu verteilen seien, "um nicht eine vorzeitige Spaltung der Gemeinden hervorzurufen".[1266] Erst im neuen Jahr soll die Organisation der Bekenntnisgemeinschaften in Angriff genommen werden.

Als wichtigen Bestandteil der Sammlung einer Kerngemeinde sah man die regelmäßige Schulungsarbeit an, aus der eine "volksmissionarische Dienstschar" entstehen sollte.[1267] Die Rolle, die die Volksmission zu spielen hatte, war deutlich anders akzentuiert als im Jahre 1933, wo viele die Hoffnung noch hegten, die von der Partei erfaßte Männerwelt für die Kirche zu gewinnen. Dies wurde besonders deutlich in Meisers Aufruf zur Volksmission vom 13. Dezember 1934, wo er von der "reinigende(n) und scheidende(n) Kraft und Wirkung des göttlichen Wortes" sprach, das vielfach "als ärgerlich und störend abgelehnt" werde.[1268] Aber, so fuhr er fort:

"In einer Zeit, in der Gott seine Gemeinde durch Anfechtung und Trübsal, durch Not und Verkennung zu innerer Erneuerung führt, würden wir vor ihm schuldig werden, wenn wir nicht alle Kraft daransetzten, unserem Volke unverzagt und auf allerlei Weise das ewige Evangelium zu predigen... Gegen Irrtum und Irrlehre ist die volle Wahrheit des Evangeliums in Schulung und Verkündigung, im Unterricht und in der außerordentlichen Wortverkündigung zu setzen... Wir dienen auch unserem Volke am besten, wenn wir rechte und aufrechte Pfarrer sind..."

In seinen Anweisungen zur Gemeindeschulungsarbeit betonte Meiser, daß es "die Ehre und Würde" der Kirche erfordere, daß man zu dem "unerhörten Angriff auf die gesamte christliche Kirche" in Rosenbergs "Mythus" Stellung nähme.[1269] Diese Auseinandersetzung, die "sachlich und vornehm" geführt werden müsse, sei deswegen nicht auszuweichen, weil die Gedankengänge des "Mythus" "weithin in unser Volk, vornehmlich in die Jugend unseres Volkes einzudringen drohen und Verwirrung schaffen".[1270]

38) Die Kreisdekane im Kirchenkampf

Während die Bruderschaft hoffte, den "Kampf um die Wahrheiten des Evangeliums" ungehindert führen zu können, denn verboten sei nur "die Erörterung des Kirchenstreites",[1271] betrachteten Staat und Partei die Abwehrmaßnahmen der Kirche zunehmend argwöhnischer. So berichtete Martin, daß weite Kreise der Nationalsozialisten in der Bekenntnisfront eine Kraft sähen, die sich anschicke, "auf geistig-weltanschaulichem Gebiete die Klinge mit der nationalsozialistischen Weltanschauung zu kreuzen oder ihr gar ein Paroli zu bieten".[1272] Man müsse, fuhr Martin fort, die weitere Entwicklung "mit größter Wachsamkeit" betrachten, denn: "Die Keime zum Widerstand gegen den nationalsozialistischen Staat machen sich in den Reihen der Bekenntnisfront immer mehr bemerkbar".

Als Beispiel für die "sehr scharfe(n) Formen", die "die Gegensätze zwischen Nationalsozialismus und Geistlichkeit" schon angenommen hätten, erwähnte Martin Kreisdekan Kern, der, in Antwort auf die Frage, warum er den Gruß "Heil Hitler" nicht erwidere, erklärte: "Ich habe noch nie mit 'Heil Hitler' gegrüßt und werde dies auch nicht machen. Das Heil kommt von Gott und nicht von den Menschen".[1273]

Martins Information stammte allerdings von den Deutschen Christen, die besonders die Kreisdekane der Landeskirche ins Visier nahmen. Dies hatte auch gute Gründe, denn die Bedeutung des Amtes des Kreisdekans wurde durch den Kirchenkampf erhöht, als die Kreisdekane zum "unentbehrliche(n) Bindeglied zwischen der Front und der Leitung der Landeskirche" wurden.[1274] Nicht nur durch persönliche Fühlungnahme, sondern vor allem durch ihre häufigen Rundschreiben haben sie den Gemeinden wichtige Information und Stärkung geliefert. Ende 1934 hat der LKR dieses "Bindeglied" durch die Errichtung des neuen Kirchenkreises Nürnberg mit Julius Schieder als Kreisdekan noch verstärkt.[1275] Dadurch wurden auch die Kreisdekane Kern und Prieser etwas entlastet und konnten ihre Beziehungen zu den Gemeinden intensivieren. Schieder, der bisher den Kirchenkampf in Nürnberg vom Predigerseminar aus inoffiziell geleitet hatte, übernahm nunmehr die Verantwortung für die Stadt und acht umliegende Dekanate mit insgesamt 157 Pfarrstellen.[1276] Für den Kirchenkreis München wurde ab den 1.12.1934 Oscar Daumiller als Kreisdekan eingesetzt, der Mann, der für die Führung des Kirchenkampfes in Nürnberg mitverantwortlich war.[1277] Im Kirchenkreis Bayreuth blieb Karl Prieser Kreisdekan, der im Oktober 1934, genauso wie Georg Kern, die Führung seines Kreises, trotz Absetzung, fest in der Hand behielt.

Wenn auch die Angriffe der DC auf die Kreisdekane einseitig und teilweise entstellt waren, so zeigen sie doch, daß die Kreisdekane, durch ihren Kampf für die kirchliche Unanhängigkeit und ihre kritische Distanz zur Partei, für viele Beobachter in eine oppositionelle Haltung zum Nationalsozialismus geraten waren.

Wenn die DC-Berichte nur halbwegs stimmen, dann hatte vor allem Kreisdekan Prieser, der die politische Wende des Jahres 1933 lebhaft begrüßt hatte, kein Hehl aus seiner Enttäuschung über die weitere Entwicklung gemacht. Am 7. Dezember 1934 soll er einem Pfarrer seines Bezirkes folgendes erklärt haben:[1278]

"Der Nationalsozialismus ist eben doch grundsätzlich christentumsfeindlich. Darum muß die Kirche den Kampf gegen ihn führen. Da hilft kein Frieden halten. Sie sehen ja, wie weit wir damit gekommen sind. Die Kirche muß den Kampf führen mit allen ihr zu Gebote stehenden Mitteln! Ich sehe trübe in die Zukunft. Der Kampf ist noch nicht zu Ende. Er geht vielleicht erst richtig an. Er wird noch viele Opfer kosten, viel schwerer noch als bisher. Aber für die Kirche wird es doch schließlich ein Segen sein. Wenn die Kirche für sich ist, dann bilden sich Kerngemeinden und die Kraft der Kirche wird dadurch umso größer. Der Staat wird zunächst der Kirche seinen Willen aufzwingen, aber dann wird der Staat an der Kirche zugrunde gehen. Und Hitler - was ist denn Hitler? -er ist doch auch nicht anderes als ein entwurzelter Katholik. Und das weiß man ja zur Genüge, ein Katholik, der den Glauben verloren hat, so einer hat doch überhaupt keinen Halt mehr. Der kennt nur noch das Volk! Was ist denn das Volk!"

Wegen dieser oppositionellen Haltung führte die Partei einen erbitterten und wüsten Kampf gegen Prieser, was ihn letztlich dazu bewegte, seinen vorzeitigen Ruhestand ab dem 1.1.1937 zu beantragen.[1279]

Besonders gegen die Ernennung Schieders als Kreisdekan protestierten die DC. In einem Telegramm an Hitler, dessen Wortlaut eine Massenversammlung am 7. Januar 1934 zugestimmt hatte, nannten sie ihn einen Mann, der "kein Herz für das im Dritten Reich gewünschte und notwendige positive Christentum hat".[1280] Für das von der Partei propagierte positive Christentum, das dem "Sittlichkeits- und Moralgefühl der germanischen Rasse" untergeordnet war, hatte Schieder allerdings kein Herz. Seinen Grundsatz äußerte er in einer von den DC mitstenographierten Predigt vom 5. Dezember 1935: "In der Kirche besteht nicht der Totalitätsanspruch des Staates, sondern der Jesu Christi".[1281] Diesen Gedanken, der auch Karl Barths Einstellung widerspiegelt - so schrieb die "Manchester Guardian" über den im Dezember 1934 vom NS-Staat abgesetzten Professor Barth: "Der Autorität des totalitären Staates stellt Barth die Autorität des Allmächtigen Gottes gegenüber"[1282] - sah Polizeipräsident Martin richtig als "ziemlich eindeutig das Kernproblem des gegenwärtigen Kirchenstreites".[1283]

Kaum anders dachte der neue Münchener Kreisdekan Daumiller, der bei seiner Amtseinführung am 2. Januar 1935 betonte, daß die christliche Kirche "ausgesondert aus der Welt" sei: "Darum haben wir uns gegen jede Politisierung oder Säkularisierung der Kirche zu wenden".[1284] Es gehe vor allem nicht an, fuhr er fort, "daß Kirchenvorsteher als Abgeordnete der Partei in der

Kirche in religiösen und kirchlichen Fragen nach politischen Gesichtspunkten entscheiden".

Kreisdekan Kern, der, wie Schieder, von Anfang an nicht sehr viel von der NSDAP hielt, blieb während des ganzen Dritten Reiches eine Zielscheibe DC- und NS-Attacken. Schon im Dezember 1934 wurde ein Schild an seine Gartentür angeschlagen: "Hier wohnt ein Verräter".[1285] Auch Kern wurde von den DC deshalb angegriffen, weil er eine scharfe Trennung zwischen den staatlichen und den kirchlichen Bereichen machte. So soll er gesagt haben: "Ich gestehe, daß ich kirchlich denke und handle, bevor ich deutsch handle", und: "Für unseren seelsorgerlichen Dienst (dürfe) kein Unterschied nach Farbe des Gewandes gemacht werden..., braun, rot oder grün" seien ihm gleich.[1286]

Diese Haltung kommt auch sehr deutlich zum Ausdruck in den vielen Rundschreiben Kerns an seine Dekanate. Beispielhaft dafür ist sein "Advent-Gruß" vom November 1934, in dem er Bilanz über das vergangene Kirchenjahr zog.[1287] Dabei fiel Kern der Vergleich mit den Jahren 1919-1924 ein, die auch sehr schwer für die Kirche gewesen seien, wenn auch damals die Kirche selbst geschlossen und im grossen und ganzen verschont blieb.

"Im diesem Kirchenjahr war es anders. Es war ein Ringen und Kämpfen um den Bestand der evangelischen Kirche in Deutschland überhaupt... Dieser Kampf schlug seine Wellen bis in die letzten Gemeinden.
Der Segen dieses Kampfes ist doch vielfältig... Wir sind von Gott ein Stücklein vorwärts gebracht worden von der 'Pastorenkirche' zur wirklichen evangelische Kirche, die wesentlich Gemeinschaft der Gläubigen ist."(1288)

Als die Aufgaben für das kommende Kirchenjahr 1934/1935, führte Kern an:

"1) den Ertrag dieses Kampfes festzuhalten,
2) das Gewonnene zu vertiefen...
3) und damit unsere evangelischen Gemeinden auf den von anderer Seite uns angekündigten 'funkelnden Kampf der Weltanschauungen' vorzubereiten und auszurüsten."

Diesen weltanschaulichen Kampf erwartete man besonders nach der Saarabstimmung am 13. Januar 1934, wenn auch die Deutsche Glaubensbewegung, die die christliche Kirche als eine artfremde Episode der germanischen Entwicklung betrachtete, schon vorher sehr aktiv geworden war.[1289] Auch auf eine zunehmende Gefahr von den Deutschen Christen war man gefaßt, denn die DC äußerten sich zuversichtlich, daß, nachdem die Saarländer sich für den Wiederanschluß an das Deutsche Reich entschieden hatten, "der große Schlag" gegen die Bekenntnisfront kommen würde.[1290]

Wenn es auch Ende 1934 noch Stimmen in der Landeskirche außerhalb der DC gegeben hat, die auf eine Verbundenheit zwischen Nationalsozialismus und Kirche trotz aller Spannung hofften,[1291] sollten die Ereignisse des Jahres 1935 den Verfechtern einer eher pessimistischeren Sicht im großen und ganzen Recht geben.

VII DIE KIRCHE IM DRITTEN UND VIERTEN JAHR DER NS-HERRSCHAFT

1) Die Staatstreue der Kirchenleitung: Anfang 1935

Zum Jahresbeginn umriß Landesbischof Meiser die Hauptziele der kommenden kirchlichen Arbeit.[1] An erster Stelle stand der Wunsch, daß die DEK "sobald als möglich auf den Boden klarer Rechtsverhältnisse gestellt werden" soll, und daß ein Weg zum Frieden, ohne Preisgabe der unveräußerlichen Güter der Kirche, gefunden werde. Zweitens wolle die Kirche "um ein verständnisvolles Verhältnis zum Staat und dem neuen Reich" kämpfen; sie wolle "mitten im Volke" stehen, und keinesfalls eine "Hugenottenkirche" sein. Drittens, wenn ein gegenseitiges Vertrauen zwischen Staat und Kirche herrsche, sei die Kirche bereit, "mit ihren religiösen Kräften an dem gewaltigen Werke des Aufbaues der Nation, das Adolf Hitler unternommen hat" mitzuarbeiten: "Wenn auch manche harte Worte hüben und drüben gefallen sind, die Jahrhunderte alte gesegnete Zusammenarbeit zwischen Kirche und dem deutschen Staat darf nicht zerbrechen." Die Kirche könne sich aber nicht, um ihres Gewissens willen, von ihrem Weg abdrängen lassen. Auch die "Heimsuchungen des vergangenen Jahres" müssen als eine Segnung Gottes betrachtet werden.

Auch der neue Kreisdekan für Südbayern, Daumiller, bekräftigte diesen Wunsch nach Zusammenarbeit mit dem Staat. In einem Gruß an die Gemeinden seines Kreises, sagte er: "Wir Evangelischen haben auf Grund der Hl. Schrift und unserer Bekenntnisse eine ganz klare, bejahende Stellung zu Volk und Staat. Wir wissen uns in Verbundenheit durch Blut und Boden."[2] Man sehe im Staat die von Gott gewollten Ordnungen, "denen wir Gehorsam leisten, soweit es nicht gegen Gottes Wort und unser Gewissen geht".

In der kirchlichen Beilage der "Allgemeinen Rundschau" war man auch bemüht zu zeigen, daß das Christentum die "völkische Kraft" keinesfalls beeinträchtige; das Soldatentum, beispeilsweise, sei im christlichen Glauben verwurzelt, und nur dort, "wo der Deutscher seine Kirche mit in das Ausland hinausgenommen hat,... ist er Deutscher geblieben".[3]

Mit der Saarabstimmung am 13. Januar hatte die Landeskirche einen Anlaß, ihren Patriotismus unter Beweis zu stellen. Schon für den Vorabend der Abstimmung ordnete der LKR Glockengeläute für sämtliche Kirchen an.[4] Nachdem am 15. Januar die Zustimmung von 90,5% der Saarländer für Deutschland bekannt wurde, läuteten wieder aller Glocken der Landeskirche.[5] Am Tag danach fanden überall Dankgottesdienste statt, wie in München in der überfüllten Matthäuskirche, wo der Landesbischof die Predigt hielt.[6] Zuvor hatte der LKR

Hitler in einem Telegramm zu dem "großen und unter Gottes Führung errungenen Erfolg" beglückwünscht.[7]

Obwohl man auch in Kreisen der Pfarrerbruderschaft die "Heimkehr" des Saarlandes begrüßte, hatte man dennoch Bedenken über die offizielle kirchliche Reaktion darauf. In einem Brief an Frör kritisierte Geuder das "ängstliche Schielen nach den staatlichen Behörden", was leider den Eindruck erwecken müsse, "als habe man ein schlechtes Gewissen".[8] Zum Thema Saarland schrieb Geuder:

> "Der geradezu rührende Übereifer, mit dem unsere niederen und höheren kirchlichen Behörden die Kirchenglocken für außerkirchliche Zwecke zur Verfügung zu stellen pflegen (Nürnberg war bisher ein warnendes Beispiel, und das Beläuten des Saarsieges bereits vor seiner Erkämpfung in gehorsamer Nachahmung einer reichsbischöflichen Anordnung hat bei guten Patrioten manches Kopfschütteln hervorgerufen!), dieser rührende Übereifer verrät eine so unbegrenzte Staatstreue (um nicht zu sagen Staatshörigkeit), daß sich der Vergleich mit den berühmten 110-150%igen Parteigenossen schier nahelegen möchte. Hier wäre weniger wahrhaftig mehr; zu viel Höflichkeit bringt in Verdacht... Wir müssen es nur lernen Luthers wundervolle Antinomie, daß ein Christenmensch ein freier Herr über alle Dinge und niemand untertan ist durch den Glauben und derselbe ein dienstbarer Knecht aller Dinge und jedermann untertan durch die Liebe, entschlossen und konsequent auf das Verhältnis der Kirche zum derzeitigen Staat anzuwenden. Und dürfen dabei nicht übersehen, daß Staat und Obrigkeit zwei Begriffe sind, die sich nicht einfach decken."

Aber die Kritik an die unbegrenzte Staatstreue der Kirchenleitung wurde kaum wahrgenommen. Für den Gottesdienst am 27. Januar bekamen die Pfarrer eine Anordnung Meisers, "aus Anlaß des 2. Jahrestages der Machtübernahme des Führers und Reichskanzlers am 30. Januar... fürbittend des Führers zu gedenken".[9] Und zu Hitlers Geburtstag am 20. April, am Samstag vor Ostern, wurden die Glocken wieder zweckentfremdet, als die Kirchenbehörde festliches Geläute für alle Kirchen angeordnet hat.[10]

Der Übereifer der Kirchenleitung ist zum Teil dadurch erklärlich, daß man in nationalen Fragen den Deutschen Christen keinesfalls nachstehen wollte, und daß man bemüht war, den häufig gegen die Bekenntniskirche erhobenen Vorwurf der politischen Reaktion zu widerlegen. Zudem hoffte man immer noch, die staatliche Anerkennung für die Vorläufige Kirchenleitung zu gewinnen.

2) Die Hauptthemen der Deutschen Christen

Aber auch wenn die Landeskirche ihre Treue zum Dritten Reich und Hitler mehrfach beteuert hatte, zu der Haltung der Deutschen Christen waren die Unterschiede doch sehr auffallend. Diesen Unterschied brachte Hossenfelder in einem Bericht vom Anfang 1935 auf einen Nenner, nämlich das Verhältnis zur nationalsozialistischen Totalität: Für die DC gäbe es "nur eine Totalität, die nationalsozialistische, deren religiöse Voraussetzung das positive artgeprägte Christentum ist"; für die Bekenntnisfront gäbe es "zwei Totalitäten: die christliche und die nationalsozialistische", mit der damit verbundener Gefahr "des Auseinanderbrechens von Staat und Kirche".[11]

Dieser Unterschied war auch an den Reden der Deutschen Christen in Bayern deutlich erkennbar. So zum Beispiel, als Gollwitzer am 20. Januar betonte, "für uns Nationalsozialisten gibt es nur bindingungslos und blindlings Treue dem Führer",[12] oder als Sauerteig bei einer DC-Versammlung in Augsburg bemerkte, was die Bekenntnisfront von den DC trennt, sei "unserer verschiedene Stellung zum Nationalsozialismus".[13]

Am krassesten kam dieser Unterschied heraus in den Reden des Vikars Preiß, des DC-Kreis- und Schulungsleiters für Nürnberg. Nachdem Preiß seiner Versetzung von Nürnberg, aufgrund seines rüpelhaften Benehmens im Oktober 1934, nicht anerkannte, wurde er von der Liste der Pfarramtskanditaten gestrichen, was ihm viel Zeit für die DC-Aufbauarbeit in Nürnberg und Umgebung ließ.[14] Als Pg. und SA-Mann genoß er weiterhin gute Beziehungen zur Gauleitung, was schließlich im Juli 1935 zu einer hauptamtlichen Anstellung als Kulturreferent an der Landesstelle Franken des Reichsministeriums für Volksaufklärung und Propaganda und als Kulturhauptstellenleiter der NSDAP führte.[15] In seinen häufigen Reden für die DC stand er den demagogischen Fähigkeiten seiner Mentoren Streicher und Holz in nichts nach.[16] So bezeichnete er bei der DC-Gründungsversammlung in Nürnberg-Reichelsdorf, bei der fast der ganze Stab der Partei ohne Uniform anwesend war, die Bekenntnisfront als einen Verein von "alten Weibern und verkalkten Kirchenvorstehern".[17] Die Bekenntnisfront könne man nach Preiß in drei Gruppen unterteilen:[18]

> "1) Die ganz Frommen, die nur beten und sich um Volk und Vaterland nicht kümmern. Sie stammen meist aus dem ehemaligen Christlichen Volksdienst.
> 2) Die Deutschnationalen, die sich den Wiederaufbau Deutschlands anders erträumt hatten, und die nun den Hauptteil der Kritikaster und der Neugescheiten stellen.
> 3) Die ehemaligen Sozi und Kommunisten, soweit sie nicht Nationalsozialisten geworden sind."

Die Reden Preiß' waren auch stark antisemitisch und antikatholisch durchsetzt, so als er bemerkte, daß "der lachende Dritte im Kirchenkampf... Juda und Rom" seien,[19] oder als er behauptete, daß die Bekenntniskirche und das Judentum auf einer Linie lägen, was am deutlichsten daran zu erkennen sei, daß sowohl der evangelische Pfarrer als auch der Jude die "Basler Nachrichten" kauften.[20] Den Predigern der Bekenntniskirche warf er auch vor, das

Neue Testament mit dem Alten Testament zuzudecken, und aus Abraham, Isaak und Jakob Heilige und Helden zu machen.[21]

Preiß' Reden gingen auch in einer sozial-revolutionären Weise gegen die verkrusteten Praxen der Kirche vor, zum Beispiel seine Kritik an dem Gebührensystem bei Beerdigungen, dem "Zweiklassensystem bei Trauungen", oder den Namensschildern auf den Kirchenstühlen.[22] Dementsprechend zählten die meisten DC-Mitglieder nicht zu den "kirchlichen Leuten der Gemeinde". Bezeichnend dafür war es, daß das Singen von "Ein feste Burg" am Schluß der Versammlung in Reichelsdorf durcheinander geriet, weil die meisten den Text nicht kannten und der Klavierspieler "Von Himmel hoch" anstimmte.[23] In Kreisen der Bekenntniskirche vermutete man, daß viele zu den DC hingezogen waren aus Ressentiment gegen die Landeskirche, vor allem wegen der peinlichen Niederlage Holz' in seiner Kampagne gegen Meiser, und auch, weil man in der DC noch die Möglichkeit zu haben glaubte, "Alter Kämpfer" zu werden, wenn man es vor 1933 versäumt haben sollte.[24]

Der Fall Preiß verdeutlicht das Problem, an dem die bayerischen DC letztlich scheitern sollten. Preiß war, obwohl tonnangebender Deutscher Christ in Nürnberg, als Radikaler DC sicherlich nicht typisch für viele NS-Pfarrer in der Landeskirche, die, anders als Preiß, noch Rücksicht auf die Kirchenleitung und ihre Gemeinden nehmen mußten. Für die DC in Bayern als eine um ihre Rechte kämpfende Minderheit war es dennoch wichtig, ihre verschiedenen Schattierungen und Persönlichkeiten auf einer breiten Basis zu vereinen.[25] Die internen Spannungen führten aber schon Ende 1935/Anfang 1936 zu den ersten Abspaltungen.

3) Der Fall Brunnacker

Anfang Januar 1935 jedoch zeigte die DC eine nachher nie mehr erreichte Einheit am Grabe ihres Kammeraden, Pfarrer Brunnacker, der am 8. Januar in einem Zustand seelischer Depression sich das Leben genommen hatte. Da die DC zugleich die Landeskirchenleitung für seinen Tod verantwortlich machte, gewann der Fall eine große Bedeutung in der Auseinandersetzung zwischen den DC und der Bekenntniskirche. Wie es zum Tode Brunnackers kam und wie der Fall von den DC propagandistisch ausgenutzt wurde, soll daher kurz geschildert werden.

Der Mönchsrother Pfarrer Karl Brunnacker, Pg. seit 1932 und Gründungsmitglied der DC-Pfarrgemeinde, hatte sich im Oktober 1934 den Kirchenkommissaren unterstellt, und war einer der NSEP-Pfarrer, die am 13. November erklärten, sie würden nur Anweisungen der bayerischen Landeskirche durchführen, soweit sie nicht in Konflikt mit Weisungen des Reichsbischofs stünden.[26] In seiner 1500-Seelen Gemeinde, wo schon im September in Zusammenhang mit dem forcierten Auftritt Helmut Kerns eine erhebliche Opposition zu Brunnacker sichtbar wurde,[27] herrschte weiterhin Spannung, besonders nachdem Brunnacker am 13. November von der Kanzel das Rothenburger Sonntagsblatt und das "Evangelische Gemeindeblatt für den Kirchenbezirk Dinkelsbühl" als "Hetzblätter" bezeichnete und die Bestellung des DC-Blatts "Evangelium im Dritten Reich" empfahl.[28]

Am 27. November leitete der LKR ein Dienststrafverfahren gegen Brunnacker ein und suspendierte ihn einstweilen, bei Beibehaltung der Wohnung und seiner Bezüge, vom Amt.[29] Ihm wurde vorgeworfen, "eine Reihe von Amtsbrüder in unwahrer und unbrüderlicher Weise bei politischen Stellen angezeigt und auch sonst seine Gemeinde in Verwirrung gebracht" zu haben.[30] Diese Entscheidung nahm Brunnacker hin, und blieb am Sonntag, den 2. Dezember in seiner Wohnung während der Dinkelsbühler Dekan Schaudig den Gottesdienst in Mönchsroth hielt.[31]

Am nächsten Tag fuhr Brunnacker zu seinen DC-Freunden nach Nürnberg wo er den Rat erhielt, sich wie Pfarrer Beer in Eibach zu verhalten und sich den Maßnahmen der Kirchenleitung zu widersetzen.[32] Hilfe bekam er auch von der fränkischen Gauleitung, die am 3. Dezember ein Protesttelegramm der DC an Meiser in der "Fränkischen Tageszeitung" veröffentlichte.[33] Hierin stand, daß Brunnacker seines Amtes enthoben wurde, "weil er als Nationalsozialist seinen Parteigenossen Mitteilungen über eine Pfarrkonferenz machte, in welcher staatsfeindliche Erklärungen abgegeben wurden". Gleichzeitig schrieb Brunnacker an Wagner und Streicher mit der Bitte, ihn vor den Maßnahmen des LKR zu schützen.[34]

In seine Gemeinde zurückgekehrt, rief Brunnacker seinen Kirchenvorstand und die Gemeinderäte zusammen, die die Widerstandsabsicht ihres Pfarrers billigten.[35] Um Brunnacker gegen den erwarteten Vertreter am Sonntag von Dinkelsbühl zu stärken, verbrachte der DC-Landesleiter Baumgärtner das Wochenende in Mönchsroth.[36] Als der beauftragte Pfarrer am Sonntagvormittag ankam, begleitet von zwei Gendarmen, die den Auftrag hatten, Brunnacker in seiner Wohnung während des Gottesdienstes festzuhalten, stieg die Erregung. Baumgärtner rief beim Bezirksamt in Dinkelsbühl und beim Innenministerium an, und bekam die Auskunft, daß die Gemeinde entscheiden soll, wer predigen darf.[37] Daraufhin informierte der Kirchenvorsteher, Ortsgruppenleiter und Bürgermeister Rollbühler, den Vertreter, daß die Gemeinde Pfarrer Brunnacker hören wolle, woraufhin der Vertreter abfuhr. Brunnacker, der inzwischen schon bereit war, nachzugeben, hielt die Predigt, und erteilte zum Schluß des Gottesdienstes Pfarrer Baumgärtner das Wort, der über die DC-Arbeit für die Reichskirche sprach.

Die Spaltung in der Gemeinde blieb jedoch weiterhin sichtbar, denn ein großer Teil der Leute, die vor der Kirche standen, ging nach Hause, als sie erfuhren, daß Brunnacker predigen würde.[38] In den nächsten Tagen stellten sich noch mehr Gemeindeglieder gegen Brunnacker, und damit auch gegen den Ortsgruppenleiter und den NS-beherrschten Kirchenvorstand, sodaß Brunnacker die Sinnlosigkeit seines Widerstands einsehen mußte.[39] In einem Brief vom 11. Dezember bat er OKR Burger um Verständnis, daß er seine Arbeit, um der Erregung der Gemeinde zu begegnen, wiederaufgenommen habe zumal ein Vertreter für ihn noch nicht da sei.[40] Gleichzeitig schrieb Brunnacker einen verzweifelten Brief an Baumgärtner, daß seine "Stellung aufs schwerste erschüttert" sei, und daß der Widerstand wohl übereilt gewesen sei.[41] Er fürchtete, ein Opfer seiner Treue zum Führer und zur Reichskirche werden zu müssen, und schloß mit der Klage: "Mich will meine Nervenkraft fast verlassen, Gott helfe mir und meiner Familie durchhalten!" Baumgärtners Antwort darauf war, daß er durchhalten müsse, denn: "Gegen unser Gewissen können wir nicht handeln und unsere Sache wird doch zum Siege kommen".[42] Am 12. Dezember stellte ein ärztliches Zeugnis "eine erhebliche Störung des psychischen Gleichgewichtes" bei Brunnacker fest, und am nächsten Tag erklärte Brunnacker nach einem Gespräch mit OKR Hanemann im Pfarrhaus zu Larrieden, daß er mit Meisers Weg einverstanden sei, und daß er einsehe, "daß die vom Führer gewünschte Reichskirche nicht durch einzelne Gemeinden und einzelne Pfarrer geschaffen werden kann, erst recht nicht durch ein Aufziehen der 'Deutschen Christen' in Bayern".[43] Daraufhin erhielt er einen versöhnlichen Brief von Meiser, und auch am 17. Dezember einen Besuch von Meinzolt, der ihm in Aussicht stellte, seine vorläufige Amtsenthebung in eine Beurlaubung umzuwandeln, und nach Wiederherstellung seiner Gesundheit eine andere Pfarrstelle zu verleihen.[44] Um die Spannung in der Gemeinde abzubauen, die auch das Ansehen der Partei am Ort tangierte, wurde Vikar v.Gilardi, NS-Mitglied seit 1931, mit der Amtsverwesung beauftragt.[45] Brunnacker durfte auch am ersten Weihnachtsfeiertag nochmals predigen.

Dennoch stand Brunnacker noch unter schwerem Druck, vor allem seinen DC-Freunden gegenüber. Am 27. Dezember schrieb er an Baumgärtner, daß er, wenn nicht umgefallen, doch geschlagen sei, denn als "Einzelkämpfer" könne er gegen die Front gegen ihn nicht aufkommen.[46] Da habe es Beer in Eibach viel leichter, "der seine 2000 DC hinter sich hat".[47] Ob Baumgärtner einen weiteren Durchhaltebrief schickte, ist möglich aber nicht belegt.

Unter dem Druck des über ihm schwebenden Dienststrafverfahrens litt Brunnacker auch, zumal er nicht wußte, ob ihm die Kosten für die Verwesung seiner Pfarrstelle aufgebürdet würden.[48] Bevor ihn jedoch der Beschluß des LKR, das Dienststrafverfahren fallen zu lassen, erreichte, nahm er sich im Hofbrunnen des Pfarrhauses das Leben.[49]

Wegen seines geistigen Zustandes konnte ihm ein kirchliches Begräbnis gewährt werden. Während der Gebetsgottesdienst und die Aussegnung in Mönchsroth in würdiger Form vollzogen wurden,[50] gestaltete sich die Beerdigung in seinem Geburtsort Döckingen zu einer großen Demonstration der Deutschen Christen mit mindestens 3000 Teilnehmern, darunter eine SA-Kappele, SA-Stürme, etwa 30 NS-Pfarrer, und DC-Abordnungen aus Jena, Württemberg, Nürnberg, Augsburg und Weißenburg.[51] Schon die Todesanzeige des NSEP und der DC Bayerns deutete an, wer für den Tod Brunnackers verantwortlich gemacht werde sollte: "Wegen seiner reichskirchlichen Einstellung seines Amtes enthoben, erlag er einen Nervenzusammenbruch und setzte in seiner Verzweiflung seinem Leben ein Ende."[52]

Aus Berlin per Flugzeug kam Reichsbischof Müller persönlich, der eine längere Ansprache hielt, in der er Klage führte gegen diejenigen, die Brunnacker "seelisch verfolgt und verhetzt" hätten.[53] Nachdem Baumgärtner und Beer am Grab gesprochen hatten, ergriff Wolf Meyer das Wort, und bezeichnete den Tod Brunnackers als Mord, "und die Schuldigen die Mörder, werden das eines Tages noch zu verantworten haben". Daraufhin deuteten einige Leute auf Dekan Schaudig und Vikar Gilardi, und sagten: "Da stehen sie, die Mörder", woraufhin beide den Friedhof verließen.[54]

Für die Gauleitung sprach Karl Holz, der den Tod Brunnackers als "Ergebnis der Nächstenliebe derer, die da sagen, sie seien die wahrhaftigen bekenntnistreuen Christen".[55] Er kündigte an: "Die große Zeit von heute erkennt das tote Buchstabenchristentum nicht mehr an. Die Stunde der Pharisäer und Schriftgelehrten ist vorbei. Was wir verlangen und fordern ist Christentum der Tat!" Holz nutzte auch diese Gelegenheit gegen die Pfarrer vorzugehen, die den Totalitätsanspruch des NS-Staates in Frage stellten, und damit auch indirekt gegen den am 6. Januar vom Landesbischof Meiser unter großer Beteiligung der Nürnberger Gemeinde in seinem Amt eingeführten Kreisdekan Schieder, als er sagte:[56]

"Ich habe gestern am Radio eine Rede von Gauleiter Bürckel gehört. Da erzählte er, daß drüben im Saargebiet eine Gruppe von Leuten eine Versammlung gehalten hätten unter dem Motto: Einer ist unser Führer: Christus! Da hat man mit dem Namen Christi Landesverrat getrieben! Und das wagt man heute! Auch bei uns dieseits des Rheins gibt es solche Hochverräter."

Ungefähr zweieinhalb Stunden sprachen verschiedene Partei- und DC-Vertreter am Grab, darunter auch Veeh aus Weißenburg und Bürgermeister Münch aus Gunzenhausen, der beteuerte: "So Gott will, der Tag der Abrechnung wird für diese Menschen kommen, die ihn gemordet haben!"[57]

Auch nach der Beerdigung versuchten die DC den Fall propagandistisch auszunutzen mit einem in großer Auflage gedruckten Berichtblatt, mit dem "Stürmer"-ähnlichen Untertitel: "Eine Rechtfertigung im Kampfe um die Wahrheit". Nachdem die Polizei in Nürnberg 8000 Exemplare beschlagnahmt hatte, versuchten die DC die Information in Form eines vervielfältigten Flugblatts weiter zu verbreiten.[58]

Da der Fall Brunnacker trotz Informationseinschränkungen großes Aufsehen in Franken erregt hatte, gab Kreisdekan Kern eine Kanzelabkündigung heraus, die in allen Kirchen des Kreises am 13. Januar zu verlesen war.[59] Hierin wurde festgestellt, daß das Verfahren gegen Brunnacker nicht wegen seiner reichskirchlichen Einstellung erfolgt sei, sondern aufgrund seines Verhaltens gegenüber Amtsbrüdern. Der Verlauf der Entwicklungen zeige außerdem, daß "sein jäher Tod nicht in ursächlichen Zusammenhang mit behördlichen Maßnahmen gebracht werden" könne.[60]

Die treffendste Erklärung für den Tod Brunnackers lieferte aber der Polizeipräsident Martin in seinem Bericht an die Gestapa vom 18. Januar.[61] Martin, der die demagogische Ausnützung des Falles durch die DC als "Geschmacklosigkeit" bezeichnet hatte,[62] vermutete, daß eine "eindeutige Fixierung der Ursache" kaum möglich sein werde:[63]

> "Zweifelsohne haben die zahlreichen seelischen Erregungen, die durch den Komplex des Kirchenstreits zu unmittelbar an B. herangetreten sind, den letzten Schritt ausgelöst. Ob dies nun durch einen gewissen inneren Gewissenszwang infolge seiner Unterwerfung unter dem Landesbischof gegenüber seinen Parteifreunden aus dem NSEP und dem Reichsbischof bewirkt wurde, oder ob nach seiner Unterwerfung, durch die er vielleicht innern Frieden zu finden hoffte, durch neuerliches Herantreten seiner Kampfgenossen aus dem Lager der Deutschchristen neue Gewissensnöte für ihn aufkamen, wird sich nie klar feststellen lassen. B. war jedenfalls der Lage psychisch nicht mehr gewachsen."

Die bei der Beerdigung Brunnackers demonstrierte Einheit der Deutschen Christen, und auch die dabei gezeigte Indentifikation der Partei in Franken mit der Sache der DC, gab der Bewegung neuen Aufschwung. Auch der Auftritt des Reichsbischofs in Franken, der am Abend der Beerdigung noch in Eibach sprach,[64] hatte seine Auswirkungen. Das Pfarramt Pappenheim bestätigte, zum Beispiel, daß ein einflußreiches Gemeindeglied von der Grabrede Müllers sehr angetan gewesen sei, und zu Hause berichtet habe: "Es war überwältigend. Ich bin Deutscher Christ."[65]

Gehindert wurde der DC-Aufbau aber nach wie vor durch die Presserestriktionen, und durch das Verbot öffentlicher Versammlungen, was nicht immer durch sogenannte geschlossene Mitgliederversammlungen zu umgehen war.[66] Nach der Beschlagnahme des DC-Berichtblattes über Brunnacker, appellierte Baumgärtner sogar an Hitler, die Wahrheit über Brunnacker, der ein Opfer Meisers gewesen sei, den DC-Mitgliedern sagen zu dürfen, denn von den bayerischen Kanzeln werde "z.Zt. die Wahrheit verdreht".[67]

Unterstützung erhielten die bayerischen Deutschen Christen durch den ehemaligen Rechtswalter Jäger - auch nach Auffassung der DC auch ein Opfer Meisers -, der Ende Januar/Anfang Februar in Nürnberg weilte, und zwei vertrauliche Besprechungen mit den DC-Ortsgruppenleitern hielt.[68]

Der um die öffentliche Ordnung besorgte Polizeipräsident Martin berichtete an die Gestapa Ende Januar, daß seit dem Tod Brunnackers, sich "die beiderseitige Front im Kirchenstreit wieder mit neuer Wut ineinander verbissen" hätte, und der Fall von beiden Seiten "in geradezu demagogischer Weise behandelt" werde.[69] Er kündigte an, entgegen seiner bisherigen Praxis, daß er, "wenn diesem Zustand nicht bald ein Ende gesetzt wird, demnächst jede Erörterung des Falles Brunnacker verbieten und im Falle einer Verbotsübertretung rücksichtslos mit Schutzhaft vorgehen (würde)."

Für ihre Abwehr gegen die DC-Vorwürfe blieben der Landeskirche praktisch nur noch die Informationsmöglichkeiten im kirchlichen Raum, denn eine Behandlung des Falls Brunnacker in der kirchlichen Presse wurde, in den wenigen Fällen wo man es versucht hatte, mit Beschlagnahmen beantwortet.[70]

4) Die Predigtreisen des Landesbischofs

Als besonders effektive Form kirchlicher Aufklärung gegen die DC ewiesen sich die mehrfachen Auftritte des Landesbischofs gerade in den Gegenden, die vom Tod Brunnackers unmittelbar betroffen waren. Zuerst machte Meiser am 2. Februar einen kurzen Besuch in Wassertrüdingen, einer Stadt auf dem halben Weg zwischen Mönchsroth und Döckingen. Für den Anlaß nahm die Stadt ein "festliches Gewand" an, und Meiser wurde trotz ungünstigster Witterung von einer großen Menschemenge begüßt und bejubelt.[71]

Für den 9. und 10. Februar plante der Landesbischof einen Besuch in Dinkelsbühl, 6km von Mönchsroth entfernt. Um einen begeisterten Empfang wie in Wassertrüdingen zu verhindern, gab das Bezirksamt Dinkelsbühl am 7. Februar ein drakonisches Verbot heraus, das nur einen Haupt- und Kindergottesdienst am Sonntag erlaubte.[72] Nicht gestattet, auf Grund der Verordnung vom 28.1.1933 "wegen Gefährdung der öffentlichen Ruhe und Ordnung", waren die Begrüßung am Samstag im Refektorium, das feierliche Geleit vom Dekanat zur Kirche, das feierliche Blasen vom Turm, auch jedes Läuten der Glocken, jede feierliche Einholung, die Besprechung am nachmittag, und die Ansprache abends in der Kirche.

Hinter diesem Verbot standen höchstwahrscheinlich nicht nur die Deutschen Christen sonder auch die Nürnberger Gauleitung, denn der stellvertretende Gauleiter Holz war selber unterwegs, um Meiser die Mengen streitig zu machen. Am 10 Februar sprach Holz bei einer angeblich schon Wochen vorher geplanten NS-Massenversammlung in Dinkelsbühl; dabei kam man aber nicht umhin sein Auftritt am 8. Februar vor angeblich 2000 Hörern in Mönchsroth in direkten Zusammenhang mit dem Kirchenkonflikt zu bringen.[73]

Durch Verhandlungen mit der bayerischen Staatsregierung gelang es dem LKR, das Verbot des Bezirksamtes erheblich aufzulockern.[74] Nicht erlaubt waren nun lediglich die feierliche Einholung am Samstag, die Posaunenmusik vom Turm, sowie jegliche Menschenansammlung und Kundgebung im Freien.[75] Trotz diesen Einschränkungen wurde das Wochende in Dinkelsbühl ein Triumph für Meiser. Schon am Samstagabend begrüßte ihn eine Menge Jugendlicher vor dem Dekanat. Am Sonntag waren die Paulskirche und die Hl.Geistkirche, in die der Gottesdienst übertragen werden sollte, überfüllt. Versuche von örtlichen Stellen, die Übertragung zu verhindern, wurden nach fernmündlichen Rücksprache mit der BPP unterbunden.[76] Man schätzte, daß Tausende von auswärts gekommen waren, auch von Württemberg herüber. Meisers Predigt behandelte die "zwei Kampfbefehle", die Gott seiner Kirche zurufe: "Laßt euch nicht mit mancherlei und fremden Lehren umtreiben! Bleibt fest auf dem alleinigen Grund 'Jesus Christus gestern und heute und derselbe auch in Ewigkeit'!" Nach dem Gottesdienst gingen Meiser und die Geistlichen durch ein Spalier der Kirchenbesucher, die trotz Verbot einige Heilrufe nicht unterdrücken konnten, zur Hl. Geistkirche. Am Abend verabschiedet den Landesbischof eine Menschenmenge vor dem Dekanat, die nur drei Verse des Lutherliedes singen durften, bevor die Polizei einschritt. "Nach einem dreifachen Siegheil" auf Meiser, ging die Menge "zögernd auseinander".[77]

Ob bei der Versammlung mit Holz in Dinkelsbühl eine ähnliche Begeisterung aufkam wird nicht berichtet; von dem eher resignierten Ton seiner Rede her zu beurteilten, ist dies jedoch zu bezweifeln.[78] Holz warnte zu Anfang, daß man keine Sensation von ihm erwarten sollte, denn diejenigen, die "Deutschlands Freiheit erstritten" hätten, brauchten heute keine Sensationen zu bringen. Die gereizte Stimmung in Dinkelsbühl sei "künstlich erzeugt" von Leuten, die "in der Kampfzeit" draußen gestanden hätten. Holz hatte sich damit fast abgefunden, "daß es in Deutschland immer noch Menschen gibt, die die neue Zeit nicht verstanden haben". Eine Gruppe davon sei zu alt, um die "neue Anschauung des Nationalsozialismus" aufzunehmen. Sie könne man nicht bekehren, sie würden aber eines Tages sterben: "Dann haben wir sie los". Die andere Gruppe hätte kein Herz für die Not des Volkes: "Sie tun recht fromm und plappern Gebete, wo andere arbeiten". Auch sie wolle man nicht bekehren. Sie seien die Heuchler, die "eine Front" (sprich Bekenntnisfront) im einig gewordenen Volk gründen, und auch nicht bereit sind etwas für das Volk zu opfern. Weiterhin sagte er:

> "Wir Nationalsozialisten erkennen das Christentum an, aber das Christentum der Tat! Es ist eine Schande für den Protestantismus in Franken, daß die katholische Bevölkerung, obwohl sie ärmer ist, um ein Drittel mehr zum Winterhilfswerk gespendet hat, als der evangelische Teil. Da stimmt etwas nicht! Hätten sich die Geistlichen auf die Kanzeln hinaufgestellt und gesagt: 'So jetzt beweist euer Christentum und opfert für die Winterhilfe, was ihr könnt', dann hätten sie ihr Christentum bewiesen. Aber wir haben bei unseren Sammlungen die Erfahrung machen müssen, daß die Frömmsten am wenigstens gegeben haben."

Auch in seinen Schlußbemerkungen kam die Polarisierung zwischen Partei und Bekenntniskirche in Franken sehr deutlich zum Ausdruck:

> "Ein 9-jähriger Pimpf, der stramm durch die Straße marschiert und Soldatenlieder singt, ist mir tausendmal lieber als alle die, die mit Schlappohren herumlaufen und jammern: Die Religion ist in Gefahr! Ich gebe hier die heilige Versicherung: 'Solange Hitler lebt und wir Nationalsozialisten am Ruder sind, ist nicht die Religion in Gefahr, sondern die Heuchelei ist in Gefahr'."

Auch am nächsten Wochenende kam es zu einem Kräftemessen zwischen Meiser und Holz, diesmal in Heidenheim, 13km vom Beerdigungsort Brunnackers in Döckingen entfernt. Als die Pläne für die Gottesdienste mit Meiser in Heidenheim bekannt wurden, rief Holz zu einem Generalappell für den Bezirk Heidenheim auf, zur gleichen Zeit wie der Nachmittagsgottesdienst, was, wie Meiser später an die BPP berichtete, "stärkeres Unbehagen in der Bevölkerung" auflöste, da der Eindruck erweckt sei, der Appell stehe in Zusammenhang mit dem Besuch des Landesbischofs.[79]

Auch diesmal haben die Holz'schen Gegenmaßnahmen den Festtag mit Meiser keinesfalls beeinträchtigt. Für beide Gottesdienste war die geräumige, romanische Basilika überfüllt, wozu das "Sonntagsblatt" extra bemerkte: "Besonders zum Nachmittagsgottesdienst waren getreue Gemeindeglieder von weither aus dem Altmühltal, Hahnenkamm und Ries in großen Massen zusammengeströmt".[80] Kirchliche Beobachter schätzten, daß "trotz schlechten Winterwetters etwa 3000 Personen" zusammenkamen um Meiser zu hören, während lediglich 350 an der Holz-Versammlung teilnahmen.[81]

Die von der Polizei mitstenographierte Predigt Meisers zeigt, daß der Landesbischof von der Kanzel die Sorgen der Kirche viel direkter ansprechen konnte als mit dem gedruckten Wort.[82] Zunächst sprach Meiser vom Wunder der gottgeschenkten Bekennenden Kirche, die "zugleich zu einer kämpfenden" Kirche gemacht wurde. Dabei bedankte sich Meiser bei der Gemeinde, daß "sie sich nicht gefürchtet" habe, sondern hingegangen sei, und "vor Staat und Partei... Zeugnis abgelegt" habe. Zu der Gefahr der Deutschen Christen, und auch indirekt zu den Einschüchterungsversuchen der Parteileitung in Franken, sagte Meiser:

> "Bleibt fest, bleibt fest und laßt euch nicht beirren. Die Bewegung der Deutschen Christen hat in Bayern ihre Werbekraft längst verloren. Man hat, um dieser Bewegung Auftrieb zu geben, in einem nahen Orte den Hingang eines bedauernswerten Mannes zu kirchenpolitischen Demonstrationen gestaltet. Man hat am Grabe eines auf solche Weise aus dem Leben Geschiedenen nicht mehr Ehrfurcht vor der Majestät des Todes und den Frieden verscheucht. Wir sind überzeugt, daß jeder, der in der Lage ist, die Dinge zu beurteilen, sich mit innerer Empörung von einem solchen Treiben wendet. Laßt euch nicht schrecken durch Drohung und Einschüchterungsversuche. Nach der Saarabstimmung, hat man gesagt, komme der große Schlag. Es ist nichts geschehen. Dann sagte man, wartet nur, anfangs Februar; nun werden die Anhänger auf den März vertröstet. Wir fürchten uns nicht, auch wenn im Ernst etwas dahinter wäre... Mit Drohen kann man einen, der für die Wahrheit eintritt, nicht erschrecken."

Beim Verlassen der Kirche wurde Meiser, nach dem Bericht der "Lutherischen Kirche", "vor der nach Tausenden zählenden Menschenmenge immer wieder mit Heilrufen freudig und herzlich begrüßt".[83]

Die Erfahrung dieser drei Wochen in Mittelfranken lehrten, daß Meiser genau so wie Landesbischof Wurm, der Sonntag für Sonntag seine Gemeinden besuchte,[84] auch gegen die Pflichtversanstaltungen der Partei, große Zahlen für seine Auftritte mobilisieren konnte. Das Fazit seiner Reisen im Februar zog Meiser Ende des Monats in einem Brief an die Abteilung für den kulturellen Frieden der NSDAP.[85] "Erfreulicherweise", berichtete Meiser, habe "sich die Erkenntnis auch in Kreisen durchgesetzt, die von den Anhängern der Deutschen Christen in gegenteiligem Sinne beeinflußt wordern waren", daß die Maßnahmen der LKR nicht zum Tode von Brunnacker geführt hätten:

> "So darf festgestellt werden, daß in dem ländlichen Bezirk, in dem die Beerdigung Brunnackers seinerzeit unter Teilnahme höherer geistlicher Würdenträger stattfand, die propagandistische Aufmachung, die dem tragischen Falle gegeben wurde, aufs nachdrücklichste abgelehnt wird."

5) Die Lage in Weißenburg Anfang 1935

Auch wenn diese Auftritte Meisers in Mittelfranken große Erfolge waren, in der DC-Hochburg Weißenburg hatten die Meiser-treuen Pfarrer und Gemeindeglieder einen besonders schweren Stand. Am 7. Januar fand im Mesnerhaus eine Pfarrkonferenz statt, zu der, wie seit Oktober 1934, die drei DC-Pfarrer des Kapitels nicht eingeladen wurden. Auf dieser Konferenz sollten die 3000 vom LKR gesandten roten Mitgliederkarten für die noch zu gründenden Bekenntnisgemeinschaften verteilt werden, aber als sie vom Dekanatsgebäude herübergetragen wurden, beschlagnahmte sie ein darauf wartender Polizeibeamter.[86] Zwei Wochen später gab es einen Großeinsatz der Polizei bei den 11 Bekenntnispfarrern des Bezirks. Um Punkt 9 Uhr vormittags wurden die 11 Pfarreien polizeilich durchsucht, um Schriftstücke von Anhängern der Bekenntnisfront im Dekanat Weißenburg mit möglichem "aufreizenden, hetzerischen Inhalt," sicherzustellen.[87] Gleichzeitig wurden die Geistlichen vernommen, um Beweise zu finden für das Verfahren gegen v.Löffelholz, das wegen der angeblichen Behauptung des Dekans bei der Konferenz am 15. Oktober, "Jetzt geht es gegen den Staat", eingeleitet wurde. Aber die Durchsuchungen und die Verhöre verliefen völlig ergebnislos; lediglich Pfarrer Rottler berichtete, daß ihm der Dekan anfangs Januar gesagt habe: "Wenn der Staat gegen die Kirche vorgeht, dann geht auch unser Kampf gegen den Staat".[88]

Hinter dieser Aktion stand ohne Zweifel ein Angriff der einflußreichen Deutschen Christen Weißenburgs auf die Person des Dekans.[89] Es war auch kein Geheimnis, daß der Polizeikommissär Ohnesorg, der mit drei Kollegen die zweieinhalbstündige Durchsuchung und Verhöre im Dekanat durchführte, Mitglied bei den Deutschen Christen war.[90]

Der Kampf gegen den Dekan wurde auch drei Tage später in dem von den Deutschen Christen beherrschten Kirchenvorstand fortgesetzt. Nachdem die letzte ordentliche Sitzung im Oktober wegen Uneinigkeit "über die Rechtmäßigkeit der kirchlichen Obrigkeit" abgebrochen war, vermied es Dekan v.Löffelholz, das Gremium im November und Dezember einzuberufen.[91] Am 24. Januar gab er aber dennoch dem Wunsch nach einer außerordentlichen Kirchenvorstandssitzung nach. Die feindselige Stimmung im Gremium wurde schon anfangs deutlich, als einige Mitglieder in der Verlesung des Psalms 27 durch den Dekan, "Der Herr ist mein Licht und mein Heil", eine Spitze gegen ihre kirchenpolitische Einstellung sehen wollten.[92] Sprecher der DC-Mehrheit bei dieser Sitzung war der zweite Bürgermeister Hetzner, dessen erster Antrag, daß allmonatlich wieder eine Sitzung des Kirchenvorstandes stattfinden sollte, mit 12 zu 4 Stimmen angenommen wurde.[93] Zu seinem zweiten Antrag, "der Kirchenvorstand wolle beschließen, daß künftig von der Kanzel herab Kirchenpolitik zu unterbleiben hat", sagte der Dekan, daß er unmöglich auf diesen Antrag eingehen könne, da die Grenzen der Kirchenpolitik sich nicht eindeutig bestimme ließen, und da der Bekenntnisseite nur noch der Kirchenraum geblieben sei, um "ihr heiligstes Recht zu wahren".[94] Als der Dekan zur Bekräftigung seiner Position ein Zitat aus "Mein Kampf" anführen wollte, ließ man ihn "unter wildem Geschrei und Toben... nicht mehr zu Wort kommen, schleuderte gegen ihn die beleidigensten Anwürfe und verließ fluchtartig, unter wüstem Lärm den Saal".[95]

Die Haßkampagne gegen den Dekan war sowohl persönlich - ein Kirchenvorsteher regte sich über das souveräne Lächeln des Dekans bei dieser Sitzung auf - als auch in der konsequenten kirchenpolitischen Haltung Löffelholz' begründet. Dabei hatte der Dekan kaum eigene Aktionen gegen die Deutschen Christen unternommen, sondern lediglich die Direktiven und Kundgebungen der Kirchenleitung an die Gemeinde weitergegeben. Nach der Gründung der Ortsgruppe im Dezember und auch nach der sehr gut besuchten DC-Versammlung mit Fuchs und Sommerer am 10. Januar hatte Löffelholz keine Bekenntnisgottesdienste als Gegenaktion einberufen.[96] Beim Gottesdienst am 30. Januar, "zur Erinnerung an den Tag der Machtergreifung", hielt der Dekan sogar die Predigt.[97] Wie ein Gemeindeglied es treffend ausdrückte, wollten die Deutschen Christen den Dekan einfach wegtreiben, und versuchten ihm das Leben zu verekeln; dabei habe der Dekan sich schon dreimal weggemeldet, und immer habe er die Antwort vom LKR bekommen, er müsse in Weißenburg aushalten.[98] Dabei bezweifelte dieses Mitglied, daß die Verhältnisse im Kirchenvorstand der Gemeinde entsprechend seien, fühlte sich aber angesichts der DC-Überlegenheit hilflos.

In den Wochen nach der Kirchenvorstandssitzung intensivierten die Deutschen Christen ihre Werbekampagne in Weißenburg. Wie Rottler berichtete, wurden Unterschriften, teilweise unter der Androhung, "wer nicht unterschreibt, sei gegen den Führer", von Haus zu Haus gesammelt:[99]

"Haufenweise unterschreiben die Leute aus Unwissenheit oder Angst. Beamte unterschreiben wegen ihre Stellung, Geschäftsleute, weil sie den Boykott fürchten. Die DC gewinnt hier sehr großen Anhang, zumal die Spitzen der Partei, der Stadtrat und die meisten Parteigenossen dafür sind."

Auch in den umliegenden Dörfern des Dekanats versuchten die DC Ortsgruppen zu bilden. In einem vertraulichen Schreiben Baumgärtners vom 15. Februar, in dem er zur Gründung von DC-Ortsgruppen, egal wie klein, überall aufrief, hatte er besonderes Lob für Weißenburg:[100]

"Vorbildlich arbeitet Weißenburg, wo ein Dorf nach dem anderen sich der Idee der Reichskirche und der Deutschen Christen anschließt, auf Grund der hervorragenden Arbeit unseres Kampfgenossen Kalb und seines wackeren Kreisleiters Hauptlehrer Veeh."

Diese Einschätzung war jedoch weit übertrieben, denn in keinem Dorf des Bezirks gelang es den Deutschen Christen, die Mehrheit zu gewinnen, auch dort nicht, wo der Pfarrer selbst zu den DC gehörte. Am erfolgreichsten waren Pfarrer Ruck in Nennslingen und Pfarrer Pfaffenberger in Höttingen mit nicht ganz der Hälfte ihrer Gemeindeglieder hinter den DC; die andere DC-Pfarrer, Griebel in Thalmannsfeld und Bestelmeyer in Burgsalach hatten die Unterstützung von nur 20-30% ihrer Gemeinden.[101] In den anderen 6 Dörfern des Amtsbezirks mit DC-Ortsgruppen lagen die vom Bezirksamt gemeldeten Zahlen, mit Ausnahme von Trommetsheim, zwischen 5 und 15%. Damit war die Werbearbeit im Bezirk Weißenburg zwar relativ erfolgreich - von den 33 DC-Ortsgruppen in Mittelfranken waren 10 im Bezirksamt Weißenburg[102] - dennoch verrieten die Zahlen, daß die DC eine relativ kleine Minderheit war. Auch in der Stadt Weißenburg, wo die DC 700 eingeschriebene Mitglieder hatten, machten sie, auch Angehörige mitgerechnet, kaum mehr als 23% der Gesamtgemeinde aus.[103]

Für die DC-Strategie war es aber vor allem wichtig, überall Ortsgruppen zu gründen, die den Zweck hatten, wie Daumiller es beschrieb,[104]

"die Kirchenvorsteher zu beeinflußen und die Wählermassen zu sammeln, damit bei der kommenden Neuwahl der Kirchenvorsteher und der Synode eine Mehrheit erzielt wird, durch die man das rechtmäßige Kirchenregiment in Bayern stürzen kann. Nachdem der Versuch des Herrn Jägers mißlungen ist, will man es von unten her, von der Gemeinde aus machen."

Ein anderer Teil der DC-Strategie war die Erwartung, daß der Staat bald zu ihren Gunsten in die Kirchenfrage eingreifen würde, besonders dann, wenn sie eine gewisse Stärke erreicht hatten.[105]

Aber dort, wo der Gemeindepfarrer energisch gegen die DC vorgegangen war, blieb ihr Erfolg meist aus. In Alesheim, zum Beispiel, einem evangelischen Dorf im Dekanatsbezirk Weißenburg mit 476 Einwohnern, mißlang der DC-Einbruch, der vom Bürgermeister und Oberlehrer im Nachbardorf Trommetsheim Ende Februar angezettelt war, gänzlich.[106] Unter starken Druck gesetzt, erlaubte zwar der Alesheimer Bürgermeister, daß folgende Einladung im Dorf verteilt wurde:

"Da wir der Zerstörung des Dritten Reiches vom Kirchenraum her nicht mehr länger untätig zusehen können, sollen auch die in Alesheim vorhandenen Mitglieder zu einer Ortsgruppe der Reichskirchenbewegung 'Deutsche Christen' zusammengeschlossen werden."

Aber bei der Versammlung selbst waren die 15 Trommetsheimer DC fast unter sich. Pfarrer Grimmler hatte nämlich zehn Tage vorher, als er von den DC Absichten gehört hatte, die Beitrittserklärung der Bekenntnisgemeinschaft in alle Häuser getragen und überall Unterschriften bekommen.[107]

In den Dörfern im Dekanatsbezirk Weißenburg, wo die DC schon frühzeitig eine Ortsgruppe gegründet hatten, gestaltete sich die Abwehr allerdings etwas schwieriger. In Ettenstatt (846 Einwohner), wo die DC schon seit dem 22. Dezember eine Ortsgruppe gegründet hatten, kam es im Frühjahr zu einem Konflikt, der ein bezeichnendes Licht auf die DC-Werbemethoden wirft.[108] Am 28. Februar fand im Wirtshaus des Bürgermeisters ein Sprechabend der DC mit Vortrag des abgesetzten Vikars Preiß über "Die Mission unserer evangelischen Kirche im Reiche Adolf Hitlers" statt.[109] Er teilte den Vorstandstisch mit vier DC-Pfarrern aus dem Bezirk, Ruck, Pfaffenberger, Bestelmeyer und Griebel. An der Versammlung nahmen hauptsächlich DC-Mitglieder aus Nennslingen und Weißenburg teil, und die Ettenstatter SA, die den Befehl hatte, den Abend in Zivil zu besuchen. Als der Ettenstatter Pfarrverweser Karl Bauer, der auch zu dem Abend eingeladen war, den Ortskommissar darauf aufmerksam machte, daß er die Teilnehmer nach ihrer DC-Mitgliedschaft kontrollieren müsste, sonst wäre die Veranstaltung keinesfalls als geschlossen anzusehen, bekam er die Antwort, daß Befehl gegeben worden sei, den Gründungen von DC-Ortsgruppen nichts in den Weg zu legen.

Bei der Versammlung nahm Pfarrer Bauer gleich zu Anfang das Recht des Ortsgeistlichen in Anspruch, das Wort zu ergreifen. Mit dem Hinweis, daß es unmöglich für einen Pfarrer sei, einen Vortrag von einem Mann anzuhören, der im Oktober fünfzig Pfarrer an die Wand gestellt sehen wollte,[110] forderte er die Leute der bekennenden Gemeinde auf, mit ihm hinauszugehen. Von Preiß als "Volksverräter und Volksverhetzer" beschimpft, wurde Bauer von einem Teilnehmer am Rock gepackt, und wäre hinausgeworfen worden, wenn der Ortsgruppenleiter nicht interveniert hätte. Mit der Erklärung: - "Ich freue mich, daß so wenig Ettenstätter hier sind. Meine Mission ist nun erfüllt." - verließ er den Saal. Nach diesem Vorfall wurden sogar einige Ettenstätter DC an ihren Kampfgenossen stutzig, und in den nächsten Wochen gelang es Bauer 63% der Erwachsenen seiner Gemeinde für die Bekenntnisgemeinschaft zu gewinnen.[111]

Nachdem ein Bericht Bauers an den LKR weitergeleitet wurde, beschwerte sich Meinzolt bei der BPP über das Nichteinhalten des Verbots öffentlicher Versammlungen und auch über die Unterstützung der DC durch amtliche Stellen, denn der Kommissar in Ettenstatt hatte sich auch geweigert, den Namen des Mannes, der Bauer angegriffen hatte, festzustellen, aufgrund seiner Anweisungen von Weißenburg.[112] Gegen die vier DC-Pfarrer, die Bauer keinerlei Hilfe geleistet hatten, und die ihre Amtspflicht durch unerlaubte Wirkung in einer fremden Gemeinde verletzt hatten, ging der LKR allerdings nicht konsequent vor, wohl aufgrund der Kritik an den wenigen Disziplinärfällen gegen DC-Geistlichen.[113]

Ein weiterer Pfarrer im Dekanatsbezirk Weißenburg, der Unannehmlichkeiten in der Abwehr gegen die DC erfuhr, war Edlef Sell in Emetzheim, einem Dorf mit 315 Einwohner, wo es seit dem 6. Januar eine kleine DC-Ortsgruppe gab.[114] Sell hatte sich bei den Deutschen Christen unbeliebt gemacht, weil er sie wegen einer nicht angemeldeten Versammlung angezeigt hatte.[115] Daraufhin wurde Sell bei der BPP denunziert wegen seiner angeblich feindlichen Einstellung zum NS-Staat: er gebe den Deutschen Gruß nicht, die Kirche sei am 30. Januar nicht beflaggt, er habe Widerspruch gegen die Judentafel im Ort erhoben; daher würden 95% der Bevölkerung von Emetzheim und Holzingen seine Versetzung verlangen. Dies hatte die BPP letztlich mit Erfolg beim LKR durchgesetzt, aber nicht ohne daß der LKR Sell gleichzeitig in Schutz nahm: Sell lehne den jetzigen Staat nicht ab, sondern bete jeden Sonntag für die Regierung und den Kanzler; die Judentafel sei deshalb kritisiert, weil sie "an der Mauer des kirchlichen Friedhofs angebracht" sei; der Mißklang gegen Sell erstrecke sich nur auf kleine Kreise. Dennoch gab der LKR dem Antrag der BPP um Versetzung nach, um zur Entspannung der Verhältnisse beizutragen, was er umso leichter tun konnte, da Sell schon vorher den Wunsch nach einer anderen Pfarrstelle geäußert hatte.[116] In dem Versetzungsbrief an Sell schrieb Meiser, daß der LKR ihn, "soweit es möglich war, in Schutz genommen" habe, und ermahnte ihn:

"Für die Zeit, die Sie noch in Emetzheim bleiben und für die Zukunft..., in weniger grundsätzlichen Fragen wie Beflaggung und Deutscher Gruß keinen Anstoß zu geben und direkten Eingaben und Beschwerden an die Kreisregierung und andere staatliche Stellen, über die kirchlichen Instanzen hinweg zu unterlassen."

Zwischen dem jedoch, was die Kirchenleitung und was einige Pfarrer als "weniger grundsätzliche Fragen" betrachteten, herrschten oft divergierende Meinungen, wie vor allem der Fall Steinbauer zeigen sollte.[117] Für Pfarrer Sell war der Deutsche Gruß zur grundsätzlichen Frage geworden, nachdem ihm der Weißenburger Bezirksamtsvorstand erklärt hatte, "daß die wahren Verehrer Hitlers tatsächlich das Heil von Hitler erwarteten".[118] Daraufhin antwortete ihm Sell, daß er sich des Hitlergrußes nie bedienen würde.[119]

Auch wenn die DC die Versetzung Sells letztlich durchgesetzt hatten, blieb ihre Zahl in Emetzheim relativ klein, denn es gelang Sell, rund 60% der Gemeinde für die Bekenntnisgemeinschaft zu gewinnen.[120] Den Mißerfolg der DC in Emetzheim führte Sell teilweise darauf zurück, daß er durch seinen nicht abgebrochenen Kontakt zu Pfarrer Kalb, einen Auftritt Kalbs in Emetzheim verhindern konnte.[121] Wie Sell Kreisdekan Kern am 11. Februar berichtete:[122]

"Herr Pfarrer Kalb ist ein gewandter Redner und wenn die Zahl der DC sich z.Z. auch nur auf 4 beschränkt, dann könnte sie durch seinen Einfluß katastrophal anwachsen. In Weißenburg beträgt sie, wohl nicht zum mindesten durch seine propagandistische Tätigkeit hervorgerufen, 400, wie ich gestern erfuhr... Seine Tätigkeit ist um so gefahrvoller, als sie indirekt durch den Herrn Vorstand des Bezirksamtes Weißenburg begünstigt wird."

Eine ähnliche Einschätzung von Kalbs maßgebender Rolle beim Aufbau der DC in Weißenburg lieferte Rottler in seinem Bericht an Kreisdekan Kern vom 22. Februar:[123]

"Er selbst tritt ja wohl bei den DC nicht in erster Linie hervor, aber es ist mir ganz klar, daß er die Seele der DC ist; es ist klar, daß er die DC von Baumgärtner her in unsre Stadt verpflanzt hat, daß er die Redner in den Versammlungen der DC vermittelt, ferner alles Propagandamaterial; zur Beerdigung von Brunnacker hat er 60 Personen in 2 Autos zur Fahrt nach Döckingen gesammelt, er steht hinter dem Werbeapparat besonders in der Partei und in der Beamtenschaft; er hat auch die Werbeversammlungen in den umliegenden Dörfern vorgeschlagen und bestimmt, obwohl er selbst nie dabei war. In seiner Predigt und Unterricht ist er ganz bekenntnismäßig, dagegen hat er bisher noch keine Bekanntmachung des LKR von der Kanzel verlesen. Da er als alter Pg. großes Ansehen genießt und PO Amtswalter ist und als solche die Partei im DC Sinn beeinflußt, ist schwer in nationalsozialistischen Kreisen gegen ihn aufzukommen."

Daß es letztlich Pfarrer Kalb zu verdanken war, daß Weißenburg eine DC-Hochburg wurde, verdeutlicht das Gegenbeispiel der Nachbarstadt Gunzenhausen. Hier wurde auch im Dezember 1934 eine DC-Ortsgruppe ins Leben gerufen, als Kreisleiter Appler nach Abschluß einer Pg.-Versammlung die DC-Beitrittsformulare an die Anwesenden verteilte.[124] Aber selbst unter diesem Druck, und auch mit der Unterstützung durch Bürgermeister Münch, der Leiter der DC-Gemeindegruppe,[125] und Direktor Keupp und zwei anderen Geistlichen der Hensoltshöhe,[126] wuchs die Zahl der DC-Mitglieder nicht über 100 hinaus;[127] auch wurden keine Ortsgruppen in den umliegenden Dörfern gegründet, denn Dekan Sperl, die zwei anderen Geistlichen der Stadt und die Pfarrer des Kapitels waren einig in ihrer ablehnenden Haltung zu den DC, und der Einfluß der Geistlichen erwies sich hier als stärker als aller Parteidruck.

6) Die Abwehrmaßnahmen der Landeskirche gegen die DC-Offensive im Frühjahr 1935

Mitte Februar beklagte sich Pfarrer Rottler in einem Brief an Kreisdekan Kern, daß man zu wenig unternehmen würde gegen die "Wühlarbeit und die Verhetzung" der DC.[128] Er bat daher dringend um allgemeine Richtlinien und um eine Kanzelabkündigung, und fragte: "Wie lange sollen wir noch in der Passivität verharren und die andern wühlen und verirren lassen?"

Der Grund für Rottlers Beunruhigung lag darin, daß die Kirchenleitung zu diesem Zeitpunkt noch gezögert hatte, zur Bildung von Gemeinde-umfassenden Bekenntnisgemeinschaften überall in der Landeskirche aufzurufen. Die Idee der Bekenntnisgemeinschaften war nämlich besonders in den Gebieten, wo die DC keine Gefahr darstellte, auf Kritik gestoßen, weil sie eine "ecclesiola in ecclesia", bzw. eine Spaltung der Gemeinde fördere.[129] In einem Rundschreiben an die Pfarrer Anfang Januar mußte Meiser daher den Plan in Schutz nehmen.[130] Die Bekenntnisgemeinschaften seien nicht primär kirchenpolitisch gedacht, sondern als Erziehungs- und Schlungsgemeinschaften, die deshalb eine gewaltige Aufgabe hätten, da

"das Leben der Kirche nicht durch Rückzug in irgendeine feste Stellung gesichert wird, sondern nur durch Angriff, durch das Hinaustragen des Evangeliums in alle Welt, vorab in die Welt unseres eigenen Volkes".

Meiser betonte, daß es im Ermessen des einzelnen Pfarrers liege, "wie weit der Kreis der zunächst in der Bekenntnisgemeinschaft zu Erfassenden gezogen werden" sollte. Die örtlichen Verhältnisse sollten auch bestimmen, "wann die Sammlung über die ganze Gemeinde ausgedehnt werden soll, etwa aus dem Anlaß deutschchristlicher Umtriebe".

So wurden im Januar und Februar im allgemeinen nur "Kerngemeinden" gebildet;[131] nur dort, wo es zu Gründungen von DC-Ortsgruppen kam, wurde die ganze Gemeinde zum Eintritt in die Bekenntnisgemeinschaft aufgefordert. Dennoch bestätigte ein Bericht Ende Februar,[132]

"daß - auf den Durchschnitt gesehen - die Bekenntnisgemeinschaften schon jetzt das 10-20fache der DC-Ortsgruppen betragen. Es gibt aber Gemeinden, die zu 80% und darüber der Bekenntnisfront beigetreten sind. In einzelnen Gemeinden sind alle Gemeindeglieder außer einigen Parteileuten und Gemeinschaftsanhängern bei der Bekenntnisbewegung."

Nachdem aber Baumgärtner am 15. Februar zur beschleunigten Gründung von DC-Ortsgruppen überall in Bayern aufrief und eine baldige Frankenfahrt des Reichsbischofs in Aussicht stellte,[133] gab die Kirchenleitung ihre Zurückhaltung auf, und forderte, wie Kreisdekan Kern in einem Rundbrief vom 2. März, nun in allen Orten "an der Sammlung der Bekenntnisgemeinschaft... energisch zu arbeiten".[134]

Eins der Hauptprobleme der Gemeindepfarrer bei dieser Mobilisierung der Gemeinden blieb der Mangel an zuverlässigen Informationen über die Lage der Landeskirche und der Reichskirche. Dies war, angesichts der immer noch nicht erlangten staatlichen Anerkennung der VKL, und angesichts der optimistischen Äußerungen aus dem DC-Lager, daß die Entwicklung "zwiefelsohne" in ihrer Richtung gehe,[135] zumal der Reichsbischof am 27. Februar von Hitler persönlich empfangen wurde,[136] ein schweres Hindernis für kirchliche Aufklärungsarbeit. Da die von der BPP wieder geduldeten Rundschreiben an die

Pfarrer wegen der anhaltenden polizeilichen Kontrolle eher zurückhaltend in Umfang und Häufigkeit gehalten wurden, betonte Kern, daß es "unbedingt notwendig" sei, die "Westdeutsche Eilkorrespondenz" aus Witten in allen Dekanaten zu bestellen, und an Leserkreise von Kollegen weiterzureichen.[137] Die mehrmals wöchentlich erscheinenden, hektographierten Blätter der "Westdeutschen Eilkorrespondenz" berichteten ausführlich über die Lage in der Reichskirche und in den Landeskirchen, bis auch sie Anfang Mai von einem Verbot getroffen wurden.[138]

In vielen Gemeinden der Landeskirche wurde am Sonntag den 3. März von der Kanzel aus zum Eintritt in die Bekenntnisgemeinschaft aufgefordert.[139] Diesem Aufruf ging eine Kundgebung des LKR und Landesbischofs voraus, gegen den neulich eröffneten "Feldzug" der Deutschen Christen "gegen die lutherische Bekenntniskirche Bayerns".[140] Diese Kundgebung war besonders gegen die DC-Flugblatt- und "Flugpostkarten"-Aktion gerichtet, die die Landeskirche der "Heuchelei" bezichtigt, da sie einerseits die "romfreie deutsche Nationalkirche" ablehne, andererseits aber die Katholisierung der Landeskirche befürworte, denn in einer Kundgebung Meisers vom 29. September stand der Satz: "Wir glauben an eine heilige katholische und apostolische Kirche".[141] Diese Anschuldigung war nicht nur durch eine Erklärung des Wortlauts des nicänischen Glaubensbekenntnisses zu entkräften, sondern auch durch den Hinweis, daß die Postkarte von dem kirchenfeindlichen Tannenberg-Bund gedruckt und verbreitet wurde. Damit hätten die DC Bayerns, die sich rühmten "auf dem Boden des Bekenntnisses zu kämpfen", sich in "Kampfgemeinschaft" deutschgläubiger Kreise begeben, "die unsere Kirche am liebsten vernichten möchten!" Die DC hätten sich dadurch selbst gerichtet. Schon eine Woche vorher hatten die Gemeinden ein Wort der VKL gehört, das vor der Gefahr einer neuen Religion gewarnt hatte, die sich als einen "neuen Lebensmythos" anpreise, und die sich "auf allen Gebieten des Lebens geltend" mache, in der Presse, im Theater, in öffentlichen Stellen und in Schulungskursen.[142]

Um der Bekenntnisgemeinschaft beizutreten und die rote Mitgliedskarte zum Vorzeigen bei künftigen Bekenntnisversammlungen zu bekommen, mußten sich die Mitglieder "in allen Fragen des Glaubens und der kirchlichen Ordnung" an das Bekenntnis binden.[143] Vor allem dieser Hinweis auf die kirchliche Ordnung erwies sich als wichtiges Kampfmittel gegen die DC-Offensive. In vielen Gemeinden des Kirchenkreises Ansbach wurde am 3. März zusätzlich zu der Kundgebung des LKR, eine Erklärung zur Frage der Zession gelesen.[144] Hierin wurde betont, daß kirchliche Amtshandlungen durch einen auswärtigen Pfarrer die Genehmigung des zuständigen Pfarrers benötigten, sonst würden sie nicht als ordnungsgemäß vollzogen anerkannt. Indem die DC diese Regelung mißachteten, vor allem durch ihre Praxis, eigene Gottesdienste in profanen Räumen abzuhalten zur gleichen Zeit, in der die Gemeinde ihren Hauptgottesdienst hielt, demonstrierten sie vor aller Öffentlichkeit eine sektiererische Absonderung von der Landeskirche.[145]

Ein weiterer, wichtiger Bestandteil kirchlicher Aufklärungsarbeit war der Kampf gegen die kaum versteckte Werbehilfe der Partei für die DC, durch die Betonung, daß die Parteiführung sich grundsätzlich neutral zur Kirchenfrage gestellt habe.[146] Diese Feststellung war vor allem deshalb wichtig, weil viele "führende Parteileute" auf der unteren Ebene, "es ihrer Parteidisziplin schuldig zu sein" glaubten, den DC beizutreten.[147] Einige Berichte bestätigen, daß die NS-Amtswalter in einigen Orten dazu gar verpflichtet waren.[148] Auch die Hilfe durch sogenannte "Parteistellen in Zivil" war den DC sicher, wie zum Beispiel vom NS-Schulungsredner Dr. Bub, der zugleich DC-Kirchenvorsteher der Gemeinde Nürnberg-St.Peter war, und als hauptamtlicher Religionslehrer geistlichen Standes in der Liste der NSEP-Pfarrer aufgeführt war.[149] Bub hatte in einem offenen Brief an Kreisdekan Schieder vom 1. Februar, mit den üblichen Belegen, die Staatstreue der Bekenntnisfront in Frage gestellt, und auch den Holz'schen Angriff auf Meiser verteidigt, da Holz der Meinung gewesen sei, die kirchenpolitische Haltung Meisers gefährde die Volksgemeinschaft und "das Werk des Führers".[150] Bub steckte wohl auch hinter der Einladung an sämtliche NS-Kirchenvorsteher Nürnbergs zu einer Schulung am 4. Februar.[151]

Um gegen diese Werbehilfe von Parteileuten für die DC anzukämpfen, nahm die Bekenntnisseite häufig Bezug auf die Streicher- Neutralitäts-Anordnung vom Oktober 1934, mit dem Hinweis, daß die Gauleitung am 21. Januar bestätigt habe, daß diese Anordnung noch in Kraft sei.[152] Ein unter den Mitgliedern der Bekenntnisgemeinschaft zirkulierendes Merkblatt, "Wie steht die Partei im Kirchenkampf?", widerlegte mit entsprechenden Zitaten führender Parteileute die häufig gemachte Behauptung der DC, daß ein Nationalsozialist auch Deutscher Christ sein muß, und stellte am Schluß fest: "Wer unter Berufung auf den Nationalsozialismus und die Partei für die Deutschen Christen wirbt, zerstört die Volksgemeinschaft."[153]

Das Ergebnis der Gegenoffensive der Bekenntnisseite war, daß die DC, sehr zur Verärgerung ihrer Führer, nicht über den Kreis der Parteitreuen und "verhetzten Pfarrersfeinde" in die kirchentreue Bevölkerung hinauswachsen konnten.[154] Die Behauptung der DC-Propaganda, Franken sei von einer deutschchristlichen Volksbewegung erfasst, wurde schon durch die ersten statistischen Erhebungen im März/April widerlegt.

Am 22. März wurden die Bezirksämter und Stadträte der kreisunmittelbaren Städte angewiesen, die Zahl der DC-Ortsgruppen, die Zahl ihrer eingeschriebenen Mitglieder, und die Stärke der durch die Mitglieder erfassten "Seelenzahl" (d.h. mit Angehörigen), zu ermitteln.[155] Die Anfang April vom Kultusministerium gemeldeten Ergebnisse waren aber nur was die Zahl der DC-Ortsgruppen betraf, zuverlässig. In den 980 Pfarreien der Landeskirche gab es lediglich 75 DC-Ortsgruppen.[156] Davon waren 60 in Mittel- und Oberfranken, mit 19 in der Stadt Nürnberg und 10 im Bezirksamt Weißenburg. Die ermittelten Mitgliedszahlen dagegen dürften grob überschätzt gewesen sein, denn mit 11.615 eingeschriebenen DC-Mitgliedern in Mittel- und Oberfranken hätten die einzelnen Ortsgruppen eine durchschnittliche Stärke von 200 haben müssen. Kirchliche Berichte jedoch sprechen von einer Stärke von 20-50, mit Gruppen von über 100 als Seltenheit.[157] Die Zahl 11.615 setzte sich zusammen aus 1600 DC-Mitgliedern in den kreisunmittelbaren Städten (davon 700 in Weißenburg und 500 in Fürth), 2000 in den Bezirksämtern (davon 585 im Bezirksamt Weißenburg), und eine wohl mehr als doppelt zu hoch geschätzte Zahl von 8000 in der Stadt Nürnberg.[158]

Diese anfechtbaren Ergebnisse der statistischen Erhebung des Kultusministeriums wurden auch unterschiedlich ausgelegt. Das Kultusministerium selbst stellte optimistisch fest, "daß die Bewegung der Deutschen Christen seit der Jahreswende im rechtsrheinischen Bayern festen Fuß gefaßt hat und im zähen Kampf vorab in Franken allmählich Boden gewinnt",[159] während die Regierung in Ansbach zu dem Schluß kam, "daß die weit überwiegende Mehrzahl der evangelischen Bevölkerung des Regierungsbezirks noch heute hinter der Bekenntnisfront steht".[160]

Die im Juni erschienene kirchliche Statistik vermittelt ein wohl realistischeres Bild über die Stärke der DC und der Bekenntnisgemeinschaft.[161] Hier, obwohl in der Zwischenzeit die Zahl der Ortsgruppen sich mehr als verdoppelt hatte, errechnete man nur 14.304 DC-Mitglieder in ganz Bayern, verglichen mit 13.242 in der April-Erhebung des Kultusministeriums.[162] Der Unterschied rührte hauptsächlich daher, daß die Kirche von einer DC-Mitgliederstärke von 3700 (anstatt 8000) in der Stadt Nürnberg ausgegangen war.[163] Die Schwäche der DC kam aber im Vergleich der Mitgliedszahlen mit der Gesamtseelenzahl der vier Kirchenkreise sehr deutlich zum Ausdruck. In den Kirchenkreisen mit den meisten DC-Ortsgruppen, Nürnberg und Ansbach, kamen die DC auf lediglich 1,25%.[164] Hier wies die Bekenntnisgemeinschaft dagegen auf eine Stärke von 40% im Kirchenkreis Ansbach und 28% im Kirchenkreis Nürnberg. In den zwei anderen Kirchenkreisen Bayreuth und München, wo die DC eine stärke von nur 0,5% bzw. 0,6% hatte, war die Bekenntnisgemeinschaft entsprechend schwächer mit 15% bzw. 17%, denn dort, wo es keine DC-Gefahr gab, wurden Bekenntnisgemeinschaften entweder nicht gegründet oder nicht auf die ganze Gemeinde ausgedehnt.

Der Erfolg der Bekenntnisgemeinschaft wurde aber schon Mitte März deutlich. Die Pfarrerbruderschaft berichtete, daß besonders auf dem Land "die überwältigende Mehrheit der Bevölkerung bei der Bekenntnisfront eingeschrieben" sei.[165] Als Beispiele wurden genannt: "Feuchtwangen 70%, die Gegend um Schwabach 99%, das intensiv nationalsozialistische Hersbruck infolge 2maligen Auftretens der DC 93%". In den Mitteilungen der Landeskirchlichen Pressestelle München hies es:[166]

"Mancherorts haben sich 70, 95 und noch mehr Prozent der Gesamtgemeinden in die Bekenntnisgemeinschaft eingetragen. Schon jetzt, wo die Bewegung noch lange nicht abgeschlossen ist, sind es einige Hunderttausend Eingeschriebene. Wenn die Zahlen endgültig feststehen, wird mit Deutlichkeit zu sehen sein, wo die Evangelischen Bayerns stehen. Dann wird sich kaum mehr jemand durch geräuschvolle Propaganda über den wirklichen Bestand der 'DC' in Bayern täuschen lassen".

Auch in Weißenburg ging die Bekenntnisseite zur Offensive über, als sie den gutbesuchten DC-Sprechabend mit Dr. Beer am 21. Februar mit einem Bekenntnisgottesdienst am nächsten Tag beantwortete.[167] Am 7. März meldete das Dekanat, daß 560 sich der Bekenntnisgemeinschaft angeschlossen hatten, was bis zum Juni auf 920 aufgebaut wurde, oder 5% bzw. 14% der Seelenzahl. Über die 700 DC-Mitglieder (10,6%) berichtete das Dekanat, daß der Großteil nicht in den Gottesdienst gehe, selbst wenn Pfarrer Kalb predigte.[168]

Sucht man die Gründe für den Mißerfolg der DC-Offensive, so sind sie in erster Linie in den anhaltenden Wirkungen der erfolgreichen Abwehr gegen das DC-Reichskirchenregiment im Herbst 1934 zu finden. Vor allem die Tatsache, daß die DC nicht mehr als 4% der Pfarrerschaft in Bayern für sich gewinnen konnten, bedeutete, daß ihr Einfluß in den Gemeinden, wo der Pfarrer noch Autoritätsperson war, dementsprechend beschränkt bleiben mußte. Hinzu kam natürlich auch die große Popularität von Landesbischof Meiser, und sicherlich auch die Abneigung vieler Gemeindeglieder gegen kirchenpolitische Konflikte, von welcher Richtung sie auch immer kamen.[169]

Genau so wie im Herbst 1934 war die erfolgreicher Abwehr der DC-Offensive im Frühjahr 1935 auch ein Zeichen dafür, daß die Partei auf der unteren Ebene, wo vielfach Indentifikation mit den DC evident war, ganz offensichtlich an Ansehen und Glaubwürdigkeit eingebüßt hatte. Denn Partei und DC war es gänzlich mißlungen, die kirchentreue Bevölkerung von dem Hauptvorwurf gegen die Bekenntnisfront - sie sei mit der politischen Reaktion gleichzusetzen und gefährde das Dritte Reich - zu überzeugen. Viele NS-Ortsgruppen, die durch ihre Unterstützung für die DC und ihren Kampf gegen die "Reaktion" wohl selbst einen neuen Aufschwung erleben wollten, mußten in diesen Tagen die Grenzen ihre Macht erfahren.

In der Stadt Hersbruck, die wohl als Folge der NS-Propaganda den Ruf hatte, besonders intensiv nationalsozialistisch zu sein - in Wirklichkeit war sie vor 1933 nur eine von vielen NS-Hochburgen in Mittelfranken[170] - scheint der überwältigende Sieg der Bekenntnisfront (95% der Gemeinde)[171] in Beziehung zu einer unpopulären Parteiführung gestanden zu haben. Der Kreisleiter und Bürgermeister Sperber, ein Günstling Streichers,[172] hatte nämlich Ende 1934 eine Versammlung einberufen, da Kritik an seinen feudalen Lebensstil in der Hersbrucker Bevölkerung aufgekommen war.[173] Daß die Hersbrucker Parteiführung hinter den DC stand, beweist die Tatsache, daß der Stadtrat der kleinen Hersbrucker DC-Ortsgruppe die dortige Spitalkirche, gegen den Widerspruch der Hersbrucker Gemeinde und des LKR, am 19. April für DC-Gottesdienste übergab.[174] Im Juni 1935, als Meiser in der Stadt gepredigt hatte, war der Zulauf sehr groß, obwohl dort gleichzeitig für die Kreise Hersbruck und Lauf ein Partei "Kreisthing" abgehalten wurde.[175]

7) Die Frankenfahrt des Reichsbischofs

Als wohl letzter Trumpf hofften die DC, daß die für das Ende März 1935 geplante Werbereise des Reichsbischofs ihrer eigenen glanzlos verlaufenen Werbeaktion neuen Aufschwung geben könnte, zumal die DC damit rechneten, daß die Versammlungen des Reichsbischofs nicht den üblichen Einschränkungen unterliegen würden.[176] Daß Müllers Frankenfahrt die Unterstützung von Staats- und Parteistellen bekam, zeigten die vorgesehenen Empfänge in den Rathäusern, sowie die Tatsache, daß Parteistellen in Nürnberg die Benutzung des Hauptmarkts ("Adolf-Hitler-Platz") für eine große öffentliche Kundgebung gebilligt hatten.[177] Neben seinen Auftritten in Schweinfurt, Hersbruck, Ansbach, Nürnberg und Fürth, war für Sonntag den 31. März als Mittelpunkt der Reise ein evangelischer Volkstag auf der Hensoltshöhe in Gunzenhausen vorgesehen,[178] und am Abend des gleichen Tages eine Versammlung in der Sporthalle des Arbeitsdienstes in Weißenburg, wozu die DC-Ortsgruppe am 28. März die ganze Bevölkerung eingeladen hatte.[179]

Die Nachricht vom geplanten Besuch Müllers löste unter der bekenntnistreuen Bevölkerung eine ständig wachsende Unruhe aus, nicht nur wegen Müllers im Oktober gescheiterten Versuch durch seinen Rechtswalter Jäger den Landesbischof abzusetzen, oder seine beleidigende Bemerkungen bei der Beerdigung in Döckingen, sondern auch weil es zu erwarten war, daß er bei seinen Auftritten sich massiv für die DC einsetzen würde, wie er es auch bei anderen Werbereisen im Frühjahr 1935 schon getan hatte.[180] Zudem kam es, daß der Ende 1934 stark angeschlagener Reichsbischof durch den Kanzlerempfang am 27. Februar neuen Auftrieb bekommen hatte. Danach sprach Müller zuversichtlich von einer bevorstehenden staatlichen Regelung der Kirchenfrage, in der Hanns Kerrl "Reichskirchenminister" werde sollte, und "der Führer und Reichskanzler die Rechte eines obersten Bischofs der evangelischen Kirche übernehmen" würde.[181] Um zu verhindern, daß Müller aufgrund großer, durch Parteihilfe zustande kommener Versammlungen starke Popularität im Volk vortäuschen könnte, und auch, um zu zeigen, daß Müllers Pläne eines Staatskirchentums mit "Summepiskopat des Führers" völlig inakzeptabel waren, bildete sich ein Protest, der an Intensität an den Widerstand vom Herbst 1934 heranreichte.

Schon am 7. März berichtete der Ansbacher Kreisbauernführer Soldner, daß die evangelischen Bauern Mittelfrankens über die geplante Werbereise des Reichsbischofs "kolossal erbost" seien; sie hätten nie die nationalsozialistische Sache "mit solchem Eifer verfochten" wenn sie gewußt hätten, daß im NS-Staat "Religions- oder Kirchenstreit" entstehen würde.[182] Es werde schwer sein, fuhr er fort, "die Bauern wieder zur Ruhe zu bringen".

Am 22. März wurde eine Deputation aus den südwestfränkischen Dekanatsbezirken Dinkelsbühl, Feuchtwangen, Gunzenhausen und Heidenheim, angeführt vom Bürgermeister Götz, der schon bei der Abordnung vom 19. Oktober 1934 dabei war, bei den Staatsstellen in München vorstellig.[183] In Namen der Bekenntnisfront, zu der 95% der Gesamtbevölkerung stehe, berichteten sie von der großen Unruhe, in die das Kirchenvolk durch die Nachricht der Frankenfahrt des Reichsbischofs versetzt worden sei. Dadurch sei der Frieden, der "seit der Überwindung des Jäger'schen Einbruches" durchweg bestanden habe, durch "eine ernstliche Vertrauenskrise" erneut bedroht:
> "Gerade jetzt, wo die Geschlossenheit in unserer Bevölkerung nötiger als je ist und dringend gewünscht wird, wird jeder Versuch einer Zersplitterung bitter empfunden und sollte enstlich zurückgewiesen werden."

In Nürnberg machten die neugegründeten Bekenntisgemeinschaften, angesichts der bevorstehenden DC-Werbereise Müllers, eine Demonstration ihrer Stärke. In der Woche vom 18. bis 23. März fanden in verschiedenen Stadtteilen "überaus zahlreich besuchte Versammlungen der Bekenntnisgemeinschaften" statt, angefangen mit einer Veranstaltung im Kolosseum für die Mitglieder aus der inneren Stadt.[184] Bei diesen Versammmlungen wurde betont, daß der Reichsbischof fast völlig isoliert und machtlos dastehe; er sei eigentlich kein Reichsbischof sonder ein "Sektenbischof", da nur die kleine Sekte der Deutschen Christen ihm gehorche.[185] Hitler stehe auch nicht mehr hinter Müller, sondern verhalte sich neutral und abwartend: "Er will dem Reibi Zeit lassen, daß er schließlich wie ein fauler Apfel vom Baum fällt." Bei allen Versammlungen wurden "begeistert aufgenommen(e)" Treuetelegramme an Hitler geschickt, um den durch die vielen DC-Telegramme erweckten Eindruck, das ganze Frankenland denke deutschchristlich, zu korrigieren.[186]

Für den Kirchenkreis Ansbach ordnete Kern am 23. März für die folgenden zwei Wochen in allen Gemeinden Bekenntnisgottesdienste an, die entweder durch den Ortsgeistlichen, den Nachbarpfarrer oder einen Pfarrer der Volksmission gehalten werden sollten.[187] Auch die Passionsgottesdienste könnten dazu Anlaß geben, "die Lage der Gemeinde Jesu Christi, die gegenwärtig so recht den Kreuzweg geführt wird, zu beleuchten".

Diese Protestaktionen wurden auch durch die Kirchenleitung unterstützt, die für den 24. März bzw. den 31. März eine Kanzelkundgebung anordnete, in der die Absage an Müller "feierlich" wiederholt und ihm die Benutzung der Kirchen in Bayern entzogen wurde.[188] "Die Bemühungen um den Bau einer starken" DEK, hieß es wieter, "bleiben ohne Verheißung, wenn wir einen anderen Grund wählen, als den Glauben an unseren Herrn Jesum Christum und den Gehorsam gegen sein Wort."

Da die BPP in dieser Kundgebung eine Gefährdung der öffentlichen Ruhe und Ordnung ansah, wurde sie kurzfristig verboten und die Pfarrer gegen Unterschrift darüber informiert.[189] Auch Martin warnte die Pfarrer in einem Schreiben "nachdrücklichst" vor einer Übertretung des Verbotes.[190]

Gegen diesen erneuten staatlichen Eingriff in das Innenleben der Kirche reagierte die Landeskirche besonders erbost. In einem Brief an den Reichsstatthalter bezeichnete Meiser die Kundgebung als einen "Beknenntnisakt, zu dem die Kirchenleitung durch die ernste Bedrohung unserer Kirche durch das System Müller genötigt war.[191] Weiterhin schrieb er:

> "Ich erhebe gegen das Verbot, das einen schweren Eingriff in die Freiheit der kirchlichen Verkündigung und die Wahrung bekenntnismäßiger Anliegen darstellt, hiedurch in aller Form und mit allem Nachdruck feierlich Protest. Es kann dem von uns mit allem Ernst erstrebten Vertrauensverhältnis zwischen Staat und Kirche nicht förderlich sein, wenn die staatliche Gewalt immer aufs neue mit polizeilichen Maßnahmen in die innerkirchlichen Auseinandersetzungen eingreift und wir müssen jede Verantwortung dafür ablehnen, wenn in unseren Gemeinden der Unmut und die Verbitterung über die Beeinträchtigung der kirchlichen Freiheit immer weiter um sich greifen. Heil Hitler!"

Diesen Unmut brachte eine weitere Deputation von fränkischen Bauern aus Nürnberg und Umgebung, die am 26. März von Sieberts persönlichem Referent

Bezold empfangen wurde, deutlich zum Ausdruck.[192] Sie versuchten ihm klarzumachen, daß, angesichts der offenen Hilfe für die DC von Parteistellen, der Diffamierung von Parteimitgliedern bei der Bekenntnisfront, und der Weigerung der Polizei die Gerichtsbeschlüsse zur Räumung der Kirche in Eibach durchzuführen, ein Gefühl um sich greife, "daß es eine Gerechtigkeit im Dritten Reich nicht mehr gäbe und es beginne allmählich das Vertrauen zum Nationalsozialismus zu schwinden".

Für den Besuch des Reichsbischofs an dem kommenden Wochenende ordneten die Kreisdekane Kern und Schieder an, neben den Bekenntnisgottesdiensten, die Glocken ab der Ankunft Müllers am Freitag bis zu seiner Abreise am Montag schweigen zu lassen, und Protesttelegramme an das Amt für kulturellen Frieden zu senden.[193] In Nürnberg, wo Müller am Sonntag um 11 Uhr auf dem Hauptmarkt sprechen wollte, sollten an diesem Tag ab 9 Uhr schwarze Fahnen von den Kirchtürmen wehen.[194]

Auch Überlegungen zum zivilen Ungehorsam wurden wieder laut. In einem Brief an Meiser vom 25. März beantragte G. Kern, daß zunächst die Mitglieder der Pfarrerbruderschaft sich verpflichten sollten, "nur noch Weisungen der Kirchenbehörde entgegenzunehmen".[195] Der Politischen Polizei sollte

"offen und klar gesagt und von ihr ein für alle mal gefordert (werden), daß sie Verbote ohne Einvernehmen mit der Kirchenbehörde nicht mehr erläßt, weil solche Verbote für alle unsere bekenntnistreuen Pfarrer eine ungeheure Gewissensnot bedeuten und auf die Dauer auch in den Gemeinden für die Autorität der Polizei und des Staates nur abträglich wirken."

In Schieders Direktiven an die Pfarrer des Kirchenkreises Nürnberg vom 27. März, stand als letzter Punkt: "Verkündigungen des Landeskirchenrats müssen künftig unter allen Umständen verkündigt werden!"[196]

Polizeipräsident Martin, der als Hüter der Ordnung diese sich anbahnende Konfrontation mit der Staatsgewalt, sowie die von der Ansbacher Regierung als "Provokation" gewertete Gegenmaßnahmen der Bekenntnisfront auf alle Fälle verhindern wollte, zeigte sich wieder gesprächsbereit.[197] Als der von Meiser beauftragte OKR Daumiller am 27. März bei Martin erschien, und ihm erzählte, die Kirche würde sich, falls die öffentliche Kundgebung des Reichsbischofs auf dem Hauptmarkt zustande käme, "nicht zurückhalten lassen", schlug Martin vor, darüber zusammen mit Gauleiter Streicher zu sprechen.[198] Mit dem Argument, daß der bei den Parteitagen geweihte Marktplatz durch den Auftritt Müllers entwürdigt wäre, überzeugte Martin den Gauleiter, seine ursprüngliche Zusage an den Reichsbischof sofort telephonisch zurückzunehmen. Durch diesen Erfolg erleichtert, schrieb Martin zugleich an Schieder:[199]

"Ich glaube, daß damit die Atmosphäre eine wesentliche Entspannung erfahren hat und die Versammlungstätigkeit des Reichsbischofs ohne jegliche Störung vor sich gehen wird. Ich für meine Person hoffe wenigstens, daß alles getan wird, um jedwede Störung beim Besuch des Reichsbischofs zu vermeiden, denn es wäre mir schon aus Achtung vor Kirche und Religion denkbar peinlich, allenfallsige Störungen der Ruhe und Ordnung mit polizeilicher Gewalt verhindern oder unterdrücken zu müssen."

Am Freitag den 29. März kam die wohl auch für Martin befreiende Nachricht, daß die Frankenfahrt des Reichsbischofs abgesagt werden mußte.[200] Die meisten Berichte gaben eine plötzliche Zahnerkrankung Müllers als Grund an, obwohl es an einer Stelle hieß, daß die Absage "eine Vorsichtsmaßnahme der Polizei wegen der weithin zu erwartenden Abweisung des Reichsbischofs" geschehen sei.[201] Sicherlich hat der Druck von Staats- und Parteistellen in Nürnberg und München eine wichtige Rolle bei der Absage gespielt.[202]

Für die DC Bayerns, die sich auf dem Höhepunkt ihrer Expansion befanden, war die nun ausgefallene Werbehilfe von dem Reichsbischof eine große Enttäuschung, wenn sie auch weiterhin auf eine Führerentscheidung zur Durchsetzung ihrer Sache hofften.[203]

Für die von der Reise des Reichsbischofs betroffenen Gebiete der Landeskirche wurden die Gegenmaßnahmen zurückgenommen.[204] Geblieben war nur der wohl als Gegenreise gedachte Besuch des Landesbischofs in Bayreuth und im Hummel- und Mistelgau am gleichen Wochenende.[205] In der überfüllten Stadtkirche in Bayreuth warnte Meiser davor, "den Fehler des Kulturprotestantismus zu wiederholen, der Christus und sein Kreuz hinter den Kulturgütern der Zeit hatte zurücktreten lassen".[206] Nach einem Regierungsbericht war auch bei diesem Besuch Meisers "der Zulauf der Bevölkerung außerordentlich groß".[207] Man versuchte jedoch die Wirkung seines Auftritts einzuschränken, denn der für den 1. April vorgesehene Bericht über Meisers Besuch in Bayreuth in der "Allgemeinen Rundschau" wurde polizeilich verboten.[208]

8) Die kirchliche Abwehr gegen das Neuheidentum

Bei einer Zusammenkunft mit 300 oberfränkischen Pfarrern am 1. April in Wirsberg betonte Meiser die Wichtigkeit einer planmäßigen Männerschulung und mahnte zugleich, "jede vermeidbare Steigerung einer gewissen Spannung zwischen Kirche und manchen örtlichen Parteistellen hintan halten zu wollen".[209] Sicherlich hatte Meiser auch bei dieser Gelegenheit die sehr gespannte Lage der Kirche besprochen, die, wie die Münchener Landeskirchliche Pressestelle sie beschrieb,[210]

"nicht mehr bestimmt (ist) durch die Auseinandersetzung mit den DC, sondern durch den beginnenden Lebenskampf mit dem gewaltig hereinbrechenden Neuheidentum, das sich aller Kulturgebiete und einflußreichen Stellen bemächtigt."

Im März war nämlich, zusätzlich zu dem Protest gegen den Müller-Besuch, die kirchliche Lage noch weiter verschärft durch die staatliche Unterdrückung der kirchlichen Abwehrmaßnahmen gegen die Verbreitung deutschgläubigen Ideenguts. Schon seit Beginn des Jahres gab es bedenkliche Anzeichen, daß das "Neuheidentum", wie die Kirche die Ideologie einer völkischen Religion bezeichnete, das besonders in den Schriften Rosenbergs und in der Deutschen Glaubensbewegung zum Ausdruck kam, eine bevorzugte Stelle im Staat bekommen sollte.

Ein erstes Warnsignal dafür war der vom Reichsnährstand herausgegebene "Deutsche Bauernkalender 1935", in dem sämtliche christliche Feste durch neue, germanisch-heidnische Gedenktage ersetzt wurden.[211] Dagegen brach ein heftiger Protest seitens der Kirchen aus, wie zum Beispiel im Rothenburger Sonntagsblatt, das die Herausgeber ermahnte, sie würden sich täuschen, wenn sie meinten der Deutsche Bauer "läßt sich seinen heiligen Väterglauben" entreißen.[212] Auch die sonst vorsichtig gewordene "Allgemeine Rundschau" verurteilte den Bauernkalender und betonte, daß der Deutsche Bauer "hellhörig" geworden sei, und sein Christentum nicht umbiegen lassen werde.[213] Der Protest der VKL an Hitler vom 13. Februar bedauert vor allem, daß der Kalender "im Auftrage eines Organes der heutigen Staatsführung herausgebracht werden" durfte.[214] Infolge der vielen Beschwerden von beiden Kirchen,[215] fühlte sich der Reichsbauernführer Darré gezwungen, eine Erklärung abgeben, daß der Bauernkalender eine "Privatarbeit eines nicht dem Reichsnährstand angehörenden Bearbeiters" sei, und wegen der Eile nicht überprüft werden konnte.[216]

Schärfer noch gestaltete sich der Abwehrkampf gegen die kirchenfeindlichen Tendenzen in Rosenbergs "Mythus", wie sie in den Schulungen verschiedener Parteiorgane und vor allem in der nach der Saarabstimmung durch eine Großzahl öffentlicher Versammlungen im Reich aktiv gewordenen Deutschen Glaubensbewegung vertreten wurden.[217] Durch Schriften, Versammlungen und Schulungen versuchte die Kirche ihre Mitglieder über die Gefahren des Neuheidentums aufzuklären. So hatte Professor Althaus in seiner Schrift "Christus und die deutsche Seele" vor einer "völkisch getarnte(n) Aufklärungsreligion", die nur das "Gemächte von Gebildeten ohne Ursprünglichkeit" sei, gewarnt.[218] In einem im "Korrespondenzblatt" veröffentlichten "Plan für die Kirchenvorsteherschulung" wurde vor allem Rosenbergs Vorstellung von der Sünde, sein Urteil über Paulus und das Alte Testament, sowie über die Rolle der Kirche in der deutschen Geschichte kritisiert, und der Schluß gezogen:

"Rosenberg tastet unsere höchsten Werte an. R. gibt der geschichtlichen Wahrheit nicht die Ehre. Er versündigt sich am deutschen Volk."[219]

In diesem Abwehrkampf hatten die beiden Konfessionen ein gemeinsames Anliegen gefunden. Kardinal Faulhaber bemerkte in einer Predigt am 10. Februar, daß die "beiden alten Bekenntnisse heute in religiösem Frieden leben", und daß "die Spaltung der Volksgemeinschaft nur von dem Gegensatz zwischen Christentum und Heidentum kommt".[220] Die getrennte, aber inhaltlich ähnliche Abwehr der Kirchen führte dazu, daß Polizeipräsident Martin eine "treue Waffenbruderschaft" zwischen Katholiken und Protestanten in dem immer schärferen Kampf gegen Rosenbergs "Mythus" gesehen hatte.[221] Daher war auch das von den DC verbreitete Gerücht erklärlich, daß Meiser "in geheimer Verbindung mit Kardinal Faulhauber" stünde, ein Gerücht, das Meiser durch die Feststellung zu widerlegen suchte, er habe Faulhaber nie gesehen, und lehne "aus guten Gründen... jede Verbindung mit der katholischen Kirche grundsätzlich ab".[222]

Die Deutschen Christen ihrerseits mußten sich von der Bekenntnisfront den Vorwurf gefallen lassen, sie leisteten dem Neuheidentum "Handlangerdienste".[223] Denn, obwohl die DC sich von der auch gegen sie gerichteten Deutschen Glaubensbewegung abgegrenzt hatten,[224] war ihr Widerstand dennoch schwach, und in Stolls Worten, "all denen willkommen, welche die christliche Vergangenheit Deutschlands verkleinern, seine christliche Gegenwart bekämpfen und seine christliche Zukunft unmöglich machen wollen".[225] Besonders was Rosenbergs "Mythus" anging waren die DC vorsichtig, denn die Grenze zwischen Rosenbergs angeblicher "Privatmeinung" und der NS-Weltanschauung, die die DC schließlich mit dem Christentum verbinden wollten, waren doch zu fließend. So hatte der DC-Reichsleiter Kinder schon Ende 1934 die Auseinandersetzung mit Rosenberg in DC-Kreisen untersagt.[226] Und in der Aufklärungsarbeit der Bekenntnisfront witterten die DC ohnehin staatsfeindliche Tendenzen, wie Sommerer es in einer Rede ausdrückte:[227]

"Im Völkischen Beobachter konnte man es lesen: Man schlägt den Mythus und meint den Nationalsozialismus, man sagt, es seien die DC und meint den Nationalsozialismus, man sagt, es sei der Reichsbischof und meint die ganze Neuordnung, die kommen muß und wird. Hier sind die Elemente, die staatsfeindlich sind."

Wenn man weiterhin bedenkt, daß DC-Gruppen sich ihrer "Stürmer"-Kasten gerühmt und das Lesen des "Stürmers" empfohlen hatten,[228] oder daß ein DC-Führer wie Dr. Bub gleichzeitig weltanschaulicher Schulungsleiter der Partei war, versteht man das Urteil der Bekenntnisfront, daß die DC eigentlich "Vortrupp" des "völkisch getarnte(n) Neuheidentum(s)" seien.[229]

Die Aufklärungskampagne der Kirche gegen das Neuheidentum erweckte schon Anfang Februar das Mißtrauen Martins, der Daumiller bei einer Besprechung bat, keine Vorträge mehr gegen den "Mythus" durchzuführen.[230] Dies lehnte Daumiller jedoch glatt ab, mit der Begründung:

> "Solange die Partei oder Gruppen in ihr Rosenbergs Mythus zur Grundlage ihrer weltanschaulichen Schulung nützen, seien wir gezwungen, dazu bwz. dagegen Stellung zu nehmen... Im übrigen werden die geistigen Auseinandersetzungen auch im Dritten Reich sich nicht ausschalten lassen."

Eine dieser Stellungnahmen war die Kundgebung der VKL an die Gemeinden vom 21. Februar gegen die Verfechter "einer neuen Religion", die einen heidnischen "Lebensmythos" anbietet.[231] Besonders gegen das Eindringen der neuen Religion in Schulungskurse und auch in die Schulen wandte sich die VKL an die Obrigkeit:

> "Wir begehren keinen staatlichen Zwang, um mit seiner Hilfe diese neue Religion zu bekämpfen. Es geht vielmehr um Ausschaltung alles Zwanges. Der vaterländische Dienst der Christen in öffentlichen Verbänden ist nicht die Gelegenheit zur Werbung für die neue Religion!"

In Bayern reagierte der Staat jedoch mit weiteren Zwangsmaßnahmen gegen die Kirche. Am 25. Februar gab die BPP eine Anordnung an die Polizeistellen heraus, daß alle, "auch geschlossene Versammlungen der konfessionellen Vereine außerhalb der Kirche zu verbieten sind", da sie "vielfach Beunruhigung und Verwirrung in der Bevölkerung ausgelöst" hätten.[232] Diese Anordnung, die theoretisch noch eine Behandlung des "Mythus" innerhalb der Kirche zuließ,[233] wurde zum Teil sehr freizügig ausgelegt. So erfuhr die Kirche, nachdem die Polizei Anfang März eine Kirchenvorsteherschulung über Rosenberg verboten hatte,[234] "daß für ganz Bayern ein polizeiliches Verbot der polemischen Auseinandersetzung mit Rosenbergs Mythus des 20. Jahrhundert besteht".[235] In Schwabach wurden die vorhandenen Exemplare von Wilhelm Florins Broschüre, "Rosenbergs Mythus und evangelischer Glaube", beschlagnahmt.[236] Erst später erfuhr die Kirche den eigentlichen Text der BPP-Anordnung.[237]

Angesichts der Unsicherheit über das Ausmaß des Verbotes schrieb Dekan v.Löffelholz am 1. März an die Pfarrer seines Bezirks:[238]

> "Aufs neue sind wieder ernstere Anzeichen weiterer Verwicklungen da. Ich bitte die Herren Kollegen dringendst äußerste Vorsicht walten zu lassen und in der nächsten Zeit alle persönlichen und namentlichen Äußerungen zu unterlassen. So auch die Nennung des Namens Rosenberg und seines Werkes 'Mythus des 20. Jahrhunderts'. Wie es scheint, soll auch der Kampf gegen dieses Buch unterbunden werden... Wir wollen trotzdem getrost in die Zukunft schauen. Ps. 93,4."

Aber auch Proteste wurden gegen die BPP-Anordnung erhoben. Das "Korrespondenzblatt" beklagte sich, zum Beispiel, daß, während eine Erörterung des Buches Rosenbergs in geschlossenen und öffentlichen kirchlichen Versammlungen in Bayern verboten sei, die Deutsche Glaubensbewegung "öffentliche, an den Plakatsäulen ausgeschriebene Versammlungen mit dem Thema 'Deutsch oder christlich?'" veranstalten dürfe.[239] Ende Februar/Anfang März war auch in Nürnberg eine von Martin abgefangene "Photokarte" im Umlauf, die einige Passagen aus Hermann Sasses vorausahnenden Bermerkungen zum NS-Parteiprogramm aus dem "Kirchlichen Jahrbuch 1932" enthielt, darunter:[240]

> "Wir sind der Meinung, daß nicht nur der jüdisch-materialistische, sonder ebenso der deutsch-idealistische Geist in und außer uns bekämpft werden muß, wie es unser Bekenntnis tut, wenn es die große deutsche Mystik als Irrlehre aus der Kirche ausschließt... Wir wollen nicht wissen, ob die Partei für das Christentum eintritt, sondern wir möchten erfahren, ob auch im Dritten Reich die Kirche frei und ungehindert verkünden darf oder nicht, ob wir also unsere Beleidigung des germanischen oder germanistischen Moralgefühls ungehindert forsetzen dürfen, wie wir es mit Gottes Hilfe zu tun beabsichtigen, oder ob uns dort Einschränkungen auferlegt werden - z.B. daß wir es nicht mehr in der Schule tun dürfen -, und wer das Recht hat, uns diese Einschränkungen aufzuerlegen."

Im Jahre 1935 mußte die Kirche dem NS-Staat sagen, wie OKR Breit es für ein an Hitler zu richtendes Schreiben vorgeschlagen hat, daß die Kirche "nicht nach dem Arm des Staates zum Schutz von Kirche und Christentum" rufe, sondern nur das eine verlange, "daß die Freiheit der Verkündigung nicht begrenzt wird".[241] Denn gerade die Freiheit der Verkündigung im kirchlichen Raum hatte der NS-Staat im Februar und März 1935 in einer für die Kirche alarmierenden Weise eingeschränkt.

Eine weitere staatliche Begrenzung kirchlicher Freiheit war der Erlaß des Reichskultusministers Rust an die theologischen Fakultäten vom 28. Februar. Untersagt war nun die freie Meinungsäußerung der theologischen Fakultäten im Kirchenkampf, sowie das Abfassen gemeinsamer, öffentlicher Erklärungen mit kirchenpolitischem Inhalt, wie die Rücktrittsforderung der theologischen Fakultäten an den Reichsbischof vom 5.11.1934.[242] Dieser Erlaß stellte den kirchlichen Auftrag der theologischen Fakultäten in Frage und traf besonders die Fakultäten in den DC-beherrschten Landeskirchen. Aber auch der Erlanger Professor Ulmer, dessen Halbmonatschrift "Lutherische Kirche" ein mutiges kirchenpolitisches Engagement zeigte, war durch den Erlaß noch zusätzlich gefährdet.[243]

Für die Pfarrerbruderschaft war mit dem Rust-Erlaß der status confessionis für die Fakultäten gegeben, denn der Erlaß sei[244]

> "ein Eingriff, der geistig und kirchlich gesehen das Ende der Fakultäten bedeuten müßte. Besonders wird auch die Abgabe von Gutachten theologischer Art untersagt. Daß damit die Fakultäten der kämpfenden Kirche den Dienst, den sie ihr als berufene Wächter des theologischen Lehramts schuldig sind, nicht mehr tun können, ist am Tag."

Ende März haben die beamteten Mitglieder der Erlanger theologischen Fakultät in einem sehr mild gefassten Schreiben an Rust ihrer Befürchtung Ausdruck gegeben, "daß der Erlaß sie in ernste Konflikte mit ihrer Amtspflicht bringen könne, und gebeten, zu prüfen, ob der Erlaß nicht zurückgenommen werden könne".[245]

Die Hoffnung einiger Pfarrer auf eine Entspannung der kirchlichen Lage nach dem 1. März, dem Tag der im ganzen Reich gefeierten, offiziellen Rückkehr des Saargebietes, bei dem die Kirche die Glocken eine Stunde lang läuten ließ, wurde gründlich enttäuscht.[246] Statt Entspannung mehrten sich die staatlichen Zwangsmaßnahmen gegen die Kirche; ab Mitte März hatte die Polizei die bayerischen Pfarrämter drei Wochen hintereinander viermal von irgendeinem Verbot, meist kurz vor dem Gottesdienst, benachrichtigt.[247]

Die deutliche Verschärfung der kirchenpolitischen Lage nahm ihren Ausgang mit dem Verbot der Verlesung der Kanzelkundgebung der preußischen Bekenntnissynode gegen das Neuheidentum am 17. März, das auch in Bayern aus "präventivpolizeilichen Gründen" ausgesprochen wurde.[248] In einer radikalen Änderung seines bisherigen kirchenpolitischen Kurses, ordnete Reichsinnenminister Frick die Inschutzhaftnahme von den Geistlichen, die sich weigerten, das Verbot anzuerkennen.[249] So kam es, daß am Sonntag den 17. März mehr als 700 preußische Pfarrer entweder unter Hausarrest gestellt oder für kurze Zeit verhaftet wurden.[250] Diese aufsehenerregende Aktion veranlasste die bayerische Pfarrerbruderschaft zu erklären: "Die Zeichen stehen auf Sturm"; die "bekennenden Brüder der Altpreußischen Union" vertreten "mannhaft und unerschrocken" auch "unser Anliegen".[251]

Daß der Kundgebung der preußischen Bekenntnissynode gegen das Neuheidentum, im Gegensatz zu der der VKL vom 21. Februar, ein Verbot auferlegt wurde, lag an der schärferen Formulierung der preußischen Erklärung, wie zum Beispiel: in der "neuen Religion" werden "Blut und Rasse, Volkstum, Ehre und Freiheit zum Abgott"; sie schreibe dem Staat einen "die Gewissen bindenden Totalitätsanspruch" zu.[252] Hinzu kam, daß diese indirekt auch gegen die NS-Weltanschauung gerichtete Kundgebung ausgerechnet am Tag der Wiedereinführung der allgemeinen Wehrpflicht verlesen werden sollte. Darauf hatte Niemöller bestanden, um, in den Worten Frörs, gegen die "Paganisierung des gesamten öffentlichen Lebens", die besonders im Norden im Begriff zu sein schien, "das geistige und kulturelle Leben Deutschlands in seiner ganzen Breite zu erobern", "ein deutliches Zeichen aufzurichten".[253] Für den NS-Staat sollte dieser Tag, der auf den Volkstrauertag fiel, ausschließlich zum Feiern des Schlußstrichs unter dem Versailler Vertrag bestimmt sein, und nichts sollte die Jubelszenen, die zum Teil die der Augusttage 1914 übertroffen haben, überschatten.[254]

Das großes Aufsehen über die staatlichen Zwangsmaßnahmen im Zusammenhang mit der Kundgebung der preußischen Bekenntnissynode veranlassten Meiser und Wurm am 19. März einen kurz danach in der "Westdeutschen Eilkorrespondenz" veröffentlichten Brief an Frick zu schicken.[255] Die zwei Landesbischöfe stellten fest, daß auch sie unaufhörlich mit dem "Vordringen christentumsfeindliche Strömungen" beschäftigt seien, wodurch "eine unerfreuliche Stimmung zwischen den bewußt kirchlichen Kreisen unseres Volkes und der politischen Bewegung erzeugt wird". Vor allem beklagten sie sich über das "Eingreifen politischer Stellen in rein kirchliche Angelegenheiten" und die "Versuche der Zurückdrängung der Kirche aus der Öffentlichkeit". Das Verbot gegen kirchliche Versammlungen über Rosenbergs "Mythus" bedeute außerdem "einen grundsätzlichen Eingriff des Staates in das kirchliche Bekenntnis". Wenn der Staat die Störung der Ruhe und Ordnung durch den Weltanschauungskampf nicht wolle, dann dürfen die "forgesetzten Angriffe" auf den christlichen Glauben "keinen staatlichen Schutz" genießen. Denn es sei nicht hinzunehmen, daß der von vielen Evangelischen mitgeführte Kampf "für Deutschlands Ehre, Freiheit und Zukunft" "hinterher von gewissen Kreisen zu einem Kampf für einen germanischen Mythus gegen den biblischen Christusglauben umgedeutet" werde. Meiser und Wurm bedauerten zwar, daß die preußische Erklärung "die positiven Werte des völkischen Denkens und Handelns" nicht betont, sie äußerten sich jedoch zuversichtlich, daß die Autoren keine staatsfeindliche Gesinnung hegten. Aber gerade durch "die künstliche Stützung eines unmöglich gewordenen Reichsbischofs", werde "das Überhandnehmen der Stimmungen" gefördert, die für die Formulierung der preußischen Erklärung verantwortlich waren. Zum Schluß baten Meiser und Wurm "inständig und dringend" die letztverantwortlichen Stellen, die, wie sie glaubten, den Kampf gegen den christlichen Glauben nicht billigten, ihr Verhalten im Einklang mit "den Erklärungen des Führers in Potsdam" zu bringen.

In der nächsten Woche verschärfte sich die Lage auch noch in Bayern mit dem Abwehrkampf gegen die geplante Frankenfahrt des Reichsbischofs und dem polizeilichen Verbot der Kanzelkundgebung des LKR gegen diesen Besuch am 24. März.[256]

In dieser Woche kam auch die Nachricht durch von der Inschutzhaftnahme und Überführung in das Konzentrationslager Dachau von mindestens vier hessischen Bekenntnispfarrern, die sich dem DC-Landesbischof Dietrich widersetzt hatten - das erste Mal, daß diese Strafe gegen evangelische Pfarrer im Reichsgebiet angewandt wurde.[257]

Die Stimmung dieser Woche in Bayern gibt ein Brief von Pfarrer Putz an Hitler vom 26. März sehr eindrucksvoll wieder.[258] Putz sprach von dem

"Schrecken und Entsetzen", die das Kirchenvolk "am Tage des Jubels über die wiedergewonnene Wehrfreiheit" wegen der Verhaftungen von Pfarrern ergriffen hatte, die nur pflichtgemäß eine Warnung gegen das Neuheidentum ausgespochen hatten. Unter den evangelischen Bauern wachse "eine böse Verbitterung" heran, da sie der Meinung seien, "man wolle das Christentum überhaupt ausrotten". Durch die sich zuspitzenden Verhältnisse werde sogar "die ungeheure und einem Nationalsozialisten geradezu rührende Vertrauensbasis zu dem Manne Adolf Hitler täglich Belastungsproben ausgesetzt". Durch die Überführung von vier bis sechs "tapferen deutschen Pfarrer unter Rechtsbruch und Gewaltat ins Konzentrationslager Dachau" herrsche eine unbeschreibliche Stimmung unter der Bevölkerung in Hessen-Nassau.

Da die Landeskirche ihre Solidarität mit den in Dachau befindlichen Pastoren zum Ausdruck bringen wollte, trat die nach Absage des Müller-Besuchs erhoffte Entspannung in Bayern nicht ein. Am 28. März schickte Meiser sämtlichen Pfarrämtern eine detaillierte Schilderung der Vorgänge in Hessen-Nassau, zusammengestellt von der VKL, mit der Bitte, "den Gemeinden in geeigneter Form Mitteilung über die dargestellten Verhältnisse zu machen".[259] Gleichzeitig mit den in Dachau inhaftierten Pfarrern, sollte der vom litauischen Staat verurteilten Memeldeutschen fürbittlich gedacht werden.[260]

Als diese Anweisung Meisers - "auf vertraulichem Wege" - am 30. März an die Polizeidirektion Nürnberg gelangte, wurde die BPP sofort alarmiert.[261] Als besonders bedenklich wurde die Koppelung der Memeldeutschen mit den inhaftierten Pfarrern angesehen, sowie die Möglichkeit des einzelnen Gemeindepfarrers, das Material über die Vorgänge in Hessen nach seinem eigenen Temperament auszuschlachten. Um eine Erzeugung von "Haß gegen den Staat und seine Ordnung" zu vermeiden, erhielten die Pfarrer am Sonntag früh (dem 31. März) die Anordnung der BPP, "bei dem Hinweis auf die Vorgänge in Hessen-Nassau in keiner Weise auf polizeiliche Maßnahmen (Schutzhaftnahmen usw.)" einzugehen. Danach durften die Pfarrer zwar die vom LKR vorgeschlagene Fürbitte lesen, aber nicht die Gründe erwähnen, weshalb man Gott bitten sollte, "die verlassenen Gemeinden, die ihrer Hirten beraubt sind", selbst zu weiden.[262]

Nach dem Bericht der Polizeidirektion Nürnberg war das Verbot "von den Geistlichen nur teilweise... restlos eingehalten".[263] Dies ist auch dadurch erklärlich, da Schieder seine Pfarrer am 27. März instruiert hatte, die Verkündigungen des LKR "künftig unter allem Umständen" zu lesen.[264] Ein Pfarrer in Nürnberg, der seiner Gemeinde erklärt hatte, die Fürbitte gelte den Amtsbrüdern im Konzentrationslager Dachau, fügt noch hinzu:[265]

"Wenn man eine Fürbitte leisten wolle, dann müsse man auch wissen, was vorgefallen sei. Und das könne keine Macht der Welt verbieten, auch nicht die Obrigkeit und die Polizei. Den Auftrag, die Vorgänge zu verkünden, hätten die Pfarrer von dem Landeskirchenrat und den Kirchenbehörden. Wenn man sie wegen der Verkündigung angehen werde, dann werde man sie an diese verweisen."

In anderen Fällen wurde nur kurz erwähnt, daß die Geistlichen der "verlassenen Gemeinden" sich in Schutzhaft befanden. In Langenaltheim hat Pfarrer Schoener das ihm in der Sakristei überreichte Verbot einfach ignoriert.[266] Der Bericht der Ansbacher Regierung klingt fast resigniert, als er feststellte, daß das Verbot zwar die "Bekenntnisfront sehr verstimmt" habe, aber "daß dadurch wenigstens eine maßvolle Bekanntgabe der einschlägigen Vorgänge erreicht wurde".[267]

Den Ärger in der Pfarrerschaft über das dritte Verbot innerhalb drei Wochen brachten die Geistlichen Nürnbergs in einer auch von anderen Kirchenbezirken übernommenen Erklärung an die Bayerische Staatspolizei von 4. April zum Ausdruck, in der es hieß:[268]

"Wir unterstehen im Amt der Verkündigung dem Landeskirchenrat und haben ihm Folge zu leisten. Infolgedessen werden wir von einer Erklärung, die der Landeskirchenrat uns aufgetragen hat, nur dann Abstand nehmen können, wenn der Landeskirchenrat uns die Weisung dazu gibt.
Darüber hinaus müssen wir erklären: Wir leisten selbstverständlich Gehorsam, wo es sich um Dinge der äußeren Ordnung handelt. In den Verboten der letzten Zeit ging es aber um Dinge des Bekenntnisses und der Evangeliums-Verkündigung. Gemäß den Zusicherungen des Dritten Reiches ist die Kirche in diesen ihren Angelegenheiten frei. Wir können uns gemäß unserem Auftrag nicht hemmen lassen in der Verpflichtung des offenen und freien Bekennens."

Angesichts der Weigerung eines Teils der Geistlichen, das Verbot vom 31. März zu respektieren, erlaubte sich die Polizeidirektion Nürnberg am 1. April die BPP darauf hinzuweisen, daß "eine Befriedung im Kirchenstreit oder Verhinderung der Aufpeitschung der Leidenschaft mit Hilfe von polizeilichen Auflagen an die untersten Instanzen der evangelischen Kirche" weder als möglich noch zweckmäßig erachtet werden könne:[269]

"Landesbischof D. Meiser hat mittlerweile seine unterstellten Geistlichen straff gegliedert und fest in seine Befehlsgewalt bekommen. Bei der Einstellung verschiedener Geistlicher ist stets die Möglichkeit gegeben, daß diese die Anordnungen des Landesbischofs in kirchlichen Dingen bedingungslos erfüllen werden, selbst wenn sie sich damit in Gegensatz zu staatlichen Weisungen oder Ungehorsam zu polizeilichen Anordnungen bringen. Ich halte es daher für uner läßlich, daß Anordnungen und Beschränkungen über Kanzelkundgebungen von der Bayerischen Politischen Polizei als Zentralstelle in erster Linie in unmittelbarem Benehmen mit dem Landesbischof geregelt werden."

Ein Einlenken der BPP war jedoch zuerst nicht feststellbar, denn am Abend des 3. Aprils wurden fünf bayerische Geistliche, die 10 Tage vorher die verbotene Kundgebung gegen den Besuch des Reichsbischofs trotzdem gelesen hatten, in Schutzhaft genommen.[270] Die übliche Begründung, daß das Verhalten der Pfarrer "bei einem Großteil der Bevölkerung starke Beunruhigung und damit eine Störung der öffentlichen Ruhe und Ordnung auslöste",[271] war schlechthin erlogen; eher scheinen die Verhaftungen als Warnschuß in Richtung der widerspenstigen Pfarrer gedacht zu sein.

Auf die Nachricht von der Inschutzhaftnahme der Geistlichen reagierte Meiser sofort mit einem Protestschreiben an die BPP.[272] Er konstatierte, daß in den beteiligten Gemeinden "eine starke Erregung" herrsche, die zweifellos bald "in die weitesten Kreise der evangelischen Bevölkerung" getragen werde. Meiser bedauerte es, daß die BPP sich nicht vor der Anordnung der Schutzhaft ins Benehmen mit dem LKR getreten sei. Er konnte zudem nicht glauben,

"daß die in Frage stehenden Geistlichen so schwer gegen das Staatswohl sich vergangen haben, daß eine so demütigende Maßnahme wie die Verhängung der Schutzhaft, die sie Volksverrätern gleichstellt, gegen sie notwendig wäre... Wenn die Politische Polizei mit ihren Maßnahmen gegen die evangelischen Geistlichen in der bisherigen Weise fortzufahren gedenkt, so befürchten wir einen Schaden für die Volksgemeinschaft, die nicht wieder gutzumachen sein wird. Wir halten es für unsere Pflicht, mit allem Nachdruck darauf aufmerksam zu machen. Die Kirchen selbst kann von dem ihr durch ihre Aufgabe vorgeschriebenen Wege nicht abgehen. gez. D. Meiser."

Beschwerden gingen auch an die Abteilung für den kulturellen Frieden der NSDAP und an den bayerischen Reichsstatthalter, der seinerseits in einem Brief an Frick die Schutzhaftmaßnahmen als ungegründet und "im ausgesprochenen Widerspruch" zu der Entscheidung des Reichsinnenministeriums bezeichnet hatte.[273]

Zur Verschärfung der kirchlichen Lage in Bayern hatte aber auch Frick seinen Anteil beigetragen durch seine für die Bekenntniskirche provozierende Rede in Nürnberg am 28. Februar.[274] Dort hatte er behauptet, daß der Kirchenstreit um "rein äußerliche organisatorische Dinge" entbrannt sei, und daß "manche Elemente" glaubten, "unter der kirchlichen Flagge... ihre dunklen politischen Geschäfte betreiben zu können". In seinem Protestschreiben vom 3. April stellte Meiser klar, daß[275]

"um 'rein äußerlicher organisatorischer Dinge' willen würden sich die nassauischen Pfarrer kaum schwerer Verfolgung aussetzen, hätten auch die fränkischen Bauern wohl nicht den geplanten Besuch des Herrn Reichsbischofs in Bayern so leidenschaftlich abgelehnt".

Einer der in Schutzhaft genommenen, bayerischen Geistlichen war Pfarrer Edlef Sell in Emetzheim, der sowohl die Kundgebung gegen den Besuch des Reichsbischofs als auch die Mitteilungen des LKR über die Vorgänge in Hessen-Nassau gelesen hatte.[276] Am Abend des 3. April wurde er von Emetzheim abgeführt und in das Amtsgerichtsgefängnis Weißenburg gebracht. Als die Gemeinde davon Kenntnis bekam, fuhren 18 Männer nach Weißenburg und drangen in das Bezirksamtsgebäude ein, um ihren Unmut zu bekunden. Ihnen wurde gesagt, die Schutzhaft dauere bis zum 6. April, falls sie nicht verlängert werde, was möglich sei, da inzwischen eine Anzeige wegen seines Umgehens des Verbotes vom 31. März in München eingelaufen sei. Als Sell am Abend des 6. Aprils doch wieder frei kam, wurde er von der Mehrzahl in seinen Gemeinden demonstrativ freudig begrüßt.[277] Lediglich die Bürgermeister von Emetzheim und Holzingen und der Parteiamtswalter, den die meisten für die Verhaftung verantwortlich machten, standen ziemlich isoliert da.

Der harte Kurs der BPP gegen die Bekenntnisfront kam auch in einem der Kirche erst nach seiner Anwendung in der ersten April-Woche bekannt gewordenen Verbot vom 29. März zum Ausdruck.[278] Hierin wurden die Polizeibehörden angewiesen, die "Flugblätter" in "Doppelpostkartenform", die zum Beitritt in die Bekenntnisgemeinschaft aufriefen, "aus präventivpolizeilichen Gründen" zu unterbinden, da eine "derartige Flugblattpropaganda" geeignet sei "Verwirrung und Beunruhigung in der Bevölkerung hervorzurufen". Danach wurde die in vielen Gemeinden schon abgeschlossene Werbung für die Bekenntnisgemeinschaft erschwert, denn die Beitrittsformulare mußten nun einzeln verteilt und nach dem Unterschreiben gleich mitgenommen werden. Für Kreisdekan Kern war das Verbot "zugleich ein Zeichen, wie dringlich die Bildung der Bekenntnisgemeinschaften ist, ehe noch schärfere Maßnahmen kommen".[279]

Bei der Ausführung dieses Verbots gingen einige Behörden wieder weit über die konkreten Bestimmungen hinaus. Im Bezirksamt Dinkelsbühl wurden auch die Ausweiskarten der Bekenntnisgemeinschaft beschlagnahmt und zum Teil von Haus zu Haus von der Polizei eingesammelt.[280]

In der ersten April-Woche kam die Meldung durch, daß nun auch eine Anzahl sächsicher Bekenntnispfarrer, die am 31. März eine Erklärung gegen das Neuheidentum und eine Fürbitte für die hessischen Pfarrer im KZ Dachau, trotz polizeilichem Verbot, lesen wollten, in ein Konzentrationslager eingeliefert wurden.[281] Laut offizieller Verlautbarung hatten sie sich "in Kanzelerklärungen wissentlich gegen den Willen der Regierung gerichtet".[282]

Am 5. April gab Meiser die Anordnung heraus, daß am Sonntag, Judica, dem 7. April, für die inhaftierten hessischen und sächsischen Pfarrer gebetet werden sollte.[283] Dazu, auf Anweisung der VKL, sollten in allen Gotteshäusern der Bekennenden Kirche Deutschlands, "zum Zeichen der Trauer", die Kirchenglocken während des ganzen Sonntags schweigen.[284] Zum Schluß schrieb Meiser: "Die Anordnung ist unter allen Umständen bindend".

Wie ein Pfarrer das Schweigen der Glocken an dem Tag, an dem viele Gemeinden Konfirmation feierten, erklärt hatte, belegt das Beispiel Heinrich

Seifert in Uengershausen, der folgendes verlesen hatte:[285]

"In den Gotteshäusern der bekenntnistreuen Gemeinden Deutschlands schweigen heute die Glocken aus Trauer über die schwere Bedrängnis, in der sich nicht nur Pfarrer, sondern auch die bekenntnistreuen Gemeinden in Hessen und Sachsen befinden. Denn wenn Pfarrer, die um ihres Gewissens willen einem deutsch-christlichen Landesbischof den Gehorsam verweigern, in Konzentrationslager verbracht werden, so ist das harte Not nicht nur für ihre Person, sondern auch für die Gemeinden, die nun ohne Seelsorger sind."

In fast allen Gemeinden der Landeskirchen konnten die Pfarrer die Fürbitte und das Stillhalten der Glocken durchführen, was, nach kirchlichen Berichten, einen tiefen Eindruck auf die Gemeinden gemacht hatte.[286] Vereinzelt kam es allerdings vor, daß Unbefugte gewaltsam in die Kirchen eindrangen, um die Glocken zu läuten.[287]

Ansonsten haben nur die DC-Geistlichen am diesem Sonntag die Glocken geläutet, und dabei wieder gezeigt, daß sie nur bedingt dem LKR Gehorsam leisten wollten, und, laut Mitteilung der Bekenntnisgemeinschaft, "sich auch in diesem Fall aus unserer Gemeinschaft ausschließen zu müssen" glaubten.[288] Aus den Reihen der DC kamen auch keine Proteste gegen die leztlich durch DC-Landesbischöfe zu verantwortenden Verhaftungen auf. Im Gegenteil, eine Nürnberger DC-Ortsgruppe beklagte sich beim Bürgermeister Liebel über das Schweigen der Glocken, "einfach aus Sympathie für eine Handvoll Rebellen im geistlichen Rock, die sich gegen Maßnahmen des nationalsozialistischen Staates auflehnten".[289] In einer Rede vom 12. April nannte es Pfarrer Sommerer einen bedenklichen Fortschritt, daß das Schweigen der Glocken "nicht mehr gegen die Reichskirche, sondern gegen Staatsmaßnahmen" angeordnet wurde.[290]

Durch die verschärfte kirchliche Lage im März/April 1935 wurde die Kluft zwischen DC- und Bekenntnispfarrern noch größer, während die verschiedenen, auseinanderstrebenden Teile der Bekenntnisfront durch den starken Druck von der neuheidnischen Bewegung und den staatlichen Zwangsmaßnahmen gegen die Kirche enger zusammenrückten.[291] Die Pfarrerbruderschaft stellte am 11. April fest, daß die DC "beinahe über Nacht fast völlig bedeutungslos geworden" seien, da die Bekennende Kirche auf die Front gegen das durch öffentliche Unterstützung "riesenhaft" anwachsende Neuheidentum festgelegt sei.[292] In diesem Kampf standen die DC bekanntlich abseits, was für die Bekenntnispfarrer nichts anders bedeutete, als daß die DC dem Neuheidentum Vorschub leisten würden. Dazu betonte Frör, daß es in Bayern nicht zu verkennen sei,[293]

"daß ein wesentlicher Teil der Kräfte, die jetzt noch die DC stützen, eigentlich nur auf die Glaubensbewegung wartet und daß es ihnen weniger auf die Erhaltung des deutschen Christentums, als auf den Kampf gegen die lebendige Kirche ankommt."

Dabei hatte Frör eine Entwicklung richtig vorausgesehen, die mit der Kirchenaustrittsbewegung von Partei- und auch DC-Leuten ab Ende 1936 Wirklichkeit wurde.[294]

Im April 1935 jedoch war der Optimismus der Deutschen Christen in Bayern, trotz abgesagter Frankenfahrt des Reichsbischofs, immer noch ungebrochen. Gestärkt fühlten sie sich durch die kurz vorher durch Frick bestätigte Legalität der Wahl des Reichsbischofs, sowie durch Fricks in Nürnberg gemachte Andeutung, daß die Reichsregierung in den Kirchenstreit eingreifen würde, "um auch hier einmal wieder Ordnung zu schaffen".[295] Wie Sommerer es in seiner in 5 Akten geteilten Schilderung des Kirchenkonfliktes sagte:[296]

"Wir wissen, was kommen muß, und was aussteht. Nämlich die Entscheidung des Führers. Sie wird in dem 5. Akt kommen. Wir DC wissen nur eins. Unsere Aufgabe wird und muß bleiben, die Glaubensträger und Christusträger der Nation zu sein... Der Vorhang des 5. Akts wird fallen und wir sagen: Gott sei Dank!"

9) Die Weißenburger Unruhen - April 1935

Mitten in dieser verschärften Phase des Kirchenkampfes kam es zu einem von den Deutschen Christen forcierten staatlichen Eingriff in den Freiheitsraum der Kirchen in Weißenburg. Der Auslöser hierzu war die Kanzelankündigung am 7. April, daß am Mittwoch Abend, dem 11. April, eine Ordination mit Kreisdekan Kern in der St.Andreaskirche stattfinden würde.[297] Dieses Vorhaben empfanden die DC, die der Bekenntnisfront und auch Kreisdekan Kern die Schuld für den abgesagten Auftritt des Reichsbischofs in Weißenburg am 31. März gaben, als Provokation, und setzten alles daran, es zu verhindern.

Daß die Ordination als Gegendemonstration gegen die DC in ihrer Hochburg Weißenburg gedacht war, wurde von Kreisdekan Kern bestritten. Seine Wahl fiel auf Weißenburg, hauptsächlich weil er die schon lange anstehende Ordination des Pfarrverwesers Bauer in Ettenstatt vollziehen wollte.[298] Es entsprach durchaus seiner Praxis, dafür die zentral gelegene Hauptkirche des Dekanatsbezirks, in dem der Ordinand wohnte, zu verwenden. Daß er auch zwei andere Kandidaten aus anderen Dekanaten mitordinieren wollte, war auch nicht ungewöhnlich, zumal die Ordinationen hinsichtlich der bevorstehenden Konfirmation und Festtage dringlich waren.

Gleichzeitig wußte Kern wohl, der Unangenehmes bei seinem Besuch des Weißenburger Kirchenvorstands im Oktober 1934 erfahren mußte,[299] daß sein Erscheinen in Weißenburg problematisch sein könnte. Später gab er selber zu, daß die Ordination von Bauer eine "nicht gesuchte Gelegenheit... für mein allererstes Auftreten in Weißenburg (war), wozu ich als berufener Kreisdekan wahrhaftig ein gutes Recht habe".[300] Er wußte auch, daß eine volle Kirche eher gewährleistet wäre, wenn er die Einladung weiter ausdehnte, und bat Dekan v.Löffelholz deshalb das "Weißenburger-Land möglichst mobil zu machen".[301] Auch Pfarrverweser Bauer sollte gebeten werden, "seine Gemeinde dringend einzuladen".[302]

Die Reaktion der Deutschen Christen auf die angekündigte Ordination war die in der Zeitung erfolgte Einberufung eines Mitglieder-Sprechabends, mit dem "durch Landesbischof Meiser seines Amtes" enthobenen "Pg. Vikar Preiß-Nürnberg" als Redner.[303] In seinem kurzen Vortrag "Wohin geht der Weg" behandelte er wohl auch die Themen, die ein kurz vorher erschienene DC-Informationsbericht enthielt: Fricks Nürnberger Rede, die Maßnahmen Schieders und Kerns gegen den Frankenbesuch des Reichsbischofs, und die Fürbitte des LKR für die in Dachau inhaftierten Pfarrer.[304] Aufgerüttelt wurden die Gemüter der, laut Regierungsberichten, rund 600 Versammelten,[305] als Preiß und auch DC-Ortsgruppenleiter Veeh persönlich wurden. Kreisdekan Kern wurde vorgeworfen, daß er den Deutschen Gruß ablehne;[306] dem Pfarrverweser Bauer, der schon im Februar eine unangenehme Konfrontation mit Preiß bei der DC-Versammlung in Ettenstatt hatte,[307] wurde die Äußerung von Vikar Erras unterschoben, der im Januar 1935 auf der Kanzel in Ettenstatt gesagt haben soll: "Das Christentum der Tat von heute ist ein glänzendes Laster";[308] auch Dekan v.Löffelholz, den die DC in Weißenburg als ihren Hauptfeind ansahen, wurde von den Rednern nicht verschont.[309]

Die in Aufruhr gebrachten Versammlungsteilnehmer entschlossen sich, gleich zum Dekanat, bzw. zum Bezirksamt hin zu marschieren, um die Absetzung der Ordination zu verlangen. Der etwas später in die Versammlung gekommene Pfarrer Kalb, der die Leute zur Mäßigung aufrief, wurde dabei nicht beachtet.[310] Zurück mit seiner Frau im Vereinshaus geblieben, soll Kalb gesagt haben: "Das kann den Deutschen Christen schlecht bekommen".

Draußen vor dem Dekanat warteten rund 60 Personen, als Veeh und ein anderer Herr hinein zu Löffelholz gingen, und die Absetzung der Ordination verlangten.[311] Es wurde auch angedeutet, daß Löffelholz, falls er die Konfirmation am Sonntag abhalten sollte, dabei gestört werden würde.[312] Als die zwei Herren der Menge draußen mitteilten, daß Löffelholz ihr Ansinnen zurückgewiesen hatte, brach ein großer Tumult aus. Pfiffe und Schreie, wie "Weg mit dem Pfaff", "Saukerl" und "Vaterlandsverräter" haben Dekan und Frau v.Löffelholz schweigend vor der Haustür angehört und die Leute solange angeschaut bis sie sich fortbewegten.[313]

Vor dem Bezirksamt demonstrierte die Menge dann so lange, bis der herbeigeholte Regierungsrat Dr. Derks ihnen versprach, ihre Forderung nach Absetzung der Ordination am nächsten Morgen zu überprüfen.[314]

Am Tag der Ordination umstellten die DC, die meisten in Zivil nebst einigen in SA-Uniform, sowohl die Andreas- als auch die Karmeliterkirche, um ihrer Absicht, die Ordination zu verhindern, Ausdruck zu verleihen.[315] Im Bezirksamt wurde eine DC-Abordnung empfangen, die vor Ausschreitungen der "empörten Bevölkerung" warnte und nachher die Lage zusammen mit Gerstner besprach.[316] Es wurde in Erwägung gezogen, eine Hundertschaft Polizei aus Nürnberg zu holen, bis man, nach Rücksprache mit der Ansbacher Regierung und der BPP, entschied, die Ordination mangels genügender Sicherheit zu verbieten.[317] In den mittags erscheinenden Zeitungen wurde das Verbot bekanntgegeben.[318]

In Ansbach versuchte ein zuständiger Referent der Regierung telefonisch, Kreisdekan Kern zur freiwilligen Unterlassung der Ordination zu bewegen.[319] Dies lehnte Kern kategorisch ab; auch als ihm Verhaftung beim Betreten Weißenburgs angedroht wurde, antwortete er: "Hier stehe ich, ich kann nicht anders".[320] Daraufhin fuhr Kern zusammen mit Dekan und Frau v.Löffelholz nach München, um die weiteren Schritte mit dem LKR zu beraten.[321] Kern entging dabei knapp einer Verhaftung durch die Polizei in Ansbach.[322]

In Weißenburg blieben die DC-Posten, nach wie vor völlig ungehindert von den Staats- und Parteistellen, vor den Kirchen, falls man doch noch versuchen sollte, die Ordination durchzuführen. Als am Nachmittag die ersten zwei Kandidaten mit Angehörigen ahnungslos ins Dekanat ankamen, wurden sie kurz danach von Polizeikommissar Ohnesorg verhaftet, zu ihrem "persönlichen Schutz" und auch als "Vorbeugungsmaßnahme", falls Kern die Ordination doch halten wolle.[323] Eine Stunde später kam noch Pfarrverweser Bauer hinzu, der trotz Nachricht vom Verbot der Ordination nach Weißenburg gefahren war, mit der Überzeugung, daß nur die Kirchenbehörde die Ordination absagen könnte.[324] Auf der Wache informierte Oberregierungsrat Bauer die Kandidaten, daß die Ordination vom LKR abgesagt worden sei, daß sie aber als Vorsichtsmaßnahme bis 8 Uhr in Haft bleiben müßten.[325] Als ein Kandidat diese Nachricht mit Skepsis aufnahm, erwiderte ihm Bauer: "Wenn Sie nicht lernen wollen, daß staatliche Anordnungen unter allen Umständen auch über den kirchlichen stehen und gelten, werden Sie noch schlimmere Erfahrungen machen müssen."[326] Kurz vor 8 Uhr wurden die Kandidaten entlassen, damit sie sich von ihren abreisenden Verwandten am Bahnhof verabschieden konnten. Unterwegs dahin wurden sie von einigen halbwüchsigen Burschen verfolgt und mit beleidigenden Bemerkungen belästigt.[327] Danach kehrten sie zum Dekanat zurück, um weitere Anweisungen abzuwarten.

Zwei Stunden später kam das Ehepaar Löffelholz und Kreisdekan Kern, unbemerkt von der Polizei, in Weißenburg an.[328] Auf der Fahrt hatte Kern sich entschlossen, die Ordination doch in dieser Nacht im engsten Kreise in der Andreaskirche durchzuführen.[329] Er wurde aber durch Bauers Kirchenvorsteher Rabus umgestimmt, der für die Abhaltung der Ordination am nächsten Vormittag in der Ettenstätter Dorfkirche sprach.

Rabus gelang es auch, die Ettenstätter und die umliegenden Gemeinden zur Teilnahme an der Feier am Freitag vormittag zu gewinnen, sodaß die Ordination in der fast überfüllten Kirche vollzogen werden konnte. In seiner Predigt sprach Kern von der Verantwortung des geistlichen Amtes und von der möglichen Verwirklichung des Luthertextes: "Nehmen sie den Leib, Gut, Ehr, Kind und Weib..."[330] "Wie bald kann dies für uns Wahrheit werden!" und fuhr fort.

"Die Ehre haben sie uns schon genommen. Sie nennen uns schon die Verräter und Staatsfeinde, weil wir die Gemeinde Christi nur als sein Eigentum kennen und selbst nur seine Knechte sein wollen. Von Weib und Kind haben sie etliche von uns getrennt und sie in Gefängnisse gesperrt."

In einer eindeutigen Anspielung auf die Deutschen Christen, sagte Kern:

"Der Mut zum dienen... verwehrt uns, daß wir nach den großen und herrlichen Mitteln, nach den Wegen und Methoden der Welt und ihrer Herren schielen, wie gewisse Kreise es empfehlen und üben. Gegenwärtig kann man davon etwas erleben. So wird Kirche nicht gebaut."

Auch zum Totalitätsanspruch des NS-Staates erlaubte sich Kern folgende Bemerkung:

"Andere Mächte und Größen fordern mit Recht Treue von uns. Unbedingte, übergeordnete Treue aber kann kein Mensch von uns fordern; denn alle Menschen sind fehlsam. Darum können auch die gewaltigsten Menschen nicht unbedingte Treue fordern. Solche unbedingte, allem übergeordnete Treue kann nur der heilige Gott von uns verlangen."

Kurz danach berichtete Kern dem LKR, daß die Anteilnahme der Gemeinde und die Spannung vor der Einsegnung der Kandidaten die Ordinationsfeier "so erhebend und endrucksvoll (machte) wie ich bis jetzt kaum noch eine erlebt habe".[331]

Für Dekan v.Löffelholz, der bei der Ordination zusammen mit dem Senior Seiler assistierte, sollte sie zugleich seine letzte Amtshandlung im Dekanatsbezirk Weißenburg sein. Ermuntert durch ihre erfolgreiche Verhinderung der Ordination in Weißenburg, machten sich jetzt die Deutschen Christen daran, die Teilnahme des Dekans an der Konfirmation zu unterbinden. Dabei schreckten sie nicht davor zurück, die schon vor drei Jahren vom kirchlichen

Disziplinargericht als völlig haltlose gefundene Anschuldigung gegen den Dekan wieder aufzugreifen.[332] Mit Sprüchen wie, "Wir werden ihn mit der Reitpeitsche hinaushauen", drohten sie die Konfirmation am Sonntag zu stören, falls der Dekan, wie turnusmäßig vorgesehen, die Feier abhalte.[333]

Gerade um dies zu verhindern, hatte sich Meiser am 12. April an die BPP gewandt.[334] Unter dem Hinweis, daß der LKR "in Achtung vor der Obrigkeit" die Weisung gab, die vom Bezirksamt angeordnete Absage der Ordination zu respektieren, legte Meiser zugleich "nachdrücklichst Verwahrung" gegen das Verbot ein, das "unter dem Druck der Demonstration erlassen" sei. Es wäre

"dem größten Teil der Bevölkerung wohl verständlicher gewesen, wenn die Polizei diese Demonstration, bei denen Elemente dabei gewesen sind, deren positive staatliche und kirchliche Haltung in Zweifel zu ziehen ist, unterbunden hätte, als daß als Erfolg derselben das Verbot erlassen wurde."

Für die Konfirmationsfeier in Weißenburg bat Meiser um staatlichen Schutz, wie es im bayerischen Kirchenvertrag vom 1924 ausdrücklich zugesichert sei.

Am Samstag vormittag rief Kreisleiter Gerstner, im Beisein der Regierungsräte Bauer und Dercks, Vertreter der Deutschen Christen und der Bekenntnisfront zusammen, um über die Konfirmationsfeier zu beraten.[335] Schon vor dieser Besprechung hatten die DC sogar versucht, durch eine Anzeige gegen v.Löffelholz seine sofortige Inschutzhaftnahme zu erwirken, was jedoch vom Bezirksamt abgelehnt wurde.[336] Bauer bat die Deutschen Christen, die Konfirmation ungestört vorbeigehen zu lassen, und danach ihre Anzeige an die zuständige Stelle einzureichen, worauf Pfarrer Seiler ihn daran erinnerte, daß die dafür zuständige kirchliche Stelle die Anschuldigung gegen v.Löffelholz zwei Jahre vorher als völlig unbegründet abgewiesen hatte.[337] Mit Bauers Lösung waren auch die DC keineswegs zufrieden, und auch nicht mit dem Vorschlag des Eisenhändlers Albrecht von der Bekenntnisgemeinschaft, der eine getrennte Durchführung der Konfirmation in zwei Kirchen anregte, ein Plan, den der Weißenburger Kirchenvorstand schon am 3. April fast einstimmig abgelehnt hatte.[338] Gerstners Forderung nach dem Rücktritt des Dekans[339] wurde dann in einer etwas abgeschwächten Kompromißlösung übernommen: Dekan v.Löffelholz dürfe die Konfirmation mit dem beantragten Polizeischutz abhalten, wenn er unmittelbar danach in Urlaub gehe.[340] Diese Bedingung lehnte v.Löffelholz jedoch ab, und beauftragte Rottler mit der Abhaltung der Konfirmation in Weißenburg.[341] Für zwei seiner Kinder, die mitkonfirmiert werden sollten, hatte der Dekan schon vorher Vorkehrungen für ihre Konfirmation am Palmsonntag in Ansbach getroffen, der er auch beiwohnte. Anschließend fuhr er nach München und bat den LKR um sofortigen Urlaub.[342] Am 16. April benachrichtigte Meiser die Regierung in Ansbach, daß v.Löffelholz "auf Ansuchen wegen eingetretener Dienstbehinderung durch Erkrankung mit sofortiger Wirksamkeit bis auf weiteres beurlaubt" sei.[343]

Den nur bedingt gewährten staatlichen Schutz der Konfirmation bedauerte Meiser in einem weiteren Brief an die BPP "aufs lebhafteste".[344] Die Weißenburger Behörden hätten ihr Verhalten damit begründet,

"daß die Aufrechterhaltung der Ruhe und Ordnung nur gewährleistet werden könne, wenn dem angeblichen dringenden Verlangen der Gemeinde auf Entfernung des Dekans v.Löffelholz Rechnung getragen würde".

Meiser wiederholte seine Bedenken über das Treffen von staatlichen Maßnahmen unter dem Druck von Demonstrationen.

"Nach zuverlässigen Berichten aus Weißenburg stellt der Kreis der Demonstration durchaus nicht den Teil der Weißenburger Bevölkerung dar, auf den sich der Staat als verlässigste Stütze verlassen kann; daß in ihm auch die Masse der wirklich kirchentreuen evangelischen Bevölkerung zu finden ist steht fest. Es ist bei dieser Sachlage nur zu verständlich, wenn sich nunmehr des Teiles der Weißenburger Bevölkerung, der auf Recht und Ordnung hält, eine große Erregung bemächtigt hat und daß besonders die Landbevölkerung die in Weißenburg getroffenen behördlichen Anordnungen nicht versteht."

Zum Schluß deutete Meiser an, daß die Erregung in der Landeskirche über die Weißenburger Vorgänge und das herausfordernde Verhalten der Deutschen Christen zu öffentlichen Stellungnahmen der Bekenntnistreuen führen könnten. Dazu meinte er:

"Wir würden es um der Volkseinheit willen bedauern, wenn nach dem Weißenburger Vorgang die kirchlichen Auseinandersetzungen nunmehr auf die Straße getragen würden, müssen aber um der geschichtlichen Wahrheit willen feststellen, daß die Deutschen Christen in Weißenburg den Anfang damit gemacht haben und die dortigen zuständigen staatlichen Behörden durch ihr Verhalten weithin den Eindruck erweckten, als seien Demonstrationen auf der Straße für staatliche Aufsichtsbehörden ein Beweis für die wirkliche Gesinnung der Bevölkerung und ein Grund, Veranstaltungen, gegen die sich solche Demonstrationen richten, ihrerseits zu verbieten."

Eine öffentliche Empörung in der Landeskirche über die Weißenburger Vorgänge hielt sich, hinsichtlich der anhaltenden Presserestriktionen, in Grenzen. Lediglich die Mitteilungen der Landeskirchlichen Pressestelle für die Geistlichen berichteten kurz über den Vorfall.[345] Als ein Pfarrer in Unterfranken das Verhalten der DC in Weißenburg kritisierte, wurde er von Parteileuten seiner Gemeinde aufgefordert, auch Beweise für seine Behauptungen zu bringen, wodurch es zu einer ausführlichen Dokumentation des Falles kam.[346]

Auch die staatlichen Stellen wurden einige Zeit mit dem Fall beschäftigt infolge eines Beschwerdebriefs des LKR an das Reichsinnenministerium. Daraufhin forderte Buttmann von der bayerischen Staatskanzlei einen "baldgefälligen Bericht" über die Vorgänge in Weißenburg an.[347] Erst zwei Monate später lieferte die BPP einen weitgehend entstellten Bericht, der die Behörden in Weißenburg schonte und die Straßenszenen der DC verharmloste.[348]

Wie die Weißenburger Bevölkerung auf die Vertreibung des Dekans reagiert hat, ist schwer festzustellen, denn viele haben es nicht gewagt, das Verhalten der herrschenden Parteiclique - und viele Deutsche Christen waren alte Parteigenossen[349] - zu kritisieren, besonders angesichts der wirtschaftlichen Risiken einer solchen Kritik. Fest steht, daß die rund 600 Mitglieder der Bekenntnisgemeinschaft diese bis dahin beispiellose Hetze gegen einen Geistlichen verurteilten; manche sprachen sogar von "russischen Zuständen" in Weißenburg, und beklagten die "unbegreifliche... Gehässigkeit", die ein Mann "von so hoher Qualität" wie v.Löffelholz erleiden mußte.[350] Einige Eltern folgten auch dem Beispiel des Dekans und liessen ihre Kinder auswärts konfirmieren, als Protest gegen das Treiben der Deutschen Christen.[351]

Es gab auch eine Anzahl Weißenburger, die bereit waren, sich durch ihre offene Ablehnung der Deutschen Christen zu exponieren. Erwähnt sei der Bautechniker Ludwig Wotschak, der die Bekenntnisgemeinschaft leitete,[352] und auch der Eisenhändler Fritz Albrecht, der durch seine offene Unterstützung des Dekans einen Geschäftsboykott bewußt in Kauf nahm.[353] Der über Weißenburg hinaus hochgeachtete Chefarzt am Krankenhaus und Ehrenbürger Weißenburgs, Geheimrat Dr.Doerfler, hielt sich offen zur Bekenntnisgemeinschaft und verstärkte sie durch seine Gegenwart.[354] Auch der Arzt, Dr. Leonard Schneider, hatte sich bei dem Bezirksamt und der Kreisleitung für den Dekan eingesetzt, da er der Überzeugung war, daß das Vorgehen gegen v.Löffelholz unfair und absolut unglaubhaft war.[355] Schneider hatte Gerstner darauf aufmerksam gemacht, daß die Partei ein gefährliches Spiel treibe und dadurch nur die Leute verlieren könne, worauf ihm Gerstner erwiderte, daß "dies eine Entwicklung wäre, die über 100 Jahre lang dauern könne", ein weiteres Indiz für Gerstners kirchenfeindliche Einstellung. Aber auch Gerstner schien gemerkt zu haben, daß das Verhalten der DC dem Ansehen der Partei in Weißenburg nicht dienlich war, und rückte immer mehr von ihnen ab.

Zu dieser Zeit war die Parteileitung in Weißenburg ohnehin mit Ermüdungserscheinungen unter ihren Mitgliedern konfrontiert. Anfang April mahnte eine NSDAP-Mitteilung in der Presse, daß die Parteigenossen ihre Anzeichen tragen und sich korrekt grüßen sollten.[356] Anfang Mai beschwerte sich der SA-Obertruppführer Schweizer, daß ein Truppappell des SA-Landsturms auf sehr wenig Interesse gestossen sei.[357] Er bat die SA-Männer, "die für die Sache nichts übrig" hatten, gleich auszuscheiden. Diejenigen, die lieber beim Kyffhäuserbund wären, sollten dies offen sagen. Auch wenn dieses Beispiel den Verfall der entmachteten und auf freiwillige Basis gestellten SA nach dem Sommer 1934 bestätigt, war es dennoch bendenklich, daß sich die alten Frontsoldaten lieber einer traditionellen Gruppierung wie dem 1898 entstandenen Reichskriegerbund Kyffhäuser anschließen wollten als der SA, die besonders ihre Rolle als Verband politischer Soldaten, und als "Ideenträger der NS-Weltanschauung" betonte.[358]

Ein weiteres Indiz für die Spannung zwischen den ideologisch überzeugten Nazis und den früher deutschnational Eingestellten ist die Beschwerde des SA-Obertruppführers Essig an Kreisleiter Gerstner Anfang Mai über das Verhalten des NS-Stadtrats und Landwirts Schmoll (früherer Stadtrat des "Nationalen Bürgerlichen Blocks" 1924, bzw. der "Nationale Bürgerpartei" 1929), der zwei Kühe an einen jüdischen Viehhändler in Ellingen verkauft hatte.[359] Essig empfahl: "Nachdem hauptsächlich die deutschnationalen Kreise immer wieder die nationalsozialistischen Ziele sabotieren, müssen solche Subjekte gebranntmarkt (sic!) werden und schärfstens durchgriffen (sic!)".

Zu dieser Zeit bemühte sich auch die Leiterin der NS-Frauenschaft, Frau Amtsgerichtsrat Lösch, um ein Parteigerichtsverfahren gegen Gerstner wegen Unkorrektheiten in seiner Amtshandlung.[360] Frau Lösch beschwerte sich zugleich, daß "gute und verdiente Parteigenossen aus Akademikerkreisen" die Parteiversammlungen nicht mehr besuchen wollten.[361]

Unter den Deutschen Christen in Weißenburg gab es auch viele, die das Verhalten ihrer aktiven Genossen in den Tagen vor Palmsonntag nicht billigen konnten; einige überlegten sogar den Austritt aus dem Sprengel Pfarrer Kalbs.[362] Es traf keineswegs zu, was Preiß in einer demagogischen Rede Anfang Mai festgestellt hatte:[363]

> "Jetzt ist Weißenburg unsere Hochburg. Jetzt herrscht Ruhe dort, denn ganz Weißenburg ist deutsch christlich... 3000 DC kämpfen dort. Sie haben in stürmischer Bewegung den Pfarrer von Löffelholz abgesetzt, und der unsittliche Mann hat bei Nacht und Nebel auf Nimmerwiedersehen verreisen müssen. Jetzt herrscht Ordnung und Ruhe dort, denn einer der unseren führt die Gemeinde."

Denn erstens war Weißenburg weniger deutschchristlich nach den April-Tagen, und zweitens behielt Pfarrer Kalb nach wie vor seine isolierte Stellung in der Weißenburger Pfarrerschaft. Pfarrer Rottler blieb ein Gegner der DC, und am 15. April hatte Meiser Pfarrer Wolfgang Rüdel, Mitglied der Pfarrerbruderschaft, mit der Vertretung der ersten Pfarrstelle beauftragt, und die Führung der Dekanatsgeschäfte dem Kirchenrat Senior Seiler übertragen.[364] Für Pfarrer Kalb war es ziemlich deutlich, daß ihm die Kontrolle über die DC-Führung in Weißenburg entglitten war. Daß er sich in einer Zwangslage befand, bestätigt sein passives Verhalten während den Tagen vor Palmsonntag.

Er war einerseits mit den Demonstrationen und den Methoden, die zur Vertreibung des Dekans führten, nicht einverstanden, andererseits unternahm er fast nichts, um seinen Dekan, und kirchenpolitischen Gegner, zu schützen.[365] Anders als Preiß hat er die Verhinderung der Ordination und die Vertreibung des Dekans keineswegs als Sieg der DC betrachtet, und auch seine Predigten deuteten an, daß er langsam Bedenken über den Kurs der DC bekam; er hielt sich strikt an seinen biblischen Text und vermied jedes Eingehen auf die Fragen der Gegenwart, und leugnete damit ein wichtiges Anliegen der DC, möglichst volksnah und gegenwartsbezogen zu predigen.[366] Dennoch blieb er aus einer Art Treueverhältnis bei den DC, und ging der eigentlichen Auseinandersetzung um die Sache aus dem Weg.[367] Erst im Jahre 1942 zog er die Konsequenzen aus seiner innerlichen Entfremdung von den DC und erklärte seinen Austritt.[368]

Nach der Ankunft Pfarrer Rüdels kam zunächst eine gewisse Entspannung in der Weißenburger Gemeinde auf.[369] Der Leiter des Dekanats, Kirchenrat Seiler, bemühte sich, Brücken zu den DC-Pfarrern des Bezirks zu schlagen, indem er sie zu den Pfarrkonferenzen wieder einlud.[370] Auch der LKR vertrat die Meinung, daß "Weißenburg jetzt in Ruhe gelassen werden muß", und empfahl, keine Ordinationen dort "in der nächsten Zeit stattfinden" zu lassen.[371]

10) Die Beruhigung der kirchlichen Lage: April-Juni 1935

Das Ende der Passionswoche machte die zwiespältige Lage, in der sich die Leitung der Landeskirche befand, sehr eindeutig. In einer Karfreitagsbotschaft warnte Meiser vor einem Heidentum, das "die Selbstherrlichkeit des Menschen" proklamiere, die "das Kreuz Christi als das Zeichen des Niederbruches aller Kräfte aus unserem Volk" beseitigen wolle.[372] Und gleich für Karsamstag, anläßlich Hitlers Geburtstag, ordnete der LKR im Einklang mit der VKL an, die Kirchen und Pfarrhäuser zu beflaggen, die Glocken - entgegen der üblichen kirchlichen Praxis für diesem Tag - von 13.00 Uhr bis 13.15 läuten zu lassen, und womöglich "besondere gottesdienstliche Feiern" zu halten.[373] Der Wunsch bei den von der NS-Propaganda aufgeblähten Feierlichkeiten dieses Tages nicht abseits zu stehen, stand hinter diesen "Byzantinismen", wie Niemöller sie nannte.[374] Das Läuten der Glocken als Huldigung für das Oberhaupt des Staates, in dessen Konzentrationslager evangelische Pfarrer noch gefangen gehalten wurden, weshalb die Glocken an den zwei vorherigen Sonntagen geschwiegen hatten, war wohl für nicht wenige Gemeindeglieder eine sehr widersprüchliche Aussage ihrer Kirchenleitung.[375]

Gleichzeitig hatte man aber auch in Kreisen der Bekennenden Kirche den Staat vor der befürchteten staatlichen Lösung der Kirchenfrage gewarnt. Am 5. April hatte der LSA zum Beispiel zu bedenken gegeben, daß eine "Rückkehr zu der überwundenen Vermischung" von Staat und Kirche "in einem Staatskirchentum... verhängnisvolle Folgen" für beide haben müßte.[376] Im "Amtsblatt" vom 13. April erschien eine Erklärung des Lutherischen Rates über das Kirchenregiment, die eingehend begründete, daß, "nach der Anschauung des Bekenntnisses", eine Wiederaufnahme des Summepiskopats des Landesherrn unmöglich sei, denn diese Lösung sei mit dem Untergang des alten Reiches beendet und würde im modernen Staat dem Wesen der Kirche und dem Wesen des Staates widersprechen.[377] Nach der "lutherischen Lehre" jedoch besitze der Staat folgende Rechte: den Anspruch auf Gehorsam der Glieder der Kirche, den Anspruch auf Fürbitte im Gottesdienst, und die Aufsicht "über die Externa der Kirche als einer Körperschaft des öffentlichen Rechts". Daß dieser Status im Artikel 137 der Weimarer Reichsverfassung garantiert war, erwähnt die Erklärung nicht, denn es herrschte Unklarheit darüber, inwieweit diese nicht förmlich außer Kraft gesetzte Verfassung im Führerstaat noch Geltung hatte.[378]

Noch eindringlicher warnte die Pfarrerbruderschaft vor der Wiederaufrichtung eines Staatskirchentums und der Einsetzung eines Staatskommissars für die DEK.[379] Ein solcher Eingriff, begleitet von einer geschickteren Propaganda als bei Jäger, würde eine "ganz unerhörte Verschärfung der Situation herbeiführen" und könnte bedeuten, daß "die Massen, die noch zu uns stehen, abwendig gemacht werden":

"Es kann sein, daß uns Gott noch gründlicher heilen will von dem Glauben, seine Gemeinde müsse immer eine Massenbewegung sein. Es kann sein, daß wir es nicht verhindern können, daß die Volkskirche zusammenbricht."

Unerläßlich sei es, geschlossen und gemeinsam mit Meiser und seinen Stellvertretern zu handeln, und in Zukunft die Bekanntmachungen des Landesbischofs "unter allen Umständen zu verlesen", denn "die ständigen Verbote am Sonntag Morgen sind allmählich eine öffentliche Schande für die Kirche".

Inzwischen waren aber auch versöhnlichere Töne seitens des Staates zu vernehmen. Am 1. Juni stellte Frick in einer Rede in Erfurt fest, daß die Kirchenfrage nicht mit Polizeiknüppel zu lösen sei, und daß das friderizianische Rezept maßgebend sein solle, nur dürfe "die Kirche ihr Kirchengebiet nicht überschreiten".[380] Und es folgten auch gleich Taten. Die Tagung der Bekenntnissynode in Augsburg vom 4.-6. Juni ließ der Staat zu; das Reichsinnenministerium schickte sogar einen Vertreter nach Augsburg, was als bedeutende Geste in Richtung der weiterhin nicht vom Staat anerkannten VKL angesehen wurde.[381] Und noch wichtiger; am Vorabend der Synode kam die Nachricht, daß sämtliche in den Lagern Dachau und Sachsenburg festgehaltenen Pfarrer zu entlassen seien.[382]

Daß hier wieder außenpolitischer Druck mit zu einer Entschärfung der kirchlichen Lage geführt hatte, war in Bekenntniskreisen kein Geheimnis. Das Gemeindeblatt für Dinkelsbühl hatte zum Beispiel das Material der "Deutschen Allegemeinen Zeitung" zur deutsch-englischen Frage wiedergegeben, in dem Bischof Bell von Chichester schrieb, daß Freundschaft zwischen Deutschland und dem britischen Volk nicht gewonnen werden könne, "solange Freiheit verweigert wird und religiöse Verfolgung anhält", und in dem sich Frick bei Bell und Erzbischof Lang für ihr Verständnis für Deutschland bedankte und versprach, in der Kirchenfrage alles zu tun "um dieses Verständnis zu rechtfertigen".[383]

Die Augsburger Bekenntnissynode wurde ursprünglich für Anfang April geplant, und mehrmals verschoben, zuletzt weil Meiser einen Termin am 22.-23. Mai ablehnte, da man von Hitlers Reichstagsrede am 21. Mai ein "autoritäres Wort zur Kirchenfrage" erwartet hatte.[384] Der Anlaß für die Zusammenkunft der Synode war die zunehmend gespannte kirchliche Lage durch das vom Staat begünstigte Vordringen des Antichristentums, die Maßregelungen von Pastoren, sowie die Gefahr einer "Abdrosselung der Bekennenden Kirche durch kalte Verstaatlichung der Kirche".[385] Durch die Bedrohung von Außen konnte die Bekenntnisgemeinschaft ihre eigene innere Spannung überwinden und eine Einmütigkeit und Geschlossenheit demonstrieren, auch wenn danach einige Einwände über den kompromißhaften Charakter ihrer Beschlüsse laut wurden.[386]

Die Synode, deren Verhandlungen als geschlossene Veranstaltungen stattfinden mußten, begann am Dienstag um 9.30 Uhr mit einem öffentlichen Gottesdienst in der überfüllten St.Anna-Kirche, bei dem Kreisdekan Schieder eine bemerkswerte Eröffnungspredigt hielt.[387] Ganz im Sinne der Barmer Erklärung lehnte Schieder die "Und-Religion" - "Christus und das Blut", "die Stimme der Bibel und die Stimme der Rasse" - sowie das "Gleichheitszeichen der Schwärmer" - "'Gott', das ist gleich 'das deutsche Blut'" - kategorisch ab. Ohne eine Spur von nationalem Pathos, bat Schieder die Gemeinde, zu ihrem Volk zu stehen, auch wenn dies schwer gemacht werde:

> "Der Kampf der Bekennenden Kirche wird verhöhnt und verlacht, wird Pfaffengezänk genannt. Wir sind verfemt und geächtet. Unsere Ehre wird in den Schmutz getreten, unsere Pfarrer sind gefangen. Vorhin ist die Nachricht gekommen, daß Befehl ergangen sei, sie freizulassen. Wir freuen uns darüber von ganzem Herzen um unserer Amtsbrüder willen, um ihrer Familien, ihrer Gemeinden willen - auch um unseres Volkes und um des Rechtes und der Gerechtigkeit willen. Vieviel Bitteres aber liegt noch auf uns."

Zum Schluß stellte Schieder die Frage: "Deutschland, wo gehst du hin?", denn er habe "manchmal die würgende Angst, ob unser Volk sich wirklich noch christlich nennen darf". "Dennoch" könne man das Volk nicht verlassen; man solle als Anwalt des Volkes vor dem Gericht Gottes um die Seele des Volkes ringen. Die Stadt, für die Abraham gebetet habe, sei untergegangen, "weil ihr die fünf Gerechten gefehlt haben. Soll Deutschland untergehen im Gericht Gottes, weil ihm fünf fehlen, die mit heiligem Erbarmen mit Gott ringen?"

Im Vergleich zu Schieders Predigt war die Eröffnungsrede von Bischof Marahrens von einer ganz anderen Einstellung zum Hilter-Staat geprägt.[388] Er betonte, daß die Bekennende Kirche, wenn sie ihren Auftrag erfülle, "nicht in den Verdacht kommen (könne), als gefährde sie das hohe politische Werk des Führers". Dem Volk sei "ein neuer verheißungsvoller Tag geschenkt worden", der jedoch ungenützt wäre, "wenn wir als Kirche dem deutschen Volk in dieser entscheidungsvollen Stunde das Wort schuldig bleiben". Marahrens bat auch um Verständnis vom Staat für die innere Lage der Kirche, für ihre Abwehrstellung im "Weltanschauungskampf der Gegenwart":

"Dann wird sich auch das verhängnisvolle Mißverständnis lösen, das über viele unserer treuesten Brüder im Amte schwerstes Leid gebracht hat und immer wieder Leid zu bringen geeignet ist. Wer für Gottes Ehre ficht, kann nicht wider die Ehre der Obrigkeit streiten".

So gab es auf der Synode eine innere Spannung zwischen denjenigen, zu den auch Meiser gehörte, die die Knebelung der Kirche und die Maßregelungen der Pfarrer auf "Mißverständnisse" zurückführten, und anderen, die den NS-Staat viel nüchterner betrachteten.[389]

Die "sachliche Gesamtbedeutung" der Synode sah das "Korrespondenzblatt" in einem wesentlichen "Schritt vorwärts zur weiteren Einigung der Bekenntnisfront", und vor allem in den Verlautbarungen: "Das Wort an den Staat" und "Das Wort an die Gemeinden".[390] Die erste Erklärung, die primär an die Obrigkeit adressiert war, und selbst in den Rundbriefen der Bekenntnisgemeinschaft nur auszugsweise wiedergegeben wurde, betonte, daß der "uns aufgenötigte Kampf um die Wahrheit des Bekenntnisses, die Freiheit der Verkündigung und die Würde der Kirche" um des Volkes willen geführt werde und keinen "politischen Widerstand" gegen die Führung des Staates decke.[391] Beklagt wurden die "Anweisungen und Redeverbote", die "Presse- und Versammlungsverbote", die die Freiheit der Verkündigung empfindlich beschränkten. Dennoch werde sich die Kirche durch nichts in ihrer "Verpflichtung für Volk und Staat beirren lassen", aber ein "Gehorsam im Widerspruch zu Gottes Gebot" dürfe nicht geleistet werden. Daher die inständige Bitte an die Obrigkeit, "keine Kluft zwischen Christentum und Volksgemeinschaft aufreißen zu lassen", sondern der Kirche "freien Raum" für ihren Dienst am Volk zu gewähren.

"Das Wort an die Gemeinden" enthielt eine Warnung vor der neuen Religion, und den Aufruf, sich am Kampf der Kirche zu beteiligen, denn: "Schweigen und Beseitestehen ist Verleugnung. Mit Taktik und Propaganda dient man nicht dem Herrn."[392] Gleichzeitig ermahnte die Erklärung "zum rechten Gehorsam gegen die Obrigkeit", wobei dieser Gehorsam dort seine Grenze finde, "wo der Christ durch diesen Gehorsam zur Sünde wider Gottes Gebot gezwungen würde". Weiter hieß es zur Frage der Obrigkeit:

"Laßt Euch auch durch Bedrückung oder Verfolgung nicht beirren, der Obrigkeit in Ehrerbietung untertan zu sein. Bleibt in Gehorsam gegenüber den Herren, die Euch gesetzt sind! Laßt Euch nicht verbittern! Bleibet in der rechten Liebe zu unserem Volke! Ehret die Gabe Gottes, die wir in unserem Volke empfangen haben! Seid unermüdlich im Dienen! Tut Fürbitte für Volk und Obrigkeit!"

Am 8. Juni ordnete der LKR an, daß diese Verlautbarung in einem Wochengottesdienst nach Trinitatis (dem 16. Juni) verlesen und entsprechend erörtert werden soll.[393]

Auf der Augsburger Synode wurde nicht über die Deutschen Christen geredet, da man diese Gefahr nun als ziemlich bedeutungslos ansah.[394] Die Synode bestätigte die Arbeit der VKL, deren Aufgabe nur dann beendet wäre, "wenn eine fest in Wort und Bekenntnis begründete und verfassungsmäßig gebildete Kirchenleitung vorhanden sein werde".[395] Daher war es auch nur zu erwarten, daß die DC die Synode scharf ablehnen, und auch die vermeintliche Öffnung zu den DC im "Wort an die Gemeinden" ("Ehret die Gabe Gottes, die wir in unserem Volke empfangen haben!") nicht aufnehmen würden.[396] Vielmehr bezeichneten die DC die Beschlüsse der Synode, die ohne jegliche NS-Schlagwörter auskamen, als "reaktionär bis in die Knochen".[397]

Aber auch die strengen Lutheraner in Bayern waren mit der Augsburger Synode nicht sonderlich beglückt. Professor Ulmers "Lutherische Kirche" bemerkte nur kurz, daß sie wegen der Pressebeschränkungen nicht hinreichend über die Synode berichten dürfte, fügte aber hinzu:[398]

"Im übrigen wird man es uns nicht verdenken dürfen, wenn wir uns im Blick auf diese unierte Synode der Geschichte vom Schlafwagen erinnern, in welchem bekanntlich die lutherischen Kirchen Deutschlands in die Union hineingefahren wurden."

Landesbischof Meiser aber war überzeugt, daß die Augsburger Synode zur Entspannung des Verhältnisses Staat und Kirche beigetragen hatte,[399] und dafür gab es auch einige Indizien.[400] Aber trotz der Beteuerung der politischen Zuverlässigkeit und der Bitte um Freiheit für die kirchliche Verkündigung, blieb der Grundtenor der restriktiven NS-Kirchenpolitik im wesentlichen unverändert. Die Versammlungs- und Presseeinschränkungen blieben weiter bestehen so daß selbst die Berichte über die Synode in der kirchlichen Presse in Bayern nur spärlich und zaghaft erfolgten. Das einst so mitteilungsfreudige "Evangelische Gemeindeblatt für München" wartete sogar bis zum 14. Juli, bis es den gleichen Bericht über die Synode brachte, den das "Korrespondenzblatt", wohl unbeanstandet, selber erst am 2. Juli veröffentlichte.[401] Andere Blätter, wie das Rothenburger Sonntagsblatt wagten es nicht einmal, über die Synode zu berichten.[402]

Als neue Repressionen gegen die Kirche kamen die im Mai und Juni gegen die Pfarrer Frör und Sondermann in Nürnberg, Pfarrer Georg Kühn in Lindau und gegen Kirchenrat Sammetreuther in München auferlegten Redeverbote für öffentliche Versammlungen.[403] Sammetreuther, der trotzdem im September zum Oberkirchenrat des LKR ernannt wurde,[404] hatte in einer geschlossenen Versammlung der Bekenntnisgemeinschaft in München gesagt, es dürfe "keinesfalls so weit kommen, daß die Stufen der Feldherrnhalle als Altar betrachtet werden".[405] Im Juni wurde auch wieder ein Pfarrer der Landeskirche "wegen staatsabträglicher Äußerung" drei Tage in Schutzhaft gehalten, ohne das der LKR vorher darüber informiert wurde.[406]

Wie sich die Kirchen im NS-Staat zu verhalten hatten, machte Frick in seiner Rede in Münster am 7. Juli deutlich.[407] Er bezeichnete es als "Mißbrauch des Religiösen", wenn die Kirchen Maßnahmen des Staates kritisierten,[408] und gab dann das oft wiederholte Schlagwort heraus: "Wir Nationalsozialisten fordern die Entkonfessionalisierung des gesamten öffentlichen Lebens." Daß diese Forderung die weitere Einschränkung kirchlicher Vorrechte bedeuten würde, sollte der weiterer Verlauf des Kirchenkampfes noch zeigen.

11) Die weitere Entwicklung in Weißenburg: Ende April bis Anfang September

Die einstweilige Entspannung der Lage in Weißenburg führte Pfarrer Rüdel zum Teil auf die klare Scheidung, die in der Gemeinde als Folge der vorausgegangenen Kämpfe vollzogen wurde, zurück.[409] Dies äußerte sich nicht nur in einer ganzen Reihe von Übertritten zwischen den drei Pfarrstellen, sondern auch in den nach Pfarrstellen getrennten Abendmahlsfeiern, die am 26. April begannen und nach einstimmigem Kirchenvorstandsbeschluß vom 3. April mindestens zweimal im Jahr stattfinden sollten.[410]

Auch mit der rauhen politischen Wirklichkeit der Stadt wurde Rüdel gleich am Anfang konfrontiert, zum Beispiel als das "Weißenburger Tagblatt" den Artikel "Gegen falsche Darstellungen der kirchlichen Lage" am 25. April brachte.[411] Gedruckt wurde hier eine Stellungnahme der Staatskanzlei in

Dresden gegen die kirchlichen Fürbitten für die inhaftierten sächsischen Pfarrer. Die kirchlichen "Äußerungen" seien

> "in ihren Auswirkungen geeignet, die Autorität des Staates und der Bewegung zu schädigen; sie geben jener feindlich gesinnten Auslandspresse, die von Emigranten und Juden geleitet wird, Material für die Fortführung ihrer Hetze gegen das nationalsozialistische Deutschland und schaffen im Innern des Reiches Unfrieden und Beunruhigung."

Die inhaftierten Pfarrer hätten sich "in Kanzelerklärungen wissentlich gegen den Willen der Regierung gerichtet". Die Kirche habe zwar "in Dingen der Religion" den Schutz des Staates, "wo sie aber den Staat und die Bewegung politisch antaste, trifft sie die Schärfe des Gesetzes in der gleichen Weise, wie jeden anderen Staatsbürger." Auf die Tatsache öffentlich hinzuweisen, daß gegen die in Dachau und Sachsenburg inhaftierten Pfarrer kein geordnetes Rechtsverfahren eingeleitet wurde, blieb der Kirche keine Möglichkeit.[412]

Beim nationalen Feiertag zum 1. Mai 1935 zeigte es sich, daß der Ausschluß der Kirchen vom offiziellen Programm im vorigen Jahr keine einmalige Entgleisung war.[413] Trotzdem wurden in beiden Kirchen in Weißenburg Gottesdienste um 7 Uhr gehalten, die jedoch von der Jugend, die schon um 7.30 Uhr für ihre "Jugendfeierstunde" antreten mußte, nicht besucht werden konnten.[414] Aus Pappenheim wurde berichtet, daß die Jugend in der Kälte vor der Kirche die antichristlich einsgestellte Rede Baldur von Schirachs anhören mußte.[415] Es mißfiel sehr vielen aus Stadt und Landgemeinden, daß die Jugend am Gottesdienst nicht teilnehmen konnte, da sie den Befehl hatte, in Uniform die Kirche nicht zu betreten.

Gegenüber den Deutschen Christen zeigte sich Pfarrer Rüdel einerseits gesprächsbereit, andererseits machte er sich daran, die Bekenntnisgemeinschaft weiter auszubauen, die dann bis Ende Juni eine Stärke von 920 Mitglieder erreicht hatte.[416] Zur Pflege dieser Kerngemeinde - und nicht mehr als Reaktion auf DC-Veranstaltungen - fanden nun in regelmäßigen Abständen Versammlungen im Wildbadsaal statt. Diese Versammlungen, bei denen zum Teil bekannte Persönlichkeiten wie Stoll oder Pförtner sprachen, wurden jedesmal außerordentlich gut besucht, auch wenn in einem Fall die DC in der Zeitung gewarnt hatte, daß der Redner - ein ehemaliger Pg. - aus "Gewissensgründen" der Partei den Rücken gekehrt habe.[417]

Um auch ihrerseits eine Friedensbereitschaft zu demonstrieren, hatten die DC die Mitglieder der Bekenntnisseite, die es "wirklich ehrlich" mit "Christus" und "deutsch" meinten, zu ihrer Versammlung am 17. Mai mit dem Erlanger Theologie Professor Vollrath öffentlich eingeladen.[418] Diejenigen Mitglieder der Bekenntnisgemeinschaft, die dieser relativ spät erfolgten Einladung

Folge geleistet hatten,[419] hörten eine Huldigung auf Hitler, wie sie in Kreisen der Bekenntniskirche kaum mehr vorkam. Über Vollraths auch in anderen Orten gehaltenen Vortrag, "Der Führer als Seelsorger", berichtete der "Deutsche Sonntag":[420]

"Wie der Führer auch ein rechter Seelsorger im 'Worte' ist, beleuchtet Prof. Vollrath an den Reden des großen Kanzlers. Es sind so viele Bilder für Vorgänge christlichen Lebens in ihnen. Der Führer und auch seine Männer sprechen oft eine solch geistige Sprache, eine Zeugensprache. Sie sprechen nur von Gewißheiten. Ihre Rede ist Ja, Ja oder Nein, Nein! Immer steht ein ganzer Mann hinter den Worten, immer ist jemand da, der für sie bürgt. Sämtliche Männer des Dritten Reichs sind Männer der Antwort. Deswegen leisten ihnen die deutschen Menschen so gern Gefolgschaft. Denn wo das Fragen zur Ruhe kommt, da geht die Gefolgschaft an".

Auch zu ihrer nächsten Versammlung am 5. Juni wurden die Mitglieder der Bekenntnisgemeinschaft, "die positv zum Nationalsozialismus" stünden, öffentlich eingeladen.[421] Diese Einladung war jedoch noch schwieriger anzunehmen, denn der Redner, der sächsische Oberlandeskirchenrat Müller, war Mitglied jenes DC-Kirchenregiments, auf dessen Diffamierung hin 17 sächsische Pfarrer ins Konzentrationslager Sachsenburg im April eingeliefert wurden.[422]

Um diese Zeit mußte Pfarrer Rüdel einsehen, daß der Kampf der DC in Weißenburg nicht nur der Person des Dekans von Löffelholz, sondern vor allem der Bekenntniskirche gegolten hatte,[423] denn Mitte Juni war die alte Kampflage voll wiederhergestellt.

Für Unruhe hatte schon der Vertreter des Dekans, Pfarrer Seiler, durch einen Brief an Kreisleiter Gerstner gesorgt, in dem er die Ernsthaftigkeit der DC-Friedensbestrebungen bezweifelt hatte.[424] Seiler fragte, weshalb das von Veeh behauptete neue Material gegen Dekan von Löffelholz noch nicht, wie versprochen, vorgelegt sei, und bemerkte, "jeden Tag" könne der Dekan "seinen Urlaub beenden und seinen Dienst in Weißenburg wieder aufnehmen".

Auf diese Eventualität reagierte Gerstner äußerst empfindlich, und schrieb an Seiler, daß eine Kaltstellung Pfarrer Kalbs und eine Wiederkehr des Dekans, die er schon für endgültig aufgegeben hielt, "von unabsehbaren Folgen begleitet" wären.[425]

Am 5. Juni hatte die Bekenntnisgemeinschaft den DC eine Fortführung der Unterredung vom 13. Mai zwischen Veeh und Wotschak vorgeschlagen, vorausgesetzt, die DC seien bereit, etwas zur "Wiedergutmachung der schmerzlichen Vorgänge in unserer Kirchengemeinde" beizutragen.[426] Dieses Angebot lehnten die DC jedoch ab, mit der Begründung, daß sie keine Kompromisse mit Leuten schließen könnten, die kurze Zeit zuvor ein in Schwabach verbreitetes Flugblatt gutheißen konnten.[427] In diesem wohl beim Kreistreffen der DC am 26. Mai in Schwabach verteilten Flugblatt von Pfarrer Frör wurden die DC als Sekte bezeichnet, deren Hauptwaffe die politische Angst sei.[428]

Mitte Juni setzten die DC in Weißenburg ihrerseits ein Flugblatt in Umlauf mit einem persönlichen Angriff auf Pfarrer Rottler für seinen Seitenwechsel nach dem Oktober 1934.[429] Veröffentlicht wurden kompromittierende Auszüge aus zwei Privatbriefen, die Rottler im Oktober 1934 an seinen Freund und derzeitigen Kirchenkommissar Sommerer geschrieben hatte. Dieser Angriff auf Rottler, der zur Anzeige gegen DC-Leiter Veeh führte, signalisierte eine erneute Verhärtung der Fronten, denn Rottler war es, der immer wieder versucht hatte zwischen den zwei Seiten zu vermitteln, wozu der Evangelische Bund als neutraler Boden dienen sollte.[430] Die DC nahmen es ihm aber übel, daß er gleichzeitig bei der Abwehr gegen die Neugründungen von DC-Ortsgruppen aktiv beteiligt war,[431] vor allem, da sie im Mai und Juni einige empfindliche Mißerfolge bei Gründungen im Bezirk Weißenburg erleben mußten.

Am 10. Mai war eine DC-Werbeversammlung in Langenaltheim, geleitet von Pfarrer Ruck und Hauptleher Veeh, mit Unterstützung von DC-Mitgliedern aus Weißenburg ziemlich erfolglos verlaufen.[432] Obwohl für Parteigenossen Anwesenheitspflicht bestand, kamen nur 40 Personen, und lediglich 17 unterschrieben die Beitrittserklärung.[433]

Noch kläglicher verlief der Gründungsversuch im bis dahin vom Kirchenstreit vorschonten Treuchtlingen.[434] Hier hatten sich zahlreiche Gemeindeglieder vor dem Versammlungslokal eingefunden, und haben, trotz polizeilicher Aufforderung, weiterzugehen, den wenigen Besuchern zugeredet, nicht hineinzugehen. Als "Vikar" Preiß mit einem Bus voll Weißenburger DC ankam, freute er sich, so viele Leute vor dem Lokal zu sehen, um dann festzustellen, daß der Saal selbst fast leer war. Eine DC-Gründung mißlang völlig.

Ein ähnliches Bild ergab die versuchte DC-Gründung in Pappenheim am 24. Juni. Ein Bericht über die Versammlung, die wiedermal von Pfarrer Ruck und Hauptleher Veeh geleitet wurde, zeigte, daß die DC an ihren gewohnten Methoden nichts geändert hatten.[435] Ruck sprach optimistisch vom greifbaren Sieg der DC, der noch früher gekommen wäre, wenn die bayerischen Pfarrer nicht durch ihre eidlichen Verpflichtungen an Meiser gebunden wären. Zu Rosenberg sagte er, daß seine Gedanken zu 80% anzunehmen seien, und daß er den "Mythus" und "Die Dunkelmänner" mit Freude gelesen habe.[436] Zum Schluß las er der längst bekannten Sammlung von Äußerungen der Bekenntnispfarrer vor, um zu zeigen, daß die Bekenntnisfront mit der politischen Reaktion gleichzusetzen sei.

Dieser alte Vorwurf wurde vom Weißenburger DC-Leiter Veeh noch weiter ausgebreitet. Laut Versammlungsbericht hatte Veeh behauptet,

"die Bekenntnisfront sei ein Sammelbecken der Reaktion und des Abgrundes. Alle die, welche sich gegen den nationalsozialistischen Staat wenden, verschanzen sich hinter der Bekenntnisfront. Das Judentum stecke auch hinter der Bekenntnisfront, was kein Wunder wäre, da es so und so viele Pfarrer gäbe, die jüdisches Blut in sich hätten. - Was in der Röhmrevolte nicht gelungen wäre - Röhm sei nur eine vorgeschobene Puppe gewesen - das solle jetzt im Kirchenkampf gelingen."

Der Vorwurf der Reaktion wurde aber erfolgreich abgewehrt, als Vikar Preß aus Solnhofen, ein alter Pg. und SA-Sturmführer, die Redner zum Schluß fragte, weshalb die theologische Jugend in Erlangen, der ersten nationalsozialistischen Universität, geschlossen hinter Meiser stünden.[437] Versuche, Preß zu entfernen, scheiterten an der Hilfe seiner alten Kammeraden, die Veeh die peinliche Frage stellten, wo er vor 1933 gewesen sei. Von den rund 30 Teilnehmern des Abends fand sich keiner bereit, die DC-Beitrittserklärungen zu unterschreiben.

Diese Beispiele verdeutlichen, daß der Höhepunkt des DC-Aufbaus in Bayern im Juni 1935 schon überschritten war.[438] Auch wenn weitere Gründungen trotzdem gelangen - denn ein kleines DC-Potential war in vielen Gemeinden vorhanden - wurde es klar, daß bei richtig eingesetzten Gegenmaßnahmen die Ausbreitung der DC gestoppt werden konnte.[439]

In Weißenburg trat während den Ferienwochen wieder eine Entspannung der kichlichen Lage ein, symbolisch ausgedrückt durch die Tatsache, daß die St.Andreaskirche sieben Wochen lang wegen Bauarbeiten geschlossen blieb.[440]

12) Hermann Görings Frankenfahrt: 23. Juni 1935

Die sommerliche Ruhe wurde aber durch Angriffe führender Parteileute auf die Kirche empfindlich gestört. Kaum eine Woche nach Abschluß der deutschbritischen Flottenabkommen, machte Hermann Göring in seiner Rede auf dem Hesselberg Bemerkungen, die die kirchentreuen Zuhörer unter den 160.000 Anwesenden tief kränkten.

Dabei waren Görings Äußerungen durchaus dem ideologischen Rahmen des Frankentags - seit 1928 eine fast alljährliche NS-Volksversammlung - angepasst. Im Jahre 1933 hatte Streicher bestimmt, daß der Frankentag am Sonntag nach Sonnenwende auf dem Hesselberg stattzufinden habe, denn es sei "der Wille des Führers, daß diese Stätte auch uns so geheiligt sei, wie sie es unseren Vorfahren war".[441] Der Programmablauf sah vor das Abbrennen des Sonnwendfeuers am Samstag, sportliche Veranstaltungen am Sonntagmorgen, und als Höhepunkt die Rede des Gauleiters am gleichen Nachmittag. Wochen vorher sehr sorgfältig vorbereitet, war die Anwesenheit beim Frankentag für alle Pgg. und Parteigliederungen der weiten Umgebung, einschließlich Weißenburg, Pflicht.[442] Obwohl der Frankentag als Volksfest zweifellos eine Attraktivität besaß, störte es viele Leute in diesem Kerngebiet des fränkischen Protestantismus (neben der Frage der Sonntagsheiligung), daß der Hesselberg von der NS-Führung als "Kultstätte" und als "heiliger Berg der Franken" im vorchristlichen, bzw. heidnischen Sinne gedeutet wurde.

Ganz in Einklang mit der Ideologie des Frankentags sprach Göring vom Hesselberg als einem germanischen "Kultplatz", wo man "die geheimnisvollen Stimmen des Blutes hören" könne.[443] An die Adresse der Kritiker, die dem Nationalsozialismus vorwarfen, sie wollten ein Neuheidentum schaffen, sagte er:[444]

> "Wenn sie unter Neuheidentum verstehen, daß wir uns bekennen zu der Größe der Geschichte unserer Vorfahren, dann mögen sie das so nennen. Wenn sie das Neuheidentum nennen, daß wir hier wallfahrten zu einer Kultstätte unserer Vorfahren, dann mögen sie das tun! Aber sie mögen uns nicht verübeln, daß wir lieber in der Geschlossenheit unseres Volkes hier zusammenströmen, daß wir lieber unsere Herzen hochheben zur Idee unseres Führers, als daß wir uns das Geschwätz von zänkischen Pfaffen anhören."

Zu dem Vorwurf, man habe den Glauben abgestreift, fragte Göring wann jemals ein Glaube stärker wiedererweckt worden wäre, "wie der Glaube an den Führer".[445] Besser sei es, "im Glauben seines Volkes stark zu sein als im Katechismus manches vergessen zu haben". Weiter fragte er "die Diener am Wort, die ein Volk glaubenslos werden" gelassen hätten:

> "Wo wart ihr denn in jener schweren Zeit, wo waren denn die Diener am Worte, als der Drache des Marxismus Deutschland verschlingen wollte, wo waren sie, als Deutschland im Umglauben zu ersticken drohte? Wenn ein Volk aufhört, an sich selbst zu glauben, dann nützen auch die Gotteshäuser nichts mehr.
> Entscheidend ist nicht der Glaube an dieses oder jenes Dogma, an diese oder jene Auslegung, sondern entscheidend ist, wie stark der Glaube eines Volkes an seine Zukunft ist."

Man war es in der Landeskirche schon gewohnt, Verletzendes von Streicher zu hören, und so gab es auch keinen sonderlichen Aufschrei, als Streicher auf dem Frankentag sagte: "Wer Gott erleben will, der muß hinausgehen in die freie Natur und auf die Berge", oder man solle nicht den Priestern glauben, daß die Juden ein auserwähltes Volks sei, denn sie verschwiegen, daß Jesus der größte Antisemit aller Zeiten gewesen sei.[446]

Aber von Göring, der trotz Machtverfall eine Popularität als "der treueste Paladin unseres Führers" genoss,[447] und der zudem Mitglied der evangelischen Kirche war, die er auch für seine pompös inszenierte Trauung durch den Reichsbischof im Berliner Dom im April in Anspruch genommen hatte,[448] war ein solcher Angriff auf die Kirche viel verletzender. Dies umsomehr, als man Göring als Tatenmensch mit wenig Verständnis für "ideologischen Kram", nicht zu den Verfechtern eines Neuheidentums, wie etwa Rosenberg, gerechnet hatte.[449]

Was Göring zu diesem Angriff bewegt hatte, war sicherlich seine Enttäuschung über die mißglückte Einigung, bzw. Gleichschaltung der evangelischen Kirche,[450] sowie wohl auch ein Erlebnis, daß er am gleichen Wochenende beim Besuch seiner alten Schule, das Alumneum in Ansbach, hatte.[451] Begleitet von Gauleiter Streicher, mußte Göring beanstanden, daß im Speisesaal weder ein Hitlerbild noch ein Bild des berühmten alten Schülers des Alumneums hing, dafür aber Bilder des Kaisers, des Prinzregenten Luitpold und Bismarcks. Feststellen mußte er auch, daß der Hitlergruß zwischen Direktor und Schülern nicht praktiziert wurde. Verantwortlich für diese Zustände war der beim Besuch nicht anwesende Alumneumsdirektor Lauter, früherer Vorstand der DNVP-Ortsgruppe, Hauptschriftleiter des "Evangelischen Gemeideblatts für Ansbach", und aktives Mitglied der Bekenntnisgemeinschaft; für NS-Begriffe ein Reaktionär par excellence.[452] Auf Grund des Göring-Besuchs wurde Lauter im November 1935 auf Betreiben des Kultusministeriums und des Ansbacher Kreisleiters beurlaubt und später in den Ruhestand versetzt.[453]

Der kirchliche Protest zu Görings Hesselberg-Rede nahm verschiedene Formen an.[454] Am mutigsten war wohl der Leitartikel "Im Kampf um den Glauben" im "Evangelischen Gemeindblatt für den Kirchenbezirk Dinkelsbühl", ein Blatt das in der westlichen Gegend des Hesselbergs verbreitet war.[455] Ohne den Frankentag oder Göring beim Namen zu nenen, gab der Artikel eine unmißverständliche Zurückweisung der Göring'schen Vorwürfe, und zugleich eine wohl für viele in der Landeskirche gültige Aussage über das kirchliche Selbstverständnis im NS-Staat:

"Die Kirche steht immer im Kampf gegen Unglauben und Heidentum. Niemals aber steht sie im Gegensatz zum Nationalsozialismus. Dieser will ja eine politische Bewegung sein und steht auf dem Boden des positiven Christentums. Vaterländische Feste sind keine heidnischen Kulthandlungen und können sich sehr wohl mit christlicher Auffassung vertragen.
Das große Gotteswunder unseres Glaubens ist und bleibt der zu unserer Erlösung Mensch gewordene, gestorbene und auferstandene Gottessohn, Heiland und Herr. Ein anderes Christentum kennen wir nicht. Die nationale Erneuerung unseres Volkes ist uns das Gottesgeschenk unserer Tage, für das wir nicht genug danken können.
'Deutscher Gottglaube' kann sein verkümmertes Christentum oder überzeugtes Heidentum, aber auch getarntes Gottlosen- und Freidenkertum. Gott läßt sich in Natur und Volk nicht unbezeugt. Aber der Christus Gottes, unser Erlöser, will uns in seinem Wort und Sakrament begegnen. Darum können wir unsere Kirchen nicht missen.
Die Diener am Wort haben einst mit dem Wort Gottes gegen die marxistische Irrlehre gekämpft und kämpfen jetzt wieder mit dem Wort gegen die

Irrlehre des deutschen Glaubens. Nur so bleiben sie ihrem eigentlichen Beruf treu. Für Volk und Staat hat der evangelische Pfarrerstand von je Opfer nicht gescheut. Beispielsweise haben in schwerster Notzeit 127 jetzige bayerische Geistliche in verschiedenen Freikorps mitgekämpft. Luthers Katechismus enthält den eisernen Bestand christlicher Lehre, nämlich die sechs Hauptstücke, 'welche einem Christenmenschen zur Seligkeit nottun zu wissen' (Luther). Solche klare Lehrsätze ('Dogmen') sind für unseren Christenglauben unentbehrlich.
Nach Bibel und Katechismus ist Sündenvergebung allein Gottes Sache und ruht auf Christi Verdienst und Werk. Sie kann nur in seinem Namen verkündigt und nur im Glauben empfangen werden.
Wie allen ihren Gliedern, so ist die Kirche auf Grund der Taufe auch der Jugend das Evangelium schuldig.
Die Kampffronten sind nicht: hie reaktionär, da nationalsozialistisch. Die Fronten sind: hie heidnisch, da christlich. Wir Christen kämpfen, weil wir wissen: wir sind als Kirche und als Volk ohne Evangelium verloren. So kämpfen wir in diesem Kampf um den Bestand unserer Kirche und unseres Volkes."

Die Beunruhigung in den fränkischen Gemeinden über die Rede Görings veranlasste Meiser, ein Schreiben an Göring zu richten und zugleich die Kirchenvorstände von diesem Schreiben zu unterrichten, in der Hoffnung, daß dadurch "die Beunruhigung in den Gemeinden nicht weiter steigt".[456] Seine Ermahnung in diesem Brief an die Gemeinden läßt vermuten, welches Ausmaß die Beunruhigung angenommen hatte:

"Wir legen Kirchenvorsteher und Gemeinden ernstlich ans Herz, sich durch keinerlei Bitterkeit in dem uns von Gott befohlenen Gehorsam gegen die Obrigkeit irremachen zu lassen, sie vielmehr um so ernstlicher in die Fürbitte treiben zu lassen und in Wort und Wandel ihren christlichen Stand um so gründlicher unter Beweis zu stellen."

Sein Brief an Göring enthielt die ernstliche Bitte, in Zukunft "christliche deutsche Volksgenossen" nicht "in einen so schweren Widerstreit der Pflichten zu bringen", denn die Bauern "in der Gegend des Hesselbergs und Altmühltals, die zu den Kerngebieten des evangelischen Franken gehören", seien zwar staatstreu, sie betrachteten jedoch jeden "Angriff auf die Kirche... als ein(en) Angriff auf unaufgebbare Güter":[457]

"Wir werden in dem gegenwärtigen Ringen unseres Volkes um seine Zukunft nur dann zu einem guten Ende kommen, wenn die beiden Gewalten des Staates und der Kirche nicht unheilvoll gegeneinander ausgespielt, sondern in ihrer gottgewollten Bezogenheit in den Herzen unserer Volksgenossen tief verankert werden. Wird versucht, unserem Volk die Treue zur Kirche zu nehmen, so wird dem Staat sein stärkstes Fundament entzogen. Mit vielen treuen deutschen und evangelischen Christen hoffe ich zu Gott, daß dieses Verhängnis niemals eintreten wird.
Heil Hitler! Ihr ergebenster, D. Meiser."

Wegen dieses Briefes wurde Meiser von einem Teil der Presse "unter die staatsfeindlichen Unruhestifter" eingereiht.[458] Wie Meisers Brief von Göring aufgenommen wurde ist nicht sicher, aber das Rothenburger Sonntagsblatt registrierte mit Genugtuung, daß Göring in seiner Breslauer Rede Ende Oktober vor einer romantischen Überspitzung von NS-Gedanken - wie sie zum Beispiel in "germanischen Hochzeiten" zum Ausdruck käme - gewarnt hatte, da solche Überspitzungen die Bewegung nur lächerlich machten.[459] Göring nahm auch weiterhin die Dienste der Kirche in Anspruch,[460] und schützte den Reichsbischof im Herbst 1935 vor einer Amtsenthebung.[461]

Daß wenigstens einige fränkische Parteiführer über die Reaktion auf die Göring-Rede besorgt waren, zeigt die Rede des Organisators des Frankentags, des stellvertretenden Gaupropagandaleiters Schöller im August beim NS-Kreistagung in Weißenburg.[462] Man konnte eine Ergänzung zu Görings einseitigen Ausführungen heraushören, als er sagte: "Unser Kampf gilt dem Pfaffentum, nicht aber dem ehrlichen Seelsorger und Priester, der in sozialer Weise für seine Kirche sorgt. Dieser ist unser Mann; alle anderen aber werden bekämpft."

Die unüberbrückbaren Gegensätze zwischen den Deutschen Christen und der Bekenntniskirche in Bayern sind in der DC-Reaktion zu Görings Hesselberg-Rede sehr deutlich zu sehen. Im Artikel, "Ein Dom Gottes im Frankenland", im "Deutschen Sonntag" stand zu lesen:[463]

"Wenn Hermann Göring in seiner Ansprache von einem 'Heiligen Berg' spricht, dann müssen wir sagen: es ist auch etwas Ehrfurchtgebietendes, wenn zweihunderttausend deutsche Menschen gemeinsam die Höhe ersteigen, um ein gemeinsames Bekenntnis von den Taten Gottes zu zeugen, die derselbe durch deutsche Treue und deutsches Mannestum in unserem Volke geschehen ließ!...
Es trifft wohl die Ehre der bisherigen Christenheit, was Hermann Göring auf dem Hesselberg vor allem Volke proklamierte, aber es trifft nicht die Ehre jener Aufrichtigen unter ihnen, die sich mit einem neuen hellglänzenden Schwert umgürtet haben, das sie aus dem Geschehn der Zeit heraus geschmiedet haben, dem Stahl des Deutschen Christentums...
Wir Deutschen Christen freuen uns ehrlich, daß wir nicht, wie die Schriftgelehrten und Pharisäer, aus dem machtvollen Hesselberg-Erlebnis etwa eine 'Kundgebung für das Neuheidentum' deuten müssen, sondern aus den Reden unserer Führer befreiende positive Wahrheiten heraushören dürfen..."

Der in diesem Artikel ausgedrückte Wunsch, an künftigen Frankentagen als Organisation teilnehmen zu dürfen - was eine parteioffizielle Anerkennung der DC gleichgekommen wäre - blieb aber unerfüllt.

13) Konflikte mit der NS-Rassenideologie

Was die Deutschen Christen in Bayern für viele Bekenntnispfarrer aber völlig unmöglich machte, war ihre uneingeschränkte Unterstützung der von Streicher und Holz im "Stürmer" propagierten Rassenideologie. Dies wurde besonders deutlich als die DC einen gehässigen Angriff Karl Holz' im "Stürmer" auf Meiser im August voll deckten.

Anlaß für diesen Angriff war generell die anhaltende Popularität des Landesbischofs, der in seinen häufigen Reisen durche die Landeskirche mühelos die Mengen heranzog,[464] und konkret ein Artikel über die Judenmission im Lutherischen Missionsjahrbuch 1935, in dem der Autor, Stadtvikar Hopf, erklärte:[465]

"Der Mann, der jetzt als Landesbischof unsere lutherische Kirche in Bayern führt, hat vor einigen Jahren gesagt: 'Wenn der ewige Jude, das Judenvolk, einst an das Ende seiner Wanderschaft gekommen ist, soll er gespürt haben, daß er auf seinem Wege durch christliche Völker gekommen ist.' Und weiter sagt er: 'Als Christen sollen wir die Juden mit Freundlichkeit grüssen, mit Selbstverleugnung tragen, durch hoffende Geduld stärken, mit wahrer Liebe erquicken, durch anhaltende Fürbitte retten.' Das ist unser Weg in der Judenfrage."

Für die NS-Rassenideologen war dies ein erneuter Beweis dafür, daß die Bekenntniskirche den Kernpunkt der NS-Weltanschauung ablehnte. Es wurde auch schon beanstandet, daß die Bekenntniskirche die Taufe von Juden nicht ablehnte,[466] oder, in den Worten des Gauleiters Kube, daß die Bekenntnisfront "die Dreistigkeit" besitze, "das Judentum als 'auserwähltes Volk' hinzustellen"; dadurch gehöre die Bekenntnisfront "eindeutig zu den Hilfstruppen des Judentums im Kampf gegen den nationalsozialistischen Staat und damit gegen den Führer".[467] Auch Frick hatte im Juli die Kirchen davor gewarnt, "das erwachende Rassebewußtsein des Volkes" nicht zu unterdrücken.[468] Und Regierungspräsident Dippold in seinem Bericht über den "Stürmer"-Angriff auf Meiser bezeichnete es geradezu als einen "Frevel an Volk und Bewegung",[469]

"daß manche Bekenntnispfarrer glauben, gerade jetzt, wo die Aufklärung über den Juden weit über Franken hinaus im besten Schwunge ist, die frühere oder zukünftige 'Sendung' des jüdischen Volkes nach Worten der Bibel hervorheben und behandeln zu müssen".

Der Anfang August im "Stürmer" erschienene "Offene Brief des Frankenbischofs Karl Holz an den Landesbischof Meiser" war zugleich spöttisch und verletzend.[470] Meiser wurde angesprochen als "Ehrwürdiger Herr Kollege" und vorgeworfen, daß er "in seiner lauteren Gesinnung und in seiner tiefen Herzensgüte", den vom "Stürmer" kolportierten jüdischen Verbrechen völlig unangemessen entgegnen würde. Dabei stehe seine Haltung im starken Gegensatz zu der Martin Luthers, was Holz zu beweisen suchte durch eine ziemlich ungenaue Wiedergabe einer Stelle aus Luthers schärfster antijüdischen Schrift, "Von den Juden und ihren Lügen".[471] Demnach werde diejenigen Christen, die den Juden helfen, "am jüngsten Tage mit den Jüden im höllischen Feuer" belohnt. Meiser möge, nach Holz, "wenn er am Jüngsten Tage den Teufel sieht, ihn 'mit Freundlichkeit grüßen' und sein höllisches Feuer möge er 'mit Selbstverleugnung ertragen'".

Um zu unterstreichen, daß dieser Angriff nicht nur Meiser sondern der Bekenntniskirche im allgemeinen galt, brachte Holz, der Schriftleiter des "Stürmers", in der nächsten Ausgabe ein Titelbild mit einem katholischen und einem evangelischen Geistlichen, kniend vor einem Juden mit Geldsack; darstellen sollten sie der Überschrift nach den "Politischen Katholizismus" und die "Bekenntniskirche" und alle beide "Pharisäer".[472]

Wer gehofft hatte, die DC würden sich von diesen "Stürmer"-Angriffen distanzieren, oder wenigstens stillhalten, hatte deren blinden Gehorsam zu ihren NS-Führern, einschließlich dem fränkischen Gauleiter und seinem Stellvertreter, grundfalsch eingeschätzt. Im Informations-Bericht der bayerischen DC vom 25. August stand unter der Unterschrift "D. Meiser für die Juden" zu lesen, daß Stadtvikar Hopf und der Landesbischof "die Judenfrage noch nicht begriffen" hätten, und hätten damit bewiesen,[473]

"wie nötig der Kampf und die Aufklärung unseres Gauleiters Julius Streicher und des 'Stürmers' ist. Sie haben erst recht nicht auch nur einen Hauch vom Geiste des Führers und des Nationalsozialismus verspürt, mögen sie auch noch so oft das Gegenteil betonen. Sie wissen anscheinend immer noch nicht, wie unser deutsches Volk unter die jüdischen Mörder gefallen war und wie das Dritte Reich von jüdischem Haß und teuflisch-jüdischer Gier umdroht ist. Sie gehen vorüber, auch heute noch, wie der Priester und Levit im Gleichnis Jesu an dem Mann, der unter die Mörder gefallen war. Sie erfassen nicht den lodernden Lutherzorn über den Erbfeind des Christentums, den Juden."

In Weißenburg, wo Holz bei der NS-Kreistagung am 11. August eine "Abrechnung... mit den Christusverrätern und den ewigen Feinden des Reiches" halten sollte, haben die DC ihn in einer Zeitungsanzeige als "den unerschrockenen Vorkämpfer für wahres Christentum und echtes Deutschtum" gelobt, und zur vollzähligen Teilnahme der DC-Mitglieder an den Veranstaltungen aufgerufen.[474]

Sonst hatten diese "Stürmer"-Angriffe, und besonders die Attacke auf die Ehre des beliebten und geehrten Landesbischofs, eine "tiefgreifende Erregung" in der Landeskirche hervorgerufen,[475] vor allem dort, wo der offene Brief an Meiser längere Zeit in den "Stürmer"-Kästen ausgehängt war.[476]

Die erste Reaktion der Landeskirchenleitung auf den Angriff war eine Bitte an die BPP, die weitere Verbreitung der Nr. 32 des "Stürmers" zu unterbinden, um "zur Beruhigung des evangelischen Volkes" beizutragen; sonst müßte man "noch in anderer Form die Ehre des Herrn Landesbischof D. Meiser und der bayerischen Landeskirche" verteidigen.[477]

Aber anders als im Mai und September 1934, wo eine Ausgabe des "Stürmers", bzw. ein Sonderblatt der "Fränkischen Tageszeitung" wegen kirchenabträglichen Beiträgen beschlagnahmt wurden,[478] unternahm die Polizei nichts. Daraufhin richtete der LKR einen Beschwerdebrief an das Reichsministerium für Volksaufklärung und Propaganda mit der Bitte "um aufsichtliches Eingreifen", da das Verhalten Holz' eindeutig gegen das Schriftleitergesetz verstoße.[479] In diesem Schreiben betonte der LKR, daß ständig zugehende Berichte aus den Gemeinden, "vor allem aus Franken, dem Kernland des Nationalsozialismus", bestätigten, daß das Verhalten Holz' gegenüber der Kirche "in einer für Staat und Bewegung höchst abträglichen und mit der Zeit nicht unbedenklichen Weise sich" auswirken würde.[480]

Als auch diese Bitte nichts fruchtete, reichte der LKR an die Staatsanwaltschaft beim Landgericht Nürnberg-Fürth einen Strafantrag gegen Holz wegen Verleumdung ein.[481] Dieser wurde jedoch, wie fast erwartet, zurückgewiesen, weil der Reichstagspräsident Göring die parlamentarische Immunität des Reichstagsabgeordneten Holz nicht aufheben wollte. Wieder einmal war Holz von diesem Relikt des von ihm sonst so verhassten Parlamentarismus gegen Strafverfolgung gefeit.

Nachdem die Kirche eine polizeiliche Beschlagnahme des offenen Briefs an Meiser nicht bewirken konnte, wurde für die Gemeinden, in denen der "Stürmer" weit verbreitet war, angeordnet, daß in der Abkündigung im Gottesdienst am 25. August die vom LKR eingeleiteten Maßnahmen gegen Holz wegen einer Verletzung des Schriftleitergesetzes bekanntgegeben werden sollten.[482] Zugleich wurde empfohlen, die Stellungnahme des Kirchenrats D. Steinlein zu dem Holz-Brief entweder der Gemeinde vorzulesen oder im Gemeindeblatt zu veröffentlichen.[483]

In dieser Erklärung stellte Steinlein zuerst fest, daß die von Holz monierten Äußerungen Meisers einer Artikelserie vom Jahre 1926 entstammten, die "auch sehr kritische Äußerungen über die Juden als Rasse" enthielten.[484] Dann versuchte der Lutherexperte Steinlein die von der NS-Propaganda gern zitierte Schrift von Luther "Von den Juden und ihren Lügen" in größerem Zusammenhang zu erklären. Wichtig sei es, daß Luther, auch in seinen "schärfsten antijüdischen Schriften", "mit einem Gebetswunsch für die Bekehrung von Juden" schließe:

> "Im Mittelpunkte der Judenfrage stand für Luther das Problem ihrer Bekehrung zu Christus. Weit mehr als ihr Wucher usw. empörte ihn die Erfahrung, daß sie von einer solchen nichts wissen wollten. Gleichwohl ist er noch unmittelbar vor seinem Tode gewillt, ihnen in christlicher Liebe das Evangelium und die Taufe anzubieten und für ihre Bekehrung zu beten. Kommt es zu einer solchen, so will er alles vergessen und sie 'gern' als 'Brüder' behandeln.
> Nur bei einem völligen Verkennen und Verschweigen von dem Allem kann man auf den Einfall kommen, Luther in der Weise jenes offenen Briefes zum Kronzeugen gegen unseren Herrn Landesbischof machen zu wollen. Grundsätzlich stimmt die Stellungnahme des Herrn Landesbischofs, was den entscheidenden Punkt der Judenfrage anlangt, mit der Luthers überein."

Auch wenn diese Stellungnahme zum Problem der Judenbehandlung in Deutschland schwieg, bedeutete sie, daß die Kirche bereit war, wenigstens für die getauften Judenchristen einzutreten. Dieser kleine Schritt, der durchaus mit einem traditionellen Antisemitismus verbunden sein konnte, bedeutete eine Ablehnung des rassisch begründeten Antisemitismus. In seinem Artikel, "Luthers Stellung zur Frage der Judentaufe", der wohl unbeabsichtigt wenige Tage nach der Verabschiedung der Nürnberger Gesetze in der "Jungen Kirche" erschien, zeigte Steinlein, daß Luther keinesfalls grundsätzlich gegen die Taufe von Juden war, auch wenn er hier in seiner späteren Zeit sehr vorsichtig war.[485] Genau so vorsichtig verfuhr die Landeskirche im Dritten Reich, in dem die Gewährleistung einer evangelischen Erziehung als Voraussetzung für die Taufe von Juden allgemein verlangt wurde.[486]

Die Stellungnahme Steinleins zu dem offenen Brief Holz' wurde in vielen Gemeindeblättern, oft bei Weglassung der konkreten Hinweise auf den "Stürmer", veröffentlicht.[487] Einen Schritt weiter ging das Dinkelsbühler Gemeindeblatt, das den vollständigen Steinlein-Text brachte, und zuvor eine Äußerung des stellvertretenden Gauleiters Emil Stürtz aus der "Westfälischen Landeszeitung" gegen den Radauantisemitismus.[488] In dieser Zusammenstellung und vor allem in den einzelnen Sätzen des Aufsatzes von Stürtz war eine versteckte, aber kaum übersehbare Kritik an den Methoden des "Stürmers" erkennbar. Da hieß es bei Stürtz, zum Beispiel:

"Halbfertige, Halbstarke, Unsichere mögen es nötig haben, mit oft nachgerade hysterisch anmutendem Geschrei, weil das augenblicklich große Mode sein soll, durch die Gegend zu laufen und "Die Juden sind unser Unglück" oder etwas ähnliches in die Weltgeschichte zu brüllen. Der Nationalsozialist, der sich seiner moralischen und auch physischen Kraft bewußt ist, faßt die Sache anders an. Ohne viel Aufhebens und ohne das vielfach üblich gewordene, an eine eierlegende Henne erinnerde Gegackel und Spektakeln geht er daran, dem Juden und dem Judentum die Grundlagen seiner Macht streitig zu machen und ihm überall, wo es möglich ist, das Wasser abzugraben."

Stürtz kritisiert auch den "überprozentige(n) Nazi", dessen "Aufklärung des Volkes... hart die Grenzen der Pornographie streift, wenn nicht schon überschreitet..." Stürtz wollte "den Einfluß des Juden auf unser öffentliche Leben... vollkommen beseitigen", für ihn lag aber "die Lösung viel mehr im Positiven als im Negativen, vielmehr im Streben nach eigener Vervollkommnung als im Geschrei über die Minderwertigkeit des anderen".

Im dritten Jahr der NS-Herrschaft war dies praktisch die einzige legale Möglichkeit den "Stürmer" öffentlich zu kritisieren, auch wenn dabei der Verdacht aufkommt, daß der Schriftleiter des Gemeindeblatts die antisemitische Grundhaltung von Stürtz generell teilte.

Als die Nürnberger Gesetze beim Parteitag am 15. September beschlossen wurden, hatten die kirchlichen Gemeindeblätter keine Möglichkeit mehr darüber auch nur zu berichten, denn der Präsident der Reichspressekammer hatte vorher verfügt:[489]

> "Die Behandlung politischer Fragen oder die Stellungnahme dazu ist nicht Aufgabe der kirchlich-konfessionellen Presse. Aus diesem Grund hat sie die Veröffentlichung derartiger Beiträge, auch wenn sie sich um Wochenüberschriften oder Kurzbeiträge handelt, ab sofort zu unterlassen."

Dies hinderte die DC allerdings nicht daran, im "Deutschen Sonntag" die drei Nürnberger Gesetze, das "Reichsflaggensetz" das "Reichsbürgergesetz" und vor allem das "Blutschutzgesetz", das die "uralten und heiligen Gottesordnungen über Blut und Rasse" wiederhergestellt habe, zu begrüßen.[490]

Eine Stellungnahme des LKR zu den Nürnberger Gesetzen war nicht zu erwarten, hatte doch Meiser am 13. September die Mitglieder des Preußischen Bruderrates vor einem "selbstverschuldeten Martyrium" gewarnt, sollten sie sich öffentlich zu der NS-Rassenpolitik äußern.[491] Die seltenen kirchlichen Äußerungen zur Judenfrage beschränkten sich meist auf eine Verteidigung des Alten Testament und des Sakraments der Taufe.[492] Auch in den Beiträgen zum hundersten Geburtstag von Adolf Stoecker am 11. Dezember wurde seinen Antisemitismus zwar erwähnt, aber meist nicht erläutert.[493]

Daß man aber auch am Beispiel Stoeckers eine Kritik an den NS-Rassengedanken anbringen konnte, zeigt das Dinkelsbühler Gemeindeblatt, das einen Ausschnitt aus einer Stoecker-Predigt von 1894 brachte, in der Stoecker seinen Antisemitismus folgendermaßen begründete:[494]

> "Auch heute sind unter unseren israelitischen Mitbürgern ausgezeichnete Menschen, edle Geister, rechtschaffene Geschäftsleute, treue Untertanen, bescheidene Seelen, suchende, nach Wahrheit dürstende Geister. Aber als Ganzes, so schmerzlich es einem Christen sein muß, das auszusprechen, ist das Volk für uns wie zur Zeit Johannis, eine Schule Satans. Wie der Fürst der Welt ist es ihm ein Versucher zum Bösen, ein Verführer zum Abfall, ein Verkläger und Lästerer... Die alten Israeliten, welche noch heute nach dem Gesetz Mosis leben und ihre alten Satzungen beachten und auf das Heil Israels warten, sie sind es nicht, denen unser Kampf gilt. Die Schule Satans und ihre Lehrer sind die modernen Reformjuden, die an nichts glauben, als an sich selbst, an ihr Geld und an ihren Witz, und mit ihrer Art die ganze Welt belügen. Gegen sie rufen wir die Christenheit zum Kampf auf, aber nicht bloß zum Kampf, sondern auch zu Fürbitte und Gebet, damit das Israel von heute vergehe und das Israel der Zukunft komme, welchem die Verheißung gehört."

Im Gau des Frankenführers war selbst die Veröffentlichung dieses Textes eine mutige Tat, auch wenn man noch einen besseren Beleg für Stoeckers Ablehnung des Rassenhasses hätten bringen können. Dies tat, zum Beispiel, die "Junge Kirche", die zum Todestag Stoeckers folgendes druckte:[495]

"Das Alte Testament muß das Wort Gottes, Jehova der wahrhaftige Gott bleiben. Die Juden dürfen nicht als Persönlichkeiten gehaßt, als Volkstum beleidigt, als Rasse bekämpft, sondern müssen trotz des Kampfes gegen ihre verderbliche Tätigkeit als Brüder in der großen Völkerfamilie angesehen, als ehemalige Zeugen der Gottesoffenbarung hochgehalten und als Mitbürger, wenn auch vielfach unter dem Gebot: Liebet eure Feinde! geliebt werden. Solange sie sich als Feinde des kirchlichen Christentums, des deutschen Volkstums betragen, soll man sie freilich mit Energie bekämpfen; treten sie aber durch die ehrliche Taufe in unsere Religionsgemeinschaft über und beweisen einen christlichen Wandel, so hat der Kampf gegen sie zu ruhen..."

Der Aufsatz Meisers von 1926 über die Judenfrage atmete sehr viel vom Geist Stoeckers und zeigte, daß auch der traditionelle Antisemitismus von Leuten wie Karl Holz als Verrat an der NS-Weltanschauung angesehen wurde. Aber selbst dieser schwach fundierte Protest zur NS-Rassenpolitik wurde allzu selten geäußert.

Es ist letzlich bemerkenswert, daß auch der Versuch Karl Holz', die Popularität des Landesbischofs mittels der Judenfrage zu beeinträchtigen, keinesfalls erfolgreich war. Dies konnte Holz selber erfahren, als Meiser am 10. November den Nürnberger Kirchentag besuchte. Dazu berichtete das Nürnberger Gemeindeblatt:[496]

"Unser Herr Landesbischof wurde, wo er sich in der Öffentlichkeit zeigte, in einer Weise umjubelt, wie man sich es vor Jahren hätte niemals denken können. Sein Auto konnte oft nicht durchkommen durch die Massen, die ihn umringten. Das war ein guter Ersatz für manches Bittere, was er in den letzten Monaten erleben mußte. Gerade in diesen entscheidungsvollen Studen war das für unseren Herrn Landesbischof eine große Stärkung."

Wie es zu dieser Zeit um die Popularität der fränkischen Gauleitung bestellt war, kann an der sinkenden Auflagezahl der "Fränkischen Tageszeitung" gemessen werden; zwischen dem dritten Quartal 1934 und dem dritten Quartal 1935 verzeichnete das Parteiblatt ein Auflageverlust von 25%.[497]

14) Die Benennung und Einsetzung des neuen Dekans in Weißenburg

Am Ende des Sommers hat sich Dekan von Löffelholz bei einer Bibelstunde in Weißenburg von der Kerngemeinde verabschiedet.[498] Kurz zuvor hatte ihm der LKR die Pfarrstelle der Diasporagemeinde Immenstadt, Dekanat Kempten, verliehen.[499] Als diese Entscheidung Anfang September bekanntgebeben wurde, begann das Ringen um die Besetzung der ersten Pfarrstelle in Weißenburg.[500]

Zugleich begannen die kirchenpolitischen Gegner der Stadt ihre Mitglieder zu aktivieren. Am 23. September hielt die Bekenntnisgemeinschaft ihre erste Versammlung nach der Sommerpause mit Hans Pförtner, Redakteur des Münchener Gemeindeblattes, als Redner.[501] Eine Woche zuvor hatten die Deutschen Christen einen Sprechabend veranstaltet mit Pg. Pfr. Tausch, DC-Gauobmann aus Berlin, und Befürworter "eine(r) vom Dogma befreite(n) Reichskirche".[502]

Am 23. September hielt Kreisdekan Kern die vorgeschriebene Besprechung mit dem Kirchenvorstand in Weißenburg, um die Wünsche der Gemeinde bei der Benennung des neuen Dekans zu hören.[503] Die Deutschen Christen hatten inzwischen ihre ursprüngliche Forderung nach einem DC-Dekan aufgegeben, und verlangten nun, nach den Worten ihres Sprechers im Kirchenvorstand, Ortsgruppenleiter Hetzner, "daß ein Pfarrer ernannt werde, der der Haltung der Mehrheit der Gemeinde entspricht und sich jederzeit hinter die Partei stellt und für die Partei sich einsetzt".[504] Kern erklärte, daß ein Pfarrer nach dem lutherischen Bekenntnis "eine positive Einstellung zum Staat als dem Inbegriff der gegenwärtigen Staatsordnung haben muß, aber daß er sich nicht von Menschen kommandieren lassen darf bezüglich seiner Verkündigung". Als er Hetzner dann nach dem Sinn des Ausdrucks, "Mehrheit der Gemeinde" fragte, verließ der Ortsgruppenleiter entrüstet die Sitzung.

In einer Sonderbesprechung zwischen Kern und den Geistlichen verlangte Pfarrer Kalb, "daß der künftige Geistlicher in einem erträglichen Verhältnis zur Partei steht"; Pfarrer Rottler sprach den Wunsch aus, "daß der künftige Geistliche sich wirklich brüderlich zu den Kollegen steht, und erklärt sich seinerseits voll zu solcher brüderlichen Zusammenarbeit bereit".[505] Wie Rottler dem Kreisdekan einige Tage später berichtete, litt diese Zusammenarbeit besonders daran, daß Kalb nicht gewillt sei, "nur um ein Schrittlein zurückzuweichen"; nach wie vor, würden "alle Pläne der DC von Pfarrer Kalb und Hauptlehrer Veeh in der Wohnung des ersteren besprochen".[506]

Ein Zeichen für den mangelnden Friedenswillen der DC sah Rottler in der Propaganda für die DC-Kreistagung am 29. September in Weißenburg. An diesem Tag versammelte sich eine große Zahl DC-Mitglieder in zwei Sälen der Stadt und hörte Berichte zur Lage von den führenden DC-Pfarrern in Bayern, Baumgärtner, Sommerer, Fuchs und Beer.[507] Der angekündigte Hauptredner, Professor Wolf Meyer, mußte kurzfristig absagen.[508] Hauptthema war die Deutung des neuen "Gesetzes zur Sicherung der Deutschen Evangelischen Kirche" vom 24. September - das "Ermächtigungsgesetz" des Reichskirchenministers Kerrl - das einmütig begrüßt wurde.[509] Für Baumgärtner war das Gesetz "die siegreiche Beendigung der ersten Etappe! Für uns bedeutet das Gesetz die Reichskirche, durch deren Tore einmal die braune Armee marschiert".[510] Die optimistische Aufnahme des Gesetzes trug sehr wesentlich dazu bei, die schon deutliche Spannung unter der DC-Führung in Bayern zu überdecken.[511]

Während die DC-Kreistagung "infolge der zurückhaltenden Disziplin der Gesamtgemeinde" störungsfrei verlief,[512] haben die Deutschen Christen einige Wochen später wieder die Behörden unter Druck gesetzt, um die für den

21. Oktober angekündigte Rede von Kreisdekan Kern bei einer Versammlung der Bekenntnisgemeinschaft zu verhindern.[513] Kern wollte in Weißenburg zeigen, daß das Eingreifen des Staates in der Kirchenfrage nicht unbedingt als Sieg der DC gedeutet werden müßte, vor allem in Bayern, wo keine Aussicht bestünde, "daß die DC-Führer ihre Ziele erreichen" würden.[514]

Vier Stunden vor der Veranstaltung wurde der Leiter der Bekenntnisgemeinschaft, Wotschack, vom Bezirksamt informiert, daß die Versammlung verboten sei.[515] Ein Vertreter des Bezirksamtes erklärte, daß das Verbot "auf Veranlassung der Kreisleitung und Gauleitung der NSDAP nach Rücksprache mit der Regierung in Ansbach" vom Bezirksamt erlassen sei. Weitere Recherchen ergaben mit ziemlicher Sicherheit, daß das Verbot "auf Veranlassung der DC-Führung von Weißenburg über die Gauleitung" erfolgt sei.[516] Auch Oberamtmann Hahn, der die Versammlung ursprünglich genehmigt hatte, verteidigte das Verbot folgendermaßen: "Herr Oberkirchenrat Kern wirke in Weißenburg auf Grund der von ihm bekannten Äußerungen aufreizend und es sei überhaupt besser, wenn er gar nicht nach Weißenburg komme."[517] Auf Pfarrer Rüdels Einwand, "das Bezirksamt könne doch der geordneten kirchlichen Obrigkeit nicht auf die Dauer verbieten, zu ihrer Gemeinde zu sprechen", erwiderte Hahn: "Das könne er wohl. Wenn die Befürchtung bestehe, daß auf Grund einer Versammlung die Bevölkerung, gleichgültig durch wen, beunruhigt werde, so müsse er um der öffentliche Ordnung willen die Versammlung verbieten".

Als die zahlreich erschienenen Mitglieder der Bekenntnisgemeinschaft zu der Versammlung ankamen, standen sie vor verschlossenen Türen. Als sie erfuhren, daß das Verbot zu ihrem eigenen Schutz erlassen wurde, kam eine Erregung auf, zumal die Versammlung der Deutschen Christen unbehindert zugelassen wurde.[518]

Nach Erhalt von Rüdels Bericht über das Versammlungsverbot richtete Meiser ein Schreiben an die Regierung in Ansbach, und bezeichnete das Vorgehen in Weißenburg als "ungeheuerlich":[519]

> "Wir können uns nur vorstellen, daß das Bezirksamt Weißenburg hier wieder einmal dem Druck von Leuten nachgegeben hat, die ein Interesse daran haben, der Bekenntnisgemeinschaft in Weißenburg möglichst viel Ungelegenheiten zu bereiten. Es darf nicht wundernehmen, wenn dieses Verhalten des Bezirksamts in weiten Kreisen der Bevölkerung, namentlich auf dem Lande um Weißenburg, scharfes Ablehnen erfährt, worüber uns Beweise vorliegen. Zur Stärkung des Ansehens der Behörde wie zur Herbeiführung des kirchlichen Friedens in Weißenburg trägt ein solches Verhalten nicht bei."

Als "unerträglich" und auch unbegründet empfand es Meiser, daß Kreisdekan Kern "durch die Maßnahmen des Bezirksamts offenbar grundsätzlich von Weißenburg ferngehalten werden soll". Die politischen Vorwürfe gegen ihn hätten sich als haltlos erwiesen:

"Sein pflichtbewußtes und tatkräftiges Auftreten gegenüber den Deutschen Christen kann doch kein Grund sein, ihn mit polizeilichen Maßnahmen zu verfolgen, umso weniger als uns von derartigen Maßnahmen gegenüber Rednern der Deutschen Christen, die ohne kirchlichen Auftrag fremde Gemeinden verwirren, bis jetzt nichts bekannt ist."

Zum Schluß betonte Meiser, daß die Kirchenleitung "in allen unseren Maßnahmen Rücksicht auf den Frieden und die Volksgemeinschaft genommen" habe:

"Umso mehr müssen wir darauf bestehen, daß polizeiliche Eingriffe wie in Weißenburg, die geeignet sind, Unruhe zu stiften, unterbleiben. Wir bitten das Bezirksamt Weißenburg anzuweisen, künftig kirchlichen Veranstaltungen in Weißenburg, die unter Mitwirkung des zuständigen Kreisdekans Oberkirchenrat Kern stattfinden sollen, keine Schwierigkeiten zu bereiten und uns von der ergehenden Entschließung zu benachrichtigen."

Die fast drei Monate später erfolgte Antwort des Regierungspräsidenten Dippold jedoch deckte die Maßnahmen des Weißenburger Bezirksamts vollends.[520]

Kreisdekan Kern ließ sich aber nicht von der Haltung der Weißenburger Behörden erschrecken, und erschien kurze Zeit nach dem Verbot überraschend in der Freitags-Bibelstunde, die er übernahm.[521]

Die Neubesetzung der ersten Pfarrstelle in Weißenburg gestaltete sich für den LKR schwieriger als erwartet. Die erste Wahl fiel auf den Pfarrer und Studienrat Ernst Fikenscher in Ansbach, da man sich einiges von seiner Parteimitgliedschaft (seit 1930) versprach.[522] Fikenscher hatte sich Mitte September aus Gewissensgründen vom Ansbacher Kreis und dem NSEP getrennt, und stand auch den Deutschen Christen ablehnend gegenüber.[523] Die Aufforderung des LKR, sich für die Stelle in Weißenburg zu bewerben, glaubte Fikenscher jedoch ablehnen zu müssen, da er sich der schwierigen Lage dort nicht gewachsen fühlte.[524] Er meinte zwar mit Rottler gut zusammenarbeiten zu können, befürchtete jedoch, daß Kalb "das Beil" zwischen ihnen ausgraben würde. Er bezeichnete Weißenburg, wo der Kirchenvorstand unter der Gewalt des Ortsgruppenleiters stünde, als einen "ganz außerordentliche(n) Fall", denn dem Gegner dort gehe es "um kirchenfremde Machtpolitik".

Meiser zeigte Verständnis für diese Ablehnung, und gab auch zu, daß die Verhältnisse in Weißenburg tatsächlich schwieriger seien, als er zuerst angenommen habe, denn: "Die Deutschen Christen suchen die Frage der Wiederbesetzung der ersten Pfarrstelle zu einer neuen Kraftprobe zu machen und den Landeskirchenrat unter Terror setzen zu wollen."[525]

Eine Zeitlang überlegte der LKR, das Dekanat von Weißenburg weg zu verlagern, und nur die erste Pfarrstelle als solche zu besetzen.[526] Dazu gab es auch Stimmen aus der Bekenntnisgemeinschaft in Weißenburg, die erste Pfarrstelle dem Vertreter, Pfarrer Rüdel, zu verleihen. In diesem Sinne hatte sich Geheimrat Dr. Doerfler, ohne Rüdels Wissen, an den LKR gewandt und im

Namen der Gemeinde gebeten, Pfarrer Rüdel, der beachtliche Arbeit in Weißenburg geleistet habe, in seiner Stelle zu belassen.[527]

Der LKR entschied sich jedoch, sowohl das Dekanat in Weißenburg zu lassen, als auch den Wunsch Rüdels nach Rückkehr in seine frühere Gemeinde zu respektieren.[528] Am 25. Oktober wurde die erste Pfarrstelle und die Funktion des Dekans an den 44jährigen Karl Frobenius, zweiter Pfarrer der Erlöserkirche in München, verliehen.[529] Mit Frobenius, dessen Ernennung der Regierung und der Öffentlichkeit zwei Wochen später bekannt gegeben wurde,[530] bekam Weißenburg einen Dekan, der von vornherein schwer angreifbar war. Wie eine Zeitungsmeldung mitteilte, wurde er als Kriegsfreiwilliger Kompanieführer in dem durch "Mein Kampf" berühmt gewordenen List-Regiment, denn in diesem Regiment diente auch Hitler als Gefreiter.[531] Obwohl 1916 schwer verwundet, trat er nach dem Krieg noch dem Freikorps Epp bei. Frobenius, der in München bei der Volksmission aktiv war, war weder NS-Mitglied noch vor 1934 beim NSEP, dafür aber Mitglied der Pfarrerbruderschaft.[532]

In der gespannten Lage nach dem Verbot der Bekenntnisversammlung mit Kern richtete Pfarrer Rüdel die dringende Bitte an den Landesbischof, für die Einführung des neuen Dekans am 17. November nach Weißenburg zu kommen, um die Gemeinde zu stärken und um zu zeigen was kirchliche Ordnung sei.[533] Rüdel versicherte Meiser, daß er eine große Dankbarkeit für seine Arbeit in Weißenburg erfahren durfte und betonte, daß die Weißenburger Gemeinde ihren schlechten Ruf nicht verdient habe. Er konnte allerdings keine Garantie dafür geben, daß der Tag ohne Störung verlaufen würde, denn "Kirchenvorstand und Polizeibehörde versagen hier gründlich". Aber er glaube, daß etwas aufs Spiel gesetzt werden mußte, denn solch eine Gelegenheit würde nicht so oft wieder kommen.

Bei Meisers Ablehnung dieses Vorschlags spielten jedoch Terminschwierigkeiten sowie die Befürchtung, daß die Einführung des Dekans "zu einem kirchenpolitischen Kampftag" werden könnte, eine maßgebende Rolle.[534] Es war ohnehin unklar, wie sich die Deutschen Christen angesichts des Mitwirkens des zuständigen Kreisdekans, Georg Kern, bei der Einführung verhalten würden.

Inzwischen hatten die Deutschen Christen herausgefunden, daß der neue Dekan ein "Bekenntnispfarrer" sei, und versuchten seine Einführung in letzter Minute zu verhindern. Am 12. November schrieb der DC-Gemeindegruppenleiter Veeh an Gerstner, daß er schon in zwei Telegrammen um ein staatliches Eingreifen gebeten hatte, denn ein weiterer Bekenntnispfarrer in Weißenburg würde "eine dauernde Gefährdung der Ruhe und Ordnung" bedeuten.[535] Das

Mitwirken von Kern wurde außerdem als Herausforderung der DC aufgefasst. Auch eine Drohung fügte Veeh hinzu, als er sagte: "Die Jugend ist z.B. derart über Rottler und Rüdel empört, daß wir für Ruhe keine Gewähr mehr bieten können." Für Veeh war die Lösung einfach: nur mit Pfarrer Kalb als Dekan werde "sowohl in Weißenburg als auch im ganzen Dekanatsbezirk mit allen Hetzpredigten Schluß werden."

Gerstner jedoch, der selber Anfang Oktober durch seine Zwangsmaßnahmen zur Abschaffung der Bekenntnisschulen für Unruhe in Weißenburg gesorgt hatte, wollte vom Kirchenkonflikt nichts mehr wissen. Am 7. November hatte er schon beim Bezirksamt ein Verbot für Versammlungen von beiden Richtungen im Kirchenstreit beantragt,[536] und in seiner Antwort an Veeh vom 13. November zeigte er überhaupt kein Verständnis für das Anliegen der DC.[537] Das Eintreten für Pfarrer Kalb als Dekan sei nicht nur verspätet, sondern auch nicht im Interesse von Kalb, der keinen persönlichen Vorteil mit seinem Kampf verbinden möchte. Das Mitwirken von Kreisdekan Kern konnte er auch nicht als Herausforderung der DC bewerten, denn Kern werde sich sicherlich auf die Installation, die ihm als zuständiger Kreisdekan zustehe, beschränken.

Beim Bezirksamt kamen die DC mit ihren Drohungen diesmal auch nicht durch; in zähen Auseinandersetzungen mit der Behörde gelang es der Kirche, das Amtieren von Kreisdekan Kern bei der Installation zu sichern.[538]

Am Tag der Einführung weigerten sich die DC-Kirchenvorsteher, bei der öffentlichen Begrüßung des Dekans teilzunehmen.[539] Sonst verlief die Einführung ohne jede Störung. Unter großer Beteiligung der Stadt- und Landgemeinden und sogar im Beisein von Bürgermeister Gerstner und Vertretern des Bezirksamts, wurde Frobenius in sein Amt eingeführt. Der knappe Zeitungsbericht drückte den Wunsch aus, "daß mit dem Einzug des neuen Hirten in unsere evangelische Gemeinde der Friede einkehren möchte".[540]

15) Die Auseinandersetzung mit dem Reichskirchenminister Kerrl und den Kirchenausschüssen: Juli 1935 bis Oktober 1935

Wenn Dekan Frobenius einen etwas leichteren Stand in Weißenburg hatte, so war dies nicht nur seiner Weltkriegserfahrung, sondern dem nachlassenden Interesse von Behörden und Partei in Weißenburg an der Sache der Deutschen Christen, sowie auch der veränderten kirchlichen Gesamtlage zu verdanken.

Mitte Juli wurde bekanntgegeben, daß die kirchlichen Angelegenheiten nunmehr vom Rechsminister Hanns Kerrl bearbeitet werden sollten und nicht mehr in den Zuständigkeitsbereichen von Frick und Rust lagen.[541] Die NS-

Presse meinte dazu, daß Kerrl, "ein alter und kämpferischer Nationalsozialist, der... das besondere Vertrauen des Führers genießt," einen Generalauftrag von historischer Bedeutung erhalten hatte.[542] Er müsse für die "Ordnung des deutschen Kirchenlebens" sorgen, wobei der "Führerstaat" "doktrinären und kirchlichen Sonderinteressen, sobald sie sich politisch gebärden", keine Konzessionen machen dürfe.

Nach dieser Ankündigung war es verständlich, daß die Deutschen Christen die Ernennung Kerrls begrüßt hatten,[543] während die Bekenntniskirche zunächst eine abwartende Haltung einnahm.[544] In den kommenden Wochen wurden aber auch von dieser Seite positive Äußerungen über Minister Kerrl hörbar. Sein Bekenntnis zu einem "vom gegenseitigen Verständnis getragenen, gemeinsamen Wirken von Staat und Kirche" wurde begrüßt,[545] und er wurde als Vertreter einer kirchenfreundlichen Richtung innerhalb der NS-Machtgefüge angesehen.[546] Vor allem in seinen langen und ernsten Gesprächen mit beiden Seiten im Kirchenstreit glaubte die Bekenntnisgemeinschaft eine Wandlung erkennen zu können; der Wille sei vorhanden "unsere Kirche aus ihren inneren Beweggründen zu beurteilen".[547] Nicht eingetreten jedenfalls sei der von den DC erwartete Schlag gegen die Bekenntniskirche:

"Die 'große Aktion' gegen die Bekenntnisfront, auf die die Propagandaredner der DC ihre Anhänger von Woche zu Woche vertrösteten, ist nicht gekommen. Wir haben den Eindruck, daß in den letzten Wochen bestimmte Fortschritte angebahnt sind... Gott gebe, daß die positiven Punkte der angebahnten Entwicklung zur Entfaltung gelangen."

Aber der gleiche Beitrag, der mit dieser Hoffnung schloß, hatte zugleich auf die bedrohliche Entwicklung hingewiesen, "daß bei vielen, auch bei maßgebenden Stellen, ein Gesamturteil entstanden zu sein scheint, das kein Verständnis für die Kirche mehr hat". Dies zeige sich besonders im Schlagwort: "Entkonfessionalisierung des öffentlichen Lebens". Auch wenn dieses Wort einen positiven Sinn haben möge, könne auch in ihm eine Haltung versteckt sein, "als könne ein Nationalsozialist nicht zugleich Christ sein".

Diese gleiche Problematik hatte auch Frör in einem Rundbrief der Pfarrerbruderschaft zur Sprache gebracht.[548] Er hatte klar erkannt, daß das entscheidende Problem "nicht die DC, auch nicht die deutschen Heiden, sondern das Verhältnis von Staat und Kiche" war.[549] Tatsächlich war auch diese Phase des Kirchenkampfes deshalb besonders schwierig, weil die Bekennende Kirche nicht mehr gegen die plumpen Methoden der DC und Männer wie Jäger, sondern nun direkt gegen Maßnahmen des Staates anzukämpfen hatte.[550] In seinen Überlegungen, "Bekennende Kirche und öffentliche Macht" stellte Frör fest, daß eine Befriedung der Kirche nur dann eintreten könnte, wenn die durch die DC-Diffamierungen geschaffene politische Beurteilung der Bekennenden Kirche als Volksschädling "in aller Öffentlichkeit und in einer für alle Volksgenossen und öffentlichen Organe bindenden Weise revidiert wird". Die Chancen dafür schätzte Frör allerdings gering ein, da die Beurteilung der Kirche "durch maßgebende Männer, Stellen, Blätter und die gesamte öffentliche Meinung" keineswegs günstig sei. Hier verwies Frör auf die Parole der Entkonfessionalisierung des öffentlichen Lebens, was "praktisch auf eine Entchristlichung des Volkslebens hinauslaufen muß". Er erwähnte auch die Äußerungen zur Religion auf dem Reichsparteitag, wonach das Christentum nicht mehr als "aktueller geschichtlicher Faktor in der Volkswertung Deutschlands" gesehen werde, und "wonach der Wert einer Religion ausschließlich an ihrem biologischen Nutzen für die Nation zu messen ist". Seine pessimistische Schlußfolgerung daraus lautete:

"Es ist jedenfalls eine Erschwerung der zu erwartenden staatlichen Befriedungsarbeit, wenn gleichzeitig unausgesetzt und ungehemmt der Kirche immer wieder bescheinigt wird, daß sie nicht nur in ihrer Eigenschaft als Konfession, sondern auch in ihrer Eigenschaft als Kirche Jesu Christi zu den allerunerwünschtesten Erscheinungen der Gegenwart gerechnet wird. Es will uns scheinen, daß das die öffentliche Meinung beherrschende Urteil über die Kirche im Grunde schon viel weiter ist, als es sich mit den Voraussetzungen für eine wirkliche Befriedung der DEK und die endliche Herstellung einer geeinten evangelischen Reichskirche öffentlichen Rechts verträgt."

Letztlich sei aber, nach Frör, die äußere Befriedung nicht das entscheidende Problem, sondern ob die Kirche "wirklich im Zentrum ansetzt" und "ihrem Herrn absolut gehorcht". Denn die Gefahr sei vorhanden, daß die Bekennende Kirche "Schulter an Schulter mit den DC" stehe, wenn beide nur um "menschliche Machtposition" kämpfen:

"Es ist wirklich notwendig, daß wir uns einmal in allem genau durchprüfen, ob wir uns von einem anständigen DC auch noch durch etwas anderes unterscheiden, als durch das Stehen im anderen Lager. Die DC machen's grob und stellen sich blindlings auf den Boden des säkulären Denkens. Sie sind in ihrer Weise grundehrlich und sagen frei heraus, daß sie kein anderes Bekenntnis haben als eben die nationalsozialistische Weltanschauung. Bibel, Christus, Kreuz, Kirche, alles wird darauf zurechtgeschnitten. Die DC machen's grob und wir machen's fein, etwa, wenn wir in der Auseinandersetzung mit Angriffen auf Kirche und Glauben meinen, es besonders gut zu machen, wenn wir uns auf den Boden des Gesprächspartners stellen und von der nationalsozialistischen Weltanschauung, von Worten des Führers, vom Parteiprogramm usw. aus argumentieren, statt einfach und gerade von der Tatsache aus zu reden, die Gott durch die Geburt, das Kreuz und die Auferstehung Jesu Christi geschaffen hat."

Frörs Ratschlag, "dem, was der Kirche durch die geplante Neuordnung beschert werden soll, so nüchtern und illusionslos entgegenzusehen" wurde aber nicht allgemein geachtet.

Am 29. September erfuhr die Öffentlichkeit von dem "Gesetz zur Sicherung der Deutschen Evangelischen Kirche", in dem Kirchenminister Kerrl vom Staat ermächtigt wurde, "Verordnungen mit rechtsverbindlicher Kraft zu erlassen".[551] Für das Rothenburger Sonntagsblatt besaß das Gesetz "kirchengeschichtliche Bedeutung", wobei die Zusicherung im Vorwort zum Gesetz betont wurde, "daß es keine Beeinträchtigung der Glaubens- und Gewissensfreiheit des einzelnen geben darf".[552] Darum hoffte das Blatt, "daß der kommende Kirchenfrieden ein edler Frieden sein" würde.

Einige Tage später gab Kerrl bekannt, daß er für die Leitung der DEK einen Reichskirchenausschuß (RKA), sowie für die altpreußische Union einen Landeskirchenausschuß ernennen würde.[553] Die Männer der Aussschüssen, die Kerrl etwa zwei Wochen später der Öffenlichkeit präsentierte, waren Repräsentanten der kirchlichen Mitte, mit gemäßigten Vertretern der verschiedenen kirchlichen Richtungen, darunter auch OKR Hanemann aus München. Geführt wurde der RKA durch den allseits respektierten Generalsuperintendenten i.R. D. Zöllner aus Düsseldorf.

Nach Bekanntgabe der Zusammensetzung des Ausschusses ging, nach den Worten eines Kirchenblatts, "ein Aufatmen der Erleichterung" durch die Kirche.[554] Alle seien "Kirchenmänner, und wir vertrauen ihnen", auch wenn sie keinen kirchlichen Auftrag "im eigentlichen Sinn" hätten, denn der Staat habe sie berufen.

Aber auch die Deutschen Christen begrüßten den RKA. Ihr neuer Reichsleiter Rehm[555] schrieb am 20. Oktober, daß es nun darum gehe, daß sich die Kirchenregierungen, einschließlich der "sog. 'bekennenden Kirche'", der staatlichen Ordnungsmacht möglichst freiwillig fügen.[556]

Auch in Bayern machten sich die Deutschen Christen dran, die Maßnahmen Kerrls zu ihrem eigenen Sieg zu stempeln. Darum rief Kreisdekan Kern am 23. Oktober die Dekane dazu auf, die Gemeinden über folgende Tatsachen aufzuklären: 1) die DC-Landesbischöfe müßten die gegen Bekenntnispfarrer schwebenden Verfahren zurücknehmen; 2) der Reichsbischof habe seine rechtlichen Funktionen an den RKA abgeben müssen; 3) die Mitglieder der RKA seien alle "vertrauenswürdige Männer"; 4) in Bayern werden die DC-Führer keineswegs ihre Ziele erreichen:[557]

"So bleibt als Sieg der DC nur die Tatsache, daß eben der Staat eingegriffen hat. Er tat dies, weil er die Not der Kirche als eine Not der Volksgemeinschaft empfindet. Gegen solches Eingreifen ist nichts zu sagen, wenn es in seinen Grenzen bleibt. Unsere gewissensmässige Stellung solchem staatlichen Handeln gegenüber ist durch Röm. 13,1ff. bestimmt und durch Ap.Gesch. 5,29 begrenzt sowie an die entsprechenden bekenntnismässigen Verpflichtungen gebunden. Dieser Eingriff ist nur durch die Zerstörung und Rechtsverwirrung der Deutsch-christlichen

Kirchenleitung notwendig geworden, verheißt uns die baldige rechtliche Ordnung der Kirche, damit die Kirche ihre Angelegenheit wieder selber besorgen könne und ist ohnedies auf den 30. September 1937 befristet. Es besteht durchaus kein Grund für die DC, sich eines Sieges zu rühmen."

Im Rundbrief der Bekenntnisgemeinschaft vom 25. Oktober wurde gleichermaßen betont, daß der Reichsbischof "in aller Form entmächtigt" sei, und daß deshalb die DC in Bayern, "die ja bekanntlich ihr besonders enges Vertrauensverhältnis zu Reichsbischof Ludwig Müller stets mit stärkster Betonung zum Ausdruck gebracht haben", sich nun in einer besonders schwieriger Lage befinden würden.[558] Der Rundbrief beteuerte, daß der RKA "nicht der Anfang eines neuen Staatskirchentums" sein solle, und daß seine "Aufräumungsarbeit" auf höchstens zwei Jahre befristet sei. Schwierig werde es allerdings, der Kirche lediglich die beabsichtigte staatliche Rechtshilfe zu gewähren ohne zugleich Bekenntnisangelegenheit zu berühren, denn "kirchliche Verwaltung und Evangeliumsverkündigung greifen... ständig stark ineinander über."

Es stellte sich jedoch bald heraus, daß Frör in seiner Einschätzung Recht hatte, daß die allgemeinen Voraussetzungen für eine Befriedung nicht vorhanden waren. Ein Indiz dafür war, daß die erhoffte Lockerung der stark eingeschränkten Rede- und Pressefreiheit der Kirche nicht eintrat.[559] Die BPP ordnete am 25. Oktober an, daß kritische Veröffentlichungen über die Arbeit des RKA zu beschlagnahmen seien.[560] Und am 30. Oktober meldete der Präses der Bekenntnissynode, daß die "Rundbriefe für die Mitglieder der Bekenntnisgemeinden" von der Reichspressekammer verboten seien.[561] Vom Verbot wurden auch die Rundbriefe der Bekenntnisgemeinschaft in Bayern getroffen, sodaß diese wichtige Veröffentlichung nach der Ausgabe vom 25. Oktober eingestellt werden mußte.[562]

Sorge breitete sich auch unter den Bekenntnispfarrern nach der Veröffentlichung einer Erklärung des RKA am 18. Oktober aus.[563] Denn in diesem Aufruf an die Gemeinden, in dem der RKA sich als "Treuhänder für eine Übergangszeit" bezeichnet hatte, stand sowohl das Bekenntnis zur Grundlage der DEK, wie sie im Artikel 1 der Kirchenverfassung festgelegt war (i.e. Christus, die Bibel und die Bekenntnisse der Reformation), als auch die Bejahung der NS-"Volkswerdung auf der Grundlage von Rasse, Blut und Boden". In der Pfarrerbruderschaft stellte man fest, daß dieser Aufruf das Vertrauen zum RKA "zunächst einmal am Entstehen" verhindert habe.[564]

Besser wurde die Lage auch nicht, als Kerrl vor der Presse die Überzeugung äußerte, "daß das gesamte Kirchenvolk sich froh und frei diesem Aufruf anschließen und ihm gemäß handeln wird".[565] In seinem Optimismus erklärte Kerrl zugleich, daß die Verwirrungen "in den letzten zwei Jahren... innerhalb der evangelischen Kirche... höchstens durch Einzelne" hervorgerufen wurden und "niemals durch die Partei als solche, niemals durch den Staat als solchen". Kerrl versuchte auch glaubhaft zu machen, daß die Deutsche Glaubensbewegung nicht als Gottlosenbewegung betrachtet werden könne, sondern als Ausdruck der Zeit, die so religiös sei, "wie vielleicht keine andere Zeit vor uns es war". Staat und Partei jedoch würden diese einzelnen Bewegungen nicht das geringste angehen.

16) Konflikte mit der NS-Weltanschauung und den NS-Symbolen: Herbst 1935

Aber Kerrls ehrliche Überzeugung, daß Christentum und Nationalsozialismus vereinbar seien, denn das Parteiprogramm bekenne sich zum positiven Christentum, wurde innerhalb der Kirche immer mehr in Zweifel gestellt. Im September z.B. ging der Bericht eines Erlanger Theologiestudenten über den antichristlichen Grundtenor in einem NS-Studentenbund Schulungslager zum Teil als mehrfach abgeschriebenes, illegales Flugblatt durch die Landeskirche.[566] Der Berichterstatter erzählte, wie der Schulungsleiter das Christentum an sich ablehnte, "denn ihr Irrtum sei schädlich für die Volksgemeinschaft und unnatürlich, da fremdrassiger Herkunft". Im Parteiprogramm werde nur "positive Religiosität" bejaht; nur der Verständlichkeit halber, da das Christentum die landesübliche Religiosität sei, habe man den Ausdruck "Christentum" gebraucht. Als wesentlich bezeichnete es der Student:

"daß der Referent immer wieder betonte, daß das nicht seine Privatmeinung sei, sondern die offizielle Einstellung der Partei. (Die Schulungsreferenten sind von den führenden Männern der Partei persönlich in einem Lager geschult worden.)"

Was viele in der Landeskirche zu dieser Zeit wohl dachten,[567] hat ein besonders mutiger Pfarrer in seiner Predigt am Reformationsfest zum Ausdruck gebracht. Am 3. November hatte Pfarrverweser Hermann Staehlin in Eltersdorf und Tennenlohe im Gau des Frankenführers Streicher folgendes gesagt:[568]

"Wie anders ist doch das heutige Reformationsfest 1935, das dritte, das wir im dritten Reich feiern, gegenüber dem ersten Reformationsfest 1933. Damals war es ein Tag, den wirklich das deutsche Volk als einen Festtag feierte, damals waren wir alle froh, daß die uns von Luther errungene evangelische Wahrheit nun vor dem Ansturm der Gottlosenbewegung gerettet und in unserem Volk wieder zu Ehren gebracht werden sollte. Damals stand noch unser Hindenburg an der Spitze unseres Volkes, der echte deutsche Mann mit der tiefen christlichen Frömmigkeit und heute suchen wir unter unseren Führern einen solchen Mann vergeblich, heute wird unser Evangelium, für das Luther gekämpft hat, allenthalben in den Schmutz gezogen, heute haben wir die 'Los von Gott-Bewegung' mitten und überall in unserem Volk. Darum ist unser heutiges Reformationsfest nicht ein Tag frohen Jubels, sondern ernsten Trotzes an dem die alten Lieder aus der Reformationszeit wieder Wirklichkeit werden...

Liebe Gemeinde, die Not in der sich unser Volk befindet, ist viel grösser als ihr wißt. Unser ganzes öffentliches Leben liegt in nationalsozialistischen Händen, unser Staat ist nationalsozialistisch. Man hat anfangs geglaubt, man könnte als Christ zur nationalsozialistischen Bewegung ein freudiges Ja sagen. Und es wird von Tag zu Tag deutlicher, daß das eine Täuschung war. Es zeigt sich immer deutlicher, daß der Nationalsozialismus eine Weltanschauung ist, die dem Christentum, die unserer evangelischen Wahrheit nicht nur ablehnend, sondern feindlich gegenübersteht, daß Christentum und Nationalsozialismus sich gegenseitig ausschließen, es zeigt sich immer deutlicher, daß ein rechter Christ nicht gleichzeitig Nationalsozialist und ein rechter Nationalsozialist nicht gleichzeitig Christ sein kann. Das sage ich nicht als meine Privatmeinung, sondern das sagen führende Männer der Partei, die es wissen müssen, weil sie mit der obersten Führung der Partei in enger Fühlung stehen. Die sagen das in Schulungslagern und ich sage das auch, damit ihr wißt, daß es jetzt gilt, unsere evangelische Wahrheit im deutschen Volk zu verteidigen. Entweder wir alle, die wir noch an die Wahrheit des Evangeliums glauben, wir stehen zusammen und verteidigen diese Wahrheit ohne jede Rücksicht auf die Gewalt, die die anderen haben, bis in den Tod, oder wir haben kein Recht mehr, Reformationsfest zu feiern, kein Recht mehr, uns evangelisch-lutherische Christen zu nennen."

Wegen dieser Predigt wurde Staehlin wegen Kanzelmißbrauch angezeigt und die Kirchenleitung unter Druck gesetzt, Staehlin zu versetzen.[569] Nachdem jedoch der LKR festgestellt hatte, daß die Gemeinde in ihrer Gesamtheit hinter Staehlin stand, und daß nur einzelne Personen - vornehmlich der Lehrer - sich über seine Predigt aufgeregt hatten, wurde der Wunsch der Gemeinde, Staehlin zu behalten, respektiert, und die schon beschlossene Versetzungsentschließung rückgängig gemacht.[570] Erst nach einem weiteren Vorfall im November 1936, der ein Verbot der Erteilung des Religionsunterrichts für Staehlin mit sich brachte, wurde er am 1.1.1937 nach Weiden versetzt.[571]

Einen ähnlichen Rückblick auf die ersten Jahren im Dritten Reich hatte auch Kreisdekan Schieder in seiner veröffentlichten und weit verbreiteten Predigt, "Kirche im Gericht", gemacht, auch wenn er sich etwas vorsichtiger ausgedrückt hatte als Staehlin.[572] Schieder sprach vom 21. März 1933, dem Tag von Potsdam, wo es den Anschein gehabt habe, "als wolle das deutsche Volk mit seiner christlichen Kirche einen neuen Bund schließen". Damals sei man ergriffen gewesen, als die "Männer des neuen Deutschland zu ihrem ersten Reichstag" in der Kirche von Potsdam zusammen kamen:

"Das junge Deutschland reichte seine Hand hinüber zur Kirche. Es wurde eine neue Ehe geschlossen. 2 1/2 Jahre hat diese Ehe gedauert. Heute geht durch weite Teile unseres deutschen Volkes die Losung: Los von der Kirche! - Ja: Fort mit der Kirche."

Ein deutliches Zeichen, daß nicht nur der Bund mit der Kirche sondern auch der am gleichen Tag von Potsdam zur Schau gestellte Bund mit den Deutschnationalen zu Ende war, war das dritte Nürnberger Gesetz, das Reichsflaggengesetz vom 15. September, das die Fahne Schwarz-Weiß-Rot wieder abschaffte, und die Hakenkreuzfahne zur alleinigen Reichs- und Nationalflagge machte.[573] Durch diese Beseitigung eines nationalen Symbols fühlten sich manche Konservativen "vor den Kopf gestoßen", und zogen Vergleiche mit 1918, wo die Republik die alte Kaiserflagge abschaffte.[574] Die Deutschen Christen dagegen begrüßten das Gesetz, wonach die Hakenkreuzfahne nunmehr "nach göttlichem und menschlichem Recht" wehe.[575]

Über die ordnungsgemäße Beflaggung der Kirchengebäude herrschte in der nächsten Zeit Unklarheit. Manche Pfarrer waren beispielsweise nicht sicher, wie sie beim Erntedankfest am 6. Oktober verfahren sollten. So haben viele Pfarrämter an diesem Tag auch die Kirchenfahne gehisst, weil sie, in den Worten von Kreisdekan Kern, "richtig empfunden" hätten, "daß das Erntefest eigentlich ein kirchliches Fest ist und von uns auch fernerhin als solches betrachtet und gefeiert werden soll".[576] Eine gemeinsame Bestimmung von Kerrl und Frick stellte jedoch klar, daß an den sieben regelmäßigen Beflaggungstagen, die Kirchen allein mit der Hakenkreuzfahne zu beflaggen seien.[577] Darunter war auch der Erntedanktag, den die Partei nun symbolisch ganz für sich in Anspruch nahm.

Im Dekanat Nördlingen machte ein Gemeindepfarrer seine Einstellung zu dieser Maßnahme publik, als er von der Kanzel erklärte:[578]

"Es wird jetzt vom Staat gefordert, daß die Hakenkreuzfahne auf den Kirchen und Pfarrhäusern geflaggt werde. Wir tun es in Gehorsam gegen die Obrigkeit, weil diese Flagge zur Reichs- und Nationalflagge erklärt worden ist. Aber wir bekennen uns damit nie und nimmermehr zu dem heidnischen Symbol des Hakenkreuzes, sondern auch ferner allein zu dem Kreuz Christi..."

Wegen "heimtückischer Angriffe auf Partei und Staat" wurde die Inschutzhaftnahme des Geistlichen gefordert.

Nicht aufgelistet unter den sieben Beflaggungstagen war der 9. November, der Jahrestag des Marsches auf die Feldherrnhalle. Im Jahre 1935 wurde dieser Tag besonders aufwendig gefeiert, als die Toten des Hitler-Putsches in die für sie errichteten Tempel am Königsplatz überführt wurden.[579] Für diese Feier wurde auch die Beflaggung aller Kirchen angeordnet und die Behörden von der BPP angewiesen, die Befolgung der Anordnung zu überwachen, da man wohl besonders von der katholischen Kirche mit Widerstand gerechnet hatte.[580] Auf diese Weise kam es auch zu 100 Strafanzeigen - allein 15 im Bezirksamt Weißenburg - gegen evangelische Geistliche, die am 9. November nicht ordnungsgemäß beflaggt hatten.[581] Bei den polizeilichen Vernehmungen haben die meisten Pfarrer entweder Unkenntnis oder das Nichtvorhandensein von entsprechenden Fahnen geltend gemacht, sodaß in vielen Fällen von einer

Strafverfolgung abgesehen wurde.[582] Bei Vikar Steinbauer in Penzberg jedoch geschah die Nichtbeflaggung aus Gewissensgründen, wie er bei seiner Einvernahme betonte:[583]

"Wenn Heiden... 'die sieghafte Auferstehung der Blutzeugen' feiern so wie es in München geschehen ist, so ist das traurige Unwissenheit; wenn es aber bei uns, dem Volke, das seit tausend Jahren die Christusbotschaft gehört hat, geschieht, so ist das grobe Gotteslästerung, an der ich keinen Anteil haben möchte..."

Für diese Tat bekam Steinbauer eine Gefängnisstrafe von zwei Wochen, die jedoch wegen einer Amnestie nicht durchgeführt wurde. Von Landesbischof Meiser, der am 14. November die Pfarrer vor die vorgesehenen Strafen bei Nichtbefolgung der Flaggenordnung warnte,[584] hatte Steinbauer wenig Verständnis bekommen. Meiser, der das Geschehen am 9. November vom Fenster seines Amtszimmers aus miterlebt hatte, bezeichnete es als eine durchaus "würdige" Feier.[585] Er fand es außerdem wenig sinnvoll, wenn ein einzelner Geistlicher versucht, eine Lösung zu erzwingen, obwohl er gleichzeitig Steinbauers "Überzeugungstreue und seinen Glaubensmut" respektierte.[586]

Die von Staat und Partei befohlene Beflaggung der Kirchengebäude blieb aber weiterhin ein Gewissensproblem für viele Pfarrer, vor allem bei Anlässen wie dem Frankentag auf dem Hesselberg, wo die Bekenntniskirche mehrfach angegriffen wurde.[587]

17) Die Verhandlungen der Kirchenleitung mit den DC

Zu dieser Zeit war Vikar Steinbauer nicht der einzige Geistliche, der Probleme mit der Einstellung der Kirchenleitung hatte. Anfang November, als es klar wurde, daß der LKR den DC gegenüber Handlungsbereitschaft zeigte, bekam die Kirchenleitung den Mißmut vieler Pfarrer zu spüren. So teilte das Kapitel Gunzenhausen dem LKR seinem Beschluß gegen eine Wiederaufnahme von DC-Geistlichen in die Gemeinschaft der Geistlichen, "ohne daß sie Busse tun", am 4. November mit.[588] Und die Pfarrkonferenz Berneck mahnte: "Jegliches Zugeständnis unsererseits in irgend einer Form würde unseren bisherigen Bekenntnisstand und -kampf nun tatsächlich als 'Pfarrergezänk' brandmarken."[589] Ähnlich äußerte sich Pfarrer Frör, der betonte, daß die Gemeinden sich von ihren Pfarrern verraten fühlen würden, "wenn wir, die wir sie bisher unter Berufung auf Schrift, Bekenntnis und Gewissen zum Kampf aufgerufen haben, mit den DC einen innerkirchlichen Frieden schließen."[590] Auch die emeritierten Pfarrer in Weißenburg baten den LKR dringend, "nichts von Bekenntnis- und Rechtslage" preiszugeben, denn sie hätten selber "den Jammer einer zerstörten und zerrissenen Gemeinde erleben müssen".[591]

Um zu unterstreichen, daß sich die Deutschen Christen keineswegs verändert hätten, druckte das sonst zu dieser Zeit zurückhaltende "Korrespondenzblatt" die Ziele der DC, wie sie im "Deutschen Sonntag" vom 13. Oktober erschienen waren:[592]

"1. Sämtliche kirchliche Arbeit, in organisatorischer und inhaltlicher Beziehung soll für den Aufbau u. die Durchseelung der Volksgemeinschaft ausgerichtet und eingesetzt werden. Andere, eigene 'kirchliche' Ziele gibt es nicht mehr!

2. Wo die Kirche Weltanschauung pflegt, soll es eindeutig die nationalsozialistische Weltanschauung sein, einschließlich ihrer Grundlagen und Folgerungen.

3. Wir erstreben, daß sämtliche Geistliche, mindestens so- weit sie Jungenunterricht in Religion zu erteilen haben, den Eid auf den Führer in Form der Staatsbeamtenverpflichtung leisten.

4. Auch in der kirchlichen Beamtung ist der Arierparagraph anzuerkennen und durchzuführen. Juden oder Judenstämmlinge haben inskünftig keinesfalls mehr deutsche Jugend zu unterweisen, zumal nicht im Innerlichsten: ihrem Glauben.

5. Volljuden sind auch in der Deutschen Evangelischen Kirche in ein Gastverhältnis zu stellen.

6. Die Kirche bekennt ihren Christusglauben. Er ist ein Geschenk, kein Gesetz. Dogmenzwang gibt es darum nicht. Auch in der Kirche herrscht Gewissensfreiheit!

7. Die Geschichte und Schätzung des Semitismus ist der unseres eigenen Volkes unterzuordnen. Die Stellung des Alten Testaments ist klar dahin festzulegen: es bleibt ein wichtiger und unlösbarer Bestandteil der Bibel. Aber es ist nicht das Religionsbuch der deutschen Christenheit. Wir suchen unser Heil bei Christus, nicht bei Moses.

8. Auch alle späteren Zutaten römischen und jüdischen Kultus zum Kernglauben des Christentums, überhaupt alles Fremdartige ist abzustoßen. Der ewige Christus will aus dem deutschen Geist heraus erfaßt werden.

9. Wir wünschen die Entkonfessionalisierung wie des öffentlichen so des kirchlichen Lebens. Das Verbindende, nicht das Trennende stehe vorne an.

10. Als Grundlage hiefür erstreben wir mit die gemeinsame Erziehung und Schulung der gesamten deutschen Jugend, also die nationalsozialistische Volksgemeinschaftsschule.

11. Am Ende bitten wir als Frucht unserer Arbeit von Gott, wenn seine Stunde kommt, die Geistes- und Glaubensgemeinschaft aller Deutschen."

In dieser Auflistung vom "Deutschen Sonntag", das Blatt, das auch für die bayerischen DC einen offiziellen Status genoß, konnten die Bekenntnispfarrer klar erkennen, daß die DC-Irrtümer noch aufrechterhalten wurden. Obwohl das "Korrespondenzblatt" keinen Kommentar dazu schreiben durfte, hatte die Veröffentlichung dieses Textes zu diesem Zeitpunkt ein großes Fragezeichen hinter die Bemühungen des RKA, zusammen mit allen kirchlichen Gruppierungen, einschließlich den DC, eine geordnete selbständige DEK zu erzielen, gesetzt.

Die Fragwürdigkeit von Verhandlungen mit den Deutschen Christen unterstrich auch Kurt Frör in seinem um diese Zeit in einer großen Auflage gedruckten Pamphlet, "Geist und Gestalt der Deutschen Christen".[593] Nach Frör seien die DC als eine gefährliche Sekte abzulehnen, weil sie Politik und Kirche vermischen, weil sie Gewalt in der Kirche anwenden, und vor allem weil "sie das alte, biblische Evangelium verfälschen und einen neuen Glauben einführen".

In ihrer Handlungsbereitschaft den DC gegenüber verfolgte die Landeskirchenleitung einige taktische Ziele. Indem man den guten Willen zeigte, einen Kompromiß mit den Deutschen Christen zu erreichen, sollte der Anschein vermieden werden, als herrsche in der Landeskirche ein Notstand. Denn dies würde die Einsetzung eines Landeskirchenausschusses mit DC-Beteiligung in Bayern rechtfertigen, was der LKR unter allen Umständen vermeiden wollte.[594] Auch sollte versucht werden, die gemäßigten DC-Pfarrer von ihren radikalen Kollegen abzuspalten, und die Radikalen DC-Pfarrer, die nicht mehr im Dienst der Landeskirche waren, entweder außerhalb der Landeskirche unterzubringen oder ihnen relativ ungefährliche Positionen als Religionslehrer zu übertragen. Die meisten der rund 50 DC-Pfarrer in Bayern waren, obwohl generell aus der amtsbrüderlichen Gemeinschaft ausgeschlossen, so doch offiziell nach wie vor im Dienst der Landeskirche, auch wenn sie sich nur bedingt der Landeskirchenleitung untergeordnet hatten.

Mit dieser Taktik, die auf die Bestandssicherung der Landeskirche gerichtet war, strapazierte die Kirchenleitung allerdings das Vertrauen eines Großteils der Pfarrerschaft, zumal die rund 600 Mitglieder der Pfarrerbruderschaft. Besonders problematisch war es, daß der LKR ausgerechnet einen der radikalsten DC-Vertreter, Dr. Bub, Referent des Gaues Frankens für kirchliche Angelegenheiten, als Verhandlungspartner akzeptieren mußte.[595]

Am 13. November informierte der LKR die Dekanate, daß die ersten Verhandlungen wegen Dr. Bubs unnachgiebiger Forderungen, darunter die Gleichberechtigung der DC, die Wiedereinsetzung aller gemaßregelten DC-Pfarrer, sowie die Bildung eines Kirchenausschusses mit DC-Beteiligung, erfolglos geblieben waren.[596] Gleichzeitig wurden die Pfarrer um Zurückhaltung gebeten, um die noch schwebenden Verhandlungen nicht zu erschweren.[597]

Einige Tage später berichtete der LKR dem RKA über die Befriedungsverhandlungen mit den DC.[598] Hier wurde besonders vor der Einsetzung eines "Ordnungsausschusses" in Bayern gewarnt, denn die verfassungsmäßigen Organe der Landeskirche stünden alle "auf sicherer Rechtsgrundlage". Auch die wenigen Verfahren gegen DC-Pfarrer seien alle rechtmäßig vollzogen; im übrigen habe man in dieser Hinsicht "sachlich die denkbar größte Zurückhaltung geübt". Zum Schluß wurde der RKA gebeten, zusammen mit dem LKR, die "Kräfte und Einflüsse von der Kirche fernzuhalten, die ihre Ordnung zerstören und ihr Wesen verändern würden"; nur dann seien die Voraussetzungen für den Frieden gegeben.

An Frieden dachte der Verhandlungspartner des LKR, Dr. Bub, allerdings nicht. Vielmehr sprach er in einer durch Abschriften weit verbreiteten Rede in Nürnberg am 17. November vom Kampf, da die Kirchen dem anklopfenden Nationalsozialismus die Tore nicht aufgemacht hätten.[599] Die Deutschen Christen, betonte Bub, seien die "Vorkämpfer des Nationalsozialismus in der Kirche"; sie kämpften, "wenn auch mit den größten Opfern, für die Synthese des Nationalsozialismus mit dem Christentum". Und sie stünden nun unmittelbar vor dem Sieg. Dies erwartete Bub von dem von Hitler eingesetzten Kirchenminister und vom RKA, den er merkwürdigerweise als eine große Leistung des Reichsbischofs schilderte. Auch die für die DC keineswegs günstigen Zahlenverhältnisse versuchte Bub anders zu sehen. Zwar habe die Bekenntnisgemeinschaft 400.000 und die DC nur 23.000 Anhänger. Dennoch seien die DC in der Mehrheit, denn "die restlichen 2 Millionen von den insgesamt 2 1/2 Millionen Seelen in Bayern... sind bei uns". Ganz unverblümt schilderte er zum Schluß seine Ziele:

"Es ist nun einmal so, sie müssen mit unserer Gegebenheit sich abfinden. Wir sind einmal nicht mehr aus der Welt zu schaffen und wir wollen Gleichberechtigung in der Kirche und wenn wir das erst haben, dann haben wir die Grundlage, weiter wirken zu können; der Nationalsozialismus in der Kirche wird sich von dieser Grundlage aus ganz organisch aufbauen. Wir haben es fertig gebracht, durch unsere Diplomatie unsere Vorschläge zu denen des Reichskirchenministeriums zu machen, d.h. wir haben die Tore aufgemacht, um in den muffigen Raum der Kirche neue Luft hineinzulassen. Einst marschierten Einzelne, dann Scharen, dann Kompanien, heute Regimenter und morgen werden die Divisionen einziehen in die nationalsozialistische Kirche. Dann werden auch allmählich die anderen kommen und sagen: Innerlich war ich ja schon lange bei euch, noch lange vor dem Umsturz usw.; aber wir werden es verstehen, die große Brille aufzusetzen und zu sieben. Kameraden, wir sind nahe am Ziele!"

Aber trotz dieser öffentlich ausgedrückten Eroberungspläne der DC, nahm der LKR Ende November die Verhandlungen mit Bub wieder auf.[600]

18) Die Kraftprobe der Kirchenleitung mit dem Reichskirchenminister

Zu dieser Zeit wurden die Aussichten des RKA auf eine Befriedung der Kirche von den meisten Bekenntnispfarrern ohnehin ernsthaft bezweifelt. Besonders beunruhigt war man über den Ausgang der Verhandlungen zwischen Kerrl und Mitgliedern des Bruderrats der Altpreußischen Union am 27. November.[601] Das, was vorgefallen war bei diesem Treffen wurde als so wichtig bewertet, daß die Bekenntnisgemeinschaften in Nürnberg und Ansbach, eigentlich gegen den Wunsch des LKR nach Zurückhaltung, tausende hektographierte Abschriften des Protokolls anfertigte, von dem viele ans Ziel kamen, auch wenn die BPP 1600 Exemplare beschlagnahmen ließ.[602]

In diesem Protokoll waren Äußerungen Kerrls zu lesen, die seine Eignung als Kirchenminister für die Bekenntnispfarrer enstlich in Frage stellen mußten, wie:

> "So mußte mit Notwendigkeit aus diesem Umbruch der Nation auch die Kirche sich wandeln und neu werden... Fühlen Sie sich hinein in die neue Welt; es ist eine Sache des Herzens. Sehen Sie den positiven Kern in dem Wollen der Deutschen Christen, die von Theologie nichts verstanden haben... Wenn aus Nationalisten und Sozialisten Nationalsozialisten werden, dann werden auch aus Bekenntnisfront und DC neue Menschen entstehen, die wahrhafte Verkünder sind... Staat und Partei stehen auf dem Boden des positiven Christentums; positives Christentum, d.h. wirkliches Christentum der Gesinnung und der Tat und Nationalsozialismus sind identisch... Unsere Aufgabe kann uns letzten Endes nur durch den Führer bestimmt werden."

Als ein Mitglied des Bruderrats Kerrl entgegnete, daß die Kirche "auf einem anderen Grunde" stünde, antwortete Kerrl: "Warum reden Sie so lange? Das ist für mich vollständig wertlos." Damit wurden die Verhandlungen abgebrochen.

Fünf Tage später erfolgte die fünfte Durchführungsverordnung Kerrls, in der die "Ausübung kirchenregimentlicher und kirchenbehördlicher Befugnisse" durch die Organe der Bekennenden Kirche als unzuläßig erklärt wurden; den Kirchenausschüssen allein sollten die Funktion der Kirchenleitung zustehen.[603]

Diese Kaltstellung der Bruderräte vom Staat wurde von der Bekenntnissynode Berlin-Brandenburg als eine Verletzung der "Freiheit der Verkündigung" erklärt; die Kirche könne sich diesem Regiment nicht beugen, "ohne den Gehorsam gegen ihren Herrn zu verleugnen".[604]

In Bayern war der Bruderrat der Pfarrerbruderschaft durch all diese Entwicklungen so beunruhigt, daß er den Landesbischof um eine Aussprache bat, die dann am 9. Dezember stattfand.[605] Der Wortführer Frör fragte an, ob die Tätigkeit des OKR Hanemanns im RKA "die Kredit der bayerischen Landeskirche" nicht starkt in Anspruch nehme, und ob "der Anspruch von Barmen, Dahlem und Augsburg noch aufrechterhalten" werde. Zu den DC-Verhandlungen sagte er, daß die Gemeinden die DC als "Kirchenverräter" erkannt hätten; deshalb dürften die DC auch keine Kirchen zugesprochen bekommen. Zu all diesen Problemen erwartete die Bruderschaft "ein geistliches Wort des Landesbischofs an Pfarrer und Gemeinden". Die Antwort Meisers darauf war jedoch ausweichend. Er gab zu, daß die Lage ernst sei: "Aber eine Parole kann noch nicht hinausgegeben werden, die Dinge sind noch nicht reif genug."

In einem Brief an Althaus vom gleichen Tag behandelte Meiser den Konflikt zwischen dem von der Pfarrerbruderschaft geforderten harten Kurs, und seiner Haltung, dem Kirchenminister wenigstens den "guten Willen" zu zeigen.[606] Er meinte:

"Es ist nicht zu leugnen, daß diejenigen, welche selbst auf die Gefahr eines sofortigen völligen Bruches mit dem Staat hin für die restlose Durchsetzung der von uns aufgestellten Grundsätze eintreten, den Vorzug der eisernen Konsequenz für sich in Anspruch nehmen dürfen. ich frage mich aber, ob es uns Gott gestattet, daß am Ende zwar das Prinzip gerettet, aber die Sache selbst verloren gegangen ist."

Beim Treffen der Bruderschaft mit Meiser wurden auch einige Pfarrer im "Bund der Mitte" kritisch erwähnt, darunter der Vorsteher des Pfarrervereins Klingler. Im September 1935 war Klingler zum Bundesführer des Reichsbunds der deutschen Pfarrervereine gewählt worden, und hatte sich zum Ziel gesetzt, die ständische Einordnung des Pfarrerstandes im Staat zu regeln.[607] Durch ein Pfarrergesetz hoffte er "aus dem Zustand der Rechtlosigkeit und Beunruhigung" hinauszukommen, um vor allem die Verleumdungen - wie ein Fünftel der Pastoren seien "ausgewachsenen Juden" oder "75% aller Pfaffen seien Sittlichkeitsverbrecher" - besser bekämpfen zu können.[608] Dabei befürchteten die Bekenntnispfarrer, daß Klingler dem Staat zu weit entgegenkommen könnte, denn auf einer Nürnberger Pfarrerkonferenz im September soll er, nach Karl-Heinz Becker, "über einen Gesetzentwurf berichtet haben, der das Führerprinzip und den Arierparagraphen für unsere Kirche vorsieht".[609] Dies wäre auch denkbar, denn Klingler war bestrebt den "zerstörenden Kirchenkampf" auf seine Weise zu beenden, indem er die brüderliche Gemeinschaft aller 16.000 Pfarrer im Reichsverein wiederherstellen wollte.[610] Er hoffte dabei, daß die Verfallserscheinungen unter den Deutschen Christen dieser Bestrebung helfen würden. Obwohl Klingler eine betont positve Einstellung zum Dritten Reich hatte,[611] begegneten ihm auch von den DC große Schwierigkeiten. Im "Deutschen Sonntag" wurde er unter den "Patrioten" eingereiht,[612]

"die schon immer national eingestellt waren und die gar nicht begreifen können, daß es so viel ausmachen soll, wenn noch das kleine Wörtlein 'sozial' hinzukommt... Das war vor allem Adolf Hitlers große gigantische Tat, daß er mit dieser alten Welt gebrochen hatte."

Von den weiteren Verhandlungen zwischen der Landeskirchenleitung und den Deutschen Christen war Anfang Dezember einiges zu den Pfarrern durchgesichert,[613] denn am 9. Dezember richteten die Geistlichen des Kapitels Weißenburg, angeführt von Dekan Frobenius, folgende Erklärung an die Kirchenleitung in München: "Wir lehnen die Einführung von besonderen Gottesdiensten für die Deutschen Christen ab, weil dadurch nur unsere bayerische evang.-luth. Landeskirche aufgespalten würde."[614] In der Tat hatte der LKR

Anfang Dezember eine weitgehende Konzessionsbereitschaft gezeigt, die neben der Regelung von strittigen Personalfragen auch die Benutzung der Spitalkirchen in Hersbruck, Bayreuth und Gunzenhausen vorsah, solange die DC dem LKR den Pfarrer vorher nannten.[615] Das Gewähren eines "Minderheitsrechts" für die DC lehnte der LKR jedoch konsequent ab,[615] woran letztlich auch diese Verhandlungsrunde scheiterte, denn die DC verlangten eine "Gesamtlösung", die auch ihre Gleichberechtigung beinhalten mußte.[616]

Ende Dezember spitzte sich die Lage zu, als Kirchenminister Kerrl ultimativ die bedingungslose Wiedereinsetzung der Pfarrer Fuchs und Beer in ihren Gemeinden in Ansbach, bzw. Eibach bis Weihnachten verlangte.[617] Sonst würde Kerrl die Landeskirche als zerstörtes Kirchengebiet betrachten und einen Landeskirchenausschuß einsetzen. Die Landeskirche war zwar willens, Pfarrer Fuchs eine andere, gleichwertige Pfarrstelle außerhalb Ansbachs zu übertragen, wenn er sich bereit erklärte, "sich den Ordnungen der Landeskirche, ihrem Bekenntnis, ihrer Verfassung und ihren Gesetzen" zu fügen,[618] aber eine bedingungslose Wiedereinsetzung in Ansbach kam nicht in Frage. Im Fall Beer, wo der kirchliche Dienststrafgerichtshof schon seine Amtsenthebung und Dienstentlassung ausgesprochen hatte, und das Landgericht Nürnberg ihn zur Räumung von Kirche, Gemeindesaal und Pfarrhaus in Eibach verurteilt hatte, konnte die Landeskirche keinen Kompromiß machen und bestand auf seiner Entfernung von der bayerischen Landeskirche.[619] Als dem Landesbischof gesagt wurde, er habe genug Autorität in Bayern, auch diesen Schritt seinen Pfarrern plausibel zu machen, antwortete Meiser, daß er "nur insofern und dazu" Autorität habe, als "er kirchlich handle. Für den von ihm geforderten Schritt könne er sie aber nicht in Anspruch nehmen".[620]

In einem Schreiben vom 9. Januar übermittelte der LKR dem RKA die Bedenken der rund 600 Geistlichen der Pfarrerbruderschaft zu der Tätigkeit des Ausschusses.[621] Darin wurden die Gründe angegeben, weshalb die Landeskirche der Anweisung Kerrls über die Wiedereinsetzung Fuchs' und Beers keine Folge leisten konnte. Denn diese Entscheidung Kerrls sei zuerst aus nichtkirchlichen Gesichtspunkten erfolgt - i.e. Kerrls Prestige bei der Partei[622] - und außerdem verteidige die Kirche im Falle Eibach "einen zentralen Punkt ihrer bekenntnisgebundenen Ordnung" und könne daher "unter keinen Umständen nachgeben". Der Eingriff Kerrls in Eibach würde zur Zerstörung eines "bisher noch glücklicherweise intakt gebliebenen" Kirchengebietes beitragen, und hätte katastophale Auswirkungen auf die Einschätzung der Tätigkeit des RKA in der kirchlichen Öffentlichkeit in Bayern. "Dazu kommt, daß es sich auch hier um eine diktatorische Maßnahme unter völliger Ausschaltung des Reichskirchenausschusses handelt."

Zur Tätigkeit des RKA stellte die Bruderschaft fest, daß ein Vertrauen in der Pfarrerschaft nicht aufkommen könne, solange der Ausschuß seine "zweifelsfreie Bindung an Schrift und Bekenntnis" nicht bekannt gebe, und solange der Kirchenminister "autoritär und diktatorisch" vorgehe. Wenn der Ausschuß die Initiative dem Staat überlasse, sei man auf dem "direkten Weg in ein ausgereiftes Staatskirchentum", das man als bekenntniswidrig entschlossen ablehnen müsse. Die fünfte Durchführungsverordnung Kerrls vom 2. Dezember stehe "mit dem Bekenntnis der Kirche in Widerspruch". Durch diese Verordnung sei

> "der Vergewaltigung der Bekennenden Kirche durch nach völlig außerkirchlichen Gesichtspunkten getroffenen Maßnahmen Tür und Tor geöffnet und die Suspendierung der zentralen, im Kirchenkampf erarbeiteten Grundsätze der Bekennenden Kirche legalisiert."

Die Bruderschaft bat daher den RKA zu dieser Verordnung "eindeutig und öffentlich Stellung" zu nehmen. Der RKA müsse vor allem "dem Abgleiten der Entwicklung in ein diktatorisches Staatskirchentum mit Nachdruck" wehren. Man könne dem RKA keinen "Blankowechsel des Vertrauens" ausstellen, sei aber dennoch mit dem LKR bereit, die Arbeit des RKA zu unterstützen, wo die Bindung an Bibel und Bekenntnis dies zuließe.

Der Landesbischof und LKR waren sicherlich dankbar, daß sie dem RKA diese starke Rückendeckung für ihren Widerstand gegen die Kerrl-Anweisung vorzeigen konnten, genauso wie die Pfarrerbruderschaft erleichtert war, daß die Kirchenleitung an diesem Punkt ein klares Nein ausgesprochen hatte.[623] Bei einem Empfang der süddeutschen Landesbischöfe bei Kerrl am 11. Januar 1936 unterstrich Meiser, daß das Reichskirchenministerium den gesamten LKR aus dem Amt entfernen müßte, falls es versuchen sollte, Beer und Fuchs zwangsweise wiedereinzusetzen.[624] Damit wäre aber zugleich

> "eine Brandfackel in die bayerische Landeskirche hineingeworfen.., die den Widerstand noch heller auflodern ließe als bei dem Einbruch Jägers in die bayerische Landeskirche. Es müsse auch im Interesse der Partei ernstlich vor einer solchen Maßnahme gewarnt werden, da schon durch den Einbruch Jägers das Ansehen der Partei in kirchlichen Kreisen empfindlich Schaden gelitten habe und eine weitere Belastungsprobe nicht vertrage."

Kerrl hat darauf versichert, daß er nicht beabsichtige, "Gewalt zu brauchen", und "daß er nicht schematisch und schablonenhaft handeln wolle", was hoffen ließ, daß ein Kirchenausschuß in Bayern doch nicht eingesetzt würde. Kerrl versprach auch, daß er "auf jeden Fall, ehe irgend etwas geschehe, in Verhandlungen mit den betreffenden Landeskirchen" eintreten würde.

19) Die Auseinandersetzung in Bayern über die Zusammenarbeit mit den Kirchenausschüssen bis zur Bekenntnissynode im Februar 1936 in Bad Oeynhausen

Die Erleichterung über diese bestandene Kraftprobe mit dem Kirchenminister war gleichzeitig beeinträchtigt durch einen ernsten Bruch innerhalb der Bekennenden Kirche. Bei der Sitzung des Reichsbruderrats am 3. Januar 1936 in Berlin stimmten 17 der 28 Anwesenden einem Beschluß zu, der die "Anerkennung der Kirchenausschüsse als Kirchenleitung" als unvereinbar mit der "Bindung an die Beschlüsse der Bekenntnissynode von Barmen" erklärte und damit zugleich der VKL das Mißvertrauen aussprach.[625] Die Mehrheit um Niemöller befürchtete, daß die Mitarbeit mit den Ausschüssen zur weitgehenden Integration der Kirche in den NS-Staat, also zur Staatskirche, führen würde.[626] Die VKL ihrerseits bedauerte es, daß es zu diesem Beschluß kommen mußte, denn trotz Vorbehalten, wollte sie mit den vom Staat eingesetzten Ausschüssen nicht ganz brechen, zumal die Verhandlungen mit dem RKA über die umstrittene Verordnung vom 2. Dezember noch nicht abgeschlossen waren.[627] Die VKL setzte sich auch dafür ein, eine Bekenntnissynode einzuberufen, um zu der "nunmehr entstandenen Lage Stellung zu nehmen".[628]

Die bayerische Kirchenleitung, die auf der Seite der VKL stand, versuchte in einem Schreiben an die Geistlichen und Religionslehrer vom 9. Januar die Gründe für die Spaltung innerhalb der Leitung der Bekennenden Kirche darzulegen.[629] Den Gegensatz sah der LKR zunächst in der verschiedenen Auslegung der Bekenntnissynoden von Barmen, Dahlem und Augsburg. Die preußischen Brüder wollten den Entscheidungen dieser Synoden "den Rang von Dogmen" zuschreiben und die Zugehörigkeit zur Kirche von der Zustimmung zu diesen Beschlüssen abhängig machen. Diesen Kirchenbegriff konnte der LKR nicht teilen, denn die Zugehörigkeit zur Kirche sei "wesentlich in der Taufe und in der Verkündigung des Wortes Gottes begründet". Deswegen konnte er sich "auch mit denen noch verbunden wissen, die aus irgendwelchen Gründen äußerlich keine Entscheidung getroffen hatten". Die Irrlehre der Deutschen Christen müsse abgewiesen werden, aber gegenüber "den irrenden Brüdern" habe man "auch eine seelsorgerliche Verpflichtung".

Der Hauptauslöser der Spaltung war aber die unterschiedliche Stellungnahme zum RKA. Hier meint der LKR:

> "Wir müssen Verständnis dafür haben, daß angesichts der ungeheuer verworrenen Zustände in einer Reihe von Landeskirchen nicht anders Ordnung werden kann als so, daß die Ausschüsse manche Maßnahmen treffen, die sonst nur einem echten Kirchenregiment zustehen. An dieser Tatsache wird uns offenbar, daß es sich im Augenblick um einen kirchlichen Notstand handelt, um dessenwillen manches getragen werden muß,

was unter normalen Verhältnissen abgelehnt werden müßte. Es kann aber auch für kurze Zeit nur getragen werden, wenn wir die Gewähr haben, daß alles geschieht, diesen Notstand möglichst bald zu beendigen und allenthalben wieder echtes Kirchenregiment zu gewinnen. Daher können wir es nicht verantworten, jede Mitarbeit mit den Ausschüssen abzulehnen."

Dennoch warnte der LKR vor der Schlußfolgerung, daß er nun "eher zu unverantwortlichen Zugeständnissen bereit" sei. Der LKR habe vielmehr den RKA dazu aufgefordert, die Bekenntnisanliegen zu wahren und den christentumsfeindlichen Beeinflussung des Volks mit Nachdruck entgegenzutreten.

Zum Schluß mahnte der LKR die Geistlichen, angesichts der ernsten Lage, "gerade jetzt zusammenzustehen und eigene Schritte zu unterlassen", und versprach baldmöglichst weitere Informationen hinaus zu geben.

Es gab jedoch nicht wenige bayerische Pfarrer, die Verständnis dafür hatten, daß der Widerstand gegen die Kirchenausschüsse für die Bekenntnispfarrer der zerstörten Kirchen eine Lebensfrage bedeutete. Ein Bericht der BPP von Januar 1936 meinte, auf Grund ihrer Beobachtungen, zwei Richtungen innerhalb der Bekenntnisfront in Bayern unterscheiden zu können: "Die eine Richtung steht zum Reichskirchenausschuss, die andere lehnt ihn ab."[630]

Am 14. Januar kritisierten 18 Schieder nahestehende Nürnberger Pfarrer in einem Brief an den Landesbischof den Kurs des LKR, "weil er der Entscheidung ausbiegt".[631] Der "Weg der Anerkennung der Ausschüsse und ihr kirchenregimentliches Handeln von Staatswegen" werde die Bekennende Kirche völlig zerbrechen und die Brüder im Norden in die Freikirche treiben.

Um eine ähnliche Vertrauenskrise in der Pfarrerschaft wie nach der Kapitulation der Bischöfe vor Hitler im Januar 1934 zu vermeiden, gab der LKR am 20. Januar erneut einen Bericht über die kirchliche Lage heraus.[632] Hier verteidigte sich der LKR gegen Auffassungen, die auch in der bayerischen Landeskirche vertreten seien, "die zum Teil von unserer Schau der Dinge abweichen". Hauptpunkte waren wieder die "Kanonisierung und Dogmatisierung" der Beschlüsse von Barmen und Dahlem, sowie die Haltung zu den Ausschüssen. Das Kriterium für die Rechtmäßigkeit der Tätigkeit der Ausschüsse sei nicht Dahlem und Barmen, sondern Artikel 1 der Verfassung der DEK, wobei vorausgesetzt werden müsse, "daß die Ausschüsse mit ihrer Bindung an Schrift und Bekenntnis als die unantastbaren Grundlagen der DEK auch gegenüber den Irrlehren unserer Zeit voll Ernst machen". Das Gebot der Stunde sah der LKR aber nicht in einer Debatte über juristische Fragen oder über Beschlüsse früherer Synoden,

"sondern vielmehr in gemeinsamer Vorbereitungsarbeit für den Neubau der Kirche und in der Willigkeit, zu vertrauen, daß kein Glied der Bekennenden Kirche das Ergebnis des bisherigen gemeinsamen Ringens preisgeben will".

Auf dieses Schreiben antworteten elf südbayerische Pfarrer, daß sie es bezweifelten, ob die Not der DEK "durch eine bloße Aufforderung zum Vertrauen" behoben werden könnte.[633] Die "Befriedigung über nicht schematisches Vorgehen Kerrls mit den Kirchenausschüssen, d.h. Verschonung intakter Kirchen", wurde als "landeskirchlicher Partikularismus" kritisiert, während es gelte, die "wirkliche Einheit" anzustreben.

In zwei großen Pfarrkonferenzen in Nürnberg und Bayreuth am 21. Januar, versuchten Breit und Meiser Verständnis für den Kurs des LKR in Bayern und im Reich zu gewinnen.[634] Bei der Achtung, die der Landesbischof genoß, ist es auch anzunehmen, daß viele, wenn nicht die Mehrzahl der Pfarrer, sich hinter Meiser stellten. Die dezidierten Lutheraner um Professor Ulmer hatten schon die lutherischen Kirchenführer in ihrer Haltung am 3. Januar im Reichsbruderrat voll unterstützt, und sahen sich auch darin bestätigt, daß "das Bekenntnis der Lutherischen Kirche...die einzige Grundlage für die kirchliche Erneuerung" sei.[635] Auch von den Deutschen Christen war ein positives Echo vor allem zu dem von Meiser propagierten Kirchenbegriff zu vernehmen.[636]

Für führende Leute der Pfarrerbruderschaft jedoch waren die Konferenzen eine große Enttäuschung. Der neue Rektor des Nürnberger Predigerseminars, Gerhard Schmidt, bezeichnete die Versammlung in Nürnberg als einen "unerlaubte(n) Sieg des BdM" und als "Unterhöhlung der Stellung Schieders".[637] Schmidt hegte zwar Bedenken gegen den Dahlemer Kurs, konnte dennoch die "schlechthinnige Anerkennung der Ausschüsse als Kirchenleitung, offenes Zusammengehen mit den DC, vollkommenes Nachgeben gegen das Wünschen und Drängen des (Partei-!!) Staates", nicht bejahen.

Schärfer noch beurteilte Hermann Kleinknecht, Frörs Nachfolger als Inspektor des Nürnberger Predigerseminars, das Ergebnis der Nürnberger Pfarrkonferenz.[638] Zu Meiser und seinem Kurs schrieb er in einem Brief an Frör:

"Wir haben keinen Bischof mehr!... Ein solches Durcheinander von Optimismus, Unklarheit und Geschick, den entscheidenden Fragen aus dem Weg zu gehen, haben wir uns auch von Meiser nicht träumen lassen. Die Frage DC wird offenbar auf eine ganz neue Ebene gestellt. Man will bei ihnen 'Wandlungen' feststellen, man will bemerkt haben, daß sie sich aufs Bekenntnis besinnen."

Auch Frör, der befürchtete, daß eine Führung durch die Dahlemer Richtung das Ende der Bekennenden Kirche "rasch und expolosiv" herbeiführen würde,[639] war sehr kritisch gegenüber der Haltung der Landeskirchenleitung zum RKA und zum Kirchenminister Kerrl, besonders bezüglich der Verhandlungen über die DC-Pfarrer in Bayern.[640] In einem Brief an Schieder von 27. Januar meinte er:

"Wir müssen hier lieber einen Riesenkrach erzwingen, als uns auf unmögliche Forderungen einlassen, vor allem in den Personalfragen von Beer, Fuchs, Sommerer und Gollwitzer. Ich halte es für unverantwortlich, wie weitgehend sich der Bischof und anscheinend auch Meinzolt in diesen Personalfragen dem Ministerium gegenüber vor der Zeit gebunden haben. Lieber gibt es einen bayerischen Kirchenkampf. Dann fliegt eben zum zweiten Mal in Bayern das ganze Experiment in die Luft, denn darüber sind wir uns alle einig, daß das bei dem gegenwärtigen Guerillakrieg alles andere als wohl ist. Man hat, menschlich geredet, geradezu die Sehnsucht, es möge irgendwo zur Explosion kommen. Wir dürfen's freilich nicht erzwingen."

Für den Landesbischof war die harte Kritik an seinem Kurs von den Männern, die den Kirchenkampf im Oktober 1934 erfolgreich mitgeführt hatten, sicherlich nicht unbedenklich, aber er fühlte sich dennoch in seiner vorsichtig-optimistischen Haltung zum RKA und zum Kirchenministerium durch einige Ereignisse im Januar 1936 bestätigt. Ende Januar traf sich der Vorsitzender des RKA Zoellner mit dem LKR, LSA und 67 Dekanen in München. Nach den Verhandlungen kam Zoellner zu dem Schluß, daß ein Minderheitsrecht für die DC in Bayern nicht in Frage kommen könnte, daß eine Loyalitätserklärung zu Bekenntnis und Ordnung der Landeskirche von den DC-Pfarrern verlangt werden müsse, und daß ein Kirchenausschuß für Bayern nicht nötig war.[641] Die DC-Verhandlungsposition war danach deutlich geschwächt, und es zeigten sich wieder ernsthafte Spannungen in ihren Reihen.[642] Hinsichtlich dieser Entwicklungen drückte Meiser Mitte Februar die Hoffnung aus, daß eine für die Landeskirche günstige Befriedung "in absehbarer Zeit" kommen würde.[643]

Diejenige Pfarrer aber, die die Lage eher pessimistisch einschätzten, fühlten sich durch die weiteren staatlichen Einschränkungen der kirchlichen Informationsmöglichkeiten in ihrer Haltung erneut bestätigt. Im September 1935 stellte eine Denkschrift über die künftige Gestaltung der Bekenntnisgemeinschaften in Bayern fest, daß die Organisation der Bekenntnisgemeinschaften die einzige Möglichkeit sei, die Gemeinde für den Kampf um das Recht und die Existenz der Kirche einsatzbereit zu machen:[644]

"Hier können wenigstens im beschränkten Maße Versammlungen innerhalb der Kirche stattfinden und Rundbriefe verteilt werden, die das enthalten, was die öffentlichen kirchlichen Blätter nicht bringen dürfen."

Am 18. Januar stufte die BPP die kirchlichen Rundbriefe, Mitteilungs-, Informations- und Merkblätter als "Zeitschriften" ein, und verlangte für sie die ausdrückliche Genehmigung der Reichspressekammer, bzw. die Mitgliedschaft der Schriftleiter bei der Reichspressekammer.[645] Verboten wurden auf diese Weise die Rundbriefe der Bekenntnisgemeinschaft der Evang.-Luth. Kirche in Bayern, herausgegeben von Dr. Rohde, Nürnberg, sowie die Briefe der Landeskirchlichen Pressestelle in München.[646] Sogar von den vervielfältigten kirchenamtlichen Entschließungen des LKR mußten drei Exemplare der BPP vorgelegt werden.[647]

Daß die BPP entschlossen war, ihr Verbot der "Rundbriefe der Bekenntnisfront" "mit allen zur Verfügung stehenden polizeilichen Mitteln" durchzuführen,[648] bekam die Kirche auch bald zu spüren. Am 10. Februar informierte der Stadtkommissär in Ansbach den Kreisdekan Kern, daß der Rundbrief der Bekenntnisgemeinschaft im Kirchenkreis Ansbach vom 15.1.1936 verboten wurde, weil er Beiträge von Dr. Rohde enthalte, und deshalb eine Umgehung des Verbotes der Reichspressekammer darstelle.[649] Kern wurde aufgefordert, die Verbreitung "derartiger Rundbriefe" in Zukunft zu unterlassen, sonst wäre man gezwungen, "die Einhaltung des Verbotes durch polizeiliche Kontrollen sicherstellen zu lassen".

Als die BPP am 5. Mai die örtlichen Behörden nach der Wirkung des Verbotes fragte, wurde aus Weißenburg gemeldet, daß die hektographierten Rundbriefe der kirchlichen Gruppen, "wie sie in den vergangenen Jahren üblich waren", im Bezirk nicht mehr erschienen waren.[650]

Diese rigorose Unterdrückung des Meinungs- und Informationsaustausches in Bekenntniskreisen verstieß direkt gegen eine der Zoellner vorgetragenen Voraussetzungen des LSA für befriedigende Verhandlungen: daß der Landeskirche "dieselbe Möglichkeit öffentlicher Wirksamkeit (Presse, Versammlungen, Rundbriefe usw.) verschafft werden" müßte wie den DC, die sich einer ungleichen "Bewegungsfreiheit" in ihren Blättern erfreuten.[651]

Diese Diskrepanz wurde auch in einem Brief der VKL an den RKA vom 29. Januar angesprochen.[652] Darin beklagte sich Marahrens, daß die evangelische Presse "entwürdigenden Sonderbestimmungen unterworfen" sei. Außerdem werde "die Aufnahme bekenntnistreuer Organisationen in die Fachverbände der Reichspressekammer" abgelehnt, während die Behörden die Neugründung von DC-Blättern und auch deutschgläubiger Blätter zuließen. Gleichzeitig stellte Marahrens fest, daß der RKA

> "einen Einstellung oder auch nur Milderung des zielbewußt gegen die christliche Verkündigung in allen ihren Ausdrucksformen vorgetragenen, von einflußreichen Stellen der Partei und auch des Staates offen geförderten Angriffes nicht erreicht hat."

Weitere Vorkommnisse, die eine pessimistische Einschätzung der kirchlichen Lage bestätigten, war der im Januar durch die Partei in Franken vehement geführte Kampf gegen die Bekenntnisschule,[653] sowie die vom bayerischen Staat für das Rechnungsjahr 1936 erheblich gekürzten freiwilligen Leistungen des Staates an die Kirche, was einschneidende Sparmaßnahmen für die Kirche notwendig machte.[654]

Aber trotz dieser antikirchlichen Erscheinungen unterblieb auch im Jahre 1936 nicht eine Anweisung Meisers, des "Tages der nationalen Erhebung" im Gottesdienst zu gedenken.[655] In einem, allerdings zurückhaltenden, "Wort an die Gemeinden zum 30. Januar 1936", stand die Bitte, daß Gott "das Werk des Führers segne" und vor allem dem "Volk die Predigt des Evangeliums als die Quelle seiner innersten Kraft" lasse.

Eindeutiger drückte sich Zoellner im Namen des Reichskirchenausschusses in einem "Wort an die Gemeinden zum 30. Januar 1936" aus, das viele Gemeindeblätter in Bayern veröffentlichten und dadurch ihrer Lesern zu erkennen gaben, daß nunmehr der RKA und nicht die VKL für die gesamte Kirche in Deutschland sprach.[656] Zoellner sprach von dem "staatsmännische(n) Wille(n) des Führers", der Leben und Ordnung im Staat bestimme, und von den "Kräfte(n) der Nation", die seit drei Jahren "zu geschlossenem Einsatz gebracht" worden seien. In seiner auch in den Kirchenblättern veröffentlichten Predigt im Berliner Dom am Vorabend des 30. Januars gedachte Zoellner "der wunderbaren Wandlung, mit der unser zersplittertes Volk eine neue große Einheit geworden ist", und betonte: "Indem die Kirche den Dank für diese große Wandlung vor Gott bringt, verpflichtet sie zugleich ihre Mitglieder erneut zum Gelöbnis der Treue und des Gehorsams gegen Führer und Volk."[657] Die Gründe, weshalb die Stimme der Kirche im Volk nicht gehört werde, sah Zoellner in der "großen Zersplitterung in ihren eigenen Reihen" gegeben; über die staatliche Unterdrückung dieser Stimme der Kirche, vor allem im Kampf gegen antichristliche Erscheinungen in Staat und Partei, sagte Zoellner allerdings nichts.

Auch in der bayerischen Landeskirche waren ähnliche, unkritische Huldigungen des Staates im vierten Jahr der NS-Diktatur zu vernehmen. Im Januar und Februar setzte sich die Zeitschrift "Lutherische Kirche", ein Sprachrohr des "Bundes der Mitte", mit Karl Barth auseinander, der in den "Basler Nachrichten" geschrieben hatte, "der Nationalsozialismus zeige in der Kirchenverordnung Kerrls 'bewußt oder unbewußt sein wahres, das heißt sein bolschewistisches Gesicht nun auch denen, die es bis dahin nicht sehen wollten'".[658] Bei Anerkennung Barths "große(r) Verdienste um die deutsche evangelische Theologie" stritt die Zeitschrift Barth die Fähigkeit ab, "als bewußter Schweizerischer Reformierter... uns bewußt deutsche Lutheraner, die mit glühender Liebe an ihrem Vaterland hängen", zu verstehen:[659]

"Darum kann er auch das Anliegen der Vorläufigen Kirchenleitung... sowie das Anliegen D. Zoellners nicht verstehen. Wir deutschen Lutheraner können nicht - wie Karl Barth - unserm Volk, Vaterland und Staat kühl und neutral gegenüberstehen. Wie könnte ein Kind seiner Mutter 'neutral' gegenüberstehen!?"

Letztendlich war es auch die unterschiedeliche Haltung zum NS-Staat, die die Bemühungen der vierten und letzten Bekenntnissynode vom 17. bis 22. Februar in Bad Oeynhausen um die Wiederherstellung der Einheit der Bekennende Kirche nicht gelingen ließ.[660] Dabei war der Wille, trotz aller Spannung einen Ausgleich zu finden, durchaus vorhanden. Am Vorabend der Synode gab der LKR eine grundsätzliche Erklärung über das Wesen und die Aufgaben der Kirche.[661] Zum umstrittenen Problem der Kirchenausschüssen stellte die Erklärung fest, daß nur die Kirche allein "ein echtes Kirchenregiment" aufstellen darf. Den Anspruch auf das kirchliche Notrecht, wie er in Dahlem wahrgenommen wurde, dürfe "eine Bekenntniskirche niemals preisgeben. Denn mit der Freiheit, sich selbst die rechte kirchliche Leitung und Ordnung zu geben, wahrt sie zugleich die Freiheit der Verkündigung." Der Staat habe nur "das Recht der Aufsicht über die Externa der Kirche als einer Körperschaft des öffentlichen Rechts", und keinen Anspruch auf das Kirchenregiment. Sollte der Staat "in Zeiten eines offenen kirchlichen Notstandes" in das Leben der Kirche eingreifen, so dürfe er nie die eigentlichen Aufgaben der Kirche einschränken oder unterbinden. Deshalb dürfen die Ausschüsse "einem vorhandenen bekenntnisgebundenen Kirchenregiment oder einem auf Grund des Bekenntnisses von der Kirche berufenen Notkirchenregiment die ihnen nach Schrift und Bekenntnis zustehende Kirchenleitung nicht absprechen". Damit war die Zusammenarbeit mit den Ausschüssen an Vorbedingungen angeknüpft, aber nicht grundsätzlich abgelehnt. Und an diesem Punkt waren auch die Grenzen der Einmütigkeit der Synode vorgezeichnet.

Trotzdem erzielte die Synode, nach harter Arbeit, eine weitgehende grundsätzliche Übereinstimmung, die in den fast einmütig angenommenen Beschlüssen (ein theologisches Wort von der Kirchenleitung und ein Wort zur Schulfrage) ihren Ausdruck fand.[662] Aber eine Entscheidung über Ablehnung oder Tolerierung der Kirchenausschüssen kam nicht zustande. Pfarrer Putz in seinem Bericht über die Synode brachte den Unterschied auf einen Nenner:[663]

"... gerade in den intakten Landeskirchen und anderen lutherischen Gebieten hat man noch weitgehend eine optimistische Beurteilung der Möglichkeit der Kirchenausschüsse und ist deshalb geneigt, in der praktischen Kirchenpolitik die Konsequenzen zu ziehen."

Für Niemöller, der für die zerstörten Kirchengebiete auf der Synode sprach, hießen die praktischen Konsequenzen ein klares "non possumus".[664] Er sah die Entchristlichung des Volkes und die Verstaatlichung der Kirche als einen vom Staat planmäßig beschrittenen Weg:

"Ich sehe einen Willen, der uns stellt, und ich sehe keine Möglichkeit, daß gegenüber diesem Willen, der uns stellen will, der uns täglich in den Zeitungen stellt, der uns in der offiziellen Schulpolitik stellt, der uns überall in den Organen, Schulungslagern, Landjahr und anderswo stellt, daß wir demgegenüber weiter sagen: Du bist das ja gar nicht, sondern das sind irgendwelche anonyme Kräfte. Diese Kräfte sind nicht anonym, sondern diese Kräfte haben für uns in den zerstörten Kirchengebieten ein ganz klares und eindeutiges Gesicht."

Trotz der unterschiedlichen Einstellung zu den staatlichen Kirchenausschüssen äußerte Putz die Hoffnung, daß "die starke grundsätzliche Einmütigkeit", die auf der Synode zum Ausdruck kam, die Gefahren überwinden würde, "die in der Verschiedenartigkeit der kirchenpolitischen Beurteilung liegt".[665]

Ein weit realistischeres Bild gab Frör in seinem Bericht über die Synode.[666] Er sah deutlich, daß die Dahlemer Richtung um Niemöller das taktische Ziel auf der Synode verfolgte, ihre Haltung zu den Ausschüssen mit allen Mitteln als die einzig legitime Haltung der Bekennenden Kirche durchzusetzen. Wo sie dies mit theologischen Gründen versuchte, habe Oeyenhausen den Rang einer echten Synode erreicht. Leider habe sie aber schließlich auch machtpolitische Mittel angewandt, so daß man befürchten müsse,

"daß der von Dahlem geführte Flügel in Gefahr ist, dem säkularen Geist des Totalitätsdenkens und der Machtposition, der den Vergleich mit dem politischen Geschehen handgreiflich nahelegt, in einem Maße zu erliegen, daß darin eine ernsthafte Bedrohung des Wesens und Auftrages der BK zu sehen ist."

Frör betonte jedoch, daß die bayerische Delegation die theologische Erklärung von Oeynhausen hätte voll tragen können, bis auf einen Satz, der auf die praktischen Konsequenzen hinwies. Für die bayerische Landeskirche sei es nach der Synode wichtig, "nicht verärgert oder enttäuscht beiseite zu treten, sondern mit Einsatz aller Kräfte an der Durchsetzung dessen, was wir unter bekennender Kirche verstehen, zu arbeiten."

Die Uneinigkeit der Synode über die praktische kirchenpolitische Richtung drückte sich bald in einer organisatorischen Spaltung der Bekennenden Kirche aus: am 12. März bestellte der Reichsbruderrat eine zweite Vorläufige Leitung der DEK, die hauptsächlich die zerstörten Gebiete der Union umfaßte, und am 18. März vereinten sich die lutherischen Kirchen in einem Rat der Evangelisch-Lutherischen Kirche in Deutschland.[667]

Angesichts dieser Spaltung in der Leitung der Bekennenden Kirche und der führenden Rolle Bayerns im Rat der lutherischen Kirche, äußerte Frör die Befürchtung,[668]

"es könnte hier das gute Einvernehmen mit den staatlichen Ausschüssen den Vorrang bekommen vor der Zusammenarbeit mit der Bekennenden Kirche, mit der wir bisher als Brüder in Christo Schulter an Schulter gekämpft haben."

Dennoch ging die bayerische Pfarrerbruderschaft nicht so weit wie die ähnlich eingestellte kirchlich-theologische Sozietät in Württemberg, die die

Berechtigung für den Rat bestritt, und die zweite Vorläufige Leitung anerkannte.[669]

Die Zeitschrift "Lutherische Kirche" dagegen begrüßte die Entwicklung nach der Synode. Hier wurden die Gegensätze schematisch als ein Konflikt zwischen lutherischen und reformierten Positionen angesehen.[670] Zusammengefasst hieß es:

> "Je stärker die unierten und lutherischen Glieder der Oeynhausener Tagung von reformierter Theologie, also etwa von Karl Barth, beeinflußt waren, desto schroffer lehnten sie jegliche Zusammenarbeit mit den Kirchenausschüssen von vornherein ab. Je mehr sie aber auf dem Boden nur des lutherischen Bekenntnisses standen, umso mehr fühlten sie die Verpflichtung, dennoch auch die letzten Möglichkeiten der Einigung mit den Erfordernissen des Staates auszuschöpfen, ehe man es zu einem offenen Bruch kommen ließe."

Für diese Zeitschrift, die auch eine Staatskirche nach dem skandinavischen Modell für tragbar hielt, hieß die Devise: "Die einzige mögliche Haltung in dem gegenwärtigen kirchlichen Ringen ist die der lutherischen Bekenntniskirche, der Lutherischen Kirche deutscher Nation."

Es waren bestimmt nicht wenige Pfarrer im "Bund der Mitte" die diese Einstellung auch teilten. Für diese Pfarrer, und auch für die, die sich in der Kirchenfrage möglichst nicht festlegen wollten, hatten die Mitglieder der Pfarrerbruderschaft wenig Verständnis. Argwöhnisch verfolgte die Bruderschaft auch die 1936 fortgesetzten Bemühungen der Kirchenleitung um eine Versöhnung mit den Deutschen Christen.[671] Erleichtert war man erst im September 1936 als das Scheitern der Verhandlungen an der Unnachgiebigkeit und Uneinigkeit der DC bekannt wurde.[672]

Für die nächsten Belastungsproben mit dem Staat, vor allem für eine geschlossene und entschlossene Führung des im Jahre 1936 brisant gewordenen Kampfes für die Bekenntnisschule, boten der Riß in der Bekennenden Kirche, die Uneinigkeit der Pfarrerschaft, sowie die verschiedenen Einstellungen zum NS-Staat die denkbar schlechtesten Voraussetzungen.

VIII DER SCHULKAMPF

1) Die Weißenburger Schulverhältnisse vor 1933

Fiel der Kampf um die Bekenntnisschule hauptsächlich in die Ära der Kirchenausschüsse, so ist jedoch zum Verständnis des Konfliktes, besonders seiner Sonderausprägungen in Weißenburg, eine kurze Schilderung der Vorgeschichte notwendig.

Im Jahre 1902 beantragte die Stadt Weißenburg, aus Rücksicht auf die katholische Minderheit, die Errichtung einer Simultanschule anstelle der protestantischen Volksschule.[1] Dieser Antrag wurde jedoch vom Unterrichtsministerium im gleichen Jahr abgelehnt. Erst sechs Jahre später, im Herbst 1908, kam es dann zur Errichtung einer katholischen Volksschule mit drei Klassen.[2]

Das Ziel vieler Weißenburger, eine einzige, konfessionell gemischte Volksschule in Weißenburg durchzusetzen, ermöglichte die sogenannte Hoffmann'sche Simultanschulverordnung vom 1.8.1919. Danach wurde in Weißenburg eine Abstimmung durchgeführt, die im September 1919 die Errichtung der Simultanschule als alleinige Volksschulform der Stadt ermöglichte.[3] Obwohl die Hoffmann'sche Simultanschulverordnung am 22.6.1920 außer Kraft gesetzt wurde,[4] blieb sie jedoch in den Städten, wo sie schon durchgeführt wurde (München, Nürnberg, Weißenburg und Selb) weiter bestimmend. Demnach mußten in Gemeinden über 15.000 Einwohner die Erziehungsberechtigten bei der alljährlichen Schuleinschreibung erklären, welche Art von Volksschule sie für ihre Kinder bevorzugten.[5] Für die Gemeinden unter 15.000 (z.B. Weißenburg), sollte eine Entscheidung für die Simultanschule zehn Jahre lang gültig blieb.[6]

Trotzdem gelang es der katholischen Elternvereinigung Weißenburgs im Winter 1926, ihren Antrag auf Einführung einer katholischen Konfessionsschule beim Unterrichtsministerium durchzusetzen.[7] Danach wurde für Weißenburg ein alljährliches Anmeldungsverfahren der Erziehungsberechtigten für drei Schulgattungen (Simulatanschule, katholische- und evangelische Volksschule) nach § 10 der VO vom 1.8.1919 angeordnet.[8] Der Weißenburger Stadtrat, der vor der Entscheidung nicht gehört wurde, reichte eine verspätete Beschwerde ein, die unberücksichtigt blieb.[9]

Indessen machte auch die Evangelische Elternvereinigung Werbearbeit für eine evangelische Bekenntnisschule, die bei der Schulanmeldung mit Erklärungsabgabe am 16. Januar 1927 von fast 40% der Elten bevorzugt wurde.[10] Danach mußte Weißenburg, wenn das Unterrichtsministerium zustimmte, ein

Dreischulensystem bekommen: zwei Bekenntnisschulen und eine fast ausschließlich von evangelischen Schülern besuchte Simultanschule. Die Hoffnung der evangelischen Kirche, daß die Bekenntnisschulen die einzige Schulform der Stadt werde wurde, wurde jedoch vom Ministerium enttäuscht, sodaß Weißenburg ab dem Schuljahr 1927/1928 mit drei Volksschulen einen Zustand erhielt, der besonders für die evangelischen Eltern sehr unbefriedigend war. Hoffnungen der evangelischen Kirche, daß ihre Bekenntnisschule sich doch durchsetzen würde, erfuhren schon im nächsten Jahr eine Enttäuschung bei folgender Schülerverteilung in den drei Schultypen:[11]

Gesamtschülerzahl	1927	1928
Katholische Schule	136 (16,1%)	120 (13,5%)
Evangelische Schule	330 (39,3%)	298 (33,6%)
Simultanschule	376 (44,65)	471 (52,9%)

Bei der vorgeschriebenen, alljährlichen An- und Ummeldung versuchten Verfechter der drei Schulformen neue Schüler für ihre jeweilige Schule anzuwerben. Diese Bestrebungen arteten nicht selten in einen Schulkampf aus, der vor allem durch Pressefehde in der Öffentlichkeit ausgetragen wurde. Da der Kampf in erster Linie unter dem evangelischen Teil der Bevölkerung stattfand, denn die katholische Minderheit schickte in der Regel ihre Kinder in die katholische Schule, sorgte der Streit für eine Spaltung innerhalb der evangelischen Kirchengemeinde Weißenburgs, verschärft noch durch die Tatsache, daß die drei Pfarrer sich eindeutig für die Bekenntnisschule einsetzten. Die Simultane Elternvereinigung, die sich von ihrer Kirche mißverstanden und benachteiligt fühlte, wollte sogar einen eigenen Walhvorschlag bei der Kirchenvorstandswahl 1929 einreichen, um ihre Position besser schützen zu können.[12]

Nach erneutem Schulkampf im Jahre 1930 schlug Dekan v.Löffelholz vor, daß beide Seiten sich "vertraglich binden" sollten, zukünftig "wenigstens die hässliche Pressefehde in der Öffentlichkeit zu unterlassen".[13] Aber auch im Januar 1931 brach der Kampf wieder aus, als ein Befürworter der Bekenntnisschule der Simultanschule in der Presse vorwarf, sie sei ein Produkt des Liberalismus und würde Religion aus dem Mittelpunkt schieben; mit der "Alleinherrschaft" der Simultanschule wäre es außerdem leicht für künftige "religionsfeindliche Mächte... maßgebenden Einfluß auf die Schule" zu gewinnen.[14] Am nächsten Tag verteidigte die Simultane Elternvereinigung ihre

Schule als christliche und verfassungsgemäß festgelegte Schulform.[15] Die gleichen Eltern beschwerten sich auch in einem Brief an den Kreisdekan über die Art, wie Vertreter der Kirche - vor allem Pfarrer Kalb, Vorsitzender der evangelischen Elternvereinigung - im Schulkampf argumentiert hatten.[16] Die Andeutung, daß "besonders kirchenfeindliche Eltern" für die Simultanschule eintraten, wiesen sie zurück. Die Weißenburger Simultanschule sei eine christliche Gemeinschaftsschule, in der Relgionsunterricht stattfinde. "Die übergroße Mehrheit der Weißenburger Eltern will eben eine gutausgebaute christliche Schule haben", argumentierten sie, "in welcher jeder, ob Katholik oder Protestant, sein Kind schicken kann."[17]

Bei der Schulanmeldung im Januar 1931 konnte die Simultanschule ihre starke Position weiter ausbauen mit 84 Neuanmeldungen im Vergleich zu 43 für die evangelische und 19 für die katholische Schule. Im nächsten Jahr dagegen gab es nur 75 Neuanmeldungen für die Simultanschule bei 54 für die evangelische und 25 für die katholische Schule.[18] Für das Schuljahr 1932/1933 hatte die Simultanschule einen Gesamtanteil von 54% der Volksschüler, die evangelische 29,7% und die katholische Schule 16%.[19]

2) Die Lösungsversuche von Bürgermeister Fitz

Noch vor der Schulanmeldung für das Schuljahr 1933/1934 versuchte Bürgermeister Fitz das Weißenburger Volksschulproblem endgültig zu lösen. Da die Durchsetzung einer Einheitsschule fast unmöglich war, wollte er mindestens "im Wege gegenseitigen Entgegenkommens" die Verschmelzung der Simultanschule und der evangelischen Schule durchsetzen.[20] Auf einer von Fitz einberufenen Besprechung zwischen Pfarrern und Lehrerschaft einigte man sich darüber, daß die neue Schule rechtlich eine evangelische Schule mit simultanem Charakter sein sollte, in der katholische Schüler gastweise aufgenommen werden könnten.[21] Außerdem wurde vereinbart, daß ein evangelisches Lesebuch benutzt werden und der Unterricht mit Gebet und Choral beginnen sollte. Mit dieser Einigung war auch die Kirchenleitung in München einverstanden, solange die neue Schule ein evangelisches Bekenntnisgepräge erhalte.[22]

Das Hauptproblem war jedoch der Name der neuen Schule. Die Kirche wollte den Namen "Evangelische Schule" und lehnte den Vorschlag "Christliche Gemeinschaftsschule" ab,[23] wohl deshalb, weil der Begriff "Gemeinschaftsschule" einen reformistisch-sozialistischen Beiklang hatte.[24] Die Zustimmung der Simultanen Elternvereinigung war aber nur dann sicher, wenn die Schule einen neutralen Namen bekam.[25]

Um die noch offenen Fragen zu klären, bat Bürgermeister Fitz das Kultusministerium um Stellungnahme zu folgenden Punkten:[26]
1) ob das Kultusministerium bereit sei, auf Grund der Verordnung vom 22.6.1920 die Ausnahmeregelung für Weißenburg zu genehmigen;
2) ob eine Einigung von Pfarrern, Lehrern und der Stadt genüge, oder ob eine Abstimmung der Elternvereinigungen notwendig sei;
3) ob nach der Verschmelzung der zwei Schulen die Eltern wieder eine Simultanschule beantragen könnten.

Daraufhin erfolgte am 12. Dezember 1932 eine vom Ansbacher Oberregierungsrat Dippold im Auftrag des Kultusministeriums einberufene Sondersitzung des Weißenburger Stadtrats.[27] Der erste Antrag, der wie Fitz Pfarrer Kalb versicherte nur eine Formsache sei, verlangte die Wiederherstellung der Einheitsschule und wurde mit 12 zu 8 Stimmen angenommen. Der zweite Antrag lautete:

"Wenn das Ministerium nicht bereit ist, den ersten Wunsch zu erfüllen, so wünscht der Stadtrat wenigstens die Verschmelzung der Simultanschule mit der Evang. Schule in den vereinbarten Formen unter der Voraussetzung, daß beide Elternvereinigungen... der Verschmelzung zustimmen."

Dieser Antrag wurde mit 13 zu 7 Stimmen (6 SPD; 1 KPD) angenommen.

Bis Ende Dezember hat die Evangelische Elternvereinigung den zweiten Beschluß des Stadtrats zugestimmt, während die Simultane Elternvereinigung mit ihrer Entscheidung noch zögerte, und zwar wohl deshalb, weil die Lehrer der Simultanschule aktiv gegen die Zusammenlegung der Schulen tätig waren.[28] Schließlich, am 27. Januar 1933 entschied sich die Simultane Elternvereinigung, der Verschmelzung nicht zuzustimmen.[29] Aber diese Entscheidung war ohnehin bedeutungslos, denn am 25. Januar hatte das Kultusministerium die Beschlüsse des Stadtrats abgelehnt, da die rechtliche Grundlage für eine Änderung fehlte.[30]

Mit dieser Entscheidung gab sich Fitz nicht zufrieden. In einem Schreiben an die Regierung in Ansbach vom 7. Februar betonte er, daß das Schulsystem in Weißenburg ein "Unding" sei, und den Gedanken der Volksgemeinschaft widersprechen würde.[31] Um die günstige, seit Hilters Kanzlerschaft herrschende Stimmung in der Stadt auszunutzen, schob er die Neuschulanmeldung auf und versuchte nochmal eine Lösung der Schulfrage zu finden. Diesmal gelang es ihm auf der Stadtratsitzung vom 6. Februar, einen Antrag mit 15 zu 4 Gegenstimmen durchzusetzen, der die Zusammenlegung der drei Volksschulen verlangte[32] und folgenden Wortlaut hatte:[33]

"Es sei die christliche Gemeinschaftsschule, die der Stadt Weißenburg überraschender Weise und nach Ansicht des Stadtrats zu Unrecht durch die Min.E. v.25.11.1926 Nr. 42997 genommen wurde, wieder herzustellen. Beantragt wird die Zusammenlegung der gegenwärtigen 3 Volksschulen

(Simultanschule mit 15, evangelische Schule mit 8 und katholische Schule mit 4 Klassen) zu einer christlichen Gemeinschaftsschule auf Grund der Ziff. II der VO v.22.6.1920 und der §§ 7 und 14 der VO v.26.8.1883 (GVBl, S.407), deren sachliche Voraussetzungen für eine konfessionell gemischte Schule (außerordentlicher, durch zwingende Verhältnisse bedingter Fall, keine Hindernisse für Erteilung zureichenden Religionsunterrichtes und Förderung des Unterrichtsinteresses) gegeben sind."

In einem ausführlichen Schreiben an die Regierung in Ansbach erläuterte Fitz den Antrag, der von einer 2/3 Mehrheit des Stadtrats getragen wurde.[34]

Zur Rechtslage wollte Fitz die Verordnung vom 26.8.1883 für Weißenburg angewandt sehen, wonach ein Stadtrat eine konfessionell gemischte Einheitsschule beantragen könnte, ohne daß es eine Abstimmung der Erziehungsberechtigten und direkte Zustimmung der kirchlichen Oberbehörden bedürfte. Dies sollte aufgrund vom Ziffer 2 der Verordnung vom 22.6.1920 möglich sein, wonach das Kultusministerium abweichende Vorschriften für Gemeinden wie Weißenburg, in denen die Verordnung vom 1.8.1919 durchgeführt wurde, erlassen dürfte. Außerdem habe das Ministerium schon einmal von der Verordnung von 1920 Gebrauch gemacht, als es 1926 die Konfessionsschulen in Weißenburg wieder einführte. Die Außerordentlichkeit des Falles und die zwingenden Verhältnisse sah Fitz für Weißenburg folgendermaßen erfüllt:

1) die Simultanschule habe sich in Weißenburg bewährt;
2) nur eine Minderheit habe 1926 die Konfessionsschule beantragt;
3) die alljährliche Abstimmungen führe regelmäßig zum Schulkampf, der für eine kleine Gemeinde besonders unerquicklich sei;
4) die Einheitsschule würde 3 Lehrstellen einsparen; und
5) die Einheitsschule würde eine bessere Klasseneinteilung ermöglichen.

Die Regierung in Ansbach reagierte zunächst positiv auf den Antrag für die Einheitsschule und fragte bei der evangelischen Kirchenleitung an, ob Hindernisse für die Erteilung des Religionsunterrichtes vorhanden sein würden.[35] Der LKR war aber keinesfalls mit der Einführung einer Einheitsschule in Weißenburg einverstanden.[36] Erstens bestritt der LKR, daß die Voraussetzungen, die die Verordnung vom 27.8.1883 verlangten, gegeben seien. Außerdem bezog man sich auf die Garantien im Artikel 9 des Staatsvertrages von 1924.[37] Der LKR betonte, daß ihre Zugeständnisse in der Weißenburger Schulfrage vom November 1932 "die äußerste Grenze des Entgegenkommens" seien.

Inzwischen waren wieder offene Spannungen in Weißenburg über die Schulfrage spürbar geworden. Die evangelischen Pfarrer reagierten empfindlich auf einen im "Weißenburger Tagblatt" über die Stadtratsitzung vom 6. Februar gedruckten Bericht, der fälschlich behauptete, daß es bis 1919 in Weißenburg eine Einheitsschule gegeben hätte, und der auch den LKR für das Scheitern der Einigung in der Schulfrage verantwortlich machte.[38] Da das Tagblatt eine Gegendarstellung nicht zuließ, wollte Pfarrer Kalb den "Kirchenzettel" in der Zeitung nicht mehr erscheinen lassen.[39] Auch eine private Bemerkung Pfarrer Rottlers zu einem Lehrer, er solle sich an dem Schulkampf nicht so aktiv wie vorher beteiligen, haben besonders die Lehrer der Simultanschule so verstanden, daß ein heißer Schulkampf geplant war.[40] Rottlers Äußerung erschien sogar in der süddeutschen Ausgabe des "Völkischen Beobachter".[41] Ein Schulkampf wie in füheren Jahren fand dennoch nicht statt, da die Schulanmeldung verzögert wurde, bis eine Entscheidung der Regierung getroffen war.

3) Schemm und die Weißenburger Schulverhältnisse

Der am 16. März ernannte kommissarische Kultusminister Hans Schemm wurde schon in der ersten Woche seiner Amtszeit mit der Weißenburger Schulfrage konfrontiert. Schon am 18. März wollte er bei einem Besuch in Weißenburg Gespräche mit den Beteiligten führen; ein Vorhaben, daß er jedoch aufschieben mußte.[42] Dem LKR machte Schemm den Vorschlag, für das Schuljahr 1933/1934, anstatt der normalen An- und Ummeldung, nur eine Anmeldung für Schulanfänger in Weißenburg stattfinden zu lassen.[43] Dem stimmte der LKR zu, solange die Maßnahme auf ein Jahr beschränkt blieb.

Am 6. April berief Schemm eine Besprechung über die Schulfrage in Weißenburg ein und erklärte, daß eine grundsätzliche Regelung des Schulproblems notwendig sei, wobei er die christliche Gemeinschaftsschule als beste Lösung ansehe.[44] Gleichzeitig versicherte er dem LKR: "Es liegt nicht in meiner Absicht, mich allgemein und schlechthin für die Gemeinschaftsschule und gegen die Bekenntnisschule als solche auszusprechen."[45]

Schemms Befürwortung einer "christlichen Gemeinschaftsschule" wurde aber von vielen Eltern als Kritik an die bestehende - und nun ohnehin als Erbe der "Systemzeit" verdächtigte - Simultanschule aufgefasst.[46] Bei der Schulanmeldung am 26. April, die ohne Schulkampf ablief, überwogen zum ersten Mal mit 73 Schülern die Anmeldungen für die evangelische Schule (Simultanschule 44; katholische Schule 31).[47] Dieses Resultat teilte der LKR dem Kultusministerium umgehend mit als Zeichen des Willens für die Bekenntnisschulen in Weißenburg und erklärte sich zu einem Gespräch in dieser Frage bereit.

Aber Schemms versprochene grundsätzliche Regelung der Weißenburger Schulfrage ließ auf sich warten. Anfang Juli stellte der Stadtrat erneut einen Antrag auf Einheitsschule, den das Kultusministerium am 15. Juli jedoch ablehnte, mit der Begründung, daß eine Neuregelung der Schulverhältnisse den

Ausgang der Konkordatsverhandlungen abwarten müßte.[48] Aber auch nach dem Konkordatsabschluß wurde ein erneuter Antrag des Stadtrats vom Januar 1934 vom Kultusministerium wieder abgelehnt.[49]

4) Die Schulfrage im Jahre 1934

Daß sich auch die Weißenburger Parteileitung für eine Einheitsschule einsetzte war schon allein wegen der besonderen Schulverhältnisse der Stadt verständlich. Im Januar 1934 machte aber auch die fränkische Gauleitung Propaganda für die "deutsche Gemeinschaftsschule" in Nürnberg.[50] Durch Zeitungsartikel, Handzettel und in Versammlungen wurde den Eltern nahegelegt, im Interesse der Volksgemeinschaft, die so eindrucksvoll bei der Volksabstimmung im November 1933 bestätigt sei, die Gemeinschaftsschule bei der kommenden Schulanmeldung für ihre Kinder zu wählen.[51] In mehreren Schulklassen in Nürnberg - auch in Bekenntnisschulen - haben sich Lehrkräfte durch Werbeplakate und Einladungen zu Werbeabenden für die Gemeinschaftsschule eingesetzt, was sogar Kultusminister Schemm als Mißbrauch der Schule kritisierte.[52]

Dieser offene Angriff auf die Bekenntnisschule ließ die Kirche nicht unbeantwortet. Unter der Überschrift "Das evang. Kind gehört in die Evang. Bekenntnisschule", gab Landesbischof Meiser einen Aufruf heraus, der in etlichen Zeitungen erschien.[53] Meiser bestritt, daß das Festhalten an der Bekenntnisschule dem konfessionellen Frieden abträglich sei, berief sich auf den Artikel 9 des Staatsvertrages vom 1924, der die Konfessionsschulen garantierte, und ermunterte die Eltern, sich nicht irremachen zu lassen und am evangelischen Schulideal festzuhalten. Ähnliche Verteidigungen der Bekenntnisschule erschienen in den Gemeindeblättern. Der Rother Kirchenbote kritisierte an der Gemeinschaftsschule, daß das Schulgebet und die evangelischen Choräle nicht möglich seien, daß der Religionsunterricht nur ein Anhängsel werde, und daß Gefahr drohe, "daß das, was im Religionsunterricht geschaffen wird, durch den übrigen Unterricht wieder vernichtet" werde; "so dient die 'christliche' Gemeinschaftsschule trotz aller guten Absicht nur dazu unser Volk weiter zu entchristlichen."[54] Wegen dieses letzten Satzes wurde das Blatt von der "Fränkischen Tageszeitung" öffenlich gerügt; es sei "eine Unverschämtheit" und "eine Entgleisung", so über die Gemeinschaftsschule zu schreiben.[55]

Auch die "Bayerische Lehrerzeitung" nahm im Januar 1934 eine klare Stellung gegen die Konfessionsschulen ein.[56] Sie fand es widersprüchlich, daß man die evangelischen Jugendorganisationen in die HJ eingliedere, dagegen die Jugend in der Volksschule getrennt nach Konfessionen lasse. Die Zeitung kritisierte auch die Kanzelerklärung der Landeskirche, die zum Festhalten an der Bekenntnisschule aufrief. Die Lehrerzeitung äußerte sich darüber erstaunt, weil sie "gerade von der evangelischen Kirche ein größeres Verständnis für den Zug der Zeit, der auf den Abbau aller trennenden Schranken innerhalb der Volksgemeinschaft hinweist, erwartet" hätte.

Zu dieser Stellungnahme der "Bayerischen Lehrerzeitung" zog das "Korrespondenzblatt" ein düsteres Fazit:[57]

"Die Linie ist klar: 1) Zerschlagung der evangelischen Jugendverbände; 2) Zerschlagung der Bekenntnisschule; 3) Zerschlagung der Konfessionen. Wir sind für diese Klarheit dankbar. Gerne würden wir aber noch wissen, was dann als 'Christentum' übrig bleiben soll. Etwa das Rosenbergs?"

In Weißenburg wurde der Streit um die Schulfrage im Januar 1934 wieder öffentlich ausgetragen, wobei diesmal die Partei die Initiative ergriff. In einem für den 19. Januar im Evangelischen Vereinshaus angekündigten Vortrag mit dem Titel "Dein Kind gehört in die deutsche Gemeinschaftsschule" sollte kein Geringerer als der Gaupropagandaleiter Holz sprechen.[58] Da Holz im letzten Augenblick verhindert wurde, sprach der Nürnberger Stadtrat Fritz Fink, einer der den Schulkampf der Partei in Franken maßgeblich mitgeführt hat.[59] Fink machte in seiner Rede die übliche Feststellung, daß der Nationalsozialismus es verhindert habe, daß die "Jugend in kommunistischem Geist erzogen wird", da er die bolschewistische Gefahr gebannt habe. Da man in Deutschland, nach 14 Jahren Klassenkampf, jetzt die Volksgemeinschaft aufbaue, müsse man auch das Gemeinsame im Schulsektor anstreben. Die Schule sei dazu da, "die Kinder zu rechten deutschen Menschen heranzuziehen" und nicht "den fanatischen Katholizismus oder den fanatischen Protestantismus zu fördern".

Die Gegenargumente der Kirche schilderte Pfarrer i.R. Karl Kelber in einem Artikel, "Die evangelische Schule", den die "Weißenburger Zeitung" an hervorragender Stelle auf derselben Seite wie den Bericht über die Fink-Versammlung brachte.[60] Kelber, der 1932 in der gleichen Zeitung leidenschaftlich für Hitler eingetreten war, schrieb, daß er jetzt genauso kämpferisch die Bekenntnisschule verteidigen müsse. Die Hauptgründe seiner Haltung waren, daß die Gemeinschaftsschule in dem sonst so erfolgreich im NS-Staat bekämpften Liberalismus würzle, und daß die Gemeinschaftsschule keinen Schutz gegen das Vordringen der deutschen Glaubensbewegung biete, die jetzt "auf dem Umweg über die Schule das evangelische Volksleben" zu untergraben versuche.

Zwei Tage später, unter der Überschrift "Das evang. Kind gehört in die evang. Bekenntnisschule", druckten beide Zeitungen Weißenburgs auch noch den Aufruf des Landesbischofs zur Schulfrage.[61] Nach so viel Widerspruch zu einer von der Partei vertretenen Position schrieb der empörte Kreisleiter Gerstner an das Bezirksamt:[62]

"Der Inhalt des Aufrufes stellt nicht nur eine gröbliche Beleidigung der Bewegung und damit auch ihres Führers dar, er muß sogar als Sabotageakt schlimmster Art gewertet werden. Es wird zu erwägen sein, ob man den hiesigen Zeitungen nicht eine Verwarnung zukommen lassen soll, nachdem das Einrücken des Artikels in dieser Form sogar ein Verbot der Zeitungen rechtfertigen dürfte."

Zwei Tage später brachte die Weißenburger Presse eine Stellungnahme der Partei zu Kelbers Artikel.[63] Der Autor - wahrscheinlich der Kreisleiter selbst[64] - wies Kelbers Behauptung entrüstet zurück, die christliche Gemeinschaftsschule, die die Partei anstrebe, sei mit der Simultanschule "des alten Systems" gleichzusetzen. Im Grunde wolle sich die Partei überhaupt nicht mit Religionsfragen befassen: "Wir haben uns lediglich zum Ziel gesetzt, das deutsche Volk für immer vom ewigen Juden und all den Kräften zu befreien, denen es nie um wahre Seelenwerte gegangen ist." Die Kirchen sollten sich lieber nicht mit Politik - auch nicht mit Schulpolitik - befassen, sondern sich der Seelsorge widmen. Damit das geschehe, empfahl Gerstner den Eltern, die deutsche Gemeinschaftsschule zu unterstützen.

Als letzte Propagandaaktion vor der Schulanmeldung erschien eine, wohl unter dem Druck der Partei zustandegekommene Erklärung von 28 NSLB-Lehrern in Weißenburg für die christliche Gemeinschaftsschule, darunter auch Namen der evangelischen Lehrer einschließlich des Leiters der Evangelischen Schule.[65]

Aber trotz des Druckes der Partei gelang es beiden Konfessionsschulen, Resultate zu erzielen, die sich durchaus im Rahmen der Ergebnisse der letzten Jahre bewegten:[66]

Neuschulanmeldungen

Jahr	Evang. Schule	Simultanschule	Kath. Schule
1931	43	84	19
1932	54	75	25
1933	73	44	31
1934	42	71	27

In Jahre 1934 hat sich auch der bayerische Ministerpräsident Siebert zur Gemeinschaftsschule bekannt. In einer Rede in Würzburg am 2. Mai gab er seine - für viele Leute wohl einleuchtende - Gründe für die Einführung einer Einheitsschule.[67] Dabei ging er allerdings nicht auf die Befürchtung der Kirchen ein, daß diese Schule die Rosenberg'schen Gedanken fördern könnte. Er führte aus:

> "Ich bin auch der Ansicht und wage es zu sagen, daß die gemeinschaftliche Erziehung unserer Jugend auch in der Volksschule unter Trennung des religiösen Unterrichts ein erstrebenswertes Ziel ist. Diese gemeinschaftliche Zusammenführung liegt im staatlichen und kirchlichen Interesse. Wir müssen den Glauben des anderen zu ehren verstehen... Wir müssen bei diesen Auseinandersetzungen zur Einigung kommen. Dann gibt es nichts mehr, was uns trennt im Ziel der Volkwerdung."

Gegen diese vernünftig klingenden Argumente war es nicht immer leicht für die Kirchen, vor den Gefahren der Einheitsschule zu warnen, denn dies bedeutete letztlich, daß man den Zusicherungen der gemäßigten NS-Machthaber wie Siebert doch nicht traute.

5) Der Kampf der Partei für die Gemeinschaftsschule bei der Einschreibung für das Schuljahr 1935/36

Vor der Schulanmeldung für das Schuljahr 1935/1936, die in Weißenburg am 13. Dezember 1934 abgehalten wurde, hatten die Kirchen keine Möglichkeit mehr, wie in früheren Jahren, ihre Interessen öffentlich zu vertreten. Alle Zeitungsmeldungen zur Schulfrage gaben ausschließlich die Meinung der Partei wieder, wie folgende parteiamtliche Mitteilung zwei Tage vor der Anmeldung in Weißenburg:[68]

> "Das in einer großen sittlichen Idee geeinte deutsche Volk hat am letzten Samstag, dem Tag der nationalen Solidarität, ein herrliches Zeugnis sowohl seiner inneren Verbundenheit als auch seines Vertrauens zur Staatsführung abgelegt. Während gewisse christliche Kreise sich Äußerlichkeiten wegen streiten, erzieht der Nationalsozialismus ein Volk zum Christentum der Tat. Der Führer, der uns ein Reich erkämpft, der über Klassenkampf und Standesdünkel, über Parteihaß und Konfessionshader hinweg ein deutsches Volk geschaffen hat, will für die deutsche Jugend nur eine Schule, die deutsch und christlich zugleich ist. Der Tag der Schuleinschreibung darf nicht Anlaß zu neuem Streit geben. Der Nationalsozialist schickt sein Kind in die Schule der Volksgemeinschaft: die christliche Gemeinschaftsschule."

Um diesem Standpunkt noch Nachdruck zu verleihen, erschien in der gleichen Zeitungsausgabe eine Erklärung der Leiter der drei Volksschulen in Weißenburg: "Die Lehrerschaft Weißenburgs tritt ein für die Schule der Volksgemeinschaft: die christliche Gemeinschaftsschule."[69] Obwohl selbst die Schulleiter der Konfessionsschulen auf diese Weise für die Auflösung ihrer Schulen plädiert hatten, brachten die Einschreibungsergebnisse keine wesentlichen Änderungen: Evang. Schule 32 Neueinschreibungen; Kath. Schule 26, Gemeinschaftsschule 88.[70] Die Konfessionsschulen blieben voll funktionsfähig. Für die Parteileitung in Weißenburg was dies eine empfindliche Niederlage; nun mußte sie sich andere Methoden zur Durchsetzung ihres Ziels überlegen.

Im Jahre 1935 verschärfte die Partei in Franken ihren Kampf für die Gemeinschaftsschule. Vor der Schuleinschreibung für das Schuljahr 1935/1936 in Nürnberg erschien in der parteioffiziellen "Fränkischen Tageszeitung" folgender Angriff auf die Konfessionsschulen:[71]

"Ewiggestrige versuchen in diesen Tagen, in denen eine Reihe von Eltern ihre Kinder zum ersten Schulbesuch anmelden müssen, aufs neue Konfessionsstreitigkeiten in das Volk hineinzutragen. Engstirnige und kleinliche Gesichtspunkte sind es meistens, blinder konfessioneller Fanatismus, der diese Menschen, die vom Geist der Volksgemeinschaft unserer neuen Zeit noch wenig verspürt haben, dazu veranlaßt, für die Bekenntnisschule einzutreten."

Dennoch brachten auch die Resultate in Nürnberg keinen Erfolg für die Partei. Der Anteil der Konfessionsschulen lag mit 21% nur knapp unter dem Ergebnis des Schuljahres 1934/1935 (22,5%) zurück.[72] Mit diesem Anteil war ein ordentlicher Schulbetrieb in den Konfessionsschulen noch aufrechtzuerhalten.

6) Die Abwehr der anti-christlichen Einflüsse in der Schule

Im Jahre 1935 wurde sich die Kirche zunehmend der Gefahr bewußt, daß die angestrebte Gemeinschaftsschule einer Gefährdung der Erziehungsziele der Kirche darstellte. Hinter den von der Partei oft verwendeten Parolen wie "Privatisierung der Kirche" und "Entkonfessionalisierung des öffentlichen Lebens", sah man das Bestreben, den Weg für die ungehinderte Propagierung einer betont völkischen NS-Weltanschauung freizumachen.

Für das Jahr 1935 bezeugen viele Beispiele von der Besorgnis der Kirche über diese Entwicklung, vor allem in Hinblick auf die christliche Erziehung der Kinder. Im Februar machte das "Korrespondenzblatt" die Pfarrer auf eine Bekanntmachung der NSLB-Kreisleitung Neurode aufmerksam, in der es hieß:[73]

"Wollen wir einen neuen, besseren Menschentyp erziehen und formen, so haben wir nationalsozialistischen Erzieher uns freizumachen von falschen alttestamentlichen Vorstellungen... Der Jude ist nicht auserwählt, er ist und bleibt die verworfenste Menschenrasse. Daher ist sein 'Gott' nicht unser Gott... Darum: erziehet die Kinder, unser höchstes Gut, nicht zu Judenchristen, sondern zu echten deutschen Christenmenschen der Tat!"

Wie sehr die völkische Weltanschauung in den Schulalltag schon eingedrungen war zeigt ein Beispiel aus der Praxis eines Katecheten in der 5.-7. Klasse einer evangelischen Dorfschule in Bayern nördlich der Donau.[74] Als im Religionsunterricht die Geschichte des Pfingstwunders in Jerusalem behandelt wurde, tauchte die aktuelle Frage auf: "Kann aus Juden eine solche Christengemeinde werden?" Der Katechet fragte zunächst, wie die Kinder die "Juden als Rassenmenschen" beurteilen würden. Ein Schüler antwortete zugleich, daß die Juden mehrere hundert Ritualmorde begangen hätten. Als der Kathechet diese Behauptung in Frage stellen wollte, kam "entrüsteter Widerspruch", wobei die Schüler ihre Autorität - wohl den "Stürmer", der in vielen Dörfern in "Stürmer"-Kasten zu lesen war - nannten. Zu der Frage des Pfingstwunders hatten die Schüler auch eine Antwort, wie der Katechet berichtete:

> "Die 3000, die sich auf Pfingsten hin bekehrt haben, waren ja gar keine Juden, das waren Galiläer! Der Katechet staunt. Bei den Kindern sichtliche Befriedigung, daß die Spannung so schön gelöst ist; nun ist Pfingsten allerdings eine glatte Sache: der Geist Gottes macht zu Christen nicht, welche Er will, sondern welche rassemäßig edel genug sind. Mit den Juden aber kann auch Er nichts anfangen: welch schöne Bestätigung der in der eigenen Brust wohnenden Gefühle gegen die Juden!"

Als der Katechet versuchte, diese Galiläa-Hypothese zu widerlegen, kamen weitere Behauptungen hervor, wie Jesus sei Arier, oder nur einer der 12 Apostel sei Jude - Judas Ischariot. Der Katechet schloß die Stunde mit einer eindringlichen "Warnung von Rassehochmut".

Wie die Kirche versucht hat, antichristliche Einflüsse in der Schule abzuwehren, zeigt ein Brief Meisers vom 19.1.1935 an das bayerische Kultusministerium.[75] In Windesheim hat der ehemalige Synodale, Lehrer Mitschke, vor Weihnachten ein Heft "Zur Feier der Weihenacht" in der Schule verteilt, in dem das Weihnachtsfest der germanischen Ahnen als Vorbild hingestellt wurde. Meiser erhoffte sich Hilfe vom Kultusministerium als er schrieb:

> "Wir lenken mit großem Ernst die Aufmerksamkeit des Staatsministeriums auf diese Propaganda eines Geistes, den wir als anti-christlich empfinden müssen, der hier in evangelische Bekenntnisschulen einzudringen sucht. Es ist ein nicht nur für die Kirche, sondern auch für die Volksgemeinschaft und den Staat untragbarer Zustand, wenn die Jugend des Volks unter zwei Autoritäten gestellt wird, die sich diametral widersprechen... Dieses Gestelltsein unter zwei einander widersprechende Autoritäten führt mit innerer Notwendigkeit zur Auflösung jeder Autorität."

Meiser schlug vor, Lehrer Mitschke zu vernehmen, ob er auch in seinem Unterricht gegen den christlichen Glauben arbeitete:

> "Darüber hinaus aber ersuchen wir auf Grund von dem, was wir aus dem ganzen Lande hören, zu prüfen, ob nicht eine allgemeine Anweisung gegeben werden sollte, im Sinne des Führers, der die Kirche und ihre Lehre feierlich unter den Schutz des Staates gestellt hat, alles zu vermeiden, was die Jugend im Glauben ihrer Väter irre machen könnte."

Es ist anzunehmen, daß der einige Wochen danach tödlich verunglückte Kultusminister Schemm nichts auf dieses Schreiben hin unternommen hatte, denn seine eigene Organisation, der NS-Lehrerbund, betrieb eine weltanschauliche Schulung, die keineswegs als Christentum-freundlich angesehen werden könnte.[76]

Am meisten beunruhigten die Kirche die offenen Angriffe auf die Bekenntnisschulen, die von der 1935 propagandistisch sehr aktiv gewordenen Deutschen Glaubensbewegung herkamen. In einem Werbeblatt für eine Hauer-Versammlung im März 1935 hieß es zum Beispiel:[77]

"Brauchst Du... die jüdisch-christliche Bibel? Brauchst Du... die Konfirmation oder Firmung; Brauchst Du... die Pastoren und Patres und die vom israelitischen Geist überfremdeten Kirche?"

Am 14. März machte der Führer der Deutschen Glaubensbewegung Wilhelm Hauer die Schulforderungen seiner Bewegung deutlich: "Unser deutscher Glaube fordert auch eine deutsche Erziehung. Deshalb sind wir für die deutsche Schule."[78] Dabei hatte die Kirche die Befürchtung, daß unter dem Begriff "deutscher Schule" eine deutschgläubige Zwangsschule gemeint sei; "Eine Schule auf Grundlage einer der nationalsozialistischen Weltanschauung als ihr Bestandteil und tragender Grund zugehörigen deutsch-gläubigen Religiosität."[79] Und Anfang April 1935 erklärte der LSA, daß die Bekenntnisschule "gemäß den Zusicherungen Hitlers" erhalten bleiben müsse. Dies verlangte der LSA ausdrücklich, denn "verschiedene Vorgänge der letzten Zeit geben Anlaß zu der Befürchtung, daß die Bekenntnisschule auf das ernstlichste gefährdet ist".[80]

Ein Aufruf der Deutschen Glaubensbewegung vom Oktober 1935 ließ hinsichtlich der Schulfrage an Deutlichkeit nichts mehr übrig:[81]

"Die Deutsche Glaubensbewegung beginnt in diesen Tagen den Kampf um die Deutsche (konfessionslose) Gemeinschaftsschule... Wir kämpfen um die Gemeinschaftsschule, weil wir unsere Kinder nicht mehr mit jüdischer Geschichte gefüttert wissen wollen."

Erwartungsgemäß ging die Haltung der Deutschen Christen in der Schulfrage konform mit den Wünschen der Partei. Der "Deutsche Sonntag" hat als Ziele der DC für die Zukunft u.a. aufgeführt:[82]

"Wir wünschen die Entkonfessionalisierung wie des öffentlichen so des kirchlichen Lebens. Das Verbindende, nicht das Trennende stehe vorne an. Als Grundlage hierfür erstreben wir mit die gemeinsame Erziehung und Schulung der gesamten deutschen Jugend, also die nationalsozialistischen Volksgemeinschaftsschule."

Allerdings versuchten die Deutschen Christen sich von der Propaganda der Deutschen Glaubensbewegung zu distanzieren:[83]

"Vor allem muß eindeutig klar sein, daß diese deutsche Schule nicht etwa eine deutschgläubige Schule sein darf. Gerade von diesem Gesichtspunkt aus gesehen, ist die Betriebsamkeit der deutschgläubigen Propaganda in dieser Richtung besonders peinlich. Denn sie diskreditiert die deutsche Schule, die wir alle ersehnen, als antichristliche Schule."

7) Die Zerschlagung der Bekenntnisschulen in Weißenburg

Der offene Angriff auf die Bekenntnisschule in Franken nahm ihren Anfang in Weißenburg. Für den 1. Oktober 1935 wurde eine Parteiversammlung einberufen, mit Anwesenheitspflicht für alle Parteigenossen.[84] Hauptredner des Abends war Kreisleiter Gerstner, der zuerst seinen Stolz über die kurz vorher beschlossenen Nürnberger Gesetze ausdrückte, vor allem "weil unser Gauleiter Julius Streicher der Wegbereiter... war." Seine Zustimmung zu den Gesetzen bekräftigte Gerstner mit einer Spitze gegen die Kirche:

> "Der Jude bleibt in alle Ewigkeit der Zerstörer des deutschen Blutes und in Zukunft werden sich auch die Kirchen mit diesem neuen Gesetz befassen müssen. Wir wollen nicht haben, daß Juden zu Christen werden."

Zum Schluß kam Gerstner auf das eigentliche Anliegen des Abends, die Durchsetzung der Gemeinschaftsschule als alleinige Volksschule in Weißenburg, als er sagte:

> "Die heutige Gemeinschaftsschule ist nicht zu vergleichen mit der Simultanschule der roten Systemzeit. Heute ist die Erziehung der Jugend eine Sache des Staates. Seit dem Jahre 1927 tobt in Weißenburg der Schulkampf. Diese Zustände länger zu dulden ist die Partei nicht mehr gewillt. Gerade in der Gemeinschaftsschule wird der Geist der Volksgemeinschaft der Jugend eingeprägt und in der Frage der Jugenderziehung kann die Bewegung nicht länger zusehen."

Konkret forderte Gerstner diejenigen Parteimitglieder mit Kindern in den Konfessionsschulen dazu auf, folgende Erklärung zu unterschreiben:[85]

> "Mein Kind war bisher in der evangelischen (katholischen) Schule. Ich erkläre mich bereit, daß es in Zukunft nur eine simultane Schule in Weißenburg geben soll, und daß ich mein Kind in diese Schule schicken werde."

Die Erklärung mußte bis zum 4. Oktober an der Polizeiwache abgegeben werden. Wer nicht unterschreiben wollte wurde aufgefordert, aus der Partei auszutreten oder sich einen Parteigericht zu stellen.[86]

Schon vor dieser Parteiversammlung hatte eine Lehrerratssitzung der Evangelischen Schule stattgefunden. Die Lehrkräfte mußten sich gegen Unterschrift verpflichten, für die Gemeinschaftsschule einzutreten und zu werben. Wer dies nicht tue, betonte Schulleiter List, widersetze sich dem Willen des Führers.[87]

Am 2. Oktober fand eine improvisierte Sitzung für die Lehrkräfte der drei Volksschulen statt.[88] Das Wort führte Hauptlehrer Sauber, der zwar kein Aufsichtsamt in der Schule hatte, aber als SA-Führer eine große Rolle in Weißenburg spielte. Er erwartete, daß die Lehrer eine von den Eltern unterschriebene Erklärung von mindestens 80% ihrer Schüler erhielten, sonst würden sie dem NSLB gemeldet werden. Auf dieser Sitzung soll es heftige Auseinandersetzungen gegeben haben, aber unter dem Druck der Partei hielten nur noch ein oder zwei Lehrer ihre Verteidigung der Bekenntnisschule aufrecht.[89]

Am 3. Oktober verteilten die Lehrer nach dem Vormittagsunterricht Erklärungszettel für die Gemeinschaftsschule an ihre Kinder mit der Weisung, sie in der Mittagszeit von ihren Eltern unterschreiben zu lassen und zum Nachmittagsunterricht zurückzubringen.[90] Trotz knapp zwei Stunden Bedenkzeit, unterschrieben auf diese Weise über 50% der Eltern. Diejenigen, die sich weigerten, bekamen über ihre Kinder eine Einladung zu einer Elternversammlung am gleichen Abend, einberufen vom Leiter der Evangelischen Schule, Oberlehrer List.

Erst auf dieser Versammlung hatte die Kirche die Möglichkeit, sich gegen das Vorgehen der Partei zu wehren. Diese Aufgabe fiel Pfarrer Rottler zu, da der Pfarramtsleiter Rüdel sich auf einer Volksmissionsschulung in Neuendettelsau befand und Pfarrer Kalb vermutlich die DC-Haltung zur Gemeinschaftsschule teilte. Rottler, am Abend vorher von Neuendettelsau vorzeitig zurückgekehrt, machte vor den Anwesenden die Postion der Kirche in drei Punkten deutlich:[91]

1) die Gefahr des Neuheidentums wird sich über kurz oder lang in der Simultanschule bemerkbar machen;
2) die Kirche könne nur eine allgemeine Regelung der Schulfrage akzeptieren, aber keine Sonderregelung;
3) die Kirche stehe zu den Worten des Führers vom März 1933, wonach die Verträge mit den Kirchen respektiert werden sollen.

Die Erwiderung übernahm Kreisleiter Gerstner, der betonte, daß Weißenburg in der Schulfrage den Anfang machen müsse. Der Schule drohe keine antichristliche Gefahr, da das positive Christentum im Parteiprogramm verankert sei. Eine Legitimation seines Kurses sah Gerstner in den Worten Hitlers auf dem letzten Parteitag: "Wo der Staat durch seine Bindungen nicht mehr weiterkönne, da müsse die Partei weiter durchstoßen und den NS-Gedanken vorwärts treiben."[92] Zum Schluß betonte Gerstner, daß das Christentum nicht an Konfessionen gebunden sei. Die Stimme des Blutes, der wahre Gottglaube, sei alleiniger Richter über Recht und Unrecht.

Nachdem Lehrer List diejenigen, denen die Gemeinschaftsschule widerstrebe, als außerhalb der Volksgemeinschaft stehend charakterisierte, wurden die Erklärungszettel verteilt, die die meisten anwesenden Eltern unterschrieben. Mit diesen Methoden gelang es der Partei, Unterschriften von 90% der evangelischen und 70% der katholischen Eltern von Bekenntnisschulkindern zu gewinnen.[93] Die verbleibende Minderheit wurde weiterhin unter Druck gehalten, so daß bis Anfang November 96% der evangelischen und 75% der katholischen Eltern die Erklärung unterschrieben hatten.[94] Bis Anfang Dezember waren es 97,5% der evangelischen und 91% der katholischen Eltern.[95]

Die Überraschungstaktik der Partei machte es dem Pfarramt unmöglich, eine effektive Gegenwehr zu organisieren. Als Pfarrer Rüdel am Freitag den 4.

Oktober zurückkam, protestierte er zugleich bei Gerstner und List, stellte aber fest, daß die Partei nicht gewillt sei, die genommenen Schritte zurückzunehmen.[96]

Am Sonntag den 6. Oktober sagte das Pfarramt zu den "in Gewissensnot geratene(n) Gemeindeglieder(n)" in einer Kanzelerklärung folgendes:[97]

1) "Die Evangelische Bekenntnisschule hat bisher immer das Ideal der Volksgemeinschaft gepflegt und vaterländische Gesinnung gelehrt."
2) "Durch den Vertrag des Bayerischen Staates mit unserer Kirche, der von der nationalsozialistischen Regierung anerkannt wurde, ist der evangelischen Kirche der Bestand und die Erhaltung der Evangelischen Bekenntnisschule feierlich zugesichert worden."
3) "Unsere Kirche kann das ihr gesetzlich zustehende Recht auf die Evangelische Bekenntnisschule grundsätzlich nicht preisgeben."

Am Montag fand eine kurzfristig einberufene Bekenntnisversammlung statt, in der Pfarrer Geyer von der Lorenzkirche in Nürnberg in seiner Rede "Fromme Eltern - fromme Kinder" die Position der Kirche zur Schulfrage darlegte.[98]

Die endgültige Entscheidung über die Einführung der Gemeinschaftsschule lag nun bei der Regierung in Ansbach. Das Pfarramt Weißenburg konnte nur noch die Kirchenleitung in München von dem Vorgang unterrichten und bitten, daß der LKR die Einwände der Kirche bei der Regierung geltend macht.

In seinem Bericht an den LKR betonte Pfarrer Rüdel, daß die Schulfrage in Weißenburg eine über die Stadt hinausgehende Wichtigkeit besitze.[99] Bemerkenswert fand er, neben der überraschenden Schnelligkeit mit der vorgegangen wurde, folgende zwei Aussagen der Partei:

1) "Es wurde offen ausgesprochen, daß Weißenburg den ersten Anstoß machen müsse. Es steht also zu erwarten, daß ähnliche Versuche folgen werden."
2) "Es wurde offen ausgesprochen, daß auf dem Weg über die Partei der Vertrag des Staates zu Fall kommen müsse."

Die etwas komplizierte Rechtslage der Volksschulen in Weißenburg wurden im November 1935 wesentlich vereinfacht. In Zusammenhang mit der Umwandlung der katholischen Bekenntnisschule in München-Englschalking ist durch den Entschluß des Kultusministeriums vom 27.11.1935 die Hoffmann'sche Schulverordnung für die Stadt Weißenburg aufgehoben; es galt nun die Verordnung vom 26.8.1883.[100] Gemäß § 7 Abs. V dieser Verordnung richtete die Regierung am 11. Dezember eine Anfrage an den LKR, ob bei der neuen Schulform in Weißenburg "der Erteilung zureichenden Religionsunterrichts etwa ein Hindernis im Wege steht".[101] Der LKR ließ ein Gutachten erstellen und antwortete am 27.1.1936, daß die Frage bezüglich des Relgionsunterrichts nicht beantwortet werden könne, ohne zu wissen, welche Schulklassen gebildet werden sollten.[102] Rechtliche Bedenken machte der LKR insofern geltend, als er bestritt, daß in Weißenburg ein außerordentlicher Fall vorliege, wie es die Verordnung vom 26.8.1883 verlangt. Auch wurde die Art und Weise, wie die

Abstimmung der Lehrer und Eltern zustande kam, kritisiert. Letztlich begründete der LKR seine ablehnende Haltung mit Bedenken über die weltanschauliche Ausrichtung der Schule:

> "Wir haben Grund genug zu befürchten, daß der Kampf von Neuem entbrennen wird, und zwar als Kampf gegen den konfessionellen Religionsunterricht in der Schule, wie er von der deutschgläubigen Bewegung und von der ihr erfaßten Lehrerschaft jetzt schon geführt wird."

Am 22.2.1936 billigte die Regierung in Ansbach den Antrag der Stadt Weißenburg auf eine Einheitsschule.[103] In einem 10-seitigen Schreiben begründete Regierungspräsident Dippold, der selbst im Januar 1936 sehr aktiv für die Gemeinschaftsschule in Nürnberg eingetreten war,[104] diesen Schritt:

> "Die beantragte Umwandlung diene... dem Frieden in der Gemeinde, fördere die Volksgemeinschaft und die Leistung der Schule und entspreche dem Willen des weit überwiegenden Teiles der Erziehungsberechtigten."

Die rechtliche Grundlage für die Umwandlung der zwei Bekenntnisschulen in Weißenburg in eine Einheitsschule sei die Verordnung vom 26.8.1883, derzufolge es sich um einen "außerordentlichen, durch zwingende Verhältnisse bedingten Fall" handeln müsse. Dazu komme noch der Grundsatz, der im Fall München-Englschalking näher ausgeführt wurde,[105]

> "daß die Rechtsvorschriften aus der Zeit vor der Machtübernahme durch den Nationalsozialismus im Sinne des nationalsozialistischen Gedankengutes auszulegen sind, wenn sie nach den üblichen Rechtsregeln eine Auslegung zulassen."

Es war für Dippold außerdem eindeutig, daß die Umstände in Weißenburg für die Einheitsschule sprechen würden. Die Abstimmungsergebnisse seien klare Beweise für den Willen der Erziehungsberechtigten; Nachweise für die Behauptung, die Abstimmung sei "unter Zwang und Drohungen zustande gekommen", könnten nicht bewiesen werden. Dazu sei Weißenburg historisch "Vorkämpferin der Gemeinschaftsschule":

> "Unter diesen Umständen müßte die Ablehnung des Antrages des Bürgermeisters in Weißenburg allgemeine größte Enttäuschung und Erbitterung hervorrufen und Ruhe und Frieden in der Gemeinde sowie auch die ungestörte Arbeit der Schule empfindlich beeinträchtigen."

Dippold stellte auch fest, daß die Erteilung des Religionsunterrichts in der Gemeinschaftsschule gewährleistet sei; eine Entscheidung, die "im pflichtgemäßen Ermessen der Regierung" lag.

Zu dem Einwand des Bischöflichen Ordinariats Eichstätt, die Beseitigung der Katholischen Schule in Weißenburg verletze Art.23 Satz 1 des Reichskonkordats, erwiderte Dippold, daß das Konkordat nur die Beibehaltung der katholischen Bekenntnisschulen als Schulform garantiere, nicht aber den Bestand einer einzelnen Schule. (Diese Argumentation wurde allerdings kurz darauf verlassen, als alle Bekenntnisschulen in Bayern beseitigt wurden.)

Außerdem sei die Willenserklärung der katholischen Eltern zu berücksichtigen, die sich zu 91% für die Umwandlung ausgesprochen hätten.

Die Nachricht von der Entscheidung der Regierung wurde von der Parteileitung begeistert aufgenommen. Unter der Schlagzeile "Eine nationalsozialistische Tat" rühmte sie ihren Erfolg:[106]

> "95,5 v.H. der Erziehungsberechtigten der beiden Konfessionsschulen haben sich im Oktober 1935 freiwillig für die Einführung der Gemeinschaftsschule ausgesprochen und damit ihre Verbundenheit mit der nationalsozialistischen Weltanschauung besonders unter Beweis gestellt. Was ist dagegen das kleine Häuflein derer, die glauben, in dieses freudige Bekenntnis für den Führer und sein Wollen nicht einstimmen zu können!"

Auch der Tätigkeitsbericht der Stadtverwaltung sah die Schulentscheidung in Weißenburg als Beweis für die Akzeptanz der NS-Weltanschauung unter der Bevölkerung:[107]

> "Als ganz besonderer Erfolg der weltanschaulichen Ausrichtung der Erziehungsberechtigten der Stadt Weißenburg i.B. ist es zu buchen, daß es dank einer überwältigenden Willenskundgebung möglich war, mit Beginn des Schuljahres 1936 die unglücklich gestalteten 3 Volksschulen in eine gut gegliederte Gemeinschaftsschule umzuwandeln. Damit ist ein Zustand zum Abschluß gebracht worden, der 9 Jahre lang immer wieder die Gemüter erregt und viel Unfrieden geschaffen hat."

8) Der Schulkampf in Nürnberg

Obwohl der Widerstand der evangelischen Kirchenleitung im Kampf um die Bekenntnisschulen in Weißenburg nicht so kompromißlos wie der der Katholischen Kirche war, die es zum Beispiel ablehnte, die Anfrage der Erteilung von Religionsunterricht an der neuen Gemeinschaftsschule zu beantworten, weil sie die Aufhebung der Hoffmann'sche Simultanverordnung für Weißenburg als verfassungsmässig unzuläßig hielt, war der LKR dennoch besorgt, daß das Weißenburger Beispiel Schule machen könnte. Diese Beunruhigung war auch verstärkt durch die aktive Propaganda der Deutschen Glaubensbewegung für die Gemeinschaftsschule sowie durch die Ankündigung der NSLB auf einer Kreistagung Mitte Oktober 1935, die Konfessionsschule in Nürnberg zu zerschlagen und Lehrer, die nicht mitmachten, in die Bayerische Ostmark zu schicken.[108]

Zur Abwehr gegen diese Tendenzen schickte Meiser am 30.10.1935 ein Rundschreiben an sämtliche Geistlichen.[109] Darin warnte er vor der weitverbreiteten Meinung, das Eintreten für die Gemeinschaftsschule fördere die Volksgemeinschaft, denn mit der Gemeinschaftsschule entstehe nach Meiser die Gefahr, daß der "Deutschglaube" sich in der Schule

> "immer stärker durchsetzt und ihre Haltung und ihren Geist immer mehr bestimmt. Damit geraten aber unsere evangelischen Kinder in der Gemeinschaftsschule unter Einflüsse, denen wir sie nicht aussetzen, und in einen Zwiespalt, dem wir sie nicht ausliefern dürfen, wenn wir nicht vor dem Herrn, dem wir sie in der Taufe übergeben haben, ewig schuldig werden wollen."

Daher ordnete Meiser an, die Gemeinde am Reformationsfest zur Verantwortung für die evangelische Bekenntnisschule aufzurufen.

Auch Kreisdekan Kern bat Ende Dezember 1935 die Pfarrer darum, die Frage der Konfessionsschule mit ihren Gemeinden zu behandeln:[110]

"In den Predigten und anderen gemeindlichen Veranstaltungen sollte immer wieder darauf hingewiesen werden, daß mit der Gemeinschaftsschule nur der alte oberflächliche Liberalismus, der auf politschem Gebiet überwunden wurde, auf weltanschaulichem seinen Triumph feiern will und daß diese Schule nur eine Etappe auf dem Weg zu einer völligen Entkonfessionalisierung unserer Jugend ist."

Wie angekündigt, fand der nächste Angriff auf die Bekenntnisschule Anfang 1936 bei der Schuleinschreibung in Nürnberg statt. Schon im Spätherbst 1935 begann der NSLB, die Nürnberger Lehrerschaft für die Gemeinschaftsschule zu verpflichten.[111] Bis Anfang Dezember hatten sich 859 Lehrer und Lehrerinnen bei nur 29 Gegenstimmen für die Gemeinschaftsschule erklärt, was der NSLB als Anlaß nahm, die gesamte Nürnberger Lehrerschaft zu versammeln um eine dreistündige Rede des Gauleiters Streicher anzuhören, der die opponierende Minderheit als "innerlich verkalkt" beschimpfte.[112] In dieser Versammlung verteilte man auch ein Flugblatt, in dem die Bekenntnisschule als "ständige Gefahr für die werdende Volksgemeinschaft" charakterisiert, und auch "vom Rassestandpunkt aus" abgelehnt wurde.[113]

Mitte Januar, zwei Wochen vor der Schulanmeldung am 31. Januar, eröffnete der Oberstadtschulrat Fink die erste von "über 150 Versammlungen zur Schulfrage" vor der NS-Frauenschaft St. Johannis.[114] Am 22. Januar sprachen Regierungspräsident Dippold und Stadtrat Fink vor einer Großversammlung im Kolosseum. Als Argument wurde immer wieder angeführt: die Christliche Gemeinschaftsschule würde den Schulkampf beenden, die gesamte Nürnberger Lehrerschaft sei dafür, und, wie Fink es ausdrückte, "wenn ein ganzes Volk in der Gemeinschaft marschiert, dann kann die Schule nicht abseits stehen."[115] Zusätzlich zu den Versammlungen haben die Lehrer der Bekenntnisschule die Anweisung bekommen, die Eltern der Kinder ihrer Klassen zu besuchen, um sie zur Ummeldung ihrer Kinder in die Gemeischaftsschule zu überreden.[116]

Das Dekanat Nürnberg versuchte sich zu wehren, indem es in einem persönlich adressierten Brief an die Eltern der Bekenntnisschule ausdrücklich vor der Gemeinschaftsschule warnte:[117]

"Wenn die christliche Gemeinde die Schulfrage nicht ernst nimmt, wenn sie nicht mit aller Kraft um jeden Fußbreit Boden, den ihr Gott im Leben der Jugend anvertraut hat, kämpft, werden die Deutschgläubigen die Schule erobern. Dann gibt es morgen keine evangelische Schule und übermorgen keine christliche Schule mehr."

Dieses Schreiben wurde aber kurz darauf polizeilich beschlagnahmt und eine Warnung vor einer weiteren Verbreitung erteilt.[118]

In den Gottesdiensten Ende Januar wurde das Wort des LKR zur Bekenntnisschule vom 23.1.36 behandelt, das zu diesem Zeitpunkt erfolgte, weil "schwerste Beunruhigung, ja Gewissensnot" durch den Schulkampf in der Kirche hervorgerufen worden sei.[119] An der evangelischen Schule müsse festgehalten werden, denn der christliche Charakter der Gemeinschaftsschule sei "weder durch eine autoritäre Erklärung noch durch ein Gesetz gegen den antikirchlichen Ansturm gesichert". Es sei daher zu befürchten, "daß am Ende des Schulkampfes nicht die christliche, sondern die neutrale Schule stehen wird, in der für den Glauben unserer Kirche kein Platz mehr ist."

Auf diese Abwehrmaßnahmen der Kirche wurde sofort reagiert. Sämtlichen Lehrern Nürnbergs wurde es zur Pflicht gemacht, an einer Versammlung am 29. Januar "auf Anlaß des Kultusministeriums" teilzunehmen, auf der mit großer Schärfe gegen die Haltung der Kirche vorgegangen wurde.[120] Die Bekenntnisschulen Nürnbergs wurden als "jämmerliche Dorfschulen" charakterisiert, und die "empörende" Art, wie die Pfarrer den Schulkampf führten, wurde heftig attackiert. Es sei eine Lüge, zu behaupten, die Gemeinschaftsschule führe zur heidnischen Schule, oder daß die Lehrer im Schulkampf unter Druck stehen würden. "Wer 'drückt' denn? Wer hat unst jahrelang 'gedrückt?'", fragte der Redner Stadtrat Fink, mit deutlicher Anspielung auf die 1919 abgeschaffte geistliche Schulaufsicht, und gab als Antwort:[121]

> "Die Dorfpfarrer und die Prälaten. Sie haben den Lehrerstand schlimmer denn Zuchthäusler behandelt. Sie knieten auf dem Lehrerstand. Die Kirche ist wie ein Bleiklotz auf ihm gelegen, nicht nur auf dem Lehrerstand, nein, auf dem ganzen deutschen Volk. Und heute versuchen sie es wieder. Dabei gehen sie jesuitisch, rabulistisch, talmudisch vor, benützen Worte des Führers und anderer Persönlichkeiten, als ob sie für die Bekenntnisschulen als die besseren Schulen wären, während sie vielmehr doch nur geduldet sind."

Dreißig anwesende Lehrer hatten immerhin den Mut, diese billige Anspielung auf das problematische Pfarrer/Lehrer Verhältnis nicht hinzunehmen, und als alle, die nicht mit der Gemeinschaftsschule einverstanden waren, aufgefordert wurden, sich zu entfernen, verließen sie "unter leidenschaftlichen Pfuirufen" den Saal.[122]

Die "Fränkische Tageszeitung", die in den letzten Januarwochen permanent Propaganda für die Gemeinschaftsschule brachte, klagte am 31. Januar, am Tag der Schulanmeldung: "...in einer Zeit, da man Grenzpfähle ausreißt, wollen Kräfte, die von Gegensätzen leben, innere Grenzpfähle höher aufrichten."[123] Es war demnach eine patriotische Pflicht, sich für die Gemeinschaftsschule zu entscheiden.

Am nächsten Tag konnte dieselbe Zeitung stolz den "Sieg der Gemeinschaftsschule" melden. Die Bekenntnisschulen bekamen nur 18% der Anmeldungen: 6% für die evangelischen, 12% für die katholischen Schulen.[124]

Es verblieben dennoch mehr als 2000 Kinder in der evangelischen Bekenntnisschule, was einen normalen Schulbetrieb noch gewährleistet hätte, wenn nicht die Schulbehörde die Eltern der Bekenntnisschulkinder unter großen Druck gesetzt hätte, um nachträgliche Ummeldungen zu bewirken. Die angewandten Methoden wurden von evangelischer Seite folgendermaßen geschildert:[125]

"Mit unrichtigen Angaben, mit unbestimmten Warnungen wegen zukünftiger Benachteiligung der Kinder und weiteren Schulwegen wurde gearbeitet. Obgleich nachträgliche Ummeldungen nur 'gastweise' und nur bei Vorliegen besonderer Härten gestattet sein sollten, wurden gesicherte Klassen zerstört, wurden Eltern durch stärkste Propaganda in ihrem Entschluß für die Bekenntnisschule erschüttert. Dadurch wurde die Zahl der noch für die Bekenntnisschule verbleibenden Schüler allmählich immer mehr verringert, so daß nun allerdings tatsächlich die unmöglichsten Schulverhätlnisse eintraten, mit denen man vorher ohne Grund die Eltern erschreckt hatte."

Nach dieser Aktion verblieben nur noch 340 Kinder in der evangelischen Bekenntnisschule.[126]

Die Vorgehensweise der Partei zur Durchsetzung der Gemeinschaftsschule in Nürnberg hat den entschiedenen Protest der Kirchenleitung hervorgerufen. In einem Brief an das Kultusministerium schilderte Kreisdekan Schieder, welcher Druck auf die evangelischen Eltern und Lehrer ausgeübt wurde. Zum Schluß fragte er:[127]

"Wir überlassen es dem Ministerium zu beurteilen, ob unter diesen Verhältnissen von einer freien Wahl die Rede sein kann. Ebenso überlassen wir es dem Ministerium, zu entscheiden, ob in dieser Art und Weise Volksgemeinschaft gebaut werden kann, und ob damit Vertrauen geschaffen werden kann zu den Behörden und zum Staat. Immer wieder hört man es bei denen, die die Treuesten im Dritten Reich sein wollen: 'Der Führer hat es uns doch versprochen, daß wir die Schule wählen dürfen, die wir haben wollen. Warum werden wir so vergewaltigt?'"

Von Landesbischof Meiser erhielt Schieder volle Unterstützung. In einem Schreiben an das Kultusministerium verlangte Meiser, daß Schieders Ehre, die von Stadtrat Fink in der Versammlung vom 28. Januar verletzt worden war, wiederhergestellt wird, und daß weitere Bemühungen, evangelisch eingeschriebene Kinder in Nürnberg auf Gemeinschaftsschulen umzumelden, vom Kultusministerium unterbunden werden.[128]

Am selben Tag beschwerte sich Meiser auch beim Reichserziehungsminister Rust über den Druck, dem die Nürnberger Lehrer ausgesetzt wurden:[129]

"Wir bitten nachdrücklich um Schutz gegen diese Unterdrückung der Gewissensfreiheit der Lehrerschaft. Es darf niemand ein Schaden daraus erwachsen, daß er sich für seine innere Überzeugung einsetzt, solange diese nicht gegen den Staat gerichtet ist."

Am 18. Februar 1936 kam es sogar zu einer persönlichen Unterredung im bayrischen Kultusministerium mit Oberkirchenrat Greifenstein und Prodekan Merkel, die die Zusicherung bekommen haben, daß alle Anmeldungen oder Ummeldungen in Nürnberg nach dem 31. Januar als ungültig zu betrachten sind.[130] Aber dieser bescheidene Erfolg war dennoch belanglos, da, wie Stadrat Fink klarstellte, die evangelischen Kinder nicht umgemeldet, sondern nur "gastweise" in die Gemeinschaftsschulen aufgenommen wurden.[131]

Indessen setzte die Nürnberger Schulbehörde ihre Bemühungen fort, die noch in Bekenntnisschulen verbliebenen Kinder mit den üblichen Mitteln in die Gemeinschaftsschule zu bekommen. Die Antwort der Kirche darauf war ein langer Beschwerdebrief Schieders an den Reichserziehungsminister Rust, in dem er zum Schluß sagte:[132]

> "Die Empörung über dieses Vorgehen der Stadtschulbehörde ist größer als es in der Öffentlichkeit den Anschein haben mag, da die Bevölkerung zu sehr eingeschüchtert ist, um ihre Überzeugung in öffentlich sichtbarer Form zu vertreten. Dafür geben aber die Sprechstunden der Geistlichen immer wieder erschütternde Bilder von der Gewissensnot, in die christliche Eltern durch diese ganze Aktion...gebracht werden."

Einige Tage später schrieb Schieder abermals an Rust, um festzustellen, daß die Gemeinschaftsschule in Nürnberg fast restlos gesiegt hatte, "mit dem Preis des Vertrauens zu den Zusagen der Behörden", denn:[133]

1) von der versprochenen freien Wahl der Schule könne keine Rede sein - es wäre ehrlicher gewesen, wenn die Bekenntnisschule in aller Öffentlichkeit gestrichen wäre;

2) die Zusage des Kultusministeriums, daß nur die Abstimmung vom 31. Januar Geltung habe, sei nicht eingehalten woren;

3) die Ausnahmeregelung mit Gastschülern sei überall zum Regelverfahren geworden.

Schieder betonte, daß er die einzelnen Fälle besser hätte belegen können, "wenn unsere Leute sich nicht fürchten werden, die Dinge schriftlich niederzulegen." Er bezeichnete es als "böses Zeichen", daß "unsere Leute um ihre Existenz fürchten müssen, wenn man ihre Namen in der Öffentlichkeit nennt."

Um dieser Beschwerde mehr Nachdruck zu verleihen, fuhr eine Abordnung Nürnberger Laien am 20.3.1936 zum Reichserziehungsministerium nach Berlin.[134] Die Eingabe dieser Vertreter der Nürnberger evangelischen Elternschaft gab der Sorge Ausdruck, daß wegen einer starken "Gegenbewegung gegen das Christentum" eine christliche Erziehung auf der Gemeinschaftsschule nicht gewährleistet sei und verlangte, "daß mit der Zerstörung der evangelischen Schule eingehalten werde." Die Eingabe endete mit der Feststellung:

> "Wir würden es aufs tiefste bedauern, wenn unserer Bitte, die zugleich die Bitte zahlreicher evangelischer Eltern ist, nicht entsprochen würde, und wir nach Nürnberg mit dem Eindruck zurückkehren müßten: es ist aussichtslos, wir bekommen nicht recht! Das wäre eine Nachricht, die in unseren Gemeinden tiefste Enttäuschung auslösen würde."

Aber anders als im Herbst 1934 blieb diese Abordnung letztlich erfolglos, auch wenn das Reichserziehungsministerium versprach, sich mit der Sache zu beschäftigen.

9) Die Verteidigung der Bekenntnisschule im Jahre 1936

Aber nicht nur der Parteidruck bei der Schulanmeldung in Nürnberg und München gab der Kirche Anlaß zur Sorge. Aus vielen Kleinstädten, vor allem in Mittelfranken, wurden Abstimmungen für die Gemeinschaftsschule veranstaltet - eine rechtlich bedenkliche Maßnahme, da sie in der Verordnung vom 1883 gar nicht vorgesehen war. Dekan Lieberich in Ansbach meldete im Februar 1936 beispielsweise, daß der Kampf gegen die Bekenntnisschule in seiner Stadt "mit unglaublichem Terror" durchgeführt und die Gemeinschaftsschule auf allen Parteiversammlungen propagiert würde.[135] Die Zeitungen brächten ausschließlich Stellungnahmen und Leserbriefe für die Gemeinschaftsschule. Die Lehrer seien verpflichtet worden, Hausbesuche im Interesse der neuen Schulform zu machen. Leuten, die auf die NS-Wohlfahrt angewiesen seien, drohe der Entzug der Unterstützung. In seinem Bericht an den LKR fasste der Dekan die Ergebnisse der Aktion zusammen:[136]

"Der Erfolg der Werbung mit 62% ist zum größten Teil auf Druck, Zwang, Drohung und Terror zurückzuführen. Die Anhänger der Gemeinschaftsschule hatten übrigens auf mindestens 80% gerechnet."

Diese Beschwerde leitete der LKR an das Kultusministerium weiter, mit der Forderung, die Abstimmung in Ansbach und in anderen Städten für ungültig zu erklären. Als Antwort bekam der LKR über die Regierung in Ansbach im April eine Stellungnahme vom Ansbacher Oberbürgermeister Hänel.[137] Er erledigte die Sache dadurch, daß er der Kirche überhaupt das Recht abstritt, eine Beschwerde einzureichen. Dabei berief er sich auf Meisers Rundschreiben an die Geistlichen und Religionslehrer vom 20.3.1936, in der Meiser von den "schweren Gewissensbedenken" sprach, die viele evangelische Christen vor der Wahl am 29. März hätten.[138] Diese würden, nach Meiser, gerne mit Ja stimmen, befürchteten aber zugleich, daß ihr "Ja" als Zustimmung zu "widerchristlichen und gegenkirchlichen Bestrebungen" mißdeutet werden könnte. Da Meiser vorhatte, "dem Führer des Volkes in aller Ehrerbietung wie in aller Offenheit die ernsten Sorgen und Nöte zur Kenntnis zu bringen," hoffte er dennoch, daß alle bei der Wahl ihr "Ja" geben könnten. Dazu Hänel:[139]

"Leute solchen Schlages, die hinter Landesbischöfen stehen, welche in den entscheidungsvollsten Stunden des deutschen Volkes geheime Instruktionen für die Wahl hinausgaben und darin dem Führer Versprechungen abverlangten, haben kein Recht zur Beschwerde im nationalsozialistischen Deutschland."

Alle diese Proteste und Beschwerden haben aber wenigstens eins bewirkt: die ganze Problematik wurde am 12. Mai 1936 im Reichserziehungsministerium in Berlin erörtert, allerdings mit unbefriedigenden Resultaten für die Kirche. Es hatte dann auch drei Monate gedauert, bis man dem LKR über die erreichte Entscheidung Bescheid gab, und das erst, nachdem der LKR am 11.8.1936 um eine Antwort gebeten hatte.[140] Im Schreiben vom 12.8. fasste das bayerische Kultusministerium die Ergebnisse seiner eigenen Vermittlung und auch der Besprechung im Reichserziehungsministerium in einem Schreiben zusammen. Die Kirche hat auf der ganzen Linie verloren:

1) Es habe bei der Schuleinschreibung keine Beeinträchtigung der Abstimmungsfreiheit der Eltern gegeben, lediglich eine "Aufklärung" der Bevölkerung.
2) Es gebe in Einzelfällen Verstöße, allerdings auf beiden Seiten - die Abstimmungsergebnisse seien deshalb gültig.
3) An der Schärfe des Kampfes sei die Kirche hauptsächlich verantwortlich.
4) Stadtrat Fink habe sich berechtigterweise gegen Schieder und seine "irreführende Darstellung der Gemeinschaftsschule" gewehrt.
5) Schließlich, obwohl die Umfragen zur Schulform in den kleineren Städten keine rechtliche Bedeutung hätten, seien sie dennoch auch nicht unstatthaft.

Obwohl die Kirche in der Schulfrage eine starke Rechtsposition hatte, wurde es nach dieser Erfahrung ziemlich eindeutig, daß sie ihr Recht nicht durchsetzen konnte, wenn Staat und Partei dagegen eingestellt waren. Auch vom Reichserziehungsminister Rust war keine Unterstützung zu erwarten. Denn obwohl er ein Jahr früher in einer Rede sagte: "Wir haben in einem Konkordat die konfessionellen Schulen gebilligt; was wir versprochen haben, das halten wir",[141] handelte er 1936 ganz anders. So hatte sein Ministerium im August 1936 zum Beispiel die Gestapo gewarnt, daß der LKR einen Beirat für die Führung des Schulkampfes beauftragt habe.[142]

Aber auch die Haltung der bayerischen Landeskirche zur Schulfrage erfuhr im Jahre 1936 eine gewisse Erweichung durch die kirchenpolitische Haltung des LKR. Auf der letzten Bekenntnissynode der DEK in Bad Oeynhausen (17./22.2.1936), bei der es zur Spaltung in der Leitung der Bekennenden Kirche kam, wurde ein klares Wort zur Schulfrage gesprochen. Sätze wie "...die christliche Grundlage des deutschen Schulwesens (ist) aufs äußerste bedroht", und "die neue Religion eines widerchristlichen Deutschglaubens wird auf dem Gebiete der Schule mehr oder weniger sichtbar begünstigt", bezeugen eine realistische Einschätzung der Lage. Folgende Mahnung wurde deshalb an die Gemeinden gerichtet:[143]

"Die christliche Gemeinde ist verpflichtet, wo es nötig ist, für das der Kirche gesetzlich gewährleistete Gut einer bekenntnisgebundenen christlichen Schule mit allem Nachdruck zu kämpfen."

Dem Beschluß zur Schulfrage hatte die bayerische Delegation zwar voll zugestimmt, aber die Spaltung in der Führung der Bekennenden Kirche zwischen der kompromißlosen Haltung der neugeformten zweiten Vorläufigen Kirchenleitung (2. VKL) und der gemäßigten Gruppe der intakten Landeskirchen im Rat der Evang.-Lutherischen Kirchen Deutschlands schwächte auch nach außen hin die Haltung der Kirche in der Schulfrage. Dies wurde besonders deutlich in der Reaktion auf die vertrauliche Erklärung der 2. VKL vom Mai 1936 an Hitler zur Lage der Kirche in Deutschland. Unter dem Absatz "Entkonfessionalisierung" stand Folgendes zur Schulfrage:[144]

"Die 'Entkonfessionalisierung' der Schule wird vom Staat bewußt gefördert. Unter Verletzung von Rechten der Kirche wird die Abschaffung der Bekenntnisschulen betrieben. Hierbei werden die Gewissen der Eltern stärkstem Druck der Partei ausgesetzt.
Rechtmäßig bestehende Pläne für den Religionsunterricht werden vielfach mißachtet. So sind schon lange vielerorts wesentliche Stücke biblischer Lehre aus dem Religionsunterricht ausgemerzt (Altes Testament) oder unchristliche Stoffe in ihn hineingekommen (Altgermanisches Heidentum)."

Auf diese Erklärung kam keine Reaktion der Regierung, bis der Text der Erklärung durch eine Indiskretion in einigen ausländischen Zeitungen erschien. Damit konnte der evangelischen Kirche von nationalsozialistischer Seite vorgeworfen werden, sie unterhielte konspirative Beziehungen zum Ausland.[145] Um diesen Vorwürfen zu begegnen, veranlaßte die 2. VKL eine Kanzelabkündigung für den 23.8.1936, die inhaltlich vieles von der Erklärung an Hitler wiederholte und auch einiges zur Schulfrage enthielt: "Die evangelische Schule wird bekämpft. Die Seelsorge an der heranwachsenden Jugend wird nahezu unmöglich gemacht."[146]

Diese Kanzelabkündigung wurde in Bayern nicht verlesen. Vielmehr versuchte sich die Kirchenleitung von den Verdächtigungen, die wegen der Erklärung an Hitler aufgekommen waren, zu distanzieren. In einer vom LKR für den 1.11.1936 angeordneten Kundgebung zum Reformationsfest hieß es:[147]

"Unser Herr Landesbischof wird im Zusammenhang mit einer Denkschrift, mit deren Abfassung und Verbreitung er in keiner Weise beteiligt war, als Hochverräter verleumdet. Daran schließt sich unverblümt die Aufforderung zum Austritt aus der Kirche. Und das alles geschieht in einer Zeit, wo unsere Kirche mit dem ganzen deutschen Volk im Kampf gegen die blutigen Greuel des Bolschewismus in Rußland und Spanien steht und wo alle Kräfte zur Durchführung des Vierjahresplanes zusammengefaßt werden müssen."

Damit verbunden war natürlich auch eine Erweichung in der Haltung der bayerischen Kirchenleitung zur Schulfrage. Diese Tendenz wurde am 20. November 1936 in Berlin noch verstärkt, als die Landesbischöfe Meiser, Wurm und

Marahrens mit den Vorsitzenden der Landeskirchenausschüsse zusammentrafen. In einer gemeinsam unterschriebenen Erklärung zur Schulfrage hieß es dann lediglich: "...in der Frage der Schulform und des Zusammenwirkens von nationalpolitischer und christlicher Erziehung ist eine eindeutige Regelung erforderlich."[148] Zum Schluß dieses Dokuments erklärten die Kirchenführer "alle Kräfte der Kirche gegen den Bolschewismus" einsetzen zu wollen, und drückten ihre Bereitschaft aus, "alle dahingehenden Maßnahmen des Reichskirchenausschusses zu unterstützen."[149] Darin konnte man auch ein stillschweigendes Einverständnis zu der am selben Tag veröffentlichten Erklärung des Reichskirchenausschusses zur Schulfrage sehen, in der der Schutz des Staates für die christliche Erziehung gefordert wurde, "falls, die überlieferte durch eine neue Schulform abgelöst werden sollte."[150] Regierungspräsident Dippold ziegte sich zufrieden über diesen Satz in seinem Monatsbericht für Dezember 1936: "Das klingt erfreulich stark wie eine Bereitschaft, sich mit der vordringlicheren Lösung der Schulfrage im Sinne der deutschen Gemeinschaftsschule abzufinden."[151]

Man wird um die Feststellung nicht herumkommen können, daß das Taktieren der bayerischen Kirchenleitung mit dem Reichskirchenministerium eine deutliche Abschwächung in der Haltung zur Schulfrage mit sich brachte. Die Landesbischöfe von Bayern, Hannover und Württemberg haben sich, so stellte die 2. VKL am 30. November fest, indem sie "dem Reichskirchenausschuß die kirchliche Anerkennung zugesichert" hatten, in Widerspruch zu dem Beschluß der Bekenntnissynode von Oeynhausen in Februar 1936 gesetzt, wo Kirchenleitung ohne Bekenntnisbindung als unmöglich erklärt wurde.[152] Auch das eindeutige und ausführliche Wort dieser Synode zur Schulfrage steht im scharfen Kontrast zu der Zustimmungserklärung zu dem Reichkirchenausschuß vom 20. November, wo lediglich ein "eindeutige Regelung" der Schulfrage verlangt. wurde.

10) Die Beseitigung der Bekenntnisschulen in Bayern

In vorderster Front des Kampfes für die Bekenntnisschule in Bayern standen Pfarrer Kurt Frör und Pfarrer Helmut Kern, die erst relativ spät am 8.7.1936 vom LKR mit der Führung des Schulkampfes beauftragt wurden.[153] Im Gegensatz zu Helmut Kern, dessen Temperament häufig mit ihm durchging, zum Beispiel als er argumentierte, die Gemeinschaftsschule sei "ein Gewächs der Aufklärung und des jüdischen Liberalismus", oder "die Gegner der Gemeinschaftsschule" (stünden) hinter Hitler..., die anderen gegen ihn"[154], behielt Frör eine klare, nüchterne Sprache. Seine Schrift "Der notwendige

Kampf um die Bekenntnisschule" im Frühjahr 1936 im Hermann Windel-Verlag, Wuppertal-Barmen erschienen, fasste die wichtigsten Argumente für die Bekenntnisschule zusammen, zeigte aber auch gleichzeitig, wo die Schwächen im kirchlichen Widerstand lagen.[155] Diese Schrift wurde am 20. Mai 1936 in Nürnberg beschlagnahmt,[156] und wohl aus diesem Grund erschien im selben Verlag die von ihm mitverfasste Schrift "Ein lehrreicher Vorgang! Grundsätzliches und Praktisches zum Nürnberger Schulkampf" unter dem Pseudonym Dr. Werner Piutti.[157] Dieses Heft, die im Sommer 1936 in Umlauf gebracht wurde, erweckte ebenfalls das Mißfallen der Regierung, die die Polizei anwies, ihre Verbreitung zu unterbinden.[158] Auch diese Schrift ist keinesfalls von Resignation geprägt. Trotz der aussichtslosen Lage in Nürnberg hofften die Verfasser "im nächsten Schuljahr ein Teil des verlorenen Geländes wieder" zurückgewinnen zu können.[159] Durch Schilderung der Vorgänge in Nürnberg, München, Ansbach, Gunzenhausen und Weißenburg wollten sie die anderen Gebiete der Landeskirche besser für den Schulkampf wappnen.

Wie notwendig solche Vorbereitung war, zeigte sich schon im Dezember 1936, als Adolf Wagner das Kultusministerium übernahm und eine energische Kampagne zur Beseitigung der Bekenntnisschule in ganz Bayern einleitete. Im Februar 1937 betonte er in einem Schreiben an die Regierungen, daß die Bildung von Gemeinschaftsschulen "im Rahmen der geltenden Bestimmungen mit allen geeigneten Mitteln zu fördern" sei. Als erster Schritt sollte man in Orten mit konfessionell gemischter Bevölkerung die außerordentlichen Umstände nach § 7 Absatz 1 der Verordnung von 1883 geltend machen. Abstimmungen sollten zwar nicht vom Staat verordnet sein, dürften aber von der Partei durchgeführt werden, um festzustellen, ob die Gemeinden noch mehr "Aufklärungsarbeit" benötigten.[160]

In Nürnberg gab es am 28. Januar 1937 zum letzten Mal Einschreibungen für die Konfessions- oder Gemeinschaftsschule. Einige Tage vorher hatte auch der Gauleiter persönlich vor einer großen Versammlung der Nürnberger Lehrerschaft für die Einheitsschule gesprochen. Die Resultate zeigten, daß nur noch ein zäher Kern der Eltern die Bekenntnisschule bevorzugte (4,7% für die evangelische, 4% für die katholische Schule).[161] Auf dem Weg eines Regierungsentschlusses am 19.4.1937 wurde dann die Bekenntnisschule in Nürnberg ganz aufgehoben. Wiederum legte der LKR "Verwahrung wegen der Behandlung der Nürnberger Eltern" ein, erwartete aber selbst nicht, laut Bericht des Kultusministeriums, daß die Entscheidung der Kreisregierung rückgängig zu machen wäre.[162] Der LKR gab aber dennoch am 9. Mai eine Kanzelabkündigung heraus, in der der Regierung in Ansbach Gesetzesverletzung und Vergewaltigung in der Nürnberger Schulfrage vorgeworfen wurde.[163]

Trotz Verhinderungen durch Regierungsstellen, versuchte der LKR die verbleibenden Bekenntnisschulen, vor allem auf dem Land, zu verteidigen. Am 22.4.1937 zum Beispiel schickte der LKR ein Rundschreiben an die Pfarrämter, das die Rechte der Kirche auf eine evangelische Schule und die gesetzliche Grundlage für die Umwandlung von Bekenntnisschulen in Gemeinschaftsschulen schilderte.[164] Es wurden auch auf Veranlassung des LKR evangelische Schulgemeinden zur Erhaltung der Bekenntnisschulen gebildet, die aber gleich im April 1937 vom Kultusministerium verboten wurden, da keine andere Gruppe neben der Deuschen Schulgemeinde e.V. toleriert werden sollte.[165]

Die Umwandlung der Schulen ging Wagner aber nicht schnell genug voran. Mitte Juni 1937 stellte er fest, daß die Sache mit der Gemeinschaftsschule zu stagnieren schien und verlangte deshalb, daß am Ende des Jahres alle Bekenntnisschulen in Bayern beseitigt werden müssen, wozu die Deutsche Schulgemeinde und die Gauleitungen zu mobilisieren seien.[166] Eine ständige Aufklärung für die Gemeinschaftschule müsse betrieben werden:[167]

> "Immer wieder ist zu betonen, daß auch in der Gemeinschaftsschule der Religionsunterricht in der gleichen Weise erteilt wird wie in der Bekenntnisschule. Nur wenn diese Gesichtspunkte beachtet werden, wird es gelingen, an allen Orten die Erziehungsberechtigten für die Gemeinschaftsschule zu gewinnen."

Das nächste Jahr sollte gleich zeigen, wie ernst seine Garantien des Religionsunterrichts gemeint waren.

In Oberbayern wurden die Schulabstimmungen schon am 11., 12. und 13. Juni durchgeführt, nachdem die Partei durch eine Versammlungswelle Propaganda für die Gemeinschaftsschule gemacht hatte.[168] Die Ergebnisse brachten nur noch 2,5% für die Bekenntnisschule, was die Regierung in Oberbayern am 19.6.1937 zum Anlaß nahm, sämtliche Bekenntnisschulen in Oberbayern in Gemeinschaftsschulen umzuwandeln. Dieser Vorfall war auch Gegenstand des fast dreistündigen, turbulenten Gesprächs Meisers mit Wagner am 2.7.1937.[169]

Nach diesem Gespräch dürfte es der Kirchenleitung klar gewesen sein, wie gering ihre Chancen waren, die Bekenntnisschule erfolgreich zu verteidigen, zumal der Staat noch ein effektives Druckmittel besaß, wie in dem Schreiben des Kultusministeriums vom 31.7.1937 zum Ausdruck kommt:

> "Sollte ein Geistlicher, der Religionsunterricht erteilt, im Schulkampf zu weit gehen und seine Pflichten als Erzieher gegenüber dem Staat verletzen, so wird ihm auf Grund der allgemeinen staatlichen Schulhoheit die Erteilung des Religionsunterricht untersagt."

Unter diesen Umständen haben manche Pfarrer sich mit der Gemeinschaftsschule abgefunden, damit man wenigstens dort den Anspruch der Kirche auf die religiöse Erziehung ihrer Kinder an den Schulen realisierten konnte.

Im Herbst, als es darum ging, die letzten Bekenntnisschulen in Franken zu beseitigen, war in der Schulfrage eine merkliche Resignation in evangelischen Kreisen zu beobachen. Die Regierung von Unterfranken meldete:[171]

"Äußerlich betrachtet ist gegen früher eine gewisse Ruhe eingetreten, man möchte fast von einer wohltuenden Zurückhaltung sprechen. Es muß anerkannt werden, daß der jeweils im Verfahren wegen Errichtung einer Gemeinschaftsschule einvernommene ev.-luth. LKR meist eine großzügige Haltung einnimmt.
Was das Verhalten der evangelischen Geistlichen betrifft, so konnte in letzter Zeit auffallende gegensätzliche Einstellung nicht festgestellt werden. An der innerlichen Einstellung dürfte sich allerdings leider kaum etwas geändert haben."

Zur selben Zeit konnte die Regierung von Mittel- und Oberfranken melden:[172]

"Die Umwandlung stößt dort nicht auf Widerstand und bereitet keine Schwierigkeiten, wo es sich um die Umwandlung der einzigen in der Gemeinde vorhandenen Bekenntnisschule handelt und diese von keinen oder nur wenigen Schülern der Bekenntnisminderheit besucht wird, denn in diesen Fällen bedeutet die Umwandlung in eine Gemeinschaftsschule praktisch keinerlei Änderung."

Inwieweit diese Regierungsberichte die tatsächliche Lage schildern, läßt sich hier nicht feststellen. Es ist zugleich eindeutig belegt, daß es ein Vielzahl von Gemeinden gab, die sich der Schulaktion vom 1.12.1937, die zur Einführung der Gemeinschaftsschule in Franken führte, energisch widersetzt hatten.[173] Ein Beispiel war die Gemeinde Ettenstatt im Dekanat Weißenburg, deren Pfarrer, Wilhelm Luff, einen ausführlichen Bericht über den Schulkampf in seiner Gemeinde an den LKR schickte.[174] In diesem Bericht sind die Methoden, die die Partei bei der Schulaktion angewandt hat, detailliert geschildert. Am Vormittag des 1. Dezember erfuhr Pfarrer Luff, daß die beiden Lehrer im Ort unterwegs waren, um Unterschriften für die Gemeinschaftsschule zu holen. Da sie die Außenorte noch nicht erreicht hatten, fuhr Pfarrer Luff los, um mit seinen Vertrauensleuten Blätter zu verteilen, in denen die Rechte der Kirche auf eine evangelische Schule dargestellt waren.[175] Pfarrer Luff fuhr anschließend ins Dekanat und dann weiter zum Kreisdekan in Nürnberg, von wo aus ein Bekenntnisgottesdienst für den selben Abend in Ettenstatt mit Pfarrer Geuder ausgemacht wurde. Inwzischen haben die Lehrer die Eltern - meist Frauen - zum Unterschreiben gebracht, wobei sie nicht einmal erwähnten, daß es um die Gemeinschaftsschule ging. Es wurde stattdessen gesagt, es gehe um die christliche Erziehung, oder um die Beibehaltung des Religionsunterrichts in der Schule, oder darum, den Einfluß des Hauses Ludendorff abzuwehren. Als die Leute später erfuhren, daß sie für die Gemeinschaftsschule unterschrieben hatten, gab es Bestürzung und Empörung. Die Lehrer wurden regelrecht im Schulhaus von Eltern belagert, die ihre Unterschrift zurücknehmen wollten. Die Lehrer ließen aber niemanden herein. Dabei mußten sie sich Vorwürfe anhören wie, sie hätten "die Leute zusammengetrieben...wie Hasen auf einer Hasenjagd" oder sie hätten das ehrliche Vertrauen der Gemeinde grob mißbraucht. Auf diese Weise aber hatten die Lehrer ihr Ziel erreicht: 39 Stimmen für die Gemeinschaftsschule, 35 dagegen. Im März desselben Jahres hatten sich bei einer von der Kirche eingeleiteten Abstimmung 95% der Gemeinde für die Beibehaltung der Bekenntnisschule erklärt.[176]

Die Gemeindeberichte über den Schulkampf in Franken im Dezember 1937 waren die Grundlage eines Protestschreibens, das der LKR an das Kultusministerium Ende Januar 1938 richtete. Zusammenfassend stellte der LKR fest:[177]

"Die Aktion zur Schulfrage hat der Gemeinschaftsschule in Franken den Sieg gebracht. Aber mit welch hohen Opfern an Vertrauen und mit welch tiefen Gewissenswunden bei den einzelnen wurde dieser Sieg erkauft!"

Wie so oft vorher in der Schulfrage legte der LKR auch hier Rechtsverwahrung ein:[178]

"Wir erklären, daß wir das Ergebnis der Abstimmung, das unter den geschilderten Umständen zustande gekommen ist, nicht rechtlich gültig und als den Forderungen des Vertrages mit dem Staate entsprechend anerkennen können.
Wir bitten mit aller Eindringlichkeit, daß wo bei dieser Volksbefragung Unrecht geschehen ist, das Unrecht dem Widerruf derer, die sich überrumpelt und getäuscht fühlen, stattgegeben wird. Wir bitten endlich, daß den Orten, die sich in ihrer Mehrheit zur Bekenntnisschule bekannt haben, wie auch den anderen Orten, die aus bestimmten Gründen nicht befragt worden sind, ihr gesetzliches Recht auf eine evangelische Schule belassen wird.
Unsere evangelischen Gemeinden in Franken sind in ihrem Glauben und in ihrem Gewissen tief verletzt worden. Deshalb wären wir für eine baldige Antwort dankbar."

Der Gemeindebericht aus Ettenstatt und ähnliche Berichte belegen, wie ernst die Schulfrage in Franken genommen wurde. Sicherlich hat die Partei und die ihr nahestehenden Lehrer durch die Schulfrage sehr viel an Vertrauen eingebüßt. Die Frage stellt sich aber, ob eine Gemeinde wie Ettenstatt typisch war für den Widerstand der evangelischen Kirche in Bayern gegen die Umwandlung der Bekenntnisschulen. Sicherlich war Ettenstatt kein Einzelfall. Vor allem in ländlichen Gemeinden, wo der Pfarrer sich energisch für die Beibehaltung der Bekenntnisschule einsetzte, hatte sich wohl ähnliches abgespielt.[179] Wie war es aber um die vielen Pfarrer bestellt, die man zum "BdM" (Bund der Mitte) rechnete, und die jedem direkten Konflikt mit Staat und Partei auswichen? Die Vermutung liegt nah, daß sie sich auch in der Schulfrage nicht exponiert hatten, vor allem in geschlossenen evangelischen Gemeinden, wo man die Einführung der Gemeinschaftsschule bloß als Etikettenwechsel betrachten konnte. Auch die Lehrer der evangelischen Schulen haben sich zum großen Teil nicht für die Beibehaltung der Bekenntnisschulen eingesetzt. Hier spielten natürlich bedrohliche Konsequenzen wie Versetzung oder Benachteiligung im Beruf eine entscheidende Rolle, aber auch der langbestehende Konflikt zwischen Pfarrer und Lehrer hatte hier seine Auswirkungen.

Eine andere Schwachstelle im Schulkampf waren die evangelischen Eltern, die eigentliche Zielgruppe der NS-Kampagne zur Einführung der Gemeinschaftsschule. Pfarrer und Kirchenleitung mußten sie vom Sinn des Festhaltens an der Bekenntnisschule manchmal erst überzeugen, was vor allem in den Groß- und Mittelstädten kein leichtes Unternehmen war. Daß es viele Einwände gegen die Position der Kirche in der Schulfrage unter den Eltern gab, geht aus dem Heft "Der notwendige Kampf um die Bekenntnisschule" von Kurt Frör hervor.[180] Er bezeichnete es als eine sehr verbreitete Meinung in "ernsten christlichen Kreisen", daß die Bekenntnisschule durch die christliche Gemeinschaftsschule ersetzt werden solle und daß deshalb ein Schulkampf unnötig sei. Frör versuchte seine Leser davon zu überzeugen, daß das eigentliche Ziel die "heidnische Schule" im Dienste des "Deutschglaubens" sei. Auch dem Einwand, die Bekenntnisschule sei oft nur noch ein Firmenschild, mußte Frör entgegnen:[181]

"Fallen einmal die Bekenntnisschulen, die keine Bekenntnisschulen mehr sind, dann fallen auch die, die noch wirkliche Bekenntnisschulen sind, vor allem die christlichen Privatschulen, die für den Aufbau lebendiger Gemeinden, je länger je mehr, von unersetzlicher Bedeutung sind."

Schließlich behandelte er den Einwand, der von Leuten gemacht wurde, die die Lage nicht so pessimistisch sahen und die bereit waren, der NS-Propaganda Glauben zu schenken, die Gemeinschaftsschule helfe die wahre Volksgemeinschaft herzustellen. Frör fragte dazu,[182]

"ob wir als Christen das Recht haben, die Einheit des Volkes dadurch zu erschleichen, daß wir die Wahrheit des Evangeliums preisgeben. Wie sollte aber die Einheit des Volkes gesegnet sein, die nur möglich ist um den Preis der Wahrheit?"

Bald stellte es sich heraus, daß Frörs pessimistische Prognose eher realistisch war. So gab es in Weißenburg schon nach Einführung der Gemeinschaftsschule Schwierigkeiten mit dem Religionsunterricht; als Folge der Zusammenlegung von Klassen gab es zum Beispiel Religionsstunden mit über 50 Kindern.[183] Die Reduzierung der Wochenstunden für den Religionsunterricht, dessen Verlegung auf die "Eckstunden" im Frühjahr 1938, die die schon vorher leichter gemachte Abmeldung noch begünstigte, schwächten den kirchlichen Anspruch auf die religiöse Erziehung ihrer Kinder in den Schulen.[184] Schließlich kam im November 1938 die von vielen Lehrern befolgte Aufforderung des NS-Lehrerbundes, den Religionsunterricht niederzulegen, da die Behandlung des Alten Testaments unvereinbar sei mit "rassischen Gesichtspunkten".[185] Danach mußten die Geistlichen die von den Lehrern niedergelegten Stunden übernehmen, was in manchen Orten dazu führte, daß der Pfarrer 15-20 Wochenstunden Religionsunterricht zusäztlich erteilen mußte, um den kirchlichen Anspruch auf Religionsunterricht als ordentliches Lehrfach aufrechtzuerhalten.[186] Schließlich drohte der Münchener Stadtschulrat auch dies zu unterbinden, als er für die Abschaffung des konfessionellen Religionsunterricht an den Schulen plädierte.[187]

Zum Schluß muß die Frage gestellt werden, wie entschieden der Widerstand der evangelischen Kirchenleitung in der Schulfrage tatsächlich war. Die Akten belegen zwar, daß der LKR immer rechtzeitig und energisch Beschwerde einlegte, wo der Staat die Rechte der Kirche mißachtet oder abgeschnitten hatte. Aber die Kompromißbereitschaft der Kirchenleitung mit dem Reichskirchenminister und dem Reichskirchenausschuß hat diese Position, wenigstens nach außen hin, sichtlich geschwächt. Es ist auch kennzeichnend, daß die Hauptlast der Aufklärungsarbeit in der Schulfrage von Kurt Frör getragen wurde, einem, der dazu neigte, die kompromißlose Haltung der norddeutschen Bekenntnispfarrer zu teilen.

Anders als beim Widerstand gegen die Jäger-Aktion im Herbst 1934, erlangte der Schulkampf nie den status confessionis-Charakter - vielleicht, weil die Kirche selbst nicht direkt tangiert wurde, denn der Verbleib des Religionsunterrichts wurde versprochen, vielleicht, weil man die Aussichtslosigkeit des Kampfes erkannt hatte. Die Kirche war auch machtlos einem Gegner gegenüber, der bereit war, Rechtsbeugung und Täuschung in Kauf zu nehmen, um seine Ziele durchzusetzen. Letztlich war die Kirchenleitung durch ihre eigene Hoffnung verblendet, die Regierung, deren nationale Ziele sie bejahte, die Rechte der Kirche doch letztlich respektieren würde. Vielleicht gilt für Meiser und seine Berater, was der LKR selbst über die fränkischen Bauern schrieb: die Gegenseite im Schulkampf habe Mittel benutzt, "denen das fränkische Volk in seinem einfachen und geraden Sinn nicht gewachsen war".[188]

IX DIE WEITERE ENTWICKLUNG IN WEIßENBURG UNTER DEKAN FROBENIUS:
    1936 - 1939

Als Dekan Frobenius seine Amtszeit in Weißenburg im November 1935 begann, war der Kampf um die Bekenntnisschule schon verloren und die Macht der Deutschen Christen auch deutlich geschwächt. Der DC-Gruppe in Weißenburg gegenüber verfolgte Frobenius von Anfang an die Taktik, grundsätzlich keine Front gegen sie zu bilden, "weil sie bloss durch eine vorhandene Front ihre Daseinsberechtigung vor der Öffentlichkeit erwiesen hätten".[1] Deshalb vermied es Frobenius, auswärtige Bekenntnispfarrer nach Weißenburg einzuladen,[2] und deshalb wurden auch die Versammlungen der Bekenntnisgemeinschaft eingeschränkt.

Seine erste Konfrontation mit den DC geschah im Februar 1936, nachdem sich Pfarrer Ruck in einer DC-Versammlung in Weißenburg am 19.2. über das Verhalten der Dekane bei den Verhandlungen mit dem RKA-Vorsitzenden Zoellner am 31. Januar in München beklagt hatte. Bei diesem Treffen hatten sämtliche Dekane der Landeskirche die DC als Störenfriede der Gemeinden bezeichnet und ein Minderheitsrecht für sie strikt abgelehnt.[3] Ruck forderte die anwesenden DC dazu auf, Dekan Frobenius wegen seiner Teilnahme an der Erklärung der Dekane mit Protestbriefen zu überschütten.

In Wirklichkeit bekam der Dekan aber einen einzigen Brief und am nächsten Tag einen Besuch von DC-Gemeindegruppenleiter Veeh und seinem Sekretär Rauenbusch. Da Frobenius sich von der Erklärung der Dekane nicht distanzieren wollte, verloren seine Gesprächspartner bald die Fassung.[4] Rauenbusch drohte: "Kern ist ein Schweinehund, und der Schieder, der soll nur wieder einmal nach Weißenburg kommen, der schleicht sich nicht mehr so heimlich von hier fort wie der andere." Und Veeh, nachdem der Dekan diese unmenschliche Redensart gerügt hatte, fügt hinzu: "Sie werden noch besser und schneller aus Weißenburg hinausfliegen wie ihr Vorgänger. Daß Sie das schon so bald fertig gebracht haben, das hätten wir nicht gedacht!" Frobenius versicherte die Herren, daß er das Amt in Weißenburg nicht angestrebt habe, und daß er beiden als ersten "eine Dankeskarte" schicken würde, wenn er "Weißenburg im Rücken" hätte. Der weitere Verlauf des Gesprächs über rassische Fragen, das Alte Testament und die Beständigkeit des Bekenntnisses war ebenso unbefriedigend, so daß Frobenius am Schluß "den erschütternden Eindruck" hatte: "Hier hast Du den Bolschewismus gesehen und gehört. Kein Trommelfeuer im Feld hat mich so für Deutschland erzittern lassen."

Über die Rede Rucks und den Besuch der DC-Leiter bei Frobenius wollte Pfarrer Kalb nichts gewußt haben, auch wenn er noch nicht bereit war, sich von der Sache der Deutschen Christen zu distanzieren.[5]

Nachdem Frobenius diese erste Kraftprobe mit den DC gut überstanden hatte, kam es im April 1936 erneut zu einem Konflikt mit der Weißenburger DC-Gruppe. Für den 6. April wollten die Mitglieder des Evangelischen Bundes eine Versammlung mit einem Vortrag von Pfarrer Bauer aus München über "Volkskirche oder Freikirche" in einem Gasthaussaal abhalten.[6] Nachdem die Ankündigung in der Presse schon erschienen war, gab das Bezirksamt die Verfügung bekannt, "daß Vorträge mit kirchlichem Inhalt nicht mehr in öffentlichen Lokalen gehalten werden dürfen", und schlug die Abhaltung der Versammlung in einer Kirche vor. Daraufhin haben die Veranstalter die stadteigene, seit dem Anfang des 19.Jahrhunderts der evangelischen Gemeinde zu öffentlichen Gottesdiensten überlassene Spitalkirche als Ort des Vortrags gewählt.

Diese Wahl erregte den heftigen Widerstand Pfarrer Kalbs, der einen Beschwerdebrief im Namen der Weißenburger DC an Reichskirchenminister Kerrl richtete.[7] Kalb betonte, daß die Verlegung in eine Kirche eine "Umgehung eines staatlichen Verbotes" sei, und daß die Benutzung der Spitalkirche durch den Evangelischen Bund, der der kirchenpolitischen Richtung der Bekenntnisfront entspreche, für die DC besonders ärgerlich sei. Ihrerseits würden die DC staatliche Anordnungen strikt respektieren; sie hätten auch auf eine Dankfeier nach der Reichstagswahl (29.3.1936) im Interesse des Friedens verzichtet.

Gleichzeitig beschwerte sich Kalb beim Kreisleiter Gerstner, der daraufhin der Kirchenverwaltung drohte, das Recht zur Benutzung der Spitalkirche aufzuheben, falls sie wieder von einer kirchenpolitischen Gruppe benutzt werde.[8]

In seinem Bericht an den LKR bezeichnete Frobenius den Vortrag beim Evangelischen Bund als sachlich und biblisch-kirchengeschichtlich fundiert und ohne Angriffe auf die DC.[9] Die Versammlung als "kirchenpolitische Sonder-veranstaltung" zu titulieren, sei falsch, denn der Bund, der seit 1887 bestehe, sei keine Gegengründung zu den DC. Überhaupt habe die Bekenntnisgemeinschaft Weißenburgs, seit er Dekan sei, keine Veranstaltungen gehalten, während in der gleichen Zeit die DC mehrere Sprechabende und vier große geschlossene Veranstaltungen durchgeführt hätten. Zwei dieser Vorträge - von Pfarrer Gollwitzer und Pfarrer Ruck - seien dem kirchlichen Frieden in Weißenburg nicht gerade dienlich gewesen. Zum Schluß seines Berichts stellte Frobenius über die DC in Weißenburg fest:

"Den Beweis, daß es ihr wirklich um den Frieden in der Kirche geht... hat in Weißenburg in der Zeit, in der ich das hiesige Pfarramt und Dekanat zu führen habe, nur die evang.-luth. Gemeinde mit Einschluß der Bekenntnisgruppe gegeben. Wir warten seit Wochen auf den gleichen Willen von Seiten der Deutschen Christen. Es wäre zu wünschen, daß künftig unsere Behörden, die, weiß Gott, große und schwere Aufgaben zu bewältigen haben, mit all dem Kleinkram solcher aufgebauschter, unsachlicher Meldungen verschont blieben."

An den Verhandlungen zwischen der Kirchenleitung und Vertretern der DC im Sommer 1936 hat sich auch Pfarrer Kalb beteiligt.[10] Seine Beiträge zum Gespräch am 1. Juli verdeutlichen, woran diese Verhandlungen letztlich scheiterten, denn er verlangte, daß der Landesbischof die DC-Bewegung als gut kirchlich erkläre, damit die Diffamierung gegen die DC aufhöre. Außerdem forderte er, daß den DC-Pfarrern weitgehende Rechte in der Kirche zugesichert werden sollten.[11] Für Meiser waren diese Forderungen unannehmbar, denn eine Anerkennung der DC-Reichsbewegung war angesichts der Zustände in Norddeutschland völlig indiskutabel. Wegen der Unnachgiebigkeit der DC und auch wegen der Spaltungen in ihren eigenen Reihen scheiterte auch diese Verhandlungsrunde.[12]

Im September 1936 erreichte die Spaltung der DC auch Weißenburg, als es Dr. Beer gelang, eine Ortsgruppe der Thüringer DC, den er seit Frühjahr 1936 angehörte, zu gründen.[13] Danach wurde die Sache der DC in Weißenburg deutlich geschwächt, zumal Veeh als DC-Leiter zurücktrat und Pfarrer Kalb öffentlich bei den DC wenig hervorgetreten war. Eine weitere Schwächung der DC war der Rücktritt des Ortsgruppenleiters Hetzner als Kirchenvorsteher im November 1936.[14] Hetzner, der seit Frobenius' Amtsantritt an keiner Kirchenvorstandssitzung teilgenommen hatte, begründete seinen Schritt damit, "da ich als Nationalsozialist in einer Organisation nicht mehr tätig sein kann, die sich gegen meinen Führer und dessen Bewegung einstellt".

Aber vor allem die große Kirchenaustrittsbewegung, die im September 1936 in Weißenburg einsetzte, schwächte die Reihen der Deutschen Christen; vom September bis Dezember 1936 traten 43 Personen - meist Parteifunktionäre, darunter viele DC-Mitglieder - aus der Kirche aus.[15]

Angeheizt wurde die Kirchenaustrittsbewegung durch eine hauptsächlich von Holz geführte Versammlungswelle, die im Oktober begann und in erster Linie gegen die Kirche gerichtet war.[16] Am 22. November sprach Holz auch vor 2000 Zuhörern in der Sporthalle des Arbeitsdienstes in Weißenburg.[17] In seiner üblichen Art und Weise betonte er, daß die Kirche "im Kampf gegen den jüdischen Weltfeind" nicht hinter der Partei stehe; vielmehr liebt sie "den Juden und haßt damit den Führer":

"Besonders die sog. bekennende Front sei heute gefügiges Werkzeug des ewigen Juden und stündlich bereit, in einer Zeit größter außenpolitischen Schwierigkeiten Hand anzulegen am Bestand und der Sicherheit des Reiches."

Um diesen Vorwurf zu untermauern, nahm Holz Bezug auf die Kanzelerklärung des LKR zum Reformations-Sonntag, in der sich die Kirchenleitung gegen die antichristliche Versammlungswelle in Franken mit ihrer Aufforderung zum Austritt aus der Kirche gewehrt hatte.[18] Obwohl der LKR sich in dieser Erklärung von der kontroversen Denkschrift der 2.VKL an Hitler[19] distanziert hatte - an "deren Abfassung und Verbreitung" sei der Landesbischof "in keiner Weise beteiligt" - nahm Holz wieder dieses im Ausland veröffentliche Dokument als Beweis für den Verrat der "führenden sog. Pfarrer der Bekenntniskirche" gegen den Führer und das neue Deutschland.[20] Besonders drei Punkte aus der Erklärung hob Holz hervor, um seine Vorwürfe zu untermauern:

1) Die Besorgnis über die "allgemeine antisemitische Hetze" in Deutschland, die "mit dem Gebot der Nächstenliebe nicht vereinbar sei";
2) der Unwille, "daß heute noch in Deutschland Konzentrationslager bestehen"; und
3) die Sorge, "daß das deutsche Volk dem Führer seine Liebe und Verehrung in so reichem Masse entgegenbringe, denn diese Liebe und Verehrung gebühre allein Gott".

Bei dieser Aufzählung haben sich die Versammlungsteilnehmer, laut Zeitungsbericht, "im heiligstem Zorn und heller Empörung" erhoben. Nachdem Holz den Kampf gegen "den jüdischen Weltbolschewismus", die Konzentrationslager ("Was wäre heute in Deutschland, wenn man die Verbrecher und Untermenschen, das gefangen gehaltene Kommunistengesindel der Konzentrationslager der Freiheit zurückgäbe?"), und "die heldische Größe des Führers und seine göttliche Sendung" verteidigt hatte, verlangte er zum Schluß eine klare Entscheidung: "Mit Landesverrätern gebe es keine Verbindungen mehr, rücksichstloser Kampf gegen sie sei die Parole."

Angesichts dieser virulenten antikirchlichen Kampagne in Franken bemerkte Schieder Anfang Dezember:[21]

"Wir sehen es so: Im ersten Kirchenkampf vor zwei Jahren griff man Franken und Bayern ganz zuletzt an und an dem Widerstand des fränkischen Kirchenvolkes scheiterte jener erste Angriff. Jetzt geht es anscheinend umgekehrt: Man brennt zuerst die Kirche in Franken, in dem Gedanken, wenn erst dieses Bollwerk der evangelischen Kirche fällt, dann hat man anderwärts in Deutschland leichtere Arbeit, die evangelischen Kirche niederzukämpfen."

Gegen die Kirchenaustrittsbewegung in Weißenburg war Pfarrer Kalb machtlos, und im November 1936 kursierten auch Gerüchte, daß es einen großen Krach zwischen Gerstner und Kalb gegeben hatte.[22] In seinem Bericht vom 4.

Dezember stellte Frobenius fest, daß Kalb in Weißenburg an Boden verloren habe; Übertritte zu seinem Pfarrsprengel seien 1936 nicht erfolgt, eher das Umgekehrte, und "alle aus der Kirche in diesem Jahre Ausgetretenen" seien Deutsche Christen gewesen:

"Die politische Seite hat ihn als Pfarrer so wenig geschont, wie sie die Bekenntnisfront schonte. Das hat ihn sehr erbittert und ihn auch bedenklich gemacht. Er bringt es bloss nicht fertig, - ob aus Ehrgeiz, falschem Ehrgefühl oder innerer Unwahrhaftigkeit? - mir und anderen zuzugeben, daß der Weg der DC ein falscher war."

Frobenius glaubte auch für Weißenburg feststellen zu können,

"daß der erbitterte Kampf, der in aller Öffentlichkeit gegen unsere Kirche und das biblische Christentum eingesetzt hat, die Frage der DC ganz von selber lösen wird. Ein Teil wird ohne weiteres zu uns zurückkehren, der andere Teil wird bestimmt dort zu finden sein, wo er vor den DC schon gestanden, nämlich bei den Gegnern der Kirche."

Diese Prognose bestätigte auch ein Bericht der Kirchenleitung über die Jahre 1936-1939:[23]

"Das Problem der Deutschen Christen ist für die Gesamtlage bereits ein Stück Historie geworden. Einige deutsch-christliche Geistliche haben zum Bekenntnis zurückgefunden. Andere müssen sich wenigstens in ihren eigenen Gemeinden sehr zurückhalten, um sich überhaupt halten zu können... Gespaltene Gemeinden mit DC-Gruppen sind zum größten Teil wieder zur Ruhe gekommen, da die Deutschen Christen in sich zusammenbrachen und nicht wenige von ihren führenden Leuten nach ihrem Austritt aus der Kirche 'deutschgläubig' wurden."

An diesem Urteil änderte auch das kurze Wiederaufleben der DC nichts, als Hitler im Frühjahr 1937, nach Auflösung des Reichskirchenausschusses, zur "Wahl einer Generalsynode" in der Kirche aufrief.[24] Danach versuchte Pfarrer Kalb seine verlorenen Mitglieder zurückzugewinnen und die DC für die Wahl zu mobilisieren.[25] Aber der alte Elan der DC war nicht wiederzuerwecken. An einer Versammlung mit dem sächsischen DC-Landesbischof Coch nahmen lediglich 150 Personen teil,[26] und auch als der Reichsbischof am 5. Juni persönlich in Weißenburg sprach, war der Saal mit etwa 300 Leuten keineswegs gefüllt.[27] Was die Anwesenden vom Reichsbischof zu hören bekamen, hatte große Ähnlichkeiten mit Müllers Parolen von einer Nationalkirche, die viele in der Landeskirche im Jahre 1934 so erschreckt hatten. In Weißenburg betonte Müller, daß "die Zeit des Konfessionalismus" zu Ende gehe:

"Es gibt nur einen Herrgott und einen Heiland und wenn wir zu diesem Herrgott beten, können wir nicht konfessional beten. Darum ist mir ganz klar, wie wir die Grenzpfähle innerhalb Deutschlands herausgerissen haben und uns nicht mehr als Bayern oder Preußen, sondern als Deutsche fühlen, so müssen wir auch zu einem Glauben kommen, wenn wir ein Volk werden wollen."

Als Antwort auf die Müller-Versammlung kündigte Dekan Frobenius einen Bekenntnisgottesdienst an, und stellte auch Pfarrer Kalb die Frage,[28] "wie er mit seiner Stellung als evang.-luth. Pfarrer einer evang.-luth. Landeskirche die Berufung eines Mannes zum Reden in der hiesigen Gemeinde verantworten könne, der nachweisbar die evang.-luth. Kirche ablehnt und bekämpft zu Gunsten einer konfessionslosen sog. Nationalkirche."

Viel wirkungsvoller war die Aufklärungsarbeit der Bekenntnispfarrer vor der erwarteten Kirchenwahl. Durch Reden und vor allem durch in großer Zahl gedruckten Schriften versuchten sie, den möglichen Gefahren einer allgemeinen Kirchenwahl zu begegnen. Dabei war schon die Einstellung zur Wahl innerhalb der Bekenntnisfront problematisch. Helmut Kern in seiner weitverbreiteten Schrift "Mein Deutschland - wohin?" nahm den Aufruf Hitlers zur Kirchenwahl kritiklos hin.[29] Kern betonte vor allem, daß Hitler "alle Möglichkeiten politischer Wahlbeeinflussung ausgeschaltet" habe; was die Kirche bei einer Wahl am meisten befürchtet hatte, nämlich, daß die unkirchliche Masse zur Kirchenwahl politisch aufgerufen würde, sollte laut Hitlers Wahlerlaß, nicht passieren. Kern gab daher die - wohl an die unteren Parteiorgane adressierte - Warnung heraus:[30]

"Der Führer hat durch dieses Gesetz sein königliches Wort in die Waagschale geworfen. 'An einem Königswort soll man nicht drehen noch deuteln.' Wehe dem, der den Führer zum Lügner macht vor Deutschland und der Welt!"

Viele Pfarrer der Bekennenden Kirche erhoben jedoch grundsätzliche Bedenken gegen eine vom Staat iniziierte Kirchenwahl.[31] Kurt Frör, zum Beispiel, in seiner im Mai im Selbstverlag der Pfarrerbruderschaft Erlangen erschienenen Schrift "Die babylonische Gefangenschaft der Kirche" warnte:[32]

"Eine Kirchenwahl, die im wesentlichen ein politisches Treuebekenntnis und nicht eine kirchliche Entscheidung darstellt, würde auch tatsächlich keinen Schritt weiterhelfen, denn die Kirche müßte es ablehnen, daß dann etwa nach den hierdurch gewonnenen Prozentzahlen der 'Neubau' im Sinne der deutsch-christlichen Ziele erfolgt... Zahlenverhältnisse, die durch ein politisches Bekenntnis oder durch eine mehrfache Volksbefragung zustande gekommen sind, können von der Kirche nie und nimmer als legitime Grundlage für eine so umfassende Neuordnung der Kirche, wie sie offenbar geplant ist, anerkannt werden."

Als der mit der Durchführung der Wahl betraute Kirchenminister Kerrl am 25. Juni verordnete, daß Versammlungen zur Wahl sogar in kirchlichen Räumen unter Androhung von Gefängnis und Geldstrafen verboten waren, wurde erkennbar, daß die Wahl für längere Zeit aufgeschoben, bzw. ganz aufgegeben werden sollte.[33] Der Grund dafür war wohl, daß die Verantwortlichen befürchtet hatten, daß der Ausgang der Wahl ein Verlust an Prestige für die Partei bedeuten würde.[34] Auch die Deutschen Christen sahen langsam ein, daß sich eine vom Staat für sie begünstigte Kirchenwahl wie im Jahre 1933 nicht stattfinden würde, und stellten ihre Aktivität wieder ein, ohne am Boden gewonnen zu haben.[35]

Während die Landeskirche über das Nichtzustandekommen der Wahl eher erleichtert war, reagierte man besorgt über zunehmende Verfolgungsmaßnahmen gegen die Kirche. Es sprach sich schnell herum, daß Martin Niemöller am 1. Juli verhaftet wurde, einer von mehr als hundert Pfarrern, darunter auch Vikar Steinbauer, die sich im Sommer 1937 in Haft befanden.[36] Am 4. Juli, als die Gottesdienste auch in Weißenburg überwacht wurden, stellte die Polizei fest, daß überall in der Bekenntniskirche eine Kanzelabkündigung der Landeskirche verlesen wurde.[37] Darin wurde der bekanntesten inhaftierten Geistlichen namentlich gedacht, die vielen Redeverbote gegen Geistlicher - darunter Helmut Kern - beklagt, und gegen die Beschneidung kirchlicher Aufklärungsarbeit zur Wahl protestiert. Zwei Sonntage vorher hatten viele Pfarrer der Landeskirche Strafanzeigen bekommen, weil sie am Frankentag die Kirchen nicht beflaggt hatten.[38] Im Bezirk Weißenburg hatten zwei Pfarrer - Paul Barth, Bergen, und Wilhelm Luff, Ettenstatt - die schon gehißte Hakenkreuzfahne wieder einziehen lassen mit der Begründung, auf dem Hesselberg sei "jedesmal gegen die Bekenntniskirche losgezogen"worden.[39]

Ausdruck der Befürchtung, daß noch mehr Pfarrer an der Ausübung ihrer Dienste vom Staat gehindert werden könnten, war die im August 1937 vom LKR angeordnete Aufstellung von Laienführern in allen Gemeinden.[40] Diese Personen sollten "Lesegottesdienste abhalten" und dafür sorgen, "daß die Leitung des kirchlichen Lebens nicht vollständig auseinanderfällt", falls der Ortsgeistliche, "etwa durch Hausarrest", verhindert sein sollte. Damit wurde auch dem Wunsch vieler Laien, mehr Verantwortung in der Kirche tragen zu dürfen, entsprochen, hatte doch der Leiter der Bekenntnisgemeinschaft in Nürnberg, Dr. Wolfgang Rohde, ein Jahr zuvor im Namen der Laien an die Adresse der Geistlichen in der "Jungen Kirche" geschrieben:[41]

> "Wir möchten ihnen ja auch gern helfen. Wir wollen ja nicht nur nehmen von ihnen, sondern teilhaben an ihren Sorgen, an den Schwierigkeiten und Aufgaben der kirchlichen Organisation. Aber wir kommen ja gar nicht heran! Da ist ein großer Zaun um die Kirche herum und an der Tür steht die Kontrolle, die läßt nur ein paar hinein, die einen Ausweis als Kirchenvorsteher haben... Das ist auch eine Not für uns Laien..., daß wir nicht mit zulangen können, daß man uns nicht ruft, uns auch nicht zeigt, wo wir sonst etwas für die Kirche schaffen könnten."

Im März 1938 machte die NS-Kirchenpolitik eine sichtbare Wende gegen die Bekennende Kirche: Martin Niemöller wurde widerrechtlich in das KZ Sachsenhausen eingeliefert, obwohl der Urteilsspruch gegen ihn seine Freilassung bedeutet hatte.[42] Dies teilte der LKR den Gemeinden gleich mit und ordnete an, Niemöller am 6. März in das Fürbittgebet einzuschließen.[43] Wie die Inhaftierung Niemöllers in der Pfarrerbruderschaft aufgenommen wurde, zeigt ein vervielfältigter Brief von Karl-Heinz Becker, der zur Lage der Kirche schrieb:[44]

> "Sie fordert, daß wir, wo wir stehen, nicht schweigen wie stumme Hunde, sondern reden, was Gott uns befohlen hat, und kämpfen für die Freiheit seiner Kirche und für die Geltung des Evangeliums in Deutschland. Solange Martin Niemöller im Konzentrationslager ist, ist vor uns ein weithin sichtbares Zeichen aufgerichtet, daß die Kirche Jesu Christi in Deutschland gefangen ist."

Niemöller blieb bis zum Kriegsende als "persönlicher Gefangener des Führers" in Haft.

Aber trotz der inhaftierten Pfarrer und trotz des verlorenen Schulkampfes, versuchte die Kirche hinsichtlich der Jubelstimmung nach dem Anschluß Österreichs im März 1938 durch einen Treueid der Pfarrer auf Hitler, "das Verhältnis gegenseitigen Vertrauens zwischen Staat und Kirche erneut (zu) befestigen", wie Meiser es ausdrückte in einer Erläuterung seines Treueidgesetzes.[45] Trotz Gewissensnot, vor allem unter den Mitgliedern der Pfarrerbruderschaft, haben die meisten Geistlichen den Eid geleistet, um nur kurz danach durch ein Schreiben Bormanns zu erfahren, daß Staat und Partei diesem Eid keinerlei Bedeutung beimessen würden.[46]

Fast als Hohn auf dieses Zeichen der Staatsloyalität der Pfarrer kam die Nachricht Mitte Juni vom Abbruch der Matthäuskirche in München, die erste evangelische Kirche der Stadt und Bischofskirche der Landeskirche.[47] Zwischen Absichtserklärung des Gauleiters Wagner und Abbrucharbeit verging knapp eine Woche, in der sogar der LKR seine Zustimmung gegeben hat. Angeblich um Platz für den Verkehr freizumachen, sprach es sich jedoch herum, daß die Zerstörung der Kirche dem persönlichen Wunsch Hitlers entsprochen hatte.[48] Auf dem freigemachten Platz entstand aber eine große Halle, "das neue Europa".[49]

Im Tätigkeitsbericht der Kreisdekane kam die schwierige Lage der Kirche im Jahre 1938 deutlich zum Ausdruck.[50] Hier findet man die Beobachtung, daß, obwohl "die kirchliche Haltung der Gemeinden... in vieler Beziehung entschiedener und bewusster geworden" sei, die lange Dauer des Kirchenkampfes viele doch müde gemacht habe: "Man begann sich bereits mit einer Art Resignation in alles zu schicken, und was am Anfang mit heller Empörung aufgenommen wurde, begann bereits zu verblassen." Es wurde auch bezweifelt, ob die Bekenntnisgemeinschaft so viele Anhänger im Jahre 1938 gefunden hätte wie drei Jahre zuvor:

> "Die Gründe brauchen nicht geschildert zu werden. In der Masse für seine Kirche eintreten, ist ja nicht schwer. Jetzt kommt's aber immer mehr darauf an, sich persönlich einzusetzen. Es ist klar, daß hier mancher versagt. Diese schmerzliche, aber doch notwendige Erscheinung beobachteten wir vor allem im Schulkampf."

Eine ähnliche Feststellung machte auch die Kirchenleitung im Jahre 1939:[51]

"Die letzten Jahre werden vielmehr dadurch charakterisiert, daß sich unsere Gemeinden nach dem Abwehrsieg gegen die DC vor einen neuen Feind gestellt sehen, der schwer greifbar, aber doch überall spürbar gegen das Christentum kämpft... Es ist die Gefahr der Zermürbung, der Ermattung und der Verkümmerung, die unseren Gemeinden droht. Die Gemeinden in ihrer überwältigenden Mehrzahl werden ihrem christlichen Glauben nicht freiwillig untreu werden, aber sie glauben weithin, gegen die neuen Kräfte 'kann man doch nichts machen' - und resignieren. Man vergißt zwar nicht mehr so leicht, aber man wagt auch nicht mehr so leicht, zu handeln. Die kirchliche Sorglosigkeit mancher Gemeinden und ihrer Pfarrer ist auf einmal in eine gewisse Mutlosigkeit umgeschlagen."

Über die Pfarrer und Laien, die dennoch bereit waren "gegen die neuen Kräfte" zu handeln, geben die Berichte der Behörden ein eindrucksvolles Zeugnis.[52]

ANMERKUNGEN ZU DEN SEITEN 1 BIS 2

I EINLEITUNG

1 Siehe zum Beispiel: Jürgen Schmidt, Die Erforschung des Kirchenkampfes. Die Entwicklung der Literatur und der gegenwärtige Stand der Erkenntnis, München 1968; John S. Conway, Der Deutsche Kirchenkampf. Tendenzen und Probleme seiner Erforschung an Hand neuerer Literatur, in: VfZ 17(1969), S.423-443; Kurt Meier, Der Kirchenkampf im Dritten Reich und seine Erforschung, in: Theologische Rundschau, Neue Folge (1968), H. 2 u. 3, (1981), H. 3.
2 Kurt Meier, Der evangelische Kirchenkampf, Gesamtdarstellung in drei Bänden, Göttingen 1976-1984; Klaus Scholder, Die Kirchen und das Dritte Reich. Band 1. Vorgeschichte und Zeit der Illusionen 1918-1934, Frankfurt a.M./Berlin/Wien 1977. Band 2. Das Jahr der Ernüchterung 1934. Barmen und Rom, Berlin 1985.
3 Helmut Baier, Die Deutschen Christen Bayerns im Rahmen des bayerischen Kirchenkampfes (Einzelarbeiten aus der Kirchengeschichte Bayerns, Bd. 46), Nürnberg 1968.
4 Helmut Baier, Kirche in Not. Die bayerische Landeskirche im Zweiten Weltkrieg (Einzelarbeiten aus der Kirchengeschichte Bayerns, Bd. 57), Neustadt a.d. Aisch 1979.
5 Helmut Baier/Ernst Henn, Chronologie des bayerischen Kirchenkampfes 1933-1945 (Einzelarbeiten aus der Kirchengeschichte Bayerns, Bd. 47), Nürnberg 1969.
6 Gerhard Schäfer, Die Evangelische Landeskirche in Württemberg und der Nationalsozialismus. Eine Dokumentation zum Kirchenkampf. Band 1-5, Stuttgart 1972-1982.
7 Ernst Henn, Führungswechsel, Ermächtigungsgesetz und das Ringen um eine neue Synode im bayerischen Kirchenkampf, in: ZbKG 43 (1974), 325-443; Die bayerische Volksmission im Kirchenkampf, in: ZbKG 38 (1969), 1-87.
8 Ernst Henn, Die bayerische Landeskirche im Kirchenkampf, 1933-1939, 3 Teile, unveröffentlichtes MS, in: LKAN, Personen LXXV, Bd. 12-15.
9 Friedrich Wilhelm Kantzenbach, Widerstand und Solidarität der Christen in Deutschland 1933-1945. Eine Dokumentation zum Kirchenkampf aus den Papieren des D. Wilhelm Freiherrn von Pechmann (Einzelarbeiten aus der Kirchengeschichte Bayerns, Bd. 51), Neustadt a.d. Aisch 1971; Der Einzelne und das Ganze. Zwei Studien zum Kirchenkampf. Erster Teil: Pfarrerschaft und Kirchenleitung in Bayern in Auseinandersetzung mit dem Nationalsozialismus (1930-1934). Zweiter Teil: Motive der Berufung auf Luther in der Zeit des deutschen Kirchenkampfes bei dem bayerischen Lutherforscher Hermann Steinlein, in: ZbKG 47(1978), 106-228; Das Neuendettels auer Missionswerk und die Anfänge des Kirchenkampfes, in: ZbKG 40(1971), 227-245.
10 Carsten Nicolaisen (Bearb.), Dokumente zur Kirchenpolitik des Dritten Reiches, hg. i. A. der Evangelischen Arbeitsgemeinschaft für kirchliche Zeitgeschichte v. Georg Kretschmar, Band I. Das Jahr 1933, München 1971. Band II. 1934/35. Vom Beginn des Jahres 1934 bis zur Errichtung des Reichsministeriums für die kirchlichen Angelegenheiten am 16. Juli 1935, München 1975.
11 Carsten Nicolaisen, Der bayerische Reichsstatthalter und die evangelische Kirche, in: ZbKG 46(1977), 239-255.
12 Hannelore Braun und Carsten Nicolaisen (Bearb.), Verantwortung für die Kirche. Stenographische Aufzeichnungen und Mitschriften von Landesbischof Hans Meiser 1933-1955, Band 1, Göttingen 1985.
13 Martin Broszat, Elke Fröhlich, Falk Wiesemann (Hg.), Bayern in der NS-Zeit, Band I: Soziale Lage und politisches Verhalten der Bevölkerung im

ANMERKUNGEN ZU DEN SEITEN 2 BIS 4

Spiegel vertraulicher Berichte, Teil V: Zur Lage evangelischer Kirchengemeinden, München/Wien 1977.
14 Gerhard Hetzer, Kulturkampf in Augsburg 1933-1945. Konflikte zwischen Staat, Einheitspartei und christlichen Kirchen, dargestellt am Beispiel einer deutschen Stadt (Abhandlungen zur Geschichte der Stadt Augsburg, Bd. 28), Augsburg 1982.
15 Anne Lore Bühler, Der Kirchenkampf im Evangelischen München. Die Auseinandersetzung mit dem Nationalsozialismus und seinen Folgeerscheinungen im Bereich des Evang.-Luth. Dekanates München 1923-1950 (Einzelarbeiten aus der Kirchengeschichte Bayerns, Fotodruck, Bd. 5), Nürnberg 1974.
16 Auch nicht in seinem kurzen Beitrag: Kirchenkampf in Nürnberg 1933-1945, Nürnberg 1973.
17 Ian Kerschaw, Der Hitler-Mythos. Volksmeinung und Propaganda im Dritten Reich, Stuttgart 1980.
18 Utho Grieser, Himmlers Mann in Nürnberg. Der Fall Benno Martin: Eine Studie zur Struktur des Dritten Reiches in der "Stadt der Reichsparteitage" (Nürnberger Werkstücke zur Stadt- und Landesgeschichte, Bd. 13), Nürnberg 1974.
19 Edward N. Peterson, The Limits of Hitler's Power, Princeton, N.J. 1969.
20 Hermann Shirmer, Das andere Nürnberg. Antifaschistischer Widerstand in der Stadt der Reichsparteitage, Frankfurt a.M. 1974.
21 Rainer Hambrecht, Der Aufstieg der NSDAP in Mittel- und Oberfranken (1925-1933) (Nürnberger Werkstücke zur Stadt- und Landesgeschichte, Bd. 17), Nürnberg 1976.
22 Heinrich Riedel, Kampf um die Jugend. Evangelische Jugendarbeit 1933-1945, München 1976.
23 Oscar Daumiller, Geführt im Schatten zweier Kriege. Bayerische Kirchengeschichte selbst erlebt, München 1961.
24 Helmut Winter (Hg.), Zwischen Kanzel und Kerker. Augenzeugen berichten vom Kirchenkampf im Dritten Reich. Mit Beiträgen von Helmut Baier, Hermann Dietzfelbinger, Karl Geuder, Wilhelm Grießbach, Walter Künneth, Eduard Putz, Heinrich Riedel, Julius Schieder, Waldemar Schmidt und Max Tratz, München 1982.
25 Hermann Dietzfelbinger, Veränderung und Beständigkeit. Erinnerungen, München 1984; Landesbischof D. Hans Meiser. Kirchenleitende Verantwortung 1933 bis 1955, in: ZbKG 50(1981), S. 96-107.
26 Karl Geuder, Im Kampf um den Glauben. Wie ich die Bekennende Kirche erlebte. Erinnerungen und Dokumente aus der Zeit des "Dritten Reichs", Schweinfurt 1982.
27 Walter Höchstädter, Durch den Strudel der Zeiten geführt. Ein Bericht über meinen Weg von der Monarchie und der Weimarer Republik durch das Dritte Reich und den Zweiten Weltkrieg, Bubenreuth 1983.
28 Karl Steinbauer, Einander das Zeugnis gönnen, Band I-III, Erlangen 1983-1985.
29 Wolfgang Trillhaas, Aufgehobene Vergangenheit. Aus meinem Leben, Göttingen 1976.
30 Walther von Loewenich, Erlebte Theologie. Begegnungen. Erfahrungen. Erwägungen, München 1979.
31 Die Kirchliche Lage in Bayern nach den Regierungspräsidentenberichten 1933-1943, 6 Bände, bearbeitet von Helmut Witetschek (I-III), Walter Ziegler (IV), Helmut Prantl (V) und Klaus Wittstadt (VI), (Veröffentlichungen der Kommission für Zeitgeschichte), Mainz 1966-1981.
32 Nicolaisen, Reichsstatthalter, S. 241.
33 Siehe Anm. 10.

ANMERKUNGEN ZU DEN SEITEN 5 BIS 8

II GRUNDLAGEN

1 Eine gute Beschreibung der Region Weißenburg enthält der Beitrag: "Weißenburgs Wirschaftskraft ständig im Wachsen" (ohne Autorenangabe) in: Wirschaftsraum Mittelfranken, gestern - heute - morgen, Eine Dokumentation der Industrie- und Handelskammer Nürnberg, Nürnberg 1965, S.117ff.
2 Ebda., S. 120.
3 Streng genommen war Weißenburg erst seit 1534 freie Reichsstadt, als sie das Recht erwarb, den Amtmann selbst zu wählen. Julius Miedel, "Aus Weißenburgs Geschichte" in: Weißenburg in Bayern, die ehemals freie Reichsstadt, Weißenburg 1929, S.9.
4 Gemeindeverzeichnis für Bayern nach der Volkszählung vom 16. Juni 1925, Heft 110 der "Beiträge zur Statistik Bayerns", München 1926, S. 207-209.
5 Ebda.
6 Statistische Beschreibung der Pfarreien der Evang.-Luth. Kirche in Bayern r.D.Rhs., Siebente Ausgabe, Nürnberg 1929, S. 38. Siehe auch Die Jüdischen Gemeinden in Bayern 1918-1945, Geschichte und Zerstörung, herausgegeben und bearbeitet von Baruch Z. Ophir und Falk Wiesemann, München/Wien 1979.
7 Historisches Gemeindeverzeichnis, Heft 192 der "Beiträge zur Statistik Bayerns, München 1953, S. 162f.
8 Ebda.
9 Ebda.
10 Claus-Jürgen Roepke, Die Protestanten in Bayern, München 1972, S. 301.
11 Bavaria, Landes- und Volkskunde des Königreichs Bayern, Dritter Band, München 1864, S. 1207.
12 Leo Vogel, "Die wirtschaftliche Bedeutung der Stadt Weißenburg i.B.", in: Weißenburg in Bayern, die ehemals freie Reichsstadt, Weißenburg, 1929, S. 36.
13 Wie Anm. 7
14 Hanns Hubert Hofmann, Gunzenhausen-Weissenburg, Historischer Atlas von Bayern, Teil Franken, Reihe I, H. 8, München 1960, S. 214.
15 Wie Anm. 7.
16 Die bayerischen Stadt- und Landkreise. Ihre Struktur und Entwicklung 1939 bis 1950, Band 185/2 München 1953, S. 120.
17 Ebda., S. 154.
18 Ebda., S. 12*, 120, 154.
19 Wirtschaftsraum Mittelfranken. S. 125, (s. Anm. 1).
20 Vor der Weltwirtschaftskrise in 1929 beschäftigt die leonische Industrie in 9 Fabriken 516 Arbeiter. Vogel, Wirtschaftliche Bedeutung..., S. 319, (s. Anm. 12).
21 Weißenburger Zeitung (WZ) vom 31.12.1931.
22 1932 gab es in Bayern im Durchschnitt 61,3 Arbeitslose auf 1000 Einwohner. Im Arbeitsamtsbezirk Weißenburg war es 37,8 und im Arbeitsamtsbezirk Nürnberg 114,6, die schlimmste Arbeitslosigkeit in ganz Bayern. Statistisches Jahrbuch für Bayern 20. Jahrgang, 1939, S. 179. Der Stadtrat Weißenburg meldete 1147 Arbeitssuchende in der Stadt für das Jahr 1932; Weißenburger Tagblatt vom 3.2.1933. Im ganzen Arbeitsamtsbezirk Weißenburg lagen die Durchschnittszahlen der Arbeitslosigkeit für 1932 bei 3.469.
23 Oskar Franz Schardt, Zweitausend Jahre Weißenburger Geschichte, in: Das Bayernland, Jahrgang 50, Heft 4, 1939, S. 111.
24 Weißenburger Tagblatt (WTBL) vom 2.7.1932.

ANMERKUNGEN ZU DEN SEITEN 8 BIS 12

25 Hermann Fitz, Schul- und Bildungswesen, kulturelle Bestrebungen in: Weißenburg in Bayern, die ehemals freie Reichsstadt, S. 35.
26 Fränkische Wacht, 1933, S. 298. Am 15.11.1530 hatte Ulrich Hagen die Bürger Weißenburgs aufgerufen, ihm in den Chor der Ardreaskirche zu folgen, wenn sie den Reichstagsabschied ablehnten, was die meisten auch taten; G. Kuhr, Julius Schieder, in: Fränkische Lebensbilder, Bd. VI, Hg. von G.Pfeiffer und A. Wendehorst, Würzburg 1975, S. 304. Siehe auch Dekanat Weißenburg in Bayern. Porträt des evangelischen Dekanatsbezirk, hg. durch Hermann Nicol, Erlangen 1980, S. 14ff.
27 Matthias Simon, Evangelische Kirchengeschichte Bayerns, Nürnberg 1952, S. 299.
28 Wie Anm. 10
29 Verfassung der evangelisch-lutherischen Kirche in Bayern r.d.Rhs. vom 16. September 1920. Textausgabe mit ausführlicher Einleitung und Sachverzeichnis. Rudolf Oeschey (Hg.), München 1921, S. XX.
30 Ebda, S. XXf.
31 Gerhard Hirschmann, Die evangelische Kirche seit 1800 in: Handbuch der bayerischen Geschichte, Bd. IV/2, Das Neue Bayern 1800-1970, Max Spindler (Hg.), München 1975, S. 886.
32 Ebda., S. 894.
33 H.-J. Reese, Bekenntnis und Bekennen. Vom 19. Jahrhundert zum Kirchenkampf der nationalsozialistischen Zeit, Göttingen 1974, S. 91.
34 Julius Schieder, D. Hans Meiser, Wächter und Haushalter Gottes, München 1956, S. 8.
35 Reese, Bekenntnis und Bekennen, S. 92.
36 Ebda., S. 87.
37 Hirschmann, Die Evangelische Kirche, S. 895. Siehe auch Heinrich Hermelink, Das Christentum in der Menschheitsgeschichte. Von der französischen Revolution bis zur Gegenwart. Bd. II Liberalismus und Konservatismus 1835-1870, Tübingen und Stuttgart 1953, S. 392ff.
38 Oeschey, Verfassung, S. XXVII.
39 Ebda., S. XXVIII.
40 Ebda., S. XXX.
41 Ebda., S. XLVI. Eine ausführliche Diskussion der Kirchenverfassung in: Günther-Michael Knopp, Das Ende des landesherrlichen Kirchenregiments in Bayern und die Verfassung der evangelisch-lutherischen Landeskirche in Bayern rechts des Rheins vom 10.9.1920, Diss. München 1976.
42 Simon, Kirchengeschichte Bayerns, S. 655.
43 Ebda. Wolfgang Zorn, Der bayerische Staat und seine evangelischen Bürger: 1800-1945, ZbKG 29(1960), S. 231.
44 Zorn, Der bayerische Staat, S. 232.
45 Ernst Eberhard, Kirchenvolk und Kirchlichkeit - Eine Untersuchung über evangelische Kirchenzugehörigkeit und Kirchlichkeit mit besonderer Berücksichtigung der Evang.- Luth. Landeskirche Bayerns in der Nachkriegszeit, Erlangen 1938, S. 25.
46 Statistisches Jahrbuch für Bayern, 20. Jahrgang, 1934, S. 9. Daher ist es auch falsch Mittelfranken und Unterfranken pauschal als "lutherische Diaspora" zu bezeichnen wie bei Ian Kerschaw, The Führer Image and Political Integration in: G. Hirschfeld und L. Kettenacker, Der "Führerstaat": Mythos und Realität, Stuttgart 1981, S. 145.
47 Eberhard, Kirchenvolk, S. 29.
48 Ebda., S. 30.
49 Ebda., S. 25. Natürliche waren die bayerischen Großstädte nicht viel anders als im Reich; in Nürnberg gab es z.B. eine Pfarrstelle auf 5970 Evangelischen; Statistische Beschreibung, S. 277.

ANMERKUNGEN ZU DEN SEITEN 12 BIS 16

50 Siehe die Karte bei Simon, Kirchengeschichte Bayerns, S.662. Im Regierungsbezirk Mittelfranken gab es 11 Dekanate mit einer Abendmahlskirchlichkeit mehr als 106,88%; 6 Dekanate lagen zwischen 86,88 und 106,88%. In der ganzen Landeskirche gab es sonst nur 3 Dekanate mit einer Abendmahlskirchlichkeit von mehr als 106,88%.
51 Eberhard, Kirchenvolk, S. 45. Im Kirchenkreis München waren es 290.000, im Kirchenkreis Bayreuth 595.000. Erst im Jahre 1935 wurde ein vierter Kirchenkreis aufgestellt, der Kirchenkreis Nürnberg.
52 LKAN, Kreisdekan Ansbach 14/503, Tätigkeitsbericht des Evang.-Luth. Kreisdekans in Ansbach für die Zeit vom Juli 1930 bis Ende Juni 1933.
53 Die Abendmahlsziffer in beiden Dekanate lagen über 106%, Simon, Kirchengeschichte Bayers, S. 662.
54 Hirschmann, Die Evang. Kirche, S. 898.
55 BDC, NSDAP Hauptkartei. Rektor Ernst Keupp hatte die Mitgliedsnummer 3.178.870.
56 Statistische Beschreibung, S. 264-268 und 279.
57 Oscar Daumiller, Südbayerns Evangelische Diaspora in Geschichte und Gegenwart, München 1955, S. 275.
58 Statistische Beschreibung, S. 264ff.
59 Sie lag zwischen 87 und 107%, Simon, Kirchengeschichte Bayerns, S. 662.
60 Pfarrarchiv Treuchtlingen 89.
61 Pfarrarchiv Pappenheim 85.
62 Pfarrarchiv Treuchtlingen 17, Visitationsbericht vom 29.6.1934.
63 Die Abendmahlsziffern lagen höher als 107%, Simon, Kirchengeschichte Bayerns, S. 662.
64 Statistische Beschreibung, S. 277.
65 Personalstand der Evang.-Luth. Kirche in Bayern rechts des Rheins, 27. Ausgabe, Nürnberg 1934, S. 72ff.
66 Statistische Beschreibung, S. 91.
67 Eberhard, Kirchenvolk, S. 41.
68 LKAN, Kreisdekan Ansbach 14-0/22, LKR an die Pfarrämter vom 9.4.1940, Betreff: Dekanat, Kirchenbezirk und Kapitel.
69 Wolfgang Rüdel, Chronik der Evangelischen Gemeinde zu Weissenburg in Bayern für die Zeit vom 15. April bis 15. November 1935, unveröffentlichtes MS.
70 Dekanatsarchiv Weißenburg 154, Pfarrbeschreibung vom 10.11.1920.
71 Ebda.
72 Ebda.
73 Dekanatsarchiv Weißenburg, 150, Statistik.
74 Es muß angemerkt werden, daß die Abendmahlziffer auf die Gesamtseelenzahl bezogen war, nicht auf die konfirmierten Gemeindeglieder, und daß sehr wenige Kommunikanten in Weißenburg zweimal im Jahr zum Abendmahl gingen (laut Pfarrbeschreibung). So betrachtet, gingen ca. 3/4 der Konfirmierten einmal im Jahr zum Abendmahl.
75 Seelenzahl in: Statistische Beschreibung, S. 277. Die Abendmahlziffer sind Durchscnhittswerte der Jahre 1924, 1928, 1932, und 1934 aus den statistischen Tabellen des Amtsblatts für die Evang.-Luth. Landeskirche in Bayern r.d. Rhs. für die entsprechenden Jahren.
76 Dekanatsarchiv Weißenburg, Kirchenbuch.
77 Kirchliches Amtsblatt (KABl) vom 23.2.1932. Die Allgemeine Rundschau (AR) vom 3.3.1932, Kirche und Leben Nr. 14.
78 Wie Anm. 70.
79 Ebda. Bisher wirkten nur Neuendettelsauer Schwestern in Weißenburg.
80 LKAN, Dekanat Weißenburg 217. Bericht des Dekanats Weißenburg vom 5.11.1932.

ANMERKUNGEN ZU DEN SEITEN 16 BIS 18

81 StAN, LRA Weißenburg, Abg. 49, Nr. 1 Politische Polizei. Übersicht über die Entwicklung der Auflagenhöhe der im Bezirksamtsgebiet Weißenburg erscheinenden in- und ausländischen Tagespresse, 1934.
82 1934 hatte sie im Bezirksamt Weißenburg eine Auflage von 866; ebda.
83 Wie Anm. 70.
84 Nach Aussage von Oberkirchenrat Walter Rupprecht.
85 Ebda.
86 Das Predigerseminar in München, Festschrift anläßlich seines hundertjährigen Bestehens (1938-1934), Oberkirchenrat Oscar Daumiller (Hg.), München 1934, S. 97. Laut Stiftungsurkunde des Münchener Predigerseminar vom 30. Mai 1833 war das Oberkonsistorium ermächtigt, "jährlich nach vollendeter Aufnahmeprüfung acht der vorzüglichsten unter den Aufgenommenen nach München zu berufen" (Ebda., S. 103). Die Ausbildung dauerte zwei Jahre. Hier lebte von Löffelholz in engem Kontakt mit anderen wichtigen Persönlichkeiten der Landeskirche, wie: Hans Greifenstein, ab 1934 Mitglied des LKR, Julius Sammetreuther, ein entschiedener Gegner der Deutschen Christen und ab 1935 Mitglied des LKR, Hans Lauerer, Rektor an der Diakonissenanstalt Neuendettelsau, Heinrich Schmid, Autor der ersten Darstellung des Kirchenkampfes in Bayern (Apokalyptisches Wetterleuchten, München 1947); und Georg Kern, Oberkirchenrat und Kreisdekan in Ansbach.
87 1927 berichtete von Löffelholz über die Arbeit am neuen Gesangbuch. Er begrüßte, daß die Gottesdienstordnung in Zukunft ihren Platz vorn im Gesangbuch haben sollte. Lieder, die im neuen Gesangbuch fehlen würden, seien welche "aus der rationalistischen Zeit" und welche, die "allzu subjektivistisch" seien; KBl 1927, S. 247ff.
88 Zum Gedächtnis an Walter von Löffelhlz von Balthasar Dyroff in: Weißenburger Kirchenblatt vom Sept 1975.
89 Ebda.
90 Wie Anm. 84.
91 Der Volksdienst vom 17.1.1931.
92 Aussage Pfr. Heinrich Schmidt.
93 LKAN, Personen XXXVI (Meiser) 235, Schreiben Meisers an Kalb vom 9.11.1931.
94 BDC, NSDAP Master File.
95 StdAW 32/22-24.
96 So hat z.B. Eduard Putz, NS Mitglied seit dem 1.4.1927 (BDC,PK), argumentiert (KBl 1931, S. 38f.). Scholder erwähnt auch, daß einzelne Pfarrer sich vor 1930 für die völkische Bewegung aus "praktisch-beruflichen Gründen" interessierte, "weil vor allem die Jugend den völkischen Ideen anhing" (Kirchen I, S. 134).
97 LKAN, Personen XXXVI (Meiser) 235, Schreiben Kalbs an Meiser vom 6.11.1931.
98 Rüdel, Chronik.
99 Der vollständige Name der Organisation hieß: "Evangelische Bund zur Wahrung der deutsch-protestantischen Interessen". Zur Entstehung des Bundes, siehe Hermelink, Das Christentum in der Menschheitsgeschichte, Bd. III, S. 80f. Zum Verhalten des Bundes in der Weimarer Zeit, siehe Scholder Kirchen I, S. 134ff. und auch unten.
100 Rottler wurde am 20.1.1896 in Bayreuth geboren, 1918 unter die Predigtamtskandidaten aufgenommen, 1921 Hilfskatechet in Nürnberg, 1921-1926 Stadtvikar in Nürnberg, 1926 Pfarrer in Uettingen im Dekanatsbereich Würzburg. Er wurde vor allem wegen seiner Predigtbegabung und seines Erfolgs auf dem Gebiet der Jugendpflege gelobt; LKAN, Dekanat Weißenburg 33, Zeugnis Rottlers.
101 KBl vom 7.3.1932, S. 85-88.

ANMERKUNGEN ZU DEN SEITEN 18 BIS 19

102 Für Rendtorff, siehe Kapitel III, S. 71f.
103 Für Dibelius' Haltung, siehe Scholder, Kirchen I, S. 42-44. Rottler zitiert aus Dibelius' Schrift, "Was erwartet die Kirche von der jungen Theolg.-Gen.?, S. 15-16.
104 LKAN, Kreisdekan Ansbach 14-51/0, Pfarrer in Ruhestand in Weißenburg. Von den 14 Pfarrern i. R. waren 4 bis zu ihrer Emeritierung im Dekanatsbereich Weißenburg tätig, 2 in benachbarten Thalmässing.
105 Statistische Beschreibung, S. 90.

ANMERKUNGEN ZU DEN SEITEN 20 BIS 23

III DIE KIRCHE UND DIE POLITISCHE LAGE IN WEIßENBURG VOR 1933

1 Pfarrarchiv Weißenburg 145, Pfarrbeschreibung vom 10.11.1920.
2 Ebda.
3 WTBl vom 6.5.1924.
4 WTBl vom 8.12.1924.
5 Ebda.
6 Max Hetzner, geboren am 7.1.1886 in Weißenburg, trat der NSDAP am 28.3.1925 bei und bekam die Nummer 1022; BDC, SA.
7 Michael Gerstner, am 25.10.1896 in Nennslingen geboren, war vom März 1921 bis November 1923 beim Bund Oberland; bei seinem Wiedereintritt in die NSDAP im Jahre 1925 bekam er die Nummer 1020; BDC, SA.
8 Vgl. Hambrecht, Aufstieg, S. 88.
9 BDC, SA (Hetzner).
10 BDC, SA (Gerstner).
11 StdAW 112, Brief Gerstners vom 14.4.1933. Fitz war bis zu seinem Amtsantritt als Bürgermeister am 1.10.1927, Regierungsrat I.Kl. beim Bezirksamt Frankenthal, Pfalz; StAN, Reg. v. Mfr. K.d.I., Abg. 1978, Nr. 2851, Bd.284, Schreiben Fitz' vom 25.3.1933.
12 Ebda. In Gerstners Schreiben vom 15.4.1933 (s. Anm. 11) wird das Jahr 1927 für die Totenfeier angegeben.
13 Fitz' Schreiben vom 25.3.1933 (s. Anm. 11).
14 WTBl vom 22.5.1928.
15 WZ vom 6.5.1929.
16 Ebda. Bei der Gemeindewahl Ende 1929 war Bickel der Kandidat der Arbeitsgemeinschaft der Angestellten, Sozialrentner, Christlichen Gewerkschaften und des Christlichen Volksdienstes; WTBl vom 9.12.1929.
17 Siehe Paul Kremmel, Der Christliche Volksdienst in Bayern 1924-1933, unveröffentlichtes Manuscript.
18 Der Christliche Volksdienst 1, 1925, Nr. 1. Johann Oberndörfer, geboren am 30.6.1890, war seit 1921 Studienrat in Nürnberg für evangelische Relgionslehre und ordinierter Pfarrer der Evang.-Luth. Kirche in Bayern; Personalstand der Evang.-Luth. Kirche in Bayern r.d.R., 26. Ausgabe, Nürnberg 1930, S. 246.
19 Der Volksdienst (VD) vom 25.5.1929.
20 WZ vom 6.5.1929.
21 WZ vom 1.7.1929. Siehe auch G. Strobl, Das Weißenburger Bergwaldtheater. Entstehung und Entwicklung eines Freilichttheaters, Zulassungsarbeit, 1969.
22 WZ vom 1.7.1929. Text des Gedichts in: Weißenburg in Bayern, die ehemals freie Reichsstadt, S. 10. Die zehnte Strophe lautet: "Nicht zu vergessen dann vor Allen / Den Wald von Kaiserhand geschenkt, / Dazu ein Spiel in Thespishallen, / Das dieser edlen Tat gedenkt." Dies ist bemerkenswert in Hinblick auf Albrechts ablehnender Haltung im Jahre 1930 zu den Spielen.
23 WZ 1.7.1929.
24 Hambrecht, Aufstieg, S. 170.
25 WZ vom 12.8.1929.
26 Ebda.
27 WTBl vom 23.12.1929.
28 Hambrecht, Aufstieg, S. 177f.
29 WZ vom 18.12.1929. Obwohl nur mit "K" unterzeichnet, war es dem Leser am Stil des Gedichtes klar, wer der Verfasser war. Bei anderen Anläßen, wie der Heldengedenktag, hat Kelber unter seinem vollen Namen Gedichte in der Weißenburger Zeitung veröffentlicht.

ANMERKUNGEN ZU DEN SEITEN 23 BIS 26

30 Die erste Strophe lautet: "O Deutscher du! Erwache doch / Endliche aus den faulen Träumen, / Willst du ein deutscher Mann sein noch, / Darfst du nicht länger säumen; / Denn dein Volk liegt schwer in Ketten, / Die Nation, sie stönt vor Schmach! / Willst du helfen und erretten, So mußt du nützen jenen Tag, / Den dir das Schicksal gönnt als Zeit, Beim großen, deutschen Volksentscheid!"; WZ vom 18.12.1929.
31 WTBl vom 23.12.1929.
32 Die Zahlen für die ländlich-protestantische Bezirke Mittelfrankens lagen zwischen 50% und 68%; Hambrecht, Aufstieg, S. 178.
33 Folgende Zahlen aus den evang. Dörfern des Dekanatsbezirks Weißenburg: Alesheim 80%, Bubenheim 63%, Burgsalach 66%, Emetzheim 74%, Ettenstatt 64%, Gundelsheim 78%, Holzingen 59%, Kattenhochstatt 81%, Oberhochstatt 53%, Trommetsheim 97%, Weiboldshausen 71%, Weimarsheim 77%; WTBl vom 23.12.1929.
34 Alle Ergebnisse der Gemeindewahl aus dem WTBl vom 9.12.1929.
35 Hambrecht, Aufstieg, S. 178.
36 WZ vom 11.11.1929.
37 VD vom 14.12.1929.
38 Günter Opitz, Der Christlich-soziale Volksdienst. Versuch einer protestantischen Partei in der Weimarer Republik, Düsseldorf 1969, S. 155.
39 VD vom 21.12.1929.
40 WZ vom 13.1.1930.
41 WZ vom 14.1.1930.
42 WZ vom 7.2.1930.
43 Seine kirchenfreundliche Haltung bezeugt seine Rede im bayerischen Landtag am 29.4.1929. Siehe Scholder, Kirchen I, S. 242f.
44 WZ vom 3.3.1930.
45 WZ vom 27.1.1930. Für die Schulfrage in Weißenburg siehe unten, Kapitel VIII.
46 Dr. Edgar Stelzner (13.8.1892 - 5.8.1959), Amtsrichter in München, M.d.L. 1924-1928, ab Juni 1929 Erster Bürgermeister von Neustadt (bei Coburg), 1930 Mitglied der Landessynode der Evang.-Luth. Kirche in Bayern. Stelzner blieb in der Völkischen Fraktion nachdem die Esser-Hitler Gruppe, darunter auch Wagner, Buttmann und Streicher im September 1925 den Völkischen Block verlassen hatten; Wolfgang Benz (Hg), Politik in Bayern 1919-1933. Berichte des württembergischen Gesandten Carl Mosen von Filseck, Stuttgart 1971, S. 179.
47 WZ vom 25.2.1930.
48 Opitz, Volksdienst, S. 147ff.
49 WZ vom 30.5.1930 und 31.5.1930.
50 WZ vom 1.2.1930.
51 Kirchliches Jahrbuch für die evangelischen Landeskirchen Deutschlands, Hermann Sasse (Hg.), Jg. 59, 1932, S. 168ff.
52 Ebda.
53 Scholder, Kirchen I, S. 35f., 134ff.
54 Die Fränkische Wacht. Über den Parteien. Für Christentum und Deutschtum im protestantischen Geist. Nürnberg ab 1925. Schriftleiter: Dr. H. Frenzel. Die Berliner Leitung des Evangelischen Bundes bestätigte, daß die "Fränkische Wacht" für den Bereich des bayerischen Hauptvereins schreibe; VD vom 28.11.1931.
55 Fränkische Wacht vom August 1926. Chr. Fikenscher starb im Jahre 1931; KBl, 1931, S. 494.
56 Fränkische Wacht vom 4.3.1926.
57 WZ vom 13.3.1930.

ANMERKUNGEN ZU DEN SEITEN 26 BIS 29

58 Konrad Hoefler, geb. am 15.1.1878, 1901 als Pfarramtskandidat aufgenommen, 1904 Katechet in Nürnberg, 1920 Studienprofessor in Nürnberg; Personalstand 1930.
59 Scholder, Kirchen I, S. 135ff. Hoefler sprach während der Hauptversammlung des Evang. Bundes im Jahre 1924 in München, zu welchem Anlaß die schwarz-weiß-rote Fahne von der Matthäuskirche wehte; Karl Kupisch, Zwischen Idealismus und Massendemokratie, Berlin 1955, S. 180.
60 Scholder, Kirchen I, S. 136.
61 WZ vom 17.3.1930.
62 WZ vom 18.3.1930.
63 WZ vom 20.3.1930.
64 WZ vom 23.4.1930. Eine Ortsgruppe der HJ gab es in Weißenburg seit 1927/1928; Hambrecht, Aufstieg, S. 329ff.
65 Aufgeführt wurden Stücke von Ludwig, Grillparzer, G. Hauptmann und Goethe; WZ vom 18.6.1930.
66 Dabei lagen die Arbeitslosenzahlen für Februar 1930 (710) und Februar 1929 (694) fast gleich hoch; WZ vom 18.2.1930 und 17.5.1930.
67 WZ vom 21.6.1930.
68 WZ vom 9.7.1930.
69 WZ vom 11.7.1930.
70 WZ vom 12.7.1930.
71 StAN, Reg. v. Mfr., K.d.I., Abg. 1978, Nr. 2851, Bd. 284, Schreiben Fitz's vom 25.3.1933.
72 Für die Saison 1930 standen 32.988 RM Einnahmen 43.780 RM Ausgaben gegenüber; AR vom 26.1.1931.
73 Seit Mai 1930 war die Zahl der Arbeitslosen in Weißenburg wieder angestiegen: 30. Mai - 581; 19. Juni - 634; 24. Juli - 650; 7. August - 673; WZ vom 5.6.1930, 21.6.1930, 26.7.1930, 12.8.1930, 29.8.1930. Vgl. auch Hambrecht, Aufstieg, S. 189f.
74 WZ vom 25.8.1930. Für die Begründing Strathmanns zu seinem Austritts aus der DNVP, siehe: Quellen zur Geschichte des Parlamentarismus und der politischen Parteien. Reihe 3, Die Weimarer Republik, Bd. 4/I, Düsseldorf 1980, S. 291 (Fraktionssitzung der DNVP vom 17.7.1930).
75 Karl Böhm war Schriftleiter der Volksdienst Zeitung in Nürnberg (Der Christliche Volksdienst, Nürnberg 1925-1926), und Vorsitzender der Nürnberger Ortsgruppe vom 1931-1933; Opitz, Volksdienst, S. 363.
76 WZ vom 27.8.1930.
77 Für Holz siehe Hambrecht, Aufstieg, S. 123f. und Grieser, Himmlers Mann, S. 307.
78 WZ vom 30.8.1930. Die Versammlung fand am 29.8.1930 im Goppeltsaal statt.
79 WZ vom 28.8.1930.
80 WZ vom 9.8.1930. Für Gengler siehe Hambrecht, Aufstieg, S. 485, Anm. 601.
81 WZ vom 13.9.1930.
82 Opitz, Volksdienst, Anhang, Wahlaufruf des Christlich-sozialen Volksdienstes zur Reichstagswahl am 14.9.1930, S. 333f.
83 Sämtliche Wahlergebnisse für die Stadt Weißenburg aus dem WTBl vom 15.9.1930.
84 Ebda. Josef Ruck trat der NSDAP am 1.8.1932 bei. BDC, Master File.
85 Das Landvolk hat folgende Ergebnisse aus den Gemeinden des Dekanatsbezirks Weißenburg (im Klammer die Zahlen der NSDAP): Alesheim 89% (6%), Bubenheim 76% (15%), Burgsalach 71% (20%), Emetzheim 82% (14%), Ettenstatt 67% (27%), Gundelsheim 90% (6%), Holzingen 78% (19%), Kattenhochstatt 85% (4%), Oberhochstatt 65% (20%), Trommetsheim 83% (15%), Weiboldshausen 62% (22%), Weimarsheim 87% (9%).

ANMERKUNGEN ZU DEN SEITEN 29 BIS 32

86 Die NS-Ortsgruppe in Langenaltheim bestand seit September 1923 und wurde aufgebaut von dem Steinbruchbesitzer, Johann Zischler und seinem ältesten Sohn, Rudolf Zischler; BDC, OPG (Gerstner); WTBl vom 19.9.1933.
87 Opitz, Volksdienst, S. 180f.; VD, Bayern Beilage, vom 18.9.1930.
88 VD vom 17.1.1931. Erst nach innerparteilichen Verhandlungen gelang es Strathmann Anfang Januar ein Mandat zu bekommen.
89 Opitz, Volksdienst, S. 342. Ungefähr zwei Drittel aller CSVD Wähler waren Frauen; ebda., S. 181. In den kreisfreien Städten Mittelfrankens hat der CSVD folgende Resultate: Ansbach 9.7%, Dinkelsbühl 7.4%, Eichstätt 2,1%, Erlangen 5,1%, Fürth 3.6%, Nürnberg 5,1%, Rothenburg o.d. Tauber 5,5%, Schwabach 8,1%, Weißenburg 8,3%; Zeitschrift des Bayerischen Statistischen Landesamtes, Jg. 62 (1930).
90 Georg Kern, geb. am 14.1.1885, 1912 Pfarrer in Fünfbronn, 1919 Vereinsgeistlicher beim Landesverein für Innere Mission in Nürnberg, 1922 II. Pfarrer in Nürnberg-Steinbühl, 1928 I. Pfarrer und Dekan in Kempten, 1934 Oberkirchenrat und Ansbacher Kreisdekan. Bei der CVD Landesversammlung in September 1928 hielt Kern die Andacht; VD vom 20.10.1928. In einem Vortrag am 16.11.1930 in Lechhausen sagte Kern: "Der CSVD (ist) ein notwendiges und zeitgemäßes Bekenntnis unseres evangelischen Glaubens;" VD vom 8.11.1930.
91 Bei der Gründung einer CSVD Ortsgruppe in München hielt er ein Referat; VD vom 22.1.1931. Aber schon 1927 war er schriftstellerisch für den Volksdienst tätig; VD vom 11.6.1927. Siehe auch Kantzenbach, Einzelne, S. 128, Brief an Matthias Simon vom 12.7.1927.
92 In Dezember 1928 als Mitglied des Landesausschusses des CVD gewählt; VD vom 22.12.1928.
93 VD vom 17.1.1931.
94 Kantzenbach, Einzelne, S. 141.
95 Meinrad Hagman, Der Weg ins Verhängnis. Reichstagswahlergebnisse 1919 bis 1933, besonders in Bayern, München 1946, S.18.
96 WZ vom 3.11.1930. Da man einen großen Andrang in der Andreaskirche erwartete, wurden die Kirchenstuhlbesitzer gebeten, auf ihr Stuhlrecht zu verzichten; WZ vom 1.11.1930.
97 WZ vom 29.10.1930.
98 WZ vom 31.10.1930.
99 Die NSDAP hatte ursprünglich für den gleichen Tag, den 9. November, ein Gedächtnisfeier für ihre eigenen Gefallenen geplant, was aber kurzfristig auf den 8. November verlegt wurde; WZ vom 6.11.1930.
100 WZ vom 10.11.1930.
101 Mitte November waren in der Stadt Weißenburg 764 arbeitslos, Mitte Dezember 829, Ende Dezember 894; WZ vom 28.11.1930, 24.12.1930, 31.12.1930.
102 WZ vom 13.12.1930.
103 WZ vom 13.12.1930 und 15.12.1930.
104 AR vom 14.1.1931 und WZ vom 12.1.1931.
105 AR vom 15.1.1931. Der Verbot wurde am 10.2.1931 wieder aufgehoben; WZ vom 9.2.1931.
106 WZ vom 31.1.1931.
107 AR vom 30.1.1931.
108 WZ vom 21.3.1931.
109 WZ vom 25.2.1931.
110 WZ vom 27.2.1931.
111 WZ vom 28.3.1931.
112 Ebda.
113 WZ vom 7.4.1931.

ANMERKUNGEN ZU DEN SEITEN 32 BIS 34

114 Ebda. Der Ausdruck "papsthörig" verwendete Frenzel natürlich auch für die Bayerische Volkspartei, wie sein Artikel über einen Vorfall in Treuchtlingen beweist. Hier hat sich 1929 nach der Gemeindewahl eine "Vereinigte Rechte" gebildet aus der Freien Bürgervereinigung, CSVD, NSDAP und BVP, um die Macht der Linksparteien zu brechen (Die Sitzverteilung war: SPD 6, Demokraten 3, BVP 2, CVD 4, NSDAP 2, Freie Bürgervereinigung 3; WTBl vom 14.12.1930). Die zwei BVP Stadträte fühlten sich durch die Tätigkeit vom Stadtrat Oberfeither beim Evangelischen Bund gekränkt, und bat ihn, sich davon zurückzuhalten, war er aber ablehnte. Dazu die "Fränkische Wacht": "Die Anmaßung der beiden Papsthörigen ist bezeichnend für die Denkungsart dieser Kreise... Es zeigt sich immer wieder, daß die Römlinge in dem richtigen Gefühl ihrer sachlichen Schwäche durch Vergewaltigung der 'Ketzer' ihre Machtziele zu erreichen suchen"; Fränkische Wacht vom 28.5.1931.
115 WZ vom 7.4.1931.
116 Raimund Baumgärtner, Weltanschauungskampf im Dritten Reich. Die Auseinandersetzung der Kirchen mit Alfred Rosenberg, Mainz 1977, S. 250ff. Vgl. auch Meier, Kirchenkampf I, S. 16f. Kremers Vortrag erschien als Heft 35 der Volksschriften des Evang. Bundes, Berlin 1931. Kremers Vortrag bestätigt auch Scholders Beobachtung (Kirchen I, S. 137, 177): "Der Evangelische Bund war die erste protestantische Organisation, die sich zu Hitler schlug."
117 VD vom 15.11.1930; Opitz, Volksdienst, S. 190.
118 Erst Ende November gab es eine Mitgliederversammlung in Weißenburg; VD vom 28.11.1931. Andere Volksdienst Ortsgruppen waren wesentlich aktiver, vor allem in Nürnberg, Augsburg und Ansbach.
119 Der Vortrag wurde am Landesbuß- und Bettag gehalten; Evang. Gemeindeblatt für München vom 8.3.1931; VD vom 4.4.1931. Vgl. auch Helmut Baier, Die bayerische Landeskirche im Umbruch 1931-1934, in: Tutzinger Texte, Sonderband I, Kirche und Nationalsozialismus. Zur Geschichte des Kirchenkampfes, München 1969, S. 34f.
120 Nach der "Allgemeinen Rundschau" (vom 28.2.1931) war es die "unrichtige Berichterstattung", die Verwirrung gestiftet hatte.
121 Der Stürmer, Nr. 9 vom 26.1.1931.
122 AR vom 28.2.1931. Für Veits eigene Reaktion auf dem Vorfall, siehe "Neue kirchliche Zeitschrift", 43 Jg., Leipzig 1932, S. 5f.
123 AR vom 3.3.1931; VD vom 7.3.1931. Mitunterzeichner waren Pfarrer Dr. Beer und Pfarrer Hans Greifenstein.
124 WZ vom 3.3.1931.
125 VD vom 4.4.1931. So Streicher auf einer NS-Versammlung, ohne Ortsangabe.
126 Dekanatsarchiv Weißenburg 48, Schreiben des Kirchenvorstandes an den LKR vom 3.3.1931.
127 Gemeint sind die "Pastorale Anweisungen" ber bayerischen Bischöfe vom 10.2.1931, die in der Presse Beachtung fanden (vgl. AR vom 13.2.1931). Darin wurde es u.a. "dem katholischen Geistlichen... streng verboten, an der nationalsozialistischen Bewegung in irgendeiner Form mitzuarbeiten". Auch "die Teilnahme von Nationalsozialisten an gottesdienstlichen Veranstaltungen in geschlossenen Kolonnen mit Uniform und Fahne ist und bleibt verboten". Die Zulassung zu den Sakramenten "ist von Fall zu Fall zu prüfen"; Die Kirchen im Dritten Reich. Christen und Nazis Hand in Hand? Band 2: Dokumente, hg. von Georg Denzler und Volker Fabricius, Frankfurt am Main 1984, S. 29-31. Vgl. auch Scholder, Kirchen I, S. 168f. und Hambrecht, Aufstieg, S. 286f.
128 Wie Anm. 126.

ANMERKUNGEN ZU DEN SEITEN 34 BIS 35

129 Dekanatsarchiv Weißenburg 48, Schreiben des LKR an den Kirchenvorstand vom 15.4.1931.
130 VD vom 4.4.1931.
131 Scholder (Kirchen I, S. 244) schätzte die Zahl der NS-Pfarrer 1931 im Reich auf "nicht mehr als 100". Unvollständige Recherchen im Berlin Document Center und im Landeskirchlichen Archiv Nürnberg ergaben, daß 1931 allein in Bayern mindestens 26 evangelische Pfarrer NS-Mitglieder waren. (Die bayerische Pfarrerschaft faßte ca. 7% der protestantischen Geistlichkeit im Reich zusammen.) Davon waren 10 als Gemeindepfarrer tätig, darunter auch Kalb in Weißenburg; 10 waren als Vikare im Gemeindedienst. BDC, NSDAP Master File; LKAN, LKR IV 550.
132 VD vom 7.2.1931. Im Gegenzug machte der "Volksdienst" seine Leser aufmerksam auf Rosenbergs Befürwortung der Erzeugung von außerehelichen Kindern, wenn es der Rassenzucht dient, auf Hitlers Ablehnung der Mission, und auf Feders Dreieinigkeit von Blut, Glauben und Staat, und meinte: "Wir wollen solchen und anderen Irrlehren gegenüber am christlichen Dreieinigkeitsglauben festhalten, auch wenn Pfarrer unserer Kirche in einem diese Irrlehren verbreitenden Nationalsozialismus einen Vorkämpfer gegen das Antichristentum erblicken sollten." Johannes Schulz wurde am 28.12.1906 in München geboren; ab 1929 war in Stadtvikar in Nürnberg-St. Jobst; ab 1933 Pfarrer in Lonnerstadt, Dekanat Bamberg; am 1.10.1930 ist er der NSDAP beigetreten (Nr.333.499) und am 5.6.1935 bekam er das Blutorden vom 9.11.1923 (Nr. 1395); BDC, NSDAP Master File und PK.
133 Max Sauerteig wurde am 22.4.1867 in Nürnberg geboren. Seine erste Pfarrstelle nahm er 1892 an. Ab 1915 bis zu seinem Ruhestand war er zweite Pfarrer an der St. Johanneskirche in Ansbach. Am 16.9.1925 wurde er Mitglied der NSDAP (Nr. 19.025). Die Gauleitung Franken schrieb 1942 über ihn: "Pg. Sauerteig, der evangelische Pfarrer war, hat sich in der Kampfzeit in seinem Wirkungskreis Ansbach tatkräftig für die nationalsozialistische Weltanschauung eingesetzt und sprach in unzähligen Versammlungen. Heute ist er im Gauarchiv tätig, nachdem er sich seit einigen Jahren im Ruhestand befindet"; BDC, PK (Sauerteig). Sauerteig war auch nach 1934 überzeugter Deutscher Christ; Baier, DC, S. 257. Vgl. auch Hambrecht, Aufstieg, S. 288 und 528, Anm. 219.
134 VD vom 29.1.1931.
135 Ebda. Klein wurde am 3.12.1894 geboren und wurde 1922 Pfarrer. Am 8.9.1927 trat er der NSDAP bei (Nr. 67.092); BDC, NSDAP Master File.
136 Nach Scholder (Kirchen I, S. 243ff.) war Schemm der "Typ des religiösgläubigen Nationalsozialisten", der tief überzeugt war, "daß Nationalsozialismus und christliche Religion zusammengehörten". Vgl. auch Baier, DC, S. 38f. und Anm. 38, und Franz Kühnel, Hans Schemm. Gauleiter und Kultusminister (1891-1935), Nürnberg 1985.
137 1931 im Bayerischen Landtag wandte sich Aenderl (SPD) "gegen die zunehmende Hakenkreuzpropaganda durch protestantische Pfarrer, die besonders im nördlichen Bayern sehr lebhaft betrieben wird. Viele protestantische Geistliche sind eingeschriebene Mitglieder der Hakenkreuzpartei"; VD vom 9.5.1931. Dennoch darf man nicht Schemms Erfolg in Oberfranken auf ganz Bayern übertragen, wie Kühnel (Schemm, S. 243), der für das Jahr 1931 behauptet: "Die evangelische Pfarrer in Bayern standen in großen Teilen im nationalsozialistischen Lager."
Kennzeichnend für Schemms kirchenfreundliche Haltung war der Oberfränkischer Gau Parteitag am 3./4.5.1930 in Bayreuth wo Pg. Pfarrer Franz Lossin und Pg. Pfarrer Friedrich Hanemann "für den Gottesdienst und religiösen Teil des Kongresses" verantwortlich waren; IfZ - NSDAP

ANMERKUNGEN ZU DEN SEITEN 35 BIS 38

Hauptarchiv (Mikrofilm) 5/137. Für Lossin, siehe Hambrecht, Aufstieg, S. 292; für Hanemann, siehe Baier, DC, S. 250, Anm. 21.
138 WZ vom 12.5.1931 und folgende Zitate.
139 Martin Weigel wurde am 2.22.1866 geboren. Im Jahre 1890 wurde er Pfarrer; seine letzte Stelle hatte er an der Nürnberger St. Leonhardskirche von 1921 bis 1925. Am 14.12.1925 trat er den NSDAP bei (Nr. 26.058); BDC, NSDAP Master File.
140 Auch Weigels Tatigkeitsbericht, wo es auch u.a. heißt: "Ich habe, nach Wiedergründung der Partei, 1926 die ersten 6 nationalsozialistischen Fahnen geweiht in der Lorenzkirche, die wir uns erobert hatten, was damals einen mächtigen Eindruck machte. Ich habe später die ersten Fahne des nationalsozialistischen Studentenbundes Erlangen, dann die einzelner nat.soz. Verbindungen an der technischen Hochschule hier geweiht. Ebenso eine sehr große Anzahl von Fahnen von Ortsgruppen in Stadt und Land von Mittelfranken... Was ich als aktiver Pfarrer in dieser Zeit unter der Geistlichkeit Nürnbergs, in den akademischen Kreisen, in denen ich verkehrte, in meiner Gemeinde St. Leonhard-Nürnbergs unter Judenknechten, Stadtangestellten, roten Brüdern und kirchlich verhetzten Hilfsgeistlichen und Gemeindegliedern durchzumachen hatte, geht auf keine Kuhhaut"; BDC, PK (Weigel). Vgl. auch Hambrecht, Aufstieg, S. 117f.
141 VD vom 3.1.1931.
142 VD vom 10.1.1931.
143 Die Zitate aus dieser Rede entstammen der gedruckten Fassung, die im "Freimund" vom 5.2.1931, S. 40-44, erschien. Eine Zusammenfassung der Rede in: KBl vom 26.1.1931, S. 38f. und in der "Allgemeinen Evangelisch-Lutherischen Kirchenzeitung" (AELKZ) vom 30.1.1931, Sp. 113. Aus der letztgenannten Quelle basiert Scholders Beschreibung der Steinacher Konferenz; Kirchen I, S. 172f. Vgl. auch Kühnel, Schemm, S. 196ff. Da Steinach ca. 90 km. von Weißenburg entfernt lag, ist es möglich, daß unter den 130 Teilnehmern auch Geitliche des Dekanats Weißenburg anwesend waren. Obwohl die Diskussion über das Problem Nationalsozialismus und Kirche in der Weißenburger Pfarrerschaft nicht aktenmäßig belegt ist, kann aber die allgemeine Debatte in der Landeskirche auch für Weißenburg gelten, wo die Person des Dekans und der Pfarrer Kalbs den Konflikt zwischen Volksdienst und NSDAP verkörperten.
144 Von Pfarrer Hans Weigel, Großgründlach in: KBl, 1931, S. 62.
145 So äußerte sich Dekan Langenfaß, München; Bühler, Kirchenkampf, S. 18f.
146 Eduard Putz wurde am 9.1.1907 geboren. 1929 kam er in das Münchener Predigerseminar; ab 1931 Stadtvikar in München; ab 1933 theologischer Hilfsreferent im Landeskirchenrat; ab 1935 II. Pfarrer an der Michaelskirche, Fürth. Am 1.4.1927 trat er den NSDAP bei (Nr. 60.049); am 21.3.1934 erhielt er das goldene Ehrenzeichen der Partei; BDC, PK (Putz).
147 Manfred Franze, Die Erlanger Studentenschaft, 1918-1945, Würzburg 1972, S. 400. Bei der AStA Wahl vom 20.11.1929 erhielt der NS Deutscher Studentenbund 655 von 1205 Stimmen; bei der Wahl am 14.11.1930, 1085 von 1475 Stimmen bei 83% Wahlbeteiligung. Vgl. auch Eberhard Bethge, Dietrich Bonhoeffer, München 1970, S. 252: "Die Mehrzahl der Theologiestudenten neigte schon damals zur Partei Hitlers."
148 Freimund vom 5.2.1931, S. 43.
149 Ebda., S. 44.
150 Ebda., S. 43.
151 Ebda., S. 44.
152 Siehe Anm. 144. Der letzte Ausdruck stammte von einem Mittelfränkischen Dekan; VD vom 9.5.1931.

ANMERKUNGEN ZU DEN SEITEN 38 BIS 41

153 KBl 1931, S. 62. Über die Diskussion schrieb Dekan Langenfaß: "Bei der Debatte erklangen auch aus dem Munde einzelner Redner politische Töne, Bekenntnisse zu allerlei Parteien, darunter auch zum Nationalsozialismus. Die Konferenzleitung trug Sorge, daß solche Äußerungen sofort als Abgleiten bezeichnet wurden"; Bühler, Kirchenkampf, S 18.
Ein andere Konferenzteilnehmer schrieb: "Die meisten Konferenzbesucher werden wohl wie ich aufs lebhafteste bedauert haben, daß dem gediegenen, ernsten Vortrag vom Kollegen Eduard Putz durch eine geradezu haarsträubende Debatte, was die Form anbelangt, ein großer Abbruch getan wurde"; Pfarrer Wolfrum/ Bürglein, in: KBl 1931, S. 28.

154 AR vom 9.1.1931, Kirche und Leben Nr. 3.
155 Brief von Pfarrer Karl-Heinz Becker an den Kirchenpräsidenten Veit vom 17.10.1931, in: Kantzenbach, Einzelne, S. 164.
156 KBl, 1931, S. 311. Zu der Freizeit in Neuendettelsau siehe auch Kühnel, Schemm, S. 236ff.
157 Scholder, Kirchen I, S. 244f.
158 AR vom 16.7.1931, Kirche und Leben Nr. 48.
159 KBl, 1931, S. 311.
160 Matthias Simon, geboren am 10.6.1893, ab 1925 Pfarrer in Arzberg, ab 1932 Studienrat am Real- und Reform-Gymnasium in Nürnberg. Vgl. Kantzenbach, Einzelne, S. 108 & 126f. Simon war auch einer der 99 bayerischen Pfarrer, die beim Freikorps Epp gedient hatten; BayHStA, RStH 636, Ehrenliste der Freikorpskämpfer aus der Evang.-Luth. Pfarrerschaft Bayerns.
161 Wie Anm. 158.
162 Punkt 24 lautet: "Wir fordern die Freiheit aller religiösen Bekenntnisse im Staat, soweit sie nicht dessen Bestand gefährden oder gegen das Sittlichkeits- und Moralgefühl der germanischen Rasse verstoßen. Die Partei als solche vertritt den Standpunkt eines positiven Christentums, ohne sich konfessionell an ein bestimmtes Bekenntnis zu binden. Sie bekämpft den jüdisch-materialistischen Geist in und außer uns und ist überzeugt, daß eine dauernde Genesung unseres Volkes nur erfolgen kann von innen heraus auf der Grundlage: Gemeinnutz vor Eigennutz;" Denzler/Fabricius, Die Kirchen im Dritten Reich, Bd. 2, S. 14.
163 Wie Anm 158.
164 Wie Anm 159.
165 Herman Strathmann, Nationalsozialistische Weltanschauung?", Volksdienst-Verlag Nürnberg, abgeschlossen am 14.4.1931. Nach dem Urteil Scholders (Kirchen I, S. 176), gehört diese Schrift "zu den besten und treffendsten Analysen der nationalsozialistischen Ideologie im protestantischen Lager".
166 Strathmann, NS Weltanschauung?, S. 39.
167 Wie Anm. 158, und folgende Zitate.
168 Wie Anm. 159.
169 Ebda.
170 Ebda. Der Schreiber des Artikels, Pfarrer Koller, fand Schemms Schlußsatz etwas überraschend; er merkte dann aber, daß der Satz "einem vom Redner früher gehaltenen Vortrag entstammte".
171 Wie Anm. 155.
172 Wie Anm. 158.
173 KBl, 1931, S. 311f.
174 Siehe dazu Baier, DC, S. 37. Man darf deswegen die Freizeit in Neuendettelsau nicht als repräsentativ für die Pfarrerschaft in Bayern nehmen (wie etwa Kühnel, Schemm, S. 243).

ANMERKUNGEN ZU DEN SEITEN 41 BIS 45

175 AR vom 4.8.1931, Kirche und Leben Nr. 52. Vgl. auch KBl, 1931, S. 312. Für Keyßer siehe Kantzenbach, Das Neuendettelsauer Missionswerk, S. 227ff.
176 AR vom 4.8.1931.
177 KBl, 1931, S. 175ff. Für Althaus siehe Robert Ericksen, Theologians under Hitler, New Haven & London 1985, S. 79ff.
178 AR vom 12.5.1931, Kirche und Leben Nr. 33. Der fast gleichlautende Bericht im Korrespondenzblatt verschweigt diese Bemerkung.
179 VD vom 3.1.1931, "Hakenkreuz oder Christenkreuz?"
180 VD vom 31.10.1931.
181 KBl, August 1961, S. 9.
182 KBl, 1930, S. 333.
183 AR vom 12.5.1931, Kirche und Leben Nr. 33.
184 LKAN, LKR XV 1665a, Bd. II, 1931-32, Schreiben Beckers an Rüdel vom 20.4.1931. Vgl. auch Hambrecht, Aufstieg, S. 291.
185 BayHStA, MK 37170 (Karl-Heinz Becker). Schreiben des Oberstaatsanwalt Bamberg vom 12.11.1938, aus dem hervorgeht, daß Becker vor 1993 keiner Partei angehörte, aber dem Christlichen Volksdienst nahestand. Eine ausführliche Behandlung Beckers Position bei Kantzenbach, Einzelne, S. 134ff. und 163ff.
186 LKAN, LKR XV 1665a, Bd.II, 1931-32, Schreiben Rüdels an Becker vom 28.4.1931.
187 Ebda., Schreiben Rüdels an den LKR vom 28.4.1931.
188 AR vom 6.8.1931, Kirche und Leben Nr. 52.
189 AR vom 1.6.1931.
190 KBl, 1931, S. 244f.
191 Wie Anm. 189.
192 Ebda. Nach dem Korrespondenzblatt (s. Anm. 190) fragte Breit, "ob Nationalsozialismus und Deutschtum denn identisch seien, ob das Christentum dieser Partei identisch sei mit dem Evangelium". Wegen dieser Haltung ist es auch erklärlich, daß die NSDAP 1933 Sturm gegen die Ernennung Breits zum Oberkirchenrat beim LKR lief. Siehe Baier, DC, S. 44.
193 AR vom 12.6.1931, Kirche und Leben Nr. 39. Vgl. auch KBl, 1931, S. 397.
194 AR vom 3.12.1931.
195 WZ vom 27.6.1931.
196 WZ vom 15.7.1931. Auch die alljährliche NS-Kundgebung auf dem Hesselberg wurde 1931 verboten, wegen Vorfälle bei der NS-Gautagung in Mühldorf.
197 Bürgermeister Fitz gelang es, eine Kompromißlösung durchzusetzen und die Sondervorstellung zu retten; StdAW, 112 4b, Schreiben vom 9.6.1934.
198 WZ vom 20.7.1931.
199 AR vom 21.7.1931.
200 WZ vom 7.8.1931.
201 WZ vom 1.10.1931. Die Polizeidirektion Nürnberg-Fürth berichtete 1928 über den "ehemaligen Pfarrer von Borkum, L.Münchmeyer", daß er ein "lebhafter und gewandter" Redner sei, obwohl sein norddeutscher Dialekt nicht ganz verständlich sei. Die Polizei bestätigte auch seinen Antisemitismus: "Er kämpfte für die Judenfreiheit Borkums und bezeichnete die Juden als die verworfenste Rasse;" StAN, Polizei-Dir. Nbg.-Fürth, Nr. 305, Lagebericht Nr. 183/II 28 vom 5.12.1928. Vgl. auch J.R.C.Wright, "Above Parties". The Political Attitudes of the German Protestant Church Leadership, 1918-1933, Oxford 1974, S. 104.
202 WZ vom 30.10.1931 & 31.10.1931.
203 WZ vom 10.12.1931; AR vom 24.11.1931.
204 WZ vom 10.11.1931.

ANMERKUNGEN ZU DEN SEITEN 46 BIS 48

205 Die Regierung bekam 295 Stimmen, einschließlich 15 von dem CSVD, bei 270 Gegenstimmen; AELKZ vom 30.10.1931, Sp. 105.
206 WZ vom 9.9.1931.
207 AR vom 3.12.1931, Bericht Klinglers vor dem Pfarrerverein am 1.12.1931 in Nürnberg.
208 Im November 1931 hat Pfarrer Kalb OKR Meiser um Versetzung gebeten. Dabei spielte die schulische Zukunft seiner 7 Söhnen als auch die zusätzliche Belastung infolge der unbesetzten dritten Pfarrstelle eine Rolle; LKAN, Personen XXXVI 235, Kalb an Meiser vom 6.11.1931.
209 WZ vom 12.1.1932.
210 Ebda.
211 Die Versammlung mit dem Münchener Stadtrat Esser fand im Evangelischen Vereinshaus am 29.1. statt (WZ vom 30.1.1932); die Versammlung mit Dr. Honig war eine NS-Bauernversammlung am 31.1. mit "Massenbesuch", wahrscheinlich weil Streicher und Holz als Redner angekündigt waren. Beide sagten aber kurzfristig vorher ab (WZ vom 1.2.1932).
212 WZ vom 15.1.1932, Stadtratbericht.
213 WZ vom 22.1.1932.
214 VD vom 16.2.1932. Der Versuch scheiterte an der Opposition von NSDAP und DNVP.
215 WZ vom 8.2.1932; VD vom 20.2.1932. Mitte 1931 hat der CSVD, der bisher hauptsächlich mit innenpolitischen Problemen beschäftigt war, "das Primat der Außenpolitik" endeckt. Siehe z.B. Strathmanns "Der Übergang zum Primat der Außenpolitik", in: VD vom 27.6.1931.
216 Die Kandidatur Hindenburgs, angekündigt am 16. Februar, wurde von der bayerischen CSVD auf ihrer Hauptversammlung am 5./6. März offiziell gebilligt; VD vom 12.3.1932.
217 Das Bezirsamt berichtete, daß Strathmanns Vortrag "voraussichtlich wenig Wirkung hatte", da die Versammlung vom CSVD nur schwach besucht war; StAN, BA Weißenburg, Abg. 1955, Nr.28, HMB des BA Weißenburg vom 15.2.1932.
218 WZ vom 16.1.1932.
219 Traub war Herausgeber der "Eisernen Blätter" in München. Vgl. auch Scholder, Kirchen I, S. 219.
220 Wie Anm. 217.
221 WZ vom 8.2.1932. Die Werbearbeit in Burgsalach (643 Einwohner, 100% evangelisch) hatte auch ihren Erfolg als am 13.3.1932 86,6% für Hitler stimmten. Vielleicht hat Pfarrer Bestelmeyer in Burgsalach (später DC-Pfarrer) sich mit Kalbs Auftritt in seinem Dorf einverstanden erklärt. So wäre Pfarrer Kalb den Vorwurf erspart, er sei in eine fremde Gemeinde eingebrochen.
222 StAN, BA Weißenburg, Abg. 1955, Nr. 28, HMB des BA Weißenburg vom 15.3.1932.
223 Siehe Hambrecht, Aufstieg, S. 337.
224 Da die Halle überfüllt war, mußte eine Parallelversammlung im Goppeltsaal abgehalten werden; WZ vom 8.3.1932.
225 Wie Anm. 222. Es gibt aber genügend Beispiele von NS-Terror und Intoleranz im Wahlkampf. In vielen Orten Mittelfrankens war es "so gut wie unmöglich... für Hindenburg einzutreten"; Hambrecht, Aufstieg, S. 337. Dekan Schmidt aus Altdorf berichtete: "Bei uns gehen z.Z. die Wogen des politischen Kampfes hoch. Der Terror der Nationalsozialisten nimmt immer größere Ausmaße an. Sinn und Empfänglichkeit für das Wort Gottes nehmen sichtlich ab, besonders die Jugend ist fast nur noch für politische Fragen zu haben und das hier nur im Sinne Hitlers;" LKAN, Dekanat Altdorf 8, Dekan Schmidt an Kreisdekan Rüdel vom 22.3.1932. Siehe auch Kantzenbach, Einzelne, S. 132-134.

ANMERKUNGEN ZU DEN SEITEN 48 BIS 50

226 WZ vom 12.3.1932. Vgl. auch den Bericht über eine CSVD-Versammlung in Nürnberg mit Dr. Echte, MdR: "Der Volksdienst gehört zu denen, die, mögen Regierungen bleiben oder gehen, Hindenburg die Treue zu halten entschlossen sind;" WZ vom 12.3.1932.
227 KBl, 1932, S. 224, "Der Pfarrer und seine Gemeinde", Vortrag gehalten auf der Pfarrerfreizeit in Wirsberg am 17./18.5.1932 von OKR Prieser.
228 BayHStA, MK 37 197. Nachdem Beuschel diese Erklärung verlesen hatte, verließ der demokratisch eingestellte Organist und Lehrer demonstrativ die Kirche. Das Verhalten des Pfarrers und des Lehrers wurden vom LKR beanstandet. Die Behauptung des Lehrers, "daß im ganzen Bezirk Nördlingen es einige Geistliche gewagt hätten, die Kirche zu Wahlgeschäften und insbesondere zu solchen gegen das Reichsoberhaupt zu mißbrauchen", nahm er später zurück. In Schmähingen stimmten im ersten Wahlgang 117 für Hitler, 33 für Hindenburg, und 3 für Düsterberg. Es wohnten nur 2 Katholiken im Dorf; eine war die Frau des Lehrers.
229 Pfarrer Hell berichtet von einer "Anzahl von Kollegen", die "äußerst eifrig in Wahlversammlungen" für Hitler eingetreten sind in Westmittelfranken; Kantzenbach, Einzelne, S. 133. Ein Beispiel davon war Pg. Pfarrer Georg Bräuninger (Parteieintritt am 1.12.1930, Nr. 414 805; BDC, PK), Geistlicher in Königshofen, Dekanat Ansbach, der am 3.3.1932 bei einer NS-Versammlung in Wittelshofen, Dekanat Dinkelsbühl zum Thema "Christentum und Nationalsozialismus" sprach. Die "Allgemeine Rundschau" berichtete darüber folgendermaßen: "Redner, der ein überzeugter Anhänger Adolf Hitlers ist, erläuterte den Zusammenhang zwischen Nationalsozialismus und Christentum in einer so ausführlicher Weise, daß auch dem Letzten die Bedenken, wenn solche wirklich noch bestanden wären, verschwunden sind. Er zergliedert das Wort Nationalsozialistische Deutsche Arbeiter Partei in vier Abschnitten: 1. National = bereit sein für das Volk zu kämpfen. 2. Sozial = Gemeinnutz geht vor Eingennutz... 3. Deutsch = Rasse, schon Luther gab die Mahnung, daß die Pfarrer ihren Leuten die Judengefahr nicht verschweigen. 4. Arbeiter = Jeder der arbeitet, ob mit der Stirn oder mit der Faust, ist Arbeiter;" AR vom 11.3.1932, "Vereins- und Versammlungschronik".
230 WZ vom 7.3.1932.
231 WZ vom 9.3.1932.
232 Der LKR schreib am 29.1.1932 an die Dekane: "Gestützt auf die Gottlosenherrschaft in Osten und begünstigt durch die zunehmende Sehnsucht unseres Volkes nach einer Änderung seiner derzeitigen unerträglichen Lage ist in Deutschland eine planmäßige Bewegung gegen die Kirche und gegen den Glauben an Gott in Gang gesetzt worden, die auch nach Bayern übergegriffen hat"; Dekanatsarchiv Weißenburg 44. Die Beilage zu der Allgemeinen Rundschau" vom 26.1.1932, Kirche und Leben Nr. 6, schrieb, daß ein "Bund der Gottlosen" in Rußland gegründet wurde und Ende 1931 eine Mitgliedschaft von 6 Millionen besaß. In Deutschland gab es, nach dem Bericht, 800.000 eingeschriebene Freidenker.
233 Siehe z.B. das "Korrespondenzblatt", 1932, S. 21, 30, 221, 236, 320. Die Beilage "Kirche und Leben" der "Allgemeinen Rundschau" hat sich im Jahre 1931 sehr oft zum Problem der Gottlosenbewegung geäußert, z.B. der Beitrag von Helmut Kern in: AR vom 13.4.1932.
234 LKAN, Kreisdekan Ansbach 17/4, Schreiben von Löffelholz vom 2.4.1932. Die Freidenker in Weißenburg behaupteten Anfang 1932, 14 Personen seien aus der Evang. Kirche ausgetreten und hätten sich ihrer Bewegung angeschlossen. Das Evang.-Luth. Pfarramt konnte diese Behauptung als falsch beweisen: 1931 haben insgesamt 12 Personen die Kirche verlassen, 2 davon sind zu den Methodisten übergegangen; WZ vom 8.1.1932.
235 WZ vom 12.3.1932.

ANMERKUNGEN ZU DEN SEITEN 50 BIS 52

236 WZ vom 12.3.1932, Stadtratbericht vom 3.3.1932. Gemessen an der Zahl der Gesamtbevölkerung - nicht der Berufstätigen - war dies eine Arbeitslosigkeit von ca. 14,5%.
237 WZ vom 14.3.1932. Von den kreisfreien Städte Mittelfrankens lagen nur Dinkelsbühl mit 54,5% für Hitler, und Rothenburg o.d. Tauber mit 51,9% vor Weißenburg; Hambrecht, Aufstieg, S. 339.
238 In den evangelischen Dörfern des Dekanats Weißenburg siegte Hitler deutlich mit Ergebnisse zwischen 74,7% und 94,6%; WZ vom 14.3.1932. In den Landeskreisen Rothenburg, Neustadt a.d. Aisch, Uffenheim, Ansbach, Gunzenhausen, und Dinkelsbühl votierten zwischen 67% und 80% für Hitler; Hambrecht, Aufstieg, S. 338. Neustadt a.d.Aisch hatte kurz vor der Wahl, am 7.3.1932, durch Stadtratbeschluß, Hitler zum Ehrenbürger erklärt; AR vom 9.3.1932.
239 Vgl. Hambrecht, Aufstieg, S. 339.
240 Die wahlkampflose Zeit schließte die Karwoche, in der auch Goethes 100. Todestag observiert wurde, und die Osterwoche ein.
241 Die NS-Versammlung war mit dem Nürnberger Stadtrat Willy Liebel am 8.4.1932; WZ vom 8.4.1932. Siehe auch Hambrecht, Aufstieg, S. 226ff.
242 WZ vom 11.4.1932. Von den 316 Stimmen für Düsterberg in den evangelischen Dörfern des Dekanats Weißenburg im ersten Wahlgang, gingen im zweiten Wahlgang 138 an Hitler, 72 an Hindenburg; 46 konnten sich nicht entschließen und gaben ungültige Stimmzettel ab (nur 6 im ersten Wahlgang).
243 StAN, BA Weißenburg, Abg. 1955, Nr. 28, HMB des BA Weißenburg vom 16.4.1932.
244 WZ vom 19.4.1932. Für Stegmann, siehe Hambrecht, Aufstieg, S. 318ff.
245 StAN, BA Weißenburg, Abg. 1955, Nr. 28, HMB des BA Weißen-burg vom 30.4.1932.
246 Ebda.
247 Sonst wurden fast alle Veranstaltungen des CSVD vor den Landtagswahlen von der NSDAP gestört; VD vom 30.4.1932. Im "Stürmer" wurde auch den "christliche(n) Volksdienstler" Pfarrer Wilhelm Geyer (2. Pfarrer, Nürnberg-St.Lorenz) diffamiert. Bemängelt wurde nicht nur, daß er Hindenburg gewählt hatte, sondern auch seine Äußerungen: "Die Juden haben den gleichen Anspruch zu dieser Herde zu zählen, wie die Deutschen", und "erbärmlich sei der Ruf: 'Jude verrecke'"; Stürmer Nr. 17. vom April 1932.
248 WZ vom 23.4.1932.
249 Der märkische Gauleiter Wilhelm Kube gab diese Pläne im Januar 1932 bekannt mit dem Spruch: "Erobert euch eure Kirche"; VD vm 23.1.1932.
250 WZ vom 22.4.1932.
251 So Dr. Friedrich Lent, Universitätsprofessor in Erlangen, Spitzenkandidat der DNVP für Mittelfranken vor einer Versammlung in Fürth am 21.4.1932; AR vom 22.4.1932.
252 AR vom 15.4.1932.
253 WZ vom 25.4.1932.
254 WTBl vom 21.5.1932.
255 Die Ergebnisse für die Stadt Weißenburg: NSDAP - 2493 (51%); SPD - 1019 (20,9%); KPD - 392 (8%); BVP 348 (7,1%); DNVP - 263 (5,4%); CSVD 186 (3,8%). Die Wahlbeteiligung lag bei 91%; WZ vom 25.44.1932.
256 In der Stadt München gewann der CSVD 6.129 Stimmen (3749 in 1930); VD vom 30.4.1932.
257 AR vom 28.4.1932, Kirche und Leben Nr. 24.
258 WZ vom 11.4.1932.
259 SK Weißenburg (Kalb); BA, NS 26, Vorl. 1253, Schreiben vom 4.11.1935.

ANMERKUNGEN ZU DEN SEITEN 53 BIS 55

260 WZ vom 26.5.1932. Das Gericht hat 20 Zeugen angehört bevor es seine Entscheidung am 25.5.1932 traf. Das kirchliche Disziplinargericht bestand zum weitüberwiegenden Teil aus Laien. Einer der 5 Richter berichtete über die Verhandlung: "Ein glatter Fall für einen völligen Freispruch sei überhaupt noch nicht vorgekommen"; LKAN, Kreisdekan Ansbach 20/3, Seiler an Gerstner vom 23.5.1935.
261 Dekanatsarchiv Weißenburg 47, Schreiben vom 18.4.1932.
262 Nach Überprüfung der Personalakten von Dekan von Löffelholz schrieb Archivdirektor Dr. Helmut Baier: "Auch steht die Ortsgruppe der NSDAP wohl nicht hinter den Vorwürfen, vielmehr dürften es einzelne NS-Personen gewesen sein". Schreiben an den Verfasser vom 20.2.1985.
263 LKAN, Personen XXXVI 60, Frenzel an Meiser vom 15.2.1932.
264 Ebda., Frenzel an Meiser vom 17.3.1931, mit Briefkopf: "Hauptverein des Evangelischen Bundes in Bayern r.d.Rh.".
265 LKAN, Personen XXXVI 60, Meiser an Rottler vom 20.2.1932.
266 So Frenzel in seinem Brief vom 17.3.1931, siehe Anm. 264.
267 WZ vom 11.4.1932.
268 Abgedruckt bei Kantzenbach, Einzelne, S. 131f. Der Brief wurde am 18.3.1932 geschrieben.
269 Langenfaß an Georg Merz vom März 1932, abgedruckt in: Bühler, Kirchenkampf, S. 29.
270 LKAN, Personen XXXVI 235, Schreiben vom 25.2.1932.
271 AR vom 5.1.1932, Kirche und Leben Nr. 1.
272 LKAN, LKR XV 1665a II, Aus der Sitzung des Kirchenvorstandes Hof vom 11.3.1932.
273 Ebda., Schreiben des Dekanats Bamberg an den LKR vom 26.1.1932.
274 Ebda., Prieser in einem Notiz zu dem Schreiben vom 26.1.1932.
275 Wie Anm. 272.
276 Ferdinand Grißhammer, am 16.3.1880 in Ansbach geboren, war seit 1925 zweiter Pfarrer in Hof. Die Gemeinde Hof hatte insgesamt 6 Pfarrstellen und 3 Hilfsgeistliche für die rund 41.000 Evangelischen der Stadt.
277 Auf einem Abend des Evangelischen Bundes am 3.11.1931 in Hof sprach Grißhammer von der Zweifrontenkampf des Bundes "im Kampf gegenüber den Machtansprüchen des politischen, romgebundenden Katholizismus und gegenüber den Kräften und Kreisen des Unglaubens und des Bolschewismus"; AR vom 10.11.1932.
278 Wie in Broszat, Bayern in der NS-Zeit, Bd. 1, S. 371. Vgl. auch Baier, DC, S. 36: "Damit hatte sich der Kirchenpräsident bei einem Großteil der Pfarrerschaft unbeliebt gemacht, so daß er sich sogar dem Vorwurt einer reaktionären Haltung ausgesetzt sah." Es handelt sich hier um eine Vermutung, die allenfalls für einen Großteil der jungen Geistlichen zutrifft.
279 LKAN, LKR II 336a, Bd. I, Dekanskonferenz in Nürnberg vom 31.3.1932.
280 KBl, 1932, S. 224, Vortrag gehalten auf der Pfarrerfreizeit in Wirsberg am 17. & 18.5.1932. Vgl. auch Sammetreuthers Bemerkung hierzu: "Es wäre doch unverantwortlich, wenn das wahr wäre, was in einer Wahlversammlung in Ansbach gesagt worden sein soll, daß der in dem Schreiben des Herrn Kirchenpräsidenten ausgesprochene Wille in Bezug auf die politische Betätigung der Pfarrer von fränkischen Pfarrern nicht befolgt wurde"; KBl, 1932, S. 298.
281 KBl, 1932, S. 68ff. & 77ff., "Nationalsozialismus und Kirche" von Dr. Daum, Oberhohenried. Ernst Daum, geb. am 26.7.1901, bekam seine erste Pfarrstelle in Unterhohenried (Pfarrhaus in Oberhohenried) im Jahre 1929. Erst am 1.5.1933 wurde er Mitglied der NSDAP (Nr. 3.13.184); BDC, NSDAP Master File.

ANMERKUNGEN ZU DEN SEITEN 56 BIS 58

282 LKAN, Kreisdekan Ansbach 1/15/9 1937, vertrauliches Schreiben Alts vom 26.1.1932. Dr. Karl Alt, geb. am 12.8.1897, war seit 1929 Anstaltspfarrer an der Kreis-Heil- und Pflegeanstalt in Ansbach.
283 Veit hat hier keine bindende Richtlinien für die Landeskirche ausgegeben, sondern seine persönliche Meinung zur Beteiligung der Geistlichen am politischen Leben. Er führte aus: "Es ist nicht nur ganz unerträglich, wenn Geistliche, die in verschiedenen Lagern stehen, sich gegenseitig bekämpfen. Wenn der Geistliche diesen Kampfplatz überhaupt betritt, begibt er sich in Lagen und Gegensätze, die seinem Amte hinderlich werden, ja er setzt sich der Versuchung aus, sich zu Methoden hinreißen zu lassen, die dessen unwürdig sind. Es ist durchaus nicht meine Meinung, daß er in weltfremder oder welterhabener Abgeschlossenheit sich um diese Dinge nicht kümmern und auf eine eigene Meinung in politischen Dingen verzichten soll; ja von der Seite seines Amtes her kann ihm Zeugnis und Kampf zur Pflicht werden, je mehr der politische Kampf sich auf das Gebiet der Weltanschauung herüberzieht und auf Fragen übergreift, die nicht etwa nur die Kirchenpolitik, sondern die Fragen des Glaubens, christlicher Sittlichkeit oder Erziehung betreffen. Aber diesen Kampf führt er dann nicht nach der Parole irgendeiner Partei und in ihrer Gefolgschaft, sondern für Evangelium und Kirche, und es gehört ein sicheres Auge und ein vom Geiste Gottes geleiteter Takt dazu, die nicht immer ohne weiteres deutlichen Grenzlinien zu sehen und einzuhalten"; Neue Kirchliche Zeitschrift, hg. von Lic. Johannes Bergdolt in Verbindung mit D. Dr. Th. von Zahn, D. Friedrich Veit, D. Ludwig Ihmels, XLIII Jahrgang, Leipzig 1932, S. 4f. Ab 1934 wurde die Zeitschrift als "Luthertum" weitergeführt.
284 WTBl vom 21.5.1932, "Hitler - ein deutsches Verhängnis?" Auch in WZ vom 27.5.1932.
285 Dies bestätigt Dr. Satzinger in seinem Artikel, "Die Widerstandsbewegung" in: KBl, 1932, S. 378ff. Vgl. auch Geuder, Im Kampf, S. 13.
286 Für Näheres dazu siehe Philipp W. Fabry, Mutmassungen über Hitler: Urteile von Zeitgenossen, Königstein/Ts. 1979, S. 50f, 70f.
287 KBl, 1932, S. 378.
288 Dennoch empfiehl "Der Volksdienst" die Schrift von Niekisch als "die beste politische Ergänzung zu der weltanschaulichen Kritik", die Prof. Strathmann geliefert hatte; VD vom 19.3.1932.
289 Wie Anm. 284.
290 Die drei Beispiele aus der WZ vom 7.3.1932, aus dem WTBl vom 21.5.1932 und vom 28.10.1932.
291 Geuder, Im Kampf, S. 12.
292 So Karl-Heinz Becker in einem Brief an die "Allgemeine Rund-schau" vom 3.5.1932, in: Kantzenbach, Einzelne, S. 184f.
293 In seinem Artikel, "Die Weltanschauung A. Rosenbergs", in: KBl, 1932, S. 37.
294 AR vom 10.11.1931.
295 KBl, 1932, S. 550, Pfarrer W. Ruf, Allerheim, "Von unserer Mission im Jahre 1932".
296 KBl, 1932, S. 69, Dr. Daum, Oberhohenried, "Nationalsozialismus und Kirche".
297 Strathmann, NS-Weltanschauung?, S. 13.
298 Ebda., S. 12 & 14.
299 Ebda., S. 15.
300 Ebda., S. 17.
301 Walter von Loewenich, Erlebte Theologie, S. 161.
302 Hermann Sasse, geboren am 17.7.1895, war ab Mai 1933 a.o. Professor der Kirchengeschichte, Dogmengeschichte und Symbolik in Erlangen. Siehe

ANMERKUNGEN ZU DEN SEITEN 58 BIS 61

auch die Kurzbiographie in: Hermann Sasse, We Confess Jesus Christ, selected essays from: In statu confessionis, translated by Norman Nagel, St. Louis 1984, S. 100ff.

303 Kirchliches Jahrbuch, 1933-1944, 2. Auflage, Gütersloh 1978, S. 12f. Vgl. auch Scholder, Kirchen I, S. 179f. und Baier, DC, S. 36. Zu Hitlers Verhältnis zum Parteiprogramm siehe Eberhard Jäckel, Hitlers Weltanschauung. Entwurf einer Herrschaft, Stuttgart 1981, S. 80ff.
304 K.-H. Becker an den LSA vom 24.5.1932, in: Kantzenbach, Einzelne, S.186f.
305 WZ vom 18.6.1932.
306 WZ vom 16.6.1932.
307 WZ vom 20.6.1932. Holz versuchte auf der Tagung zu erklären, warum er und die NS-Fraktion im Landtag in Uniform erschien trotz Verbot, was zu einem Ausschluß von 20 Sitzungstage führte. Vgl. Hambrecht, Aufstieg, S. 345.
308 WZ vom 4.7.1932 und vom 5.7.1932.
309 Er konnte nicht wie geplant am 6.6.1932 stattfinden wegen verspäteter Anmeldung; WZ vom 6.7.1932.
310 WZ vom 8.7.1932. Heinrich Dittmar, geb. am 13.2.1889, NS-Mitgliedsnummer 70.677, hatte am 4.11.1930 als erwerbsloser Schreiner den SS-Sturm 84 mit 4 Mann in Weißenburg aufgestellt. Am 10.10.1932 bekam er den SS-Sturmbann III/3. Seine Führereigenschaften wurden als "wohl nur begrenzt vorhanden eingestuft". In seinem Sturmbann kam es 1933 zum Streit wegen der Absetzung seines Sturmbannadjudants, August Roth, der schon vorher "von den gebildeten Kreisen" gewarnt worden war, den Posten anzunehmen; BDC, SSO (Heinrich Dittmar).
311 StAN, BA Weißenburg, Abgabe 1955, Nr. 28, HMB vom 15.7.1932.
312 WTBl vom 12.7.1932.
313 Der "Stürmer" (Nr. 28, Juli 1932) schrieb in einem Artikel "Judenknechte wüten in Weißenburg": "Die Schuld dafür trifft das Stadtoberhaupt Dr. Fitz, der sich im Volksmund bereits die Bezeichnung 'Waldspieldirektor' erworben hat."
314 WZ vom 12.7.1932. Die KPD nahm nicht offiziell an dem Aufmarsch teil, aber einzelne Kommunisten aus Sportvereinen oder Gewerkschaften, die in der Eisernen Front waren, marschierten mit.
315 WTBl vom 12.7.1932.
316 WZ vom 13.7.1932.
317 WZ vom 16.7.1932.
318 WZ vom 16.7.1932, "Brennende Fragen (2)".
319 Ebda., und WZ vom 23.7.1932, "Brennende Fragen (4)".
320 WZ vom 22.7.1932, "Brennende Fragen (3)".
321 WZ vom 25.7.1932, Kelbers Erwiderung zum CSVD.
322 WZ vom 23.7.1932, "Brennende Frange (4)".
323 Evang. Gemeindeblatt für München vom 24.7.1932.
324 KBl, 1932, S. 320.324.
325 Ebda., S. 320.
326 Ebda., S. 321.
327 Ebda., S. 320.
328 Hans Buchheim, Glaubenskrise im Dritten Reich, Drei Kapitel nationalsozialistischer Religionspolitik, Stuttgart 1953, S. 60-62. Vgl. auch Scholder, Kirchen I, S. 254, und Meier, Kirchenkampf I, S. 65.
329 VD vom 16.4.1932, "Was hat der Christlich-sozialer Volksdienst zur Christlich-deutschen Bewegung zu sagen". Der Autor, Kling, fragte, ob der Missionsdienst an die NSDAP auch die Bekämpfung des CSVD bedeuten muß.

ANMERKUNGEN ZU DEN SEITEN 62 BIS 65

330 KBl, 1932, S. 323.
331 KBl, 1932, S. 287-291, 295-298. Sammetreuther, geb. am 18.3.1883, bekam 1912 seine erste Pfarrstelle; seit 1926 war er Pfarrer in München und seit 1931 erster Pfarrer an der St. Matthäus Kirche.
332 KBl, 1931, S. 497f.
333 KBl, 1932, S. 140.
334 KBl, 1932, S. 291.
335 KBl, 1932, S. 298.
336 Ebda.
337 WZ vom 27.7.1932.
338 VD vom 30.7.1932.
339 WZ vom 27.7.1932, "Eingesandt" der CSVD aus "Dem Volksdienst" vom 16.7.1932.
340 Das Evang. Gemeindeblatt für Hof und Umgebung vom 19.6.1932.
341 Der Artikel im "Kampf" erschien am 11.6.1932. Zu Schemms Zeitung "Kampf", siehe Norbert Frei, Provinzzeitungen in der Bayerischen Ostmark, in: M. Broszat und E. Fröhlich, Bayern in der NS-Zeit II, München/Wien 1979, S. 24ff.
342 Dies stellte der Weißenburger CSVD später fest; WZ vom 29.7.1932.
343 WZ vom 27.7.1932.
344 Ebda., und VD vom 16.7.1932.
345 LKAN, LKR XV 1665a, Bd. II, Aufruf der NS-Geistlichen von Oberfranken vom 30.7.1932.
346 K.-H. Becker an die "Münchener Neuesten Nachrichten" vom 1.8.1932, in: Kantzenbach, Einzelne, S. 188f.
347 Langenfaß an Dörfler vom 13.8.1932, in: Bühler, Kirchenkampf, S. 26.
348 AR vom 8.7.1932. Dabei hatte die "Allgemeine Rundschau" schon Mitte 1932 ihre lokale, politische Berichterstattung eingeschränkt, indem sie die Rubrik "Vereins- und Versammlungschronik", die im Frühjahr 1932 viele Berichte von NS-Versammlungen brachten, einstellte. Vielleicht war dies eine Reaktion auf Kritiker der Zeitung in evangelischen Kreisen wie Pfarrer Karl-Heinz Becker, der am 6.5.1932 die "Allgemeine Rundschau" abbestellte, weil sie "darauf verzichtet habe, ihren Lesern zu einer sachlichen Urteilsbildung über die... Unsittlichkeit des Nationalsozialismus zu verhelfen." Dies zeige "der rückwärtige Teil des Blattes, wo das Eintreten ihrer Leserschaft und ihrer Lokalberichterstatter für Hitlers Grundsätze sich ungehindert... zeigen darf." Brief Beckers an die "Allgemeine Rundschau" vom 6.5.1932, in: Kantzenbach, Einzelne, S. 184f.
Becker war auch nicht der Einzige, der sich über die NS-freundliche Berichterstattung der "Allgemeinen Rundschau" beschwert hatte. Der Verleger der "Allgemeinen Rundschau", J. Bollmann bestätigte: "In den Jahren 1931 und 1932 erhielten wir mehrere hundert Briefe, daß die Haltung der 'A.R.' zu nationalsozialistisch sei und Abbestellungen mit der Motivierung, daß man dem kleinen 'Völkischen Beobachter', wie man die 'A.R.' scherzhaft nannte, nicht mehr lesen wolle." AR vom 15.9.1934.
349 WZ vom 25.7.1932.
350 Der erste Kontakt zwischen Fitz und Esser war im Sommer 1931 bei der Planung der Sondervorstellung des "Tells", bei der die Anwesenheit Hitlers vorgesehen war; siehe oben S.51.
351 WZ vom 26.7.1932.
352 AR vom 10.8.1932.
353 WZ vom 30.7.1932.

ANMERKUNGEN ZU DEN SEITEN 65 BIS 69

354 WZ vom 1.8.1932. Zieht man den NS-Anteil an den 454 Stimmscheinwählern ab, denn waren die Gewinne der NSDAP im Vergleich zu der Landtagswahl am 24.4.1932 verhältnismäßig gering.
355 AR vom 9.7.1932. Der bayerische Landbund empfiehl die DNVP als Mittler zwischen NSDAP und Zentrum.
356 WZ vom 10.8.1932, Inserat S. 4.
357 WZ vom 10.8.1932, S. 1.
358 WZ vom 15.8.1932. Später schrieb Fitz über diesen Tag: "Von da ab kannte ganz Weißenburg meine Sympathie für die nationalsozialistische Bewegung"; SdtAW 112, 4b, Schreiben Fitz's vom 9.5.1936.
Im Sommer 1932 wurde Fitz in einem Streit gegen drei Rechtsanwälte von Erika Mann verwickelt, weil die Stadt ihren Vertrag am Theater aus politischen Gründen annuliert hatte; StAN, Reg. Mfr. K.d.I. 2851, Bd. 284, Schreiben Fitz's vom 25.3.1933.
359 WZ vom 15.8.1932.
360 AR vom 27.8.1932.
361 AR vom 24.8.1932.
362 Ernst Henning, KPD-Bürgerschaftsmitglied in Hamburg, wurde am 15.3.1931 in seinem Autobus von 3 Nazis erschossen. Die Hamburger Gauleitung schloß die Schuldigen aus der Partei aus; AR vom 17.3.1931.
363 AR vom 21.3.1931.
364 Darüber beklagte sich Pfarrer Karl-Heinz Becker: "Es ist für mich nun eine der am schwersten verständlichen Tatsachen unserer Zeit, daß die evangelische Kirche, vor allem auch die evangelisch-kirchliche Presse, über diese ihr durchaus bekannten Grundsätze (Hitlers Billigung von Gewalt und Terror, u.a., d.Verf.) seit Jahren im Großen und Ganzen in der Öffentlichkeit doch eigentlich so gut wie völlig schweigt." Becker in einem Brief an Professor Elert vom 28.11.1932, in: Kantzenbach, Einzelne, S. 189f.
365 VD vom 10.9.1932.
366 Karl Steinbauer, geb. am 2.9.1906, trat am 1.10.1931 der NSDAP bei (Nr. 653.477); sein Austritt erfolgte am 7.9.1932; BDC, NSDAP Master File. Vgl. auch Steinbauer, Zeugnis I, S. 39ff. und Kantzenbach, Einzelne, S. 122f.
367 WTBl vom 1.9.1932.
368 WZ vom 2.9.1932.
369 WZ vom 1.10.1932.
370 Ein Beispiel dieser Befürchtung entstammt einer Dekansversammlung in Augsburg im Herbst 1932: "Den jungen Geistlichen ist zu raten, sich von politischen Betätigung fernzuhalten (Nationalsozialisten); Putz sagt: 'Die Partei sieht es für selbstverständlich an, daß sich die jungen Pfarrer zurückhalten.' Die jungen Leute kommen sich dabei viel zu wichtig vor... Und was ist dann, wenn die Nationalsozialisten nach Rom hinschwenken und die evangelischen Pfarrer dasitzen?" LKAN, Dekanat Papenheim 248.
371 KABl vom 7.10.1932, S. 102. Vgl. auch Baier, DC, S. 36.
372 WTBl vom 25.10.1932.
373 Der Leserbrief hat vor allem NS-Verleumdungstaktiken kritisiert: "Man spekuliert auf die Vergeßlichkeit und operiert mit der Verleumdung des politischen Gegners." WZ vom 17.10.1932.
374 WZ vom 8.10.1932.
375 Als Beispiel vgl. den Vortrag "Ludendorff und seinen Kampf gegen das Christentum", gehalten vom Inspektor der Neuendettelsauer Volksmission Helmut Kern im September 1932, der viele Zugeständnisse an der völkischen Ideologie machte. Kern führte aus: "Es ist wahr, Rasse und Blut sind wichtige Grundlagen der Kultus eines Volkes. Gerade der Missions-

ANMERKUNGEN ZU DEN SEITEN 69 BIS 72

mann weiß etwas davon, wie die Mischung der Rassen den ganzen Menschen an Leib und Seele gefährdet und verderbt und beklagt es, daß so viele Deutsche in Ausland und in der Fremde, in Afrika und Neuguinea ihre Rasse verleugnen, ihr Blut schänden und den deutschen Namen stinkend machen. Auch die Judenfrage hat gewiß ihre Bedeutung und in der inneren und äußeren Geschichte Deutschlands, in seiner Sitte, in Presse und Literatur, in Kunst und Kultur spielt das Judentum eine verhängnisvolle Rolle und das deutsche Volk hat Ursache, auf seine völkische Reinheit zu achten. Aber abzulehnen ist die Überspannung des Rasse- und Blutgedanken wie sie Ludendorff und Rosenberg (in seinem Mythos des 20. Jahrhunderts) vertreten. Blut und Rasse sind nicht das einzige, was den Charakter und die Seele des Menschen bestimmen." AR vom 20.9.1932.

376 Einige der Themen waren: "In des Teufels Klauen", "Eine peinliche Frage", "Moderne Sittlichkeit"; WZ vom 8.10.1932.
377 WZ vom 21.10.1932. Dieser Hinweis deutet auf eine Spannung zwischen v.Löffelholz und Rottler, dem Vorsitzender des Evangelischen Bundes in Weißenburg.
378 AR vom 19.10.1932.
379 WZ vom 8.10.1932, und LKAN, Dekanat Weißenburg 217, Bericht des Dekanats vom 5.11.1932.
380 Die Weißenburger führten in drei Omnibussen, einem LKR, Autos, Motorräder und Fahrräder dahin; WZ vom 14.10.1932 und folgende Zitate.
381 Am 16.10.1932 im Evangelischen Vereinshaus; WZ vom 17.10.1932.
382 WZ vom 19.10.1932.
383 WZ vom 25.10.1932.
384 WZ vom 24.10.1932. Auch die zweite DNVP Versammlung in Weißenburg mit Oberst v.Xylander zum Thema "Wir von der Reaktion" am 3. November setzte sich mit der NSDAP kritisch auseinander; WZ vom 4.11.1932.
385 StAN, BA Weißenburg, Abg. 1955, Nr. 28, HMB vom 2.11.1932.
386 WTBl vom 4.10.1932. Da die Reklame angeblich ohne Schmidts Zutun erfolgte, ist die Klage fallengelassen.
387 Die anderen zugelassenen Anwälte am Amtsgericht Weißenburg haben bestätigt, daß Wagner die Zustimmung und Billigung aller übrigen Kollegen hatte; WTBl vom 6.10.1932.
388 WTBl vom 5.10.1932.
389 "An das fränkische Landvolk!", DNVP-Flugblatt vom Oktober 1932, Frankenverlag Feuchtwangen.
390 DNVP-Flugblatt vom Oktober 1932, Verlag der Deutschnationalen Schriftenvertriebsstelle Berlin; Exemplar im Dekanatsarchiv Weißenburg 46.
391 WZ vom 27.10.1932, "Christentum und Nationalsozialismus".
392 WZ vom 28.10.1932.
393 Im Juli 1932, zum Beispiel, schrieb Pfarrer Hacker, Happung, Dekanat Hersbruck, den LKR, weil die NS-Ortsgruppe geschlossen am Gottesdienst teilnehmen wollte. Dekan Monninger, Hersbuck, schrieb dazu: "Die Weisung wird für den ganzen Dekanatsbezirk von Bedeutung sein, da mehrfach Gesuche der Nationalsozialisten vorstehender Art zu erwarten sind." Der LKR schrieb daraufhin, daß er nichts gegen eine Teilnahme am Gottesdienst habe, nur dürfe die Partei nicht geschlossen in die Kirche eintreten, es dürfe keine Standarte mitgenommen werden, und keine Kommandos in der Kirche aufgerufen werden. Es wurde auch daran erinnert, daß eine Standartenweihe keine kirchliche Feier sei; LKAN, LKR XV1665a, II. Bd., Brief Hackers vom 18.7.1932, Brief Monningers vom 19.7.1932, Antwort des LKR Nr. 4849.
In einem anderen Fall wo es um das Tragen Parteiuniformen in der Kirche ging, schrieb der LKR, daß es kein allgemeines Uniformverbot gebe, der Geistliche solle aber versuchen das Uniformtragen zu unterbinden, und

ANMERKUNGEN ZU DEN SEITEN 72 BIS 75

auf jedem Fall jegliche parteipolitischen Demonstrationen verhindern; LKAN, KKU 1, Schreiben des LKR 2.11.1932.
394 Ebda., Schreiben Schemms vom 28.10.1932. Zur gleichen Zeit machte Schemms NS-Lehrerzeitung einige für die Kirche sehr bedenkliche Äusserungen. In der Mai Nummer 1932 stand zu lesen: "Wir vermögen nicht das Christentum als 'ruhenden Pol in der Erscheinungen Flucht' zu betrachten, denn es sieht heute fast so aus, als ob auch der äußere Begriff des Christentums fallen wird"; zitiert aus dem "Volksdienst" vom 4.6.1932, wo auch hinzugefügt wurde: "Die nationalsozialistischen Pfarrer und Gemeinschaftsführer laden wahrlich eine schwere Verantwortung auf sich, wenn sie eine Bewegung unterstützen, in der sich direkt antichristlichen Tendenzen (trotz 'positivem Christentums' im Programm!) breit machen dürfen."
395 WZ vom 29.10.1932.
396 WZ vom 21.10.1932, Dr. Schmidt, Nürnberg, in einer NS-Wahlversammlung am 23.10.1932.
397 WTBl vom 31.10.1932. Das Reformationsfest wurde am 30. Oktober gefeiert.
398 Der Stadtrat meldete folgende Zahlen: am 8.9.1932 - 1027 Arbeitslose; 22.9.1932 - 1120; 7.10.1932 - 1122; 20.10.1932 - 1107; WZ vom 14.9.1932, 1.10.1932, 14.10.1932 und 31.10.1932.
399 Weinländers Name eschien unter dem Beitrag "Der 'Herrenklub' 1525 und 1932"; WZ vom 2.11.1932. Ein Beitrag, "Wen sollen wir wählen", wurde mit "W" unterzeichnet; WZ vom 4.11.1932.
400 StAN, BA Weißenburg, Abg. 1955, Nr. 28, HMB vom 2.11.1932.
401 WZ vom 22.10.1932, "Deutscher schaffender Volksgenossse".
402 WZ vom 4.11.1932.
403 WZ vom 5.11.1932, "Sozialrentner, Kleinrentner". Diese Beispiele bestätigen Hambrechts Feststellung für Oberbayern, daß "der Antisemitismus eine der Hauptkomponenten nationalsozialistischen Propaganda" war; Rainer Hambrecht, Nationalsozialistische Propagada (1925-1932) dargestellt am Beispiel Oberbayern, unveröffentlichtes NS.
404 WZ vom 1.11.1932. Vgl. auch Hambrecht, Aufstieg, S. 364f.
405 WZ vom 2.11.1932, Inserat der NSDAP.
406 WTBl vom 3.11.1932. Strathmann wurde vorgeworfen, er kandidiere nur, um in den Genuß der Diäten zu kommen.
407 Pfarrer Hermann Teutsch, geb. am 20.11.1876, wurde 1930 als "zugkräftiger Kandidat" auf der Volksdienst-Reichstagsliste in Baden gesetzt und erhielt ein Mandat. Wegen seines "emotionalen Antiultramontanismus und Nationalismus" fand er sich häufig in Konflikt mit der CSVD-Reichstagsgruppe, und trat schließlich im Juni 1931 zur NSDAP über. Sein Mandat legte er am 12.10.1932 nieder; Opitz, Volksdienst, S. 191ff. und 213ff.
408 WZ vom 4.11.1932.
409 LKAN, KKU 1, CSVD-Flugblatt. Der Fall Kwami ereignete sich Ende September 1932; siehe Scholder, Kirchen I, S. 229ff.
410 VD vom 29.10.1932. Das "Ost-Holsteinisches Tagblatt" hatte nach der Wahl am 19.11.1932 geschrieben: "Der Fall Röhm hat gewiß einen großen Teil des Stimmenverlustes (der NSDAP, d.Verf.) von 2 Millionen auf dem Gewissen"; LKAN, LKR XV1665a, II. Bd.
411 WTBl vom 5.11.1932.
412 Dietrich Eckart, Der Bolschewismus von Moses bis Lenin, Zwiegespräch zwischen Adolf Hitler und mir, Parteiverlag Franz Eher nachf., München 1924, S. 33. Hitlers Anteil an dem Gespräch ist inzwischer zweifelhaft geworden, vgl. Scholder, Kirchen I, S. 112f.
413 Rosenberg hatte diese Behauptung später persönlich bestritten; WZ vom 21.10.1932. Der "Volksdienst" hatte sich für die Attacke in der "Frän-

ANMERKUNGEN ZU DEN SEITEN 75 BIS 78

kischen Wacht" dadurch gerächt, daß er deren Schriftleiter Frenzel seine jüdische Herkunft vorhielt; VD vom 7.11.1931, 12.12.1931 & 12.3.1932.

414 WZ vom 5.11.1932. Das Lied "Wach auf, wach auf, du deutsches Land" wurde im September 1932 von der CSVD-Reichsführung als Volksdienst-Choral bestimmt; VD vom 1.10.1932.

415 Da kein Bericht über Strathmanns Rede erhalten ist, sind die Zitate dem CSVD-Flugblatt, "An die evangelischen Deutschen! Politische Aktivierung des deutsch-evangelischen Volkstums?", unterzeichnet von Simpfendörfer, Strathmann und Veidt, entnommen. Exemplar in: LKAN, Rep.103, Nr.3. Vgl. auch Strathmanns Beitrag, "Auf! Denn die Zeit ist kommen!" in: VD vom 9.10.1932.

416 Vgl. Opitz, Volksdienst, S. 283. Der Evangelische Bund unterstützte zu dieser Zeit nach wie vor die "deutsche Freiheitsbewegung". Auf seinem Gesamttagung in Kassel beschloß er: "Eine neue Volkwerdung bereitet sich vor. Wir stehen an einer Geisteswende. Als evangelische Christen bekennen wir uns zu ihr und wollen helfen, das, was bisher nur Möglichkeit ist, zu verwirklichen. Denn wir wissen: Nur wenn die neue Bewegung, die durch unser Volk geht, im evangelischen Glauben den tragenden Grund findet, der mächtiger ist als sie selbst, wird sie den ihr drohenden Gefahren widerstehen und eine bessere Zukunft schaffen." Es folgten 10 Forderungen. AR vom 14.10.1932, Kirche und Leben Nr. 54.

417 Wahlergebnisse in: WZ vom 7.11.1932.
418 VD vom 12.11.1932.
419 WTBl vom 9.11.1932.
420 WZ vom 12.11.1932.
421 WZ vom 16.11.1932.
422 WTBl vom 21.11.1932. Vgl. auch VD vom 26.11.1932, "Böser Hereinfall der Weißenburger Nationalsozialisten".
423 WZ vom 28.11.1932.
424 Der Stürmer, Nr. 46, November 1932.
425 LKAN, LKR XV1665a, II. Bd., Zellfelder an Meiser vom 24.11.1932.
426 Ebda., Zellfelder an Meiser vom 1.12.1932.
427 Der Stürmer, Nr. 47, November 1932. Ein Pferd des Viehhändlers hatte angeblich einen Baum beschädigt und der Händler sich nicht dafür entschuldigt. Dazu Pfarrer König in seinem Stürmer-Brief: "O, daß sie doch alle auf Nimmerwiedersehen von dannen führen und wir unsere deutschen Viehhändler hätten."
428 Wie Anm. 426. In einem Brief an den Münchener Dekan Langenfaß vom 2.11.1932 schrieb Zellfelder: "Mit großer Genugtuung habe ich begrüßt, daß sich das Münchener Gemeindeblatt endlich zu einem ersten Wort gegen die Schändung des jüdischen Friedhofs aufgerafft hat. Die Evangelische Kirche kann um ihrer Ehre willen zu diesen Dingen nicht schweigen, sie muß einmal von der Kanzel herab die Stimme erheben," in: Bühler, Kirchenkampf, S. 31. Die Wochenkommentare Dr. Zellfelders in der "Allgemeinen Rundschau" haben aber solche Probleme nie behandelt, da er sich in seinen Kommentar meist mit der "höheren Politik" beschäftigt hatte.
429 LKAN, LKR XV 1665a, II. Bd., Schreiben des LKR vom 16.12.1932.
430 WZ vom 10.11.1932.
431 Karl Pfaffenberger, geb. am 9.8.1903, wurde im Sommer 1932 Pfarrer in Höttingen, Dekanat Weißenburg. Kurz zuvor, am 1.4.1932, trat er in die NSDAP ein (Nr. 1.100.545); BDC, Kleine Kartei.
432 WZ vom 14.11.1932.
433 LKAN, LKR XV 1665a, II.Bd., Schreiben Dekan Sperls an den LKR, eingegangen am 30.11.1932. Dekan Sperl hatte Pfarrer Sauerteig als Redner vorgeschlagen, der aber nicht kommen konnte.

ANMERKUNGEN ZU DEN SEITEN 78 BIS 79

434 Ebda., "Fränkische Tagespost" vom 13.11.1932, "Hakler mißbrauchen den Totensonntag".
435 Ebda., LKR an die Regierung in Ansbach, Kammer des Innern, vom Januar 1933.
436 Baier, DC, S. 250, Anm. 21. Hanemann war seit dem 1.6.1929 NS-Mitglied (Nr. 137.908); BDC, NSDAP Master File.
437 WZ vom 19.11.1932. Richard Zwörner, dessen Bruder Georg in Weißenburg wohnte, wurde am 18.8.1892 geboren und war seit 1930 zweiter Pfarrer in Selb. Am 1.12.1930 trat er der NSDAP bei (Nr. 365.343), und übte verschiedene Ämter in der Partei aus: 1933-34 Kreisgerichtsvorsitzender in Selb; 1934-37 Kreisgerichtsvorsitzender in Bayreuth; Kreisschulungsleiter; Gauredner. Ab 1934 war er Studienrat in Bayreuth und ab 1937 Studienrat in Würzburg. Eine Beurteilung der Gauleitung Würzburg vom 8.9.1941 bestätigt: "Pg. Zwörner ist alter Kämpfer und hat sich seit 1931 sehr aktiv für die Bewegung eingesetzt... Mit dem Nationalsozialismus meint er es unbedingt ernst, was um so höher anzuschlagen ist, als er in seiner Eigenschaft als Theologe und Religionslehrer eher starken andergerichteten Einflüssen ausgesetzt ist. Seine politische Zuverlässigkeit steht außer Zweifel." BDC, PK (Zwörner). Die "Weißenburg Zeitung" kommentierte zu seiner Ernennung als Bürgermeister: "Es dürfte in Bayern wohl zum ersten Male der Fall sein, daß ein protestantischer Geistlicher Bürgermeister ist."
438 WZ vom 2.12.1932.
439 Kalb scheint sich in den Wahlkämpfen des Jahres 1932 deutlich zurückgehalten zu haben. Die Zeitungen berichteten lediglich von seiner Ansprache vor der NS-Frauengruppe im Evangelischen Vereinshaus am 18.12.1932, wo er betonte, "daß in der Hitlerbewegung besonders der christliche Gedanke gepflegt" werde; WZ vom 19.12.1932.
440 KBl, 1933, S. 79.
441 Evang. Gemeindeblatt für München, 1933, S. 37, Kirchliche Chronik, von Hans Pförtner.
442 WZ vom 2.12.1932.
443 Buchheim, Glaubenskrise, S. 78f.

ANMERKUNGEN ZU DEN SEITEN 80 BIS 83

IV WEIßENBURG UND DIE BAYERISCHE LANDESKIRCHE IM JAHRE DER NS-MACHTÜBERNAHME

1 WTBl vom 3.2.1933.
2 Wohlfahrtserwerbslose waren Dauerarbeitslose, die keine Arbeitslosenunterstützung mehr bekamen. Auf 1000 Einwohner hatte Weißenburg 63,0, Nürnberg 56,4, Schwabach 53,0 und München 49.6 Wohlfahrtserwerbslose; WZ vom 7.1.1933.
3 WZ vom 20.1.1933.
4 WZ vom 30.1.1933.
5 Das Evangelische Sonntagsblatt aus Bayern, Rothenburg o. d. Tauber, oft Rothenburger Sonntagsblatt genannt (RS), 1933, S. 95. Das Rothenburger Sonntagsblatt war eine der meistgelesen Zeitschriften im Gebeit des Bezirkamtes Weißenburg mit einer Auflage von 974 Exemplaren im 4. Vierteljahr 1934; StAN, LRA Weißenburg, Abgabe 49, Nr. 1, Auflagenhöhe der Tagespresse im Bezirksamtsgebiet Weißenburg.
Das Rothenburger Sonntagsblatt wird sehr oft zitiert in der Untersuchung von Gerhard Meier-Reutti, Politik der Unpolitischen. Kirchliche Presse zwischen Theologie und Gemeinde, Bielefeld 1976, für das Dritte Reich ab Seite 310. Meier-Reutte nimmt auch oft das Nürnberger Gemeindeblatt als beispielhaft für die kirchliche Presse, ohne zu sagen, daß dessen Schriftleiter bis Oktober 1934 der NS-Pfarrer Hans Baumgärtner war.
6 RS, 1933, S. 57. In seiner Neujahrsansprache sagte Kreisdekan Prieser: "In dem hinter uns liegenden Jahr ist eine gut durchorganisierte Aufklärungsarbeit über die Gottlosenbewegung getrieben worden."
7 KBl vom 6.2.1933, S. 51ff.
8 Ebda., S. 53.
9 Für eine Schilderung des Konflikts, siehe Hambrecht, Aufstieg, S.370ff.
10 AR vom 20.1.1933.
11 AR vom 26.1.1933.
12 Ebda.
13 Hambrecht, Aufstieg, S.386.
14 Fränkische Tagespost vom 14.1.1933. Vgl. auch Hambrecht, Aufstieg, S. 568, Anm. 137.
15 Ebda.
16 Fränkische Tagespost vom 18.1.1933.
17 StAN, Reg. v. Mfr., K.d.I., Nr. 6475, Bd. 966, Abg. 1978, eidesstattliche Versicherung von Karl Minnameyer am 14.12.1948.
18 Fränkische Tagespost vom 16.1.1933.
19 AR vom 31.1.1933.
20 AR vom 4.2.1933. Am selben Tag wurde die Verordnung zur "Schutz des deutschen Volkes" erlassen, die Eingriffe in die Pressefreiheit erleichterte.
21 Schwabacher Tagblatt vom 17.2.1933, "Aufruf des Evangelischen Bundes zu den Märzwahlen", Berlin, 16.2.1933.
22 LKAN, LKR V 941b, Aufruf des Bundes vom 4.3.1933.
23 Wie es Scholder beschrieben in: Kirchen I, S. 279.
24 Die "Allgemeine Rundschau" meldete, daß die Berichte über Kundgebungen zu zahlreich seien, um gedruckt zu werden; AR vom 1.3.1933.
25 In einem Bericht über die Kirchenvorsteherfreizeit in Neuendettelsau vom 23.-26.2.1933, wo Missionsdirektor Dr. Eppelein die Gefahren des Bolschewismus schilderte, hieß es: "Wie nahe uns Deutschen die Gefahr des Bolschewismus stand, ahnten wir damals nicht. Die Ereignisse in der Reichshauptstadt und die damit ans Tageslicht geförderten und zugleich noch rechtzeitig unterdrückten Pläne haben dem im Vortrag Dargelegten

ANMERKUNGEN ZU DEN SEITEN 83 BIS 85

seine unwiderlegliche Bestätigung gegeben"; KBl, 1933, S. 144. Vgl. auch Scholder, Kirchen I, S. 283.
26 RS, 1933, S. 117.
27 Aus einem Brief Beckers an Veit vom 18.2.1933, in: Kantzenbach, Einzelne, S. 198.
28 Beckers "Pastorenbrief" erschien erst in einem obskuren Blatt, Wilhelm Schwanes "Volkserzieher", Corbach-Hessen, im Februar 1933; Karl-Heinz Becker, Siebenkittel, ZbKG 42(1973), S. 267f. Siehe auch Beckers Brief an den LKR vom 1.2.1933, in: ZbKG 47(1978), S. 192ff. Beckers vertrauensvolle Bitte an den Kirchenpräsidenten Veit "um seelsorgerlichen Rat" (ZbKG 47/1978, S. 199) wurde weiter an Kreisdekan Rüdel geleitet, der am 7.3.1933 eine Aussprache mit Becker hatte. Darüber berichtete Rüdel: "Der Kreisdekan würdigte den Ernst der Gewissensbedenken des Pfarrers, gab ihm aber auch zu verstehen, daß er sein Verantwortungsbewußtsein nicht zu weit auszudehnen habe und es der Leitung der Kirche getrost überlassen dürfe, im gegebenen Fall gegen die Auswüchse der politischen Ethik zu protestieren. Pfarrer Becker schien sich damit zufrieden zu geben"; LKAN, LKR IV 543a, Rüdel an LKR vom 7.3.1933.
29 Freimund vom 21.3.1933, S. 73.
30 Ebda.
31 VD vom 18.3.1933, Strathmann: "Warum Volksdienst?". Vgl. auch VD vom 4.3.1933, Strathmann: "Helfende Kritik".
32 VD vom 11.2.1933, Strathmann: "14 Jahre!". Wegen dieser Bemerkung wurde der "Volksdienst" vom württembergischen Innenministerium für zwei Wochen verboten; Opitz, Volksdienst, S. 294.
33 VD vom 11.2.1933.
34 VD vom 18.2.1933.
35 VD vom 21.1.1933.
36 Scholder, Kirchen I, S. 237. Adolf Köberle bestätigte im Juni 1933, daß das "Altonaer Pastorenbekenntnis" "ein ungeheures Echo... im ganzen evangelischen Deutschland" gefunden hat, "einfach daher, weil hier protestantische Theologen wieder einmal zu protestieren gewagt haben gegen die unselige Anschauung von der Eigengesetzlichkeit des weltlichen Lebens, als hätte das Wort Gottes keine in die Wirklichkeit eingreifenden Weisungen zu geben, nicht Konkretes zu Volk, Staat und Wirtschaft, zu Ehe, Familie und Mode zu sagen. Wer sich als Theologe gegen solchen Dienst und Auftrag sträubt, verengt und verkürzt die Kreuzesbotschaft und bleibt seinem Volk ein wichtiges Stück Evangeliums schuldig." AELKZ 11.8.1933, Sp. 732, Vortrag Köberles vom 7.7.1933.
37 AR vom 9.3.1933, Kirche und Leben Nr. 12; Evang. Gemeindeblatt für München, 1933, S. 91-92, 103-105; Freimund, 1933, S. 92-95. Der NS-Pfarrer Dr. Daum, Oberhohenried, hat die Verbreitung des Altonaer Bekenntnisses, daß "man in Norddeutschland eine verkappte Abwehr gegen den Nationalsozialismus nennt", kritisiert; KBl, 1933, S. 162.
38 Für den Wortlaut siehe Kirchliches Jahrbuch, 1933-1944, S. 17-22.
39 Vgl. Scholder, Kirchen I, S. 281f.
40 WTBl vom 24.2.1933.
41 LKAN, LKR XV 1665a, Rottler an Meiser vom 25.3.1933.
42 LKAN, LKR IV 639, Sauber an das Dekanat Weißenburg und den LKR vom 3.3.1933.
43 WTBl vom 24.2.1933. Vgl. auch das KABl vom 30.12.1926, S.119, "Beteiligung der Geistlichen an Fahnenweihen und nationalen Feiern". Eine eigentliche Fahnenweihe in der Kirche war nur für das Heer gedacht. Kriegervereine und Vereine, die "vaterländische Interessen im Auge haben", durften ihre Fahnen zur Kirche bringen und "unter Gottes Wort

ANMERKUNGEN ZU DEN SEITEN 85 BIS 88

und Gebet ihrem Gebrauch übergeben". Ausgeschlossen waren jedoch Vereine, die "rein parteipolitische Interessen verfolgen".
44 WTBl vom 24.2.1933. Veit hatte auch nach dem 30. Januar 1933 auf einer strikten parteipolitischen Neutralität der Kirche bestanden. Von einer Rede Veits Ende Februar in Neuendettelsau wurde berichtet: "Eine eindeutige Stellungnahme zu einer Partei dürfe nicht erwartet werden... Die Kirche darf die Zerrissenheit des Volkes nicht fördern, sie muß allen Gliedern des Volkes dienen"; KBl, 1933, S.145.
45 WTBl vom 25.2.1933.
46 Was Schleußinger aber gleich widerlegte; LKAN, LKR III 639, Pressenotiz vom 25.2.1933.
47 WTBl vom 13.2.1933.
48 WTBl vom 21.1.1933.
49 WTBl vom 31.1.1933.
50 WTBl vom 17.2.1933.
51 WTBl vom 16.2.1933. Ruck war seit dem 1.8.1932 Parteimitglied; LKAN, LKR IV 543a (Slg.).
52 StAN, Reg. v. Mfr., K.d.I., Abg. 1978, Bd.966, Nr. 6475, eidesstattliche Erklärung Friedrich Schneiders vom 2.2.1949.
53 Hambrecht, Aufstieg, S. 370-371.
54 Die Kirchliche Lage in Bayern nach den Regierungspräsidentenberichten 1933-1945, Band II, Regierungsbezirk Ober- und Mittelfranken, bearbeitet von Helmut Witetschek, Mainz 1967, S. 1, HMB vom 4.2.1933.
55 WTBl vom 6.3.1933.
56 Es fanden außerdem Versammlungen der BVP, der Eisernen Front und der Kampffront Schwarz-Weiß-Rot der DNVP statt; StdAW 140, HMB des Vorstandes des Stadtrats Weißenburg vom 16.3.1933.
57 StAN, BA Weißenburg, Abg. 1933, Nr. 28, HMB des Bezirksamts Weißenburg vom 2.2.1933.
58 StdAW 140, HMB des Vorstandes des Stadtrats Weißenburg vom 16.3.1933; WTBl vom 3.3.1933.
59 Fränkische Tagespost vom 8.3.1933.
60 Fränkische Tagespost vom 9.3.1933.
61 Nicolaisen/Kretschmar, Dokumente I, S. 13f.
62 Scholder, Kirchen I, S. 283f.
63 WTBl vom 6.3.1933.
64 Opitz, Volksdienst, S. 297.
65 Hagmann, Weg ins Verhängnis, S. 19; Hambrecht, Aufstieg, S. 396.
66 In Kattenhochstatt amtierte der Senior des Weißenburger Kapitel, Pfarrer Gottfried Seiler.
67 WTBl vom 8.3.1933.
68 Fränkische Tagespost vom 9.3.1933.
69 AR vom 7.3.1933.
70 Ludwig Volk, Bayern im NS-Staat 1933 bis 1945, in: M. Spindler, Handbuch der bayerischen Geschichte, Bd. 4, Das Neue Bayern 1800-1979, Erster Teilband, München 1974, S. 520.
71 WTBl vom 10.3.1933.
72 AR vom 9.3.1933.
73 AR vom 11.3.1933.
74 WTBl vom 11.3.1933.
75 WTBl vom 13.3.1933. Wer das Geläute gebilligt hatte, steht nicht fest. Auch andere bayerische Pfarrer ließen nach dem 5. März die Glocken läuten und stießen dabei auf Unverständnis, da kein kirchlicher Anlaß vorlag; KBl, 1933, S. 162. Die Haltung des LKR in dieser Angelegenheit war, das Geläute "nur zuzulassen, wenn größerer Schaden auf andere Weise nicht verhütet werden könnte". In Nürnberg war bei einer Demon-

ANMERKUNGEN ZU DEN SEITEN 88 BIS 91

stration in der Woche nach der Wahl die Haltung der Menge "eine derartige ultimative, daß es zu den unliebsamsten Weiterungen geführt hätte, wenn das Geläute verweigert worden wäre"; LKAN, LKR XV 1665a, Brief Meisers an Braun, Nürnberg, vom 20.3.1933.
76 WTBl vom 13.3.1933.
77 StAN, BA Weißenburg Nr. 28, Abg. 1955, HMB vom 16.3.1933.
78 LKAN, LKR IV 639, Löffelholz an LKR vom 5.3.1933, Nr.355.
79 LKAN, LKR IV 639, Löffelholz an LKR vom 5.3.1933, Nr.353.
80 LKAN, LKR IV 639, Sauber an das Dekanat Weißenburg, den LKR und die Reichsleitung der NSDAP, München, vom 3.3.1933.
81 Die Benutzung der Garnisonkirche war zu dieser Zeit jedoch gar nicht entschieden. Der Oberkonsistorialrat D. Heckel, Berlin, schrieb Meiser am 7.3.1933: "Hier tobt inzwischen noch der Kampf um die Garnisonkirche; soweit ich sehe, schlägt sich die preuss. Kirche ganz wacker. Die Anmassung der Herren wird nach diesem Wahlsieg ja noch erheblich steigen. Ich halte nach wie vor diese ganze politische Lage für ein Unglück Deutschlands. Wenn die 80 kommunistischen Abgeordneten - wie man munkelt - zum Parlament nicht zugelassen werden, dann ist die absolute Diktatur der NSDAP. Und dies und nichts anderes wollen sie." LKAN, Personen XXXVI 236, Brief Heckels vom 7.3.1933. Für den Kampf um die Benutzung der Garnisonkirche siehe Scholder, Kirchen I, S. 285, und Nicolaisen/Kretschmar, Dokumente I, S. 21, Anm. 2.
82 LKAN, LKR IV 639, Röhm an den LKR vom 10.3.1933.
83 Pfarrarchiv Weißenburg 55, Kirchenvorstandsprotokoll vom 7.3.1933.
84 LKAN, LKR IV 639, Löffelholz an LKR vom 8.3.1933.
85 Abgedruckt bei Henn, Führungswechsel, S. 332f.
86 Baier bemerkt (DC, S. 42), daß "ein nochmaliger letzter Appell von Kirchenpräsident Veit vom 15.3.1933" (gemeint ist die Entschließung des LKR vom 13.3.1933), "subjektiven Entscheidungen... Tür und Tor" geöffnet habe. Henn betont dagegen, daß die Entschließung vom 13.3.1933 sich "durchaus auf der seit 1931 eingeschlagenen Linie bewegte"; Henn, Führungswechsel, S. 332.
87 LKAN, LKR IV 639, Aktennotiz Meisers vom 13.3.1933. Vgl. auch Henn, Führungswechsel, S. 329.
88 LKAN, LKR IV 639, Veit an das Dekanat Weißenburg vom 14.3.1933.
89 Siehe das Agenda für die Evang.-Luth. Kirche in Bayern, Teil II, Ansbach 1920, S. 214f.: "Die Feier beginnt, nachdem die Fahnen auf den Altar niedergelegt sind... Vor einer eigentlichen Segnung der Fahnen ist abzusehen." In einer Anmerkung hießt es weiter: "Veteranen- und Kriegervereine haben auf eine Weihe ihrer Fahnen im obigen Sinne (d.h. die militärische Fahnenweihe, d.Verf.) keinen Anspruch."
Im Jahre 1927 am Rogatesonntag hat Dekan Schattenmann mit Genehmigung der Kirchenbehörde die Fahnen eines "vaterländischen Vereins" im Altarraum der St. Andreaskirche in Weißenburg geweiht. Er schloß die Fahnenweihe mit den Worten: "Daß ein neues, kommendes Geschlecht heranwachse und heranreife und sich deutscher, frommer Art und Sitte nicht schäme, sondern in der Väter Fußstapfen trete, in diesem Geiste, Wollen und Bekennen steht Ihr hier, im heiligen Gelübde: Kommt, wir wollen zum Herrn und bleiben bei ihm! Und nun enthüllet vor dem heimatlichen Gottesaltar diese Fahne, daß sie Euch ein Gottespanier sei. Ich übergebe kraft Amtes und Auftrages diese Fahne ihrer guten vaterländischen Bestimmung!" KBl, 1927, S. 271f. Möglicherweise diente diese Fahnenweihe als Vorbild für die SA-Fahnenweihe 1933.
90 WTBl vom 17.3.1933.
91 WTBl vom 20.3.1933.
92 Ebda.

ANMERKUNGEN ZU DEN SEITEN 91 BIS 97

93 StAN, BA Weißenburg Nr. 28, Abg. 1955, HMB vom 2.4.1933.
94 Siehe Scholder, Kirchen I, S. 286.
95 Dekanatsarchiv Weißenburg 44, LKR an sämtliche Dekanate (Nr.2293) vom 17.3.1933. Vgl. Baier/Henn, Chronologie, S. 2. Die Behauptung Henns (Führungswechsel, S. 333), die Pfarrer hätten für die Feier des 21. März vom LKR keine Weisung erhalten, ist zu korrigieren.
96 Freimund, 1933, S. 101.
97 Ebda., S. 102.
98 AR vom 21.3.1933. Auf der Titelseite stand, nebst Hakenkreuz- und Schwarz-Weiß-Rot-Fahnen, in der Mitte ein Bild Hindenburgs, darunter, und etwas kleiner, ein Bild Hitlers, flankierte von Seldte und Göring. Vgl. auch Daumillers Kommentar in Evang. Gemeindeblatt für München, 1933, S. 144: "Denn daß man Potsdam und diese Garnisonkirche gewählt hat, war kein Zufall, sondern bedeutet ein Bekenntnis."
99 H. Preuß, Luther und Hitler, Freimund-Verlag 1933, S. 11f.
100 AR vom 28.3.1933, Kirche und Leben Nr. 15, "Die Kirche und der neue Staat", mit "E" unterzeichnet, i.e. Pfarrer R. Eckstein, Evangelischer Landespressewart. Vgl. Baier/Henn, Chronologie, S. 46.
101 Zum Beispiel das Schwabacher Tagblatt vom 23.3.1933.
102 AR vom 28.3.1933.
103 H. Lehmann, Pietismus und weltliche Ordnung in Württemberg, Stuttgart/Berlin/Köln/Mainz 1969, S. 326.
104 VD vom 25.3.1933. Vgl. auch das Kommentar in der AR vom 18.3.1933: "Die Regierung Held hat als alleinige Wortführer Bayerns ausgespielt."
105 VD vom 1.4.1933.
106 Siehe z.B. RS, 1933, S. 165f.; Evang. Gemeindeblatt für München, 1933, S. 144, 157.
107 Freimund, 1933, S. 118-128.
108 StAW, HMB des Stadtrats vom 3.4.1933.
109 Fränkische Tagespost vom 27.2.1933. Nach dem Parteibeitritt "reist er in Gottes weiter Welt herum, hält demagogische Wahlreden, schimpft auf die bösen Marxisten und Juden".
110 StdAW, B26/297, Sitzungsprotokoll des Stadtrats 1933.
111 StAN, Reg. v. Mfr., K.d.I. 2851, Bd. 284, Fitz's Schrift vom 25.3.1933, "Verhalten des Hauptlehrers Sauber in Weißenburg i.B. seit wenigen Wochen Führer der SA Standarte 13", S.15f.
112 Ebda., S. 18.
113 Thumshirn ist am 6.3.1933 als Reichsbannerführer zurückgetreten; Fitz vom 25.3.1933, S. 7 (s. Anm. 111).
114 WTBl vom 11.3.1933.
115 Fitz vom 25.3.1933, S. 11 (s. Anm. 111).
116 Siehe Kapitel III, S. 31.
117 Fitz vom 25.3.1933, S. 15 (s. Anm. 111).
118 Ebda., S. 19.
119 StAW, 112, 4b, "Die Ereignisse am Donnerstag den 23.3.1933". Domröse behauptet, daß Fitz zur Zeit seiner Ablösung "bereits ein neuer Pg war"; Ortwin Domröse, Der NS-Staat in Bayern von der Machtergreifung bis zum Röhm-Putsch, München 1974, S. 241.
120 StdAW, 112,4b, Fitz's "Zusammenfassende Rechtfertigung" vom 9.5.1936.
121 Wie Anm. 119.
122 Ebda.
123 WTBl vom 24.3.1933.
124 StdAW, 112, Brief Gerstners vom 21.11.1935.
125 WTBl vom 27.3.1933.
126 Scholder, Kirchen I, s. 297f. Vgl. auch Henn, Führungswechsel, S. 335.

ANMERKUNGEN ZU DEN SEITEN 97 BIS 100

127 StAN, Bestand NSDAP, Paket 4, Schreiben des Bezirksamts Weißenburg vom 27.3.1933.
128 StdAW, B26/297, Stadtratsitzung vom 27.3.1933.
129 Ebda.
130 StdAW, 140, HMB des Stadtrats vom 3.4.1933.
131 Fitz's Schreiben vom 9.5.1936, S. 32 (s. Anm. 120).
132 StdAW 112, Brief Gerstners vom 12.4.1933.
133 Gerstners agitatorische Wortmeldung bei der Versammlung der Arbeitsinvaliden im Juli 1932, zum Beispiel, wurde ihm übelgenommen: "Als Angestellter der Krankenkasse hätte man von Herrn Gerstner ein anständigeres Verhalten erwarten dürfen"; WZ vom 30.7.1932.
134 WZ vom 31.3.1933, Anordnung vom 30.3.1933.
135 StdAN, BA Weißenburg, Nr. 28, Abg. 1955, HMB vom 2.4.1933.
136 StAW, 112, Brief Gerstners vom 21.11.1935. In seiner Version hieß es: "Dr. Fitz verstand es durch Ausnützung persönlicher Beziehungen zu erreichen, daß die Anordnung der Gauleitung, ohne daß diese oder eine andere Parteidienststelle vorher gehört worden wäre, aufgehoben und Dr. Fitz wieder in sein Amt eingesetzt wurde. Diese unverantwortliche Maßnahme bedeutete eine öffentliche Schädigung des Ansehens der Partei und musste, um deren Interessen zu wahren und das gefährdete Ansehen wieder herzustellen, entweder eine Gegenaktion auslösen oder aber einen 'Sündenbock' schaffen. Da ich den Kampf zwischen den Nürnberger Parteidienststellen und den Münchener Regierungsstellen vermieden wissen wollte, erbat ich meine Entlassung als Kreisleiter, war also bereit, den Sündenbock zu machen. Dieses Opfer wurde nicht angenommen, vielmehr wurde erreicht, daß die Münchener Stellen ihren unverantworlichen parteischädigenden Schritt zurücknehmen und Dr. Fitz erneut und damit endgültig beurlauben mussten."
137 WZ vom 6.4.1933.
138 Wie Anm. 136.
139 Vgl. P. Diehl-Thiele, Partei und Staat im Dritten Reich, Untersuchungen zum Verhältnis von NSDAP und innerer Staatsverwaltung 1933-1945, München 1969, S. 75ff. Vgl auch Witetschek, Kirchliche Lage II, S. XXff.
140 Nach dem 5. April versuchte Fitz vergeblich seine Versetzung in den Ruhestand zu verhindern. Am 11.9.1933 schrieb er an Reichsstatthalter von Epp: "Mit Versetzung in den Ruhestand könnte ich mich nicht abfinden, solange das unter Mißbrauch der nationalen Revolution mir zugefügte örtliche Unrecht nicht durch meine anderweitige Verwendung in gleichwertiger Beamtenstelle wiedergutgemacht würde"; BayHStA; RStH 187. Die Entscheidung des Innenministeriums in München fiel jedoch gegen Fitz; ebda., Schreiben des Staatsministeriums des Innern vom 28.10.1933. Am 21.2.1936 wurde auch eine Klage Fitz's gegen die Stadt Weißenburg wegen Schadenersatzes von der Zivilkammer des Landgerichts Eichstätt abgewiesen; StdAW 112, 4b.
141 WTBl vom 15.4.1933, Erklärung Saubers.
142 Ebda.
143 LKAN, LKR XV 1665a, Brief Rottlers vom 25.3.1933.
144 Ebda.
145 LKAN, LKR XV 1665a, Meinzolt an Heller vom 29.3.1933.
146 StAN, Reg. v. Mfr., K.d.I., Nr. 6475, Bd. 966, Abg. 1978, eidesstattliche Erklärung Döderleins vom 15.12.1949. Hellers Versetzung nach Lichtenfels wurde am 16.5.1933 wirksam; Dr. Roth wurde am 10.5.1933 zum Vorstand des Bezirksamtes Eichstätt befördert; AR vom 11.5.1933. Die Ernennung Karl Hahns zum Bezirksoberamtmann in Weißenburg wurde Ende Mai bekanntgegeben; WZ vom 24.5.1933.
147 WTBl vom 10.5.1933.

ANMERKUNGEN ZU DEN SEITEN 100 BIS 102

148 WTBl vom 12.5.1933.
149 WTBl vom 1.4.1933.
150 Schwabacher Tagblatt vom 1.4.1933.
151 StAN, BA Weißenburg, Nr. 28, Abg. 1955, HMB vom 2.4.1933. Vgl. auch Bayern in der NS-Zeit I, S. 433.
Dem SA-Führer Sauber wurde nach dem Krieg bescheinigt, er hätte "bei dem Vorgehen gegen die zahlreichen Juden keinerlei Gewaltlösungen geduldet". (Die "zahlreichen Juden" im Gebiet der SA-Standarte 13 lebten hauptsächlich in Gunzenhausen und Treuchtlingen.) Als im Frühling 1933 ein SA-Mann die Frau eines jüdischen Viehhändlers in Ellingen auf offener Straße mißhandelt hatte, warf ihn Sauber aus der SA hinaus, was Sauber eine Rüge von SA-Gruppenführer v.Obernitz einbrachte; StAN, Reg. v. Mfr., K.d.I., Nr. 6475, Bd. 966, Abg. 1978, eidesstattliche Erklärung von Wolfgang Döderlein, Leiter des BA Weißenburg vom April bis Juni 1933, vom 15.12.1949.
152 WZ vom 26.5.1933.
153 WTBl vom 30.3.1933.
154 Für Steinlein siehe Kantzenbach, Einzelne, S. 203ff.
155 WTBl vom 30.3.1933, Bericht über Steinleins Rede. Der Bericht enthält nicht die Bemerkung über die Bekehrung der Juden, aber dies war für Steinlein eine wichtige Erkenntnis, wie sein Artikel "Luthers Stellung zur Frage der Judentaufe" bestätigt; in: Junge Kirche vom 21.9.1935, S. 842ff.
156 WTBl vom 30.3.1933. Im Rothenburger Sonntagsblatt (1933, S.21, "Eine volkstümliche Ausgabe von Luthers Judenschriften"), begrüßte Steinlein die Tatsache, daß "nun wieder jedermann der Zugang zu Luthers Judenschriften sehr bequem gemacht" wird.
157 LKAN, Personen XXV (Steinlein), Nr. 8, Brief vom 18.5.1933.
158 Evang. Gemeindeblatt für München, 1933, S. 171.
159 Ebda., S. 168f., "Der deutsche Protestantismus und die Greuelpropaganda". Für die Reaktion der evangelischen Sonntagsblätter in anderen Regionen Deutschlands, siehe I. Arndt, Machtübernahme und Judenboykott in der Sicht evangelischer Sonntagsblätter, in: Miscellanea - Festschrift für Helmut Krausnick, Stuttgart 1980, S. 15-31.
160 Freimund, 1933, S. 114-118. Eppelein hatte schon 1931 den völkischen Standpunkt, die Juden seien ein "Gastvolk" in Deutschland, voll akzeptiert; siehe Freimund, 1931, S. 70: "Die Judenfrage in christlicher Beleuchtung". Herrman Diem hat diese Position als "staatsrechtliche Ungeheuerlichkeit" treffend dargestellt; H. Diem, Kirche und Antisemitismus, in: Deutsches Geistesleben und Nationalsozialismus. Eine Vortragsreihe der Universität Tübingen, Tübingen 1965, S. 7.
H. Krausnick bemerkte, daß die von der Staatsführung proklamierten "Zurückdrängung des jüdischen Einflusses im deutschen Leben" die Zustimmung "antisemitisch beeinflußten Kreisen" erhielt; Krausnick, Judenverfolgung, in: Anatomie des SS. Staates, Band 2, München 1967, S.261. Verständnis für diese "Zurückdrängung" begegnet man auch in der Untersuchung von Bühler (Kirchenkampf, S. 252): "Richter, also der gutangestellten und verbeamteten Juden war so groß, daß deutscher Nachwuchs schwer unterkam. In den Theatern herrschte zum Teil der jüdische, nicht erfreuliche Geschmack. Kein Wunder, daß viele Deutsche damals, nachdem gleichzeitig viele Ostjuden einwanderten, des jüdischen Bevölkerungsteiles müde wurden. Natürlich dachten diese Ablehnenden nicht im entferntesten an die spätere Hitlersche Praxis, wünschten aber dringend eine gesetzliche Hilfe gegen den in den guten Berufen sie schädigenden jüdischen Überschuß."
161 KBl vom 22.5.1933, S. 239.

ANMERKUNGEN ZU DEN SEITEN 102 BIS 105

162 AR vom 1.4.1933.
163 AR vom 15.4.1933, "Deutsche Ostern".
164 AR vom 8.4.1933, Anzeige S. 16.
165 AR vom 24./25.5.1933.
166 Krausnick, Judenverfolgung, S. 260 (s. Anm. 161): "Punkt 5 der Anordnungen der Parteileitung für den Boykott sprach Drohungen gegen Zeitungen aus, welche die Aktion nicht unterstützen würden."
167 AR vom 1./2.5.1933.
168 AR vom 24./25.5.1933.
169 Dekanatsarchiv Pappenheim 89, Notizen über die Konferenz der Dekane in München vom 4.4.1933.
170 LKAN, LKR III 336a, Protokoll der Dekanskonferenz vom 4.4.1933. Vgl. auch die Haltung von Veits Freund D. Wilhelm Freiherr von Pechmann, der einen Protest seitens der Kirche zu den Maßnahmen gegen die Juden forderte; Wright, Above Parties, S. 115f.
171 Baier/Henn, Chronologie, S. 4.
172 Wie Anm. 170.
173 Wie Anm. 169.
174 Wie Anm. 170.
175 LKAN, Sammlung Kirchenkampf O-1, Klingler Referat vom 27.4.1933.
176 Die Audienz, die für den 4.4.1933 geplant war, fand, laut Klinglers Bericht, vom 27.4.1933 (s. Anm. 175) am 5.4.1933 statt; bei Baier/Henn (Chronologie, S. 3) wird der 4.4.1933, bei Baier (DC, S. 43) der 3.4.1933 angegeben.
177 AR vom 7.4.1933; KBl vom 10.4.1933, S. 150.
178 Ebda. Die Erklärung war zum Teil eine Antwort auf Schemms Bekanntmachung vom 28.3.1933; siehe Nicolaisen/Kretschmar, Dokumente I, S. 28f.
179 In seinem Referat am 17.5.1933 behauptete Klingler, der LKR habe die Erklärung vorher genehmigt; LKAN, Sammlung Kirchenkampf O-1. Dies widerspricht seinem Referat vom 27.4.1933 (s. Anm. 175), wo er sagte, daß er am 7.4. im München, also nach der Audienz, die Erklärung einiger Mitgliedern des LKR vorgelesen und um Zustimmung gebeten habe.
180 Henn, Führungswechsel, S. 339.
181 Wie Anm. 175.
182 Daß einige bayerische Pfarrer in Berlin bei der DC-Tagung anwesend waren bestätigt Baier (DC, S. 46). Wenn Klein nicht dabei gewesen war, hätte es sich durch die Rundfunkübertragung darüber informieren können (Scholder, Kirchen I, S. 367). Für seine Anwesenheit in Berlin spricht seine Behauptung am 19. April 1933: "Die Organisation der 'Deutschen Christen' in Bayern sei da"; ZbKG 47(1978), S. 150. Und am 23. Mai besuchte Klein eine Gauleiterversammlung der DC in Berlin; Henn, Bayerische Landeskirche, S. 30a. Etwas später trat Klein als DC-Landesleiter in Bayern auf; Baier, DC, S. 60.
183 So eine Entschließung der DC-Reichsleitung, abgedruckt in: Buchheim, Glaubenskrise, S. 85. Die DC-Reichsleitung hat die Frage der kirchlichen Neuwahlen offen gelassen, verlangte aber eine neue verfassungsgebende Kirchenversammlung, zusammengestellt durch Gleichschaltung mit dem Preußischen Landtag (KBl vom 17.4.1933, S. 161). In der bayerischen Kirchenkampfforschung ist oft davon die Rede, daß der evangelische Kultusminister Hans Schemm Kirchenneuwahlen in Bayern gefordert hatt (Baier/Henn, Chronologie, S. 4; Baier, DC, S. 43; Kantzenbach, Einzelne, S. 142). Als Beweis für diese Behauptung wird das Referat von Klingler vom 17.5.1933 (s. Anm. 179) angeführt, wo Klingler vor der erweiterten Vorstandssitzung des Pfarrrvereins vom 6. April berichtete: "Es wurde von nationalsozialistischer Seite verlangt, daß möglichst bald Neuwahlen stattfinden und zwar zu allen kirchlichen Körperschaf-

ANMERKUNGEN ZU DEN SEITEN 105 BIS 106

ten, zu Kirchenvorstand, Kirchenverwaltung, Synode und Synodal-Ausschuss. Es wurde mit Nachdruck gefordert, daß die sogenannte Frontgeneration und Männer, die bewußt auf Seite der nationalen Regierung stehen, mehr als bisher im Kirchenvorstand und in den synodalen Vertretungen vorhanden sien müssten." Da Klingler nicht ausdrücklich sagte, daß die Forderungen von Schemm stammten, ist es eher anzunehmen, daß die von den NS-Pfarrern auf der Sitzung vom 6. April aufgestellt worden sind; daß eben diese NS-Pfarrer die "nationalsozialistische Seite" darstellten. Daß Schemm zu dieser Zeit eher eine kirchenpolitisch neutrale Rolle spielen wollte, beweist eine Besprechung am 13. April, die Meiser und Böhner mit Schemm und Min. Rat. Mezger hatten. Hier versicherte Schemm, daß er "nicht in die kirchlichen Verhältnisse hindernd eingreifen" wollte, und daß er von Kube, der den DC auf ihrer Reichstagung die offene Unterstützung der NSDAP versprochen hat, nichts wissen wollte. Dazu sagte er: "Maßgebend sind die Min. Entschl. und nicht Äusserungen der Partei" (Dekanatsarchiv Pappenheim 89, Notizen über eine LKR-Sitzung am 18.4.1933; vgl. auch Henn, Führungswechsel, S. 343). Obwohl Pfarrer Klein auf der Besprechung in Ansbach vom 19. April behauptete: "Die NSDAP steht hinter der Forderung der Neuwahlen", stellte Putz die Sache richtig als er sagte: "Neuwahlen werden nur gefordert von den Pfarrern" (ZbKG 47/1978, S. 150f.). Für Baiers Feststellung: "Es war klar, daß sich der NS-Pfarrerbund in seinem kirchenpolitischen Handlungen wesentlich auf Direktiven der Partei stützte", fehlt wenigstens für die Forderung der Neuwahlen der überzeugende Beweis (Baier, DC, S. 44; vgl. auch Meier, Kirchenkampf I, S. 457).

184 Wie Anm. 175.
185 Ebda. Das "Korrespondenzblatt" beschrieb Breit als "gegenwartsoffener Führer" und "temperamentvoller Kämpfer" (KBl, 1933, S. 154). Für seine kritische Einstellung zur NSDAP siehe oben Kapitel III, S. 43 & 63f. Vgl. auch Henns Behauptung (Führungswechsel, S. 339), daß die Ablehnung Breits weniger seiner Person galt als der "Tatsache, daß kein nationalsozialistischer Pfarrer in die in der Kirchenleitung frei werdende Stelle einrückte". Breit, der ein Jahr älter als Meiser war, wird von Henn (ebda., S. 438) als "der wohl Begabtere und in einzelnen Fällen Klarsichtigere" beschrieben.
186 Scholder, Kirchen I, S. 360.
187 Siehe das Protokoll über die Sitzung in Ansbach vom 19.4.1933, in: ZbKG 47(1978), S. 145.
188 Siehe Anm. 175. Klingler schrieb an Klein und Hanemann am 8. April, am gleichen Tag als die Veröffentlichung der Ernennung Breits erfolgte; AR vom 8.4.1933.
189 Dekanatsarchiv Pappenheim 89, Notizen über eine LKR-Sitzung am 18.4.1933.
190 Ebda. Veit nahm hier Bezug auf Kubes Begrüßungsrede auf der DC-Reichstagung am 3. April; siehe Scholder, Kirchen I, S. 367; Nicolaisen/ Kretschmar, Dokumente I, S. 29f.
191 Wie Anm. 189.
192 Text in: Henn, Führungswechsel, S. 345f. Für einen Vergleich mit Kundgebungen aus anderen Landeskirchen, siehe Scholder, Kirchen I, S. 297f.
193 Siehe Siegfried Münchenbach, Hans Meiser. Sein kirchliches und politisches Denken und Handeln von 1911 bis 1945, unveröffentlichtes MS, 1976, S. 201. Schemms Richtlinien befinden sich in einer Bekanntmachung vom 28.3.1933 (Nicolaisen/ Kretschmar, Dokument I, S. 28f.) sowie in einer Rundfunkansprache, die der "Freimund" (vom 6.4.1933, S. 137-141) in voller Länge wiedergab.

ANMERKUNGEN ZU DEN SEITEN 106 BIS 108

194 Dekanatsarchiv Weißenburg 44, LKR an die Geistlichen vom 12.4.1933, Nr. 2941.
195 Ebda. Zwei Tage später schrieb der LKR, daß eine Beflaggung nur dann zu erfolgen hatte, wenn die staatlichen Stellen auch das geliche tun; Dekanatsarchiv Weißenburg 44, LKR an die Geistlichen vom 15.4.1933, Nr. 2991.
196 RS vom 30.4.1933, S. 215.
197 AR vom 20.4.1933.
198 AR vom 22.4.1933. Erschienen auch in anderen Zeitungen, z.B. in der WZ vom 20.4.1933. Im Mai waren die Schriftleiter des "Freimunds" H. Kern und Eppelein schon so weit, daß sie die Wiedergabe von Hitlers Rede vom 17. Mai die Überschrift "Unser Führer Adolf Hilter vor dem Reichstag" geben konnten; Freimund vom 25.5.1933, S. 202.
199 Das Protokoll dieser Sitzung in: ZbKG 47(1978), S. 143-152.
200 Ebda., S. 143.
201 Klingler Referat vom 27.4.1933, S. 12 (s. Anm. 175). In einer Erklärung des Augsburger Pfarrkonvents vom 7.4.1933, dem Tag der Veröffentlichung der Klingler-Schemm Erklärung, hieß es: "Wir halten den Landeskirchenrat für die allein berechtigte und verpflichtete Stelle, in allen die Kirche betreffenden Angelegenheiten mit dem Staat zu verhandeln. Deshalb ist um der Würde der Kirche willen von allen Geistlichen unbedingt Disziplin zu verlangen und jede Einzelaktion Unberufener zu verbieten"; zitiert nach Hetzer, Kulturkampf, S. 94f. Der Augsburger Dekan, Schiller, kritisierte vor allem Klinglers Befürwortung von Neuwahlen. In einem Brief an Klingler schrieb er: "Jetzt ist es das Gebot der Stunde, sowohl die Politik als das 'Deutsche Christentum' von der Kirche fernzuhalten. Durch Wahlen würde beidem die Türe geöffnet"; ebda., S. 95.
202 Klingler Referat vom 27.4.1933, S. 7 (s. Anm. 175).
203 LKAN, Personen LXIII (Georg Kern), Brief Ammons an Kern vom 28.4.1933. Siehe auch den Wortlaut der Erklärung, Punkt 1, in: KBl vom 2.5.1933, S. 179.
204 Für einen Bericht über die Versammlung, siehe KBl vom 2.5.1933, S. 189f. Ein letzter Beweis, daß Kirchenwahlen nicht eine Forderung Schemms waren, und daß der NS-Pfarrerbund sich nicht "wesentlich auf Direktiven der Partei" stützte (s. Anm. 183), ist die Tatsache, daß Klein auf der Versammlung des Pfarrervereins vom 27. April sich mit einer Verjüngung der Kirchenführung, einem Ermächtigungsgesetz für den neuen Kirchenpräsidenten, und einem Verbindungsmann zur NSDAP zufrieden gab und auch die Flexibilität hatte, seine Forderungen nach Neuwahlen fallen zu lassen. Dort sagte er: "In dieser Weise läßt sich die Lage in Bayern auch ohne Wahlen regeln"; KBl vom 2.5.1933, S. 189f.
205 Schwabacher Tagblatt vom 28.4.1933.
206 KBl vom 2.5.1933, S. 190.
207 Ebda.
208 Brief Ammons an G. Kern vom 28.4.1933 (s. Anm. 203).
209 Kalb war zu diesem Zeitpunkt wahrscheinlich schon Mitglied beim NS-Pfarrerbund. Im "Korrespondenzblatt" vom 10.4.1933 forderte die "Arbeitsgemeinschaft nationalsozialistischer evangelischer Geistlicher" die Pgg unter den Pfarrern dazu auf, sich dieser Organisation anzuschließen; Baier/Henn, Chronologie, S. 5. Spätestens im Juli 1933 zählte Pfarrer Kalb dazu; Pfarrarchiv Ellingen 5, Brief Kalbs vom 31.7.1933.
210 Vor allem die drei Männer, die der LKR am 25.10.1933 mit dem organisatorischen Aufbau der volksmissionarischen Arbeit beauftragte, Helmut

ANMERKUNGEN ZU DEN SEITEN 108 BIS 111

Kern, Th. Ellwein und E. Fikenscher (s. Henn, Volksmission, S. 10f.); auch VM-Kapitelsbeauftragte wie Karl Geuder und Adolf Rottler.
211 Votum des Treuchtlinger Kreises vom 21.4.1933, zitiert nach Bühler, Kirchenkampf, S. 64-67.
212 Wie Anm. 211. Auch Ernst Henn unterschrieb das Votum des Treuchtlinger Kreises vom 21.4.1933. In seiner Darstellung, wirft Henn dem Kirchenpräsidenten Veit vor, er sei "autoritär und damit starr geartet"; Führungswechsel, S. 342. Damit gibt Henn kritiklos den Vorurteil vieler Pfarrer seiner Generation gegen Veit wieder, denn viele Indizien sprechen dafür, daß Veits Führungsstil eher kollegial und flexibel war. Die Männer der Kriegsgeneration dagegen, zu der Henn zählte, hungerten, in den Worten von Helmut Kern, "nach klarer, fester Führung. Man führe uns, und wir gehorchen in unbedingter Disziplin"; ebda., S. 336. Voraussetzung jedoch für eine für die jungen Pfarrer genehme Führung, die Veit allerdings nicht erfüllte, war die "rückhaltlos(e) und freudig(e) Bejahung der "geschichtliche(n) Stunde unseres Volkes"; Brief des Treuchtlinger Kreises vom 15.4.1933 in: Bühler, Kirchenkampf, S. 64. Henns Abneigung gegen Veit führte ihn auch dazu, historische Unwahrheiten zu schreiben. Er meinte (ebda., S. 357), Veit wäre gewiß nicht einem "Ultimatum bestimmter Kreise der Pfarrerschaft... gewichen; aber nachdem die gesamte Pfarrerschaft diese Forderung - und zwar in eigener Entscheidung - aufgenommen hatte, blieb Veit keine Wahl, nicht einmal die Möglichkeit, die Geschäfte bis zur Wahl des neuen Kirchenpräsidenten zu führen." Erstens hat die gesamte Pfarrerschaft den Rücktritt nie verlangt; er stand schon fest als die Pfarrer sich am 27. April in Nürnberg versammelten. Zweitens ist Veit in der Tat einem Ultimatum bestimmter Kreise der Pfarrerschaft gewichen.
213 Kretschmar/Nicolaisen, Dokumente I, S. 37.
214 RS, 1933, S. 269, Bericht: "Die außerordentl. Landessynode v. 3.-5. Mai 1933".
215 Kantzenbach, Einzelne, S. 149.
216 Evang. Gemeindeblatt für München vom 30.4.1933, S. 207.
217 So Pfarrer Bauer vom Evangelischen Pressverband in: Schwabacher Tagblatt vom 3.5.1933.
218 AR vom 3.5.1933, S. 1, "Zum Beginn der Landessynode". Pfarrer Eckstein war am 6. April bei der Vorstandssitzung des Pfarrervereins und am 19. April bei der Besprechung in Ansbach anwesend. Er war auch ein Unterzeichner des Votums des Treuchtlinger Kreises vom 21. April.
219 Nach Ecksteins Bericht, "Die Kraft der bayerischen evangelischen Kirche. Nachwort zur außerordentlichen Landessynode", in: AR vom 9.5.1933, Kirche und Leben Nr. 22.
220 RS, 1933, S. 281, "Die außerordentl. Landessynode v. 3.-5.5.1933, II".
221 Wohl Dekan Lindner, Würzburg; ebda.
222 Wie Anm. 219.
223 KBl vom 8.5.1933, S. 195, "Dem Herrn Landesbischof zum Gruß".
224 Fränkische Wacht vom 11.5.1933, S. 154.
225 So OKR Prieser in seiner Predigt vom 4.5.1933 in: AR vom 11.5.1933, Kirche und Leben Nr. 23.
226 So D. Steinlein in: AR vom 3.5.1933.
227 K. Barth, Theologische Existenz heute!, Beiheft Nr. 2 von "Zwischen den Zeiten", München 1933, S. 15. Das Heft erschien Anfang Juli; Scholder, Kirchen I, S. 552.
228 Barth, Theol. Existenz, S. 17.
229 Henn, Führungswechsel, S. 363ff.

ANMERKUNGEN ZU DEN SEITEN 111 BIS 116

230 Kantzenbach, Einzelne, S. 153. Auf Pechmanns Bitte wurde sein Brief an die Landessynode in der vielgelesenen AELKZ (vom 12.5.1933, Sp. 449f.) veröffentlicht.
231 Demnach war der kirchliche Parlamentarismus nicht abgeschafft (Baier, DC, S. 45), sondern nur zeitlich ausgeschaltet. Das Ermächtigungsgesetz wurde auf der Tagung der Synode vom 12.-14.9.1933 auf unbestimmter Zeit verlängert und blieb bis 1946 in Kraft; siehe Henn, Führungswechsel, S. 394ff.
232 Kantzenbach, Einzelne, S. 151.
233 Klingler Referat vom 17.5.1933 (s. Anm. 179); Henn, Führungswechsel, S. 384.
234 AR vom 9.5.1933, Kirche und Leben Nr. 22.
235 Zum Beispiel die AR vom 25.4.1933, 26.4.1933, 27.4.1933.
236 WTBl vom 21.4.1933.
237 WTBl vom 22.4.1933.
238 StAN, BA Weißenburg Nr. 28, Abg. 1955, HMB vom 2.5.1933.
239 Dekanatsarchiv Weißenburg 55, Kirchenvorstandprotokolle, Sitzung vom 11.4.1933; WZ vom 21.4.1933.
240 AR vom 3.5.1933.
241 Ebda.
242 WZ vom 28.4.1933.
243 WZ vom 2.5.1933.
244 Fränkische Wacht vom 4.5.1933, S. 147.
245 Wie Anm. 243.
246 AR vom 8.5.1933.
247 Ein Grund dafür war, daß die Arbeitslosigkeit im Arbeitsamtsbezirk Weißenburg nur langsam abgebaut wurde. Die Durchschnittszahl der Arbeitslosen lag 1933 bei 2463 (1932 - 3469, 1931 - 2959). Erst im Juli 1934 zeigt die Statistik einen dramatischen Rückgang auf 518 Arbeitslose im Arbeitsamtsbezirk Weißenburg; Statistisches Jahrbuch für Bayern, 20 Jg., 1934, S. 179. Siehe auch Bayern in der NS-Zeit I, S. 211, 217, 224f. "Bis zum Sommer 1933 war in Bayern im wesentlichen nur eine saisonbedingte Reduzierung der Arbeitslosigkeit zu registrieren und lediglich infolge der verstärkten Vergabe von Notstandsarbeiten durch die Gemeinden und die Rekrutierung von Arbeitslosen für den Freiwilligen Arbeitsdienst eine gewisse von der neuen Führung mitbewirkte Erleichterung der Lage auf dem Arbeitsmarkt zu spüren"; ebda., S. 211.
248 WZ vom 2.5.1933.
249 Dekanatsarchiv Weißenburg 55, Kirchenvorstandsprotokoll vom 2.5.1933. Auch in WZ vom 10.5.1933.
250 WZ vom 16.5.1933.
251 WTBl vom 17.5.1933 & 19.5.1933.
252 Da kein Protokoll der Sitzung aufgenommen wurde, ist hier auf die Briefe zur Kirchenstuhlfrage im Dekanatsarchiv zurückgegriffen worden. Brief von Ludwig Pflaumer vom 13.5.1933 im Dekanatsarchiv Weißenburg 125.
253 Ebda., Brief vom 22.5.1933.
254 WTBl vom 17.5.1933.
255 WTBl vom 18.5.1933 & WZ vom 18.5.1933.
256 WTBl vom 19.5.1933. Die WZ zog es vor, dieses Inserat nicht zu drucken. Stattdessen brachte sie am 20.5.1933 Vorschläge zur Lösung des Problems mit der Bemerkung: "Bei ruhiger leidenschaftsloser Betrachtung kann dies zum gewünschten Ziele führen".
257 Dekanatsarchiv Weißenburg 55, Kirchenvorstandsprotokoll vom 6.6.1933.
258 WZ vom 24.5.1933.
259 WZ vom 15.5.1933 und WTBl vom 18.5.1933.

ANMERKUNGEN ZU DEN SEITEN 116 BIS 121

260 WTBl vom 22.5.1933 und AR vom 24./25.5.1933.
261 FrTZ vom 20.6.1933. Alesheim, ein evangelisches Dorf mit 476 Einwohnern, 9 km. von Weißenburg entfernt, wählte am 5.3.1933 88% NSDAP und 12% DNVP. Als mögliche Täter für den Anschlag kommen, neben sozialistischen Kreisen in Weißenburg, DNVP Anhänger, die mit der Auflösung ihrer Partei am 27.5.1933 nicht einverstanden waren, in Frage.
262 WZ vom 26.5.1933 und WTBl vom 27.5.1933.
263 Bei der Haupt-Schlageter-Gedenkfeier in Düsseldorf hielten Geistliche beider Konfessionen Ansprachen, bevor Göring die Festrede gab; WZ vom 29.5.1933.
264 WZ vom 2.6.1933 und 3.6.1933.
265 WZ vom 5.5.1933.
266 WZ vom 6.6.1933.
267 FrTZ vom 29.6.1933.
268 WZ vom 12.6.1933.
269 WTBl vom 12.6.1933 und WZ vom 13.6.1933.
270 SAN, LRA Gunzenhausen, Abg. 61, Nr. 4266, Bericht des Gend. Station Mitteleschenbach vom 28.10.1933. Ein Gemeinderatsmitglied von Mitteleschenbach sagte zu dem Vorfall: "Es ist eine Schande für unsere Gemeinde, die Lutherischen Kerle sind auch da, ich mag mich gar nicht mehr ärgern, da geh ich lieber zur Wirtin..."
271 WTBl vom 20.6.1933 und WZ vom 23.6.1933.
272 WZ vom 24.6.1933.
273 WZ vom 16.6.1933.
274 FrTZ vom 27.6.1933 und 30.6.1933. Unter den Inhaftierten war auch L.Thumshirn.
275 Stadtarchiv Weißenburg 141, Schreiben vom 10.7.1933. Am gleichen Tag nahmen 4 NS-Mitglieder die Posten von SDP und BVP im Stadtrat ein; WZ vom 10.7.1933.
276 Schwabacher Tagblatt vom 6.7.1933.
277 WZ vom 12.7.1933 und AR vom 12.7.1933. Die AR erwähnt auch Hitlers Rede vor den Reichsstatthaltern am 6. Juli, in der er die Revolution als abgeschlossen erklärte und eine "Fortsetzung der Revolution" oder eine "zweite Revolution" als Gefährdung für die Aufbauarbeit bezeichnete.
278 FrTZ vom 17.7.1933. "Das erste Denkmal der nationalen Erhebung" scheint in Krummesse-Kronsforde bei Lübeck errichtet worden zu sein; s. AR vom 12.5.1933.
279 WTBl vom 10.7.1933 und 17.7.1933.
280 FrTZ vom 11.7.1933 und 17.7.1933. Wagner und Streicher sind jedoch nicht erschienen, AR vom 18.7.1933.
281 Witetschek, Kirchliche Lage II, S.11f.
282 Siehe vor allem Scholder, Kirchen I, Kapitel 4-7.
283 Ecksteins Name erscheint im Mitgliederverzeichnis des NS-Pfarrerbundes vom 19.4.1934. Wie lange er vorher dabei war läßt sich aber nicht feststellen. Sein Name taucht 1933 häufig zusammen mit dem Leiter des NS-Pfarrerbundes, Fr. Klein, auf; Baier/Henn, Chronologie, S. 6, 31.
284 AR vom 11.4.1933, Kirche und Leben Nr. 19.
285 AR vom 17./18.4.1933; AELKZ vom 21.4.1933, Sp. 376; KBl vom 24.4.1933, S. 173. Siehe auch Scholder, Kirchen I, S. 372f.
286 Ebda., S. 373.
287 AR vom 19.4.1933.
288 AR vom 27.4.1933, Kirche und Leben Nr. 21.
289 AR vom 11.5.1933, Kirche und Leben Nr. 23.
290 Nicolaisen/Kretschmar, Dokumente I, S. 42f. C. Nicolaisen, Widerstand oder Anpassung? Evangelische Kirche zwischen Kreuz und Hakenkreuz, in: J. Hampel, Der Nationalsozialismus, Machtergreifung und Machtsicherung

ANMERKUNGEN ZU DEN SEITEN 121 BIS 126

1933-35, Band I (Bayerische Landeszentrale für Politische Bildungsarbeit A72) München 1985, S. 179.
291 AR vom 8.6.1933, Kirche und Leben Nr. 28.
292 KBl vom 2.5.1933, S. 189; AELKZ vom 19.5.1933, Sp. 477. Vgl. auch Henn, Führungswechsel, S. 351f.
293 Abgedruckt in AR vom 6.5.1933. Vgl. Meier, Kirchenkampf I, S.91.
294 AELKZ vom 12.5.1933, Sp. 446ff. Wörtlich hieß es hier: "Bei näherem Zusehen freilich entdecken wir Schönheitsfehler, die vielleicht mehr als Schönheitsfehler sind". In Scholders Urteil (Kirchen I, S. 401), zeigt dieses Dokument: "...die vollständige organisatorische und ideologische Anpassung der Kirche an den nationalsozialistischen Staat, die damit tatsächlich in jedem denkbaren christlich-theologischen Sinne aufgehört hätte Kirche zu sein".
295 Erschienen in AR vom 16.5.1933. Die Jungreformatorische Bewegung konstituierte sich am 9. Mai und gab am gleichen Tag ihre Thesen bekannt. Siehe: Denkschrift der Jungreformatorischen Bewegung über ihre Stellung zur Reichsbischofsfrage in: Junge Kirche, Halbmonatsschrift für reformatorisches Christentum, Berlin und Göttingen 1933.
296 Die AELKZ (vom 19.5.1933, Sp. 476), bemerkte zu den JB-Thesen, sie seien "Forderungen von erfreulicher Entschiedenheit..., die sich zum größten Teil mit dem decken, was wir immer vertreten haben, und nur an einigen Punkten noch der Klärung bedürfen".
297 Rother Volkszeitung vom 17.5.1933.
298 Ein ausführlicher Bericht im Erlanger Tagblatt vom 16.5.1933.
299 Fränkischer Kurier vom 15.5.1933.
300 Erlanger Tagblatt vom 16.5.1933.
301 Einen Studentenkampfbund DC hat es jedoch seit mindestens mitte Juni 1933 in Erlangen gegeben, Baier, DC, S.47, Anm.20.
302 LKAN, Kreisdekan Ansbach 23, Dekanatsvisitationen. Ob man den Auftritt Kessels in Erlangen als "offizielle(n) Einbruch der Deutschen Christen in Bayern" bezeichnen kann (Baier, DC, S. 46) ist daher fraglich. Wie früh die DC in Bayern Fuß gefaßt hat, ist schwer zu sagen. Obwohl Pfarrer Klein am 19. April behauptete, "Die Organisation der 'Deutschen Christen' in Bayern sei da" (Kantzenbach, Einzelne, S. 150), stellte Eckstein am 27. April fest, daß "von einem Auftreten der Deutschen Christen in Bayern...nichts zu merken" sei (AR vom 27.4.1933, Kirche und Leben, Nr.21). Es ist anzunehmen, daß die DC in Bayern in dieser Zeit eng mit der Person Kleins zusammenhingen. Interessanterweise erwähnt Eckstein als Gegengewicht zu den radikalen Flügel der DC unter Hossenfelder die ostpreußischen Deutschen Christen und die NS-eingestellten Geistlichen in Bayern und Württemberg (AR vom 8.6.1933). Führer der NS-Pfarrerbund in Bayern war Pfarrer Klein.
303 KBl vom 16.5.1933, S. 207-213.
304 WTBl vom 22.5.1933.
305 Fränkische Wacht vom 4.5.1933.
306 AR vom 19.5.1933; AELKZ vom 26.5.1933, Sp.495-97. Vgl. auch Meier, Kirchenkampf I, S. 95 und Scholder, Kirchen I, S. 403ff.
307 JB-Denkschrift, S. 3, siehe Anm. 295.
308 Wie Anm. 306.
309 AR vom 20.5.1933.
310 Vgl. auch die AELKZ vom 12.5.1933, die ähnliche Zahlen angibt und auch auf einer Auflösung der Union hofft, da sie "nicht aus einer Glaubensbewegung, sondern aus einem Kabinett" stamme. Dazu sei sie "eine Kirche des Kompromisses nicht des Bekenntnisses".
311 AELKZ vom 2.6.1933, Sp. 518.
312 JB-Thesen vom 19.5.1933 in AR vom 23.5.1933.

ANMERKUNGEN ZU DEN SEITEN 126 BIS 129

313 JB-Denkschrift, S. 4, siehe Anm. 295.
314 AR vom 26.5.1933. Eine Pressemeldung des Dreimänner-Kollegiums vom 24.Mai sagte aus, daß Bodelschwingh als Reichsbischof "ausersehen" sei. Daraus wurden am nächsten Tag Schlagzeilen, die die Ernennung Bodelschwinghs zum Reichsbischofsamt meldeten (Scholder, Kirchen I, S. 417). Das Kollegium sah sich zu diesem Schritt genötigt, weil die Presse schon am 23. Mai die Nominierung Müllers zum Reichsbischof durch den ostpreußischen Flügel der Deutschen Christen bekanntgab (JB-Denkschrift, S. 5, siehe Anm. 295).
315 AR vom 27.5.1933.
316 AR vom 29.5.1933. Die DC-Erklärung stammte vom 27.Mai; Meier, Kirchenkampf I, S. 97.
317 Vgl. z.B. das Schwabacher Tagblatt vom 26.5.1933 oder den Fränkischen Kurier vom 26.5.1933: "Friedrich von Bodelschwingh Reichsbischof der evangelischen Kirche", mit einer Kurzbiographie Bodelschwinghs. Im Fränkischen Kurier vom 27.5.1933 lautet die Überschrift: "Von der offiziellen Ernennung des Reichsbischofs".
318 Fränkischer Kurier vom 29.5.1933.
319 AR vom 29.5.1933.
320 AR vom 30.5.1933.
321 AR vom 1.6.1933, Kirche und Leben Nr. 27.
322 Obwohl Eckstein in diesem Kommentar nur von einer "Gruppe" spricht, machte er später deutlich, daß die JB die ersten waren, die eine Namensnennung in der Reichsbischofsfrage herausgaben. Daraufhin seien die DC, vor allem ihr radikaler Flügel, aktiv geworden, und hatten Müllers Kandidatur propagiert (AR vom 8.6.1933). Auch Meiser vertrat diesen Standpunkt in Berlin am 26.5.1933 (Henn, Die bayerische Landeskirche, S. 30d).
323 AELKZ vom 2.6.1933, Sp. 521: "Weiteste Kreise des Kirchenvolkes begrüßen...vor allem die getroffene Wahl." Die AELKZ vom 9.6.1933, Sp. 543 schreibt, daß "die Wahl D. v. Bodelschwinghs als Reichsbischof weithin Beifall gefunden hat und in Gottesdiensten gefeiert wurde." Siehe auch Scholder, Kirchen I, S. 431ff.
324 Henn, Die bayerische Landeskirche, S. 301.
325 Ebda.
326 Ebda. Meiser muß in Berlin von Hossenfelders Drohung gehört haben, "spontane Protestkundgebungen während des Gottesdienstes" durchzuführen; Scholder, Kirchen I, S. 435.
327 So z.B. der Fränkische Kurier vom 6.6.1933. Interessanterweise brachte das Rothenburger Sonntagsblatt am 11. Juni die Kundgebung des neuen Reichsbischofs und eine Woche später "Daten aus dem Leben Fr.v.Bodelschwinghs"; RS, 1933, S.286 & 301.
328 AR vom 5./6.6.1933. Vgl. Scholder, Kirchen I, S. 435.
329 Henn, Die bay. Landeskirche, S. 30a. Auch während Meisers Aufenthalt in Berlin vom 30.5-2.6.1933 hatte er Besprechungen mit Klein (Ebda., S. 30-1).
330 KBl vom 12.6.1933, S. 264, Bericht Dr. Daums, Oberhohenried.
331 AR vom 8.6.1933.
332 Wie Anm. 330.
333 Wie Anm. 331.
334 Das DC-Rundschreiben vom 1. Juni 1933, das diese Versammlungswelle ankündigte, und dafür den "Organisationsapparat der politischen Bewegung" beanspruchen wollte, war damals nicht unbekannt, s. z.B. JK vom 21.6.1933, S. 7ff. Abgedruckt bei Buchheim, Glaubenskrise, S.103ff. Siehe auch Scholder, Kirchen I, S.427.

ANMERKUNGEN ZU DEN SEITEN 129 BIS 131

335 Hitler selbst hatte Anfang Juni der GDC die Hilfe der Partei zugesagt; Scholder, Kirchen I, S. 426.
336 LKAN, LKR II 246 I, Bericht des Dekanants Schweinfurt an den LKR vom 8.6.1933.
337 Der Bayerische Rundfunk brachte in seiner 30-minütigen Sendung die Ansprachen von Veit und Meiser. Als Ansager diente der Rundfunkprediger, Pfarrer Wolf Meyer (RS, 1933, S. 312). Um eine breite Teilnahme der Gemeinden zu ermöglichen, gestattete der LKR die Vorverlegung des Vormittagsgottesdienstes auf 7 Uhr (KBl vom 29.5.2933, S. 244f.). In Weißenburg wurde jedoch auf Antrag Pfarrer Kalbs die Übertragung in der Kirche und im Evang. Vereinshaus "aus grundsätzlichen Erwägungen" abgelehnt (Dekanatsarchiv Weißenburg 48, Schreiben Kalbs an den LKR vom 31.5.1933).
338 Rieser Kirchenbote, Juli 1933, S. 51, "Eindrücke von der Bischofseinsetzung in Nürnberg".
339 KBl vom 19.6.1933, S.272. Am 10.6.1933 erschien in Streichers "Fränkischen Tageszeitung" folgende Notiz: "Wer war es? Vor ca. 6-8 Jahren wurde in dem evangelischen Sonntagsblatt (Gemeindeblatt) ein Aufsatz zu Gunsten der Juden veröffentlicht. Der Verfasser dieses Aufsatzes war der damalige Inspektor am Prediger-Seminar der ev.-luth. Landeskirche, namens Meiser. Es wird behauptet, daß jener Herr Inspektor identisch sei mit dem neuen Landesbischof D. Meiser. Wer kann uns die fragliche Nummer des Ev. Sonntagsblattes verschaffen?" Meisers Aufsatz enthielt durchaus Züge des Stoecherschen Antisemitismus; er hatte jedoch "die widerliche Verhöhnung und niedrige Beschimpfung der Juden, wie sie uns vielfach in antisemitischen Hetzblättern begegnet" als "christlicher Kampfweise unwürdig" kritisiert, (Münchenbach, Hans Meiser, S. 146). Meisers Aufsatz, "Die evangelische Gemeinde und die Judenfrage" erschien im "Evangelischen Gemeindeblatt für Nürnberg", Nr. 33-35, 1926. Eine gute Analyse des Aufsatzes in Münchenbach, Hans Meiser, S. 134-149.
340 Fränkische Wacht vom 15.6.1933, S. 194, "Ein großer Tag des bayerischen Protestantismus".
341 Ebda.
342 Münchenbach, Hans Meiser, S. 206f.
343 AELKZ vom 5.5.1933, Sp. 429.
344 Evang. Gemeindeblatt für den Kirchenbezirk Dinkelsbühl vom Juli 1933, S. 52.
345 Evang. Gemeindeblatt für München vom 25.6.1933, S.290.
346 Nicolaisen/Kretschmar, Dokumente I, S. 62.
347 Fränkische Tageszeitung vom 10.6.1933, "Verzicht auf Bodelschwingh?"
348 Wie Anm. 344.
349 KBl vom 19.6.1933, S.273.
350 Die Amtsenthebung wurde verhindert durch den Theologiestudenten Ruprecht von Gilardi, der sich für Strathmann bei Schemm in Nürnberg und danach bei Schirach und sogar Hitler in München einsetzte (W. von Loewenich, Erlebte Theologie, S. 161f.). Dies bestätigt auch Strathmann nach dem Krieg: "Die Situation wurde für mich entscheidend gerettet durch das mutige und energische Eingreifen des jetzigen Pfarrers v.Gilardi" (SK, Weißenburg, Gildardi). Die Berichterstattung der Fränkischen Tageszeitung (12.6.1933) über die Amtseinsetzung Meisers zeigt sich durch ein "!" überrascht über das Auftreten Strathmanns. Die große Kampagne gegen Strathmann hat die gleiche Zeitung am 18. Juli in Gang gesetzt. Über eine Strathmann-Predigt stand dort zu lesen: "Alle Menschen sind gleich beim Strathmann, Juden und Deutsche wirft er in einen Topf. Wir stammen gemäß dem Alten Testament vom Juden ab." Die Schluß-

ANMERKUNGEN ZU DEN SEITEN 131 BIS 133

folgerung lautete: "Wir Erlanger werden nicht mehr lange zusehen, daß unsere Hochschuljugend in Strathmanns Geist bearbeitet wird. Jetzt wird endgültig Schluß gemacht. Darauf können Sie sich verlassen, Herr Professor Strathmann."

351 Fränkische Wacht vom 15.6.1933, S. 195.
352 Folgende Ausführungen stellen auch Baiers Behauptung in Frage: "An dem Hin und Her der Reichsbischofsfrage beteiligte sich die bayerische Pfarrerschaft und das Kirchenvolk kaum" (DC, S. 48).
353 Diese "klare Parole" wurde auf der Südbayerischen Pfarrerkonferenz am 6. Juni verlangt. Dekan Langenfaß lehnte es jedoch ab, wegen der "Vertraulichkeit der Verhandlungen" und der überholten Lage, über die Reichsbischofsfrage zu berichten; KBl vom 26.6.1933, S. 292.
354 Baier/Henn, Chronologie, S. 21.
355 KBl vom 26.6.1933, S. 289f. Der Schriftleiter Schmidt bezeichnet die Darstellung des Pressverbands als "offiziös" (Anmerkung Schmidts, Ebda S. 288).
356 Amtliche Darstellung des Kirchenbundesamtes in: AR vom 7.6.1933; AELKZ vom 9.6.1933, Sp. 541.
357 Darstellung des Pressverbands, siehe Anm. 353.
358 AR vom 8.6.1933.
359 Und wohl auch für Dekan Langenfaß, denn nach Steinbauers Bericht hat er am 12. Juni vor der Pfarrervereinsversammlung "nach dem Wunsch des Führers" gefragt (Baier, DC, Dokument XVII, S. 377).
360 Aus Müllers Rundfunkrede vom 24.5.1933: "Wir gedenken der jungen tapferen Kameraden von der SA und SS. Sie sind es, die unser Volk und unseren Staat in dem Werke des Aufbaues tragen, und ihnen soll die Kirche unverfälscht und unverkürzt das Evangelium sagen; sie soll es ihnen so sagen, daß sie spüren: das Christentum ist ein heroischer Glaube, ein Glaube, der aus Gottes Wunder neue Verantwortung und neue Zucht und neue Tapferkeit schenkt." (AELKZ vom 9.6.1933, Sp. 548).
361 Wie Anm. 353.
362 Entschließung des Pfarrervereins vom 12.6.1933; KBl vom 19.6.1933, S.271.
363 Langenfaß hat dies auch Bodelschwingh deutlich gesagt; Scholder, Kirchen I, S. 437.
364 KBl vom 19.6.1933, S. 272.
365 Karl Steinbauer, Zeugnis I, S. 99f.
366 Henn, Bayerische Landeskirche, S. 30m.
367 So hat z.B. Pfarrer Steinlein auf die neuen Fezerschen Richtlinien reagiert: "Die Herren haben wohl selber gefühlt, daß sie mit jenen naiven Sätzen (d.h. die Richtlinien vom 1932, d. Verf.) nicht erwarten bei besonnenen und ernsten Christen etwas zu erreichen. Speziell bei uns in Bayern (wo sie bisher überhaupt noch nicht Fuß gefaßt haben) wären sie mit solchen Grundsätzen jedenfalls bei der offiziellen Kirche, aber auch bei weiten Kreisen des Kirchenvolks nicht durchgedrungen."(LKAN, Personen XXV, Nachlaß Steinlein, Nr. 8, Brief Steinleins vom 18.5.1933). Auch eine These Köberles auf der Südbayerischen Pfarrerkonferenz vom 6.6.1933 zeigt die Bereitschaft, im Gespräch mit den Deutschen Christen eine Verständigung zu erreichen: "Drohende Kirchenspaltungen und Sektenbildungen werden niemals so überwunden, daß man das Anliegen des Gegners lächerlich macht, sondern allein so, daß man das daran berechtigte Wahrheitselement aufnimmt und in das Ganze der christlichen Verkündigung sachgemäß einbaut." AELKZ vom 4.8.1933, Sp. 709. Vgl. auch KBl vom 26.6.1933, S. 291f. These 13.
368 KBl vom 26.6.1933, S. 290.

ANMERKUNGEN ZU DEN SEITEN 133 BIS 138

369 F. W. Kantzenbach, Neuendettelsauer Missionswerk, S. 238, Baier/Henn, Chronologie, S. 21.
370 Wie Anm 354.
371 AELKZ vom 16.6.1933, Sp. 571. Für Traub, siehe Scholder, Kirchen I, S. 783f., Anm. 21.
372 AELKZ vom 9.6.1933, Sp. 541ff. Hirsch war wissenschaftlicher Beirat von Müller.
373 AR vom 21.6.1933.
374 Ebda.
375 Zu diesen Angriff nahm Dr. Zellfelder in dem Artikel "Neue Sachlichkiet" Stellung; AR vom 16.6.1933; KBl vom 19.6.1933, S. 277f.
376 Als sich Meiser vom 30.5.-2.6.1933 in Berlin aufhielt, hatte er Besprechungen mit Klein, Müller, v. Bodelschwingh, Heckel, Hirsch und Marahrens; Henn, Bayerische Landeskirche, S. 30 l.
377 KBl vom 26.6.1933, S. 290f. Der Brief folgt als Ergänzung dem Presseverbandbericht zur Reichsbischofsfrage und trug die Überschrift: "Das Bekenntnis D.v.Bodelschwingh".
378 Evangelisches Gemeindeblatt für München vom 4.6.1933, S. 260.
379 Münchener Neueste Nachrichten vom 19.6.1933. Zitiert nach KBl vom 24.7.1933, S. 339.
380 Hermann Dietzfelbinger, Veränderung und Beständigkeit, S.113. Zu Müllers Auftritt im Bürgerbräu schreibt Dietzfelbinger: "Jeder Vikar, der seine oberflächlichen Ausführungen auch nur von ferne mit dem Neuen Testament verglich, konnte an dieser einen Rede erkennen, daß dieser Mann zum Reichsbischof nicht geeignet war"; ebda., S. 112.
381 Auch die Versuche von Althaus und Künneth am 20. Juni, Meiser "zum Eintreten für Bodelschwingh zu bewegen", schlugen fehl; Henn, Bayerische Landeskirche, S. 30m).
382 Fränkische Tageszeitung vom 21.6.1933; Rother Volkszeitung vom 21.6.1933; Schwabacher Tagblatt vom 21.6.1933. Vgl. auch AELKZ vom 23.6.1933, Sp. 595f., ohne die letzten zwei Punkten.
383 Die "Junge Kirche" stellte fest, daß Bodelschwingh es abgelehnt hat, "dem Volksdienst nahe zu treten"; Junge Kirche vom 30.6.1933, S. 20f.
384 Rother Volkszeitung vom 22.6.1933.
385 AR vom 26.6.1933.
386 Ebda., Schwabacher Tagblatt vom 26.6.1933.
387 Fränkische Tageszeitung vom 26.6.1933, unter der Überschrift: "Endlich! Pastor Bodelschwingh zurückgetreten".
388 AR vom 26.6.1933.
389 LKAN, KKU Nr. 11, LKR an die Kreisdekane und Dekane vom 26.6.1933.
390 AR vom 28.6.1933, erste Seite.
391 H. Baier, Das Verhalten der lutherischen Bischöfe gegenüber dem nationalsozialistiscen Staat 1933/34, in: Tutzinger Texte, Kirche und Nationalsozialismus, Zur Geschichte des Kirchenkampfes, Sonderband I, München 1969, S. 98. Siehe auch Scholder (Kirchen I, S. 447ff.), vor allem das Zitat Meisers: "Die Frage ist, wir wir der nationalsozialistischen Bewegung den Dienst, den wir ihr tun sollen. Täuschen wir uns nicht über die Kraft dieser Bewegung! Es ist notwendig, etwas zu unternehmen, um in unseren Gemeinden Ruhe zu schaffen. Wir stehen vor dem Problem Staat und Kirche. Verhindern wir den Ausbruch eines Konfliktes nicht, dann gibt es nur einen Weg, den in die Freikirche. Ich lehne die Verpflichtung, dies zu tun, für meine Kirche ab"; ebda., S. 447.
392 Baier, Verhalten, S. 98.
393 Schwabacher Tagblatt vom 29.6.1933.
394 WTBl vom 5.7.1933; RS vom 23.7.1933, S. 373.

ANMERKUNGEN ZU DEN SEITEN 138 BIS 141

395 AR vom 1.7.1933. Die Vorträge von Steinlein und Putz auf der Steinacher Konferenz wurden im KBl (26.6.1933, S.292) angekündigt, aber nur über den Steinlein Vortrag wurde nachher berichtet (KBl vom 10.7.1933, S. 308ff.).
396 Scholder, Kirchen I, S. 451.
397 Ebda., S. 449: "Unausgesprochen war man im Kreise der Lutheraner offenbar froh, daß die preußische Union politisch und kirchenpolitisch ausgeschaltet wurde."
398 Baier/Henn, Chronologie, S. 21.
399 AR vom 30.6.1933.
400 Scholder, Kirchen I, S. 459.
401 Dekanatsarchiv Weißenburg 44, LKR an alle Geistlichen vom 30.6.1930. Für seine Unterstützng für Müller gab Meiser folgende Begründung an: "Wehrkreispfarrer Müller erachtet es als seine Aufgabe, dafür zu sorgen, daß die Verfassung der Deutschen Evangelischen Kirche baldmöglichst geschaffen wird und ist gewillt, die Entscheidung über die Person des künftigen Reichsbischofs bis nach Schaffung der Verfassung zurückzustellen. Die Verfassung selbst soll nicht durch Diktat, sondern unter Mitwirkung der Kirchenleitungen zustandekommen. Es ist dies der Weg, den wir von Anfang zu gehen gesonnen waren, dessen Verfolgung aber durch das unötige Herausstellen der Personenfrage vereitelt wurde. Wir haben vorläufig keinen Grund, dem Vorhaben des Wehrkreispfarrers Müller zu mißtrauen. Es wird allerdings darauf ankommen, daß Müller den abwegigen, dem Wesen der Kirchen fremden Plänen des radikalen Flügels der Deutschen Christen kraftvoll und mit Erfolg entgegentritt." Siehe auch Münchenbach, Hans Meiser, S. 216.
402 Baier/Henn, Chronologie, S. 29.
403 Schwabacher Tagblatt vom 1.7.1933.
404 KBl vom 3.7.1933, S. 303f. Die Erklärung des Preußischen Kultusministeriums erschien am 29. Juni in der Tagespresse (AR vom 29.6.1933); am gleichen Tag wie die wesentlich schärfere Rundfunkrede von Rust vor einer DC-Versammlung in Berlin (Nicolaisen/Kretschmar, Dokumente I, S. 77ff.).
405 Dies bestätigt Pfarrer Wilhelm F. Schmidt in KBl vom 24.7.1933, S. 338. Als Beispiel siehe die "Kirchliche Chronik" von Hans Pförtner in: Evangelisches Gemeindeblatt für München vom 9.7.1933, S. 315f.
406 LKAN, Kirchenkampfsammlung Band 0-1.
407 F.W.Kantzenbach (Hg.), Widerstand und Solidarität, S. 47ff. Für Pechmann siehe auch Scholder, Kirchen I, S. 338f.
408 Meier, Kirchenkampf I, S. 102. In anderen Kirchen wurden Bußgottesdienste gehalten.
409 Scholder, Kirchen I, S 472f.
410 So OKR Meinzolt, der mit Meiser im Verfassungsausschuß mitgearbeitet hat, vor einer Pfarrvereinsversammlung am 18.7.193; KBl vom 24.7.1933, S. 339.
411 AELKZ vom 28.7.1933, Sp. 700. Berichte auch in: WZ vom 14.7.1933; Fränkischer Kurier vom 14.7.1933; Schwabacher Tagblatt vom 14.7.1933.
412 Kantzenbach, Widerstand und Solidarität, S. 37f.
413 Henn, Bayerische Landeskirche, S. 32ff., mit einer ausführliche Beschreibung der Verhandlungen im Reichsinnenministerium. Scholder, Kirchen I, S. 560.
414 AR vom 14.7.1933. Die "Allgemeine Rundschau" brachte sogar die Meldung des Preußischen Pressediensts der NSDAP, daß von einer Gleichschaltung der kirchlichen Körperschaften mit 70% für die DC anstatt Neuwahlen berichtete, unter der Überschrift: "Glücklicher Fortgang der Kirchenreform: 70 Prozent Nationalsozialisten in den Kirchenvertretungen -

ANMERKUNGEN ZU DEN SEITEN 141 BIS 144

Gleichschaltung statt Neuwahlen" (AR vom 6.7.1933). Dabei entfernte sich die "AR" vom Kurs des LKR, der am 30. Juni Neuwahlen und Gleichschaltung nach politischen Muster ablehnte (Baier/ Henn, Chronologie, S. 25).
415 Schwabacher Tagblatt vom 14.7.1933; Fränkische Wacht vom 20.7.1933, S. 235.
416 FrTZ vom 14.7.1933 mit der Überschrift: "Ev. Kirchenwahlen am 23. Juli". Müller erwähnte später, daß die Idee der Wahlen von Hitler stammte; Meier, Kirchenkampf I, S. 556, Anm. 400.
417 Baier/Henn, Chronologie, S. 25.
418 Henn, Bayerische Landeskirche, S. 35.
419 LKAN, Kirchenkampfsammlung Band 0-1; vgl. auch Henn, Bayerische Landeskirche, S. 35, und Nicolaisen/Kretschmar, Dokumente I, S. 108, Anm. 2.
420 KBl vom 24.7.1933, S. 340.
421 Nicolaisen/Kretschmar, Dokument I, S. 107ff.
422 Wie Anm 420.
423 Baier/Henn, Chronologie, S. 28; KABl vom 17.7.1933, S. 109, Punkt 5.
424 Wahlverordnung des LKR in: Schwabacher Tagblatt vom 17.7.1933.
425 Wie Anm 420.
426 So im Schwabacher Tagblatt vom 18.7.1933.
427 FrTZ vom 19.7.1933. Abgedruckt bei Baier, DC, S. 53.
428 Im Schwabacher Tagblatt vom 20.7.1933 stand zu lesen: "Nachdem bis 18. Juli beim evang. Stadtpfarramt Schwabach kein Antrag auf Verhältniswahl eingereicht worden ist, müssen die Kirchenwahlen in Schwabach nach den Vorschriften des Landeskirchenrats als Mehrheitswahl stattfinden." In Pommersfelden stellte die NS-Ortsgruppe 24 Stunden zu spät einen Antrag auf Verhältniswahl. Bei der Wahl landeten sämtliche NS-Kandidaten auf der Ersatzliste (Geuder, Im Kampf, S.18.) Es wäre interessant zu klären, ob einige Pfarrer die Frist für einen Antrag auf Verhältniswahl auf Druck der Partei verschoben hatten.
429 Zitiert nach Henn, Bayerische Landeskirche, S. 42f.
430 Baier/Henn, Chronologie, (9.8.1933) S. 33.
431 Zitiert nach Henn, Bayerische Landeskirche, S. 39.
432 Wie das Schwabacher Tagblatt vom 22.7.1933.
433 Ebda.; Nicolaisen/Kretschmar, Dokumente I, S. 118.
434 Angekündigt in der "Fränkischen Tageszeitung" vom 22.7.1933: "Adolf Hitler zur Kirchenwahl - Heute 23.30 im Rundfunk".
435 Die "Fränkische Tageszeitung" schrieb am 20.7.1933, daß, nach Vereinbarung mit Dekan Weigel(Nürnberg), die Auflegung von Listen der DC in Franken nicht nötig sei.
436 LKAN, Dekanat Weißenburg 52, Schreiben des Wahlausschusses vom 20.7.1933.
437 WTBl vom 20.7.1933.
438 Wie Anm. 436.
439 Dekanatsarchiv Weißenburg 48.
440 WZ vom 21.7.1933.
441 Dekanatsarchiv Weißenburg 37, Kirchenvorstandswahl vom 5.5.1929.
442 Fränkische Wacht vom 10.8.1933, S. 257.
443 LKAN, Dekanat Weißenburg 52, Pfarramt Gundelsheim an das Dekanat vom 25.7.1933.
444 Pfarrarchiv Ellingen 5, Schreiben vom 23.7.1933. In der Stadt Teuchtlingen trat die Partei relativ bescheiden auf. Bei den Wahlvorbereitungen kam eine NS-Abordnung ins Pfarramt mit dem "Wunsch, es möchten 4 Mitglieder der NSDAP" dem Kirchenvorstand angehören, also nur 40%. Beim Wahlgang am Sonntag wurden 7 alte Kirchenvorsteher wiedergewählt; die

ANMERKUNGEN ZU DEN SEITEN 144 BIS 147

drei neue und ein alter Kirchenvorsteher waren NS-Mitglieder; Pfarrarchiv Treuchtlingen 22, Bericht vom 24.7.1933.
445 Dekanatsarchiv Weißenburg 44, Rundschreiben Meisers an die Geistlichen vom 2.8.1933. Ähnliches berichtete OKR Meinzolt, daß "vor allem...da, wo der Pfarrer fest in seiner Gemeinde stand und wo er sich nachdrücklich auf den kirchlichen Standpunkt stellte und dieser Nachdrücklichkeit noch eine Dosis taktischer Klugheit beifügte, die nicht seltenen Versuche, die Wahl politisch zu beeinflussen, abgebogen werden konnten"; LKAN, LKR II 233d, Meinzolt an Meiser vom 11.8.1933. Vikar Steinbauer in Penzberg hatte seine alte Wahlliste, mit SPD-Kirchenvorsteher, neu eingereicht und gegen NS-Proteste auch durchgesetzt; Steinbauer, Zeugnis I, S. 56ff.
446 Baier/Henn, Chronologie, S. 30f. FrTZ vom 22.7.1933; Freimund, 1933, S. 299.
447 Evang. Gemeindeblatt für München vom 23.7.1933, S. 335; Bühler, Kirchenkampf, S. 44.
448 Der "Stürmer", Nr. 35, August 1933.
449 Als Beispiel der Berichterstattung der kirchlichen Presse siehe das Rothenburger Sonntagsblatt vom 6.8.1933, S. 397f., wo es zu der Wahl heißt: "Dabei war es selbstverständlich, daß die deutsche Freiheitsbewegung, die von sich aus die Kirche bejaht und sucht, durch kirchliche Leute in den kirchlichen Körperschaften vertréten sein wollte. In Bayern bedeutete dieses Verlangen weder große äußere noch innere Schwierigkeiten. Denn bei uns waren gerade die evangelischen Landesteile die Pflanzgärten für die NSDAP und durchaus kirchliche Gemeindeglieder ihre begeisterten Anhänger."
Eine kritische Beurteilung lieferte Rektor Lauerer im September 1933: "Es ist doch ganz einfach eine Tatsache, daß bei den letzten Wahlen zum Kirchenvorstand vielfach die politische Partei die Listen bestimmt hat... Wir zweifeln auch nicht an der Kirchentreue weder derer, die die Listen aufstellten, noch derer, die gewählt wurden. Aber ganz herzlich und dringlich wollen wir die Freunde in der Glaubensbewegung bitten, es doch zu verstehen, daß dieser Vorgang weiten Kreisen unseres Kirchenvolkes und gerade auch solchen, die mit ganzem Willen Nationalsozialisten sind, eine ganze schwere Not bereitet, und daß das auch einmal unumwunden ausgesprochen werden muß, weil sonst ganz notwendiges Vertrauen verloren geht. Es ist gegen die Zusage und den eindeutigen Willen der Führer geschehen"; Freimund vom 14.9.1933, S. 349.
450 LKAN, Personen XXXVI 115, Meiser an Siebert von 2.8.1933.
451 Eine ziemlich klare Anspielung auf Pechmanns Position steht am Anfang von Meisers Brief an Siebert: "Die Absicht, sich vom kirchlichen Leben zu scheiden und sich in die Einsamkeit privater Erbauung zurückzuziehen, in kleine Gemeinschaften zu flüchten oder zu einer der vorhandenen Freikirchen überzutreten, begegnet in nicht seltenen Fällen"; Ebda.
452 KBl vom 24.7.1933, S. 339f.
453 Für Ammon siehe S. 127.
454 Geuder, Im Kampf, S. 17f.
455 Wie Anm. 452.
456 KBl vom 24.7.1933, S. 339.
457 Walter Höchstädter, Durch den Strudel der Zeiten geführt, S. 107. Für Höchstädter sprach Barth "das erlösende...Wort": "Gegenüber den vielen zweideutigen Äußerungen der Kirchenleitungen zu den Tagesereignissen nun eine klare, theologisch fundierte Stellungnahme!"
458 KBl vom 17.7.1933, S. 326. Auch Werbung für das Heft in der Ausgabe vom 10.7.1933. Barths "Theologische Existenz heute!" erschien im Chr.

ANMERKUNGEN ZU DEN SEITEN 147 BIS 149

    Kaiser Verlag, München. Für dessen Verleger Albert Lempp siehe Bühler, Kirchenkampf, S. 395ff. und Höchstädter, Durch den Strudel der Zeiten geführt, S. 111. Eine neue Ausgabe von "Theologische Existenz heute!", mit Einleitung und Anmerkungen von Hinrich Stoevesandt von Chr. Kaiser Verlag München 1984 (Theologische Existenz heute; Nr. 219).
459 19. Rundschreiben des Evang. Presseverbands für Bayern vom 19.7.1933. In: Pfarrarchiv Treuchtlingen 22.
460 Freimund, 1933, S. 334f. Eppelein schreibt daß er H. Kern und Keyßer sich den DC angeschlossen hatten, nachdem die Bewegung in Bayern ihre Treue zu Meiser in einem "Programmpunkt" erklärt hätte (Ebda., S. 335). Die Unterstellung der bayerischen DC unter Meiser erfolgte am 28.7.1933; das Programm der bayerischen DC mit dieser Treueerklärung wurde am 10.8.1933 veröffentlicht (Baier/Henn, Chronologie, S. 31,33). H. Kern hatte jedoch schon am 16. Juni seinen Beitritt zu den DC erklärt; Henn, Volksmission, S. 25.
461 Vgl. Scholder, Kirchen I, S. 426.
462 FrTZ vom 21.6.1933.
463 FrTZ vom 3.7.1933 und 5.7.1933. Für Pfarrer Engel, siehe Meier, Kirchenkampf I, S. 482.
464 Der Presseverband schrieb, daß die Teilnehmerzahl "groß aber nicht überwältigend" war (wie Anm. 459).
465 Ebda. Die Quellen, die Baier benutzt, sprechen jedoch von aufmarschierten Verbänden des neuen Staates (Baier, DC, S.52).
466 FrTZ vom 18.7.1933. Karl Holz wurde am 27.12.1895 in Nürnberg geboren. Seinen Beitritt zur NSDAP vollzog er im September 1922 unter Julius Streicher. 1924 wurde er NS-Stadtrat in Nürnberg. Nachdem er im März 1925 aus dem städtischen Dienst entlassen war, übernahm er die Gaugeschäftsführung des Gaues Franken und anschliessend die Schriftleitung des "Stürmers". Wegen politischer Vergehen war er zwanzigmal vorbestraft, darunter fünfmal zu Gefängnisstrafen. Im Jahre 1932 kam er in den Landtag; 1933 in den Reichstag. Ab den 1.1.1934 war er stellvertretender Gauleiter; BDC, Parteikorrespondenz (Holz).
467 Wie Anm 459.
468 Hitlers Rede wurde vollständig, und sicherlich nicht mit kritischer Absicht, im "Freimund" vom 27.7.1933, S.298 abgedruckt. Der "Kirchenbote v. Altmühl u. Hahnenkam" (August 1933) nahm auch positiven Bezug zu Hitlers Rede, um die Notwendigkeit der Kirchenreform zu erklären. Ein DC-Flugblatt mit der Überschrift "Religiöse Versteinerung - Lebendige Bewegung" enthielt die Kernsätze aus Hitlers Empfehlung der DC; Exemplar in: LKAN, Personen XLVII, 2.
469 KBl vom 24.7.1933, S. 341: "Nach Mitteilung der Gaupropagandaleitung der NSDAP Nürnberg ist der Leiter der Glaubensbewegung Deutsche Christen für Franken Herr Kollege Wolf Meyer." Der Name "Frankenführer der DC" in KBl vom 31.7.1933, S.351. Für Meyer siehe besonders Baier, DC, S. 57ff.
470 FrTZ vom 24.7.1933.
471 FrTZ vom 25.7.1933.
472 FrTZ vom 26.7.1933. Auch in AR vom 27.7.1933 und KBl vom 31.7.1933, S. 350.
473 FrTZ vom 26.7.1933.
474 FrTZ vom 1.8.1933.
475 FrTZ vom 4.8.1933
476 Scholder, Kirchen I, S. 586f.
477 FrTZ vom 3.8.1933; AR vom 4.8.1933.
478 FrTZ vom 10.8.1933.

ANMERKUNGEN ZU DEN SEITEN 150 BIS 153

479 Die Grundsätze der Arbeitsgemeinschaft in Freimund, 1933, S.299. Ein Bericht über ihren Vortragsabend in Erlangen am 30.6.1933 in RS vom 23.7.1933, S. 373. Professor Ulmer warnte schon Anfang Juni vor einer "'Reichskirche', die niemals Bekenntniskirche sein kann und damit überhaupt nicht 'Kirche' im Vollsinn"; AR vom 9.6.1933, "Was wird aus unserer Kirche".
480 Punkt 9 der Grundsätze, Freimund, 1933, S. 299. In Ulmers Rede am 30.6.1933 lehnte er in erste Linie die Gruppenbildung in der Kirche, und nicht die DC als solche ab (RS vom 31.7.1933, S. 373).
481 LKAN, LKR II 246 I, Ulmer an Meiser vom 10.7.1933.
482 Dietzfelbinger, Veränderung, S. 112.
483 Henn, Volksmission, S. 112.
484 LKAN, LKR II 246 I, Pfarrer Haußmann an LKR vom 7.8.1933. Haußmann war Mitglied des NS-Pfarrerbunds.
485 Dies stellte Meinzolt fest in seinem Bericht vom 11.8.1933, LKAN, LKR II 233d.
486 Dekanatsarchiv Pappenheim 89, Dekanat an LKR vom 1.8.1933.
487 Dekanatsarchiv Weißenburg 44, Rundschreiben Meisers an die Geistlichen vom 2.8.1933. Ähnlich lautende Forderungen in einem Schreiben des LKR an Klein und Meyer vom 10.8.1933 (LKAN, LKR II 246 I).
488 AR vom 10.8.1933, Schwabacher Tagblatt vom 10.8.1933. Auch in KBl vom 21.8.1933, S. 383.
489 Nicolaisen/Kretschmar, Dokumente I, S. 143, Anm. 2. Siehe auch Meier, Kirchenkampf, S. 127, und Scholder, Kirchen, S.571.
490 FrTZ vom 10.8.1933.
491 WTBl vom 24.8.1933. Meyer sei derjenige, "der auf dem Hesselberg den Feldgottesdienst halten sollte, aber damals verhindert war".
492 FrTZ vom 14.8.1933.
493 BA, NS 23, Bd. 419, Schreiben an die "Fränkische Tageszeitung" vom 15.8.1933.
494 FrTZ vom 24.8.1933. Zuerst in der "Allgemeinen Rundschau" vom 22.8.1933. Ein Satz z.B., der fehlt, lautet: "Zum größten Teil ist an der entstandenen Unruhe die befremdende Art und Weise, mit der die Deutschen Christen in Bayern zum erstenmal ins Licht der Öffentlichkeit traten, schuld."
495 Auf einen Beschwerdebrief des Dekanats Pappenheim antwortete die "Allgemeine Rundschau": "Diese Meldung ging uns gewißermaßen als Auflagenachricht zu und wir haben sie bringen müssen - freilich nicht ohne daß wir uns von ihr distanzierten." (Als Überschrift schrieb die AR: "Die Glaubensbewegung der 'Deutschen Christen' Ortsgruppe Nürnberg ersucht um Aufnahme nachstehenden Artikels", AR vom 27.7.1933). Zu dieser Zeit stand die AR, wie alle Bürgerlichen Zeitungen in Mittelfranken, in einem harten Konkurrenzkampf zur "Fränkischen Tageszeitung". Weiter hieß es im Brief ans Dekanat Pappenheim: "Ich meine, die Allgemeine Rundschau hat sich in vielen Dingen so wacker bewährt, daß man ihr auch einmal einen Fehltritt verzeihen mußte, wobei es dahin steht, ob die Veröffentlichung des Aufrufs wirklich ein so schweres Verbrechen war"; Dekanatsarchiv Pappenheim 89, Schreiben der AR vom 15.8.1933.
496 Auch Meiser nahm Bezug auf das "Gelöbnis treuer Gefolgschaft in seinem Rundschreiben vom 2.8.1933 (Anm. 487). Dabei meinte er wohl die Entschließung des Pfarrvereins vom 11.Juni, Punkt 5: "Mit dem Herrn Landesbischof wissen wir uns völlig eins in Weg und Ziel, wir stellen uns mit der ganzen Landeskirche geschlossen hinter ihn"; KBl vom 19.6.1933, S. 271.
497 Scholder, Kirchen I, S. 571.
498 Fränkische Wacht vom 10.8.1933, S. 257f.

ANMERKUNGEN ZU DEN SEITEN 153 BIS 155

499 KABl vom 25.7.1933, Bekanntmachung des LKR vom 21.7.1933.
500 LKAN, KKU 6 II, Beer an Amtsbrüder vom 26.7.1933. Auch Pfarrarchiv Ellingen 5, Kalb an Pfarramt vom 31.7.1933.
501 Die vier Punkte des Arbeitsprogramms der Arbeitsgemeinschaft waren: 1) Unbedingte Mitarbeit an der grossen Aufgabe der NSDAP. Vertretung nationalsozialistischer Anschauungen innerhalb der Kirche. 2) Beratung der NSDAP in evangelisch-kirchlichen Fragen. 3) Theologische Bearbeitung aller durch das Erwachen des Volkstums und Rassenbewußtseins gestellten Fragen und Aufgaben. 4) Mitarbeit an der Neugestaltung des Kirchenwesens und des Verhältnisses zwischen Staat und Kirche"; LKAN, KKU 6II.
502 Brief Beers vom 26.7.1933 (Anm. 500).
503 LKAN, Dekanat Markt Erlbach 16, Klein an Dekan Rahm vom 31.7.1933.
504 KBl vom 14.8.1933, S. 372f. Schreiben Pfarrer Gemählich (Dekant Naila, Wahlkreis 8).
505 LKAN, LKR II 233d, Bericht Meinzolts vom 11.8.1933.
506 KBl vom 7.8.1933, S. 365. Daums Brief war als Antwort an Pfarrer Mergner gedacht, der es abgelehnt hatet, eine Liste der NS-Kirchenvorsteher an Beer zu schicken, mit der Begründung: "Wenn törichte Anhänger Hitlers sich bemühen, Staatsbürger erster und zweiter Klase im neuen Deutschen Reiche zu schaffen - der Führer will das sicher nicht - so sollten doch alle verständigen Pfarrer, die ihre evangel. Kirche lieb haben, sich dagegen wehren, daß in unserer evangelischen Kirche Mitglieder erster und zweiter Klase geschaffen werden..." KBl vom 31.7.1933, S. 352.
507 KABl vom 4.8.1933, S. 120. 10 Mitglieder wurden vom Landesbischof ernannt, 1 Mitglied bestimmte die theologische Fakultät Erlangen.
508 Der Münchener Kreisdekan Baum äußerte sich "erschrocken" über das Gesetz; LKAN, Personen CII, 5, Brief an Sperl vom 17.8.1933.
509 So Langenfaß auf der Landessynode in München vom 12.-14.8.1933; Henn, Führungswechsel, S. 395.
510 LKAN, Dekanat Markt Erlbach 16, Brief Kleins an Rahm vom 9.8.1933.
511 LKAN, KKU 6/II, Pfarrer Dr. Fr. Hofmann an Amtsbrüder vom 7.8.1933.
512 Baier, DC, Dokument XI, S. 364.
513 LKAN, KKU 6/II, Kalb ans Pfarramt Ettenstatt vom 31.7.1933.
514 Schwabacher Tagblatt vom 26.8.1933. Pfarrarchiv Ellingen 8, Pfarramt Ellingen an die Kirchenvorsteher vom 24.8.1933.
515 Am 9.8.1933 schrieb der NS-Ortsgruppenleiter in Ellingen ans Pfarramt, daß er eine Liste von Weißenburg bezüglich der Wahl erhalten hätte, und daß er sie mit Unterschriften der Kirchenvorsteher zurück haben wollte. Dazu sagte er: "Daß die hiesigen Kirchenvorstandsmitglieder sich dem Weißenburger Antrag verpflichten, halte ich für selbstverständig"; Pfarrarchiv Ellingen 8). Es ist anzunehmen, daß der Weg über den Ortsgruppenleiter auch in anderen Gemeinden des Wahlbezirks benutzt wurde.
516 Schwabacher Tagblatt vom 26.8.1933.
517 Dekanatsarchiv Pappenheim 89, Dekan Boeckh an Kalb vom 11.11.1933
518 Die NS-Stärke in der Landessynode wurde an Hand von Recherchen im BDC, NSDAP Master File, ermittelt.
519 Nachdem die Ernennung durch Meiser zugesichert war, verzichtete Meyer auf seine Aufstellung im Wahlkreis 12 (Baier, DC, S. 60 und Dokument XII, S. 364). So waren in diesem Kreis 2 von 3 Gewählten Mitglieder der alten Synode.
520 Die größte Kontinuität in den mittel- und oberfränkischen Wahlkreisen zeigt sich im Wahlkreis 4 (Erlangen, Fürth, Hersbruck, Markterlbach, Münchaurach) wo 3 von 4 Mitglieder der alten Synode waren). Im Wahlkreis Nürnberg wurde nur Pfarrer Klingler wiedergewählt. Sonst kamen in

ANMERKUNGEN ZU DEN SEITEN 155 BIS 159

sämtlichen mittel- und oberfränkischen Wahlkreisen Neulinge in die Synode.
521 KBl vom 14.8.1933, S. 373.
522 Evang. Gemeindeblatt für München vom 20.8.1933, S. 376.
523 Verhandlungen der Landessynode der Evangelisch-Lutherischen Kirche in Bayern r.d.Rheins. Synodalperiode 1933-39. Außer-ordentliche Tagung in München, 12.-14. September 1933, S.34.
524 AR vom 9.8.1933, Bericht über die Konferenz in Nürnberg am 7.8.1933 mit OKR Meinzolt.
525 LKAN, LKR II 233d, Meinzolt an Meiser vom 11.8.1933.
526 Vor allem von Pfarrer Daum von Heiligenstadt; ebda.
527 LKAN, LKR II 233d, Meinzolt an Meiser vom 17.8.1933.
528 KBl vom 14.8.1933, S. 367-68, und vom 28.8.1933, S. 387-89.
529 KBl vom 28.8.1933, S. 387.
530 Baiers Behauptung (DC, S. 66), daß Oberfranken von den DC im September 1933 "noch unberührt geblieben" war, kann nicht stimmen, denn Meinzolt berichtete von seiner Frankenreise, daß im nördlichen Oberfranken, "wo Klein und Zwörner selbst die Dinge in die Hand genommen haben, sehr nachdrücklich für die Deutschen Christen geworben wird"; LKAN, LKR II 233d, Meinzolt an Meiser vom 17.8.1933.
531 Schieder schreibt, daß es verschiedene Meinungen gebe, ob die ersten hossenfelderschen Thesen oder die zweiten fezerschen Thesen oder beide zusammen galten. Greifenstein hat Schieder gesagt, daß wohl die ersten Richtlinien als geltend anzusehen seien; KBl vom 28.8.1933, S. 388.
532 KBl vom 4.9.1933, S. 400-02.
533 LKAN, LKR, Personen LXIII (G.Kern), Gruß Kerns an Meiser mit Unterschriften der Teilnehmer vom 2.9.1933. In seiner Antwort, freute sich Meiser über die "brüderliche Einheit trotz Gegensätzlichkeit", wie sie in Rummelsberg gezeigt wurde, und fügte hinzu: "Wir sind ja selbst täglich aufs neue an die schwersten Entscheidungen gestellt und müssen vieles einfach als ein Wagnis des Glaubens tun"; ebda., Meiser an Kern vom 6.9.1933.
Der Bericht über die Tagung in: KBl vom 16.10.1933, S. 479-482.
Zu Merz bemerkte ein NS-Informant in Bethel, er sei besonders gefährlich, "weil hochintelligenter Verfechter von Barths Theologie" (Meier, Kirchenkampf I, S. 554, Anm. 380). Für die Schwierigkeiten zwischen Merz und Barth im Jahre 1933, siehe die Einleitung von Stoevesandt in: Barth, Theologische Existenz heute, München 1984, S. 12ff.
534 Ein Beispiel für seine Beurteilung der Lage steht in "Zwischen den Zeiten", der Zeitschrift, die Merz herausgab, vom August 1933: "Trotz der 'Reichskirche' und der angeblichen Abneigung des 'gemeinen Mannes' gegen die Unterschiede lutherisch - reformiert, und trotz der Propaganda der Deutschen Christen, die weithin der Einebnung dieser Unterschiede gilt, wird die Auseinandersetzung zwischen den beiden jetzt erst beginnen. Wenn nicht alles täuscht, war die Art, wie in den letzten Wochen mit diesen konfessionellen Unterschieden im diplomatischen Spiel der Parteien umgegangen wurde, eines der kläglichsten Merkmale, an denen der Verfall unseres kirchlichen Lebens sichtbar wurde"; zitiert nach JK vom 7.9.1933, S. 124f.
535 Meinzolt Bericht an Meiser vom 11.8.1933 (Anm. 525). Kern an Meiser vom 2.9.1933 (Anm. 533).
536 LKAN, Personen LXIII (G.Kern), Plesch an die Brüder vom 24.5.1933 mit Nachricht über die Bildung einer Pfarrbruderschaft, an der auch Schieder maßgebend beteiligt war.
537 KBl vom 11.9.1933, S. 420, Leitsätze des Bruderkreises.
538 WTBl vom 24.8.1933.

ANMERKUNGEN ZU DEN SEITEN 159 BIS 162

539 AR vom 30.8.1933, Kundgebung der DC in Gunzenhausen.
540 Die Hitler-Befürwortung taucht auch in der DC-Werbung des Sommers 1933 als Flugblatt auf: "Religiöse Versteinerung - Lebendige Bewegung. Die Freiheit der Nation wird nicht gewährleistet durch weltabgewandte und den Erscheinungen und Ereignissen der Zeit keine Bedeutung beimessende Kräfte einer religiösen Versteinerung, sondern durch die Kräfte einer lebendigen Bewegung. Diese Kräfte sehe ich in jenem Teil des evangelischen Kirchenvolks in erster Linie gesammelt, die in den Deutschen Christen bewußt auf den Boden des nationalsozialistischen Staates getreten sind. Adolf Hitler am 19. Juli 1933." LKAN, Personen XLVII (Auer) 2, Korrespondenz 1933. Hitlers Rede war am 22.7.1933.
541 Kirchenbote v. Altmühltal u. Hahenenkam, Nr. 9, Sept. 1933. Wohl aus taktischen Gründen ist Dekan Sperl auch DC-Mitglied geworden; LKAN, Personen CII, Nr. 5, Keupp an Sperl vom 23.11.1933.
542 Baier, DC, S. 53. Schon Anfang August 1933 warb Keupp für die GDC; E.G.Rüppel, Die Gemeinschaftsbewegung im Dritten Reich. Ein Beitrag zur Geschichte des Kirchenkampfes, Göttingen 1969, S. 103.
543 Als Beispiel für die Spannung zwischen der Landeskirche und dem Hensoltshöhe Gemeinschaftsverband dient ein Brief des Dekanats Pappenheim an das Pfarramt Treuchtlingen vom 19.7.1932: "Die ganze Art wie die Gemeinschaft seit etwa einem Jahr auch in der Treuchtlinger Gegend immer mehr Boden zu fassen sucht und dabei keineswegs die Ordnungen oder Wünsche des kirchlichen Amtes berücksichtigt, muss doch Bedenken erregen. Daß dort ein anderer Geist weht, der nicht zum lutherischen Wesen passt, ist doch eine vielfach festgestellte Tatsache." (Pfarrarchiv Treuchtlingen 68). Am 4.10.1933 berichtete das Pfarramt Treuchtlingen: "Neuerdings ist die hiesige Gemeinschaft geschlossen der Glaubensbewegung der Deutschen Christen beigetreten"; ebda.
Aus Ezelheim (Kirchenkreis Ansbach) schrieb Karl-Heinz Becker am 29.9.1933 an den LKR, daß die Hensolthöhe Gemeinschaften "sich als Ortsgruppen der Glaubensbewegung Deutscher Christen" konstituiert und die nicht DC-Pfarrer als "ungläubige" oder "unbekehrte" tituliert hätten; LKAN, LKR II 246 II.
544 LKAN, Kirchenkampfsammlung 0-1, vertrauliches Rundschreiben Meisers an die Geistlichen vom 31.8.1933. Vgl. Baier, DC, S.61.
545 KBl vom 4.9.1933, S. 407.
546 Dekanatsarchiv Weißenburg 44, Sitzungsprotokoll des LSA vom 4.9.1933.
547 Henn, Bayerische Landeskirche, S. 62f. Das Gesetz in der Preußischen Landeskirche bestimmte: "Wer nichtarischer Abstammung oder mit einer Person nichtarischer Abstammung verheiratet ist, darf nicht als Geistlicher oder Beamter der allgemeinen kirchlichen Verwaltung berufen werden. Geistliche und Beamte arischer Abstammung, die mit einer Person nichtarischer Abstammung die Ehe eingehen, sind zu entlassen" (Scholder, Kirchen I, S. 598). Von einem solchen Gesetz wären auch Pfarrer in Bayern betroffen gewesen, denn einige Pfarrer hatten Frauen jüdischer Abstammung (siehe z.B. den "Stürmer" Nr. 26 vom September 1933, "Der Pfarrer von Großengsee", oder den "Stürmer" Nr. 23 vom Juni 1935).
548 KBl vom 28.8.1933, S. 395. Vgl. auch JK vom 7.10.1933, S. 189 und vom 19.10.1933, S. 246.
549 So F.W.Hopf in KBl vom 28.8.1933, S. 395.
550 Verhandlungen der Landessynode, September 1933, S. 4f.; RS vom 24.9.1933, S. 486.
551 Geuder, Im Kampf, S. 18.
552 Verhandlungen der Landessynode, September 1933, S. 6f.
553 So Eckstein in KBl vom 25.9.1933, S. 439.

ANMERKUNGEN ZU DEN SEITEN 162 BIS 167

554 Verhandlungen der Landessynode, September 1933, S. 98f.
555 Ebda., S. 100.
556 KBl vom 25.9.1933, S. 441.
557 Wie Anm. 555.
558 Verhandlungen der Landessynode, September 1933, S. 105ff. Vgl. auch Kerns Äußerung zur "Revolution", oben S. 104.
559 Verhandlungen der Landessynode, September 1933, S. 112. Vgl. auch JK vom 7.10.1933, S. 218, "Verbot der politischen Betätigung für evangelische Geistliche".
560 Scholder, Kirchen I, S. 598ff. Evang. Gemeindeblatt für München vom 1.10.1933, S. 449.
561 Verhandlungen der Landessynode, September 1933, S. 119f.
562 Wie die Pfarrer Gollwitzer und Meyer und Bürgermeister Münch; keine davon ist je LSA-Mitglied geworden (gegen Baier, DC, S. 66). Die zur DC-Gruppe zählenden Greifenstein, Schneider und Soldner erwiesen sich als zuverlässig für die Landeskirche.
563 KABl vom 9.10.1933, S. 146. Der einzige Pg. unter den Berufenen, Studienrat Deye (Pg. seit dem 1.8.1930), war schon seit Mai 1933 im LSA. Die andere waren Dekan Kern, Rektor Laurer und Dr. Bachmann.
564 Verhandlungen der Landessynode, September 1933, S. 122f.
565 KBl vom 25.9.1933, S. 441.
566 LKAN, Personen XLII (Frör) Nr. 5, Schreiben aus Nürnberg vom 26.10.1933, wahrscheinlich von Frör.
567 KBl vom 11.9.1933, S. 414.
568 Geuder, Im Kampf, S. 22.
569 KBl vom 2.10.1933, S. 451-55.
570 KBl vom 9.10.1933, S. 463-65.
571 AR vom 25.9.1933. Da der Herkulesvelodrom überfüllt war, mußte eine Parallelversammlung im "Deutschen Hof" abgehalten werden. Der Bericht in der AR enhält keine Bemerkung Meyers über eine gewonnene Schlacht in der Landessynode; vgl. Baier, DC, S. 66.
572 KBl vom 9.10.1933, S. 463.
573 KBl vom 2.10.1933, S. 457-59.
574 Ebda., S. 458.
575 Wie Anm. 566.
576 Geuder, Im Kampf, S. 101. Im Krieg war Kern Leutnant und mit dem E.K.I für Tapferkeit ausgezeichnet. Als Student in Erlangen 1919 war er einer der ersten, die den Aufruf zu den Freikorps folgten, und bewegte auch andere zum Beitritt. Mit dem Freikorps Epp marschierte er an der Spitze seiner Abteilung nach München hinein; Dekanatsarchiv Weißenburg 217, Aus der Predigt Daumillers beim Gedächtnisgottesdienst für Kern in Nördlingen am 4.1.1942.
577 Freimund Nr. 29 vom 20.7.1933, S. 282ff.
578 Ebda., S. 284.
579 Ebda., S. 288. Am 18.10.1933 schrieb das Schwabacher Tagblatt, daß Freizeiten für die SS, SA und NSDAP unter Kern geplant waren und am 10. November beginnen sollten. Vgl. auch Kerns Schreiben vom 24.10.1933 in: KBl vom 6.11.1933, S. 519.
580 Riederauer Thesen zur lutherischen Volksmission, Bekennende Kirche, Schriftenreihe, herausgegeben von Th. Ellwein und Chr. Stoll, Heft 1, München 1933. Siehe auch Henn, Volksmission, S. 12.
581 Riederauer Thesen, S. 21.
582 Ebda., S. 22.
583 Ebda., S. 23.
584 KBl vom 11.12.1933, S. 573.
585 Eine Auswahl der Berichte in: Bayern in der NS-Zeit, Bd. I, S.369-400.

ANMERKUNGEN ZU DEN SEITEN 167 BIS 173

586 Dekanatsarchiv Weißenburg 217, Bericht Rottlers vom 2.12.1933.
587 Fränkische Wacht vom 21.9.1933, S. 305.
588 Ebda.
589 Ebda. Der Vorsitzende des Hauptvereins des Bundes in Bayern, Hoefler, schrieb Ende August an die Zweigvereine, daß der Preußische Landesbischof Müller die Arbeit des Bundes anerkannt hätte. Er erwartete eine baldige Regelung des Verhältnises des Bundes "zu Staat und Regierung, zu den 'Deutschen Christen' und zur evang. Kirche" (Dekanatsarchiv Pappenheim 63). Vgl. auch AELKZ vom 13.10.1933, Sp. 961.
590 Fränkische Wacht vom 21.9.1933, S. 306.
591 Ebda., S. 306f.
592 Ebda., S. 307.
593 Evang. Kirchenbote für Roth, Oktober 1933, S. 5.
594 AR vom 25.9.1933.
595 Wie Anm. 593.
596 Baier/Henn, Chronologie, S. 37.
597 Fränkische Wacht vom 1.10.1933, S. 314.
598 Ebda.
599 Wie Anm. 593.
600 WZ vom 16.9.1933.
601 LKAN, Personen XXXVI (Meiser) 33/2, Pfarrer Oertel-Uengershausen an Meiser vom 28.8.1933.
602 Dekanatsarchiv Weißenburg 44, Meiser an alle Dekanate vom 19.9.1933.
603 LKAN, Dekanat Schwabach Nr. 513, Bericht an den LKR vom 22.10.1933. Siehe auch den Visitationsbericht des Dekanats Schwabach vom 25.7.1934 in: Bayern in der NS-Zeit, Band I, S. 406.
604 Dekanatsarchiv Weißenburg 44, LKR an alle Dekanate vom 27.9.1933.
605 WZ vom 29.9.1933 und vom 2.10.1933. Die Abendmahlbeteiligung an diesem Sonntag in Weißenburg war mit 50 besonders niedrig; Dekanatsarchiv Weißenburg 150.
Am 23. September schrieb Dekan Boeckh-Pappenheim an Löffelholz, ob er nicht mit Kreisleiter Gerstner sprechen könnte über die Zentralisierung des Erntedankfestes und das Kommandieren der SA und andere Verbände nach Weißenburg oder Nürnberg. Dadurch werde die "Geschlossenheit der doch an erster Stelle stehenden kirchlichen Feier erheblich gestört". Dekan von Löffelholz antwortete, daß ein Einwirken nicht möglich gewesen war, da das Programm schon feststand; LKAN, Dekanat Pappenheim 20.
606 Wie Anm. 603.
607 FrTZ vom 10.10.1933.
608 AR vom 17.10.1933, Kirche und Leben 44.
609 Pfarrarchiv Treuchtlingen 48, Pfarramt Treuchtlingen ans Dekanat Pappenheim vom 3.10.1933.
610 LKAN, Personen LXIII (G. Kern), Sitzungsprotokoll des LSA vom 18.10.1933.
611 Was er unter "Umstellungen" verstand, hatte er nicht näher erläutert. Eine Umstellung, die aber eher gegen die Kirche gerichtet war, war folgender Tagesbefehl an den SS-Sturmbann I/3, II/3, III/3 vom 23.8.1933, unterzeichnet von Röhm und Beck: "Der Besuch des Gottesdienstes ist dem SS-Mann freigestellt. Es ist verboten, SS-Männer zur Teilnahme an sonntäglichen Gottesdiensten zu befehlen"; StAN, NSDAP, Nr.45; 73. SS-Standarte, Tgb.Nr. 2353/33.
612 LKAN, Amt für Volksmission 9, Bericht aus dem Dekanat Hersbruck vom 12.12.1933.
613 LKAN, Dekanat Hersbruck 66, Übersicht über die Visitationen im Jahre 1933 vom Dekan Monninger am 13.1.1934.

ANMERKUNGEN ZU DEN SEITEN 173 BIS 178

614 LKAN, Amt für Volksmission 6, Bericht aus dem Dekanat Pegnitz vom 29.5.1934.
615 BA, NS 23, Nr. 419, SA-Franken, Gruppen-Befehl Nr. 6 vom 7.6.1933.
616 BA, NS23, Nr. 419, Rundschreiben des SA-Gruppenführers Franken vom 17.9.1933.
617 Statistische Beschreibung, S. 97.
618 Am 24. Juni sprach Mitschke vor den NS-Bürgermeistern, Stadt- und Gemeinderäten des Bezirksamts Windsheim über die Judenfrage. In der Aussprache wurde angeregt, "in jeder Gemeinde eine Liste anzulegen, in die jeder Landwirt, der in Zukunft noch mit Juden handelt und damit unserer Bewegung in den Rücken fällt, eingetragen werden soll". Über diese Versammlung wurde viel in der Presse berichtet, so z.B. im WTBl vom 1.7.1933 unter der Überschrift: "Fränkische Bauer schreitet voran! Windsheim macht Schluß mit der Judenfrage."
619 KBl vom 25.12.1933, S. 598.
620 BDC, PK, Entgegnung Mitschkes zu dem Bericht des Pfarrers Müller von Egenhausen vom 28.8.1933.
621 KBl vom 25.12.1933 S. 599.
622 KABl vom 2.9.1933, S. 133. Wilhelm Mitschke, am 13.4.1902 in Nürnberg geboren, war seit dem 1.3.1932 Pg. (Nr. 1.002.883). Seit dem 1.5.1933 war er Mitglied des NSLB und zugleich Kreisschulungsleiter; BDC, NSDAP Master File.
623 Wie Anm. 620.
624 Der Stürmer, Nr. 41 vom Oktober 1933, "Der Pfarrer von Egenhausen". Zu der Denunzierung von "Judenknechten" im Stürmer siehe, F. Hahn, Lieber Stürmer. Lesebriefe an das NS-Kampfblatt 1924 bis 1945, Stuttgart-Degerloch 1978, S. 228ff.
625 KBl vom 25.12.1933, S. 599.
626 LKAN, Kirchenkampfsammlung Band 0-3, Brief H. Kerns vom 18.10.1933 mit Nachschrift.
627 KBl vom 30.10.1933, S. 508.
628 AR vom 30.10.1933. F. Klingler (Hg.), Dokumente zum Abwehrkampf der deutschen evangelischen Pfarrerschaft gegen Verfolgung und Bedrückung 1933-1945, Nürnberg 1946, S. 108. Bei seinen eigenen Briefen hat Klingler das bei ihm verwendeten "Heil Hitler" weggelassen
629 KABl vom 2.9.1933, S. 132. Von den vier weltlichen Abgeordneten aus Nürnberg konnte an Hand der Master File in BDC nur den Oberregierungsrat Zerzog als Pg. festgestellt werden (Parteibeitritt am 1.5.1933).
630 Siehe z.B. Schemms Rede auf dem Coburger Luthertag, unten S. 185.
631 KBl vom 25.12.1933, S. 599; KABl vom 19.12.1933, S. 190.
632 LKAN, Kirchenkampfsammlung Band 0-2, Gutachten D. Steinleins über die Lutherzitate in dem Schreiben des Herrn W. Mitschke in Windsheim vom 5.1.1934, Ansbach, den 18.1.1934.
633 Ebda.
634 Dekanat Weißenburg 44, Sitzung des LSA vom 4.9.1933.
635 LKAN, LKR IV 688 Bd. II, Meiser an das Dekanat München vom 11.9.1933, Nr. 6787. Im Jahre 1933 nahmen die Übertritte von Juden zur evangelischen Kirche im Reich deutlich zu, wenn auch die absolute Zahl sehr niedrig war: 1931 - 173; 1932 - 241; 1933 - 933; 1936 - 323 (BA, R79/19).
636 LKAN, LKR IV 688 Bd. II, Schreiben Meinzolts vom 8.9.1933. Vgl. auch Bühler, Kirchenkampf, S. 247f.
637 StdAN, Dir. A Nr. 84, Schreiben vom 14.9.1933; abgedruckt in: Hermann Schirmer, Das andere Nürnberg, Antifaschistischer Widerstand in der Stadt der Reichsparteitage, Frankfurt a.M. 1975, S. 249. Es ist durchaus möglich, daß das Schreiben der Nürnberger Pfarrer vom 14.9 von dem

ANMERKUNGEN ZU DEN SEITEN 178 BIS 180

am 11.9 in Berlin gegründeten Pfarrernotbund inspiriert wurde. Schon in der Nacht vom 11. zum 12.9 wurden vom Pfarramt Niemöller 2000 Exemplare der Verpflichtungserklärung zum Bund an die Pfarrer in der JB-Kartei geschickt (J. Schmidt, Martin Niemöller im Kirchenkampf, Hamburg 1971, S. 124). Es war Niemöllers Ziel "in jeder Landeskirche" Unterstützung für den Bund zu finden (Ebda., S. 126). Auch wenn der Nürnberger Brief den Text der Verpflichtungserklärung nicht enthielt - denn sie war nicht ohne weiteres für die bayerischen Verhältnisse anwendbar - gab es mit Punkt 5 eine wesentliche Übereinstimmung: "In solcher Verpflichtung bezeuge ich, daß eine Verletzung des Bekenntnisstandes mit der Anwendung des Arierparagraphen im Raum der Kirche Christi geschaffen ist" (Scholder, Kirchen I, S. 613). Auch das Ziel der Nürnberger, "umgehend" eine Antwort zu ihrer Erklärung zu bekommen, stimmte mit den Zielen des Pfarrernotbundes überein, denn man wollte vor der Nationalsynode am 19.9 eine große Anzahl von Pfarrern für die Verpflichtung gewinnen, um ihre Stärke zu demonstrieren.

638 LKAN, Personen XLII (Frör) Nr. 5, Schreiben vom 20.9.1933.
639 Henn, Bayerische Landeskirche, S. 62f.
640 Wie Anm. 638.
641 Das Erlanger Gutachten ist in der Beilage "Kirche und Leben" der AR vom 12.10.1933 erschienen. Beide Gutachten abgedruckt in: Denzler/Fabricius, Kirchen im Dritten Reich, Bd. 2, S. 77ff. & 84ff. Zum Erlanger Gutachten siehe von Loewenich, Erlebte Theologie, S. 179, Scholder, Kirchen I, S. 616, und Deutscher Evangelischer Kirchentag Nürnberg 1976, Dokumente Hg. von Harald Uhl, Stuttgart/Berlin 1979, S.664ff. Für ein kritisches, zeitgenössisches Urteil, siehe AELKZ vom 22.11.1933, Sp. 1191ff.
642 Baier, DC, S. 68.
643 LKAN, Personen XXXVI 115, Meiser an Strathmann vom 4.10.1933.
644 KBl vom 23.10.1933, S. 497. Vgl. auch H. Hermelink, Kirche im Kampf. Dokumente des Widerstandes und des Aufbaus der Evangelischen Kirche in Deutschland von 1933-1945, Tübingen 1950, S. 49f.
645 Scholder, Kirchen I, S. 622f.
646 LKAN, Personen LXIII, 1 (G. Kern), Sitzung des LSA vom 18.10.1933.
647 Nicolaisen/Kretschmar, Dokumente I, S. 130-132.
648 RS vom 12.11.1933, S. 557.
649 Wie z.B. das RS vom 15.10.1933, S. 509ff., vom 29.10.1933, S. 531f., und vom 12.11.1933, S. 557f. Aus Nördlingen wurde jedoch berichtet: "Wir alle waren darüber verwundert und beunruhigt, daß wir über Verlauf und Ergebnis der ersten Nationalsynode der geeinten deutschen Evangelischen Kirche in unseren Zeitungen so wenig erfahren konnten"; Rieser Kirchenbote vom November 1933, S. 90.
650 Evang. Gemeindeblatt für München vom 15.10.1933, S. 471.
651 KBl vom 16.10.1933, S. 483. Die Eingabe wurde vorher in der JK vom 7.19.1933, S. 204f. veröffentlicht. Einige Gemeindeblätter brachten auch Auszüge der Eingabe, wie der Rieser Kirchenbote vom November 1933, S. 90.
Ein bayerischer Gemeindepfarrer, Karl Geuder, war Zuschauer bei der Nationalsynode und traf sich mit zwei Kritikern Müllers, Walter Künneth und Martin Niemöller; Geuder, Im Kampf, S. 19ff.
Für die Beschreibung eines Vertreters der Reichsregierung bei der Nationalsynode, siehe Walter Conrad, Kirchenkampf, Berlin 1947, S. 34f.; er war von allem so mitgenommen, das er nur das Bedürfnis fühlte, "Wittenberg so schnell und so spurlos wie möglich zu verlassen".
652 Zu den Deutschen Christen in Bayern schrieb die JK vom 19.10.1933, S. 246: "Entweder es tritt hier die völlige Verkennung des Charakters der

ANMERKUNGEN ZU DEN SEITEN 180 BIS 182

Glaubensbewegung durch eine ganze Landeskirche eklatant in Erscheinung oder die bayerischen Deutschen Christen sind in ihrem Wesen nicht mehr in dem Sinne Deutsche Christen wie die Deutschen Christen in Berlin".
653 Freimund vom 26.10.1933, S. 406.
654 Baier, DC, 69ff, 364ff. Die revidierten Richtlinien enthielten in Meisers Urteil immer noch Unannehmbares; Baier/Henn, Chronologie, 27.10, S. 42.
655 Richtlinien der GDC, Punkt 11, Baier, DC, S. 366.
656 Evang. Gemeindeblatt für das Allgäu, November 1933, S. 72.
657 Programm der DC: "Unser Bekennen und Wollen", (in: AR vom 29.7.1933), das auch in der Werbearbeit im Herbst 1933 benutzt wurde, wie von Pfarrer Georg Kühn, DC-Kreisleiter für den Kirchenbezirk Kempten, der der DC-Gauleitung in Augsburg untergeordet war (Evang. Gemeindeblatt für das Allgäu, November 1933, S. 72.). Ein Exemplar als Flugblatt mit Beitrittserklärung in: LKAN, LKR II 246 I, Eingangsstempel 15.9.1933. Die Mitglieder mußten das Programm anerkennen und sich der Leitung unterstellen. Da nur die DC-Leitung sich Meiser unterstellte, hatte der Landesbischof nur dort eine Handhabe wo der DC-Leiter Pfarrer war. Das Programm vom Juli hat sich nicht klar auf das lutherische Bekenntnis festgelegt wie die Richtlinien vom Oktober; Baier, DC, Richtlinien Punkt 8, S. 365.
658 Baier, DC, S. 365.
659 FrTZ vom 28.9.1933.
660 Gustav Bub, am 24.2.1889 in Nürnberg geboren, war Religions- und Geschichtslehrer an der Volkshauptschule in Nürnberg. Nach Eingliederung des Stahlhelms, wurde er SA-Führer und seit 1933 auch weltanschaulicher Schulungsleiter der NSDAP. Ein Beispiel seiner völkischen Denkart in: L. Poliakov und J. Wulf (Hg.), Das Dritte Reich und seine Denker, Berlin 1959, S. 178ff.
661 LKAN, LKR II 246 II, Verein für Innere Mission an den LKR vom 14.10.1933.
662 Nicolaisen/Kretschmar, Dokumente I, S. 143ff. Der Erlaß verfügte: "Kein Nationalsozialist darf irgendwo benachteiligt werden, weil er sich nicht zu einer bestimmten Glaubensrichtung oder Konfession oder weil er sich zu überhaupt keiner Konfession bekennt." Auch die Tagespresse, wie das Schwabacher Tagblatt vom 16.10.1933.
663 Baier/Henn, Chronologie, 16.10, S. 40f.
664 LKAN, LKR V 948(A) I, Dekan Weigel an den LKR vom 3.11.1933.
665 JK vom 19.10.1933, S. 248.
666 "Warum haben wir uns der Glaubensbewegung 'Deutsche Christen' angeschlossen?" von Dr. Friedrich Eppelein und Dr. Christian Keyßer in: Freimund vom 14.9.1933, S. 352f. Vgl. auch F.W.Kantzenbach, Das Neuendettelsauer Missionswerk, S. 237ff.
667 "Die Glaubensbewegung 'Deutsche Christen'", von Christian Keyßer, in: Freimund vom 21.9.1933, S. 359f.
668 "Kirchliche Lage und Gesellschaft", von Obmann Pfarrer Wirth, Nürnberg, in: Freimund vom 26.10.1933, S. 406.
669 AR vom 13.10.1933; KBl vom 30.10.1033, S. 332; JK vom 16.11.1933, S. 332. Vgl. auch Baier, DC, S. 78.
670 EZA Berlin, EKD, C 1/37, und Baier, DC, S. 79f.
671 LKAN, Amt für Volksmission 6, Monatsbericht vom 7.11.1933; zum Teil abgedruckt in: Bayern in der NS-Zeit I, S. 377f.
672 Die Pfarrer glaubten dies tun zu können, weil sie meinten, man könne sich mit der volkmissionarischen Einstellung der Deutschen Christen identifizieren, und weil sie glaubten, "dadurch eine Plattform für die

ANMERKUNGEN ZU DEN SEITEN 182 BIS 185

stärkere Wirksamkeit in den NS-Kreisen bei der beginnenden Volksmission gefunden zu haben"; ebda.
673 Scholder, Kirchen I, S. 674f.
674 Baier/Henn, Chronologie, 19.10, S. 41; LKAN, Personen XXXVI (Meiser) 114, Klein an Meiser vom 24.10.1933.
675 Klein konnte nur herausfinden, "daß Pfarrer Bräuninger vor etwa 4 - 6 Wochen in München eine Unterredung mit Bischof Hossenfelder hatte"; ob Hossenfelder Führer für Bayern bestellt hat, konnte er nicht bestätigen (wie Anm. 674, Klein an Meiser; vgl. Baier, DC, S. 52f. für eine andere Version). Weiterhin berichtet Klein streng vertraulich von seinen Verhandlungen in Berlin: "1. Die Vorgänge auf der Nationalsynode haben den Herrn Reichskanzler schwer verärgert. Herr Reichsbischof Müller hat dem Führer genauen Bericht erstattet. 2. Infolgedessen hat sich auch für Bischof Hossenfelder die Situation schwer geändert. Er findet heute bei den Stellen und Personen, die ihn bisher so gestützt haben, nicht mehr den alten Rückhalt; im Gegenteil sogar eine ziemlich kalte Schulter. (Ob diese Abwendung aber ganz ehrlich ist???) 3. Reichsbischof Müller ist Hossenfelders strikter Gegner geworden. Er sucht jetzt Möglichkeiten Hossenfelder unschädlich zu machen..."; wie Anm. 674, Klein an Meiser.
676 LKAN, Personen XXXVI (Meiser) 114, Meiser an Klein vom 25.10.1933.
677 LKAN, Personen XXXVI (Meiser) 58, H. Kern an Meiser vom 30.10.1933.
678 JK vom 16.11.1933, S. 306f., Rede des Reichsbischofs auf der DC-Reichstagung, aus "Evangelium im Dritten Reich" vom 5.11.1933. Siehe auch Scholder, Kirchen I, S. 677 und Schmidt, Niemöller, S. 145.
679 JK vom 16.11.1933, S. 307. Für Hossenfelders volksmissionarische Initiative, siehe das Gesetzblatt der Deutschen Evangelischen Kirche, vom 15.11.1933, Nr. 4, Sondernummer zur Volksmission, wo Hossenfelder in seinen Richtlinien vom 10.11.1933 die Gesamtführung der volksmissionarischen Arbeit für die DEK beanspruchte.
680 Text bei Baier, DC, S. 74, mit der falschen Angabe, daß die Aktion in November vom Pfarrerverein initiiert wurde.
681 In Württemberg hatten von rund 1500 Pfarrern, annähernd 1100 sich für Wurm erklärt; H. Schmid, Apokalyptisches Wetterleuchten, München 1947, S. 44f. Siehe auch Henn, Volksmission, S. 34.
682 LKAN, Amt für Volksmission Nr. 9, Schreiben des Kapitelsbeauftragten für Weißenburg, Pfarrer Rottler vom 10.11.1933.
683 Die Zustimmungserklärungen befinden sich in: LKAN, Personen XXXVI (Meiser) 34. Die Zahlen bei Baier (DC, S. 74) beziehen sich nicht auf die Kern-Aktion vom November 1933, sondern auf eine ähnliche Aktion des Pfarrervereins vom Januar 1934. Die Zahlen hat Klingler in der Audienz bei Schemm am 15.2.1934 genannt; LKAN, Kirchenkampfsammlung 0-2.
684 LKAN, Personen XXXVI (Meiser) 34, Pfarrer Bäumler an Meiser vom 13.11.1933.
685 LKAN, Personen XLVII (Auer) 2, Pfarrer Schemm-Ehingen an Pfarrer Auer vom 13.11.1933.
686 Ebda., Klein an Auer vom 17.11.1933.
687 LKAN, Personen XXXVI (Meiser) 115, Meyer an Meiser vom 6.12.1933.
688 LKAN, Personen XVII (Frör) 5, Rundschreiben aus Nürnberg vom 26.10.1933, wohl von Frör.
689 Ebda.
690 Dekanatsarchiv Pappenheim 89, Rundschreiben Kalbs vom 19.10.1933.
691 Ebda., Dekan Boeckh an Kalb vom 11.11.1933.
692 Wie Anm. 690.
693 Wie Anm. 691.
694 Dekanantsarchiv Pappenheim 89, Schattenmann an Boeckh vom 25.10.1933.

ANMERKUNGEN ZU DEN SEITEN 185 BIS 189

695 LKAN, Personen XXXVI (Meiser) 34, Pfarrer Sell in seiner Treueeklärung an Meiser vom 14.11.1933.
696 In seinem Vortrag "Evangelische Kirche und Drittes Reich", WZ vom 1.11.1933.
697 FrTZ vom 2.11.1933. Der Freimund (vom 23.11.1933, S. 442) schrieb nur, daß Schemm "über Luthers Werk" gesprochen hatte.
698 AR vom 2.11.1933.
699 Ebda.
700 Scholder, Kirchen I, S. 697.
701 WZ vom 6.11.1933; Dekanatsarchiv Weißenburg 150. 258 Personen nahmen am Abendmahl teil.
702 WZ vom 6.11.1933. Daß "der Weltfeind ""die jüdische Rasse" sei, hatte Streicher, wie üblich, auch betont; WTBl vom 6.11.1933.
703 WZ vom 13.11.1933.
704 WTBl vom 13.11.1933.
705 WZ vom 11.10.1933. Das Arbeitsamtsbezirk Weißenburg meldete als Durchschnittszahlen, auf 1000 Einwohner, für 1933 - 26,8; für 1934 Ende Januar - 25,7; für 1934 Ende Juli - 5,6. Statistisches Jahrbuch für Bayern, 1934, S. 179.
706 Fränkische Wacht vom 19.10.1933, S. 346.
707 Auf der ersten Seite der WZ vom 18.11.1933.
708 Ebda.
709 WZ vom 20.11.1933.
710 WZ vom 21.11.1933.
711 Hans Preuß, Luther und Hitler, Freimund-Verlag 1933, S. 13. Siehe auch Scholder, Kirchen I, S. 696. Ein Bericht über die Volksmission in Pappenheim für Oktober und November 1933 schreibt, daß beim Gemeindeabend am 19. November der Vergleich zwischen Luther und Hitler nach Prof. Preuß benutzt wurde (Dekanatsarchiv Pappenheim 67). Bei der Festversammlung in Schwabach am 19.11.1933 sprach Dekan Herold über "Luther und Adolf Hitler, zwei deutsche Führer" (Schwabacher Tagblatt vom 17.11.1933 & 22.11.1933).
712 Evang. Gemeindeblatt für München vom 19.11.1933, S. 529. Pförtner war auch als Redner bei der Volksmission tätig; Dekanatsarchiv Pappenheim 67, Bericht für Okt. & Nov. 1933.
713 KABl vom 15.11.1933, S. 167.
714 Aufruf der Reichskirchenregierung zur Volksmission, Gesetz blatt der DEK, 1933, S. 23f., mit der Schlußbemerkung: "Der vorstehende Aufruf ist am Sonntag, dem 19. November 1933, in allen Gottesdiensten zur Verlesung zu bringen."
715 Zur Sportpalastkundgebung, siehe Scholder, Kirchen I, S.702ff. und Christian Stoll, Idee und gegenwärtige Erscheinung der Deutschen Evangelischen Kirche. Dokumente zum Kirchenstreit, Bekennende Kirche, Heft 6, München 1934, S. 21ff. Text der Entschließung auf der Kundgebung bei Buchheim, Glaubenskrise, S. 130f. Erster Bericht in der AR am 15.11.1933. Ausführlicher Bericht in KBl vom 27.11.1933, S. 543ff,
716 KABl vom 15.11.1933, S. 167f.
717 J. Schmidt, Die Erforschung des Kirchenkampfes, S. 60.
718 Ausführlich bei Baier, DC, S. 75ff. Siehe auch Stoll, Dokumente I, S.30. Bericht im Schwabacher Tagblatt vom 27.11.1933.
719 AR vom 16.11.1933.
720 AR vom 17.11.1933; Evang. Gemeindeblatt für München vom 26.11.1933, S. 541, mit der Bemerkung: "Noch nie hat die Münchner Gemeinde ihren Bischof in solch flammendem Zorn sprechen hören. In den Tageszeitungen ist darüber wenig oder nichts zu lesen gewesen"; und Stoll, Dokumente I, S. 23f.

ANMERKUNGEN ZU DEN SEITEN 189 BIS 191

721 Evang. Gemeindeblatt für München vom 26.11.1933, S. 543.
722 Freimund vom 7.12.1933, S. 462f.; AR vom 24.11.1933; AELKZ vom 1.12.1933, Sp. 1121ff.; Schwabacher Tagblatt vom 24.11.1933.
723 Freimund vom 30.11.1933, S. 449.
724 FrTZ vom 17.11.1933.
725 Stürmer Nr. 47 vom November 1933.
726 Im Stürmer Nr. 46 vom November 1933 wurde, beispielsweise, ein junger Prediger der Lorenzkirche angegriffen, weil er die Christengemeinschaft höher wertete als die Volksgemeinschaft und sich dabei auf Paulus - "Paulus war getaufter Jude" - berief. "Da spielte ein...völlig lebensunerfahrener junger Mann die Kirchengemeinschaft gegen die deutsche Volksgemeinschaft aus! Und er tat dies an einem der ernstesten und größten Tage der deutschen Nation. Und tat es im Namen Gottes."
727 Evang. Gemeindeblatt für München vom 10.12.1933, S. 567. Nicolaisen/ Kretschmar, Dokumente I, S. 181.
728 Presseanweisungen des Propagandaministeriums in Nicolaisen/ Kretschmar, Dokumente I. S. 177f. Die "Allgemeine Rundschau" hielt sich an diese Anweisungen; vgl. ebda. S.178, Anweisung 81, und die AR vom 2.12.1933, mit der Schlagzeile auf der ersten Seite, "Vor der endgültigen Lösung des Kirchenkonfliktes". Die Meldung in der AR vom 5.12.1933, daß der Reichsbischof die Schirmherrschaft über die GDC niedergelegt habe, entspricht der "Bestellung vom 6. Dezember 1933", Dokumente I, S. 178f.
729 Die Feststellung von I. Kershaw, "Der Pfarrklerus äußerte sich nur selten zur Judenfrage" (Antisemitismus und Volksmeinung. Reaktionen auf die Judenverfolgung, in: Bayern in der NS-Zeit, Band II, München und Wien 1979, S. 316f.) trifft nicht für die offensive Phase der Volksmission - Ende 1933, Anfang 1934 - zu. Veranstaltungen zu dieser Frage waren vom Anfang an problematisch. So wollte z.B. die Politische Polizei eine Veranstaltung in Augsburg am 24.10.1933 zu "Judenfrage und die Bibel" verbieten, doch wurden Zugeständnisse gemacht (LKAN, Dekanat Augsburg 400, Bericht vom 8.11.1933). Nach Februar 1934 mußten Veranstaltungen zum Thema: "Was sagt deine Kirche zur Judenfrage?" generell mit einem Verbot rechnen; siehe unten Kapitel VI.
730 KBl vom 11.12.1933, S. 573. Auch in Henn, Volksmission, S. 18, ohne den Satz über Hitler.
731 KABl vom 28.11.1933, S. 178.
732 KBl vom 4.9.1933, S. 402ff. Zu Sommerer siehe Baier, DC, S.97, Anm. 65, mit der Korrektur, daß Sommerer erst nach der Machtergreifung Pg. (am 1.5.1933, Nr. 3 175 894) und SA-Mann (am 1.11.1933) wurde; BDC, Master File und SA, Sommerer.
733 KBl vom 4.9.1933, S. 405. Für eine ähnliche Stellungnahme zur Eugenik, siehe KBl vom 25.12.1933, S. 595f., wo die positiven Forderungen der Eugenik wie Sterilisation prinzipiell begrüßt, die negativen jedoch wie Euthanasie und Schwangerschaftsunterbrechung abgelehnt wurden. Das Thema wurde durch das Gesetz zur Verhütung erbkranken Nachwuchses vom 14.7.1933, das die Tür "für verbrecherische Willküreingriffe" geöffnet hatte, aktuell (K.D.Erdmann, Deutschland unter der Herrschaft des Nationalsozialismus, 1933-1939, in: Gebhardt, Handbuch der deutschen Geschichte, Neunte Auflage, Band 20, München 1980, S. 153). Wie Erdmann festgestellt hat, wurde das Gesetz allgemein hingenommen, wie folgendes Zitat aus der Beilage "Kirche und Leben" der AR vom 15.8.1933 beweist: "Wir sind heute als Volksganzes in allen Ständen und Schichten gerufen, unsere Bedenken und Ängste gegen ein Sterilisierungsgesetz zu opfern, denn die Gesundheit unseres Volkes ist in abgründiger Gefahr. Völker und Rassen sind genau so gut Bestandteile der göttlichen Schöpferordnung und haben deshalb genau so gut ein Anrecht auf Existenz und

ANMERKUNGEN ZU DEN SEITEN 191 BIS 194

Schutz vor Vernichtung wie einzelne. Aus dieser grundsätzlichen Erkenntnis heraus müssen wir das neue Gesetz betrachten und billigen." Sowohl Meiser als auch Althaus hatten ihre Vorbehalte gegen die Sterilisation, und Meiser sprach sogar darüber mit Ministerialdirektor Dr. Schultze, Staatskommissar für das Gesundheitswesen, ohne jedoch etwas erreicht zu haben (LKAN, Personen XXXVI, Nr. 63, Althaus an Meiser vom 9.8.1933; Meiser an Althaus vom 26.10.1933).

734 "Kirche und Rasse" von Lic. Kurt Frör in: Blätter für Innere Mission in Bayern, Organ des Landesvereins für Innere Mission in Bayern, Nr. 9/10/11 vom Sept.-Okt-Nov. 1933, S.77-80. Später in etwas geänderter Form als Flugblatt der Volksmission vom Bollmann Verlag, Nürnberg-Zirndorf.
735 KBl vom 4.12.1933, S. 557.
736 Siehe z.B. Kantzenbach, Neuendettelsauer Missionswerk, S.238ff.
737 LKAN, KKU 28/I, H.Kern an Amtsbrüder vom 2.12.1933.
738 KABl vom 28.11.1933, S. 178.
739 AR vom 30.11.1933. Die Kundgebung wurde von Ulmers Gruppe, der Lutherischen Arbeitsgemeinschaft Deutscher Studenten, veranstaltet. Am 28.11.1933 schrieb Ulmer an Meiser: "Daß hier unsere Protestversammlung verboten wurde und der Abend mit verlesenem Referat von Pfr. Stoll unter Bewachung von 30 SA Leuten und Geheimpolizei - letzteres wurde mir gegenüber behauptet - stattfinden mußte, kann kaum als neutrale Handlung der Kirche gegenüber ausgelegt werden"; LKAN, Personen XXXVI, Nr. 115, Ulmer an Meiser vom 28.11.1933.
Zu dieser Zeit war der SA-Führer für Franken, von Obernitz, kommissarische Polizeipräsident von Nürnberg-Fürth (vom 1.9.1933 bis 5.7.1934), BDC, SA Obernitz und E. Peterson, The Limits of Hitler's Power, S. 244.
740 Siehe Henn, Volksmission, S. 20f. und unten Kapitel V. Es gab wahrscheinlich auch andere Störungen der Volksmission in Nürnberg, wie ein Kapitelbericht vom 12.12.1933 bestätigt: "Nach dem, was geschehen ist, muss die Kirche eingreifen! Der Staatsbehörde muss gezeigt werden 'so antwortet eine starke Kirche' - der Stadtpfarrerschaft wird klar gemacht 'die Zeit des Partikularismus ist vorüber' und der gute Decanus muss einsehen, daß eine harte Zeit harte Männer braucht! Also: her mit dem Kirchenkommissar!" (LKAN, Amt für Volksmission 6, Gemählich an Kern vom 12.12.1933).
741 Fränkische Wacht vom 14.12.1933, S. 401f.
742 Ausführlicher Bericht in AR vom 1.12.1933.
743 Wie Anm. 741.
744 LKAN, Amt für Volksmission 9, Kapitelsbericht Pfr. Riedels vom 9.12.1933.
745 LKAN, Amt für Volksmission 6, Gemählich an Kern vom 12.12.1933.
746 LKAN, Amt für Volksmission 9, Kapitelsbericht für November 1933 von F.W.Schmidt-Aubstadt.
747 Höchstädter, Durch den Strudel der Zeiten, S. 109.
748 Freimund vom 20.7.1933, S. 285: Durch das Mißtrauen gegenüber den Gemeinschaften sei die Volksmission der Landeskirche "mit einem bösen Odium belastet".
749 Am 28.12.1933 versuchte H.Kern Gerüchte zu widerlegen, er hätte eine Evangelisation der Hensoltshöhe für Treuchtlingen genehmigt, ohne vorher das Pfarramt zu fragen (Pfarrarchiv Treuchtlingen 68, Brief H. Kerns ans Pfarramt).
750 LKAN, Personen XLVII, 2, Brief Auers vom 1.12.1933: "Die Volksmission, die doch eigentlich die entkirchlichten Massen hätte zurückgewinnen sollen, muß dazu dienen, den Konfessionalismus gegen das Schreckgespenst der Union erstärken zu lassen".

ANMERKUNGEN ZU DEN SEITEN 194 BIS 199

751 Dekanatsarchiv Weißenburg 217, Bericht Rottlers vom 11.11.1933. LKAN, Amt für Volksmission 6, Bericht Gemählich vom 7.2.1934.
752 Auf einer Pfarrkonferenz in Würzburg mit OKR Meinzolt Anfang August sagte Dekan Georg Kern: "Unsere norddeutschen Kollegen sollen zuerst einmal wie wir in Bayern wöchentlich 18 Religionsstunden übernehmen, bevor sie davon reden, man müsse mit der Kirche mehr im Volk arbeiten"; LKAN, LKR II 233d, Bericht Meinzolts vom 11.8.1933.
753 LKAN, Amt für Volksmission 6, Bericht Gemählichs vom 7.2.1934. Für eine Diskussion der Probleme in Bezug auf die Pfarramtliche Beglaubigung der "arischen Abstammung", siehe KBl vom 12.6.1933, S. 266f.
754 LKAN, Dekanat Pappenheim 232, Bericht des Dekanats zur Volksmission vom 8.11.1933.
755 LKAN, Dekanat Markt Einersheim 233, Bericht aus Bullenheim vom 7.11.1933.
756 Von den Kapitelsbeauftragten gab es eine Anzahl Pgg., Pfarrer Riedel-Thuisbrunn war NS-Ortsgruppenleiter, und Pfarrer F.W.Schmidt-Aubstadt war bis zum Sommer 1934 SA-Schulungsleiter seiner Standarte; LKAN, Amt für Volksmission 6 & 9, Bericht Riedels vom 1.11.1933, Brief Schmidts an Kern vom 7.7.1934.
757 RS vom 12.11.1933, S. 558.
758 So z.B. das Landeskirchenamt in Kiel, der Braunschweigische und der Mecklenburgische Landesbischof (JK vom 16.11.1933, S. 317f.). Siehe auch J. Bielfeldt, Der Kirchenkampf in Schleswig-Holstein, Göttingen 1964, S. 55.
759 LKAN, LKR IV 543b, Pfarrer Burkert an OKR Breit vom 13.11.1933.
760 Ebda.
761 Dekanatsarchiv Pappenheim 89, LKR an sämtliche Dekanate vom 14.11.1933.
762 LKAN, LKR IV 543b, Dekan Sperl an LKR vom 16.11.1933.
763 LKAN, Dekanat Augsburg, 406, LKR an das Dekanat vom 19.12.1933. Im Dezember schrieb der LKR an das Dekanat Erlangen, daß die Bitte eines Stadtvikars, "sich nicht nur in die SA aufnehmen zu lassen, sondern auch in SA Uniform an den Übungen der SA teilnehmen zu dürfen" nicht genehmigt werden könne, "da sie ohne Zweifel zur Kollision mit den Pflichten seines geistlichen Amtes führt"; LKAN, LKR IV 543b.
764 KBl vom 4.12.1933, S. 555ff.
765 LKAN, Personen XLII (Frör) 5, Rundschreiben vom Anfang Dezember 1933, und weitere Zitate.
766 Ebda., S. 3.
767 LKAN, Personen XXXVI (Meiser) 115, Protokoll der Verhandlung im Predigerseminar vom 8.12.1933.
768 Mitteilung Daums vom 28.11.1933 in KBl vom 4.12.1933, S. 562f.
769 Wie Anm. 767.
770 Was auch geschehen ist in der Erklärung Greifensteins vom Dezember 1933 in KBl vom 25.12.1933, S. 594. Im Protokoll vom 8.12.1933 hieß es: "Greifenstein hat die Absicht, die Glaubensbewegung Deutsche Christen in Bayern dadurch zu liquidieren, daß einfach nichts mehr getan wird (also keine öffentliche Erklärung)."
771 KBl vom 25.12.1933, S. 594.
772 Wie Anm. 767.
773 KBl vom 4.12.1933, S. 563.
774 KBl vom 18.12.1933, S. 588f.
775 Vierter Rundbrief Kerns vom 12.12.1933, in: Henn, Volksmission, S. 26.
776 LKAN, Dekanat Weiden, 276, Gesamtbescheid zu den im Jahre 1933 im Kirchenkreis Bayreuth gehaltenen Kirchenvisitationen.
777 Stoll, Dokumente zum Kirchenstreit I, S. 3, Vorwort vom 10.12.1933.

ANMERKUNGEN ZU DEN SEITEN 199 BIS 200

778 RS vom 24.12.1933, S. 629. Zur Bekenntnisfront gehörten: "1. Die Bischöfe der süddeutschen lutherischen und unierten Kirchen, 2. die geschlossene unierte Kirche Westfalens, 3. der Bund der reformierten Gemeinden Deutschlands, 4. der Pfarrernotbund des gesamten Reiches"; KBl vom 25.12.1933, S. 597.
779 RS vom 24.12.1933, S. 629.

ANMERKUNGEN ZU DEN SEITEN 201 BIS 203

V DIE PREISGABE DER EVANGELISCHEN JUGENDVERBÄNDE

1 Baldur von Schirach, Ich glaubte an Hitler, Hamburg 1967, S.176.
2 Heinrich Riedel, Kampf um die Jugend. Evangelische Jugendarbeit 1933-1945, München 1976, S. 13f. Die Darstellung von Riedel ist besonders aufschlußreich für die Zeit nach dem April 1934, wo er als Landesjugendpfarrer tätig war. Seine Schilderung des Jahres 1933 leidet aber unter einem unchronologischen Aufbau.
3 Ebda., S. 5.
4 KAB1 vom 5.6.1920, S. 282.
5 Dekanantsarchiv Weißenburg 154, Pfarrbeschreibung von 1920.
6 KAB1 vom 2.5.1922, S. 75ff.
7 Riedel, Kampf, S. 7 und Dokument 5, S. 310.
8 In diesem Kapitel konnte, mangels ausreichender Quellen, nicht eingehend auf die Jugendarbeit im Dekanat Weißenburg eingegangen werden. Etwas besser dagegen war die Quellenlage für Pappenheim und Treuchtlingen. Pfarrer Rottler, Gauführer des Bundes Christdeutscher Jugend, war u.a. für die Jugendarbeit in Weißenburg verantwortlich. Einen Jugendbund des Evang. Arbeitervereins scheint es in Weißenburg nicht gegeben zu haben. Das Vereinshaus des Evang. Arbeitervereins, wo die NSDAP ihre Versammlungen abzuhalten pflegte, stand auch der HJ zur Verfügung, wie bei einem "Deutschen Abend" der HJ im Januar 1933; WZ vom 12.1.1933.
Für die evangelische Jugendarbeit in Augsburg, siehe Hetzer, Kulturkampf, S. 130ff.
9 Am zweiten Pfingstfeiertag versammelten sich in Gunzenhausen über 700 Mädchen aus 36 süd-mittelfränkischen Ortschaften, darunter Heidenheim, Gunzenhausen, Pappenheim und Weißenburg und aus vielen dazwischenliegenden Dörfern; Kirchenbote v. Altmühltal u. Hahnenkamm vom Juli 1933.
10 Riedel, Kampf, S. 8, und Dokument 5, S. 310. Niedrigere Zahlen bei Manfred Priepke, Die Evangelische Jugend im Dritten Reich 1933-1936, Hannover und Frankfurt/M. 1960, S. 237.
11 Riedel, Kampf, S. 8. 75 Jahre CVJM Nürnberg, Geschichte und Dokumente in Wort und Bild, Nürnberg 1973, S. 23.
12 Riedel, Kampf, S. 310.
13 AR vom 10.4.1933.
14 Riedel, Kampf, S. 10.
15 Karl Geuder, Die Bibelkreise im "Dritten Reich", in: Aus der Geschichte der Schüler-Bibel-Kreise (BK) in Bayern, hg. vom Hermann Kolb, Bad Kissingen 1968, S. 60.
16 Riedel, Kampf, S. 12.
17 Ebda., S. 10 & 310.
18 Priepka, Ev.Jugend, S. 237.
19 Einen Überblick der evang. Jugendgruppen vor 1933 vermittelt Priepka, Ev.Jugend, S. 11-27, und Heinrich Hermelink, Das Christentum in der Menschheitsgeschichte. Von der französischen Revolution bis zur Gegenwart. Band III. Nationalismus und Sozialismus 1870-1914, Tübingen 1955, S. 630-640.
20 H. W. Koch, The Hitler Youth. Origins and Development 1922-1945, London 1975, S. 89 & 94. Koch beschreibt auch die Schwierigkeit, die Stärke der HJ vor 1933 genau einzuschätzen; ebda., S. 84f.
21 So in einer Rede Kleins am 29.10.1933 in München, in: Bühler, Kirchenkampf, S. 311.
22 Das Geld für die Errichtung des Berliner Hauptquartiers z.B. mußte Schirach selbst auftreiben; Schirach, Ich glaubte, S.169f.

ANMERKUNGEN ZU DEN SEITEN 203 BIS 207

23 Am 9. März in Weißenburg marschierte die HJ neben SA und SS, um den Sieg zu feiern; WZ vom 10.3.1933.
24 Schirach, Ich glaubte, S. 185. Brandenburg kennzeichnet Schirachs Behauptung vom schnellen Anwachsen der HJ im Frühjahr 1933 als eine "HJ-Legende" und sieht seinerseits das Anwachsen erst in den Sommermonaten 1933 (H.-C. Brandenburg, Die Geschichte der HJ. Wege und Irrwege einer Generation, Köln 1968, S. 132f.). In manchen Gebieten aber war das Anwachsen der HJ so stark, daß eine Mitgliedersperre notwendig wurde, wie ab dem 1. Juni für Nürnberg-Fürth (FrTZ vom 1.6. 1933). Es wäre nicht besonders überraschend, wenn der mächtige Zustrom zur NSDAP bis zur Sperre vom 1. Mai 1933 (die sogenannten Märzgefallenen), durch eine ähnliche Entwicklung in der HJ begleitet gewesen wäre. Schirach meinte dazu, daß der anfängliche Zuwachs in erster Linie auf unorganisierte Jugendliche zurückzuführen war, "die nie zuvor einer Jugendgruppe angehört hatten" (Schirach, Ich glaubte, S. 169). Wie weit verbreitet die HJ-Mitgliedersperre war, ist eine interessante Frage, denn die HJ scheint auch im Sommer weiter gewachsen zu sein, so daß Schirach stolz auf dem Reichsparteitag Anfang September 1933 behaupten konnte, es gäbe nun 1,5 Millionen in der HJ (FrTZ vom 2.9.1933).
25 So Unterbannführer Porsch auf einer HJ-Kundgebung in Nürnberg am 26.3.1933; AR vom 27.3.1933.
26 So der Bericht von Pfarrer Hans Weigel, Großgründlach: "Christliche Jugend und Hitlerjugend - ein Ruf an uns?" (KBl vom 10.4.1933, S. 151-153). Ein Protokoll des Abends ist bei Riedel (Kampf, S. 311f.) abgedruckt. Folgende Zitate stammen aus diesem Protokoll.
27 Pfarrer Klingler in seinem Referat vor dem Pfarrerverein am 27. April nahm Bezug auf die Versammlung mit der HJ, "bei welcher es den Anschein hatte, als ob in kurzer Zeit die evang. Jugendverbände aufgelöst würden im Interesse der Hitlerjugend"; LKAN, Kirchenkampfsammlung Band O-1.
28 AR vom 27.3.1933.
29 KBl vom 10.4.1933, S. 151-153, und folgende Zitate.
30 Riedel, Kampf, S. 52f., der den Auftrag als "vom Landesbischof" bezeichnet; erst ab dem 4.5.1933 gab es in Bayern einen Landesbischof. Später hat sich der Landesverband dem Landesbischof unterstellt; LKAN, Kirchenkampfsammlung Band O-3, Rundschreiben Fikenschers vom 12.1.1934.
31 LKAN, LKR III 336a, Niederschrift über die Besprechung mit den Dekanatsvorständen am 4.4.1933.
32 Eine Schilderung Meisers Rolle in der Jugendarbeit gibt Münchenbach (Meiser, S. 29-48). Siehe auch K. Geuder, Die Bibelkreise, S. 62.
33 Dekanatsarchiv Pappenheim 89, Notizen zur Dekanbesprechung am 4.4.1933.
34 Übertritte evang. Gruppen kamen im Frühjahr 1933 vereinzelt vor, wie der Fall des Pfarrwaisenhauses in Windsbach beweist, wo die ganze Jugendkompanie, die keinem Verband angehörte, geschlossen in die HJ eintrat; 100 Jahre Pfarrwaisenhaus Windsbach, 1937, S. 123.
35 Wie Anm. 33. Schemm selbst sprach kurz danach in einer Rede vor dem NSLB in Leipzig "von dem großen Zukunftswerk einer einheitlichen deutschen Jugendorganistion, etwa nach dem Muster der faschistischen Ballila"; AR vom 11.4.1933.
36 Wie Anm. 31.
37 Wie Anm. 33.
38 So als Hauptartikel auf der ersten Seite der "Allgemeinen Rundschau" (vom 7.4.1933). Auch in: KBl vom 10.4.1933, S.151. Vgl. auch Henn, Führungswechsel, S. 337.
39 Priepke, Ev.Jugend, S. 48.
40 Beilage "Evangelische Jugend" des Evangelischen Gemeindeblatts für das Allgäu, vom Juni 1933.

ANMERKUNGEN ZU DEN SEITEN 207 BIS 210

41 Gemeint ist wohl die Erklärung des Reichsverbandes der deutschen evang. Jugendverbände, die Ende März von Stange veröffentlicht wurde, worin die Führerschaft der evang. Jugend "ein freudiges Ja zum Aufbruch der deutschen Nation" zum Ausdruck gebracht hat (AR vom 30.3.1933). Vgl. auch Brandenburg, HJ, S. 139.
Der Landesverband der evang. Jugend in Bayern hat sich diese Erklärung zu eigen gemacht; Evang.Gemeindeblatt für München vom 14.5.1933, S.228.
42 AR vom 9.5.1933.
43 Wie z.B. in Zirndorf (AR vom 1.-2.5.1933). Vgl. auch das Schwabacher Tagblatt vom 2.5.1933.
44 WTBl vom 8.5.1933; AR vom 10.5.1933.
45 AR vom 11.5.1933.
46 AR vom 9.5.1933.
47 Fränkischer Kurier vom 19.5.1933.
48 AR vom 22.5.1933.
49 Riedel, Kampf, S. 51.
50 Nicolaisen/Kretschmar, Dokumente I, S. 63f.
51 FrTZ vom 10.6.1933.
52 FrTZ vom 24.6.1933.
53 WZ vom 22.6.1933.
54 Anordnung in: Axel Friedrichs (Hg), Die nationalsozialistische Revolution, Berlin 1935, S. 56f.
55 Für den Wortlaut der Ernnenung, siehe Brandenburg, HJ, S.149f.
56 Martin Broszat (Der Staat Hitlers, Stuttgart 1971, S. 743) nennt Schirachs Stelle eine "revolutionäre...Überwachungsfunktion für den Gesamtbereich der Jugendbewegung". Nach Brandenburg (HJ, S. 150) entsprach Schirachs Stellung der eines "parteipolitischen Kommissars". Die "Fränkische Tageszeitung" (vom 7.7.1933) beschrieb Schirachs Position als "ein Machtbereich von ungeheuerer Weite und fast unbeschränkter Kompetenz".
57 Wie Anm. 54.
58 LKAN, Dekanat Pappenheim 20, Dekan Boekh an den Kreisdekan München vom 9.10.1933.
59 Dekanatsarchiv Pappenheim 62, Grießbach an Boekh vom 10.7.1933. Nach Brandenburg (HJ, Anm.8, S.151) war es Stange, der am 22.6.1933 "für die ganze Evangelische Jugend Deutschlands eine Aufnahmesperre für Mitglieder verbotener Bünde" angeordnet hat.
60 FrTZ vom 19.6.1933.
61 AR vom 20.6.1933.
62 FrTZ vom 26.6.1933.
63 Baier/Henn, Chronologie, S. 21.
64 AR vom 23.6.1933.
65 AR vom 24.6.1933.
66 Ebda.
67 KABl vom 29.7.1933.
68 Nach Brandenburg (HJ, S. 154) tat er dies am 29 Juni. Karl Kupisch (Die Deutschen Landeskirchen im 19. und 20. Jahrhundert, Göttingen 1966, S. 139) meint, daß Stange zum Reichsführer der Evang. Jugend von Schirach ernannt wurde.
69 Brandenburg, HJ, S. 154. Kupisch (Der deutsche CVJM, Kassel 1958, S. 104) hat diese Aktion Stanges scharf kritisiert, da Stange das Evangelische Jugendwerk schon vor Abschluß des kirchlichen Verfassungswerkes dem "Schutz des Bevollmächtigten des Kanzlers, dem Wehrkreispfarrer Ludwig Müller" unterstellte. "Deutlicher konnte der künftigen Stellung Ludwig Müllers nicht vorgearbeitet werden" (Kupisch, Das Evang. Jungmännerwerk und der Ausbruch des "Dritten Reiches". In: EvTh. 18,1958,

ANMERKUNGEN ZU DEN SEITEN 210 BIS 212

S.415). Abgesehen davon, daß das Evangelische Jugendwerk erst Ende Juli entstand, war es schon am 24. Juni klar, als Bodelschwingh zurücktratt, daß kein anderer als Ludwig Müller Aussicht hatte, Reichsbischof zu werden.
70 AR vom 8.7.1933.
71 Brandenburg, HJ, S. 155f.
72 Laut den Frick'schen Richtlinien vom 8. Juli war jeder Jugendverband verpflichtet, "das Führerprinzip einzuführen und zu beachten"; s. Anm. 73.
73 Brandenburg, HJ, S. 153. Wortlaut der Verfügung und Richtlinien, Ebda., S. 290f.
74 Ebda., S. 291.
75 Broszat, Staat Hitlers, S. 686. Meier, Kirchenkampf I, S. 126f. Ein Rundschreiben des Reichsinnenminister an sämtliche Reichsstatthalter und sämtliche Landesregierungen, das den Abschluß der Revolution bekannt gab, erschien in der Tagespresse, vgl. Pappenheimer Zeitung vom 12.7.1933.
76 Priepke, Ev. Jugend, S. 62.
77 Schirach, Ich glaubte, S. 192. AR vom 29.6.1933.
78 LKR an sämtliche Dekanate vom 20.7.1933, abgedruckt bei Bühler, Kirchenkampf, S. 326-329.
79 In dem von Schirach berufenen Führerrat wurde ein Vertreter der evang. Jugend - D. Stange - aufgenommen. Die Frick'schen Richtlinien sagten klar aus, daß "die Selbständigkeit der einzelnen Verbände nicht angetastet werden" soll; Brandenburg, HJ, S. 291.
80 Klein wurde am 6. Juli Beauftragter des Reichsjugendführers für das Land Bayern. Sein selbst erklärtes Ziel war es, "alle bestehenden Jugendverbände Bayerns in der Hitlerjugend aufgehen zu lassen, um damit zu erreichen, daß es in Bayern nur eine Jugendorganisation und zwar die Hitlerjugend gibt"; BayHStA, RStH 450, Arbeitsbericht Kleins vom 27.10.1933.
81 Kleins Gesprächsbereitschaft mit der Kirche scheint hauptsächlich von seinem Ziel, die konfessionellen Jugendverbände aufzulösen, motiviert zu sein. Wie er Ende Oktober berichtet: "Während dieser Zeit habe ich mich nun bemüht, einen Verband nach dem anderen soweit zu bringen, daß er sich selbst auflöst oder bei Verbänden, bei welchen keine politische Gefahr bestand, in die Hitlerjugend geschlossen zu überführen; wie Anm. 80.
82 Monatsblatt der Evang.-luth. Gemeinde Nürnberg-Lichtenhof, Nr.9, September 1933.
83 AR vom 23.6.1933.
84 Riedel, Kampf, S. 65.
85 Bayern in der NS-Zeit I, S. 380, Volksmissionsbericht des Dekanats Schweinfurt vom 18.12.1933.
86 Scholder, Kirchen I, S. 731. Diese These hat urspünglich Priepke (Ev. Jugend, S. 52) aufgestellt, indem er die Jahresstatistik der evang. Jugendverbände im Jahre 1932 mit der Statistik des Jahres 1933 verglich (S.237). Abgesehen davon, daß man die Genauigkeit seiner Statistik bezweifeln könnte, denn die Zahlen bei Riedel (Kampf, S. 310) zeigen einige Differenzen, ist es keineswegs durch einen Vergleich der Jahreszahlen bewiesen, daß die Mitgliederstärke der evang. Jugendverbände "von Monat zu Monat" bis zum Sommer 1933 anstieg.
87 Riedel, Kampf, S. 52.
88 LKAN, Dekanat Pappenheim 20, Dekan Boekh an den Kreisdekan von München vom 9.10.1933.

ANMERKUNGEN ZU DEN SEITEN 212 BIS 215

89 KBl vom 6.11.1933. Pfarrer Weigel erklärte, daß der Übergang der CP zur HJ vor dem Erlaß des LKR vom 1. Sept., der solche Übertritte verboten hatte, vollzogen wurde. Nachdem Weigels Erklärung im "Korrespondenzblatt" erschienen war, kamen Meldungen von CP-Gruppen, die noch im November 1933 bestanden haben (KBl vom 20.11.1933). Die Pfadfinderjugend des CVJM - von Stange im Sommer 1933 auf Wunsch der HJ aufgelöst - ging zur BK oder BCJ über; Andreas Lindt (Hg), George Bell, Alphons Koechlin, Briefwechsel 1933-1954, Zürich 1969, S. 74.
90 FrTZ vom 22.7.1933. AR vom 27.10.1933.
91 BayHStA, RStH 450, Bericht Kleins vom 27.10.1933. Wenn das HJ-Gebiet Franken-Ostmark (Oberfranken, Mittelfranken, Unterfranken, Oberpfalz und Niederbayern) Ende Juli eine Stärke von 70.000 aufzuweisen hat, das Gebiet Hochland (Oberbayern, Schwaben) Ende Oktober erst 45.000 Mitglieder hatte, ist dies in erster Linie dadurch zu erklären, daß das Gebiet Franken-Ostmark einen größeren Bevölkerungsanteil hatte - 4 Millionen gegenüber 2,6 Millionen im Gebiet Hochland. Die Tatsache, daß das Gebiet Franken-Ostmark einen größeren evangelischen Bevölkerungsanteil aufwies - 36% im Vergleich zu 11,5% im Gebiet Hochland - spielte wahrscheinlich auch eine Rolle bei den höheren HJ-Mitgliederzahlen in Franken-Ostmark.
92 Lindt, Briefwechsel, S. 71.
93 Schirach, Ich glaubte, S. 192f.
94 Anordnung Schirachs Nr. 3 vom 23.6.1933, in: Friedrichs, NS-Revolution, S. 57.
95 Geuder, Bibelkreise, S. 69. Schirach erwähnt, daß bei den Zusammenstößen die HJ nicht immer Sieger blieb; Ich glaubte, S. 193.
96 Nicolaisen/Kretschmar, Dokumente I, S. 104.
97 Evang. Gemeindeblatt für München vom 13.8.1933, 368f.
98 Nicolaisen/Kretschmar, Dokumente I, S. 123.
99 Rundschreiben Stanges vom 11.9.1933, abgedruckt bei Priepke, Ev. Jugend, S. 177f.: "Unsere besondere Aufmerksamkeit wenden wir jetzt denjenigen Fällen zu, in denen unsere jüngeren Mitglieder bei Besetzung von Lehrstellen der sonstigen Anstellungen bei Reichsbahn, Reichspost, Handwerkern, Fabriken usw. zurückgesetzt werden mit der Begründung, daß sie nicht zur Hitler-Jugend gehören."
100 Priepke, Ev. Jugend, S. 195, Bericht Stanges vom 22.12.1933.
101 J. Gauger, Chronik der Kirchenwirren, I Teil 1932-1934, Elberfeld 1934, S. 124.
102 Ebda.
103 KABl vom 7.9.1933, S. 137. Im Protokoll der LSA Sitzung vom 4.9.1933 steht es: "Eine weitere Beunruhigung sei eingetreten durch die immer noch während Unsicherheit auf dem Gebiet der kirchlichen Jugendarbeit. In Übereinstimmung mit der Reichskirchenleitung hat der Herr Landesbischof die Auflösung von Jugendverbänden verboten"; Dekanatsarchiv Weißenburg 44.
104 Fikenscher wurde am 15.9.1933 ernannt, KABl vom 26.10.1933, S. 155.
105 Wille und Macht, Halbmonatsschrift des jungen Deutschland. Zentralorgan der nationalsozialistischen Jugend. Hg.: Baldur von Schirach, Heft 8, 15.4.1933.
106 AR vom 15.7.1933.
107 AR vom 24.7.1933. Auch ein Brief Pfarrer Oertels an Meiser vom 28.8.1933 bestätigt, daß das Gebietstreffen ohne Gottesdienst abgehalten wurde; LKAN, Personen XXXVI, 33/2.
108 LKR an sämtliche Dekanate vom 20.7.1933, abgedruckt bei Bühler, Kirchenkampf, S. 329.

ANMERKUNGEN ZU DEN SEITEN 215 BIS 217

109 Wille und Macht, Heft 12/13 vom 1.7.1933. Zu Reventlow siehe Scholder, Kirchen I, S. 573.
110 Wille und Macht, Heft 15 vom 1.8.1933.
111 FrTZ vom 25.8.1933.
112 LKAN, Dekanat Schwabach 513, Bericht des Pfarramts Schwand vom 3.10.1933.
113 Schwabacher Tagblatt vom 9.6.1933.
114 Johann Neuhäusler, Kreuz und Hakenkreuz. Der Kampf des Nationalsozialismus gegen die katholische Kirche und der kirchliche Widerstand. Erster Teil, München 1946, S. 64.
115 FrTZ vom 2.9.1933.
116 FrTZ vom 1.6.1933. Die lezte Werbekundgebung der HJ in Nürnberg vor der 3 monatigen Mitgliedersperre war am 1. Juni.
117 FrTZ vom 15.9.1933.
118 FrTZ vom 13.9.1933.
119 Nicolaisen/Kretschmar, Dokumente I, S. 39f. Kardinal Faulhaber hat am 4.9.1933 an den bayerischen Innenminister Wagner die Bitte gerichtet, das "Versammlungsverbot ohne Vorbehalt wieder aufzuheben", denn nur in Bayern gebe es ein Versammlungsverbot für katholische Vereine; Ludwig Volk Hg., Akten Kardinal Michael v. Faulhaber 1917-1945, Band I, Mainz 1975, S. 761f.
120 Dekanatsarchiv Pappenheim 68, LKR an die Pfarrämter vom 14.11.1933, betreff: Evangelische Jugendvereine.
121 Riedel, Kampf, S. 49.
122 StAN, Polizei-Dir. Nbg.-Fürth 357, Wochenbericht vom 30.10.1933.
123 Gauger, Chronik I, S. 124.
124 Ebda.
125 Die Überschrift des Berichts in der "Jungen Kirche" (vom 19.10.1933, S. 248) lautet: "Der Reichsjugendführer lehnt Volksmission ab und bekennt sich zum Deutsch-Glauben".
126 Frankfurter Oder-Zeitung vom 6.10.1933, abgedruckt bei Bühler, Kirchenkampf, S. 335.
127 Ebda., S. 336.
128 Ebda., S. 333.
129 Ebda.: "Auf Anfrage wurde diese Mitteilung von der Reichsjugendführung dahin dementiert, daß nur die Jugendfront von Dr. Ley von der Auflösung betroffen werden solle. (Inzwischen geschehen)." Die Arbeitsfront-Jugend wurde offiziell Anfang Dezember in die HJ eingegliedert (AR vom 13.12.1933). Der Bericht über die Besprechung in Berlin am 13. Oktober 1933 über die Errichtung einer Jugendkammer (bei Bühler, Kirchenkampf, S. 333-343), erweckt den Eindruck, als sei die Auflösung im Oktober schon erfolgt.
130 So z.B. in KBl vom 30.10.1933, S. 507, das den Bericht der Neuen Leipziger Zeitung wiedergibt. Die "Junge Kirche" (vom 19.10.1933, S. 248f.) druckte einen Bericht der Kreuz-Zeitung vom 6.10.1933.
131 Priepke, Ev. Jugend, S. 66f.
132 Amtliche Verlautbarung des Reichsministeriums des Innern, in: Nicolaisen/Kretschmar, Dokumente I, S. 145f. Vgl. auch die FrTZ vom 13.10.1933.
133 Nach der katholischen Verlautbarung zu der Besprechung mit Reichsinnenministerium, in: Nicolaisen/Kretschmar, Dokumente I, S. 146ff.
134 Bühler, Kirchenkampf, S. 337.
135 Nach Ausführungen des Jugendreferenten Bischof Peters in: AR vom 7.11.1933. Pfarrer Friedrich Peter war Mitglied der DC-Reichsleitung und wurde im Oktober 1933 Bischof von Magdeburg-Halberstadt, Kirchenprovinz Sachsen; Meier, Kirchenkampf I, S. 101 & 111.

ANMERKUNGEN ZU DEN SEITEN 217 BIS 221

136 Lindt, Briefwechsel, S. 72.
137 Für den Bericht über diese Besprechung, siehe Bühler, Kirchenkampf, S. 333-343.
138 AR vom 30.10.1933.
139 Lindt, Briefwechsel, S. 72f.
140 AR vom 7.11.1933. Für Peter siehe Anm. 135.
141 Brandenburg, HJ, S. 157.
142 AR vom 7.11.1933.
143 Archiv des CVJM-Westbund, Schreiben Stanges an den Reichsbischof et. an. vom 17.12.1933. Vgl. auch Priepke, S. 67.
144 Ebda.
145 BayHStA, RStH 450, Arbeitsbericht Kleins vom 27.10.1933.
146 Riedel, Kampf, S. 48f., und folgendes Zitat.
147 LKAN, KKU 28/I Volksmission, Niederschrift einer Sitzung im LKR am 3.11.1933.
148 Ein Beispiel ist der Leiter der Christlichen Pfadfinderschaft in Bayern, Pfarrer Weigel, Großgründlach, der mit der CP im Sommer 1933 zur HJ übergetreten ist. Er vertrat die Meinung, daß die "Abwehr Schirach'scher Ideen innerhalb der HJ" effektiver wäre, "wenn der Angriff von der ganzen christlichen Jugend innerhalb der HJ erfolgen könnte" (KBl vom 27.11.1933, S. 551). Die Enttäuschung innerhalb von CP-Kreisen zeigt ganz deutlich ein Brief eines CP-Führers (vielleicht Weigel selbst) vom Oktober 1933 an Schirach (in: Bühler, Kirchenkampf, S. 330ff.).
149 LKAN, Dekanat Schwabach Nr. 513, Bericht des Pfarramts Schwand vom 3.10.1933.
150 LKAN, Dekanat Schwabach 207, Niederschrift über die Visitation der Pfarrei Dietersdorf am 26.11.1933. Bei dieser Visitation sagte Dekan Herold folgendes: "Es dürfte doch nicht dahin kommen, daß gesagt werden könne: früher zur Zeit der roten Herrschaft war es besser. Das neue Reich braucht die Kirche und seine obersten Führer wollen die Kirche, das steht ausser allem Zweifel, aber viele Unterführer gehen im Übereifer falsche Wege."
151 Dekanatsarchiv Weißenburg 217, Volksmissionsbericht für November 1933.
152 AR vom 8.11.1933. Vgl. auch Riedel, Kampf, S. 313f.
153 Die Verschiebung der Lutherfeier hat Stange nicht störend empfunden. In einem Aufruf an die evang. Jugend sagte er: "Daß aber die Entscheidung des 12. November unmittelbar zusammenfällt mit der Stunde, wo wir in Erinnerung an den Mann, der Deutschland vor 450 Jahren geschenkt wurde,...neu bezeugen dürfen, das nehmen wir wie eine Fügung aus den gewaltigen Händen Gottes..."; JK vom 16.11.1933, S. 325.
154 FrTZ vom 2.11.1933.
155 AR vom 10.11.1933, Aufruf Pfarrer Baumgärtners an die evang. Jugend Nürnbergs.
156 AR vom 8.11.1933.
157 Dekanatsarchiv Pappenheim 68, LKR an sämtlich Pfarrämter vom 14.11.1933. Und folgendes Zitat.
158 Nicolaisen/Kretschmar, Dokumente I, S. 169f. Vgl. auch Scholder, Kirchen I, S. 643. Der LKR hatte sich schon am 18. Oktober an das Reichsinnenministerium gewandt, um eine Aufhebung des Verbotes zu erwirken (Riedel, Kampf, S. 49). Am 8. November schickte der LKR eine Eingabe an den Reichsführer der SS. Meiser brachte die Aufhebung des Verbots mit dieser Eingabe an Himmler in Verbindung, als er schrieb: "Die Eingabe fand die Zustimmung des Herrn Reichsführers" (LKAN, Personen XXXVI, 49, Bericht vom 10.12.1933). Daß die Aufhebung schon am 2. November auf Einwirkung Fricks erfolgte, war Meiser nicht bekannt.

ANMERKUNGEN ZU DEN SEITEN 221 BIS 224

159 AR vom 10.11.1933.
160 So Meiser in seinem Bericht vom 10.12.1933, LKAN, Personen XXXVI, 49.
161 Ebda.
162 AR vom 18.11.1933.
163 Dekanatsarchiv Pappenheim 68, LKR an sämtliche Pfarrämter vom 14.11.1933.
164 Wie z.B. in Schwabach; AR vom 22.11.1933.
165 AR vom 20.11.1933.
166 AR vom 18.11.1933. Vgl. auch die FrTZ vom 21.11.1933.
167 FrTZ vom 18.11.1933, "Hitlerjugend in Front".
168 Bericht von Pfarrer Fikenscher vom 12.1.1934 (LKAN, Kirchenkampfsammlung Band 0-3). Und folgende Zitate.
169 Die Jugendevangelisation fand in manchen Orten in der Woche vom 13.-18. November statt, wie z.B. in Rückersdorf (AR vom 13.11.1933). Aber in anderen Orten, wie z.B. in München und Nürnberg, fand sie erst in der Woche vom 20.-25. November statt (AR vom 20.11.1933 und vom 23.11.1933).
170 LKAN, Personen XXXVI, 49, Bericht vom 10.12.1933.
171 Fikenscher berichtet in seinem Rundschreiben vom 12.1.1934 (siehe Anm. 168): "Die neue Jugend wurde immer stärker von dem Totalitätsanspruch des Staates erfasst und verstand nicht mehr das Eigenrecht konfessioneller Jugendgruppen."
Die AELKZ berichtet am 15.12.1933 von einem neuen "Propagandafeldzug der HJ".
172 Ebda.
173 LKAN, Personen XXXVI, 49, Bericht vom 10.12.1933. In Wunsiedel wurde infolge dieser Versammlung versucht, die kirchlichen Jugendverbände zwangsweise aufzulösen; ebda.
174 Riedel, Kampf, S. 50. Vgl. Henn, Volksmission, S. 20f.
175 FrTZ vom 8.12.1933.
176 Riedel, Kampf, S. 50. Auch die "Allgemeine Rundschau", die über die Versammlung berichtete (AR vom 9.12.1933), erwähnte den Vorfall nicht.
177 StAN, Polizei-Dir. Nbg.-Fürth 357, Wochenbericht vom 18.12.1933. Vgl. auch AR vom 8.12.1933.
178 Wie optimistisch einige Jugendführer die Lage im November 1933 beurteilten, geht aus einem Bericht des CP-Führers Dollinger, Wüstenselbitz, hervor. Er schrieb: "Wir treiben in Verbindung mit den CVJM-Gruppen alles, was wir wollen." Er erwartete "in Kürze" eine Entscheidung, "die für die kirchliche Jugendsache einen schönen Sieg bedeutet nach all den schweren Monaten"; KBl vom 20.11.1933.
179 Gauger, Chronik I, S. 125.
180 Lindt, Briefwechsel, S. 87. Vgl. auch Priepke, Ev. Jugend, S. 183.
181 LKAN, Personen XXXVI, 49, Bericht vom 10.12.1933.
182 Archiv des CVJM-Westbund, Schreiben Stanges vom 17.12.1933, S. 3. Vgl. auch Priepke, Ev. Jugend, S. 183. Siehe auch Hannelore Braun und Carsten Nicolaisen (Bearb.), Verantwortung für die Kirche. Stenographische Aufzeichnungen und Mitschriften von Landesbischof Hans Meiser 1933-1945, Band I, Göttingen 1985, S. 171.
183 Lindt, Briefwechsel, S. 92. Vgl. Priepke, Ev. Jugend, S. 69.
184 Brief Karl Straches vom 20.11.1933, abgedruckt bei Priepke, Ev. Jugend, S. 181.
185 Siehe Stange "Zur Rechtfertigung" vom 22.11.1933, abgedruckt bei Priepke, Ev. Jugend, S. 195f. Bei den Verhandlungen, die Stange mit Schirach im August geführt hatte, lehnte Schirach die fakultative Doppelmitgliedschaft ab (ebda.). Auch im Oktober hatte Schirach Stange gegenüber die absolute Eingliederung gefordert (Scholder, Kirchen I,

ANMERKUNGEN ZU DEN SEITEN 224 BIS 225

S. 733). Stanges Haltung zu dem vom Reichsbischof vorgelegten Vertrag vom 17. November schein weniger bestimmt zu sein als die Haltung Udo Smidts. Stange gab selber zu, daß "ein gewisses Schwanken" zu beobachten war (Stange vom 17.12.1933, S. 10, siehe Anm. 182). Eine endgültige Ablehnung kam erst nach der Führerratssitzung vom 4. Dezember (siehe Priepke, Ev. Jugend, S. 182f.). Auch in Stanges Begründung für seine Ablehnung des Vertragsentwurfes konnte er sagen: "Der Vertrag ist im ganzen gut und sachverständig durchgearbeitet." (Stange vom 17.12.1933, S. 5, siehe Anm. 182). Vgl. auch die Kritik von K. Kupisch an Stange in: EvTh, 18,1958, S. 404-419 (Anm. 68).

186 Dekanatsarchiv Weißenburg 44, Schreiben des LKR an alle Geistlichen vom 8.1.1934. Meiser und Wurm waren am Vormittag des 19. Dezember bei dem Reichsbischof und überreichten ihm, im Namen einer Reihe von nicht DC-Kirchenführern, eine Eingabe, die gefordert hat, vor Abschluß einer Vereinbarung mit der HJ müsse die Führung des Evang. Jugendwerkes gehört werden; Gauger, Chronik I, S. 125. Siehe auch Braun/Nicolaisen, Verantwortung I, S. 172.

187 Siehe auch den Brief Stanges an den Reichsbischof vom 19.12.1933, bei Priepke, Ev. Jugend, S. 189f.

188 Stange vom 17.12.1933, S. 6 (siehe Anm. 182). Auch bei Priepke, Ev. Jugend, S. 185.

189 Koechlin sagte dazu (Lindt, Briefwechsel, S. 89): "Ich hatte den starken Eindruck, daß der Reichsbischof sich entschloß, trotz all dieser kirchlichen Opposition den Vertrag mit der Hitlerjugend zu unterzeichnen, damit er sich auf die staatlichen Beamten verlassen und so seine Stellung stärken und vielleicht retten könne."

190 Es wird allgemein angenommen, daß der Reichsbischof am Abend des 19. Dezember, schon vor der nächtlichen Sitzung mit den evang. Jugendführern, den Vertrag unterschrieben hat. So hat z.B. Bischof Wurm am 10.1.1934 den Vorgang geschildert: "Tatsächlich...ist der Vertrag nicht bloß an demselben Tag abends 6 Uhr unterzeichnet worden, sondern es sind auch die Jugendführer, denen tags zuvor eine nochmalige Aussprache zugesagt war und die am selben Tag abends 9 Uhr empfangen wurden, auf dem Glauben gelassen worden, daß die endgültige Entscheidung noch bevorstehe" (G. Schäfer, Die Evangelische Landeskirche in Württemberg und der Nationalsozialismus. Eine Dokumentation zum Kirchenkampf, Bd. 3, Stuttgart 1974, S. 692; siehe auch Braun/Nicolaisen, Verantwortung I, S. 174, Anm. 1). Dieses "unehrliche Doppelspiel" nannte Wurm später einen "wahren Schurkenstreich" des Reichsbischofs (Riedel, Kampf, S.65f.). Auch Scholder tadelt das Verhalten Müllers als "empörend und schmählich", da er am 19. Dezember vor den Jugendführern mit keinem "einzigen Wort zu erkennen gab, daß das Abkommen längst beschlossen war" (Scholder, Kirchen, S. 736). Vgl. dagegen Stanges Schilderung dieser Sitzung: "Vielmehr schloß die Verhandlung nachts gegen 11 Uhr im Weißen Saal der Räume des Herrn Reichsbischofs mit der in seinem Auftrage bekanntgegebenen Erklärung, daß er zwar bereit sei, bei der Durchführung des Vertrages sich der Organe des Jugendwerkes zu bedienen, daß er aber an seiner Absicht festhielte, den Vertrag trotz unseres einstimmigen Widerspruches zu unterzeichnen" (bei Priepke, Ev. Jugend, S. 193). Scholder bezieht sich auf die Beschreibung des Abends des 19. Dezember in Schirachs Erinnerungen, wonach Schirach und Müller beim Abendessen im Hotel 'Esplanade" über den Vertrag einig wurden und ihn anschließend in Schirachs Büro vor der Wochenschau erläutert hatten (Scholder, Kirchen I, S. 736f.). Wie der Reichsbischof aber es noch geschafft hat, am gleichen Abend um 9 Uhr in seinem Büro die Jugendführer zu empfangen, bleibt unerklärlich und macht Schirachs Beschrei-

ANMERKUNGEN ZU DER SEITE 225

bung unplausibel. Im Grunde ruht die These vom Doppelspiel des Reichsbischofs auf der Datierung des Vertrages, denn er wurde offiziell auf den 19. Dezember datiert. Interessanterweise trägt ein Faksimile des Vertrages (Riedel, Kampf, S. 315) das Datum des 20. Novembers - des Tages, an dem der Reichsbischof den Vertrag ursprünglich unterzeichnen wollte (siehe Anm. 184). Eine mögliche Erklärung für den ganzen Vorgang wäre, daß der Vertrag schon seit dem 20. November zur Unterschrift bereitlag, daß er erst am 20. Dezember unterschrieben wurde und daß der Reichsbischof kurz danach den Vertrag um einen Tag vordatieren ließ (auf den 19.12.), damit es den Anschein hätte, als wäre der Vertrag zu einem Zeitpunkt unterschrieben, an dem der Reichsbischof die Befehlsgewalt über das Evang. Jugendwerk - die ihm am Abend des 19. Dezember entzogen wurde - noch besaß. Für eine Unterschreibung des Vertrages erst am 20. Dezember spricht vieles. Die Presse brachte erst am Morgen des 21. Dezembers die Meldung vom Abschluß des Vertrages (Scholder, Kirchen I, S. 736; Braun/Nicolaisen, Verantwortung I, S. 176, Anm. 2). Ein Bericht schrieb sogar: "Mit Mittwoch (d.h. der 20. Dezember, d.Verf.) ist die Evangelische Jugend aufgelöst worden" (siehe Riedel, Kampf, S. 66). Priepkes Behauptung, das deutsche Volk hätte am 19. Dezember "durch Runkfunk und die Abendpresse vom Abschluß des Eingliederungsvertrages" erfahren, ist ohne Beleg aufgestellt (Priepke, Ev.Jugend, S. 74). Das Telegramm des Reichsbischofs an Hitler - "Ich habe soeben...die Eingliederung...vollzogen" trägt als Datum den 20. Dezember (Scholder, Kirchen I, S. 737). Interessant ist auch, daß Stange in einem Brief aus Kassel-Wilhelmshöhe vom 20. Dezember so schreibt, als hätte er von der Unterzeichnung des Vertrages noch keine Kenntnis (siehe Priepke, Ev.Jugend, S. 191-193.). Und keine Aufzeichnung Meisers vom 20.12.1933 erwähnt den von Müller und Schirach unterschriebenen Vertrag (Braun/Nicolaisen, Verantwortung I, S. 173ff.).

191 Dieter von Lersner, Die Evangelischen Jugendverbände Württembergs und die Hitler-Jugend 1933/1934, Göttingen 1958, S. 53, Anm. 2.
192 AR vom 22.12.1933.
193 Vgl. Lersner, Ev. Jugendverbände, S. 57ff.
195 Der Ausdruck stammt von Stanges Bericht vom 20.12.1933 (Archiv des CVJM-Westbund). Für einige Protesttelegramme siehe Priepke, Ev. Jugend, S. 193f.
196 Gauger, Chronik I, S. 126. Eine gewisse Konfusion bezüglich der Auflösung des Führerrats ist dadurch entstanden, daß der Brief des Reichsbischofs an Stange, in dem von Stanges Entlassung und der Auflösung des Führerrats die Rede ist, ein falsches Datum (den 12.12.1933) trägt. Priepke, obwohl er in einer Anmerkung die Datierung des Briefes in Zweifel zieht (Anm. 251, S. 162), bleibt im Text (S. 72) beim 12. Dezember als Tag der Auflösung des Führerrats fest. In Priepkes Dokumententeil (S.198), steht dagegen in einem Brief von Meiser an den Reichsbischof: "Die vom Herrn Reichsbischof am 23.12.1933 verfügte Absetzung des Führerrats des evangelischen Jugendwerkes..." (Falsche Datierung, den 12.12.1933, auch bei Baier, DC, S. 83; Scholder, Kirchen I, S. 735; Nicolaisen/Kretschmar, Dokumente I, S. 184. Richtig bei Braun/Nicolaisen, Verantwortung I, S. 174, Anm. 2.) Eine Auflösung des Führerrats ist aber nur logisch nach Unterzeichnung des Vertrages, denn sonst hätte Müller z.B. unmöglich am 15. Dezember die evangelischen Jugendführer, darunter auch Stange, nach Berlin bestellen können (vgl. Gauger, Chronik I, S. 125). Auch gab es zwischen dem 12.12 und dem 23.12. keine Proteste zu der Auflösung.
197 Wie Anm. 194.
198 Ebda.

ANMERKUNGEN ZU DEN SEITEN 225 BIS 226

199 BayHStA, RStH 450, Brief Nabersberg an Epp vom 21.12.1933. Die Forschung hat bisher eine Teilnahme Hitlers am Zustandekommen des Vertrages ausgeschlossen. Scholder z.B. (Kirchen I, S. 737), erwähnt ein Gespräch, das der Reichsbischof am 21.12.1933 mit Bodelschwingh geführt hat, in dem Müller beteuerte, der Führer hätte den Vertrag gewollt. Hitler soll Müller sogar versichert haben, der "Abschluß des Vertrages sei für ihn das größte Weihnachtsgeschenk". (Siehe auch Braun/Nicolaisen, Verantwortung I, S. 181.) Scholder meint dazu, daß "Hitlers angeblicher Wunsch, die Sache mit dem Weihnachtsgeschenk...nur Lügen" seien und erwähnt als Beweis, daß Müllers Bitte an Hitler, ihm ein Zustimmungstelegramm zum Jugendvertrag zu senden, nicht entsprochen wurde (ebda., S. 738). Der Verdacht jedoch, daß Hitler am Zustandekommen des Vertrages eine wenn auch verborgene Rolle gespielt hat, wird durch den Bericht von Koechlin, der am 19. Dezember eine zweistündige Diskussion in Berlin mit dem Kirchenminister Dr. Beyer führte, bestätigt. Koechlin schrieb: "Als ich weiter fragte, erfuhr ich, daß es tatsächlich der Wunsch von Hitler selbst gewesen war, die Eingliederung der evangelischen Jugend in die Hitlerjugend möge sobald wie möglich vollzogen werden. Er hatte Baldur von Schirach und dem Reichsbischof in dieser Hinsicht Anordnungen und Rat erteilt, und unter diesen Umständen war nichts zu machen. So ist offenbar stärkster staatlicher und politischer Druck ausgeübt worden. Der totalitäre Staat hatte sein Vorrecht auf die evangelische Arbeit kundgetan, und - die offizielle evangelische Kirche gab nach. Es wurde mir auch vom Kirchenminister selbst gesagt, daß Hitler den möglichst baldigen Vollzug dieses 'friedlichen Abkommens' gewünscht hatte, damit er frei sei, ungeachtet des Konkordats das gleiche Ziel der Eingliederung in die nationalsozialistische Jugendorganisation für die römisch-katholische Jugend zu erreichen" (Lindt, Briefwechsel, S.95). Hitler hatte auch Gelegenheit, Druck auf Müller auszuüben, denn am 27. November ist Müller zu Hitler nach Berchtesgaden geflogen (L. Siegele-Wenschkewiz, Nationalsozialismus und Kirchen. Religionspolitik von Partei und Staat bis 1935, Düsseldorf 1974, S.159, Anm. 90), und am 29. November waren Müller und Frick bei Hitler in Berlin (Walter Conrad, Kirchenkampf, Berlin 1947, S.41). Nach dem letzteren Gespräch soll Müller sehr deprimiert gewesen sein (ebda.). Die Tatsache, daß Hitler den in Schwierigkeiten geratenen Reichsbischof nicht öffentlich unterstützt hat - etwa durch ein Zustimmungstelegramm zum Jugendvertrag - beweist nicht, daß er bei dem gleichen Vertrag seine Hand nicht im Spiele hatte. Das Fehlen einer öffentlichen Unterstützung ist eher darin begründet zu sehen, daß Hitler sich in den wachsenden evangelischen Kirchenstreit zuerst nicht einmischen wollte.
200 Für näheres zu Nabersberg siehe Nicolaisen/Kretschmar, Dokumente I, S. 146, Anm. 5.
201 BayHStA, RStH 450, Brief Nabesberg an Epp vom 21.12.1933. Der Brief trägt den 4.1.1934 als Eingangsstempel.
202 So hat Meiser die Bekenntnisfront beschrieben in seinem Referat vor der Steinacher Konferenz am 3.1.1934. KBl vom 8.1.1934, S. 13.
203 Vgl. Schmidt, Niemöller, S. 161f., und Priepke, Ev.Jugend, S. 81f.
204 Gauger, Chronik I, S. 126.
205 Ebda.
206 JK vom 6.1.1934, S. 19f.
207 Edba.
208 Schäfer, Dokumentation III, S. 690, Erlaß Wurms vom 23.12.1933.
209 Günther van Norden, Kirche in der Krise. Die Stellung der Evangelischen Kirche zum nationalsozialistischen Staat im Jahre 1933, Düsseldorf 1963, S. 154.

ANMERKUNGEN ZU DEN SEITEN 226 BIS 231

210 Riedel, Kampf, S. 70. Vgl. auch die Sitzung des Führerrates der evangelischen Verbände Bayerns vom 16.1.1934 (Priepke, Ev. Jugend, S. 203f.): "Pfr. Gl.: 'Wir lehnen den Vertrag so lange ab, als ihn nicht der Staat unterzeichnet".
211 Der württembergische Oberkirchenrat schrieb am 29.12.1933: "Wenn die HJ nicht die Bevorzugung der 'dritten Konfession' aufgäbe, dann käme es einer Selbstaufgabe gleich, unterstelle die Evangelische Kirche einer solchen Führung ihre Jugend" (v.Lersner, Ev.Jugend, S. 58f.). Vgl. auch Weber an Niemöller vom 28.12.1933, bei Priepke, Ev.Jugend, S. 196.
212 Wie Anm. 204.
213 Bayern in der NS-Zeit I, S. 395; v. Lersner, Ev.Jugend, S. 57f.
214 Ulmer an Meiser vom 8.1.1934, in: Stoll, Kirche in Not! Dokumente zum Kirchenstreit, II. Teil, München 1934, S.17.
215 AELKZ vom 29.12.1933; RS vom 14.1.1934, S. 15f.
216 RS vom 14.1.1934, S. 15f.
217 AR vom 29.12.1933.
218 LKAN, Personen XXXVI (Meiser) 49, H.Kern an Meiser vom 29.12.1933 und folgende Zitate.
219 LKAN, Kirchenkampfsammlung Band 0-3, Rundschreiben Fikenschers vom 12.1.1934.
220 AR vom 6.1.1934.
221 Riethmüller an Zahn vom 8.1.1934, abgedruckt bei Priepke, Ev. Jugend, S. 201ff.
222 Ebda., S. 203.
223 Baier, DC, S. 84. Im Evang. Gemeindeblatt Nürnberg (vom 28.1.1934, S. 44) erklärte Baumgärtner, daß seine persönliche Mitarbeit in der HJ mit seiner Eigenschaft als evang. Jugendführer nichts zu tun hatte. Er wollte der Frage der Angliederung der evang. Jugend in die HJ in keiner Weise vorgreifen. Ein Pfarrer hat Baumgärtners Schritt so bewertet: "So erkläre ich es mir auch, daß H. Pfr. Baumgärtner sich durch gute Werke bei der Partei ein Verdienst erwerben will, da er eine sehr neue Parteinummer hat (s. ebda., S.84, Anm.8), wenn er nun in der Jugendsache wieder außer der Reihe tanzt"; Brief Günther an G. Kern vom 15.1.1934, LKAN Personen LXIII (G.Kern) 1.
224 LKAN, Amt für Volksmission 9, Pfarrer Hellmuth, Hersbruck an H. Kern, vom 10.1.1934.
225 Wie Anm. 219.
226 LKAN, Personen XXXVI (Meiser) 114, Daumiller an Meiser vom 18.1.1934.
227 Gauger, Chronik I, S. 127.
228 Schreiben des LKR vom 8.1.1934, siehe Anm. 186.
229 FrTZ vom 18.1.1934, S. 11.
230 AR vom 19.1.1934.
231 Wie Anm. 226.
232 Hermelink, Kirche im Kampf, S. 70; und unten, Kapitel VI.
233 Geuder, Bibelkreise, S. 77.
234 Priepke, Ev. Jugend, S. 205ff.
235 Gauger, Chronik I, S. 127. Siehe auch Geuder, Im Kampf, S. 24f.
236 Riedel, Kampf, S. 76f. Das enthusiastische Urteil zur Jugendkundgebung im "Nürnberger Gemeindeblatt" ("...eine ernste, kirchengeschichtlich bedeutsame Wendung"; ebda., S.77) ist verständlich, wenn man bedenkt, daß der NS-Pfarrer Baumgärtner, der Anfang Januar zur HJ übergegangen ist, Hauptschriftleiter des Blattes war.
237 KABl vom 12.1.1934, S. 13ff. Siehe auch Riedel, Kampf, S. 77ff.
238 Dekanatsarchiv Pappenheim 68, Eingliederungsformular.
239 Dekanatsarchiv Pappenheim 68, Wunsiedler an die Dekanate Gunzenhausen, Heidenheim, Pappenheim und Weißenburg vom 15.1.1934.

ANMERKUNGEN ZU DEN SEITEN 231 BIS 233

240 Priepke, Ev. Jugend, S. 93.
241 KABl vom 12.2.1934, Schreiben Meisers vom 10.2.1934.
242 Evang. Gemeindeblatt für München vom 18.2.1934, S. 77.
243 Bühler, Kirchenkampf, S. 312.
244 Bayern in der NS-Zeit I, S. 393.
245 Pfarrarchiv Ellingen, 31, Pfarrer Grießbach an die Dekanate Pappenheim, Gunzenhausen, Weißenburg und Heidenheim mit einer Mitteilung des Reichsjugendpfarrers Zahn.
246 WZ vom 5.3.1933.
247 Brandenburg, HJ, S. 160.
248 Gesetzblatt der DEK vom 5.3.1934.
249 Schäfer, Dokumentation III, württembergischer OKR an das Reichsinnenministerium vom 10.3.1934, S. 695f.
250 Riedel, Kampf, S. 79. In der Bekanntmachung zur Gemeindejugendarbeit wurde lediglich erwähnt: "Das Verhältnis zum Reichsjugendpfarrer bleibt späterer Regelung vorbehalten".
251 AR vom 13.3.1934, Beilage "Kirche und Leben". Und folgende Zitate.
252 Riedel, Kampf, S. 98 & 175f. Zahns Enttäuschung kommt in einem Brief an Schirach vom 14.11.1934 deutlich zum Ausdruck: "Die HJ hat nur die Möglichkeit, sich entweder ganz offen gegen das Christentum und alle Versuche der Kirche zur Gewinnung der Jugend für Christus auszusprechen oder der Kirche die im Abkommen vom 19.12.1933 vorgesehene 'volle Freiheit der Betätigung' zu belassen und zwar nicht nur auf dem Papier, sondern auch aktiv dafür einzutreten"; BayHStA, RStH 450.
253 Dazu Riedels Darstellung, Kampf um die Jugend. Siehe auch Hetzer, Kulturkampf, (S. 130ff.) für eine Schilderung der Schwierigkeiten der kirchlichen Jugendarbeit in Augsburg.
254 A. Klönne, Jugendprotest und Jugendopposition. Von der HJ-Erziehung zum Cliquenwesen der Kriegszeit, in: M. Broszat (Hg),Bayern in der NS-Zeit, Band IV, München/Wien 1981, S. 569f.

ANMERKUNGEN ZU DEN SEITEN 234 BIS 236

VI DAS JAHR 1934

1. WZ vom 30.12.1933.
2. WTBl vom 30.12.1933.
3. StAN, BA Weißenburg, Nr.28, Abg.1955, Bericht der Gendarmerie Bezirk Weißenburg über die öffentliche Ordnung und Sicherheit im Jahre 1933 vom 16.1.1934.
4. LKAN, Predigten; in seiner Predigt vom 18.6.1945 erzählt G.Kern wie er im Jahre 1934 einem Gauredner sagte: "Mir kommt es so vor, als würde unser Volk in einem Rauschzustand gehalten". Als der Gauredner dies bejahte, fuhr Kern fort: "Aber da müssen doch die Dosen immer stärker werden, damit dieser Zustand bleibe, und das bittere Erwachen lässt sich doch nicht aufhalten."
5. StAN, Polizei-Dir. Nbg.-Fürth 305, Bericht vom 18.12.1933.
6. WZ vom 21.12.1933.
7. StAN, Reg.v.Mfr. K.d.I 6475, Bd.966, Abg.1978, eidesstattliche Versicherung Dr. G. Roths vom 29.12.1949.
8. Zitate entstammen einer Eingabe einiger Mitglieder der Stadtratsfraktion vom 5.3.1934, in: StdAW 141.
9. StdAW 141, Sauber an Gerstner vom 6.1.1934.
10. Wie Anm. 7; eidesstattliche Versicherung Dechants vom 27.5.1948 und Döderleins vom 15.12.1949. Roth erwähnt auch, daß es Sauber zu verdanken war, "daß sich die SA des Kreises Eichstätt von dem Kampf der dortigen Kreisleitung gegen die katholische Geistlichkeit und den Terrorakten, die dabei an der Tagesordnung waren, im großen und ganzen fernhielt".
11. Ebda., eidesstattliche Versicherung Döderleins. Die Ernennung Karl Bärs zum Sonderbeauftragten der SA für die Bezirksämter Gunzenhausen, Weißenburg und Eichstätt wurde am 5.2.1934 in der AR bekanntgegeben. Bär wurde am 16.7.1934, wegen dem von seinem Neffen Kurt Bär inszenierten Judenpogrom im März in Gunzenhausen, seiner sämtlichen Ämter (SA-Standartenführer 13, SA-Sturmbannführer III/13, SA-Sonderbeauftragter und Stadtrat) enthoben, und am 17.7.1934 als Steuerinspektor nach Kulmbach versetzt; BDC, SA (Bär). Für Bärs Aktivität in Eichstätt, siehe E.Kleinöder, Katholische Jugendvereine in Eichstätt, in: Bayern in der NS-Zeit II, S. 215.
12. WZ vom 27.3.1934.
13. WZ vom 21.6.1934.
14. WTBl vom 14.12.1933.
15. StAN, BA Weißenburg 507, Abg. 1955, Gerstner an Hahn vom 22.1.1934. Siehe auch unter Kapitel VIII.
16. Kirchenbote v. Altmühltal u. Hahnenkamm vom Januar 1934.
17. RS vom 21.1.1934, S. 28f.
18. Statistisches Jahrbuch für Bayern, 14. Jg. 1919, 20 Jg. 1934. Vgl. auch Scholder, Kirchen I, S. 663f. Die Gesamtentwicklung seit 1914 sah folgendermaßen aus:

Jahr	ev. Austritte Reich	ev. Austritte Bayern	Eintritte Bayern
1914	25.572	400	259
1915	3.659	216	234
1916	5.506	277	241
1917	5.658	316	218
1918	8.724	340	302
1919	237.740	809	434

ANMERKUNGEN ZU DEN SEITEN 236 BIS 240

Jahr	ev. Austritte Reich	ev. Austritte Bayern	Eintritte Bayern
1920	313.995	1315	727
1921	257.053	1771	834
1922	155.263	2131	806
1923	120.172	1644	939
1924	83.020	1309	1293
1925	145.708	2005	1427
1926	200.924	1925	1516
1927	176.098	2306	1673
1928	170.947	1934	1422
1929	167.993	2326	1371
1930	225.413	2215	1569
1931	242.127	1930	1569
1932	215.908	2150	1869
1933	56.849	1165	3405
1934	29.036	970	2959
1935	51.449	1536	1893
1936	105.286	3661	1755
1937	352.498	9673	1252
1938	345.571	6359	1352

(Statistiken für das Reich in: BA, R79/19; für Bayern in: Statistisches Jahrbuch für Bayern, Jg. 14-21 und im KABl.)

19 KABl vom 5.9.1935.
20 Dekanatsarchiv Weißenburg, Kirchenbuch.
21 Statistisches Jahrbuch für Bayern, 29. Jg., 1934, S. 340.
22 Statistisches Jahrbuch für Bayern, 16.-20.Jg. Die Durchschnittszahl für 1919 bis 1932 lag bei 59,6%.
23 Pfarrarchiv Treuchtlingen 89.
24 Statistisches Jahrbuch für Bayern, 21. Jg.
25 Rieser Kirchenbote vom Januar 1934, S. 2f.
26 Für die Kritik an Rosenberg siehe den Bericht Grohes vom 22.1.1934 in: G. Kretschmar (Hg.), Dokumente zur Kirchenpolitik des Dritten Reiches, Bd. II, 1934/35, bearbeitet von C. Nicolaisen, München 1975, S. 14ff. Zum Sterilisationsgesetz siehe Witetschek, Kirchliche Lage I, S.12, und Kirchliche Lage II, S. 20.
27 Evang. Kirchenbote für Roth b. Nbg., Januar 1934. Vgl. auch Witetschek, Kirchliche Lage I, S. 20.
28 AR vom 16.1.1934.
29 KBl vom 8.1.1934, S. 11ff.
30 Ebda. Vgl. auch Höchstädter, Durch den Strudel der Zeiten, S.109f., der von dieser Stelle der Rede "peinlich berührt" war.
31 Letzter Punkt in AELKZ vom 19.1.1934, Sp. 68.
32 AR vom 8.1.1934; und Ch. Stoll, Kirche in Not!, Dokumente zum Kirchenstreit, II. Teil, München 1934, S. 14f.
33 Meier, Kirchenkampf I, S. 155; Hermelink, Kirche im Kampf, S.64f.
34 Schmidt, Niemöller, S. 163.
35 LKAN, LKR 102b, Dekanat Pappenheim an Meiser von 9.1.1934.
36 Dekanatsarchiv Weißenburg 44, Meiser an die Geistlichen vom 8.1.1934.
37 KABl vom 9.1.1934.
38 LKAN, Kirchenkampfsammlung Band 0-2, Klingler an die Kollegen vom 11.1.1934; KBl vom 8.1.1934, S. 14.
39 Baier/Henn, Chronologie, S. 52.

ANMERKUNGEN ZU DEN SEITEN 240 BIS 242

40 LKAN, LKR III 251a, Bd.II, Greifenstein an LKR vom 10.1.1934.
41 LKAN, Kirchenkampfsammlung Band 0-3, Mitteilungen des NSEP vom 22.1.1934.
42 Klingler an die Kollegen vom 11.1.1934, siehe Anm. 38. Unterstreichung vom Verfasser.
43 Daum sprach von 350 Mitgliedern (Anm. 41); bei Greifenstein (Anm. 40) hieß es "eine Zahl über 300".
44 Wie Anm. 42.
45 Baier/Henn, Chronologie, S. 52. Schon am 18.1.1934 erfuhr Daumiller von Klingler, daß 1100 Zustimmungen eingelaufen waren; LKAN, Personen XXXVI (Meiser) 114, Daumiller an Meiser vom 18.1.1934.
46 LKAN, Kirchenkampfsammlung Band 0-2, Audienz bei Schemm am 15.2.1934 mit Bracker, Lauerer und Klingler.
47 Alte Mitglieder des NS-Pfarrerbundes beschwerten sich darüber, daß man im Jahre 1933 zu viele Pfarrer aufgenommen hatte; LKAN, Personen XLVII (Auer) 2 & 3, Schreiben Auers vom 10.11.1933 und Brunnackers vom 8.2.1934.
48 KBl vom 29.1.1934, S. 50f.
49 Wie Anm. 41. Daum hatte sich am 13. Januar in einem Brief an Meiser über die Aktion von Klingler beschwert; LKAN, Personen XLVII (Auer) 3, Abschrift des Breifes in einem Rundschreiben an die Mitglieder des NSEP des Gaues Mittelfranken West vom 19.1.1934.
50 LKAN, Personen XLII (Frör) 5, Erklärung vom Januar 1934, wahrscheinlich von Frör.
51 So erging es z.B. Pfarrer Brunnacker, LKAN, Personen XLVII (Auer) 3, Brunnacker an Auer vom 18.1.1934.
52 Hermelink, Kirche im Kampf, S. 65; Baier/Henn, Chronologie, (13.1.34) S. 52. Niemöller empfand diesen "Burgfrieden" als "Verrat" an den Notbundpfarrern in Preußen; Schmidt, Niemöller, S. 166.
53 Ev. Gemeindeblatt für Nürnberg vom 28.1.1934, S. 41.
54 Mitte Januar berichtete Daumiller, daß solche Gerüchte in München und Bayreuth verbreitet waren. Diese seien wohl dadurch zustande kommen, daß Meiser durch seinen Aufenthalt in Berlin verhindert war an der Schlußversammlung der Volksmission in München am 14.1.1934 zu sprechen, denn bei tatsächlichen Fällen von Schutzhaft hieße es üblich, "der betreffende Herr sei verreist". Eine andere Erklärung wäre, daß irgendwelche Äußerungen der Partei die Gerüchte veranlaßt hätten, oder daß ein bestimmter Kollegenkreis diese bewußt verbreitet hätte. Der Verdacht lag für Daumiller nahe, "daß man Euch Kirchenführer solange in Berlin mit den lächerlichsten Gründen hinhält, bis Euere Stellung im eigenen Land genügend unterhöhlt zu sein scheint. Daß man es in Bayern besonders darauf anlegen wird, das zu tun, darüber besteht wohl kein Zweifel, weil man doch Deine Wirksamkeit fürchtet". Daumiller hat sogar von einem "Staatsrat Schmidt" erfahren, daß der Reichsbischof den Versuch unternommen hatte, Meiser von seinem Posten wegzubringen; LKAN, Personen XXXVI (Meiser) 114, Daumiller an Meiser vom 18.1.1934.
55 Evang. Gemeindeblatt für München vom 28.1.1934, S. 47.
56 BA, R43 II/161, Murr an Hitler vom 22.1.1934. Siehe auch Meier, Kirchenkampf I, S. 160.
57 Murr an Hitler (wie Anm. 56). Der frühere Volksdienst-Führer Strathmann zum Beispiel machte im Dezember 1933 seine Unterstützung für den Pfarrernotbund öffentlich. Im "Evangelischen Weg" (die Fortsetzung des "Volksdienstes") vom 17.12.1933 sagte er zur Kirchenkrise, daß Männer wie Niemöller gebraucht wurden, und nicht solche die unter "Verhütung des Schlimmeren" den DC beitraten und viele verwirrten.

ANMERKUNGEN ZU DEN SEITEN 242 BIS 246

58 Scholder, Kirchen I, S. 727f.; Buchheim, Glaubenskrise, S.145f.; Schmidt, Niemöller, S. 161.
59 Scholder, Kirchen I, S. 728f. Text im Kirchlichem Jahrbuch, 1933-1944, S. 39ff. Daums Sympathie für die DC kam in seinen "Mitteilungen" vom 22.1.1934 zur Sprache, als er schrieb: Wenn man zum Beispiel die Antwort der Rheinischen Pfarrerbruderschaft auf die 28 Thesen der sächsischen Kirche liest, dann greift man sich wirklich an den Kopf. Was wird hier alles Irrlehre genannt!" (Wie Ann. 41).
60 BA, R43 II/161, Kinders Begleitschreiben vom 23.1.1934.
61 Ebda., Kinders Denkschrift "Gegen die Darstellungen des Pfarrernotbundes" vom 23.1.1934.
62 Nicolaisen/Kretschmar, Dokument II, S. 17ff., darin weitere Literatur. Auch Klaus Scholder, Die Kirchen und das Dritte Reich. Band 2. Das Jahr der Ernüchterung 1934. Barmen und Rom. Berlin 1985, S. 52ff.
63 Hermelink, Kirche im Kampf, S. 66.
64 Ebda., S. 68.
65 Siegele-Wenschkewitz, NSmus und Kirchen, S. 167.
66 Hermelink, Kirche im Kampf, S. 66.
67 So die These vom Glenthoj, nach Schmidt, Erforschung, S. 62.
68 Hermelink, Kirche im Kampf, S. 68.
69 Materialdienst, hg. von der Landesgeschäftsstelle des Evangelischen Volksbundes für Württemberg, 6. Jg, Nr. 9/11 vom 20.3.1934, Sp. 71.
70 Erklärung des LKR vom 21.9.1934 in: JK vom 7.10.1934, S. 822f. In einer Darstellung hieß es, "bei dem Tempo, in dem sie zum Vortrag und zur Abstimmung gebracht wurde, war es gar nicht möglich, die Tragweite der Formulierungen im einzelnen zu überschauen"; Materialdienst vom 20.3.1934, Sp. 71.
71 So wie im WTBl vom 29.1.1934.
72 AR vom 29.1.1934; Text auch bei Stoll, Dokumente II, S. 21.
73 Brief Meisers veröffentlicht in Stoll, Dokumente II, S. 21f. Das Heft von Stoll erschien im Chr. Kaiser Verlag, München und wurde am 26.2.1934 abgeschlossen.
74 Auf der Landessynode im August 1934 gab Meiser zu, die Bischöfe hätten dem Reichsbischof "unsere Gefolgschaft aufs Neue zugesichert, obwohl wir wußten, in welche Verkennung wir uns damit bei weiten Kreisen unserer kirchlichen Bevölkerung setzten"; Verhandlungen der Landessynode, a.o.Tagung in München am 23.8.1934, S. 21.
75 LKAN, Personen XXXVI (Meiser) 58, Rundbrief Kerns vom 29.1.1934.
76 Hermelink, Kirche im Kampf, S. 71. Es ist anzunehmen, daß die Pfarrer in Bayern, die mit dem Notbund sympathisierten oder ihm angehörten, von diesem Schreiben an die Kirchenführer bald erfahren hatten.
77 Ein Bericht über die LSA Sitzung bei H. Baier, Das Verhalten der lutherischen Bischöfe gegenüber dem nationalsozialistischen Staat 1933/34, in: P. Rieger (Hg), Tutzinger Texte, Sonderband I, Kirche und Nationalsozialismus. Zur Geschichte des Kirchenkampfes, München 1969, S. 106-110.
78 Baier/Henn, Chronologie, (31.1.34) S. 55.
79 Henn, Bayr. Landeskirche, S. 73b. K. Geuder (Im Kampf, S.21) schreibt, daß er den Landesbischof "nie so niedergeschlagen gesehen" hatte wie am 1.2.1934.
80 KBl vom 5.2.1934, S. 62. Ch. Stoll schrieb (Dokumente II, S. 5), daß man "durch die Nachricht vom Friedensschluß in der Kirche in dieser Form nach all dem, was vorausgegangen war, stark betroffen" war. In Henns Beschreibung (Bayr. Landeskirche, S. 73b) steht: "Die Pfarrer tobten oder stürzten in tiefe Niedergeschlagenheit".

ANMERKUNGEN ZU DEN SEITEN 247 BIS 249

81 Steinbauer, Zeugnis I, S. 109ff. und folgende Zitate. Geuder (Im Kampf, S. 21) schreibt, daß Meiser "in großer Offenheit über diese verhängnisvolle Niederlage" berichtet hätte.
82 Wie Anm 77, S. 110. Ob Meiser auch von einer Auflösung des Pfarrernotbunds am 1.2.1934 sprach, geht aus Steinbauers Bericht nicht hervor.
83 Über diesen Teil wurde berichtet im KBl vom 5.2.1934, S. 62.
84 Steinbauer, Zeugnis I, S. 114.
85 Evang. Gemeindeblatt für Nürnberg vom 18.2.1934, S. 77.
86 Steinbauer, Zeugnis I, S. 115.
87 KBl vom 5.2.1934, S. 63.
88 Steinbauer, Zeugnis I, S. 116ff.
89 Am 5.2 mußte sich Steinbauer vor OKR Breit in München rechtfertigen. Zu seiner Verteidigung schrieb er am 4.2. seine "Anklagepunkte" gegen Meiser nieder (in Baier, DC, S. 374ff, und Steinbauer, Zeugnis I, S. 123ff.). Am 9.2.1934 schrieb der LKR an Steinbauer, daß er "sein Mandatsgebiet verlassen und die Würde des Reichskanzlers...verletzt" hätte. "Vikar Steinbauer hat damit die ihm durch sein kirchliches Amt auferlegten Pflichten schuldhaft verletzt. Als Dienstvergehensstrafe wird die Amtsentsetzung ab 16. Februar 1934 verfügt" (ebda., S. 138f.). Nach Protesten seiner Penzberger Gemeinde beim LKR (siehe K. Tenfelde, Proletarische Provinz: Penzberg, in: Bayern in der NS-Zeit IV, München/Wien 1981, S. 350) wurde die Amtsenthebung in eine Versetzung nach Schwandorf in der Oberpfalz umgewandelt (Steinbauer, Zeugnis I, S. 152). Die Gemeinde versprach Steinbauer, sie würde ihn bis Ostern wieder in Penzberg haben, und tatsächlich wurde ihm mit Wirkung vom 16. März 1934 (Ostern war am 1.4) das exponierte Vikariat Penzberg, das er seit dem 1.6.1933 verwaltete, erneut übertragen (KABl vom 23.3.1934). Über Steinbauer schreibt Henn (Bayr. Landeskirche, S. 73b, Blatt 1), daß er "trotz seiner Jugend, seiner Einseitigkeiten und gelegentlichen Unbeherrschtheiten als leidenschaftlicher Mahner und Ankläger seiner Kirche in jener Kampfzeit, große, vielleicht unersetzliche Dienste geleistet hat...Für den Bischof war er ein - man kann wohl sagen - heilsamer Pfahl im Fleisch. Es verwundert nicht, daß er Gefängnis und Konzentrationslager nicht entging."
90 In Dr. Daums Artikel "Vorwärts, nur immer vorwärts!" in: Mitteilungen des NSEP vom 7.3.1934, LKAN, Kirchenkampfsammlung Bd. 0-3, steht: "Die Fronten sind noch da und der Kampfeswille ist noch da". Das Korrespondenzblatt (5.2.1934, S. 63) berichtet, daß die Aussprache "lebhaft und zweifellos mit viel größerem Ernst mit größerer Würde geführt würde, als die in der letzten großen Versammlung im September".
91 "Unser Bekennen und Wollen!" von Dr. Däschlein in Mitteilungen des NSEP vom 7.3.1934 (s. Anm. 90).
92 Interessanterweise druckte das "Korrespondenzblatt" die Andacht Schieders unter der Überschrift: "Zum Bußtag" (vom 12.2.1934, S. 65f.). Schieders Predigt steht im scharfen Kontrast zu den politischen Predigten dieser Zeit; mit keinem Wort, z.B., erwähnte er den 30. Januar, den Jahrestag der NS-Machtübernahme, der nur zwei Tage voher war, und der in vielen Kirchen gefeiert wurde (Baier/Henn, Chronologie, S.55).
93 Däschlein, "Unser Bekennen und Wollen!" (s. Anm. 91).
94 LKAN, Amt für Volksmission 9, Kapitelsbericht für Jan. 1934 von Pfarrer Geuder, Pommersfelden vom 8.2.1934.
95 Ebda., Monatsbericht des Kapitelsbeauftragten in Hof vom 12.2.1934. Auch in Bayern in der NS-Zeit I, S. 390.
96 Die Berichte hießen: "Friede in der Deutschen Evangelischen Kirche" und "Für Kirchenfrieden und Volkskirche" und wurden in vielen Kirchenblättern gedruckt, wie z.B. im Evang. Gemeindeblatt für Nürnberg vom

ANMERKUNGEN ZU DEN SEITEN 249 BIS 253

11.2.1934, S. 64f. und vom 18.2.1934, S. 77; RS vom 18.2.1934, S. 76f.; Evang. Gemeindeblatt für München vom 11.2.1934, S. 68; KBl vom 12.2.1934, S. 69, wo "Für Kirchenfrieden und Volkskirche" als "offizieller Bericht" genannt wird. In seiner eigenen Zeitung, der "Allgemeinen Rundschau", konnte Eckstein seine zwei Berichte nicht unterbringen. Vgl. auch Steinbauer, Zeugnis I, S. 140ff.

97 Evang. Gemeindeblatt für München vom 4.2.1934, S. 55.
98 Aus "Evangelium im Dritten Reich" (4.2.1934) zitiert nach: AELKZ vom 9.2.1934, Sp. 136ff. Auch in: Materialdienst vom 20.3.1934, Sp. 72f.
99 AELKZ vom 9.2.1934, Sp. 137.
100 Materialdienst vom 20.3.1934, Sp. 73f.; Meier, Kirchenkampf I, S. 164.
101 Aufwärts vom 7.2.1934, zitiert nach: JK vom 20.2.1934, S. 156ff. Auf die Unentbehrlichkeit des Nachrichtendienstes der "Jungen Kirche" wies das Korrespondenzblatt mehrmals hin, so z.B. in der Ausgabe vom 12.3.1934, S. 72.
102 Stoll, Dokumente II, S. 5ff.
103 LKAN, Personen XVII (Frör) 5, Frör an Meiser vom 23.2.1934. Frörs Aufforderung an Meiser, mit dem Reichsbischof zu brechen, ohne auf die Konsequenzen zu achten, stand in scharfem Kontrast zu Meisers sehr vorsichtiger Haltung im Februar 1934. Am 9.2 zum Beispiel riet Meiser dem Schriftleiter der neuen Zeitschrift "Luthertum" keine Beiträge von Künneth zu bringen, wegen seines unglücklichen Telefongespräches mit Niemöller: "Es wäre immerhin mißlich", schrieb Meiser, "wenn ein Aufsatz Künneths in Ihrer Zeitschrift erschiene, während unter Umständen Künneth gleichzeitig in ein Verfahren verwickelt ist" (LKAN, Personen XXXVI, 47).
104 LKAN, Personen XXXVI (Meiser) 58, H. Kern an Meiser vom 3.3.1934; Henn, Volksmission, S. 28f.
105 LKAN, Kirchenkampfsammlung Bd. 0-2, Protokoll der Audienz bei Schemm am 15.2.1934, verfaßt von Klingler am 16.2.1934. Um zu erfahren, ob diese Gerüchte richtig waren, baten Bracker, Lauerer und Klingler von Schemm empfangen zu werden.
106 BayHStA, RStH 632, Ministerratsitzung vom 6.2.1934. Der Ministerrat kam auf diesen Punkt zu sprechen, nachdem Siebert von Meisers Besuch am 3.2 berichtet hatte. Demnach soll Meiser sich stark beunruhigt gezeigt haben, "weil ihm bekannt geworden sei, daß der evangelische Reichsbischof und der bayerische Kultusminister der Ansicht seien, er sei in seinem Amte nicht mehr am Platz." Dazu hat Siebert keine Stellung genommen, da Schemm seine "Äußerung aus weltanschaulichen Gründen in seiner Eigenschaft als Parteiführer getan habe, sodaß für ihn kein Anlaß zu einer Stellungnahme bestehe".
107 Franz Sonnenberger, Der neue "Kulturkampf". Die Gemeinschaftsschule und ihre historischen Voraussetzungen, in: Bayern in der NS-Zeit III, S.281.
108 Wie Anm. 106.
109 Wie Anm. 105.
110 Schemm sagte der Abordung am 15.2, daß er den Reichsbischof am 22.2 in Berlin treffen würde (ebda.). Meiser sagte er, daß das Treffen entweder "jetzt" oder bestimmt am 5.3 stattfinden würde. Henn, Bayerische Landeskirche, S. 73b, Blatt 3.
111 Christian Stoll, Dokumente zum Kirchenstreit, Teil III, München 1934, S. 8f. und 32, wo Stoll den "Sturz" Schöffels als einen harten "Schlag gegen das norddeutsche Luthertum" wertet. Siehe auch Scholder, Kirchen II, S. 91ff.
112 Schon Mitte März wurde Wurms Brief an Hitler vom 13.3., in dem Wurm vom Versuch Müllers gegen Meiser und sich anzugehen sprach, in der öffent-

ANMERKUNGEN ZU DEN SEITEN 253 BIS 256

lichkeit bekannt. Materialdienst vom 20.3.1934, Sp. 80; Stoll, Dokumente III, S. 9; Hermelink, Kirche in Kampf, S. 76f.
113 Am 31. Januar soll Schemm, nach Gesprächen mit Müller in Berlin, Pfarrer Zwörner-Selb aufgefordert haben, Meiser zu stürzen. Henn berichtet (Bayerische Landeskirche, S. 73b-c): "Durch einen technischen Fehler hörte der andere Selber Pfarrer das Gespräch mit an und beide berichteten in gemeinsamer Absprache dies Meiser. Diesmal hatte das Telefon der Bekennenden Kirche in die Hände gespielt."
114 Materialdienst vom 20.3.1934, Sp. 78f. Hier wird berichtet, daß Prof. D. Wegner-Stolp in Pommern in Schutzhaft genommen war.
115 BayHStA, MA 107 291, Meiser an Siebert vom 5.2.1934. Meiser war beunruhigt von Fällen von Verhaftungen von Geistlichen außerhalb Bayerns, aber auch in Bayern war die Lage nicht ungefährlich. Im September 1933, zum Beispiel wurde ein Theologiestudent, ein Jahr vor der Ordination, für einige Tage in Schutzhaft genommen wegen kritischer Äußerungen über das KZ Dachau (LKAN, LKR IV 550 G-L, H. Leonhard). Ende Dezember 1933 schrieb Helmut Kern daß er, weil er "immer mit grösster Betonung von der Würde der Kirche dem Staat gegenüber geredet" hatte, "mehr als einmal der Verhaftung sehr nahe war" (LKAN, Personen XXXVI, 43, Kern an Meiser vom 29.12.1933). Anfang Januar war von der vermeintlichen Schutzhaft des Dekan Jäger die Rede (AR vom 19.1.1934).
116 BayHStA, MA 107 291, Siebert an Meiser vom 10.3.1934. Siebert hatte vorher Wagners Zustimmung eingeholt (ebda., Wagner an Siebert vom 27.2.). Eine Hilfe war es, daß die BPP am 23.2. präzise Bestimmungen für die Verhaftung von Geistlichen herausgegeben hatte (Baier, DC, S. 89 und Dokument XVIII, S.378). Am 21.3. bedankte sich Meiser bei Siebert für sein "Entgegenkommen" (BayHStA, MA 107 291).
117 Stoll, Dokumente III, "Kirchliche Chronik" S. 10.
118 So in Meisers Brief an die Pfarrer vom 27.3.1934, in: Hermelink, Kirche im Kampf, S. 77.
119 Baier/Henn, Chronologie, S. 58; Nicolaisen/Kretschmar, Dokumente II, S. 79.
120 Materialdienst vom 20.3.1934, Sp. 80f.; Hermelink, Kirche im Kampf, S. 76f.
121 So Meiser an die Pfarrer vom 27.3.1934, in: Stoll, Dokumente III, S.34.
122 Wie Anm. 117.
123 Hermelink, Kirche im Kampf, S. 75f.; Baier, Verhalten der Bischöfe, S.112ff.; Nicolaisen/Kretschmar, Dokumente II, S.79ff.
124 KABl vom 17.3.1934, S. 35ff.; Stoll, Dokumente III, S. 20ff.
125 Kirchliches Jahrbuch 1933-1944, S. 56, mit Text der Kundgebung, S.57ff.
126 Gegen die Behauptung in Baier/Henn (Chronologie, S. 59): "Die Gemeinden sind von dieser Kundgebung nicht informiert".
127 Evang. Gemeindeblatt für München vom 1.4.1934, S. 150. Siehe auch RS vom 8.4.1934, S. 100; Kirchenbote v. Altmühl und Hahnenkamm vom April 1934; AELKZ vom 30.3.1934; JK vom 9.4.1934, S. 275ff.; Materialdienst vom 14.6.1934, S. 153ff.
128 Nicolaisen/Kretschmar, Dokumente II, S. 84ff. Für Hauptmann von Pfeffer siehe ebda., S. 80, Anm. 4; Für Hermann von Detten, ebda. S. 65, Anm 3; und auch ebda. S. 65 für die "Abteilung für kulturellen Frieden". Buttmann im Reichsinnenministerium war angeblich wütend als er hörte, daß Hitler die Bischöfe an Pfeffer verwiesen hatte (Henn, Volksmission, S. 29, Anm. 95). Für Pfeffer siehe auch Scholder, Kirchen II, S. 98f.
129 Wie Anm. 121.
130 Dietzfelbinger, Veränderung, S. 114.
131 Meier, Kirchenkampf, S. 140.
132 LKAN, Amt für Volksmission 9, Kapitelsbericht aus Naila vom 7.2.1934.

ANMERKUNGEN ZU DEN SEITEN 256 BIS 259

133 LKAN, LKR V 948 A Bd.I, Bericht Weigels-Grossgründlach vom 8.3.1934.
134 Baier/Henn, Chronologie, S. 55; WZ vom 31.1.1934.
135 Monatsbericht aus Eyrichshof vom 9.2.1934 in: Bayern in der NS-Zeit I, S. 383. Für den Heß Erlaß, siehe Baier, DC, S.371.
136 Und ist belegt z.b. in der Ansprache von Dekan Grißhammer in der Stadtkirche zu Roth (Rother Kirchenbote vom Februar 1934, S. 5f.).
137 KBl vom 26.2.1934, S. 90.
138 Ebda.
139 Siehe Walter Künneth, Warnruf wider die Rassenreligion, in: Winter (Hg), Zwischen Kanzel und Kerker, S. 34f., der die Wichtigkeit von Rosenbergs weltanschaulicher Position betont. Siehe auch Joachim Fest, Das Gesicht des Dritten Reiches. Profile einer totalitären Herrschaft, München 1965, S.225ff. und Ernst Wolf, Barmen. Kirche zwischen Versuchung und Gnade, München 1970, S. 48, Anm. 1.
140 Der Volksmissionsbericht für das Dekanat Rügheim vom 8.2.1934 (LKAN, Amt für Volksmission 6) spricht von einem SA-Kurs in Coburg, wo ein Oberlehrer die weltanschaulichen Stunden "im Sinne eines deutschen Glaubens" auszurichten versuchte, was die Teilnehmer aber durch ihr Husten unterbunden haben. Im gleichen Bericht ist die Rede von einem Buch von Weinländer, Rassenpädagogik, Rassenkunde, Rassenpolitik, Orion Verlag Weißenburg i.B. 1933, das eine Rosenbergsche Position vertritt, und das bei einem Arbeitsdienstlager für Lehrer im August in Weißenburg angeboten wurde.
Der Volksmissionsbericht aus Muggendorf für Februar und März 1934 (ebda.) erwähnt den Fall eines SA-Mannes, der von einem Führerkurs in Eichstätt zurückgekehrt, das Alte Testament beim Schulungsabend seines Pfarrers, eines ehemaligen Volksdienst Anhängers, zu attackieren begann.
141 Siehe den Bericht aus Eyrichshof vom 9.2 (Anm. 135).
142 AR vom 24.2.1934; WZ vom 24.2.1934; siehe auch Nicolaisen/ Kretschmar, Dokumente II, S. 152, Anm. 3. Diese Anweisung Rosenbergs wurde auch zum Teil so verstanden, "daß der Führer verboten habe, daß sich Nationalsozialisten in Uniform und offiziell in öffentliche Auseinandersetzungen über religiöse Fragen einlassen"; LKAN, Dekanat Markt Erlbach 16, Dekan Rahm an H. Kern vom 28.2.1934.
143 Volksmissionsbericht für das Dekanat Rügheim vom 8.2.1934 (s. Anm.140).
144 KBl vom 5.2.1934, S. 62f.
145 LKAN, Dekanat Markt Einhersheim 232, Rundschreiben Kerns vom 10.2.1934.
146 Nicolaisen/Kretschmar, Dokumente II, S. 5.
147 KBl vom 22.1.1934, S. 40, mit der Adresse Niemöllers, wo die Eintrittsformulare zu bekommen waren.
148 Schmidt (Niemöller, S. 176) vermutet, daß Ende Januar "die Verbindungen zwischen den ca. 1200 Pfarrern der bayerischen Bekenntnisfront und dem Pfarrernotbund aufgehoben" wurden. Vgl. auch Wolf, Barmen, S. 58.
149 Das Bezirksamt Dinkelsbühl berichtet, daß die Kirchen wegen dem Pfarrernotbund am 4.2.1934 überwacht wurden; StAN, LRA Dinkelsbühl, Abg. 76, Nr. 8, Schreiben vom 4.2.1933.
150 Nicolaisen/Kretschmar, Dokumente II, S. 33ff.
151 LKAN, LKR V 948 A Bd.I, Pfarrer Aichberger an den LKR vom 2.2.1934.
152 Ebda., LKR an das Dekanat Wassertrüdingen vom 6.2.1934.
153 StAN, LRA Dinkelsbühl, Abg. 76, Nr. 8, Gendarmerie Bericht an das Bezirksamt Dinkelsbühl vom 6.2.1934. Die Ausführungen Aichbergers bewegten sich durchaus innerhalb des gängigen antisemitischen Rahmen: das "heruntergekommene Judentum" sei eine Gefahr, weil es "kommunistisch durchsetzt" sei; "der Jude könne nicht Deutscher Staatsbürger werden, sondern er könne nur Deutscher Gast sein". Als Korrektur zu einem fanatischen Antisemitismus sagte Aichberger: "Nicht richtig sei, daß der

ANMERKUNGEN ZU DEN SEITEN 259 BIS 261

Jude gehasst werde, weil er Jude sei; wenn sich der Jude ordentlich führe, so müsse er als Deutscher Gast betrachtet werden".
154 LKAN, Dekanat Schwabach 622, Ortsgruppenleiter Koch ans Pfarramt Rohr vom 12.2.1934.
155 Ebda., Kreisleiter Engelhardt an Dekan Herold-Schwabach vom 15.2.1934; Herold an den Kreisdekan in Ansbach und den LKR vom 2.5.1934.
156 LKAN, Amt für Volksmission 6, Bericht Pfarrers F.W.Schmidt-Aubstadt, Dekanat Rothausen für Februar 1934.
157 LKAN, Dekanat Pappenheim 232, Volksmissionsbericht des Kapitels Pappenheim vom 19.2.1934.
158 Das Flugblatt "Kirche und Rasse", gedruckt von Bollmann Verlag, Nürnberg-Zirndorf, basiert auf dem gleichnamigen Artikel von Kurt Frör in: Blätter für Innere Mission in Bayern, No. 9/10/11, 1933, S. 77ff.
159 Dekanatsarchiv Weißenburg 10, Bestellung vom 9.2.1934; die 7000 bestellten Exemplare im Dekanat Schweinfurt wurden gerade verteilt als die Beschlagnahme bekannt wurde; LKAN, Amt für Volksmission 6, Bericht aus Schweinfurt-Oberndorf vom 8.3.1934.
160 StAN, LRA Schwabach 9049, Schreiben der BPP (B.Nr. 6932) vom 20.2.1934; im Dekanat Rügheim hat der Wachtmeister sich mit der Vernichtung der Flugblätter begnügt. Er hat auch den Pfarrer die Zuschrift der BPP mit dem Hinweis auf die Verordnung Hindenburgs vom 28.3.1933 gezeigt; LKAN, Amt für Volksmission 6, Bericht aus dem Dekanat Rügheim vom 7.2.1934.
161 Dekanatsarchiv Pappenheim 67, Eckstein an das Dekanat vom 19.2.1934.
162 LKAN, Dekanat Altdorf 119, Kapitelsbericht für Februar 1934 vom 19.3.1934.
163 Witetschek, Kirchliche Lage II, S. 22f.
164 Vgl. das Gutachten der Apologetischen Centrale vom 24.1.1934 in: KBl vom 26.2.1934, S. 90.
165 Witetschek, Kirchliche Lage II, S. 22.
166 Kurt Frör, Evangelische Erziehung im Dritten Reich, in: Luthertum, 1934. S. 70ff.
167 LKAN, Amt für Volksmission 9, Pfarrer Gerhard Günther-Weingarthsgreuth an Geuder-Pommersfelden vom 5.3.1934.
168 H. Riedel, Volk und Christus, Freimund-Verlag, Neuendettelsau 1934. Auch im Jahre 1936, als Riedel mit einem Parteiausschlußverfahren konfrontierte wurde, vertrat er den Standpunkt, "daß keine einzige amtliche Verlautbarung der Partei oder des Führers es gegenseitig ausschließen, daß man als Nationalsozialist nicht Christ sein dürfe" (BDC, OPG, Riedel, Schreiben Riedels an das Kreisgericht Nürnberg vom 26.9.1936). Am 23.1.1937 beantragte das Kreisgericht Nürnberg den Ausschluß Riedels aus der Partei mit der Begründung, er habe, indem er vor christentumsfeindlichen Kräften in der HJ gewarnt habe, "seine vermeintlichen Pflichten gegenüber Amt und Beruf höher" gestellt "als seine Pflichten als Mitglied der nationalsozialistischen Bewegung" (Beschluß des Kreisgerichts Nürnberg vom 23.1.1937). Am 31.5.1938 hat das Gaugericht Franken den Beschluß des Kreisgerichts aufgehoben und das Verfahren auf Grund der Amnestie eingestellt. Riedel hatte dem Gericht erklärt, "er teile die Ansichten Rosenbergs auf weltanschaulichem Gebiet vollkommen, auf religiösem Gebiet müsse er dessen Ansichten jedoch ablehnen, da Rosenberg auf diesem Gebiet nur seine private Ansicht äussere, an die kein Parteimitglied gebunden sei." Obwohl Riedel im Urteil des Gerichts gegen die Parteidisziplin verstossen habe, war das Gericht überzeugt, daß Riedel "sich ehrlich bemüht seinen Pflichten als Parteigenosse und Nationalsozialist nachzukommen. Seine Verfehlungen gehen zurück in die Zeit des Kirchenstreites vor drei Jahren. Seit dieser Zeit hat der Angeschuldigte zu keinerlei

ANMERKUNGEN ZU DEN SEITEN 261 BIS 263

Beanstandungen seitens der Partei Anlass gegeben. Eine schwerere Strafe als Verwarnung kann daher nicht in Frage kommen" (ebda., Beschluß des Gaugerichts Franken vom 31.5.1938). Vgl. Riedel, Kampf, S. 201, und 352, Amn. 82.

169 Besprechung des Buches "Der Nationalsozialismus als Weltanschauung biblisch beurteilt" von Dr. Hans Hofer bei J. Rupprecht in: KBl vom 12.2.1934, S. 72.
170 Strathmann, Nationalsozialistische Weltanschauung?, S. 17.
171 LKAN, Personen XXXVI (Meiser) 63, Brief Lauerers an Stadtpfarrer Senior Kadner-München vom 18.3.1934. Die Münchener Kollegenschaft hat sich direkt an Lauerer gewandt und eine Erklärung für sein Verhalten verlangt.
172 Halbmonatsbericht des Regierungspräsidenten von Ober- und Mittelfranken vom 6.4.1934, in: Bayern in der NS-Zeit I, S.438.
173 LKAN, Dekanat Markt Erlbach 16, Dekan Rahm an H. Kern vom 28.2.1934.
174 AR vom 19.2.1934. Münchmeyer war als Antisemit so bekannt, daß er zum Prozeß in Bern in Oktober 1934 über die Echtheit der "Protokollen der Weisen von Zion" als Sachverständiger eingeladen wurde. Die Einladung kam jedoch als "unbestellbar" zurück; Das Neue Tage-Buch vom 3.11.1934, S. 1038.
175 Die Erklärung lautet: "Wir stehen auf dem Boden des Nationalsozialismus und haben Verständnis für die Staatsnotwendigkeiten im Kampf gegen alle Volksschädlinge. Aber wir bitten mit allem Ernst und Nachdruck um Wahrung des Glaubens- und Bekenntnisgutes unserer Evang.-Luth. Kirche, zu dem auch das Alte Testament als die Bibel Jesus Christus gehört", LKAN, Dekanat Markt Erlbach 16, Dekan Rahm an die Pfarrer des Dekanats vom 27.2.1934.
176 Wie Anm. 173. Am 12.2.1934 ging ein Schreiben Wagners an sämtliche Gauleitungen mit dem Verbot "in Versammlungen über das Thema Nationalsozialismus und Kirche zu sprechen", BayHStA, MInn 73 720.
177 LKAN, Dekanat Hersbruck, Pfarramt Eibach an Pfarrer Wiessmeier-Velden vom 27.3.1934. Etwa zur gleichen Zeit verlangt Schirach, "daß die weltanschauliche Erziehung für den Staat ausschließlich Sache der Hitler-Jugend sein soll"; Nicolaisen/Kretschmar, Dokumente II, S. 82f.
178 So z.B. bei den Themen für die Evangelisation in Gunzenhausen und Heidenheim vom 22.4-28.4 und 29.4-5.5.1934, Kirchenbote v. Altmühltal u. Hahnenkamm vom April 1934.
179 AELKZ vom 2.3.1934, Sp. 204ff.
180 LKAN, LKR V 948 A Bd.I, "Darstellung des Sachverhalts anläßlich einer politischen Diffamierung bei dem Sonderbeauftragten der SA für das Bezirksamt Fürth, Herrn Dr. Streck, Fürth", von Pfarrer Hans Weigel-Grossgründlach am 8.3.1934.
181 LKAN, Amt für Volksmission 9, Kapitelsbericht für Eryrichshof vom 16.3.1934. Siehe auch Bayern in der NS-Zeit I, S.384. In einer Besprechung am 19.3. stellte Putz die Frage: "Wie überwinden wir die wahnsinnige Depression der bayerischen Pfarrerschaft?"; Braun/Nicolaisen (Bearb.); Verantwortung für die Kirche, S. 263.
182 LKAN, Amt für Volksmission 6, Kapitelsbericht für Weiden vom 10.3.1934.
183 Für die Goebbels Rede vom 2. März siehe Nicolaisen/Kretschmar, Dokumente II, S. 69f. Für den Beitrag des Pfarrervereins zum WHW, siehe AR vom 24.2.1934; dafür bedankte sich Schemm beim Pfarrerverein, KBl vom 12.3.1934, S. 110. Das vorher von der Kirche durchgeführte Winterhilfswerk wurde im Jahre 1933 "nach Anordnung der Reichsregierung" "entkirchlicht"; Wilhelm Kneule, Kirchengeschichte der Stadt Bayreuth, II Teil, Das 19. und 20. Jahrhundert 1810-1970, Neustadt/Aisch 1973, S.79.

ANMERKUNGEN ZU DEN SEITEN 263 BIS 266

Im Zuge des vereinheitlichten WHW wurden zunächst parallel geplante kirchliche Sammlungen verboten; KBl, 1933, S. 496 & 552.
184 Wie Anm. 180.
185 KBl 29.1.1934, S. 44f.
186 WTBl vom 12.3.1934; WZ vom 14.3.1934; für Hauer siehe Buchheim, Glaubenskrise, S. 157ff.
187 WZ vom 20.3.1934.
188 Eduard Putz, Der Weg zum Barmer Bekenntnis, in: H.Winter (Hg), Zwischen Kanzel und Kerker, S. 26ff.; KBl vom 26.3.1934, S. 125ff.
189 WZ vom 20.3.1934; 24.3.1934; 29.3.1934. Im November 1933 gab die Reichspropagandastelle Frankens eine Anweisung an die mittelfränkische Presse, antisemitische Sprüche "an jedem Tag eine, in Form eines Kästchens, auffallend und in fettem Druck auf der ersten Seite zu bringen", StdAN, QNG 446, Anweisung vom 16.11.1933.
190 WZ vom 22.3.1934; WTBl vom 24.3.1934.
191 Stürmer Nr. 13 vom März 1934.
192 Stürmer Nr. 12 vom März 1934.
193 KBl vom 25.12.1933, S. 600.
194 BayHStA, RStH 459, Bezzel an Siebert vom März 1934.
195 BayHStA, MK 37 198, Karl Bär an den Stellv. d. Sonderbevollmächtigten der OSAF bei der Regierung von Mittelfranken, Brigadeführer Breymann vom 17.4.1934.
196 Wie Anm. 194. LKAN, Dekanat Gunzenhausen 110a, Visitationsbericht vom 17.4.1933.
197 Bezzels Nachfolger, Waldemar Schmidt, berichtet, daß in Wald 95% der Gemeinde der Bekenntnisgemeinschaft angehörten (W. Schmidt, Wegen "Kanzelmißbrauch" im Gefängnis, in: Winter, Zwischen Kanzel und Kerker, S. 68). Zu den Problemen in Wald hat sicherlich auch der Patronatsherr Baron von Falkenhausen, SA-Führer und Gegner Meisers, beigetragen (ebda., S.65).
Karl Bär, der einen ganzen Akt gegen Bezzel gesammelt hatte, ließ in seiner umständlichen Formulierung den Eindruck entstehen, daß Bezzel doch die Unterstützung der Gemeinde hatte: "In den weitaus meisten Fällen drückt er sich zwar recht vorsichtig aus, aber immerhin so, daß Zweifel in die Bevölkerung getragen werden, denn das Wort eines Geistlichen - selbst wenn die Volksgenossen äusserlich gegen ihn stehen - sie innerlich doch bedenklich macht, ist bei der Psyche des einfachen Menschen auf dem Lande verständlich" (wie Anm. 195).
Ein anderer Faktor war, daß für das Jahr 1936 keine PO oder Unterorganisation der Partei für Wald angegeben ist (IfZ, NSDAP Hauptarchiv, 11/240).
198 BayHStA, MK 37 198, Obergruppenführer Fuchs an das Kultusministerium vom 23.5.1934; Schreiben des Innenministeriums vom 13.6.1934.
199 Visitationsbericht vom 17.4.1933, (Anm. 196).
200 BayHStAM, MInn 73 708, Bericht des Oberstaatsanwalts Dr.Schleipp. Karl Behringer, geboren am 15.12.1896, war einer der 99 bayerischen Pfarrer im Freikorps Epp (BayHStA, RStH 636, Ehrenliste der Freikorpskämpfer aus der Evang.-Luth. Pfarrerschaft Bayerns). Auch Behringer hatte die volle Unterstützung seiner Gemeinde, als 1935 fast alle der Bekenntnisgemeinschaft beitraten. Da aber der Abend des 6.2.1934 "ein schwerer Angriff auf die Gesundheit" seiner Frau darstellte, bemühte sich Behringer um eine "ruhigere Stelle" als Religionslehrer in Augsburg, was er, da er keine Pg. war, nicht bekam (BayHStA 653/4, Pfarrer Behringer-Haundorf). 1936 wurde er Pfarrer in Augsburg zu den Barfüßern (siehe dazu G. Hetzer, Kulturkampf, S. 126f.).

ANMERKUNGEN ZU DEN SEITEN 266 BIS 268

201 Für die Literatur siehe I. Kershaw, Reaktionen auf die Judenverfolgung, in: Bayern in der NS-Zeit II, S.295, Anm.34.
202 In einer Erklärung herausgegeben von der NS-Kreisleitung Ansbach-Feuchtwangen im März 1934 wurde bei Zuwiderhandlung mit Ausschluß und öffentlicher Gebrandmarkung als "Ehrenwortbrecher und Lump" gedroht (LKAN, LKR XIV 1608a). Wohl angesichts einer solchen Erklärung fragte ein Pfarrer, ob man die Anmeldung zur Partei noch aufrecht erhalten könne, "bei dem Eid, den man leisten muß" (LKAN, Amt für Volksmission 6, Pfarrer Heckel, Dekanat Rügheim an H. Kern vom 15.3.1934).
203 BDC, SA (Bär), Anklageschrift vom 14.5.1934.
204 BDC, SA (Bär), Der Oberstaatsanwalt beim Landgericht Ansbach an den Generalstaatsanwalt beim Oberlandssgericht Nürnberg vom 24.8.1934.
205 Ebda.
206 Dies bestätigt der Regierungspräsident Hofmann, der den Standartenführer Karl Bär, "der selbst keinen Sinn für Zucht und Ordnung hat", für den Vorfall verantwortlich machte; siehe Kershaw, S. 296 (Anm. 201). Obwohl es Hofmann nach dem Pogrom in März nicht gelang den SA-Sonderbeauftragten in Gunzenhausen, Karl Bär, abzulösen (gegen P. Diehl-Thiele, Staat und Partei im Dritten Reich, München 1969, S. 82f. & Anm. 22, war es nicht Karl, sondern sein 22 jähriger Neffe Kurt der das Pogrom durchgeführt hatte), wurde Karl Bär jedoch am 16.7.1934 nach der Mordtat seines Neffen von der SA-Gruppe Franken seiner sämtlichen Ämter, "mit Rücksicht auf die Partei und aus staatspolitischen Gründen", enthoben und als Steuerinspektor nach Kulmbach versetzt (BDC - SA, Bär, Rackelmann an Fuchs vom 19.7.1934). Vgl. auch Anm. 11.
207 Die Abendmahlbeteiligung für das Dekanat Gunzenhausen lag bei ca. 125%, im Vergleich zu ca. 85% für das Dekanat Weißenburg; siehe Eberhard, Kirchenvolk, S. 47.
208 Kirchenbote v. Altmühltal u. Hahenenkamm, Nr. 1-4, Jan.-April 1934. Als Einleitung schrieb die Schriftleitung: "Angesichts der weithin herrschenden Unklarheit über die Rassenfrage und des Interesses, dem gerade diese Frage jetzt weithin begegnet, möchten wir den Vortrag einer weiteren Öffentlichket zugänglich machen".
209 BDC, SA (Bär), Schreiben des Gauparteigerichts vom 5.4.1934. Erst am 17.6.1934 wurde Kurt Bär aus der SA ausgeschlossen; ebda.), Obergruppenführer Fuchs an die Oberste SA-Führung München vom 1.8.1934.
210 BDC, SA (Bär), Bär an Gauparteigericht vom 25.5.1934; Gauleiter Streicher an Bär vom 14.6.1934.
211 Die Hauptverhandlung fand vom 11.6 bis zum 16.6.1934 vor der großen Strafkammer des Landgerichts Ansbach statt.
212 Völkischer Beobachter Nr. 127 vom 4.5.1934.
213 Ein SA-Mann, der dem Prozeß beigewohnt hatte, meinte, man könne Bärs Handlung nur dann verstehen, wenn man "die in Franken gegen die Juden herrschende Volksstimmung" in Betracht zieht, "aus der heraus allein der ganze sogenannte Gunzenhausener Landfriedensbruch zu erklären ist", BDC, SA (Bär) Notiz zum Fall Kurt Bär vom Sturmhauptführer Bosch am 20.9.1935.
214 StdAN, QNG 403, Anweisung des DNB-Nürnberg: "Von den zuständigen Stellen wird ersucht, über die am kommenden Montag in Ansbach beginnende Gerichtsverhandlung wegen der Vorfälle in Gunzenhausen am 27. März 1934 in den Zeitungen keine Berichte zu veröffentlichen."
215 BDC, SA (Bär), Der Oberstaatsanwalt beim Landgericht Ansbach an den Generalstaatsanwalt beim Oberlandesgerichte Nürnberg vom 19.6.1934. Durch Beschluß vom 21.8.1934 wurde das Verfahren gegen die 18 Mitangeklagten eingestellt, (wie Anm. 204).

ANMERKUNGEN ZU DEN SEITEN 268 BIS 271

216 FrTZ vom 18.7.1934. Eine Meldung über den Vorfall brachte der "Fränkischen Kurier" am 17.7.1934. Auch nach der Mordtat hatte Bär seine Verteidiger, wie der SA-Sturmhauptführer Bosch, der schrieb: "So wenig entschuldbar die Tötung des einen und die Verletzung des anderen Juden Strauß vom Standpunkt des formalen Rechts sein mag, so muß dem Obersturmführer Bär doch unter allen Umständen zugute gehalten werden, daß seine Tat keiner ehrlosen Gesinnung entsprang, sondern seinem deutschen Rechtsempfinden, welches sich gegen die Verurteilung von einem Viertelhundert SA-Männern auflehnte, einfach weil sie nach ihrer Auffassung der auf das Judentum bezüglichen Stellen des nat. soz. Parteiprogramms und der namentlich im Bereich des Frankenführers Streicher hierüber herrschenden strengeren Meinung die Gunzenhausener Juden in ihre Schranken zurückgewiesen hatte" (wie Anm. 213).
Gnadengesuche der Obersten SA-Führung hatten erst nach dem Kriegsbeginn Erfolg. Am 13.3.1941 wurde Bär auf "Gnadenerweis des Führers" in die Partei wieder aufgenommen; am 30.6.1941 ist er gefallen.
217 WTBl vom 16.10.1934.
218 BDC, SA (Bär) Schreiben von Bärs Verlobte an Dr. Stepp vom 19.5.1935.
219 LKAN, LKR IV 550 Slg A-U, Fragebogen Edlef Sells über seine Betätigung zwischen 1933 und 1945.
220 LKAN, LKR XIV 1608a, Meiser an Siebert (Konzept) vom 29.3.1934, mitunterzeichnet von Bogner, Burger und Meinzolt.
221 Evang. Gemeindeblatt für München vom 25.3.1934, S. 137; RS vom 1.4.1934, S. 151. Vgl. Baier/Henn, Chronologie, S. 59 und Steinbauer, Zeugnis I, S. 175ff.
222 KBl vom 26.3.1934, S. 125ff. Vgl. auch das Schreiben Putz' an Meiser vom ca. 18. März teilweise zitiert in: C. Nicolaisen, Der Weg nach Barmen. Die Entstehungsgeschichte der Theologischen Erklärung von 1934, Neukirchen-Vluyn 1985, S. 22f. Über die Ereignisse in der westfälischen Kirche siehe Scholder, Kirchen II, S. 98f.
223 Evang. Gemeindeblatt für München vom 15.4.1934, S. 169ff.; KBl vom 16.4.1934, S. 155ff.
224 Hetzer, Kulturkampf, S. 100f.
225 Evang. Gemeindeblatt für Nürnberg vom 15.4.1934, S. 192.
226 StdAN, QNG 427, Anweisung der Bayer. Amtl. Pressestelle vom 15.4.1934. Einige Tage vorher hatte der "Fränkische Kurier" (7.4.1934; Baier/Henn, Chronologie, S. 61) und die "Allgemeine Rundschau" (7.4.1934, nachgedruckt auch in der "Fränkischen Wacht" vom 12.4.1934, S. 114f.) über die Nürnberger Bekenntnisversammlung berichtet.
227 Wie Anm. 223 & 225; RS vom 29.4.1934, S. 197.
228 AR vom 29./30.3.1934; WTBl vom 29.3.1934; WZ vom 29.3.1934.
229 Siehe "Zur kirchliche Lage" in: Evang. Gemeindeblatt für München vom 8.4.1934, S. 160f.; und "Aus Westfalen" in KBl vom 3.4.1934, S. 136f. Siehe auch Scholder, Kirchen II, S. 101
230 AELKZ vom 13.4.1934; JK vom 21.4.1934, S. 336f; Mat.Dienst vom 14.6.1934, Sp. 171f.; auch bei Kantzenbach, Widerstand, S. 79f. Schon im Oktober 1933 warnte Meiser den Reichsbischof vor den Kirchenaustrittsplänen v.Pechmanns, die "wie ein Fanal" wirken würden auf das kirchliche Ausland (ebda., S. 63). Nach dem Austritt hoffte Langenfaß, daß Pechmann Mitglied der Landeskirche bleiben könnte (Bühler, Kirchenkampf, S. 60f.), was jedoch nicht möglich war. Pechmann selbst mußte feststellen, entgegen vieler falscher Gerüchte, er sei zur katholischen Kirche übergetreten, daß er von der Evang.-luth. Kirche Altpreußens ("Alt-Lutheraner") aufgenommen wurde (JK vom 4.8.1934, S. 640).
231 Frankfurter Zeitung vom 14.4.1934. Als Beispiel der Reaktion der Gemeindeblätter kann folgende Bemerkung des Rieser Kirchenbote erwähnt

ANMERKUNGEN ZU DEN SEITEN 271 BIS 273

werden: "Sein Austritt ist ein unüberhörbares Signal für die ganze christliche Welt, daß man in Deutschland im Begriff steht, die unverrückbaren Grundlagen der christlichen Kirche zu verlassen; Rieser Kirchenbote, erste Juninummer 1934, S. 42f.
232 Fränkischer Kurier vom 16.4.1934.
233 AR vom 17.4.1934.
234 BayHStA, MA 106 461/6, Aktenvermerk Sieberts vom 17.4.1934.
235 Ebda., Siebert an die Polizeidirektion Nürnberg-Fürth vom 18.4.1934.
236 Für "Das Fränkische Volk" siehe N. Frei, Provinzzeitungen, in: Bayern in der NS-Zeit II, S. 26ff. Streicher trat am 18.12.1933 als Herausgeber der "Fränkischen Tageszeitung" zurück, um "unparteiisch über der Presse zu stehen" ("Fränkischer Kurier" vom 7.3.1934); die Zeitung blieb jedoch Organ der NSDAP in Mittelfranken.
237 Fränkisches Volk vom 22.4.1933. Dagegen wehrten sich die Direktion, Ludwig von Bomhard, und der Chefredakteur des Kuriers Dr. R. Kötter in einem Brief an Staatsminister Esser vom 22.4.1933: "Bezeichnend ist, daß die Angriffe des Fränkischen Volks sich nicht gegen die Zeitungen der Linken und der Mitte richten, sondern gegen das nationale Blatt. Wir erblicken also in diesen Angriffen ein unlauteres Konkurrenzmanöver. Diese Auffassung wird noch dadurch bestärkt, daß die Werber des Fränkischen Volk den Fränkischen Kurier überall herabsetzen" (BayHStA, MA 106 461/6).
238 FrTZ vom 6.3.1934.
239 Fränkischer Kurier vom 7.3.1934; zu seiner Verteidigung sagte der Kurier, daß die Frau "Ehrenbürgerin einer fränkischen Gemeinde und Wohltäterin" gewesen sei.
240 BayHStA, Ma 106 461/6, Flugblatt der Fränkischen Tageszeitung vom 10.3.1934, "Unsere Antwort an den Fränkischen Kurier"; darin behauptet die FrTZ, daß die Frau weder deutsch noch adelig, sondern Jüdin sei, und daß sie ihr Schloß "nicht auf deutsche und rechtmäßige Art erworben" hätte. Der Fränkische Kurier, der Vertreter jener Kreise sei, "die auf Tradition und Herkommen großes Gewicht legen", hätte dies sagen sollen.
241 Fränkischer Kurier vom 12.3.1934. In dieser zweiseitigen Verteidigung, druckte der Kurier auch einen Drohbrief der FrTZ an einen Leser, der die Zeitung abbestellen wollte.
242 Ebda. Im Bezirksamtsgebiet Weißenburg in Bayern lag die Auflage der NS-Tagespresse im ersten Vierteljahr 1934 weit hinter der bürgerlichen Tagespresse: Treuchtlinger Kurier 1136, Allgemeine Rundschau 866, Pappenheimer Zeitung 530, Ellinger Anzeiger 446, Weißenburger Zeitung 299, Bayerische Zeitung 292, Weißenburger Tagblatt 278, Nürnberger Zeitung 243, Fränkische Tageszeitung 235, Völkischer Beobachter 158, Fränkischer Kurier 130, Stürmer 14 (StAN, LRA Weißenburg, Abg. 49, 1, Übersicht über die Tagespresse erstellt am 3.10.1934).
243 BayHStA, MA 106 461/6, BPP an Siebert vom 20.4.1934.
244 AR vom 24./25.3.1933.
245 Eckstein beendete seine Tätigkeit bei der Allgemeinen Rundschau im April 1934; Blätter für Innere Mission in Bayern vom August/September 1935, S. 64; AR vom 11.4.1934. Seine Tätigkeit als Hauptschriftleiter hatte er schon Ende 1933 aufgegeben. Bis April 1934 war er für die Beilage "Kirche und Leben" verantwortlich.
246 Eckstein wurde 1929 mit Genehmigung des LKR auf Wunsch des Verlegers Bollmann Hauptschriftleiter der AR. Am 1.11.1933 übernahm er die Leitung des Evang. Presseverbands (wie Anm. 245). In Zirndorf diente er als NS-Stadtratmitglied. Er war und blieb auch in München Mitglied des NSEP. Auf der Mitgliederliste der Pfarrerbruderschaft vom 1936 er-

ANMERKUNGEN ZU DEN SEITEN 273 BIS 275

scheint sein Name nicht. Nach zwei Jahren als Studienrat am Alten Realgymnasium in München wurde er Dozent an der Hans Schemm-Hochschule für Lehrerbildung in Pasing. Für seine Tätigkeit dort siehe Bühler, Kirchenkampf, S. 280f.

247 Georg Käßler, geboren am 11.12.1898, war Kreigsteilnehmer und ab 1927 Vikar (ab 1932 Pfarrer) in Nürnberg-Reichelsdorf. Sein Name erscheint im Impressum der "Allgemeinen Rundschau" als Hauptschriftleiter ab dem 2.2.1934. Ab dem 4.4.1934 übernahm er auch die Redaktion der Beilage "Kirche und Leben". Mit seiner Ernennung zum Schriftleiter der AR wurde er zugleich Vereinsgeistlicher des Landesvereins für Innere Mission. Er war auch Mitglied des NSEP.

248 Blätter für Innere Mission (wie Anm. 245).

249 Blätter für Innere Mission in Bayern vom Sept./Okt./Nov. 1933, S. 64. Für Themel siehe Scholder, Kirchen I, S. 269. Am 28.6.1934 berief Meiser OKR Daumiller zum Landesführer der Inneren Mission, wohl um die Organisation enger an die Landeskirche zu binden (Blätter für Innere Mission vom Aug./Sept. 1933, S. 63f.).

250 Ebda., S. 62.

251 WTBl vom 16.4.1934. Daß die Innere Mission das ausschließliche Sammelrecht an diesem Tag besaß, geht aus einen unsignierten Bericht aus München vom 19.4.1934 hervor (LKAN, Kirchenkampfsammlung 0-3). Für die Planung des Tages siehe die Sondernummer zum Volkstag der Inneren Mission, Blätter für Innere Mission in Bayern, März/April 1934.

252 WTBl vom 16.4.1934; Bericht aus München vom 19.4.1934 (wie Anm. 251).

253 Ebda.

254 AR vom 16.4.1934.

255 Ebda.; Nicolaisen/Kretschmar, Dokumente II, S. 108ff.; Scholder, Kirchen II, S. 110.

256 Materialdienst vom 19.5.1934, Sp. 122f.; RS vom 27.5.1934, S. 243; Scholder, Kirchen II, S. 159.

257 Siehe z.B. die Antwort der Freien Evang. Synode in Berlin-Brandenburg vom 16.4.1934 auf die Botschaft des Reichsbischofs, in: Stoll, Dokumente III, Punkt 1, S. 45.

258 Evangelium im Dritten Reich, Nr. 16, vom 22.4.1934 zitiert nach: KBl vom 23.4.1934, S. 173 und Materialdienst vom 8.5.1934, Sp. 118.

259 AR vom 16.4.1934; Meier, Kirchenkampf I, S. 449f.

260 Für den Vorgang siehe Scholder II, S. 111f. Nach dem DNB Bericht war Müller nach einem Gespräch mit Wurm am Sonntag abgereist, "von der Bevölkerung lebhaft begrüßt und beglückwünscht". In Wirklichkeit hat er Wurm nicht abgesprochen und ist am Montag "sang- und klanglos" weggefahren; die jubelnde Volksmenge war "wegen einer Turnerschaft gekommen, die in Stuttgart ein Fest gefeiert hatte" (LKAN, Kirchenkampfsammlung KK 0-3, unsignierter Bericht aus München vom 19.4.1934).

261 AR vom 18.4.1934; Stoll, Dokumente II, S. 48f.

262 Bericht aus München vom 19.4.1934 (Anm. 260). Für das am 11.April auf Meisers Initiative gebildete "Nürnberger Ausschuß" und die Besprechung in München am 18. April siehe Scholder, Kirchen II, S. 112ff.

263 AELKZ vom 27.4.1934, Sp. 403; Stoll, Dokumente II, S. 49ff.; KBl vom 23.4.1934, S. 170f. Der richtige Eingriff in die Rechte der württembergischen Landeskirche war die von Jäger mitgebrachte Verordnung vom 15. April, die die Einberufung und Ablösung des Landeskirchentages vom Reichsbischof abhängig machte. Eine Verfügung über die Eingliederung gab es zu dieser Zeit nicht (gegen Baier, DC, S. 91, der von einer Verfügung vom 3. April spricht; eine Verwechselung mit der Verfügung vom 3. September, ebda., S. 109f.).

264 Bericht aus München vom 19.4.1934 (Anm. 260).

ANMERKUNGEN ZU DEN SEITEN 275 BIS 280

265 In einem Interview in der "Frankfurter Zeitung" Ende April sagte Göring, daß er "seine Macht gegenüber jeglichem Kirchenvolk beweisen" würde, "das irgendwelche Unruhe in die staatliche Einheit trüge" (Lindt, Hg, Bell/Koechlin Briefwechsel, S. 124). Zu dieser Zeit zirkulierte auch angeblich ein Witz in Pfarrerkreisen in Bayern, der gegen die drei Hauptgegner der Kirche gerichtet war: "Im zoologischen Garten zu Hamburg sei 3 Elefanten ein grosses Missgeschick zugestossen, einer sei in die Knie gesunken, der 2. sei ausgerissen, der 3. sei gar tot umgefallen. Was wohl diese Wirkungen verursacht habe? Nun, der eine habe Ministerpräsident Göring in neuer Uniform mit neuen Orden gesehen, der 2. habe Dr. Goebbels reden hören, der 3. Rosenberg" (LKAN, Personen XLII, Frör 8, Blütenlesen aus Bayerischen Pfarrkonferenzen, von einem DC-Pfarrer wohl 1934 verfasst, der Witz fiel in die Zeit zwischen Ostern und Pfingsten 1934).
266 Nicolaisen/Kretschmar, Dokumente II, S. 113.
267 Die Ulmer Erklärung in: Stoll, Dokumente III, S. 52f. Für die Entstehung der Erklärung siehe Scholder, Kirchen II, S. 113f.
268 Lindt (Hg.), Bell/Koechlin Briefwechsel, S. 124.
269 Steinbauer, Zeugnis I, S. 179.
270 RS vom 6.5.1934; Kirchenbote v. Altmühl u. Hahnenkamm vom Mai 1934; KBl vom 23.4.1934. Die Fränkische Wacht brachte einen Bericht über Ulm erst am 3.5.1934, da sie, vergeblich, auf eine Stellungnahme des Reichsbischofs wartete, "um beiden Teilen gerecht zu werden".
271 So wie in Augsburg, wo sämtliche Pfarrer sich verpflichtet hatten, im Falle eines Eingriffes in die Landeskirche, zu protestieren; Baier/Henn, Chronologie, S. 63; Hetzer, Kulturkampf, S. 101.
272 AR vom 24.4.1934.
273 AR vom 26.4.1934.
274 Ebda.
275 Nicolaisen/Kretschmar, Dokumente II, S. 116.
276 AR vom 4.5.1934; Baier/Henn, Chronologie, S. 65. Nach Berichten der Sopade (Deutschland-Berichte der Sozialdemokratischen Partei Deutschlands, Sopade, 1934-1940, Salzhausen/ Frankfurt a. M. 1980, I 1934, S.105) war die Aktion nur in Südbayern "mit Energie und Geschicklichkeit, aber ohne Erfolg, durchgeführt" worden.
277 LKAN, Kirchenkampfsammlung O-3, Mitteilungen des NSEP, Nr.3 vom 19.4.1934.
278 LKAN, KKU 6/III, Putz an NS-Pfarrer, NSEP Mitglieder und Kapitelsbeauftragten der Volksmission vom 20.4.1934.
279 KBl 30.4.1934, S. 182. Ein Volksmissionsbericht aus Oberlauringen, Dekanat Rügheim vom 13.3.1934 schrieb: "Daum betreibt die DC-Sache im Geist der Thüringer, also mit dem letzten Ziel einer überkonfessionellen Nationalkirche" (LKAN, Amt für Volksmission 6).
280 Nach dem Bericht der AR vom 26.4.1934, wohl vom Schriftleiter Käßler verfaßt, der selber NSEP-Mitglied war.
281 Punkte 1 & 2 in: AR vom 26.4.1934; alle drei Punkte in Möbus an die NSEP-Mitglieder vom 16.5.1934 in: LKAN, Personen XLVII (Auer) 3.
282 KBl vom 30.4.1934, S. 182.
283 LKAN, Kirchenkampfsammlung O-3, Schlier an NSEP Kollegen vom 8.5.1934; vgl. Baier, DC, S. 92f.
284 Möbus an die NSEP-Mitglieder vom 16.5.1934 (Anm. 281). Vorher war Möbus Leiter des NSEP in Oberfranken; siehe Baier, DC, S. 85, 100, Anm. 78. In seinem Dekanat Berneck waren 6 von 9 Pfarrer Mitglieder des NSEP (NSEP Mitteilungen vom 19.4.1934).
285 Möbus an die NSEP-Mitglieder vom 16.5.1934 (Anm. 281).
286 Bericht aus München vom 19.4.1934 (Anm. 251).

ANMERKUNGEN ZU DEN SEITEN 280 BIS 285

287 KBl vom 14.5.1934, S.211; Wilhelm Grießbach, Bruderschaft in bewegter Zeit, in: Winter (Hg), Zwischen Kanzel und Kerker, S. 115; LKAN, Personen XLII (Frör) 5, F.W.Hopf an die Amtsbrüder vom 22.4.1934; und ebda. "Thesen zur kirchlichen Lage der Pfarrerfreizeit in Riederau vom 8.-11. April", darunter, daß die Reichkirchenregierung "duldet und treibt Haerasie", und daß die Zugehöriget zu den DC für Pfarrer zu verbieten ist; Thesen unterzeichnet von Schieder. Es ist sicherlich nicht richtig, daß am gleichen Tag eine "Freizeit der DC in Riederau" stattfand; gegen Baier/Henn, Chronologie, S. 61.

288 F.W.Hopf an Amtsbrüder vom 22.4.1934 (Anm. 287); KBl vom 30.4.1934, S.183. Die Ulmer-Aktion hatte einige gemeinsame Ziele mit der später gebildeten Pfarrerbruderschaft: die Ablehnung der Reichskirche als "Kirche"; die Nichtanerkennung des "Gewaltregiments" der Reichskirchenregierung; das damnamus für die DC in jeder Form (Hopf vom 22.4.1934). Ulmer leitete die Lutherische Bekenntnisbewegung, die Anfang 1934 rund 900 Pfarrer in Deutschland zählte (Stoll, Dokumente II, S. 16f.). Es ist möglich, daß die Schieder Gruppe die Ulmer-Aktion als zu englutherisch gesehen hatte, und sie ihrem Schicksal überlassen wollte; vgl. Hopf an Frör vom 28.4.1934, LKAN, Personen XLII, Frör, 5; Nicolaisen, Barmen, S. 70 mit Anm. 17.

289 F.W.Hopf an Amtsbrüder vom 22.4.1934 (Anm. 287).
290 KBl vom 7.5.1934, S. 196.
291 KBl vom 14.5.1934. S. 211f.
292 Siehe Frör, Warum Pfarrerbruderschaft?, in: KBl vom 18.6.1934, S. 277; siehe auch die Andacht von Pfarrer Schmidt, Hof, wohl in Rummelsberg gehalten, der sagte: "Unsere Pfarrerbruderschaft tritt mit scharfgeprägten theologischen Thesen an die Öffentlichkeit; das mag manche befremden,... aber... christliche Gemeinschaft setzt die klare Lehre voraus" (LKAN, Kirchenkampfsammlung 0-3).
293 Siehe dazu Schieders Verteidigung der These über die Offenbarung in: KBl vom 18.6.1934, S. 277ff.
294 KBl vom 18.6.1934, S. 277.
295 LKAN, Amt für Volksmission 6, F.W.Schmidt (Aubstadt, Dekanat Rothausen) an H. Kern vom 7.7.1934. Schmidt gehörten zu den Pfarrern der Volksmission, die sich der Pfarrerbruderschaft nicht anschließen wollten.
296 Zitiert nach: AELKZ vom 8.6.1934, Sp. 549f.
297 KBl vom 18.6.1934, S. 275f.
298 KBl vom 28.5.1934, S. 235; für Hahn siehe Scholder, Kirchen II, S.165f.
299 KBl vom 28.5.1934, S. 235.
300 Grießbach, S. 116 (Anm. 287).
301 LKAN, KKU 6/III, Schlier an Kollegen vom 25.5.1934.
302 KBl vom 2.7.1934, S. 312f. Am 3. Juni hatten Fikenscher und Sommerer für den "Ansbacher Kreis" geschrieben: "Kein NSEP Mitglied darf der Pfarrerbruderschaft beitreten" (LKAN, Markt Erlbach 16).
303 KBl vom 18.6.1934, S. 276.
304 FrTZ vom 29.3.1934.
305 Ansbacher Zeitung vom 5.4.1934, zitiert nach: KBl vom 24.10.1934, S.432.
306 FrTZ vom 16.4.1934.
307 Stürmer Nr. 15 vom April 1934, Leserbrief.
308 WTBl vom 20.4.1934.
309 WZ vom 23.4.1934.
310 Dekanatsarchiv Pappenheim 67, Volksmissionsbericht für Februar bis April 1934. Dekan Boeckh schrieb an Meiser, daß da keine Debatte bei der Teutsch-Versammlung zugelassen war, die Pfarrer des Kapitels fern-

ANMERKUNGEN ZU DEN SEITEN 285 BIS 287

blieben, da sonst ihr Dabeisein als Zustimmung verstanden werden könnte (ebda., 89, Schreiben vom 24.4.1934).
311 StAN, BA Weißenburg, Abg. 1955, Nr. 268, Erlaß der BPP vom 27.4.268 (abgedruckt bei Baier, DC, S. 379), mit Notiz des Bezirksamts an den Kreisleiter Gerstner vom 3.5.1934.
312 Ebda., Notiz Gerstner an das Bezirksamt vom 7.5.1934.
313 KABl vom 20.4.1934, S. 57.
314 WZ vom 2.5.1934.
315 "Stürmer"-Sondernummer vom 1.5.1934. Die "jüdischen Ritualmorde" wurden schon seit 1926 im Stürmer behauptet; siehe F. Hahn, Lieber Stürmer, S. 204ff.
316 Ein Volksmissionsbericht aus Eyrichshof bestätigt, daß die Gemeinde erst über die Erklärung der Nürnberger Pfarrerschaft über die "Stürmer"-Äußerun ufmerksam gemacht wurde (LKAN, Amt für Volksmission 9, Bericht vom 15.5.1934); der Bericht der Ansbacher Regierung schreibt, daß durch die Erklärung der "Vorfall schon weit über den Leserkreis des 'Stürmer' hinaus in die evangelische Bevölkerung gedrungen" sei (Witetschek, Kirchliche Lage II, S. 26); da die Bemerkung erst auf Seit 4 des "Stürmers" fiel, ist es wahrschienlich, daß sie in den vielen "Stürmer"-Schaukästen nicht zu sehen war.
317 AR vom 11.5.1934; Evang. Gemeindeblatt für Nürnberg vom 13.5.1934; KBl vom 14.5.1934, S. 211; Evang. Gemeindeblatt für München vom 20.5.1934, S. 231.
318 Pfarrarchiv Burgsalach 21, Dekan v. Löffelholz an die Pfarrämter vom 17.5.1934.
319 Evang. Gemeindeblatt für den Kirchenbezirk Dinkelsbühl, Nr.6, Juni 1934, S. 42. Auch in seiner Abschiedspredigt als Dekan in Kempten am 29.4.1934 legte sich Noch mit Streichers Standpunkt an: "Heute halten sie den Gedanken der Rasse für der Weisheit letzten Schluß, als ob alle guten und alle vollkommenen Dinge nur von der Reinheit der Rasse abhängen und durch die Reinheit der Rasse gegeben seien. Ich will nicht mißverstanden sein. Gewiß, der Rassegedanke hat mehr als nur ein Körnlein Wahrheit in sich. Mit ihm rühren wir an die Schöpfung Gottes. Aber der Urgrund und Urquell aller guten Gaben und aller guten Kräften und damit die letzte große Weisheit des Lebens ist er nicht, so wenig wie der Glaube an die menschliche Vernunft vor 200 Jahren es war. Wer das behauptet, irrt" (Evang. Gemeindeblatt für das Allgäu, Nr. 6, Juni 1934, S. 54).
320 LKAN, Amt für Volksmission 9, Dekanat Eyrichshof, Kanzelverkündigung am Sonntag Exaudi, 12. Mai 1934, in Maroldsweisach. Auch diese Stellungnahme enthielt keine Verteidigung der Juden gegen die ungeheuerliche Vorwürfen des "Stürmers".
321 WZ vom 18.5.1934, Meldung aus Berlin vom 17.5.1934. Laut einem Sopade Bericht (I,1934, S. 119) hat die Bevölkerung dieses Mißlingen einer Regierungsmaßnahme "mit großer Schadenfreude verfolgt", sodaß "direkt Jagd" auf die letzten Exemplare der "Ritualmordnummer des Stürmer" gemacht wurde. Der Bericht der Regierung in Ansbach (Witetschek, Kirchliche Lage II, S. 26) war jedoch sicher, daß die Erregung in kirchlichen Kreisen nun nach der Beschlagname sich "rasch wieder legen" würde. Die "Stürmer"-Sondernummer erreichte eine Auflage von 130 000 Exemplaren (AELKZ vom 25.5.1934, Sp. 499).
322 So der Materialdienst vom 28.9.1934, Sp. 231.
323 AELKZ vom 1.6.1934, Sp. 523f.
324 Ebda., aus dem Evang. Gemeideblatt für Hof und Umgebung Nr.22 vom 27.5.1934. Der Materialdienst stellte am 28.9.1934 (Sp.230) fest, daß die NS-Presse "sich im Ganzen zurückhaltend zu den Glaubensfragen"

ANMERKUNGEN ZU DEN SEITEN 287 BIS 291

verhalte. Drei von fünf Beispiele für "eine mehr kämpferische Haltung im Sinn des Deutschglaubens" waren alle aus Franken: Die Fränkische Tageszeitung, Das Fränkische Volk, und Der Stürmer.
325 LKAN, Amt für Volksmission 9, Bericht für das Dekanat Eyrichshof vom 16.3.1934.
326 Zu der prekären Lage der "Allgemeinen Rundschau" schrieb Käßler: "Nur wenn wir eine wirklich hohe Auflagenziffer haben, ist unser Weiterbestehen gesichert" (LKAN, Dekanat Öttingen 26, Käßler an Dekan vom 18.5.1934).
Eine Mißachtung der Presseanweisungen könnte einen Ausschluß aus der Reichskulturkammer bedeuten, was ein Berufsverbot gleichkam. Siehe dazu Heinz Brunotte, Die Auswirkungen der nationalsozialistischen Schrifttums- u. Pressepolitik auf die Deutsche Evangelische Kirche, in: Tutzinger Texte, Sonderband I, Kirche und Nationalsozialismus, S. 207ff.
327 Käßler an Dekan vom 18.5.1934 (s. Anm. 326).
328 AR vom 5.5.1934.
329 Dies bestätigt das Evang. Gemeindeblatt für München vom 6.5.34, S. 202 (gegen Baier/Henn, Chronologie, S. 62).
330 J. Sammetreuther, Die falsche Lehre der "Deutschen Christen", Bekennende Kirche, Heft 15, München 1934. Das Heft wurde z.B. als Grundlage für eine ausführliche Beschreibung der kirchlichen Lage im Evangelischen Gemeindeblatt für den Kirchenbezirk Dinkelsbühl (Nr. 6, Juni 1934, S. 43-49) verwendet. Im Urteil Henns war Sammetreuthers Heft "ein wenig hart und kalt, ohne daß noch das innere Ringen um die irregehenden Brüder zu spüren ist" (Henn, Bayerische Landeskirche, S. 73k). Im Amtsblatt (8.5.1934, S.86) wurde das Heft zur Aufklärung der Gemeinde jedoch empfohlen: "Ein sehr notwendiges Heft, in dem klar, sachlich und anschaulich dargelegt wird, inwiefern die Deutschen Christen das Bekenntnis mißachten und aufheben".
331 Nürnberger Evangelisches Gemeindeblatt Nr. 27 vom 8.7.1934, S. 341: Erklärung des Nürnberger Pfarrkonvents zum Einbruchversuch der Thüringer DC in Bayern.
332 Für Baumgärtner, siehe Baier, DC, S. 83, Anm. 8.
333 KBl vom 22.5.1934, S. 224.
334 StAN, BA Weißenburg, Abg. 1955, Nr. 509; Vernehmung Frau Dekan von Löffelholz durch Hahn am 17.5.1934.
335 Am 28.3.1934 gab es einen Frauen-Nachmittag der NS-Frauenschaft, auf dem die Rednerin betonte, "...die Frau... sei berufen...die reine Lehre und Religion des Nationalsozialismus in sich aufzunehmen und durch die Familie ins Volk zu tragen" (WTBl vom 29.3.1934).
336 Kolb an das Bezirksamt Weißenburg vom 10.5.1934 (siehe Anm. 334).
337 Der Pfarrfrauentag vom 28.5-1.6.1934 in Neuendettelsau stand unter der Leitung von Frau v. Löffelholz und enthielt auch einen Vortrag von Helmut Kern über "Die Lage der Kirche" (KBl vom 26.3.1934, S. 137 & vom 14.5.1934, S. 212).
338 Aktennotiz Hahns vom 19.5.1934 (siehe Anm. 334).
339 Wie Anm. 334.
340 Wie Anm. 338.
341 WTBl vom 12.5.1934.
342 WZ vom 11.5.1934.
343 WZ vom 12.5.1934.
344 WTBl vom 12.5.1934
345 StAN, BA Weißenburg, Abg. 1955, Nr. 28, HMB Hahns vom 16.5.1934.
346 WZ vom 12.5.1934.
347 Kasseler Erklärung in: Hermelink, Kirche im Kampf, S. 99f.; Stoll,

ANMERKUNGEN ZU DEN SEITEN 291 BIS 295

Dokumente III, S. 54f.; KBl vom 14.5.1934, S. 201f. Siehe auch Meier, Kirchenkampf I, S. 176.
348 WZ vom 15.5.1934.
349 BayHStA, MA 107 291, Vormerkung zu einem Schreiben der Regierung in Ansbach, Kammer des Innern vom 16.5.1934; Text bei Baier, DC, S. 380.
350 Mit der Begründung, daß "der Austrag in breitester Öffentlichkeit" unerwünscht sei, "weil dabei die Gefahr des Übergreifens vom kirchlichen auf das politische Gebiet entsteht" (Witetschek, Kirchliche Lage II, S. 26).
351 Evang. Gemeindeblatt für München vom 27.5.1934, S. 242.
352 Meiser an Frick vom 17.5.1934, in: Stoll, Dokumente III, S.60ff.
353 Evang. Gemeindeblatt für München vom 27.5.1934, S. 242; Evang. Kirchenbote für die Dekanate Neustadt a/A., Windsheim, Marktlerbach, Burghaslach, Nr. 10, Juni 1934.
354 Scholder, Kirchen II, S. 168.
355 Materialdienst vom 19.5.1934, Sp. 126, nach der Frankfurter Zeitung vom 24.4.1934. Auch in KBl vom 30.4.1934, S. 182f.
356 RS vom 10.6.1934, S. 268; Materialdienst vom 14.6.1934, Sp.169; Stoll, Dokumente III, S. 70f.; aber nicht im KBl.
357 Stoll, Dokumente III, S. 71ff.
358 So wie in: Evang. Gemeindeblatt für München vom 3.6.1934, S.251f.; KBl vom 28.5.1934, S. 234f.; JK vom 2.6.1934, S.471ff, AELKZ vom 1.6.1934, Sp. 520ff.; Materialdienst vom 14.6.1934, Sp. 169f.
359 Stoll, Dokumente III, S. 17.
360 Henn, Bayerische Landeskirche, S. 730.
361 AR vom 23.5.1934.
362 Hildmann Bericht in: Evang. Gemeindeblatt für München vom 10.6.1934, S.264f.; KBl vom 28.5.1934, S. 229; Evang. Gemeindeblatt für Dinkelsbühl, Nr. 6, S. 49f. Vikar Gerhard Hildmann wurde im April 1934 Geschäftsführer des Evang. Presseverbands für Bayern (Baier/Henn, Chronologie, S. 62).
363 Wie Anm. 360. Siehe auch Münch an Meiser vom 24.7.1934, in: Baier, DC, S. 388.
364 Wie Anm. 362.
365 AELKZ vom 1.6.1934, Sp. 523.
366 Henn, Bayerische Landeskirche, S. 73p. Münch führte aus, daß "der Bericht des Evangel. Presseverbands in dem Sinn, die gesamte Landessynode habe sich am 24.5.1934 einmütig hinter Ihre Person gestellt, den Tatsachen widersprach"; Münch an Meiser vom 24.7.1934 (s. Anm. 363).
367 LKAN, LKR 233a, Kreisdekan Kern an Meiser vom 1.6.1934.
368 Wolf Meyer-Erlach, Kirche oder Sekte, Offener Brief an Herrn Landesbischof D. Meiser, München, Verlag Deutsche Christen Weimar (Thür.) 1934. Daß das Pamphlet Anfang Mai erschienen ist, beweist der Brief Meyers an Meiser vom 8.5.1934 (LKAN, Personen XXXVI, Meiser, 115), dem ein Exemplar beigelegt wurde. So konnte auch Meyer nicht Bezug genommen haben auf die Barmer Bekenntnissynode (gegen Baier, DC, S. 95). Baiers Vorwurf (ebda.), Meyer habe "den bayerischen Pfarrern Dr. Krause als Vorbild" aufgestellt ist nicht ganz fair. Krause habe nach Meyer (Kirche od. Sekte, S. 7) sehr "warmherzig von Christus" gesprochen; Meyer sei ihm jedoch wegen seiner "Verharmlosung der Sünde" scharf entgegengetreten.
369 KBl vom 22.5.1934, S. 224. Andere Pfarrkapitel schlossen sich diesem Protest an, so wie Hof und Naila (KBl vom 18.6.1934, S. 280) und Michelau (KBl vom 2.7.1934, S. 313).
370 Dekanatsarchiv Pappenheim 89, Schreiben des Kapitels an Meyer vom 29.5.1934. Auch in: KBl vom 4.6.1934, S. 252.

ANMERKUNGEN ZU DEN SEITEN 295 BIS 298

371 Stoll, Dokumente III, S. 18. Auch in seinem Pamphlet, Kirche oder Schwärmertum? Eine christliche Antwort auf den Offenen Brief des Herrn Professor Wolf Meyer-Erlach (Jena) an den Herrn Landesbischof D. Meiser, München 1934.
372 Ein Bericht darüber in: JK vom 2.6.1934, S. 479f.
373 LKAN, Dekanat Altdorf 12, Privatbrief Dekan Schmidt vom 12.5.1934.
374 Schöffel, Zur Lage, in: Luthertum, Juni 1934, S. 182.
375 Stoll, Kirche oder Schwärmertum?, S. 3: "Seine Gewalt mag wohl einen ansehnlichen buchhändlerischen Erfolg verbürgen, der Erkenntnis der Wahrheit aber dient er nicht." In einigen gleichgeschalteten Landeskirchen wurde Meyers Pamphlet amtlich verteilt; Meiser an Müller vom 11.6.1934, in: Kantzenbach, Einzelne, S. 162.
376 FrTZ vom 5.6.1934, zitiert nach: KBl vom 11.6.1934, S. 267f.
377 AR vom 9.6.1934, "Kirche und Leben" Nr. 29. Der BPP-Verbot jeglicher "Veröffentlichung über den evang. Kirchenstreit in der 'Tagespresse'" (s. Baier, DC, S. 382) ist wohl zu spät eingetroffen, um das Erscheinen dieses Artikels zu verhindern.
378 AR vom 9.6.1934.
379 AELKZ vom 25.5.1934, Sp. 499. Auch in Augsburg wurde Meyers Pamphlet "von gewisser Seite" verbreitet; Hezter, Kulturkampf, S. 102, Anm. 48.
380 Evang. Gemeindeblatt für Nürnberg vom 8.7.1934, S. 341; KBl vom 9.7.1934, S. 329.
381 "Aufwärts" (Bielefeld), Zur kirchlichen Lage, vom 30.8.1934, in: LKAN, Kirchenkampfsammlung 0-2.
382 Evang. Gemeindeblatt für Dinkelsbühl, Nr. 6, S. 43.
383 Nach § 130a StGB. BayHStA, MK 38 271, Julius Orth.
384 Der besonnene Oberstaatsanwalt in Bayreuth fand die Anzeige unbegründet und stellte das Verfahren ein; ebda.
385 LKAN, Dekanat Weißenburg 165, G.Kern an Dekanat vom 31.5.1934.
386 Rundbrief 2 der Bayerischen Pfarrerbruderschaft, Verfasser Putz, in: Steinbauer, Zeugnis I, S. 192ff. Nach Scholder (Kirchen II, S. 182f.), hat sich Detten bei Himmler dafür eingesetzt, daß die Synode ungestört bleibt.
387 Abgedruckt in: Stoll, Dokumente III, S. 57f.; vgl. auch Asmussens Referat in: Nicolaisen, Barmen, S. 117. Nach Scholder scheiterte diese Konferenz an der Veröffentlichung in den Basler Nachrichten (Kirchen II, S. 207). Die Idee einer lutherischen Konferenz war aber nicht nur ein Plan der DC um die Bekenntnisgemeinschaft zu spalten. Mitte Mai veröffentlichte Vikar F.W.Hopf vom Ulmer-Kreis einen "Entwurf einer Grundlage für die Arbeit freier lutherischer Theologenkonvente" (JK vom 19.5.1934, S. 417-421), um ein "consensus de ecclesia" unter den Lutheranern zu erreichen. Von Ulmer wurde auch eine lutherische Bekenntnissynode vorbereitet, was Bischof Wurm "ein Verbrechen" nannte (Nicolaisen, Barmen, S. 70).
388 Althaus an Meiser vom 5.5.1934, in: Nicolaisen, Barmen, S.56.
389 LKR-Bericht über Barmen vom 2.6.1934; LKAN, Dekanat Schwabach 511. Auch in Evang. Gemeindeblatt für München vom 10.6.1934, S. 262f.
390 Siehe die Anmerkung in Stoll, Dokumente III, S. 80. Auch Scholder, Kirchen II, S. 189, und Nicolaisen, Barmen, S. 56
391 Zu Sasse siehe Scholder, Kirchen II, S. 186.
392 LKR-Bericht über Barmen (wie Anm. 389).
393 Ebda. Um das Zögern des LKR, die Erklärung zu veröffentlichen, zu verstehen, hilft eine Bemerkung des Kreisdekans Kern Mitte Mai zu dem Entwurf. Er hielt die Erklärung als nicht klar genug für die weite Öffentlichkeit; Nicolaisen, Barmen, S. 82.

ANMERKUNGEN ZU DEN SEITEN 299 BIS 300

394 Meiser an die Geistlichen vom 8.6.1934, in: Hermelink, Kirche im Kampf, S. 115.
395 Der von Bogner-Augsburg verfasste Bericht in: KBl vom 11.6.1934, S.266f.; RS vom 17.6.1934, S. 285 und vom 24.6.1934, S. 293.
396 Gründsätze der Bayerischen Pfarrerbruderschaft II, 1 & 2 (KBl vom 14.5.1934, S. 211f.); Barmer Erklärung, Artikel 1.
397 Grundsätze der Pfarrerbruderschaft II, 6; Barmer Erklärung, Artikel 3 & 4.
398 Grundsätze der Pfarrerbruderschaft II, 7 & 8.
399 Stoll, Dokumente III, S. 19.
400 KBl 18.6.1934, S. 279f.; Baier, DC, S. 383ff. Siehe auch Scholder; Kirchen II, S. 208ff.
401 Begleitschreiben zum Ansbacher Ratschlag von Sommerer und Möbus, in: KBl 18.6.1934, S. 280. Möbus fügte hinzu: "Aus der Stellung der Landesleitung ergibt sich, daß die Zugehörigkeit von Mitgliedern des NSEP zu Organisationen, die den Ratschlag von vornherein und grundsätzlich ablehnen, durchaus unerwünscht ist". Vgl. auch Anm. 302.
402 LKAN, Personen XXV (Steinlein) 9, Althaus an Steinlein vom 2.7.1934. Althaus fügte hinzu: "Es ist wohl ein paradoxer Zustand, daß ich nicht bei der Pfarrbruderschaft, sondern bei den Ansbachern neben Elert theologischer Berater bin. Aber ich bin an der Paradoxie nicht schuld. Hätte sich die Pf. Br. nicht so mit den Rheinländern eingelassen und hätte Bayern nicht die theologische Erklärung unterschrieben, so gäbe es kein Ansbach und ich wäre nicht dabei."
403 Scholder, Kirchen II, S. 210. Trotzdem hatte Althaus eine verklärte Vorstellung vom NS-Staat, wie sein Aufsatz "Totaler Staat?" im Luthertum (Nr.5, 1934, S. 129-135) zeigt. Zu diesem Aufsatz schrieb Wilh.F.Schmidt (KBl vom 2.7.1934, S.316): "P. Althaus entwirft ein Bild des totalen Staates, das die Totalität des Volkes für den eigentlichen Kernpunkt erklärt. Uns scheint dieses Idealbild von dem erheblich abzuweichen, was gerade von maßgebenden Kräften der Gegenwart als totaler Staat erstrebt wird." Ob hier ein versteckter Hinweis auf die Röhm-Affäre zu sehen ist?
404 Vor der gesamten Nürnberger Geistlichkeit hatte Althaus ausgeführt, wie die deutsche Seele auf das Christentum abgestimmt sei (AR vom 6.6.1934). Dies genügte jedoch, um eine virulente Attake in der Fränkischen Tageszeitung auszulösen: "Das Thema ist ja nun zeitgemäß für gewisse Herrschaften. Um die deutsche Seele haben sie sich nie viel gekümmert trotz ihres Christentums. Und auch jetzt, wenn sie davon reden, können sie Schmähungen des deutschen, des germanischen Geistes nicht lassen. Für Leute wie Althaus beginnt die deutsche Geschichte in Galiläa und in Jerusalem, und jüdische Überlieferungen sind ihnen wichtiger als germanische. Das wundert uns nicht. Von einem Herrn Althaus darf man nichts mehr erwarten; solche Herrschaften müssen zwangsläufig, auf Grund ihrer Blutszusammensetzung, einem fremden Geist folgen und das eigene Nest beschmutzen..." (FrTZ vom 11.6.1934, zitiert nach dem Materialdienst vom 28.9.1934, Sp. 230). Die Empfindlichkeit der Partei über kirchliche Bemerkungen zum Germanentum erklärt sich zum Teil daraus, daß sie in den Adventspredigten des Kardinal Faulhaber, "Judentum - Christentum - Germanentum", die im Sommer 1934 eine Auflage von weit über Hunderttausend erreicht hatte (KBl vom 18.6.1934, S. 286), einen Angriff auf den Nationalsozialismus gesehen hat. Wie die "Fränkische Wacht" (vom 12.7.1934, S. 221) es ausdrückte, Faulhaber "geißelt die Germanen als kulturloses Volk und wagt es, im nächsten Satz Israel das Gottesvolk zu nennen". Das "Korrespondenzblatt" dagegen (vom 18.6.1934, S. 286) empfahl die Adventspredigten: "Sie sind als

ANMERKUNGEN ZU DEN SEITEN 300 BIS 303

volkstümliche Belehrung zum Lesen sehr gut geeignet. Der Protestanten wird irenisch als der 'getrennten Brüder' gedacht. Die geäußerten Gesichtspunkte können weithin von uns unterschrieben werden."
405 LKAN, Dekanat Markt Erlbach 16, Schreiben Rahms vom 16.6.1934.
406 KBl vom 25.6.1934, S. 299, unterschrieben vom Bruderrat.
407 LKAN, Personen XXXVI (Meiser) 114, Stoll an Elert vom 21.6.1934.
408 Steinlein an Althaus vom 28.6.1934 (wie Anm. 402).
409 Frörs Beitrag im Rundbrief 2 der Pfarrerbruderschaft vom 9.7.1934 (EvAG). Die folgende Stellungnahme Frörs, Ein klärendes Wort zum Ansbacher Ratschlag, in: KBl vom 2.7.1934, S. 311. Für weitere kritische Reaktionen zum Ansbacher Ratschlag siehe Robert P. Ericksen, Theologians under Hitler, S. 87f.
410 In einer Besprechung zur kirchlichen Lage zwischen Erlanger Dozenten und Studenten am 26. Juni; KBl vom 2.7.1934, S.311. Diese sich Einreihen in der Barmer Front modifizierte Althaus in seinem Schreiben an Steinlein (s. Anm. 402): "Ich habe keine Angst vor dem Losungswort 'dritte Front'. Das soll nicht heißen: sich zwischen die kirchenpolitischen Parteien stellen; wohl aber: der Ruf nach einer Erlösung aus der theologischen Alternative Barth - DC wird immer stärker in Deutschland! Dem will ich dienen. In dieser Hinsicht stehe ich nicht in der Barmer Front. Ich halte es für verhängnisvoll, daß wir dort mit allerlei Leuten zusammenstehen, die weniger für das Bekenntnis, als für ihre Kirchenordnung kämpfen - warum sollten sie es nicht? Aber ist das alles einfach 'Bekenntnis-Front'?!!"
411 LKAN, Personen XXXVI (Meiser) 115, Stoll an Ulmer vom 22.6.1934. Stoll teilte Ulmer die Nachricht mit, daß Jäger Elert die Stelle des Stellvertreters des Reichsbischofs angeboten hätte, und bat Ulmer um Klärung, "damit nicht die Beziehungen zwischen München und Erlangen unheilvoll abreissen". Denn wenn diese Nachricht richtig sein sollte, "dann wäre das Verhalten Professor Elerts so ungeheuerlich, daß Sie, sehr verehrter Herr Professor, es verstehen können, wie unter solchen Voraussetzungen, ein Vertrauen des Herrn Landesbischofs Professor Elert gegenüber einfach unmöglich wird. Dabei hat Professor Elert versichert, er habe bisher im Kirchenstreit nur aus 'Loyalität' gegenüber dem Herrn Landesbischof gehandelt!" Elert antwortete darauf (ebda., 114, Elert an Meiser vom 19.9.1934), daß er niemals mit Jäger verhandelt hätte, und daß die Behauptungen gegen ihn "keinen andern Zweck verfolgen könnten, als mich zu isolieren und meine sachlichen Einwände durch Diskreditierung meiner Person zu entkräften".
412 AELKZ vom 29.6.1934, Sp. 602f. Zitat in Sp. 604. Eine ähnliche Haltung nahm Professor Ulmer ein; JK vom 22.9.1934, S. 778. S. auch Anm. 576.
413 Schöffel, Zur Lage, in: Luthertum, Nr.6, 1934, S. 185 mit Anmerkung der Schriftleitung. Herausgeber der Zeitschrift war D. Johannes Bergdolt, Studienprofessor in Würzburg. Zu dieser Anmerkung schrieb das Korrespondenzblatt (vom 23.7.1934, S. 351): "Auffällt, daß die Schriftleitung die von einem Teil ihrer Mitherausgeber gedeckte Barmer Erklärung ohne Begründung als unzulänglich und bedenklich bezeichnet. Haben die betreffenden Herausgeber nicht mehr Recht in der Zeitschrift?"
414 Nicht einmal im "Korrespondenzblatt", das die Ulmer und Kasseler Erklärungen brachte, erschien die Barmer Erklärung. Eine Ausnahme war das Gemeindeblatt für München, das die Barmer Erklärung vollständig am 17.6.1934 druckte.
415 KABl vom 29.6.1934, S. 104. Zum Berichtsheft von Immer siehe Scholder, Kirchen II, S. 202.
416 LKAN, LKR II, 233b. Siehe auch unten Anm. 422.
417 Abgedruckt bei Baier, DC, S. 382.

ANMERKUNGEN ZU DEN SEITEN 303 BIS 306

418 Die AR verhielt sich bis zum Verbot, abgesehen von der Verteidigung gegen Wolf Meyer am 9. Juni (s. Anm. 377), sehr zurückhaltend in ihrer Berichterstattung zur kirchlichen Lage kurz vor und nach Barmen. In einer kurzen Meldung des Pressedienstes der Reichskirche über die kommende Nationalsynode, z.B., in dem es hieß, die Verfassung sei in wesentlichen Punkten überholt, erlaubte die Redaktion der AR lediglich die im Klammern gesetzten Bemerkung, "Besser: verlassen worden" (AR vom 1.6.1934).

419 Rieser Kirchenbote, 1. Julinummer, S. 49. Ein Beispiel für die Zensur von Gemeindeblättern ist für Pegnitz-Creussen in Oberfranken aktenkundig. Hier wies der dortige "Evang. Kirchenbote" in seiner Juni Ausgabe auf die Zustände in Norddeutschland mit der Bemerkung hin: "Gott sei Dank, nicht in unserer bayerischen evang. luth. Landeskirche, aber in anderen Gegenden unseres deutschen Vaterlandes sind viele treue Diener Jesu Christi gewaltsam ihres Amtes entsetzt worden!" Der Gaupressewart ersuchte am 11.6.1934 den SA-Sonderbeauftragten beim Bezirksamt dagegen einzuschreiten, der sogar ein mehrmonatiges Verbot des Blattes gefordert hat. Das Bezirksamt, das eine Stellungnahme des Reichsministeriums für Volksaufklärung und Propaganda eingeholt hatte, beließ es bei einer Beschlagnahme der beanstandeten Ausgabe; BayHStAM, MA 106 467, Regierung von Ober- und Mittelfranken, KdI an Bayr. Staatskanzlei vom 2.7.1934.

420 Rieser Kirchenbote, 1. Julinummer, S. 49.
421 Dekanatsarchiv Pappenheim 80, Pfarrbeschreibung.
422 Das Flugblatt trug die Überschrift "An die Evangelischen Gemeinden und Christen in Deutschland" (StAN, BA Weißenburg Abg.1955, 502, Schutzmannschaft Weiß. an Stadtrat vom 24.6.1934), was es eindeutig als die Kundgebung der Barmer Bekenntnissynode ausweist (vgl. Stoll, Dokumente III, S. 75-80). Dekan v.Löffelholz sagte aus, daß ihm vom LKR "die Flugblätter zur Verteilung empfohlen" wurden (StAN, BA Weißenburg Abg.1955, 502, Schutzmannschaft an Stadtrat vom 7.7.1934).
423 Vom Flugblatt "Kirche und Rasse" dagegen hatte das Pfarramt 3000 Exemplaren bestellt, vgl. Anm. 159.
424 Dekanatsarchiv Weißenburg 55, Kirchenvorstandssitzung vom 11.6.1934.
425 Schutzmannschaft Weißenburg an Stadtrat vom 14.7.1934, vgl. Anm. 422.
426 Verordnung abgedruckt bei Baier, DC, S. 381.
427 StAN, BA Weißenburg Abg. 1955, 502, Schutzmannschaft Weißenburg an den Stadtrat vom 28.6.1934. Der Lagebericht der Regierung in Ansbach vom 9.8.1934 (Witetschek, Kirchliche Lage II, S. 31) dagegen sah den Weißenburger Vorfall als etwas Ungewöhnliches an: "Hie und da wird auch zu weit gegangen, sodaß das Bezirksamt Weißenburg zur Beschlagnahme von Flugblättern schreiten mußte, die die dortige evangelische Geistlichkeit verbreitete." Wenn jedoch der Dekan recht hatte, wäre dies ein Indiz für die Unzuverläßigkeit der Regierungsberichte.
428 Schutzmannschaft Bericht vom 14.7.1934, vgl. Anm. 422.
429 Schutzmannschaft Bericht vom 28.6.1934, vgl. Anm. 427.
430 Wie Anm. 428. Das Verfahren wurde am 10.9.1934 "auf Grund der Amnestie" eingestellt; StAN, BA Weißenburg, Abg.55, 502.
431 WZ vom 25.6.1934.
432 Ebda.
433 Siehe I. Kerschaw, The Führer Immage, S. 144.
434 WTBl vom 20.6.1934.
435 WZ vom 23.6.1934.
436 AR vom 16.6.1934.
437 WZ vom 29.5.1934.
438 StdAN, QNG 409 (Fritz Nadler), S. 5f.

ANMERKUNGEN ZU DEN SEITEN 306 BIS 308

439 RS vom 22.7.1934, S. 341.
440 Vgl. auch Scholder, Kirchen II, S. 257. Ein am 2.7.1934 bei der Sitzung des Reichsbruderrats in Würzburg von Niemöller vorgeschlagenes "Bußwort zur Lage" wurde vom OKR Meinzolt zu Fall gebracht, der auf die positive Seite der Röhm-Affäre - da in Hitlers Umgebung nun 'Sauberkeit' herrsche - hinwies; Schmidt, Niemöller, S. 254.
441 Bühler, Kirchenkampf, S. 73f.
442 Evang. Gemeindeblatt für München vom 8.7.1934, S.310, vom 15.7.1934, S.32 und vom 22.7.1934, S.329.
443 RS vom 15.7.1934, S. 329.
444 Nürnberger Evang. Gemeindeblatt vom 8.7.1934, S. 339. Vgl. auch Scholder, Kirchen II, S. 256 für die sehr ähnliche Reaktion der DC-Reichsleitung.
445 Fränkische Wacht vom 5.7.1934, S. 211f.
446 Fränkische Wacht vom 19.7.1934, S. 227f.
447 Ein Teil der Beweiskette für die katholische Verschwörungstheorie der "Fränkischen Wacht" fußt auf einem peinlichen Verwechslungsfehler. Das Blatt meinte nämlich, daß der "von Detten", den Hitler in seiner Rede als außenpolitischen Leiter der Verschwörung bezeichnet hatte, der gleiche war wie der "als Nationalsozialist auftretende Ultramontaner von Detten..., der den Posten eines 'Generalinspizienten für den kulturellen Frieden' zu erschleichen verstanden hatte" (ebda., S. 227). In Wirklichkeit war es nicht der Leiter der Abteilung für den kulturellen Frieden der NSDAP Hermann von Detten, sondern Georg von Detten, SA Gruppenführer und Leiter des Politischen Amtes in der Obersten SA-Führung, der ein Opfer der Mordaktion des 30. Juni wurde (siehe Nicolaisen/Kretschmar, Dokumente I, S. 138, Anm. 3, und Dokumente II, S. 65, Anm. 3, & S. 143, Anm. 11). Kupisch bezeichnet Georg von Detten als einen Bruder Hermanns und Sekretär von Papens; Landeskirchen, S. R143, Anm. 10. Für die "Fränkische Wacht" hatte der "Römling" von Detten die Aufgabe "die nötigen Verbindungen mit den äußeren Feinden Deutschlands in Rom, Paris usw. herzustellen und aufrechtzuerhalten".
448 Siehe hierzu auch Scholder, Kirchen II, S. 254ff.
449 Deutschland-Berichte der Sopade, 1934, S. 197.
450 Ebda., S. 729. Robert Bergmann, der persönliche Adjutant Röhms, wurde jedoch nach viermonatiger Haft in Stadelheim freigelassen; Hambrecht, Aufstieg, S. 560, Anm. 414. Der Volksmissionsbericht vom 7.11.1933 aus Altdorf bestätigt, daß der Aufbau der NSDAP in Altdorf zum größten Teil die Arbeit des Hauptlehrers Bergmann war; LKAN, Dekanat Altdorf, 119.
451 Gustav Ritter von Kahr, geb. am 29.11.1862 in Weißenburg, war 1920-21 Ministerpräsident von Bayern, und 1923-24 Staatskommissar und Gegner Hitlers beim Putschversuch. Die Nachricht seiner Erschießung verbreitete sich schnell; Deutschland-Berichte der Sopade, 1934, S. 205; Ian Kerschaw, Der Hitler-Mythos, S. 74.
452 Nach Kerschaws Untersuchung über die Volksmeinung stieg Hitlers Popularität nach dem 30. Juni; Kershaw, Hitler-Mythos, besonders S. 79. Auch die Sopade-Berichte bestätigen, daß Hitlers Popularität "bei der großen Masse" kaum gelitten hätte, "in manchen Kreisen vielleicht noch gestiegen" sei; Deutschland-Berichte der Sopade, 1934, S. 249. Es ist dennoch zu fragen, ob die verschiedenen Berichte, zumal die der Behörden, überhaupt in der Lage waren eine nachdenklich-reservierte Haltung zu registrieren.
453 NARS Washington, Record Group Number 59, 862.00/3353, Bericht des American Consulate General in München an Botschafter Dodd, Berlin, vom 18.7.1934. Die von Kershaw untersuchten Berichte sagen aus, daß Hitlers

ANMERKUNGEN ZU DEN SEITEN 308 BIS 309

Rede "bei der großen Mehrheit der Bevölkerung" beruhigend gewirkt und das Vertrauen zu Hitler gestärkt hätte; Kerschaw, Hitler-Mythos, S. 76.
454 BayHStA, MA 106 688, BPP-Bericht vom Dezember 1936 über Pfarrer Seiler-Heuberg, im Bezirksamt Nördlingen am Totensonntag, November 1936. Im Oktober 1934 schrieb Pfarrer Grißhammer (Roth b. Nbg.) an einen für den Reichsbischof eingestellen Pfarrer, der den Gebrauch der Kirchenlieder aus der Verfolgungszeit ("Ihre Blutgerichte macht zu nichte") kritisiert hatte: "Was den Vers mit den Blutgerichten betrifft, so möchte ich nur sagen, daß gelegentlich des Röhmputsches 2 Führer der katholischen Jugend daran haben glauben müssen"; LKAN, Personen XXXI (Koch), Brief Grißhammers vom 23.10.1934. Unter den "2 Führern" sind wohl Erich Klausener und Adalbert Probst gemeint; vgl. Nicolaisen/Kretschmar, Dokumente II, S. 166, Anm. 6.
455 Siehe Witetschek, Kirchliche Lage I, S. 23 und Anm 1, und Kerschaw, Hitler-Mythos, S. 78ff.
456 WZ vom 18.7.1934. Im Jahre 1934 wurde gespielt: Ein Sommernachtstraum; Alle gegen Einen, Einer für alle, von Foster-Burggraf; Ein deutscher Narr, von Oßwald-Bayer; Der Meineid-bauer, von Anzengruber; Die Pfingstorgel, von Lippl; und Der Freischütz; Strobl, Bergwaldtheater, S. 102.
457 WZ vom 1.8.1934. Für Nürnberg wird berichtet, daß im Juli 1934 die SA vom Stadtbild fast vollkommen verschwunden war; StdAN, QNG 409 (Fritz Nadler), S. 34.
458 Broszat, Staat Hitlers, S. 696.
459 Siehe z.B. den Brief Meyers an Pfarrer Auer (Larrieden, Dekanat Feuchtwangen) vom 25.6.1934 (LKAN, Personen XLVII, 3), mit dem Briefkopf "Die Kirchenbewegung 'Deutsche Christen' e.V. (Nationalkirchliche Bewegung) Reichsgemeindeführer Regierungsrat Leffler, Weimar". In diesem Brief bat Meyer Auer, Fühlung mit Lehrer Dollinger (Löpsingen, Dekanat Nördlingen) aufzunehmen, dem DC-Kreisgemeindeleiter für seinen Bezirk.
460 FrTZ vom 30.6.1934. Text bei Baier, DC, S. 101.
461 FrTZ vom 6.7.1934. Abgedruckt bei Baier, DC, S. 386; Stoll, Dokumente V, S. 14f; J. Gauger (Hg), Chronik der Kirchenwirren. Zweiter Teil: Von der Barmer Bekenntnis-Reichssynode im Mai 1934 bis zur Einsetzung der Vorläufigen Leitung der Deutschen evangelischen Kirche im November 1934, Wuppertal-Elberfeld 1935, S. 321.
462 LKAN, LKR II 246 I, LKR an BPP vom 29.6.1934.
463 Ebda., Niederschrift des Vortrags des Professors Wolf Meyer in Würzburg am 1.7.1934. Meyer begann seinen Vortrag mit Bezugnahme auf die Röhm-Affäre und mit "Dank an Gott für diesen Führer".
464 AELKZ vom 6.7.1934, Sp. 643f.
465 RS vom 15.7.1934, S. 333; Evang. Gemeindeblatt für München vom 8.7.1934, S. 308; KBl vom 2.7.1934, S. 305.
466 KBl vom 2.7.1934, S. 313. Der Pfarrerverein, der im Juli 1934 auch eine "Gleichschaltung" durchziehen mußte (KBl vom 16.7.1933, S. 333), verhielt sich seit der letzten Versammlung am 1. Februar, mit Ausnahme des "Korrespondezblatts", kirchenpolitisch sehr zurückhaltend. Pfarrer Auer schrieb nach der Versammlung an Meyer: "Der Vorsitzende des PfV schlug vor, Protest gegen Sie in dieser Affäre zu erheben. Bei der Lethargie des einen Teiles der Pfarrerschaft und der Streitlust eines anderen Teiles können Sie sich vorstellen, in welcher Tonart und in welchem Sinn dort gesprochen wurde"; LKAN, Personen XLVII, 3, Brief vom 28.6.1934.
467 LKAN, Kirchenkampfsammlung O-3, Mitteilungen des NSEP vom 20.7.1934.
468 Vikar Gerhard Hildmann (ab dem 21.6.1934 "Pfarrer") übernahm am 1.5.1934 die Geschäftsführung der evang. Pressestelle in Nürnberg.

ANMERKUNGEN ZU DEN SEITEN 309 BIS 312

469 RS vom 1.7.1934, S. 304f.
470 AR vom 3.7.1934, Kirche und Leben Nr.32, damit auch die erste Erwähnung der Barmer Bekenntnissynode in der AR; Evang. Gemeindeblatt für München vom 8.7.1934, S. 307f.; Evang. Kirchenbote für die Dekanate Neustadt a/A., Windsheim, Markterlbach, Burghaslach vom 13.7.1934.
471 Ebda. In dem Artikel "Was ist mit der Union?" (Anm. 469), wurde dieser Gedanke noch ausführlicher behandelt: "Die Bekenntnisgrundlage wäre gewahrt, wenn alle lutherischen Landeskirchen sich zu einem Corpus evangelicorum, d.h. evangelisch-lutherischen Kirchenkörperschaft zusammenschließen und ebenso alle reformierten Gemeinden in Deutschland sich ihrerseits zusammenschließen. Weil nun die Lutherischen in Deutschland weit mehr sind als die Reformierten, müßten die Reichskirche eine lutherische Kirche werden und die Reformierten würden als unsere Brüder in dieser Reichskirche wohnen, so wie etwa die Reformierten in Bayern als unsere Freunde in unserer lutherischen Landeskirche wohnen. Und wo solle die Unierten hin? Sie müssen sagen, ob sie lutherisch oder reformiert sind und dort hingehen, wohin sie nach ihrem Bekenntnis gehören."
472 Für die Gründe der Nichtteilnahme Bayerns siehe Rundbrief 2 der Pfarrerbruderschaft in: Steinbauer, Zeugnis I, S. 192ff. Zur Erfurter Verfassungstagung siehe Scholder, Kirchen II, S. 271ff.
473 Ch. Stoll, Dokumente zum Kirchenstreit, IV. Teil, Zwischen den Synoden, München 1935, S. 16f.; Scholder, Kirchen II, S. 273.
474 Stoll, Dokumente IV, S. 7.
475 Jägers Antwort auf dem Schreiben Meisers vom 24.7.1934, in: Stoll, Dokumente IV, S. 19f.
476 LKAN, Personen XLVII, 3, Wolf Meyer an Auer vom 9.7.1934. In diesem Brief behauptet Meyer auch: "Althaus schrieb, daß er sich mit mir verbunden weiss. Lesen Sie bitte Nr. 26 der Luthardtschen Kirchenzeitung (AELKZ vom 29.6.1934, Sp. 602ff. d.Verf.) in der Prof. Elert ein vernichtendes Urteil über die Ketzersynode Barmen, an der Meiser stark beteiligt war, fällte. Was ich in meiner Broschüre gesagt habe, hat er als zurechtstehend bewiesen".
477 Basler Nachrichten (BN) vom 12.7.1934.
478 Für den Frick-Erlaß siehe Nicolaisen/Kretschmar, Dokumente II, S. 149f.
479 AELKZ vom 13.7.1934, Sp. 668.
480 FrTZ vom 26.7.1934.
481 Kirchenbote v. Altmühl u. Hahenenkamm, August 1934.
482 Rieser Kirchenbote, 2. Julinummer 1934, S. 53.
483 LKAN, Dekanat Thalmässing 24, Bericht vom 16.7.1934. Mitglieder der Pfarrerbruderschaft aus dem Kapitel Weißenburg zu diesem Zeitpunkt waren: v.Löffelholz, Weißenburg; Schmidt, Ellingen; G.Seiler, Kattenhochstatt; Graf, Ettenstatt; Haffner, Trommetsheim; und Vogel, Gundelsheim. Von 14 Pfarrern im Kapitel waren also 6 bei der Bruderschaft, was ungefähr der Durchschnitt für die Landeskirche war.
484 LKAN, Kirchenkampfsammlung 0-3, NSEP Mitteilungen vom 20.7.1934. Der Berichterstatter Dr. Hofmann deutet die Zahl der Teilnehmer als "ein Zeichen, wie brennend das Interesse an den theologischen und praktischen Gegenwartsfragen" sei.
485 Ebda. In einem Brief an Meiser vom 10.9.1934 beteuerte Elert, daß seine Rede in Nürnberg "eine reine Verteidigungsrede" gewesen sei: "Sie richtete sich erstens gegen die, gegen den 'Ansbacher Ratschlag' erhobenen Angriffe, die sich in einer Flut von persönlichen Gehässigkeiten über mich ergossen hatten, zweitens gegen eine Reihe von Unwahrheiten, die über mich verbreitet worden waren; LKAN, Personen XXXVI 114.
486 Diesen Wunsch hatten nicht alle Teilnehmer der Versammlung (gegen Baier/Henn, Chronologie, S.71), denn anwesend war auch u.a. Pfarrer

ANMERKUNGEN ZU DEN SEITEN 312 BIS 317

Putz. Möbus in seinem Brief an Meiser vom 12.7.1934 schrieb nur, daß "verschiedene" der Mitglieder diesen Wunsch hätten (Text bei Baier, DC, S. 100).
487 Ein Bericht über diesen Vortrag in: NSEP Mitteilungen vom 20.7.1934; siehe Anm. 484.
488 In seinem "Zum Geleit!" vom 15.7.1934 zu seiner Schrift: Von der Landeskirche zur Reichskirche. Grundsätzliches zur Haltung des bayerischen Luthertums, Heft 19 der Reihe "Bekennende Kirche", München 1934, S. 3.
489 Siehe Scholder, Kirchen II, S. 278f.
490 Stoll, Dokumente IV, S. 17.
491 LKAN, Kirchenkampfsammlung O-3, Meiser an die Geistlichen mit Abschrift an die Kirchenvorsteher vom 21.7.1934. Bei Hermelink (Kirche im Kampf, S. 126) wird von einem Schreiben Meisers an die Kirchenvorsteher von 25.7.1934 gesprochen. Die zitierte Stelle ist jedoch wortgleich mit dem Schreiben Meisers vom 21.7.1934, sodaß es sich wohl um das gleiche Schreiben handelt.
492 Stoll, Dokumente IV, S. 19.
493 Zum Brief Meisers an Jäger vom 24.7.1934 fügte der LSA die Bemerkung hinzu: "Er billigt den Inhalt dieser Erklärung und stellt sich in einmütigen Vertrauen hinter den Herrn Landesbischof. Er bittet die Geistlichen und die Gemeinden unserer Landeskirche, mit dem Herrn Landesbischof zusammenzustehen zu entschlossener Verteidigung der Rechte und des Bekenntnisses unserer Landeskirche"; Stoll, Dokumente IV, S. 19.
494 Meiser an Jäger vom 24.7.1934, ebda., S. 17ff.
495 Münch an Meiser vom 24.7.1934, abgedruckt bei Baier, DC, S.387ff. Eine Abschrift ging an die Mitglieder der Landessynode; Baier/Henn, Chronologie, S. 72.
496 LKAN, Personen XXXVI (Meiser) 114, G.Kern an Meiser vom 18.8.1934.
497 LKAN, Personen XXXVI (Meiser) 115, Meiser an Meinzolt vom 27.7.1934.
498 Ebda.
499 Dieses Ergebnis wurde Meiser in einem Brief von Möbus am 8.8.1934 mitgeteilt; abgedruckt bei Baier, DC, S. 400f.
500 Meiser an die Mitglieder der Landessynode vom 31.7.1934, abgedruckt bei Baier, DC, S. 399f.
501 LKAN, LKR III 251a, Bd.II, Meiser an die Geistlichen vom 31.7.1934.
502 Siehe Scholder, Kirchen II, S. 282.
503 LKAN, Dekanat Thalmässing 32, G.Kern an die Dekane vom 17.7.1934.
504 LKAN, KKU 17 V, vertraulicher Bericht über die Zusammenkunft in Nürnberg vom 24.7.1934.
505 Rieser Kirchenbote vom August 1934; Beitrag wohl Ende Juli verfasst.
506 KABl vom 17.8.1934, S. 113.
507 Gesetzblatt der DEK vom 2.8.1934, S. 117f.
508 BN vom 2.8.1934.
509 WZ vom 7.8.1934.
510 FrTZ vom 8.8.1934, erste Seite. Ein Sopade-Bericht aus Nordbayern (1934, S. 296) stellt fest, daß die Hindenburgtrauer auf viele Leute abstoßend wirkte, "wegen der spürbaren Scheinheiligkeit der Nazis".
511 Rieser Kirchenbot vom September 1934. Ähnliches auch im RS (26.8.1934, S.402): "Überraschend schnell und befremdender Weise in den ersten Tagen der Nationaltrauer wurde die Nationalsynode auf den 9. August zu einer kurzen Tagung einberufen". Der LSA in einem Telegramm an Siebert bat dringendst den Zusammentritt der Nationalsynode in der Trauerwoche nicht zuzulassen, und forderte die Verlegung bis nach der Volksabstimmung; BayHStA, MK 39 283, LSA an Siebert vom 7.8.1934.

ANMERKUNGEN ZU DEN SEITEN 317 BIS 320

512 Nach Scholder (Kirchen II, S. 271) waren Jäger und Pfeffer in ihren Gleichschaltungspläne "in eine Art Wettlauf mit der Zeit", denn bei einer Verzögerung wären sie Hitlers Unterstützung nicht mehr sicher.
513 Gesetzblatt der DEK vom 10.8.1934, S. 121.
514 So gekennzeichnet bei Stoll, Dokumente IV, S. 24f.
515 Bericht der United Press, Berlin, vom 9.8.1934, in: BN vom 10.8.1934. Auf der Landessynode am 23.8.1934 sagte Breit zu seiner Erklärung: "Einige besorgte Gemüter in Berlin sprachen davon, daß die Erklärung, die wir miteinander verfaßten und die durch mich vorgelesen werden sollte, ganz gewiß zur Verhaftung der süddeutschen Delegation führen würde"; Verhandlungen der Landessynode, Außerordentliche Tagung in München am 23. August 1934, S. 28. Bedingt durch die Wortmeldungen der Opposition auf der Nationalsynode dauerte die Tagung drei Stunden, anstatt wie beabsichtigt, nur 40 Minuten; ebda. S. 30.
516 Breit Erklärung in: KBl vom 20.8.1934, S. 385; Evang. Gemeindeblatt für München vom 26.8.1934, S. 375; Stoll, Dokumente zum Kirchenstreit, V.Teil, S. 11f.
517 Amtliche Bericht des DNB in: BN vom 10.8.1934; Evag. Gemeindeblatt für München vom 19.8.1934, S. 365. "Kirchliches Maulkorb" steht im Bericht der BN vom 20.8.1934.
518 LKAN, Dekanat Thalmässing 32, Käßler an Dekan vom 1.8.1934.
519 Ein Exemplar in: BayHStA MA 106 460/7. Siehe auch die BN vom 10.8.1934.
520 Trotzdem gelangte ein Exemplar des Blattes in die Hände der bayerischen Staatsregierung; ebda.
521 Wortlaut des Frick-Erlasses in: AR vom 20.8.1934; Evang. Gemeindeblatt für München vom 26.8.1934, S. 373f. Siehe auch Nicolaisen/Kretschmar, Dokumente II, S. 150f.
522 AELKZ vom 24.8.1934, Sp. 813. Siehe auch Scholder, Kirchen II, S. 280. Stoll schreibt am 10.3.1935 in seinem Vorwort zu Heft IV der Dokumente zum Kirchenstreit: "Eine zeitweilige Beschlagnahme der genannten Hefte wurde nach der Wendung im bayerischen Kirchenkampf aufgehoben"..
523 Evang. Gemeindeblatt für München vom 26.8.1934, S. 374.
524 Fränkische Wacht vom 23.8.1934, S. 265.
525 AR vom 20.8.1934. Dieser Bericht zur kirchlichen Lage erschien nicht wie üblich in der Beilage "Kirche und Leben", denn nach Anordnung der BPP vom 23.7.1934 waren religiösen Beilagen in den Tageszeitungen verboten; abgedruckt bei Witetschek, Kirchliche Lage III, S. 36f., Anm. 7. Siehe auch Nicolaisen/ Kretschmar, Dokumente II, S. 178.
526 KABl vom 17.8.1934, S. 114.
527 Evang. Gemeindeblatt für München vom 26.8.1934, S. 374.
528 BN vom 4./5.8.1934.
529 Die Stadt Weißenburg lag mit 95,8% über den Reichsdurchschnitt (ca. 90%). Im November 1933 gab es hier 5423 Ja-Stimmen, 145 Nein und 84 ungültige Stimmen. Im August 1934: 6386 Ja- und 204 Nein-Stimmen; WTBl vom 21.8.1934.
530 Vor einer Massenkundgebung der NSDAP, NS-Hago und DAF in Weißenburg am 29.8.1934; WZ vom 30.8.1934.
531 BN vom 20.8.1934, und folgendes Zitat. Um zu zeigen, wie sich die Nein-Stimmen vermehrt hatten, druckte die BN u.a. folgende Zahlen:

	19.8.1934		12.11.1933	
	Ja	Nein	Ja	Nein
Oberbay.-Schw.	1.655.395	164.291	1.684.762	55.428
Niederbayern	770.343	61.391	811.396	21.312
Franken	1.619.117	89.096	1.673.199	34.237
Württemberg	1.691.622	117.514	1.776.008	38.792

ANMERKUNGEN ZU DEN SEITEN 320 BIS 323

532 Evang. Gemeindeblatt Nürnberg vom 26. August 1934, S. 425.
533 Ebda. Für Hitlers Hamburger-Rede siehe auch JK von 8.9.1934, S. 713f. und Nicolaisen/Kretschmar, Dokumente II, S.168, Anm. 1.
534 AELKZ vom 24.8.1934, Sp. 813; Hermelink, Kirche im Kampf, S.127f. auch Scholder, Kirchen II, S. 293f.
535 Abgedruckt bei Hermelink, Kirche im Kampf, S. 128ff. Siehe auch Scholder, Kirchen II, S. 293f.
536 Abgedruckt bei Steinbauer, Zeugnis I, S. 45ff.
537 LKAN, Dekanat Schwabach 511.
538 Baier/Henn, Chronologie, S. 75.
539 LKAN, Personen XXXVI (Meiser), 114, G.Kern an Meiser vom 18.8.1934.
540 Vor allem Lauerer und Greifenstein waren gegen die Verbindung mit dem Norddeutschen Notbund. Über sie schrieb G.Kern an Meiser: "Deine Teilnahme an Ulm und Barmen, Deine Mitarbeit im Brüderrat soll nach ihrer Meinung nicht Stellungnahme der Bayerischen Landeskirche, sondern bisher Deine persönliche Sache gewesen sein"; ebda.
541 LKAN, KKU 6/III, Putz an Möbus vom 20.8.1934. Siehe auch Baier, DC, S. 106.
542 NSEP-Synodalen waren: Kurt Weiß, Hans Gollwitzer, Hans Greifenstein, Franz Winter, Rudolf Lieberich, Hubert Sondermann, Adolf Siegel, Fritz Hanemann, Hans Kipfmüller; LKAN, Kirchenkampfsammlung 0-3, NSEP-Mitteilungen vom 19.4.1934, Mitglieder-Verzeichnis. Mit Pfarrer Richard Zwörner, dessen Name nicht in diesem Verzeichnis erscheint, hatten die NS-Pfarrer 10 von den 19 geistlichen Mitgliedern der Synode, Prof. Ulmer als Abgeordneter der theol. Fakultät Erlangen eingerechnet. Damit war auch der NSEP mit ihren ca. 270 Mitgliedern weitaus überrepräsentiert. Zwei der NSEP-Synodalen, Lieberich und Sondermann, gehörten auch der Pfarrerbruderschaft an, die zusammen mit Friedrich Langenfaß, Wilhelm Bogner und Helmut Kern, 5 Mitglieder der Synode hatte.
543 Zu Gollwitzer, siehe Baier, DC, S. 130, Anm. 18. In einem Schreiben an Meiser vom 21.8.1934, bestätigt Schlier, daß von ca. 250 Mitglieder des NSEP, höchstens 80 hinter Möbus stünden; LKAN, Personen XXXVI, 33/1.
544 Verhandlungen der Landessynode, Außerordentliche Tagung in München am 23. August 1934, S. 15.
545 Zu Minnameyer, NS-Kreisleiter von Hiltpoltstein, siehe Hambrecht, Aufsteig, S. 473, Anm. 389. Für den NS-Kreisschulungsleiter Mitschke, der zwangsweise ausgeschieden war, siehe oben, S. 173ff. Minnameyers Mandat wurde vom Ökonomierat Wilhelm Blendinger, Nennslingen, übernommen, der nicht zur Partei gehörte. Mitschke wurde vom Hauptleher Georg Schmidt, Nordenberg, Pg. seit 1930, ersetzt.
546 Henn, Bayr. Landeskirche, S. 83.
547 KBl vom 3.9.1934, S. 398.
548 AELKZ vom 7.9.1934, Sp. 850; AR vom 25.8.1934. Siehe auch Die Bayerische Evangelisch-Lutherische Landessynode am 23.August 1934, Hg. im Auftrage des LKR vom G. Hildmann, Nürnberg 1934, S. 5.
549 Verhandlungen, 23.8.1934, S. 13ff.
550 AELKZ vom 7.9.1934, Sp. 851.
551 Evang. Gemeindeblatt für München vom 2.9.1934, S. 385.
552 Verhandlungen, 23.8.1934, S. 19ff. Meisers Rede ist auch im Hildmann Heft (Anm. 548) vollständig abgedruckt, und neulich auch in: Hans Meiser, Kirche, Kampf und Christusglaube: Anfechtungen u. Antworten e. Lutheraners / Hans Meiser. Hg. von Fritz u. Gertrude Meiser, München 1982, S. 53ff.
553 Ebda., S. 23.
554 Ebda., S. 25. Es ist bezeichnend für Meisers Vorsicht auf der Landessynode, daß er den Satz in seinem Schreiben an Frick, "Wir stellen der

ANMERKUNGEN ZU DEN SEITEN 323 BIS 327

Scheinsynode von Berlin die echte Synode von Barmen gegenüber", (s. Anm. 536) in seiner Rede nicht wiederholte.
555 Verhandlungen, 23.8.1934, S. 27.
556 Scholder, Kirchen II, S. 281. Die Erklärung des Reichsbruderrats zur Nationalsynode schloß mit dem Satz: "Gehorsam gegen diese Kirchenregierung ist Ungehorsam gegen Gott"; Kirchliches Jahrbuch, 1933-1944, S.78.
557 Evang. Gemeindeblatt vom 2.9.1934, S. 386; Evang. Gemeindeblatt für den Kirchenbezirk Dinkelsbühl vom Sept. 1934, S.70; AELKZ vom 7.9.1934, Sp.852.
558 KBl vom 3.9.1934, S. 399.
559 Verhandlungen, 23.8.1934, S. 28-31; KBl vom 3.9.1934, S. 399. Breits Bericht wurde als Manuskript gedruckt und trug den Titel: Die Deutsche Evangelische Nationalsynode am 9.August 1934.
560 KBl vom 3.9.1934, S. 399.
561 Verhandlungen, 23.8.1934, S. 33f. Das Zitat bei Baier (DC, S.107), daß die DC die Kirchen nur mit Hilfe der staatlichen Unterorgane füllen können, stammt ebenfalls von Doerfler, und nicht, wie angegeben, von Oberkirchenrat Breit.
562 Verhandlungen, 23.8.1934, S. 34-36.
563 Ebda., S. 37-40.
564 Ebda., S. 41-44.
565 Ebda., S. 44f.
566 Zwörner wurde als Pfarrer in Selb 1933 als Synodaler gewählt. Bei der Tagung am 23.8.1934 wird er als Studienrat in Bayreuth genannt. Neben seinen Tätigkeiten als Kreisschulungsleiter und Gauredner war er Kreisgerichtsvorsitzender der NSDAP in Selb (1933-34) und in Bayreuth (1934-1937); BDC, PK & OPG (Zwörner). Vgl. auch Kapitel II, Anm. 437.
567 Wortmeldung vom Amtsgerichtsdirektor Link-Nürnberg, Verhandlungen, 23.8.1934, S. 45-49.
568 Karl Engert, geb. am 23.10.1877, wurde am 2.3.1927 Mitglied der NSDAP und erhielt am 6.4.1934 das Ehrenzeichen; BDC, NSDAP Master File.
569 Verhandlungen, 23.8.1934, S. 55. Vorher hatte auch Greifenstein versucht, das Vorgehen Hitlers in Zusammenhang mit dem 30.6.1934 von dem Legalisierungsgesetz der Nationalsynode zu trennen: "Hier wird in einer nach meiner Ansicht ganz unzulässigen Weise das hohe Beispiel des Führers nachgeahmt. Er hat in jener Nacht vom 30. Juni nicht nur das Recht sondern die geschichtliche Pflicht gehabt, die Meuterer gegen das Volk niederzuwerfen. Das hat er hinterher für recht erklären lassen. Das will man nun in ganz unzulässiger Weise in der Kirche nachahmen, indem man Unrecht für Recht erklären läßt;" ebda., S. 42.
570 Ebda., S. 15. Zu Bissing siehe Bosls Bayerische Biographie. 8000 Persönlichkeiten aus 15 Jahrhunderten, Hg. von Karl Bosl, Regensburg 1983, S. 75. Im März 1934 hatte Bissing dazu beigetragen, daß die Besprechung mit Meiser, Wurm, Detten und Pfeffer im Ministerium Heß in Berlin zustande kam; Baier/ Henn, Chronologie, S. 60 und Nicolaisen/ Kretschmar, Dokumente II, S. 84, Anm. 1, mit der Korrektur, daß Bissing erst 1934 (nicht 1933) Synodaler wurde. Auch nach der Synode vertrat Bissing, zusammen mit Engert und Schneider, die Sache der Landeskirche vor Partei- und Staatsstellen; Baier/Henn, Chronologie (4.9 & 11.9), S. 79f.
571 Hildmann, Landessynode, S. 32f. (s. Anm. 548).
572 Verhandlungen, 23.8.1934, S. 57.
573 Hildmann, Landessynode, S. 33. W.F.Schmidt im KBl (vom 3.9.1934, S. 401) nannte die Beiträge der "alten Kämpfer" neben der Rede des Landesbischofs als "entscheidend" für die erzielte Einigung.
574 Verhandlungen, S. 59.

ANMERKUNGEN ZU DEN SEITEN 327 BIS 329

575 Ebda., S. 60. Für den Text der Erklärung, siehe auch Baier, DC, S.107f.
576 Verhandlungen, S. 60f. Für Ulmers lutherisch-konfessionelle Haltung, siehe die von ihm herausgegebene Halbmonatsschrift "Lutherische Kirche", vor allem vom 1.7.1934, die zu Barmen schrieb: "Ein Luthertum, das mit Karl Barth in Bekenntnisverbindung tritt, erscheint ein für allemal gerichtet"; und zur Kasseler Erklärung: "Wenn nun schon die lutherischen Bischöfe so unionistisch handeln, haben sie dann noch das Recht, dem Reichsbischof 'Unionismus' vorzuwerfen?" (Zitiert nach JK vom 22.9.1934, S. 778).
577 Verhandlungen, S. 61f., Hildmann, Landessynode, S. 34.
578 Verhandlungen, S. 62.
579 KBl vom 3.9.1934, S. 401.
580 Nachdem Zwörner mit Müller und Jäger gesprochen hatte, und nachdem der Diensteid für Geistliche zurückgenommen wurde (s. Scholder, Kirchen II, S. 292), sprach sich Zwörner am 15. September in einem Brief an Meiser für die Eingliederung aus; LKAN, Personen XXVI, 115.
581 Abgedruckt bei Geuder, Im Kampf, S. 38, mit der Bemerkung, wie erstaunt man damals war über diesen "ungewohnt objektiven Bericht". Auszug auch bei Baier, DC, S. 108, nach JK vom 8.9.1934, S. 723, mit geringen Abweichungen.
582 AR vom 24.8.1934 & 25.8.1934. Ein kurzer Bericht über die Landessynode erschien auch in der WZ vom 25.8.1934.
583 Wolf Meyer, Die kirchliche Lage in Bayern, September 1934, S. 2 in: LKAN, Personen XLII (Frör), 8.
584 StdAN, QNG 427, Fritz Nadler, S. 4.
585 AR vom 27.8.1934.
586 KBl vom 3.9.1934, S. 398-401; Evang. Gemeindeblatt für München vom 2.90.1934, S. 384-387; Evang. Kirchen-Bote für den Dekanatsbezirk Roth b. Nbg., September 1934; Evang. Gemeindeblatt für den Kirchenbezirk Dinkelsbühl, September 1934, S. 69-71, mit Text der Erklärung und der Kundgebung des Landesbischofs vom 24.8.1934; Kirchenbote von Altmühl u. Hahnenkamm, September 1934; Evang. Gemeindeblatt für das Allgäu, Oktober 1934; AELKZ vom 7.9.1934, Sp. 850ff. Auffallend ist, daß sämtliche Berichte von verschiedenen Autoren verfaßt wurden und nicht wie so oft früher von zentraler Stelle an die Blätter weitergeleitet wurden.
587 RS vom 9.9.1934, S. 425.
588 Der von Greifenstein gestellte Antrag, die Rede Meisers zu drucken und "in unserer Landeskirche und darüber hinaus" zu verbreiten, wurde einstimmig angenommen; Verhandlungen, S.44. Der Bericht von Hildmann, Leiter des Evangelischen Presseverbands, wurde am 30. August in Nürnberg abgeschlossen und vom Oldenbourg Verlag in München gedruckt.
589 Am 24. August schickte Meiser dem Reichsinnenminister einige Vorschläge zur "Stärkung der Zentralgewalt" der DEK und zur "Sicherung der Freiheit und Selbständigkeit der Landeskirchen"; in Hermelink, Kirche im Kampf, S. 132f.; behandelt wird er in der AR vom 1.9.1934. Am 29.8.1934 richtete Meiser ein Schreiben an Siebert über den Ausgang der Synode, worin er schrieb: "In der Synode selbst war es mir eine besondere Genugtuung, daß eine Reihe alter Kämpfer in der nationalsozialistischen Bewegung meine Haltung billigte und daß es nicht zuletzt ihrem mannhaften Eintreten für Recht und geistliche Haltung in der Kirche zu danken ist, daß sich schließlich die ganze Synode einstimmig gegen die Eingliederung aussprach... Die Unterstützung, die ich gerade von den alten Kämpfern der Bewegung gefunden habe, widerlegt wohl am besten die hin und wieder aufgestellte Behauptung, als widerspreche die von mir eingenommene Haltung nationalsozialistischen Grundsätzen oder staatspolitischen Absichten;" BayHStA, MK 39 283, Meiser an Siebert vom 29.8.1934.

ANMERKUNGEN ZU DEN SEITEN 329 BIS 330

Eine Abschrift dieses Briefes schickte Meiser an Schemm mit der Bemerkung: "Ich bin überzeugt, daß auch Sie... den erfreulichen Ausgang der Synode, bei dem die Einigkeit des bayerischen Volkes sichtbar in Erscheinung getreten ist, mit Genugtuung begrüßen werden;" ebda., Meiser an Schemm vom 29.8.1934.

590 Obwohl die Kundgebung vom 24. August erst im "Amtsblatt" vom 28.8.1934 (KABl,S.123) erschien, ist sie schon vorher weggeschickt worden, sodaß viele Pfarrer sie am 26. August verlesen konnten; siehe Geuder, Im Kampf, S. 39; LKAN, Dekanat Schwabach 511, Exemplar der Kundgebung mit dem Vermerk, "verkündet am 26.8"; Evang. Gemeindeblatt aus Treuchtlingen, Oktober 1934: "Uns in Treuchtlingen hat dieses Verbot nicht weh getan".

591 Baier, DC, S. 404; Baier/Henn, Chronologie, S. 77.

592 BayHStA, MA 107 291, Staatsministerium des Innern der Pol. Polizei-Kommandeur Bayerns an den bayr. Ministerpräsidenten vom 18.9.1934. Text der Anweisung Pfeffers in: Baier, DC, S.108

593 Zu v.Detten und v.Pfeffer siehe Scholder, Kirchen II, S.160f., 271, 295. Daß v.Pfeffer seine Anweisung "im Auftrag des Führers" ausgab, beruht mehr auf seiner Position als Beauftragter Hitlers für Kirchenfragen als auf einem direkten Befehl. Siehe auch Nicolaisen/Kretschmar, Dokumente II, S. 80, Anm. 4. Merkwürdigerweise beschwerte sich Detten bei Reichsleiter Buch, daß Amtswalter der PO in' den Kirchenstreit eingegriffen hätten, und auch daß zwei Pfarrer nicht in die NSDAP aufgenommen wurden, "aus Gründen der kirchenpolitischen Haltung", d.h. weil sie nicht Deutsche Christen waren. "Eine scharfe Untersuchung" über die Einmischung der Partei in den Kirchenstreit sah er als geboten an; BDC, OPG (v.Detten).

594 Baier, DC, S. 403f.

595 Ebda. für Kulmbach; RS vom 23.9.1934, S. 451 für die Verbote in Naila und in Nürnberg, wo sogar "Bekenntnisgottesdienste", in der über die Synode berichtet werden sollte, verboten wurden. So wurde auch ein Gottesdienst in der Lorenzkirche am 1. September mit OKR Breit durch die Polizei verboten; Das evangelische Nürnberg. 50 Jahre Evang.-Luth. Gesamtkirchenverwaltung, Nürnberg 1964, S. 17. In Treuchtlingen, wo das Bezirksamt eine Besprechung über die Landessynode bei einem Männerabend verboten hatte, berichtete der Pfarrer über "Das Schicksal der evang. Kirche in Österreich einst und jetzt"; Evang. Gemeindeblatt aus Treuchtlingen, Oktober 1934.

596 RS vom 23.9.1934, S. 451. Der Kirchenbote v. Altmühl u. Hahnenkamm (Okt. 1934) schrieb zum Bezirkskirchentag: "Man merkte der atemlos lauschenden Menge an, wie wichtig ihr diese Aufklärung war."

597 Henn, Bayer. Landeskirche, S. 85; BayHStA, RStH 634, HMB der BPP von 15.-30.9.1934, berichtet über die Beschlagnahme der Broschüre, die eine Auflage von über 100.000 Exemplaren hatte. Im "Kirchlichen Amtsblatt" (KABl, v.7.9.1934, S. 128) steht, daß der Bericht polizeilich beschlagnahmt wurde und könne "daher nicht weiter geliefert werden", was auf eine Teillieferung schließen läßt.

598 Meyer, Kirchliche Lage in Bayern, S. X, wie Anm. 583. Evang. Gemeindeblatt für München vom 2.9.1934. Normalerweise war das Blatt durch Bestellung erhältlich; kein Einzelverkaufspreis wurde daher angegeben.

599 Von der Fa. Gebr. Reichel, JK vom 4.10.1934, S. 823. Im August hatte die Polizei zwei andere Flugblätter der Augsburger Druckerei Gebr. Reichel beschlagnahmt; Witetschek, Kirchliche Lage III, S. 30. Vgl. auch Henn, Volksmission, S. 29.

600 BayHStA, MA 107 295, Meiser an Frick vom 6.9.1934.

ANMERKUNGEN ZU DEN SEITEN 330 BIS 332

601 Dekanatsarchiv Weißenburg 47, Schreiben vom 10.9.1934. Exemplar auch in: BayHStA, MA 107 295. Das "Korrespondenzblatt" berichtete (10.9.1934, S. 414), daß sich "eine Anzahl Pfarrkapitel und Kirchenvorstände mit dringenden Eingaben an den Herrn Reichsstatthalter und andere Stellen" wegen des Verbotes gewandt hätten. Vgl. auch Geuder, Im Kampf, S. 39; Witetschek, Kirchliche Lage II, S. 33.
602 Jäger stützte sich auf Pfeffers persönliche Vollmacht; Scholder, Kirchen II, S. 295.
603 BA, Nachlaß Traub, 27, Breit an Traub vom 6.9.1934.
604 LKAN, Personen XXXVI, 115, Schlier-Kitzingen an Meiser vom 31.8.1934. LKAN, Personen XLVII, 3, "Die DC-Pfarrgemeinde in Bayern" mit Namen der Gründungsmitglieder. Siehe auch Baier, DC, S. 111.
605 Schlier an Meiser vom 31.8.1934 (s. Anm. 604). LKAN, Kirchenkampfsammlung 0-3, Möbus an NESP-Mitglieder vom 31.8.1934. Am 1.12.1934 ging die Leitung an Dr. Beer; LKAN, KKU 6/III, Möbus an Amtsbrüder vom 29.11.1934. Es ist bemerkenswert, daß das einzige Mitglied des NSEP-Führerrats, das bei der Gründung der DC-Pfarrgemeinde dabei war, der alte NSEP-Landesleiter Dr. Daum war. Einzige Verbindung zum Ansbacher Kreis war Pfarrer Grießbach.
606 Vor allem Pfarrer Josepf Ruck-Nennslingen (Dekanat Thalmässing, Bezirksamt Weißenburg), Pfarrer F.W.Auer-Larrieden (Dekanat Feuchtwangen), Pfarrer Karl Brunnacker-Mönchsroth (Dekanat Dinkelsbühl), und Dr. Daum-Oberhohenried. Alle werden von Holz erwähnt als Zeugen für angeblich staatsfeindliche Äußerungen aus Pfarrerkreisen in seiner Schrift vom 20.9.1934; LKAN, Personen XLII, 8.
607 Über das Datum der Gründung des Bundes herrscht Unklarheit. Baier/Henn (Chronolgie, S. 66) und Baier (DC, S. 157) geben den 19.5.1934, den Tag vor Pfingsten, als Gründungsdatum an, und in einer Schrift Holz' vom 20.9.1934 steht es, daß die Veröffentlichung der Kasseler Erklärung der Anlaß für die Gründung war (LKAN, Personen XLII, 8). In seiner Rede vor den NS-Kirchenvorstehern in Nürnberg am 4.10.1934 sagte Holz dagegen, daß der Bund "in den Tagen vor dem Parteitag" gegründet wurde, was viel wahrscheinlicher ist (LKAN, Kreisdekan Ansbach 1/15/9/I, Niederschrift der Sitzung in Nürnberg).
608 So nannte der "Völkische Beobachter" den Parteitag; Deutschland-Bericht der Sopade I, 1934, S. 472.
609 RS vom 23.9.1934, S. 449.
610 Gesetzblatt der DEK vom 3.9.1934, S. 149. In der Tagespresse am 6.9.1934; Stoll, Dokumente V, S. 13f.; RS vom 23.9.1934, S. 448; Evang. Gemeindeblatt für München vom 16.9.1934, S. 406f. Die "Basler Nachrichten" (7.9.1934) brachte die Überschrift: "Landeskirchen von Bayern und Württemberg zwangsweise in die Reichskirche eingegliedert". Vgl. auch Meier, Kirchenkampf I, S. 217; Scholder, Kirchen II, S. 307.
611 KABl vom 7.9.1934, S. 127.
612 BayHStA, RStH 634, Bericht Martins vom 16.9.1934.
613 Nicolaisen/Kretschmar, Dokumente II, S. 169. Evang. Gemeindeblatt für Nürnberg vom 16.9.1934, S. 401; Scholder, Kirchen I, S. 288f.
614 Siehe Anm. 580.
615 Wilhlem Eckardt, Eibach, ein Brennpunkt des Kirchenkampfes, unveröffentlichtes Manuskript, 1961, S. 6. Siehe auch Baier, DC, S. 111, Anm 137.
616 KABl vom 12.9.1934, S. 133.
617 Siebert hat einer Abordnung am 19.10.1934 erzählt, daß das Gespräch mit Müller zustande kam, als beide während des Vorbeimarsches der SA fünf Stunden lang nebeneinander saßen; LKAN, Personen XXXVI, 41, Dekan Sperl, Gunzenhausen an LKR vom 12.11.1934. Da der SA-Vorbeimarsch am

ANMERKUNGEN ZU DEN SEITEN 332 BIS 335

9.9.1934 stattfand, ist die Datierung bei Baier/Henn, Chronologie S. 79 zu korrigieren. Vgl. auch Nicolaisen/Kretschmar, Dokumente II, S. 187; Henn, Bayer. Landeskirche, S. 84. Die Versprechung Müllers an Siebert sprach sich schnell herum. Dekan Boeckh, Pappenheim, gab seiner Gemeinde Ende Oktober seine Darstellung der kirchlichen Lage: "Der Reichsbischof selbst hat damals dem Ministerpräsidenten Siebert die Zusage gegeben, er werde in die bayerische Landeskirche nicht ohne vorherige Verständigung mit der Staatsregierung eingreifen"; Dekanatsarchiv Pappenheim 89.

618 LKAN, Kirchenkampfsammlung 0-5, Brief Putz' vom 7.9.1934.
619 Dekanatsarchiv Pappenheim 89, Schreiben Boeckhs vom 12.9.1934.
620 Am 13.9.1934 berichtete Dekan Boeckh, daß Senior Maar (nicht Rottler) bei Gerstner war und daß Gerstner sagte, "er wolle in das Unternehmen nicht störend eingreifen, wenn er auch selbst seine Unterschrift nicht geben würde"; ebda.
621 Ebda., Gerstner an Boeckh vom 15.9.1934. Gerstner wurde vom Bezirksamt Weißenburg informiert, daß Dekan Boeckh behauptet hätte, die Unterschriftensammlung hätte Gerstners ausdrückliche Zustimmung.
622 Das evangelische Nürnberg, S. 17 (s. Anm. 595).
623 LKAN, Personen XXXVI, 114, Dekan Weigel an Meiser vom 12.11.1934.
624 Die Fränkische Wacht vom 13.9.1934, S. 290f.
625 Evang. Gemeindeblatt für Nürnberg vom 16.9.1934, S. 460ff.
626 Deutschland-Bericht der Sopade I, 1934, S. 470; Kerschaw, Führer-Mythos, S. 64.
627 Wie Anm. 625, S. 460f.
628 Klaus Scholder, Geschichte und Hoffnung. Nürnberg und das 20. Jahrhundert, in: Deutscher Evangelischer Kirchentag Nürnberg 1976, S. 292.
629 Wie Anm. 625, S. 462.
630 Pfarrarchiv Ellingen 8, Dekan von Löffelholz an die Pfarrämter von 13.9.1934, mit der Bemerkung, daß Wolf Meyer der "spiritus rector" der Erklärung sei.
631 Erklärung abgedruckt bei Baier, DC, S. 406f. Für die Saarkundgebung und die Proklamation auf dem Parteitag, siehe Nicolaisen/Kretschmar, Dokumente II, S. 168f. Kein Pfarrer von Ansbacher Kreis war Mitglied der Landessynode. Die Verbindung zur DC-Pfarrgemeinde stellten Meyer und Grießbach her; vgl. Baier, DC, S.111.
632 WTBl und WZ vom 12.9.1934; AR vom 14.9.1934.
633 AR vom 8.9.1934. Schon am 1.9 hat die AR die Meiser'schen Vorschläge an Frick detailliert besprochen. Vgl. Hermelink, Kirche im Kampf, S. 132f.
634 LKAN, Dekanat Augsburg 408, Schreiben der Pfarrerbruderschaft vom 13.9.1934.
635 EvAG, A 30.28, Rundbrief 4 der Pfarrerbruderschaft. Dabei wurde nur der Eid der Reichskirchenregierung abgelehnt: "Einen politischen Eid, wie ihn die Beamten schwören mußten, können wir schwören und werden ihn schwören, wenn ihn der Staat fordert"; ebda.
636 Gesetzblatt der DEK vom 14.9.1934; JK vom 22.9.1934, S. 765f. Siehe auch Scholder, Kirchen II, S. 292. Mit dem Wegfall des Eides betrachtete Richard Zwörner seine Bedenken gegen die Eingliederung als hinfällig; LKAN, Personen XXXVI, 115, Zwörner an Meiser vom 15.9.1934.
637 EZA Berlin, EKD A4/293, Meyer an Müller, Jäger und Kinder vom 5.10.1934, S.2.
638 Ebda., S.1. Das Versprechen wiederholt Müller am 14.9; Baier/Henn, Chronologie, S. 81.
639 Siehe Hermelink, Kirche im Kampf, S. 139ff. und Scholder, Kirchen II, S. 310ff.

ANMERKUNGEN ZU DEN SEITEN 335 BIS 338

640 AR vom 12.9.1934; ein ähnlicher Bericht über Württemberg erschien im KBl vom 17.9.1934, S. 419f.
641 Geuder, Im Kampf, S. 40. Meinzolt schrieb am 14.9, daß er "mit einem gewaltsamen Vorgehen der Reichskirchenregierung in Bayern" rechnete; EvAG, bayr. Dekanate. Am 14.9 schrieb Putz an die Pfarrerbruderschaft: "Der Kommissar steht bevor. Der Landeskirchenrat weicht nur der Gewalt"; Steinbauer, Zeugnis I, S. 197f.
642 EvAG, A 30.28, Pfarrerbruderschaft, Rundbrief 4.
643 EvAG, A 30.28, Pfarrerbruderschaft, Rundbrief 5.
644 Wie Anm. 642. Apostelgeschichte 5,29: "Man muss Gott mehr gehorchen als den Menschen".
645 Pfarrarchiv Ellingen 9, Dekan v.Löffelholz an die Pfarrämter vom 13.9.1934.
646 Kundgebung zur "Eingliederung" vom 15.9.1934, unterzeichnet von Meiser, LKR, Präsident der Landessynode und Vorsitzender des LSA. Da diese Kundgebung mit keinem Wort auf die Angriffe in der "Fränkischen Tageszeitung" vom 15.9. eingeht, ist sie wohl schon vor dem 15.9 verfaßt worden; gegen Baier, DC, S. 117.
647 LKAN, Personen XLII (Frör) 8, "Die kirchliche Lage in Bayern", ohne Datums- und Verfasserangabe, jedoch eindeutig von Wolf Meyer und zwischen den 10. und 15. September verfaßt.
648 Die Belege erschienen als "Blütenlesen aus Bayerischen Pfarrkonferenzen", ein Flugblatt mit Äußerungen aus bayerischen Pfarrkonferenzen, die meisten von Pfarrer Brunnnacker und Auer geliefert; LKAN, Personen XLII (Frör) 8.
649 Stürmer Nr. 37 vom September 1934.
650 In der AR vom 26.6.1934 erschien der Artikel "Wie vor 2000 Jahren" von "E" (wohl Eckstein).
651 AR vom 15.9.1934.
652 FrTZ vom 15./16.9.1934.
653 Daß Meyer nicht vorher von dem Holz-Artikel wußte, bestätigt sein "Adjutant" Pölloth in einem Brief vom 17.9.1934; EZA Berlin, EKD A4/303. Scholder dagegen (Kirchen II, S.316) vermutet, daß Meyer hinter dem Holz-Artikel steckte. Auch Stoll meinte, der Artikel hätte "zweifellos niemals ohne die Mitwirkung eines bayerischen 'theologischen Beraters' so... geschrieben werden können; Stoll, Dokumente V, S. 6.
654 Ein Vergleich zwischen Meyers Schrift zur kirchlichen Lage in Bayern (s. Anm. 647) mit dem Holz-Artikel "Fort mit... Meiser" in der FrTZ läßt schließen, daß Holz seinen Beitrag allein verfaßt hatte. Dies zeigen allein die verschiedenen Bezeichnungen für den Landesbischof. Während bei Meyer Meiser lediglich Vorwürfe wie "Irrlehrer", "Verrat am Luthertum", "Verrat am Dritten Reich", "Meuterer" zugeschrieben werden, präferierte Holz eine wesentliche härtere Sprache, mit Ausdrücken wie "treulos", "wortbrüchig", "unchristlich", "wie Judas Ischariot".
655 FrTZ vom 15./16.9.1934, S. 3. Abgedruckt bei Baier, DC, S. 408ff.
656 Vgl. "Blütenlesen aus Bayerischen Pfarrkonferenzen", Blatt II (s. Anm. 648).
657 Siehe oben S. 373f.
658 Die Schutzhaft erfolgte am 16.9; BayHStA, MA 106 460/7, Bollmann an Epp vom 27.11.1934. Der Schutzhaftbefehl wurde vom Bezirksamt Fürth erlassen, "weil durch diese infolge des Zeitungsberichts öffentlich bekanntgewordene staatsfeindliche Äußerung eine unmittelbare Gefährdung der öffentlichen Ordnung wie auch der persönlichen Sicherheit Käßlers vorliegt"; BayHStA, MA 107 295, Dippold an Frick vom 15.9.1934. Käßler blieb bis zum 21.9 im Schutzhaft; AR vom 22.9.1934. Später erklärte Käßler wie er seine Bemerkung gemeint hatte; s. Anm. 673.

ANMERKUNGEN ZU DEN SEITEN 338 BIS 341

659 Die Beschränkung auf diese zwei Anschuldigungen weist auch auf Holz als alleiniger Schreiber des Artikels hin, denn für Wolf Meyer war Meisers Mitwirkung an der Barmer Synode maßgebend für seine Kritik; vgl. Anm.647.
660 BA, R43 II/162, LKR an Hitler.
661 Dekanatsarchiv Weißenburg 47, Dekan v.Löffelholz an die Pfarrämter vom 15.9.1934. Das Telegramm aus München wurde von Greifenstein unterzeichnet.
662 KABl vom 14.9.1934, S. 131.
663 Geuder, Im Kampf, S. 44.
664 BayHStA, MA 107 295, Regierungspräsident Dippold an Frick vom 15.9.1934.
665 Siehe z.B. Dippolds Bericht vom 9.10.1934 in: Witetschek, Kirchliche Lage II, S. 34ff.
666 In Erlangen wurde z.B. am 16.9.1934 eine Abschiedsfeier zu Ehren des Kirchenrats D. Baum und des Pfarrers Kornacher "auf Veranlassung der Kreisleitung der NSDAP" durch die politische Polizei verboten, wohl aus der Befürchtung, man würde gegen den Angriff in der "Fränkischen Tageszeitung" Stellung nehmen. Die ausgesperrten Besucher zogen daraufhin vor das Dekanatsgebäude und sangen dort "Ein feste Burg"; Fränkische Wacht vom 4.10.1934, S. 319.
667 Monatsgruß, Evang. Gemeindeblatt aus Treuchtlingen, Nr.10 vom Okt.1934.
668 Evang. Gemeindeblatt für München vom 23.9.1934, S. 415ff.; KBl vom 17.9.1934, S. 417f.
669 AR vom 17.9.1934. Siehe auch Stoll, Dokumente V, S. 17f. Der Bericht erschien auch in einigen Gemeindeblättern, wie das Evang. Gemeindeblatt für den Kirchenbezirk Leipheim Neu-Ulm, Nr. 10 vom Oktober 1934.
670 Rieser Kirchenbote vom Oktober 1934, S. 74; Kirchenbote v. Altmühltal u. Hahnenkamm vom Oktober 1934, "Der Bezirkskirchentag in Gunzenhausen".
671 KBl vom 17.9.1934, S. 418. Das Neue Tage-Buch (vom 29.9.1934, S.922) nannte die Kundgebung ein "unvorstellbares Ereignis! - eine mehrtausendköpfige protestantische Demonstration, wohlwollend von der Bevölkerung ermuntert, (ist) durch die Strassen des katholischen Münchens gezogen; ist trotz polizeilicher Sprengungsversuche bis vors Braune Haus gelangt und sang dort das Lutherlied".
672 BayHStA, RStH 634, Martin an die Regierung in Ansbach vom 16.9.1934.
673 AR vom 17.9.1934, S. 5 & 6. Der Verbot des Abdrucks des Holz-Artikels für alle deutschen Zeitungen (Gauger, Chronik II, S. 329) hatte die AR wohl zu spät erreicht. Unter dem Holz-Artikel in der AR stand die Meldung, daß Käßler in Schutzhaft genommen wurde, sowie seine Verteidigung gegen die Vorwürfe Rucks. Käßler erklärte, daß seine Bemerkung bei der Pfarrkonferenz falsch verstanden wurde. Als er sagte, in einem halben Jahr sei es zu spät für eine Beschwerde gegen ihn, wollte er sagen, daß bis dahin, "Wahrheit und Sauberkeit" in der Reichskirche, womöglich mit staatlichen Hilfe, durchgesetzt worden werde. Käßler stellte auch fest, daß er Ruck ausdrücklich die Erlaubnis gegeben hätte, gegen ihn vorzugehen; daß Ruck also nicht unkollegial gehandelt hätte.
674 FrTZ vom 17.9.1934; der letzte Teil abgedruckt bei Baier, DC, S. 114f.
675 Zum Meißner-Brief siehe vor allem Scholder, Kirchen II, S.312f.
676 Erklärung, abgedruckt bei Baier, DC, S. 407. Auch für Pfarrer Gollwitzer, der nicht zu den Unterzeichnenden dieser Erklärung gehörte, war der Meißner-Brief ausschlaggebend, wie er in Augsburg am 31.10.1934 sagte: "Es wurde D. Meiser mitgeteilt, daß der Führer die Beschwerde

ANMERKUNGEN ZU DEN SEITEN 341 BIS 342

eingehend geprüft habe und als unberechtigt zurückgewiesen habe. Damit ist für mich die Sache klar"; LKAN, Dekanat Augsburg 408.
677 FrTZ vom 17.9.1934; Brief von Auer, abgedruckt bei Baier, DC, S. 119. Auer bestritt allerdings die Behauptung der Geistlichen des Kapitels Feuchtwangen (ebda.; KBl vom 1.10.1934, S. 443), daß er "niemals den Mut aufbrachte, sich im Kollegenkreise offen und ehrlich zu den in jenem Briefe geäußerten Anschauungen zu bekennen". Auer habe sich bei der Pfarrervereinsversammlung am 27.6.1934 gegen eine scharfe Verurteilung von W. Meyer ausgesprochen; KBl vom 21.10.1934, S. 472; vgl. KBl vom 2.7.1934, S. 313.
678 Baier, DC, S. 118.
679 Von der mißlungenen Umfrage Möbus' im August informierte Schlier den Landesbischof am 21.8.1934. Schlier schätzte, daß von ca. 250 NSEP Mitgliedern höchstens 80 hinter Möbus stünden; LKAN, Personen XXXVI, 33/I. Wegen seiner inneren Zerrissenheit war der NSEP im September 1934 kaum mehr funktionsfähig. Diese Ohnmacht des NSEP war ohnehin ein Grund für die Aufstellung der DC-Pfarrgemeinde am 27.8. Daher kann man nicht (wie Baier, DC, S. 118) die Behauptungen von Möbus in seinem Brief vom 19.9.1934 als "entscheidenden Erfolg" ansehen, denn hinter Möbus standen nicht die 250 NSEP Mitglieder; sein Brief leitete auch keine "große Abfallbewegung vom Landesbischof ein"; ebda.
680 Dies bestätigt Dekan Felsenstein, Öttingen, der am 17.9 mit den Dekanen von Nördlingen und Ebermergen von der Bahnpolizei festgenommen wurden auf die Anzeige eines Obertruppenführers hin, der im Zug mitgehört hatte, wie Felsenstein erklärte, daß man bei etlichen mittelfränkischen Pfarrern eine Kanzelerklärung vom 16.9 nicht gegeben habe, "weil sie vermutlich durch die Polizei diese Kundgebung für unsern angegriffenen Landesbischof verhindert hätten". In seinem Brief an die Staatspolizei Augsburg vom 18.9 bat Felsenstein um Verständnis, "daß wir vor solchen seltsamen Pfarrern und ihrer Anzeigelust uns in acht nehmen und sie nicht mehr an allen unseren Beratungen teilnehmen lassen"; LKAN, Dekanat Öttingen 25.
681 Der Schriftleiter des Korrespondenzblatts W.F.Schmidt stellte in einer Anmerkung (KBl vom 17.9.1934, S. 419) die Frage, ob die Männer, die "wie ich hoffen möchte, wider ihren Willen in eine Front mit den Kreisen gedrängt (sind), welche in dem hl. Abendmahl eine verdächtige Parallele zu den jüdischen Ritualmorden sehen", nicht diese Gelegenheit "zu einer tapferen Umstellung nehmen sollten". Der DC-Pfarrer Ruck war extrem genug, auch noch die Bemerkung Holz' über das Abendmahl zu verteidigen und von Schmidt eine Entschuldigung an Holz zu verlangen mit der Drohung: "Tun Sie das nicht, so wird Herr Pg. Holz selbst die Abwehr mit allen ihm zu Gebote stehenden Mitteln zu übernehmen haben und von mir das Material dazu erhalten"; KBl vom 1.10.1934 S. 443; KBl vom 15.10.1934, S. 460.
682 Fikenscher gab seinen Austritt im KBl vom 17.9.1934, S.420 bekannt; Grießbach im KBl 1.10.1934, S. 444, wobei er seine Unterschrift zu "Friede in der Kirche" zurücknahm. Elert stellte im KBl vom 29.10.1934, S. 478 fest, daß fünf von den acht Unterzeichnern des Ansbacher Ratschlags ihren Austritt aus dem Ansbacher Kreis erklärt hätten.
683 Schreiben Wolf Meyers vom 5.10.1934 (s. Anm. 637).
684 Am 19.9.1934 teilt Elert dem Landesbischof mit (LKAN, Personen XXXVI, 114): "Ich habe mich selbstverständlich auch, nachdem ich die Erklärung der Mitglieder des "Ansbacher Kreises" zu Gesicht bekam, sofort von diesem Kreis losgesagt". Der Austritt wurde im KBl vom 17.9.1934 (S. 420) mitgeteilt. Falsch ist die Behauptung in Baier/Henn, Chronologie (9.9.) S. 80, Elert und Althaus haben schon vor Bekanntgabe von "Friede

ANMERKUNGEN ZU DEN SEITEN 342 BIS 343

in der Kirche" ihre Zugehörigkeit zum "Ansbacher Kreis" gelöst. Baier (DC, S. 118) gibt den 14.9. als Datum für ihre Austrittserklärung an, die "aufgrund der sich überstürzenden Ereignisse" geschehen sein soll. Elert und Althaus stellte mit ihrer Erklärung zugleich fest, daß sie ihre Zustimmung zum Ansbacher Ratschlag nicht zurücknehmen wollten (KBl vom 17.9.1934, S.420; KBl vom 29.10.1934, S.478). Bei der zweiten Bekenntnissynode in Dahlem (19./20.10.1934) gab Althaus jedoch bekannt, er habe seine Unterschrift unter dem Ansbacher Ratschlag zurückgenommen; Kupisch, Landeskirchen, S. 149, Anm.7; Scholder, Kirchen II, S.437, Anm.162. Elert dagegen, bei aller Loyalität zu Meiser, verteidigte weiterhin den Ratschlag (KBl vom 29.10.1934, S. 478).

685 Für den LKR war die Erlanger Erklärung sehr wichtig und wurde im Amtsblatt (KABl vom 17.9.1934, S. 139f.) gedruckt. Auch im KBl vom 24.9.1934, S. 433f.

686 Ebda. Henn (Bayerische Landeskirche, S. 90) bezeichnete die Erklärung als "nur in sehr begrenztem Umfange eine Hilfe für die bedrohte bayerische Landeskirche".

687 In seiner Schrift von Mitte September 1934 (s. Anm. 583) schrieb Wolf Meyer: "Meisers theologische Verteidigung in Erlangen ist der bekannte deutschnationale und spätere Volksdienstler Strathmann, der die Studenten gegen seinen Kollegen Elert aufputschte, weil dieser Meisers Verrat am Luthertum und theologischen Angriff gegen den Nationalsozialismus in Barmer nachwies".

688 Siehe Scholder, Kirchen II, S. 296 und Schmidt, Niemöller, S.225.

689 In einem Privatbrief an Meiser vom 19.9.1934 (LKAN, Personen XXXVI, 114) beschwerte sich Elert über das Mißtrauen gegen seine Person, was dazu geführt hatte, daß er zur Gründung des Lutherischen Rates nicht eingeladen wurde. Elert stellte fest, daß er noch immer einer Meinung mit Meiser war: "Weil ich an die Zukunft der Lutherischen Kirche Deutschlands erst zu glauben vermag, wenn sie sich von der reformierten Hegemonie frei gemacht hat. Alles andere war für mich von untergeordneter Bedeutung." Zweimal habe Elert 1934 verhindert, "daß sich die DC wieder in Bayern festsetzten". Er habe auch "erst vor kurzem einem Mittelsmann der Reichskirchenregierung energisch erklärt, daß mir Ihre Person und Ihr Amt unantastbar seien, und die Zumutung, an Ihre Stelle die Verwesung zu unternehmen, mit der Bemerkung zurückgewiesen, daß dann kein Hund in Bayern noch ein Stück Brot mehr von mir nehmen würde". Zum Schluß versicherte er Meiser, "daß ich in diesen schweren Tagen in schärfster Ablehnung des gegen Sie geführten Kampfes, treu und fürbittend zu Ihnen stehe".

690 K.D.Schmidt, Bekenntnisse des Jahres 1934, S. 134f.

691 Der Hensoltshöher Gemeinschaftsverband war einer der 35 Gruppen, die im Sommer 1933 zum Gnadauer Verband gehörten; Rüppel, Die Gemeinschaftsbewegung im Dritten Reich, S. 18f.

692 Keupp argumentierte, daß da die Eingliederungsgesetze "von der Reichsregierung legitimiert" seien, der Zusammenschluß mit der Reichskirche die einzige Rettung sei; LKAN, Personen XXXVI, 236, Keupp an Meiser vom 23.9.1934.

693 Der Bericht in der "Fränkischen Wacht" (vom 20.9.1934, S.298ff.) enthielt nur den lapidaren Satz: "Die schweren Sorgen, die in diesen Tagen über dem bayerischen Protestantismus stehen, konnten nur bewirken, daß die aufrichtige Treue zum deutschen Volkstum und die herzliche Liebe zu unserer evangelischen Kirche desto lebendiger zum Ausdruck kamen." Es überrascht nicht, daß ein Sprecher auf dem Landesfest, Direktor Pfarrer Halbach, sich im Oktober 1934 dem Reichsbischof zur Verfügung stellte; Baier/Henn, Chronologie, S. 88; Baier, DC, S. 131, Anm. 21.

ANMERKUNGEN ZU DEN SEITEN 343 BIS 345

694 Der Leiter des Bayerischen Hauptvereins des Evangelischen Bundes sprach zum Thema: "Der Evangelische Bund im Dritten Reich"; Fränkische Wacht vom 20.9.1934, S. 298ff.
695 Evang. Gemeindeblatt für Nürnberg vom 30.9.1934, S. 490. Text der Anweisung bei dem Uffenheimer Kirchenboten Nr. 11 vom November 1934 und der Fränkischen Wacht vom 4.10.1934, S. 318.
696 Die Vorwürfe waren nicht nur gegen Meiser gerichtet, sondern auch gegen die Allgemeine Rundschau, besonders im Brief Pfarrer Auer an Holz: "Bewirken Sie auch, daß die heuchlerische 'Allgemeine Rundschau' wegen Beunruhigung der protestantischen Bevölkerung aufgehoben wird"; Baier, DC, S. 119.
697 Dekanatsarchiv Pappenheim 89, Rundschreiben Bollmanns an die Pfarrer o.D.
698 FrTZ vom 19.9.1934.
699 Wie Anm. 685.
700 RS vom 14.10.1934, S. 484, mit Zitat aus dem Erlanger Kirchenboten vom 1.10.1934. Das Sonntagsblatt betrachtete das Verbot mit Sorge und bedauerte, daß man ausländische Zeitungen lesen müsse, um Informationen über die kirchliche Lage zu bekommen.
701 KBl vom 24.9.1934, S. 432, in seinem Beitrag: "Wie es kam und worum es geht".
702 Ebda., aus der Ansbacher Zeitung vom 5.4.1934. Falsches Datum in Baier/Henn, Chronologie S. 117, 5.4.1935, vgl. KBl vom 24.9.1934, S. 432, Anm. **.
703 BayHStA, RStH 634, Bericht Martins vom 25.9.1934. Martin erhielt ein Exemplar des Evang. Gemeindeblatts für München vom 23.9.1934 mit Berichten von den Vorgängen in München, Nürnberg und Augsburg am 16. und 17. September. Es wurde Martin vorgehalten, "daß in den verschiedenen Gegenden mit zweierlei Maß gemessen" werde.
704 Aussage Pfarrer Heinrich Schmidts.
705 StAN, Bezirksamt Weißenburg, Abg. 1955, 516, Bericht des Bezirksamts Weißenburg an die Regierung von Ober- und Mittelfranken vom 24.9.1934.
706 RS vom 7.10.1934, S. 477. Das Meiserbild (z.B. im RS vom 11.11.1934, S.531, mit den Worten "Hinter mit stehen betende Hände") war über die Evang. Buchhandlung München in großen Mengen in Postkartengröße erhältlich; KBl vom 15.10.1934, S.461.
707 EvAG, A 30.28, Rundbrief der Pfarrerbruderschaft Nr. 6 vom 24.9.1934, der bestätigt, daß die Dekanate einen Bericht über die Nürnberger Ereignisse bekommen haben.
708 Beispiele sind: KBl vom 24.9.1934, S. 432; Evang. Gemeindeblatt für München vom 23.9.1934, S. 417f.; LKAN, Kirchenkampfsammlung 0-4, "Kundgebung auf dem Adolf-Hitler-Platz"; LKAN, Personen XLII, 8, Bericht über die Ereignisse in Nürnberg vom 16.-19. Sept.; EvAG, A 30.41, Brief Nr. 3 der Evang. Pressestelle München vom 29.9.1934.
709 Schieder, Hans Meiser, S. 23.
710 Ebda.; Evang. Gemeindeblatt für München vom 23.9.1934, S. 417.
711 "Kundgebung auf dem Adolf-Hitler-Platz", (s. Anm. 708).
712 BayHStA, RStH 634, Martin an Dippold vom 18.9.1934.
713 EZA, EKD A 4/303, Pölloth Schreiben vom 24.12.1934.
714 Wie Anm. 711.
715 Ebda.
716 Wie Anm. 712. Obwohl Holz diese Bemerkung machte, bescheinigt ihm Martin, "die gestellten polizeilichen Auflagen auf das peinlichste beachtet und meinem Ersuchen um Ermahnung der Kundgebungsteilnehmer in der loyalsten und weitgehendsten Weise entsprochen" zu haben; ebda.
717 Ebda. Vgl. auch Utho Grieser, Himmlers Mann in Nürnberg, S. 119f.

ANMERKUNGEN ZU DEN SEITEN 345 BIS 346

718 Evang. Gemeindeblatt für München vom 23.9.1934, S. 418; Schieder, Hans Meiser, S. 24. Nach dem Bericht der Evang. Pressestelle München (s. Anm. 708) stiegen hunderte "in der Egidienkirche auf die Kirchenbänke, um den Landesbischof mit lauten Heilrufen zu geleiten". Martin (s. Anm. 712) bestätigt den Ruf "Heil Meiser", unterschätzt aber bei weitem die Zahl der Menge vor den Kirchen: "jeweils etwa 50 - 150 Personen".
719 BayHStA, RStH 634, Martin an die Reichsstatthalterei in Bayern vom 20.9.1934. Ein kirchlicher Bericht (LKAN, Kirchenkampfsammlung 0-4) bezeichnet den Abschluß des Gottesdienstes in der Egidienkirche als den Höhepunkt des Abends: "Durch die dichten Reihen der ihm zujubelnden Menge mußte er sich erst einen Weg bahnen. Vor der Egidienkirche hatte die Polizei große Mühe die Massen von dem Auto fernzuhalten." Dagegen heist es in Daumillers erst nach dem Krieg geschriebenen Bericht (Oscar Daumiller, Geführt im Schatten zweier Kriege, München 1961, S. 64): "Nach dem Gottesdienst sollte es zu Tumulten auf dem Kirchplatz kommen. Polizeipräsident Dr. Martin hatte Landesbischof Meiser in seinem eigenen Wagen von einem Nebenausgang aus in Sicherheit bringen lassen." Von einem Aufgebot der Partei und der SA (Grieser, S.120) auf dem Egidienplatz fehlt in den kirchlichen Berichten jegliche Erwähnung. Es ist daher wahrscheinlicher, daß der Polizeibeamten in Zivil Dr. Holz (Grieser, S. 121, Anm. 31) dem Landesbischof seinen Wagen angeboten hatte, um die Demonstration auf dem vollen Egidienplatz möglichst rasch zu beenden und nicht weil Meiser von der Partei geschützt werden mußte (gegen Grieser, S. 121, der Daumillers Aussage als "nicht anzweifelbar" bewertet, obwohl Daumiller erst am nächsten Tag in Nürnberg ankam).
720 Schieder, Hans Meiser, S. 24. Nach Schieders Bericht "Wir alle hatten Verzagte Stunden" in: H.Winter, Zwischen Kanzel und Kerker, S. 76, dauerte das Singen fast eine Stunde.
721 LKAN, Kirchenkampfsammlung 0-4.
722 Ebda. Über die Zahlen bei der Holz-Meyer-Versammlung und in den Kirchen gibt es je nach Quelle weit divergierdende Einschätzungen. Holz sprach übertreibend von "annährend 40.000 Zuhörern" bei seiner Versammlung (LKAN, Personen XLII, Holz Rundschreiben vom 20.9.1934), während Martin von einer Zahl von 15.000 auf dem Hauptmarkt ausging (Bericht vom 18.9.1934, s. Anm. 712). Die Kirche schätzte, daß 12.000 Personen an den kirchlichen Feiern teilnahmen, was "mindestens dieselbe Zahl" wie auf dem Adolf-Hitler-Platz" gewesen sei (s. Anm. 721). Für das Evang. Gemeindeblatt aus München waren die Kundgebungen der Beweis, daß "das Kirchenvolk in der größten Mehrheit" hinter Meiser stünde (s. Anm. 718; vgl. Baier, DC, S. 117). Gegen diese überoptimistische Einschätzung steht das nüchterne Urteil Martins, das durch die weiteren Jahren des Kirchenkampfes bestätigt wurde: "In der Bevölkerung sind meines Erachtens die Radikalisten von beiden Seiten zahlenmäßig nicht sehr groß. Große Teile der Bevölkerung machen die Sache aus Sensationsbedürfnis mit, ohne innerlich irgendwie engagiert zu sein. Vielfach hört man die Gefühle der Bevölkerung sich in dem Sinne äußern, daß man in Nürnberg nach einem so schönen Reichsparteitag den Kirchenstreit doch wirklich nicht nötig gehabt hätte. Diese Gefühlsäußerung scheint mir auch das Richtige zu treffen. In der Nürnberger Bevölkerung bestand bisher keine große Anteilnahme an den kirchenpolitischen Fragen. Es ist auch bei der Psyche der Nürnberger Bevölkerung zu erwarten, daß sie, wenn nicht unvorhergesehene Ereignisse in Mitte treten, ihr Interesse bald wieder vom Kirchenstreit abwenden wird" (s. Anm. 719).
723 Wie Anm. 719.
724 Nach Daumillers Beschreibung bekam er die Aufgabe, "die kirchlichen Vorgänge in Nürnberg zu beobachten und, wenn nötig, in ihren Ablauf

ANMERKUNGEN ZU DEN SEITEN 346 BIS 348

einzugreifen". Schieder habe, nach Daumiller, den LKR um "die Abstellung eines eigenen Beamten des Landeskirchenrates nach Nürnberg" gebeten (Daumiller, Geführt, S. 64). Zusammen mit Schieder und Frör bildete Daumiller ein Dreimännerkollegium im Kirchenkampf. Kurt Frör bestätigt, daß Daumiller nach München geschickt wurde, um Schieder, der bisher den Kirchenkampf autonom geführt hatte, aus der Schußlinie zu halten. Frör vermutet auch, daß der LKR auch etwas unruhig über die Autonomie in Nürnberg war und deswegen einen Repräsentanten dort haben wollte. Dekan Weigel, ein gutmütiger, bürgerlicher Dekan, hatte nichts gegen Schieders Führung im Kirchenkampf. Frör bestätigt auch, daß Martin eine schwierige Stellung hatte: Ordnung zu bewahren, Partei und Kirche zu mäßigen. Unter einem anderen Polizeipräsidenten wäre wohl Schlimmeres passiert; Auskunft Kurt Frör.
725 Nach einem Bericht (s. Anm. 721) war die Lorenzkirche auch Dienstag überfüllt.
726 Bericht Martins vom 20.9.1934 (s. Anm. 719).
727 LKAN, Personen XLII, 8, Bericht über die Ereignisse in Nürnberg vom 16.-19. September 1934.
728 Wie Anm. 721.
729 Wie Anm. 719.
730 Wie Anm. 727.
731 LKAN, Dekanat Markt Erlbach 16, Rundschreiben Kerns an die Dekane vom 17.9.1934; AELKZ vom 28.9.1934, Sp. 933; Henn, Volksmission, S. 29. H.Kern war neben Schieder, Frör und Schlier Mitglied des Bruderrates der Pfarrerbruderschaft, der schon vor September 1934 Vorkehrungen für den Ernstfall in Bayern getroffen hatte; s. oben S. 282.
732 Bericht Martins vom 20.9.1934 (s. Anm. 719).
733 Ebda. Streicher ging wahrscheinlich um den 14.9.1934 in Kur, denn es erschien in der "Fränkischen Tageszeitung" nach diesem Datum keine Nachricht über ihn im ganzen Monat September. In seiner Rede vom 12.10.1934 bestätigt Streicher, daß er 14 Tage zur Erholung in Wörishofen war und daß er Holz Erlaubnis gab, seine Bedenken in der Kirchenfrage zu äußern, solange die Bewegung davon frei bleibe; FrTZ vom 13.10.1934.
734 Bericht Martins vom 20.9.1934 (s. Anm. 719).
735 LKAN, Personen XLII, 8, Rundschreiben von Karl Holz, "Die Rebellion des Landesbischofs Meiser gegen Kirchenregiment und Staat" vom 20.9.1934. In einem Schreiben an Kreisdekan Kern vom 5.10.1934 (LKAN, Kreisdekan Ansbach, 15/9) bestritt Pfarrer Schemm-Ehingen, daß die zwei Zitate aus einer Pfarrkonferenz in dem Holz-Rundschreiben von ihm stammten. Gleichzeitig bestätigt Schemm, daß das Schreiben an die Ortsgruppenleiter der NSDAP gerichtet war.
736 Das Material lieferte Dr. Daum-Oberhohenried, Pfarrer Auer-Larrieden, Pfarrer Brunnacker-Mönchsroth, und Pfarrer Ruck-Nennslingen.
737 Holz Rundschreiben vom 20.9.1934, Blatt VI (s. Anm. 735).
738 LKAN, Dekanat Altdorf 119, Dekan Schmidt an Missionsinspektor Heinrichsen, Neuendettelsau.
739 Über Streichers enge Kontakte mit seinen Kreisleitern berichtet: Wm. Varga, The Number One Nazi Jew Baiter. A Political Biography of Julius Streicher, Hitler's Chief Anti-Semitic Propagandist, New York 1981, S. 211.
740 Bericht Martins vom 20.9.1934 (s. Anm. 719). Die Brisanz des Holz'schen Rundschreiben an die Ortsgruppenleiter spielte Martin in seinem Bericht vom 25.9.1934 (BayHStA, RStH 634) eindeutig herunter: Holz habe den Kampf eingestellt und "lediglich seiner Meinung in zwei an auswärtige Stellen versandten Rundschreiben... Ausdruck verliehen".

ANMERKUNGEN ZU DEN SEITEN 348 BIS 349

741 Wenn Meiser in Gegenwart von Dr. Daum sich kritisch über Streicher geäußert hatte, denn war es wahrscheinlich am 16.1.1934, als Dr. Daum bei Meiser war (Baier/Henn, Chronologie, S. 53). Gründe für eine solche Äußerung gab es genug: Die Verteidigung Dr. Krause im "Stürmer" (47:1933), die Müller/Mitschke Kontroverse im "Stürmer" (48:1933), sowie Streichers Einmischung bei den Stellungsbesetzungen der evang. Kirche in Nürnberg. Im Januar 1934, zum Beispiel, war die Pfarrstelle in Nürnberg-Gibitzenhof, wo der Kirchenvorstand das Präsentationsrecht hatte, zu besetzen. Der NS-Ortsgruppenleiter Rackelmann, ein Vertrauter Streichers, rief die Kirchenvorsteher zusammen und befahl ihnen, den alt Pg. Pfarrer Wolfrum zu präsentieren. Alle bis auf drei haben gehorcht. Wie Pfarrer Gerhard Günther berichtete: "Es ist dies bei einem Kirchenvorstand, der unter Staats- und Parteiterror zustande kam, kaum anders zu erwarten, zumal H.Rackelmann ständig einen unheimlichen Terror in Gibitzenhof ausüben soll". Auch der LKR bestätigte die Wahl, obwohl Pfarrer Wolfrum nicht die "Stadtnote" hatte, dagegen aber eine gute Parteimitgliednummer; LKAN, Personen LXIII, Schreiben Pfarrer Günthers vom 15.1.1934.
In einem anderen Fall berichtete Pfarrer Hans Berthold, 1931-1934 exponierter Vikar in Nürnberg-Laufamholz: "Die Kirchenvorsteher wollten mich bei der Pfarrwahl August 1934 zum Pfarrer an der neu errichteten Pfarrei wählen, wurden aber vom Gauleiter Streicher' gezwungen, einen DC Pfarrer zu wählen, der vom LKR überhaupt nicht präsentiert war". Pfarrer wurde Pg. Theodor Däschlein, Leiter des NSEP Presseamtes; LKAN, LKR IV Slg. A-P, und Baier, DC, S. 85.
In Gegenwart von Streicher und Martin hatte Daumiller am 8.2.1934 beteuert, "daß die Äußerung Pfarrer Daums in Oberhohenried sehr mit Vorsicht aufzunehmen sei. Herr Landesbischof, der seine Worte wohl zu wägen weiß, habe ganz gewiß Pfarrer Daum gegenüber eine solche Äußerung nicht getan"; LKAN, Kreisdekan Ansbach 15/9.
742 AELKZ vom 28.9.1934, Sp. 924f. Am 18.9.1934 schrieb der LKR an Hitler, er solle "als oberster Hüter des Rechtes" eine Stelle bestimmen, die den Streit prüfen und unparteiisch ein Spruch fallen sollte; BA, RS 43 II/162.
743 BayHStA, RStH 635, LKR an die Kirchenvorsteher und Synodalen vom 9.10.1934. Der Meißnerbrief wurde hier als "eine angebliche Mitteilung des Führers an Landesbischof D. Meiser" bezeichnet.
744 In der Sitzung des Bruderrats der Bekenntnissynode vom 3.9.1934 sagte Meiser: "Die Haltung des Staates muß erst klar werden, ehe man letzte Konsequenzen zieht"; Braun/Nicolaisen, Verantwortung, S. 339.
745 Stoll, Dokumente IV, S. 31.
746 Siehe dazu Scholder, Kirchen II, S. 320.
747 AR vom 20.9.1934. Gleiche Fassung im Völkischen Beobachter vom 20.9.1934. Vgl. auch Stoll, Dokumente IV, S. 31ff.
748 BN vom 21.9.1934.
749 Ebda. Vgl. auch JK vom 20.10.1934, S. 861. Das "Korrespondenzblatt" (vom 1.10.1934, S. 444) nahm Bezug auf die Denkschrift Jägers vom 5.6.1934, in der die Verwirklichung der Nationalkirche "innerhalb kurzer Zeit" erwartete würde, "wobei vielleicht mit einer Opposition von ca. 4 Millionen Katholiken und einigen Hunderttausend Protestanten zu rechnen sei, über die man hinwegkommen werde. Dann werde die völkische Idee den Vorzug vor der christlichen Idee erhalten."
750 Stoll, Dokumente IV, S. 34.
751 Ebda. Das Manifest wurde auf der Tagung des Reichsbruderrates am 18.9. in Würzburg entworfen, auf der Pfarrer Stoll über Bayern referiert hatte; Schmidt, Niemöller, S. 222. Daß die Erklärung von 7000 Pfarrern

ANMERKUNGEN ZU DEN SEITEN 349 BIS 351

oder mehr als ein Drittel der evangelischen Kanzeln Deutschlands verlesen wurde, bestätigt Das Neue Tage-Buch Nr. 39 vom 29.9.1934, S.922f.
752 Baier, DC, S. 412. Ob die Erklärung auch in Bayern gelesen wurde, bleibt eine offene Frange. Offensichtlich hat der LKR die Verlesung nicht angeordnet, obwohl anzunehmen ist, daß einige Redner in den Bekenntnisgottesdiensten darauf Bezug genommen haben. Ein Regierungsbericht aus Augsburg (Witetschek, Kirchliche Lage III, S. 38) bestätigt jedenfalls, daß "da und dort" in den Bittgottesdiensten "eine zum Teil scharfe Sprache gegen den Reichsbischof und die Reichskirchenregierung" gesprochen wurde. Ein Regierungsbericht aus Ansbach schrieb (Witetschek, Kirchliche Lage II, S. 36): "Anläßlich der Einführung des Reichsbischofs... bewahrte die Geistlichkeit mit wenigen Ausnahmen die größte Zurückhaltung". Das Neue Tage-Buch (29.9.1934, S.922) berichtet, daß Meiser das Manifest in Ansbach vorgelesen hatte. Die Erklärung wurde gedruckt im Evangelischen Gemeindeblatt für München am 7.10.1934, S.443.
753 LKAN, Personen XLII 8, Bericht über die Ereignisse in Nürnberg vom 16.-19. September 1934, S. 3.
754 BayHStA, MA 107 291, Holz an Siebert vom 20.9.1934.
755 LKAN, Personen XLII 8, Pfarrkonferenz vom 24.9.1934 in der Moritzkapelle, Nürnberg. In einem Vermerk vom 21.9.1934 zu seinem Bericht vom 20.9.1934 (s. Anm. 719) bestätigt Martin, daß Unterschriften gegen Meiser unter Parteigenossen gesammelt wurden.
756 Witetschek, Kirchliche Lage II, S. 35. Martin antwortete der BPP, daß ein Redeverbot gegen Meiser "ein glatter Unsinn" sei (s. Anm. 755). Aus dem Bericht des Evang. Gemeindeblatt für Ausgburg vom 30.9.1934 (in JK vom 4.10.1934, S. 813f.) geht nicht hervor, daß das Verbot vom "Ansbacher Kreis" und von Rektor Keupp mitangeregt wurde (gegen Baier, DC, S.120).
757 Martin Nachtrag vom 21.9.1934 (s. Anm. 755).
758 UP-Meldung aus München vom 22.9 (in BN vom 24.9.1934).
759 Witetschek, Kirchliche Lage II, S. 35.
760 EZA, EKD A 4/297, Schreiben Jean Hofers, Ansbach, vom 23.9.1934.
761 Ebda. und Evang. Gemeindeblatt für München vom 30.9.1934, S.428.
762 Wie Anm. 759.
763 Ebda. Nach Hofers Bericht waren "viele Katholiken in den evangelischen Gottesdiensten... Sie schimpfen noch mehr über den Reichsbischof als die Anhänger Meisers".
764 LKAN, Personen XXXVI, 236, Sperl an Meiser vom 3.9.1934. Grund für die Ablehnung war Applers Mischehe. Auch sein Versuch, der Landessynode am 28.8.1934 beizuwohnen, wurde wegen mangelnder Legitimation abgelehnt. Zu Appler siehe Hambrecht, Aufstieg, S. 474, Anm. 397.
765 Text des Verbotes bei Baier, DC, S. 403f.
766 Dekanatsarchiv Weißenburg 47, Sperl ans Dekanat vom 13.9.1934.
767 Münch hat kurz vorher sein Mandat als Synodaler niedergelegt; KABl vom 14.9.1934, S. 133. Münch hatte zusammen mit Keupp die Eingliederung der bayerischen Landeskirche im Oktober verteidigt, auch wenn er, wie Wolf Meyer feststellte, die Deutschen Christen und die Deutsche Glaubensbewegung häufig verwechselte; BayHStA, RStH 635, Schreiben Meyers vom 19.10.1934.
768 StAN, LKR Gunzenhausen, Abg. 61, Nr. 4261, Münch ans Bezirksamt Gunzenhausen vom 20.9.1934.
769 Ebda., Sperl ans Bezirksamt Gunzenhausen vom 20.9.1934.
770 Kirchenbote v. Altmühltal u. Hahnenkamm vom Oktober 1934, "Der Bezirkskirchentag in Gunzenhausen".
771 Evang. Gemeindeblatt für München vom 30.9.1934, S. 428.

ANMERKUNGEN ZU DEN SEITEN 351 BIS 355

772 BayHStA, MA 107 291, Vormerkung über den Empfang einer Abordnung fränkischer Protestanten am 19.10.1934, S. 4.
773 Witetschek, Kirchliche Lage II, S. 35.
774 Da die Kirchen an diesem Sonntag überwacht wurden (s. Baier, DC, S.412), ist eine - wohl mitstenographierte - Fassung der Predigt überliefert; StAN, LKR Gunzenhausen, Abg. 61, Nr.4261.
775 Das Neue Tage-Buch, Nr. 39 vom 29.9.1934, S. 923.
776 Meiser Predigt in Gunzenhausen vom 23.9.1934, vgl. Anm.774.
777 LKAN, Personen XXXVI, 236, Brief eines Teilnehmers am Kirchentag in Gunzenhausen am 23.9.1934.
778 Wie Anm. 770.
779 Wie Anm. 777.
780 Wie Anm. 771.
781 Wie Anm. 770.
782 Wie Anm. 771. Die AELKZ (vom 28.9.1934) schrieb, daß der Tag in Gunzenhausen "alle bisherigen, herkömmlich gut besuchten kirchlichen Veranstaltungen schlechthin in den Schatten stellt. Die Treue zu Landesbischof D. Meiser fand überwältigenden Ausdruck, obwohl die Bevölkerung dieser Gegend von Natur still und zurückhaltend ist".
783 LKAN, Personen CII, 5, Meiser an Sperl vom 28.9.1934.
784 Witetschek, Kirchliche Lage II, S. 36.
785 Wie Anm. 777.
786 Ebda. Wörtlich schrieb er, "man darf nicht alles sagen". Zur Postüberwachung schrieb Trillhaas (Aufgehobene Vergangenheit, S. 170): "Im Verlauf der Entwicklung wurden dann die Telephone überwacht, und die Briefe kamen, seltsam fest wieder verschlossen, ein oder zwei Postgänge später beim Adressaten an. Die meisten kapierten rasch, man schrieb eben nicht mehr alles in seine Briefe und nahm sich am Telephon in acht." Die Postüberwachung war eine wichtige Informationsquelle für Martin. Ein Brief Meinzolts an Schieder vom 25.9.1934 wurde zum Beispiel angehalten, abgeschrieben und weitergeleitet; BayHStA, RStH 634.
787 BayHStA, RStH 634, Martin Bericht vom 25.9.1934.
788 StAN, Bezirksamt Weißenburg, Abg.55, Nr.516, Bericht des Bezirksamts Weißenburg an die Regierung in Ansbach vom 24.9.1934.
789 Siehe Anm. 677.
790 Geplant war auf Zeichen die Orgel spielen zu lassen, während man die Kirche demonstrativ verläßt; s. Anm. 788.
791 StAN, Bezirksamt Weißenburg, Agb.55, Nr.510, Bericht über die Vorgänge in Burgsalach am 22. und 23.9.1934 von Pfarrer Bestelmeyer.
792 Wie Anm. 788.
793 In der WZ vom 24.9.1934 steht, daß Schieder Ausführungen gemacht habe, "die einen Teil der Kirchenbesucher zum Verlassen des Gotteshauses veranlaßten". Von einem früheren Bittgottesdienst berichtet Martin (s. Anm 787), daß Schieders Auslassungen sich "in einer für einen Gottesdienst ungewöhnlichen Polemik" bewegten.
794 WTBl vom 25.9.1934.
795 WTBl vom 27.9.1934.
796 WTBl vom 24.9.1934.
797 Ein ähnlicher Fall ist für Lauf a.d.P. aktenkundig. Hier schrieb der 2. Bürgermeister an den Stadtpfarrer und beschwerte sich über einen Bittgottesdienst am 26. September, der nach seiner Meinung eine "kirchenpolitische Agitation" war. (LKAN, Personen XLII, 8, 2. Bürgermeister an das Pfarramt Lauf vom 27.9.1934). Der Bürgermeister fühlte sich als "politisch Beauftragter" verpflichtet, "gegen die gesamten Darlegungen ihres kirchenpolitischen Redners Meldung bei der Parteileitung (zu) erstatten, da sie Beunruhigung ins Volk getragen und den Glauben an die

ANMERKUNGEN ZU DEN SEITEN 355 BIS 357

nationalsozialistische Aufbauarbeit zu schwächen geeignet waren". Der Pfarrer antwortete (ebda., Brief Pfarrer Schemms von 2.10.1934), daß die Bittgottesdienste von der Kirchenbehörde angeordnet waren. Er selbst bringe keine Kirchenpolitik von der Kanzel, was jetzt geschehe sei aber "aufgezwungene Notwehr", da die Kirche sonst keine Möglichkeit habe, "die vielfach rohen Angriffe" zurückzuweisen. Schemm betonte, daß das lutherische Kirchenvolk die NS-Aufbauarbeit bejahe, gleichzeitig stellte er fest: "In unserem Kirchenvolk mehren sich die Stimmen, die fragen: Ist das der Dank dafür, daß wir und unsere Geistlichen die Bewegung begrüßt und gefördert haben, daß man jetzt unsere lutherische Kirche so behandelt?"

798 EvAG, Evang. Pressestelle München, Brief 3 vom 29.9.1934. Fränkische Wacht vom 11.10.1934, S. 321f.
799 Karl Brunnacker, geb. am 23.6.1889, trat am 1.8.1932 der NSDAP bei und erhielt die Nummer 1.215.957 (BDC). Sein Engagement für die Partei belegt sein Brief vom 24.3.1933 an Kultusminister Schemm, in dem er für die Versetzung eines Lehrers in Mönchsroth plädierte und um einen "durch und durch nationalsozialistischen Lehrer" bat, damit er selbst "nicht immer in vorderster Front" stehen muß; ebda., PK (Brunnacker).
800 Siehe z.B. das Holz-Rundschreiben vom 20.9.1934, Blatt III (s.Anm. 735), wo Brunnacker einen Pfarrer in einer Konferenz als "Landesverräter" bezeichnet hatte, der sagte: "Wenn man die wirkliche Lage Deutschlands erfahren will, muß man ausländische Sender hören". Auch einige der Belege aus "Blütenlesen aus Bayerischen Pfarrkonferenzen" (s. Anm. 648) stammen von Brunnacker.
801 StAN, LRA Dinkelsbühl, Abg. 76, Nr. 158, Brunnacker an den Reichsbischof vom 25.9.1934; ebda., Bericht der Gendarmerie-Hauptstation Dinkelsbühl vom 1.10.1934. Auch Brunnackers Brief an die Kommissare Sommerer und Gollwitzer vom 22.10.1934, in der Veröffentlichung "Reichskirchenbewegung Deutsche Christen. Landesleitung Bayern. Gedächtnisausgabe für Brunnacker", in: BA, R43 II/171.
802 Ebda. Der Gendarmeriebericht gab vier Zeugen für diese Äußerung an. Vgl. auch Hetzer, Kulturkampf, S. 102.
803 Wie Anm. 801. Einzige Zeuge für diese Äußerung war der Mesner selbst.
804 StAN, LRA Dinkelsbühl, Abg. 76, Nr. 158, Bericht der Gendarmerie-Hauptstation an das Bezirksamt Dinkelsbühl über die Predigt Helmut Kerns in Dinkelsbühl am 21.9.1934. Dieser Bericht ergänzt die Quellen in Anm. 801.
805 Brief Brunnackers vom 25.9.1934 (s. Anm. 801).
806 Wie Anm. 804.
807 Wie Anm. 804. Am 3.10.1934 schrieb Frör an Meiser, daß er in seiner Aufklärungsarbeit in Franken Hinweise auf Meyers Beziehungen zu Juden gemacht hatte (LKAN, Personen XXXVI, 114). Da Meyer daraufhin Frör "indirekt als Lügner und Hetzpfaffen" hingestellt hatte, bat Frör dem Landesbischof um Material, um Meyers Beziehungen zu Juden zu belegen. Wohl im Oktober 1934 gab der "Rüstdienst Nürnberg" eine Flugschrift heraus mit Belegen für Meyers frühere philosemitische Haltung, darunter die Notiz aus der "Würzburger Anzeiger" vom 23.9.1929 über Meyers Mitwirken bei der Einweihung der Synagoge in Heidingsfeld (LKAN, Kreisdekan Ansbach 16/4). Am 10.10.1934 schrieb Frör an Meyer mit den Beweisen für seine Behauptungen und mahnte ihn: "Wir wollen die kirchliche Auseinandersetzung frei halten von Vergiftung durch politische Verdächtigung und politische Diffamierung" (LKAN, KKU 6/III). Diese seltsame Polemik gegen Meyer hatte jedoch ihre Wirkung. Der Pappenheimer Dekan Boeckh bestätigt im Oktober 1934, daß Meyer "jetzt im Braunen

ANMERKUNGEN ZU DEN SEITEN 357 BIS 359

Haus als der Judenpfarrer verschrieen" werde (Dekanatsarchiv Pappenheim 89, Predigt Ergänzung Boeckhs).
808 Bericht der Gendarmarie vom 1.10.1934 (s. Anm. 801).
809 StAN, LRA Dinkelsbühl Abg. 76, Nr. 158, Bericht des Bezirksamts Dinkelsbühl an die Regierung in Ansbach vom 24.9.1934.
810 Witetschek, Kirchliche Lage II, S. 36.
811 BayHStA, RStH 634, Bericht Martins vom 25.9.1934.
812 Diese Hinweise auf eine Kritik an Hitler stellen die These von Kerschaw (Hitler-Mythos, S. 102) in Frage, der Kirchenstreit habe Hitlers Ansehen kaum berührt: "Der Zorn der Bevölkerung richtete sich ganz gegen die Partei, der Führer wurde dagegen fast nirgends in die Kritik einbezogen". Als Beweis nennt Kerschaw die Äußerungen der Bauernabordnungen in München im Oktober 1934. Man kann jedoch nicht erwarten, daß diese Abordnungen, die auch von Pfarrern begleitet und betreut wurden, vor dem Ministerpräsidenten Siebert eine kritische Äußerung über Hitler gemacht hätten. Solche Äußerungen waren informell und tauchen hauptsächlich in den Berichten der unteren Ebene auf. Auch die Berichte, daß wegen des Kirchenstreits eine Wahl oder Volksabstimmung "ein geradezu vernichtendes Ergebnis zeitigen würden" (Bayern in der NS-Zeit I, S.75) zeigen, daß auch Hitlers Popularität gefährdet war, denn die Volksabstimmung im August 1934 war ganz auf ihn gemünzt.
813 AELKZ vom 28.9.1934, Sp. 932. Siehe auch Scholder, Kirchen II, S. 321-324.
814 KBl vom 24.9.1934, Anm. S. 432.
815 EvAG, Pfarrerbruderschaft Rundbrief 6 vom 24.9.1934.
816 LKAN, Personen XXXVI, 114, Meinzolt an ORR Bracker vom 25.9.1934. Ob Hitler und Epp tatsächlich über die Kirchenfrage gesprochen hatten, ist, nach Nicolaisen, eher fragwürdig; C. Nicolaisen, Der bayerische Reichsstatthalter und die evangelische Kirche, in: ZbKG 46(1977),S.250.
817 Basler Nachrichten vom 4.10.1934 in einem Artikel über die Stellung der katholischen Kirche zum Kampf der evang. Bekenntniskirche. Der Autor schrieb, daß Meiser eine starke Unterstützung von einflußreichen Katholiken hatte, die ihrerseits um die Durchführung der Rechte im Konkordat besorgt waren.
818 Evang. Gemeindeblatt für München vom 7.10.1934, S. 442f.; AELKZ vom 5.10.1934, Sp. 944ff., mit einer Zusammenfassung Meisers Predigt in Würzburg, die zu der in Gunzenhausen am 23.9. gehaltenen sehr ähnlich war; EvAG, Pressestelle München, Brief 3 vom 29.9.1934 und Brief 4 vom 6.10.1934. In Lindau wurde das Singen von Liedern außerhalb der Kirche verboten; Basler Nachrichten vom 3.10.1934.
819 EvAG, Pfarrerbruderschaft Rundbrief 6 vom 24.9.1934. Das Sammeln von Unterschriften bestätigt Martin in seinem Bericht vom 25.9.1934; BayHStA, RStH 634. In einem Rundschreiben an die Dekanate vom 23.9. ordnete Kreisdekan Kern Wochengottesdienste als Fortsetzung der Bekenntnisgottesdienste an und legte Vorschläge für die liturgische Ausgestaltung dieser Gottesdienste bei; LKAN, Dekanat Weißenburg 165.
820 BayHStA, RStH 634, Bericht Martins vom 25.9.1934. Martin übernahm im März 1933 die einstweilige Führung des Polizeipräsidiums Nürnberg-Fürth und wurde am 1.10.1934 Polizeipräsident; FrTZ vom 1.10.1934.
821 Daumiller, Geführt im Schatten, S. 65.
822 BayHStA, RStH 634, Martin an Epp vom 25.9.1934, mit den Gründsätzen der Pfarrerbruderschaft als Anlage. Grieser (Himmlers Mann, S. 113ff.) glaubt Daumillers Darstellung folgen zu können und unterstellt Martin eine positive Einstellung zu den Bekenntnispfarrern, "wohl aus seiner konservativen Grundhaltung heraus" (S.115). Grieser kritisiert Baier - der ganz richtig Martin eine neutrale Einstellung in den meisten Fällen

ANMERKUNGEN ZU DEN SEITEN 359 BIS 360

bescheinigt (DC, S.214) - weil er Martin als "überzeugten Nationalsozialisten" betrachtet, der "eine gewisse Vorliebe für die DC" zeigte. Dies sei nach Grieser eine einseitige Interpretation. Die Tatsache jedoch, daß Martin der fränkischen Gauleitung gegenüber seine Distanz bewahrte, beweist nicht, daß er kein überzeugter Nazi war oder daß er gar die Bekenntnisfront favorisierte. Es ist kaum vorstellbar, wie Martin es zum Höheren SS- und Polizeiführer (am 17.12.1942) gebracht haben soll, ohne die dafür notwendige ideologische Festigkeit gezeigt zu haben. Siehe dazu Ruth Bettina Birn, Die Höheren SS- und Polizeiführer: Himmlers Vertreter im Reich und in den besetzten Gebieten, Düsseldorf 1986. Vgl. auch die Beurteilung Martins als typischer "Techniker der Macht" in: Robert Fritzsch, Nürnberg unterm Hakenkreuz. Im Dritten Reich 1933-1939, Düsseldorf 1983, S. 30ff.
823 Bericht Martins vom 25.9.1934 (s. Anm. 820).
824 Witetschek, Kirchliche Lage III, S. 39; Helmut Prantl, Kirchliche Lage in Bayern nach den Regierungspräsidentenberichten 1933-1945, Band V, Mainz 1978, S. 43.
825 Heinz Boberach (Hg.), Berichte des SD und der Gestapo über Kirchen und Kirchenvolk in Deutschland 1934-1944, Mainz 1971, S. 73.
826 BN vom 26.9.1934.
827 BN vom 20.9.1934 und vom 20./21.10.1934.
828 Das Neue Tage-Buch vom 29.9.1934, S. 922f., "Die Gleichschaltung Christi" von Leopold Schwarzschild, der die "Charakterleistung" der Bekenntnispfarrer lobte: "Sie sind, wiederholen wir es mit respektvollem Nachdruck, die einzigen Oasen in der Charakter-Wüste, als die sich Deutschland in kritischer Stunde, entpuppte... Das alte Wort vom 'evangelischen Gewissen' hat zum ersten Mal wieder einen Sinn gewonnen, dem der Skeptischste Reverenz erweisen muss."
829 NARS, 862.404/81, Bericht von George S. Messersmith an den Secretary of State vom 24.9.1934. Diese Meinung teilte auch Messersmith: "I am unable to determine what weight and what respective importance can be placed on the Church factor in the German situation, but from my experience during my recent assignment in Germany and from the developments since then I believe it to be an important one. I am nevertheless inclined to the opinion that the most important factor tending towards the disintegration of the National Socialist Party in Germany is the increasingly dangerous economic situation. This factor, coupled with the Church problem, may be the two major developments which will eventually precipitate the crisis leading to a change in the Government."
830 Dies bestätigt neulich Eberhard Bethge: "Als die 'Times' und die 'Basler Nachrichten' von unserem Schritt berichteten - und natürlich als von Zeichen einer Resistenz im Dritten Reich - , reagierten wir mit Ärger, ja Verachtung: Die verstehen aber auch gar nichts. Sie begreifen nicht, daß unsere Schritte nichts mit einem Kampf zu tun haben, Hitlers Regierung zu beeinträchtigen oder gar zu stürzen; sondern alles mit einem Kampf gegen die Nazifizierung der kirchlichen Strukturen..."; E. Bethge, Zwischen Bekenntnis und Widerstand: Erfahrungen in der Altpreußischen Union, in: J. Schmädeke und P. Steinbach (Hg), Der Widerstand gegen den Nationalsozialismus. Die deutsche Gesellschaft und der Widerstand gegen Hitler, München/Zürich 1985, S. 285.
831 Siehe dazu die Sitzung des Bruderrats der Bekenntnissynode am 3.9.1934 in: Braun/Nicolaisen, Verantwortung I, S. 329ff., besonders S. 333.
832 Karl Kelber-Weißenburg, "Vom Wachsenlassen" in: WTBl vom 29.9.1934; Evang. Gemeindeblatt für den Kirchenbezirk Liepheim/Neu-Ulm vom 1.10.1934.
833 WZ vom 29.9.1934.

ANMERKUNGEN ZU DEN SEITEN 360 BIS 362

834 Die Zusammenlegung der Erntedankfestfeier wurde 1933 von der Kirche heftig kritisiert (s. Kapitel IV, S. 201f.). Obwohl der Vormittag für die Gottesdienste freigehalten wurde, fand generell kein offizieller Kirchgang der Partei statt (LKAN, Dekanat Altdorf 119, Schreiben Dekan Schmidts vom 27.9.1934). Ein Aufruf für die Erntedankfeier im Landkreis Weißenburg in WTBl vom 28.9.1934.
835 WZ vom 1.10.1934. Zur Übertragung der Rede Hitlers schrieb die WZ: "Viele lauschten den Worten des Führers und andere suchten die verschiedenen Wirtschaften auf..."
836 WTBl vom 1.10.1934.
837 Wie in Ansbach am 23.9.1934 (s. oben S. 411 und Anm. 760a).
838 WZ vom 1.10.1934.
839 Die Verteilung des Flugblatts beim Gottesdienst am 29.9. bestätigt Wolf Meyer in seinem Brief an den Reichsbischof vom 1.10.1934; EZA, Bestand EKD, A4/293. "Ein ernstes Wort" erschien auch in: RS vom 14.10.1934, S. 484; Evang. Gemeindeblatt für München vom 7.10.1934, S. 439; KBl vom 1.10.1934, S. 443; und als Beilage zum Brief 4 der Evang. Pressestelle München vom 6.10.1934 (EvAG). Schieder unterschrieb als "Führer der bayr. Pfarrerbruderschaft", Klingler als "Führer des bayer. Pfarrervereins", und Greifenstein als Vorsitzender des LSA. Am 1.10. richtete Greifenstein einen Brief an Kultusminister Schemm, mit der Bitte, er solle mit Hitler über die Kirchenfrage reden, da die Pfarrer nicht an ihn herankämen: "Wenn sich der Führer dazu entschließen könnte,... den Vermittler im Kirchenstreit zu machen, dann würde er unsere Kirche so fest mit der Idee des Nationalsozialismus verbinden, daß keine Macht der Welt dieses Band mehr zerreißen könnte!" (BayHStA, MA 107 291).
840 Kundgebung vom 29.9.1934 in: KABl vom 1.10.1934, S. 165-169.
841 Für die Erklärung des Bruderrats siehe Anm. 750-752.
842 In der Erklärung des Bruderrats hieß es: "Damit gibt die Reichskirchenregierung den Glauben und die Kirchen der Reformation tatsächlich preis;" in der bayerischen Kundgebung: "In einer solchen Kirche ist die Reformation preisgegeben".
843 Die Kundgebung drückt den Willen der lutherischen Kirche aus, Volkskirche zu bleiben. Wenn dies jedoch die Preisgabe des Bekenntnisses bedeute, "müßte sie im Gehorsam gegen Gott neue Formen ihres Dienstes suchen".
844 Wie die Erklärung des Bruderrats erneut beansprucht.
845 JK vom 20.10.1934, S. 853-858; vgl. auch Baier, DC, S.122ff. Der Brief erschien als Beilage zum KABl vom 1.10.1934, wurde aber erst mit dem KABl vom 6.10.1933 geliefert (vgl. KABl, S.174). Am 11.10.1934 hatte die BPP diese Beilage beschlagnahmt und eingezogen; BayHStA, RStH 635, HMB der BPP vom 31.10.1934.
Über den Wortlaut des Gelöbnisses des Reichsbischofs herrschte Unklarheit, weil der Pressebericht den Satzteil, "wie es uns die Bekenntnisschriften unserer Kirche vor Augen halten", wegließ und weil Müller diesen Bericht auch nicht korrigiert hatte; JK vom 20.10.1934, S. 853; KBl vom 1.10.1934, S. 444 und vom 8.10.1934, S. 453.
846 Auf einer Pfarrkonferenz in Nürnberg am 24.9. stellte Pfarrer Beer die Frage, was die Kollegen zum Eid des Reichsbischofs dachten. Obwohl niemand dazu eine klare Stellung bezog, meinte Beer, der Eid des Reichsbischofs würde nicht respektiert, und er lehnte deshalb weitere Gespräche mit den Kollegen ab; LKAN, Personen XLII, 8, Protokoll der Konferenz.
847 LKAN, Personen XLVII, 3, Brief Meyers, undatiert, aber erkennbar in der Zeit zwischen dem 23.9. und 11.10 verfaßt. Meyer selbst konnte sich ein Bild machen von den Bittgottesdiensten in Bayern, da er am 19.9. in

ANMERKUNGEN ZU DEN SEITEN 362 BIS 365

der Christuskirche in Nürnberg anwesend war; LKAN, Personen XLII, 8, Bericht über die Ereignisse in Nürnberg vom 16.-19.9.1934, S. 3.
848 KABl vom 6.10.1934, S. 171.
849 Schieder und Frör zeigten sich durchaus offen für eine solche Kritik. Im Rundbrief Nr. 6 der Pfarrerbruderschaft (EvAG) schrieben sie: "Selbstverständlich brauchen wir, die wir nun mitten im Trommelfeuer kämpfen mußten, viel Vergebung, brauchen auch da und dort von denen, die noch in der Stille sein dürfen, auch einmal ein warnendes Wort, das uns an 1.Kor.13 erinnert."
850 EZA, Bestand EKD, A4/293, Brief Meyers an Müller, Jäger und Kinder vom 5.10.1934. Vgl. auch Baier, DC, S. 124f.
851 EZA, Bestand EKD, A/293, Brief Pfarrer D. Siegels an Johnsen, Braunschweig, vom 4.19.1934. Vgl. auch Baier, DC, S.125, wobei die Plazierung der Anmerkungsnummer 210 nach der Satzendung, "...der durch nichts vorbelastet wäre", gehört, denn dieser Satz und die zwei vorherigen beziehen sich eindeutig auf den Siegel-Brief. Außerdem hat Siegel eben die Befürchtung ausgedrückt, "daß unsere Kirche in zwei Kirchen auseinanderbricht"; er hat also doch an eine Spaltung der Kirche gedacht.
852 Der Stürmer, Nr. 40 vom Oktober 1934, "Der Arierparagraph". Zitiert nach dem Brief der Evang. Pressestelle München Nr.5 vom 9.10.1934 (EvAG).
853 LKAN, Kreisdekan Ansbach 1/15/9/I, 1923-1939, Nachschrift der Kirchenvorsteherzusammenkunft am 4.10.1934. In seiner Einleitung stellte Bub fest, daß nicht alle Kirchenvorsteher zusammengerufen wurden (gegen Baier/Henn, Chronologie, 4.10., S.85). Zu Bub siehe Baier, DC, S. 126.
854 Ebda. Für den Text der Erklärung, siehe Baier, DC, S. 126f.
855 BayHStA, RStH 635, Abschrift eines Rundschreibens des LKR an die Kirchenvorsteher und Synodalen vom 9.10.1934.
856 Heinrich Daum, geb. am 1.9.1899, war seit 1933 zweiter Pfarrer in Wonsees, Dekanat Thurnau, Kirchenkreis Bayreuth. Daum war auch Gründungsmitglied der DC-Pfarrgemeinde und hatte am 17.9.1934 den Rücktritt Meisers verlangt (Baier, DC, S. 407). In seinem Brief vom 5.10.1934 an Müller, Jäger und Kinder verlangte Wolf Meyer, daß die Reichskirchenregierung sich für die Dienstbelassung von Pfarrer Daum einsetze (s. Anm. 850).
857 LKAN, Personen XXXVI, 115, Dekan Sittig an Meiser vom 26.9.1934.
858 EvAG, Brief der Evang. Pressestelle Münchens Nr. 4 vom 6.10.1934, Blatt III.
859 LKAN, Personen XXXVI, 115, Dekan Sittig an Meiser vom 30.9.1934. Nach den BN vom 5.10.1934 hat Müller in seiner Rede in Stuttgart die Notwendigkeit betont, das NS-Erlebnis in die Kirche hineinzutragen, und beklagte es, daß viele Pastoren immer noch nicht den Weg zu Adolf Hitler gefunden hätten. Vgl. auch Scholder, Kirchen II, S. 324f.
860 Scholder, Kirchen II, S. 327. Das Protestschreiben Wurms an das Stuttgarter Innenministerium vom 8.10.1934 erschien im Brief Nr. 6 der Evang. Pressestelle München vom 11.10.1934 (EvAG). Hierin schrieb Wurm u.a.: "Der Staat wird noch zu viel schärferen und die Allgemeinheit noch mehr erregenden Maßnahmen greifen müssen, um das DC-Kirchenregiment zu stützen, und er wird ihm trotzdem oder gerade deshalb das Vertrauen nicht verschaffen können, dessen eine Kirchenführung noch dringender bedarf als eine Staatsführung."
861 EvAG, Brief der Evang. Pressestelle Münchens Nr. 5 vom 9.10.1934.
862 Ebda. und BayHStA, MInn 71554, Bericht des Städtischen Polizeiamts Neu-Ulm vom 7.10.1934.
863 BayHStA, MInn 71554, Bericht des Gendarmeriebezirks Neu-Ulm vom 8.10.1934.

ANMERKUNGEN ZU DEN SEITEN 365 BIS 368

864 Polizeibericht vom 7.10.1934 (s. Anm. 862).
865 Wie Anm. 861. Brief 4 der Evang. Pressestelle Münchens (s. Anm. 858) bemerkte, daß obwohl der Reichsbischof bei seinem Auftritt in Ulm längere Zeit auf dem Münster-Platz verweilte, keine größeren Ovationen für ihn zustande kamen.
866 AR vom 2.10.1934, "In eigener Sache".
867 AR vom 3.10.1934, "Nochmals: In eigener Sache".
868 Baier/Henn, Chronologie, S. 86; Georg Mack, Entscheidungsvolle Tage der evangelisch-lutherischen Kirche in Bayern 1934, Auerbach bei Ansbach 1958, S. 9; Stoll, Dokumente V, S. 18; Am Abend fand zwei große Bekenntnisgottesdienste in Rothenburg statt mit Meiser und Daumiller als Redner; Daumiller, Geführt, S. 66.
DC, S. 128ff.
869 Daumiller, Geführt, S. 66. Zum Jäger-Einbruch siehe Baier, DC, S.128ff.
870 LKAN, Kirchenkampfsammlung 0-5, streng vertrauliches Schreiben Helmut Kerns vom 1.10.1934.
871 Stoll, Dokumente V, S. 8.
872 EvAG, Brief Nr. 7 der Evang. Pressestelle München, unterzeichnet von Hildmann; Gauger (Chronik II, S. 343) und Bühler (Kirchenkampf, S. 85f.) berichten von dem Hausarrest Hildmanns am 12.10. Nach Meinzolt jedoch (LKAN, Personen XXVI, 2, Meinzolts Erinnerungen vom 10.9.1934) hatte Hildmann, nachdem sein Büro von der Polizei beschlagnahmt wurde, die Vervielfältigung der Kundgebung vom 12.10. übernommen. Brief 8 der Evang. Pressestelle München erschien erst am 23.10.
873 Brief 7 der Evang. Pressestelle München (wie Anm. 872); ähnlich lautende Berichte in: AELKZ vom 19.10.1934, Sp.991f.; JK vom 20.10.1934, S. 896f.
874 Ebda. Nach dem "Neuen-Tage-Buch" (27.10.1934, S. 1012) demonstrierte die Menge anschließend auch vor dem Braunen Haus.
875 Geuder, Im Kampf, S. 874; Bühler, Kirchenkampf, S. 85.
876 So lauteten die Schlagzeilen des WTBl vom 12.10.1934.
877 FrTZ vom 12.10.1934.
878 So in der FrTZ vom 19.10.1934.
879 KABl vom 16.10.1934, S. 176f. Gauger, Chronik II, S. 345.
880 VB vom 13.10.1934; FrTZ vom 13./14.10.1934; WZ vom 13.10.1934.
881 LKAN, Kreisdekan Ansbach 1/15/9, Schreiben G. Kerns vom 11.10.1934. Dieses Schreiben gelangt in die Hände von Martin, der es an die bayerische Staatskanzlei weitergeleitet hat; BayHStA, MA 107 296/II. Die geplanten Abordnungen nach München waren also für die Regierung keine Überraschung.
882 BayHStA, RStH 635, Verpflichtende Anweisung von München (Abschrift).
883 EvAG, Rundbrief 8 der Bayerischen Pfarrerbruderschaft, Nürnberg, 13.10.1934.
884 LKAN, Kirchenkampfsammlung 0-5, Rundschreiben H. Kerns, "Streng vertraulich", vom 1.10.1934.
885 Bei der Besprechung im Braunen Haus am 8.10.1934, bei der die Amtsenthebung Meiser vereinbart wurde, war, außer Jäger, Pfeffer und Adolf Wagner, auch Regierungsrat Beck als Vertreter der Politischen Polizei zugegen; Baier, DC, S. 414; Scholder, Kirchen II, S. 329; Nicolaisen/ Kretschmar, Dokumente II, S. 181.
886 StAN, LRA Gunzenhausen, Abg. 1961, Nr. 4250, Rundschreiben des Bezirksamtes Gunzenhausen an die Gendarmerie-Stationen vom 12.10.1934 mit Funkspruch 27 und 28 der BPP vom 11.10.1934. Vgl. auch Baier, DC, S.415.
887 StAN, BA Weißenburg, Abg. 1955, Nr. 510, Bericht der Schutz-mannschaft Weißenburgs vom 13.10.1934.

ANMERKUNGEN ZU DEN SEITEN 368 BIS 369

888 Ebda. Unter den beschlagnahmten Flugblättern war ein Hirten-brief Wurms, der im Brief 4 der Evang. Pressestelle München vom 6.10.1934 erschien.
889 BayHStA, RStH 635, HMB der BPP vom 31.10.1934. Im Doppelheft Nr. 42/43 des Evang. Gemeindeblatt für München vom 21.10.1934, S. 459, steht der Hinweis, daß Nr. 42 nicht erscheinen dürfte. Auch eine Sondernummer des Gemeindeblattes für das Allgäu wurde von der Polizei beschlagnahmt (Evang. Gemeindeblatt für das Allgäu, Nr. 11, Nov. 1934). In Augsburg hat die Polizeidirektion der Schriftleitung des Gemeindeblattes mitgeteilt, daß das Blatt dürfte nur erscheinen, wenn "eine entsprechende Bescheinigung des Pfarrers Gollwitzer" beigebracht wäre. Als die Schriftleitung dies ablehnte, hat die Polizeidirektion das Erscheinen des Blattes verboten; LKAN, Kirchenkampfsammlung 0-4, Schreiben der Evang. Pressestelle Augsburgs vom 17.10.1934. Das Verbot aller evang. Kirchenblätter in Bayern galt, laut BPP Funkspruch 27 (Anm. 886) nur bis einschließlich Sonntag, den 14.10.1934; vgl. auch AELKZ vom 19.10.1934, Sp. 992.
890 Meinzolts Erinnerungen vom 10.9.1935 (s. Anm. 872).
891 EvAG, Rundbrief 9 der Pfarrerbruderschaft vom 15.10.1934; Gauger, Chronik II, S. 347. Wie es zu diesem Verbot in Nürnberg kam und warum es nicht durchgeführt wurde - keine Pfarrer wurden verhaftet - ist unklar. Das Verbot widerspricht der eigentlichen Taktik des Nürnberger Polizeipräsidenten Martin. Die Vermutung liegt nah, daß das Verbot in Martins Abwesenheit (Grieser, Himmlers Mann, S. 125) auf Druck der Gauleitung erlassen wurde und daß Martin fernmündlich die Durchführung verhindert hatte. In seinem Bericht vom 19.10. (BayHStA, MA 107 291), machte Martin zwar keinen Hinweis auf das Verbot der Kundgebung, aber er schilderte deutlich seine Vorgehensweise im Kirchenkonflikt, die mit einem zu der BPP Anordnung vom 11.10. noch zusätzlichem Verbot nicht in Einklang zu bringen ist: "In sehr vielen Fällen ist von mir die Verhängung der Schutzhaft über Geistliche verlangt worden, welche ihre ablehnende Haltung gegen die Reichskirchenführung in besonders starker Form zum Ausdruck gebracht haben. Ich habe bisher die Verhängung von Schutzhaft gegen hiesige Geistliche immer wieder durch geeignete Verhandlungen vermeiden können. Denn ich würde es bei der gegenwärtigen Situation für eine ausgesprochene Dummheit halten, einen Geistlichen durch Schutzhaftnahme zum Märtyrer zu machen - es sei denn, daß er Strafgesetze oder Polizeivorschriften verletzt hat. Die Stimmung im Lager der Bekenntnisfront ist verschiedentlich so, daß auf gewaltsame polizeiliche Zugriffe geradezu gewartet wird. Ich glaube, auch heute noch die hiesige Geistlichkeit der Bekenntnisfront polizeilich in der Hand zu haben; denn jeder polizeiliche Wunsch, den ich äußere, und jede polizeiliche Auflage, die ich mache, wird, - wenn auch teilweise nach längeren Diskussionen - erfüllt."
Es ist auch bemerkenswert, daß das Verbot der Verlesung der Kundgebung kein Thema bei der Besprechung mit Martin, Streicher und der Nürnberger Pfarrerschaft am 17.10. war; siehe das Protokoll der Besprechung in: LKAN, Personen XLII, 8.
892 Stoll, Dokumente V, S. 27ff.
893 WTBl vom 12.10.1934.
894 LKAN, Personen XXXVI, 33/2, Erklärung vom 16.10.1934. Die Pressemeldung sprach von 63 Zustimmungen unter den 85 Anwesenden (s. z.B. WZ vom 17.10.1934). Nach der Besprechung schickte Sommerer folgendes Telegramm an den Reichsbischof: "Von 85 anwesenden nationalsozialistischen bayerischen Pfarrern haben sich 66 für die Eingliederung ausgesprochen"; EZA, Bestand EKD, A 4/136. Die Evang. Pressestelle München stellte im

ANMERKUNGEN ZU DEN SEITEN 369 BIS 371

Brief 8 vom 23.10.1934 (EvAG) zu der etwas mißverständlichen Pressemeldung fest, daß die 85 Pfarrer aus ganz Bayern kamen, bei einer Gesamtzahl von 1350 bayerischen Pfarrern (Diese Meldung des Evang. Pressestelle erschien in KBl vom 21.10.1934, S. 472; Evang. Gemeindeblatt für München vom 28.10.1934, S. 471; und sogar in der AR vom 22.10.1934). Auf seinem Höhepunkt gab es rund 300 Pfarrer im NS-Pfarrerbund. Vgl. Baier/ Henn, Chronologie, S. 90f., Baier, DC, S. 142.

895 Dekanatsarchiv Weisenburg 47, Auszug eines Schreibens Rottlers an Sommerer vom 14.10.1934.

896 Der Evangelische Bund versuchte auch im Herbst 1934 seine kirchenpolitisch neutrale Linie zu wahren; Meier, Kirchenkampf I, S. 580f., Anm. 760. Siehe auch die Erklärung des Präsidiums des Evang. Bundes zur kirchlichen Lage in: Fränkische Wacht vom 27.9.1934, S. 305f., und die Erklärung vom 5.-7.10.1934 in RS vom 28.10.1934, S. 508.

897 BayHStA, MA 107 296/II, Rottler an Siebert vom 16.10.1934. Rottler drückte auch die Sorge aus, daß der Kirchenstreit zur Spaltung der evang. Kirche und zur Unterhöhlung des Staates führen würde. Für Dohrmanns Trauerrede siehe JK vom 18.8.1934, S. 641ff.

898 Wie Anm. 895.

899 LKAN, Personen XXXVI, 34, Löffelholz an Meiser ohne Datum, mit der Bestätigung, daß Daumiller am 14.10.1934 in Weißenburg war und daß er hier auch gepredigt hat, geht aus seinen Errinerungen hervor; Daumiller, Geführt im Schatten, S. 65. Der Bericht des Weißenburger Polizeikommissar Ohnesorg vom 21.10.1934 (StAN, BA Weißenburg, Abg. 1955, Nr. 510) bestätigt, daß "jede Woche... einige Sondergottesdienste mit auswärtigen Meisnerpfarrern" (sic!) stattfanden.

900 Löffelholz an Meiser (wie Anm. 899). Für den Gottesdienst im Hof des Landeskirchenrats, siehe Bühler, Kirchenkampf, S.86.

901 Das zweite Winterhilfswerk wurde am 9.10.1934 in Berlin durch Hitler mit einem Appell an die "nationale Solidarität" eröffnet; Max Domarus, Hitler, Reden und Proklamationen. 1932-1945. Kommentiert von einem deutschen Zeitgenosen. Band I, Wiesbaden 1973, S. 456; RS vom 28.10.1934, S. 508f. Für die Eintopfsonntage am 14.10.1934 und am 18.11.1934 erhielt die Presse Anweisungen, durch Kurzartikel einige Tage im voraus, die symbolische Bedeutung des Eintopfgerichtes im Volke zu vertiefen; BA, NS 25, Schreiben des Reichsbeauftragten des WHW an die Gauleiter vom 7.11.1934.

902 WTBl vom 15.10.1934.

903 Auskunft von Pfarrer Heinrich Schmidt und seiner Frau.

904 LKAN, Kreisdekan Ansbach 1/15/9, Material für die außerordentlichen Kapitelskonferenzen vom 21. bis 24.10.1934, S. 2.

905 EvAG, Rundbrief 9 der Pfarrerbruderschaft vom 15.10.1934.

906 KBl vom 21.10.1934, S. 470; AELKZ vom 19.10.1934; JK vom 20.10.1934, S.871f. Unterschrieben hatten: Preuß, Procksch, Strathmann, Elert, Ulmer, Althaus und Sasse. Es fehlte der Name von Professor Wilhlem Vollrath, der sich den geistlichen Kommissaren zur Verfügung stellte; siehe das Flugblatt: "An das Bayerische Evangelische Kirchenvolk!" vom Ende Oktober 1934, LKAN, Kirchenkampfsammlung 0-4.

907 Es bestand eine Verbindung zwischen Meisers Wohnung und dem Predigerseminar; Geuder, Im Kampf, S. 47; Putz/Tratz, Bauern kämpfen für ihren Bischof, in: Winter, Zwischen Kanzel und Kerker, S. 10f.

908 W. Grießbach, Die bayerische Pfarrerbruderschaft, unveröffentlichtes MS, S. 2f. KABl vom 16.19.1934, S. 175; WZ vom 17.10.1934, 1. Seite; FrTZ vom 17.10.1934, 1. Seite.

909 Stoll, Dokumente V, S. 31f. AELKZ vom 26.10.1934, Sp. 1023f.

ANMERKUNGEN ZU DEN SEITEN 371 BIS 372

910 LKAN, Kreisdekan Ansbach 1/15/9, Nürnberger Bericht, S. 1. Martin bestätigt in seinem Bericht vom 19.10.1934 (BayHStA, MA 107 291), daß sich "Nürnberg mit Mittelfranken als Konzentrationspunkt der stärksten... Widerstandskräfte herausgehoben" habe, und daß "die allabendlichen Bekenntnisgottesdienste in den Kirchen... fast durchweg zum Brechen überfüllt" wären.

911 Ebda., S. 4. Siehe auch Daumiller, Geführt im Schatten, S. 67; Schieder, Meiser, S. 26. Über die Zahl der Menschen auf dem Hauptmarkt herrscht Unklarheit. Einige kirchliche Berichte sprachen von "etwa 10 000"; JK vom 3.11.1934, S. 904; Gauger, Chronik II, S. 351; vgl. auch Baier, DC, S. 146; Meier, Kirchenkampf I, S. 466. Die Zahl 10 000 ist aber wahrscheinlich zu hoch gegriffen, wenn auch die Schätzung Martins (4-500) viel zu niedrig ist; BayHStA, MA 107 291, Martin Bericht vom 19.10.1934. Regierungsrat Dr. Holz, der an diesem Tag für den verreisten Polizeipräsidenten die Geschäfte führte, sprach von 2000 Menschen; Grieser, Himmlers Mann, S. 125f.

912 Nürnberger Bericht, S. 4 (Anm. 910). Martin berichtete, daß die Polizei keine Schwierigkeiten hatte, die Menge zu zerstreuen; Bericht Martins vom 19.10.1934 (Anm. 911). Nach dem Bericht von Dr. Holz jedoch, ging die Menge zunächst trotz polizeilicher Aufforderung nicht auseinander; Grieser, Himmler's Mann, S. 125. Daumiller behauptete sogar, daß die Polizei einige Kommunisten verhaftet hätte, die "die Führung in die Hand genommen" hätten; Daumiller, Geführt im Schatten, S. 67. Martin bestätigt, daß frühere Kommunisten und "Bazis" dabei waren, sprach jedoch nicht von Verhaftungen; LKAN, XLII, 8, Protokoll der Sitzung am 17.10.1934, S. 2.

913 Bericht Martins vom 19.10.1934 (Anm. 910).

914 Peterson, Limits, S. 246f. Nach dem Bericht des Staatsanwalts von Nürnberg-Fürth am 14.7.1934 (BayHStA, MInn 71719) hat Steinrück gesagt: "Der Gauleiter Streicher sei auf Grund seiner gesamten Betätigung höchst unmöglich, kein Mensch in der Bevölkerung stünde mehr hinter ihm, und es wäre besser gewesen, man hätte ihn kaltgestellt, statt andere SA-Führer". Im Schutzhaftbefehl vom 16.7.1934 (ebda.) bestätigt Martin, daß "der Vorfall im Mautkeller... sich stark in der Bevölkerung herumgesprochen" habe. Auch Streicher gab in seiner Rede vom 12.10.1934 (FrTZ vom 13.10.1934) zu, daß er Steinrück mit der Reitpeitsche schlug, weil dieser "den Führer und uns ungestört verleumden zu können" glaubte.

915 Streicher behauptete (FrTZ vom 13.10.1934), er sei "14 Tage zur Erholung in Wörishofen" gewesen, aber nach dem Mangel an Berichten über ihn in der "Fränkischen Tageszeitung" von Mitte September bis Mitte Oktober zu beurteilen, war seine Abwesenheit von Nürnberg wahrscheinlich fast vier Wochen gewesen.

916 Hitler war zwei Stunden in Nürnberg auf der Reise von Berneck nach München und sprach mit OB Liebel und Dr. Martin; FrTZ vom 5.10.1934; WTBl vom 5.10.1934. Die Anwesenheit von Hauptmann von Pfeffer auf dieser Fahrt mit Hitler ist bedeutend, denn Pfeffer war, wie Siebert sagte (Nicolaisen/Kretschmar, Dokument II, S. 186), "die treibende Kraft" bei der Verhaftung Meisers gewesen und habe "angeblich im Auftrag des Führers gehandelt". Drei Tage nach dieser Reise war Pfeffer bei der Besprechung im Braunen Haus, wo die Amtsenthebung Meiser geplant wurde (ebda., S. 181). Diese Fahrt beschrieb auch Albert Speer in seinen Erinnerungen (Frankfurt/Berlin 1969, S. 77-80), allerdings mit falscher Jahresangabe (Herbst 1935).

917 FrTZ vom 13.10.1934, S. 2.

918 Ebda.

ANMERKUNGEN ZU DEN SEITEN 372 BIS 374

919 FrTZ vom 13.10.1934, S. 1 & 2. Vgl. Witetschek, Kirchliche Lage II, S. 38.
920 FrTZ vom 13.19.1934, S. 2 und folgende Zitate.
921 Die FrTZ vom 12.10.1934 enthielt die Schlagzeile: "Franken erhält einen evang. Landesbischof".
922 Streicher sprach am 13.10 bei dem Siemens-Schukert Werk in Nürnberg, am 14.10. in Gunzenhausen, am 15.10. bei einer Ausstellung in Fürth, am 18.19. bei einer Parteiversammlung in Fürth und am 19.10. auf dem Hauptmarkt in Nürnberg; FrTZ vom 15./16.10.1934, 17.10.1934, 19.10.1934, 20.10.1934.
923 Keupp hatte z.B. in einem Brief an Sommerer vom 19.9.1934, (LKAN, Personen XXXVI, 236, Keupp an Meiser vom 10.10.1934) seine Solidarität mit der vom Ansbacher Kreis am 9.9.1934 entworfenen Erklärung "Friede in der Kirche" ausgesprochen. Er schrieb: "Die bereitwillige Mitarbeit der bayerischen evang.-luth. Kirche beim Neubau der Deutschen Reichskirche ist eine heilige Pflicht zum Wohle unseres ganzen Volkes. Entscheidend ist allein das treue Bekenntnis zu Christus... In der Zugehörigkeit zu Ihm gestaltet sich die wahre Kirche." Zu der Verbundenheit der Hensoltshöhe mit dem Nationalsozialismus sagte Keupp Ende Mai 1934 (Von der Hensoltshöhe. Berichtsblatt des Gemeinschafts-Diakonissen-Mutterhauses vom Dezember 1934, S. 3) : "Das hat sich auch auf der 'Hensoltshöhe' immer gezeigt: Wo es durch Sterben, durch Selbstverleugnung ging, da hat der HErr Sieg gegeben. Das war es ja auch, was uns dann so bald mit der nationalsozialistischen Bewegung verbunden hat, weil wir etwas merkten davon, daß Gott dort auf weltlichem Gebiet ebenso wie bei uns auf geistlichem Gebiet dieselben Grundsätze zur Geltung bringen hieß, weil es auch dort nur durch Opfer hindurch zum Siege gehen konnte. Das sahen wir, weil wir selbst so geführt worden sind, zu einer Zeit erkannt, wo Millionen andere davorstanden wie vor einem Rätsel."
924 BayHStA, MA 107 291, Sieberts Vormerkung über den Empfang einer Abordnung fränkischer Protestanten am 19.10.1934.
925 FrTZ vom 15.10.1934.
926 Wie Anm. 924.
927 Ebda. Die Berichterstattung der Fränkischen Tageszeitung (15.10.1934) nahm 3 Seiten in Anspruch mit 9 Bildern. Die Bilder von der Straße bestätigen, daß kein Publikumsandrang beim Streicher Besuch in Gunzenhausen herrschte.
928 Folgende Darstellung der Besprechung mit Martin und Streicher am 17.10.1934 basiert auf dem 16-seitigen Protokoll in: LKAN, Personen XLII, 8. Eine wesentlich verkürzte Darstellung erschien in der "Jungen Kiche" vom 3.11.1934, S. 905-908 (auch in Schmid, Wetterleuchten, S.106-110), die als Basis für Baiers Behandlung (DC, S. 147f.) diente.
929 Protokoll vom 17.10.1934 (Anm. 928). Martin war zunächst böse, als er am 16.10. in Gegenwart von Streicher dem Bericht seines Regierungsrates Dr. Holz über die Demonstration anhörte; Martin soll hier gesagt haben: "Es gehören unbedingt einmal ein paar Pfarrer an die Wand gestellt"; (Grieser, Himmlers Mann, S. 125f.). Vgl. auch Baier, DC, S. 146f., der leider nicht klar unterscheidet zwischen dem stellvertretenden Gauleiter Karl Holz und dem Polizeiregierungsrat Dr. Holz (s. auch ebda., S. 593). Daß Martin diese Bemerkung mehr aus Verärgerung gemacht hat, beweist sein Bericht vom 19.10.1934 (Anm. 910), wo er ausdrücklich die Inschutzhaftnahme von Geistlichen ablehnte.
930 Protokoll vom 17.10.1934 (Anm. 928). Mit diesen Bemerkungen stellte sich Martin als Hüter der Ordnung und der bestehenden Gesetze dar, was die Behauptung Daumillers, Martin sei "eigentlich auf unserer Seite",

ANMERKUNGEN ZU DEN SEITEN 374 BIS 378

eindeutig widerlegt; Daumiller, Geführt im Schatten, S. 65; Grieser, Himmlers Mann, S. 113.
931 Es war bei einer Besprechung der Pfarrer eine Stunde vor der Stizung vereinbart, daß man nicht mit Sommerer und Beer verhandeln würde und daß man Streicher über die Schmähung des Abendmahles zur Rede stellen müsse; LKAN, Kreisdekan Ansbach 1/15/9, Nürnberger Bericht, S. 4f. In den anderen Darstellungen wirkt Daumillers Anfrage viel direkter und aggressiver; siehe besonders Daumiller, Geführt im Schatten, S. 68; Schieder, Meiser, S. 26.
932 Protokoll vom 17.10.1934 (Anm. 928). Im Grunde war es Martin, der in Verhandlungen mit Karl Holz, die Einstellung des Kampfes gegen Meiser erreichte; BayHStA, RStH 634, Bericht Martins vom 25.9.1934.
933 Protokoll vom 17.10.1934 (Anm. 928). Holz hatte nur die NS-Kirchenvorsteher Nürnbergs für den 4.10.1934 eingeladen (Anm. 853). Für den 17.10. hatten Sommerer und Beer sämtliche Kirchenvorsteher Nürnbergs eingeladen (Baier/Henn, Chronologie S. 91).
934 Protokoll vom 17.10.1934 (Anm. 928). Damit meinte Streicher wohl die durch den Aufstand der Nationalsozialisten in Wien am 25.7.1934 hervorgerufene Krise. Ein Augsburger Polizeibericht (Witetschek, Kirchliche Lage III, S. 39) bestätigt "eine gewisse Kriegspsychose" für Oktober 1934, bedingt durch das Attentat in Marseille vom 8.10. und von Befürchtungen über militärische Verwicklungen über die Saarfrage. Zur Kriegspsychose siehe auch: Deutschland-Berichte der Sopade, 1934, S.621ff, 682ff.
935 Daumiller, Geführt im Schatten, S. 70.
936 Daumiller schrieb (ebda., S. 68), daß Martin ihm später erzählte, wie "ihm bei dieser Herausforderung des Gauleiters 'buchstäblich der Atem stockte; ich hatte und habe niemals erlebt, daß sich Streicher einen derartigen Frontalagriff gefallen ließ.'"
937 Bericht Martins vom 19.10.1934 (Anm.910).
938 Wortlaut der Anordnung in: JK vom 3.11.1934, S. 908; Baier, DC, S. 148. Am 19.10.1934 schickte Hanns König ein Schreiben an alle Amtswalter des Gaues Franken, das auf die Anordung Streichers aufmerksam machte; BDC, OPG (Gerstner).
939 WZ vom 20.10.1934; WTBl vom 20.19.1934; FrTZ vom 20.10.1934; AR vom 22.10.1934; KBl vom 21.10.1934, S. 472f.; Evang. Gemeindeblatt für München vom 28.10.1934, S. 471; RS vom 4.11.1934, S. 519.
940 Bericht Martins vom 19.10.1934 (Anm. 910), der jedoch nicht spezifisch sagt, daß der Wunsch von der Gauleitung kam. Der "Nürnberger Bericht" (Anm. 931) bestätigt, daß Daumiller "auf Antrag der Gauleitung in Schutzhaft genommen werden" sollte. Nach Daumillers Rede bei der Zusammenkunft sagte Streicher, daß sein Urteil über Daumiller nun besser sei, "als nachdem, was er bisher über ihn gehört habe"; Protokoll vom 17.10.1934 (Anm. 928).
Streichers Kurswechsel in der Kirchenfrage wäre umso dramatischer, wenn folgende Meldung des "Neuen Tage-Buches" (vom 27.10.1934, S. 1012) sich als wahr herausstellen sollte: "Mittwoch, 10. Oktober: Eine Sitzung der nationalsozialistischen Parteiführer Bayerns findet in München statt. Der Nürnberger 'Gauführer' Julius Streicher richtet heftige Angriffe gegen Dr. Jäger, der nicht durchgreifen wolle, und findet Zustimmung."
941 Bericht Martins vom 19.10.1934 (Anm. 910). Einige Stellen in Streichers Rede vom 17.10. deuten auf eine Beinflußung durch Martin hin, z.B. Streicher habe Parteiaktionen gegen die Kirche untersagt, denn: "Wenn ich hätte dumm sein wollen, hätte ich allerhand machen können", oder wenn er vom "Fanatismus" der Pfarrer redete, die gegen die Jäger Maßnahmen waren; Protokoll vom 17.10.1934 (Anm. 928).

ANMERKUNGEN ZU DEN SEITEN 378 BIS 380

942 Nürnberger Bericht, S. 10f. (Anm. 931). Der Satz aus diesem Schreiben Schieders über die Entgiftung des Kirchenkampfes erschien auch in der AR vom 22.10.1934.
943 JK vom 3.11.1934, S. 907f. Am 20.10.1934 schrieb auch Daumiller an die Pfarrer des Kirchenkreises Ansbach, daß sie Streicher nicht mehr auf der Kanzel erwähnen und die NSDAP nicht kritisieren sollten; LKAN, Dekanat Heidenheim 29.
944 EvAG, Brief 8 (Brief 7 war am 11.10.1934 geschrieben) der Evang. Pressestelle Münchens vom 23.10.1934; der Absatz über die Nürnberger Zusammenkunft erschien auch in: AELKZ vom 26.10.1934, Sp. 1041. Die Pressestelle schieb folgendes über die Zusammenkunft: "Nun bat OKR Daumiller den Gauleiter um Auskunft über die Ritualmordnummer des Stürmer. Gauleiter Streicher erklärte, daß das Abendmahl ohne seinen Willen hereingezogen worden sei. Nun brachte OKR D. in 3/4 stündiger Rede alle Beschwernisse mit solcher leidenschaftlicher Klarheit zur Sprache, daß Gauleiter Streicher tief beeindruckt wurde und versprach, die Parteiorgane anzuweisen, nicht in die kirchlichen Angelegenheiten einzugreifen." Diesen Bericht nannte Martin "eine völlig schiefe, dem Ansehen des Gauleiters abträgliche Darstellung jener Versammlung"; BayHStA, MA 107292, Bericht Martins vom 5.2.1935.
945 Baier/Henn, Chronologie, S. 91, bezeichnet dagegen die Streicher-Anordnung als eine "leere Geste". Dieses Urteil fußt zum Teil auf einer durchaus anfechtbare Mitteilung von Pfarrer Zwörner (ebda. 93), daß Streicher alle Besucher der Pfarrerversammlung am 22.10. verhaften wollte, daß aber Schemm nicht einwilligte. Weder Daumiller noch Martin berichten von diesem Vorfall, außerdem wäre Martin und nicht Schemm für die Einwilligung zuständig.
946 Am 19.10.1934 berichtet die "Fränkische Tageszeitung" vom Treffen Sommerers und Beers mit den Nürnberger Kirchenvorstehern. In der gleichen Ausgabe wurde die Predigt des "Frankensbischofs" für Sonntag in der Nürnberger Lutherkapelle angekündigt.
947 Erst nachdem Meiser enthaftet war kamen wieder Berichte über den Kirchenkonflikt in der "Fränkischen Tageszeitung".
948 Ein gutes Beispiel dafür lieferte Schieder (Meiser, S.32f.): Am 19.10. kündigte der Kreisleiter in Ansbach an, er würde in Sommersdorf zur Kirchenfrage sprechen, was er aber bei der Versammlung einen Tag später unterließ. Kreisleiter Foertsch, Höchstadt, nahm bei seiner Rede in Pommersfelden am 25.10. Bezug auf Streichers Anordnung und sagte: "Man kann zum Reichsbischof stehen so und so; ich lasse auch die Frage offen, das berührt uns nicht;... wir werden erst dann etwas unternehmen, wenn der Staat Schaden leidet"; LKAN, Personen XLII, 12, Niederschrift der Rede des Krieslerters.
949 BN vom 29.10.1934 (UP Meldung). Der Betroffene war Jugendpfarrer Eichler, der bei einer Demonstration vor dem Haus Wurms am 24.10. kurz verhaftet wurde; JK 3.11.1934, S. 910. In Württemberg war auch, im Gegensatz zu Bayern, der Reichsstatthalter ein Gegner der Bekenntnisfront; vgl. Nicolaisen/ Kretschmar, Dokumente II, S. 190.
950 Schreiben Klinglers an die Pfarrer vom 19.10.1934, bei Baier, Kirchenkampf in Nürnberg, Anhang 7 abgelichtet. In einem Schreiben an einen Amtsbruder vom 18.10. betonte Möbus, daß der Staat eine Wiederherstellung des status quo nicht zulassen würde; LKAN, Kirchenkampfsammlung O-4. Diese Aktion brachte lediglich 23 zusäzliche Unterschriften für die Eingliederung; LKAN, Personen XXXVI, 33/2.
951 Siehe dazu Baier, DC, S. 135. Zu Halbach siehe ebda. S. 131, Anm. 21. Halbach wurde am 25.10.1934 als Direktor des Landesvereins für Innere Mission in Bayern von dessen Verwaltungsausschuß gekündigt mit Fort-

ANMERKUNGEN ZU DEN SEITEN 380 BIS 382

Zahlung seines Gehalts bis zum 31.12.1934. Durch die Hilfe des Reichsbischofs bekam er ein Amt innerhalb der preußischen Landeskirche in Potsdam. Nach Halbachs Darstellung (StdAN, Dir.A, 84, Schreiben Halbachs vom 5.1.1935), wurde er aus der bayerischen Landeskirche "hinausgedrängt". Nach dem Amtsblatt (vom 16.1.1935) schied er "auf eigenen Wunsch aus dem Dienst der Landeskirche" aus.
Das Gesuch des OKR Klemich (s. Baier, DC, S.128) am 19.10., das Predigerseminars mit Polizeigewalt zu besetzen, lehnte Martin entschieden ab; BayHStA, MA 107 291, Bericht Martins vom 19.10.1934.

952 LKAN, Kirchenkampfsammlung 0-4; FrTZ vom 20.10.1934, S. 1.
953 Wilhelm Herold, geb. am 12.7.1870, war seit 1926 Dekan in Schwabach und seit 1.5.1933 NS-Mitglied (Nr. 3.180.360); BDC, NSDAP Master File.
954 LKAN, Dekanat Schwabach 637, Brief Herolds vom 17.10.1934. In einem gleichzeitigen Schreiben an die Geistlichen seines Dekanats sagte Herold: "Der Kampf ist zu Ende. Die Obrigkeit hat gesprochen. Wir haben zu gehorchen. Friede und Ordnung müssen einkehren in den Gemeinden"; ebda.
955 Heinz Preiß, geb. am 22.2.1910, legte im Frühjahr 1934 die erste theologische Anstellungsprüfung ab und erhielt "bei sehr wohlwollender Beurteilung" - "man hat ihm die Zugehörigkeit zur SA angerechnet" - die Note 3 1/2. Danach wurde er Verweser der zweiten Stadtvikarstelle in Nürnberg-Steinbühl; LKAN, Personen XXXVI, 27, "Bericht zu der angeblichen Maßregelung von evang. Geistlichen in Bayern". Preiß war seit dem 1.2.1932 Mitglied der NSDAP, Nr. 888.388; BDC; NSDAP Master File. Vgl. auch Baier, DC, S. 189, Anm. 79.
956 EvAG, Rundbrief 9 der Pfarrerbruderschaft vom 15.10.1934.
957 LKAN, Personen XXXI. Siehe auch F.W.Kantzenbach, Zur Haltung einiger führender Männer der Landeskirchlichen Gemeinschaft 1933/34, in: ZbKG 43 (1974), S. 445-447.
958 BayHStA, RStH 635, Abschrift eines Schreibens Meyers vom 19.10.1934 aus Jena und München. Meyer war beim NSEP-Treffen in Nürnberg am 16.10.1934 (bzw. 17.10.1934, vgl. Baier/Henn, Chronologie, S. 90f.) anwesend; Nürnberger Bericht, S. 11 (Anm. 931).
959 Zur Spannung zwischen Pfarrern und Lehrern in Bayern, siehe Bayern in der NS-Zeit I, S. 531f.
960 Schreiben Klinglers vom 19.10.1934 (Anm. 950). Erste Resultate in: KBl vom 29.10.1934, S. 483 und JK vom 3.11.1934, S. 916f. Die Anfrage wurde an rund 1400 bayerische Geistliche gesandt. Schon vor dieser Aktion hatte Klingler eine Befragung der Pfarrer durchgeführt, wonach von 1350 1225 für Meiser und 21 gegen ihn geantwortet hatten; LKAN, Kirchenkampfsammlung 0-5, Ergänzung eines Berichtes aus München vom 14.10.1934.
Am 2.11.1934 meldete Klingler am Schluß der Aktion, daß 1230 Mitglieder unterschrieben hätten; die vielen nach Jägers Rücktritt eingereichten Zustimmungen mit dem Vermerk "leider verspätet" wurden nicht mitgezählt; KBl vom 5.11.1934, S. 489.
961 KBl vom 21.10.1934, S. 465.
962 EvAG, Meinzolt an die Pfarrämter des Dekanats München II vom 24.10.1934. Die Feier dauerte von 12 - 14.45 Uhr. Am 4.10. hatten sich 700 Pfarrer aus allen Teilen Württembergs für eine Abendmahlsfeier in Stuttgart versammelt; EvAG, Brief 4 der Evang. Pressestelle Münchens vom 6.10.1934.
963 In Verhandlungen mit der Polizei hatte Klingler die Benutzung der Kirche für die Aussprache durchgesetzt; Schreiben Meinzolts vom 24.10.1934 (Anm. 962). Im Einladungsschreiben wies Klingler darauf hin, daß die Versammlung polizeilich überwacht sein würde, und bat deshalb

ANMERKUNGEN ZU DEN SEITEN 382 BIS 385

"unter allen Umständen Rededisziplin zu halten"; Henn, Bayerische Landeskirche, S. 122.
964 Ebda. Klingler war von Engelke nach Berlin gerufen worden. Zu Engelke siehe Meier, Kirchenkampf I, S. 509.
965 Am 19.10.1934 brachten die Basler Nachrichten eine UP-Meldung über eine Krise in der Reichskirchenregierung zwischen Kinder und Jäger über die "Nationalkirche". Weitere Meldungen über diese Krise in BN vom 22.10.1934 mit dem Gerücht, daß Jäger zurücktreten wird. Zum Konflikt Kinder/Jäger siehe Scholder, Kirchen II, S. 328 und Meier, Kirchenkampf I, S. 509f.
966 Schreiben Meinzolts vom 24.10.1934 (Anm. 962). EvAG, Rundbrief 10 der Pfarrerbruderschaft vom 26.10.1934.
967 Schreiben Meinzolts vom 24.10.1934 (Anm. 962). KBl vom 29.10.1934, S.480; Baier, DC, S. 158.
968 LKAN, Kreisdekan Ansbach 1/15/9, Rundschreiben G. Kerns ohne Datum, dem Inhalt nach zwischen dem 17. und 20.10.1934.
969 Vgl. Kerns ähnliche Äußerung zur Revolution im Jahre 1933, oben S. 122.
970 Kerns Beispiele waren das Interim vom Mai 1548 unter Karl dem V., das Restitutionsedikt vom Jahre 1629, und der Kniebeugungsstreit in Bayern unter dem Ministerium Abel vom 1838 bis 1845.
971 Nach dem Scheitern seiner Verhandlungen mit Kardinal Cajetan im Oktober 1518 in Ausburg, appelierte der vom Bann bedrohten Luther "von dem nicht gut unterrichteten Papst an den besser zu unterrichtenden Papst" um Wiederaufnahme seines Falles; siehe Andrea van Dülmen, Luther-Chronik, München 1983, S. 40. Vgl. auch Scholder, Kirchen II, S. 278.
972 Scholder, Kirchen II, S. 321, 334f. Die "Basler Nachrichten" brachten die Meldung am 20./21.10.1934, daß Müller am 23.10. in der Reichskanzlei vereidigt werden sollte, wobei eine restlose Klärung der Kirchenfrage erwartet werde.
973 LKAN, Kreisdekan Ansbach 1/15/9, Rundschreiben Schieders vom 17.10.1934.
974 Ebda.; LKAN, Kreisdekan Ansbach 1/15/9, unsignierter und undatierter Umdruck "Material für die außerordentlichen Kapitelskonferenzen vom 21.-24.10.1934". Vgl. auch Henn, Bayerische Landeskirche, S. 130ff.
975 Ebda. Nach diesem Dokument, habe Detten in einer Denkschrift an Hitler (erwähnt in Gauger Chronik II, S. 335) ein Entgegenkommen mit der Bekenntnisfront und einen Personalwechsel in der Reichskirchenregierung vorgeschlagen. Jäger habe aber dafür gesorgt, daß Hitler diese Denkschrift nicht zum Lesen bekam, und übermittelte ihm eine zweite Denkschrift, die die Grundgedanke enthielt: "Die Bekenntnisfront besteht im wesentlichen aus Hochverrätern, Meuterern und Rebellen; sie ist die letzte Zuflucht der Reaktion und muß vernichtet werden".
976 K.D.Schmidt (Hg.), Die Bekenntnisse und grundsätzlichen Äußerungen zur Kichenfrage. Band 2: Das Jahre 1934, Göttingen 1935, S. 154; Scholder, Kirchen II, S. 336.
977 Rundschreiben G. Kerns (s. Anm. 968).
978 EvAG, Brief 8 der Evang. Pressestelle München vom 23.10.1934. Unter den bayerischen Teilnehmern waren: Meinzolt, Breit, Schieder, Bogner, Greifenstein, Helmut Kern, Dr. Rohde, Landgerichtsdirektor Franz, Professor Althaus und Professor Sasse; Henn, Bayer. Landeskirche, S.125.
979 Scholder, Kirchen II, S. 336.
980 Für eine Beschreibung und Bewertung der Dahlemer Synode, siehe Scholder, Kirchen II, S. 336ff. Zu Dahlem schrieb Meinzolt ein Jahr später: "Die Synode nahm einen nicht in allen Teilen befriedigenden Verlauf; es fehlte der überragende Kopf und Wille, der der Synode seinen Stempel aufgedrückt hätte"; Meinzolts Erinnerungen vom 10.9.1935 (Anm. 872).

ANMERKUNGEN ZU DEN SEITEN 385 BIS 389

981 EvAG, Brief 8 der Evang. Pressestelle München vom 23.10.1934. Die Botschaft der Synode erschien auch in: KBl vom 29.10.1934, S. 479f. Der Text der Botschaft erschien auch in den "Basler Nachrichten" (vom 22.10.1934) unter der Überschrift: "Das Schisma in der Deutschen Evangelischen Kirche Tatsache". Nach Hermelink (Kirche im Kampf, S.183) wurde die Botschaft "überall, wo sie in der Öffentlichkeit gelangte, von der Polizei beschlagnahmt".
982 EvAG, Rundbrief 10 der Pfarrerbruderschaft vom 26.10.1934. Siehe auch Scholder, Kirchen II, S. 341.
983 Stoll, Dokumente V, S. 32.
984 BayHStA, MA 107 291, Bericht Boepples an Epp vom 20.10.1934, S. 7. Zu Boepple siehe Nicolaisen/Kretschemar, Dokumente II, S. 186, Anm. 18.
985 Dekanatsarchiv Pappenheim 87, Schreiben an Epp vom 19.10.1934.
986 Die Pfarrbeschreibung Pappenheims bestätigt, daß nach Abschluß der Unterschriftsaktion "im Großen und Ganzen" 100% für Meiser waren; Dekanatsarchiv Pappenheim.
987 StAN, BA Weißenburg, Abg. 1955, Nr. 502, Polizeibericht vom 22.1.1935.
988 WZ vom 17.10.1934; WZ vom 22.10.1934.
989 Dekanatsarchiv Weißenburg 47, DC-Rundschreiben.
990 Dekanatsarchiv Weißenburg 47. Die Erklärung lautete: "Wir wollen treu bleiben unserem Bekenntnis, das am besten gewahrt wird von unserem Herrn Landesbischof D. Meiser und stellen uns deshalb hinter ihn".
991 Ebda. Keine Ergebnisse für Bursalach oder Höttingen, wo reichskirchlich eingestellte Pfarrer amtierten.
992 StAN, BA Weißenburg, Abg. 1955, Nr. 510, Predigt Geyers vom 19.10.1934. Der Gottesdienst wurde auch in der Presse angekündigt (WTBl vom 19.10.1934) und fand an Stelle der Freitagsbibelstunde statt. Pfarrer Geyer hatte schon 1932 als Volksdienst-Anhänger die Ehre, im "Stürmer" (Nr.17 vom April 1932) wegen seiner Unterstützung für Hindenburg (s. VD vom 12.3.1934) und wegen seiner Verteidigung der Juden ("Die Juden haben den gleichen Anspruch zu dieser Herde zu zählen wie die Deutschen." "Erbärmlich sei der Ruf: Juda verrecke.") heftig angegriffen zu werden; LKAN, LKR 1665a. Im Oktober 1934 wollten Parteileute vor Geyers Haus demonstrieren, was Streicher jedoch unterbunden hatte; LKA, XLII, 8, Protokoll vom 17.10.1934. Geyer war auch Mitglied der Pfarrerbruderschaft.
993 StAN, BA Weißenburg, Abg. 1955, Nr. 510, Bericht Ohnesorgs an den Stadtrat vom 21.10.1934.
994 Ebda. Ohnesorgs Bericht wurde von Gerstner ans Bezirksamt weitergeleitet.
995 Dekanatsarchiv Weißenburg 48. Der Antrag schloß mit "Heil Hitler" und wurde von 9 Kirchenvorstehern und 2 Pfarrern unterzeichnet.
996 Dekanatsarchiv Weißenburg 48, Erklärung Kerns vom 22.10.1934.
997 Dekanatsarchiv Weißenburg 55, Kirchenvorstands Protokolle.
998 Dekanatsarchiv Weißenburg 47, v.Löffelholz an den LKR vom 14.3.1935. Kern bemerkte, daß er so etwas "von den rötesten Kommunisten in Nürnberg" nie erlebt hätte; LKAN, Kreisdekan Ansbach 20/3, Kern ans Pfarramt Kleinlangheim 15.3.1935.
999 Der Gottesdienst mit Sommerer wurde in der Presse (FrTZ vom 19.10.1934; WTBl vom 19.10.1934) und auch im Rundfunk (EvAG, Meinzolt Rundschreiben vom 24.10.1934) angekündigt.
Für eine detaillierte Schilderung des Vorfalls siehe Heinrich Schick, Nürnberg-Maxfeld, in: Harder-Niemöller, Die Stunde der Versuchung, München 1963, S. 397-405; Gauger, Chronik II, S. 355 & 357; und Baier, DC, S. 150ff.

ANMERKUNGEN ZU DEN SEITEN 389 BIS 393

1000 Schick, Nürnberg-Maxfeld, S. 398. Vgl. KABl vom 16.10.1934, S. 179. Den durchaus unklaren Rechtsverhältnissen in diesem Fall werden in Schicks Schilderung nicht Rechnung getragen. Seine Berufung auf die Veröffentlichung seiner Ernennung (S. 398, 401) ist nicht stichhaltig, denn sie erschien erst im Amtsblatt vom 7.11.1934 (S. 182).

1001 Siehe die UP-Meldung in den "Basler Nachrichten" vom 24.10.1934. Anwesend war z.B. der Polizeiregierungsrat Kießel, der nach dem Gottesdienst Schick drei Stunden lang verhört hatte; Schick, Nürnberg-Maxfeld, S. 400f.

1002 Siehe Martins Bericht vom 19.10.1934 (BayHStA, MA 107291).

1003 Siehe Schick, Nürnberg-Maxfeld, S. 401ff. Die Entscheidung des Amtsgerichts Nürnberg vom 27.10.1934 wurde besprochen und zum Teil veröffentlicht in: Brief 9 der Evang. Pressestelle München vom 31.10.1934 (EvAG); Evang. Gemeindeblatt für München vom 4.11.1934, S. 482; Gauger, Chronik II, S. 361; Stoll, Dokumente V, S. 36. Siehe auch Baier, DC, S. 152.

1004 Für die Vorgeschichte der Deputation vom 19.10.1934 siehe den Bericht Dekan Sperls vom 12.11.1934 (LKAN, Personen XXXVI, 41) und das Schreiben Sperls an die Reichsstatthalterei vom 26.9.1934 (BayHStA, RStH 634). Für Behringer siehe oben, S. 266.

1005 LKAN, Personen XXXVI, 41, Erklärung der Deputation vom 19.10.1934. Auch im Dekanatsarchiv Weißenburg, 47. Die Vertreter aus Weißenburg waren Professor Schleussinger, Bauinspektor Wotschack, und stud. theol. Lehnstädt. Die vier andere Theologen waren Dekan Schaudig, Pfarrer Eichner, Dekan Sperl und Pfarrer von Aichinger. Ansonsten unterschrieben 3 Bauern, 2 Handwerker, 2 Beamte, 1 Bürgermeister, 1 Lehrer und 1 Arzt (der Sprecher der Gruppe, Dr.Städtler).

1006 Folgende Darstellung des Verlaufs der ersten Deputation basiert auf folgenden Quellen: Bericht Sperls vom 12.11.1934 (s. Anm. 1004); Auszug aus dem Lebenslauf Adolf von Aichberger (LKAN, Personen XXXVI, 41); der Bericht der Landwirte Weißbeck und Bahls (Geuder, Im Kampf, S. 56-59); der kurze Bericht im Pfarrarchiv Ellingen, 9; Sieberts Vormerkung über den Empfang vom 19.10.1934 (BayHStA, MA 107 291). Eine kurze Beschreibung in: Kerschaw, Hitler-Mythos, S.100. Bei Baier/Henn, Chronologie, S. 92 und Baier, DC, S. 153f. liegt eine Verwechslung mit der Doerfler-Deputation am 22./23.10.1934 vor (vgl Anm. 1013).

1007 UP-Meldung in den BN vom 20./21.10.1934.

1008 Am 21.10. berichtete Pfarrer Aichberger auf einer Versammlung von Geistlichen und Laien über den Verlauf der Deputation (s. Anm. 1006). Baier/Henn, Chronologie, S. 94.

1009 Mindestens neun Abordnungen nach München und Berlin sind aktenkundig: 1) 19.10. - von West-Mittelfranken unter der Führung von Dr. Städtler; 2) 22.10 - von Nürnberg unter Dr.Rohde; 3) 22./23.10. - von Mittelfranken (Ansbacher Gegend) unter Pfarrer Doerfler; 4) 24.10 - aus dem Ries und Schwaben unter Pfarrer Pommers; 5) 25.10. - aus dem Knoblauchsland (Erlangen-Fürth) unter Pfarrer Weigel; 6) 26.10. - aus der Oberpfalz unter Dekan Schaudig; 7) 27.10. - aus Oberfranken unter Pfarrer Seggel; 8) 29.10. - Abordnung nach Berlin; 9) 29.10. - Abordnung mainfränkischer Bauern in München (vgl. Anm. 1006 & 1013; Baier/Henn, Chronologie, S.92-95; Kerschaw, Hitler-Mythos, S. 101). Die regelmäßigen Abstände dieser Abordnungen deuten auf eine zentrale Lenkung (Nürnberger Predigerseminar?) hin. Max Tratz spricht von "insgesamt 23 Gemeindeabordnungen" bis zum 27.10, eine sicherlich zu hoch gegriffene Zahl; Putz/Tratz, Bauern kämpften, in: Winter, Zwischen Kanzel und Kerker, S. 19.

ANMERKUNGEN ZU DEN SEITEN 393 BIS 394

1010 BN, Nr. 289 vom 22.10.1934 mit der UP-Meldung über den Gottesdienst im der Matthäuskirche vor 2000 Menschen und in der Arcis-Straße unter Meisers Balkon mit 600 Menschen. Siehe auch Schieder, Meiser, S. 26; Gauger, Chronik II, S.355; EvAG, Brief 8 der Evang. Pressestelle München vom 23.10.1934; KBl vom 29.10.1934, S. 482f.; Nicolaisen/ Kretschmar, Dokumente II, S. 189.
1011 Das Neue Tage-Buch vom 27.10.1934, S. 1012. Nach dieser nicht immer ganz zuverlässigen Quelle habe ein höherer Gestapo-Beamter die Polizei "vergebens angefeuert und beschimpft".
1012 Nicolaisen/Kretschmar, Dokumente II, S. 189; Baier/Henn, Chronologie, S. 92.
1013 Eine detaillierte Beschreibung der Dörfler-Deputation lieferte einer der Teilnehmer, Georg Mack, ein Bauer aus Auerbach (Entscheidungsvolle Tage der evangelisch-lutherischen Kirche in Bayern 1934, Auerbach bei Ansbach 1958, Exemplar in der Bibliothek des LKR, München). Eine andere, nicht ganz zuverlässige Schilderung lieferte Pfarrer Dörfler in: Schieder, Meiser, S. 34-36. Einige Korrekturen zum Dörfler-Bericht: die heftige Auseinandersetzung mit Staatssekretär K(öglmeier) fand im Innenministerium und nicht im Kultusministerium statt; im Kultusministerium wurde die Gruppe nicht empfangen; die unsinnige Behauptung, Epp habe der Abordnung gesagt, "er wisse gar nicht, daß unser Landesbischof verhaftet sei", wird durch die Aktenvermerke der Reichsstatthalterei klar widerlegt (Nicolaisen/Kretschmar, Dokumente II, S. 184f.) und wird auch nicht in der Schilderung von Mack bestätigt; Siebert habe nur sechs Teilnehmern einen Besuch bei Meiser ermöglicht. Die Schilderung bei Baier (DC, S. 153ff.) basiert auf dem Dörfler-Bericht und gibt dazu eine inkorrekte Datierung (19.10) und die falsche Behauptung, daß Schieder dabei gewesen war. Drei Pfarrer waren an der Abordnung beteiligt: Karl Dörfler (s. auch Bühler, Kirchenkampf, S. 363ff.), Heinrich Koch, und Hermann Söllner (Pg. seit dem 1.10.1930; BDC, PK); Mack, Entscheidungsvolle Tage, S. 17.
1014 Mack, Entscheidungsvolle Tage, S. 22f.; LKAN, Kirchenkampfsammlung 0-4; Gauger, Chronik II, S. 353 & 355.
1015 Mack, Entscheidungsvolle Tage, S. 14; Schieder, Meiser, S.35. Das Meiser-Ultimatum bei Putz/Tratz, Bauern kämpften (s. Anm. 1009); auch als Schreiben an Siebert gerichtet (Henn, Bayerische Landeskirche, S.142). Daß Epp sich tatsächlich für die Haftentlassung Meisers eingesetzt hat beweist: Nicolaisen/Kretschmar, Dokumente II, S. 184ff. Siehe auch Nicolaisen, Der bayer. Reichsstatthalter, S. 252f.
1016 Mack, Entscheidungsvolle Tage, S. 15. Für die Besprechung mit Epp und Siebert am 22.10.1934 siehe Nicolaisen/Kretschmar, Dokumente II, S.185-190.
1017 Die Meldung von der bevorstehenden Vereidigung brachten die Basler Nachrichten am 20./21.10.1934. In seinem Brief an Bischof Bell vom 22.10.1934 schrieb Alphons Koechlin: "Die Lage in Berlin und Bayern ist so zugespitzt wie möglich. Heute gab es in Deutschland keine ausländischen Zeitungen. Deputationen, die Zehntausende bayrischer Bauern vertraten, sind heute in München, um auf die Regierungskreise Druck auszuüben"; Lindt, Bell/Koechlin Briefwechsel, S. 165.
1018 Mack, Entscheidungsvolle Tage, S. 13.
1019 BN vom 23.10.1934.
1020 BN vom 24.10.1934.
1021 BN vom 25.10.1934.
1022 EvAG, Rundbrief der Pfarrerbruderschaft (gezeichnet von Schieder und Frör) Nr. 10 vom 26.10.1934.

ANMERKUNGEN ZU DEN SEITEN 394 BIS 396

1023 Es ist interessant, daß dieses Gespräch zwischen Gürtner und Hitler in Kreisen der Bekenntnispfarrer bekannt war. Vgl. Scholder, Kirchen II, S. 350f.
1024 Der Kreisleiter von Rothenburg habe z.B. Siebert mitgeteilt, "daß seine ganze Tätigkeit darin bestehe, die Bauern vom Austritt aus der Partei zurückzuhalten"; Nicolaisen/ Kretschmar, Dokumente II, S. 188.
1025 Scholder, Kirchen II, S. 352f.; JK vom 3.11.1934, S. 911ff. Wörtlich hatte Jäger in seinem Brief an Müller lediglich seine "kirchenpolitische Funktion" abgegeben, aber wie die "Westdeutsche Eilkorrespondenz" bemerkte (ebda., S. 913): "Die Presse meldete jedoch den völligen Rücktritt, der dadurch wohl vollzogene Tatsache geworden ist". Am 30.10 meldete die Tagespresse, daß Jäger sein Amt als Rechtswalter und sein Amt als preußischer Ministerialdirektor niedergelegt hatte; Evang. Gemeindeblatt für München vom 11.11.1934, S. 494.
1026 EvAG, Schreiben der Evang. Pressestelle Münchens an die Dekane vom 27.10.1934. Zu Meisers Entlassung aus der Haft siehe vor allem Nicolaisen/Kretschmar, Dokumente II, S. 191ff. In einem Brief an Siebert vom 27.10. bedankte sich Meiser für Sieberts Bemühungen, denen er die Aufhebung seiner Freiheitsberaubung "in erster Linie" zu verdanken habe; BayHStA MA 107291.
1027 BN, Nr. 296 vom 29.10.1934, S. 1, UP-Meldung. Für den Kampf zwischen Jäger und der DC-Reichsleitung siehe Meier, Kirchenkampf I, S. 509ff.
1028 Der Verlauf der Berliner Deputation ausführlich bei Mack, Etnscheidungsvolle Tage, S. 18-20. Vgl. auch Dörflers Beschreibung in: Schieder, Meiser, S. 36-39, sowie Meinzolts Errinerungen vom 10.9.1935, S. 6f. (s. Anm. 872). Keine dieser Quellen bestätigen, daß Schieder die Deptutation in Berlin geleitet hatte (gegen Baier/Henn, Chronologie, S. 95). Von der Deputation vom 19.10 waren in Berlin dabei: Dr. Städtler, Pfarrer Eichner, und Bauer Bahls; von der Dörfler-Deputation waren in Berlin dabei: Bauer Mack, Bauer Arnold, und Pfarrer Dörfler.
Hugo Hahn berichtete, daß bereits zur Zeit der Dahlemer Bekenntnissynode eine Deputation fränkischer Bauern in Berlin war, die Himmler, den sie aus den Anfangstagen der Partei kannte, ihre Meinung sagen wollte. Hahn meinte, daß sie "einen starken Eindruck gemacht" hätten: "Himmler ist vor diesem Erwachen in der Partei erschrocken und hat Hitler vermutlich mit dazu bestimmt, daß damals im Kirchenkampf eingelenkt wurde"; Georg Prater (Hg), Kämpfer wider Willen. Erinnerungen des Landesbischofs von Sachsen D. Hugo Hahn, Metzingen 1969, S. 82.
1029 BN vom 31.10.1934, S. 1, UP-Meldung.
1030 Mack, Entscheidungsvolle Tage, S. 20. Bahls berichtete, daß eine Gruppe Himmler auf der Straße begegnet wäre, der dann ihnen in seiner Wohnung versicherte, daß alles geregelt werde; StAN, LRA Dinkelsbühl, Abg. 76, Nr. 158, Bericht der Gendarmeriestation Wassertrüdigen vom 25.11.1934 über das Auftreten Bahls in einer Versammlung in Obermögersheim am 18.11.1934.
1031 Meinzolts Errinerungen vom 10.9.1935, S. 7 (s. Anm. 872).
1032 Das Kirchengesetz vom 25.10.1934 wurde im Gesetzblatt der DEK vom 26.10.1934 veröffentlicht. Siehe auch Baier, DC, S.149f.
1033 Evang. Gemeindeblatt für München vom 4.11.1934, S. 482, geschrieben am 31.10.
1034 Baier/Henn, Chronologie, S. 95; Baier, DC, S. 166 und 422ff.
1035 Ebda., S. 423. EZA Berlin, Bestand EKD A 4/136, Beer an Klas vom 28.10.1934.
1036 LKAN, Dekanat Augsburg 408, "Aufklärungs-Vortrag" in Augsburg am 31.10.1934.

ANMERKUNGEN ZU DEN SEITEN 396 BIS 397

1037 Gollwitzer betonte in seinem Vortrag (ebda.), daß er das "innere Ringen der Kollegen achte", und daß kein Geistlicher "auch nur in der geringsten Weise bemängelt worden" sei. Siehe auch Baier, DC, S. 424f.
1038 EvAG, Rundbrief 11 der Pfarrerbruderschaft vom 1.11.1934. LKAN, Personen XLII, 8, Zusammenkunft der DC-Kirchenvorsteher mit Beer am 23.10.1934.
1039 Als Beispiele gaben sie an: Meinzolt, Breit, Daumiller, Georg Kern, Langenfaß, Schieder und Klingler; Baier, DC, S. 425, und folgendes Zitat.
1040 Dekanatsarchiv Weißenburg 47, Rundschreiben an die Mitglieder der DC. Auch die Deutschland-Berichte der Sopade (1934, S. 715) sahen den Kirchenkampf als die Revanche der "zurückgedrängten traditionellen Oberschichten" an.
1041 Neben dem Flugblatt "Jetzt ists genug!" von Halbach, gab es das Blatt "Die Bekenntnisfront in Bayern an der Arbeit!" von Baumgärtner, der kirchliche Kommissar für Presse und Volksaufklärung (Exemplar in: LKAN, Dekanat Markt Erlbach 16), und "An das Bayerische Evangelische Kirchenvolk!", unterschrieben vom Sommerer, Gollwitzer, Baumgärtner, Beer, Fuchs, Halbach, Hoffmann, Möbus, Siegel und Vollrath (Exemplar in: LKAN, Kirchenkampfsammlung O-4). Die letzten zwei Flugblätter druckte Josef Deschler, München.
1042 Ebda., "An das Bayerische Evangelische Kirchenvolk!" Gollwitzer war überzeugt, daß die Bekenntnisfront mit solchen Gerüchten Unterschriften gesammelt hätte: "In Mittelfranken gingen die Kirchenvorsteher von Haus zu Haus und sagten: Wollt ihr katholisch werden, wenn nicht, dann unterschreibt; wollt ihr, daß noch getauft wird, dann unterschreibt... Wenn eine Abordnung sagt, daß sie im Auftrag von 65.000 Bauern komme, dann braucht man sich gar nicht zu wundern, wenn man auf solche Weise Unterschriften zusammenfängt"; s. Anm. 1036. Die Bekenntnisfront wies diese Behauptungen zurück, wie im Kirchenboten v. Altmühltal u. Hahnenkamm vom November 1934: "Hier wurden auch Flugblätter in großer Zahl verbreitet, welche sich gegen Vorwürfe wendeten, die dahier kein Mensch gegen die Vertreter der Reichskirchenleitung erhoben hatte z.B., daß beabsichtigt sei, die Taufe oder das hl. Abendmahl abzuschaffen. Diese Behauptungen erregten nur Verwunderung. Es waren hier ja derartige Dinge nie behauptet worden." Die Pressestelle der Kirchenkommissare hatte ihrerseits im Rundfunk die Meldung verbreitet, daß "gewissenlose Menschen" zur Zeit in den Gemeinden Unterschriften sammelte "zum Zwecke der Gründung einer Freikirche"; Dekanat Pappenheim 89, Predigt Ergänzung.
1043 BayHStA, MA 106 460/7, Bollmann an Epp vom 27.11.1934. "Pfarrersgezänk oder nicht?", abgedruckt in: Geuder, Im Kampf, nach S. 60.
1044 EvAG, Evang. Pressestelle München, Brief 9 vom 31.10.1934.
1045 EvAG, Rundbrief 11 der Pfarrerbruderschaft vom 1.11.1934. Holz machte die Äußerung am 4.10. vor den NS-Kirchenvorstehern in Nürnberg (s. Anm. 853). Das Gerichtsurteil hinderte Holz auch nicht daran, die Behauptung weiterhin zu verbreiten; vgl. seine Rede in Neustadt am 30.11. (LKAN, Personen XXXVI, 26).
1046 FrTZ vom 20.10.1934; 27./28.10.1934; 29.10.1934; 30.10.1934; 31.10.1934.
1047 Pfarrarchiv Langenaltheim, Pfarrbeschreibung S. 527f. und unten Anm. 1147. In seiner Rede am 30.11.1934 in Neustadt a.d.Aisch zum Thema "Der Kampf geht weiter" beschimpfte Holz die Geistlichen als "niederträchtige Lügner", die den NS-Staat und seine Weltanschauung nicht anerkennen wollten; LKAN, Personen XXXVI, 26.

ANMERKUNGEN ZU DEN SEITEN 397 BIS 401

1048 FrTZ vom 29.10.1934. Fränkischer Kurier vom 27.10.1934. Auch bei Gauger, Chronik II, S. 361 & 363.
1049 Siehe z.B. die Überschrift der BN vom 26.10.1934: "Der deutsche Protestantismus in Erwartung des Führerentscheides".
1050 Tagespresse vom 31.10.1934. Im WTB1 unter der Überschrift: "Der Führer greift ein". Auch beim Evangelischen Gemeindeblatt für München vom 11.11.1934, S. 494.
1051 BN vom 31.10.1934, S. 1. Das Evangelische Gemeindeblatt für München (vom 11.11.1934, S. 494) bemerkte zu der Besprechung: "Selbstverständlich konnten zuverlässige Nachrichten über den Gang und den Inhalt dieser Unterhaltung nicht an die Öffentlichkeit dringen; was ausländische Blätter darüber brachten waren Mutmaßungen."
1052 Für die von den Bischöfen gemachten Vorschläge siehe Hermelink, Kirche im Kampf, S. 186.
1053 Frick Anordnung bei Baier, DC, S. 439.
1054 Details bei Baier, DC, S. 169. Einer bei der Besetzung des LKR-Gebäudes führenden Nürnberger Seminaristen war Ruprecht v. Gilardi. Am 24.9.1946 bestätigte Meinzolt, daß Gilardi mit dieser Tat "in einer ihn selbst gefährdenden Weise aktiven Widerstand gegen die Gewaltherrschaft des Nationalsozialismus geleistet" hätte; SK Weißenburg (Gilardi).
1055 Meinzolts Erinnerungen vom 10.9.1934 (s. Anm. 872).
1056 Ebda. Dies zeigt nochmals deutlich, wie das Kultusministerium unter Schemm mehr zur Seite der Reichskirchenregierung tendierte. So hatte Schemm z.B. in einer Rede in Bayreuth am 17.10. versichert, daß das evangelische Bekenntnis nicht angetastet werde, was eine ziemlich deutliche Parteinahme für Jäger und die Neuordnung war (Witetschek, Kirchliche Lage II, S.37f.). Am 25.10. warnte er .vor der Fortdauer des Kirchenstreites, der die "Volksgemeinschaft zu zerbrechen" drohe (NTB vom 3.11.1934, S. 1039). Es ist auch nicht belegt, daß Schemm eine Abordnung empfangen hatte. Vgl. auch Kühnel, Hans Schemm, S. 337ff.
1057 KAB1 vom 2.11.1934, S. 176.
1058 Ebda, S. 175.
1059 Gauger, Chronik II, S. 365; Evang. Gemeindeblatt für München vom 11.11.1934, S. 494.
1060 FrTZ vom 3./4.11.1934.
1061 Pfarrarchiv Langenaltheim 16/4, DC; Wilhelm Eckardt, Eibach - ein Brennpunkt des Kirchenkampfes, unveröffentlichtes MS vom 1961, S. 7.
1062 KAB1 vom 2.11.1934, S. 176.
1063 Siehe Scholder, Kirchen I, S. 477.
1064 EvAG, Evang. Pressestelle München, Brief 10 vom 8.11.1934.
1065 EvAG, Pfarrerbruderschaft Rundbrief 11 vom 1.11.1934.
1066 EvAG, Evang. Pressestelle München, Brief 8 vom 23.10.1934 und Brief 10 vom 8.11.1934.
1067 LKAN, Kirchenkampfsammlung O-4.
1068 Wie Anm. 1065. Viele kirchenpolitische Berichte der Basler Nachrichten sind mit "K" gekennzeichnet.
1069 Deutschland-Berichte der Sopade, 1934, S. 691. Die Berichte betonten jedoch, daß man "die tieferen Gründe" für den Rückzug nur verstehen könne, "wenn man ihn als einen Teil der Aufsaugung der Hitlerdiktatur durch die alte Reaktion auffaßt".
In einem Bericht einer katholischen Zeitschrift aus Österreich, des "Christlichen Ständestaates", wird Bewunderung für den Kampf des deutschen Protestantismus gezeigt und betont, daß die Wende eine Niederlage für Hitler und den Nationalsozialismus sei: "Es nützt nichts, daß sie die Reichsregierung und die Partei dadurch reinzuwaschen ver-

ANMERKUNGEN ZU DEN SEITEN 401 BIS 402

suchen, daß sie das unerhörte Vorgehen gegen den Pfarrernotbund... usw. als eine Privatsache der Herren Müller und Jäger hinstellen, an der die Führer, gar der Führer unschuldig seien. Wer hat denn diesen unglückseligen Reichsbischof durchgesetzt und wessen Söldlinge sind es, die die Schergen des 'Rechtswalters' abgeben? Ist der bayerische Bischof Meiser etwa in 'kirchlicher' Haft oder nicht vielmehr in staatlicher Schutzhaft und sind nicht Radio und Presse einseitig in die Dienste des 'Reibi' gestellt? Nein, nein - es handelt sich nicht um den Kampf einer Gruppe gegen die andere, es geht um Nationalsozialismus oder Christentum, um nichts anderes"; BayHStA, MA 107292, Bericht Martins vom 30.11.1934, S. 3.
1070 NTB vom 10.11.1934, S. 1064.
1071 NTB vom 3.11.1934, S. 1040.
1072 NARS, 59, 862.404/92, Bericht Dodds an den Secretary of State, Washington, vom 2.11.1934. Der Bericht Messersmiths aus der US Legation in Wien vom 8.11.1934 (NARS, 59, 863.00/1135) stellte auch fest, daß die Partei in der Kirchenfrage ihre erste Niederlage erlitten hätte. Überhaupt sei die Kirchenproblematik symtomatisch für die Krise der Nazi Partei, wobei die nächsten vier bis fünf Monate schicksalsbestimmend sein werden, meinte Messersmith.
1073 Nach einem Bericht über die Besprechung habe Hitler gesagt: "Es solle noch einmal eine Neuordnung versucht werden. Wenn sie mißlinge, müsse er völlige Religionsfreiheit lassen, auch gegenüber der Rosenbergschen Richtung"; Geuder, Im Kampf, S. 63. Nach Sieberts Wiedergabe eines Meiser Berichtes habe Hitler betont, "daß er nun allen christlichen Bekenntnissen freien Lauf lassen wolle"; Baier, DC, S. 168.
1074 Der Lagebericht der Polizeidirektion Augsburg vom 1.11.1934 (Witetschek, Kirchliche Lage III, S. 39) bestätigt, daß die Auflage der Basler Nachrichten im ihrem Gebiet höher als 400 lag. Vgl. auch Helmut Prantl, Kirchliche Lage V, Mainz 1978, S. 43.
William Shirer schrieb in seinem Tagebuch am 4.1.1936 (Berlin Diary. The Journal of a Foreign Correspondent 1934-1941, New York 1943, S. 36): "For a while they stormed the news-stands to buy the Basler Nachrichten - which sold more copies in Germany than it did in Switzerland. But that paper has now been banned."
1075 Boberach, Berichte des SD und der Gestapo, S. 73.
1076 BN vom 1.11.1934, S. 1, mit der Überschrift: "Die Weisheit Friedrichs des Großen".
1077 BayHStA, RStH 635, Schrieben aus Naila vom 23.10.1934.
1078 EZA Berlin, Bestand EKD, A 4/302. Bericht über den Bittgottesdienst in Mkt. Bechhofen mit Pfarrer Dörfler.
1079 BA, R 43 II 163, Schreiben Baumgärtners an Hitler vom 31.12.1934. Auch bei Baier, DC, S. 449
1080 BayHStA, RStH 635, Halbmonatsbericht der BPP vom 31.10.1934. Auch die Regierung in Ansbach berichtete zum Kirchenkonflikt, daß Staat und Partei "vielfach an Vertrauen eingebüßt" hätten; Witetschek, Kirchliche Lage II, S. 40.
1081 Wenn der "Zweifel am Führer" bei den verschiedenen Deputationen nach München und Berlin nicht zum Ausdruck kam, so hatte das zwei Gründe: 1) die Laien-Sprecher waren ausgesuchte Leute, die vorher von den Geistlichen unterrichtet waren; 2) Siebert hatte die von ihm empfangenen Abordnungen ausdrücklich gewarnt, "daß in dem unglücklichen Kirchenstreit der Name des Führers heraus bleiben müsse"; BA, R43, II/163, Siebert an Lammers vom 7.1.1935. Vgl. Kerschaw, Hitler-Mythos, S. 101f.
1082 KABl vom 7.11.1934, S. 177.

ANMERKUNGEN ZU DEN SEITEN 402 BIS 403

1083 Evang. Gemeindeblatt für München vom 11.11.1934, S. 494.
1084 Fränkische Wacht vom 8.11.1934, S. 355. Auch die AELKZ (vom 9.11.1934, Sp. 1077) machte aus der Hinhaltetaktik Hilters eine Tugend; zu Jägers Rücktritt schrieb die Zeitung: "Man wird es wohl der Energie des Führers zu danken haben, daß ihm ein 'bis hierher und nicht weiter' zugerufen" wurde. Das "Korrespondenzblatt" wertete die Sache viel nüchterner; hier hatte man "dem Gott der Gerechtigkeit" dafür gedankt, "daß er das Herz des Führers und seiner Berater zu gerechter Entscheidung gelenkt" habe, und man bat "den Herr der Kirche er möge seine Gemeinde in den Nöten und Versuchungen dieser Tage vor allen Anläufen des Satans bewahren"; KBl vom 5.11.1934, S. 485.
1085 BA, R43, II/171; Text auch bei Evang. Gemeindeblatt für München vom 18.11.1934, S. 509f.
1086 BN vom 12.11.1934, UP-Meldung vom 11.11.1934.
1087 Henn berichtete (Bayerische Landeskirche, S. 145), daß die Leute sich vom Winterhilfswerk zurückhielten, weil sie mit der Möglichkeit rechneten, in Zukunft ihre Kirche selbst unterhalten zu müssen. Die Regierung in Ansbach bestätigt, daß das Winterhilfswerk durch den Kirchenstreit "nicht unbeeinträchtigt" blieb; Witetschek, Kirchliche Lage II, S. 38. Auch die Kriegspsychose im Herbst 1934 hatte ungünstige Auswirkungen für das WHW. In Weißenburg z.B. machte Gerstner am 20.10. einen Appell gegen das Hamstern; WZ vom 20.10.1934. Für den Zusammenhang zwischen den Angstkäufen und der Kriegspsychose siehe Witetschek, Kirchliche Lage III, S. 39.
Im Endergebnis hatte das Winterhilfswerk in Franken von den Auswirkungen des Kirchenstreites keine drastischen Verluste erlitten. Die Geldspenden in Franken erhöhten sich von 1.744.281 im Jahre 1933/34 auf 2.539.268 im Jahre 1934/35. Der Gebrauchswert der Sachspenden erhöhte sich aber nur von 1.268.631 auf 1.290.237. Hier könnte der Kirchenstreit eine gewisse Rolle gespielt haben. Interessanterweise waren die Geldspenden in Schwaben und München-Oberbayern im Jahre 1934/35 rückläufig (Schwaben 1933/34 - 2.072.380; 1934/35 - 1.704.334. München-Oberbayern 1933/34 - 5.595.675; 1934/34 - 4.623.240); Statistisches Jahrbuch für Bayern, 1938, 22. Jhg., S. 318; Statistisches Jahrbuch für Bayern, 1936, 21. Jhg., S. 282.
Bemerkenswert ist auch, daß das Gau Franken bei der Sammlung am "Tag der nationalen Solidarität" im Dezember 1935 "prozentual die größte Erhöhung gegenüber den übrigen Gauen" aufwies; Witetschek, Kirchliche Lage II, S. 68.
1088 KABl vom 7.11.1934, S. 177.
1089 EvAG, Pfarrerbruderschaft Rundbrief 11 vom 1.11.1934.
1090 Evang. Kirchenbote für Neustadt a./A., Windsheim, Marktlerbach, Burghaslach vom 16.11.1934; AR vom 3.11.1934, Beilage "Kirche und Gemeinde". Ab dem 25.10.1934 erschienen religiöse Beilagen, die seit Juli in der Tagespresse verboten waren (vgl. Nicolaisen/Kretschmar, Dokumente II, S.178), in der "Allgemeinen Rundschau" wieder; AR vom 25.10.1934; AELKZ vom 2.11.1934, Sp. 1053. An sich hatte die "Allgemeine Rundschau" das Verbot nicht geachtet, denn die bisherige Beilage "Kirche und Leben" erhielt einfach die neue Überschrift "Zeit im Spiegel".
1091 KBl vom 12.11.1934, S. 493.
1092 Evang. Gemeindeblatt für München vom 11.11.1934, S. 481; RS vom 18.11.1934, S. 544; AELKZ vom 16.11.1934, Sp. 1101; Geuder, Im Kampf, S. 64. Martin bestätigt, daß der Bibeltag "bis ins einzelne" organisiert war; BayHStA, MA 107291, Bericht Martins vom 4.11.1934. Die ursprüngliche Einladung von Weigel und Schieder an die fränkischen Gemeinden sah vor: 9 Uhr Gottesdienst; 11.30 Feier auf dem Adolf

ANMERKUNGEN ZU DEN SEITEN 403 BIS 406

      Hitler-Platz; 15 Uhr Bekenntnisversammlungen; KBl vom 29.10.1934, S.476.
1093 Wie Anm. 1091.
1094 Ebda., RS vom 18.11.1934, "Aus dem Brief eines Erlanger Studenten", der die Predigt Meisers als "urgewaltig" empfand. Auch die UP (BN vom 6.11.1934) berichtete wie Meiser "die Tränen nicht zurückhalten" konnte.
1095 BayHStA, RStH 635, Karl Klein an Schieder, Beilage zu Martins Bericht an Epp vom 8.11.1934; AR vom 6.11.1934; Bericht Martins vom 4.11.1934 (wie Anm. 1092). Martin war besonders irritiert, daß er nicht über das Erscheinen Meisers beim Bibeltag informiert wurde. Zur Bekanntgabe der Kundgebung in der Presse am 2.11. sagte er: "Unter den mehrfachen Fällen illoyalen Verhaltens gegenüber dem Polizeipräsidium war dies der stärkste Fall der Illoyalität! Ich habe in einem meiner früheren Berichte über den Kirchenstreit bereits darauf hingewiesen, daß die Nürnberger Führerschaft der Bekenntnisfront in der Einhaltung der Abmachungen und Versprechungen gegenüber dem Polizeipräsidium nicht immer zuverlässig ist; die Erfahrungen der letzten Wochen lassen mich diese Behauptung in vollem Umfange aufrechterhalten." Schon am 1.11. hatte Martin Dekan Weigel informiert, daß die Kundgebung auf dem Marktplatz verboten sei; BayHStA, MA 107291.
1096 Ebda.; FrTZ vom 3./4.11.1934.
1097 AR vom 6.11.1934; Evang. Gemeindblatt für München vom 11.11.1934, S.493.
1098 Koch hatte verfügt, daß alle drei Fahnen (Hakenkreuz-, Schwarz-Weiß-Rot-, und Kirchenfahne) von den Kirchen gehisst werden sollten; BN vom 31.10.1934; NTB vom 3.11.1934, S. 1039. Der UP-Bericht vom Bibeltag in Nürnberg stellte fest, daß von der Lorenzkirche, die Kirchenflagge und die Schwarz-Weiß-Rote Fahnen geweht hat; BN vom 6.11.1934, S.2. Wie schmerzhaft die Abschaffung der Kirchenflagge empfunden wurde, bestätigte die Abordnung in München am 19.10.1934; Geuder, Im Kampf, S. 57.
1099 NTB vom 3.11.1934, S. 1039. Für das Kirchengesetz über die Beflaggung von Kirchen und kirchlichen Gebäuden vom 9.8.1934, siehe: Gesetzblatt der DEK vom 1934, S. 123.
1100 Bericht Martins vom 4.11.1934 (s. Anm.1092).
1101 AR vom 6.11.1934. Aus anderen Kirchen im Reich sprachen u.a. Pfarrer Jakobi, Berlin; Pfarrer Otto, Eisenach; Pfarrer Eichler, Stuttgart; KBl vom 12.11.1934, S. 495.
1102 Bericht Martins vom 4.11.1934 (s. Anm. 1092). Martin bemerkte, daß die Gegner der Bekenntnisfront "hauptsächlich von Parteigenossen und ihren Anhängern gebildet" sei. In diesen Kreisen bestünde "noch starke Verstimmung und Empörung über die außerordentlich scharfen Worte, die im Laufe der letzten Wochen viele Pfarrer auf den Kanzeln gefunden haben."
1103 WZ vom 2.11.1934; WTBl vom 2.11.1934.
1104 WTBl vom 5.11.1934.
1105 Der Student, der als "Abgesandter und Spion" des Dekans beschrieben wurde, versuchte auch in der Versammlung im Vereinshaus das Wort zu ergreifen, wurde jedoch hinausgedrängt; StAN, BA Weißenburg, Abg. 1955, Nr. 509, Bericht vom 6.11.1934.
1106 Dekanatsarchiv Weißenburg 47, Daumiller an Löffelholz vom 8.11.1934.
1107 Edba., Daumiller an Gerstner vom 8.11.1934.
1108 SK Weißenburg (Rottler), Schreiben Rottlers vom 7.11.1946.
1109 LKAN, Dekanat Thalmässing 24, G. Kern an den Dekan vom 1.12.1934. Der Evangelische Bund wollte "sich für einen wirklichen Frieden einsetzen, weil einmal der Kirchenstreit aus beiderseitiger Schuld zu

ANMERKUNGEN ZU DEN SEITEN 406 BIS 408

dieser Zuspitzung gekommen ist, und weil andererseits in beiden Fronten treue Bundesfreunde stehen, denen es um die echte, dazu volksnahe Kirche des Evangeliums zu tun ist"; BayHStA, MA 107292, Beschluß vom 7.11.1934, Beilage zum Schreiben Martins an Siebert vom 30.11.1934. Kurz daruaf jedoch verlangte auch der Evangelischer Bund den Rücktritt des Reichsbischofs; EvAG, Pfarrerbruderschaft, Rundbrief 12 vom 22.11.1934.

1110 Dekanatsarchiv Weißenburg 47; vgl. auch Baier, DC, S. 183.
1111 Unter den Briefen an den Reichsbischof war auch eine Rücktrittsforderung der Theologischen Fakultäten, die von allen Erlanger Theologie Professoren, mit Ausnahme von Vollrath, unterstützt wurde; KBl vom 12.11.1934, S. 501f.; Stoll, Dokumente VI, S. 17ff.; JK vom 17.11.1934, S. 957ff. Die "Briefe an den Reichsbischof" erschienen auch als Flugblatt; ebda., S. 976. In seiner Antwort fragte Müller: "Wollen wir wirklich der Trennung von Staat und Kirche entgegentreiben? Wollen wir wirklich Nationalsozialismus und Christentum auseinanderreißen?" Er forderte, daß "der kirchenpolitische Kampf" um des Staats und Volkes willen abgebrochen werden müsse; Stoll, Dokumente VI, S. 24ff.
1112 Bei der Spruchkammersitzung vom 27.11.1946 fragte Kalb: "Wie kann man von einem Pfarrer behaupten, daß er am Satanswerk der Kirchen mitarbeite?" (SK Weißenburg - Kalb). Der Vorwurf wurde im Flugblatt "Pfarrersgezänk oder nicht?" aufgestellt, das auch in Weißenburg, wohl auch am 4.11., verteilt wurde.
1113 KABl vom 9.11.1934, S. 185ff.; Stoll, Dokumente V, S. 39f.
1114 BayHStA, MA 107292, Schreiben Meisers vom 13.12.1934, Beilage zum Bericht Martins an Bezold vom 15.12.1934. Martin übte Kritik an diesen Brief Meisers: "Das männliche Eintreten eines Mitgliedes des NSEP... für die doch immerhin vom Staat anerkannte Reichskirchenregierung wird als 'unbotmäßige Feststellung' bezeichnet". Dadurch zeigte Martin erneut, wo seine Sympathien im Kirchenstreit lagen.
1115 StAN, BA Weißenburg, Abg. 1955, Nr. 28, Bericht des Bürgermeisters von Burgsalach an das Bezirksamt Weißenburg vom 21.11.1934.
1116 Ebda., Nr. 502, Polizeibericht aus Weißenburg vom 22.1.1935, S. 5. Frau Pfarrer Kalb und Frau Amtsgerichtsrat Lösch wollten die Gründung vornehmen, was aber nicht gelang, "da die Leute dort sehr verhetzt waren".
1117 Wie Anm. 1115.
1118 Im benachbarten Oberhochstatt hatte es schon einige Monate früher Probleme um den Bürgermeister gegeben. Bei der Amtseinsetzung des neuen Bürgermeister im Juli drückte Gerstner die Hoffnung aus, daß "auch in Oberhochstatt, das uns seit langem schwere Sorgen macht, ein neuer Geist des Vertrauens einziehen wird"; WTBl vom 27.7.1934; vgl. auch Bayern in der NS-Zeit I, S. 554. Im Kirchenstreit blieb Oberhochstatt aber ruhig; 409 Gemeindeglieder haben eine Unterschriftenaktion für Meiser unterstützt; Dekanatsarchiv Weißenburg 47.
1119 StAN, BA Weißenburg, Abg. 1955, Nr. 510, Ruck an das Bezirksamt Weißenburg vom 12.11.1934. Dieses Schreiben leitete Hahn an die BPP am 19.11.1934.
1120 WTBl vom 3.11.1934. Weixelbaum hatte im Februar 1934 die Tafel mit seiner Mistgabel umgeschmissen und erhielt dafür am 4.5.1934 vom Amtsgericht eine Strafe von 12 RM; Dokument im Besitz Weixelbaums, Kopie beim Verfasser.
1121 Interview mit Weixelbaum.
1122 Schutzhaftbefehl vom 16.4.1935, Bezirksamt Weißenburg. Dokument im Besitz Weixelbaums.

ANMERKUNGEN ZU DEN SEITEN 408 BIS 411

1123 Interview mit Weixelbaum.
1124 StAN, LRA Gunzenhausen, Abg. 61, Nr. 4250, Schreiben des Kreisamtsleiter der NSV und des Gunzenhausener Kreisleiter Appler an das Bezirksamt Gunzenhausen vom 31.10.1934.
1125 Ebda., Gendarmerie-Bericht vom 2.11.1934; Schreiben des Bezirksamtes vom 2.11.1934.
1126 Ebda., Antwort Applers vom 26.11.1934. Über weitere Repressalien im Zusammenhang mit dem Kirchenstreit berichteten Schieder (Meiser, S. 36) und Aichberbger (LKAN, Personen XXXVI, 41), der bei der Deputation am 19.10. dabei war. Aichberger erwähnte einen "um seiner Kirchentreue willen gemaßregelten Postboten". Er selbst verlor seinen ehrenamtlichen Posten als Mitglied des Bezirksjugendausschusses und des Bezirksfürsorgeausschusses.
1127 StAN, LRA Gunzenhausen, Abg. 61, Nr. 4250, Schreiben Hahns, Bezirksamt Weißenburg vom 2.11.1934.
1128 Ebda., Nr. 4261, Bericht des Bürgermeisters in Markt Berolzheim an das Bezirksamt Gunzenhausen vom 18.5.1935.
1129 WTBl vom 19.9.1933. Bei der Reichstagswahl im Mai 1924 erzielte der Völkische Block in Langenaltheim 58,2% der Stimmen. Bei den Märzwahlen 1933 fielen 70,5% der Stimmen auf die NSDAP und 20,1% auf die SPD.
1130 BDC, OPG (Gerstner), Schöner an Epp vom 28.12.1934.
1131 Ebda., Erklärung J. Zischlers vor dem Kreisgericht Weißenburg am 12.1.1934.
1132 Pfarrarchiv Langenaltheim, Fach II,15, Schöner am Dekanat Pappenheim vom 28.7.1933; Fach I, 12/3, Visitationsbericht vom 11.7.1934.
1133 Ebda., Pfarrbeschreibung Langenaltheim, Eintragung für den 16.9.1934, S. 526.
1134 Ebda., Az 15/I, Schöner an Meiser vom 18.9.1934.
1135 Ebda., Meiser an Schöner vom 20.9.1934.
1136 Ebda., Pfarrbeschreibung Langenaltheim, Eintragung für den 12.10.1934, S. 527. Ebda., Az 15/I, Erklärung mit Unterschriften vom 21.10.1934.
1137 BDC, OPG (Gerstner), Streicher Anordnung vom 19.10.1934, gez. König. Erklarung J.Zischler und R.Zischler vom 30.9.1935.
1138 Pfarrarchiv Langenaltheim, Az 15/I, Schöner an Epp vom 31.10.1934; nur die Zahlen, nicht die Unterschriften selber, wurden Epp übermittelt.
1139 BDC, OPG (Gerstner), R.Zischler an Gerstner vom 30.10.1934; Erklärung J.Zischlers vom 12.1.1935.
1140 Ebda., R.Zischler an Gerstner vom 30.10.1934.
1141 Ebda., Erklärung J.Zischlers vom 12.1.1935.
1142 Ebda., Gerstner an R.Zischler vom 26.10.1934.
1143 Ebda., R.Zischler an Gerstner vom 30.10.1934.
1144 Ebda., Erklärung J.Zischlers vom 12.1.1935.
1145 Ebda., Erklärung R.Zischlers und J.Zischlers vom 30.9.1935.
1146 Pfarrarchiv Langenaltheim, Pfarrbeschreibung, S. 527f.
1147 Die Rede Holz' in Treuchtlingen wurde in der WZ vom 25.10.1934 angekündigt. Für das Gerichtsurteil siehe Baier, DC, S. 153.
1148 BDC, OPG (Gerstner), R.Zischler an Rudolf Hess vom 30.1.1935. In seinem Brief an Gerstner vom 30.10.1934 berichtete R.Zischler über eine Parteikundgebung am 29.10.1934: "Diese... Kundgebung ließ jeglichen lebendigen Geist vermissen... Der Besuch war windig. Das Horst-Wessel-Lied wurde zweimal angestimmt bis es anständig gesungen werden konnte."
1149 Ebda., Beschluß des Kreisgerichts Weißenburg vom 10.2.1935. Nach dem Gericht hatten die beiden Zischler gegen §4, Abs.2.b der Parteisatzung verstoßen. Zu ihrer Verteidigung brachten die Zischler folgenden Zeitungsausschnitt: "Nach Anordnung des Obersten Parteigerichtes vom

ANMERKUNGEN ZU DEN SEITEN 411 BIS 413

3.12.1934 können Parteigenossen wegen ihrer Haltung im Kirchenstreit oder in Fällen, die Ausfluß des Kirchenstreites sind, von den Parteigerichten nicht zur Rechenschaft gezogen werden." Am 1.8.1935 erhielten die Zischler vom Obersten Parteigericht Bescheid, daß ihre Beschwerde zurückgewiesen wurde; der Urteil sei nicht wegen des Kirchenstreits sondern wegen Disziplinlosigkeit gegen einen stellvertretenden Gauleiter gefällt. Wie der Adjutant von Rudolf Heß Zischler später sagte, man könne "einen stellvertretenden Gauleiter nicht kompromittieren"; Ebda., Schreiben Dora Lösch an das OPG.

1150 Ebda., Schöner an Epp vom 28.12.1934.
1151 Edmund Schöner, Geschichte der Gemeinde Langenaltheim, Langenaltheim 1957, S. 96f. Die erste Werbeversammlung für die DC fand am 10.5.1935 statt. Obwohl Dörfler den Besuch dieser Versammlung für Pgg. zur Pflicht gemacht hatte, kamen nur 40; nur 17 sind den DC beigetreten; Pfarrarchiv Langenaltheim, Az 16/0, Schöner ans Dekanat Pappenheim vom 26.5.1935.
1152 BDC, OPG (Gerstner), Schreiben Dora Lösch an das OPG. Im Jahre 1936 wurde ein Kreisgerichtsverfahren gegen Kreisleiter Gerstner eingeleitet. Ein Anklagepunkt war sein Verhalten im Fall Zischler. Am 22.6.1937 wurden die Anschuldigungen gegen Gerstner als völlig haltlos zurückgewiesen. Es gelang Gerstner das Gericht zu überzeugen, daß Frau Amtsgerichtsrat Lösch, die das Verfahren gegen Gerstner in Gang gesetzt hatte, "von einer erheblichen Kritiksucht befallen" sei. "Bei dem ganzen Komplex", so bemerkte Gerstner, "handelt es sich um ausgesprochenen Frauenklatsch, der hauptsächlich in dem vornehmen Zirkel der Frau Amtsgerichtsrat kolportiert wurde"; Edba., Gerstners Aussage vom Gaugericht Franken am 18.6.1937.
1153 Pfarrarchiv Langenaltheim, Az 18/0, Schöner an NSV vom 21.2.1935.
1154 Ebda., Pfarrbeschreibung, S. 528.
1155 Ebda. Schöner bemerkte, daß er dennoch unbehelligt blieb.
1156 Das anti-bürgerliche Moment kommt sehr deutlich in einer Attake der "Fränkischen Tageszeitung" auf die "Allgemeine Rundschau" am 27.11.1934 zum Ausdruck. Die Gauzeitung kritisierte den Brauch der "AR", eine Frau mit dem Titel ihres Mannes zu nennen als "widerlich" und "typisch bürgerliche Zeitungsmache". Die "AR" hatte in einem Artikel über das Rote Kreuz eine Frau wiederholt als "Frau Oberstabsveterinär" tituliert.
1157 BayHStA, MA 106460/7, Bollmann an Epp vom 27.11.1934.
1158 AR vom 27.11.1934, "In eigener Sache". FrTZ vom 24.11.1934.
1159 AR vom 27.11.1934.
1160 BayHStA, MA 106460/7, BA Fürth an Bollmann vom 6.12.1934. Die AR vom 7.12.1934 erschien einseitig und enthielt nur die Bekanntgabe des Verbotes.
Der Kampf gegen die bürgerlichen Zeitungen wurden auch mit anderen Mitteln geführt. Ab 1.1.1935 war die Versicherung von Abonnenten durch Tageszeitungen nicht mehr erlaubt. Die "Allgemeine Rundschau" empfahl ihre Versicherten den Sterbekassenverein Franken, der jedoch kurzfristig danach das Geschäft mit der AR außer Kraft setzte, "weil uns dies von oberster Stelle nahe gelegt worden ist". Dahinter stand, wie Bollmann erfahren hatte, die fränkische Gauleitung, die gleichzeitig versucht hatte, unter Hinweis auf Bollmanns "staatsfeindliche Einstellung" Inseraten-Aufträge abspenstig zu machen; BayHStA, MA 106460/7.
1161 Bollman an Epp vom 27.11.1934; BayHStA, MA 107291, Bericht Martins vom 4.11.1934. Martin war überzeugt, daß das Flugblatt, das lediglich die Unterschrift "das evangelisch-lutherische Pfarramt" trug, die Erfordernisse des Reichspressegesetzes über den Herausgeber nicht erfüllte.

ANMERKUNGEN ZU DEN SEITEN 413 BIS 415

Am 12.11.1934 bestätigte Keupp, daß das Flugblatt in Gunzenhausen am vorherigen Tag verteilt wurde; EZA Berlin, Bestand EKD, A 4/298, Keupp an RKR. Auch Pfarrer Auer beklagte sich in einem Brief an den Reichsbischof über die Verteilung des Flugblattes; ebda.
1162 Nicolaisen/Kretschmar, Dokumente II, S. 213; Baier, DC, S.439f.; Meier, Kirchenkampf I, S. 512. Nach diesem Erlaß erschien in der fränkischen Presse eine Warnung der Polizeidirektion Nürnberg, das Flugblatt "Pfarrersgezänk oder nicht?" weiterzuverbreiten; Pfarrarchiv Langenaltheim Az 16/4.
1163 StAN, BA Weißenburg, Abg. 1955, Nr. 501, Anordnung der BPP vom 14.11.1934.
1164 Baier, DC, S. 440f.
1165 BayHStA, MA 107291, Bericht Martins vom 4.11.1934.
1166 BayHStA, MA 107292, Bericht Martins vom 30.11.1934.
1167 KABl vom 29.11.1934, S. 203.
1168 In November sind zwei Briefe der Pressestelle München erschienen, in Dezember nur einer. Die Pfarrerbruderschaft schrieb zwei Rundbriefe in November und drei in Dezember; EvAG.
1169 AELKZ vom 16.11.1934, Sp. 1102: "Wegen des neuen Presseverbots des Reichsinnenministers sind in dieser Nummer alle Dokumente über die jüngsten kirchlichen Ereignisse weggeblieben."
1170 Gesetzblatt der DEK vom 9.11.1934, S. 211ff.; Christian Stoll, Dokumente zum Kirchenstreit, Teil VI. Um das Reichskirchenregiment, München 1935, S. 24ff.; AELKZ vom 16.11.1934, Sp. 1099. Siehe auch die Liste der Empfänger des Frick-Erlaßes in: Baier, DC, S. 440.
1171 BN vom 16.11.1934, S.2, UP-Meldung, Berlin, 15.11.1934.
1172 RS vom 18.11.1934, S. 543f., "Kirchengeschichte der Jüngstzeit I". RS vom 2.11.1934, S. 571, 576.
1173 JK vom 17.11.1934, S. 957ff. Die "Briefe an den Reichsbischof" waren auch als Flugblatt erschienen; ebda., S. 976. JK vom 1.12.1934, S. 1008. Obwohl die Frickschen Bestimmungen durch das Schreiben des Reichsbischofs vom 9.11. (s. Anm. 1170) bekanntgemacht wurden, behauptete die JK: "Von diesem Erlaß wurde dem Verlag 'Junge Kirche' in Göttingen am 20. Nov. Mitteilung gemacht"; ebda., S. 1001.
1174 BN vom 4.12.1934, S. 1, UP-Meldung. Der Grund für die erneute Beschlagnahme lag darin, daß der JK in ihrer Ausgabe vom 1.12.1934 (S. 1003f.) eine "Kirchenamtliche Kundgebung" des vorläufigen Kirchenregiments der DEK veröffentlichte. In einer Anmerkung verteidigte die Redaktion diesen Schritt: "Da der Herr Reichsminister des Innern 'amtliche Kundgebungen der Reichskirchenregierung' in seinem Erlaß vom 6. und 7. November ausdrücklich vom Verbot evangelisch-kirchlicher Berichterstattung ausnimmt, sind wir in der Lage, unseren Lesern diese authentische Kundgebung des auf festem Rechtsboden stehenden vorläufigen Kirchenregimentes der Deutschen Evangelischen Kirche hier mitzuteilen." Siehe auch Hermelink, Kirche im Kampf, S. 226. Die "Junge Kirche", die zuerst "auf unbestimmte Zeit" verboten wurde, erschien Anfang 1935 wieder; s. JK vom 5.1.1935, S. 42, und Lutherische Kirchen vom 15.12.1934, S. 323 und vom 15.1.1935, S. 32.
1175 KBl vom 12.11.1934, S. 501f.
1176 KBl vom 3.12.1934, S. 527, mit der gleichen "Kirchenamtlichen Mitteilung" und der gleichen Anmerkung wie in der beschlagnahmten Ausgabe der JK vom 1.12.1934 (vgl. Anm. 1174).
1177 Witetschek, Kirchliche Lage II, S. 42.
1178 AELKZ vom 16.11.1934, Sp. 1099.
1179 BN Nr. 331 vom 3.12.1934, S. 2. Ausgabe Nr. 47 von "Evangelium im Dritten Reich" wurde völlig beschlagnahmt; bei Nr. 48 fehlten vier

ANMERKUNGEN ZU DEN SEITEN 415 BIS 418

Seiten. Das Korrespondenzblatt (vom 26.11.1934, S. 520) wollte "die neue Kampfansage des 'Evangeliums im dritten Reich'" drucken, verzichtete jedoch nach dem Verbot darauf.
1180 Witetschek, Kirchliche Lage II, S. 40f.
1181 EvAG, Karl Strehl, stellvertr. Leiter des Süddeutschen Bundes Evangelischer Christen an die Kreis- und Ortsgruppenleiter in Franken und an die Mitglieder des Bundes vom 16.11.1934. Baier, DC, S. 186f. Das DC-Sonntagsblatt trat in direkter Konkurrenz zum Rothenburger Sonntagsblatt auf (vgl. RS vom 30.12.1934, S. 630).
1182 Schreiben Strehls vom 16.11.1934, mitunterzeichnet von Pfarrer Baumgärtner (wie Anm. 1181).
1183 LKAN, Personen XXXVI, 26, Bericht über die Versammlung in Neustadt.
1184 Henn, Bayerische Landeskirche, S. 156f.
1185 LKAN, Personen XXXVI, 26, Schreiben an Meiser vom 5.12.1934.
1186 Am 28.11.1934 wurde kurz über die Gründung der "Reichskirchenbewegung Deutsche Christen" in der FrTZ berichtet; am 1.12.1934 wurde ein DC-Gottesdienst im Deutschen Hof angekündigt. Vgl. Baier/Henn, Chronologie, S. 103.
1187 Das Verbot basiert auf eine Göring-Verordnung vom 7.12.1934; Nicolaisen/Kretschman, Dokumente II, S. 234f. und Anm. 1; Witetschek II, S. 44f. Text gekürzt bei Bühler, Kirchenkampf, S. 344. Auch bei StAN, LRA Weißenburg, Abg. 1949, Nr. 6, mit der Bemerkung: "Weißenburg i.B., den 19.Dez.1934. Von umstehender Vefügung der Politischen Polizei Kenntnis genommen", unterzeichnet von Veeh, DC-Ortgruppenleiter, und Dekan von Löffelholz.
1188 EvAG, Pfarrerbruderschaft Rundbrief 15 vom 19.12.1934. Schieder wurde Ende 1934 neuer Kreisdekan in Nünberg und schied aus dem Bruderrat der Pfarrerbruderschaft aus.
1189 LKAN, LKR I 124a, Bd.I, BPP an den LKR vom 13.12.1934; KABl vom 27.12.1934, S. 214.
1190 Der Bruderrat der Pfarrerbruderschaft bemerkte in seinem Rundbrief 12 vom 22.11.1934, daß der Frick-Erlaß in Baden "überhaupt nicht durchgeführt" wurde; EvAG. Siehe auch Schmid, Apokalyptisches Wetterleuchten, S. 125.
1191 Geuder, Im Kampf, S. 82. Zu der Pfarrerbruderschaft als Meisers "allergetreueste Opposition", siehe auch Dietzfelbinger, Veränderung, S. 114f.
1192 KABl vom 29.11.1934, S. 201. Hanemann war Pg. seit 1929 und auch eine Zeitlang im NSEP-Führerrat; BDC und Baier, DC, S. 85, Anm. 13.
1193 LKAN, Personen XXXVI, 236, H.Kern an Meiser vom 16.11.1934. Kern warf Greifenstein auch vor, bei der Bekenntnissynode in Dahlem vor der Beschlußfassung abgereist zu sein, um nicht zur Verantwortung gezogen werden zu können.
1194 EvAG, Pfarrerbruderschaft Rundbrief 12 vom 22.11.1934.
1195 Ebda.
1196 BayHStA, MA 107292, Schreiben Meisers vom 13.12.1934. Beilage zu Martins Bericht vom 15.12.1934.
1197 Wie Anm. 1194.
1198 Baier/Henn, Chronologie, S. 105, Schreiben Fricks vom 11.12.1934. In einem Schreiben vom 5.1.1935 (StdAN, Dir.A, Nr.84) wohl an Goebbels, hatte sich Halbach beklagt: "daß ich von der sog. Bekenntnisfront in Bayern auf das schärfste und ungerechteste wegen meiner kirchenpolitischen Haltung gemassregelt worden bin".
1199 Henn, Bayerische Landeskirche, S. 162; Baier/Henn, Chronologie, (13.12.) S. 105.

ANMERKUNGEN ZU DEN SEITEN 418 BIS 420

1200 LKAN, Dekanat Augsburg 408, LKR an die NS-Kreisleitung, Augsburg vom 19.1.1935.
1201 LKAN, Dekanat Thalmässing 24, G.Kern ans Dekanat vom 1.12.1934.
1202 LKR an die NS-Kreisleitung Augsburg vom 19.1.1935 (s. Anm.1200). Dienststrafverfahren wurden gegen Beer (s. Geuder, Im Kampf, S. 69f., 169ff.; Baier, DC, S. 177ff.; Witetschek, Kirchliche Lage II, S. 48), Brunnacker (s. Henn, Bayerische Landeskirche, S. 162f.; Baier DC, S.199ff.; Witetschek, Kirchliche Lage II, S. 49), und Fuchs (s. Witetschek, Kirchliche Lage II, S. 42) eingeleitet. Besonders der Fall Fuchs, Mitglied des Ansbacher Kreises und ehemals kommissarischer Kreisdekan von Ansbach, bereitete dem LKR Kopfzerbrechen. Als SA-Truppenführer (s. Baier, DC, S.198, Anm.117) hatte Fuchs besonders gute Beziehungen zur Partei in Ansbach. Kreisdekan Kern berichtete vor dem LSA am 28.12.1934, daß es Beweise dafür gäbe, daß "Fuchs mit maßgebender Parteistelle in Ansbach unter einer Decke steckt" (BayHStA, MA 107292, Bericht Martins vom 15.1.1935). Ende Dezember wurde aus Ansbach berichtet (LKAN, Dekanat Augsburg 408, Brief vom 26.12.1934), daß Fuchs Unterschriften für sich sammeln ließe, denn er behauptete, Meiser habe ihm gesagt: "wenn er die Hälfte der Ansbacher Stimmen aufbringt, dann dürfe er hier bleiben. Infolgedessen gingen die Parteifrauen für 'ihren teuren Bruder im Braunhemd', wie sie ihn nennen, von Haus zu Haus und sammelten wohl Tausende von Stimmen, denn 3/4 Ansbach ist ja Partei. Bei den Geschäftsleuten drohten sie den Boykott der Partei... Auch die Katholiken mußten unterschreiben. Und nun sagt Fuchs ganz bestimmt, er bleibt hier und es fällt ihm gar nicht ein zu gehen... Wäre vor sechs Wochen Fuchs weggekommen, all das Unglück hier wäre nicht gekommen." Bis zum April 1935 brauchte der LKR, bis er Fuchs, wegen Ungehorsam, nachdem er sich geweigert hatte, versetzt zu werden, in den Ruhestand setzte (Baier, DC, S. 226; Baier/Henn, Chronologie, S. 117). Fuchs blieb jedoch als freier DC-Pfarrer in Ansbach weiterhin ein Problem für die Landeskirche (Baier, DC, S. 303; Witetschek, Kirchliche Lage II, S. 94).
1203 LKR an die NS-Kreisleitung Augsburg vom 19.1.1935 (s. Anm. 1200). Es handelte sich um Stadtvikar Preiß und Stadtvikar Arndt, die nicht einmal auf die ihnen vom LKR erteilte Weisung antworteten.
1204 Siegele-Wenschkewitz, NS und Kirchen, S. 199.
1205 Stoll, Dokumente VI, S. 38.
1206 Wilhelm Niemöller, Wort und Tat im Kirchenkampf. Beiträge zur neuesten Kirchengeschichte, München 1969, S. 130.
1207 Ebda.
1208 Scholder, Kirchen II, S. 367.
1209 EvAG, Pfarrerbruderschaft Rundbrief 13 vom 3.12.1934.
1210 Stoll, Dokumente VI, S. 42.
1211 Siegel-Wenschkewitz, NS und Kirchen, S. 201.
1212 Ebda., S. 200f.; Nicolaisen/Kretschmar, Dokumente II, S.231f.
1213 Baier/Henn, Chronologie, 15.12., S. 106. Die BPP berichtete (BayHStA, MA 106685, Bericht für Dezember 1935), daß eine Verlesung in Bayern daraufhin nicht erfolgte. Fünf Geistliche haben aber das Verbot von der Kanzel erwähnt und dagegen Verwahrung eingelegt; vgl. auch Witetschek, Kirchliche Lage I, S. 46.
1214 LKAN, Personen XXXVI, 26, Meiser an Frick vom 4.12.1934 zur Vorstellung des Pfarrverwesers Helmut Mebs.
1215 Pfarrarchiv Treuchtlingen, Pfarrbeschreibung, S. 9f. Kelber wurde am 18.1.1900 geboren. Vom 1924 bis 1933 war ein Vereinsgeistlicher im Landesverein für Innene Mission Nürnberg. Mit dem Einzug eines neuen

ANMERKUNGEN ZU DEN SEITEN 420 BIS 423

Direktors im Landesverein nach der Machtübernahme Hitlers (ebda.) schied er aus und übernahm die Pfarrstelle Krögelstein (756 Seelen).
1216 Bayern in der NS-Zeit I, S. 76.
1217 Ebda.
1218 BayHStA, MK 37862, BPP an das Kultusministerium vom 10.12.1934, und folgende Zitate.
1219 Ebda., Boepple im Kultusministerium an den LKR vom 17.12.1934.
1220 Ebda., Meiser ans Kultusministerium vom 21.1.1935.
1221 Ebda., Boepple an den LKR vom 25.1.1935, in dem von einer "Verschleppungstaktik" Kelbers gewarnt wurde. Ebda., Meiser an Boepple vom 3.2.1935.
1222 Ebda., Meinzolt an das Kultusministerium vom 22.2.1935. Kelber bekam u.a. Schwierigkeiten, weil er bei der Bestattung der Urne eines jungen Mannes, der bei der "Euthanasieprogramm" ermordet wurde, das fünfte Gebot vorlas und betonte, daß "Gott der Herr das Menschenleben und besonders auch das Leben der hilflosen Menschen unter seinen persönlichen Schutz nimmt"; Julius Kelber, Zehn Monate ausgewiesen, in: Gottes Wort in Treuchtlingen. Festschrift zur 200- Jahrfeier der evangelisch-lutherischen Stadtpfarrkirche in Treuchtlingen 1757-1957. Vgl. auch Witetschek, Kirchliche Lage II, S. 375, 382, 431, 436.
1223 LKAN, LKR IV 550 S-U; Witetschek, Kirchliche Lage II, S.45; Die Predigt Söllners am 9.12.1934 druckte der "Uffenheimer Kirchenbote" vom Januar 1935, S. 2f. In dieser Predigt dankte Söllner auch seiner "katholischen Amtsbrüder", die ihn im Gefängnis besucht hätten und die ihn "mit ihrer Fürbitte trugen"; "Wo der Unglaube gegen Christus kämpft", fuhr Söllner fort, "da finden sich trotz allem Trennenden die zusammen, die den Namen dieses Christus tragen".
1224 Interview mit Kurt Frör; Henn, Bayerische Landeskirche, S.155.
1225 Ebda., S. 158.
1226 So Meiser in seinem Brief an Althaus vom 9.12.1935, in: LKAN, Personen XXXVI, 116. Siehe auch Kapitel VII, Anm. 606.
1227 Bis 1935 hatten 600 bayerische Pfarrer die Grundsätze der Pfarrerbruderschaft unterzeichnet; Geuder, Im Kampf, S. 34. Frör schätzte die Zahl der aktiven auf rund 200, mit einer großen Zahl von Sympatisanten; Interview mit Frör.
1228 Henn, Bayerische Landeskirche, S. 167, Pfarrerbruderschaft Rundbrief 18 vom 23.2.1935.
1229 LKAN, Personen XXXVI, 115, Sammetreuther an Meiser vom 17.12.1934.
1230 BN Nr. 330 vom 3.12.1934, S. 2, UP-Bericht vom 30.11.1934.
1231 Steinbauer, Zeugnis I, S. 226, Sitzungsprotokoll des LSA vom 28.12.1934.
1232 Baier, DC, S. 188ff.
1233 Ebda., S. 189.
1234 Witetschek, Kirchliche Lage II, S. 44.
1235 Baier, DC, S. 442.
1236 Witetschek, Kirchliche Lage II, S. 42.
1237 LKAN, KKU 6/III, Schreiben des "Süddeutschen Bundes Evangelischer Christen" vom 15.12.1934. Die Auflösung galt ab dem 1.1.1935. In seinem Bericht vom 5.2.1935 schrieb Martin (BayHStA, MA 107292): daß "gegen Ende des Jahres 1934 durch Einwirkungen verschiedener Art das rührige Interesse des stellvertretenden Gauleiters Holz am 'Süddeutschen Bund evangelischer Christen' nachzulassen begann". Die bei Baier (DC, S. 203f.) erwähnte, von Holz und dem 'Süddeutschen Bund evang. Christen' einberufene Versammlung der Nürnberger Kirchenvorstände, fand nicht - wie es vom Kontext den Anschein hat - im Dezember 1934, sondern bereits am 4.10.1934 statt (vgl. Baier, DC, S. 126f.).

ANMERKUNGEN ZU DEN SEITEN 423 BIS 426

1238 BayHStA, MA 107292, Aussprache Meisers bei der Sitzung des LSA am 28.12.1934, in Martins Bericht vom 15.1.1935. Vgl. auch Baier, DC, S.198f.
1239 Die ersten war am 7.12. in Neunkirchen; Baier, DC, S. 192f.
1240 WZ vom 8.12.1934.
1241 WZ vom 10.12.1934; WTBl vom 10.12.1934.
1242 Dekanatsarchiv Weißenburg 47; Pfarrarchiv Langenaltheim Az 16/0. Nach der Versammlung schickte die Weißenburger DC-Ortsgruppe folgendes Telegramm an Meiser: "Überfüllte Versammlung Deutscher Christen protestiert energisch gegen Kanzelmißbrauch, Bekämpfung von Reichsbischof und Staat, Entlassung Nat.Soz. Pfarrer. Vorgehen undeutsch und unchristlich"; LKAN, Personen XXXVI, 33/3.
1243 SK-Weißenburg (Kalb), Aussage Kalbs vom 21.9.1946.
1244 Ebda., Aussage v.Löffelholz.
1245 WTBl vom 10.11.1934; WZ vom 10.11.1934; WTBl vom 31.12.1934; WZ vom 31.12.1934.
1246 WTBl vom 11.12.1934. Siehe auch unten Kapitel VIII.
1247 Nach Martin bedeutete das Verbot "einen äußerst empfindlichen Schlag gegen... die Werbeaktion der Deutschen Christen"; BayHStA, MA 107292, Bericht vom 15.1.1935. Vgl. auch Witetschek, Kirchliche Lage II, S.44f.
1248 BA, R43 II 163, Baumgärtner an Hitler vom 31.12.1934; auch bei Baier, DC, S. 450.
1249 Witetschek, Kirchliche Lage II, S. 47.
1250 BayHStA, MA 107292, Bericht Martins an Siebert vom 5.2.1935.
1251 Ebda., Bericht Martins an Siebert vom 15.1.1935.
1252 Meyer hatte zuletzt Mitte Oktober in einem durch den "Süddeutschen Bund Evang. Christen" verteilten Aufruf an die "Kameraden aus der Lehrerschaft" geschrieben, mit der Aufforderung, "rücksichtslos den Kirchenschändern im Talar" entgegenzutreten; EvAG, "Süddeutsche Bund Evang. Christen".
1253 In einem Brief an den Reichsbischof vom 24.12.1934 (EZA Berlin, EKD, A 4/304), beschrieb Pölloth Meyers Dilemma: "Im Reich kann er nun nicht arbeiten, weil man ihm nicht die Möglichkeit gibt und in Thüringen kann er nicht arbeiten, weil die theologischen Gegensätze zu groß sind". Meyers Ausschaltung im Reich soll auf seine Verbindung zu Holz zurückgehen. In einem zweiten Brief an Müller (ebda., vom 27.1.1935) beklagte sich Pölloth über Baumgärtners abweisende Haltung Meyer gegenüber. Baumgärtners Mitarbeiter Strehl, nachdem er von Meyer gesprochen hatte, sei von Baumgärtner sehr mißtrauisch behandelt worden; Baumgärtner wolle auch nichts wissen von einem Auftritte Meyers in Bayerns. Dazu Pölloth: "Ich glaube, daß hier Eingenutz eine Rolle spielt, sonst könnte Baumgärtner nicht so verstockt handeln. Es kommt überall die Anschauung zum Durchbruch, daß die Leitung der DC in Bayern nicht in den richtigen Händen ist, und daß etwas geschehen muß." Vgl. auch Baier, DC, S. 209.
1254 LKAN, Kirchenkampfsammlung 0-5, Sonntag in Franken, Nr.1 vom 18.11.1934, S. 3.
1255 EvAG, Pfarrerbruderschaft Rundbrief 15 vom 19.12.1934, "Zur kirchlichen Lage", S. 2.
1256 BayHStA, MA 107292, Bericht Martins vom 15.1.1935.
1257 Baumgärtner an Hitler vom 31.12.1934 (s. Anm. 1248). Zu Kinder siehe auch Baier, DC, S. 190.
1258 Bericht Martins vom 15.1.1935, S. 5 (s. Anm. 1256).
1259 Witetschek, Kirchliche Lage II, S. 44.
1260 BA, R43 II 163, Stadlinger an Hitler vom 31.12.1934.

ANMERKUNGEN ZU DEN SEITEN 426 BIS 428

1261 LKAN, KKU 6/III, Baumgärtner an die "Kampfgenossen" vom 17.12.1934; Baier/Henn, Chronologie, S. 106, Baier, DC, S.198; Westdeutsche Eilkorrespondenz vom 7.1.1935, Blatt VII.
1262 LKAN, Personen XXXVI, 114, Meiser an G. Kern vom 14.12.1934. Nach Martins Bericht vom 15.1.1934 (BayHStA, MA 107292) hatte Meiser auch bei der Sitzung des LSA am 28.12.1934 angeregt, "um die Einbrüche der DC möglichst zu parieren, innerhalb der Gemeinden schlagfertige Gruppen in Form von 'Bekenntnis-Gemeinden' zu bilden."
1263 Baier/Henn, Chronologie, S. 105f.
1264 EvAG, Pfarrerbruderschaft Rundschreiben 15 vom 19.12.1934, Beilage "Kirchlicher Männerdienst".
1265 LKAN, Kirchenkampfsammlung O-5, Handreichung der Pfarrerbruderschaft für die augenblickliche kirchliche lage vom 22.11.1934. In seinem Bericht vom 7.12.1934 (BayHStA, MA 107292) schrieb Martin, daß mit dem Rücktritt Jägers, die Bekenntnisfront ihr "wertvollstes sachliches Propaganda-material" verloren habe; nur scheine das Interesse für den Kirchenkampf "merklich zu schwinden".
1266 Baier/Henn, Chronologie, S. 106; Dekanatsarchiv Weißenburg 47, Hildmann an die Dekane vom 20.12.1934.
1267 EvAG, Pfarrerbruderschaft Rundbrief 15 vom 19.12.1934 mit der Beilage "Kirchlicher Männerdienst". Für ein Beispiel der Schulungsarbeit, siehe Geuder, Im Kampf, S. 73.
1268 KABl vom 19.12.1934, S. 209, Meisers Aufruf zur Volksmission vom 13.12.1934.
1269 Ebda., S. 210, Anweisung Meisers vom 14.12.1934. Da Rosenbergs Angriff tatsächlich auf die "gesamte christliche Kirche" gerichtet war, konnte man auch Hilfe von der katholischen Kirche holen. So hatte die Pfarrerbruderschaft die "ausgezeichnete wissenschaftliche Untersuchung Rosenbergs Mythus", "Studien zum Mythus des 20. Jahrhunderts", in der Beilag zum Kirchlichen Anzeiger für die Erzdiözese Köln, als "wertvoll" empholen; EvAG, Rundbrief 12 vom 22.11.1934, Rundbrief 15 vom 19.12.1934.
1270 Ebda. Die Gefahr, die von der HJ - auch in Bayern - ausging, bestätigte die Pfarrerbruderschaft (s. Anm. 1264): Auf einer HJ-Tagung in Nürnberg am 11.11.1934, sagte ein Redner: "Heute haben wir noch nicht alles, was wir der Jugend bringen müssen. Wir müssen die Jugend von der Kirche lösen. Weihnachtsfeiern und andere christliche Feiern soll die Jugend nur altgermanisch gedeutet begehen!"
Für den antichristlichen Kurs der HJ in Bayern siehe auch den Bericht Riedels vom Dezember 1934 (Riedel, Kampf, S.140f.). Vgl. dagegen Baier, DC, S. 190: "Während andernorts die HJ bereits in antichristlichen Sinne erzogen wurde, war die HJ in Bayern der Erziehung zum Neuheidentum noch fern geblieben."
1271 Handreichung der Pfarrerbruderschaft vom 22.11.1934 (s. Anm. 1264).
1272 BayHStA, MA 107292, Bericht Martins vom 30.11.1934, S. 2.
1273 Ebda., S. 5f. Wie die Bekenntnispfarrer mit dem Gruß "Heil Hitler" fertig geworden sind, s. Geuder, Im Kampf, S. 140f. Zu seiner Rechtfertigung, schrieb Kern am 5.4.1935 an den LKR (LKAR, LKR II 246 II), daß er den Deutschen Gruß durchaus erwidere, daß Grußwort "Heil Hitler" dagegen nicht gebrauche. Da er keinen Religionsunterricht gebe, sei er nicht verpflichtet mit "Heil Hitler" zu grüßen (s. KABl vom 5.4.1934, S. 50), außerdem habe er eine Vorliebe für "Grüß Gott". Er habe auch den DC-Mann, der seine Einstellung zum "Heil Hitler" einseitig und verleumderisch weitergab, erzählt, daß er täglich für Hilter bete: "Es widerstebe mir aber, gerade weil ich den Mann hochachte, seinen Namen ständig beim Grüßen im Munde zu führen".

ANMERKUNGEN ZU DEN SEITEN 428 BIS 430

1274 LKAN, Kreisdekan Ansbach 14/503, Bericht vom 19.4.1938.
1275 KABl vom 29.11.1934, S. 201.
1276 Personalstand vom 1934, S. 336; Personalstand vom 1937, S.383. Nachdem Dekan Erhard Weigel 1935 in Ruhestand ging, übernahm Schieder auch das Amt des Nürnberger Dekans; Personalstand vom 1937, S. 174.
1277 KABl vom 29.11.1934, S. 201.
1278 LKAN, Kirchenkampfsammlung 0-7, DC-Landesleitung Bayern vom 28.2.1934, "Einzelne Äußerungen von Pfarrern der Bekenntnisfront der Evang.-Luth. Kirche aus früherer und jüngster Zeit". Vgl. dazu Witetschek, Kirchliche Lage II, S. 53f.
1279 Gegen Prieser verwendeten die Nazis eine Waffe, die sie in einer maßlos übertriebenen Weise gegen die Katholische Kirche benutzt hatten: ein Verfahren wegen Sittlichkeitsverbrechen, das schon nach der Voruntersuchung eingestellt wurde; s. Baier/Henn, Chronologie, S. 153, 155ff, 161, 168; Witetschek, Kirchliche Lage II, S. 53f., 101, 103f., 109, 113. Vgl. auch Deutschland-Bericht der Sopade, 1936, S. 915; 1937, S.506, 1165f.
1280 BA, RS 43 II/171, Telegramm Baumgärtners an Hitler vom 7.1.1935. Gleichlautendes Telegramm an Meiser, siehe Baier, DC, S. 205.
1281 StdAN, Dir. A, Nr. 84, Predigt Schieders bei einer Bekenntnisgottesdienst am 5.12.1935 in der St.Lorenzkiche, S. 3.
1282 Zitiert in Martins Bericht vom 30.11.1934, (s. Anm. 1271). Im Dezember 1934 hat die Presse berichtet, daß Barth von seinem Amt schon suspendiert wurde, weil er sich geweigert habe, den Eid auf Hitler zu nehmen. Das "Korrespondenzblatt" (vom 17.12.1934, S. 550) erklärte dagegen, daß die Suspendierung deshalb erfolgt sei, weil der von Barth gewünschte Zusatz zum Eid, "soweit es sich mit meinem evangelischen Gewissen verträgt", nicht angenommen wurde. Vgl. auch Geuder, Im Kampf, S. 83f. Gegen Barths Haltung, und vor allem seine Berufung auf die VKL, beschwerte sich Althaus in einem Brief an Meiser vom 22.12.1934 (LKAN, Personen XXXVI, 236): Wir "haben keinen Anlaß, den selbstvertändlichen Vorbehalt des an Gott gebundenen Gewissens heute betont auszusprechen. Wir lehnen also solche Betonung, die als Mißtrauen gegen den Staat und seinen Führer verstanden werden kann, ab und erneuern das Bekenntnis unseres Vertrauens und unserer Treue zu dem Führer und Staate, für den wir Gott täglich bitten."
1283 Bericht Martins vom 30.11.1934, (s. Anm. 1272).
1284 KBl vom 2.1.1935, S. 2.
1285 EZA Berlin, EKD, A 4/297.
1286 Ebda.; DC-Rundschrieben "Einzelne Äußerungen" vom 28.2.1935 (s. Anm.1277). Kern soll auch vor Baumgärtner und Halbach erklärt haben: "Wenn Hitler gesagt hat, das Bekenntnis bleibt unangestastet, so erkläre ich: 'Menschenverträge gelten uns nichts; auch vom Größten nicht'"; ebda.
1287 LKAN, Dekanat Weißenburg 165.
1288 Auch die Statistik bestätigt eine positive Entwicklung für die Kirche im Jahre 1934: Die Zahl der Eintritte waren wie im Jahre 1933 dreimal so hoch wie die der Austritte (1933: 3405, bzw. 1165; 1934: 2959, bzw. 970), und der Prozentsatz der Kommunikanten stieg vom 56,2% im Jahre 1933 auf 58,5% im Jahre 1934; Statistisches Jahrbuch für Bayern, 1936, Jahrgang 21, S. 324.
1289 Eine UP-Meldung in der BN vom 20.11.1934 schrieb, daß Hauers Deutsche Glaubensbewegung der Nutznießer der Krise in der DEK war: "Die Propaganda der Bewegung erstreckt sich jetzt auch mehr und mehr auf die kleineren Städte und sogar Dörfer". Um diese Gefahr abzuwehren, druckte das "Evang. Gemeindeblatt für München (vom 23.12.1934, S.

ANMERKUNGEN ZUR SEITE 430

568f.) einen offenen Brief an Hauer, "Ist die christliche Kirche eine 'Episode'?"
Die Vermutung, daß Hitler die antichristliche Richtung in der Partei auf die Zeit nach der Saarabstimmung vertröstet hatte, äußerte Fiedler bei der Sitzung des Bruderrats der Bekenntnissynode am 3.9.1934; Braun/Nicolaisen, Verantwortung I, S. 333.

1290 BayHStA, MK 38664, Predigt Hans Stählin, Neunkirchen, vom 25.10.1935.

1291 Evang. Kirchenbote für die Dekanate Neustadt a/A, Windsheim, Markterlbach, Burghaslach, Nr. 25 vom 28.12.1934, Vortrag von Pfarrer Hans Huber, Issigau, gehalten in Schauenstein am 11.11.1934. Zum Verhältnis Nationalsozialismus und Christentum sagte Huber: "Beide haben an ihrem Teil ohne Eifersucht dem Volke zu dienen. Beide haben nach dem Wohl des Ganzen zu fragen und nicht nach ihrem Vorteil. Beide haben ihre Schranken und sollen sie innehalten. Die Verbindung und gegenseitige Durchdringung vollzieht sich in dem Einzelnen und im ganzen Volke. Ich rufe dem Nationalsozialismus nicht zu: Werde christlich; und der Kirche nicht: Werde nationalsozialistisch! Aber den Nationalsozialisten lege ich es an Herz: Werdet Christen! und den Gliedern der Kirche: Werdet Nationalsozialisten! Im Herzen des deutschen Volkes möge sich beides treffen und zusammenfügen, Nationalsozialismus und Kirche, in gegenseitiger Wechselwirkung, in unaufhebbarer Verschiedenheit und doch in unzerreißbarer Verbundenheit, nicht als zwei Fremdkörper, die nichts miteinander zu tun haben, sondern als Glieder des Ganzen, in schöpferischer fruchtbarer Spannung. Heil Hitler."

ANMERKUNGEN ZU DEN SEITEN 431 BIS 435

IV DIE KIRCHE IM DRITTEN JAHR DER NS-HERRSCHAFT

1 Lutherische Kirche vom 15.1.1935, S. 25; RS vom 20.1.1934, S.31.
2 Evang. Gemeindeblatt für das Allgäu, Jan. 1935, S. 2.
3 AR, Kirche und Leben, vom 22.1.1935; ebda. vom 14.2.1935.
4 Baier/Henn, Chronologie, S. 108; Pfarrarchiv Ellingen 10.
5 Evang. Gemeindeblatt für München vom 20.1.1935, S. 26ff.
6 Ebda.; KABl vom 17.1.1935, S. 5.
7 RS vom 10.2.1935, S. 68.
8 LKAN, Personen XLII, 12, Geuder an Frör vom 17.1.1935.
9 KABl vom 21.1.1935, S. 9.
10 Evang. Gemeindeblatt für München vom 28.3.1935, S. 197.
11 BA, R43 II 163, Hossenfelders Bericht über die kirchliche Lage vom 29.1.1935, S. II. Vgl. auch Stoll, Dokumente VI, S.11f.
12 LKAN, Dekanat Augsburg 408-k, Rede Gollwitzers vom 20.1.1935; s. auch Baier/Henn, Chronologie, S. 109.
13 LKAN, Dekanat Augsburg 408-k, Rede Sauerteigs vom 19.1.1935.
14 Siehe oben, S. 380f. und Kapitel VI, Anm. 955; vgl. auch Baier, DC, S.188f., 217. Preiß weigerte sich, die ihm angebotene Stelle als Privatvikar in Schirndig an der tschechischen Grenze anzutreten, und bezeichnete diese Stelle als ein "tschechisches Dachau"; LKAN, Personen XXXVI, 27, Bericht zu der angeblichen Maßregelung von evang. Geistlichen in Bayern; Baier, DC, S. 461.
15 BDC, PK (Preiß). Preiß machte sein zweites theologisches Examen im Oktober 1935 in Dresden; im November begann er ein Studium an der Philosophischen Fakultät Erlangen neben seiner hauptamtlichen Tätigkeit. Seine Dissertation, Die Anfänge der völkischen Bewegung in Franken, erschien 1937. Am 17.9.1936 erklärte er seinen Kirchenaustritt; Baier, DC, S. 588.
16 Preiß war besonders in der ersten Hälfte 1935 bis zur seiner Anstellung als Referent bei der Gauleitung als DC-Redner aktiv.
17 LKAN, KKU 6/IV, Bericht über die Gründungsversammlung der DC-Ortsgruppe Reichelsdorf am 5.1.1935.
18 LKAN, LKR II 246 II, Bericht über die Gründungsversammlung der DC-Ortsgruppe Zerzabelshof am 4.1.1935.
19 Ebda.
20 Wie Anm. 18.
21 Baier, DC, S. 461, DC-Versammlung in Augsburg vom 4.5.1935.
22 Ebda., S. 462ff.
23 Wie Anm. 17.
24 LKAN, Dekanat Augsburg 406a, Merkblatt für Mitglieder der Bekenntnisgemeinschaft von Kurt Frör.
25 In einem Brief vom 25.1.1935 (LKAN, Personen XLVII, 4,) schrieb Pfarrer Auer, man solle beim DC-Treffen in Marktredwitz "keine Entscheidung für Weimar oder Berlin festlegen, sondern die Frage offen lassen. Die Basis auf der wir uns zusammen finden, muß sehr breit sein. Der evangel. Bund stellte s.Z. auch keine engherzigen Grenzen fest. Die DC aller Schattierungen müssen eine Einheit bilden. Sowie man ins Detail geht, gibts Trennungen."
26 Zu Brunnacker siehe Kapitel VI, Anm. 799. Zu der NSEP-Erklärung siehe Baier/Henn, Chronologie, S. 100.
27 Siehe dazu Kapitel VI, S. 356ff. Vgl. auch Martins Bericht an die Gestapa vom 18.1.1935; BayHStA, MA 107294.
28 BA, R 43 II/171, DC-Berichtsblatt zum Gedächtnis Brunnackers; LKR an Brunnacker vom 15./17.11.1934; Brunnacker an Baumgärtner vom 16.11.1934.
29 Witetschek, Kirchliche Lage II, S. 49; Baier, DC, S. 200.

ANMERKUNGEN ZU DEN SEITEN 435 BIS 436

30 LKAN, Personen XXVI (Meinzolt), 2. Siehe auch Kapitel VI, Anm. 800. Frau Brunnacker betonte später, daß auch die "Gegenseite" hinterher eingesehen habe, daß ihr Mann "als vereidigter Amtswalter wahrheitsgetreuen Bericht erstatten mußte und daß es sich nicht um hinterlistige Denunziation handelte; er hatte auch die gegnerischen Kollegen gewarnt"; LKAN, Personen XLVII, 4, Frau Brunnacker an das Dekanat Dinkelsbühl vom 26.3.1935.
31 EZA Berlin, Bestand EKD, A 4/299, Brunnacker an OKR Burger, München vom 11.12.1934.
32 Ebda.
33 FrTZ vom 3.12.1934; Bericht Martins vom 18.1.1935, S.2 (Anm.27). Auch der Süddeutscher Bund Evang. Christen setzte sich für Brunnacker ein; Baier, DC, S. 200.
34 BayHStA, MA 107292, Schreiben an Wagner und Streicher vom 4.12.1934. An Wagner schrieb Brunnacker, daß der LKR deswegen nicht gegen Pfarrer Gollwitzer vorginge, weil Wagner hinter ihm sei. Er bat Wagner: "Stecken Sie sich auch hinter den Parteigenossen Brunnacker." An Streicher schrieb er, daß er die Ortsgruppe in "judenverseuchten Mönchsroth" gegründet habe (Mönchsroth zählte 1929 zwanzig Juden). Vgl. auch Baier, DC, S. 200.
35 Brunnacker an OKR Burger vom 11.12.1934 (Anm. 31).
36 Ebda.
37 Ebda.; DC-Berichtsblatt (Anm. 28), Bericht Baumgärtners vom 9.12.1934.
38 Nach einem Bericht gingen 2/3 der Gemeinde nach Hause; LKAN; KKU 6/IV, Brief eines Geschäftsinhabers in Mönchsroth vom 4.2.1935. Nach Baumgärtner ging nur eine kleine Anzahl, die aus Sensationslust vor der Kirche gewartet hatte, nach Hause; Bericht Baumgärtners vom 9.12.1934 (Anm. 37).
39 Nach Brunnackers Brief an Baumgärtner vom 27.12.1934 setzte "ein Überlaufen meiner Gemeindeglieder durch ihre Brüder, Schwestern, Paten und Basen aus den Nachbargemeinden ein"; DC-Berichtsblatt (Anm. 28).
40 Brunnacker an OKR Burger vom 11.12.1934 (Anm. 31).
41 DC-Berichtsblatt, Brunnacker an Baumgärtner vom 11.12.1934 (Anm. 28).
42 Ebda., Baumgärtner an Brunnacker vom 12.12.1934.
43 Lutherische Kirche vom 1.2.1935, S. 42f. Auch der DC-Pfarrer Auer in Larrieden hatte, laut Bericht Meisers an G.Kern vom 14.12.1934 (LKAN, Kreisdekan Ansbach 1/16/4) nach einer Vernehmung durch Hanemann "sein Unrecht eingesehen", blieb dennoch weiterhin überzeugter Deutscher Christ; siehe LKAN, Personen XLVII, 4.
44 Westdeutsche Eilkorrespondenz vom 18.1.1935, Blatt VIff. Meisers Brief an Brunnacker wurde in den Kirchen der Gegend veröffentlicht; Brief aus Mönchsroth vom 4.2.1935 (Anm. 38). Vgl. auch Baier, DC, S. 201.
45 Bericht Martins vom 18.1.1935 (Anm.27); DC-Berichtsblatt (Anm. 28), Brunnacker an Baumgärtner vom 27.12.1934. Zu Gilardi, siehe Kapitel V, Anm. 350 und Kapitel VI, Anm. 1054. Gilardi war Pg. seit dem 1.5.1931 (Nr. 538 149); BDC, Master File.
46 DC-Berichtsblatt (Anm.28), Brunnacker an Baumgärtner vom 27.12.1934.
47 Ebda. Die 4000 Seelen-Gemeinde Eibach wurde durch Beers Widerstand gespalten, mit ca. 1500 Leuten, die sich der Bekenntnisgemeinschaft anschlossen; Eckardt, Eibach, S. 13. Die angeblich 2000 DC-Mitglieder in Eibach waren eine große Übertreibung. Die Zahl beruhte auf einer Unterschriftensammlung, die Beer durchführen ließ, um Unterstützung für seinen Verbleib in Eibach zu finden; sie war aber keine Werbeaktion für die DC. Die Unterschriften wurden vielfach unter Parteidruck gesammelt, auch Katholiken und auswärtige Anhänger, sowie ganze Familien bis herun-

ANMERKUNGEN ZU DEN SEITEN 436 BIS 438

ter zum Säugling wurden erfaßt; Westdeutsche Eilkorrespondenz vom 25.2.1935, Blatt 3.
48 Frau Brunnacker war der Meinung, daß "eine 'zuverlässige' Zusage" des LKR ihrem Mann "neuen Lebensmut geschenkt" hätte; Frau Brunnacker an das Dekanat Dinkelsbühl vom 26.3.1935 (Anm.30).
49 Meinzolt schrieb am 19.1.1935 an die NS-Kreisleitung Augsburg: "Eine weitere Aussprache mit ihm (Brunnacker) verstärkte den Eindruck, daß an die Stelle des Dienststrafverfahrens ein Krankheitsurlaub, den er auf Anraten des Artzes erbeten hatte, treten solle, damit er so Zeit fände, sich von seiner Pfarrstelle auf eine andere Pfarrstelle der Landeskirche zu melden. Bevor dieser Beschluß ihm noch zugestellt werden und die damit eingeleitete friedliche Lösung zur Auswirkung kommen konnte, hat die Sache den bekannten tragischen Ausgang gefunden"; LKAN, Dekanat Augsburg 408.
50 Evang. Gemeindeblatt für Dinkelsbühl, Jan. & Febr., S. 5f. & 12f.
51 StAN, Landratsamt Gunzenhausen, Abgabe 1961, Nr. 4261, Gendarmerie-Bericht aus Döckingen vom 11.1.1935.
52 Bericht Martins vom 18.1.1935 (Anm. 27).
53 Lutherische Kirche vom 1.2.1935, S. 42. Vgl. auch Gauger, Chronik III, S. 446, 448, 450, und Westdeutsche Eilkorrespondenz vom 18.1.1935, Blatt VIIIf.
54 LKAN, KKU 6/IV, Bericht über die Brunnacker Beerdigung. Gilardi wurde auch noch von Holz und seinen mitgebrachten Leuten beschimpft und der Mißbrauch der Parteimitgliedschaft vorgeworfen; SK Weißenburg (Gilardi).
55 DC-Berichtsblatt (Anm. 28).
56 Lutherische Kirche vom 1.2.1935, S. 43. Bei seiner Amtseinführung hatte Schieder gesagt: "Der Herr stellt den Totalitätsanspruch an uns Menschen. Ihm gegenüber sind wir arme Sünder. Das Gericht des Herrn bricht über alle Menschen herein, über unsere Kirche und auch über unser Volkstum, an dem wir als Bekenner des Evangeliums mit heißer Liebe hängen;" AR vom 8.1.1935. Am Abend des 6. Januar Meiser in der Aegidienkirche sprach, war die Kirche so gedrängt voll, daß Parallelgottesdienste in St.Sebald und Hl.Geist gehalten werden mußten; EvAG, Brief 13 der Evang. Pressestelle München vom 21.1.1935.
57 Andere Redner waren Senior Daum für die DC-Pfarrgemeinde, Pfarrer Rehm für die DC-Württembergs, Kreisleiter Minnameyer, Hilpoltstein, u.a.; DC-Berichtsblatt (Anm. 28).
58 BayHStA, MA 107292, Bericht Martins an Siebert vom 5.2.1935. Vgl. auch Witetschek, Kirchliche Lage II, S. 49 und Baier, DC, S. 201f. "Der Stürmer" trug die Unterzeile "Nürnberger Wochenblatt zum Kampfe um die Wahrheit".
59 DC-Berichtsblatt (Anm. 28), Abkündigung vom 11.1.1935.
60 Ebda. Mit teilweise der gleichen Formulierung - der Tod Brunnackers könne "in keiner Weise in ursächlichen Zusammenhang mit kirchenbehördlichen Maßnahmen" gebracht werden - schrieb Meiser am 11.1.1935 an Siebert (BayHStA, MA 107292). Ferner stellte Meiser fest: "Wir würden es aufs lebhafteste bedauern, wenn der tragische Fall des Pfarrers Brunnacker zu einer Aufreizung der öffentlichen Meinung führen würde. Gegen diejenigen, die in unberechtigter Weise etwa Anschuldigungen gegenüber dem Landeskirchenrat vorbrächten, würden wir mit Klage vorgehen."
61 Bericht Martins vom 18.1.1935 (Anm. 27).
62 Bericht Martins vom 5.2.1935 (Anm. 58).
63 Bericht Martins vom 18.1.1935 (Anm. 27).
64 LKAN, KKU 6/IV. Müller hielt dort am 10.1.1935 um 19.30 einen Gottesdienst in der nicht vollständig besetzten Kirche; die SA fehlte, obwohl mehrere PO-Leute in Uniform anwesend waren.

ANMERKUNGEN ZU DEN SEITEN 438 BIS 440

65 Dekanatsarchiv Pappenheim, Pfarrbeschreibung, Eintragung für den 10.1.1935.
66 So hatte Martin eine für den 25.1.1935 angekündigte DC-Protestversammlung in Zerzabelshof als getarnte öffentliche Versammlung verboten; BayHStA, MA 107294, Bericht Martins an die Gestapa vom 24.1.1935. In einem anderen Fall beklagte sich die Bekenntnisfront bei der Polizei Nürnberg, daß eine DC-Einladung den Satz enthielt, daß "Gesinnungsfreunde eingeladen werden" könnten. Auf die Klage antwortete die Polizei, "daß dagegen, solange von dem Satz in mäßigen Grenzen Gebrauch gemacht werde, ein Einschreiten unmöglich sei". Als der Pfarrer dazu bemerkte, "daß damit doch der Begriff des Rechtes wankend und illusorisch sei", antwortete die Polizei, "daß das augenblicklich leider als Tatsache hinzunehmen sei"; LKAN, KKU 6/IV, Bericht über die Gründungsversammlung der DC-Ortsgruppe Reichelsdorf am 5.1.1935.
Als "besonders unerquicklich" bezeichnete Martin in seinem Bericht vom 5.2.1935 (Anm. 58) die Tatsache, "daß die beiden gegnerischen Fronten sich auf das peinlichste nach irgend einer Unkorrektheit polizeilichen Anordnungen gegenüber belauern und beschnüffeln. Es vergeht fast kein Tag, wo nicht eine führende Persönlichkeit der einen oder der anderen Seite bei der Polizei erscheint, um polizeiliches Vorgehen gegen die andere Seite zu fordern."
67 BA, R43 II/171, Baumgärtner an Hitler vom 19.1.1935. Ob Hitler dieses Schreiben zu sehen bekam ist zu bezweifeln. Ein früheres Schreiben Baumgärtners an Hitler wurde Hitler auch nicht vorgelegt, was ein Glück für Baumgärtner war, denn Siebert empfand Baumgärtners darin gemachte Behauptung, er sei zu den Abordnungen im Oktober zu nachsichtig gewesen, als eine "unerhörte Denunziation", und wollte gegen Baumgärtner vorgehen, falls Hitler dessen Brief gesehen hatte; BA R43 II/163, Siebert an Staatssekretär Lammers vom 7.1.1935; Baier, DC, S. 199.
68 BA, R43 II/171, Siebert an Frick vom 5.2.1935. Vgl. auch Baier, DC, S.214.
69 BayHStA, MA 107294, Bericht Martins vom 24.1.1935.
70 So wurde z.B. Heft 3 der "Lutherischen Kirche" aus Erlangen wegen des Berichtes "Der Fall Brunnacker" von der Polizeidirektion Nürnberg beschlagnahmt; Lutherische Kirche vom 15.2.1935, S. 64.
Eine gewisse Lockerung der Presserestriktionen erfolgte am 7.1.1935 als die BPP die Verbreitung von "unterrichtende(n) Mitteilungen, die lediglich an eine beschränkte, jederzeit kontrollierbare Zahl der Mitglieder einer kirchlichen Gruppe gerichtet werden", erlaubte; Baier, DC, S. 452. Da als Beispiel die "Briefe der Evangelischen Pressestelle München" angegeben wurde, ist anzunehmen, daß der LKR diese Lockerung durchgesetzt hatte. Vgl. dagegen, Baier, DC, S. 205.
71 AR vom 8.2.1935; RS vom 24.2.1935, S. 95.
72 Lutherische Kirche vom 15.2.1935, S. 59.
73 LKAN, KKU 6/IV, Schreiben Beers vom 8.2.1935. Die DC verhinderten den Besuch Meisers bei der Witwe Brunnacker.
Bei einer Besprechung mit Daumiller und Martin am 8.2.1935 sagte Streicher, daß der Holz-Auftritt in Dinkelsbühl schon seit Dezember geplant sei, und daß er den Meiser-Besuch als eine Gegenaktion betrachte. Nachdem ihm Daumiller das Programm des Meiser-Besuchs gezeigt hatte, erklärte er sich damit einverstanden; LKAN, Kreisdekan Ansbach 15/9.
74 Lutherische Kirche vom 1.3.1935, S. 76f.
75 Evang. Gemeindeblatt für den Kirchenbezirk Dinkelsbühl vom März 1935, S.18ff.
76 Lutherische Kirche vom 1.3.1935, S. 77.
77 Wie Anm. 75.

ANMERKUNGEN ZU DEN SEITEN 440 BIS 444

78 LKAN, Dekanat Öttingen 25, Bericht über die Rede des stellv. Gauleiters Holz bei der Kundgebung in Dinkelsbühl am 10.2.1935.
79 LKAN, LKR I 124 I, Meiser an die BPP vom 22.2.1935.
80 RS vom 10.3.1935, S. 119. Auch der Bericht der Ansbacher Regierung bestätigt, daß der "Zulauf der Bevölkerung außerordentlich groß" gewesen sei; Witetschek, Kirchliche Lage II, S. 52. Die "Allgemeine Rundschau" berichtete (19.2.1935), daß die Kirche am nachmittag eine Stunde vor dem Gottesdienst voll war, und daß Meiser "begeisterte Heilrufe" entgegengebracht wurden.
81 BayHStA, MA 107291, Eingabe einer evangelischen Abordnung in München vom 22.3.1935
82 StAN, Landratsamt Gunzenhausen, Abgabe 1961, Nr. 4261, Predigt des Landesbischofs D. Meiser-München, gehalten anl. des nachm. Gottesdienstes in der Pfarrkirche zu Heidenheim B.A. Gunzenhausen, am 17.2.1935, unterzeichnete: Gendarmerie-Hauptstation Gunzenhausen, den 18.2.1935.
83 Lutherische Kirche vom 1.3.1935, S. 76.
84 In Crailsheim und Ulm z.B. kamen ca. 5-6000 Leute um Wurm zu hören; ebda.
85 BA, R43 II/171, Meiser an die Abteilung für den kulturellen Frieden der NSDAP vom 26.2.1935, mit Abdruck an die Reichskanzlei.
86 Dekanatsarchiv Weißenburg 47, Löffelholz an den LKR vom 14.3.1935. Ob die ausgeschlossenen DC-Pfarrer hinter dieser Aktion steckten, ist nicht erwiesen. Die Maßnahmen gegen sie haben sie, wo sie konnten, propagandistisch ausgewertet; LKAN, Kreisdekan Ansbach 15/9, Rottler an Kern vom 22.2.1935.
87 StAN, NSDAP, Paket 4, Rundschreiben des Gendarmerie-Bezirks Weißenburg vom 19.1.1935.
88 StAN, BA Weißenburg, Abgabe 1955, Nr. 502, Protokoll der Vernehmungen, zusammengestellt von Ohnesorg am 22.1.1935.
89 Löffelholz berichtete (Anm. 86), daß Pfarrer Bestelmeyer einigen Privatpersonen von der angeblichen Äußerung des Dekans erzählte hätte, und diese haben den Antrag auf Haussuchung bei der politischen Polizei gestellt.
90 Dekanatsarchiv Weißenburg, Liste der Kirchenaustritte ab 1935.
91 Dekanatsarchiv Weißenburg 47, Löffelholz an LKR vom 14.3.1935 zur Frage des Kirchenvorstands; ebda. 55, Kirchenvorstands-Protokoll vom 23.10.1934.
92 Dekanatsarchiv Weißenburg 48, Antwort des LKR vom 27.3.1935 auf Hetzners Beschwerde.
93 Dekanatsarchiv Weißenburg 55, Kirchenvorstands-Protokoll vom 24.1.1935.
94 Löffelholz an den LKR vom 14.3.1935 (Anm. 91).
95 Ebda. Im Protokoll (Anm. 93) hieß es: "Sitzung in Folge heißer gegensätzlichen Meinungen tumultuarisch abgebrochen."
96 Siehe die zwei Weißenburger Zeitungen für Dezember 1934 und Januar 1935. Die Versammlung am 10. Januar wurde kurzfristig in Anschluß an die Beerdigung in Döckingen angesagt in der "Weißenburger Zeitung" vom 10.1.1935, mit dem Hinweis: "Jeder echte Nationalsozialist weiß, was er diesen und allen für die Reichskirche sich einsetzeden Kämpfern schuldig ist". Am nächsten Tag enthielt die "WZ" einen Bericht über die Versammlung. Am 12. Januar stellte die "WZ" fest, daß es keine Versammlung, sondern ein Sprechabend für Mitglieder war, da Versammlungen verboten seien. Trotzdem wurden in der Ankündigung alle eingeladen.
97 Angekündigt in: WTBl vom 25.1.1935.
98 LKAN, Kreisdekan Ansbach 15/9, Brief eines Weißenburger Gemeindemitglieds und Freund von Schieder vom 27.1.1935.
99 Ebda., Rottler an Kern vom 12.2.1935.

ANMERKUNGEN ZU DEN SEITEN 444 BIS 447

100 LKAN, LKR II 246 II, Rundschreiben Baumgärtners vom 15.2.1935. Auch Vikar Arndt, bei einer DC-Versammlung in Memmingen, pries die Weißenburger, die "jeden Sonntag Omnibusfahrten in die umliegenden Orte" veranstaltet hätten; ebda., Bericht über die Versammlung in Memmingen am 31.1.1935. Vgl. auch Baier, DC, S. 210.
101 StAN, Reg.Mfr.K.d.I., Abg. 1978, Nr.476, Karton 59. Bericht des Bezirksamts Weißenburg an das Kultusministerium vom 27.3.1935 über die Stärke der 10 DC-Ortsgruppen im Amtsbezirk.
102 Witetschek, Kirchliche Lage II, S. 54.
103 StAN, Reg.Mfr.K.d.I., Abg. 1978, Nr.476, Karton 59. Bericht des Stadtrats Weißenburg an das Kultusministerium vom 25.3.1935. Der Stadtrat schätzte die durch die eingeschriebenen Mitglieder erfaßte Seelenzahl auf 1500, bei einer Gesamtseelenzahl von 6600.
104 LKAN, Kreisdekan Ansbach 15/9, Daumiller an G.Kern vom 24.1.1935.
105 Witetschek, Kirchliche Lage I, S. 59f. Prieß sprach davon, daß wenn die DC in Bayern 70.000 Mitglieder erreichten, würden sie Hitler um die Macht bitten; Baier, DC, S. 464. Dieses Ziel hatten die DC jedoch weit unterschritten; s. Baier, DC, S. 464.
106 Dekanatsarchiv Weißenburg 47, Pfarrer Grimmler, Alesheim an das Dekanat vom 28.2.1935.
107 Ebda. Im März 1935 berichtete das Pfarramt Alesheim, daß 99% der Erwachsenen bei der Bekenntnisgemeinschaft wären; LKAN, Kreisdekan Ansbach 15/9, Bekenntnisgemeinschaft in Weißenburg.
108 LKAN, Kreisdekan Ansbach 15/9, Bericht aus Ettenstatt vom März 1935, mit einer Schätzung der Zahl der Mitglieder auf unter 20. Der Bericht des Bezirksamtes dagegen, ging von 24 Mitgliedern aus; s. Anm. 101.
109 LKAN, LKR II 246 II, Bericht Bauers vom 8.3.1935.
110 Ebda. S. Kapitel VI, S. 447.
111 Wie Anm. 108. LKAN Dekanat Thalmässing 24, Schreiben K.Thomae vom 4.3.1935. Im Juni 1935 waren 73% der Erwachsenen in Ettenstadt bei der Bekenntnisgemeinschaft; Ebda., Bericht des Dekanats Weißenburg vom 1.7.1935.
112 LKAN, LKR II 246 II, Meinzolt an BPP vom 1.4.1935.
113 Greifenstein schrieb an das Dekanat am 3.5.1935, daß die DC-Pfarrer wegen ihres Verhaltens in Ettenstatt zu befragen seien; Dekanatsarchiv Weißenburg 47. Vgl. KABl vom 22.2.1935, S. 23, "Zession", Punkt 3. In einem Schreiben an den LKR vom 20.5.1935 (LKAN, LKR II 246 II) leugnete Griebel, daß er in eine fremde Gemeinde eingebrochen sei, da er von der DC-Gemeindegruppe eingeladen war. Bauer warf er vor, das Gastrecht mißbraucht zu haben.
Eine Teilnehmerin an der Versammlung in Ettenstatt äußerte sich entsetzt über das Verhalten von Pfarer Ruck, der "der ärgste Spötter und Schreier" gewesen sei, und fügte hinzu: "Es ist verwunderlich, daß diese sauberer Patron nicht schon lange seines Amtes entsetzt ist"; LKAN, Dekanat Thalmässing 24, Schrieben K. Thomae vom 4.3.1935 und J. Thomae, o.D.
Im Frühjahr 1937 bat die Pfarrerbruderschaft Meiser, ein Disziplinar- und Lehrzuchtverfahren gegen Ruck einzuleiten, da er u.a. einem "Stürmer"-Artikel über das Alte Testament zugestimmt hatte; LKAN, Personen XXXVI 53, Schreiben der Pfarrerbruderschaft vom 3.2.1937. Ruck blieb bis zum Ende des Krieges als Pfarrer in Nennslingen.
114 LKAN, Kreisdekan Ansbach 15/9, Bericht aus Emetzheim vom März 1935, mit einer Einschätzung der Zahl der Mitglieder auf 6 bis 8. Der Bezirksamts-Bericht sprach von 24 DC-Mitgliedern; s. Anm. 101.
115 Dekanatsarchiv Weißenburg 47, Meiser an BPP vom 23.2.1935.

ANMERKUNGEN ZU DEN SEITEN 447 BIS 449

116 Ebda., Meiser an Sell vom 25.2.1935. Sell bekam allerdings nicht die von ihm gewünschte Stelle als Anstaltspfarrer, sondern die Pfarrei Hohenfeld (361 Einwohner) über Kitzingen.
117 Siehe dazu, Steinbauer, Einander das Zeugnis gönnen I-III; Tenfelde, Proletarische Provinz: Penzberg, in: Bayern in der NS-Zeit IV, S.348ff.
118 LKAN, LKR IV 550 Slg, Fragebogen Sells.
119 Ebda. 1938 wurde Sell deswegen der Religionsunterricht entzogen. Aus diesem Grund war der LKR nicht damit einverstanden, daß die Pfarrer sich dem Deutschen Gruß verweigerten. Ähnlich wie bei Sell reagierte der LKR deshalb im Fall Kurt Medicus, Pfarrer in Bieswang (Dekanat Pappenheim), der das "Heil Hitler" als eine Vergötterung des Menschen bezeichnet hatte, und lieber lebenslänglich nach Dachau gehen wollte als diesen Gruß im Religionsunterricht zu geben; LKAN, KKU 6/III, Einzelne Äußerungen von Pfarrern der Bekenntnisfront... Bayerns aus früherer und jüngster Zeit, Nürnberg, 28.2.1935. Medicus wurde vom LKR am 1.3.1935 nach Arlesried (Dekant Memmingen) versetzt; LKAN, Kreisdekan Ansbach 15/9, Besprechung zwischen Daumiller, Streicher und Martin am 8.2.1935.
120 LKAN, Kreisdekan Ansbach 15/9, Bericht aus Emetzheim vom März 1935.
121 Ebda., Kalb an Sell vom 3.2.1935. Kalb betonte, daß, auch wenn er nach Emetzheim käme, er kein anderes Evangelium predigen würde: "Was uns trennt, ist nicht die Stellung zu Christus, zur Hl. Schrift und zum Bekenntnis, sondern nur die politische und kirchenpolitische Haltung."
122 Ebda., Sell an G.Kern vom 11.2.1935.
123 Ebda., Rottler an G.Kern vom 22.2.1935. Pfarrer Rüdel schrieb in seiner Chronik: "Als Leiter der DC-Gruppe zeichnete Hauptlehrer Veeh, jedoch sah die Gemeinde in Pfarrer Kalb den geistigen Führer und eigentlich Verantwortlichen der DC, während Pfarrer Kalb den Anschein erweckte, als sei er nur passiv und abwartend in ihren Reihen".
Durch Kalbs Einfluß wurden folgende Inhaber des Goldenen Parteiabzeichens in Weißenburg Mitglieder der DC: Kreisleiter und 1. Bürgermeister Gerstner, 2. Bürgermeister Hetzner, SS-Mann Ruppert, SS-Sturmführer Dorner, und SS-Sturmbannführer Dittmar; LKAN, Kreisdekan Ansbach 16/4, Verzeichnis S.7.
Ein weiteres Indiz für die enge Zusammenarbeit zwischen Partei und DC in Weißenburg ist die Tatsache, daß die DC ihre Geschäftsstelle im NS-Stammlokal "Adler" hatten; SK Weißenburg (Kalb), Aussage Rottlers vom 27.11.1946.
124 Westdeutsche Eilkorrespondenz vom 7.1.1935, Blatt VII; BayHStA, MA 107291, Eingabe einer evang. Abordnung am 22.3.1935.
125 LKAN, LKR II 246 II, Sperl an LKR vom 15.6.1935; LKAN, LKR XV, 1665a, Sperl an LKR vom 26.8.1935.
126 Baier, DC, S. 204. Zwei andere Geistliche der Hensoltshöhe, Dietrich und Schmidt, wurden in der NSEP-Liste vom Frühjahr 1935 aufgeführt; LKAN, LKR II 246 II. Keupp und Dietrich waren z.B. bei der DC-Versammlung in Gunzenhausen am 14.6.1935 anwesend; Sperl an LKR vom 15.6.1935 (Anm. 125).
127 StAN, Reg.Mfr.K.d.I., Abg.1978, Nr.456, Karton 59, Zusammenstellung der DC-Mitglieder im Regierungsbezirk Ober- und Mittelfranken vom 16.3.1935.
128 LKAN, Kreisdekan Ansbach 15/9, Rottler an G.Kern vom 12.2.1935.
129 Hetzer, Kulturkampf, S. 111f. Im Evang. Gemeindeblatt für Nürnberg vom 7.4.1935 (S. 159) schrieb Schieder: "Wir in Nürnberg haben uns lange gesträubt, die Bekenntnisgemeinde auch bei uns durchzuführen. Wir wollten nicht den Riß in die Gemeinde bringen. Schließlich hat uns die Not dazu gezwungen."

ANMERKUNGEN ZU DEN SEITEN 449 BIS 450

130 Westdeutsche Eilkorrespondenz vom 21.1.1935, Blatt IVf. Vgl. Baier/ Henn, Chronologie, S. 108.
131 Witetschek, Kirchliche Lage I, S. 50; Witetschek, Kirchliche Lage II, S. 47.
132 Westdeutsche Eilkorrespondenz vom 25.2.1935, Blatt III.
133 LKAN, LKR II 246 II, vertrauliches Rundschreiben Baumgärtners vom 15.2.1935.
134 LKAN, Kreisdekan Ansbach 15/9, Rundschreiben G.Kerns vom 2.3.1935. Schon am 23.2.1935 hatte Kern den Dekanaten Kenntnis von der bevorstehenden Reise des Reichsbischofs gegeben, und "höchste Aktivität unsererseits" verlangt; LKAN, Dekanat Weißenburg 165.
135 Sommerer und Beer waren Anfang Februar in Berlin, und brachten, laut Baumgärtners Bericht "gute Nachrichten für die Zukunft" zurück: "Die Entwicklung gehört zweifelsohne der Reichskirche"; s. Anm. 133. Diese Aufmunterung war offensichtlich notwendig, denn Martin berichtete, daß im Februar bis zum Empfang Müllers durch Hitler eine resignierte Stimmung unter den NSEP-Pfarrern herrschte; nach dem 27.2. habe man den "Kampf mit neuer Zuversicht und Entschiedenheit aufgenommen"; BayHStA, MA 107294, Bericht Martins an Siebert vom 12.3.1935.
136 Hermelink, Kirche im Kampf, S. 235.
137 Rundschreiben G.Kerns vom 2.3.1935, s. Anm. 134.
138 Lutherische Kirche vom 15.5.1935, S. 167; Baier/Henn, Chronologie, S. 120. Eine Sammlung der Blätter der Westdeutschen Eilkorrespondenz aus Witten-Ruhr, verantwortlicher Schriftleiter Dr. Paul Winckler-Witten, befindet sich in: EvAG, A. 1.48. Winckler war auch 1935 eine zeitlang in Haft und am 4.5.1935 entlassen; Nicolaisen/Kretschmar, Dokumente II, S.302, Anm. 1. Winkler war ab November 1934 auch Leiter der Informationsabteilung der VKL; Braun/Nicolaisen, Verantwortung I, S. 571.
139 Wie z.B. in Hersbruck, LKAN, Dekanat Hersbruck 31, Dekanatlicher Aufruf vom 6.3.1935. Wenn die Eintrittserklärungen nicht in der Kirche verteilt wurden, warb man für die Bekenntnisgemeinschaft von Haus zu Haus. Was Martin als "die erste Versammlung mit dem Zwecke der Gründung einer Ortsgruppe der Bekenntnisgemeinschaft im Gotteshaus der evangelischen Auferstehungskirche in Fürth (am 28.2.1935)" bezeichnete, wobei er eine Umgehung der Versammlungsbestimmungen witterte, war in der Tat eine "Gründungsversammlung", aber anwesend waren 700 von den schon vorher geworbenen 1252 Mitgliedern der Bekenntnisgemeinschaft in Fürth. Ein Verstoß gegen die Versammlungsbestimmungen lag also nicht vor. BayHStA, MA 107294, Bericht Martins an Siebert vom 12.3.1935; ebda., Auferstehungskirche, Fürth an Siebert vom 28.2.1935. Vgl. auch Baier, S. 219, mit falschen Quellenangaben: Anm. 240, 241, 243 & 244 sind wie Anm. 238; Anm. 239 muß lauten: MA 106697, Monatsbericht der Pol.-Dir. München vom 8.2.1935 (oder Witetschek, Kirchliche Lage I, S. 50); Anm. 242 muß lauten: MA 106697 (oder Witetschek, Kirchliche Lage I, S. 60).
140 KABl vom 5.3.1935, Beilage: "Unser Bekenntnis zur Kirche" vom 27.2.1935, verkündet am 3.3.1935.
141 Evang. Gemeindeblatt für München vom 10.3.1935, S. 108, mit Abbildung der "Flugpostkarte". Zitiert wurde vom KABl vom 1.10.1934., Kundgebung vom 29.9.1934, Punkt X.
Der Informationsbrief Nr. 8 der Bekenntnisgemeinschaft im Kirchenbezirk Nürnberg vom 15.3.1935 (Druck: Allgemeine Rundschau) beschäftigt sich auch mit dieser Postkarte, und kam zu dem Schluß: "Wir erheben gegen die führenden Männer der Deutschen Christen Anklage, daß sie sich schwer versündigt haben gegen das 8. Gebot."
142 Lutherische Kirche vom 15.3.1935, S. 99f.; Kirchliches Jahrbuch 1933-1944, S. 89f.

ANMERKUNGEN ZU DEN SEITEN 450 BIS 452

143 Geuder, Im Kampf, Tafel V, nach S. 44. Witetschek, Kirchliche Lage I, S. 50.
144 LKAN, Dekanat Weißenburg 165, Schieder an die Pfarrer der Kirchenkreise Ansbach und Nürnberg vom 1.3.1935.
145 Rundschreiben G.Kerns vom 2.3.1935, s. Anm. 134; KABl vom 22.2.1935, S. 23; Baier, DC, S. 213.
146 LKAN, Kreisdekan Ansbach 16/4, Merkblatt für Mitglieder der Bekenntnisgemeinschaft. Wie steht die Partei im Kirchenkampf? Frör.
Der Ansbacher Kreisbauernführer Soldner beschwerte sich in einem Brief an den Landesbauernführer Schuberth vom 7.3.1935, "daß hauptsächlich bei uns in Franken von der PO kolossal für die deutschen Christen geworben wird"; BayHStA, RStH 632.
Die Gründung der DC-Ortsgruppe München wurde im "Mitteilungsblatt des Kreises München der NSDAP" sehr positiv berichtet; JK vom 16.2.1935, S.182f.
147 Westdeutsche Eilkorrespondenz vom 25.2.1935, Blatt IIf.
148 Bühler, Kirchenkampf, S. 94; BayHStA, MA 107292, Vormerkung über eine Abordnung fränkischer Bauern aus Nürnberg und Umgebung in München vom 26.3.1935.
149 LKAN, Kreisdekan Ansbach 15/9, Rundschreiben G.Kerns vom 23.3.1935. NSEP-Liste vom Frühjahr 1935; s. Anm. 126.
150 StdAN, Dir.A, Nr.84, Bub an Schieder vom 1.2.1935.
151 LKAN, Kreisdekan Ansbach 15/9, Aussprache mit Streicher, Daumiller und Martin am 8.2.1935. Vgl. Kapitel VI, S. 427.
152 LKAN, Dekanat Hersbruck 31, Dekanatlicher Aufruf vom 6.3.1935.
153 "Wie steht die Partei im Kirchenkampf?" s. Anm. 146. Ein Flugblatt der DC-Ortsgruppe Weißenburg schloß mit einem Hitler-Zitat: "Den Deutschen Christen wird trotz allen Anfeindungen die Geschichte einmal das Zeugnis ausstellen, eine der entscheidensten Taten der religiösen Gestaltung des Lebens unseres Volkes gewollt, gefördert und am Ende mit vollbracht zu haben"; Pfarrarchiv Langenaltheim Az 16/0.
154 Westdeutsche Eilkorrespondenz vom 25.2.1935, Blatt III.
155 StAN, Reg.Mfr.K.d.I., Abg. 1978, Nr.456, Karton 59, Schreiben Dippolds vom 22.3.1935. Baier, DC, S. 221.
156 Witetschek, Kirchliche Lage II, S. 54. Baier, DC, S. 225.
157 Westdeutsche Eilkorrespondenz vom 25.2.1935, Blatt I.
158 Zusammenstellung der DC-Mitglieder im Regierungsbezirk Ober- und Mittelfranken vom 16.3.1935; s. Anm. 127. Die Zahlen auf dieser Zusammenstellung wurden falsch addiert. Daß die 8000 DC-Mitglieder in Nürnberg eine grobe Schätzung waren, bestätigt der Lagesonderbericht der Regierung in Ansbach vom 9.4.1935, wo steht, daß die Zahlen für Nürnberg nicht zu ermitteln waren; Witetschek, Kirchliche Lage II, S. 54.
Die Kirche sprach von "gut gerechnet" etwa 3700 DC-Mitgliedern in der Stadt Nürnberg; Kurt Frör, Geist und Gestalt der Deutschen Christen, Nürnberg, o.D. (Ende 1935), S. 3. Ein Teil der grobe Schätzung für Nürnberg resultiert von der zu hohen Zahl der DC in Eibach; s. Anm. 47. Da das Kultusministerium die Zahl 8000 für Nürnberg durch etwa 3 multipliziert hatte, um die "Seelenzahl" zu ermitteln, konnte das Ministerium von 10,5% DC in der Stadt sprechen; Baier, DC, S. 226.
159 BayHStA, MA 107292, Bericht des Kultusministeriums vom 15.4.1935, S. 5.
160 Witetschek, Kirchliche Lage II, S. 54.
161 Baier, DC, S. 232 & S. 466ff.
162 Die DC-Landesleitung meldete Ende Mai über 150 Ortsgruppen; ebda., S.231.
163 Frör, Geist und Gestalt, S. 3.
164 Ausgerechnet von den Zahlen bei Baier, DC, S. 468.

ANMERKUNGEN ZU DEN SEITEN 452 BIS 456

165 EvAG, Rundbrief 19 der Pfarrerbruderschaft vom 25.3.1935.
166 EvAG, Brief 17 der Landeskirchlichen Pressestelle München vom 20.3.1935.
167 WTBl vom 19.2.1935 & 21.2.1935; die WZ (21.2.1935) sprach von einem "dichtgefüllten Vereinshaus" für den DC-Abend.
168 LKAN, Kreisdekan Ansbach 15/9, Statistik aus Weißenburg vom 7.3.1935.
169 Pfarrer Rottler berichtete in seinen Brief an G.Kern vom 22.2.1935 (s. Anm. 86): "Es mehren sich die Stimmen, keinen Gottesdienst und kein hl. Mahl zu besuchen, solange der Konflikt dauert und solange auf Kanzeln Kirchenpolitik getrieben wird." In Weißenburg war die Abendmahlbeteiligung im Jahre 1935 zum ersten Mal seit 1930 rückläufig; Dekanatsarchiv Weißenburg.
170 Hambrecht, Aufstieg, S. 179, 191, 337. Baier (DC, S. 221, 231) spricht auch für das Jahr 1935 vom "nationalsozialistischen Hersbruck".
171 Dekanatlicher Aufruf vom 6.3.1935, s. Anm. 152. 2900 Abendmalsberechtigte haben auf bloßen Aufruf von der Kanzel die Beitrittserklärung unterschrieben.
172 S. Hambrecht, Aufstieg, S. 461, Anm. 162, und S. 107 & 373.
173 Deutschland-Berichte der Sopade, 1935, S. 103f. Sperber hatte "eine feudal eingerichtete 7-Zimmer-Wohnung, Reitpferde und hat dazu ein städtisches Grundstück als Reitbahn herrichten lassen". Auf der Versammlung sagte er wörtlich, "daß es den Hersbrucker Bürger einen Dreck angehe, was er mache"; ebda.
174 EvAG, Rundbrief 1 der Bekenntnisgemeinschaft in Bayern vom 8.5.1935; Baier/Henn, Chronologie, S. 119; Baier, DC, S. 231. In und um Hersbruck gab es 3 DC-Ortsgruppen mit nur 90 Mitglieder; s. Anm. 127.
175 Witetschek, Kirchliche Lage II, S. 58.
176 Erst am 21.6.1935 wurden auch öffentliche Versammlungen des Reichsbischofs in profanen Gebäuden verboten; Baier, DC, S.471. Bei seiner Werbefahrt durch Württemberg vom 12. bis 15.5.1935 sprach er in öffentlichen Sälen, die "sonst für kirchliche Auseinandersetzungen verboten" waren; Gauger, Chronik III, S. 494.
177 LKAN, Personen XXXVI 223, Meiser an Oekonomierat Dörfler vom 27.3.1935; BayHStA, MA 107292, Vormerkungen über die Abordnung fränkischer Bauern aus Nürnberg und Umgebung vom 26.3.1935; Westdeutsche Eilkorrespondenz vom 30.3.1935, Blatt 4.
178 WTBl vom 27.3.1935; LKAN, Personen XXXVI 116, Meiser an Putz vom 27.3.1935.
179 WTBl vom 28.3.1935; WZ vom 27.3.1935.
180 Gauger, Chronik III, S. 490; Westdeutsche Eilkorrespondenz vom 30.3.1935, Blatt 4.
181 Hermelink, Kirche im Kampf, S. 235; Gauger, Chronik III, S. 492; Meier, Kirchenkampf II, S. 38ff.
182 BayHStA, RStH 632, Soldner an den Landesbauernführer Schubert vom 7.3.1935. Soldner bekam die Information über die Einstellung der Bauern von Pfarrer Karl Dörfler, Sommersdorf bei Ansbach, der die Deputation vom 22./23.10.1934 nach München geführt hatte; Mack, Entscheidungsvolle Tage, S. 17.
183 BayHStA, MA 107291, Eingabe der Abordnung, München, den 22.3.1935.
184 RS vom 7.4.1935, S. 167. Insgesamt wurden in den ersten Wochen nach Bildung der Bekenntnisgemeinschaften in Nürnberg 22 geschlossene Versammlungen gehalten; EvAG, Rundbrief 1 der Bekenntnisgemeinschaft in Bayern vom 8.5.1935.
185 LKAN, Personen XLII (Frör) 8, Entwurf für einen Vortrag in den Bekenntnisgemeinschaften, o.D. (wohl Febr./März 1935). Frör hat bei zwei der Versammlungen gesprochen; RS vom 7.4.1935, S.167.

ANMERKUNGEN ZU DEN SEITEN 456 BIS 458

186 StdAN, Dir.A., Nr. 84, Schieder an Bürgermeister Liebel vom 23.3.1935. In diesem Brief berichtete Schieder: "Die Sammlung der Bekenntnisgemeinschaft, die in den letzten 14 Tagen begonnen wurde, hat das Resultat, daß wir wohl im Laufe der nächsten Woche allein in Nürnberg-Stadt 50 000 Mitlgieder haben. Dabei sind keine Leute unter 16 Jahren. Außerdem wurde von Seiten der Deutschen Christen mit allen Mittel gedroht und geschreckt."
187 LKAN, Kreisdekan Ansbach 15/9, Rundschreiben Kerns an die Dekanate vom 23.3.1935. Die Ansbacher Regierung beklagte sich, daß die auswärtigen Pfarrer zu "Hetze und Übertreibung" neigten, da sie frei von den Bindungen seien, die den Ortgeistlichen auferlegt seien; Witetschek, Kirchliche Lage II, S. 54.
188 Hermelink, Kirche im Kampf, S. 238f.
189 BayHStA, RStH 636, BPP an das Staatsministerium des Innern, München, vom 2.4.1935; Baier, DC, S. 457f.; Witetschek, Kirchliche Lage I, S.60.
190 LKAN, Kreisdekan Nürnberg 18-11, Bd.1, Schreiben Martins an die Pfarrer, ohne Datum.
191 Hermelink, Kirche im Kampf, S. 237f.; BayHStA, RStH 636, Meiser an Epp vom 29.3.1935.
192 BayHStA, MA 107292, Vormerkung zum Besuch der Abordnung am 26.3.1935.
193 LKAN, Kreisdekan Ansbach 15/9, Rundschreiben Kerns vom 27.3.1935; Rundschreiben Schieders vom 27.3.1935 in: Baier, DC, S. 222. Die Telegramme stellten fest: "Kommen des Reichsbischofs wird den durch Deutschen Christen an sich schwer gefährdeten Kirchenfrieden in Franken noch schwerer gefährden."
194 Baier, DC, S. 222.
195 LKAN, Personen XXXVI 116, G.Kern an Meiser vom 25.3.1935. Der Protest Meisers an Epp (s. Anm. 190) ist wohl z.T. wegen des Drucks von Schieder und Kern erfolgt.
196 Baier, DC, S. 222.
197 Witetschek, Kirchliche Lage II, S. 53. Martin, Streicher und Dippold wollten zuerst den zur gleichen Zeit als der Vortrag Müllers vorgesehene Bekenntnisgottesdienst in Anbach verbieten, was das Staatsministerium des Innern jedoch verhinderte; BayHStA, MA 107292, Vormerkung Bezolds vom 26.3.1935.
198 Daumiller, Geführt, S. 71f.
199 LKAN, Kreisdekan Nürnberg 18-11, Bd. 1, Martin an Schieder vom 27.3.1935.
200 Westdeutsche Eilkorrespondenz vom 30.3.1935, Blatt 4.
201 Ebda.; Lutherische Kirche vom 15.4.1935, S. 129.
202 Baier, DC, S. 202. Interessanterweise wurde die Württemberger Reise des Reichsbischofs vom 12. bis 15.5.1935 nicht verhindert, obwohl die Kirche dagegen protestiert hatte; Gauger, Chronik III, S. 494. In einem Schreiben an die Abteilung für den kulturellen Frieden der NSDAP, bezeichnete Reichsstatthalter Murr die Proteste der Bekenntnisfront als "bestellte Arbeit", die den Eindruck erwecken sollte, daß die evangelische Bevölkerung geschlossen gegen Müller stehe, was aber keineswegs der Fall sei. Der Bekenntnisfront warf Murr vor, sie bezwecke, "die Gemüter dauernd in Erregung zu halten und allmählich an der nationalsozialistischen Weltanschauung und Staatsführung irre zu machen"; BA, R 43, II/163a, Schreiben Murrs vom 8.5.1935. Nach Murrs Schreiben vom 7.6.1935 (ebda.) "wiesen die Vorträge des Reichsbischofs eine auffallend starke Beteiligung aus allen Schichten der Bevölkerung auf".
203 Baier, DC, S. 238. Baumgärtner schrieb im "Deutschen Sonntag" (vom 14.4.1935) zur Absage: "Das war eine schmerzliche Überraschung da alles

ANMERKUNGEN ZU DEN SEITEN 458 BIS 460

so schön vorbereitet... war". Zur Hoffnung auf eine Führerentscheidung siehe Sommerers Rede vom 12.4.1935, Kapitel VII, S. 470.
204 Witetschek, Kirchliche Lage II, S. 53.
205 Meiser wollte Bayreuth schon am 10. März besuchen, was jedoch durch den Tod Schemms am 5. März verhindert wurde; RS vom 21.4.1935, S. 195. Obwohl Schemm sich keineswegs als Freund der Landeskirche gezeigt hatte, schrieb Meiser in einem Telegramm an Hitler: "Mein Führer und Reichskanzler!... Die bayerische Landeskirche wird das Gedächtnis von Staatsminister Schemm in Ehren halten, nicht nur weil er der erste bayerische Kultusminister evangelischen Glaubens war, sondern auch wegen des verständnisvollen Entgegenkommens, das er den mannigfachen Anliegen der Kirche entgegenbrachte. Als Zeichen der Trauer und des Gedenkens werden in der Stunde der Beisetzung des Verstorbenen in allen evangelischen Gemeinden der Ostmark die Kirchenglocken läuten. Heil Hitler"; RS vom 31.3.1935, S. 157.
206 EvAG, Brief 18 der Landeskirchlichen Pressestelle vom 8.4.1935.
207 Witetschek, Kirchliche Lage II, S. 52.
208 Wie Anm. 206.
209 KBl vom 23.4.1935, S. 168.
210 Wie Anm. 206. Zum Bericht im "Korrespondenzblatt" (Anm. 209) stand die Anmerkung: "An dieser und anderen Stellen haben wir wegen des Verbotes der kirchenpolitischen Berichterstattung durch das Reichsinnenministerium ganze Abschnittte des Berichts gestrichen."
211 Hermelink, Kirche im Kampf, S. 245f. Es gab auch einen "Bayerischen Bauernkalender 1935" mit den kirchlichen Feiertagen eingezeichnet. Dazu kommentierte die "Lutherische Kirche" (vom 1.4.1935, S. 115): "Man hat es anscheinend nicht gewagt, im vorwiegend katholischen Bayern das Machwerk vorzulegen, das für das protestantische Norddeutschland hergestellt wurde."
212 RS vom 24.2.1935, S. 97.
213 Zitiert nach: Lutherische Kirche vom 1.3.1935, S. 83.
214 Hermelink, Kirche im Kampf, S. 245.
215 Witetschek, Kirchliche Lage II, S. 50f.; Neuhäusler, Kreuz und Hakenkreuz II, S. 200.
216 RS vom 24.3.1935, S. 145, "Eine erfreuliche Erklärung"; Hermelink, Kirche um Kampf, S. 245f.
217 Siehe dazu: Meier, Kirchenkampf II, S. 21ff.; Schmidt, Niemöller, S.267ff.; Buchheim, Glaubenskrise, S. 190ff.; Deutschlandbericht der Sopade, 1935, S. 235ff.
218 RS vom 17.3.1935, S. 129. Auch in Vorträgen ging Althaus gegen die Deutsche Glaubensbewegung vor; Baier/Henn, Chronologie, S. 121; EvAG, Rundbrief 2 der Bekenntnisgemeinschaft in Bayern vom 12.6.1935.
219 KBl vom 14.1.1935, S. 20.
220 Lutherische Kirche vom 1.5.1935, S. 144f. Dieser Einschätzung hat die "Deutsch-Evangelische Korrespondenz" des Evangelischen Bundes ausdrücklich zugestimmt; ebda.
221 BayHStA, MA 107294, Bericht Martins an Siebert vom 12.3.1935.
222 EvAG, Rundbrief 1 der Bekenntnisgemeinschaft in Bayern vom 8.5.1935; LKAN, LKR III 251a, Meiser an Sperl vom 18.4.1935.
223 EvAG, Brief 19 der Landeskirchlichen Pressestelle München vom 20.3.1935.
224 Siehe dazu Meier, Kirchenkampf II, S. 26.
225 Stoll, Dokumente VI, S. 10.
226 BN vom 10./11.11.1935.
227 LKAN, LKR II 246 II, Rede Sommerers vom 12.4.1935.
228 StdAN, Dir. A, Nr. 84, Mitteilungsblatt der DC-Gemeindegruppe Lichtenhof vom 2.1.1936; die "Stürmerkasten-Enthüllung" fand am 23.11.1935

ANMERKUNGEN ZU DEN SEITEN 460 BIS 462

statt. Der "Deutsche Sonntag" empfahl das regelmäßige Lesen des "Stürmers"; Baier, DC, S. 203, Anm. 182.
229 EvAG, Rundbrief 1 der Bekenntnisgemeinschaft in Bayern vom 8.5.1935, S.3.
230 LKAN, Kreisdekan Ansbach 15/9, Besprechung mit Streicher am 8.2.1935.
231 Kirchliches Jahrbuch 1933-1944, S. 89f.; Eric Beyreuther, Geschichte des Kirchenkampfes in Dokumenten 1933/45, Wuppertal 1966, Dokument 13, S. 73ff.; Hermelink, Kirche im Kampf, S. 247. Die Kundgebung wurde gelesen am Sonntag den 24.2.1935. Vgl. Baier/Henn, Chronologie (21.2. & 24.2.), S. 112.
232 Baier, DC, S. 232.
233 Witetschek II, S. 51.
234 Hetzer, Kulturkampf, S. 113; Baier/Henn, Chronologie, S.113.
235 EvAG, Rundbrief 19 der Pfarrerbruderschaft vom 25.3.1935.
236 Ebda.; KBl vom 8.4.1935, S. 151.
237 Lutherische Kirche vom 1.4.1935, S. 115; EvAG, Brief 17 der Landeskirchlichen Pressestelle München vom 20.3.1935, mit der Bemerkung: "Gegen diese Maßnahmen werden Schritte unternommen."
238 Dekanatsarchiv Weißenburg 47, Löffelholz an die Pfarrämter vom 1.3.1935.
239 KBl vom 8.4.1935, S. 146f. Für den Protest des LKR siehe Baier/Henn, Chronologie (18.3.) S. 114.
240 BayHStA, MA 107294, Bericht Martins an Siebert vom 12.3.1935. Die "Photokarte" zitierte den Beitrag Sasses ab dem Satz: "Da die Führung der Partei hauptsächlich in katholischen Händen liegt..." Vgl. Kirchliches Jahrbuch 1933-1944, S. 12f.
241 Braun/Nicolaisen, Verantwortung I, S. 397.
242 Text des Erlasses in: Nicolaisen/Kretschmar, Dokumente II, S. 271f.; Lutherische Kirche vom 1.4.1935, S. 114. Telegramm der theologischen Hochschullehrer vom 5.11.1935 in: Stoll, Dokumente VI, S. 23f.
243 Wegen zwei Beiträge in der "Lutherischen Kirche" (Heft 10, vom 15.5.1936, S. 158ff. gegen Leys 1. Mairede und Heft 1, 1937) wurde Ulmer zum 1.7.1937, mit 60 Jahren, zwangsweise in den Ruhestand versetzt. In der Begründung schrieb Boepple vom bayerischen Kultusministerium, daß Ulmer übersehen habe, "daß er nicht nur Geistlicher, sondern vor allem Staatsbeamter and akademischer Lehrer ist. In dieser seiner Eigenschaft ist es nicht seine Aufgabe, vermeintliche Angriffe gegen die Kirche abzuwehren, erst recht nicht durch Veröffentlichung in einer Zeitschrift, die für das Auslandsdeutschtum bestimmt ist und in alle Welt geht"; BDC, PK (Ulmer), Boepple an Epp vom 14.4.1937. Vgl. auch Trillhaas, Aufgehobene Vergangenheit, S. 154; v.Loewenich, Erlebte Theologie, S. 181; Baier/Henn, Chronologie, S. 188.
244 Der Erlaß wurde im Februar 1936 zurückgenommen, da Rust die Unterstützung der Hochschullehrer für die Kirchenausschüsse wollte; Meier, Kirchenkampf II, S. 391f., Anm. 96.
Es ist anzunehmen, daß der milde und relativ spät erfolgte Protest der Erlanger Theologen für die Pfarrerbruderschaft nicht voll befriedigend war. Es ist ebenso anzunehmen, daß die theologische Jugend - nach dem Erlaß sollten die Professoren auch die Studenten zur Zurückhaltung im Kirchenkampf ermahnen - über die Reaktion der Erlanger Fakultät enttäuscht waren. Elert war ohnehin irritiert, daß die Studenten sich nach Karl Barth orientiert hatten. In dieser Frage erhielt er am 3.1.1935 folgende Antwort Meisers: "Noch sieht unsere theologische Jugend, so wie sie nun einmal ist, weithin in Karl Barth den theologischen Lehrer Deutschlands schlechthin. Es wäre unrecht, die Bedeutung Barths zu verkennen, und ich muß gestehen, daß ich ihm selbst viel an theologischen

ANMERKUNGEN ZU DEN SEITEN 462 BIS 464

Erkenntnissen verdanke. Aber das schließt nicht aus, daß unsere theologische Jugend zu einer gerechten Würdigung auch der anderen theologischen Lehrer zurückkehrt, mit denen unsere Kirche beschenkt ist, sobald einmal der kirchenpolitische Kampf das Denken unserer theologischen Jugend nicht mehr so ausschließlich wie jetzt absorbiert und sie dann aufhört, mit einer Vorentscheidung, die nicht auf rein theologischem Gebiet liegt, an ihre theologischen Lehrer heranzutreten." (LKAN, Personen XXXVI 236, Meiser an Elert vom 3.1.1935 in Anwort auf Elert an Meiser vom 8.12.1934).

Sicherlich hatten viele Theologie-Studenten wenig Verständnis für Elerts vorgesetzten Kampf gegen Barth, wie in seiner Broschüre, "Karl Barths Index der verbotenen Bücher". Zu dieser Veröffentlichung schrieb Wilh. F. Schmidt im "Korrespondenzblatt" (27.5.1935, S. 223): "Elert geht scharf gegen die bekannten Mängel der Barthschen Theologie vor. Freilich erscheint es uns fraglich 1. ob die Kritik wirklich an der Zentralposition des Gegners einsetzt, und 2. ob man bei der gegenwärtigen Lage des Christentums in Deutschland so polemisieren darf."

245 EvAG, Brief 18 der Landeskirchlichen Pressestelle München vom 8.4.1935.
246 EvAG, Rundbrief 19 der Pfarrerbruderschaft vom 25.3.1935; Pfarrarchiv Ellingen 10, LKR an die Dekanate vom 27.2.1935.
247 LKAN, Dekanat Öttingen 26, Erklärung der Pfarrer in Nördlingen vom 10.4.1935.
248 BayHStA, RStH 636, Auszug aus dem Monatsbericht der BPP für die Zeit vom 1. mit 31.3.1935; Witetschek, Kirchliche Lage II, S. 52f. S. auch Schmidt, Niemöller, S. 271ff.; Nicolaisen/Kretschmar, Dokumente II, S.2743ff.
249 Scholder, Kirchenkampf, in: Evangelisches Staatslexikon, Sp.1187.
250 Ebda.; Schmidt, Niemöller, S. 273.
251 EvAG, Rundbrief 19 der Pfarrerbruderschaft vom 25.3.1935.
252 Kirchliches Jahrbuch 1933-1944, S. 90ff. Gegen eine Kritik an Blut und Rasse reagierte die Partei besonders empfindlich. Der stellvertretende Gauleiter in Württemberg, Friedrich Schmidt, sagte in einer der Kirche nicht unfreundlich gestimmten Rede vom Frühjahr 1935: "Wenn Rosenberg religiöse Urteile fälle, so fälle er sie als einzelner Mensch mit seinen eigenen philosophischen und sonstigen Auffassungen. Aber eines stehe fest: die Darlegungen des Parteigenossen Rosenberg in seinem 'Mythus' zu den Begriffen Blut und Rasse seien Gemeingut der nationalsozialistischen Bewegung"; Evang. Gemeindeblatt für München vom 3.3.1935, S. 97.
253 Schmidt, Niemöller, S. 272; EvAG, Rundbrief 19 der Pfarrer-bruderschaft vom 25.3.1935.
254 In Berlin berichtete Schirer von "scenes unequalled since 1914"; Berlin Diary, S. 26. Ein Bericht aus München spricht gar von einer größeren Begeisterung als 1914; Deutschlands-Berichte der Sopade, 1935, S. 279. Vgl. auch Evang. Gemeindeblatt für München vom 24.3.1935, S. 134f.: "Mit dem 17. März beginnt eine neue Epoche der deutschen Nachkriegsgeschichte"; und RS vom 31.3.1935, S. 153f.
255 Westdeutsche Eilkorrespondenz vom 30.3.1935, Blatt 5; Gauger, Kirchliche Chronik III, S. 487; Hermelink, Kirche im Kampf, S. 253ff. Vgl. auch Schmidt, Niemöller, S. 284
256 Siehe Anm. 188.
257 Meier, Kirchenkampf II, S. 304. Über die "Westdeutsche Eilkorrespondenz" vom 27.3.1935 wurden die Pfarrer ausführlich über die Vorgänge in Hessen informiert. Dazu bemerkte das Blatt, daß es erstaunlich sei, in welchem Ausmaß der DC-Landesbischof Dietrich die staatliche Polizei in seine Dienste genommen habe: "Es ist nicht weniger erstaunlich, daß er

ANMERKUNGEN ZU DEN SEITEN 464 BIS 467

es für vereinbar mit dem Amte des Bischofs hält, die Pfarrer seines Gebietes der Polizei auszuliefern, um sie in das Konzentrationslager bringen zu lassen. Dabei steht in keinem einzigen Fall ein politisches Vergehen auch nur zur Debatte... Es heißt, den guten Willen des deutschen Protestantismus in der Tat überfordern, wenn deutschchristliche politische Arroganz die Mittel des Staates für die Zwecke der Rechtsbeugung und der Vergewaltigung aufrechter und politisch unbescholtener Pfarrer und ihrer Gemeinden zur Verfügung gestellt erhält." Vgl. auch Baier, DC, S. 468f.
258 In: Bühler, Kirchenkampf, S. 129-134.
259 EvAG, A30.1, Rundschreiben des LKR vom 28.3.1935, mit Beilage der VKL vom 25.3.1935 über die Vorgänge in Hessen.
260 In der Anweisung des LKR (ebda.) hieß es: "Gleichzeitig mögen die Prediger auch auf das furchtbare Urteil hinweisen, das über unsere deutschen Brüder in Memel ergangen ist." Im Hochverratsprozeß in Kowno gegen memelländische Deutsche hatte ein litauisches Gericht 4 zu Tode verurteilt wegen eines Femermordes; Keesings Archiv der Gegenwart 1935, 1956G, 2043A; Evangelisches Gemeindeblatt für München vom 7.4.1935, S.159; RS vom 14.4.1935, S. 178. Wegen des Urteils inszenierte der NS-Staat zahlreiche Protestkundgebungen; Deutschland-Berichte der Sopade, 1935, S. 417f.
261 BayHStA, MA 107294, Bericht der Polizeidirektion Nürnberg-Fürth (gez. Greiner) an die BPP vom 1.4.1935.
262 Wie Anm. 259. Im Gebet hieß es: "Wir bitten Dich für alle, denen die Verkündigung Deines Wortes befohlen ist. Wir gedenken insbesondere heute derer, die dabei bedrängt werden und leiden müssen. Tröste sie in ihrer Not und gib ihnen Mut zum Ausharren. Weide Du selbst die verlassenen Gemeinden, die ihrer Hirten beraubt sind..."
263 Wie Anm. 261.
264 Baier, DC, S. 222.
265 Wie Anm. 261. Der Pfarrer war Hubert Sondermann von der Heiliggeistkirche.
266 Pfarrarchiv Langenaltheim, Pfarrbeschreibung, Eintrag für den 31.3.1935.
267 Witetschek, Kirchliche Lage II, S. 53. Der Lagebericht der Polizeidirektion München vom 2.4.1935 (Witetschek I, S. 60f.) gibt eine etwas ungenaue Schilderung des Verbotes wieder, was zu dem Irrtum bei Baier/Henn, Chronologie S. 116 (mit falscher Signatur) führte, daß auch die Fürbitte verboten worden sei. Verboten war lediglich die "Darstellung der Umstände, die zur Verhaftung der hessischen Geistlichen führte", wie Brief 18 der Landeskirchlichen Pressestelle München vom 8.4.1935 (EvAG) feststellte. Im Gegensatz zu dem Ansbacher Regierungsbericht (Witetschek, Kirchliche Lage II, S.53) stellte der Münchener Bericht (Witetschek, Kirchliche Lage II, S. 61) fest: "Die Befolgung dieses Verbots wurde im allgemeinen eingehalten." (Vgl. Baier, DC, S. 223).
268 EvAG, A30.7, Geistliche des Kapitels Windsbach an die Bayerische Staatspolizei vom 8.4.1935, unter Verwendung des Textes des Schreibens der Nürnberger Pfarrerschaft an die Bayerische Staatspolizei vom 4.4.1935. Fast gleich lautender Brief der Geistlichen des Kirchenbezirks Markt Erlbach, in: LKAN, Dekanat Markt Erlbach 16, Schreiben an die Bayerische Staatspolizei vom 9.4.1935. Vgl. die anders lautende Erklärung der Geistlichen Nördlingens vom 10.4.1935, in: LKAN, Dekanat Öttingen 26.
269 Wie Anm. 261.
270 EvAG, Brief 18 der Landeskirchlichen Pressestelle München vom 8.4.1935; Westdeutsche Eilkorrespondenz vom 10.4.1935, mit der falschen Meldung,

ANMERKUNGEN ZU DEN SEITEN 467 BIS 469

daß die Pfarrer in Sträflingskleider gesteckt wurden. Verhaftet wurden Beltinger-Obbach und Hertle-Eurbach, beide im Dekanat Schweinfurt, Bomhard-Weihenzell, Dekanat Ansbach, Sell-Emetzheim, Dekanat Nürnberg, Track-Billingshausen, Dekanat Würzburg, und der Nürnberger Vikar Weiß.

271 BayHStA, RStH 636, Auszug aus dem Monatsbericht der BPP für die Zeit vom 1. mit 31.3.1935.
272 BayHStA, MA 107292, Meiser an die BPP vom 4.4.1935.
273 LKAN, LKR IV 550I, Antwort der Abteilung für den kulturellen Frieden vom 2.5.1935 auf dem Schreiben des LKR vom 4.4.1935, mit der Begründung der BPP für die Verhaftungen.
BayHStA, RStH 636, Epp an Frick vom 4.4.1935. Nach der Anordnung Fricks vom 12.4.1934 über die Verhängung der Schutzhaft durfte Schutzhaft nur erlassen werden "a) zum eigenen Schutz des Häftlings, b) wenn der Häftling durch sein Verhalten, insbesondere durch staatsfeindliche Betätigung die öffentliche Sicherheit oder Ordnung unmittelbar gefährdet"; EvAG, Rundbrief 20 der Pfarrerbruderschaft vom 11.4.1935.
Am 5.4.1935 schrieb auch Fiedler von der VKL an Frick, daß "die Welle von Schutzhaftmaßnahmen... nicht ohne tiefe Spuren bleiben werde... Es braucht näher nicht ausgeführt zu werden, daß derartige Fälle, zumal in solcher Zahl, geeignet sind, eine tiefgreifende Entfremdung der bekenntnistreuen Evangelischen von der gegenwärtigen Staatsführung herbeizuführen"; LKAN, LKR IV 550.
274 Junge Kirche vom 6.4.1935, S. 318f.; RS vom 14.4.1935, S.179; WZ vom 30.3.1935; Baier, DC, S. 223f.
275 EvAG, Beilage zu Brief 18 der Landeskirchlichen Pressestelle, München vom 9.4.1935; Hermelink, Kirche im Kampf, S.236.
276 LKAN, LKR IV 550I, Bericht Seilers an den LKR vom 25.4.1935 über die Verhaftung von Sell.
277 Brief 19 der Landeskirchlichen Pressestelle, München vom 18.4.1935 (EvAG) berichtete, daß die Pfarrer bei ihrer Rückkehr "Erfreuliches erleben" durften: "Vor den Pfarrhäusern hatte sich bei einigen die ganze Gemeinde versammelt. Die Glocken läuteten, Maibäume und Girlanden schmückten das Pfarrhaus; es wurden Ansprachen gehalten und die Gemeinde sang das Lutherlied." Vgl. auch Witetschek III, S. 58.
278 StAN, LRA Weißenburg, Abg.1949, Nr.6, Rundschreiben der BPP vom 29.3.1935. Die Gendarmeriestationen im Bezirk Weißenburg wurden am 4.4.1935 vom Verbot informiert.
279 EvAG, A30.6, Rundschreiben G.Kerns vom 18.4.1935.
280 Westdeutsche Eilkorrespondenz vom 12.4.1935; EvAG, Rundbrief 20 der Pfarrerbruderschaft vom 11.4.1935.
281 Meier, Kirchenkampf II, S. 350f.
282 Lutherische Kirche vom 15.5.1935, S. 166, "Sächsische Pfarrer in Schutzhaft", mit der Anmerkung: "Die Schriftleitung hat nicht das Recht, hierzu Stellung zu nehmen, glaubt indessen Obiges den Lesern nicht vorenthalten zu dürfen."
283 Pfarrarchiv Ellingen 10, Anweisung des LKR vom 5.4.1935.
284 EvAG, Brief 18 der Landeskirchlichen Pressestelle, München vom 9.4.1935; Hermelink, Kirche im Kampf, S. 255. Wilhelm Niemöller, Kampf und Zeugnis der Bekennenden Kirche, Bielefeld 1947, S. 208. Ein Schweigen der Glocken auch am 31.3.1935 auf Anordnung Meisers (Baier, DC, S. 223; Baier/ Henn, Chronologie S. 116) wird von den Quellen nicht bestätigt; die "Coburger Nationale-Zeitung" vom 10.4.1935 spricht nur von einem Schweigen der Glocken am Konfirmationstag.
285 BDC, OPG (Heinz Seifert), Beschluß des Kreisgerichts Würzburg-Land vom 23.10.1935. Anfang Januar 1937 beantragte das NS-Gaugericht Mainfranken den Ausschluß Seiferts (Mitgl.Nr. 203 783) aus der NSDAP. Das Oberste

ANMERKUNGEN ZU DEN SEITEN 469 BIS 471

Parteigericht jedoch entschied am 23.8.1937, daß das Verfahren gegen Seifert eingestellt werden muß, da "nach dem Willen des Führers" ein Parteigenosse "wegen seiner Haltung im Kirchenstreit... nicht zur Verantwortung gezogen werden (soll), sofern er nicht bewegungsfeindlich handelt" (ebda.). Seinen Kampf um den Verbleib in der NSDAP begründete Seifert in einem Brief an Frör vom 11.7.1935 folgendermaßen: "Gerade weil ich heute noch überzeugter Nationalsozialist bin, bedaure ich diese Entwicklung der Dinge sehr. Denn je mehr die Leute ausgeschaltet werden oder sich verärgert zurückziehen, die Punkt 24 im Gegensatz zu Rosenberg auslege, um so größer wird der Einfluß von Rosenberg und seiner Richtung"; LKAN, Personen XLII, Briefwechsel L-Z.
286 EvAG, Rundbrief 1 der Bekenntnisgemeinschaft in Bayern vom 8.5.1935. Nach dem Bericht der Ansbacher Regierung habe die Bevölkerung diese Maßnahme als "unangebracht" befunden; Witetschek, Kirchliche Lage II, S. 56.
287 EvAG, Brief 19 der Landeskirchlichen Pressestelle München vom 18.4.1935.
288 Rundbrief 1 der Bekenntnisgemeinschaft in Bayern, s. Anm. 299.
289 StdAN, Dir.A 84, DC Nürnberg Altstadt-Nord an Liebel vom 11.4.1935. In einer Rede in Freiburg i.Br. am 26.4.1935 sagte Reichsbischof Müller: "Die Verhaftung der vielen Pastoren sei geschehen, weil sie auf der Kanzel gegen den Staat geredet hätten"; Gauger, Chronik III, S. 492.
290 LKAN, LKR II 246 II, Rede Sommerers vom 12.4.1935.
291 EvAG, Rundbrief 20 der Pfarrerbruderschaft vom 11.4.1935. Frör fügte noch hinzu: "Gerade die gegenwärtige neue Bedrückungsperiode, an deren Anfang wir stehen, trägt dazu bei, daß alle Kreise der Bekennenden Kirche in Disziplin, Offenheit und Bereitschaft Schulter an Schulter stehen."
292 Ebda. In Wirklichkeit aber entsprach die Propagandawelle der Deutschen Glaubensbewegung keineswegs ihrer geringen Mitgliederzahl; Meier, Kirchenkampf II, S. 23.
293 Wie Anm. 291.
294 Baier/Henn, Chronologie, S. 168; Dekanatsarchiv Weißenburg, Kirchenaustritte ab dem Jahre 1936.
295 Junge Kirche vom 6.4.1935, S. 318f. In Lübeck am 14.3.1935 hatte Frick die Wahl des Reichsbischofs als eine von vier Tatsachen in der Reichskirche bezeichnet, die rechtens bestehe. Vgl. Nicolaisen/Kretschmar, Dokumente II, S. 284. Hierzu bemerkte Frör (s. Anm. 291): "Der Reichsbischof versucht immer wieder die bekannten Erklärungen Fricks über die Legalität seiner Wahl propagandistisch zu verwerten, indem er sie so umdeutet, als bedeuteten sie seine gegenwärtige Legalität. Es hilft ihm aber nichts, denn beides ist nicht dasselbe."
296 Wie Anm. 290.
297 SK Weißenburg (Kalb), Aussage Rottlers vom 27.11.1946; WZ vom 10.4.1935.
298 LKAN, Kreisdekan Ansbach 20/3, Kern an das Pfarramt Kleinlangheim vom 15.5.1935.
299 Siehe Kapitel VI, S. 389.
300 Wie Anm. 298.
301 LKAN, Kreisdekan Ansbach 20/3, Kern an Löffelholz vom 6.4.1935.
302 Ebda., Einladung zur Ordination.
303 WZ vom 9.4.1935.
304 EZA Berlin, EKD, A 4/293; DC-Informationsbericht #1 vom 2.4.1935.
305 Witetschek, Kirchliche Lage II, S. 56; Baier, DC, S. 459.
306 LKAN, Kreisdekan Ansbach 20/3, Sieler an Gerstner vom 23.5.1935; siehe auch Kapitel VI, S. 428, und Anm. 1273.
307 Siehe oben, S. 446f.

ANMERKUNGEN ZU DEN SEITEN 471 BIS 474

308 Seiler an Gerstner vom 23.5.1935 (Anm. 306). Für das Zitat von Erras siehe LKAN, KKU 6/III, Einzelne Äußerungen von Pfarrern der Bekenntnisfront... Bayerns aus früherer und jüngster Zeit, Nürnberg, 28.2.1935.
309 SK Weißenburg (Kalb), Aussage Kalbs vom 27.11.1946.
310 Ebda.
311 BayHStA, RStH 636, Meiser an die BPP vom 12.4.1935; SK Weißenburg (Kalb), Aussage von Löffelholz vom 27.11.1946.
312 Wie Anm. 311. Nach Löffelholz' Erinnerung haben die Herren auch seinen Rücktritt verlangt.
313 SK Weißenburg (Kalb), Aussage Frau von Löffelholz' vom 27.11.1946.
314 Baier, DC, S. 459.
315 SK Weißenburg (Kalb), Aussage v.Löffelholz' vom 27.11.1946.
316 Baier, DC, S. 459.
317 SK Weißenburg (Kalb), Aussage Rottlers vom 27.11.1946.
318 Meiser an die BPP vom 12.4.1935 (s. Anm. 311); WZ vom 11.4.1935; WTBl vom 11.4.1935.
319 Meiser an die BPP vom 12.4.1935 (s. Anm. 311); Dekanat Weißenburg 47, Polizeibericht Ohnesorgs vom 25.4.1935.
320 Baier, DC, S. 459.
321 Aussage Rottlers vom 27.11.1946 (s. Anm. 317); Dekanatsarchiv Weißenburg 47, Bericht Frau Laackes vom 16.5.1935.
322 LKAN, LKR IV 550 Slg., Fragebogen Kerns vom Dez. 1945.
323 Dekanatsarchiv Weißenburg 47, Bericht Laackes vom 14.5.1935.
324 Ebda., Bericht Pfarrverweser Bauers vom 15.5.1935.
325 Wie Anm. 323.
326 Wie Anm. 324.
327 Dekanatsarchiv Weißenburg 47, Bericht Seybolds vom 14.5.1935.
328 EvAG, A30.6, Rundschreiben Kerns vom 18.4.1935.
329 LKAN, Kreisdekan Ansbach 20/3, Kern an LKR vom 17.4.1935.
330 LKAN, aus dem Personalakt G. Kerns. Die Predigt, die zugleich am 9.4.1935 bei der Ordination in Heidenheim verwendet wurde, erschien als gedruckte Broschüre.
331 LKAN, Kreisdekan Ansbach 20/3, Kern an LKR vom 17.4.1935.
332 Ebda., Seiler an Gerstner vom 23.5.1935. Vgl. auch oben, Kapitel III, S. 52f.
333 SK Weißenburg (Kalb), Aussage Rottlers vom 27.11.1946.
334 BayHStA, RStH 636, Meiser an BPP vom 12.4.1935.
335 LKAN, Kreisdekan Ansbach 20/3, Seiler an Gerstner vom 23.5.1935.
336 Ebda. Nach Rottler (Anm. 333) hatte Hauptlehrer Sauber die Leute, die die Schutzhaft verlangt, zur Mäßigung aufgerufen.
337 Pfarrer Seiler war überrascht, daß die Herren in Gerstners Arbeitszimmer die Entscheidung des kirchlichen Disziplinargerichtshofs nicht gelten lassen wollten, und erklärte, daß die fünf Richter des Gerichts hauptsächlich von der Landessynode ausgewählte Laien waren (Anm. 335).
338 SK Weißenburg (Kalb) Erklärung Albrechts vom 21.9.1946; beide Regierungsräte waren mit diesem Vorschlag einverstanden. Der Weißenburger Kirchenvorstand hatte am 5.3.1935 den Antrag Scherbers (DC) nach getrennter Konfirmation zurückgestellt, und am 3.4.1935 mit 12 zu 1 Stimme abgelehnt; Dekanatsarchiv Weißenburg 55.
339 SK Weißenburg (Kalb) Erklärung Albrechts vom 21.9.1946; Aussage Albrechts vom 27.11.1946; Aussage Kalbs vom 2.10.1947.
Nach dem Tod von Dekan v.Löffelholz schrieb Kirchenrat Dyroff im "Evang. Gemeindeboten für Weißenburg" (Okt.1975): "Es konnte nicht ausbleiben, daß Dekan von Löffelhoz in dieser Eigenstätigkeit seines Wesens, Redens und Handelns mit den damaligen politischen Kräften und Machthabern in Konflikt geriet." Diese Aussage empfand Gerstner als ein

ANMERKUNGEN ZU DEN SEITEN 474 BIS 476

Unrecht gegen seine Person und versicherte, "daß mir von einem Konflikt zwischen Dekan von Löffelholz und mir nichts bekannt ist... Dekan von Löffelhoz hat zu keiner Zeit die Kanzel mißbraucht, noch gaben seine sonstigen Reden und Handlungen Anlass zu Beanstandung"; Dekanatsarchiv Weißenburg, Schreiben Gerstners vom 5.11.1935. Diese Behauptung des ehemaligen Kreisleiters zeugt nur von seinem Vermögen, Unangenehmes vergessen zu können.

340 BayHStA, RStH 636, Vormerkung vom 12.5.1935 über eine Besprechung v.Epps mit Mitgliedern der Bayerischen Staatsregierung am 25.4.1935.
341 Ebda.; SK Weißenburg (Kalb) Aussage v.Löffelholz vom 27.11.1946.
342 Dekanatsarchiv Weißenburg 47, Schreiben Seilers vom 17.4.1935.
343 StdAW 19/17, Schreiben Meisers vom 16.4.1935. Für Dekan v.Löffelholz hat sich das bewahrheitet, was Pfarrer Loy in einer Andacht im Rundbrief 19 der Pfarrerbruderschaft vom 25.3.1935 (EvAG) geschrieben hatte: "Alle Anzeichen weisen darauf hin, daß die bekennende Gemeinde und ihre Diener jedenfalls damit rechnen und darauf gefasst sein müssen, diese Schmach Christi mit ihm zu teilen."
344 Dekanatsarchiv Weißenburg 47, Meiser an BPP vom 17.4.1935.
345 EvAG, Brief 19 der Landeskirchlichen Pressestelle München vom 18.4.1935; vgl. auch Baier, DC, S. 226. Der "ehemalige Soldatenrat" war der Beamter Rühl am Bezirksamt, der schon am 5.4.1934 versucht hatte, die Deputation aus Ettenstatt wegen der Verhaftung vom Pfarrer Sell abzuweisen; LKAN, LKR IV 550 I, Sieler an LKR vom 25.4.1935.
346 Pfarrer Helmut Kern erfuhr von den Weißenburger Vorgängen im Zug nach Kitzingen von Pfarrer Seybold, und machte davon Erwähnung in seinem Vortrag in Kitzingen. Der anwesende Pfarrer Mähner-Kleinlangheim erwähnte den Vorfall in seiner Karfreitagspredigt, und sprach von einer "Bedrohung der Ordnung durch das Pöbelvolk". Nachdem die kirchlichen Berichte die Richtigkeit dieser Behauptung bestätigt hatten, informierte Mähner seine Ankläger, daß er nichts zu berichtigen habe; alles in: LKAN, Kreisdekan Ansbach 20/3.
347 BayHStA, MA 107292, Schreiben i.A. Buttmanns vom 24.4.1935.
348 Zweimal mußte das Reichsinnenministerium die Staatskanzlei an den Bericht erinnern; ebda. Der Bericht der BPP vom 19.6.1935 (Baier, DC, S. 459f.) sagte auch kein Wort über die Konfirmationsfeier und über die Vertreibung des Dekans, bemühte sich aber objektiv zu erscheinen, im Gegensatz zum Polizeibericht Ohnesorgs vom 25.4.1935 (Dekanatsarchiv Weißenburg 47), der v.Löffelholz für den Konflikt verantwortlich machte, "da er einen Bekennntnisfront-Hetzer nach dem andern auf die Kanzel von auswärts herbrachte".
349 Bericht Ohnesorgs vom 25.4.1935 (Anm. 348).
350 LKAN, Personen XXXVI, 236, Pfarrer i.R. Knopf an Meiser vom 29.4.1935. Knopf berichtete, daß viele geweint hatten, als sie von den Vorgängen hörten, und schwörten sie würden auch fortgehen, wenn sie nur könnten.
351 EvAG, Brief 19 der Landeskirchlichen Pressestelle München vom 18.4.1935. Von den 13 Konfirmanden der ersten Pfarrstelle ließen sich 5 auswärts konfirmieren, 2 in Ansbach, 2 in Suffersheim und 1 in München. Von der zweiten Pfarrstelle wurden 77 und von der dritten 44 Kinder konfirmiert; Dekanatsarchiv Weißenburg, Konfirmationsverzeichnis 1925-1955.
352 Rüdel, Chronik, S. 8.
353 StAN, Reg.Mfr. K.d.I., Abg. 1978, Nr.1153, Bd.895, Bestätigung des LKR vom 7.9.1945.
354 Interview mit Pfarrer Rüdel. Dr. Doerfler trat am 15.7.1936 in den Ruhestand; StdAW, B 26/297.
355 SK Weißenburg (Kalb), Aussage Dr. Schneiders vom 27.11.1946.

ANMERKUNGEN ZU DEN SEITEN 476 BIS 478

356 WTB1 vom 3.4.1935. Vgl. auch Baier, DC, S. 470. Wenn der "Hitler-Gruß" auch von Pgg. nicht immer praktiziert wurde, ist die Kritik an Kreisdekan Kern, der bewußt nur mit "Grüß Gott" grüßte, verständlich, denn sein Beispiel hätte ansteckend wirken können.
357 LKAN, LKR I 142B, Schreiben Schweizers (Führer der Truppe 1/L 37) vom 7.5.1935. Der SA-Landsturm (SAL) war früher die SA-Reserve II; Keesings Archiv der Gegenwart 1935, 2127L.
358 Die SA-Mitgliedschaft reduzierte sich zwischen Juni 1934 und Oktober 1935 vom 4,5 bis auf 1,6 Millionen. Nach dem Juni 1934 wurde auch der Reichskriegerbund Kyffhäuser aus der SA wieder ausgegliedert. Trotz ihres Machtverfalls behielt die SA wichtige Funktionen; durch die SA-Sportabzeichen z.B. konnte man leicht den Nachweis der Systemkonformität verdienen. Wolfgang Petter, "Sturmabteilung (SA)", in: Christian Zentner und Friedemann Bedürftig (Hg), Das grosse Lexikon des Dritten Reiches, München 1985, S. 570. Vgl. auch Deutschland-Berichte der Sopade, 1935, S. 704, für die nicht mehr tonangebende Rolle der SA an den Universitäten.
SA-Führer Lutze hat die SA "Ideenträger der NS-Weltanschauung" genannt; Keesings Archiv der Gegenwart 1935, 2129E.
359 StdAW, 141, Schreiben Essigs vom 7.5.1935.
360 Frau Lösch kritisierte vor allem Gerstners Eingriff in den Kirchenstreit in Langenaltheim, die Vertreibung des Notars Stöckert von Weißenburg, die unter Druck der Partei geschah, sowie Unkorrektheiten im "Braunen Haus" in Weißenburg. Die Anschuldigungen gegen Gerstner wurden vom Gaugericht Franken am 22.6.1937 als "völlig haltlos" betrachtet; BDC, OPG (Gerstner).
361 Ebda., Frau Lösch an das Oberste Parteigericht, München.
362 Wie Anm. 350.
363 Baier, DC, S. 463. Für diese und seine in Weißenburg gegen von Löffelholz gemachten Bemerkungen leitete der LKR ein Beleidigungsprozeß gegen Preiß ein; BA, NS 26 vorl. 1253.
364 Rüdel, Chronik, S. 1.
365 Vor der Spruchkammer beteuerte Kalb, daß er versucht hatte, die Demonstration am 10.4.1935 zu verhindern, und daß er am 13.4.1935 Kirchenrat Seiler persönlich zur Besprechung bei Gerstner geholt hatte, als er bemerkte, daß es um die Absetzung des Dekans ging; SK Weißenburg (Kalb), Aussage Kalbs vom 27.11.1946. Die Spruchkammer kam jedoch zu dem Schluß, daß Kalb "durch sein passives Verhalten die DC-Anhänger in ihrem Vorgehen wesentlich unterstützt (hat); er hat sich also auch hier letzten Endes als Verantwortlicher für die Ausschreitungen gezeigt. Es hätte auch hier, nach Ansicht der Kammer, nur ein Fingerzeig von ihm genügt, um die ganze Aktion abzublasen"; ebda., Urteil vom 27.11.1946.
366 Rüdel, Chronik, S. 4.
367 Rüdel Interview.
368 SK Weißenburg (Kalb), Aussage Kalbs vom 27.11.1946.
369 Rüdel, Chronik, S. 3.
370 Dekanatsarchiv Weißenburg 47, Seiler an LKR vom 17.4.1935.
371 Ebda., Meinzolt an Seiler vom 27.5.1935.
372 Hermelink, Kirche im Kampf, S. 256; Gauger, Chronik III, S. 511.
In Bad Kissingen hatte Pfarrer Hermann Kolb diese Karfreitagsbotschaft in seiner Predigt näher erläutert, und dabei die Namen Rosenberg, Reventlow, Hauer, Bergmann und Ludendorff erwähnt, worauf 30-40 Personen die Kirche aus Protest verließen. Am Abend wurde nach einer Demonstration vor dem Pfarrhaus, Pfarrer Kolb auf Befehl der BPP in Schutzhaft genommen (Wittstadt, Kirchliche Lage VI. S. 58). Kurz danach fuhr Kurt Frör nach Bad Kissingen und verlangte im Bezirksamt die Freilas-

ANMERKUNGEN ZU DEN SEITEN 478 BIS 481

sung Kolbs, sonst würde die Landeskirche den Fall in allen Einzelheiten veröffentlichen. Wörtlich soll er gesagt haben: "Daß wir rücksichtslos von dem Fall Gebrauch machen, darauf mache ich Sie besonders aufmerksam" (BayHStA, MK 37497, Gestapo, Leitstelle München an das Kultusministerium vom 4.2.1938).
373 Pfarrarchiv Ellingen 10, Rundschreiben des LKR vom 15.4.1935; Baier/ Henn, Chronologie, S. 119, Schmidt, Niemöller, S. 285.
374 Zusammenfassung der Feierlichkeiten am 20.4.1935 in: Evang. Gemeindeblatt für München vom 28.4.1935, S. 198; Schmidt, Niemöller, S. 285.
375 Hermelink, Kirche im Kampf, S. 255.
376 Gauger, Chronik III, S. 509. Die Beschlüsse wurden am 7.4.1935 an Siebert geschickt; BayHStA, MA 107292.
377 KABl vom 13.4.1935, S. 47ff. Die Grundsätze wurde auf der Tagung des Lutherischen Rates der DEK in Halle am 9.4.1935 gebilligt.
378 Siehe Nicolaisen/Kretschmar, Dokumente II, S. 304; Scholder, Kirchen I, S. 33; und Brozsat, Staat Hitlers, S. 755ff.
379 EvAG, Rundbrief 20 der Pfarrerbruderschaft vom 11.4.1935.
380 Junge Kirche vom 24.6.1935, S. 551; RS vom 23.6.1935, S.304; Nicolaisen/Kretschmar, Dokumente II, S. 309.
381 Schmidt, Niemöller, S. 287.
382 KBl vom 2.7.1935, S. 271.
383 Evang. Gemeindeblatt für den Kirchenbezirk Dinkelsbühl, Nr.7 vom Juli 1935, ... 53. Das Material erschien in der "Deutschen Allgemeinen Zeitung", Nr. 275/275. Vgl. auch Meier, Kirchenkampf II, S. 34f., und Deutschland-Berichte der Sopade, 1935, S. 682.
384 Wilhelm Niemöller (Hg), Die dritte Bekenntnissynode der Deutschen Evangelischen Kirche zu Augsburg. Text - Dokumente - Berichte, Göttingen 1969, S. 37. Meier, Kirchenkampf II, S. 47.
Hitlers Reichstagsrede ging jedoch nicht auf die Kirchenfrage ein; Evang. Gemeindeblatt für München vom 26.5.1935, S. 238.
Strittig war auch die Teilnahme Karl Barths an der Synode; Bethge, Bonhoeffer, S. 496
385 So Karl Immer; Niemöller, Bekenntnissynode, S. 14.
386 Vor allem von Karl Barth; s. Niemöller, Bekenntnissynode, S. 62ff.
387 EvAG, Brief 21 der Landeskirchlichen Pressestelle München vom 29.5.1935; Text der Predigt bei Niemöller, Bekenntnissynode, S. 338ff. Auch als Sonderdruck der Reihe "Bekenntnispredigten", Chr. Kaiser Verlag, München 1935.
388 Niemöller, Bekenntnissynode, S. 105ff. Der letzte Teil dieser Rede erschien in: KBl vom 2.7.1935, S. 272.
389 Schmidt, Niemöller, S. 283. Karl Barth, der zu dieser Zeit einen Ruf nach Basel hatte, schrieb, daß er dem "gegenwärtige(n) Regierungssystem in Deutschland" ablehnend gegenüberstünde, und daß "Unzählige" in der Bekenntniskirche "im stillen genau so denken" würden wie er; Barth an D. Hermann Hesse vom 30.6.1935 in: Niemöller, Bekenntnissynode, S. 64. In diesem Brief schrieb Barth auch, daß die Augsburger Synodalen nicht daran denken würden, daß ihr Gebet für die Obrigkeit "eines Tages auch zu dem im Psalmen vorgesehenen Gebet um Befreiung von einer fluchwürdig gewordenen Tyrannei werden könnte". Der Inhalt dieses Briefes wurde im Deutschen Sonntag vom 6.10.1935, S. 295, veröffentlicht. Für Bonhoeffers Kritik an der Synode, siehe Bethge, Bonhoeffer, S. 499.
Vgl. auch Deutschland-Berichte der Sopade, 1935, S. 682ff.
390 KBl vom 2.7.1935, S. 272.
391 Ein Exemplar wurde an die bayerische Staatskanzlei gesandt; BayHStA, MA 107292. Ein Auszug in: Rundbrief 3 der Bekenntnisgemeinschaft in Bayern

ANMERKUNGEN ZU DEN SEITEN 481 BIS 484

(EvAG) vom 12.7.1935. Der volle Text in: Hermelink, Kirche im Kampf, S.277f., und Kirchliches Jahrbuch 1933-1944, S. 97f.
392 Text in: Rundbrief 2 der Bekenntnisgemeinschaft in Bayern (EvAG) vom 12.6.1935; Evang. Gemeindeblatt für den Kirchenbezirk Dinkelsbühl, Nr. 7 vom Juli 1935, S. 49ff.; Hermelink, Kirche im Kampf, S. 278ff.; Kirchliches Jahrbuch 1933-1944, S. 97ff.
393 Niemöller, Bekenntnissynode, S. 56f.
394 Ebda., S. 12, Vorwort Sammetreuthers vom Juni 1935.
395 KBl vom 2.7.1935, S. 271.
396 Vor allem Karl Barth sah in diesem Satz "eine offene Konzession an das Dogma der DC"; Niemöller, Bekenntnissynode, S. 62.
397 Hermelink, Kirche im Kampf, S. 282.
398 Lutherische Kirche vom 1.7.1935, S. 228. Auch aus Rücksicht auf die strengen Lutheraner in den eigenen Reihen war die bayerische Kirchenleitung gegen ein gemeinsames Abendmahl im Rahmen der Synode; vgl. Baier, DC, S. 232f., 399 Baier/Henn, Chronologie, S. 124.
399 Baier/Henn, Chronologie, S. 124.
400 Siehe z.B. folgende Dokumente in: Nicolaisen/Kretschmar, Dokumente II, 38/35, 29/35, 30/35, S. 316ff.
401 Evang. Gemeindeblatt für München vom 14.7.1935, S. 315f.
402 Es stand lediglich der Satz: "Vom 4. bis 6. Juni tagte in Augsburg die dritte Bekenntnissynode der Deutschen Evangelischen Kirche"; RS vom 23.6.1935, S. 306.
403 Für Frör, Sondermann und Kühn siehe das Schreiben der BPP an Frick vom 25.6.1935 (BayHStA, MA 107292), und Witetschek, Kirchliche Lage II, S. 58. Das Redeverbot gegen Frör, "wegen seiner ständigen volksverhetzenden Ausführungen", dauerte bis zum 22.7.1935; BayHStA, MK 37497, Gestapo München an das Kultusministeriums vom 4.2.1938. Für Sammetreuther, s. Witetschek, Kirchliche Lage I, S. 75, 82, und das Schreiben des Staatsministerium des Innern an die bayerische Staatskanzlei von 6.7.1935 (BayHStA, MA 107292), das Sammetreuthers Bemerkung als "gehässige(n) Angriff auf das Blutopfer der Toten des 9.11.1923" gewertet hatte.
404 KABl vom 12.9.1935, S. 123.
405 Witetschek, Kirchliche Lage I, S. 75, 82.
406 Ebda., S. 67; LKAN, LKR IV 550I, LKR an BPP (Konzept) vom 30.4.1935.
407 Junge Kirche vom 6.7.1935, S. 658f.; Nicolaisen/Kretschmar, Dokumente II, S. 331.
408 Fricks Bemerkungen waren in erster Linie an die Katholische Kirche adressiert und an ihren Widerstand zum "Gesetz zur Verhütung des erbkranken Nachwuchses"; vgl. dazu Nicolaisen/ Kretschmar, Dokumente II, S. 331, Anm. 2. Am 26.6.1935 war noch ein Gesetz hinzugekommen, das eine Schwangerschaftsunterbrechung bei erbkranken Müttern vorsah; Broszat, Staat Hitlers, Anm. S. 760.
409 Rüdel, Chronik, S. 4.
410 Dekanatsarchiv Weißenburg 55. Die getrennten Abendmahlsfeiern fanden freitags statt; am 26.4. mit Pfarrer Rottler, am 2.5. mit Pfarrer Kalb und am 10.5. mit Pfarrer Rüdel.
411 WTBl vom 25.4.1935.
412 Siehe das Schreiben des Evang. Pfarrervereins Sachsen an Frick vom 20.5.1935, in: Klingler, Zum Abwehrkampf, S. 109f.
413 Siehe Kapitel VI, S. 285. Das Programm für den 1.5.1935 in: WTBl vom 29.4.1935.
414 WTBl vom 29.4.1935 & 30.4.1935.
415 Dekanatsarchiv Pappenheim, Pfarrbeschreibung.
416 LKAN, Kreisdekan Ansbach 1/16/4, Schreiben Seilers vom 1.7.1935.

ANMERKUNGEN ZU DEN SEITEN 484 BIS 486

417 Rüdel, Chronik, S. 5; WTBl vom 16.5.1935.
418 Der DC-Abend wurde im WTBl vom 16.5.1935 und vom 17.5.1935, mit Einladung an die Bekenntnisseite, angekündigt. Zu Vollrath siehe Baier, DC, S. 327f., Anm. 146. Ein Bericht des SD-Unterabschnitts Franken vom 20.3.1941 (BDC, PK, Vollrath) bestätigt, daß Vollrath wegen seiner DC-Einstellung von der theologischen Fakultät abgelehnt wurde. Gegenüber dem Ministerium warf man ihm Unwissenschaftlichkeit vor, "um ihn als ordentlichen Professor unmöglich zu machen. Die Bekenntnisfrontler Dr. Elert, Dr. Althaus, Strathmann und Sasse sind die verantwortlichen Quertreiber in dieser Angelegenheit."
419 Da die Einladung erst am Tag des Vortrags in den mittags erscheinenden Zeitungen zu lesen war, haben die Leute außerhalb Weißenburgs, wie Senior Seiler, erst am Abend erfahren, daß ihre Anwesenheit erwünscht war; LKAN, Kreisdekan Ansbach 20/3, Seiler an Gerstner vom 23.5.1935.
420 Deutscher Sonntag vom 19.5.1935, S. 133, Nachrichten aus Bayern.
421 WTBl vom 4.6.1935.
422 Für die Bayern-Reise der sächsischen Oberkirchenräte, siehe Baier, DC, S. 216. In einem Rundschreiben vom 14. Juni bezeichnete Kreisdekan Kern diese Vortragsreise als "Anmaßung" und rief zu Gegenmaßnahmen auf; LKAN, Dekanat Markt Erlbach 16, Rundschreiben Kerns vom 14.6.1935.
423 Rüdel, Chronik, S. 3.
424 LKAN, Kreisdekan Ansbach 20/3, Seiler an Gerstner vom 23.5.1935.
425 Dekanatsarchiv Weißenburg 47, Gerstner an Seiler vom 3.6.1935.
426 Ebda., Bekenntnisgemeinschaft Weißenburgs an die DC-Ortsgruppe vom 5.6.1935
427 Ebda., Veeh an Rüdel vom 12.6.1935.
428 LKAN, Dekanat Augsburg 406a, Frör, Merkblatt für Mitglieder der Bekenntnisgemeinschaft. Siehe auch Baier, DC, S. 216.
429 Dekanatsarchiv Weißenburg 47, Rundschreiben an die Mitglieder der Deutschen Christen (Ortsgruppe Weißenburg). Rottler war überzeugt, daß Pfarrer Kalb die Briefe von Sommerer angefordert hatte und an andere DC-Leute zum Zweck Rottlers "Erledigung und moralischer Vernichtung" weitergab; LKAN, Kreisdekan Ansbach 16/4, Rottler an Kern vom 26.9.1935. Die von Rottler gegen Veeh eingeleitete Beleidigungsklage wurde mit einem Vergleich abgeschlossen; ebda.
430 Am 28.10.1935, zum Beispiel, hatte der Evang. Bund die "Gesamtgemeinde ohne Unterschied der kirchlichen Einstellung" zu einem Vortrag von Pfarrer Thiel, Berlin, eingeladen. Der Abend sollte dazu beitragen, "wieder ein einigendes Band um Alle evangel. Glaubens- und Volksgenossen zu schlingen"; WTBl vom 28.10.1935.
431 Am 6.8.1935 richtete Rottler ein Schreiben an seine Amtsbrüder mit vorgeschlagenen Maßnahmen zur Abwehr der DC-Ortsgruppengründungen. Er betonte, "es müsste schnell gehandelt werden, denn die Gegner brechen in immer mehr Gemeinden ein"; LKAN, LKR II 246 III, Schreiben Rottlers vom 6.8.1935.
432 LKAN, LKR II 246 II, Pfarrer Schoener ans Dekanat Pappenheim vom 26.5.1935.
433 Siehe Kapitel VI, S. 411 und Anm. 1151.
434 Pfarrarchiv Treuchtlingen, Pfarrbeschreibung, Erinnerungen aus der Zeit 1935-1938 von Pfarrer Riedelbauch.
435 LKAN, LKR II 246 II, Pfarramt Pappenheim an den LKR vom 24.6.1935.
436 Rosenberg, An die Dunkelmänner unserer Zeit. Eine Antwort auf die Angriffe gegen den "Mythus des 20. Jahrhunderts", München 1935. Diese Schrift wurde von Künneth im Juni-Heft vom "Wort und Tat" beantwortet; Junge Kirche vom 244.6.1935, S. 567.

ANMERKUNGEN ZU DEN SEITEN 487 BIS 490

437 Wie Anm. 435. Vikar Hans Preß, geb. am 27.6.1910, war seit 1930 SA-Mann; LKAN, LKR IV 543a (Slg.).
438 Baier, DC, S. 238.
439 Eine effektive Abwehrmaßnahme gegen die DC war das weitverbreitete Flugblatt der Bekenntnisgemeinschaft Roth vom 9.6.1935 (Beilage zum Evangelischen Kirchenboten für den Dekanatsbezirk Roth bei Nürnberg). Den DC wurde vorgeworfen, sie wollten "Revolution in der Kirche: Sie übertragen ein polit. Prinzip auf die Kirche, wie es die Schwärmer der Reformationszeit mit den polit. Gedanken ihrer Zeit getan haben". Unter den DC werde die Kirche "zur Erziehungsanstalt zu guten Staatsbürgern, während ihr Herr Jesus Christus ist, der spricht: Mein Reich ist nicht von dieser Welt. Von diesem letzten Reich zu predigen ist die Aufgabe der Kirche - für das andere sorgt der Staat selbst."
440 In dieser Zeit wurde die Kreuzigungsgruppe von Karl Hemmeter vollendet und die dafür vorgesehene Nische restauriert, die braune Holzlackfarbe der gotischen Steinkanzel entfernt, der pomphafte neugotische Kanzeldeckel durch einen Entwurf von Hemmeter ersetzt, und die acht Tonfiguren der Apostel in der Sakristei aufgestellt; Rüdel, Chronik, S. 7.
441 Heinz Preiß, Der Frankentag auf dem Hesselberg, in: Der Hesselberg, der heilige Berg der Franken, Beilage zu "Das Bayernland", 48. Jg., Heft 10, 2. Maiheft 1937, S. 311-320.
Nach Preiß kamen im Jahre 1934, 80.000 Personen zum Frankentag, 160.000 im Jahre 1935 und 200.000 im Jahre 1936. Im Jahre 1932 fiel der Frankentag aus.
442 Ebda.; WTBl vom 19.6.1935.
443 Junge Kirche vom 6.7.1935, S. 610.
444 Zitiert nach: Deutscher Sonntag vom 14.7.1935, S. 193f.
445 Junge Kirche vom 6.7.9135, S. 611, und folgendes Zitat. Siehe auch Baier, DC, S. 234f.
446 WTBl vom 24.6.1935. Diese Bemerkungen machte Streicher bei der Sonnwendfeier am 22.6.1935.
447 Fest, Das Gesicht des Dritten Reiches, S. 103ff.
448 Kupisch, Die Deutschen Landeskirchen, S. 153, Anm. 5; John Toland, Adolf Hitler, New York 1976, S. 370f.
449 Fest, Das Gesicht des Dritten Reiches, S. 107. Siehe auch Görings Aussage vom 14.3.1946, in: Der Prozess gegen die Hauptkriegsverbrecher vor dem Internationalen Militärgerichtshof, Nürnberg 1947-1949, Bd. 9, S. 304ff.
450 Meier, Kirchenkampf II, S. 30.
451 BayHStA, MK 38040.
452 Ebda., Kreisleiter Hänel, Ansbach an Dippold vom 30.10.1935, und Regierungspräsident Dippold, Ansbach an das Kultusministerium vom 16.11.1935.
453 BayHStA, MK 38040, Vormerkung vom 1.12.1935. Kreisleiter Hänel hatte für eine fristlose Entlassung ohne Zubilligung von Ruhebezügen plädiert; ebda., Hänel ans Kultusministerium vom 29.11.1935.
454 So z.B. das Schreiben der VKL an Göring vom 12.7.1935 und der deutschen Pfarrvereine an Göring vom 10.7.1935, in: Hermelink, Kirche im Kampf S. 261f.; letzteres auch in: Lutherische Kirche vom 1.8.1935, S. 271ff., KBl vom 16.7.1935, S. 299f., und Klingler, Zur Abwehr, S. 78ff.; Evang. Gemeindeblatt für den Kirchenbezirk Dinkelsbühl vom August 1935, S. 58ff.; RS vom 4.8.1935, S. 377f.; KBl vom 24.8.1935, S. 405f.
455 Evang. Gemeindeblatt für den Kirchenbezirk Dinkelsbühl, Juli 1935, S.49.
456 Junge Kirche vom 3.8.1935, S. 704.

ANMERKUNGEN ZU DEN SEITEN 490 BIS 493

457 EvAG, Brief 26 der Landeskirchlichen Pressestelle München vom 20.8.1935. Auch in: Hermelink, Kirche im Kampf, S. 259ff.
458 Junge Kirche vom 3.8.1935, S. 704f.
459 RS vom 17.11.1935, S. 560, und Junge Kirche vom 2.11.1935, S. 1024f. Am 16.7.1935 (S. 293) brachte das Rothenburger Sonntagsblatt eine kommentarlose Beschreibung einer SS-Hochzeitsfeier nach "germanischem Brauch".
Sicherlich war Göring kein großer Freund der Kirche, und vor Niemöller soll er 1934 gesagt haben: der NS werde dem "zweitausendjährigen Aberglauben an den Jesus von Nazareth" ein Ende setzen (Schmidt, Niemöller, S. 259). Aber für die Zeitgenossen war Görings Beispiel zweideutig und kein Beweis für den "offenen antichristlichen Kurs" der Partei; vgl. Baier, DC, S. 233.
460 Beim Nürnberger Prozess sagte Göring: "Ich selbst bin nicht das, was man einen Kirchengänger nennt, aber ich bin bewußt ab und zu hineingegangen und habe immer der Kirche angehört, bewußt, und habe auch die Funktionen, die man kirchlich ausüben läßt, Hochzeit, Taufe, Beerdigung und so weiter stets in meinem Hause kirchlich vollziehen lassen"; wie Anm. 449 (Nbg. Prozess, S. 306).
461 Kupisch, Landeskirchen, S. 153.
462 WTBl vom 12.8.1935.
463 Deutscher Sonntag vom 14.7.1935, S. 193f.
464 Wie z.B. sein Besuch in Nördlingen am 16.6.1935, wo eine Gemeinde sich versammelt hatte, "wie sie Nördlingen wohl überhaupt noch nicht erlebt hat"; EvAG, Rundbrief 3 der Bekenntnisgemeinschaft in Bayern vom 12.7.1935. Vgl. auch RS vom 28.7.1935, S. 364, und vom 20.10.1935, S.511 für Meisers Besuche in Bad Kissingen und Naila.
465 EZA Berlin, Bestand EKD, DC Bayern Informations Bericht Nr.7 vom 25.8.1934.
466 Junge Kirche vom 21.9.1935, S. 842.
467 Witetschek II, S. 58. Nach Dippolds Bericht löste diese Äußerung Kubes "in den Reihen der Anhänger der Bekenntnisfront einen Sturm der Entrüstung aus"; ebda.
468 Junge Kirche vom 6.7.1935, S. 659. Der Frick-Erlaß gegen "Sabotage am Rasseschutz" war in erster Linie gegen die Proteste gegen die Sterilisierung aus der katholischen Kirche gerichtet.
469 Witetschek II, S. 60. Dippold betrachtete den Holz-Angriff auf Meiser deshalb als eine "verdiente Abfuhr".
470 Stürmer Nr. 32 vom August 1935; Text bei Baier, DC, S. 237.
471 EvAG, A30.6, Stellungnahme Steinleins zum "Stürmer" Nr.32. Die Schrift Luthers aus dem Jahre 1543 befindet sich in der Weimarer Ausgabe, Bd. 53, S. 530f. Die Schrift wurde im Jahre 1936 im Münchener Ch. Kaiser Verlag in der Sammlung "Schriften wider Juden und Türken" neu herausgegeben. In der Einleitung zu "Von den Juden und ihren Lügen" (S. 539) hieß es: "Harte Maßnahmen gegen die Juden sind also gerechtfertigt und geboten, sofern hinter ihnen eine echte Barmherzigkeit steckt."
Luthers Schrift, "Von den Juden und ihren Lügen", war auch als Flugschrift bei der DC-Geschäftsstelle in Nürnberg zu bekommen; Deutscher Sonntag vom 8.12.1935, S. 371.
472 Junge Kirche vom 7.9.1935, S. 831.
473 Wie Anm. 465.
474 WTBl vom 10.8.1935, S. 7 & 8. Holz wurde jedoch "dienstlich" abberufen, und Schöller sprach an seiner Stelle; ebda., vom 12.8.1935.
475 EvAG, Brief 26 der Landeskirchlichen Pressestelle München vom 20.8.1935.
476 LKAN, Dekanat Weißenburg 165, Kern an die Dekanate vom 21.8.1935.

ANMERKUNGEN ZU DEN SEITEN 493 BIS 496

477 Geschrieben am 9.8.1935; Beilage zu Brief 26 der Landeskirchlichen Pressestelle München vom 20.8.1935.
478 Baier, DC, S. 113, und Anm. 144.
479 Geschrieben am 14.8.1935; Beilage zu Brief 26 der Landeskirchlichen Pressestelle München vom 20.8.1935. Laut §14 des Schriftleitergesetzes war der Schriftleiter verpflichtet, alles zu vermeiden, "was die Ehre oder das Wohl eines anderen widerrechtlich verletzt, seinem Rufe schadet, ihn lächerlich oder verächtlich macht"; ebda.
480 Ebda.
481 EvAG, Rundbrief 4 der Bekenntnisgemeinschaft in Bayern vom 20.9.1935. Die Klage wurde am 16. August eingereicht und am 5. September abgelehnt. Nach einem BPP-Bericht hatte sich der LKR "klageführend an das Reichsministerium für Justiz gewandt"; StAN, Polizei-Dir. Nbg.-Fürth, 431, BPP-Monatsbericht für die Zeit vom 1. mit 30.9.1935.
482 Wie Anm. 476.
483 EvAG, A30.6, Anmerkung Gg. Kerns zu der Stellungnahme Steinleins zum "Stürmer" Nr. 32.
484 Die "Lutherische Kirche" vom 1.9.1935 (S. 312ff.), die unter dem Titel, "Ein neuer 'Frankenbischof?'" über den Angriff berichtete, brachte auch aus Meisers Artikel von 1926 folgenden Auszug: "Wer sich an den Realismus der jüdischen Lebensauffassung erinnert, die alles unter dem Gesichtspunkt des Geldverdienens rückt, der alles, selbst die zarten und innerlichsten Dinge, wie Heimat und Ehe, zum Geschäft wird, wer den alles nivellierenden, die sittlichen Grundlagen unseres Volkstums zersetzenden, bis zur Laszivität ausschweifenden jüdischen Geist kennt, wie er uns aus jüdischer Feder wie ein erstickender Brodem entgegenweht, der kann sich ein Bild davon machen, was unserem Volke drohte, wenn dieser Geist noch weiter als bisher schon um sich griffe und zum Gemeingut unseres Volkes würde. Um unsere gute deutsche, innerliche, idealistisch gerichtete Art wäre es dann geschehen. Die Hoffnung auf eine innere Erhebung unseres Volkes wäre für immer dahin. Gegen diese Art der 'Verjudung' unseres Volkes können wir nicht energisch genug ankämpfen."
485 Junge Kirche vom 21.9.1935, S. 842ff.
486 Evang. Gemeindeblatt für München vom 18.8.1935, S. 369.
487 So wie in: Evang. Gemeindeblatt für München vom 8.9.1935, S.397, nach dem Augsburger Gemeindeblatt vom 1.9.1935.
488 Evang. Gemeindeblatt für den Kirchenbezirk Dinkelsbühl vom September 1935, S. 69f. Einen Teil des Aufsatzes von Stürtz druckte die "Lutherische Kirche" vom 15.9.1935, S. 331, nachdem sie die Antwort Holz' auf die Beschwerde des LKR, im "Stürmer" Nr. 36, "Etwas zum Lachen", besprochen hatte.
Emil Stürtz war vom Jahre 1930 bis 1936 stellvertretender Gauleiter des Gaus Westfalen-Süd.
489 RS vom 4.8.1935, S. 377; Evang. Gemeindeblatt für München vom 4.8.1935, S. 347. Daraufhin haben beide Blätter ihre politischen Wochenberichte eingestellt.
490 Baier, DC, S. 235, Anm. 315. Das "Reichsbürgergesetz" setzte einer Treue zu Volk und Reich voraus, um als "Reichsbürger" gelten zu dürfen. Dies begrüßten die DC, weil es auch für solche gelte, "die meinen, es nicht nötig zu haben; auch für die Christen"; ebda. Das Gesetz, das eine politische Überprüfung sämtlicher deutscher Staatsangehöriger bedeutet hätte, wurde nie durchgeführt; DTV-Lexikon zur Geschichte und Politik, S. 583.
Auch in dem Artikel, "Leset den Stürmer", im Deutschen Sonntag (vom 20.10.1935, S. 316) wurden die Nürnberger Gesetze von den DC begrüßt:

ANMERKUNGEN ZU DEN SEITEN 496 BIS 499

"Und wer es vermag, wer gute Nerven hat und einen klaren arischen Willen, reines deutsches Blut, der unterstütze dieses Kampfblatt - jetzt erst recht! Die Judenfrage ist nun 'gesetzlich' gebannt. Aber Gesetze müssen auch lebendiges Volksempfinden werden; sonst helfen sie nichts."

491 Schmidt, Niemöller, S. 315. Selbst wenn die Landeskirche sich zu den Nürnberger Gesetzen geäußert hätte, wäre es schwierig gewesen, die Gesetze eindeutig zu bestimmen, denn obwohl sie eine weitere Phase der NS-Judenverfolgung eingeleitet hatten, brachten sie zugleich für Halbjuden etwa "in gewisser Hinsicht eine Rechtssicherheit"; Scholder, Geschichte und Hoffnung, Nürnberg und das 20. Jahrhundert, S.294. Vgl. auch Bethge, Dietrich Bonhoeffer, S. 556f.

492 Im Evang. Gemeindeblatt für München vom 6.10.1935 (S.437ff.) hatte R. Eckstein behauptet, daß das Judenvolk des Alten Testaments urspünglich ein Volk "ziemlich reiner Rasse" gewesen sei: "Erst nach der Vernichtung des jüdischen Staates ist dieser Typ richtig ausgeprägt worden: vaterlandslose, religionslose, materialistische Allerweltsjude"; dies sei "die Folge einer Änderung seines Blutes".
Zur Verteidigung der Judentaufe, siehe Steinlein, Luthers Stellung zur Frage der Judentaufe, in: Junge Kirche vom 21.9.1935, S. 842ff.
Vgl. auch die Stellungnahme Karl Steinbauers in einer Predigt im Jahre 1935 in: Bayern in der NS-Zeit, S. 453.

493 Vgl. etwa das Evang. Gemeindeblatt für München vom 8.12.1935, S.548ff.; KBl vom 8.12.1935, S. 517f.; RS vom 8.12.1935, S. 595f. & vom 15.12.1935, S. 607. Letzterer Beitrag wollte den Hofprediger Stoecker "zu einem gewissen Grad" als "einen 'Propheten' des Dritten Reiches" ansehen.

494 Evang. Gemeindeblatt für den Kirchenbezirk Dinkelsbühl vom Dezember 1935, S. 92.

495 Junge Kirche vom 1.12.1935, S. 1104.

496 Evang. Gemeindeblatt für München vom 1.12.1935, S. 496, nach dem Evang. Gemeindeblatt für Nürnberg, Nr. 47.

497 Deutschland-Berichte der Sopade 1936, S. 820 und 822.

498 Rüdel, Chronik, S. 7.

499 KABl vom 12.9.1935, S. 130.

500 StdAW, 19/17, Meiser an die Regierung in Ansbach vom 6.9.1935.

501 WTBl vom 21.9.1935.

502 WTBl vom 16.9.1935; Frör, Geist und Gestalt der DC, S. 20. Siehe auch Baier, DC, S. 216.

503 Rüdel, Chronik, S. 7.

504 Dekanatsarchiv Weißenburg 55, Kirchenvorstandsprotokoll vom 23.9.1935.

505 Ebda.

506 LKAN, Kreisdekan Ansbach 16/4, Rottler an Kern vom 26.9.1935.

507 Deutscher Sonntag vom 13.10.1935, S. 306f.

508 Dekanatsarchiv Weißenburg 47, Bericht über die DC-Tagung vom 1.10.1935. Daher zu korrigieren: Baier, DC, S. 239, und Baier/Henn, Chronologie, S. 130 (29.9.).

509 EvAG, Rundbrief 5 der Bekenntnisgemeinschaft in Bayern vom 25.10.1935; RS vom 13.10.1935, S. 496; Meier, Kirchenkampf II, S. 78f.; Schmidt, Niemöller, S. 301. Siehe auch unten, S. 505.

510 Deutscher Sonntag vom 13.10.1935, S. 306.

511 Baier, DC, S. 239.

512 Bericht über die DC-Tagung (s. Anm. 508).

513 Die Rede war angekündigt in: WTBl vom 19.10.1935.

514 LKAN, Kreisdekan Ansbach 15/9, Rundschreiben Kerns vom 23.10.1935.

ANMERKUNGEN ZU DEN SEITEN 499 BIS 505

515 Dekanatsarchiv Weißenburg 47, Bericht über das Verbot der Versammlung vom 21.10.1935, unterschrieben von Rüdel und Wotschack.
516 LKAN, LKR I 124a, Kern an LKR vom 29.1.1936.
517 Wie Anm. 515.
518 Rüdel, Chonik, S. 8.
519 Dekanat Weißenburg 47, Meiser an die Regierung in Ansbach vom 25.10.1935.
520 LKAN, LKR I 124a, Dippold an LKR vom 17.1.1936.
521 Rüdel, Chronik, S. 8.
522 LKAN, Personen XXXVI, 236, Fikenscher an Meiser vom 26.9.1935. Fikenscher trat der NSDAP am 1.8.1935 bei (Nr.307826); BDC, Master File.
523 Baier, DC, S. 118. Fikenscher war auch eine Zeitlang Gauführer des NSEP, ebda., S. 85, Anm. 13.
524 Wie Anm. 522.
525 LKAN, Personen XXXVI, 236, Meiser an Fikenscher vom 7.10.1935.
526 Ebda., Fikenscher an Meiser vom 23.10.1935.
527 Ebda., Doerfler an Meiser vom 20.10.1935.
528 Ebda., Meiser an Rüdel vom 6.11.1935.
529 KABl vom 5.11.1935, S. 152.
530 StdAW 19/17, LKR an die Regierung in Ansbach vom 7.11.1935. Die kurze Lebensbeschreibung in der Presse (WTBl vom 9.11.1935) hatte Rüdel am 8.11.1935 vom LKR bekommen; LKAN, Personen XXXVI, Bogner an Rüdel. Vgl. auch Henn, Führungs-wechsel, S. 394.
531 WTBl vom 9.11.1935. Vgl. Alan Bullock, Hitler, a Study in Tyranny, Harmondsworth, Middelsex (Penguin Books) 1962, S. 30f.
532 Bühler, Kirchenkampf, S. 70; LKAN, LKR IV 550 Slb. A-F, Fragebogen von Frobenius vom 1945.
533 LKAN, Personen XXXVI, 236, Rüdel an Meiser vom 31.10.1935.
534 Ebda., Meiser an Rüdel vom 6.11.1935.
535 StdAW 19/17, Veeh an Gerstner vom 12.11.1935.
536 StAN, BA Weißenburg, Abg. 1955, Nr. 510, Gerstner an das Bezirksamt Weißenburg vom 7.11.1935. Gerstner wollte vor allem eine öffentliche Erörterung der Arbeit des Reichskirchenausschusses unterbinden.
537 StdAW 19/17, Gerstner an Veeh vom 13.11.1935.
538 Rüdel, Chronik, S. 9.
539 Ebda.
540 WTBl vom 18.11.1935.
541 Junge Kirche vom 3.8.1935, S. 702; Nicolaisen/Kretschmar, Dokumente II, S. 333. Zu Kerrl siehe ebda., S. 305, Anm. 16.; Leonore Wenschkewitz, Zur Geschichte des Reichskirchenministeriums und seines Ministers, in: Tutzinger Texte SB1, Kirchenkampf, S. 194ff.; und Meier, Kirchenkampf II, S.68ff.
542 Junge Kirche vom 3.8.1935, S. 703.
543 Baier, DC, S. 235.
544 Witetschek, Kirchliche Lage II, S. 62f.
545 Evang. Gemeindeblatt für München vom 15.9.1935, S. 410.
546 So z.B. Marahrens und Breit, siehe Schmidt, Niemöller, S. 313.
547 EvAG, Rundbrief 4 der Bekenntnisgemeinschaft in Bayern vom 20.9.1935.
548 EvAG, Rundbrief 23 der Pfarrerbruderschaft vom 20.9.1935.
549 Ebda. Im August 1935 hatte die Gestapo die Propagandatätigkeit der Deutschen Glaubensbewegung aus aussenpolitischen Gründen eingeschränkt; Meier, Kirchenkampf II, S. 34.
550 Bethge, Bonhoeffer, S. 484.
551 Völkische Beobachter vom 29.9.1935, in: Junge Kirche vom 5.10.1935, S.922.

ANMERKUNGEN ZU DEN SEITEN 505 BIS 507

552 RS vom 13.10.1935, S. 496.
553 Junge Kirche vom 19.10.1935, S. 976. Am 3.10.1935 bekanntgegeben. Siehe auch Schmidt, Niemöller, S. 320.
554 AELKZ vom 18.10.1935, zitiert nach Niemöller, Kampf und Zeugnis, S.293.
555 Siehe Baier, DC, S. 240.
556 Im "Deutschen Sonntag" Nr. 38, zitiert nach: KBl vom 5.11.1935, S. 474.
557 LKAN, Kreisdekan Ansbach 15/9, Rundschreiben Kerns vom 23.10.1935.
558 EvAG, Rundbrief 5 der Bekenntnisgemeinschaft in Bayern vom 25.10.1935.
559 Das Korrespondenzblatt meinte am 15. Oktober (S. 451), daß sich die Schweigepflicht bezüglich kirchenpolitischer Artikel zu lösen schiene, und hoffte, in der nächsten Nummer des Blattes den kirchenpolitischen Dienst besser leisten zu können. Am 5. November jedoch schrieb der Schriftleiter Wilh.F.Schmidt (S.469): "Die in der vorletzten Nummer versprochenen Berichte zur Lage müssen aus zwingenden Gründen unterbleiben", was auch für die kommenden Ausgaben galt.
Etwas mutiger zeigte sich die Junge Kirche, die, obwohl sie ständig darauf hinwies, daß ihre Abschnitte "Aus der Reichskirche" und "Aus der Landeskirchen" wegen des Verbots des Reichsinnenministers wegfallen mußten, trotzdem kirchenpolitisch relevante Beiträge brachte, wenn auch ausschließlich nur das, was schon vorher in der Presse erschienen war.
Seit Juli 1935 war auch die Verbreitung der Basler Nachrichten in Deutschland verboten; LKAN, KKU 6/IV, DC-Mitteilungsblatt, Nürnberg-Altstadt vom 5.7.1935.
560 Baier, DC, S. 483.
561 Lutherische Kirche vom 1.12.1935, S. 429; Deutschland-Berichte der Sopade, 1935, S. 1282.
562 LKAN, Dekanat Heidenheim 29, Bericht von Pfarrer Hahn, Gräfensteinberg, zur Lage, Dezember 1935.
563 RS vom 3.11.1935, S. 563; JK vom 2.11.1935, S. 1020f.; Hermelink, Kirche im Kampf, S. 287; Schmidt, Niemöller, S. 325f.
564 Hermelink, Kirche im Kampf, S. 300.
565 VB vom 18.10.1935, zitiert nach: Junge Kirche vom 2.11.1935, S. 1021ff.
566 Witetschek, Kirchliche Lage II, S. 66; Brief 27 der Landeskirchlichen Pressestelle München; StAN, Polizei-Dir. Nbg.-Fürth 431, Monatsbericht der BPP für die Zeit vom 1. mit 30.9.1935, S. 22f.; Bühler, Kirchenkampf, S. 117; Steinbauer, Zeugnis I, S. 240ff.
Der Bericht wurde auch Ende 1935 in Weißenburg verbreitet. Dazu berichtete die Schutzmannschaft Weißenburg: "Der stud. theol. Georg Büringer, wohn. in Weißenburg.., gab an, daß er eine mit Schreibmaschine vervielfältigte Abschrift des Lagerberichts von Erlangen mit nach Weißenburg gebracht habe. Verfasser des Berichts sei der stud.theol. Friedrich Raubner aus Ludwigshafen, der ebenso wie er selbst an der Universität Erlangen studiere... Büringer erklärte weiter, daß der Lagerbericht hundertfach vervielfältigt und überall verbreitet worden sei. Nach Weißenburg i.B. habe er den Bericht gebracht und ihn durch andere abschreiben lassen"; StAN, LRA Weißenburg Abg. 49, Nr.2, Bericht vom 30.12.1935.
567 So z.B. OKR Breit am 28.10., siehe Baier/Henn, Chronologie, S. 132.
568 Vollständige Predigt in: BayHStA, MK 38662. Auszüge in: StAN, Polizei-Dir. Nbg.-Fürth, BPP Monatsbericht, 1.-30.11.1935; Witetschek, Kirchliche Lage II, S. 66.
Hermann Staehlin wurde am 24.6.1911 geboren und gehörte zu den Pfarramtskandidaten des Aufnahmejahrs 1934. Die Gemeinden Eltersdorf (594 Seelen) und Tennenlohe (441 Seelen) waren im Dekanatsbezirk Erlangen, Kirchenkreis Nürnberg.

ANMERKUNGEN ZU DEN SEITEN 507 BIS 510

569 Witetschek, Kirchliche Lage II, S. 65; BayHStA, MK 38662, BPP an das Kultusministerium vom 30.11.1935.
570 Am 6.12.1935 bat das Kultusministerium den LKR, Staehlin "so rasch als möglich" zu versetzen, und der LKR versprach am 16.12.1935 die Sache zu prüfen. Erst am 9.5.1936 benachrichtigt der LKR das Kultusministerium, daß Staehlin bleiben würde. Der Lehrer in Eltersdorf war so erbittert über Staehlins Predigt, daß er seinem Dienst als Organist beim nächsten Gottesdienst nicht nachkam. Darauf, beklagte er am 9.11.1935, "begann nun im Dorf eine allgemeine Hetze gegen mich, die jetzt noch anhält"; alles in: BayHStA, MK 38662.
571 Ebda.; Witetschek, Kirchliche Lage II, S. 133. Siehe auch Ziegler, Kirchliche Lage IV, S. 125.
572 Julius Schieder, Kirche im Gericht, Bekenntnisgottesdienst in der Nürnberger St. Lorenzkirche am 1. Oktober 1935, Broschüre der Nürnberger Bekenntnisgemeinschaft, Nürnberg 1935. Auch in: Julius Schieder, Aber die Botschaft bleibt. Vorträge und Predigten, München 1966. Auszug in: Rundbrief 5 der Bekenntnisgemeinschaft in Bayern vom 25.10.1935. Vgl. auch Witetschek, Kirchliche Lage II, S. 68f., und Geuder, Im Kampf, S.97.
573 KABl vom 3.10.1935, S. 135.
574 Deutschland-Berichte der Sopade 1935, S. 1020.
575 Deutscher Sonntag vom 29.9.1935, zitiert nach Baier, DC, S. 235, Anm. 315.
576 LKAN, Dekanat Weißenburg 165, Rundschreiben Kerns vom 29.10.1935.
577 KABl vom 5.11.1935, S. 148, und vom 28.12.1935, S. 171. Die Beflaggungstage waren: Neujahrstag, Reichsgründungstag (18.1.), "Tag der nationalen Erhebung" (30.1.), Heldengedenktag (5. Sonntag vor Ostern), Hitlers Geburtstag (20.4.), der Erste Mai, Erntedanktag.
578 LKAN, Dekanat Nördlingen 25, Antrag auf Schutzhaft für Pfarrer Beuschel, Schmähingen, vom 20.1.1936.
579 Steinbauer, Zeugnis I, S. 244ff.; Deutschland-Berichte der Sopade 1935, S. 1266.
580 Vgl. Witetschek, Kirchliche Lage I, S. 106f., Witetschek, Kirchliche Lage II, S. 67f. Im München gab es am 9. November von den Nazis Triumphgeschrei, als die Hakenkreuzfahne zum ersten Mal auf der Theatinerkirche wehte; Deutschland-Berichte der Sopade 1935, S. 1303.
581 StAN, Polizei-Dir. Nbg.-Fürth 431, BPP Bericht für November 1935, S. 35. StAN, BA Weißenburg, Abg. 55, Nr. 508, BPP an das Bezirksamt Weißenburg vom 9.12.1935.
582 BPP-Bericht für November 1935, S. 35 (s. Anm. 581).
583 StAN, Polizei-Dir. Nbg.-Fürth 431, BPP-Bericht für Dezember 1935, S.18f. Siehe auch Steinbauer, Zeugnis I, S. 247ff.; Klaus Tenfelde, Proletarische Provinz: Penzberg, in: Bayern in der NS-Zeit IV, S. 351.
584 KABl vom 19.11.1935, S. 153.
585 Steinbauer, Zeugnis I, S. 257.
586 Nachdem Steinbauer wegen Nichtbeflaggung zum 1.5.1936 kurze Zeit ins Gefängnis kam (Steinbauer, Zeugnis II, S. 6ff.), hatte Meiser in einem Brief an die Pfarrerbruderschaft Nördlingens die Meinung vertreten, "daß nicht ein einzelner Geistlicher von sich aus eine Lösung sollte erzwingen wollen, sondern gemeinsam müßten wir uns besinnen, was von der Kirche gefordert ist und müßten dann gemeinsam handeln. Vikar Steinbauer hat geglaubt, das nicht abwarten zu können. Wir ehren seine Überzeugungstreue und seinen Glaubensmut und bitten zu Gott, daß davon ein Segen auf unsere Kirche ausgehen möge"; LKAN, Dekanat Nördlingen 25, Schreiben Meisers vom 1.7.1936.

ANMERKUNGEN ZU DEN SEITEN 510 BIS 514

Steinbauers Handlung wurde auch unterstützt von den 11 südbayerischen Geistlichen, die Meiser am 25.1.1936 folgendes schrieben: "Wir dürfen es einmal aussprechen, daß uns als Prediger der Auferstehung Jesu Christi die Haltung der Kirche zu den Ereignissen des 9. November 1935 in nicht geringe innere Not gebracht hat"; Kurt Dietrich Schmidt (Hg.), Dokumente des Kirchenkampfes II. Die Zeit des Reichskirchenausschusses 1935-1937. Erster Teil (1935 bis 28. Mai 1936), Arbeiten zur Geschichte des Kirchenkampfes, Band 13, Göttingen 1964, S. 302.
587 Zwei Pfarrer im Bezirksamt Weißenburg haben am Frankentag 1936, trotz Anordnung der Regierung, nicht beflaggt, "weil auf dem Hesselberg jedesmal gegen die Bekenntniskirche losgezogen worden sei"; StAN, BA Weißenburg, Abg. 1955, Nr. 508, Gestapo, Leitstelle München an das Bezirksamt Weißenburg vom 22.7.1937.
588 LKAN, LKR II 246 III, Pfarrkapitel Gunzenhausen an den LKR vom 4.11.1935.
589 Ebda., Pfarrkonferenz Berneck an den LKR vom 21.11.1935.
590 LKAN, Personen XXVI, 4, Schreiben Frörs vom 9.11.1935.
591 Ebda., die emeritierten Pfarrer Weißenburgs an Meiser vom 18.11.1935.
592 KBl vom 5.11.1935, S. 474.
593 Kurt Frör, Geist und Gestalt der Deutschen Christen. Als Manuskript gedruckt. Nur für Mitglieder der Bekenntnisgemeinschaft. Nicht zur Veröffentlichung. Im Selbstverlag der Bekenntnisgemeinschaft Nürnberg. Wohl im November 1935 erschienen.
594 Baier, DC, S. 257f.
595 Baier, DC, S. 247. In einem Schreiben an den LKR vom 24.10.1935 benutzte Bub den offiziellen Briefkopf des Gaus Frankens, Kreis Nürnberg-Stadt, und auch seinen Titel "Kreisamtsleiter".
596 Baier, DC, S. 246.
597 Ebda., S. 249.
598 Hermelink, Kirche im Kampf, S. 296ff.
599 Abschrift eines Berichts über die DC-Versammlung in Nürnberg am 17.11.1935, in: Dekanatsarchiv Weißenburg 47. Vgl. auch Baier, DC, S.253; Baier/Henn, Chronologie, S. 135.
Ähnliche Versammlungen hielt Bub am 19.11. in Fürth (Deutscher Sonntag vom 8.12.1935), und 3.12.1935 in Augsburg, wo er voraussagte: "Wir werden die Leitung übernehmen, wenn es bis dahin noch eine Landeskirche gibt"; LKAN, LKR II 246 III. Für seine Forderungen siehe auch den Bericht über seine Versammlung in Bayreuth in: Witetschek, Kirchliche Lage II, S. 69.
600 Baier/Henn, Chronologie, S. 136f.; Baier, DC, S. 256ff.
601 Siehe Meier, Kirchenkampf II, S. 86ff.; Niemöller, Kampf und Zeugnis, S. 302ff.
602 Steinbauer, Zeugnis I, S. 294, Abschrift nach S. 295. Viele Exemplare befinden sich z.B. in EvAG.
Die BPP wertete den Bericht als Zeichen des Mißtrauens gegen den RKA; StAN, Polizei-Dir. Nbg.-Fürth, Bericht für November 1935. Siehe auch Witetschek, Kirchliche Lage II, S. 70.
603 RS vom 15.12.1935, S. 605. Kirchliches Jahrbuch, 1933-1944, S. 109; Schmidt, Niemöller, S. 321f.
Ein Bericht der Sopade bemerkte, daß nach der Verordnung "die Bekenntniskirche praktisch verboten" sei, denn jede Betätigung sei ihr untersagt worden; "1933 wurde gegen die meisten politischen Parteien zunächst auch nur ein Betätigungsverbot erlassen"; Deutschland-Berichte der Sopade 1935, S. 1283.
604 Niemöller, Kampf und Zeugnis, S. 304. Vgl. auch Kirchliches Jahrbuch, 1933-1944, S. 110ff.

ANMERKUNGEN ZU DEN SEITEN 514 BIS 516

605 LKAN, KKU 17/V, und Personen XXXVI, 53, Bericht über die Sitzung des erweiterten Bruderrats der Pfarrerbruderschaft mit Meiser am 9.12.1935. Vgl. auch Steinbauer, Zeugnis I, S.294.
606 Steinbauer, Zeugnis I, S. 295; LKAN, Personen XXXVI, 116, Meiser an Althaus vom 9.12.1935.
607 KBl vom 1.10.1935, S. 413ff. Klingler hat auch im November seine Bereitschaft erklärt, mit dem RKA "nach Kräften" zusammenzuarbeiten; im Dezember aber richtete er Kritik an die Arbeit des RKA; K.D.Schmidt, Dokumente II, S. 150.
608 Ebda., S. 414 und 417.
609 LKAN, Personen XXXVI, 236, Pfarrer Karl-Heinz Becker an Meiser vom 24.9.1935.
610 Siehe seinen Vortrag, "Aufgaben des Pfarrervereins und des Reichsbundes der Deutschen Evang. Pfarrervereine in der heutigen Zeit des kirchlichen Werdens", in: KBl vom 22.10.1935, S. 443ff.
Daß auch die etwas gemäßigten Deutschen Christen auf den Arierparagraphen nicht verzichten wollten, zeigt eine Rede von Pfarrer Sommerer in Fürth am 15. Oktober, wo er ausführte: "In der Judenfrage aber stehen wir Deutschen Christen genau so wie die Partei. Die Rassenfrage ist überhaupt in der Kirche eine Schlüsselfrage. Daß sie nicht nur Lippenbekenntnis, sondern auch Tatbekenntnis wird, das ist die große Aufgabe der neuen Kirche"; Deutscher Sonntag vom 27.10.1935, Nachrichten aus Bayern.
Sogar Schieder war sich nicht im Klaren über die Frage des Arierparagraphen im gedachten Pfarrergesetz; er hatte die Befürchtung, daß unter den gegebenen Umständen, die "Nichtarier in die Theologie stark hineindrängen würden"; LKAN, KKU 17/V, Schieder an die Pfarrerbruderschaft vom 1.7.1935. Der Reichserziehungsminister Rust stellte jedoch Anfang Januar 1936 fest, daß das Gesetz von 1933 gegen die "Überfüllung" der deutschen Hochschule, das den Anteil der "Nichtarier" an den Bildungsstätten festsetzte, auch für das Studium der Theologie galt; Evang. Gemeindeblatt für München vom 19.1.1936, S. 28.
Im Juni 1935 hatte der "Stürmer" Pfarrer Ernst Lipffert, Partenkirchen, angegriffen, weil seine Frau, angeblich eine Halbjüdin, Bibelunterricht erteilte. Nach einem Krankheitsurlaub von 6 Monaten wurde Lipffert nach Himmelkron, Berneck, versetzt; BayHStA, MK 38074.
611 Frör hatte in einem Schreiben an Klingler vom 31.3.1936 die Stellungnahme des Reichsbunds der Deutschen Evang. Pfarrervereine zur Reichstagswahl am 29.3.1936 kritisiert, weil sie den "Kampf der Kirche auf Leben oder Tod verschwiegen" habe. Zu seiner Verteidigung schrieb Klingler an Frör, daß er den Führer "in seinem Kampf für die Ehre, Freiheit und Sicherheit unseres Volkes" nicht allein lassen wollte. Er fügte hinzu: "Daß ein großer Teil der bayerischen Pfarrerbruderschaft mit Ihrer Einstellung zum Führer und zum dritten Reich nicht einverstanden ist, wird Ihnen ja selbst zur Genüge bekannt sein"; LKAN, Personen XLII, 13, A-K.
612 Deutscher Sonntag vom 24.11.1935, Nachrichten aus Bayern.
613 Für eine kurze Beschreibung der Verhandlungen siehe Meier, Kirchenkampf II, S. 338. Eine detaillierte Behandlung bei Baier, DC, S. 256ff. Es ist wahrscheinlich, daß das Schreiben des LKR an den RKA vom 5.12.1935 über die kirchliche Lage in Bayern an die Dekane weitergeleitet wurde; Abschrift in: EvAG, A30.1.
614 LKAN, Personen XXXVI, 42.
615 Baier, DC, S. 257.
616 Ebda., S. 261ff. LKAN, LKR II 246 III, Meiser an den RKA vom 12.12.1935.

ANMERKUNGEN ZU DEN SEITEN 516 BIS 522

617 Baier, DC, S. 263. Steinbauer, Zeugnis I, S. 300f.
618 Baier, DC, S. 256 und 258.
619 Ebda., S. 258. EvAG, Rundbrief 1 und 3 der Bekenntnisgemeinschaft in Bayern vom 8.5.1935, bzw. 12.7.1935.
620 Steinbauer, Zeugnis I, S. 300.
621 Hermelink, Kirche im Kampf, S. 300ff.
622 Ebda., S. 302, Baier, DC, S. 263. Nach Baier (S. 261), habe Kerrl behauptet, die Gauleitung Franken bestehe auf der Wiedereinsetzung Beers und Fuchs'. Schon vorher aber soll sich Beer mit der Gauführung Frankens überworfen haben; ebda., S. 257.
623 Siehe Steinbauers Brief an Meiser und Meisers Antwort in: Steinbauer, Zeugnis I, S. 302f.
624 Gerhard Schäfer (Hg.), Die Evangelische Landeskirche in Württemberg und der Nationalsozialismus. Eine Dokumentation zum Kirchenkampf, Band 4, Die intakte Landeskirche, 1935-1936, Stuttgart 1977, S. 518.
625 Kirchliches Jahrbuch, 1933-1944, S. 112f.; Hermelink, Kirche im Kampf, S. 313f.; Meier, Kirchenkampf II, S. 94ff.; Schmidt, Niemöller, S. 348ff.; Kupisch, Landeskirchen, S. 153f.; Niemöller, Kampf und Zeugnis, S. 316f. Wilhelm Maurer, Ausklang und Folgen des Kirchenkampfes, in: Kirche und Nationalsozialismus, Tutzinger Texte Sonderband 1, S. 238f.
626 Schmidt, Niemöller, S. 348. Im Januar erschien die Schrift von Otto Dibelius, "Die Staatskirche ist da!"; ebda., S.328; Niemöller, Kampf und Zeugnis, S. 310ff.
627 Kirchliches Jahrbuch, 1933-1944, S. 113f.
628 Ebda., S. 114.
629 K.D.Schmidt, Dokumente II, S. 205ff.; Niemöller, Kampf und Zeugnis, S.317.
630 BayHStA, MA 106683, BPP-Bericht von Januar 1936.
631 Steinbauer, Zeugnis I, S. 315; K.D.Schmidt, Dokumente II, S. 302.
632 K.D.Schmidt, Dokumente II, S. 278ff.
633 Ebda., S. 302ff.
634 In Bayreuth waren 250 Geistliche anwesend; Lutherische Kirche vom 1.2.1936, S. 40. Siehe auch Kleinknecht an Frör vom 22.1.1936 und Gerhard Schmidt an Frör vom 25.1.1936, in: LKAN, Personen XLII, 13.
635 Lutherische Kirche vom 15.1.1936, S. 26.
636 Niemöller, Kampf und Zeugnis, S. 300.
637 LKAN, Personen XLII, 13, Gerhard Schmidt an Frör vom 25.1.1936.
638 Ebda., Kleinknecht an Frör vom 22.1.1936.
639 Ebda., Frör an Kleinknecht vom 25.1.1936.
640 Ebda., Frör an Schieder vom 27.1.1936.
641 Baier, DC, S. 269.
642 Ebda., S. 270ff.
643 Ebda., S. 270.
644 LKAN, Personen XLII, 13, "Denkschrift über die künftige Gestaltung der Bekenntnisgemeinschaft in Bayern", vom 25.9.1935.
645 Baier, DC, S. 491.
646 Ebda., S. 492.
647 Kirchliches Jahrbuch, 1933-1944, S. 118.
648 Baier, DC, S. 489.
649 LKAN, Kreisdekan Ansbach 15/9, Stadtkommissär in Ansbach an Kern vom 10.2.1936.
650 StAN, LKR Weißenburg, Abg. 1949, Nr. 3, Rundschreiben der BPP, B.Nr. 16736/36 II 2 A /Le., vom 5.5.1936.
651 Baier, DC, S. 268.
652 Kirchliches Jahrbuch, 1933-1944, S. 116ff.
653 Siehe unten, Kapitel VIII.

ANMERKUNGEN ZU DEN SEITEN 522 BIS 526

654 KABl vom 9.1.1936, S. 1; WTBl vom 13.1.1936.
655 KABl vom 28.1.1936, S. 9; Evang. Gemeindeblatt für München vom 9.2.1936, S. 61. Das "Gebet für den Führer" vom Januar 1935 dankte auch rückblickend für das, was Gott dem Führer "in diesen zwei Jahren zum Wohle unseres Volkes" hat gelingen lassen; KABl vom 21.1.1935, S. 9.
656 Evang. Gemeindeblatt für München vom 2.2.1936, S. 46; RS vom 2.2.1936, S. 54f.
657 Evang. Gemeindeblatt für München vom 9.2.1936, S. 61; RS vom 16.2.1936, S. 80f.
658 Lutherische Kirche vom 15.1.1936, S. 29.
659 Ebda. vom 1.2.1936, S. 47. Die staatstreue Haltung der Zeitschrift "Lutherischen Kirche" konnte es aber nicht verhindern, daß ihr Schriftleiter, Prof. Ulmer, wegen einer Kritik an Leys 1. Mai-Rede 1936 (Lutherische Kirche vom 15.5.1936, S.158ff.) vom Staat in den Ruhestand versetzt wurde; vgl. oben Anm. 243.
660 Meier, Kirchenkampf II, S. 101ff.; Schmidt, Niemöller, S.353ff.
661 KABl vom 13.2.1936, S. 15ff.
662 Bericht von E.Putz über die Synode, in: Baier, DC, S. 501f.; Kirchliches Jahrbuch, 1933-1944, S. 120ff.
663 Baier, DC, S. 501.
664 Hermelink, Kirche im Kampf, S. 322f.; Schmidt, Niemöller, S. 354f.
665 Baier, DC, S. 502.
666 EvAG, A30.28, Rundbrief 26 der Pfarrerbruderschaft vom 2.4.1936.
667 Wilhelm Maurer, Ausklang und Folgen des Kirchenkampfes, S. 240; Meier, Kirchenkampf II, S. 105f.
668 LKAN, KKU 17/V, Frör an den Bruderrat der Pfarrerbruderschaft vom 8.5.1936.
669 Meier, Kirchenkampf II, S. 107.
670 Lutherische Kirche vom 15.3.1936, S. 88ff., Beitrag von Dr. Gottfr. Werner, Erlangen. Vgl. auch Ulmer, Klärung durch Oeynhausen, Lutherische Kirche vom 1.4.1936, S. 105f., und Hermann Sasse, Die Aufgabe der Lutherischen Kirche in heutigen Deutschland, Lutherische Kirche vom 15.4.1936, S. 124ff.
671 Siehe dazu Baier, DC, S. 276ff., und Meier, Kirchenkampf II, S. 339ff.
672 Baier, DC, S. 303; Baier/Henn, Chronologie, S. 161; Meier, Kirchenkampf II, S. 341.

ANMERKUNGEN ZU DEN SEITEN 527 BIS 529

VIII DER SCHULKAMPF

1 LKAN, LKR VI 1113e, KME vom 11.11.1902, Nr.21084, erwähnt im Bericht der Regierung Ansbach an das Bezirksamt Weißenburg vom 22.2.1936.
2 Ebda. Vgl. auch Franz Sonnenberger, Der neue "Kulturkampf". Die Gemeinschaftsschule und ihre historischen Voraussetzungen, in: Bayern in der NS-Zeit III, S. 249.
3 Wie Anm. 1.
4 Sonnenberger, Kulturkampf, S. 254. Er herrschte auf diese Weise zweierlei Schulrecht in Bayern, die VO vom 1.8.1919 und die alte VO vom 26.8.1883.
5 Max Wenzel, Schulrechtsfragen. Bekenntnisschule, Gemeinschaftsschule, Elternrecht, Kirchenverträge. Betrachtungen zur Rechtslage nach bayerischem Recht und zum Entwurf eines Schulorganisationsgesetzes, 1949 (ohne Ortsangabe), S. 6f.
6 Ebda.
7 LKAN, LKR VI 1113e, KME vom 25.11.1926, Nr. IV 42997. Artikel 6 des Konkordats von 1924 (Art. 9 des Protestantenvertrages), wonach "in allen Gemeinden auf Antrag der Eltern oder sonstigen Erziehungsberechtigten katholische (evangelische) Volksschulen errichtet werden müssen, wenn bei einer entsprechenden Schülerzahl ein geordneter Schulbetrieb... ermöglicht ist," spielte bei der Entscheidung keine maßgebende Rolle, da ihre Wirksamkeit vom Erlaß eines Reichsschulgesetzes - das nie kam - abhing; Wenzel, Schulrechtsfragen, S. 7f.
8 LKAN, LKR 1113e, Bürgermeister Fitz an die Regierung in Ansbach vom 7.2.1933. Nach Fitz hatte das Unterrichtsministerium von Ziffer 2 der VO vom 22.6.1920 willkürlich Gebrauch gemacht.
9 Ebda. Fitz war der Meinung, daß eine rechtzeitig eingereichte Beschwerde durchaus Erfolgschancen gehabt hätte, denn ähnliche Versuche in Fürth i.B. und in Schwabach, die Einheitsschule zu beseitigen, waren fehlgeschlagen.
10 KBL vom 7.2.1927, S. 49f.
11 Dekanatsarchiv Weißenburg 217, Ergebnis der Schulabstimmung.
12 StdAW 573, die Simultane Elternvertretung Weißenburg an den Kreisdekan Ansbach vom 24.2.1931. Die Gruppe nahm von einem eigenen Wahlvorschlag Abstand, als sie 3 Vertreter auf den offiziellen Wahlvorschlag bekamen, die aber nicht alle in den Kirchenvorstand gewählt wurden.
13 LKAN, Dekanat Weißenburg 78, v.Löffelholz an den Kreisdekan in Ansbach vom 10.2.1930.
14 WZ vom 21.1.1931.
15 WZ vom 22.1.1931.
16 Wie Anm. 12.
17 Ebda.
18 LKAN, LKR VI 1113e, v.Löffelholz an den LKR vom 26.4.1933.
19 LKAN, Dekanat Weißenburg 78, Stellungnahme der evang. Geistlichen sowie der Lehrerschaft der Evang. Schule Weißenburg in der Schulfrage vom 18.11.1932.
20 LKAN, LKR VI 1113e, Fitz ans Unterrichtsministerium vom 19.11.1932.
21 Wie Anm. 19.
22 LKAN, Dekanat Weißenburg 78, LKR ans Dekanat Weißenburg vom 9.11.1932.
23 LKAN, LKR VI 1113e, v.Löffelholz an den LKR vom 9.11.1932.
24 Sonnenberger, Kulturkampf, S. 267.
25 Wie Anm. 20.
26 Ebda. Um diese Fragen zu klären war eine Abordnung aus Weißenburg am 23. November beim Kultusministerium vorstellig; LKAN, LKR VI 1113e, Kalb an LKR vom 1.12.1932.

ANMERKUNGEN ZU DEN SEITEN 530 BIS 533

27 LKAN, LKR VI 1113e, Fitz an die Regierung in Ansbach vom 7.2.1933.
28 Ebda. Sie haben versucht, nach Kalbs Bericht, die zwei NS-Stadträte auf die Simultanschule festzulegen und drohten mit Beschwerde beim Staatsgerichtshof, falls die Verschmelzung vom Ministerium gebilligt würde.
29 LKAN, LKR VI 1113e, Fitz an die Regierung in Ansbach vom 7.2.1933.
30 In: KME vom 25.1.1933, Nr IV 1924, erwähnt im Schreiben der Ansbacher Regierung an das Bezirksamt Weißenburg vom 22.2.1936; LKAN, LKR VI 1113e.
31 Wie Anm. 29.
32 WTBl vom 7.2.1933.
33 LKAN, LKR VI 1113e, Regierung in Ansbach an den LKR vom 10.2.1933.
34 Wie Anm. 29.
35 Wie Anm. 33.
36 LKAN, LKR VI 1113e, LKR an die Regierung in Ansbach vom 20.2.1933.
37 Vgl. Anm. 7.
38 LKAN, Dekanat Weißenburg 78, Berichtigung zum Stadtratsbericht im "Weißenburger Tagblatt" vom 7.2.1933.
39 LKAN, Dekanat Weißenburg 78, Kalb an Löffelholz und Rottler vom 11.2.1933.
40 LKAN, Dekanat Weißenburg 78, Rottler an die Stadtschulbehörde vom 12.2.1933.
41 LKAN, Dekanat Weißenburg 78, Kalb an den Lehrerrat der Simultanschule vom 11.2.1933. Die Äußerung Pfarrer Rottlers erschien in der Süddeutschen Ausgabe des "Völkischen Beobachters" vom 9.2.1933 auf der ersten Seite.
42 LKAN, LKR VI 1113e, v.Löffelholz an den LKR vom 21.3.1933.
43 LKAN, Dekanat Weißenburg 78, LKR ans Dekanat Weißenburg vom 3.4.1933.
44 WTBl vom 6.4.1933.
45 LKAN, LKR VI 1113e, Schemm an den LKR vom 19.4.1933. Diese Zusicherung Schemms wurde später häufig von der Kirche zitiert. Ignoriert wurde dabei, daß die Gemeinschaftsschule seit 1930 Programmpunkt von Schemms NSLB war; Rolf Eilers, Die nationalsozialistische Schulpolitik, Köln 1963, S. 85.
46 Sonnenberger, Kulturkampf, S. 266.
47 LKAN, LKR VI 1113e, LKR an Kultusministerium vom 30.4.1933.
48 In: KME Nr. IV 27846, erwähnt im Schreiben der Regierung in Ansbach an den LKR vom 22.3.1936; LKAN, LKR VI 1113e.
49 In: KME vom 26.1.1934, Nr. IV 62766, erwähnt im Schreiben der Regierung in Ansbach an den LKR vom 22.3.1936; s. Anm. 48.
50 Evangelischer Kirchen-Bote für den Dekanatsbezirk Roth b. Nürnberg, Nr. 1, Januar 1934, S. 4.
51 Ebda.
52 "Werner Piutti", Ein lehrreicher Vorgang! Grundsätzliches und Praktisches zum Nürnberger Schulkampf, Wuppertal-Barmen, o.J. (1936), S.11. "Dr. Werner Piutti" war nur ein Pseudonym. Nach Helmut Baier (ZbKG 37, 1936, S. 254), hat Dr. Wolfgang Rohde, Mitarbeiter der Nürnberger Bekenntnisgemeinschaft, die wesentlichen Teile der Schrift verfasst, mit geringfügiger redaktioneller Hilfe von Kurt Frör. Riedel dagegen (Kampf, S. 351, Anm. 30) hält Frör für den Verfasser. Möglich ist es, daß der erste Teil "Grundsätzliches" von Frör stammt. Frör hatte auch den Nürnberger Schulkampf miterlebt; er wurde ab dem 1.8.1936 Pfarrer in München (KABl vom 9.7.1936, S. 106). Sowohl "Ein lehrreicher Vorgang" als auch Frörs Schrift "Der notwendige Kampf um die Bekenntnisschule" erschienen im Umbruch-Verlag Hermann Windel, Wuppertal-Barmen.
53 So z.B. in der AR vom 13.1.1934 und der WZ vom 22.1.1934.
54 Evang. Kirchenbote für Roth, Jan. 1934, S. 5.

ANMERKUNGEN ZU DEN SEITEN 533 BIS 542

55 FrTZ vom 29.1.1934.
56 "Bayerische Lehrerzeitung" Nr. 1 vom Januar 1934, zitiert nach: KBl vom 15.1.1934, S. 26f. Für die "Bayerische Lehrerzeitung" siehe Sonnenberger, Kulturkampf, S. 275ff.
57 KBl vom 15.1.1934, S. 27.
58 WTBl vom 18.1.1934.
59 WZ vom 20.1.1934.
60 Ebda.
61 WZ vom 22.1.1934; WTBl vom 22.1.1934.
62 StAN, BA Weißenburg Abg. 1955, Nr. 506, Gerstner an Oberamtmann Hahn vom 22.1.1934.
63 WZ vom 24.1.1933; WTBl vom 24.1.1933.
64 Ein "G" kennzeichnete den Autor.
65 WZ vom 26.1.1934; WTBl vom 26.1.1934.
66 LKAN, LKR VI 1113e, v.Löffelholz an LKR vom 26.4.1933; WTBl vom 29.1.1934.
67 AELKZ vom 11.5.1935, Sp. 450.
68 WTBl vom 11.12.1934.
69 Ebda.
70 WTBl vom 13.12.1934.
71 FrTZ vom 24.1.1935, zitiert nach: JK vom 2.3.1935, S. 226.
72 Lehrreicher Vorgang, S. 14. Für die Ergebnisse in München siehe Sonnenberger, Kulturkampf, S. 281 und Witetschek, Kirchliche Lage I, S.55.
73 KBl vom 19.2.1935, S. 75f.
74 KBl vom 7.1.1935, S. 14f.
75 LKAN, Kreisdekan Ansbach 1/15/9, Meiser ans Kultusministerium vom 19.1.1935.
76 Schemm starb am 5.3.1935. Für Schulungsthemen des NSLB siehe Bayern in der NS-Zeit I, S. 536.
77 KBl vom 18.3.1935, S. 112f.
78 Kurt Frör, Die Schulforderungen der Deutschen Glaubensbewegung, in: JK vom 4.1.1936, S. 8.
79 Ebda., S. 7.
80 Gauger, Chronik III, S. 511.
81 Aus "Dem Blitz" vom 27.10.1935, zitiert nach: JK vom 14.12.1935, S. 1183.
82 Deutscher Sonntag Nr. 37 vom 13.10.1935, zitiert nach: KBl 1935, S.474.
83 Das "Positive Christentum" vom 1.12.1935, zitiert nach: JK vom 14.12.1935, S. 1193f.
84 WTBl vom 3.10.1935.
85 LKAN, LKR VI 1113e, Bericht Rottlers an den LKR vom 3.10.1935. Auszüge auch bei "Piutti", Lehrreicher Vorgang, S. 9f.
86 LKAN, LKR VI 1113e, Bericht Rottlers an den LKR vom 4.10.1935.
87 LKAN, LKR VI 1113e, Bericht Rüdels an Kreisdekan Kern vom 1.11.1935.
88 Ebda.
89 Wie Anm. 86.
90 Wie Anm. 85.
91 Ebda.
92 Ebda.
93 LKAN, LKR VI 1113e, Bericht Rüdels an den LKR vom 18.10.1935.
94 Wie Anm. 87.
95 LKAN, LKR VI 1113e, Dippold an BA Weißenburg vom 22.2.1936.
96 Wie Anm. 93.
97 Ebda.
98 Ebda.

ANMERKUNGEN ZU DEN SEITEN 542 BIS 548

99 Ebda.
100 Wie Anm. 95. Vgl. auch Sonnenberger, Kulturkampf, S. 286f. und Wenzel, Schulrechtsfragen, S. 8.
101 LKAN, LKR VI 1113e, Dippold an den LKR vom 11.12.1935. Bürgermeister Gerstner hat am 5.12.1935 beantragt, die Gemeinschaftsschule als alleinige Schulform in Weißenburg ab dem Schuljahr 1936/1937 einzuführen. Die VO vom 26.8.1883 bestimmte in § 7: "Vor Umwandlung konfessioneller Schulen in konfessionell gemischte Schulen ist jedesmal das Gutachten der kirchlichen Oberbehörde darüber einzuholen, ob der Erteilung zureichenden Religionsunterricht kein Hindernis im Wege steht. Wo ein solches konstatiert ist, ist die Genehigung zu versagen"; Lehrreicher Vorgang, S. 5.
102 LKAN, Dekanat Weißenburg 78, Meiser an Regierung in Ansbach vom 27.1.1936.
103 Wie Anm. 95.
104 Siehe dazu FrTZ von 23.1.1936 und 28.1.1936. Zu Dippold siehe Witetschek, Kirchliche Lage II, S. XXIVf.
105 Wie Anm. 95. Vgl. auch Sonnenberger, Kulturkampf, S. 287.
106 WTBl vom 26.2.1936.
107 StdAW 112,4b, Tätigkeitsbericht der Stadtverwaltung für 1936.
108 Wie Anm. 87.
109 Schmid, Apokalyptisches Wetterleuchten, S. 314ff.
110 LKAN, Dekanat Weißenburg 78, Rundschreiben Kerns an die Dekanate vom 30.12.1935.
111 Lehrreicher Vorgang, S. 14.
112 7 Lehrer und 22 Lehrerinnen stimmten dagegen; ebda., S. 6.
113 Ebda., S. 6f.
114 FrTZ vom 17.1.1936.
115 Ebda., vom 23.1.1936.
116 Lehrreicher Vorgang, S. 14.
117 Ebda., S. 7.
118 FrTZ vom 27.1.1936.
119 KABl vom 28.1.1936, S. 9f. Am 27.1.1936 fand auch ein Sondergottesdienst in Nürnberg wegen der Schulfrage statt; Lehrreicher Vorgang, S.7.
120 Lehrreicher Vorgang, S. 7f.
121 Ebda.
122 Ebda.
123 FrTZ vom 31.1.1936.
124 FrTZ vom 1.2.1936. 1935 hatten die evangelischen Schulen 17%, die katholischen Schulen 16% der Anmeldungen.
125 Zitiert aus "Eine Eingabe aus der Elternschaft", Nürnberg, den 20. März 1936, in: Lehrreicher Vorgang, S. 15. Mit dieser Eingabe fuhr eine Abordnung Nürnberger Laien nach Berlin zum Reichserziehungsministerium. Siehe auch unten, S. 548f.
126 Ebda., S. 3.
127 BayHStA, MK 42 554, Brief Schieders an das Kultusministerium vom 4.2.1936.
128 BayHStA, MK 42 554, Brief Meisers an das Kultusministerium vom 11.2.1936.
129 BayHStA, MK 42 553, Brief Meisers an Rust vom 11.2.1936, LKR Nr. 1377. Am gleichen Tag hat Meiser noch einen Brief an Rust geschrieben (LKR Nr. 1375). In diesem Schreiben geht es darum, daß evangelische Kinder, die die Gemeinschaftsschule besuchen, ausreichenden Religionsunterricht bekommen. Zitiert bei Sonnenberger, Kulturkampf, S. 297.

ANMERKUNGEN ZU DEN SEITEN 548 BIS 554

130 BayHStA, MK 42 554, Schreiben des Evang.-Luth. Pfarramtes an das Kultusministerium München vom 20.2.1936. Siehe auch den Aktenvermerk Boepples vom 18.2.1936; ebda.
131 BayHStA, MK 42 554, Schreiben Finks an das Kultusministerium vom 7.3.1936.
132 BayHStA, MK 42 554, Schreiben Schieders an das Reichserziehungsministerium Berlin vom 12.3.1936.
133 BayHStA, MK 42 554, Schreiben Schieders an den Reichserziehungsminister Rust vom 17.3.1936.
134 Lehrreicher Vorgang, S. 14ff. Vgl. auch Witetschek, Kirchliche Lage II, S. 94.
135 Lehrreicher Vorgang, S. 8f.
136 BayHStA, MK 42 554, Schreiben des Ansbacher Dekans an den LKR vom 10.2.1936.
137 BayHStA, MK 42 554, Schreiben Hänels an die Regierung in Ansbach vom 9.4.1936.
138 Witetschek, Kirchliche Lage II, S. 82.
139 Wie Anm. 137.
140 BayHStA, MK 42 554, Schreiben des LKR an das bayerische Kultusministerium vom 11.8.1936, und die Antwort des Ministeriums vom 12.8.1936.
141 Im "Völkischen Beobachter" vom 3.6.1935, zitiert nach: Eilers, NS-Schulpolitik, S. 35.
142 BayHStA, MK 42 554, Schreiben des Reichserziehungsministeriums an die Gestapo vom 16.8.1936. Der Beirat wurde am 8.7.1936 gebildet; Baier/Henn, Chronologie, S. 155.
143 Kirchliches Jahrbuch, 1933-1944, S. 124.
144 Ebda., S. 135.
145 Schmidt, Niemöller, S. 398f.
146 Kirchliches Jahrbuch, 1933-1944, S. 139.
147 Witetschek, Kirchliche Lage II, S. 117.
148 Kirchliches Jahrbuch, 1933-1944, S. 146.
149 Ebda., S. 146f.
150 K.D.Schmidt, Dokumente II, S. 1163.
151 Witetschek, Kirchliche Lage II, S. 135.
152 Die 2. VKL an die Landesbischöfe von Bayern, Hannover und Württemberg vom 30.11.1936, in: K.D.Schmidt, Dokumente II, S. 1185.
153 Baier/Henn, Chronologie, S. 155.
154 Witetschek, Kirchliche Lage II, Monatsbericht der Regierung vom 7.2.1936. Bei Sonnenberger (Kulturkampf, S. 304) als 7.2.1937 angegeben.
155 Kurt Frör, Der notwendige Kampf um die Bekenntnisschule, Wuppertal-Barmen o.J. (1936).
156 Witetschek, Kirchliche Lage II, S. 94, 104.
157 Siehe Anm. 52.
158 Witetschek, Kirchliche Lage II, S. 104.
159 Lehrreicher Vorgang, S. 4.
160 BayHStA, MK 42 554, Schreiben Wagners an die Regierungen vom 24.2.1937.
161 Witetschek, Kirchliche Lage II, S. 141.
162 BayHStA, MK 42 554, Bericht des Kultusministeriums vom 31.7.1937.
163 Witetschek, Kirchliche Lage II, S. 185. Monatsbericht der Regierung vom 5.6.1937. Der Bericht behauptet inkorekterweise, daß der LKR keine Beschwerde in der Nürnberger Schulfrage eingelegt habe, und daß die Kanzelabkündigung vom 9. Mai deshalb nur zur "Befriedung seines Agitationsbedürfnisses" herausgegeben wurde.
164 Baier/Henn, Chronolgie, S. 181.

ANMERKUNGEN ZU DEN SEITEN 554 BIS 558

165 BayHStA, MK 42 554, Schreiben des Kultusministeriums München an Reichserziehungsminister Rust vom 12.4.1937.
166 BayHStA, MK 42 554, Schreiben des Staatssekretärs im Bayerischen Staatsministerium des Innern an Boepple vom 10.6.1937.
167 BayHStA, MK 42 554, Schreiben Wagners an die Regierungen vom 8.7.1937.
168 Sonnenberger, Kulturkampf, S. 318.
169 Baier/Henn, Chronolgie, S. 188.
170 BayHStA, MK 42 554, Brief des Kultusministeriums vom 31.7.1937.
171 BayHStA, MK 42 554, Schreiben der Regierung von Unterfranken an das Kultusministerium vom 8.10.1937.
172 BayHStA, MK 42 554, Schreiben der Regierung von Ober- und Mittelfranken an das Kultusministerium vom 11.10.1937.
173 Siehe vor allem die Eingabe des LKR an das Kultusministerium vom 28.1.1938, abgedruckt bei Schmid, Apokalyptisches Wetterleuchten, S. 318-329.
174 LKAN, Dekanat Weißenburg 78, Schreiben des Pfarramtes Ettenstatt an den LKR vom 8.12.1937.
175 Baier/Henn, Chronologie, S. 181, Abdruckvervielfältigung des LKR an die Geistlichen vom 22.4.1937.
176 Wie Anm. 174.
177 Schmid, Apokalyptisches Wetterleuchten, S. 326.
178 Ebda., S. 328f.
179 Für andere Beispiele siehe ebda., S. 318f.
180 Siehe Anm. 155.
181 Frör, Notwendiger Kampf, S. 10.
182 Ebda., S. 12.
183 StdAW 834, Schreiben des LKR an das Kultusministeriums vom 2.7.1936.
184 Hermelink, Kirche im Kampf, S. 568f.
185 Ebda., S. 569. Siehe auch Hetzer, Kulturkampf, S. 154ff.
186 Bayern in der NS-Zeit I, S. 415.
187 Hermelink, Kirche im Kampf, S. 571, LKR an das Reichskirchenministerium vom 22.6.1939.
188 Schmid, Apokalyptisches Wetterleuchten, S. 322. In einem Brief an Dr. Cordier vom 7.11.1936 sah Meiser den kirchenpolitischen Kurs der Regierung noch in Fluß: "Ich habe Grund zu der Hoffnung, daß hier eine Umstellung sich anbahnt. Sie wird nur recht allmählich, aber, wie es scheint, wird sie;" (LKAN, Personen XXXVI, 116). Wie sehr Meiser geneigt war, die Gefahr für die Kirche im NS-Staat zu unterschätzen, zeigt ein Gespräch, das er am 27.8.1940 mit einem Referenten vom Reichskirchenminister Kerrl führte (BA, R/79, 25). Hier äußerte Meiser sein Besorgnis über das Anwachsen der Una sancta Bewegung: "Es handelt sich hierbei um eine geistliche Bewegung, die bemüht ist, durch persönliche Aussprachen das Verständnis zwischen ev. und kath. Geistlichen zu fördern und die ev. Geistlichen mit katholischen Glaubensgut bekannt zu machen. Wie der Name schon sage, sei das ferne Ziel 'Eine heilige allgemeine christliche Kirche'. Es müßte festgestellt werden, daß diese Bewegung bei evang. Geistlichen auch der bayerischen Landeskirche auf ein zu weitgehendes Verständnis stieße. Die kath. Kirche habe sehr geschickte Geistliche für diese Propaganda ausgesucht und der Landeskirchenrat in München habe von seinen eigenen Geistlichen bereits Schreiben erhalten die deutlich erkennen ließen, daß diese Propaganda nicht erfolglos geblieben ist. Die evang. Bischöfe wollten daher in einem internen Rundschreiben an die Geistlichen zu dieser Angelegenheit Stellung nehmen und vor zu weitem Entgegenkommen warnen."

ANMERKUNGEN ZU DEN SEITEN 559 BIS 564

IX DIE WEITERE ENTWICKLUNG IN WEIßENBURG UNTER DEKAN FROBENIUS:
1936 - 1939

1 LKAN, Kreisdekan Ansbach 1/16/4, Dekan Frobenius an den LKR vom 4.12.1936.
2 LKAN, Kreisdekan Ansbach 1/16/4, Dekan Frobenius an den LKR vom 20.5.1937.
3 Baier, DC, S. 269.
4 LKAN, Kreisdekan Ansbach 1/16/4, Bericht von Dekan Frobenius vom 19.2.1936.
5 Ebda.
6 Dekanatsarchiv Weißenburg 47, Frobenius an den LKR vom 8.4.1936.
7 Dekanatsarchiv Weißenburg 47, DC an Kerrl vom 7.4.1936. Die BPP hat am 10.12.1935 verfügt, daß der RKA in Streitfällen um die Benutzung von kirchlichen Gebäuden zuständig sei; Baier, DC, S. 487f.
8 Dekanatsarchiv Weißenburg 47, Gerstner an die Evang.-Luth. Kirchenverwaltung in Weißenburg vom 8.4.1936.
9 Wie Anm. 6.
10 Z.B. an der Besprechung in München am 1.7.1937, an der Aussprache in Nürnberg am 10.7.1937 und an der Besprechung in München am 16.7.1937; LKAN, Personen XXXVI, 42. Dieser Bestand enthält auch das Protokoll der Besprechung vom 1.7.1937. Daher ist auch Baier/Henn, Chronologie, S.154 entsprechend zu korrigieren.
11 LKAN, Personen XXXVI 42, Protokoll der Aussprache am 1.7.1936.
12 Für Näheres siehe Baier, DC, S. 292ff.
13 Bericht Frobenius' vom 4.12.1936 (wie Anm. 1).
14 Ebda. Frobenius bezeichnete Hetzner als "Führer der DC (Pfarrer Kalb nicht ausgenommen)".
15 Dekanatsarchiv Weißenburg, Kirchenaustritte.
16 Baier/Henn, Chronologie, S. 163ff; Witetschek, Kirchliche Lage II, S.117, 124, 126, 131f.
17 WTBl vom 23.11.1936.
18 Witetschek, Kirchliche Lage II, S. 117; JK, 1936, S. 1043.
19 Kirchliches Jahrbuch, 1933-1944, S. 132ff.
20 Wie Anm. 17.
21 Witetschek, Kirchliche Lage II, S. 140.
22 Was Gerstner allerdings leugnete; WTBl vom 26.11.1936.
23 Bayern in der NS-Zeit I, S. 413f.
24 Scholder, Kirchenkampf, Sp. 1185.
25 LKAN, Kreisdekan Ansbach 1/16/4, Frobenius an Kern vom 17.4.1937.
26 Ebda.
27 Dekanatsarchiv Weißenburg 47, Bericht über die Versammlung am 5.6.1937.
28 Ebda. Am 15. Oktober 1938 hat Pfarrer Kalb auch an einer Versammlung der Deutschen Christen, Nationalkirchliche Einigung (Thüringer DC) in Weißenburg in Anwesenheit von Kirchenrat Leutheuser teilgenommen; LKAN, Kreisdekan Ansbach 16/4, Programm der Versammlung.
29 Helmut Kern, Mein Deutschland - wohin?, Selbstverlag: Amt für Volksmission, Nürnberg o.J. (1937). Das Pamphlet erschien im Mai 1937 und war die meistverlegte Broschüre des Kirchenkampfes; Geuder, Im Kampf, S. 105; Baier/Henn, Chronologie, S. 178. Vgl. auch Witetschek, Kirchliche Lage II, S. 161.
30 Kern, Mein Deutschland - wohin?, S. 11.
31 Schmidt, Niemöller, S. 416ff.
32 Kurt Frör, Die babylonische Gegangenschaft der Kirche, Selbstverlag: Pfarrerbruderschaft, Erlangen o.J. (1937), S. 11.

ANMERKUNGEN ZU DEN SEITEN 564 BIS 567

33 Baier/Henn, Chronologie, S. 187.
34 Mauerer, Ausklang und Folgen des Kirchenkampfes, S. 244.
35 Baier, DC, S. 322; Meier, Kirchenkampf II, S. 341.
36 Deutschland-Berichte der Sopade, 1937, S. 1143, 1154. Steinbauer, Zeugnis II, S. 168ff.
37 StAN, BA Weißenburg, Abg. 1955, Nr. 516, BA Weißenburg an die Gestapo, München vom 6.7.1937.
38 Baier/Henn, Chronologie, S. 186; Witetschek, Kirchliche Lage II, S. 194.
39 StAN, BA Weißenburg, Abg. 1955, Nr. 508, Gestapo, München an das BA Weißenburg vom 22.7.1937. Viele Pfarrer haben nicht mehr erfahren, daß der LKR die Beflaggung der Kirchen zum Frankentag freigegeben hatte (Baier/Henn, Chronologie, S. 186). In den nächsten Jahren wurde die Beflaggung vom LKR sogar angeordnet (ebda., S. 213, 232). Kreisdekan Kern bedauerte diese Anordnung (LKAN, Kreisdekan Ansbach 15/9, Kern an Frobenius vom 14.6.1939).
40 Steinbauer, Zeugnis II, S. 210.
41 JK vom 22.8.1936, S. 756.
42 Scholder, Kirchenkampf, Sp. 1189; Schmidt, Niemöller, S. 443ff.
43 Baier/Henn, Chronologie, S. 204.
44 BayHStA, MK 37 170, Schreiben des Oberstaatsanwalts beim Landgericht Bamberg vom 12.11.1938.
45 Steinbauer, Zeugnis III, S. 114.
46 Geuder, Im Kampf, S. 150.
47 Witetschek, Kirchliche Lage II, S. 287; Geuder, Im Kampf, S. 99; Bühler, Kirchenkampf, S. 161ff.
48 Geuder, Im Kampf, S. 99. Die Matthäuskirche stand mitten in der Sonnenstraße am Ende der Schwanthalerstraße. Kurz vorher war die Schwanthalerstraße zwischen Schiller- und Sonnenstraße zu der öden, breiten Schwanthalerstraße der Gegenwart gemacht, da sie "durch die unnützen Vorgärten und die teilweise zu breite Gehbahn für Fußgänger dem neuzeitlichen Verkehr nicht mehr gewachsen" war; München baut auf. Ein Tatsachen- und Bildbericht über den nationalsozialistischen Aufbau in der Hauptstadt der Bewegung, hg. von Karl Fiehler, München o.J. (1937), S. 104. Wo die alte Matthäuskirche stand fahren jetzt die Straßenbahnen.
49 Bühler, Kirchenkampf, S. 166.
50 LKAN, Kreisdekan Ansbach, 14/503, Tätigkeit der Kreisdekane, Bericht vom 19.4.1938.
51 Bayern in der NS-Zeit I, S. 414.
52 Siehe die Bände der Kommission für Zeitgeschichte über die Kirchliche Lage in Bayern nach den Regierungspräsidentenberichten, sowie die Monatsberichte der BPP in: BayHStA, MA 106687ff. Die "MK" Akten im BayHStA (MK 37088 - 38861) enthalten ca. 140 Personalakten von bayerisch-evangelischen Pfarrern und Religionslehrern, von denen die meisten in Konflikt mit dem Staat geraten waren.

ABKÜRZUNGEN

AELKZ	Allgemeine Evangelisch-Lutherische Kirchenzeitung
Anm.	Anmerkung
Apg	Apostelgeschichte
AR	Allgemeine Rundschau
BA	Bezirksamt
BA	Bundesarchiv Koblenz
BayHStA	Bayerisches Hauptstaatsarchiv
BCJ	Bund Christdeutscher Jugend
Bd.	Band
BDC	Berlin Document Center
BdM	Bund deutscher Mädel
"BdM"	Bund der Mitte
BK	Bekennende Kirche
BK	Bund Deutscher Bibelkreise
BN	Basler Nachrichten
BPP	Bayerische Politische Polizei
BVP	Bayerische Volkspartei
CP	Christliche Pfadfinderschaft
CSVD	Christlich-sozialer Volksdienst
CVD	Christlicher Volksdienst
CVJM	Christlicher Verein Junger Männer
DAF	Deutsche Arbeitsfront
DC	Deutsche Christen
DEK	Deutsche Evangelische Kirche
DNB	Deutsches Nachrichtenbüro
DNVP	Deutschnationale Volkspartei
EAJ	Jugendbund der Evang. Arbeitervereine
ebda.	ebendort
EC	Jugendbund für Entschiedenes Christentum
EKD	Evangelische Kirche in Deutschland
EOK	Evangelischer Oberkirchenrat
EvAG	Evangelische Arbeitsgemeinschaft für kirchliche Zeitgeschichte, München
evang.	evangelisch
EvTh	Evangelische Theologie
EZA	Evangelisches Zentralarchiv in Berlin
FrTZ	Fränkische Tageszeitung
GDC	Glaubensbewegung Deutsche Christen
Gestapa	Geheimes Staatspolizeiamt
Gestapo	Geheime Staatspolizei
HJ	Hitlerjugend
HMB	Halbmonatsbericht
i.B.	in Bayern
IfZ	Institut für Zeitgeschichte
IMG	Internationaler Militärgerichtshof Nürnberg
JB	Jungreformatorische Bewegung
JK	Junge Kirche
KABl	Kirchliches Amtsblatt
KBl	Korrespondenzblatt
KdI	Kammer des Innern
KJ	Kirchliches Jahrbuch
KKU	Sammlung Kirchenkampf - Umdrucke
KME	Entschluß des Kultusministeriums
KPD	Kommunistische Partei Deutschlands
KZ	Konzentrationslager
Lic.	Licentiat

LKAN	Landeskirchliches Archiv Nürnberg
LKR	Landeskirchenrat
LRA	Landratsamt
LSA	Landessynodalausschuß
MA	Ministerium des Äußern
MdL	Mitglied des Landtages
MdR	Mitglied des Reichstages
ME	Ministerialentschließung
MInn	Ministerium des Innern
MK	Staatsministerium für Unterricht und Kultus
NARS	National Archives and Records Service, Washington
Nbg.	Nürnberg
NS	Nationalsozialismus, nationalsozialistisch
NSBO	Nationalsozialistische Betriebsorganisation
NSDAP	Nationalsozialistische Deutsche Arbeiterparti
NSEP	Nationalsozialistischer Evangelischer Pfarrerbund
NS-Hago	Nationalsozialistische Handwerks-, Handels- und Gewerbeorganisation
NSLB	Nationalsozialistischer Lehrerbund
NSV	Nationalsozialistische Volkswohlfahrt
NTB	Neues Tage-Buch
o.J.	ohne Jahresangabe
OKR	Oberkirchenrat
o.O.	ohne Ortsangabe
OPG	Oberstes Parteigericht
ORR	Oberregierungsrat
PK	Parteikorrespondenz (BDC)
Pg.,Pgg.	Parteigenosse, Parteigenossen
PO	Politische Organisation der NSDAP
r.d.Rhs.	rechts des Rheins
RKA	Reichskirchenausschuß
RM	Reichsmark
RR	Regierungsrat
RS	Evangelisches Sonntagsblatt aus Bayern (Rothenburger Sonntagsblatt)
RStH	Reichsstatthalter
SA	Sturmabteilung
SAR	Sturmabteilung-Reserve
SAL	Sturmabteilung-Landsturm
SK	Spruchkammer
SPD	Sozialdemokratische Partei Deutschlands
Sopade	Sozialdemokratische Partei Deutschlands
SS	Schutzstafel
StdAN	Stadtarchiv Nürnberg
StdAW	Stadtarchiv Weißenburg
StAN	Staatsarchiv Nürnberg
UP	United Press
VB	Völkischer Beobachter
VD	Der Volksdienst
VKL	Vorläufige Kirchenleitung
VfZ	Vierteljahrshefte für Zeitgeschichte
VO	Verordnung
WHW	Winterhilfswerk
WTBl	Weißenburger Tagblatt
WZ	Weißenburger Zeitung
YMCA	Young Men's Christian Association
ZbKG	Zeitschrift für bayerische Kirchengeschichte

QUELLEN- UND LITERATURVERZEICHNIS

I) Archivalische Quellen

Amtsgericht Weißenburg
Benutzte Bestände:
Akten der Spruchkammerverfahren (SK) gegen:
Ruprecht von Gilardi
Heinrich Kalb
Adolf Rottler
Josef Ruck

Archiv des CVJM Westbund, Wuppertal

Bayerisches Hauptstaatsarchiv, München (BayHStA)
Benutzte Bestände:
Ministerialakten (MA)
Ministerium für Unterricht und Kultus (MK)
Ministerium des Innern (MInn)
Reichsstatthalter Epp (RStH)

Berlin Document Center (BDC)
Benutzte Bestände:
NSDAP Master File
Partei-Korrespondenz (PK)
Oberstes Parteigericht (OPG)
SA
SS-Führer
Abt. Research

Bundesarchiv Koblenz (BA)
Benutzte Bestände:
NS 8 Kanzlei Rosenberg
NS 12 NSLB
NS 23 SA
NS 25 Kommunalpolitik
NS 26 Hauptarchiv der NSDAP
R 43 Reichskanzlei
R 79 Reichsministerium für die kirchliche
Angelegenheiten
Nachlaß Epp
Nachlaß Traub

Dekanatsarchiv Pappenheim

Dekanatsarchiv Weißenburg

Evangelische Arbeitsgemeinschaft für kirchliche Zeitgeschichte, München (EvAG)
Benutzte Bestände:
A1.48 Reichskirche. Westdeutsche Eilkorrespondenz 1934/35
A30.1 Bayern. Rundschreiben LKR
A30.26 Bayern. Kreisdekane
A30.25 Bayern. Amt für Volksmission
A30.28 Bayern. Pfarrerbruderschaft 1934-1937
A30.29 Bayern. Bekenntnisgemeinschaft

A30.41 Bayern. Pressestellen
A30.60 Bayern. Süddt. Bund ev. Christen

Evangelisches Zentralarchiv in Berlin (EZA)
Bestand EKD:
A4/136 Eingliederung der Landeskirche Bayerns
A4/186 Landesbischof in Bayern
A4/293-295 Bayern
A4/297-302 Einzelgemeinden
A4/303-304 Privatbriefe an den Reichsbischof

Institut für Zeitgeschichte, München (IfZ)
Benutzte Bestand:
NSDAP Hauptarchiv

Landeskirchliches Archiv Nürnberg (LKAN)
Benutzte Bestände:
Dekanat Altdorf
Dekanat Augsburg
Dekanat Dinkelsbühl
Dekanat Gunzenhausen
Dekanat Heidenheim
Dekanat Hersbruck
Dekanat Kitzingen
Dekanat Markt Einersheim
Dekanat Markt Erlbach
Dekanat Nördlingen
Dekanat Neustadt a.d.Aisch
Dekanat Öttingen
Dekanat Pappenheim
Dekanat Schwabach
Dekanat Thalmässing
Dekanat Uffenheim
Dekanat Wassertrüdingen
Dekanat Weiden
Dekanat Weißenburg
Kirchenkampfsammlung
Kreisdekan Ansbach
Kreisdekan Nürnberg
Landeskirchenrat (LKR)
Personen XII - Nachlaß Veit
Personen XXV - Nachlaß Steinlein
Personen XXVI - Nachlaß Meinzolt
Personen XXXI - Nachlaß Koch
Personen XXXVI - Nachlaß Meiser
Perseonen XLI - Nachlaß Langenfaß
Personen XLII - Nachlaß Frör
Personen XLVII - Nachlaß Auer
Personen LXIII - Nachlaß G. Kern
Personen LXXV - Nachlaß Henn
Personen LXXXVIII - Nachlaß Christian Stoll
Personen LXXX - Nachlaß Schieder
Rep. 103 - Vorläufiges Findbuch
Sammlung Kirchenkampf - Umdrucke (KKU)
Volksmission

- 771 -

National Archives and Records Service, Washington, DC (NARS)
Benutzte Bestände:
    General Records of the Department of State,
    Central Decimal Files, 1930-1939

Pfarrarchiv Burgsalach

Pfarrarchiv Ellingen

Pfarrarchiv Langenaltheim

Pfarrarchiv Nennslingen

Pfarrarchiv Treuchtlingen

Staatsarchiv Nürnberg (StAN)
Benutzte Bestände:
    Landratsamt Dinkelsbühl, Abg. 1976
    Landratsamt Gunzenhausen, Abg. 1961
    Landratsamt Weißenburg, Abg. 1949
    Landratsamt Weißenburg, Abg. 1955
    Polizeidirektion Nürnberg-Fürth
    NSDAP
    Regierung von Mittelfranken, Kammer des
    Innern (Reg. Mfr., K.d.I.), Abg. 1978

Stadtarchiv Nürnberg (StdAN)
Benutzte Bestände:
    Direktorium A
    Nachlaß Gustav Bub
    Quellen zur Geschichte Nürnbergs (QNG)

Stadtarchiv Weißenburg
Benutzte Bestände:
  19/27 Wiederbesetzung der 1. Pfarrstelle
  112 Rechtskundige 1. Bürgermeister
  140 Halbmonatsberichte
  141 Neubildung des Stadtrats 1933
  572 Simultanschule Weißenburgs
  573 Bekenntnisschule und Simultanschule
  574 Verschmelzung der Volksschulen
  834 Religionsunterricht an den Volksschulen
  B26/297 Sitzungsprotokoll des Stadtrats 1933

II) Mündliche Auskünfte:

> Professor Kurt Frör
> Kirchenrat Wilhelm Grießbach
> Oberkirchenrat Heinrich Riedel
> Kirchenrat Wolfgang Rüdel
> Kreisdekan Walter Rupprecht
> Pfarrer Friedrich Wilhelm Schmidt
> Rektor und Frau Heinrich Schmidt
> Karl Weixelbaum

III) Zeitungen und Zeitschriften:

Allgemeine Evang.-Luth. Kirchenzeitung, Leipzig (AELKZ)
Allgemeine Rundschau, Zirndorf (AR)
Amtsblatt für die Evang.-Luth. Kirche in Bayern (KABl)
Basler Nachrichten (BN)
Blätter für Innere Mission in Bayern
Deutscher Sonntag, Stuttgart-München-Nürnberg
Erlanger Tagblatt
Evangelischer Kirchen-Bote für die Dekanate Neustadt a.d.Aisch
    Windsheim, Markterlbach, Bughaslach
Evangelischer Kirchen-Bote für den Dekanatsbezirk Roth b. Nbg.
Evangelisches Gemeindeblatt für das Allgäu
Evangelisches Gemeindeblatt für den Kirchenbezirk Dinkelsbühl
Evangelisches Gemeindeblatt für den Kirchenbezirk Leiphiem,
    Neu-Ulm
Evangelisches Gemeindeblatt für München
Evangelisches Gemeindeblatt Nürnberg
Evangelisches Sonntagsblatt aus Bayern, Rothenburg (RS)
Fränkischer Kurier, Nürnberg
Fränkische Tagespost, Nürnberg
Fränkische Tageszeitung, Nürnberg
Fränkische Wacht. Über den Parteien. Für Christentum und
    Deutschtum im protestantischen Geist, Nürnberg
Freimund, Lutherisches Wochenblatt für Kirche und Volk,
    Neuendettelsau
Junge Kirche, Göttingen
Kirchenbote v. Altmühl u. Hahnenkamm, Evang. Gemeindeblatt für
    die Kirchenbezirke Gunzenhausen, Heidenheim und Pappenheim
Korrespondenzblatt für die evang.-luth. Geistlichen in Bayern
Nördlingen (KBl)
Lutherische Kirche, Erlangen
Luthertum. Neue Folge der "Neuen kirchlichen Zeitschrift", Leipzig
Materialdienst, Hg. vom Evang. Pressedienst in Württemberg,
    Stuttgart
Monatsblatt der Evang.-luth. Gemeinde Nürnberg-Lichtenhof
Das Neue Tage-Buch, Paris-Amsterdam
Pappenheimer Zeitung
Rieser Kirchenbote, Evang. Monatsschrift für die Gemeinden der
    Dekanate Nördlingen, Ebermergen, Oettingen
Rother Volkszeitung, Roth b. Nbg.
Schwabacher Tagblatt
Sonntag in Franken, Stuttgart
Der Stürmer. Deutsches Wochenblatt zum Kampfe um die Wahrheit,
    Nürnberg
Der Volksdienst. Organ des Christlichen Volksdienstes für
    Nürnberg

Völkischer Beobachter, München
Wille und Macht, Berlin
Weißenburger Tagblatt
Weißenburger Zeitung
Zeitschrift des Bayerischen Statistischen Landesamtes

IV) Veröffentlichte Quellen und Literatur

Agenda für die Evang.-Luth. Kirche in Bayern, Teil II, Ansbach 1920.
Allen, William Sheridan: The Nazi Seizure of Power. The Experience of a Single German Town 1930-1935, Chicago 1965.
Baier, Helmut: Die Deutschen Christen Bayerns im Rahmen des bayerischen Kirchenkampfes (Einzelarbeiten aus der Kirchengeschichte Bayerns, Bd. 46), Nürnberg 1968.
Baier, Helmut: Das Verhalten der lutherischen Bischöfe gegenüber dem nationalsozialistischen Staat. 1933/34, in: Tutzinger Texte. Sonderband I. Kirche und Nationalsozialismus. Zur Geschichte des Kirchenkampfes, hg. v. Paul Rieger und Johannes Strauß, München 1969, 87-116.
Baier, Helmut: Kirche in Not. Die bayerische Landeskirche im Zweiten Weltkrieg, Neustadt a.d.Aisch 1979.
Baier, Helmut: Kirchenkampf in Nürnberg 1933-1945, Nürnberg 1973.
Baier, Helmut/Ernst Henn, Chronologie des bayerischen Kirchenkampfes 1933-1945 (Einzelarbeiten aus der Kirchengeschichte Bayerns, Bd. 47), Nürnberg 1969.
Barth, Karl: Theologische Existenz heute! (Beiheft Nr. 2 von "Zwischen den Zeiten"), München 1933.
Barth, Karl: Theologische Existenz heute! (1933), neu hg. mit Einleitung und Anmerkungen von Hinrich Stoevesandt (Theologische Existenz heute, Nr. 219), München 1984.
Baumgärtner, Raimund: Weltanschauungskampf im Dritten Reich. Die Auseinandersetzung der Kirchen mit Alfred Rosenberg, Mainz 1977.
Bavaria, Landes- und Volkskunde des Königreichs Bayern, Dritter Band, München 1864.
Die Bayerische Evangelisch-Lutherische Landessynode am 23. August 1934, München 1934.
Die bayerischen Stadt- und Landkreise. Ihre Struktur und Entwicklung 1939 bis 1950, Band 185/2, München 1953.
Bayern in der NS-Zeit. Soziale Lage und politisches Verhalten der Bevölkerung im Spiegel vertraulicher Berichte, hg. von Martin Broszat, Elke Fröhlich und Falk Wiesemann, München/Wien 1977.
Bayern in der NS-Zeit. Herrschaft und Gesellschaft im Konflikt, hg. von Martin Broszat, Elke Fröhlich und Anton Grossmann, Bd. II-IV, Teile A-C, München/Wien 1979-1981.
Bethge, Eberhard: Dietrich Bonhoeffer, Theologe - Christ - Zeitgenosse, München 1970 (3. Aufl.).
Bethge, Eberhard: Zwischen Bekenntnis und Widerstand: Erfahrungen in der Altpreußischen Union, in: Der Widerstand gegen den Nationalsozialismus. Die deutsche Gesellschaft und der Widerstand gegen Hitler, hg. von Jürgen Schmädeke und Peter Steinbach, München 1985, 281-294.
Beyreuther, Erich: Die Geschichte des Kirchenkampfes in Dokumenten 1933/45, Wuppertal 1966.
Bielfeldt, Johann: Der Kirchenkampf in Schleswig-Holstein 1933-1945, Göttingen 1963.
Birn, Ruth Bettina: Die Höheren SS- und Polizeiführer. Himmlers Vertreter im Reich und in den besetzten Gebieten, Düsseldorf 1986.
Boberach, Heinz (Bearb.): Berichte des SD und der Gestapo über Kirchen und Kirchenvolk in Deutschland 1934-44 (Veröffentlichungen der Kommission für Zeitgeschichte), Mainz 1971.

Bosls Bayerische Biographie. 8000 Persönlichkeiten aus 15 Jahrhunderten, hg. von Karl Bosl, Regensburg 1983.
Brandenburg, Hans-Christian: Die Geschichte der HJ. Wege und Irrwege einer Generation, Köln 1968.
Braun, Hannelore/Nicolaisen, Carsten (Bearb.): Verantwortung für die Kirche. Stenographische Aufzeichnungen und Mitschriften von Landesbischof Hans Meiser 1933-1955, Band 1: Sommer 1933 bis Sommer 1935 (Arbeiten zur kirchlichen Zeitgeschichte), Göttingen 1985.
Broszat, Martin: Der Staat Hitlers. Grundlegungen und Entwicklung seiner inneren Verfassung (Deutsche Geschichte seit dem Ersten Weltkrieg, Bd.1), Stuttgart 1971.
Brunotte, Heinz: Die Auswirkungen der nationalsozialistischen Schrifttums- und Pressepolitik auf die Deutsche Evangelische Kirche, in: Tutzinger Texte. Sonderband I. Kirche und Nationalsozialismus. Zur Geschichte des Kirchenkampfes, hg. von Paul Rieger und Johannes Strauß, München 1969, 207-233.
Buchheim, Hans: Glaubenskrise im Dritten Reich. Drei Kapitel nationalsozialistischer Religionspolitik, Stuttgart 1953.
Bühler, Anne Lore: Der Kirchenkampf im Evangelischen München. Die Auseinandersetzung mit dem Nationalsozialismus und seinen Folgeerscheinungen im Bereich des Evang.-Luth. Dekanates München 1923-1950 (Einzelarbeiten aus der Kirchengeschichte Bayerns, Fotodruckreihe, 5. Bd.), Nürnberg 1974.
Bullock, Alan: Hitler, a Study in Tyranny, Harmondsworth, Middelsex 1962.
Conrad, Walter: Kirchenkampf, Berlin 1947.
Conway, John S.: Der Deutsche Kirchenkampf. Tendenzen und Probleme seiner Erforschung an Hand neuerer Literatur, in: VfZ 17(1969), S. 423-443.
Daumiller, Oscar: Geführt im Schatten zweier Kriege. Bayerische Kirchengeschichte selbst erlebt, München 1961.
Daumiller, Oscar (Hg.): Das Predigerseminar in München. Festschrift anläßlich seines hundertjährigen Bestehens (1834-1934), München 1934.
Daumiller, Oscar: Südbayerns Evangelische Diaspora in Geschichte und Gegenwart, München 1955.
Dekanat Weißenburg in Bayern. Porträt des evangelischen Dekanatbezirks, hg. durch Hermann Nicol, Erlangen 1980.
Deutschland-Berichte der Sozialdemokratischen Partei Deutschlands (Sopade) 1934-1940, Salzhausen/Frankfurt a.M. 1980.
Diehl-Thiele, Peter: Partei und Staat im Dritten Reich. Untersuchungen zum Verhältnis von NSDAP und innerer Staatsverwaltung 1933-1945, München 1969.
Diem, Hermann: Kirche und Antisemitismus, in: Deutsches Geistesleben und Nationalsozialismus. Eine Vortragsreihe der Universität Tübingen, Tübingen 1965, 7-23.
Dietzfelbinger, Hermann: Veränderung und Beständigkeit. Erinnerungen, München 1984.
Dokumente zur Kirchenpolitik des Dritten Reiches. Band I: Das Jahr 1933. Band II: 1934/1935. Bearb. von Carsten Nicolaisen. Hg. im Auftrag der Evangelischen Arbeitsgemeinschaft für kirchliche Zeitgeschichte von Georg Kretschmar. München 1971 und 1974.
Domarus, Max: Hitler. Reden und Proklamationen. 1932-1945. Kommentiert von einem deutschen Zeitgenossen. Band I Triumpf. Erster Halbband 1932-1934, Wiesbaden 1973.
Domröse, Ortwin: Der NS-Staat in Bayern von der Machtergreifung bis zum Röhm-Putsch, München 1974.
dtv-Lexikon zur Geschichte und Politik im 20. Jahrhundert, hg. von Carola Stern, Thilo Vogelsang, Erhard Klöss, Alber Graff, München 1974.
Dülmen, Andrea van: Luther-Chronik. Daten zu Leben und Werk, München 1983.
Dyroff, Balthasar: Zum Gedächtnis an Walter von Löffelholz, in: Weißenburger Kirchenblatt vom September 1975.

Eberhard, Ernst: Kirchenvolk und Kirchlichkeit. Eine Untersuchung über evangelische Kirchenzugehörigkeit und Kirchlichkeit mit besonderer Berücksichtigung der Evang.-Luth. Landeskirche Bayerns in der Nachkriegszeit, Erlangen 1938.
Eilers, Rolf: Die nationalsozialistische Schulpolitik, Köln 1963.
Ericksen, Robert P.: Theologians under Hitler. Gerhard Kittel, Paul Althaus and Emanuel Hirsch, New Haven & London 1985.
Erdmann, Karl Dietrich: Deutschland unter der Herrschaft des Nationalsozialismus 1933-1939 (Gebhardt: Handbuch der deutschen Geschichte Band 20), München 1980.
Das Erlanger Gutachten zum Arierparagraphen 1933, in: Deutscher Evangelischer Kirchentag Nürnberg 1976, Dokumente hg. von Harald Uhl, Stuttgart/Berlin 1979, 664-673.
Das evangelische Nürnberg. 50 Jahre Evang.-Luth. Gesamtkirchenverwaltung, Nürnberg 1964.
Fabry, Philipp W.: Mutmassungen über Hitler. Urteile von Zeitgenossen, Königstein/Ts. 1979.
Fest, Joachim: Das Gesicht des Dritten Reiches. Profile einer totalitären Herrschaft, München 1965.
Fitz, Hermann: Schul- und Bildungswesen, kulturelle Bestrebungen, in: Weißenburg in Bayern, die ehemals freie Reichsstadt, Weißenburg 1929.
Franze, Manfred: Die Erlanger Studentenschaft von 1918-1945 (Darstellungen aus der fränkischen Geschichte Bd. 30), Würzburg 1972.
Frei, Norbert: Nationalsozialistische Eroberung der Provinzzeitungen. Eine Studie zur Pressesituation in der bayerischen Ostmark, in: Bayern in der NS-Zeit II, München/Wien 1979, 1-89.
Friedrich, Axel (Hg.): Die nationalsozialistische Revolution, Berlin 1935.
Fritzsch, Robert: Nürnberg unterm Hakenkreuz. Im Dritten Reich 1933-1939, Düsseldorf 1983.
Frör, Kurt: Die babylonische Gefangenschaft der Kirche, Erlangen o.J.(1937).
Frör, Kurt: Geist und Gestalt der Deutschen Christen (Im Selbstverlag der Bekenntnisgemeinschaft Nürnberg), o.J. (1935).
Frör, Kurt: Von der Landeskirche zur Reichskirch. Grundsätzliches zur Haltung des bayerischen Luthertums (Bekennende Kirche Heft 19), München 1934.
Gauger, Josef (Hg.): Chronik der Kirchenwirren. Erster Teil: Vom Aufkommen der "Deutschen Christen" 1932 bis zur Bekenntnis-Reichs-Synode im Mai 1934. Zweiter Teil: Von der Barmer Bekenntnis-Reichssynode im Mai 1934 bis zur Einsetzung der Vorläufigen Leitung der Deutschen Evangelischen Kirche im November 1934. Dritter Teil: Von der Einsetzung der Vorläufigen Leitung der Deutschen Evangelischen Kirche im November 1934 bis zur Errichtung eines Reichsministeriums für die kirchlichen Angelegenheiten im Juli 1935. Elberfeld o.J. (1934-1936).
Gemeindeverzeichnis für Bayern nach der Volkszählung vom 16. Juni 1925 (Beiträge zur Statistik Bayerns Heft 110), München 1926.
Gesetzblatt der Deutschen Evangelischen Kirche. Hg. von der Deutschen Evangelischen Kirchenkanzlei. Jahrgänge 1933-1934. Berlin 1933-1934.
Geuder, Karl: Die Bibelkreise im "Dritten Reich", in: Aus der Geschichte der Schüler-Bibel-Kreise (BK) in Bayern, hg. von Hermann Kolb, Bad Kissingen 1968, 60-116.
Geuder, Karl: Im Kampf um den Glauben. Wie ich die Bekennende Kirche erlebte. Erinnerungen und Dokumente aus der Zeit des "Dritten Reichs", Schweinfurt 1982.
Grieser, Utho: Himmlers Mann in Nürnberg. Der Fall Benno Martin: Eine Studie zur Struktur des Dritten Reiches in der "Stadt der Reichsparteitage" (Nürnberger Werkstücke zur Stadt- und Landesgeschichte Bd. 13), Nürnberg 1974.
Hagmann, Meinrad: Der Weg ins Verhängnis. Reichstagswahlergebnisse 1919-1933, besonders in Bayern, München 1946.

Hahn, Fred: Lieber Stürmer. Leserbriefe an das NS-Kampfblatt 1924-1945, Stuttgar-Degerloch 1978.
Hahn, Hugo: Kämpfer wider Willen. Erinnerungen des Landesbischofs von Sachsen D. Hugo Hahn aus dem Kirchenkampf 1933-1945. Bearb. und hg. von Georg Prater, Metzingen 1969.
Hambrecht, Rainer: Der Aufstieg der NSDAP in Mittel- und Oberfranken 1925-1933 (Nürnberger Werkstücke zur Stadt- und Landesgeschichte Bd. 17), Nürnberg 1976.
Harder, Günther, und Wilhelm Niemöller (Hg.): Die Stunde der Versuchung. Gemeinden im Kirchenkampf 1933-1945, Selbstzeugnisse, München 1963.
Henn, Ernst: Die bayerische Landeskirche vor dem Kirchenkampf, in: Korrespondenzblatt für die evang.-luth. Geistlichen in Bayern 76 Jg., Nr. 8 (1961), 1-9.
Henn, Ernst: Die bayerische Volksmission im Kirchenkampf, in: Zeitschrift für bayerische Kirchengeschichte 40 (1969), 1-87.
Henn, Ernst: Führungswechsel, Ermächtigungsgesetz und das Ringen um eine neue Synode im bayerischen Kirchenkampf, in: Zeitschrift für bayerische Kirchengeschichte 42/43 (1973/1974), 325-443.
Hermelink, Heinrich: Das Christentum in der Menschheitsgeschichte. Von der französischen Revolution bis zur Gegenwart. Band II: Liberalismus und Konservatismus 1835-1870. Band III: Nationalismus und Sozialismus 1870-1914, Tübingen und Stuttgart 1953-1955.
Hermelink, Heinrich (Hg.): Kirche im Kampf. Dokumente des Widerstands und des Aufbaus in der Evangelischen Kirche Deutschlands von 1933-1945, Tübingen 1950.
Hetzer, Gerhard: Kulturkampf in Augsburg 1933-1945. Konflikte zwischen Staat, Einheitspartei und christlichen Kirchen, dargesellt am Beispiel einer deutschen Stadt (Abhandlungen zur Geschichte der Stadt Augsburg, Bd. 28), Augsburg 1982.
Hirschmann, Gerhard: Die evangelische Kirche sei 1800, in: Handbuch der bayerischen Geschichte, Bd. IV/2, Das Neue Bayern 1800-1970, Max Spindler (Hg.), München 1975.
Historisches Gemeindeverzeichnis, (Beiträge zur Statistik Bayerns Heft 192), München 1953.
Höchstädter, Walter: Durch den Strudel der Zeiten geführt. Ein Bericht über meinen Weg von der Monarchie und der Weimarer Republik durch das Dritte Reich und den Zweiten Weltkrieg, Bubenreuth 1983.
Hofer, Walther (Hg.): Der Nationalsozialismus. Dokumente 1933-1945, Frankfurt a.M. 1957.
Hofmann, Hanns Hubert (Hg.): Gunzenhausen-Weissenburg, Historischer Atlas von Bayern, Teil Franken, Reihe I, Heft 8, München 1960.
100 Jahre Pfarrwaisenhaus Windsbach, Windsbach 1937.
Kantzenbach, Friedrich Wilhelm: Der Einzelne und das Ganze. Zwei Studien zum Kirchenkampf. Erster Teil: Pfarrerschaft und Kirchenleitung in Bayern in Auseinandersetzung mit dem Nationalsozialismus (1930-1934). Zweiter Teil: Motive der Berufung auf Luther in der Zeit des deutschen Kirchenkampfes bei dem bayerischen Lutherforscher Hermann Steinlein, in: Zeitschrift für bayerische Kirchengeschichte 47 (1978), 106-228.
Kantzenbach, Friedrich Wilhelm: Das Neuendettelsauer Missionswerk und die Anfänge des Kirchenkampfes, in: Zeitschrift für bayerische Kirchengeschichte 40 (1971), 227-245.
Kantzenbach, Friedrich Wilhlem (Hg.): Widerstand und Solidarität der Christen in Deutschland 1933-1945. Eine Dokumentation zum Kirchenkampf aus den Papieren des D. Wilhlem Freiherrn von Pechmann (Einzelarbeiten aus der Kirchengeschichte Bayerns, Bd. 51), Neustadt a.d.Aisch 1971.
Kantzenbach, Friedrich Wilhelm: Zur Haltung einiger führender Männer der Landeskirchlichen Gemeinschaft 1933-34, in: Zeitschrift für bayerische Kirchengeschichte 43 (1974), 445-447.

Keesings Archiv der Gegenwart, hg. von Heinricht Siegler, Wien 1933-1935.
Kelber, Julius: Zehn Monate ausgewiesen, in: Gottes Wort in Treuchtlingen. Festschrift zur 200-Jahrfeier der evangelisch-lutherischen Stadtpfarrkirche in Treuchtlingen 1757-1957, Treuchtlichen 1957.
Kern, Helmut: Mein Deutschland - wohin?, Nürnberg o.J. (1937).
Kerschaw, Ian: Antisemitismus und Volksmeinung. Reaktionen auf die Judenverfolgung, in: Bayern in der NS-Zeit, Band II, München/Wien 1979, 281-348.
Kerschaw, Ian: Der Hitler-Mythos. Volksmeinung und Propaganda im Dritten Reich, Stuttgart 1980.
Kerschaw, Ian: The Führer Image and Political Integration, in: Der "Führerstaat": Mythos und Realität, hg. von Gerhard Hirschfeld und Lothar Kettenacker, (Veröffentlichungen des Deutschen Historischen Insituts London, Bd. 8) Stuttgart 1981, 133-163.
Die Kirchen im Dritten Reich. Christen und Nazis Hand in Hand? Band 2: Dokumente, hg. von Georg Denzler und Volker Fabricius, Frankfurt a.M. 1984.
Kirchliche Lage in Bayern nach den Regierungspräsidentenberichten 1933-1943, 6 Bände, bearbeitet von Helmut Witetschek (I-III), Walter Ziegler (IV), Helmut Prantl (V) und Klaus Wittstadt (VI), (Veröffentlichungen der Kommission für Zeitgeschichte), Mainz 1966-1981.
Kirchliches Jahrbuch für die Evangelische Kirche in Deutschland, hg. von Hermann Sasse, Jg. 59, Gütersloh 1932.
Kirchliches Jahrbuch für die Evangelische Kirche in Deutschland. 1933-1944. 60.-71.Jg., Gütersloh 1976 (2. Aufl.).
Kleinöder, Evi: Verfolgung und Widerstand der Katholischen Jugendvereine. Eine Fallstudie über Eichstätt, in: Bayern in der NS-Zeit II, München/Wien 1979, 175-236.
Klingler, Fritz: Dokumente zum Abwehrkampf der deutschen evangelischen Pfarrerschaft gegen Verfolgung und Bedrückung 1933-1945, Nürnberg 1946.
Klönne, Arno: Jugendprotest und Jugendopposition. Von der HJ-Erziehung zum Cliquenwesen der Kriegszeit, in: Bayern in der NS-Zeit IV, München/Wien 1981, 527-620.
Kneule, Wilhelm: Kirchengeschichte der Stadt Bayreuth, II Teil: Das 19. und 20. Jahrhundert 1810-1970, Neustadt a.d.Aisch 1973.
Koch, H. W.: The Hitler Youth. Origins and Development 1922-1945, London 1975.
Krausnick, Helmut: Judenverfolgung, in: Anatomie des SS-Staates, Bd. 2 (Gutachten des Instituts für Zeitgeschichte), München 1967, 235-366.
Kühnel, Franz: Hans Schemm. Gauleiter und Kultusminister 1891-1935 (Nürnberger Werkstücke zur Stadt- und Landesgeschichte Bd. 37), Nürnberg 1985.
Kuhr, Georg: Julius Schieder, in: Fränkische Lebensbilder, Bd. VI, hg. von G. Pfeiffer und A. Wendehorst, Würzburg 1975.
Kupisch, Karl: Der Deutsche CVJM. Aus der Geschichte der CVJM-Deutschlands, Kassel-Wilhlemshöhe 1958.
Kupisch, Karl: Die deutschen Landeskirchen im 19. und 20. Jahrhundert (Die Kirche in ihrer Geschichte, Bd. 4, Lieferung R, 2. Teil), Göttingen 1966.
Kupisch, Karl: Das Evang. Jungmännerwerk und der Anbruch des "Dritten Reiches", in: Evangelische Theologie 18 (1958).
Kupisch, Karl: Zwischen Idealismus und Massendemokratie, Berlin 1955.
Lehmann, Hartmut: Pietismus und weltliche Ordnung in Württemberg, Stuttgart/Berlin/Köln/Mainz 1969.
Ein lehrreicher Vorgang! Grundsätzliches und Praktisches zum Nürnberger Schulkampf, wohl von Kurt Frör und Wolfgang Rohde, unter dem Pseudonym Dr. Werner Piutti, Wuppertal-Barmen o.J. (1936)
Lersner, Dieter Frhr. von: Die Evangelischen Jugendverbände Württembergs und die HJ 1933-1934, Göttingen 1958.
Lindt, Andreas (Hg.): George Bell, Alphons Koechlin, Briefwechsel 1933-1954, Zürich 1969.

Loewenich, Walther von: Erlebte Theologie. Begegnungen. Erfahrungen. Erwägungen, München 1979.
Luther, Martin: Schriften wider Juden und Türken, München 1936.
Mack, Georg: Entscheidungsvolle Tage der evangelisch-lutherischen Kirche in Bayern 1934, Auerbach bei Ansbach 1958.
Maurer, Wilhelm: Ausklang und Folgen des Kirchenkampfes, in: Tutzinger Texte. Sonderband I. Kirche und Nationalsozialismus. Zur Geschichte des Kirchenkampfes, hg. von Paul Rieger und Johannes Strauß, München 1969, 235-258.
Meier, Kurt: Die Deutschen Christen. Das Bild einer Bewegung im Kirchenkampf des Dritten Reiches, Göttingen 1964.
Meier, Kurt: Der evangelische Kirchenkampf. Gesamtdarstellung in drei Bänden. Band I: Der Kampf um die "Reichskirche". Band II: Gescheiterte Neuordnungsversuche im Zeichen stattlicher "Rechtshilfe", Göttingen 1976.
Meier, Kurt: Der Kirchenkampf im Dritten Reich und seine Erforschung, in: Theologische Rundschau, Neue Folge, Heft 2 & 3 (1968), Heft 3 (1981).
Meier-Reutti, Gerhard: Politik der Unpolitischen. Kirchliche Presse zwischen Theologie und Gemeinde, Bielefeld 1976.
Meiser, Hans: Kirche, Kampf und Christusglaube. Anfechtungen und Antworten eines Lutheraners, hg. von Fritz und Gertrude Meiser, München 1982.
Meyer-Erlach, Wolf: Kirche oder Sekte. Offener Brief an Herrn Landesbischof D. Meiser, München/Weimar 1934.
Miedel, Julius: Aus Weißenburgs Geschichte, in: Weißenburg in Bayern, die ehemals freie Reichsstadt, Weißenburg 1929.
München bauf auf. Ein Tatsachen- und Bildbericht über den nationalsozialistischen Aufbau in der Hauptstadt der Bewegung, hg. von Karl Fiehler, München o.J. (1937).
Nicolaisen, Carsten: Der bayerische Reichsstatthalter und die evangelische Kirche, in: Zeitschrift für bayerische Kirchengeschichte 46 (1977), 239-255.
Nicolaisen, Carsten: Der Weg nach Barmen. Die Entstehungsgeschichte der Theologischen Erklärung von 1934, Neukirchen-Vluyn 1985.
Nicolaisen, Carsten: Widerstand oder Anpassung? Evangelische Kirche zwischen Kreuz und Hakenkreuz, in: Der Nationalsozialismus, Machtergreifung und Machtsicherung 1933-35, hg. von Johannes Hampel, Bd. I (Bayerische Landeszentrale für Politische Bildungsarbeit A72), München 1985, 165-197.
Nicolaisen/Kretschmar: siehe Dokumente zur Kirchenpolitik des Dritten Reiches.
Niemöller, Wilhelm (Hg.): Die dritte Bekenntnissynode der Deutschen Evangelischen Kirche zu Augsburg. Text - Dokumente - Berichte (Arbeiten zur Geschichte des Kirchenkampfes 20), Göttingen 1969.
Niemöller, Wilhelm: Kampf und Zeugnis der Bekennenden Kirche, Bielefeld 1947.
Niemöller, Wilhelm: Wort und Tat im Kirchenkampf. Beiträge zur neuesten Kirchengeschichte, München 1969.
Neuhäusler, Johann: Kreuz und Hakenkreuz: Der Kampf des Nationalsozialismus gegen die katholische Kirche und der kirchliche Widerstand, München 1946.
Norden, Günther van: Die Stellung der evangelischen Kirche zum nationalsozialistischen Staat im Jahre 1933, Düsseldorf 1963.
Ophir, Baruch Z. und Falk Wiesemann (Hg.): Die Jüdischen Gemeinden in Bayern 1918-1945, Geschichte und Zerstörung, München/ Wien 1979.
Oeschey, Rudolf (Hg.): Verfassung der evangelisch-lutherischen Kirche in Bayern r.d.Rhs. vom 16. September 1920, München 1921.
Opitz, Günter: Der Christlich-soziale Volksdienst. Versuch einer protestantischen Partei in der Weimarer Republik, Düsseldorf 1969.
Personalstand der Evang.-Luth. Kirche in Bayern r.d.Rhs, Ausgabe 1930, 1934 & 1937, München.
Peterson, Edward N.: The Limits of Hitler's Power, Princeton 1969.

Petter, Wolfgang: Sturmabteilung (SA), in: Das grosse Lexikon des Dritten Reiches, hg. von Christian Zentner und Friedemann Bedürftig, München 1985.
Der Prozess gegen die Hauptkriegsverbrecher vor dem Internationalen Militärgerichtshof, Nürnberg 1947-49, Bd. 9.
Preiß, Heinz: Der Frankentag auf dem Hesselberg, in: Der Hesselberg, der heilige Berg der Franken, Beilage zu "Das Bayernland", 48. Jg., Heft 10, 2. Maiheft 1937, 311-320.
Priepke, Manfred: Die evangelische Jugend im Dritten Reich 1933-1936, Hannover/Frankfurt a.M. 1960.
Preuß, Hans: Luther und Hitler, Neuendettelsau 1933.
Prater, Georg: siehe Hahn, Hugo.
Quellen zur Geschichte des Parlamentarismus und der politischen Parteien. Reihe 3, Die Weimarer Republik, Bd. 4/I, Düsseldorf 1980.
Reese, Hans-Jörg: Bekenntnis und Bekenen. Vom 19. Jahrhundert zum Kirchenkampf der nationalsozialistischen Zeit (Arbeiten zur Geschichte des Kirchenkampfes 28), Göttingen 1974.
Riedel, Heinrich: Kampf um die Jugend. Evangelische Jugendarbeit 1933-1945, München 1976.
Riederauer Thesen zur lutherischen Volksmission (Bekennende Kirche Heft 1), München 1933.
Roepke, Claus-Jürgen: Die Protestanten in Bayern, München 1972.
Rosenberg, Alfred: Der Mythus des 20. Jahrhunderts. Eine Wertung der seelisch-geistigen Gestaltenkämpfe unserer Zeit, München 1934 (43.-44. Aufl.).
Rüppel, Erich Günter: Die Gemeinschaftsbewegung im Dritten Reich. Ein Beitrag zur Geschichte des Kirchenkampfes (Arbeiten zur Geschichte des Kirchenkampfes 22), Göttingen 1969.
Sammetreuther, Julius: Die falsche Lehre der "Deutschen Christen" (Bekennende Kirche Heft 15), München 1934.
Schäfer, Gerhard: Die evangelische Landeskirche in Württemberg und der Nationalsozialismus. Eine Dokumentation zum Kirchenkampf. Band 3: Der Einbruch des Reichsbischofs in die Württembergische Landeskirche 1933. Band 4: Die intakte Landeskirche 1935-1936, Stuttgart 1974, 1977.
Schardt, Oskar Franz: Zweitausend Jahre Weißenburger Geschichte, in: Das Bayernland, Jg. 50, Heft 4, 1939.
Schick, Heinrich: Nürnberg-Maxfeld, in: Die Stunde der Versuchung. Gemeinden im Kirchenkampf 1933-1945, Selbstzeugnisse, hg. von Günther Harder und Wilhelm Niemöller, München 1963, 397-405.
Schieder, Julius: Aber die Botschaft bleibt. Vorträge und Predigten, hg. von Wilhelm Grießbach, München 1966.
Schieder, Julius: Hans Meiser. Wächter und Haushalter Gottes, München 1956.
Schieder, Julius: Kirche im Gericht, Nürnberg 1935.
Schirach, Baldur von: Ich glaubte an Hitler, Hamburg 1967.
Schirmer, Hermann: Das andere Nürnberg. Antifaschistischer Widerstand in der Stadt der Reichsparteitag, Frankfurt a.M. 1974.
Schmid, Heinrich: Apokalyptisches Wetterleuchten. Ein Beitrag der Evangelischen Kirche zum Kampf im "Dritten Reich". München 1947.
Schmidt, Jürgen: Die Erforschung des Kirchenkampfes. Die Entwicklung der Literatur und der gegenwärtige Stand der Erkenntnis (Theologische Existenz heute 149), München 1968.
Schmidt, Jürgen: Martin Niemöller im Kirchenkampf (Hamburger Beiträge zur Zeitgeschichte 8), Hamburg 1971.
Schmidt, Kurt Dietrich (Hg.): Die Bekenntnisse und grundsätzlichen Äußerungen zur Kirchenfrage I-III, Göttingen 1934-1936.
Schmidt, Kurt Dietrich (Hg.): Dokumente des Kirchenkampfes II. Die Zeit des Reichskirchenausschusses 1935-1937 (Arbeiten zur Geschichte des Kirchenkampfes 13/14), Göttingen 1964.

Scholder, Klaus: Die evangelische Kirche in der Sicht der nationalsozialistischen Führung bis zum Kriegsausbruch, in: Vierteljahrshefte für Zeitgeschichte 16 (1968), 15-35.
Scholder, Klaus: Geschichte und Hoffnung. Nürnberg und das 20. Jahrhundert, in: Deutscher Evangelischer Kirchentag Nürnberg 1976, Stuttgart/Berlin 1979, 286-301.
Scholder, Klaus: Kirchenkampf, in: Evangelisches Staatslexikon, 2. Ausgabe, 1975, 1177-1200.
Scholder, Klaus: Die Kirchen und das Dritte Reich. Band 1: Vorgeschichte und Zeit der Illusionen 1918-1934, Frankfurt a.M./ Berlin/Wien 1977. Band II: Das Jahr der Ernüchterung 1934. Barmen und Rom, Berlin 1985.
Schöner, Edmund: Geschichte der Gemeinde Langenaltheim, Langenaltheim 1957.
Shirer, William L.: Berlin Diary. The Journal of a Foreign Correspondent 1934-1941, New York 1943.
75 Jahre CVJM Nürnberg, Geschichte und Dokumente in Wort und Bild, Nürnberg 1973.
Siegele-Wenschekewitz, Leonore: Nationalsozialismus und Kirchen. Religionspolitik von Partei und Staat bis 1935 (Tübinger Schriften zur Sozial- und Zeitgeschichte 5), Düsseldorf 1974.
Simon, Matthias: Evangelische Kirchengeschichte Bayerns, Nürnberg 1952 (2. Aufl.).
Sonnenberger, Franz: Der neue "Kulturkampf". Die Gemeinschaftsschule und ihre historischen Voraussetzungen, in: Bayern in der NS-Zeit III, München/Wien 1981, 235-328.
Speer, Albert: Erinnerungen, Frankfurt a.M./Berlin 1969.
Stange, Erich: Er führt uns wie die Jugend, Kassel-Wilhelmshöhe, 1957.
Statistische Beschreibung der Pfarreien der Evang.-Luth. Kirche in Bayern r.d.Rhs., Nürnberg 1929 (7. Ausg.).
Statistisches Jahrbuch für Bayern, 14.-22. Jg., München 1919-38.
Steinbauer, Karl: Einander das Zeugnis gönnen, Band I-III, Erlangen 1983-1985.
Stockhorst, Erich: Fünftausen Köpfe. Wer war wer im Dritten Reich? o.O. 1967.
Stoll, Christian: Dokumente zum Kirchenstreit. Band I: Idee und gegenwärtige Erscheinung der Deutschen Evangelischen Kirche. Band II: Kirche im Not! Band III: Der Kampf um das Bekenntnis. Band IV: Zwischen den Synoden. Band V: Der Weg der Evang.-Luth. Kirche in Bayern. Band VI: Um das Reichskirchenregiment, München 1934-1935.
Strathmann, Hermann: Nationalsozialistische Weltanschauung? (Christentum und Volkstum, Heft 1), Nürnberg 1931.
Tenfelde, Klaus: Proletarische Provinz. Radikalisierung und Widerstand in Penzberg/Oberbayern 1900 bis 1945, in: Bayern in der NS-Zeit IV, München/Wien 1981, 1-382.
Thränhardt, Dietrich: Wahlen und politische Strukturen in Bayern 1848-1953 (Beiträge zur Geschichte des Parlamentarismus und der politischen Parteien. 51), Düsseldorf 1973.
Toland, John: Adolf Hitler, New York 1976.
Trillhaas, Wolfgang: Aufgehobene Vergangenheit. Aus meinem Leben, Göttingen 1976.
Varga, William P.: The Number One Nazi Jew Baiter. A Political Biography of Julius Streicher, Hitler's Chief Anti-Semitic Propagandist, New York 1981.
Verfassung der evangelisch-lutherischen Kirche in Bayern r.d.Rhs. vom 16. September 1920. Textausgabe mit ausführlicher Einleitung und Sachverzeichnis, hg. von Rudolf Oeschey, München 1921.
Verhandlungen der Landessynode der Evangelisch-Lutherischen Kirche in Bayern r.d.Rhs. Synodalperiode 1933-39. Außerordentliche Tagung in München 12.-14. September 1933, München o.J. (1933).

Verhandlungen der Landessynode der Evangelisch-Lutherischen Kirche in Bayern r.d.Rhs. Synodalperiode 1933-39. Außerordentliche Tagung in München am 23. August 1934, Nünberg-Zirndorf o.J. (1934).
Vogel, Leo: Die wirtschaftliche Bedeutung der Stadt Weißenburg i.B., in: Weißenburg in Bayern, die ehemals freie Reichsstadt, Weißenburg 1929.
Volk, Ludwig (Hg.): Akten Kardinal Michael v. Faulhabers 1917-1945, Band I, Mainz 1975.
Weißenburgs Wirtschaftskraft ständig in Wachsen, in: Wirtschaftsraum Mittelfranken, gestern - heute - morgen, Eine Dokumentation der Industrie- und Handelskammer Nürnberg, Nürnberg 1965, 117-135.
Wenzel, Max: Schulrechtsfragen. Bekenntnisschule, Gemeinschaftsschule, Elternrecht, Kirchenverträge. Betrachtungen zur Rechtslage nach bayerischem Recht und zum Entwurf eines Schulorganisationsgesetzes, o.O. 1949.
Winter, Helmut (Hg.): Zwischen Kanzel und Kerker. Augenzeugen berichten vom Kirchenkampf im Dritten Reich, München 1982.
Witetschek, Helmut: siehe Kirchliche Lage.
Wolf, Ernst: Barmen. Kirche zwischen Versuchung und Gnade, München 1970 (2. Aufl.).
Wright, J.R.C.: "Above Parties". The Political Attitudes of the German Protestant Leadership 1918-1933, Oxford 1974.
Zeittafel der Hitlerzeit. Veröffentlicht im Auftrag des für die Herausgabe verantwortlichen Volkacher Bundes. Sonderdruck des Freiburger Rundbriefs, XXV. Folge, Nr. 93/96 (1973).
Zipfel, Friedrich: Kirchenkampf in Deutschland 1933-1945. Religionsverfolgung und Selbstbehauptung der Kirchen in der nationalsozialistischen Zeit, Berlin 1965.
Zorn, Wolfgang: Der bayerische Staat und seine evangelischen Bürger: 1800-1945, in: Zeitschrift für bayerische Kirchengeschichte 29 (1960), 219-236.

V) Unveröffentlichte Literatur

Eckardt, Wilhelm: Eibach - ein Brennpunkt des Kirchenkampfes.
Grießbach, Wilhelm: Die Bayerische Pfarrerbruderschaft. Skizze ihres Weges von 1934 bis 1955.
Hambrecht, Rainer: Nationalsozialistische Propaganda (1925-1932). Dargestellt am Beispiel Oberbayern.
Henn, Ernst: Die bayerische Landeskirche im Kirchenkampf 1933-39. 3 Bände, in: LKAN.
Knopp, Günther-Michael: Das Ende des landesherrlichen Kirchenregiments in Bayern und die Verfassung der evangelisch-lutherischen Landeskirche in Bayern rechts des Rheins vom 10.9.1920. Diss. phil. München 1976.
Kremmel, Paul: Der Christliche Volksdienst in Bayern 1924-1933. Seminararbeit bei Prof. Dr. Karl Bosl.
Münchenbach, Siegfried: Hans Meiser. Sein kirchliches und politisches Denken und Handeln von 1911 bis 1945. Zulassungsarbeit 1976.
Rüdel, Wolfgang: Chronik der Evangelischen Gemeinde zu Weissenburg in Bayern für die Zeit vom 15. April bis 15. November 1935.
Strobl, Gisela: Das Weißenburger Bergwaldtheater. Entstehung und Entwicklung eines Freilichttheaters. Zulassungsarbeit 1969.

DIE KIRCHLICHE ORGANISATION - DEKANATSBEZIRKE

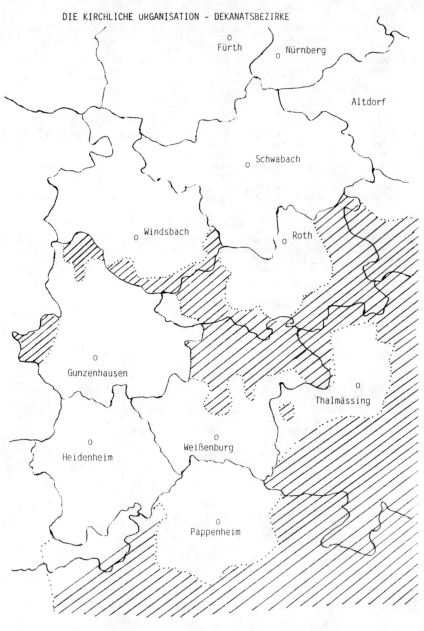

———— Dekanatsgrenzen
 überwiegend katholische Gebiete

DER BEZIRK WEIẞENBURG

Unterstreichung des Ortsnamens bedeutet:
Gemeinden bzw. Städte über 1000 Einwohner
(1930)

GAU FRANKEN DER NSDAP

——— Kreisgrenzen

STUDIEN ZUR NEUEREN KIRCHENGESCHICHTE

Band 1 Paul Kremmel: Pfarrer und Gemeinden im evangelischen
        Kirchenkampf in Bayern bis 1939. Mit besonderer
        Berücksichtigung der Ereignisse im Bereich des
        Bezirksamts Weißenburg in Bayern, 1987, V und 784 S.   39,-- DM
        (ISBN 3-87735-106-9)

Band 2 Paul Kremmel: Ausgewählte Dokumente zum evangelischen
        Kirchenkampf in Bayern.   (in Vorbereitung)

Auslieferung: Verlag H. O. Schulze, Postfach 1180, 8620 Lichtenfels